革命文献与民国时期文献
保护计划

成 果

国家图书馆 编

民国时期
图书总目

宗　教

国家图书馆出版社

图书在版编目（CIP）数据

民国时期图书总目 . 宗教 / 国家图书馆编 .—北京 : 国家图书馆出版社，2021.3
ISBN 978-7-5013-6820-4

Ⅰ . ①民…　Ⅱ . ①国…　Ⅲ . ①宗教—图书目录—中国—民国　Ⅳ . ① Z812.6

中国版本图书馆 CIP 数据核字 (2019) 第 154618 号

书　　名	民国时期图书总目·宗教
著　　者	国家图书馆　编
责任编辑	景　晶　张珂卿
封面设计	陆智昌

出版发行　国家图书馆出版社（北京市西城区文津街7号　　100034）
　　　　　　（原书目文献出版社　北京图书馆出版社）
　　　　　　010-66114536　63802249　nlcpress@nlc.cn（邮购）

网　　址	http://www.nlcpress.com
排　　版	京荷（北京）科技有限公司
印　　装	河北三河弘翰印务有限公司
版次印次	2021年3月第1版　2021年3月第1次印刷

开　　本	787×1092　1/16
印　　张	54
字　　数	1600千字
书　　号	ISBN 978-7-5013-6820-4
定　　价	460.00元

革命文献与民国时期文献整理出版

编纂委员会

《民国时期图书总目》编委会

本卷编委会

主　编：张新宇　贺　燕　张　峰

编　委（按姓氏笔画排列）：

　　　　王艳萍　刘　瑛　刘小玲　孙保珍　延卫平

　　　　索　晶　高凌云

出版说明

　　《民国时期图书总目》主要收录 1911—1949 年 9 月我国出版的中文图书，酌情收录这段时间内国外出版的中文图书，是一部大型的回溯性书目。

　　基于目前普查情况统计，在这段时期里，我国出版的中文图书约 20 余万种。20 世纪 80—90 年代，北京图书馆（今国家图书馆）曾编过一套《民国时期总书目》，主要收录了北京图书馆、上海图书馆和重庆图书馆收藏的中文图书，并补充了一些其他图书馆的藏书，基本上反映了这段时期中文图书的出版概貌。《民国时期总书目》由原北京图书馆参考研究部自 1961 年开始组织编纂，编委和顾问主要成员包括田大畏、王润华、邱崇丙、朱光暄等，1985 年开始分卷册陆续出版，为民国时期的书目存录、学术研究和文献保护提供了便利。前辈专家学者严谨求实的工作作风，他们为民国时期文献整理和保护事业做出的卓越贡献，值得我们永远铭记。感念于斯，我们深知责任重大，只有砥砺前行，在前辈专家学者工作的基础上不断充实和完善其内容，争取为广大读者提供一部可供参考利用的书目。

　　《民国时期图书总目》是在参与民国时期文献普查的各个机构的大力支持下，依托"民国时期文献联合目录"，并吸收了全国图书馆联合编目中心各省级成员馆、"大学数字图书馆国际合作计划"(China Academic Digital Associative Library, CADAL) 的主要高校成员馆以及一些专业图书馆等民国时期文献主要收藏机构的书目数据基础上编纂而成。在收书范围、书目分类、著录方式及编纂体例上，大体延续了《民国时期总书目》的做法，同时根据目前书目数据的实际情况进行了一些调整。从书目的完整性、藏书机构的代表性等各方面都较《民国时期总书目》有了显著的提高。此外，本书目一大特色是待陆续出版完成后将实现与"民国时期文献联合目录"线上数据联动，以满足在数字时代大背景下读者对于民国时期文献数据的实时便捷查找、识别、选择和获取。

　　本书目基本依据《中国图书馆分类法》（第四版）体系，按学科分为哲学，宗教，社会科学总论，政治，法律，军事，经济，文化、科学、教育、体育，语言文字，文学理论、世界文学、外国文学，中国文学，艺术，历史、地理，自然科学（基础科学），医药卫生，农业科学，工业技术、交通运输、航空航天、环境科学，综合性图书 18 卷，将分卷陆续出版。

随着时代的发展和技术的进步，图书馆编目工作发生了巨大变化，编目方式由卡片目录发展为机读目录，各藏书机构间的书目交流也日趋频繁和便捷。如何以海量的机读格式书目数据为基础，编纂一部大型的印刷本回溯性书目，对于编纂人员来说充满挑战，实施过程复杂且动态，不易掌控，而且这部书目涉及的藏书机构多、书目数据量大、图书版本情况复杂、涉及学科范围广，并且有一些图书破损严重，著录信息无从查起，需要编纂人员考证或推测，加之编纂人员水平有限，一定会有错误或不当之处，敬请读者批评指正。

本书编委会
2018 年 4 月

前　　言

　　民国时期是中国历史上一个短暂但又十分重要的时期。这一时期，社会变化剧烈，学术思想活跃，留下了大量文献，包括图书、期刊、报纸、档案、日记、手稿、票据、传单、海报、图片及声像资料等。这些文献是反映民国时期政治、经济、社会、文化、军事等方面情况的重要资料。但是，由于种种原因，民国时期文献老化、损毁现象严重，亟待抢救与保护。自20世纪80年代以来，民国时期文献日益受到关注，抢救、保护与开发利用工作逐步展开，并取得了阶段性成果。

　　为了进一步促进民国时期文献的保护和利用，2011年，国家图书馆联合国内部分文献收藏单位策划了"民国时期文献保护计划"，希望通过文献普查、海内外文献征集与整理出版、文献保护技术研究等工作的开展，加强民国时期文献的原生性和再生性保护。这一计划，得到了文化部（今文化和旅游部）、财政部的大力支持，并于2012年正式启动。

　　项目开展以来，在各收藏单位以及相关专家学者的大力支持下，各方面工作均取得了重要成果。在文献普查方面，建成"民国时期文献联合目录"系统，收录国家图书馆等22家大型文献收藏机构的书目数据30余万条，馆藏数据60余万条。在此基础上，2015年2月，《民国时期图书总目》编纂工作正式启动，力争全面揭示普查成果，提供社会各界使用。为了做好这项工作，我们制订了《〈民国时期图书总目〉实施方案》，确定了客观著录图书信息的原则，界定了文献收录时间，规范了编纂体例与工作细则等。

　　《民国时期图书总目》是一部收集、整理民国时期图书的大型工具书，收录1911—1949年9月除线装古籍以外在我国出版的中文图书，并酌情收录这段时间内国外出版的中文图书。

　　北京图书馆（今国家图书馆）曾于20世纪80年代中期陆续整理出版了一套联合目录性质的《民国时期总书目》，被学者广泛使用。为使书目更加丰富完整、资料来源更加可靠、著录更加详细准确、分类更加合理，我们在充分吸收《民国时期总书目》成果的基础上，对书目及著录内容进行了大量的补充和校订，收藏单位数量也大大增加。

《民国时期图书总目》按学科分卷出版，同时还将发行《民国时期图书总目》数据库版，并随时补充、订正，以方便读者查检使用。

陈力

2018 年 4 月

凡　　例

一、收录范围

1. 本书目主要收录 1911—1949 年 9 月我国出版的中文图书，酌情收录这段时间内国外出版的中文图书。1911 年前印行、民国期间又连续出版的丛书、多卷书，以及 1911 年前出版、民国期间重印的图书，均予以收录。

2. 民国期间出版的期刊、报纸、少数民族文字图书及线装书等不在本书目收录范围，待另行编印出版。

二、著录项目

1. 著录内容：顺序号、题名、责任者、版本、出版发行、形态细节、丛书、提要及附加说明、馆藏标记，共 9 个项目。

（1）顺序号：每一条目的顺序编号，各卷单独编号。待本套书目全部出版后，读者可以利用条目顺序号，在"民国时期文献联合目录"上，查找到该条目下所有图书的书目和馆藏详细信息。

（2）题名：包括正题名、副题名、交替题名、合订题名、外文题名等。所有分册名、分册号、其他题名信息以及交替题名一律置于题名后的圆括号内，之间按性质用空格隔开（交替题名单独列出）。合订书（两种及以上著作合并成一册出版而又没有共同题名）依次著录各著作题名，其间用中圆点隔开。

（3）责任者：包括著者、译者、点校者、辑注者、编者等。三人以上合著、合译的，只著录第一人姓名，后加"等"字。责任者之间以空格隔开，不同责任者的合订书，责任者之间用中圆点隔开。

（4）版本：包括版次、版本的附加说明等。

（5）出版发行：包括出版地（或发行地）、出版者（或发行者、印刷者）、出版或印刷年月等。

（6）形态细节：包括册数、页数、开本、装帧等。图书中分段表示的页码，用加号相连。开本信息依据普查数据中的厘米信息转换，并参照《民国时期总书目》进行整理。未著录装帧形式的，一般为普通平装本。

（7）丛书：包括丛书名、丛书编号等。丛书项内容置于圆括号内，有多个丛书名时，分别置于各自的圆括号内。

（8）提要及附加说明：包括图书的内容提要、题名及责任者的补充说明、适用范围以及其他著录内容的补充说明。根据实际普查情况有部分书目未提供提要及附注等。

（9）馆藏标记：提供书目数据的各公共图书馆、高校图书馆及专业图书馆等收藏单位的简称，并分别按各收藏单位简称的汉语拼音排序。为了最大限度地涵盖民国时期图书的出版发行情况，本书还收录了一些来自《民国时期总书目》和其他出版物的书目信息，由于无对应普查馆，所以无馆藏标记。

2. 著录标准：依照中文图书著录规则，以题名页、版权页为主要信息源，同时参考其他信息源。以客观著录为基本原则，并对相关内容进行必要的规范化处理。

3. 原书著录项目缺漏，由编纂者考证推测添加的著录内容，加方括号以示区别，提供参考。

三、分类与编排

1. 本书目按学科分卷，分册编辑出版。按照书目数量的多寡一个学科编成一册或多册；或由若干学科合成一册。

2. 本书目依据《中国图书馆分类法》（第四版）进行分类，并根据具体情况设置详简不同的类目名称。

3. 本书目类目不作交替和互见。包含两种以上学科内容的图书，按主要内容归类。

4. 本书目把《四部丛刊》《丛书集成》和《四部备要》三套丛书统一放在"综合性图书"卷。

5. 本书目各卷在划分类目的基础上，依次按照题名、责任者和出版者三个项目汉语拼音音序编排。三个项目完全相同的，原则上合并为一个条目，计为一种；个别上述三个项目相同但内容差异较大的，则析为单独条目。

6. 同一条目下作品的不同版本，原则上按出版时间先后排序，同时兼顾版次顺序。

7. 在编排上，为集中同一责任者的同一作品，凡使用不同笔名和署名，以及有不同中译名的外国原著者，一般选用较常见的署名，不拘于本名和标准译名，必要时在附注中说明。

四、索引及用字

1. 本书目各卷都附有汉语拼音为序的题名索引以及题名首字汉语拼音检索表。

2. 本书目使用的汉字除了按规定必须使用的繁体字和异体字外，均以现行的简化字为标准。

本卷编制说明

一、本卷主要收录 1911—1949 年 9 月我国出版的有关宗教方面的中文图书，并酌情收录这段时间内国外出版的此类图书，共计 7176 种。

二、本卷分为宗教总论，佛教，道教，伊斯兰教，基督教，其他宗教，术数、迷信 7 个类目。在 7 个类目下，又分为对宗教的分析和研究、宗教理论与概况、神话与原始宗教等 24 个细目。

三、本卷收录的图书分类主要依据《中国图书馆分类法（第四版）》，并根据民国时期图书具体分类要求分编。凡属学科界限不清或有争议者，一般归入上一级类目或按照主要内容归类。

四、本卷图书基本依题名、责任者、出版者相同的原则划分条目，每一条目计为一种。对同一作品，出版者名称不同但具有沿革关系的，考虑作品的完整性，亦酌情合并为一个条目。

五、各类目图书的排序，原则上依次按照题名、责任者、出版者三个项目汉语拼音音序编排。同一条目下的不同版本，按出版时间先后排序，兼顾版次顺序；个别出版发行信息不全的图书，放在该条目的最后。

六、各条目著录项以客观著录文献信息为基本原则。但为了给读者提供更多丰富有效的信息，对于责任者朝代、国别、名称，责任方式，尺寸等项目，编纂者做了必要的考证、补充及规范化处理。经考证的佛教人物，在责任者名称前加"释"字，并作为附加成分用圆括号括注。

七、本卷部分图书中无题名页、版权页等著录信息源，还有一些图书破损严重，因此某些著录项存在空缺，或由编纂者推测考证后加方括号注明。

八、提要及附注说明主要揭示图书的内容、适用范围，以及题名、责任者的一些补充说明等信息。宗教经典类图书，因版本众多，内容大致相同，故一般不著录内容提要，仅做必要的附注说明。

本卷收藏单位简称表

收藏单位简称	收藏单位全称
安徽馆	安徽省图书馆
北大馆	北京大学图书馆
北师大馆	北京师范大学图书馆
重庆馆	重庆图书馆
大连馆	大连市图书馆
大庆馆	大庆市图书馆
东北师大馆	东北师范大学图书馆
福建馆	福建省图书馆
复旦馆	复旦大学图书馆
甘肃馆	甘肃省图书馆
广东馆	广东省立中山图书馆
广西馆	广西壮族自治区图书馆
贵州馆	贵州省图书馆
桂林馆	广西壮族自治区桂林图书馆
国家馆	国家图书馆
河南馆	河南省图书馆
黑龙江馆	黑龙江省图书馆
湖南馆	湖南图书馆
华东师大馆	华东师范大学图书馆
吉大馆	吉林大学图书馆
吉林馆	吉林省图书馆（吉林省少年儿童图书馆）
江西馆	江西省图书馆
近代史所	中国社会科学院近代史研究所
辽大馆	辽宁大学图书馆
辽宁馆	辽宁省图书馆
辽师大馆	辽宁师范大学图书馆
南大馆	南京大学图书馆
南京馆	南京图书馆

收藏单位简称	收藏单位全称
内蒙古馆	内蒙古自治区图书馆
宁夏馆	宁夏回族自治区图书馆
农大馆	中国农业大学图书馆
青海馆	青海省图书馆
清华馆	清华大学图书馆
人大馆	中国人民大学图书馆
山东馆	山东省图书馆
山西馆	山西省图书馆
上海馆	上海图书馆（上海科学技术情报研究所）
绍兴馆	绍兴图书馆
首都馆	首都图书馆
天津馆	天津图书馆
武大馆	武汉大学图书馆
西交大馆	西安交通大学图书馆
西南大学馆	西南大学图书馆
新疆馆	新疆维吾尔自治区图书馆
云南馆	云南省图书馆
浙大馆	浙江大学图书馆
浙江馆	浙江图书馆
中科图	中国科学院文献情报中心

说明：

1. 本表按收藏单位简称汉语拼音音序排序。

2. 简称规则：公共图书馆一般以行政区划名称加"馆"字简称，如吉林省图书馆简称为"吉林馆"；高校图书馆以高校简称加"馆"字简称，如北京大学图书馆简称为"北大馆"；其他类型图书馆以常用简称为准，如中国科学院文献情报中心简称为"中科图"。

3. 本书目中所收录的首都图书馆的部分馆藏，来源于"北京市公共图书馆联合目录"。

目　录

宗教总论

00001

几个宗教问题 蔡任渔编撰

广东：公进出版社，1935.8，68 页，32 开（公教文库 1）

广东：公进出版社，1938.7，2 版，增订版，68页，32 开（公教文库 1）

本书为宗教杂论。共 15 篇，内容包括：思想自由是绝对的么、几个近代名词、天主教反对科学么等。书前有著者小引。书后附蒋介石的《耶稣受难与余之教训》和《为何要信仰耶稣》。

收藏单位：国家馆

00002

宗教名辞汇解 （英）林辅华（Charles Wilfrid Allan）著 谷云阶译

外文题名：A dictionary of religious terms

上海：广学会，1938.9，52+212 页，32 开

上海：广学会，1949，再版，52+212 页，32 开

本书是对神学及宗教的人地、宗派、教理、理论等有关名辞的解释，依中文笔画次序排列。书前有译者弁言及查检目次。

收藏单位：国家馆、辽宁馆、山东馆、上海馆

00003

宗教是什么？ 现代问题研究社编

现代问题研究社，12 页，64 开（现代问题的解答 丁 1）

本书共 4 部分：宗教的意义、宗教的真假、对于宗教的一般谬见、人人应当寻求真宗教。

收藏单位：国家馆

对宗教的分析和研究

00004

八字辨惑 常福元编

南京：教育部通俗教育研究会，7 页，32 开

本书从天文科学角度，说明天干地支与人的命运无关；星命学者所谓八字完全是骗人的迷信。

收藏单位：首都馆

00005

打破迷信 车庆和著

沈阳：车庆和 [发行者]，1924.2，92 页，32开

沈阳：车庆和 [发行者]，1925.5，再版，92页，32 开

沈阳：车庆和 [发行者]，1926.3，3 版，92页，32 开

沈阳：车庆和 [发行者]，1929.1，4 版，92页，32 开

本书是对迷信的批判。共 4 章：神类、科学类、方士类、人事类。附编《婚姻当怎样办》《家庭教育法》《女子教育》等。

收藏单位：国家馆、浙江馆

00006

道释关系 张亦镜著

外文题名：Taoism, Buddhism compared with Christianity

广州：美华浸会印书局，1921.1，4 版，53 页，50 开

收藏单位：桂林馆

00007

非宗教论 非宗教大同盟编

北京：非宗教大同盟，1922.6，274 页（非宗教丛刊第 1 种）

收藏单位：近代史所

00008

扶箕迷信底研究 许地山著

长沙：商务印书馆，1941.6，109 页，32 开

重庆：商务印书馆，1946.2，109 页，32 开

上海：商务印书馆，1946.10，109 页，32 开

本书共 3 章：扶箕底起源、箕仙及其降笔、扶箕底心灵学上的解释。

收藏单位：重庆馆、东北师大馆、广东

馆、广西馆、国家馆、湖南馆、辽宁馆、南京馆、山东馆、上海馆、首都馆、中科图

00009

革命与宗教　张振之著

上海：民智书局，1929.6，290 页，32 开

　　本书共两辑。第 1 辑为基督教问题的讨论，内容包括：我的宗教观、什么是基督教、基督教与帝国主义等 5 部分；第 2 辑为民风丛话，内容包括：河南的红枪会、四川的神兵、溧阳的大刀会、同善社的秘密、开封的真命天子、神话佛话道话下的三民主义等 18 部分。书前有写在卷头。书后有附记。

　　收藏单位：重庆馆、广东馆、广西馆、国家馆、湖南馆、吉大馆、江西馆、南京馆、上海馆

00010

几个时代的问题　宝广林编著

外文题名：Christian solutions to some intellectual problems

上海：广学会，1929，122 页，32 开

　　本书对科学、哲学、基督教的来生观进行比较，论证上帝的存在及 20 世纪需要基督教。

　　收藏单位：国家馆、江西馆、近代史所、辽宁馆

00011

戒迷信（通俗教育联环画）　河北省教育厅编绘

河北省教育厅，1933，8 页，横 18 开

　　本书是中国现代破除迷信的通俗读本，以连环画形式展现。

　　收藏单位：国家馆

00012

进化论与人类原始　雨人　苏雨译

外文题名：Evolutionism and the origin of mankind

香港：真理学会，1947.9，19 页，50 开（民众读物小丛刊 3）

　　本书收入文章两篇：《进化论与人类原始》（雨人译）、《唯物主义与科学主义》（苏雨译）。

收藏单位：国家馆、内蒙古馆

00013

近代科学家的宗教观　（英）汤姆森（John Arthur Thomson）著　谢颂羔　米星如译

外文题名：Science and religion

上海：中华基督教文社，1927.1，24+236 页，26 开

上海：中华基督教文社，1928.5，再版，24+236 页，26 开

　　本书论述科学与宗教的关系。共 6 章：科学与宗教、不可见的世界与物质的性情、宇宙的能力、生命的复杂、心理学与宗教、科学对宗教的供献。书前有朱经农序。著者原题：汤姆生。

　　收藏单位：重庆馆、国家馆、河南馆、湖南馆、华东师大馆、南京馆、山东馆、上海馆、首都馆、浙江馆

00014

近代科学与宗教思想　（美）霍登（Walter Marshall Horton）著　应远涛译述

外文题名：Theism and the scientific spirit

上海：青年协会书局，1936.3，173 页，25 开（青年丛书 28）

上海：青年协会书局，1948，再版，173 页，25 开（青年丛书 28）

　　本书共 5 章：哥白尼时代的上帝观、牛顿时代的上帝观、康德时代的上帝观、达尔文时代的上帝观、今日的科学和有神论。书前有原序、导言。书后有结论：有神论的将来。

　　收藏单位：重庆馆、贵州馆、国家馆、湖南馆、吉大馆、南京馆、上海馆、首都馆、浙江馆

00015

科学的宗教观　（美）杜威（J. Dewey）原著　吴耀宗翻译

外文题名：A common faith

上海：青年协会书局，1936.2，112 页，25 开（青年丛书 26）

上海：青年协会书局，1948.12，2 版，112 页，25 开（青年丛书 26）

本书共 3 章：宗教与宗教的、信仰与它的对象、人类社会中宗教的功用。书前有译者导言。

收藏单位：贵州馆、国家馆、南京馆、内蒙古馆、上海馆、西交大馆、浙江馆

00016

科学对于宗教的贡献 （美）马太时（Shailer Mathews）著　张仕章译

外文题名：How science helps our faith

上海：青年协会书局，1934.7，14 页，36 开（宗教问题小丛书 1）

本书从 6 个方面阐述科学对宗教的贡献，并得出结论：宗教是人生本身的定律。

收藏单位：国家馆、南京馆

00017

科学家的宗教观 （英）德洛勃立治（C. L. Drawbridge）编辑　杨荫浏　（美）费佩德（Robert Ferris Fitch）译

上海：开明书店，1935.5，124 页，32 开

本书汇辑英国皇家学会 200 名会员在宗教与神学问题上的各种意见。共 7 章：是否有灵性的领域、人类的责任、演进与创造、一位人格的上帝、现代科学的种种发展、自然科学宗教与神学、总括。书前有引言。书后有跋《宇宙的本性》。

收藏单位：重庆馆、广东馆、广西馆、桂林馆、国家馆、江西馆、南京馆、山东馆、上海馆、天津馆、浙江馆

00018

科学家的宗教观

梅县：梅县天主堂，[1940—1949]，[3 页]，50 开（我们的呼声 6）

本书讲解对宗教与神学问题的认识。

收藏单位：国家馆

00019

科学迷信斗争史　宋桂煌著

上海：华通书局，1933.11，165 页，32 开

本书共 11 章，内容包括：迷信与科学的性质、希腊时代的斗争、亚历山大里亚的科学、基督教徒与罗马皇帝、白鲁诺的被害、一六一六年以前的伽利略、今后的趋势等。

收藏单位：广西馆、国家馆、吉大馆、南京馆、上海馆、浙江馆

00020

科学与看不见的世界 （英）爱丁顿（Arthur Stanley Eddington）著　曹亮译　吴耀宗校订

外文题名：Science and unseen world

上海：青年协会书局，1932，45 页，32 开

本书共 9 章：人进到自然世界的进化大纲、询问的声音：你在这里作什么、自然界理论范围的改变和物理解释的理想、经验问题包括科学和神秘的观点、"自然律"不适用心灵和直觉的某方面、意义的重要及在探讨范围中否认它们的地位的结果、上帝的启示比保证上帝的存在更需要、在日常生活中（物质的和精神的）科学分析可以作为补充但却不能代替一种日常的看法、科学和宗教的追求精神。

收藏单位：重庆馆、南京馆

00021

科学与神 （美）李梅（Harry Rimmer）著　赵君影译

外文题名：Modern science and the first fundamental

上海：中西基督福音书局，[1934]，18 页，32 开（科学与圣经小丛书 5）

本书主要讲述现代科学与神的关系。封面题：圣经与科学小丛书。

收藏单位：国家馆、江西馆、南京馆

00022

科学与宗教 （英）赫胥黎（Julian Sorell Huxley）等讲述　谢扶雅等译

上海：中华基督教女青年会全国协会，1933.4，140 页，32 开

本书共收 12 个讲演辞，系当代闻名的科学家、哲学家以及教会名牧，在英国 1930 年 9—12 月之间所举行的科学与宗教关系问题讨论会中的播音演讲。书前有谢扶雅的译者序。书后附讲演者简历。著者原题：赫求亮。

收藏单位：南京馆、山东馆、上海馆

00023
科学与宗教
天津：崇德堂，9页，36开
　　本书论述科学与宗教的关系。分3篇：新科学发明家、现代科学家、公教反对异端提倡科学。
　　收藏单位：国家馆

00024
科学与宗教
梅县：梅县天主堂，[1940—1949]，[3页]，50开（我们的呼声5）
　　本书讲解科学与宗教的关系。
　　收藏单位：国家馆

00025
科学与宗教（第1册）（法）贝兴仁（René Petit）著　张准译
天津：天津工商学院，1945.6，50页，36开
　　本书共4章：近三世纪内科学家对于宗教与天主的意见、现代科学家对于宗教和天主的意见、公教会对于科学的意见、给怀疑着的人们。书前有绪言：我们应当知道科学对于宗教的意见吗？
　　收藏单位：国家馆、南京馆

00026
科学与宗教（第1册 科学家对于宗教与造物主的意见）（法）贝兴仁（René Petit）著　萧舜华　张准译
天津：崇德堂，1948.6，80页，36开
　　本书共7章：近三世纪内科学家对于宗教与造物主的意见、二十世纪内科学家对于宗教与造物主的意见、原子科学家对于造物主的观念、现代生物学家对于造物主的观念、人类的命运、公教与科学、献给怀疑的人们。书前有绪言：我们需要认识科学家的宗教观吗？书后有3篇附录和结论。
　　收藏单位：桂林馆、上海馆

00027
迷信　费鸿年著
上海：商务印书馆，1931，63页，36开（万有文库 第1集372）（百科小丛书）
上海：商务印书馆，1933.8，63页，36开（新中学文库）（百科小丛书）
上海：商务印书馆，1933.9，63页，36开（百科小丛书）
上海：商务印书馆，1934，再版，63页，36开（百科小丛书）
上海：商务印书馆，1947.2，4版，63页，36开（新中学文库）（百科小丛书）
上海：商务印书馆，1948.3，5版，63页，36开（新中学文库）（百科小丛书）
　　本书共8章：绪论、迷信的由来、迷信的分析、迷信的弊害、关于吉凶的迷信、关于鬼神的迷信、关于生物的迷信、破除迷信的方法。
　　收藏单位：安徽馆、重庆馆、大连馆、大庆馆、东北师大馆、广东馆、广西馆、贵州馆、国家馆、黑龙江馆、湖南馆、江西馆、辽大馆、辽宁馆、辽师大馆、南京馆、内蒙古馆、宁夏馆、山东馆、上海馆、首都馆、天津馆、武大馆、西交大馆、浙江馆、中科图

00028
迷信的批评　车庆和著
北京：车庆和 [发行者]，1924.1，91页，32开
北京：车庆和 [发行者]，[1940—1949]，92页，32开
　　本书收集中国历来大量的迷信事情、恶劣习惯，用浅显的文字说明事实由来、传闻上的谬误。共4章：神类（讹传的神：火神、财神、菩萨等13种神；谣传的神：张仙、龙王、二郎神、药王等38种神）、科学类（鬼火、地震、云、流星等23种）、方士类（黄道日、地狱、相生相克、龟言等23种）、人事类（义和团误国、寒食节、因果报应、相面等14种）。书前有杨荣久的序言、著者自序。书末有附编类，包括：婚姻的事、成婚的年岁、家庭教育法、女子教育、缠足的害、共和民国是什么、提倡实业。

收藏单位：北大馆、辽大馆、首都馆、浙江馆

00029

迷信的破除　周步光编

南京：中央大学区立通俗教育馆推广部，1928.11，36 页，大 32 开（通俗教育丛书 6）

　　收藏单位：南京馆

00030

迷信与科学　东方杂志社编

上海：商务印书馆，1923.12，70 页，50 开（东方文库 51）

上海：商务印书馆，1924，再版，70 页，50 开（东方文库 51）

上海：商务印书馆，1925，3 版，70 页，50 开（东方文库 51）

　　本书共 6 章：迷信的由来、迷信与近代思想、科学与迷信的冲突、文明人与野蛮人的迷信、对于物类生死的迷信、对于人种起源的迷信和传说。正文前题：颂久、愈之、乔峰、幼雄合编。

　　收藏单位：重庆馆、东北师大馆、广东馆、广西馆、桂林馆、国家馆、河南馆、湖南馆、辽大馆、南京馆、内蒙古馆、山东馆、上海馆、绍兴馆、天津馆、武大馆、西南大学馆、浙江馆、中科图

00031

破除迷信　中国国民党江苏省党务委员会 [编]

出版者不详，1930.9，24 页，64 开

　　收藏单位：南京馆

00032

破除迷信歌

中国国民党浙江省执行委员会宣传部，1930，24 页，32 开（破除迷信小丛书）

　　本书为五言韵词，奉劝人们不要迷信。

00033

破除迷信全书　李干忱编

外文题名：Superstitions: their origin and fallacy

上海：美以美会全国书报部，1924.3，572 页，32 开

上海：美以美会全国书报部，1926.1，再版，572 页，32 开

上海：美以美会全国书报部，1929，3 版，572 页，32 开

　　本书将我国古书中的筮、卜、相术等材料加以分类编排。共 10 卷，分风水、卜筮、看相、垂相、成佛、成仙、妖祥、左道、邪说、多神，并一一加以批驳。

　　收藏单位：安徽馆、国家馆、湖南馆、吉大馆、近代史所、上海馆、中科图

00034

人类的方向?　（法）卜相贤（Alfred Bonningue）刘学圃著

[天津]：出版者不详，22 页，64 开

　　本书论述在现代社会，宗教存在的必要性和重要性。内含《原子弹与宇宙精神》和《科学与将来的人》两篇讲义。

　　收藏单位：国家馆

00035

人类的愿望　（英）李思伦白（J. Lambert Rees）著　周梦贤译述

外文题名：The desire of all nations

上海：广学会，1942.2，108 页，32 开

　　本书作者认为科学、教育、法律都不能解决人类的难题，只有宗教和救主，才是他们愿意得到的。

　　收藏单位：山东馆、上海馆

00036

神话大变　石家昌著

自修书房，1938，92 页，32 开

　　本书内含破除迷信的短文 70 篇。书前有《写在卷头》一文。

　　收藏单位：国家馆、上海馆

00037

四川迷信之影响与破除　康兴璧执笔

成都：四川地方实际问题研究会，1940.7，21 页，32 开（四川地方实际问题研究会丛刊 6）

　　本书介绍四川的迷信活动与破除迷信的

情况。共 4 部分：破除迷信之必要性、迷信之种类、迷信之影响、破除迷信之方法。

　　收藏单位：重庆馆、国家馆

00038

四个基本问题　程野声主编

外文题名：Four fundamental questions

香港：真理学会，1948.10，19 页，50 开（民众读物小丛刊 29）

　　本书包括宗教杂论 4 篇：《世界是自有的吗？》《宗教反科学吗？》《人类需要什么宗教？》《有形的教会》。

　　收藏单位：国家馆

00039

谈鬼神　曹伯韩著

桂林：文化供应社，1946.6，106 页，32 开

桂林：文化供应社，1948.9，新 1 版，106 页，32 开（青年文库）

桂林：文化供应社，1949.8，新 2 版，106 页，32 开（青年文库）

　　本书分上、下篇。上篇谈鬼神，讲述鬼神为不存在之物；下篇谈五行，讲述五行的科学性及以后演变为迷信的情况。

　　收藏单位：重庆馆、东北师大馆、广东馆、广西馆、桂林馆、国家馆、江西馆、南京馆、山西馆

00040

巫神的坦白

新华书店，1945.1，29 页，64 开

　　本书共 3 部分：巫神白从海的坦白、开展反对巫神的斗争、破除迷信的卜掌村。

　　收藏单位：国家馆

00041

无神论　（苏）卢卡启夫斯基著　谭辅之翻译

上海：辛垦书店，1936.3，285 页，25 开

　　本书共 3 章：科学与宗教、宗教底起源、基督教底起源。据日译本《无神论底基础》转译。

　　收藏单位：广西馆、国家馆、江西馆、南京馆、首都馆、天津馆、西南大学馆、浙江馆

00042

无神论　（日）佐野学著　林伯修译

上海：江南书店，1929.5，143 页，32 开

　　本书收论文 3 篇：《社会主义与无神论》《马克思无神论与其曲解》《历史的唯物论与伦理的理想底问题》。书前有作者序。

　　收藏单位：重庆馆、广东馆、国家馆、近代史所、南京馆、宁夏馆、上海馆、云南馆、中科图

00043

无所谓宗教　一息等著

巴黎：出版者不详，1922.8，92 页，18 开

　　本书内收 12 篇文章：《无所谓宗教》（一息）、《宗教》（丁肇青）、《诗与宗教》（王独清）、《基督教与中国学生》（周太玄）、《音乐与宗教》（康学咏）、《为什么要反对宗教》（章警秋）、《教育与宗教》（张宗文）、《艺术与宗教》（华林）、《基督教的罪恶》（区声白）、《进化与宗教》（曾仲鹗）、《科学与宗教》（刘厚）、《如何掘去宗教之根》（释心）。

　　收藏单位：广东馆、国家馆、上海馆

00044

现代的新信仰　（美）艾迪（Sherwood Eddy）著　青年协会书报部译

外文题名：New challenges to faith

上海：青年协会书局，1930.1，188 页，32 开（艾迪丛书 3）

上海：青年协会书局，1930，再版，188 页，32 开（艾迪丛书 3）

上海：青年协会书局，1931.8，3 版，188 页，32 开（艾迪丛书 3）

上海：青年协会书局，1931.10，4 版，188+11 页，32 开（艾迪丛书 3）

上海：青年协会书局，1931.11，5 版，[15]+188 页，32 开（艾迪丛书 3）

　　本书共 6 章：新的科学、新的心理学、新的发现上帝的方法、新的圣经观、什么是基督教、新的改造。

　　收藏单位：重庆馆、东北师大馆、广东馆、国家馆、吉林馆、江西馆、辽宁馆、南

京馆、山东馆、上海馆、首都馆、天津馆、浙江馆

00045

心法刍言（又名，洗心室思道记） 陈荣昌著

天津：集成书局，[18] 页，32 开

　　收藏单位：河南馆

00046

信仰与迷信 现代问题研究社编

现代问题研究社，12 页，64 开（现代问题的解答甲 7）

　　本书共 3 部分：什么是"信"、什么是迷信、信仰是什么。

　　收藏单位：国家馆

00047

一个地质学家的宗教观 （美）马德耳（K. F. Mather）著　张仕章译

上海：青年协会书局，1934.7，24 页，36 开（宗教问题小丛书 3）

　　本书作者自叙对宗教和耶稣基督的看法，认为正如科学中的假定须经试验证实一样，对宗教上的假定也应抱着试试看的态度，如果耶稣的理想能使人们的实际生活得以改善，那么假定就算证实了。

　　收藏单位：国家馆、南京馆

00048

由迷信中抽科学 朱洗著

[上海]：世界书局，1949.1，118 页，32 开

　　本书意在说明迷信的虚妄与危害。共 7 章：通论、人为什么要迷信鬼神、鬼神真的存在么、鬼神真有灵验么、成仙成佛究竟是怎么一回事、迷信的浪费、结论——以科学代迷信。书前有导言。

　　收藏单位：桂林馆、国家馆、辽宁馆

00049

原子能证明有神 王廉著

上海：土山湾印书馆，[1940—1949]，14 页，128 开（现代宗教问题乙 5）

　　本书共 5 部分：原子炸弹的威力、原子能是什么、原子能的效用、是谁在把原子这般布置的等。

　　收藏单位：国家馆

00050

展开反对巫神的斗争 陕甘宁边区政府办公厅编

冀南新华书店，1944.10，85 页，32 开（边政读物 6）

冀南新华书店，1948 翻印，54 页，32 开（边政读物 6）

　　本书内收《解放日报》1944 年 4 月 29 日社论《展开反巫神的斗争》，以及《各地反对巫神斗争的情况》《巫神的罪恶》等文章。

　　收藏单位：国家馆、山西馆

00051

战争与宗教 周伯琴著

[旧金山]：中西日报馆，1938.5，169 页，32 开

　　本书分上、下两篇。上篇为战争与宗教，含导言、此次战争日本违背宗教之教训、此次战争日本自身致败之理由、此次战争中国终获胜利之理由等 5 章；下篇为救国与祈祷，含导言、论救国、论祈祷、论救国与祈祷之关系等 5 章。书前有李绍昌、苏醒之、黄社经、胡魁的序各一篇。书后附载公开问答等。

　　收藏单位：国家馆、上海馆

00052

真体论 （英）施继德（B. H. Streeter）原著　沈嗣庄译

外文题名：Reality: a new correlation of science and religion

上海：青年协会书局，1929.11，384 页，32 开（宗教与科学丛书）

　　本书共 10 章：唯物论、科学——艺术——宗教、一个往昔的故事、达到智识的两条途径、生命力——绝对——上帝、创造的奋斗、基督、恶的战胜、宗教与近代心理学、神不灭的道理。著者原题：施其德。

　　收藏单位：广东馆、湖南馆、山东馆、首都馆

00053

宗教别则论　何树德著

广州：美华浸信会印书局，1912.10，再版，[14] 页，25 开，环筒叶装

　　收藏单位：国家馆

00054

宗教仍有存在之可能否?　张坊著

外文题名：Can religion survive?

上海：广学会，[1928]，138 页，32 开

上海：广学会，1931.6，再版，137 页，32 开

　　本书分甲、乙、丙 3 部分。甲部分，即宗教无存在之可能说，包括：因科学昌明宗教无存在之可能、因社会改造宗教无存在之可能；乙部分，即宗教有存在之可能并能以其他种种替代之说，包括：以美术替代宗教、以道德替代宗教、以哲学替代宗教；丙部分，即人生的宗教有永远存在之可能，包括：何谓宗教、人生的宗教有永远存在之可能。

　　收藏单位：南京馆、上海馆

00055

宗教所受科学的恩赐　（美）富司迪（Harry Emerson Fosdick）著　张仕章译

外文题名：Religion's debt to science

上海：青年协会书局，1934，18 页，36 开（宗教问题小丛书 2）

　　收藏单位：国家馆、南京馆

00056

宗教与道德　（美）来逢宁（Loofty Levonian）著　慕奥译

外文题名：Religion and morality

上海：广学会，1937.5，12 页，50 开（胡德勃罗克宗教及道德丛刊 7）

上海：广学会，1939，4 版，12 页，50 开（胡德勃罗克宗教及道德丛刊 7）

　　本书论述对上帝的信仰是道德的基础，应把宗教与道德融为一体。

　　收藏单位：重庆馆、国家馆、南京馆、山东馆

00057

宗教与道德经验　（美）尼布尔（Reinhold Niebuhr）著　袁访赉译

外文题名：Religion and moral experience

上海：青年协会书局，1934.7，8 页，36 开（宗教问题小丛书 6）

　　作者认为宗教是从道德经验里产生长大的，健全的宗教必与道德经验密切地相辅而行。

　　收藏单位：广东馆、国家馆、南京馆

00058

宗教与和平　（美）来逢宁（Loofty Levonian）著　许无愁译

外文题名：Religion and peace

上海：广学会，1938.8，16 页，64 开（胡德勃罗克宗教及道德丛刊 14）

　　本书论述基督教是和平的指路碑。

　　收藏单位：国家馆、南京馆

00059

宗教与科学　P. J. Guibert 著　沈造新译

外文题名：Les croyances religieuses et les sciences de la nature

上海：圣教杂志社，1936.8，225 页，36 开

　　本书为著者在巴黎公教大学的演说词。共 8 章：抵触、原始、世间伦序、进化论、生物学、定命论、人类原始、圣经与科学。附录《真教辩护学对于现代科学所抱之态度》《地球的年龄》《我为什么信天主》3 篇文章。上海惠主教准刊。

　　收藏单位：国家馆、湖南馆、南京馆

00060

宗教与科学　（美）顾德（J. M. Coulter）（美）康克伦（E. G. Conklin）（美）乌德邦（A. S. Woodburne）著　简又文编译

外文题名：Religion and science

上海：青年协会书报部，1925.6，再版，18+206 页，32 开（宗教研究丛书 2）

上海：青年协会书报部，1925.6，3 版，206 页，32 开（宗教研究丛书 2）

　　本书分上、中、下 3 卷，主要论述宗教与科学的合作、进化与宗教、宗教与科学的

关系。书前有编者引言及陆志韦、饶伯森序各一篇。

收藏单位：国家馆、山东馆、浙江馆

00061

宗教与科学 （美）来逢宁（Loofty Levonian）著 许无愁译

外文题名：Religion and science

上海：广学会，1938.8，16页，64开（胡德勃罗克宗教及道德丛刊10）

本书论述宗教与科学同为人类生活不可或缺的因素，真正的科学与宗教能够相互调和。

收藏单位：国家馆

00062

宗教与科学之冲突 （英）德拉帕（John William Draper）著 张微夫译

外文题名：History of the conflict between religion and science

上海：辛垦书店，1934.6，176页，32开

本书从天文学、地质学、真理、宇宙主宰等方面，指出宗教与科学的不相容。据原著1927年10月再版本翻译。书前有译者序、原发行者序。

收藏单位：重庆馆、广西馆、国家馆、江西馆、山西馆、上海馆、天津馆、浙江馆

00063

宗教与理智 （美）卫明（Henry Nelson Wieman）著 袁访赉译

外文题名：Religion and intelligence

上海：青年协会书局，1934.7，14页，36开（宗教问题小丛书5）

本书共3部分：宗教与知识、宗教与科学、宗教的任务。

收藏单位：国家馆、南京馆

00064

宗教与社会问题 （美）来逢宁（Loofty Levonian）著 许无愁译

外文题名：Religion and social questions

上海：广学会，1938.8，16页，64开（胡德

勃罗克宗教及道德丛刊13）

本书论述道德与灵性是解决社会问题的根本途径。

收藏单位：国家馆

00065

宗教与社会问题 （美）来逢宁（Loofty Levonian）著 许无愁译

外文题名：Religion and social questions

重庆：华英书局，1938，重版，16页，64开（胡德勃罗克宗教及道德丛刊13）

收藏单位：国家馆

00066

宗教与社会正义 （美）艾迪（Sherwood Eddy）著 青年协会书报部译

外文题名：Religion and social justice

上海：青年协会书报部，1930.1，98页（艾迪丛书1）

上海：青年协会书报部，1930.6，再版，98页（艾迪丛书1）

上海：青年协会书报部，1931.9，4版，98页，25开（艾迪丛书1）

上海：青年协会书报部，1931.10，5版，98页，25开（艾迪丛书1）

本书主张以宗教的道德精神促进社会各种事业的合作。共7章：绪论、经济的社会现状、奢侈的影响、历史上耶稣遗训的实现、现代基督教徒生活的模范、工业的人道观、结论——著者的自述。

收藏单位：重庆馆、广东馆、国家馆、黑龙江馆、江西馆、南京馆、山东馆、上海馆、浙江馆

宗教理论与概况

00067

比较宗教史 （德）施密特（Wilhelm Schmidt）著 肖师毅 陈祥春译

[北平]：辅仁书局，1948，362+171页，32开，精装

本书共5编17章，比较各宗教的发展历史。卷末有索引。

收藏单位：国家馆、近代史所、辽宁馆、南京馆、内蒙古馆、上海馆、首都馆、中科图

00068

比较宗教学 （英）耶方斯（F. B. Jebons）著 严既澄译

外文题名：Comparative religion

上海：商务印书馆，1925.7，147页，32开（新智识丛书）

上海：商务印书馆，1926，再版，147页，32开（新智识丛书）

上海：商务印书馆，1931，3版，147页，32开（新智识丛书）

本书研究世界上各种宗教的相同相异之处。共8章：绪论、祭礼、法术、祖先的供奉、死后的生命、二神教、佛教、一神教。

收藏单位：重庆馆、广东馆、广西馆、桂林馆、江西馆、内蒙古馆、天津馆、浙江馆

00069

驳陈焕章博士说教之谬（原名，国教说解剖） 张亦镜著

上海：中华浸会书局，1919.1，57页，32开

上海：中华浸会书局，1931.5，4版，57页，32开

本书主要内容是对陈焕章等人第一次请愿定孔教为国教呈文的驳论。共7章：驳以唐虞三代之治道为中国国教之所由来之谬、驳其所师傅于康有为之春秋三世及礼运大同小康说之谬、驳引礼及历史证孔子为国教教主之所由来之谬、驳言历朝皆不敢不服从民意奉孔教为国教之谬、驳言中国自古奉孔教为国教亦自古许人信教自由之谬、驳引各国现行宪法明定国教无碍于信教自由之谬、驳其呈末所点出信教自由与特崇国教之宗教之谬。

收藏单位：桂林馆、国家馆、南京馆

00070

不吃饭成神仙纪 车璜撰

世界宗教大同会，1922，8叶，22开，环筒叶装

收藏单位：重庆馆

00071

黜虚崇正论（官话） （德）安保罗（Paul Kranz）撰 青岛巴陵会订

上海：美华书馆，1914，138页，32开

上海：美华书馆，1924，138页，32开

上海：美华书馆，1936，138页，32开

本书共69篇。除论上帝，还评析儒教、玉皇、老君、真武、文昌、关公、财神、城隍、社稷、张天师、佛教、神仙等。

收藏单位：国家馆、首都馆、浙江馆

00072

从社会福音到个人宗教 （美）富司迪（Harry Emerson Fosdick）著 袁访赉译

外文题名：From social gospel to personal religion

上海：青年协会书局，1934，12页，36开（宗教问题小丛书9）

收藏单位：国家馆、南京馆

00073

达古斋真富指南 宗杰 霍明志著

北京：中原印刷社，1944.3，92页，32开

北京：中原印刷社，1946.5，92页，32开

出版者不详，1946.5，102页，32开

本书阐述听天命尽人事的观点。全书分上下两卷，卷首有著者自序。1946版书名页题：增纂达古斋真富指南，有文字增改。

收藏单位：国家馆、南京馆、首都馆

00074

答辩录（第6册） 罗金锐著

世界宗教大同会，[1923]，12叶，25开，环筒叶装（展开小卷4）

本书讨论有关宗教信仰的问题。

收藏单位：重庆馆

00075

答客问 朱宗元著

上海：土山湾印书馆，1922，4版，74页，32开

上海：土山湾印书馆，1932，5版，70页，32

开

本书以问答体形式解释儒、释、道三教与天主教的不同，进而宣讲天主教教理。

收藏单位：国家馆、河南馆

00076

大时代的宗教信仰　吴耀宗著

香港：青年协会书局，1938.12，64 页，50 开（非常时丛书 第 1 类 1）

本书包含两部分：为什么这是中国的大时代、大时代的宗教信仰。书前有编辑旨趣。

收藏单位：桂林馆、国家馆

00077

道仇释两大案　张亦镜著

外文题名：Two great persecutions of Taoism against Buddhism

广州：美华浸会印书局，1920.5，再版，35 页，50 开

收藏单位：桂林馆

00078

德国宗教及哲学史概观　（德）海涅（H. Heine）著　辛人译

外文题名：Zur Geschichte der Religion und Philosophie in Deutsch land

上海：辛垦书店，1936.8，205 页，25 开

本书共 3 章：路德以前的德国、从路德到康德、从康德到黑格尔。书前有译者序、日译者序、原著第 1 版、2 版序。由日译本转译。

收藏单位：国家馆

00079

东汉之宗教　宋云彬编

外文题名：The religions during the period of Tung Han

上海：商务印书馆，1931.5，84 页，32 开（中国历史丛书）

本书共 4 篇，内容包括：儒教、佛教、道教及三教的相互关系。编者原题：宋佩韦。

收藏单位：重庆馆、桂林馆、国家馆、江西馆、辽宁馆、上海馆、绍兴馆、首都馆、

中科图

00080

东汉宗教史　宋云彬编

上海：商务印书馆，1934.4，国难后 1 版，84 页，32 开（史地小丛书）

上海：商务印书馆，1935，国难后 2 版，84 页，32 开（史地小丛书）

本书又收入何炳松主编的《中国历史丛书》，改书名为：东汉之宗教。编者原题：宋佩韦。

收藏单位：广东馆、广西馆、国家馆、江西馆、近代史所、山东馆、上海馆、首都馆、中科图

00081

笃信之道　[博爱和拉著]

外文题名：Book of assurance

上海：出版者不详，263 页，32 开

本书把犹太教、琐罗亚斯德教、基督教与伊斯兰教教义贯通起来，以回答伊斯兰教徒及其他宗教徒对于上帝的怀疑。原著为波斯文，转译自英译本。

收藏单位：江西馆、山东馆、上海馆、首都馆、浙江馆

00082

渡迷宝船（卷 2）　极中子　极太子选

开封：新豫印刷厂，1941 印，126 页，16 开

收藏单位：河南馆

00083

渡迷宝船（卷 3）　极中子　极太子选

开封：新豫印刷厂，1941 印，112 页，16 开

收藏单位：河南馆

00084

二十世纪底思想　阮铁生编

宣化：宣化天主堂，1935.3，516 页，32 开

本书辑录《真道期刊》《我存杂志》《益世报》《宗教生活运动特刊》等杂志的文章，按内容分为 5 编，探讨灵魂、神、神人各种关系、公教及近代各种疑难问题。书前有引

言：人生在世究竟是为什么的。

收藏单位：国家馆、人大馆、上海馆

00085

丰都宗教习俗调查　卫惠林著

四川乡村建设学院研究实验部，1935.7，42页，16开（社会调查丛书）

本书调查四川丰都的宗教和社会风俗。内容包括：丰都的地理沿革与庙宇分布，丰都宗教中心之起源，通俗迷信中的幽冥世界，丰都的经忏、神话、故事与宗教习俗，丰都香会，丰都宗教的世界观。

收藏单位：重庆馆、国家馆、江西馆、南京馆

00086

高级农民宗教读本（第 2 册 农民与工作）　毕范宇　余牧人编辑

上海：广学会，1939，改正 6 版，78 页，32开（宗教教育促进会丛书）

本书为乡村教会高级识字班主日学校适用。

收藏单位：广东馆

00087

公教真义与各教会　陈燕翔著

香港：公教真理学会，1927，24 页，32 开

香港：公教真理学会，1947.6，5 版，24 页，32开

收藏单位：国家馆、南京馆

00088

公教真义与各教会

[圣类斯工艺学校]，21 页，32 开

出版者不详，27 页，32 开

本书为宗教杂谈。内容包括：宗教的重要、宗教的研究、儒教、佛教、道教、其他、天主公教等。

收藏单位：重庆馆、国家馆、江西馆

00089

鬼语　（英）拔柯著　孟宪承译述

上海：商务印书馆，1916.12，109 页，32 开

上海：商务印书馆，1918.1，再版，109 页，32开

上海：商务印书馆，1922.12，4 版，109 页，32开

上海：商务印书馆，1923，5 版，109 页，32 开

本书共 54 篇，借一个死人的口，论证灵魂不死。书前有伍廷芳的序及著者绪言。

收藏单位：重庆馆、广东馆、国家馆、江西馆、南京馆、首都馆、浙江馆

00090

国内近十年来之宗教思潮　张钦士选辑

[北京]：[燕京华文学校]，1927，476 页，32开

本书为燕京华文学校研究科参考材料。分 4 部分，辑集关于宗教问题的论文 50 余篇。著者有蔡元培、胡适等。卷首有张钦士序。

收藏单位：东北师大馆、国家馆、吉林馆、近代史所、上海馆、西南大学馆

00091

华北宗教年鉴

[北京]：兴亚宗教协会，1941.3，713 页，32开

本书前 6 篇分别对佛教、道教、伊斯兰教、基督教中华民国建元以来的大事记、在华北地区的重要团体、教徒生活状况、教会活动等进行了介绍，后 5 篇介绍了日本在华宗教、宗教关系慈善团体、宗教界名人录、宗教关系出版品目录、统计图表、法规及宗教管理机关。

收藏单位：国家馆、宁夏馆、首都馆

00092

魂之雕刻　（日）贺川丰彦著　明灯报社编译

上海：广学会，1932，176 页，32 开

上海：广学会，1933.7，再版，176 页，32 开

本书论述怎样从胎儿起到成年止进行宗教教育。

收藏单位：重庆馆、国家馆、上海馆

00093

基督教与他教的比较　马歇尔（E. A. Marshall）

著 严雅各译述

外文题名：Christianity and non-christian religions compared

汉口：中国基督圣教书会，1933，188 页，32 开

汉口：中国基督圣教书会，1948.6，再版，188 页，32 开

本书包括各教主诞生之时地、各宗教之历史沿革、各宗教之宗派等 63 章。书前有中、英对照译者引言。

收藏单位：安徽馆、国家馆

00094

己丑度亡利生息灾法会音声（第 1 期） 度亡利生息灾法会弘法组编

上海：息灾法会，1949，23 页，16 开

收藏单位：河南馆

00095

济南市宗教调查统计报告（统计资料 第 10 种） 济南市政府秘书处编

济南：济南市政府秘书处，1936.5，17 页，16 开

本书收录济南市宗教调查报告、济南市宗教分类统计表、济南市宗教会所寺庙及教堂分类统计图等。

00096

进步与宗教（一个历史的考察） （英）道森（Christopher Dawson）著 柳明译

上海：商务印书馆，1947.7，210 页，32 开（甘露丛书）

本书为宗教社会学论著，共 10 章：社会学与进步观、史学与进步观、人类学与进步论：文化之物质基础、宗教与文化中的精神成分之比较研究、宗教与文明之起源、世界诸宗教之兴起、天主教与西方文明之兴起、西方文化之俗家化与进步宗教之兴起、科学与工业主义之时代进步宗教之衰落、结论。

收藏单位：贵州馆、桂林馆、国家馆、南京馆、内蒙古馆、宁夏馆、山东馆、上海馆、首都馆、天津馆、浙江馆、中科图

00097

近代名哲的宗教观 （美）艾迪（Sherwood Eddy）著 青年协会书报部译

外文题名：What religion means to me

上海：青年协会书局，1930.1，74 页，32 开（艾迪丛书 4）

上海：青年协会书局，1930.6，再版，74 页，32 开（艾迪丛书 4）

上海：青年协会书局，1931，3 版，78 页，32 开（艾迪丛书 4）

上海：青年协会书局，1931.9，4 版，78 页，32 开（艾迪丛书 4）

上海：青年协会书局，1931.10，5 版，78 页，32 开（艾迪丛书 4）

本书共 9 篇：到宗教的路、宗教是什么、宗教对于人生的作用、我的宗教、近代世界中信仰的效能、基督教与社会的斗争、宗教与道德经验、宗教与理智、我所知道的关于宗教的事。

收藏单位：重庆馆、国家馆、湖南馆、江西馆、南京馆、山东馆、首都馆

00098

近代世界中信仰的效能 （美）华德（Harry. F. Ward）著 袁访赉译

外文题名：The function of faith in the modern world

上海：青年协会书局，1934.7，13 页，36 开（宗教问题小丛书 7）

本书著者认为对上帝的信仰能给人力量，使人类一天天地变成上帝的模样，从而实现一个新的世界。

收藏单位：国家馆、南京馆

00099

警策尘寰 清一子 诚一子编辑

出版者不详，[1935—1949]，138 页，26 开

收藏单位：江西馆

00100

究竟有没有神？ 李明馨著

上海：中华浸会青年助道会，29 页，32 开

本书共 4 部分：一般人对神的意见、无神论者的理由、我们的解释、有神的七大证明。

收藏单位：桂林馆、上海馆

00101

灵魂世界（原名，裴丽亚之书翰）（英）施泰德（Wm. T. Stead）编　汪奎东译述
外文题名：Letters from Julia
上海：出版者不详，1935，160 页，32 开
　　本书内容为裴丽亚死后的来信合集，论述灵魂及宗教问题。

00102

灵魂学　（英）狄采奇著　黄风希译
上海：存正书局，1923.10，106 页，32 开
　　本书共 7 章：通灵现象、主观的事实——灵媒、通灵术之道德及价值、物质与精神、灵界之阶级、死之门、实践的神秘主义。
　　收藏单位：国家馆、首都馆

00103

灵命观　祸祖默德神人著
出版者不详，[1916]，115 页，32 开
　　本书谈论灵魂和命运。共 9 部分：灵命、宇宙、因果、两极、现世、生死、病苦、死后、诚感。
　　收藏单位：国家馆

00104

灵象实验研究（一名，生灵死灵术）　玄妙观主编译
上海：新学书局，1936，3 版，28 页，32 开
　　本书共 17 章，内容包括：灵象实验研究之沿革、死后灵魂存续之证明、生灵死灵交换术、人体物体空间浮动术等。
　　收藏单位：国家馆

00105

伦理科学证主实有　牟作梁　李道昌著
济南：华洋印书局，[1930—1939]，13 页，64 开（神职杂志袖珍丛书 2）
　　本书共 3 部分：以真理推论宗教最要紧、看人心渴想真福的倾向宗教是最要紧的、宗教为社会国家要紧的。
　　收藏单位：国家馆

00106

论教中之心理学　（英）John Caird 著　（英）马林（W. E. Macklin）译　蔚青述
外文题名：Introduction of the philosophy of religion
出版者不详，188 页，22 开
　　本书是有关宗教信仰心理的著作。共 10 章，内容包括：论心理学与教的历史关系、论上帝凭据、论教的知觉、论教的必需等。正文前有蔚青的缘起。
　　收藏单位：国家馆

00107

欧美列国——宗教教育之比较研究　袁承斌著
北平：公教教育联合会，1933.4，70 页，32 开
　　本书叙述法国、意大利、英国、美国、葡萄牙等国的教育状况及宗教教育的地位。
　　收藏单位：国家馆

00108

培灵心理学　（英）魏德海（Leslie D. Weatherhead）著　明灯报社编译
外文题名：Psychology in service of the soul
上海：广学会，1933.9，124 页，32 开
上海：广学会，1934.3，再版，124 页，32 开
　　本书共 11 章，内容包括：宗教的心理疗养、梦的意义与解释、认罪的价值、自我的暗示之价值、不自觉的动机、催眠术在宗教上的价值、明天不要再疲乏了、对于本能的福音、不清洁的思想及其救济方法、畏惧与惊吓、心灵求全的冲动。
　　收藏单位：重庆馆、南京馆

00109

青春期之宗教心理学　（美）麦美德（L. Miner）著　郭中一校订
外文题名：The religious psychology of the adolescent
上海：广学会，1933.10，466 页，32 开（齐鲁神学丛书 3）
　　本书为著者在齐鲁神学院授课的讲义。共 8 章，内容包括：自我之组成、人生各时期之特征、宗教与青年等。有缪秋笙序及著者

自序。

　　收藏单位：重庆馆、国家馆

00110

去荆锄（又名，读陈焕章博士孔教讲义辩谬）

张亦镜著

外文题名：Destroying the thistle

广州：美华浸信会印书局，1921.2，3 版，76 页，25 开

　　本书为作者驳辩陈焕章先生《孔教讲义》中的种种观点。著者原题：张文开。

　　收藏单位：桂林馆

00111

全国教化团体一览　民生部社会司社会科编

民生部社会司社会科，1939，170 页，25 开

　　收藏单位：黑龙江馆、辽宁馆

00112

人鬼交通奇观　周群敏著

上海：灵性学会，1926，2 册（285 页），32 开

　　本书以笔记形式，讲述鬼的故事。

　　收藏单位：吉林馆、上海馆

00113

人鬼通灵录（上卷）　杨老穷著

上海：灵学书局，151 页，32 开

出版者不详，110 页，32 开

　　本书是作者与死人的对话录。

　　收藏单位：上海馆

00114

人类的宗教需要（护教篇 第 2）　袁承斌著

北平：公教教育联合会，1933.3，18 页，32 开

北平：公教教育联合会，1935，再版，18 页，32 开

北平：公教教育联合会，1941.11，3 版，18 页，32 开

　　本书内容包括：人类的宗教情绪、宗教情绪表现于外的形式、默示不能少等。

　　收藏单位：国家馆、内蒙古馆

00115

人类生存奋斗中宗教之功用　（美）浮士德（G. B. Foster）著　简又文编译

上海：中华基督教文社，1926.10，172 页，32 开

　　本书收著者在美国加州州立大学哲学会上的讲演 7 篇。有著者序及译者序。

　　收藏单位：国家馆、湖南馆、山东馆、浙江馆

00116

人生与宗教

香港：真理学会，1949.8，22 页，50 开（民众读物小丛刊 49）

　　本书收有关宗教信仰问题的文章 3 篇：《天主教与人生》《这是我的信仰》《我的宗教观》。

　　收藏单位：国家馆

00117

仁慈录（2 卷，附录 2 卷）　梦余生辑

无锡：锡成印刷公司，1934.6 印，234 页

　　本书分上、下两编。上编包括：《戒杀生论》（胡直）、《答友人论茹素戒杀书》（梦余生）、《戒杀诗》（周思义）等，下编包括：《护生品》（赵宦光）、《觉世语》（袾宏）、《卫生集》（华梧棲）等。附录：劝孝歌及八反歌、灵效单方。

　　收藏单位：国家馆

00118

日本国民的信仰生活　日本评论社主编

南京：日本评论社，1934.5，44 页，32 开（日本研究会小丛书 第 53 种）

　　本书介绍日本国民宗教生活概括。内有日本的固有信仰（神道）、移植信仰（佛教和基督教）及混合信仰（民间杂信）等。

　　收藏单位：重庆馆、贵州馆、国家馆、南京馆

00119

儒释道耶回五教基本一致性　傅统先著

出版者不详，[1940]，33 页，32 开

本书论述儒、佛、道、基督、伊斯兰教的共同。书中题名：儒释道耶回五教基本认识的一致性。

　　收藏单位：上海馆

00120

三教新义（原名，论中国宗教界之缺点） 梁集生著

广州：美华浸会印书局，1916，5 版，27 页，25 开

　　收藏单位：国家馆

00121

社会上权威与信仰的演进观 邵鹤亭著述

出版者不详，1935，[16 页]，16 开

　　本书内容包括：引言、权威的基础与种类、神秘社会下的权威与信仰、宗教社会下的权威与信仰、封建社会下的权威与信仰、平民主义社会的权威与信仰。

　　收藏单位：国家馆

00122

什么是宗教 （美）来逢宁（Loofty Levonian）著　慕奥译

外文题名：What is religion?

上海：广学会，1937.5，13 页，50 开（胡德勃罗克宗教及道德丛刊 1）

上海：广学会，1940.7，翻版，14 页，50 开

　　本书阐述怎样把宗教的真谛实施于生活中，形成一种合理的人生。

　　收藏单位：国家馆

00123

神的哲学 袁定安著

外文题名：Philosophy of theism

上海：广学会，1924.6，179 页，32 开

上海：广学会，1931.2，再版，180 页，32 开

　　本书共 4 篇：神之名义、神之有无、神之实验、神之位数。

　　收藏单位：重庆馆、山东馆、上海馆、浙江馆

00124

神人谈话记 宋仁化著

出版者不详，38 页，32 开

　　本书叙述著者与神交谈的经过。

　　收藏单位：上海馆

00125

圣诞异述

上海：世界书局，1933.3，281 页

　　本书是关于宗教用词的中英文对照表。

　　收藏单位：浙江馆

00126

诗书中之宗教观 黎正甫著

出版者不详，[1930—1939]，[14 页]，18 开

　　本书收文 6 篇：《诗书之真伪辨》《关于殷周先祖之传说》《古代之神权政治》《周人之敬天崇德之思想》《祖先之神灵与天堂观念》《乱世之民嗟苦怨天》。

　　收藏单位：国家馆

00127

实验宗教学教程 曾宝荪编译

上海：青年协会书局，1934.9，109 页，25 开（青年丛书 9）

上海：青年协会书局，1936.1，3 版，109 页，25 开（青年丛书 9）

　　本书共 8 章，内容包括：由自然得来的经验、从美丽得来的宗教经验、从愉快中得来的宗教经验等。书前有序。

　　收藏单位：国家馆、南京馆、上海馆、浙江馆

00128

世界教化进行论 （美）丁尼（E. P. Tenney）著 （英）莫安仁（Evan Morgan） 戴师铎译述

上海：广学会，1915.5，再版，162 页，24 开

　　本书论述世界教化的进行情况，含各教传道用爱与用力之进行等 8 章。书前有莫安仁序。

　　收藏单位：国家馆、辽宁馆、山东馆、天津馆

00129

世界宗教史 （日）加籐玄智著　铁铮译述

外文题名：History of the religions of the world

上海：商务印书馆，1933.1，196页，32开（百科小丛书）

上海：商务印书馆，1933.6，再版，196页，32开（百科小丛书）

上海：商务印书馆，1933.12，196页，32开（百科小丛书）（万有文库第1集104）

　　本书共3编：各国民宗教之孤立的发达、闪族之宗教、雅利安民族之宗教。

　　收藏单位：安徽馆、重庆馆、大连馆、大庆馆、东北师大馆、广东馆、广西馆、贵州馆、国家馆、黑龙江馆、江西馆、近代史所、辽大馆、辽师大馆、南京馆、内蒙古馆、宁夏馆、山东馆、上海馆、绍兴馆、首都馆、西南大学馆、浙江馆

00130

释迦牟尼·耶稣基督·穆罕默德　谭正璧　范御龙编

上海：中华书局，1948.5，34页，32开

　　本书分3部分，分别介绍释迦牟尼、耶稣基督、穆罕默德。

　　收藏单位：山东馆、上海馆

00131

四川宗教哲学研究社成立大会特刊　宗教哲学研究社编

成都：宗教哲学研究社，[1925]，1册，24开

　　本书内收该社成立大会宣言、该社简章及概要等。

　　收藏单位：重庆馆

00132

四教考略（语体）　格然特（Principal G. N. Grant）著　（加）季理斐（Donald MacGillivray）编译

外文题名：Comparative religion

上海：广学会，1926，76页，32开

上海：广学会，1932.3，3版，76页，32开

　　本书论述伊斯兰教、儒家思想、印度教和佛教的原委和得失。

　　收藏单位：广西馆、上海馆

00133

搜求宝藏　Margaret R. Seebach 著　刘美丽译述

外文题名：The treasure hunt

上海：广学会，1933.7，67页，32开

　　本书记述日本、印度等地宗教事业的情况。共6章：军官与赌徒、日本的两个基督教、印度的基督徒、公主与兵、谷中人与女孩、亚拉伯酋长与岛国王。

　　收藏单位：重庆馆、国家馆

00134

苏俄革命与宗教　（俄）赫刻（Julius F. Hecker）著　甘大新译述

外文题名：Religion under Soviets

上海：上海联合书店，1930.4，308页，32开

　　本书记述苏联的宗教现状及苏联革命与宗教的最初交涉等。共13章：俄罗斯之民族性与宗教、俄罗斯正统教会之盛衰、教义之固定与迷信之横行、革命与宗教——一九一七——八年之沙伯尔、教会对革命之反抗、教会之动摇、与革命握手之教会——一九二三年之沙伯尔及正统教会之分化、俄罗斯正教会之统一运动、俄罗斯教会之改造、放浪宗·去势宗·及其他、布尔什维克中之洗礼派、俄罗斯智识阶级之宗教的悲剧、布尔什维克之宗教政策。

　　收藏单位：重庆馆、广西馆、桂林馆、国家馆、江西馆、近代史所、宁夏馆、上海馆、浙江馆

00135

苏俄治下的宗教　（俄）赫刻（Julius F. Hecker）原著　张仕章补译

上海：新文社，1931.1，282页，32开

　　本书为《苏俄革命与宗教》的另一译本，记述苏联的宗教现状及苏联革命与宗教的最初交涉等。共13章：俄国人的宗教特性、东正教会的兴衰、东正教会在教义上的特点、东正教会内部的改革、教会与革命的战争（上、下）、一九二三年的大会与东正教

会的分裂、东正教会在统一方面的奋斗、东正教改良的趋向、非正宗教派及其分裂的情形、多数派中间的浸礼会教徒、知识阶级在宗教上的惨剧、结论——宗教的存在与否。

收藏单位：广西馆、国家馆、上海馆

00136

苏联的宗教与无神论之研究 （俄）赫刻（Julius F. Hecker）著　杨缤译述

上海：青年协会书局，1935.9，208页，25开（青年丛书25）

上海：青年协会书局，1948.3，2版，208页，25开（青年丛书25）

本书共13章，内容包括：教会与国家、共产主义的宗教观、集体化及无神论宣传、前途的瞻望等。有吴耀宗及著者序。

收藏单位：重庆馆、广东馆、国家馆、湖南馆、近代史所、南京馆、内蒙古馆、山东馆、上海馆、浙江馆、中科图

00137

天下第二奇书（又名，死后之将来） 灵学研究社编

上海：灵社，1919，90页，32开

上海：灵社，1921，2版，90页，32开

上海：灵社，1924，7版，90页，32开

上海：灵社，1924，8版，90页，32开

本书讲人死后成鬼的种种情况。

收藏单位：重庆馆、山东馆、首都馆

00138

天下第三奇书（又名，灵魂世界） 灵学研究社编

上海：灵社，1919.8，76页，25开

上海：灵社，1922.6，4版，76页，25开

上海：灵社，1925，8版，76页，25开

上海：灵社，1926.4，9版，76页，25开

本书共5章：灵魂之等级、鬼之等级、神之等级、仙之等级、佛之区别。书后附录：诸仙佛小史。

收藏单位：重庆馆、广西馆、国家馆、山东馆、浙江馆

00139

通俗宗教论（社会科学之部） 钱亦石著

上海：神州国光社，1931.12，64页，36开

本书讨论宗教的本质、起源、进化、组织，以及宗教的结局等。

收藏单位：桂林馆、河南馆、南京馆、内蒙古馆、山东馆、上海馆

00140

唯物的宗教观 刘剑横著

上海：亚东图书馆，1932.9，182页，32开，精装

本书共7章：绪论、宗教之起源、灵魂观念之进化、神的崇拜与宗教制度的变迁、宗教理想的演进、各派宗教的概要、宗教之现在与未来。书前有序言。

收藏单位：重庆馆、广西馆、桂林馆、国家馆、内蒙古馆、山东馆、上海馆、首都馆、浙江馆

00141

唯物论与宗教 （日）佐野学著　邓毅译

上海：秋阳书店，1930.3，88页，32开

本书为原著者《马克思主义讲座》第1卷中的一部分，用唯物论的观点阐述宗教的起源、发展、作用及其克服方法。同时，讲解了唯心论学与唯物论哲学的区别。共6章：宗教批评的意义、马克思主义者怎样去理解宗教的表现、社会生活过程及政治过程中的宗教、宗教史、哲学上的无神论、结论——日本宗教问题。

收藏单位：上海馆

00142

我的宗教 （美）郝姆士（John Kaynes Holmes）著　袁访赍译

外文题名：My religion

上海：青年协会书局，1934，16页，36开（宗教问题小丛书8）

收藏单位：国家馆、南京馆

00143

巫术科学宗教与神话 （英）马林诺夫斯基

（Bronislaw Kaspar Malinowski）原著　李安宅译述

上海：商务印书馆，1936.3，193 页，32 开（汉译世界名著）

　　本书论述巫术、宗教、神话和科学的产生原因，以及他们之间的相互关系。分上、下编，分别译自原著者《巫术科学与宗教》《原始心理与神话》。有译者序。著者原题：马林楛斯基。

　　收藏单位：重庆馆、大庆馆、东北师大馆、广东馆、广西馆、桂林馆、国家馆、湖南馆、江西馆、南京馆、内蒙古馆、上海馆、首都馆、天津馆、浙江馆

00144

五教第一（下册） 常山化雨坛编

常山：常山化雨坛，242+[14] 页，25 开（浙江常山化雨坛第一刊鸾书）

　　本书共 4 部分：正文、跋、赞、鸾书。

　　收藏单位：重庆馆

00145

五教通论 虚心讲　陈毋固记录

良行精舍，[1935.3]，76 页，64 开（良行丛书 6）

　　本书为著者 1935 年 3 月在樊口的讲演稿。共 16 章：知天、忘欲、知物、忘相、知性、忘欺、知形、妄私、知无、忘嗔、知为、忘有、知同、忘贵、知归、妄异。正文前有《五教合一人心道心诸偈》《五教通论自序》等。

　　收藏单位：国家馆

00146

五教演讲

出版者不详，68 页，26 开

　　收藏单位：上海馆

00147

五教指南 杨时中著

上海：世界和平法编译处，1931.2，92 页，32 开

　　本书介绍儒家、佛教、道教、伊斯兰教、基督教的源流、派别等。附五教结论 3 章。

　　收藏单位：重庆馆、国家馆、南京馆

00148

五圣教之摄要

济南：慈济印刷所，1922.5 印，80 页，22 开

　　本书对耶教、伊斯兰教、佛教、道教、儒教五教的发生、主义、教义、伦理、修行、道德等方面做了简单介绍。

　　收藏单位：山东馆

00149

五十年来之世界宗教 马相伯著

马相伯 [发行者]，[1922]，90 页，50 开

　　本书杂论宗教，为《申报》50 周年纪念而作。

　　收藏单位：国家馆、内蒙古馆、上海馆

00150

五十年来之世界宗教 马相伯著

上海：土山湾印书馆，1927，2 版，92 页，50 开

00151

现代神学思潮 （美）敖布瑞（E. E. Aubrey）著　彭彼得译述

外文题名：Present theological tendencies

上海：青年协会书局，1941，173 页，32 开（金陵神学院丛书 2）

　　本书介绍现代主义、辩证神学等现代主要神学流派的发展趋势及纲领，解释它们与现代文化的关系。

　　收藏单位：重庆馆、湖南馆、南京馆、山东馆

00152

现代宗教论 （俄）赫刻（Julius F. Hecker）著　王一鸣译

外文题名：Religion and a changing civilisation

上海：青年协会书局，1938.5，125 页，32 开（青年丛书 第 2 集 4）

　　本书共 6 章，内容包括：信奉宗教者的宗教观、研究宗教者的宗教观、宗教在现代社会中的作用、宗教的前途等。著者原题：

赫克。

收藏单位：重庆馆、贵州馆、国家馆、湖南馆、南京馆

00153

现代宗教问题　王廉著

上海：土山湾印书馆，[1940—1949]，[640]页，64开

本书分5部分，每一部分中各含10个问题，内容包括：我们需要整个真理、信仰自由、宗教是什么等。

收藏单位：国家馆

00154

现在华北秘密宗教　李世瑜著

[成都]：华西协合大学中国文化研究所、国立四川大学史学系，[1948]，176页，16开

本书共4章，介绍黄天道、一贯道、皈一道、一心天道龙华圣教会的情况，包括历史、源流、概况、教义、经典研究等。卷首有吴则霖序、贺登崧序、作者自序及法文提要。

收藏单位：重庆馆、东北师大馆、广东馆、国家馆、辽大馆、南京馆、内蒙古馆、上海馆、浙江馆、中科图

00155

限制宗教教育问题　（美）福开森（John Calvin Ferguson）著

出版者不详，10页，21开

本书针对国民政府关于学校中不得硬性规定学生接受宗教的政策，提出反驳。原载1919年9月《大公报》。

00156

心理学对于宗教的影响　（美）爱里奥德著　刘延芳译

北京：燕京大学宗教学院，1935，47页，32开

收藏单位：南京馆

00157

心理学与宗教　（美）哈金等著　胡贻毅译述

上海：青年协会书局，1929.5，29页，32开

（科学与宗教小丛书1）

上海：青年协会书局，1930，再版，29页，32开（科学与宗教小丛书1）

本书阐述心理与宗教之间的关系。

收藏单位：国家馆、山东馆

00158

新宗教观　简又文编

上海：中华基督教青年会全国协会书报部，1922.7，180页，32开（宗教研究丛书）

上海：中华基督教青年会全国协会书报部，1923.6，再版，180页，32开（宗教研究丛书）

本书共两部分：宗教概论、基督教概论。宗教概论，共收8篇文章，内容包括：《甚么是宗教》《宗教之意义》《哲学与宗教的关系》《宗教与社会主义》等；基督教概论，共收8篇文章，内容包括：《甚么是基督教》《基督教和社会主义》《科学与神学的关系》《进化与神学的关系》等。

收藏单位：重庆馆、吉林馆、南京馆、山东馆、上海馆、西交大馆、浙江馆

00159

新宗教哲学思想体系　李玉阶著

西安：陕西省宗教哲学研究社，1944.9，99页，32开

本书共3部9章。第1部物质之自然观，内容包括：宙之本体、宇宙之起源、星球之形成；第2部精神之人生观，内容包括：生命之究竟、精神之寄托、奋斗之道；第3部结论，内容包括：和与乱、相对的真理、新生论。书前有著者自序。

收藏单位：重庆馆、南京馆、内蒙古馆、上海馆

00160

信徒与行动　（英）Viscount Samuel 著　王清彬译

重庆：中国文化服务社，1943.3，[223]页，32开（青年文库）

本书论述宗教的出路是理智化，使其成为一种"温情的、人性的、诗意的"信仰。共15章，内容包括：这个混乱的时代、宗教

的前途等。有译者序言及程希孟跋。

00161

信仰心理　（法）M. Haibwachs 著　陈坚节译述
外文题名：L'origine de sentiment religieux
重庆：商务印书馆，1945.11，72 页，32 开

　　本书用社会学观点解释宗教信仰心理。共 7 章：如何定宗教的定义，最基本的宗教有没有存在，图腾的信仰，如何解释图腾制度，图腾原是氏族的象征，魂魄、幽灵、天神等观念之由来、结论。有译者自序及附识。

　　收藏单位：重庆馆、桂林馆、国家馆、南京馆、首都馆

00162

信仰自由　现代问题研究社编
现代问题研究社，16 页，64 开（现代问题的解答 甲9）

　　本书共 3 部分：信仰自由的意义、既然承认信仰自由应当加以实践、争取我们的信仰自由。

　　收藏单位：国家馆

00163

信仰自由和宗教教育（护教篇 第3）　袁承斌著
外文题名：Libertas Credendi et Educatio Religiosa
北平：公教教育联合会，1933.3，42 页，32 开
北平：公教教育联合会，1936.3，3 版，42 页，32 开

　　本书内容包括：信仰自由和宗教教育、取缔宗教教育的理由、宗教教育的毒、现时代文明国人有迷信宗教的吗、中立教育、我们对于宗教教育应有的态度等。

　　收藏单位：国家馆

00164

修道须知
出版者不详，1944，20 页，32 开

　　收藏单位：广东馆

00165

一个物理学家的宗教观　（美）密尔根（Robert

Andrews Millikan）著　张仕章译
外文题名：A scientist confesses his faith
上海：青年协会书局，1934.7，21 页，36 开（宗教问题小丛书 4）

　　作者针对教会发出的反对科学知识的运动，论述科学与宗教并没有真正的冲突，并在回顾了宗教信仰的发展后，提出宗教和科学已成为两大势力，二者可以分工合作。

　　收藏单位：国家馆、南京馆

00166

一教说（一名，宗教新观念）　刘冕执著
出版者不详，4 页，25 开

　　本书论各宗教名异而实同，皆为造化之运行。

　　收藏单位：国家馆

00167

一线之光　张士泉编著
上海：光启社，1940，163 页，32 开（光启杂录）

　　本书辑集宗教论文 12 篇，内容包括：《宗教有什么好处？》《难道宗教为现世没有好处么？》《"天主没有"的话可信么？》《宗教是为儿童的么？》等。

　　收藏单位：广东馆、桂林馆、国家馆、上海馆

00168

一线之光（续编）　张士泉编著
上海：光启社，1949，121 页，36 开（光启杂录）

　　本书辑集宗教论文 12 篇，内容包括：《天主果真有吗？》《天主主持我们的一切吗？》《天主是历史的主宰吗？》《天主是慈善的吗？》等。

　　收藏单位：国家馆、内蒙古馆

00169

英汉宗教名汇　中华信义会书报部著
汉口：中华信义会书报部，1935.9，195 页，32 开，精装

　　本书为英汉对照的宗教名词辞典，按英文字母次序排列。书前有英文的前言。

收藏单位：国家馆

00170

有神论 杭海著

外文题名：Glimpses into spiritual mysteries

上海：广学会、协和书局，1916.11，42+22 页，32 开

上海：广学会、协和书局，1917.1，再版，42+22 页，25 开

上海：广学会、协和书局，1919.12，4 版，42+22 页，25 开

本书分上、下卷，共 16 部分。上卷为灵界窥奥，内容包括：造物论、宇宙论、真我论、性理论、灵魂论、灵魂不灭论、灵魂世界论、魔鬼论、圣灵论；下卷为道系探源，内容包括：原性、原道、原教、愿天命、原真宰、结论。

收藏单位：国家馆、山东馆、山西馆、上海馆、首都馆、浙江馆

00171

有神论 杭海著

上海：朝记书庄，1917.1，42+22+16 页，32 开

上海：朝记书庄，1917.5，3 版，42+22+16 页，32 开

上海：朝记书庄，1919.12，4 版，42+22+16 页，32 开

收藏单位：河南馆、南京馆

00172

哲学与宗教 （意）文嘉礼著 李有行译

香港：真理学会，1948.1，264 页，32 开（新时代问题丛书）

本书论述天主教在哲学、历史方面的根据，以及教义的基本内容。共 15 章，内容包括：神、人、所谓神所谓启事的宗教、耶稣基督是一位实在的人等。

收藏单位：桂林馆、国家馆、湖南馆、南京馆、内蒙古馆、宁夏馆、首都馆

00173

中国的宗教观 陈金镛著

外文题名：An investigation of Chinese religious ideas

上海：美华浸会书局，1939.9，206 页，25 开

本书引证中国的经史子集，阐述中国的固有宗教观念。共 5 章：论神的名称、论祭祀、论祷告、论经书、论道德。书前有自序、导言。

收藏单位：上海馆、首都馆、浙江馆

00174

中国的宗教观 陈金镛著

外文题名：An investigation of Chinese religious ideas

上海：中华浸会书局，1949.7，再版，205 页，25 开

收藏单位：国家馆

00175

中国历史的上帝观 王治心著

上海：中华基督教文社，1926.5，310 页，32 开

本书论述我国从上古至近代的宗教思想，内容包括：总论、上古时代、先秦时代、两汉时代、六朝及隋唐时代、宋元明时代、清及近代。书前有著者的叙言。

收藏单位：安徽馆、重庆馆、国家馆

00176

中国宗教思想史大纲 王治心编

上海：中华书局，1933.5，228 页，32 开

上海：中华书局，1940.2，再版，228 页，32 开

本书共 6 章 23 节，分别从三代、秦汉、魏晋南北朝、唐宋元、明清及近代各个历史时期，叙述中国从上古至近代宗教思想的输入、流传与发展。书前有陈钟凡序及作者自序。

收藏单位：重庆馆、东北师大馆、广东馆、广西馆、桂林馆、国家馆、湖南馆、江西馆、近代史所、辽大馆、辽宁馆、南京馆、内蒙古馆、山东馆、山西馆、上海馆、首都馆、天津馆、浙江馆、中科图

00177

中国宗教徒和平建国大同盟 中国宗教徒和平建国大同盟编著

中国宗教徒和平建国大同盟，[1947]，13 页，
32 开

　　本书收宣言两篇，组织原则及总章等。

　　收藏单位：上海馆

00178

诸教参考 （美）克拉格（S. H. Kellogg）著
（美）赫士（W. M. Hayes）译
外文题名：A handbook of comparative religion
上海：广学会，1932，8 版，88 页，32 开

　　收藏单位：河南馆

00179

诸教参考 林步基编著
外文题名：Comparative religion
[上海]：中华圣公会，1926，241 页，32 开

　　本书介绍世界各国主要宗教的产生背景
及教理教义等。共 15 章：绪论、原人之宗教、
巴比伦亚述之宗教、埃及之宗教、希拉之宗
救、罗马之宗教、波斯之宗教、印度之宗教、
日本之宗教、儒教、道教、释教、犹太教等。
书前有编者序言。

　　收藏单位：国家馆

00180

诸教的研究 谢颂羔编
外文题名：A short study of religions
上海：广学会，1926.8，280 页，32 开
上海：广学会，1929.3，4 版，280 页，32 开
上海：广学会，1932，5 版，280 页，32 开
上海：广学会，1933，6 版，280+20 页，32 开
上海：广学会，1935，7 版，280 页，32 开
上海：广学会，1936，9 版，280+20 页，32 开
上海：广学会，1940，11 版，280+20 页，32 开
上海：广学会，1941，12 版，280+20 页，32 开
上海：广学会，1946，13 版，280 页，32 开

　　本书共 5 编，综合介绍世界各大宗教的
历史及现状。1933 年 9 月第 6 版时，编者增
加了余牧人，并有附录：现代十一宗教比较
表。1940 年 2 月第 11 版时，又加一附录：基
督教入华史略。

　　收藏单位：重庆馆、东北师大馆、广东
馆、桂林馆、国家馆、辽宁馆、南京馆、内

蒙古馆、山东馆、绍兴馆、首都馆、浙江馆

00181

宗教本质讲演录 （德）费尔巴哈（L. A. Feuerbach）
著　林伊文译
上海：商务印书馆，1937.3，315 页，25 开（中
山文库）

　　本书从宗教哲学与自然哲学的角度论述
宗教的本质。著者原题：费尔巴赫。

　　收藏单位：重庆馆、广东馆、广西馆、贵
州馆、桂林馆、国家馆、湖南馆、江西馆、
辽大馆、南京馆、上海馆、首都馆、浙江馆、
中科图

00182

宗教比较学 （英）英雅各（James W. Inglis）
著　韩汝霖译
外文题名：Comparative religion
上海：广学会，1937.8，355 页，32 开
上海：广学会，1948，3 版，355 页，32 开

　　本书共 19 章，内容包括：绪论、野蛮民
族的宗教、埃及的宗教、巴比伦与亚述的宗
教、迦南与叙利亚的宗教、波斯的宗教、摩
尼教、希腊的宗教、希腊戏剧与宗教、希腊
哲学与宗教、印度的宗教等。

　　收藏单位：重庆馆、广东馆、国家馆、南
京馆

00183

宗教大纲 汪秉刚著
北京：道德学社，1923.8，202 页，25 开

　　本书分上、下两篇。上篇为通论，内容
包括：宗教定义、宗教释义等，概述宗教、哲
学、科学相互之间的关系与作用；下篇为教
纲，分列儒家、道教、佛教、伊斯兰教、基
督教五教学说，每教中有教主传，主义与宇
宙观。书前有著者序。书后附疑问八条。

　　收藏单位：国家馆、内蒙古馆

00184

宗教道德教育学 （美）柯嘉芝著　吴同焯译
上海：广学会，1925，再版，224 页，32 开

　　本书论述道德在教育中的地位、宗教教

育之需要、儿童教育、家庭教育、基督教学校的特点等。

收藏单位：辽宁馆、南京馆

00185

宗教的出生与长成 （美）摩耳（G. F. Moore）著　江绍原译

外文题名：The origin and growth of religion

上海：商务印书馆，1926.12，209 页，32 开（尚志学会丛书）

上海：商务印书馆，1932，国难后 1 版，209 页，32 开（尚志学会丛书）

　　本书共 8 章，内容包括：宗教的前身和根苗、魂与灵、群神的出现、道德与宗教、高级文明里的宗教、死后、解脱道等。书前有译者弁言和原著者序。

　　收藏单位：重庆馆、广东馆、广西馆、贵州馆、桂林馆、国家馆、黑龙江馆、湖南馆、吉林馆、江西馆、近代史所、南京馆、首都馆、天津馆、西南大学馆、浙江馆、中科图

00186

宗教的力源何在 （美）来逢宁（Loofty Levonian）著　慕奥译

外文题名：What is the source of power in religion?

上海：广学会，1937.5，13 页，64 开（胡德勃罗克宗教及道德丛刊 2）

上海：广学会，1939，4 版，13 页，64 开（胡德勃罗克宗教及道德丛刊 2）

　　本书阐述人类性灵的基本需要及宗教的真实力量。

　　收藏单位：重庆馆、国家馆

00187

宗教的权威在那里 （美）来逢宁（Loofty Levonian）著　慕奥译

外文题名：Where is authority in religion?

上海：广学会，1937.5，14 页，50 开（胡德勃罗克宗教及道德丛刊 3）

上海：广学会，1939，4 版，14 页，50 开（胡德勃罗克宗教及道德丛刊 3）

　　本书论述信奉宗教的意义在于用真理、仁爱、诚挚诉诸人们的良心。

收藏单位：重庆馆、国家馆

00188

宗教的意义与真理 （美）赖曼（E. W. Lyman）著　徐宝谦译

上海：青年协会书局，1941，19+359 页，32 开（青年丛书第 2 集 15）（金陵神学院丛书 1）

上海：青年协会书局，1948，再版，19+359 页，32 开（青年丛书第 2 集 15）（金陵神学院丛书 1）

　　本书共 3 部分 18 章，内容包括：宗教经验、宗教知识、宗教信念及其理知根据等。书前有赖曼教授为译本特写序文、译序、赖曼教授的神学及哲学、著者序。

　　收藏单位：重庆馆、贵州馆、湖南馆、辽师大馆、南京馆、宁夏馆、上海馆

00189

宗教法言　关洞源著

上海：新学图书局，1917.3，56 页，32 开

　　本书内含宗教诠名、宗教定义、宗教之源起、老佛爷三圣入世之因缘、三位一体、辨迷信、宗教无界论、成惟物论、中国无定国教之必要等。书前有著者弁言。

　　收藏单位：国家馆、上海馆

00190

宗教概论 （挪）艾香德（Karl Ludvig Reichelt）演讲　黄景仁编述

上海：广学会，1930，再版，76 页，32 开

上海：广学会，1933.9，4 版，76 页，32 开

　　本书共 5 章：总论、上帝观、宇宙观、人生观、宗教教育。书前有重版序和小识。

　　收藏单位：国家馆、辽大馆、浙江馆

00191

宗教概论 （挪）艾香德（Karl Ludvig Reichelt）演讲　黄景仁译

南京：景风山基督教丛林，1925.4，76 页，32 开（景风山基督教丛林丛书）

南京：景风山基督教丛林，1930，再版，76 页，32 开（景风山基督教丛林丛书）

　　收藏单位：国家馆

00192

宗教基础　（英）科克（S. A. Cook）原著
陈楚译述

上海：商务印书馆，1925.6，98 页，32 开（新智识丛书）

上海：商务印书馆，1926.7，再版，98 页，32 开（新智识丛书）

　　本书共 8 章：宗教与人生、思想及其运动、个人及其发展、个人与宇宙、个人与超自然、人类之历程、人类之心的发展、结论。

　　收藏单位：重庆馆、广东馆、广西馆、桂林馆、国家馆、江西馆、辽宁馆、南京馆、内蒙古馆、山东馆、天津馆、浙江馆

00193

宗教及古迹古物名胜天然纪念物要览　民生部社会司 [编]

新京（长春）：满洲图书株式会社，1937.9，33 页，16 开

　　本书为中日文对照。介绍东北地区的宗教、古迹、文物、名胜及天然纪念物。附宗教统计表。

　　收藏单位：东北师大馆、国家馆

00194

宗教检讨

出版者不详，[1948]，8 页，64 开

　　本书介绍宗教的意义、本原、源流等。

　　收藏单位：国家馆

00195

宗教教授法　裴滋（G. H. Betts）著　谢颂羔
米星如译

外文题名：How to teach religion

上海：广学会，1919，193 页，32 开

上海：广学会，1929，2 版，186 页，32 开

上海：广学会，1948，再版，193 页，32 开

　　本书论述宗教教育的目的、方法，教材的选择、编制等。

　　收藏单位：南京馆、山东馆、上海馆、首都馆

00196

宗教教授法　裴滋（G. H. Betts）著　谢颂羔
米星如译

外文题名：How to teach religion

上海：美以美会全国书报部，1924.5，186 页，32 开

　　本书共 12 章：教师、教授上的大目的、教授法上的四大原则、宗教上最重要的知识、儿童宗教态度的培植、宗教教育与人生、宗教教育的教材、教材的编制、教授法上所当注意之点、真理的表彰、教授法的种类、授课时的几种法则。

00197

宗教教学法大纲　彭长琳著

外文题名：Elements of religious pedagogy

上海：广学会，1925.8，160 页，32 开

上海：广学会，1930.6，再版，160 页，32 开

　　本书共 3 篇：儿童研究、心理纲要、教学法。附中文导言、英文导言、中英文对照目录。

　　收藏单位：重庆馆、国家馆、江西馆、浙江馆

00198

宗教教育的理论与实施　单伦理著

上海：广学会，1941.11，160 页，32 开

　　本书为著者的论文汇编，论述不同年龄不同学级的儿童成年教友应受不同教育等。分上、下两编，共 15 章。上编为宗教教育原理，下编为宗教教育方法。

　　收藏单位：国家馆

00199

宗教教育的意义　罗黎晞（Roxy Lefforge）著
魏秀莹译述

外文题名：What is religious education

福州：中华美会宗教教育总事务所，1935.4，132 页，32 开（中华美以美会宗教教育丛书）

　　本书共 4 章：宗教教育的目的、实施，宗教教育的时与地等。有原著者序。

　　收藏单位：国家馆、辽宁馆、南京馆

00200

宗教教育概论　谢颂羔著

上海：美以美会全国书报部，1924，107 页，25 开

　　本书共 11 章，内容包括：宗教教育是什么、宗教教育与人生欲望、宗教与进化等。附录：主日学与宗教教育在华事业。

　　收藏单位：南京馆

00201

宗教教育论文集（第 1 辑）　余牧人　陈晋贤编

上海：广学会，1933.7，201 页，32 开

　　本书辑录有关宗教教育的论文 20 篇，分通论、专论、杂论三大类。有补白：宗教教育的七项目标。书前有毕范宇序（含中英文）及编者导言。

　　收藏单位：广东馆、国家馆、南京馆

00202

宗教教育与国魂　（英）雅各韦白斯脱（James B. Webster）著

上海：广学会，1926.4，232 页，32 开

　　本书内容包括：基督教会世界大事业之考察、基督教播道之原动力、基督教教育及其目的、教育中社会的理想标准、西洋教育与中国教育之关系等。

00203

宗教经验之种种　（美）威廉·詹姆士（Willam James）著　唐钺译　中国哲学名著编译委员会主编

外文题名：Varieties of religious experience

上海：商务印书馆，1947.10，2 册（561 页），32 开

　　作者从个人经验讨论宗教的作用。共 20 讲，内容包括：宗教与神经学、健全心态的宗教、皈依、圣徒性的价值等。

　　收藏单位：重庆馆、广东馆、桂林馆、国家馆、黑龙江馆、辽大馆、南京馆、内蒙古馆、宁夏馆、上海馆、首都馆

00204

宗教论文集　（明）徐光启著　徐景贤编辑

杭州：我存杂志社，1935.6，1 册，32 开（我存丛书 4）

　　本书为徐光启宗教译著。分 3 部分。第 1 部分：意大利毕方济口授、徐光启笔录的《灵言蠡勺》；第 2 部分：徐光启有关宗教的诗文疏札；第 3 部分：参考资料，包括徐光启的年谱初编、传记、世家、著述考略、遗著罕见本提要等。附编收《徐文定故事》（徐景贤）。书前有《明文渊阁大学士徐文定公行略》（柏应理）一文。

　　收藏单位：国家馆、上海馆、浙江馆、中科图

00205

宗教论文集　燕京大学诸教授著

上海：中华基督教文社，1928.6，126 页，36 开

　　本书收录上帝、耶稣、修养与崇拜、基督教与中国文化等论文 8 篇。书前有著者序。

　　收藏单位：河南馆、山东馆

00206

宗教通论　虚心讲述

[汉口]：伟伦印书馆，[1935] 印，1 册，32 开（良行丛书 1）

　　本书专门阐述宗教之意义及其原理，及各国民间历代最景仰深信之一切宗教、哲学、科学、教育及诸名家言论等内容。

　　收藏单位：国家馆、江西馆、内蒙古馆

00207

宗教为文化之要素　（美）那克私著

天津：华北书会，1913，15 页，22 开

　　本书论述文化的要素，包含对宗教以及宗教文化的研究。

　　收藏单位：国家馆

00208

宗教问答　（日）安岛健著　甘浩泽译

上海：商务印书馆，1925.5，109 页，32 开（百科问答小丛书）

　　本书讲解宗教知识，包括宗教是什么，宗教学的概念与目的、历史与根据，宗教的

起源及发展规律，近代宗教思想变迁等。

收藏单位：国家馆、湖南馆、首都馆、天津馆、西南大学馆

00209

宗教问题　史培志　陈延龄编

北京：[中华圣公会书籍委员会]，1册，32开

收藏单位：南京馆

00210

宗教象征　刘子静　（美）梅立德（Frank R. Millican）　程伯群著

上海：广学会，1940，228页，22开

收藏单位：首都馆

00211

宗教心理学　G. J. Josdan 著　谢颂羔编译

上海：广学会，1929，初版，78页，32开

上海：广学会，1931.8，再版，78页，32开

本书共9章：从心理说到宗教、宗教心理学的根据、儿童的宗教心理、犯罪的心理、回心转意的心理、祈祷的心理、敬拜的心理、宗教信仰的心理、心理学与宗教组织。

收藏单位：重庆馆、国家馆、南京馆、山东馆、上海馆

00212

宗教心理学　龔德义著

上海：广学会，1936.5，430页，32开（齐鲁神学丛书8）

上海：广学会，1938.4，再版，429页，32开（齐鲁神学丛书8）

上海：广学会，1947，再版，[20]+430页，32开（齐鲁神学丛书8）

本书内容包括：概论、原始宗教意识的考究、宗教在个人内之生成、成人之基督教的宗教意识、宗教之恒久的功能及价值等。

收藏单位：重庆馆、广西馆、国家馆、南京馆、山东馆、浙江馆

00213

宗教信仰发展大纲　（俄）斯特班诺夫著　林一新译

上海：辛垦书店，1936.7，92页，32开

本书共6章：宗教与地质学知识之发展、人类远古史研究上之根据、死和灵魂之观念底发生和发展、祖先精神之崇拜——图腾主义、埋葬习惯之发展——死后生活之观念、种族神和民族神之发达——自然力之神化。

收藏单位：国家馆、南京馆、西南大学馆、浙江馆

00214

宗教信仰问题　陈杭厥著

梧州：精武印刷局，1937，21页，32开

收藏单位：广东馆

00215

宗教学　（释）大同著

上海：中国宗教徒和平建国大同盟，1947.12，172页，32开

本书共30章，内容包括：宗教的定义、起源、构成及分类等。卷首有李序及自序。卷末附阅读及参考书目。

收藏单位：广西馆、浙江馆

00216

宗教学 ABC　谢颂羔著

上海：ABC 丛书社，1928.7，111页，32开，精装

上海：ABC 丛书社，1929.3，再版，111页，32开

上海：ABC 丛书社，1929.9，3版，111页，32开

上海：ABC 丛书社，1939.5，[再版]，111页，32开

本书介绍宗教知识。共14章，前3章总论宗教，后11章分别介绍世界11种宗教的情况。

收藏单位：重庆馆、广东馆、广西馆、贵州馆、桂林馆、国家馆、湖南馆、江西馆、辽大馆、辽宁馆、南京馆、内蒙古馆、宁夏馆、山东馆、上海馆、首都馆、天津馆、浙江馆

00217

宗教研究概论　徐宗泽编著

上海：圣教杂志社，1939.1，121页，32开

　　本书共10篇，首先泛论一般宗教，然后讲述天主教是独一无二之真教，最后诠释天主教规诫。有编者序。

　　收藏单位：国家馆、内蒙古馆、上海馆、首都馆

00218

宗教与近代思想　（英）韦杰瑞（Alban G. Widgery）著　赵景松译

外文题名：Living religions and modern thought

上海：青年协会书局，1941.1，263页，25开（青年丛书 第2集9）

　　本书共10章：绪论——现代生活与思想、印度教、佛教、耆那教与塞克教、孔教与神道教、波斯教（或名袄教）、犹太教、回教与巴哈教、基督教、宗教与近代思想。

　　收藏单位：重庆馆、贵州馆、国家馆、湖南馆、江西馆、南京馆、宁夏馆、上海馆

00219

宗教与理性　（美）来逢宁（Loofty Levonian）著　许无愁译

外文题名：Religion and reason

上海：广学会，1938.8，20页，64开（胡德勃罗克宗教及道德丛刊9）

　　本书论述宗教精神不是诉诸权威，而是诉诸理性。

　　收藏单位：国家馆

00220

宗教与人格　陈文渊编著

上海：青年协会书局，1935.4，211页，25开（青年丛书21）

上海：青年协会书局，1937，3版，211页，25开（青年丛书21）

上海：青年协会书局，1940.8，4版，211页，25开（青年丛书21）

上海：青年协会书局，1948，6版，211页，25开（青年丛书21）

　　本书从心理学角度论述宗教与人格的关系。分上、下两编，共20课，每课先提出人格研究的学理，然后应用于圣经中的人格分析。有张仕章序及编者自序。

　　收藏单位：安徽馆、重庆馆、广东馆、贵州馆、国家馆、南京馆、浙江馆

00221

宗教与人生　简又文编辑

上海：青年协会书局，1934.5，138页，32开

　　收藏单位：山东馆、浙江馆

00222

宗教与人生　黎正甫著

北平：传信印书局，1936.5，118页，32开

　　本书共两篇：人生在世究竟是为什么的、圣经所指示的人生观。附篇：新生活与宗教生活。书前有著者自序《遵主圣范》。题名页题：传信书局发行。

　　收藏单位：国家馆、上海馆、浙江馆

00223

宗教与人生　（英）莫安仁（Evan Morgan）著　冯雪冰　叶劲风译

上海：广学会，1935，290页，32开

　　本书论述宗教与人生的各种关系。

　　收藏单位：山东馆、上海馆

00224

宗教与人生　（美）卫明（Henry Nelson Wieman）著　王博之译述

南京：金陵大学基督徒团契，1931.12，174页，16开

　　收藏单位：南京馆

00225

宗教与人生　徐雉笔记

上海：青年协会书局，1932，80页，32开

上海：青年协会书局，1933.3，2版，79页，32开

　　本书说明人们信仰宗教的理由，内收吴稚晖、杨杏佛、蔡元培、蒋维乔、胡适等人的演讲8篇。

　　收藏单位：广东馆、江西馆、南京馆、浙

江馆

00226

宗教与人生　周伯琴著

广州：周伯琴 [出版者]，1926，160 页，32 开

广州：周伯琴 [发行者]，1933，再版，160 页，32 开

　　本书共两编：宗教与人类之关系、基督与人类之关系。

　　收藏单位：南京馆、上海馆

00227

宗教与优生　潘光旦著

上海：青年协会书局，1935，131 页，32 开（基督教与中国改造丛刊 第 6 种）

　　本书为《基督教与中国改造》中的一章，内容包括：论宗教与民族健康、宗教与西洋民族的兴亡、中国民族与宗教信仰等。

　　收藏单位：重庆馆、广东馆、南京馆、浙江馆

00228

宗教与语言　中华年鉴社编

南京：中华年鉴社，1948.8，26 页，25 开

　　本书共 5 部分：佛教、回教、天主教、基督教、语言与方言。介绍上述各教在我国的历史及现状，并介绍汉藏语系等 5 大语系的特点和方言。为《中华年鉴》专题单行本。

　　收藏单位：国家馆、辽大馆、首都馆

00229

宗教哲学　（美）Josiah Royce 著　谢扶雅译述

外文题名：The religious aspect of philosophy

上海：商务印书馆，1947.10，2 册（402 页），32 开

　　本书是对宗教问题所做的哲学研究。内分绪论、卷上、卷下 3 部分。绪论为宗教被认为一种道德法规或一种学理；卷上为道德理想之探索；卷下为宗教真谛之探究。书前有译者序及著者原序。书后有后论、译者跋及附录，附录主要术语索引表、主要人名索引表。

　　收藏单位：重庆馆、广东馆、桂林馆、国家馆、湖南馆、辽大馆、南京馆、宁夏馆、上海馆、天津馆、西南大学馆

00230

宗教哲学　谢扶雅著

上海：青年协会书局，1928.5，268 页，32 开

上海：青年协会书局，1939，再版，268 页，32 开

　　本书从哲学角度研究宗教问题。共 5 章：绪论、宗教之起源与演进、宗教意识、宗教与玄学问题、结论。书前有著者自序。

　　收藏单位：重庆馆、广东馆、贵州馆、国家馆、黑龙江馆、南京馆、山东馆、上海馆、首都馆、浙江馆

00231

宗教哲学研究社概要　钟湘山　冯百耐著

江西宗教哲学研究社，16 页，25 开

　　收藏单位：江西馆

00232

宗教哲学引论　（英）马太斯（W. R. Matthews）撰　殷佩斯译

上海：商务印书馆，[1934]，76 页，32 开（百科小丛书）

上海：商务印书馆，1935，再版，76 页，32 开（百科小丛书）

　　本书内含：宗教哲学之本质与目的、宗教性质、神的观念与超自然者、神之真实存在等。

　　收藏单位：重庆馆、大庆馆、广东馆、桂林馆、国家馆、江西馆、辽大馆、南京馆、宁夏馆、山东馆、上海馆、绍兴馆、西南大学馆、浙江馆、中科图

00233

宗教之原起　（美）来逢宁（Loofty Levonian）著　许无愁译

外文题名：The origin of religion

上海：广学会，1938.8，18 页，64 开（胡德勃罗克宗教及道德丛刊 8）

　　本书论述宗教起源于人类追求真、善、美的需要。

收藏单位：国家馆、南京馆

00234

宗教之真面目 心区声白著

[旧金山]：平社，1930，34页，32开（三藩市平社小丛书8）

本书收文章3篇：《如何掘去宗教之根》《基督教的罪恶》《宗教之真面目》。

神话与原始宗教

00235

到底有没有神? 张郁岚编著

西安：福音书房，88页，32开

本书内容包括：宇宙的起源证明有神、万物的奇妙证明有神、人类的本性证明有神等。

收藏单位：重庆馆、广东馆

00236

到底有没有神? 张郁岚编著

厦门：基督徒聚会处，56页，32开

00237

福建三神考 魏应麒编著

广州：国立中山大学语言历史学研究所，1929.5，124页，32开（民俗学会丛书）

本书收录魏应麒、容肇祖、顾颉刚等人对福建民间传说中的临水夫人、圣王及天后的考证之作。

收藏单位：广东馆、国家馆、上海馆、首都馆、浙江馆

00238

鬼学 摩连氏著 汪达摩译释 白净识编订

上海：东震图书公司，1919，2册（130+50+16页），25开

本书共3卷：原鬼论合释、灵魂学评、密宗对鬼诸法撷录。

收藏单位：重庆馆、南京馆

00239

汉代社祀的源流 劳干著

出版者不详，[69—60页]，16开

本书论述汉代关于"社"的信仰之起源与发展，并兼及它与南北朝后流行于民间的"土地堂""土地神"的渊源关系。为某刊物抽印本。

收藏单位：国家馆

00240

话鬼篇 林波等著 志异楼主主编

成都：和平出版社，1925，38页，32开（聊斋丛书）

收藏单位：首都馆

00241

快得财源 莲居道人著

出版者不详，1934，16页，32开

收藏单位：首都馆

00242

壬戌元朝说 池锡永著

北京：启文社，1922，1册，22开

收藏单位：首都馆

00243

萨玛论 乌尔恭博的著

出版者不详，1935，石印本，[22]页，32开，环筒页装

本书用汉蒙两种文字合刊。内容为对萨满教的评论。

收藏单位：国家馆

00244

商代的神话与巫术 陈梦家著

燕京大学哈佛燕京学社，1936，486—576页，16开

本书分上篇神话与下篇巫术。上篇包括：神话的产生、神话传说中的历史传统、荒古的记忆、水的神话；下篇包括：巫、舞、袚禳、附论——玉。

收藏单位：广东馆

00245

上帝是怎样造成的　薛曼尔（E. Simmel）撰
毕修匀译

上海：文化生活出版社，1946.1，再版，169
页，32开（文化生活丛刊16）

　　本书分析各种信仰的由来。共两部分：野
蛮人的神、适应各大文明的神。有著者原序
及译者再版小言。

　　收藏单位：重庆馆、吉大馆、南京馆、上
海馆、西南大学馆

00246

神祠存废标准　国民政府内政部编

南京：国民政府内政部，1927.10，18页，22开

南京：国民政府内政部，1929，22页，32开

　　本书为有关我国各类神祠存废的规定。

　　收藏单位：内蒙古馆、浙江馆

00247

神话论　林惠祥著

上海：商务印书馆，1933，107页，32开（百
科小丛书）（万有文库 第1集107）

上海：商务印书馆，1934.1，107页，32开（百
科小丛书）

上海：商务印书馆，1935，再版，107页，32
开（百科小丛书）

　　本书共5章：神话的性质及解释、神话
的种类、神话的比较研究、各民族神话概略、
神话实例等。末附参考书目。

　　收藏单位：安徽馆、重庆馆、大连馆、大
庆馆、东北师大馆、广东馆、广西馆、贵州
馆、国家馆、黑龙江馆、湖南馆、江西馆、
辽大馆、辽师大馆、南京馆、内蒙古馆、宁
夏馆、上海馆、天津馆、武大馆、浙江馆

00248

神话学ABC　谢六逸著

上海：ABC丛书社，1928.7，127页，32开，
精装

上海：ABC丛书社，1929，再版，127页，32
开

　　本书共4章，说明神话学的一般概念、
起源及特质、研究方法、原始神话比较。

　　收藏单位：重庆馆、东北师大馆、广东
馆、广西馆、桂林馆、国家馆、江西馆、辽
大馆、南京馆、内蒙古馆、宁夏馆、上海馆、
首都馆、浙江馆

00249

神话研究　黄石著

上海：开明书店，1927.11，14+233页，32开

上海：开明书店，1931，再版，233页，32开

　　本书分两编。上编神话概论，介绍西方
神话学理论；下编各国神话，举述埃及、巴比
伦、希腊、北欧的著名神话。

　　收藏单位：重庆馆、东北师大馆、广东
馆、广西馆、桂林馆、国家馆、湖南馆、吉
林馆、江西馆、辽大馆、南京馆、山西馆、
上海馆、首都馆、浙江馆、中科图

00250

神话杂论　茅盾著

上海：世界书局，1929.6，81页，32开

　　本书内容包括：各民族的开辟神话、自然
界的神话、中国神话研究、希腊神话与北欧
神话等。

　　收藏单位：国家馆、江西馆、南京馆、上
海馆、绍兴馆、西南大学馆、浙江馆、中科图

00251

神仙鬼怪　杨荫深编著

世界书局，1946，73页，25开（日常事物掌
故丛书）

　　本书介绍了玉皇、三官、泰山神、城隍
神、文昌、关帝、灶神、门神、财神、土地、
天妃、观世音、西王母、八仙、张仙、阎罗、
钟馗、五通、白蛇、狐妖共20种日常听说的
神仙鬼怪掌故，考证源流，借以破除民众的
迷信思想。

　　收藏单位：重庆馆、国家馆、南京馆、上
海馆、浙江馆

00252

神之由来　薛曼尔（E. Simmel）著　郑绍文
译

上海：文化生活出版社，1936.10，169页，32

开（文化生活丛刊16）

本书共两部16章，叙述宗教以前人对神的崇拜历史及原因。

收藏单位：重庆馆、国家馆、湖南馆、辽大馆、上海馆、浙江馆

00253

神之由来　（美）约翰·葛莱瞿著　糜春燵译

上海：缘野书屋，1933.7，65页，32开

本书叙述神的起源、发展、演进和成为宗教的过程，说明资产阶级用它来麻痹被压迫者的反抗精神。

收藏单位：上海馆、中科图

00254

始祖的诞生与图腾　李则纲著

上海：商务印书馆，1935.8，82页，32开（百科小丛书）

本书介绍图腾的传说与演进，并着重从名号、图像上观察图腾与始祖的关系。

收藏单位：重庆馆、大庆馆、东北师大馆、广东馆、贵州馆、国家馆、湖南馆、江西馆、辽大馆、南京馆、上海馆、首都馆、浙江馆

00255

图腾艺术史　岑家梧著

上海：商务印书馆，1937.1，156页，32开（百科小丛书）

本书论述世界各地区原始民族的图腾艺术。共9章，内容包括：图腾制之地理分布、图腾的文学、图腾装饰、图腾雕刻、图腾图画、图腾跳舞、图腾音乐等。书前有陈钟凡、著者序各一篇。书末附《中国图腾跳舞之遗制》。

收藏单位：重庆馆、东北师大馆、广东馆、国家馆、湖南馆、江西馆、辽大馆、南京馆、宁夏馆、上海馆、绍兴馆、首都馆、天津馆

00256

图腾主义　（法）倍松（Maurice Besson）著　胡愈之译

外文题名：Le totémisme

上海：开明书店，1932.11，92页，32开

本书共8章，内容包括：图腾主义是什么、澳洲土人的图腾主义、美洲印第安人的图腾主义、马达喀斯加的图腾主义等。卷首有图片数十幅。

收藏单位：重庆馆、广西馆、国家馆、湖南馆、江西馆、南京馆、上海馆、首都馆、天津馆、中科图

00257

新有鬼论　曹铁笙著

上海：上海社会新闻社，1928，84页，32开

本书从理论和证据两方面论证鬼的存在。

收藏单位：重庆馆

00258

有鬼论　郭仁林撰

出版者不详，[1917]，102页，25开

本书共4篇，论证有鬼（灵魂）、有冥司裁判及生死轮回。书前有伍廷芳、欧阳溥存的叙各一篇。

收藏单位：重庆馆、国家馆、上海馆、绍兴馆、首都馆

00259

粤南神话传说及其研究　吴玉成著

广州：中山印务局，1932，267页，32开

本书共11章，内容包括：灶神、七夕、谈龙、悦城龙母、杜娟、司徒煦、鬼日与人日、苏东坡遇仙等。

收藏单位：首都馆

00260

灶神考　杨堃著

出版者不详，1944，107—168页，16开

本书为《汉学》第1辑抽印本。

收藏单位：国家馆

00261

中国古代的灵石崇拜　孙作云著

出版者不详，1937，[16]页，16开

本书说明神话与礼俗之间的关系。内容

包括：古代的禖祀、高禖石、先妣即高禖与先妣化石的传说、后代民间的乞子石及其他。为《民族杂志》5 卷 1 期抽印本。

收藏单位：国家馆

00262
祖庙与神主之起源（释且宜俎宗祐祊示主室等字） 陈梦家著

北京：燕京大学国文学会，1937，63—70 页，16 开

本书为《文学年报》第 3 期单行本。

收藏单位：国家馆

佛 教

总论

00263
案证真言

出版者不详，[1913—1949]，52 页，26 开
出版者不详，48 页，26 开

本书为因果报应故事合集。

收藏单位：重庆馆、国家馆、江西馆、南京馆、上海馆

00264
案证真言（初续合编）

上海：大成书社，100 页，25 开

本书汇集中国历史上善恶报应的事例 37 则，逐一加按语，劝人为善。

收藏单位：重庆馆、广东馆、山东馆、上海馆

00265
案证真言（续编）

上海：大成书社，[1930]，60 页，25 开

本书汇集中国历史上善恶报应的事例 20 则，包括骂骷髅、药医有缘人、活捉王魁腰

轧陈世美、庄子试妻等，逐一加按语，劝人为善。

收藏单位：国家馆

00266
杯渡斋文集（卷 1 孝友篇） 郭介梅著

上海：国光印书局，1935.5，续版，96 页，32 开

本书收录作者评论经史子集及佛教经论中有关善恶事迹、嘉言懿行的文章，及作者与时人往复的各种言论。共 4 卷：孝友篇、政治篇、弘法篇、德行篇。本书为卷 1。

收藏单位：近代史所、首都馆

00267
杯渡斋文集（卷 2 政治篇） 郭介梅著

上海：国光印书局，1935.5，续版，92 页，32 开

收藏单位：近代史所、首都馆

00268
杯渡斋文集（卷 3 弘法篇） 郭介梅著

上海：国光印书局，1933，110 页，32 开
上海：国光印书局，1935.5，续版，110 页，32 开

收藏单位：南京馆、山东馆、上海馆、首都馆、天津馆

00269
杯渡斋文集（卷 4 德行篇） 郭介梅著

上海：国光印书局，1935.5，续版，118 页，32 开

收藏单位：近代史所、首都馆

00270
笔记 慈忍室主人编辑 （释）太虚审定

上海：佛学书局，1932.6，2 册，32 开（海潮音文库 第 4 编 佛学余论 4）

本书内收太虚、大圆等人的佛学笔记。内容包括：一微尘剖出记、佛法总抉择谈、金溪漫录、一吼堂杂说、梦莲生室读书记、听虚师在武昌中华大学教授印度哲学之笔记、太虚法师语集、检余斋佛学颐说、笠居众生

笔记、笠居众生漫录、宝莲华曾笔语等。

收藏单位：北大馆、国家馆、宁夏馆、首都馆

00271

般若花　张圣慧著

张圣慧 [发行者]，1935.4，248 页，32 开

本书为佛教论文集。包括《佛教关于女性之意》《佛教与耶教的比较》《白居易诗中的佛学思想》及《怎样到女界去弘扬佛法》等。

收藏单位：国家馆、绍兴馆

00272

驳欧阳渐法相辞典叙（又名，驳欧阳渐辨虚妄分别）　（释）法尊著

汉藏教理院，1938，2 册（16+14 页），32 开

本书有两种藏文本之再译、释本颂义、二论有不同义等内容。另附《辨法法性论》。

收藏单位：重庆馆

00273

博爱　李荣祥著

上海：南行学社，1949，106 页，32 开

本书为有关佛教的杂文合集，内分上、下两卷。

收藏单位：上海馆

00274

博士界之论辩　安罗支著

上海：大雄书局，1945.8，36 页，32 开

本书讲述一些欧洲人皈依佛教的原因。曾以《人人永续恒存之性身灵命》为名，载于《觉社丛书》第 1 期。附欧美名人佛学嘉言节录。

收藏单位：广东馆、广西馆、南京馆、上海馆

00275

布施波罗蜜　佛学书局编辑部编

上海：佛学书局，1932.6，34 页，64 开（佛学小丛书）

本书共 7 部分：总说、布施种别、布施福利、戒除悭伪、财施、法施、布施随喜。正文前题：六波罗蜜之一。

收藏单位：国家馆

00276

禅定波罗蜜　佛学书局编辑部编

上海：佛学书局，1932.6，26 页，64 开（佛学小丛书）

本书共 5 部分：总说、禅定种别、禅定利益、修头陀行、禅定事证。正文前题：六波罗蜜之五。

收藏单位：国家馆

00277

禅与健康　（日）崛内文次郎原著　刘仁航译述

上海：佛学书局，1934.12，117 页，32 开

本书内容包括：禅者何物耶、恐怖时代与正禅之需要、见识在释迦达摩示生以前、孔子禅、老子禅、船禅马禅风雷炮禅、坐禅豆、忠孝节义禅、宇宙大精神等。

收藏单位：南京馆、内蒙古馆、上海馆

00278

禅与健康　（日）崛内文次郎原著　刘仁航译述

出版者不详，100 页，32 开

收藏单位：南京馆、内蒙古馆、上海馆、首都馆、浙江馆

00279

超一法师讲演录　（释）超一著　刘悟西编

上海：佛学书局，1934，[60] 页，32 开

本书内含疏启、讲坛、感应、序文、译文等。

收藏单位：内蒙古馆

00280

超一法师讲演录　（释）超一著　刘悟西编集

无锡：佛学书局，1935.11，2 版，70 页，22 开

收藏单位：南京馆、上海馆

00281

超一法师开示录 （释）超一著　阎莲妙记

上海：佛学书局，1934.10，再版，64 页，32 开

上海：佛学书局，1935.3，3 版，64 页，32 开

　　本书为演讲录。收有《佛法要义》《佛教与其他之比较》《显密教之融通概要》等篇。

　　收藏单位：桂林馆、江西馆、山东馆、上海馆

00282

持戒波罗蜜　佛学书局编辑部编

上海：佛学书局，1932.6，22 页，64 开（佛学小丛书）

　　本书共 4 部分：总说、戒之种别、持戒福利、持戒事证。正文前题：六波罗蜜之二。

　　收藏单位：国家馆

00283

尺牍　慈忍室主人编辑　（释）太虚审定

上海：佛学书局，1932.5，2 册，32 开（海潮音文库 第 4 编 佛学余论 3）

　　本书辑张元钰、太虚、王四圆等人的书信 109 篇。

　　收藏单位：重庆馆、国家馆、吉大馆、宁夏馆

00284

虫叶集　周叔迦著

出版者不详，[1944]，226 页，32 开（百杂碎1）

　　本书为佛学杂论集。内收《现代佛教中评论的总评》《佛教唯识主义》《佛教的辩证法》等文章。

　　收藏单位：国家馆、南京馆、上海馆、首都馆

00285

出家学佛与在家学佛　高观如编

上海：佛学书局，1938.10，78 页，32 开（佛学讲义 7）

　　本书共 4 章，讲述出家学佛与在家学佛的道理和方法。

　　收藏单位：北师大馆、国家馆、上海馆、首都馆、天津馆

00286

初等佛学教科书（第 2 册）（释）善因编著

中国佛教会审定

上海：佛学书局，1931.2，80 页，32 开

　　本书讲述佛学基础知识。共 80 课，内容包括：世尊及孔耶之生年、众圣点记说、燃灯授记、六年苦行、坐菩提座、成等正觉等。

　　收藏单位：河南馆

00287

川东讲演集　（释）太虚著

重庆：重庆佛学社佛经流通处，40 页，22 开

　　本书是太虚法师在重庆佛学社的演讲集讲，附诗录。

　　收藏单位：贵州馆

00288

慈航普渡　净宗会编

长沙：净宗会，1936.9，52 页，32 开

　　本书介绍佛教基础知识。内容包括：念佛须知、生西纪略、弘法后昌、毁佛惨极、素食主义、改良风俗谈、爱物主义、超祖妙法、组织弘法团体、惜物琐言等。书前有涤迷居士弁言，写于 1936 年。

　　收藏单位：国家馆、南京馆

00289

慈航普渡

出版者不详，1942.12，18 页，小 32 开

出版者不详，20 页，32 开

出版者不详，10 页，32 开

　　本书为佛教基础知识。

　　收藏单位：广东馆、桂林馆、国家馆、南京馆

00290

大乘法义丛刊合刊（第 1 辑 10 种合）（隋释）慧远撰

上海：佛学书局，1934，1 册，32 开

上海：佛学书局，1934.5，[321] 页，32 开

　　本书收大乘法义丛刊 10 种，均为慧远法

师对佛教大乘理论的阐释。包括：三藏义章、十二部义章、四谛义章、五阴义章、十二入义章、十二因缘义章、三归义章、十八界义章、八识义章、六波罗蜜义章。

收藏单位：桂林馆、国家馆、上海馆、首都馆

00291

大觉佛学院院刊（第1辑）（释）惟贤编辑

开县：大觉佛学院，1945.6，46页，25开

本书内有理论、专载、学生文选等栏目。收文章、宣言、一览表等十余篇。有太虚等人的题词，惟贤的发刊词及编辑后记。

收藏单位：重庆馆、国家馆

00292

大日本佛教全书　（日）高楠顺次郎　（日）望月信亨编

东京：有精堂出版部，1933.5，422页，22开

本书介绍日本关于佛教的书。

收藏单位：首都馆、浙江馆

00293

道德学　慈忍室主人编辑　（释）太虚审定

上海：佛学书局，1930.10，156页，32开（海潮音文库第1编 佛学通论9）

本书共20篇，内容包括：论印度行德化主义之甘地、读伦理学原理感言、慈悲与爱之区别等。

收藏单位：北大馆、国家馆、上海馆、首都馆

00294

谛公遗述语录　（释）谛闲著　（释）宝静辑

上海：佛学书局，1937.3，2册（499页），25开

本书收谛闲言论、著作。分为：论说、开示、答问、书函、要述、讲义、特著、序疏、跋记、赞颂、题辞、联挽、诗偈、法语等部分。书前有《谛公老法师别传》。卷末有谛闲年谱、碑铭等。封面题：谛公老法师遗述语录。

收藏单位：国家馆、内蒙古馆、天津馆、中科图

00295

谛公印公二老法师法语·淤溪戒杀会会言·劝戒杀喫素文

出版者不详，1册，25开

收藏单位：国家馆

00296

谛闲讲录（第1集）（释）谛闲述疏

上海：佛学书局，1931，[1080]页，25开，精装

本书内容包括：讲大方广佛华严经、大方广圆觉修多罗了义经讲义、观经疏钞演义等。卷首有《述辑要疏缘起》。

00297

东亚哲学摘要　沈亚华编辑

上海：天章印务局，1934.12，60页，16开

本书内收信因果明报应熟读十三经为道德之根本说、阿弥陀佛注解、念佛规则、中峰禅师劝人念佛诀等。

收藏单位：重庆馆、国家馆、吉林馆、南京馆、首都馆、天津馆

00298

儿童佛学三字经浅释　（释）慈航编述

上海：佛学书局，1933.12，22页，32开

本书为佛教儿童读物，以佛法理念解读三字经。

收藏单位：国家馆

00299

法海一滴　（释）演本辑述　（释）弘如编

[上海]：南行学社，1947.4，2册（76+102页），32开

本书摘录大藏经中显密教的主要内容。共24篇，内容包括：劝修密宗之韵言、观自在菩萨随心陀罗尼等，有无我弁言。

收藏单位：南京馆、上海馆、首都馆

00300

法界因果辑要　王泽溥编辑

观音阁，1938，276 页，25 开

收藏单位：首都馆

00301

法身偈之研究

出版者不详，1 册，22 开

收藏单位：广东馆

00302

法相辞典　朱芾煌编纂

长沙、上海：商务印书馆，1939.5，4 册（1474 页），25 开

本辞典从玄奘所译之大量的菩萨乘经论中，取其释经必要而显明易解的名词，录其原文，不加诠释，编排而成。以辞条笔划通检，每条目均标示所出经论名称及卷页。书前有编者序、欧阳渐序、周善培序。

收藏单位：重庆馆、广东馆、桂林馆、国家馆、河南馆、黑龙江馆、江西馆、辽大馆、辽宁馆、南京馆、内蒙古馆、宁夏馆、山东馆、山西馆、上海馆、首都馆、天津馆、西南大学馆、中科图

00303

法苑珠林（卷 87—89 受戒篇）（唐释）道世著

青岛：湛山寺印经处，100 页，22 开

《法苑珠林》又作《法苑珠林传》《法苑珠林集》。全书共 100 篇 668 部，引用佛教文献 400 余种，概述佛教思想、术语等，具有佛教百科全书的性质。本篇分述意部、劝持部、三归部、五戒部、八戒部、十善部、三聚部。

收藏单位：首都馆

00304

法藏碎金　（宋）晁迥撰

上海：大法轮书局，1948，66 页，64 开（法轮小丛书）

本书为有关佛理的随笔。

收藏单位：上海馆、首都馆

00305

翻译名义集易检　（宋释）普润编　（宋释）法云编辑

上海：佛学书局，1935.5，300 页，32 开

本书按笔画排列佛经中不同译法，是研究佛经的一种工具书。

收藏单位：东北师大馆、广西馆、贵州馆、江西馆、上海馆、首都馆、中科图

00306

佛报画集　李金铭撰

出版者不详，1929，1 册，25 开

收藏单位：广东馆

00307

佛乘宗要论（又名，现代佛法概论）（释）太虚讲　胡赓支　胡任支笔述

广东：佛学社，1920，3 版，106 页，32 开

重庆：佛学社，100+[16] 页，32 开

本书共 4 卷：序论、纯正的佛法、应用的佛法、结论。

收藏单位：重庆馆、国家馆、辽宁馆、南京馆、首都馆

00308

佛乘宗要论（又名，现代佛法概论）（释）太虚讲　胡赓支　胡任支笔录

上海：佛学书局，1928.1，100 页，32 开

上海：佛学书局，1930.8，134 页，32 开

上海：佛学书局，1933，再版，133 页，32 开

收藏单位：国家馆、上海馆

00309

佛乘宗要论（又名，现代佛法概论）（释）太虚讲　胡赓支　胡任支笔述

重庆：汉藏教理院，1940，76 页，32 开

收藏单位：重庆馆、南京馆

00310

佛乘宗要论（又名，现代佛法概论）（释）太虚讲　胡赓支　胡任支笔述

出版者不详，1921.7，再版，100 页，32 开

收藏单位：重庆馆、国家馆、首都馆

00311

佛法导论　李圆净著

苏州：佛教弘化社，1938，90 页，25 开

苏州：佛教弘化社，1947，再版，90 页，25 开

苏州：佛教弘化社，1949，3 版，90 页，25 开

本书共 5 部分：绪论、世法篇、小乘篇、大乘篇、净土篇。书前有梅光羲序。

收藏单位：重庆馆、广东馆、广西馆、桂林馆、国家馆、湖南馆、江西馆、南京馆、内蒙古馆、山东馆、首都馆、天津馆、西南大学馆、浙江馆

00312

佛法导论　李圆净著

北京：佛经流通处，1938，90 页，16 开

收藏单位：国家馆

00313

佛法导论　李圆净著

上海：佛学书局，1934.11，146 页，32 开

上海：佛学书局，1940，146 页，32 开

收藏单位：浙江馆

00314

佛法导论　李圆净著

上海：佛学书局、功德林佛经流通处，1931.5，84 页，32 开

上海：佛学书局，1933，3 版，84 页，32 开

收藏单位：北师大馆、重庆馆、桂林馆、国家馆、湖南馆、江西馆、首都馆、天津馆、浙江馆

00315

佛法导论　李圆净述

上海：国光印书局，1931，90 页，32 开

上海：国光印书局，1938，90 页，16 开

上海：国光印书局，1946.10，再版，84 页，32 开

上海：国光印书局，1947，再版，84 页，32 开

收藏单位：广东馆、桂林馆、国家馆、南京馆、内蒙古馆、绍兴馆、首都馆、浙江馆

00316

佛法导论　李圆净述　（释）印光鉴定

哈尔滨：佛经流通处，1944，146 页，32 开

收藏单位：首都馆

00317

佛法非宗教非哲学　欧阳渐讲　王恩洋记

上海：大法轮书局，1949.3，42 页，64 开

本书为在南京高等师范学校哲学研究会的讲演录。原题：佛法非宗教非哲学而为今时所必需，只讲了前一半，"佛法为今时所必需"一段，由王恩洋续成，附录于书末。著者原题：欧阳竟无。

收藏单位：内蒙古馆、上海馆、浙江馆

00318

佛法非宗教非哲学　欧阳渐讲　王恩洋记

广州：即庐 [发行者]，1922.4，31 页，36 开

收藏单位：重庆馆、国家馆、上海馆、首都馆、天津馆

00319

佛法非宗教非哲学而为今时所必需　欧阳渐讲　王恩洋记

[支那内学院]，24 页，16 开

收藏单位：内蒙古馆、上海馆

00320

佛法概论　（释）印顺著

正闻学社，1949，164 页，25 开（正闻学社丛书 6）

本书共 20 章，内容包括：法与法的创觉者及奉行者、教法、有情——人类为本的佛法、有情与有情的身心、有情的延续与新生、有情流转生死的根本、有关于有情流转的业力、佛法的心理观、我们的世间、我论因说因、缘起法、三大理性的统一、中道泛论、德行的心素与实施原则、佛法的信徒、在家众的德行、出家与僧伽生活、戒定慧的考察、菩萨众的德行、正觉与解脱。

收藏单位：国家馆

00321

佛法救世主义（又名，净化主义）（释）太虚著

［汉口］：佛教正信会，1933，2版，168页，32开

［汉口］：佛教正信会，1933.8，3版，168页，32开

　　本书内容包括心的净化、器的净化、众的净化等部分。

　　收藏单位：河南馆、华东师大馆、上海馆、首都馆

00322

佛法略谈　清净著

北平：佛学书局，1933，26页，32开

北平：佛学书局，1934.8，再版，26页，32开

上海：佛学书局，1册，64开

　　本书介绍有关佛法的一般知识。包括释佛法名及内容、辨佛法种类等。

　　收藏单位：广东馆、国家馆、上海馆、首都馆

00323

佛法浅释　虞愚著

上海：佛学书局，1934.1，22页，32开（佛学小丛书）

　　收藏单位：上海馆

00324

佛法僧宝　（释）智光编

上海：佛学书局，1933.6，58页，32开（佛学小丛书）

　　收藏单位：上海馆

00325

佛法僧义　佛教正信会编

佛教正信会，1935，10页，64开（佛教正信会小丛书）

　　本书内含：佛观、法观、僧观。逐条列出对佛、法、僧应有的认识。正文前题：凡在太虚法师座下皈依三宝诸弟子应正知正信之佛法僧义。

00326

佛法僧义广论　（释）太虚讲

重庆：汉藏教理院，1936.5，58页，32开

　　本书为对《佛法僧义》的解释。内容包括：叙意、佛观、法观、僧观、总结。说明佛法僧三宝是佛教信仰的标准和对象。

　　收藏单位：南京馆

00327

佛法僧义广论　（释）太虚讲　（释）明性（释）涌泉记

开封：河南省佛学社，1938，36页，32开

　　收藏单位：河南馆

00328

佛法省要　王季同著

上海：大法轮书局，1944.8，60页，32开

上海：大法轮书局，1947.3，再版，60页，32开

上海：大法轮书局，1947，3版，64页，32开

　　本书包括真理、西洋三派哲学批判、历史派哲学批判、离言法性、法相、修证、大旨。书后附：劝全世界学者研究佛法书。

　　收藏单位：重庆馆、广东馆、广西馆、贵州馆、国家馆、江西馆、南京馆、宁夏馆、上海馆、首都馆、浙江馆

00329

佛法十讲　陈铭枢讲　胡允恭记

上海：神州国光社，1948，51页，32开

　　本书共10讲：佛法与中国说要、佛家的宇宙观和人生观、心物、法相唯识、五法三自性八识二无我、空宗、因果、禅宗、修行、发菩提心。附录：禅学。

　　收藏单位：南京馆、绍兴馆

00330

佛法是迷信、消极的吗?　（释）常惺著

［五台山普济佛教会］，［1929］，［38］页，32开

　　本书收短文两篇：《佛法是迷信的吗?》《佛法是消极的吗?》。书前有朱庆澜序。书后有胡瑞霖及杨万春的说明文字。

收藏单位：国家馆

00331

佛法是什么　大雄奋讯团编

上海：大雄书局，1948，48 页，32 开（在家学佛小丛书）

本书内容包括：佛法的概念、世界学者对佛教的批评、佛教漫谭、漫谭佛家伦理学、以佛法为生活等。

收藏单位：重庆馆、江西馆、南京馆、内蒙古馆、上海馆

00332

佛法要领　刘洙源演讲　王靖寰　廖寂慧记录　金弘恕编校

上海：苏慧纯 [发行者]，1949.1，44 页，32 开

本书内容为学佛一要明心见性、二要依二空义、三要修般若行、四要悟缘生法，另外还要发菩提心。书后附刘洙源书札。

收藏单位：江西馆、内蒙古馆、上海馆

00333

佛法要论　冯宝瑛编

上海：佛学书局，1930，67 页，32 开

本书内容包括：世界、三界、世法、小乘、大乘、净土等篇。

收藏单位：南京馆、上海馆、首都馆、浙江馆

00334

佛法要义　（释）超一讲　阎莲妙记

上海：佛学书局，1934，35 页，64 开

00335

佛法原理　（释）慧三讲　陈仲达记录

无锡：佛学文化社，1947.6，2 版，12 页，32 开（慧三丛书 4）

收藏单位：南京馆

00336

佛法之究竟目的为转依（又名，佛法究竟义及相似义）（附谈相似法流）　欧阳渐讲　蒋

唯心记

[南京]：出版者不详，[1935]，10 页，16 开（金陵大学文学院国学研究班讲演录 1）

本书为作者 1935 年 3 月 23 日在金陵大学的演讲录。著者原题：欧阳竟无。

收藏单位：重庆馆

00337

佛化家族　王兆熊编辑　（释）戒尘鉴定

上海：佛学书局，1937 印，94 页，32 开

本书内容包括：王氏宗祠匾额题词及联语、与周念母词、了悟学者学佛咏、与周训家大纲、南无阿弥陀佛之来历及其意义等。

收藏单位：河南馆

00338

佛家哲学　李翊灼著

[国立中央大学]，188 页，16 开，精装

本书为第 1 编通论，内容包括：名义、旨趣、究竟、界说、缘起等章。

收藏单位：国家馆

00339

佛家哲学通论　（英）迈格文撰　江绍原译

上海：商务印书馆，1927.3，1 册，18 开，精装（佛学丛书）

本书讲述了佛家哲学的理论。

收藏单位：国家馆、浙江馆

00340

佛教本来面目　（释）守培著

上海：佛学书局，1932.9，64 页，32 开

本书共 3 章：声闻缘觉之判别、佛乘菩乘之判别、大乘小乘之判别。

收藏单位：贵州馆、国家馆、近代史所、上海馆、首都馆、浙江馆

00341

佛教初学课本　（明）吹万老人原著　杨仁山注解

哈尔滨：佛经流通处，1943.9，[88] 页，25 开

本书内含《释教三字经》。书前有杨仁山原叙。书后附：释迦世尊成道纪略、十宗略说。

收藏单位：国家馆、首都馆

00342

佛教初学课本注解　杨仁山著述

上海：佛学书局，1936，92 页，32 开

上海：佛学书局，1936，5 版，92 页，32 开

上海：佛学书局，1939.3，6 版，92 页，32 开

　　本书解释《释教三字经》中的词句。

　　收藏单位：国家馆、河南馆、湖南馆、南京馆、山东馆

00343

佛教初学课本注解　杨仁山著述

上海：世界佛教居士林，[1937]，再版，92 页，22 开

　　收藏单位：北师大馆、重庆馆、广东馆、国家馆

00344

佛教大辞典（上）（日）望月信亨著

东京：佛教大辞典发行所，1931.1，1011 页，16 开，精装

　　本书为佛教辞书。对所收佛教教义、人物、名相、历史等条目广引经典原文，详加解释。

　　收藏单位：国家馆

00345

佛教大纲

出版者不详，228 页，25 开

　　收藏单位：广东馆

00346

佛教概论　蒋维乔著

上海：中华书局，1930.6，[162] 页，25 开，精装

上海：中华书局，1932，再版，[166] 页，25 开

上海：中华书局，1933.10，再版，[166] 页，25 开

上海：中华书局，1940，再版，[166] 页，25 开

　　本书共 3 编：绪论、本论、各论。绪论，叙述佛教产生之前印度之思想以及佛教之由来等；本论，分教理、解脱两大部；各论，详述我国小乘、二宗大乘、八宗之宗义及修行方法。卷首有著者的叙文、例言。

　　收藏单位：重庆馆、北师大馆、广东馆、广西馆、国家馆、湖南馆、吉林馆、江西馆、辽大馆、南京馆、内蒙古馆、山东馆、上海馆、绍兴馆、首都馆、西南大学馆、浙江馆

00347

佛教概述　高观如编

上海：佛学书局，1937.7，81 页，32 开（佛学讲义 3）

　　本书内容包括：佛教的目的、学佛人应皈奉的三宝、学佛的阶程、亟应修习的三学、佛法的分类、佛教的世界观、佛教的修行、学佛的究竟、各种学佛的方法。

　　收藏单位：北师大馆、国家馆、上海馆、首都馆

00348

佛教辑览　谢为何著

广州：国际佛教协会华南支部，1941，154 页，32 开

　　收藏单位：广东馆

00349

佛教今昔观（1 卷）（英）雅各布撰

外文题名：Buddhism past and present in China

上海：上海广学会，1916，1 册

　　收藏单位：国家馆

00350

佛教浅测　蒋维乔著

上海：佛学书局，1932.9，再版，30 页，32 开（佛学小丛书）

上海：佛学书局，1935，2 版，30 页，32 开（佛学小丛书）

　　本书为作者在东南大学国学研究会上的讲演词，简介佛学知识。内容包括：佛教的基本概念、佛教之目的及方法教法、佛教宗派等。

　　收藏单位：国家馆、南京馆、上海馆

00351

佛教日用文件大全　瞿胜东编

上海：协济出版部，1932.1，81 页，25 开

上海：协济出版部，1934，再版，1 册，25 开

　　本书共 8 编：文词、公文、联语、幛额、尺牍、礼节、帖式、杂录。书前有范古农居士叙。

　　收藏单位：广西馆、国家馆、湖南馆、上海馆、首都馆

00352

佛教书简　高观如编纂

上海：佛学书局，1935—1936，2 册（165+109 页），32 开（佛教文类 9）

　　本书辑集民国以前僧俗人互相往返讨论佛教的书信。

　　收藏单位：辽宁馆、首都馆

00353

佛教述略　（锡兰）纳罗达（Narada）著　徐诗荃译

上海：佛学书局，1935，42 页，32 开

　　本书简述释尊、明法、明教、要旨、明业、生死、因缘、无神、涅槃等内容。译者原题：季子。

　　收藏单位：南京馆、上海馆

00354

佛教问答·佛教答问选录　海尸道人编纂

上海：商务印书馆，1935.6，国难后 2 版，34+53 叶，32 开，环筒叶装

　　本书以问答的形式介绍佛教的常识。书前有《释尊纪略》，简要介绍了释迦牟尼的生平。

　　收藏单位：重庆馆

00355

佛教要略　（释）太虚讲　碧松记

汉口：佛教正信会，1937，34 页，64 开

　　本书为太虚法师在汉藏教理院的演讲录，共 3 部分：因缘生法、三法印、大乘法。

　　收藏单位：重庆馆

00356

佛教哲学　（日）小野清秀撰　张绂译

上海：商务印书馆，1925.12，229 页，32 开

上海：商务印书馆，1928.7，再版，229 页，32 开

　　本书共 5 编：绪论、佛教教理发展史、判教论、佛教泛论、佛教各论。

　　收藏单位：北师大馆、重庆馆、广东馆、广西馆、桂林馆、国家馆、江西馆、南京馆、山东馆、上海馆、首都馆、中科图

00357

佛教真面目　冯宝瑛撰

广州：佛乘学社，1947，141 页，25 开

　　本书共 5 章 20 节，介绍佛教的教源、传译和法相宗、三论宗、天台宗等宗派。书前有著者序。

　　收藏单位：广西馆、国家馆、南京馆

00358

佛经比喻（拼音文字本）　左修编译

世界书局，34 页，32 开

　　收藏单位：广东馆

00359

佛经翻译论（唐代文学批评研究 第六章 庄子天下篇的作者问题）　罗根泽　孙道昇著

出版者不详，96 页，16 开

　　收藏单位：广东馆

00360

佛经精华录笺注　丁福保编注

上海：医学书局，1918，153 页，32 开（佛学丛书）

　　本书分门编选佛经原文，并加笺注。包括总纲、忏悔、伦理、五蕴、四谛、十恶十善、十二因缘、六度、达观、无我、归向、佛性、净土等。

00361

佛书解说大辞典笔画索引　刘汝霖编

北京：华北居士林，1943.1，66 页，32 开

　　本书为日本小野玄妙《佛书解说大辞典》

的笔画索引，按笔画简繁顺序排列，每一字头下标示其所在卷页。有编者前言。

　　收藏单位：国家馆、农大馆、首都馆

00362

佛学ABC　（释）太虚著

[上海]：ABC丛书社，1930，76页，32开

[上海]：ABC丛书社，1933，再版，76页，32开

　　本书分上、下编。上编学史，共4章：释尊略传、印度佛学略史、中国佛学略史、各地之佛教略史；下编学理，共5章：因缘所生活、三法印、一实相印、概况、结论。

　　收藏单位：重庆馆、广西馆、桂林馆、国家馆、河南馆、江西馆、南京馆、山东馆、上海馆、首都馆、天津馆、浙江馆

00363

佛学ABC（校正本）（释）太虚著

出版者不详，1941，41页，32开

　　本书为1930年版《佛学ABC》的删节本。

　　收藏单位：重庆馆、南京馆

00364

佛学初小教科书　（释）善因编辑

佛经流通处，1924，3册（28+46+48页），32开

　　收藏单位：首都馆

00365

佛学辞典　王恩洋主编

上海：佛学书局，1294页，16开

上海：佛学书局，再版，1册，16开

　　收藏单位：重庆馆、南京馆、绍兴馆

00366

佛学次第统编（正编）　杨卓编

北京：弘化社，1922.8，1册，16开

　　本书综括佛学之一切法相义类编次，具备佛学工具书性质。共7篇：世间相、出世间相、小乘、大乘、金刚乘、人天乘、综合，每一篇下各分若干章节。

　　收藏单位：重庆馆、国家馆、辽宁馆、首都馆、天津馆、中科图

00367

佛学丛话　黄忏华编

上海：佛学书局，1934，125页，32开

　　本书共10篇，内容包括：唯识学底轮廓、佛法与宗教哲学、华严宗底根本教理、天台宗底根本教义、密宗教义一斑、大乘起信论底真如缘起学说等。书后附中国佛教会宣言、金光明佛学会宣言等。

　　收藏单位：国家馆

00368

佛学丛刊（第1辑）　李叔同辑

上海：国学整理社，1937.3，4册（[1277]页），32开

　　本丛刊辑佛学书30种。包括：《大方广佛华严经净行品》《大方广佛华严经十回向品初回向章》《大方广佛华严经普贤行愿品》《妙法莲华经观世音菩萨普门品》《金刚般若波罗蜜经》《般若波罗蜜多心经》《佛说阿弥陀经》《净土晨钟》《印光法师嘉言录》《佛法导论》《佛教初学课本》《选佛谱》《释氏要览》《释门自镜录》《释氏蒙求》《一梦漫言》《竹窗三笔》《菜根谈》《寒山拾得诗》《阳复斋诗偈集》等。辑者原题：弘一。

　　收藏单位：重庆馆、东北师大馆、广东馆、国家馆、江西馆、南京馆、上海馆、首都馆

00369

佛学丛论（第1辑）　杏子选辑

上海：大法轮书局，1945，130页，32开

　　本书内含佛学杂论20余篇。

　　收藏单位：桂林馆、南京馆

00370

佛学撮要　丁福保著

上海：启蒙普济会，1941，108页，32开

　　本书为佛学初阶、佛学起信编、佛学之基础、佛学指南、等不等观杂录的选录。

　　收藏单位：桂林馆、江西馆、上海馆、首

都馆

00371

佛学大辞典 丁福保编纂

上海：医学书局，1925.6，再版，16 册，18 开

　　本书创编于民国初年，在参考日本织田氏《佛教大辞典》、望月氏《佛教大辞典》、若原氏《佛教辞典》、藤井氏《佛教辞林》等辞书的基础上，历时 10 年编纂完成。共收 3 万余条目，以佛教专门名词为主，主要有名数、术语、地名、人名、经名、书名、佛名、寺名、流派、仪式、修法、真言等类。另外，该书也收录了与佛教有关的俗语，如烧香、吃素、朝山、斋僧、七七、百日、丰都城、腊八粥、抱佛脚、唐僧取经、达摩渡江、十殿阎王等；或与佛教虽然无关，但世人往往因佛教而连及的俗语，如纸钱、抽签、城隍、灶神、门神、少林武艺、牛头马面等。辞典中对每条辞目首先注明其词性，然后解释其辞义，征引其出处。

　　收藏单位：辽宁馆、浙江馆

00372

佛学大辞典通检

上海：医学书局，1929，3 版，[52]+292 页，18 开

　　本书以丁福保《佛学大辞典》所收条目，及释文附及之名词为主汇编为一册，按首字笔画顺序编排，注明所在页码、栏次、行次，以便检阅辞典正文。

　　收藏单位：辽宁馆

00373

佛学大纲 谢无量编

上海：中华书局，1916，[472] 页，25 开，精装

上海：中华书局，1918.4，再版，[472] 页，25 开，精装

上海：中华书局，1920，4 版，[472] 页，25 开，精装

上海：中华书局，1921.11，5 版，[472] 页，25 开，精装

上海：中华书局，1923，6 版，[472] 页，25 开，精装

上海：中华书局，1927，8 版，472 页，25 开

上海：中华书局，1930.2，9 版，[472] 页，25 开，精装

上海：中华书局，1931，10 版，[472] 页，25 开，精装

上海：中华书局，1936.8，11 版，244+228 页，25 开，精装

　　本书分上、下两卷，共 3 章：释迦本行记、释迦灭度后佛教之传播及其教义之分判、东土佛教流传之十宗。卷首有张相序。

　　收藏单位：重庆馆、东北师大馆、广东馆、广西馆、桂林馆、国家馆、黑龙江馆、湖南馆、吉林馆、江西馆、近代史所、南京馆、内蒙古馆、山东馆、山西馆、首都馆、西南大学馆、浙江馆

00374

佛学大意 程宅安编述

东川佛学社，32 页，32 开

　　本书论述了佛法之由来与佛法之目的，讲述宇宙时间空间之概要，讨论了人的生死、因缘、因果、自私与无我、烦恼与涅槃等关系。

　　收藏单位：重庆馆

00375

佛学的将来 （释）太虚主讲

广州：金龙印务公司，1935，再版，18 页，32 开

　　本书为太虚大师在厦门大学的演讲。

　　收藏单位：广西馆

00376

佛学法汇 常超辑

出版者不详，[1934]，[225] 页，16 开

　　本书采辑佛祖典籍撮要语录，分上、中、下 3 卷。按 40 个科目编排，有三教、修身、八苦、天界、入道、行善、佛恩、僧众等。书前有辑者序，写于 1934 年。

　　收藏单位：国家馆

00377

佛学概论 （释）太虚讲

上海：佛学书局，1931，51 页，32 开

上海：佛学书局，1934.1，再版，51 页，32 开

　　本书介绍依教成学、正明学理、修福修慧等。

　　收藏单位：重庆馆、贵州馆、河南馆、江西馆、上海馆、首都馆、天津馆

00378

佛学概论 （释）太虚讲　黄中疆等编

北京：佛学研究会，1926，1 册，32 开（北京佛学研究会丛书）

　　收藏单位：国家馆

00379

佛学概论（初辑）　王恩洋著

出版者不详，1929，240 页，32 开

　　本书内容包括：导论、佛学缘起、教乘差别、诸宗流演、法相略述、缘生论等。

　　收藏单位：重庆馆、南京馆、山西馆、上海馆、中科图

00380

佛学纲要　蒋维乔编

哈尔滨：佛经流通处，1943，166 页，32 开

哈尔滨：佛经流通处，1944，[再版]，168 页，32 开

　　本书共 11 章：绪论、佛教的背景和它的成立原因、释迦牟尼的略史、佛教的立脚点和它的教法、释迦灭度以后弟子结集遗教、佛教在印度的盛衰、佛教传入东方的状况、大藏经的雕刻、佛教的研究方法、佛家的修行方法、结论。

　　收藏单位：国家馆、辽宁馆

00381

佛学纲要　蒋维乔编

上海：中华书局，1935.2，168 页，32 开（中华百科丛书）

上海：中华书局，1939，再版，168 页，32 开（中华百科丛书）

昆明：中华书局，1941，4 版，168 页，32 开（中华百科丛书）

　　收藏单位：北师大馆、重庆馆、国家馆、湖南馆、辽宁馆、南京馆、内蒙古馆、上海馆、首都馆、天津馆

00382

佛学即科学　吴昆吾著

成都：佛化新闻报社，1944，14 页，32 开

　　收藏单位：南京馆

00383

佛学家与科学家之论战　邢定云编辑

新京（长春）：辽东编译社，1935.11，208 页，32 开

　　本书前半部搜集现代名人讨论佛法之文字，后半部以"科学之立场"说明佛法。所选文章作者包括王季同、管义慈、蔡元培、胡适、梁启超、常惺法师、唐大圆、铎如、大愚法师、晤一、如光法师、太虚法师、邢定云。

　　收藏单位：辽宁馆、人大馆

00384

佛学讲演集　唐大圆讲述　（释）典寿纪录

上海：佛学书局，1929.11，58 页，32 开

　　本书记录整理唐大圆居士 1927—1929 年在长沙图书馆佛学演讲 17 篇，包括佛学基础、三宝之解释、三藏大小乘及十宗之由来等。

　　收藏单位：上海馆

00385

佛学略谈　范古农讲

上海：佛学书局，[1934]，46 页，64 开

　　本书为播音演讲，论及何谓佛法及佛学。

　　收藏单位：国家馆、南京馆

00386

佛学论文集　邢定云著

新京（长春）：辽东编译社，1934，再版，148 页，22 开

　　收藏单位：首都馆

00387

佛学浅说（1 卷）　王武禄撰

北京：佛经流通处，1册

收藏单位：国家馆

00388

佛学入门　莲午编辑

北京：出版者不详，[1924]，16页，16开

本书共10部分：导言、五阴、五浊、六根六尘六识、五大、八识、四谛、十二因缘、六度、结论。出版年据书前自序。

收藏单位：国家馆

00389

佛学是人人所必需的学问　黄健六著

上海：[功德林佛经流通处]，26页，22开

本书共6个问题，内容包括：自了汉的佛学，是无关世道人心的；口头禅的佛学是当排斥摈弃的；做善举的佛学是不能彻底的等。

收藏单位：上海馆

00390

佛学是人人所必需的学问　黄健六编述

安庆：止观学社，1927.9，26页，16开，环衬筒页装

收藏单位：国家馆、首都馆

00391

佛学是人人所必需的学问　黄健六撰

上海：出版者不详，1933，改排版，38页，32开（佛学小丛书）

收藏单位：上海馆

00392

佛学通释（上卷）　王恩洋述

南京：支那内学院，1931，120页，16开

本书共11篇，内容包括：本师释迦牟尼佛、有情八苦、善恶业道、烦恼、缘生等。

收藏单位：重庆馆、南京馆

00393

佛学文集　俞平伯等著

上海：大法轮书局，1948.9，68页，64开（法轮小丛书）

本书收文6篇，内容包括：《今世为何需要佛法》（俞平伯）、《佛教对于世界文化之贡献》（比丘素默）等。

收藏单位：上海馆

00394

佛学小辞典　孙祖烈编

上海：医学书局，1919，350+12页，16开，精装（佛学丛书）

本辞典以日本的《佛学大辞典》为蓝本，根据作者本人的研究成果增辑而成，共收10000余条目。体例上以每个佛学专用名词的第一个字为类，同类相从，各类又按笔画的多少先后排列。

收藏单位：北师大馆、山东馆

00395

佛学要略　黄觉著

无锡：民生印书馆，1948，24页，32开

本书简要介绍学佛的意义、佛教的基本概念等。

收藏单位：重庆馆、广东馆

00396

佛学易解　贾丰臻编

上海：商务印书馆，1917.6，88页，32开
上海：商务印书馆，1917.12，再版，88页，32开
上海：商务印书馆，1918.12，4版，88页，32开
上海：商务印书馆，1919，5版，88页，32开
上海：商务印书馆，1920，6版，88页，32开
上海：商务印书馆，1922.9，7版，88页，32开
上海：商务印书馆，1923.7，8版，88页，32开

本书共5章：总叙、转迷启悟、止恶修善、离苦得乐、佛教之传播。书前有编者弁言。

收藏单位：重庆馆、广东馆、广西馆、国家馆、江西馆、内蒙古馆、首都馆、天津馆、浙江馆、中科图

00397

佛学易知编　叶弼著

上海：佛学书局，31页，32开

本书共6章：引言、世间出世间、世界之方位、修行、净土、结论。有著者序，写于1941年。

收藏单位：上海馆

00398

佛学与心理学　（释）太虚讲演　许止烦校

成都：佛化书局，1944.7，36 页，64 开

　　收藏单位：南京馆

00399

佛学寓言　胡寄尘述

上海：佛学书局，1933，38 页，32 开（佛学小丛书）

上海：佛学书局，1933.10，改排，38 页，32 开（佛学小丛书）

　　收藏单位：广西馆、上海馆、首都馆

00400

佛学在今后人世之意义　（释）太虚讲演（释）芝峰记录

汉口：佛教正信会，[1930—1939]，16 页，32 开

　　本书为太虚法师 1930 年 2 月在厦门大学的讲话。论述佛学的定义，佛学对文化、哲学、道德的意义。

　　收藏单位：河南馆

00401

佛学在今后人世之意义　（释）太虚讲演（释）芝峰记录

上海：佛学书局，1933.5，32 页，36 开（佛学小丛书）

　　本书论述佛学的定义，佛学对文化、哲学、道德的意义。

　　收藏单位：国家馆

00402

佛学之基础　丁福保编

上海：医学书局，[1920]，1 册，16 开（佛学丛书）

　　本书共 11 章，内容包括：有鬼之确证、冥间之情状、今孽、夙孽、轮回、杀业、盗业。

　　收藏单位：浙江馆

00403

佛学之面面观　王兆熊编

上海：佛学书局，1931，再版，184 页，32 开

　　本书为论文集。作者有太虚、梁任公、常惺、佛教会等。

　　收藏单位：重庆馆、广东馆、南京馆、上海馆

00404

佛学之三方面　郭衡斯编

[曼谷]：中华佛学研究社，1942，70 页，32 开

　　本书收介绍佛学基本知识及讨论佛理的文章若干篇。

00405

佛学指南　丁福保编

上海：医学书局，126 页，25 开（佛学丛书）

上海：医学书局，1 册，18 开（佛学丛书 14）

　　本书内容包括：有鬼之确证、范淫业之实证、释迦牟尼佛之异史、西土结集佛经等。

　　收藏单位：内蒙古馆、上海馆、绍兴馆、浙江馆

00406

佛藏子目引得　燕京大学图书馆引得编纂处编

外文题名：Combined indices to the authors and titles of books and chapters in four collections of Buddhistic literature

北平：燕京大学，1933，3 册（226+459+412 页），16 开（引得第 11 号）

　　本书为《大正新修大藏经》《续藏经》《卍字大藏经》《（弘教书院）大藏经》4 种佛藏的综合子目索引。

　　收藏单位：国家馆、近代史所、首都馆

00407

佛子必读　郭慧浚记

[武昌]：出版者不详，[1935]，54 页，32 开

　　本书为经论中戒淫要义汇编。

　　收藏单位：国家馆

00408

佛子行法偈言　（释）严定译

出版者不详，8 页，25 开

　　收藏单位：广西馆

00409

佛祖圣训

出版者不详，50 页，64 开

　　本书为佛学读本。

　　收藏单位：重庆馆

00410

浮图（第 1 辑）　闽南佛学院学生会编

厦门：闽南佛学院学生会，1929，106 页，32 开

　　本书为佛学出版物，内含佛学杂文多篇。

00411

福寿宝鉴　邱瀣山著

出版者不详，1933，6 页，32 开

　　本书录因果报应故事若干篇。

00412

古农佛学答问　范古农答问　刘士安编辑

上海：佛学书局，1936.7，2 册（626 页），32 开

　　本书辑录作者在各刊发表的佛学问答。共 7 卷：四圣应化门、六凡轮转门、法义研求门、自利行愿门、利他功德门、护持正法门、佛化常识门。书前有蒋维乔序、范古农自序、刘士安的编辑大意。

　　收藏单位：广东馆、国家馆、湖南馆、辽宁馆、南京馆、内蒙古馆、上海馆、首都馆

00413

故事图说　南行学社编辑　王云轩绘图

上海：三乐食品公司，1948—1949，2 册（76+78 页），32 开

　　本书辑集有关忠、孝、节、义等方面故事 50 余篇，劝世人行善。

　　收藏单位：上海馆、绍兴馆、首都馆

00414

光明真言曼荼罗　王弘顺纂述

出版者不详，1 册，25 开

　　收藏单位：广东馆

00415

皈依发心摄要诵

重庆：佛学社，1934，11 页，18 开，环简页装

　　本书为佛学读本。

　　收藏单位：重庆馆

00416

果报述闻　上海慈善汇报总发行部编

上海：明善书局，70 页，32 开（慈善汇报丛刊 第 1 编）

　　本书辑当时报刊上有关因果报应的短篇故事百余篇。

　　收藏单位：安徽馆

00417

海潮音文库　钱诚善编辑　（释）太虚审定　范古农校订

上海：佛学书局，1930，10 页，32 开

　　本书为《海潮音文库》的出版启事、编发大意、预约章程及总目录。《海潮音文库》将载于《海潮音》的文论分类选编，分为佛学通论、本论、足论、余论，计 4 编 34 种结集出版。

　　收藏单位：国家馆、吉大馆、南京馆

00418

迴澜集　遽庵主人　许篆卿编

出版者不详，[1921]，181 页，32 开

　　本书辑集古今戒淫格言，加以分类编排。

　　收藏单位：国家馆、绍兴馆

00419

慧明法师语录　孙仲霞述　范白恒记

出版者不详，[1934]，50 页，18 开

　　本书收录慧明法师语录共 32 条。附：高丽国普照禅师修心诀。

　　收藏单位：重庆馆、桂林馆、南京馆

00420

慧远大师集　（晋释）慧远撰　（释）僧忏选辑

上海：佛学书局，1934.12，[117] 页，32 开（高僧选集）

　　本书辑《沙门不敬王者论》《答桓玄沙门不应敬王者论》《三报论》等论文、书信、游记，共 23 篇。书前有慧远大师传略。

　　收藏单位：国家馆、辽大馆、内蒙古馆、山东馆、上海馆

00421

活佛节

北京：武德报社，1940.5，42 页，36 开

　　收藏单位：浙江馆

00422

建设人间净土论　（释）太虚著

上海：佛学书局，1933，48 页，32 开

　　本书内容包括：人生愿望之所在、现代人间之苦恼、人间净土之建设、人间净土与永生极乐、由本人发大悲愿施舍为始。

　　收藏单位：广东馆、河南馆

00423

讲演集　慈忍室主人编辑　（释）太虚审定范古农校订

上海：佛学书局，1932.12，再版，2 册（324+300 页），32 开（海潮音文库 第 3 编 佛学足论 7）

上海：佛学书局，2 册（324+296 页），32 开（海潮音文库第 3 编 佛学足论 7）

　　本书汇集《对于批评佛学者之批评》《论佛法为救时之必要》《佛法与哲学》等讲演若干篇。

　　收藏单位：重庆馆、国家馆、宁夏馆、首都馆

00424

教海观澜录

上海：威音佛刊社，1 册，18 开

　　本书述说佛教源流发展变化，涉及印度、中国、日本、朝鲜、埃及及近代欧美。为第

49—53、56—59、61—66、71—72 期合订。

　　收藏单位：首都馆

00425

皆大欢喜（1—3 集合订本）　苦器编辑

上海：大法轮书局，1947.9，3 版，1 册，32 开

　　本书辑录信佛灵验故事。

　　收藏单位：上海馆

00426

皆大欢喜（第 1 集）　世界新闻社编

上海：世界新闻社，1936.11，50 页，32 开

　　本书记述因念佛显灵的故事 10 则，宣传佛之因果说。书前有苦器序。

　　收藏单位：重庆馆、广东馆、广西馆、国家馆、上海馆、绍兴馆、首都馆

00427

皆大欢喜（第 2 集 孝德专号）　世界新闻社编

上海：世界新闻社，1938，58 页，32 开

　　本书为佛教宣传品，主要讲孝道。

　　收藏单位：首都馆

00428

皆大欢喜（第 2 集 孝德专号）　无母编

上海：大法轮书局，1941，再版，58 页，32 开

00429

皆大欢喜（第 3 集 大医王专号）　无母编

上海：世界新闻社，1938，56 页，32 开

　　收藏单位：河南馆

00430

皆大欢喜（第 4 集 轮回）　无母编

上海：大法轮书局，1943.8，3 版，104 页，32 开

　　本书内容为因果报应、生死轮回。

00431

皆大欢喜（第 5 集 奇梦）　寻香城主编

上海：大法轮书局，1940，110 页，32 开

上海：大法轮书局，1941，再版，110 页，32 开

上海：大法轮书局，1943，3 版，110 页，32 开

　　本书辑集梦的灵验故事。

　　　　收藏单位：广西馆、首都馆

00432

皆大欢喜（第 6 集 上海之鬼） 独存编辑

上海：大法轮书局，1941.12，185 页，32 开

　　本书谈上海有关鬼的种种故事。后附《中国之鬼及世界之鬼》。

　　　　收藏单位：上海馆

00433

解惑编 （释）弘赞编辑

上海：佛学书局，1934，192 页，32 开

　　本书分上、下两卷。内容包括：吴太宰嚭、释迦如来降诞、释迦如来灭度、法流震旦、汉桓帝等。

　　　　收藏单位：辽宁馆

00434

解惑显真 陈海量编纂

上海：大雄书局，1948，56 页，32 开（在家学佛小丛书）

　　本书为佛学杂论文集。内收：《宇宙万有的主宰者说》（许案织）、《耶佛之异》（聂云台）、《出耶入佛小史》（余岂庸）等。

　　　　收藏单位：重庆馆、上海馆、首都馆

00435

进化论 慈忍室主人编辑 （释）太虚审定 范古农校订

上海：佛学书局，1930.10，212 页，32 开（海潮音文库第 1 编佛学通论 7）

　　本书汇集《世界万有为进化抑为退化》《评进化论》《进化论随评》等。附录《论天演宗》《论严译》。

　　　　收藏单位：北大馆、重庆馆、国家馆、上海馆

00436

精进波罗蜜 佛学书局编辑部校订

上海：佛学书局，1932.6，22 页，36 开（佛学小丛书）

　　本书共 5 部分：总说、精进种别、精进利益、戒除懈怠、策修精进。正文前题：六波罗蜜之四。

　　　　收藏单位：国家馆

00437

径中径又径征义 （清）张师诚辑 （清）徐槐廷征义

上海：佛学书局，1931，12+76 页，22 开

　　本书共 3 部分：起信法、立愿法和励行法。

　　　　收藏单位：广东馆、河南馆、内蒙古馆

00438

径中径又径征义 （清）张师诚辑 （清）徐槐廷征义

出版者不详，[1933]，再版，[107] 页，32 开

出版者不详，94+13 页，32 开

　　　　收藏单位：广东馆、广西馆

00439

静暮鼓声

出版者不详，25 页，32 开

　　　　收藏单位：广东馆

00440

究元决疑论 梁漱溟著 东方杂志社编

外文题名：An essay on Buddhism

上海：商务印书馆，1923，73 页，50 开（东方文库 45）

上海：商务印书馆，1924，再版，73 页，50 开（东方文库 45）

上海：商务印书馆，1925，3 版，73 页，50 开（东方文库 45）

　　本书分究元（佛学如实论）、决疑（佛学方便论）两部分。究元部分论及了性宗之义及无性之义，决疑部分以论述苦乐为主。附录：《三论宗之宇宙观》（蒋维乔）、《三论宗之人生观》（蒋维乔）、《相宗新旧两译不同论》（梅光羲）。著者原题：梁漱冥。

　　　　收藏单位：重庆馆、东北师大馆、广东馆、广西馆、桂林馆、国家馆、湖南馆、江

西馆、辽大馆、南京馆、内蒙古馆、山东馆、绍兴馆、首都馆、天津馆、西南大学馆、浙江馆、中科图

00441

救劫特刊　休庵编辑

上海：佛学书局，1932.8，再版，26 页，25 开

　　收藏单位：江西馆

00442

觉社丛书选本　觉社编

武昌：武昌印经处，[1911—1949]，1 册，16 开

　　本书内容包括：言论、学说、评议、答问、文辞、杂集等。

　　收藏单位：首都馆

00443

觉世新声

上海：觉社，1919，26 页，32 开

　　收藏单位：江西馆

00444

抗战初结声中东方学术界之函讨　傅养恬编辑

成都：启文印刷局，1945.9，20 页，32 开

　　本书收录太虚法师与林梅坡、吕寒潭等人的来往书信 5 封。

　　收藏单位：国家馆

00445

口业集（又名，佛教批评集）（释）大醒著

武昌：行愿庵，1934.11，306 页，32 开

　　本书收《中国佛教会之面面观》等文章 88 篇。内容包括：宣扬保持佛教真义、主张改良寺院制度、提高僧伽生活、提倡佛化社会事业等。书前有自叙。卷末有后记。

　　收藏单位：北师大馆、国家馆

00446

快快看

上海：明善书局，18 页，32 开

本书收录王天君飞鸾显化救劫谕文。

　　收藏单位：广东馆

00447

老实话（第 1 集）　梵行演述

上海：世界佛教居士林，1931.6，再版，30 页，32 开

　　本书内有佛法演讲 16 篇，每篇后附范古农居士评语。有苦行居士序。

　　收藏单位：国家馆

00448

列圣宝诰

重庆：余庆印书馆，1935，14 叶，25 开，环筒叶装

　　本书内容包括：八大咒语、玉尊宝诰、瑶池王母宝诰、佛祖宝诰等。

　　收藏单位：重庆馆

00449

六波罗密法门　（释）谛闲著

上海：佛学书局，1933.1，16 页，50 开（佛学小丛书）

　　本书介绍佛家修行的知识。

　　收藏单位：国家馆、内蒙古馆、上海馆

00450

六如偈略释　杨章甫著

上海：佛学书局，1934，8 页，22 开

　　本书为对六如偈的注解。六如偈出自《金刚经·应化非真分》，比喻世事无常。

　　收藏单位：上海馆、首都馆

00451

庐山学　（释）太虚著

上海：泰东图书局，1926.5，379 页，32 开

　　本书为在庐山及各地所做的佛学演讲录合集，共 56 篇。

　　收藏单位：重庆馆、贵州馆、国家馆、江西馆、上海馆、绍兴馆、首都馆、天津馆、浙江馆、中科图

00452

论文集　慈忍室主人编辑　（释）太虚审定
范古农校订

上海：佛学书局，1931，2 册（322+306 页），
32 开（海潮音文库 第 3 编 佛学足论 8）

　　本书辑太虚、大圆、蒋维乔、丁福保等
人的佛学论文，共 70 篇。

　　收藏单位：北大馆、国家馆、宁夏馆、上
海馆

00453

略说佛教显密大义　李翊灼著

南昌：中华书局，1949.2，16 页，32 开

　　收藏单位：江西馆、上海馆

00454

南传念安般经　汤用彤译

出版者不详，[1929]，22 页，16 开（内学 第
4 辑 2）

　　本经译自巴利文《中阿含经》。安般通译
为"息"，为"十念"之一，是六朝禅法中最
重要的法门。本经文义分缘起、佛说、总结 3
部分，内容涉及修念安般、修四念处、修七
觉支、修智慧解脱等。

　　收藏单位：国家馆、南京馆

00455

南询集（第 1 辑）　岭东佛学院编辑

[潮州]：岭东佛学院，1935.6，196 页，25
开

　　本书为岭东佛学院第一届学僧毕业论文
集。内容包括：《密严经述要》《俱舍宗之世界
观》《心地观经大意》《论因三相》《说阿赖耶
识》等。有寄尘序。

　　收藏单位：国家馆

00456

难度能度　陈达哉编述

上海：佛学书局，1931，20 页，36 开（佛学
故事丛书）

　　本书据佛书记载，讲述佛度人的几则小
故事。

　　收藏单位：国家馆

00457

内院杂刊　欧阳渐著

江津：支那内学院蜀院，1939，17 页，16 开

　　本书收欧阳渐与佛教徒陈真如、李正刚
等对佛学理论的切磋研究之作。

00458

念佛实益

出版者不详，手抄本，1 册，16 开

　　收藏单位：广西馆

00459

普济群生录

出版者不详，102 页，18 开

　　收藏单位：江西馆

00460

人生佛教　（释）太虚述意　（释）福善　（释）
妙钦编校

重庆：[海潮音月刊社]，1945.6，6+12+375 页，
32 开

上海：海潮音月刊社，1946.12，再版，6+12+
388 页，32 开

　　本书共 8 章，内容包括：无始终无边中之
宇宙事变、事变中之有情众生业果相续、有
情业果相续流转中之人生等。

　　收藏单位：重庆馆、国家馆、南京馆、宁
夏馆、上海馆、中科图

00461

人生之究竟　印老法师鉴定　念佛僧敬录

出版者不详，1944.9，14 页，32 开

　　收藏单位：上海馆

00462

人演论　洪万馨著

上海：大法轮书局，1948，40 页，64 开（法
轮小丛书）

　　本书讲述优胜劣败、福祸无门惟人自召的
道理，人定胜天，并非天演，主张道德至上。

　　收藏单位：上海馆

00463

人语　菩提著

出版者不详，1930，43 页

　　收藏单位：近代史所、南京馆

00464

仁山法师文集　（释）仁山著　（释）明真编

镇江：金山大观音阁，1934，再版，158 页，24 开

　　本书共 8 部分：仁山法师近影并赞、仁山法师略传、时论、函札、序传塔铭、记跋疏文、法语、诗偈。

　　收藏单位：北师大馆、国家馆、南京馆、首都馆

00465

仁王护国经讲义　（释）圆瑛述

上海：佛学书局，1935，2 册（201+114 页），32 开（圆瑛法汇）

　　本书封面题名：仁王护国般若波罗密经讲义；卷端题名：佛说仁王护国般若波罗密经讲义。

　　收藏单位：河南馆、南京馆

00466

忍辱波罗蜜　佛学书局编辑部校订

上海：佛学书局，1932.6，20 页，64 开（佛学小丛书）

　　本书共 5 部分：总说、忍辱种别、忍之福利、劝行忍辱、忍辱事证。正文前题：六波罗蜜之三。

　　收藏单位：国家馆、上海馆

00467

日莲读本（中华文）　宗教问题研究所编辑

东京：宗教问题研究所，1938，48 页，22 开（日本宗教读本 2）

　　本书汇集《东亚佛教徒之使命》《谈日莲》《日本佛教史要》《日莲宗之由来》等文章。

　　收藏单位：国家馆、首都馆

00468

入佛因缘记　莳园居士著

上海：佛学书局，1934.5，62 页，32 开

　　本书作者记叙了投师的因缘、参师的所得等内容。

　　收藏单位：广东馆、上海馆

00469

三唯论　（释）福善著

重庆：海潮音社，1945.7，188 页，32 开（海潮音社丛书）

　　本书为佛学论著。共 3 编：唯识论、唯性论、唯生论。书前有太虚著《题三唯论》一文。

　　收藏单位：重庆馆、国家馆、南京馆、上海馆

00470

三元论（万法定则）　轻安居士著

上海：般若书局，1940，36 页，32 开

　　本书论述佛学上的体、相、用三元。佛为体、法为相、僧为用。为大学生、中学生课外读本，国学佛学之参考书。

　　收藏单位：上海馆

00471

沙弥释通禅与王恩洋（峨山中顶大坪寺七会后之片片）　瘳兀虬著

四川：峨眉山龙门洞，1944.6，32 页，32 开

　　本书记录了南怀瑾在峨眉山修行时与王恩洋的会语。“通禅”是南怀瑾的法名。

　　收藏单位：南京馆

00472

陕西佛化复兴之新纪元　陕西佛化社编辑

西安：佛经流通处，1930，26 页，32 开

　　收藏单位：辽宁馆

00473

善因法师文录　（释）善因著　无畏居士编

上海：佛学书局，1934.7，10+338 页，32 开

　　本书共 7 卷：论文、今古杂评、禅余答问、笠居随笔、管见焚余、学佛行仪、创办宝庆佛教慈儿院的经过。书前有萧树人序、灵涛序。

　　收藏单位：国家馆

00474

舍利弗轶事迹　佛学书局编辑部编

上海：佛学书局，1932.1，36页，32开（佛教故事丛书）

　　收藏单位：南京馆

00475

甚么是佛学　（释）太虚讲述　（释）罘月莘野　唐大圆记录

上海：佛学书局，1932.12，20页，32开（佛学小丛书）

上海：佛学书局，1935.10，2版，20页，32开（佛学小丛书）

　　本书共5部分，介绍佛学的本质、方法、佛学的应用及怎样研究佛学。

　　收藏单位：国家馆、上海馆

00476

甚么是佛学　（释）太虚讲述　（释）罘月莘野记录

出版者不详，1930，8页，25开

　　本书书中题名：太虚大师在长沙中山堂之讲演。

　　收藏单位：河南馆

00477

狮吼龙啸　（释）太虚等著　游隆净记

世界佛学苑汉藏教理院，1939.1，34页，32开

　　本书收录太虚的讲演及同道的诗文数篇。

　　收藏单位：重庆馆

00478

实用佛学辞典　佛学书局编辑部编辑

上海：佛学书局，1934.7，252+1936页，32开，精平装

上海：佛学书局，1935.3，再版，4册（252+1936页），32开，精平装

上海：佛学书局，1947.10，3版，252+1936页，32开，精平装

　　本书以织田得能《佛教大辞典》为蓝本，参考《翻译名义集》《一切经音义》《三藏法数》及丁福保《佛学大辞典》等书编辑而成。

共收16000余条目，按词条中文笔画次序排列。1935年3月再版时分4册出版，其中包括《目录通检》1册。

　　收藏单位：重庆馆、东北师大馆、广东馆、广西馆、国家馆、湖南馆、吉林馆、江西馆、近代史所、辽大馆、辽宁馆、辽师大馆、南京馆、宁夏馆、山东馆、山西馆、上海馆、绍兴馆、首都馆、天津馆、浙江馆、中科图

00479

实用佛学辞典（目录通检）　佛学书局编辑部编

上海：佛学书局，1935，252页，32开

　　本书为《实用佛学辞典》一书中《目录通检》的单行本。

　　收藏单位：广东馆、辽大馆、上海馆、首都馆、中科图

00480

世界教育示准　唐大圆著

上海：佛学书局，1929，再版，76页，25开

　　本书共15篇，内容包括：二十四经求治之根本、人群须速普及佛化之建议、佛说一切法皆是佛法论、真平等论、再辩我爱与慈悲、人生当以智慧为生活论、广救国论、东方文化三要素、新式之佛化等。

　　收藏单位：重庆馆、广东馆、上海馆

00481

世界新文化之标准　张宗载编

上海：世界佛教居士林，1926，160页，32开

　　本书为宣传佛教教义的论文、诗歌合集。作者有唐大圆、太虚、蒋维乔、张宗载等。

　　收藏单位：湖南馆、上海馆

00482

释大勇敬告全国佛教徒文　（释）大勇撰

出版者不详，1929，1册，32开

　　收藏单位：首都馆

00483

释迦如来成道记　心光讲学会编集

出版者不详，1948，54 页，32 开

本书为 6 种佛经合刊本。与永嘉禅师证道歌、净土生无生论、始终心要略解、八识规矩颂、金光明经空品合订。

00484

守培语录（上卷）（释）守培著

镇江：超岸寺，[1948]，168 页，16 开

本书收法语、论说等。

收藏单位：上海馆

00485

死后之审判（原名，活阎罗断案）（清）彭二林编

上海：大雄书店，1943.12，重排，62 页，32 开

本书叙述苏州徐秀才之子徐坤梦中受玉帝旨、断阴间案的故事。

收藏单位：国家馆、宁夏馆

00486

四明十义书（又名，十义书）（2 卷）（宋释）知礼撰

青岛：湛山寺印经处，98 页，22 开

本书为天台宗山家派中心人物四明知礼破斥山外派之作品。全书引用两派多次论争中诸问答书内容，更以十义对山外派诸师阐明观境真妄之问题。

收藏单位：首都馆

00487

娑罗馆清语　屠伟真著

上海：大法轮书局，1948.4，30 页，64 开（法轮小丛书）

本书由近两百条清言组成，以佛教的思想观念来阐释人生哲理。

收藏单位：上海馆

00488

太虚大师讲录（四种合刊）（释）太虚著述　李基鸿　吕慧成校订

汉口：佛教正信会，1935.8，4 版，1 册，32 开

本书收佛学演讲录 4 篇：《怎样来建设人间佛教》《居家士女学佛程序》《佛说善生经讲录》《般若波罗蜜多心经讲义》。校订者"李基鸿"原题：李了空。

收藏单位：重庆馆、广东馆、广西馆、国家馆、南京馆、上海馆、浙江馆

00489

太虚大师弥陀净土法门集　（释）尘空编集

上海：大法轮书局，1948，74 页，64 开（法轮小丛书）

上海：大法轮书局，1948.7，再版，74 页，64 开（法轮小丛书）

本书共收佛学论著 7 篇:《阿弥陀经讲要》《佛说无量寿经纪要》《往生安乐土法门略说》《念佛往生的原理》《由三种所依显念佛义》《佛七开示录》《中国人口头上心头上的阿弥陀佛》。

收藏单位：重庆馆、广西馆、上海馆

00490

太虚大师全书

太虚大师全书出版委员会，[310] 页，32 开

收藏单位：首都馆

00491

太虚大师全书（第 1 编 佛法总学）　太虚大师全书编纂委员会编纂

上海：佛教文化社，1948.10，4 册，32 开

本书分概论、判摄、源流 3 部分，收文 34 篇，内容包括：佛学概论、佛理要略、佛学大系、佛法之分宗判教、中国佛学、佛教各宗派源流等。书后附佛法总学勘误表。题名取自版权页，书名页题：法藏：佛法总学。

收藏单位：近代史所、辽宁馆、上海馆、绍兴馆

00492

太虚大师文选　（释）福善等编

重庆：罗汉寺佛经流通处，1943，38 页，32 开，环筒页装

本书收缵日宗、佛法真价论、东方文化正名说、佛学院院舍记等文 20 篇。为佛教学

生国文读本。

　　收藏单位：重庆馆、南京馆

00493

太虚大师在北平华北居士林讲演二种　（释）太虚讲

北平：华北居士林，1930，3册

　　本书附常惺法师讲演录两种。

　　收藏单位：国家馆、南京馆

00494

太虚大师在昆明讲演（第1辑）（释）太虚讲　（释）尘空等记

出版者不详，14页，16开

　　本书收太虚大师先后在省佛教会军医学校的讲演3篇。

　　收藏单位：重庆馆

00495

太虚大师在泉州讲演之一　（释）太虚著

汉口：佛教正信会，1930，再版，10页，32开

　　本书收太虚大师的讲演：从"无我""唯心"的宇宙观到"平等""自由"的人生观。

　　收藏单位：国家馆

00496

太虚法师文钞初集　（释）太虚著　陈慧秉等编校

上海：中华书局，1927.10，3册（248+332+418页），32开

上海：中华书局，1934.7，再版，3册（248+332+418页），32开

　　《太虚法师文钞》共10编，初集为前3编，内容包括：第1编：雅言；第2编：世论；第3编：佛学。

　　收藏单位：重庆馆、广东馆、广西馆、贵州馆、桂林馆、国家馆、黑龙江馆、辽大馆、辽宁馆、南京馆、内蒙古馆、山东馆、上海馆、首都馆

00497

太虚法师西来演说集　（释）太虚演讲

出版者不详，[1930]，128页，32开

　　本书收太虚大师1930年在四川的佛学讲演18篇。内容包括：在遂宁公园演说、在四川省佛教会演说、在成都佛学社演说、在峨眉县佛教会演说、在嘉定佛学社演说等。书前有太虚法师略历及弁言。书后附太虚诗录。

　　收藏单位：国家馆

00498

天地玄机（元亨利贞合集）　杨实若编著

洛阳：动力出版社，1944，1册，16开

　　本书分元、亨、利、贞4集，讲述天地间一切自然现象的变化，都是吉凶祸福的征兆。书末附六十年天时民病占。

　　收藏单位：重庆馆

00499

天方摩圣奇征录（又名，神杖记）　谈元深译述　杨道芳评校

上海：新民书局，1933，86页，32开

　　收藏单位：河南馆

00500

天人三策　阮印长著

湖南：弥山游天阁，1946.8，[62]页，22开

　　本书内容包括：蒋百里先生致著者书、古今三万年日躔岁差实指、中国近三千年人才地运观自序、人间达言、阮门论语等。

　　收藏单位：广西馆

00501

天曦佛化答问　天曦著述

上海：佛学书局，1932.12，34页，36开（佛学小丛书）

　　本书解答佛学知识。

　　收藏单位：国家馆

00502

外道　佛学书局编辑部校订

上海：佛学书局，1931.6，30页，64开（佛学小丛书）

　　本书介绍佛学"外道"的有关知识。共3

部分：外道之定义、外道之种类、外典可读不当依。

收藏单位：国家馆

00503

晚晴老人讲演录 李叔同讲 弘一大师纪念会编

上海：大雄书店，1944，再版，70 页，32 开

本书收弘一法师李叔同演讲 12 篇。书前有夏丏尊题记。讲者原题：弘一。

收藏单位：重庆馆、广西馆、南京馆、上海馆

00504

往生安乐土法门略说 （释）太虚著

上海：佛学书局，1930，5 版，30 页，32 开

上海：佛学书局，1939，6 版，30 页，32 开

本书从信、愿、行三个方面解说往生净土法门。

收藏单位：广西馆、河南馆

00505

为什么要皈依三宝 （释）慈云编述

出版者不详，1945，20 页

收藏单位：南京馆

00506

温光熹先生嘉言录 吴韬庵编

沈阳：叶威凤 [发行者]，1934，84 页，16 开

本书为佛教徒温光熹言论集。分卷上、卷下两部分。卷上为佛法类，共 27 则；卷下为世法类，共 31 则。书前有编者自序。书后有后序及附录。

收藏单位：国家馆、南京馆、上海馆

00507

文选 慈忍室主人编辑 （释）太虚审定 范古农校订

上海：佛学书局，1932.5，2 册（216+194 页），32 开（海潮音文库 第 4 编 佛学余论 1）

本书辑沈曾植、陈三立、释印光等人的佛学文章若干篇。

收藏单位：国家馆、宁夏馆

00508

五代佛文仰山和尚玄机语要

出版者不详，抄本，1 册

收藏单位：国家馆

00509

五蕴大意 蒋维乔述

上海：佛学书局，1932，20 页，36 开（佛学小丛书）

上海：佛学书局，1935.10，2 版，20 页，36 开（佛学小丛书）

本书为作者在世界佛教居士林佛学研究会上的演讲词，对佛学的"五蕴"（色、受、想、行、识）进行具体解释。

收藏单位：国家馆、首都馆

00510

五蕴直解 孙仲霞编

北京、天津：北京日报馆，1926.5，13 页，32 开

本书为作者对五蕴的解说。

收藏单位：国家馆

00511

西方极乐世界图 陈晓江绘

[北京]：陈晓江 [发行者]，[1925]，16 页，25 开

本书内容包括：佛说阿弥陀经、卢鸿沧先生肖像、极乐国图缘起、西湖卍字草堂建筑图、卍字草堂摄影、西方极乐世界图缩影、卍字草堂大略、西方极乐世界图说明等。

收藏单位：国家馆、浙江馆

00512

西方启信录 孙传祝编

上海：国光书局，1922，159 页，32 开

本书为净行弟子敬集，对佛法、净土以及西方佛教的讲解及论述。

收藏单位：浙江馆

00513

现代僧伽的职志 （释）芝峰著

上海：佛学书局，1933.12，再版，60 页，36

开（佛学小丛书）

本书为写给中国青年僧迦的书，呼吁要站稳立场、坚定信心。

收藏单位：国家馆、上海馆

00514

现实主义　（释）太虚著

上海：商务印书馆，1934.6，161页，22开

上海：商务印书馆，1934.8，再版，161页，22开

本书共5节：现比真似、算学略说、声明略说、立破真似、闻量与方法之评判。书前有序论。

收藏单位：重庆馆、广东馆、广西馆、桂林馆、国家馆、黑龙江馆、江西馆、南京馆、上海馆、首都馆、天津馆、浙江馆

00515

响应　李长谨编述

汉口：养心诵经楼，1934，40页，32开

本书内容包括：响应序、响应自序、响应纪实、响应经典。

收藏单位：重庆馆、广东馆、南京馆

00516

小说　慈忍室主人编辑　（释）太虚审定　范古农校订

上海：佛学书局，1932.6，92页，32开（海潮音文库 第4编 佛学余论5）

本书内容包括：性身灵命、破衲、渔夫、牟尼宝、疗心羹题曲、西方道琴十二首。

收藏单位：国家馆、宁夏馆

00517

兴慈法师开示录　（释）兴慈讲　陈园证等记录

上海：道德书局，1936，36页，32开

本书内容包括：苏州王氏祠开示法语、法藏寺讲弥陀经疏钞开示、苏州觉社讲念佛法门、法云学社祝观音圣诞演词、法云学社开示念佛法门。

收藏单位：南京馆、上海馆、首都馆

00518

醒迷唱酬集　刘申贵著

出版者不详，1921，72页，16开

收藏单位：首都馆

00519

醒人钟　卢慎等辑

上海：新文化书社，1935，132页，32开

上海：新文化书社，1935.12，再版，132页，32开

本书为以善恶报应为内容的笔记小故事。

收藏单位：江西馆、内蒙古馆

00520

醒世木铎

崇华堂，36页，32开

本书为佛经读本。

收藏单位：重庆馆

00521

袖珍禅联　轻安居士著

上海：般若书局，1939.7，103页，32开

本书收有佛学对联200副。

收藏单位：上海馆

00522

袖珍佛经读本

北平：中央刻经院，1924，1册，64开，环筒叶装

本书内容包括：佛说阿弥陀佛经、赞佛偈及念佛方法、发愿文、观世音经、观音大士咒、礼观音文。

收藏单位：重庆馆

00523

续尘影集　（释）谛闲著

湖南：西南日报社，1943，127页，32开

本书为佛学杂论。共14篇，内容包括：佛学的宇宙观和人生观、佛学一席辩、佛学与革命等。书后附致太虚大师书、致徐专员庆誉书。

收藏单位：重庆馆

00524

学佛浅说 王博谦辑述 （释）印光鉴订

上海：佛学书局，1928，42 页，25 开

上海：佛学书局，1929，44 页，25 开

上海：佛学书局，1933.12，5 版，44 页，25 开

本书共 20 篇，内容包括：人何以要学佛、乐是苦的因、大乘小乘的分别等。书后附《普劝念佛歌》。

收藏单位：重庆馆、国家馆、江西馆、内蒙古馆、首都馆、浙江馆

00525

学佛浅说 王博谦辑述 （释）印光鉴订

上海：弘化社，1944，44 页，32 开

收藏单位：上海馆

00526

学佛浅说 王博谦辑述 （释）印光鉴订

上海：世界佛教居士林，1924，42 页，25 开

收藏单位：国家馆、南京馆

00527

学佛浅说·助觉管见·初机学佛摘要 王博谦编辑

上海：佛学书局，1929，3 版，[88] 页，32 开

上海：佛学书局，1935.5，[88] 页，32 开

《学佛浅说》收文 20 篇，内容包括：人何以要学佛、乐是苦的因、大乘小乘的分别等。《助觉管见》包括知觉、因果两部分。《初机学佛摘要》内容包括：佛法大旨、学佛浅说、劝修净土要言、持名念佛历九品净四土说、念佛切要等。封面题名：学佛浅说、助觉管见、初机学佛摘要合编。

收藏单位：重庆馆、上海馆

00528

学佛浅说·助觉管见·初机学佛摘要 （释）印光鉴定 邵慧圆校对

上海：大中书局，1929.4，[94] 页，22 开

上海：大中书局，1929.7，2 版，[94] 页，22 开

上海：大中书局，1929.11，3 版，[94] 页，22 开

本书版权页题名：学佛浅说、助觉管见、初机学佛摘要合编。

收藏单位：广西馆、国家馆、河南馆、江西馆

00529

学佛浅说·助觉管见·初机学佛摘要 （释）印光鉴定 邵慧圆校对

上海：功德林佛经流通处，1929.11，3 版，1 册，25 开

上海：功德林佛经流通处，1930.8，5 版，1 册，25 开

上海：功德林佛经流通处，1932.7，8 版，1 册，25 开

上海：功德林佛经流通处，1935，12 版，1 册，25 开

收藏单位：国家馆、首都馆、浙江馆

00530

学佛浅说·助觉管见·初机学佛摘要 （释）印光鉴定 邵慧圆校对

苏州：弘化社，1932，7 版，[94] 页，25 开

苏州：弘化社，1932.7，8 版，[94] 页，25 开

苏州：弘化社，1932，9 版，1 册，25 开

苏州：弘化社，1935.5，12 版，88 页，32 开

收藏单位：重庆馆、广西馆、桂林馆、国家馆、江西馆、南京馆、内蒙古馆、山东馆、上海馆、首都馆、天津馆

00531

学佛浅说·助觉管见·初机学佛摘要 （释）印光鉴定 邵慧圆校对

上海：江苏第二监狱第三科，1929.4，1 册，22 开

收藏单位：上海馆

00532

学佛须知 罗翰章编

上海：佛学书局，[1939]，4+28 页，32 开

收藏单位：河南馆、南京馆

00533

学佛要略

民生印书馆，1948.6 翻印，[26] 页，26 开

本书诠释了佛教理论的内容。

收藏单位：桂林馆、江西馆、南京馆、上海馆、浙江馆

00534

学佛赘言（1卷） 王武禄撰

北京：佛经流通处，1册

收藏单位：国家馆

00535

演说集 （释）太虚著

上海：佛学书局，[1932]，3册（514页），32开（太虚丛书）

本书辑佛学演讲文章113篇，内容包括：在汉阳水警厅演讲、在黄梅明伦堂之演说、佛法略释、佛法之原理、论法相必宗唯识、法空人空与唯识等。

收藏单位：贵州馆、国家馆、南京馆、上海馆

00536

阳复斋诗偈集 江谦著

苏州：弘化社，1931，140页，32开

本书为佛经唱词选集。

00537

阳复斋诗偈集（1卷，续集1卷） 江谦撰

上海：世界书局，1937，[220]页，32开（佛学丛刊第1辑4）

本书为佛教诗偈合集。包括《阳复斋诗偈集》和《阳复斋诗偈续集》两部分。

00538

阳复斋诗偈续集 江谦著

苏州：弘化社，1933，80页，32开

本书为佛教诗偈合集。共6部分：净土、大乘、融通、赞颂、题赠、感托。

收藏单位：上海馆、首都馆

00539

阳复斋诗偈三集 江谦著述　游有维校阅

上海：佛学书局，1947.9，128页，25开（阳复斋丛刊10）

本书共5部分：净土、大乘、题赠、感

托、友声集。

收藏单位：国家馆、江西馆、上海馆、天津馆

00540

阳复斋诗偈新集 江谦编

出版者不详，[1938]，12页，24开

本书收文10余篇，内容包括：10月5日禅宗初祖达摩祖师圣诞为念佛诸友说偈、劝推行三圆考生团办法缘起等。

收藏单位：上海馆

00541

养性集

苏州：弘化社，1937.5，2版，36页，22开

收藏单位：广西馆

00542

一吼堂文集 （释）圆瑛著　（释）明阳编

上海：圆明法施会，1949，108页，25开（圆瑛法汇）

本书收文90余篇，内容包括：清祖师印老法师讲经启、天童寺舍琉璃会碑记、南京改建三藏塔记等。书前有圆瑛法汇序。

收藏单位：上海馆、首都馆

00543

一六心戒　虚心讲　纯净　纯正记录　无我韵切校对

出版者不详，1934，38页，32开

本书讲佛家自度自戒的修行之道。

收藏单位：国家馆、江西馆

00544

以俗说真之佛法谈　欧阳渐讲

出版者不详，22页，32开

本书著者原题：欧阳竟无。

收藏单位：南京馆

00545

印光大师法语撷录　曹培灵编

无锡：佛教团体联谊会，1948翻印，增订本，38页，64开

本书共 10 部分，内容包括：赞净土超胜、劝信愿真切、示念佛方法等。附《印光法师略传》《阿弥陀佛极乐净土之意义》等。

收藏单位：重庆馆、广东馆、广西馆、桂林馆、国家馆、南京馆、天津馆

00546

印光法师嘉言录　李圆净编

上海：佛学书局，1933.7，251 页，25 开

上海：佛学书局，1936.2，3 版，251 页，25 开

本书辑录言论、著作、书、序等。全书共 10 部分，内容包括：赞净土超胜、诚信愿真切、示修持方法、论生死事大、勉居心诚敬、劝注重因果、分禅净界限、释普通疑惑、谕在家善信、标应读典籍。

收藏单位：国家馆、江西馆、南京馆、内蒙古馆

00547

印光法师嘉言录　李圆净编

上海：世界书局，1937，[250] 页，32 开（佛学丛刊第 1 辑）

00548

印光法师嘉言录　李圆净编　（释）印光鉴定　邵慧圆校对

上海 [等]：佛学书局 [等]，1935.3，9 版，[252] 页，32 开

上海 [等]：佛学书局 [等]，1936.1，10 版，[252] 页，32 开

收藏单位：国家馆、黑龙江馆、江西馆、天津馆

00549

印光法师嘉言录　李圆净编　（释）印光鉴定　邵慧圆校对

苏州：弘化社，1933.4，7 版，252 页，26 开

苏州：弘化社，1937，12 版，[252] 页，26 开

苏州：弘化社，上海：佛学书局，1941.12，13 版，[252] 页，32 开

收藏单位：河南馆、南京馆、上海馆、首都馆

00550

印光法师嘉言录（正编）　李圆净编

上海：弘化社，1949.3，228 页，26 开

苏州：弘化社，1949，228 页，26 开

收藏单位：重庆馆、吉林馆、上海馆、首都馆

00551

印光法师嘉言录（续编）　徐志一　（释）广觉编　（释）德森鉴定

上海：印公纪念会流通部，1944，232 页，25 开，环筒页装

本书书前有德森序，并附印光"复罗铿端居士书"。

00552

印光法师嘉言录约编　（释）印光著　李圆净选辑

桂林：狮子吼月刊社，1941，136 页，32 开（狮子吼月刊社丛书）

本书书前有印光法师嘉言录约编序及原序。

收藏单位：重庆馆、桂林馆、江西馆

00553

印光法师文钞　（释）印光著

上海：佛学书局，[1932.9]，2 册，18 开

上海：佛学书局，1934.1，3 版，2 册，18 开

上海：佛学书局，1938.12，5 版，2 册，18 开

本书包括书、论、疏、序、跋、记、杂著等。

收藏单位：东北师大馆、国家馆、江西馆、辽宁馆、内蒙古馆、上海馆

00554

印光法师文钞　（释）印光著

苏州：弘化社，1937.5，9 版，4 册，16 开

收藏单位：南京馆

00555

浴佛节

北京：武德报社，1940，42 页，32 开

收藏单位：首都馆

00556

元邱素话 （明）余绍祉著

上海：大法轮书局，1948.4，26 页，64 开（法轮小丛书）

　　本书为作者有关禅机、佛理的随笔语录汇集。

　　　　收藏单位：上海馆

00557

缘生通释　王恩洋著

昆明：净乐法会，44 页，36 开（佛学丛书 2）

　　本书浅释因缘果报。

　　　　收藏单位：重庆馆

00558

岳草萌芽禅海一区　圣聪观氏撰

出版者不详，16 页，18 开

　　　　收藏单位：上海馆

00559

越南佛典略编 （越）陈文珲编纂

东京：国际佛教协会，1943.1，77 页，16 开

　　本书为越南佛典略编索引。

　　　　收藏单位：国家馆

00560

云中访经礼佛记　蒋唯心编

出版者不详，24 页，16 开

　　　　收藏单位：南京馆

00561

杂华集 （释）默庵著 （释）雨云编校

武昌：武昌佛学院，1937.7，208 页，32 开

　　本书共 6 部分：佛学、通论、游记、杂文、书牍、诗词。书前有太虚大师题字、著者近影、法舫法师序、著者自序。书后附编校以后。

　　　　收藏单位：广东馆、上海馆、绍兴馆、浙江馆

00562

再劝外道的直言　劝念佛人编

威远：中峰寺印书弘化社，1946，5 页，42 开

　　　　收藏单位：广西馆

00563

藏蒙满汉四体合璧佛教名辞集　彭色丹辑

北平：国立北平图书馆，1933.6，392 页，13 开

　　本书用藏语、蒙语、满语、汉语介绍佛教名词。

　　　　收藏单位：浙江馆

00564

增广印光法师文钞 （释）印光著

上海：国光印书局，1941.12，2 册，16 开

　　本书收录近代高僧净土宗第十三代祖师印光法师 1927 年之前的书信、序跋等作品。内容包括：信愿念佛、因果报应、敦伦尽分、家庭教育等。深入浅出，如同劝世白话文。

　　　　收藏单位：黑龙江馆、内蒙古馆、上海馆

00565

增广印光法师文钞 （释）印光著

苏州：弘化社，4 册，16 开

苏州：弘化社，1934.4，7 版，4 册，16 开

苏州：弘化社，1936.1，8 版，4 册，16 开

苏州：弘化社，1944，2 册，22 开

　　　　收藏单位：重庆馆、国家馆、吉林馆、山东馆、首都馆

00566

增广印光法师文钞 （释）印光著

上海：文明和记印刷所，1944.3，2 册，22 开

　　　　收藏单位：上海馆

00567

增广印光法师文钞（第 2—3 册） [（释）印光著]

[苏州]：[弘化社]，[1935]，2 册（[410] 页），16 开

　　本书包括书、论、疏、序、跋。

　　　　收藏单位：国家馆

00568

张纯一先生讲演集　张纯一讲演

天津：南开学校青年会，1920.10，58 页，22
开

　　本书从佛教的角度讲述人生哲学，内容
包括：基督之生命观、世界文化之归宿等。书
后附天津南开学校青年会道学班同班录。

　　收藏单位：国家馆

00569

哲学　慈忍室主人编辑　（释）太虚审定　范
古农校订

上海：佛学书局，1930.10，158 页，32 开（海
潮音文库 第 1 编 佛学通论 2）

上海：佛学书局，1933，再版，158 页，32 开
（海潮音文库 第 1 编 佛学通论 2）

　　本书共 18 篇，内容包括：自治哲学续言、
叔本华哲学之批评、佛学哲学比较论等。

　　收藏单位：北大馆、国家馆、宁夏馆

00570

正学启蒙三字颂　江谦述

陇右乐善书局，1 册

　　本书分上、中、下 3 篇。上篇述佛，中
篇述孔老，下篇述历代学史之要。

　　收藏单位：国家馆

00571

正学启蒙三字颂笺注　江谦述　齐朝章笺
（释）印光鉴定

上海：佛学书局，1931.11，16+98 页，25 开

上海：佛学书局，1933.9，再版，16+98 页，25
开

　　本书三字一句，并有笺注。书前有自序、
释印光发刊序。书后有跋。题名页及版权页
题：三字颂笺注。版权页述者原题：江易园。

　　收藏单位：国家馆、内蒙古馆

00572

正学启蒙三字颂笺注　江谦述　齐朝章笺
（释）印光鉴定

苏州：弘化社，1932.7，2 版，16+98 页，22 开

苏州：弘化社，1933.7，3 版，16+98 页，22 开

苏州：弘化社，1935，4 版，16+98 页，22 开

　　收藏单位：重庆馆、国家馆、河南馆、内

蒙古馆、首都馆

00573

正学启蒙三字颂注·阳复斋诗偈集合编　江
谦述

苏州：弘化社，1932.1，16+98+140 页，25 开

苏州：弘化社，1933，[16+98+140] 页，25 开

　　《正学启蒙三字颂注》分上、中、下 3
篇：述佛、述孔老、述历代学史之要；《阳复
斋诗偈集》为佛经唱词选集。

　　收藏单位：广东馆、江西馆、内蒙古馆、
上海馆、首都馆

00574

正学养蒙三字经注解　（宋）王应麟撰　江谦
增订　（释）印光审定　游有维注解

上海：法云印经会，1941.6，270 页，32 开

　　本书内容包括：述性、论教、劝学、广陈
儒佛之要、述文字之源、示儒经之要、述子
书之要等。

　　收藏单位：内蒙古馆、上海馆、首都馆

00575

智定文集　（释）智定著

上海：大法轮书局，1948，50 页，64 开

　　本书为佛学杂论集。收文 8 篇，内容包
括：禅净双修说、天台学之鸟瞰、杭州的净土
道场等。

　　收藏单位：上海馆

00576

智慧波罗蜜　佛学书局编辑部校订

上海：佛学书局，1932.6，16 页，64 开（佛
学小丛书）

　　本书共 4 部分：总说、智之种别、智慧利
益、智慧经证。正文前题：六波罗蜜之六。

　　收藏单位：国家馆、上海馆

00577

中等佛学教科书（第 1 编）　（释）善因编著

上海：佛学书局，1930，2 册（156 页），32
开

　　本书讲述佛学的一般知识，共 80 课。

收藏单位：南京馆

00578

中等佛学教科书（第2编）（释）善因编著
上海：佛学书局，1931.9，2 册（84+80 页），
32 开

本书为佛学史。共 80 课，内容包括：释尊以前之印度教义、第三结集及佛教之传播、佛法初入中国、佛经传译之初期、晋时四大翻译及罗什传等。

收藏单位：国家馆

00579

中国佛教会全国会员代表大会提案　中国佛教会全国会员代表大会秘书处编
南京：中国佛教会全国会员代表大会秘书处，1947，油印本，46 页，16 开

收藏单位：南京馆

00580

中国佛教学院年刊　[中国佛教学院] 编
[中国佛教学院]，[1941]，[294] 页，16 开

本书内收中国佛教学院院长及董事长照片、纪念题词多幅，论文 6 篇，包括《三论宗之源流与立教》(周叔迦)、《法华大意》(魏善忱)、《中国佛教美术小记》(子规) 等。为中国佛教学院周年纪念刊。

00581

重道护国　胡新元著
出版者不详，1947，206 页，64 开

本书内容包括：三祖道训、严守、佛教之与安清、安清佑国序、佛教列祖渊源等。

收藏单位：重庆馆

00582

竹密流水集　陈维庚著
耀宇印刷厂，81 页，36 开，环筒页装

本书为宣扬佛法的小册子。

收藏单位：重庆馆

00583

宗教　慈忍室主人编辑　（释）太虚审定　范古农校订
上海：佛学书局，1930.10，78 页，32 开（海潮音文库 第 1 编 佛学通论 3）
上海：佛学书局，1933，再版，77 页，32 开（海潮音文库 第 1 编 佛学通论 3）

本书共 10 篇，内容包括：爱之研究、天神教之人界以上根据、我之宗教观等。

收藏单位：北大馆、重庆馆、国家馆、宁夏馆、上海馆

00584

最新东方论理学、名句文三身法首编（第1卷）　杜万空著
泉州：承天寺论理学会，1925，77 页，18 开

收藏单位：广东馆

00585

最新东方论理学文类举隅　杜万空编
泉州：承天寺论理学会，1925，[235] 页，32 开

本书为东方论理学研究系出版品之三，宣传佛教教理。

大藏经

00586

大藏经　（日）高楠顺次郎编辑
东京：大藏出版株式会社，1938，再版，1022 页，32 开

收藏单位：山西馆

00587

大正新修大藏经（85卷）（日）高楠顺次郎编
东京：大正一切经刊行会，1924—1934，100 册，16 开，精装

本书共 3 部分：正藏 55 册、续藏 30 册、别卷 15 册（包括图像 12 册、总目录 3 册）。收入佛籍总数冠于各种大藏经，计正藏、续藏、图像和总目录共 3493 部，13520 卷。

收藏单位：广东馆、辽宁馆、首都馆

00588

大正新修大藏经（第72卷 续诸宗部3）（日）
高楠顺次郎编辑
东京：大正一切经刊行会，1933，再版，768
页，16开，精装

　　收藏单位：首都馆

00589

大正新修大藏经（第73卷 续诸宗部4）（日）
高楠顺次郎编辑
东京：大正一切经刊行会，1933，再版，726
页，16开，精装

　　收藏单位：首都馆

00590

大正新修大藏经（第74卷 续诸宗部5）（日）
高楠顺次郎编辑
东京：大正一切经刊行会，1934，再版，822
页，16开，精装

　　收藏单位：首都馆

00591

格言集要　赵九阳编
上海：佛学书局，1933.12，66页，22开
　　本书选集经部各书中关于世道人心的论
述，按韵编辑成12卷。书前有编者叙。

　　收藏单位：国家馆、江西馆、绍兴馆

00592

金藏雕印始末考　蒋唯心著
[南京]：[支那内学院]，[1935]，34页，16开
　　本书是对晋南赵城广胜寺所藏大藏经雕
印的考证。卷首有版图。书末附广胜寺大藏
经简目。

　　收藏单位：重庆馆、桂林馆、国家馆、上
海馆

00593

上海频伽精舍大藏经流通处广告　频伽精舍
主人著
上海：出版者不详，1914，18页，22开
　　上海频伽精舍罗迦陵（即频伽精舍主人）
发起创办，于1909—1913年排印出版铅印本

《频伽精舍校刊大藏经》。本书为该流通处广
告。

　　收藏单位：首都馆

00594

诸法集要经　观无畏尊者集
北京：佛经流通处，1947，194页，32开
　　本书共36品，内容包括：伏除烦恼、说
法、厌离自身、远离不善、无常、不放逸、
诃厌五欲、离爱、离欲邪行、离酒过失等。

　　收藏单位：国家馆、内蒙古馆、绍兴馆、
首都馆

经及经疏

00595

百喻经故事　冯雪峰编述
上海：作家书屋，1949.2，135页，36开
　　本书为《百喻经》的白话改写本。共98
则，内容包括：单吃盐、蓄积牛奶在奶牛的乳
房里、把秃头让梨头打、假死的妇人、不喝
喝不完的水等。书前有魏金枝序。书末有述
者后记，介绍《百喻经》。

　　收藏单位：东北师大馆、国家馆、山西
馆、上海馆、首都馆、天津馆

00596

百喻经故事　史天行著
香港：佛经流通处，[1911—1949]，79页，32
开

　　收藏单位：绍兴馆

00597

百喻经浅说　胡寄尘译述
上海：佛学书局，1932.1，56页，36开（佛
学小丛书）
　　本书为佛教故事集。共97则，内容包
括：愚人食盐、渴者逐水、子称父德、易怒与
仓卒、半文钱之债、妇人求子、水与火、贫
人焚衣、斫树取果、牧人杀牛、两鬼争物、
仆人守门、愚人集牛乳、愚人杀子、三层楼、

海客杀导师、上楼磨刀等。书前有叙、自序。书中题：尊者僧伽斯那撰，萧齐天竺三藏求那毗地译。

　　收藏单位：国家馆

00598

百喻经寓言　朱文叔编

重庆：中华书局，1931.3，61 页，25 开

重庆：中华书局，1945.3，渝重排初版，100 页，25 开

　　本书为佛教的寓言集。含譬喻 57 则，内容包括：呆人吃盐、让牛乳存在母牛的肚里、梨打秃头、弄假成真、从来未有的笨人、势利的小人、偷了衣服不会穿、父亲的德行等。书前有序说。

　　收藏单位：重庆馆、国家馆

00599

百喻经寓言　朱文叔编　张相校

上海：中华书局，1931.3，2 册（60+61 页），32 开（儿童古今通）

上海：中华书局，1932.12，再版，2 册（60+61 页），32 开（儿童古今通）

上海：中华书局，1934，3 版，2 册（60+61 页），32 开（儿童古今通）

昆明：中华书局，1941.2，4 版，2 册（60+61 页），32 开（儿童古今通）

　　本书为佛教寓言集。分甲、乙两编，甲编内含：呆人吃盐、让牛乳存在母牛的肚里、梨打秃头、弄假成真、从来未有的笨人、势利的小人、偷了衣服不会穿、父亲的德行等 31 个寓言故事。乙编内含：天眼通、水是不听你吩咐的、自作聪明、医好自己再来医你、从旁得利的渔翁、笨人和骆驼皮、半个大饼可以吃得饱充得饥等 26 个寓言故事。

　　收藏单位：重庆馆、广东馆、上海馆、首都馆

00600

百喻经寓言（2）　朱文叔编

上海：中华书局，1936.8，61 页，25 开（小朋友文库）

　　收藏单位：重庆馆

00601

宝梁经（大宝积经）（释）僧忏选辑

上海：佛学书局，1934.8，56 页，32 开（出家必读宝藏 1）

　　本书为《大宝积经宝梁聚会品》。

　　收藏单位：上海馆

00602

般若波罗密多心经讲义　（释）圆瑛著

上海：道德书局，40 页，32 开

　　收藏单位：南京馆

00603

般若波罗密多心经讲义　（释）圆瑛著

上海：佛学书局，1932，24 页，22 开

　　收藏单位：河南馆

00604

般若波罗密多心经浅说　（释）应慈讲　何子培记

上海：佛学书局，1933.6，32 页，25 开

上海：佛学书局，1934，32 页，25 开

　　本书为应慈法师根据唐朝玄奘法师的译本，讲述《般若波罗密多心经》。书前有心经浅说序。

　　收藏单位：国家馆、南京馆、山东馆、上海馆、首都馆

00605

般若波罗密多心经浅说　张炳桢著

出版者不详，1919，32 页，32 开

　　本书为张炳桢对于《般若波罗密多心经》的解读。

　　收藏单位：首都馆

00606

般若波罗蜜多心经白话浅介　（唐释）玄奘译　印骆雄解

出版者不详，[1941]，55 页，32 开

00607

般若波罗蜜多心经讲录　（释）太虚讲

上海：佛学书局，1931，16 页，32 开

上海：佛学书局，1931，再版，15页，32开（佛学丛书）

　　本书是太虚法师对《般若波罗蜜多心经》的讲解。内题为：般若波罗蜜多心经述记。

　　收藏单位：首都馆

00608

般若波罗蜜多心经讲义　（释）太虚讲

成都：佛化新闻报社，1945，油印本，42页，32开

　　本书主要对《般若波罗蜜多心经》释疑解惑。

　　收藏单位：重庆馆

00609

般若波罗蜜多心经讲义　（释）太虚讲

出版者不详，1933，35页，32开

　　本书为太虚法师讲译《般若波罗蜜多心经》。分经题、经文两部分。

　　收藏单位：首都馆

00610

般若波罗蜜多心经浅解　骆季和著述

上海：佛学书局，1935.5，3版，61页，22开

　　本书包含般若波罗密心经的原文以及逐句的解释。

　　收藏单位：山东馆

00611

般若波罗蜜多心经全卷　张炳桢疏

华新印刷局，1923.1印，50页，25开

　　本书内收般若波罗蜜多心经浅说。先解释菩萨、五蕴、一切苦厄、十二处、十八界、十二因缘、四谛、六度等名相，后逐解释经文。书前有侯珏及万震霄叙两篇。正文后有梓潼帝君跋、济佛跋。书后附保生丹原序、保生仙方。

　　收藏单位：国家馆

00612

般若波罗蜜多心经释义第一二三四五次合刊
骆岫青著

北平：莲社居士堂，1935.1，[84]页，32开

本书为骆岫青对《般若波罗密多心经》5次释义的合刊。

　　收藏单位：国家馆

00613

般若波罗蜜多心经述记　（释）太虚讲　慧圆记

汉口：佛教正信会宣化团，1929，再版，26页，32开

汉口：佛教正信会宣化团，1933，5版，26页，32开

　　本书为太虚法师1920年在汉口黄州会馆的讲录。由慧圆居士史一如笔记。

　　收藏单位：重庆馆、广西馆

00614

般若波罗蜜多心经详解

出版者不详，18页，16开

　　收藏单位：南京馆

00615

般若波罗蜜多心经新疏、白话浅说合编　季圣一纂述

上海：佛学书局，1936，2版，[104]页，18开

　　本书内含《般若波罗蜜多心经》疏解及白话解说两部分。书前有《心经新疏流通叙》（谛闲）、《心经新疏自序》（季圣一）。

　　收藏单位：南京馆

00616

般若波罗蜜多心经新疏、白话浅说合编　季圣一著

上海：国光印书局，1932.12，[104]页，18开

上海：国光印书局，1936.5，2版，102页，18开

　　收藏单位：国家馆、湖南馆、南京馆

00617

般若波罗蜜多心经直说

出版者不详，1册，22开

　　本书诠释了惜字律、训女箴、洞冥记心经内容。

　　收藏单位：浙江馆

00618

般若金刚经通俗集义、心经讲义汇刊 （释）

倓虚讲　余晋龢编

济南：佛教流通处，1932

　　收藏单位：南京馆

00619

般若精华　轻安居士著

上海：般若书局，1939.12，80 页，32 开

　　本书为著者诵读唐玄奘所译《大般若波罗蜜多经》600 卷时的摘要。书前有著者序。

　　收藏单位：上海馆、首都馆

00620

般若明灯（1 卷）（日）前田慧云撰　朱元善译

上海：商务印书馆，1934，1 册

　　收藏单位：国家馆

00621

般若心经梵本汉译大全集　王弘愿编

震旦密教重兴会，1930.12，61 页，32 开

　　本书内含《般若心经》梵文本及注音字母本，并根据玄奘译本校订。书前有编者序。为震旦密教重兴会专刊。

　　收藏单位：河南馆、上海馆

00622

般若心经讲义　印智著述　吴证常校对

北京：石灯吉祥寺，1941，124 页，25 开

　　收藏单位：首都馆

00623

不空羂索神变真言经

京都：光寿会，1937，323 页，22 开

　　本书共 30 卷，主要阐述不空羂索观世音菩萨的秘密真言观行法门和修持功德的经典。

　　收藏单位：辽宁馆

00624

称赞净土佛摄受经　（唐释）玄奘译

上海：佛学书局，1935.4，14 页，32 开

　　本经又译为《佛说阿弥陀经》《小无量寿经》。大乘佛教经典，净土三经之一。宣说西方极乐世界的种种庄严及阿弥陀佛佛号的由来与意义，劝导众生诵念阿弥陀佛之名号以往生西方极乐世界。

　　收藏单位：国家馆

00625

出生菩提心经　（隋释）藏阇那崛多译　（释）

太虚讲

中国佛学会，19 页，32 开

　　本经说发菩提心之功德，四摄法及天行梵行圣行。本书为太虚法师 1933 年春在浙江奉化雪窦寺讲解此经的记录。

　　收藏单位：南京馆

00626

大宝积经迦叶品梵藏汉六种合刊　（俄）钢和泰（A. von Staël-Holstein）著

外文题名：The Kāçyapaparivarta A Mahāyānasūtra of the Ratnakūta class, edited in the original Sanskrit in Tibetan and in Chinesi

商务印书馆，[1926]，26+234 页，16 开，精装

　　本书为大宝积经迦叶品三种语言六种文本的合刊。书前有梁启超《大宝积经迦叶品梵藏汉六种合刻序》。

　　收藏单位：国家馆、南京馆、上海馆、西南大学馆

00627

大悲神咒　朱文正公原本

上海：佛学书局，6 页，25 开

　　收藏单位：江西馆

00628

大悲咒（九十九亿恒河沙数诸佛所说）

上海：大法轮书局，[1945]，23 页，64 开

　　本书内容包括：念诵法、千手千眼观世音菩萨大圆满无碍大悲心陀罗尼、大悲咒之殊胜、持颂大悲咒之功效、大悲咒之概言、大悲水之念服法、大悲咒感应示略、大悲咒持颂须知。附录虚空藏菩萨增长记忆力之神咒、莲池大师《戒杀文》。

收藏单位：国家馆、南京馆、内蒙古馆

00629

大悲咒笺注 （唐释）不空译　万钧笺注

上海：医学书局，1923，1 册

　　收藏单位：国家馆

00630

大般若波罗蜜多经叙　欧阳渐编

南京：支那内学院，1928.7，100 页，25 开（内学第 4 辑 1）

　　本书共 4 卷，卷一含五周叙事、舍利佛般若、须菩提般若，卷二含信解般若、实相般若，卷三含方便般若，卷四含十义抉择、诸经所系、诸家所明、绪言等。

　　收藏单位：贵州馆、国家馆、南京馆、内蒙古馆

00631

大般若经叙　欧阳渐述

上海：佛学书局，60 页，32 开

　　收藏单位：上海馆

00632

大乘本生心地观经释　（释）太虚著述　胜济等录　胜济等编

上海：佛学书局，1933.12，2 册（[518] 页），32 开（太虚丛书）

　　本书是对《大乘本生心地观经》的讲解，分就题悬示经旨、入文剖释经义两部分，共 8 卷。

　　收藏单位：贵州馆、国家馆、南京馆、上海馆

00633

大乘稻芉经随听疏　（唐释）法成集

上海：商务印书馆，1919，1 册

　　本疏由江味农整理自京师图书馆所藏敦煌文献，简称《法成疏》，为吐蕃译师管法成汉译佛经的代表作品。以"一立所宗、二明归乘、三明归分、四辩归藏、第五解释"五门解说《大乘稻芉经》。封面题名：佛说大乘稻芉经。

　　收藏单位：国家馆

00634

大乘总持十无尽藏皈依观颂释　（释）能海讲授　李众先记

成都：佛教会，1944.4，22 页，32 开

　　收藏单位：南京馆

00635

大方广佛华严经　（唐释）实叉难陀译

出版者不详，[1927]，10 册，18 开

上海：佛学书局，1936.12，10 册，32 开

上海：佛学书局，1937.5，再版，10 册，32 开

　　本书内容包括卷 74 至卷 81。书后附复庵和尚华严纶贯、重刻华严经后跋。版权页及书口题名：华严经。

　　收藏单位：广东馆、国家馆、内蒙古馆、首都馆、中科图

00636

大方广佛华严经　（唐释）实叉难陀译　（唐释）澄观释

上海：商务印书馆，1935.9，40 册（3912 页），32 开（国学基本丛书）（万有文库第 2 集 63）

　　本书共 39 品，包括世主妙严、如来现相、普贤三昧、世界成就、华藏世界、毗卢遮那、如来名号、四圣谛、光明觉、菩萨问明、净行、贤首、升须弥山顶、须弥顶上偈赞、十住、梵行等。卷首有序。

　　收藏单位：重庆馆、大连馆、东北师大馆、广西馆、贵州馆、国家馆、江西馆、辽大馆、辽师大馆、内蒙古馆、宁夏馆、天津馆、浙江馆

00637

大方广佛华严经普贤行愿品　（唐释）般若译

香港：佛经流通处，1 册，16 开

　　本书与《妙法莲华经观世音菩萨普门品》《地藏菩萨本愿经》合订。

　　收藏单位：广东馆

00638

大方广佛华严经普贤行愿品　董愚夫编

上海：佛教青年会，1946，34 页，18 开

上海：佛教青年会，1948，再版，34 页，18 开

收藏单位：重庆馆、广东馆、广西馆、南京馆、绍兴馆、天津馆

00639

大方广佛华严经普贤行愿品·妙法莲华经观世音菩萨普门品·地藏菩萨本愿经 （唐释）般若译·（后秦释）鸠摩罗什译·（唐释）实叉难陀译

上海：大法轮书局、商务印书馆，1948.9，再版，14+6+34页，18开

本书附录印光法师劝世文等。

收藏单位：广东馆、国家馆、南京馆

00640

大方广圆觉修多罗了义经 （唐释）佛陀多罗译

上海：佛学书局，1935.3，20+22页，32开

本经俗称《圆觉经》。原为一卷，此版分上、下两卷。

收藏单位：国家馆

00641

大佛顶首楞严经 （唐释）般刺密帝译

广州：教育路蔚兴印刷场，1册，16开

本经全名《大佛顶如来密因修证了义诸菩萨万行首楞严经》，又名《中印度那烂陀大道场经》，简称《大佛顶首楞严经》《大佛顶经》《首楞严经》，为大乘佛教经典。

收藏单位：南京馆

00642

大佛顶首楞严经讲义（第1册） （释）圆瑛法汇

出版者不详，1933，[1290]页，22开（圆瑛法汇）

本书是为佛学院教学专门编撰的、解释《大佛顶首楞严经》的教学试用教材。共3册。

收藏单位：首都馆

00643

大佛顶首楞严经讲义（第3册） （释）圆瑛法汇

出版者不详，[248]页，22开（圆瑛法汇）

收藏单位：首都馆

00644

大佛顶首楞严经序指味疏 （释）谛闲述疏

上海：佛学书局，1931.5，50页，25开

上海：佛学书局，1933.4，再版，50页，25开

本书为谛闲法师讲录之一。大佛顶首楞严经原无序，此书是对经文会解之序的释义。有谛闲《大佛顶经序指味疏缘起》。

收藏单位：广东馆、国家馆、江西馆、南京馆、内蒙古馆、上海馆、首都馆

00645

大佛顶首楞严经正脉疏 （明释）真鉴述

上海：商务印书馆，1936，10册（1066页），32开（国学基本丛书）（万有文库第2集64）

本书为佛教密部经书。

收藏单位：重庆馆、大连馆、东北师大馆、广西馆、国家馆、江西馆、辽大馆、辽师大馆、内蒙古馆、宁夏馆、天津馆、浙江馆

00646

大明咒经讲义（又名，古本心经讲义） 觉分居士说

北平：中央刻经院，1936，1册

收藏单位：国家馆

00647

大涅槃经叙 支那内学院编

南京：支那内学院，1931，54页，18开（内学第5辑1）

本书共22篇，内容包括：经序品、纯陀品、哀叹品、长寿品、金刚身品、四相品、婴儿行品、光明遍照高照德王菩萨品等。

收藏单位：重庆馆、南京馆

00648

[大毗卢遮那经供养次第法疏]

潮州：震旦密教重兴会，1931.5，1册，22开

本疏介绍该经内容以及诵经办法与效果等。

收藏单位：浙江馆

00649

大毗卢遮那经供养次第法疏会本

出版者不详，102 页，22 开

　　收藏单位：广东馆

00650

大日经七支念诵法集释 （唐释）不空译　王弘愿集释

[潮州]：震旦密教重兴会，1926，再版，61 页，32 开

[潮州]：震旦密教重兴会，1931，再版，61 页，32 开

　　本书杂采大日经疏日本古德暨本师之解释本经大义者，连缀成编。

　　收藏单位：上海馆

00651

大势至菩萨念佛圆通章、印公亲书静公讲义合本 （释）静权讲　倪宏证记录　倪正和成文

苏州：弘化社，上海：印光法师永久纪念会，1947.8，34 页，32 开

　　大势至菩萨念佛圆通章为楞严经之一章。本书是静权法师 1947 年 3 月 23—25 日在上海功德林释解此经文的讲录。书前有释了然流通序、释印光亲笔书写的该章经文以及他所题撰的大势至菩萨颂、大势至菩萨赞等。

　　收藏单位：重庆馆、广东馆、广西馆、桂林馆、国家馆、江西馆、南京馆、上海馆、首都馆、浙江馆

00652

地藏经利益存亡见闻利益品　重庆佛学社编

重庆：重庆佛学社，1944，再版，54 页，32 开

　　收藏单位：重庆馆

00653

地藏经利益存亡见闻利益品　重庆佛学社编

上海：国光印书局，1935，54 页，25 开

　　本书内容包括：大悲和尚序、性开居士序。附录礼诵略仪、地藏菩萨本迹录等。

　　收藏单位：重庆馆、南京馆

00654

地藏菩萨本愿经（普及本）（唐释）实叉难陀译

上海：佛学书局，1935.7，60 页，32 开

　　本经叙说地藏菩萨之本愿功德及本生之誓愿，强调地藏菩萨不可思议之大愿力。

　　收藏单位：桂林馆、国家馆、吉林馆

00655

地藏菩萨本愿经白话解释　胡宅梵演述　李叔同鉴定　范古农校阅

上海：佛学书局，1933.8，291 页，32 开

上海：佛学书局，1948.11，再版，291 页，32 开

　　本经由唐释实叉难陀译。白话解释包括文意、名物等。书前有弘一、范古农的序及自序。鉴定者原题：弘一。

　　收藏单位：广西馆、国家馆、河南馆、江西馆、南京馆、上海馆、首都馆、天津馆

00656

地藏菩萨本愿经白话解释　胡宅梵演述　李叔同鉴定　范古农校正

青岛：湛山寺印经处，1943，280+13 页，25 开

　　收藏单位：国家馆、首都馆

00657

地藏菩萨本愿经科注　（释）灵乘辑

上海：佛学书局，1936.7，2 册（176+111 页），24 开

　　本书为佛经注疏。书前冠地藏菩萨本愿经论贯、季圣一序。

　　收藏单位：国家馆、上海馆

00658

地藏菩萨本愿经科注　（释）灵乘辑

苏州：觉社，1936，2 版，2 册（176+111 页），24 开

　　收藏单位：上海馆

00659

地藏菩萨本愿经说要　（释）大醒讲

厦门：涌莲精舍，1934.5，68页，32开

收藏单位：南京馆

00660

地藏菩萨往劫救母记　奉持山人编

上海：佛学书局，1933.9，44页，32开（佛学小丛书）

本书摘录地藏菩萨本愿经中一段，叙述地藏菩萨劫中两次救母的事实。共8章，内容包括：缘起、教孝、救母、别名、述哀、劝请等。书前有印光法师序言。

收藏单位：上海馆

00661

地藏菩萨往劫救母记　汪仁宏编

佛学正信会宣化团，1933印，46页，16开

00662

地藏王菩萨本愿经　（唐释）实叉难陀译

出版者不详，64页，32开

本经又称《地藏本愿经》《地藏本行经》《地藏本誓力经》，简称《地藏经》，大乘佛教经典。是释迦牟尼佛称扬赞叹地藏菩萨"地狱未空誓不成佛，众生度尽方证菩提"之宏大愿望的经典。

收藏单位：首都馆

00663

阿弥陀经白话解释　黄庆澜编著

上海：功德林佛经流通处，1934.3，3版，192页，32开

本书为佛经白话读本，分上、下两卷。书后附修行方法、西方发愿文简注。

收藏单位：南京馆

00664

阿弥陀经白话解释　黄庆澜编著　（释）印光鉴定

上海：佛学书局，[1929]，[199]页，25开

上海：佛学书局，1933.3，6版，182页，25开

上海：佛学书局，1934.2，7版，[199]页，25开

上海：佛学书局，1935，8版，[199]页，25开

上海：佛学书局，1939，11版，[199]页，25开

上海：佛学书局，1941，18版，[199]页，25开

上海：佛学书局，1947，19版，[199]页，25开

收藏单位：重庆馆、广西馆、国家馆、江西馆、辽宁馆、内蒙古馆、上海馆、首都馆

00665

阿弥陀经白话解释　黄庆澜编著　（释）印光鉴定

苏州：弘化社，1932.10，10版，218页，32开

苏州：弘化社，1933.8，11版，[218]页，32开

苏州[等]：弘化社[等]，1935.8，14版，[218]页，32开

苏州：弘化社，1936，16版，[200]页，32开

苏州：弘化社，1948，20版，[200]页，32开

收藏单位：重庆馆、国家馆、江西馆、南京馆、内蒙古馆、首都馆

00666

阿弥陀经白话解释　黄庆澜演述　（释）印光鉴定

北京：中央刻经院，[200]页，18开

收藏单位：首都馆

00667

阿弥陀经白话融通解　邬荣治编述

出版者不详，24页，26开

收藏单位：江西馆

00668

阿弥陀经二译　（后秦释）鸠摩罗什　（唐释）玄奘译

上海：佛学书局，1935.4，8+14页，25开

本书包含《佛说阿弥陀佛》和《称赞净土佛摄受经》译文。

收藏单位：国家馆

00669

阿弥陀经分科略解（附启信骤说）　王居濂编述

上海：世界佛教居士林，1929.7，再版，58页，25开

收藏单位：江西馆、内蒙古馆

00670

阿弥陀经通解　陈全三辑　戴怡天　刘明光校正

[北京]：[道德学社]，[1921]，[66]页，24开

　　本书注解阿弥陀经，介绍《观世音菩萨论》。书前有戴怡天序、陈全三自序、缘起及重刊序。

00671

阿弥陀经要解　（后秦释）鸠摩罗什译　（明释）智旭解

上海：佛学书局，1931，64页，25开（净土十要）

上海：佛学书局，1935，3版，64页，25开（净土十要）

上海：佛学书局，1935.8，4版，64页，16开（净土十要）

上海：佛学书局，1936，再版，64页，16开（净土十要）

　　本书为明末清初名僧智旭选定的净土十要之第一要。附录《无量寿经四十八愿》。卷端题名：佛说阿弥陀经解。

　　收藏单位：重庆馆、广东馆、国家馆、河南馆、南京馆、首都馆

00672

阿弥陀经直解　（后秦释）鸠摩罗什译　王应照编述

上海：世界佛教居士林，[1923]，[83]页，25开

上海：世界佛教居士林，1926，4版，[83]页，25开

　　本书书前有印光法师序、释显荫序，及王应照的自序两篇。书后附《净土要言》，共11节：说明轮回之苦、念佛为超脱轮回之捷径、节录弥陀誓愿、念佛须具足信愿行三事、往生事迹、念佛日课法、十念法、念佛密持心法、遇失意事念佛不可退转、念佛疑问、念佛宜戒。

　　收藏单位：广东馆、国家馆、内蒙古馆

00673

法华大㩀　（后秦释）鸠摩罗什译　（明释）通润笺释

上海：佛学书局，1936.2，4册，32开

　　本书共7卷。逐页题名：妙法莲华经大㩀。

　　收藏单位：国家馆、内蒙古馆、首都馆

00674

法华经安乐行品科注　（后秦释）鸠摩罗什译（释）一如集注

上海：佛学书局，1931，47页，32开

　　收藏单位：江西馆、上海馆

00675

法华经普门品（华英合壁）　吕碧城编辑

外文题名：The all-sided one: the 24th chapter of the Saddharma Pundarika from the "Sacred books of the East", XXI

上海：佛学书局，1933.9，[17×2]页，32开

　　本书内含《妙法莲华经观世音菩萨普门品》经文。书后有编者著《普门品中英译文之比较》及出版者跋。

　　收藏单位：国家馆、南京馆、上海馆

00676

法华经普门品科注　（后秦释）鸠摩罗什译（释）一如集注

上海：佛学书局，1931，50页，32开

　　本书内题：妙法莲华经观世音菩萨普门品第二十五。

00677

法华经述要　高观如著

上海：佛学书局，1934.1，40页，36开（佛学小丛书）

　　本书介绍法华经书及宗派概况。共6节：绪言、原本、翻译、传弘、概观、宗派。

　　收藏单位：国家馆、上海馆

00678

法华普门品浅释　杨东述

上海：法音社，1942，74页，32开

　　本书即《妙法莲华经观世音菩萨普门品》

浅释。卷首有后秦鸠摩罗什译之《妙法莲华观世音菩萨普门品》经文。

00679

法华三经 （南朝齐释）昙摩伽佗耶舍等译

上海：医学书局，36+332+30 页，64 开

　　本书内容包括：无量义经、妙法莲华经、观普贤菩萨行法经。

　　收藏单位：桂林馆、国家馆、上海馆、绍兴馆、首都馆

00680

法华新义

出版者不详，37 页，32 开

　　收藏单位：广东馆

00681

分别善恶报应经（2 卷） （宋释）天息灾译

上海：佛学书局，1935，30 页，32 开

　　收藏单位：首都馆

00682

佛顶尊胜陀罗尼经及仪轨别行法合刻 （唐释）佛陀波利译

己丑度亡利生息灾法会，1949.2，[81] 页，32 开

　　本书介绍该经内容以及诵经办法与效果等，并印有印度文。

00683

佛顶尊胜陀罗尼之研究

潮州：震旦密教重兴会，1930.7，64 页，25 开

　　收藏单位：广东馆、浙江馆、中科图

00684

佛母大孔雀明王经龙王大仙众生主名号夏梵藏汉合璧校释 王静如 [著]

北平：[国立中央研究院历史语言研究所]，1933，737—776 页，16 开

　　本书对佛母大孔雀明王经中众神名号如龙王、大仙、众生主等，以夏、梵、藏、汉文详加译释。书后附有夏、汉、梵文名号。

为《国立中央研究院历史语言研究所集刊外编蔡元培先生六十五岁庆祝论文集》抽印本。

　　收藏单位：国家馆、近代史所、南京馆

00685

佛说八大人觉经讲义 （释）圆瑛著述　佛学书局编辑部校订

上海：佛学书局，1935，47 页，25 开（圆瑛法汇）

　　本书先释经题、次释译人、后释经文。后释经文分为 3 科：总标、别明、结叹。

　　收藏单位：河南馆、上海馆、首都馆

00686

佛说八大人觉经略释 （释）太虚讲演

[福州]：出版者不详，1947，9 页，25 开

　　收藏单位：广西馆

00687

佛说八大人觉经释略科 （释）太虚讲演　大超　何子培记

上海：佛学书局，1933.9，54 页，36 开（佛学小丛书）

　　本书为对《八大人觉经》的讲解，共 4科：解经题、稽译史、释文义、提纲要。

　　收藏单位：桂林馆、国家馆

00688

佛说般若波罗密多心经实践哲学纲要 杜万空述作

北京：佛经流通处，1921.6，28 页，32 开

　　本书共 5 章：佛说般若波罗密多心经（宗）、宗因（因）、宇宙真实之解决（喻）、宇宙缘起之解决（喻）、实行（合结）。

　　收藏单位：国家馆

00689

佛说般若心经 朱圭文注解

出版者不详，23 叶，25 开，环筒页装

　　本书内收《摩诃般若波罗蜜多心经》及注解。

　　收藏单位：重庆馆

00690

佛说持世陀罗尼经 （唐释）玄奘译

上海：觉圆精舍，1943，20 页，32 开

本书内有《佛说持世陀罗尼经》中文、藏文、注音汉字。末附大悲咒。

收藏单位：黑龙江馆、内蒙古馆、上海馆

00691

佛说大乘庄严宝王经 （宋释）天息灾译

上海：佛学书局，1935.9，86 页，32 开

本书共 4 卷。宣说观世音菩萨心咒和观世音菩萨功德。

收藏单位：广东馆、广西馆、国家馆、南京馆、上海馆

00692

佛说阿弥陀经 （后秦释）鸠摩罗什译

上海：佛学书局，1935.4，8 页，32 开

上海：佛学书局，1936，再版，8 页，32 开

本经为"净土三经"之一，原名《称赞不可思议功德一切诸佛所护念经》。

收藏单位：国家馆、上海馆

00693

佛说阿弥陀经 （后秦释）鸠摩罗什译

上海［等］：世界佛教居士林［等］，1936.11，58 页，25 开

本书附诸品经咒、净业开示。

收藏单位：南京馆、上海馆

00694

佛说阿弥陀经 （后秦释）鸠摩罗什译

出版者不详，1947.5，80 页，32 开

收藏单位：江西馆、上海馆

00695

佛说阿弥陀经 张纯一编著

成都：佛化新闻报社附设永久印赠佛书会，1936，［18］页，36 开，环筒页装

本书内收《佛说阿弥陀经》（鸠摩罗什译、张纯一校订）、《佛说阿弥陀经之研究》（张纯一）。

收藏单位：重庆馆、国家馆

00696

佛说阿弥陀经

上海：佛学书局，13 页，32 开

本书为华英合璧。

收藏单位：上海馆、浙江馆

00697

佛说阿弥陀经讲义 （释）圆瑛讲

上海：佛学书局，1931，［103］页，32 开（圆瑛法汇）

上海：佛学书局，1932.10，再版，［103］页，32 开（圆瑛法汇）

上海：佛学书局，1935.4，改排本，63+64 页，32 开（圆瑛法汇）

本书内含《阿弥陀经》讲义及注释。

收藏单位：湖南馆、江西馆、上海馆、浙江馆

00698

佛说阿弥陀经讲义 （释）圆瑛讲

上海：圆明法施会，1942.6，63+64 页，25 开（圆瑛法汇）

收藏单位：桂林馆、国家馆、首都馆

00699

佛说阿弥陀经疏钞集讲 （释）会泉辑

万石佛学社，1934，126 页，32 开

00700

佛说阿弥陀经要解讲义 （释）圆瑛讲述 （释）明旸记录

上海：圆明法施会，1942.6，338 页，25 开

本书为阿弥陀经的经文注释。

收藏单位：国家馆、首都馆

00701

佛说阿弥陀经要解亲闻记（下册） （释）宝静讲述 （释）逸山 （释）性明记录

上海：佛学书局，1 册，32 开（宝静法师丛书）

本书为 1933 年夏，宝静法师在上海圆通寺讲解《佛说阿弥陀经》的讲义。

收藏单位：南京馆

00702

佛说阿弥陀经注释会要（1卷）（后秦释）鸠摩罗什译　徐珂辑

上海：中华书局，1925，2 册

　　收藏单位：国家馆

00703

佛说观弥勒菩萨上生兜率陀天经讲要（释）太虚讲演（释）清虚（释）苇舫记录

上海：佛学书局，1933.5，54 页，36 开（佛学小丛书）

上海：佛学书局，1934，再版，54 页，36 开（佛学小丛书）

　　本书讲解上生经，共 3 部分：释题目、明纲要、解文意。书前有常惺序。

　　收藏单位：重庆馆、国家馆、南京馆

00704

佛说观弥勒菩萨上生兜率天经·妙法莲华经普贤菩萨劝发品（南朝宋）沮渠京声译

出版者不详，[1924]，1 册，18 开

　　本书内收《佛说弥勒上生经》和《妙法莲华经普贤菩萨劝发品》两篇。书前有太虚大师的序、印经缘起。书后有刘仁航和杨禧的跋两篇。

　　收藏单位：重庆馆

00705

佛说观无量寿佛经（南朝宋释）畺良耶舍译

上海：佛学书局，1935.4，26 页，32 开

　　本书书前冠御制无量寿佛赞。书后附音释。书口题名：观无量寿佛经。

　　收藏单位：桂林馆、国家馆

00706

佛说观无量寿佛经疏妙宗钞（隋释）智颙撰疏（宋释）知礼述钞

出版者不详，128 页，16 开

　　收藏单位：上海馆

00707

佛说弥勒下生成佛经（唐释）义净译

出版者不详，12 页，32 开

　　收藏单位：首都馆

00708

佛说弥勒下生成佛经

西安：佛化社，1947，16 页，32 开

　　收藏单位：南京馆

00709

佛说摩诃般若波罗蜜多心经密义述　李翊灼著

上海：中华书局，1930.11，54 页，32 开（佛学丛书）

上海：中华书局，1931，再版，54 页，32 开（佛学丛书）

上海：中华书局，1937.7，再版，54 页，32 开（佛学丛书）

　　本书为心经解释。共 4 部分：开题、提纲、释义、摄颂。

　　收藏单位：重庆馆、桂林馆、国家馆、黑龙江馆、江西馆、南京馆、内蒙古馆、上海馆

00710

佛说仁王护国般若波罗蜜经讲义（释）圆瑛述

上海：佛学书局，1935，2 册（201+114 页），32 开（圆瑛法汇）

00711

佛说善生经讲录（释）太虚讲

汉口：[佛教正信会]，[1934]，52 页，16 开

　　本书共 3 部分：解题义、明此经译史、释经文。书前有了空序，写于 1934 年 10 月。

　　收藏单位：国家馆、南京馆、上海馆

00712

佛说十二头陀经（南朝宋释）求那跋陀罗译

出版者不详，12 页，32 开

　　收藏单位：广东馆

00713

佛说十善业道经　海尸道人编

上海：佛教净业社流通部，1930.11，20 页，

22 开

　　本书附释尊成道纪略、藕益大师节要、见闻录。

　　收藏单位：江西馆

00714

佛说十善业道经 （唐释）实叉难陀译

上海：国光印书局，1930，[57] 页，22 开

　　收藏单位：广西馆、南京馆、内蒙古馆、首都馆

00715

佛说十善业道经（华英合璧） 黄茂林编辑

外文题名：Buddhabhasita dasabhadra karmamarga sutra: sutra spoken by Buddha on the way of ten meritorious deeds

上海：佛学书局，1933.11，23+23 页，32 开

　　收藏单位：国家馆、南京馆

00716

佛说十善业道经·八关戒斋相解 （释）显净撰

出版者不详，1 册

　　收藏单位：国家馆

00717

佛说十善业道经讲要 （释）太虚讲 （释）苇舫 （释）尘空记

汉口：佛教正信会宣化团，1933.10，118 页，32 开

汉口：佛教正信会宣化团，1934.4，118 页，32 开

　　本书是太虚法师在汉口佛教正信会关于佛说十善业道经的讲演录。《十善业道经》为实叉难陀译。十善业，即不杀、不盗、不淫、不妄语、不两舌、不恶口、不绮语、不贪欲、不瞋恚、不邪见。

　　收藏单位：贵州馆、国家馆、山东馆、天津馆

00718

佛说十善业道经讲要 （释）太虚讲 （释）苇舫 （释）尘空记

[上海]：济公印书馆，1937，118 页，32 开

　　收藏单位：南京馆、上海馆

00719

佛说四十二章经·佛教西来玄化应运略录·佛遗教经 （汉）迦叶摩腾 （东汉）竺法兰译·（宋）程辉编·（后秦释）鸠摩罗什译

上海：佛学书局，1935，1 册，32 开

　　收藏单位：国家馆

00720

佛说四十二章经笺注 丁福保撰

上海：医学书局，1918，1 册（佛学丛书 3）

　　收藏单位：国家馆

00721

佛说四十二章经新疏 季圣一著

苏州：古吴佛经流通处，1936，190 页，32 开

　　收藏单位：南京馆、上海馆、浙江馆

00722

佛说无常经 （唐释）义净译

上海：世界佛教居士林，12 页，32 开

　　本经亦名《三启经》，说老、病、死三法。

　　收藏单位：内蒙古馆、上海馆

00723

佛说无量清净平等觉经 （汉释）支娄迦谶译

上海：佛学书局，1935.9，98 页，32 开

　　本书共 3 卷。卷末附音释。书口题：无量清净平等觉经。

　　收藏单位：广东馆、国家馆

00724

佛说无量寿经 （三国魏释）康僧铠译

上海：佛学书局，1935.3，30+32 页，32 开

出版者不详，44+48 页，32 开

　　本书共两卷。卷末附音释。书口题：无量寿经。

　　收藏单位：广东馆、国家馆、上海馆

00725

佛说无量寿经信愿颂 （三国魏释）康僧铠译

上海：佛学书局，苏州：弘化社，1937，86+88页，18开

本书内容包括：归命请加、五重玄义、序分、证信序、万德庄严、总标处名劫数等。书后另附治疗、治喉二方。

收藏单位：重庆馆、江西馆、南京馆

00726

佛说五大施经（七经合刊）（宋释）施护等译　大法轮书局编集

上海：大法轮书局，1949.3，[32]页，32开

本书收录7种佛经：《佛说五大施经》《佛说八大人觉经》《药师如来本愿功德经》《般若波罗蜜多心经》《佛说戒香经》《楞严经大势至菩萨圆通章》《摩利支天菩萨经》。

收藏单位：上海馆

00727

佛说盂兰盆经讲话　上海报恩佛社编

上海：中华书局，1915.10，20页，32开（佛教伦理丛书讲话 第1种 甲编）

上海：中华书局，1915，78页，32开

本书介绍孝敬父母的实例，劝世人仿效。

收藏单位：河南馆、上海馆、首都馆

00728

佛遗教经讲义　（释）宝静讲述　（释）镜空记录

上海：佛学书局，1934.3，81页，25开（宝静法师丛书）

收藏单位：辽宁馆、绍兴馆

00729

佛遗教三经　（汉）迦叶摩腾等译

上海：佛学书局，1935.3，[80]页，32开

本书含佛经3种：《佛说四十二章经》《佛遗教经》《八大人觉经》。

00730

佛遗教三经蕅益解　（明释）智旭著

上海：佛学书局，苏州：弘化社，1934.11，[82]页，32开

上海：佛学书局，苏州：弘化社，1942.8，4版，1册，32开

本书包括《佛遗教经》《佛说四十二章经》《八大人觉经》3篇及蕅益的注解。

收藏单位：广东馆、桂林馆、国家馆、江西馆、南京馆、内蒙古馆、山东馆、上海馆

00731

佛遗教三经蕅益解　（明释）智旭著

新京（长春）：满洲佛学书局，1942，[75]页，32开

收藏单位：首都馆

00732

观经疏钞演义　（释）谛闲述疏

上海：佛学书局，1931，164页，25开

上海：佛学书局，1933，再版，164页，25开

本书是谛闲法师讲录之一，阐发疏中隐义。有谛闲序。"观经"即《佛说观无量寿佛经》。

收藏单位：贵州馆、国家馆、江西馆、辽宁馆、南京馆、上海馆、首都馆

00733

观弥勒上生兜率陀天经·佛说弥勒下生经·佛说观弥勒菩萨下生经　（南朝宋）沮渠京声译·（后秦释）鸠摩罗什译·（西晋）竺法护译

上海：佛学书局，1935.9，12+12+12页，25开

收藏单位：国家馆、上海馆

00734

观世音经　中央刻经院佛经善书局编

北京：中央刻经院佛经善书局，16页，32开

本书即《妙法莲华经观世音菩萨普门品》。

收藏单位：江西馆

00735

观世音经

上海：佛学书局，1934.11，11版，12页，22开

收藏单位：上海馆

00736

观世音经

出版者不详，14 页，16 开

　　本书内含：《心经》《大悲》咒等佛经。

00737

观世音经（附灵感录） 邹玉珮编撰

安东：邹玉珮 [发行者]，1943.10，32 页，32 开

　　收藏单位：大连馆

00738

观世音菩萨本迹感应颂 许止净著

上海：弘化社，1934，9 版，2 册，25 开

　　本书共 4 卷，前 3 卷为颂文，颂观音菩萨往劫本迹因缘，及此方感应事迹；第 4 卷为经证，引十余种经文，为前颂往劫本迹之具足注证。

　　收藏单位：国家馆、上海馆

00739

观世音菩萨觉悟救苦真经·观世音菩萨阿修罗自修经

上海：道德书局，16 页，32 开

　　收藏单位：首都馆

00740

观世音菩萨普门品讲义 （释）谛闲述疏

上海：佛学书局，1930.4，50 页，25 开

上海：佛学书局，1931，3 版，50 页，25 开

上海：佛学书局，1932，6 版，50 页，25 开

上海：佛学书局，1933，7 版，50 页，25 开

　　本书为谛闲法师讲录之一。书前有印光序。书后有谛闲跋。

　　收藏单位：重庆馆、国家馆、吉林馆、江西馆、辽宁馆、上海馆、首都馆

00741

观世音菩萨普门品讲义 （后秦释）鸠摩罗什译

天津：佛教功德林，74 页，22 开

　　收藏单位：河南馆

00742

观世音菩萨普门品讲义 （释）圆瑛著

上海：佛学书局，1932.12，52 页，25 开（圆瑛法汇）

上海：佛学书局，1934.3，73 页，25 开（圆瑛法汇）

　　本书共 4 科：初解经题、二解品题、三解译人、四解正文。封内书名题：妙法莲华经观世音菩萨普门品讲义。

　　收藏单位：河南馆、南京馆

00743

观世音菩萨自陈圆通章俗注 刘显亮著

北平：佛化居士会，[1928]，48 页，16 开

北京：佛化居士会，[1938.9]，再版，48 页，16 开

　　"自陈圆通章"为《楞严经》第 6 卷，相传为观音口宣。"俗注"是白话文注释。书前有序 3 篇及著者编辑大意。正文前题名：楞严经观世音菩萨自陈圆通章俗注。

　　收藏单位：国家馆

00744

观无量寿佛经白话演讲集 戴兆年　范古农演述

上海：佛学书局，1939.4，[80] 页，32 开

　　本书含经文及白话解说。封面题名：观无量寿佛经演讲集。

　　收藏单位：国家馆、上海馆

00745

观无量寿佛经释论 吕碧城著

香港：吕碧城 [发行者]，1942.9，140 页，32 开（梦雨天华室丛书）

　　本书共 5 分：导言、通释、释义、注、抉择。附录识与业、修观征验志略。

　　收藏单位：北大馆、国家馆、上海馆、绍兴馆、首都馆

00746

观音菩萨经藏 佛学书局编

上海：佛学书局，1931，38 页，32 开

　　本书辑录有关观音菩萨的经文合集。

收藏单位：南京馆、上海馆、首都馆

00747

冠科维摩诘所说经 （后秦释）鸠摩罗什译
（释）传灯科

青岛：湛山寺印经处，[109] 页，25 开

　　收藏单位：首都馆

00748

华严纲要浅说　溥常著

上海：佛学书局，1931.5，[60] 页，25 开

上海：佛学书局，1931.6，再版，48 页，25 开

　　本书书前有范古农等的序 3 篇。书后有
《梦佛供像文》《观吉祥花记》及作者后序。
正文前题名：大方广佛华严经纲要浅说。

　　收藏单位：重庆馆、贵州馆、国家馆、湖
南馆、上海馆

00749

华严经普贤菩萨行愿品　（唐释）般若译

上海：佛教青年会，1948.12，46 页，25 开

　　本书正文前题：大方广佛华严经入不可思
议解脱境界普贤行愿品。

00750

**华严七处九会品目清凉解·修华严奥旨妄尽
还源观**　法藏述

出版者不详，32+16 页，26 开

　　收藏单位：南京馆、首都馆

00751

华严疏钞会本略说　华严疏钞编印会编

上海：华严疏钞编印会，16 页，32 开

　　本书内容包括：疏钞会本略例、经文校本
略说、疏钞校本略说。

　　收藏单位：上海馆

00752

华严悬谈　（唐释）澄观撰述

北平：中央刻经院佛经善书局，1948，88 页，
18 开

　　收藏单位：首都馆

00753

简心十道疏解　又默居士著

上海：佛学书局，1932.5，24 页，32 开

　　收藏单位：贵州馆、内蒙古馆、首都馆

00754

简易经集　杨宗真编

[北京]：诒清堂，1941，68 页，32 开

　　本书内含 3 部分经典：境、行、果，总计
24 种。境部包括增一阿含四谛品第一经、印
法经等 6 种；行部包括杂阿含卅四卷第十二
经、福业事经等 15 种；果部包括杂阿含卅三
卷第八经等 3 种。皆为鲜见流通之经。书前
有法源寺佛悦尚人叙，写于 1931 年。

　　收藏单位：国家馆、南京馆、首都馆

00755

金刚般若波罗密经亲闻记　（释）倓虚讲
（释）广觉录

出版者不详，1940，98 页，32 开

　　收藏单位：南京馆

00756

金刚般若波罗密经新疏　（释）谛闲述疏

上海：佛学书局，1933，再版，106 页，25 开

上海：佛学书局，1934，4 版，106 页，25 开

　　本书为谛闲法师讲录之一。经疏采用姚秦
三藏法师鸠摩罗什译本。有谛闲叙、宝静跋。

　　收藏单位：国家馆、河南馆、南京馆、绍
兴馆

00757

金刚般若波罗蜜经　（后秦释）鸠摩罗什译

上海：佛学书局，1935.3，22 页，32 开

上海：佛学书局，1935.7，再版，22 页，32 开

上海：佛学书局，[1912—1947]，116 页，25 开

　　本书为佛教经典。全称《能断金刚般若
波罗蜜经》，又称《金刚般若波罗蜜经》，简
称《金刚经》，分 32 品解说佛道。

　　收藏单位：国家馆、江西馆、绍兴馆

00758

金刚般若波罗蜜经　（后秦释）鸠摩罗什译

上海：世界书局，1937，12 页，32 开（佛学丛刊第 1 辑 1）

00759

金刚般若波罗蜜经 （后秦释）鸠摩罗什译

出版者不详，1933，50 页，32 开

出版者不详，1936，45 页，32 开

出版者不详，1944，25 页，22 开

出版者不详，47 页，16 开

收藏单位：广东馆、广西馆、国家馆、江西馆、南京馆、首都馆

00760

金刚般若波罗蜜经

云南：财政厅印刷局，1939 印，64 页，64 开

本书书前冠金刚经启请。书口及版权页题：金刚经。

收藏单位：上海馆

00761

金刚般若波罗蜜经·般若波罗蜜多心经 （后秦释）鸠摩罗什译

上海：佛学书局，1935，[24] 页，32 开

上海：佛学书局，1935，再版，[24] 页，32 开

收藏单位：桂林馆、国家馆

00762

金刚般若波罗蜜经·六祖大师法宝坛经 （后秦释）鸠摩罗什译

出版者不详，1919，80 页，32 开

本书包含两部分。《金刚般若波蜜经》全称《能断金刚般若波罗蜜经》，又称《金刚般若波罗蜜经》，简称《金刚经》，分 32 品解说佛道；《六祖坛经》，亦称《坛经》《六祖大师法宝坛经》，全称《南宗顿教最上大乘摩诃般若波罗蜜经六祖惠能大师于韶州大梵寺施法坛经》，记载佛教禅宗六祖惠能一生得法传法的事迹及启导门徒的言教。

收藏单位：首都馆

00763

金刚般若波罗密经白话释义 李基鸿讲解 许止烦校订

成都：佛化印书局，1944 翻印，2 版，35 页，36 开，环筒页装

本书分为金刚般若波罗密经、般若波罗密多心经的原文及白话绎义集。共 32 分，内容包括：法会因由、大乘正宗、妙行无住等。

收藏单位：重庆馆、国家馆、南京馆

00764

金刚般若波罗蜜经白话释义

出版者不详，56 页，18 开

收藏单位：浙江馆

00765

金刚般若波罗蜜经贯释 李伯朝著述 范古农校定

上海：佛学书局，1931.7，48 页，22 开

上海：佛学书局，1935.5，2 版，48 页，22 开

本书依据清代徐槐廷所著《金刚经解义》删节编撰，记录禅宗六祖惠能对《金刚经》的释义。版权页题名：金刚经贯释。

收藏单位：上海馆

00766

金刚般若波罗蜜经讲录 （释）太虚讲 佛学书局编辑部校订

上海：佛学书局，1931.3 重印，58 页，32 开

上海：佛学书局，1932，60 页，32 开（太虚丛书）

本书为太虚法师讲解《金刚般若波罗蜜经》的记录，先讲经题，次讲经文三十二分。正文前题名：金刚般若波罗密经讲录。

收藏单位：河南馆、上海馆

00767

金刚般若波罗蜜经讲义 （释）圆瑛述

上海：佛学书局，1933.9，114+69 页，25 开

上海：佛学书局，1934，再版，114+69 页，25 开

上海：佛学书局，1937，4 版，[114+69] 页，25 开

本书分上、下两卷，共 3 部分：释经题、释译人、释正文。卷首有释印光撰《圆瑛法汇序》。

收藏单位：广西馆、国家馆、南京馆、内蒙古馆、上海馆、首都馆

00768

金刚般若波罗蜜经讲义 （释）圆瑛讲述
苏州：弘化社，1937，1 册，25 开

　　收藏单位：首都馆

00769

金刚般若波罗蜜经讲义 （释）圆瑛讲述
北京：出版者不详，1940，1 册，25 开（圆瑛法汇）

　　本书附《圆瑛法汇金刚经讲义法数略记》。

　　收藏单位：国家馆、首都馆

00770

金刚般若波罗蜜经易知疏 （释）兴慈讲述
上海：法云印经会，1937，126 页，32 开

　　本书为兴慈法师对《金刚般若波罗蜜经》的梳理讲解，含注释。

　　收藏单位：南京馆

00771

金刚般若波罗蜜经易知疏 （释）兴慈讲述
上海：佛学书局，[1935]，124 页，22 开

　　收藏单位：江西馆

00772

金刚般若经讲记（又名：金刚般若波罗密经讲记，金刚经讲记） （释）印顺讲 （释）演培记
杭州：正闻学社，1948.3，143 页，32 开（正闻学社丛书）

　　本书讲解《金刚经》《般若波罗蜜经》。

　　收藏单位：南京馆、上海馆、浙江馆

00773

金刚度世弥陀真经
上海：道德书局，[23] 页，32 开

　　收藏单位：首都馆

00774

金刚经白话绎义 李子宽著
上海：佛学书局，1934.5，88 页，32 开
上海：佛学书局，1935.10，再版，88 页，32 开
北京：佛学书局，1938.2，再版，[80] 页，32 开

　　本书为金刚经白话文本，不含解释。有太虚等人的序 3 篇、跋 2 篇。再版时改排，序、跋等作了位置调整。书中题名：金刚般若波罗蜜经白话绎义。

　　收藏单位：重庆馆、国家馆、南京馆、内蒙古馆、上海馆

00775

金刚经白话注释（新式标点） 陈枚编
上海：大通书局，1925，[78] 页，32 开

　　本书分上、下卷，包括《金刚经》注音、附注及总解。有自序、黎锦熙序。

00776

金刚经、法宝坛经合璧 （后秦释）鸠摩罗什译
出版者不详，[1919]，78 页，36 开

　　本书中《金刚经》前有普光居士"近事征信"，《法宝坛经》前有郎简序。

　　收藏单位：国家馆、山东馆、浙江馆

00777

金刚经贯释 李伯朝著
上海：佛学书局，1931，48 页，32 开

　　本书依据徐槐廷所著《金刚经解义》删节，以贯珠体裁编辑而成。封面题名：金刚般若波罗蜜经贯释。

　　收藏单位：广西馆

00778

金刚经笺注 丁福保著
上海：医学书局，[1911—1949]，1 册，25 开（佛学丛书）

　　收藏单位：广东馆

00779

金刚经校正本 江味农校正
上海：大法轮书局，1948.4，再版，66+28 页，32 开（法轮丛书）

　　收藏单位：上海馆

00780

金刚经解义　（清）徐云鹤著

上海：明善堂大善书局，1934，[100] 页，32 开

　　本书为徐云鹤所著，记录对《金刚经》的释义。

　　收藏单位：南京馆、上海馆

00781

金刚经俗语注解

出版者不详，1 册，32 开

　　收藏单位：广东馆

00782

金刚经通俗集义　余晋龢编

北京：北京市警察共济社，1938.7，再版，124 页，16 开

　　本书共 6 部分：说经名、说金刚经的历史、说译此经的姚秦三藏法师鸠摩罗什的历史、说金刚经的界分、说法会因由、说本经三十二分。后附《释尊略传》、难字读音。

　　收藏单位：国家馆、内蒙古馆

00783

金刚经通俗集义　余晋龢编辑

青岛：公安局勤俭分会德育部，1933.5，124 页，16 开

　　收藏单位：南京馆

00784

金刚经易知疏（又名，金刚般若波罗蜜经易知疏）　（释）兴慈讲述

上海：法云印经会，1937.5，重排初版，126 页，22 开

　　收藏单位：上海馆

00785

金刚弥陀经功德灵验合刊　杨章甫编

无锡：无锡书院，1936，104 页，22 开

　　本书包括金刚经、阿弥陀经、金刚经功德灵验及阿弥陀经功德灵经。书前有唐文治等序文两篇。书后附《佛学津梁》《净土要义》。

　　收藏单位：重庆馆、广东馆、广西馆、桂林馆、国家馆、江西馆、南京馆、内蒙古馆、上海馆、首都馆

00786

金刚三昧经论　（释）元晓述

出版者不详，258 页，32 开（中国佛教学院讲义 8）

　　收藏单位：人大馆、首都馆

00787

金刚心总持论

出版者不详，30 页，32 开

　　本书为僧达岸翻印。

　　收藏单位：广东馆

00788

经释　慈忍室主人编辑　（释）太虚审定

上海：佛学书局，1931.12，506 页，32 开（海潮音文库第 3 篇 佛学足论 1）

　　本书共 20 篇，内容包括：圆觉会宗、佛说无量寿经科目、佛说无量寿经纪要、维摩诘经纪闻叙等。

　　收藏单位：北大馆、重庆馆、国家馆、宁夏馆、上海馆、首都馆

00789

净业正因二集

北平：佛学书局，1937，66 页，16 开

　　本书内容包括：慈心不杀、佛说阿难四事经、前世三转经、佛说优填王经等。

　　收藏单位：广西馆

00790

净业正因三集

北平：佛学书局，1937，54 页，16 开

　　本书内含 10 种经书：受十善戒经、佛说三归五戒慈心厌离功德经、弟子死复生经、申日几本经、佛说甚深大回向经、最无比经、十善业道经、十不善业德经、佛说八种长养功德经、佛说布施经等。

　　收藏单位：国家馆

00791

孔佛会通般若波罗密多心经　张凌汉著

张凌汉 [发行者]，1935.12，9 页，32 开，环简页装

　　本书作者认为，天下真理只有一个，佛就人性本体上说，孔子就人性应用上说，是二而实一。而《心经》在佛经中最为简要，因此做《心经》解说，并与孔孟学说会通。书前有作者序。

　　收藏单位：国家馆、首都馆

00792

楞伽阿跋多罗宝经　（南朝宋释）求那跋陀罗译

上海：佛学书局，1935，[166] 页，32 开

　　本书共 4 卷。书前冠楞伽经大乘性宗顿教 41 法门。每卷末（卷三除外）附音释。书背题名：楞伽经。

　　收藏单位：广东馆、国家馆

00793

楞伽经注解　（南朝宋释）求那跋陀罗译（明释）宗泐　（明释）如玘注

[北京]：[庚申佛经流通处]，1920，[246] 页，18 开

[北京]：[庚申佛经流通处]，[1938]，1 册，18 开

　　本书共 4 卷。书前有《大乘性宗顿教楞伽经四十一法门》。书中题名：楞伽阿跋多罗宝经注解。译者原题：求那跋多罗。

　　收藏单位：国家馆、首都馆

00794

楞严贯摄　刘道开述

上海：佛学书局，1935，4 册，32 开

　　本书为《楞严经》的注释。书前有高珩等序三篇及作者的编辑始末。此书初名"贯摄"，后改名"说通"。

　　收藏单位：广东馆、桂林馆、国家馆、江西馆、南京馆、上海馆、绍兴馆、首都馆

00795

楞严经　（唐释）般刺密帝译　（唐释）弥迦

释迦译语　（唐）房融笔受

上海：佛学书局，1935.3，224 页，32 开

　　本书共 10 卷。卷末附音释。

　　收藏单位：国家馆

00796

楞严经白话讲要　李圆净著

上海：佛学书局，[1925—1936]，104 页，25 开

上海：佛学书局，1936，3 版，104 页，25 开

　　本书分上、下篇。上篇为真理论，包括：究性、决相两部分；下篇为方法论，包括：发心、述证、修行、防患 4 部分。书前有印光法师、太虚法师序各一篇。

　　收藏单位：国家馆、江西馆、辽宁馆、南京馆

00797

楞严经大势至菩萨念佛圆通章讲义

苏州：科达印刷厂，1947，34 页，32 开

　　收藏单位：南京馆

00798

楞严经大义（5 卷）　吴光耀撰

出版者不详，1922，6 册

　　收藏单位：国家馆

00799

楞严经观世音菩萨圆通章　（唐释）般刺密帝译

上海：圆明讲堂，1936，12 页，32 开

　　收藏单位：南京馆

00800

楞严经观音圆通章讲章　绍三讲述

上海：佛学书局，1936.7，130 页，32 开

　　本书共 4 部分：先讲总题、次讲译人、次讲章题、次讲正文。书前有姜智丕序。

　　收藏单位：黑龙江馆、南京馆

00801

楞严经科会、指要、表解合刊　李圆净编述

上海：世界佛教居士林，1925.6，[247] 页，16 开（佛学研究丛书 2）

本书共 3 部分：楞严经指要、楞严经科会、楞严经表解。书后附本书所用句读符号说明。编述者原题：李荣祥。

收藏单位：广东馆、桂林馆、国家馆、南京馆、上海馆

00802

楞严经浅说　陈法培述

北平：中央刻经院，[1933]，404 页，25 开

本书为楞严经注疏，每段经文旁附以浅说。书前有作者自序。

收藏单位：北大馆、广西馆、国家馆、南京馆、人大馆、山东馆、首都馆、浙江馆

00803

楞严经玄题辑录　（释）宝静讲述　（释）镜空记录

上海：佛学书局，1933，48 页，25 开（宝静法师丛书）

收藏单位：重庆馆、上海馆、首都馆

00804

楞严经易读简注　慧因编

北京：庚申佛经流通处，1943.11，1 册，25 开

本书共 10 卷。正文内题：大佛顶首楞严经易读。

收藏单位：国家馆、首都馆

00805

楞严经易读简注　慧因音注

哈尔滨：新华印书馆，1944，2 版，370 页，25 开

收藏单位：黑龙江馆、辽宁馆

00806

楞严直解　孙仲霞著　杨完生等校

上海：佛学书局，1932，再版，4 册（[682] 页），18 开

上海：佛学书局，1934，3 版，4 册（[682] 页），18 开

本书为楞严经注疏，共 10 卷。卷首有万少石印行《楞严经直解》缘起。

收藏单位：广西馆、国家馆、南京馆、内蒙古馆、上海馆

00807

楞严直解　孙仲霞著　杨完生等校

上海：佛学研究社，1929，4 册，18 开

本书为《楞严经》注疏。

收藏单位：重庆馆、内蒙古馆、绍兴馆

00808

楞严直解　孙仲霞著

上海：佛学书局，1949，2 册，22 开

收藏单位：首都馆

00809

曼殊师利十种无尽甚深大愿

出版者不详，10 页，32 开

收藏单位：重庆馆

00810

弥勒教史观　（释）念西　（释）谈玄著

沙市：沙市德昌元印刷局，1937，53 页，32 开

本书内容包括：弥勒本末因缘大事、兜率净土观等。

收藏单位：重庆馆、贵州馆、南京馆

00811

弥勒菩萨上下生经　（南朝宋）沮渠京声（唐释）义净译

[重庆]：班禅大师追荐会，14 页，16 开，环筒页装

本书包括两部佛教经书。正文前分别题：佛说观弥勒菩萨上生兜率陀天经、佛说弥勒下生成佛经。

收藏单位：国家馆、南京馆

00812

妙法莲华经（7 卷）（后秦释）鸠摩罗什译

上海：佛学书局，[1935]，288 页，32 开

上海：佛学书局，1937，再版，288 页，32 开

上海：佛学书局，1948，[再版]，288 页，32 开

本书共 7 卷，书前有御制大乘妙法莲花经序及释道宣述妙法莲花经弘传序。书后附僧叡述后序。

　　收藏单位：桂林馆、国家馆、河南馆、南京馆、上海馆、首都馆

00813

妙法莲华经方便品　盘龙妙光尊者述

出版者不详，22+30 页，32 开

　　收藏单位：上海馆

00814

妙法莲华经观世音菩萨普门品随闻记 （释）倓虚讲　（释）保贤记

[青岛]：佛教同愿会青岛分会，[1942]，41 页，22 开

　　本书先说经题，次说品题。书前有倓虚序。

　　收藏单位：国家馆

00815

妙法莲华经弘传序、佛说八大人觉经讲义

（释）圆瑛讲述　圆明法施会编辑部校订

上海：圆明法施会，1915.4，46 页，22 开

　　收藏单位：上海馆

00816

妙法莲华经弘传序讲义 （释）圆瑛讲述

上海：佛学书局，1932.12，36 页，32 开（圆瑛法汇）

　　本书为对《妙法莲华经》的讲解。

　　收藏单位：国家馆、河南馆、上海馆、首都馆

00817

妙法莲华经弘传序浅释 （释）宝静著

上海：佛学书局，1933.3，34 页，25 开（宝静法师丛书）

　　收藏单位：上海馆

00818

妙法莲华经玄赞科目 （释）太虚编

出版者不详，1 册

　　收藏单位：国家馆

00819

妙法莲华经药王菩萨本事品（第23） （后秦释）鸠摩罗什译　丁福保注

出版者不详，1931，28 页，18 开

　　收藏单位：广东馆、首都馆

00820

摩诃般若波罗蜜多心经注解 （明）宋濂

（清）朱稽圭注解

出版者不详，1938，44 页，32 开

00821

南无阿弥陀佛注解　紫阳真人述

长沙：民治书局，1926，[74] 页，32 开

　　本书内含佛经理论注解。并附太阳经、太阴集、劝世歌、太乙金华宗旨、福幼编、紫阳真人大字真经传道集。

　　收藏单位：湖南馆

00822

南无妙法莲华经（7 卷） （后秦释）鸠摩罗什译

出版者不详，1939，[309] 页，50 开

　　收藏单位：绍兴馆、首都馆

00823

南屏佛祖讲演录　[夏慧贯] 等编

[无锡]：夏慧贯 [发行者]，[1935]，[100] 页，25 开

　　本书收佛教经文两部，包括《金刚般若波罗蜜经》（姚秦三藏法师鸠摩罗什译）、《大乘理趣六波罗密多经发菩提心品》（唐罽宾国三藏般若译）。另有南屏佛祖关于这两部经文的讲演录（吴慧诚、唐慕良录，卫慧肫、杨慧诚校）。出版年取自书中的赠书章。

　　收藏单位：重庆馆、广东馆、国家馆、江西馆、南京馆、内蒙古馆、人大馆、山东馆、首都馆、天津馆、浙江馆

00824

南屏佛祖良心经

出版者不详，[1948]，16 页，32 开

　　收藏单位：安徽馆、内蒙古馆

00825

能断金刚般若波罗蜜多经释 （释）太虚讲

北平：华北居士林，1931.9，140 页，25 开

　　本书是对玄奘所译此经的释解，共 3 部分：明佛法大意、解本经题目、释全经文句。

　　收藏单位：国家馆、黑龙江馆、吉林馆、辽大馆、南京馆、首都馆

00826

念佛警策（2 卷） （清）彭际清纂

上海：佛学书局，1935，[94] 页，25 开

上海：佛学书局，1935，再版，[94] 页，25 开

　　本书内容包括：无量寿经、大乘起信论、临终正念诀、紫柏老人集、净土法语、西方合论等。

　　收藏单位：国家馆、南京馆

00827

念佛圆通章讲义 （释）慧三讲述

无锡：净光莲社，1946，22 页，32 开

　　收藏单位：广西馆

00828

辟《楞严百伪》

出版者不详，1936.4，[36×2] 页，18 开，环筒页装

　　本书逐条批驳《楞严百伪》一书的观点，论证《楞严经》为佛亲说。

　　收藏单位：国家馆

00829

菩提道次第摄颂略解 （释）法尊译

北京：菩提学会，1939.5，30 页，32 开

　　本书为《菩提道次第广论》摄略本。宗喀巴造，法尊法师译。

　　收藏单位：南京馆

00830

菩提道次二第摄颂

出版者不详，5 叶，25 开，环筒叶装

　　收藏单位：重庆馆

00831

普门品（附经事证） 印心学会编

印心学会，27 页，32 开

　　收藏单位：江西馆

00832

普贤十大愿王 （释）谛闲演述 江逢仙记录

沈彬翰 [发行者]，1934.2，37 页，32 开（佛学小丛书）

　　收藏单位：上海馆

00833

普贤行愿品 （唐释）般若译

北京：庚申佛经流通处，1944，36 页，25 开

　　收藏单位：首都馆

00834

普贤行愿品

印心学会，20 页，22 开

　　收藏单位：上海馆

00835

普贤行愿品辑要疏 （释）谛闲演讲

上海：佛学书局，1931，98 页，25 开

上海：佛学书局，1932.7，98 页，25 开

上海：佛学书局，1933.3，再版，98 页，25 开

　　本书为谛闲法师讲演录之一。正文前题：大方广佛华严经入不思议解脱境界普贤行愿品辑要疏。

　　收藏单位：国家馆、南京馆、首都馆

00836

普贤行愿品讲座 （释）芝峰讲 良定 雪生记录

上海：佛学书局，1931.4，78 页，32 开

　　本书是对实叉难陀所译的《华严经入不思议解脱境界普贤行愿品》的讲解。内容包括：绪言、佛教总纲、本经与本品之特点及历史，以及对该品本文的释解。

　　收藏单位：上海馆

00837

普贤行愿品亲闻记 （释）慈舟述　通方　沈国华记录

北京：安养精舍宏法流通处，1942.6，120页，16开

　　本书根据清凉国师的解意讲述，分总释名题、别解文义两部分。正文前题：大方广佛华严经入不思议解脱境界普贤行愿品亲闻记。

　　　　收藏单位：国家馆、首都馆

00838

七佛俱胝佛母心大准提陀罗尼经 （唐释）善无畏译

出版者不详，6页，26开

　　本书为密宗佛经。

　　　　收藏单位：浙江馆

00839

七俱胝佛母所说准提陀罗尼经 （唐释）不空译

上海：佛学书局，1938.9，32页，32开

　　　　收藏单位：国家馆、江西馆、首都馆

00840

祇树给孤独园　佛学书局编辑部编述

上海：佛学书局，1932.1，29页，36开（佛学故事丛书）

　　本书据《贤愚经》中有关须达得道及祇树给孤独园来历的故事编辑而成。

　　　　收藏单位：贵州馆、国家馆

00841

全图注解大悲咒

上海：道德书局，110页，64开

　　本书封面题名：全图注解林文忠公手书大悲神咒。

　　　　收藏单位：南京馆、内蒙古馆

00842

劝发菩提心论　李翊灼著　范古农校订

上海：佛学书局，1931.10，88页，32开

　　本书前有作者介绍成书的缘起。

　　　　收藏单位：河南馆、南京馆

00843

仁王护国般若波罗蜜多经 （唐释）不空译

上海：佛教日报社，1937，1册，22开

　　　　收藏单位：首都馆

00844

仁王护国般若波罗蜜多经 （唐释）不空译

上海：中国佛教会，[1936]，[26]页，25开

重庆：中国佛教会，1937.10，[46]页，25开

　　本书分上、下卷。书前有唐代宗皇帝制"新翻护国仁王般若经序"等。书后有密林跋。出版年录自书跋。

　　　　收藏单位：重庆馆、江西馆

00845

仁王护国般若波罗蜜经 （后秦释）鸠摩罗什译

上海：道德书局，[1940]，[66]页，32开

　　出版年月根据写序时间。

　　　　收藏单位：绍兴馆

00846

仁王护国般若波罗蜜经讲义 （释）圆瑛讲演

上海：佛学书局，1935.2，2册（200+114页），32开

　　　　收藏单位：上海馆

00847

入楞伽经遮食肉品 （北魏）菩提留支译

[上海]：道德书局，10页，32开

　　　　收藏单位：上海馆、绍兴馆

00848

删定思益梵天所问经 （后秦释）鸠摩罗什译　轻安居士删定

上海：般若书局，1939，47页，32开

　　本书说大乘之实义，破小乘之偏。

　　　　收藏单位：上海馆、首都馆

00849

善生经 （晋释）僧伽提婆译

上海：道德书局，1938，26 页，25 开

　　收藏单位：广西馆、上海馆

00850

善生·玉耶女经　刘振河校

北平：庚申佛经流通处，1948.1，16 页，32 开

　　收藏单位：国家馆、首都馆、天津馆

00851

胜鬘师子吼一乘大方便方广经　（南朝宋释）求那跋陀罗译

上海：功德林佛经流通处，1932，60 页，32开

　　本经又称《胜鬘经》，叙述胜鬘夫人因其父波斯匿王、母末利夫人的引导教化，于佛陀面前演说一乘、一谛、一依等大乘佛法。并叙述胜鬘夫人皈依、受戒、发愿的经过，详说摄持正法、涅槃、一乘法、四谛等佛理。

　　收藏单位：上海馆

00852

十善业道经　（唐释）实叉难陀译

上海：佛学书局，1934.5，57 页，25 开

上海：佛学书局，1937，再版，[57] 页，25 开

　　本书为《十善业道经》经文。书末附《十善业道经节要》及智旭随笔《见闻录》。封面题：十善业道经附释尊成道纪略、蕅益大师节要、见闻录。1937 年版书冠《释迦尊成道纪略》。

　　收藏单位：国家馆、上海馆

00853

十善业道经　（唐释）实叉难陀译

苏州：弘化社，1932，再版，8+28+21 页，25 开

苏州：弘化社，1934，3 版，20 页，25 开

　　收藏单位：重庆馆、国家馆

00854

释氏十三经　（唐释）佛陀多罗等译

上海：佛学书局，1935，[1000] 页，32 开，精装

　　本书内含：《圆觉经》《梵网经》《楞严经》《楞伽经》《法华经》等 13 种佛经。

　　收藏单位：重庆馆、湖南馆、上海馆、绍兴馆

00855

四十八愿略解　季圣一著　张一留　叶圣方校订

苏州：古吴佛经流通处，1935，99 页，25 开

　　四十八愿出于《无量寿经》，俗称《大本阿弥陀经》。书前有著者序、总说。附梵本《无量寿经》及中国五译本弥陀大愿对照表。

　　收藏单位：内蒙古馆、上海馆

00856

唐写本大方广佛华严经回向品残卷校记　刘厚滋著

北平：国立北平研究院总办事处，1936.6，4页，16 开

　　本书记述著者家藏东晋佛陀跋陀罗译《唐写本大方广佛华严经回向品残卷》与响堂寺石刻之经文校勘情况。

　　收藏单位：国家馆、浙江馆、中科图

00857

维摩诘所说不可思议经释（又名，维摩诘所说不可思议解脱经释）（释）太虚讲

上海：佛学书局，1931.3，重刊，186 页，18 开

上海：佛学书局，1933.9，3 版，186 页，18 开

　　本书前有殷人庵撰《己未讲经会缘起》。

　　收藏单位：重庆馆、贵州馆、江西馆、上海馆

00858

维摩诘所说经（亦名，不可思议解脱经）（后秦释）鸠摩罗什译

上海：佛学书局，1935.3，94 页，32 开

上海：佛学书局，1938.7，2 版，94 页，32 开

　　本书共 3 卷，每卷末附音释。

　　收藏单位：国家馆、南京馆、山东馆

00859

维摩诘所说经讲义录　（释）显珠述

上海：佛学书局，1935.3，影印本，2 册，32开，精装

本书前有度厄作重印序。

收藏单位：国家馆、上海馆

00860

维摩经讲义录 （释）显珠编

显珠 [发行者]，1933，286 页，16 开

收藏单位：南京馆、绍兴馆

00861

维摩经科本 （后秦释）鸠摩罗什译

南京：普照资生会，1930，118 页，16 开

出版者不详，116 页，16 开

收藏单位：南京馆

00862

无量义经 （唐释）佛陀多罗译

上海：佛学书局，1939，28 页，32 开

00863

五体文心经

上海：惟诚印书馆，[1911]，36 页，25 开

本书内收《般若波罗蜜多心经》及序文 3 篇。正文由梵藏汉英日等 5 种文体组成。

收藏单位：重庆馆、南京馆、上海馆

00864

显感利冥录

出版者不详，[1918]，22 页，32 开

本书为宣示谛闲法师对圆觉了义经义的讲解。附《明云棲袾宏大师警训》等。出版年录自篇首。

收藏单位：国家馆、首都馆

00865

心经笔记 （释）月溪讲

上海：佛学书局，1937.6，46 页，32 开

本书为《般若波罗蜜多心经》讲解。

收藏单位：上海馆、首都馆

00866

心经广播讲义 （释）印智讲述

北京：石灯吉祥寺，1939，126 页，32 开

本书是对《般若波罗蜜多心经》的讲解。

书前有沈宗汉序、自序。

收藏单位：国家馆

00867

心经讲记 （释）性觉主讲　殷悟中记录

北平：北平居士林学术组，1948.6，38 页，32 开

本书包括前言和正释两部分。书前有丁文隽作般若波罗蜜多心经讲记序和作者出版附言。

收藏单位：国家馆、首都馆

00868

心经六家注 （唐释）玄奘译 （唐释）靖迈撰疏

上海：佛学书局，[54] 页，32 开

[上海]：[佛学书局]，121 页，32 开

本书含靖迈疏、法藏略疏、德清直说、智旭释要、紫柏疏等 6 家注疏。

收藏单位：南京馆、上海馆、首都馆

00869

心经释义　畏因同学会编述

出版者不详，[1930—1940]，36 页，32 开

[北京]，出版者不详，1940，4 版，[48] 页，16 开

本书含般若波罗蜜多心经疏解、白话解说法华部两部分。

收藏单位：国家馆、河南馆、南京馆

00870

心经释义

出版者不详，1941，1 册，16 开

出版者不详，1946，28 页，25 开

收藏单位：首都馆

00871

心经显诠　陈子彝撰

出版者不详，[1947]，22 页，32 开

收藏单位：南京馆

00872

心经新疏·净业指南 （释）谛闲 （释）印

光鉴定

出版者不详，1935，[148] 页，25 开

　　收藏单位：辽宁馆

00873

心经注解

出版者不详，54 页，22 开

　　收藏单位：江西馆

00874

袖珍金刚经（附心经 高王经）（后秦释）鸠摩罗什译

中农印刷所，1945，30 叶，64 开，环筒叶装

　　本书共 32 品，内容包括：法会因由分、大乘上宗分、妙行无住分、如理实见分、无得无说分、依法出生分、一相无相分等。

　　收藏单位：重庆馆

00875

须摩提经（释）演本注解

上海：南行学社，1948.7，38 页，32 开

　　本书卷首为须摩提经，下述：首答妙慧菩萨如何能得端正身之四法、次答妙慧如何得大富尊贵身之四法、三答妙慧如何得眷属不坏之四法、四答妙慧如何当得佛前化生处莲华座、六答妙慧处世无怨之四法、七答妙慧如何所言人信之四法、八答妙慧远离法障速得清净之四法、九答妙慧能离诸魔之四法、十答妙慧临命终时诸佛现前之四法、真的平等和博爱、致联合国总会关于世界和平的意见。

　　收藏单位：南京馆、内蒙古馆、上海馆

00876

虚空藏菩萨经（大藏经）（后秦释）佛陀耶舍译

出版者不详，[1944]，22 页，22 开

　　收藏单位：江西馆

00877

药师经讲记（释）太虚讲（释）竺摩记

出版者不详，1940，107 页，16 开

　　本书为佛教《药师本愿经》的讲解记录。

　　收藏单位：首都馆

00878

药师琉璃光七佛本愿功德经（唐释）义净译

护国济民弘法利生药师七佛法会，1933.1，1 册，32 开

　　本书内容包括：药师七佛法会缘起、发愿文、请修药师七佛法事斋主、药师琉璃光七佛本愿功德经。

　　收藏单位：广东馆、南京馆

00879

药师琉璃光如来本愿功德经（唐释）玄奘译

上海：佛学书局，1938.10，22 页，32 开

　　本书为佛教经文。叙述东方净琉璃世界药师如来的功德，并详述药师如来因地所发的十二大愿。

　　收藏单位：国家馆

00880

药师琉璃光如来本愿功德经（唐释）玄奘译

中央刻经院，1 册

　　收藏单位：国家馆

00881

药师琉璃光如来本愿功德经讲记（释）太虚演讲（释）竺摩记录

上海：佛学书局，1934，184 页，25 开

　　本书为佛教《药师本愿经》的讲解记录。

　　收藏单位：南京馆、上海馆、首都馆

00882

一个科学者研究佛经的报告　尤智表著

上海：大法轮书局，1947.3，32 页，32 开

上海：大法轮书局，1947.5，再版，31 页，32 开

上海：大法轮书局，1947.7，3 版，31 页，32 开

上海：大法轮书局，1948，订正本，41 页，64 开（法轮小丛书）

　　本书共 8 部分：研究佛经的目的、研究的经典、研究佛经前的印象、佛经的文字和外表、佛经的理论和内容、佛教的实验方法、佛教的实验效果、研究佛经的结论等。书前有王季同序。

收藏单位：重庆馆、广东馆、广西馆、贵州馆、桂林馆、国家馆、江西馆、南京馆、宁夏馆、山东馆、上海馆、首都馆、天津馆、西南大学馆、浙江馆

00883

一个科学者研究佛经的报告　尤智表著

惠阳：惠阳县佛学会，36 页，50 开

收藏单位：广东馆

00884

盂兰盆经浅说　迦陵著

北平：中央刻经院佛经善书局，[1934]，28 页，25 开

本书是对西晋三藏法师竺法护所译之《佛说盂兰盆经》的讲解。有著者序。

收藏单位：国家馆、首都馆

00885

瑜伽师地论菩萨地真实义品手记

北京：佛学书局，1939，38 页，22 开

收藏单位：首都馆

00886

圆觉经讲义　（释）谛闲讲演

上海：佛学书局，1931.7，[246] 页，25 开

上海：佛学书局，1933.6，3 版，[246] 页，25 开

上海：佛学书局，1936，[再版]，[246] 页，25 开

本书为谛闲法师讲录之一。分上、下两卷，收录谛闲的讲演：大方广圆觉修多罗了义经讲义、大方广圆觉经讲义。

收藏单位：国家馆、河南馆、南京馆、首都馆

00887

圆觉经亲闻记　（释）谛闲演讲　上海佛学书局校订

上海：佛学书局，1932，234 页，25 开

上海、长沙：佛学书局，1933.6，3 版，234 页，25 开

本书为谛闲法师讲录之一。详记谛闲对《圆觉经》诸名相及教理的讲解。书后有徐文霨跋。

收藏单位：重庆馆、国家馆、南京馆、内蒙古馆、上海馆、天津馆

00888

增补金刚般若波罗密经旁解

北京：京兆慈济印刷所，1924.3 印，54 页，16 开

本书采取眉批、旁批、夹批的形式，解释《金刚经》。版权页上题：北平张斌舫、赵鹤舫敬送。

收藏单位：国家馆

00889

增补金刚般若波罗蜜经旁解

北京：李德元印字馆，1923，54 页，16 开

收藏单位：南京馆

00890

增批阿弥陀经要解　（后秦释）鸠摩罗什译（明释）智旭解　（释）印光鉴定

上海：佛学书局，1936.10，64 页，18 开（评点原本净土十要 1）

本书评点明末清初名僧蕅益大师选定的"净土十要"之第一要。

收藏单位：上海馆

00891

正法念处经阎浮提洲地志勘校录（原名，供罗摩衍那史之研究）　（法）烈维（Sylvain Lévi）著　冯承钧译述

上海：商务印书馆，1935.2，106 页，32 开（尚志学会丛书）

原书共有 6 部分，中译本译出前 5 部分（第 6 部分内容散见前 5 部分中），分别是：罗摩衍那史颂与正法念处经文、汉译西藏译正法念处经对照、勘校与考证、地志材料其来源及其时代、附录由旬之价值。书前有译者序。

收藏单位：重庆馆、广东馆、桂林馆、国家馆、江西馆、近代史所、南京馆、内蒙古馆、上海馆、首都馆、天津馆

00892

中英注音楞严咒（大悲咒、十小咒、虚空藏咒）（释）妙觉编注

出版者不详，77 页，大 64 开

　　收藏单位：上海馆

00893

诸佛菩萨本愿集（第 1 编） 李证性编

上海：佛学书局，1931，2 版，112 页，32 开

　　本书辑集佛经的阿弥陀佛、释迦牟尼佛、普贤菩萨等的誓愿。

　　收藏单位：河南馆

00894

诸佛菩萨本愿集（第 1 编） 李证性编

上海：世界佛教居士林，1929，112 页，32 开

　　收藏单位：广东馆

律及律疏

00895

梵网经菩萨戒本汇解　（后秦释）鸠摩罗什译 李圆净编

上海：佛学书局，1938.7，256+38 页，16 开

上海：佛学书局，1939，再版，256+38 页，16 开

　　李圆净居士将智者大师的《梵网经义疏》、莲池大师的《戒疏发隐》和蕅益大师的《梵网合注》合在一起，萃为本书。分上、下两篇，上篇内容包括：随文释义、结罪重轻、善识开遮、异熟果报；下篇内容包括：性遮七众大小表记、观心理解、忏悔行法表记、修证差别性恶法门表记。书前有鸠摩罗什译的《梵网经菩萨戒本》及"梵网经菩萨戒本科判表"；书后有《持犯集证类编》。

　　收藏单位：广东馆、国家馆、南京馆、上海馆、首都馆

00896

佛说梵网经（2 卷）（后秦释）鸠摩罗什译

上海：佛学书局，1935，34+36 页，32 开

上海：佛学书局，1948，[34+36] 页，32 开

本书分上、下两卷。卷上书末附校讹。

书口题：梵网经。

　　收藏单位：重庆馆、国家馆、上海馆

00897

菩萨戒（宗喀巴大师集）

息灾法会，1936，49 页，18 开

　　本书概说大小乘戒律。

　　收藏单位：南京馆、上海馆

00898

优婆塞戒经　（晋释）昙无谶译

上海：佛学书局，1935.5，208 页，32 开

　　本书共 7 卷，说在家菩萨入道修行之法。

　　收藏单位：国家馆、首都馆

论及论疏

00899

辩中边论颂释　（释）太虚讲　（释）碧松记

重庆：佛经流通处，1938，152 页，32 开

　　本书解释相传为弥勒菩萨所造的《辩中边论颂》。共 3 部分：论的传译、论的名题、论的颂文。

　　收藏单位：重庆馆

00900

般若净土中道实相菩提论　（释）了然著

上海：弘化社，1949.7，82 页，32 开

　　收藏单位：南京馆、绍兴馆

00901

般若融心论　（明释）传灯撰

上海：文明书局，1947，44 页，32 开

　　收藏单位：南京馆、上海馆

00902

大乘百法明门论讲义　季圣一讲述　吴无生 周德弥校订

苏州：古吴佛经流通处，1934.4，114 页，25 开

本书讲解唯识宗的入门书《大乘百法明门论》的内容。书前有序两篇及例言。

收藏单位：上海馆

00903

大乘广五蕴论注　蒋维乔疏注

上海：佛学书局，1932.10，128页，32开

本书对《广五蕴论》作串讲式注疏。

收藏单位：国家馆、河南馆、湖南馆、内蒙古馆

00904

大乘起信论

上海：世界佛教居士林，1925，1册，16开（佛学研究丛书）

上海：世界佛教居士林，1937.5，68页，32开

本书把大乘如来藏思想和唯识说结合为一，阐明"一心""二门""三大"的佛教理论和"四信""五行"的修持方法。共5部分：因缘分、立义分、解释分、修行信心分、劝修利益分。

收藏单位：广东馆、上海馆

00905

大乘起信论讲要　（释）常惺演讲　邓慧载纪录

[上海]：[世界佛教居士林]，1937.10，147页，32开

本书对常惺演讲稿多处通篇批注而成。分3段：初释大乘、二释起信、三释论字。

收藏单位：上海馆

00906

大乘起信论讲义　（释）倓虚编

[青岛]：[湛山寺印经处]，[1935]，[156]页，22开

[青岛]：[湛山寺印经处]，1935，[213]页，22开

本书分上、下卷。以现代语言和逻辑方式，结合科学观念，对《大乘起信论》作深入浅出的说明。书前有编者序，作于1935年5月。

收藏单位：河南馆、首都馆

00907

大乘起信论讲义　（释）倓虚编

出版者不详，1935，86页，22开

收藏单位：国家馆

00908

大乘起信论解惑　唐大圆述

上海：佛学书局，1934.3，36页，32开

本书为作者参加《起信论》真伪问题的辩论后所做的解惑。共3部分：略叙纲要分、广释疑难分、别择义旨分。

00909

大乘起信论解惑　唐大圆述

上海：世界佛教居士林，1923，36页，32开

上海：世界佛教居士林，1926，再版，36页，32开

收藏单位：国家馆、首都馆

00910

大乘起信论考证　梁启超著

上海：商务印书馆，1924.6，98页，25开

上海：商务印书馆，1934.5，国难后1版，98页，25开

本书共6部分：序、前论（研究本问题之豫备）、本论上（从文献上考察）、本论下（从学理上察考）、结论（起信论之作者及其价值）、余论。

收藏单位：重庆馆、贵州馆、国家馆、河南馆、辽大馆、辽宁馆、山东馆、上海馆、首都馆、中科图

00911

大乘起信论考证　梁启超著

上海：中华书局，1924，98页，25开

收藏单位：国家馆、江西馆、南京馆、内蒙古馆、天津馆

00912

大乘起信论科会、指要、表解合刊　李圆净编述

上海：世界佛教居士林，1925.1，[126]页，16开（佛学研究丛书1）

上海：世界佛教居士林，1925.6，再版，[126]页，16开（佛学研究丛书1）

本书共3部分：大乘起信论科会、大乘起信论指要、大乘起信论表解。科会，初读以楞严易知录为最善此即易之录之分判；指要，又名大佛顶首楞严经的真理论和方法论；表解，根据易之录及正脉疏者各一。书后附本书所用句读符号说明。编述者原题：李荣祥。

收藏单位：广东馆、国家馆、浙江馆

00913

大乘起信论科判　（南朝梁释）真谛译　（唐释）法藏科判

上海：佛学书局，1935.12，82页，32开

本书书前附梁扬州僧智恺序。

收藏单位：重庆馆、国家馆、江西馆、内蒙古馆、首都馆

00914

大乘起信论科要　（释）会泉讲　（释）宏船（释）性祥纪录

万石佛学社，1934，126页，25开

本书阐释大乘教理。书前有弁言。

00915

大乘起信论料简　王恩洋述

南京：支那内学院，1923，38页，16开（支那内学院杂刊）

本书为佛学论文。把欧阳竞无的唯识观和梁启超的考证结果结合在一起，否定大乘起信论。

收藏单位：重庆馆、桂林馆、南京馆、上海馆、首都馆

00916

大乘起信论妙心疏　（释）守培著

世界佛教居士林，[1947]，2册（415页），32开

作者通过对《大乘起信论》的理解，将自己的心得写出。首叙纲要，略分十类初释名题，二叙来历，三究教体，四辨行宗，五判教相，六显被机，七分位次，八研修法，九论断惑，十明证果。附刊言。

收藏单位：桂林馆

00917

大乘起信论亲闻记　（释）常惺讲演　（释）智严笔记

北平：华北居士林，1930.6，90页，25开

北平：华北居士林，1935.9，再版，90页，25开

本书解释大乘起信论。

收藏单位：国家馆、南京馆、首都馆

00918

大乘起信论唯识释　（释）太虚著

出版者不详，1925，40页，18开

本书为太虚法师对于《大乘起信论》中"唯识"概念的释解。

收藏单位：首都馆

00919

大乘起信论研究　佛教弘化社编

[武昌]：佛经流通处，1923，102页，16开

本书共10篇，内容包括：王恩洋、章太炎、梁启超、释太虚等10人关于大乘起信论的研究、讨论文章。

收藏单位：重庆馆、国家馆、首都馆

00920

大乘起信论演义　（释）宝静讲　（释）通怀（释）显明记

上海：佛学书局，[1933]，198页，25开（宝静法师丛书）

本书讲解大乘起信论。

收藏单位：国家馆

00921

大庄严经论探源　（法）烈维（Sylvain Lévi）著　冯承钧译

上海：商务印书馆，1934，98页，32开（尚志学会丛书）

本书介绍并探讨《大庄严经论》中的内容、人物、地域等。著者原题：莱维。

收藏单位：广东馆、国家馆、吉林馆、江西馆、南京馆、山东馆、上海馆、首都馆、天津馆、浙江馆

00922

发菩提心论　龙猛菩萨造　（唐释）不空译

出版者不详，20 页，36 开（佛学小丛书）

本书述说发心誓愿及六度之相。全名《金刚顶瑜伽中发阿耨多罗三藐三菩提心论》。附五悔文（即密宗五悔愿偈）。

收藏单位：南京馆、上海馆

00923

法相文学（2 卷）　唐大圆撰

上海：佛学书局，1935.10，96+73 页，32 开

本书依据《瑜伽师地论·真实义品》《摄大乘论·新知依品》内容，分为智源论、广真如论两卷，解释题义、文义、词义等。有撰者叙及金天翮序。

收藏单位：重庆馆、国家馆、内蒙古馆、上海馆

00924

观所缘释论会译　吕澂　（释）印沧编

南京：支那内学院，1928，42 页，16 开（内学 第 4 辑 3）

本书以藏译为主，逐段对照陈译和奘译。三种译本的文句皆对校宋元明诸本，取理长者订正。后附《论奘译本之特征》。

收藏单位：国家馆、浙江馆

00925

观所缘缘论贯释　范古农著述　佛学书局编辑所校订

上海：佛学书局，1931.7，20 页，32 开

《观所缘缘论》为印度陈那著，唐玄奘译。论眼、耳、鼻、舌、身等五识，色、声、香、味、触等五尘，因果学、因果关系等。

收藏单位：南京馆、内蒙古馆、上海馆

00926

集量论释略抄　吕澂著

南京：支那内学院，1928.9，72 页，16 开（内学 第 4 辑 4）

《集量论》为印度陈那著，唐义净译，亡佚。现存藏译本。

收藏单位：重庆馆、桂林馆、国家馆、天津馆、浙江馆

00927

金刚破空论　（后秦释）鸠摩罗什译经　（明释）智旭　（明释）际明造论

上海：佛学书局，1931，78 页，32 开

本书每段经文后加论，并附《心经释要》。正文前题：金刚般若波罗蜜经破空论。

收藏单位：上海馆

00928

金刚仙论考　张德钧著

北平：[国立北平图书馆]，[1938]，9 页，16 开

本书考证后魏菩提流支译《金刚仙论》。为《国立北平图书馆图书季刊》单行本。

00929

俱舍论颂略释　（日）斋藤唯信著　慧圆编译

武昌：武昌佛学院，1934，404 页，25 开（武昌佛学院丛书）

本书分上、下两卷。上卷内容包括：发端、分别界品、分别根品、分别世间品，下卷内容包括：分别业品、分别随眠品、分别圣贤品、分别智品、分别定品。编译者原题：慧圆。

收藏单位：重庆馆

00930　**论释**　慈忍室主人编辑　（释）太虚审定

上海：佛学书局，1932.12，3 册（630+602+453 页），32 开（海潮音文库第 3 编 佛学足论 2）

本书共 3 册，上册包括：瑜伽师地论真实义品讲录（唐大圆讲，愿航笔记）、大乘五蕴论讲录（太虚讲）、摄大乘论初分讲义（太虚讲，释法尊记）、摄大乘论义记（密林述）4 篇；中册包括：研究三十唯识论之绪论（吟雪）、八识规矩颂奘注（释太虚）、唯识讲要（太虚讲，大圆记）等 10 篇；下册包括：三论宗略说（刘玉子）、十二门讲纲要（太虚讲，善馨录）等 8 篇。

收藏单位：国家馆、吉林馆、宁夏馆、首都馆

00931

念佛三昧宝王论义疏　（释）谛闲述疏

上海：佛学书局，1930.12，[122] 页，25 开

上海：佛学书局，1931.2，再版，58+27+34 页，25 开

本书分 3 卷释解唐代飞锡所著《念佛三昧宝王论》。有蒋维乔跋。

收藏单位：重庆馆、国家馆、江西馆、南京馆、上海馆、绍兴馆、首都馆、天津馆

00932

摄大乘论讲记　（释）印顺讲　（释）演培等记

[上海]：正闻学社，1947.1，2 册（218+183 页），32 开（正闻学社丛书）

本书讲解大乘中瑜伽、中边、唯识各宗所持的佛理。分上、下两部，共 10 章，上部内容包括：序说、所知依、所知相，下部内容包括：所知相、彼入因果、彼修差别、三增上学、彼果断、彼果智、结说。

收藏单位：首都馆、浙江馆、中科图

00933

摄大乘论疏　王恩洋著

四川：龟山书局，1940.11，2 册（375 页），25 开（龟山丛书 4）

本书共两册 4 卷。上册 2 卷，内容包括：总标纲要分、所知依分、所知相分、入所相分；下册 2 卷，内容包括：彼入因果分、彼修差别分、增上戒学分、增上心学分、增上慧学分、彼果断分、彼果智分。

收藏单位：北大馆、首都馆

00934

摄大乘论随录　（印）无著著　（唐释）玄奘译　（释）忻车随录

长沙：洞庭印务馆，[1936 印]，3 卷（108+138+118 页），18 开

本书是记录学习《摄大乘论》的心得体会。

收藏单位：国家馆、首都馆

00935

往生论注撷　（北魏释）昙鸾注解　范古农述

上海：佛学书局，92 页，32 开

本书又题《无量寿经优婆提舍愿生偈注撷》，婆薮盘头菩萨造，魏北天竺沙门菩提流支译论。书后附无量寿经四十八愿、观无量寿经华座观章及佛身观章、婆薮盘头法师传等。

收藏单位：南京馆

00936

瑜伽菩提心论口义记　王弘愿讲　王显智记

震旦密教重兴会，1929，[160] 页，32 开

本书分上、下两卷讲述《金刚顶瑜伽发菩提心论》。

00937

瑜伽师地论叙　欧阳渐述

上海：佛学书局，1940，影印本，30 页，32 开

"瑜伽师地"为弥勒菩萨在中天竺的演讲，"瑜伽师地论"为相关 5 论中的重要一论，且为法相唯识宗的正依经典。本书为该论的叙。分上、下卷。玄奘译。

收藏单位：重庆馆、国家馆、上海馆、首都馆、天津馆

布教、仪注

00938

阿伽陀药　吕祖阳述

济南：北洋印刷公司，1942，1 册，32 开

阿伽陀药即佛教所说不死之药。本书是宣扬佛教道理的短文合集，包括《点醒迷途》《自觉觉他觉行圆满便是成佛的大道》等 20 余篇。

收藏单位：首都馆

00939

阿伽陀药　吕祖阳述

上海：佛学书局，[1935]，72 页，32 开

上海：佛学书局，1935.6，2 版，72 页，32 开

北平：佛学书局，1938，再版，64 页，32 开

收藏单位：桂林馆、国家馆、南京馆、上海馆、首都馆

00940

爱楼劝世丛谈 童仰慈著

[上海]：佛学书局，1940.2，80 页，32 开

本书辑集古今行善传说故事 106 则。

收藏单位：重庆馆、南京馆

00941

安士全书 （清）周梦颜著述

上海：佛学书局，1934，664 页，25 开

本书为劝善书。内容包括：文昌帝君阴骘文广义节录、万善先资集、欲海回狂、西归直指。

收藏单位：内蒙古馆、山东馆

00942

安士全书 （清）周梦颜著

[上海]：[佛学推行社]，1924.6，128+146+156+114+94 页，16 开

收藏单位：贵州馆

00943

安士全书 （清）周梦颜著述

苏州：弘化社，1933，再版，2 册（[273]+[364]页），25 开

苏州：弘化社，1935，再版，2 册，25 开

苏州：弘化社，1937.6，再版，2 册，25 开

上海：弘化社，1941.6，再版，2 册，25 开

本书为劝善书。上册分上、下两卷，刊：文昌帝君阴骘文广义节录。卷首有释印光重刻安士安书序等；下册内容包括《万善先资集》4 卷，《欲海回狂》3 卷，《西归直指》4 卷。

收藏单位：重庆馆、国家馆、南京馆、内蒙古馆

00944

安士全书（下册） （清）周梦颜著

苏州：弘化社，1932，2 版，110 页，25 开

本书为劝善书。

收藏单位：山东馆

00945

暗路明灯 （释）回明撰述 陈拜善校

[上海]：大法轮书局，1947.6，再版，70 页，25 开

[上海]：大法轮书局，1948.1，3 版，70 页，25 开

本书是针对当时民间新兴宗教"一贯道"所写的书籍。书的内容是大致将佛教与道教、民俗信仰之间的差异，还有"一贯道"提倡的种种伪乱佛、道、儒教的说法讲了出来。其重点是呼吁世人不要被欺骗，误以为"先天、龙华、天道"是一种"新佛教"。该版本前附众多浙江政界题词。

收藏单位：广西馆、江西馆、浙江馆

00946

八德记事 张颐甫等著

上海：明善书局，74 页，32 开（慈善汇报丛刊第 1 编）

本书记叙有关孝、悌、忠、信、礼、义、廉、耻八德的前人事略。

00947

八关斋戒法特刊 （释）演本编辑

上海：南行学社，[1948]，69 页，32 开

本书编著者演本法师，校文者德森法师。书皮为兴慈题字。

收藏单位：首都馆

00948

白衣大士灵感录 理素编

上海：天法轮书局，1949，46 页，64 开（法轮小丛书）

本书介绍观世音菩萨的圣迹，讲述白衣神咒持诵法门与概要。

收藏单位：重庆馆、南京馆、上海馆

00949

白衣大士神咒

[上海]：刘万遐 [发行者]，1936，14 页，32 开

本书为佛教经咒。附：诵本经咒所获之灵感故事等。

00950

白衣神咒灵验纪

北京：中央刻经院，[1943]，16 页，32 开

　　本书记述种种因果报应之事，劝人向善。

　　收藏单位：国家馆、山东馆

00951

白衣咒灵感录

上海：道德书局，24 页，32 开

　　收藏单位：广东馆、广西馆、南京馆

00952

宝铎集（第 1 期） 北京佛慈放生会编

北京：北京佛慈放生会，1 册，22 开

　　本书内容包括：汪大变序、胡瑞霖序、戒杀文、放生文、好生救劫编撮要、佛慈放生会敢支报告等。

　　收藏单位：首都馆

00953

保富法 聂其杰著

北京：北京社会局救济院，[1944]，46 页，32 开

　　本书劝人勤俭、广施、行善、保富。著者原题：聂云台。

　　收藏单位：重庆馆、复旦馆、国家馆、上海馆、首都馆、浙江馆

00954

保富法 聂其杰著

上海：大法轮书局，1948.3，30 页，64 开（法轮小丛书）

上海：大法轮书局，1948，再版，30 页，64 开

[上海]：[大法轮书局]，[72] 页，32 开

　　收藏单位：安徽馆、广西馆、南京馆、上海馆

00955

保富法 聂其杰著

出版者不详，[1940—1949]，24 页，64 开

　　收藏单位：上海馆

00956

般若行集 唐大定著 唐大圆编

上海：佛学书局，1930.2，80 页，32 开

　　本书分上、下卷。上卷大乘行论，有行之定义、大乘种性、五位修行等；下卷大定文存，有文学探原、心性分析，并有大宏山求智学社论学（包括求学之理、目的、趣向等）。书末附录大体文略及补遗。

　　收藏单位：国家馆、上海馆、首都馆

00957

不可录 （释）印光撰

上海：明善书局，1922.7，102 页，22 开

　　本书为劝善书，内容包括：戒色赋、福善案、祸淫案、同善养生、法戒诗律等。

　　收藏单位：国家馆、上海馆

00958

参禅要法 （清）石成金著

上海：大法轮书局，1948.7，51 页，64 开（法轮小丛书）

　　本书讲述佛教参禅的方法。

　　收藏单位：上海馆

00959

禅观之门 （释）静修等著

上海：大法轮书局，1948.12，32 页，64 开（法轮小丛书）

　　本书收佛学论著 5 篇：《妙观初机》，述台宗一心三观之理；《修止观的过程》，举示修止之病及对治；《禅兵》《研究与参禅》为禅宗说法；《谈精神集中力》，以普通事理解拜禅观之理。

　　收藏单位：上海馆

00960

禅净生活 陈海量编纂

上海：大雄书局，1948.12，85 页，32 开（在家学佛小丛书）

　　收藏单位：上海馆

00961

常住三宝

出版者不详，112 页，50 开

　　收藏单位：广东馆

00962

超度名册　龙华法会编

龙华法会，1924，154 页，16 开

　　本书为龙华法会超度亡故的信佛者的名册。

00963

成就大悲心陀罗尼修行法轨　（释）能海传授

出版者不详，1947，38 页，22 开

　　收藏单位：重庆馆、内蒙古馆

00964

成就大悲心陀罗尼修行法轨

成都：成都佛化印书局，石印本，17 叶，32 开，环筒叶装

　　本书共 3 部分：加行、正修、完结。

　　收藏单位：重庆馆

00965

饬终津梁　李圆净编校

上海：佛学书局，1935.3，5 版，1 册，32 开

上海：佛学书局，1936，6 版，1 册，32 开

上海：佛学书局，1937，8 版，[126 页]，32 开

　　本书讲临终超度。共 4 篇：饬终章程、饬终言论、预示利害、饬终实效。书前有印光法师序。书后有补录：世界佛教居士林念佛助生极乐团草章。

　　收藏单位：重庆馆、国家馆、江西馆、南京馆、绍兴馆

00966

饬终津梁　李圆净编校

上海：国光印书局，1930.8，[128] 页，32 开

上海：国光印书局，1930.10，再版，[128] 册，32 开

上海：国光印书局，1933，3 版，[128] 页，32 开

　　收藏单位：重庆馆、广东馆、国家馆、河南馆、宁夏馆、首都馆

00967

饬终津梁　李圆净编校

苏州：弘化社，1932，再版，1 册，25 开

苏州：弘化社，1936，6 版，1 册，25 开

苏州：弘化社，1937，7 版，[128] 页，25 开

　　收藏单位：重庆馆、内蒙古馆、绍兴馆、首都馆

00968

重编人生指津　聂其杰著　杨慧镜选

上海：[中国化学工业社]，1929.9，再版，202 页，25 开

上海：[中国化学工业社]，1929.12，3 版，202 页，25 开

上海：[中国化学工业社]，1930.6，5 版，202 页，25 开

上海：[中国化学工业社]，1931.6，6 版，202 页，25 开

　　本书选录历年"聂氏家言选刊"中聂其杰的著述 10 篇，宣传吃素、戒杀、修善。

　　收藏单位：重庆馆、国家馆、河南馆、江西馆、南京馆、内蒙古馆、上海馆、首都馆、浙江馆

00969

重订日诵经咒简要科仪　世界佛教居士林选订　（释）印光鉴定

上海：佛学书局，1933，再版，148 页，25 开

上海：佛学书局，1934，3 版，148 页，25 开

上海：佛学书局，1937.3，5 版，148 页，25 开

　　本书内有念佛程序、仪式及日常诵读经咒文。包括净坛仪、念佛仪、佛前上供仪、二时临济仪、起诵仪、华严经净行品、普贤行愿品、阿弥陀经、金刚经、观世音菩萨普门品、五大施经、戒香经、楞严经神咒、释迦如来心咒、结诵仪等。

　　收藏单位：安徽馆、国家馆、江西馆、南京馆、上海馆

00970

重订西方公据　（释）印光校

上海：佛学书局，1934.3，114 页，25 开

　　本书内容包括：佛说阿弥陀经、往生咒、念佛起止仪、莲池大师开示、憨山大师开示、印光法师开示等。有印光重订西方公据序。

　　收藏单位：南京馆

00971

重订西方公据　（释）印光校

苏州：弘化社，[1930]，114 页，25 开

苏州：弘化社，1935，4 版，114 页，25 开

收藏单位：广西馆、国家馆、江西馆、上海馆

00972

重订西方公据（副本莲图记数）

苏州：弘化社，[1930]，[24] 页，25 开

苏州：弘化社，1934.9，20 页，25 开

苏州：弘化社，[1937]，24 页，25 开

本书为《（重订）西方公据》一书附录。含《九品莲台图念佛记数说》一篇，讲解念佛记数图证的使用方法。后附九品莲台图。第一图后有修行该品的念佛数图证。每一图证都录有宋大智律师按《观无量寿佛经》所作九品因行果地之颂。

收藏单位：重庆馆、广西馆、国家馆

00973

重印圣师录　世界佛教居士林编

上海：佛学书局，1934，32 页，22 开（戒杀放生丛书 甲编 3）

收藏单位：首都馆

00974

初机净业指南　黄庆澜著述

上海：佛教净业社流通部，1930.12，20 版，58 页，22 开

本书为佛教入门书，不分章。内容包括：阿弥陀佛的誓愿、西方极乐世界、莲花化生、上善俱会、神通自然等。附录为劝戒杀放生白话文。

收藏单位：江西馆

00975

初机净业指南　黄庆澜著述

上海：佛学书局，1930.3，18 版，58 页，32 开

上海：佛学书局，1931.5，22 版，58 页，32 开

上海：佛学书局，1932.12，62 页，25 开

上海：佛学书局，1933.10，再版，62 页，32 开

上海：佛学书局，1934.6，3 版，70 页，25 开

上海：佛学书局，1935，9 版，58 页，25 开

收藏单位：国家馆、江西馆、辽宁馆、绍兴馆、首都馆、天津馆、浙江馆

00976

初机净业指南　黄庆澜著

上海：功德林佛经流通处，1922，130 页，32 开

收藏单位：国家馆

00977

初机净业指南　黄庆澜著

上海：国光印书局，1928.3，6 版，58 页，25 开

上海：国光印书局，1931.5，22 版，58 页，25 开

上海：国光印书局，1932，23 版，58 页，25 开

上海：国光印书局，1932.11，24 版，58 页，25 开

上海：国光印书局，1936.6，31 版，58 页，25 开

上海：国光印书局，1937.6，33 版，58 页，25 开

收藏单位：重庆馆、桂林馆、河南馆、江西馆、内蒙古馆、上海馆

00978

初机净业指南　黄庆澜著述　程源鹏重校

上海：世界佛学居士林，1928，13 版，58 页，32 开

上海：世界佛教居士林，1928，14 版，58 页，32 开

上海：世界佛教居士林，1929，15 版，50 页，32 开

上海：世界佛学居士林，58 页，32 开

收藏单位：重庆馆、江西馆、内蒙古馆、上海馆、浙江馆

00979

初机净业指南　黄庆澜著　吴寿桐校订

新京（长春）：四宝堂佛经出版部，1944，77 页，32 开

收藏单位：辽宁馆

00980

初机先导　（释）印光著

上海：道德书局，30页，32开

　　收藏单位：广东馆、国家馆、南京馆、上海馆

00981

初机先导　（释）印光编

苏州：弘化社，1933.2，40页，32开

苏州：弘化社，1933.4，2版，40页，32开

苏州：弘化社，1933.12，3版，40页，32开

苏州：弘化社，1934，4版，40页，32开

苏州：弘化社，1937，6版，40页，32开

　　收藏单位：河南馆、湖南馆、江西馆、首都馆、天津馆、浙江馆

00982

初机先导　（释）印光著

厦门：宏善书局，上海：道德书局，1935，30页，32开

厦门：宏善书局，上海：道德书局、宏善书局，1936，3版，30页，32开

　　本书辑录《印光法师文钞》的部分篇章，内容包括：《为在家弟子略说三归五戒十善之义》《一函遍复》《净土指要》《临终开示》等。

　　收藏单位：重庆馆、江西馆、内蒙古馆

00983

初机先导　（释）印光著　胡有章辑

北京：佛学书局，1938，33页，32开

　　收藏单位：首都馆

00984

处世梯航　谈文灯编

上海：谢文益善书部，1932，120页，32开

上海：谢文益善书部，1934，再版，120页，32开

　　本书杂有佛教论说。收有劝孝编、欲海慈航、了凡四训、桂影轩随笔、名言汇编、格言对联等。

　　收藏单位：上海馆

00985

传授居家菩萨戒正范　世界佛教居士林皈戒处编

上海：世界佛教居士林，1929.9，72页，32开

　　本书依据金陵宝华山见祖所撰《传戒正范》酌订，专备传授男女居士在家菩萨戒之用。书前有编辑说明和《授居家两众五戒仪规》。

　　收藏单位：国家馆、南京馆

00986

传授幽冥戒仪规　世界佛教居士林编

上海：佛学书局，1931.1，再版，26页，64开（法事丛书8）

上海：佛学书局，1936.4，重版，42页，64开（法事丛书）

　　本书介绍传授幽冥戒的有关经文。内容包括：请师、诵咒、唱赞礼佛、请灵、请求授戒、开导、请圣、忏悔发愿、受四不坏信、正宣戒相等。

　　收藏单位：安徽馆、国家馆

00987

慈悲镜　智道辑　出尘校对

同文斋印书馆，1924.6，[28]页，25开（大同丛书）

同文斋印书馆，1925.5，再版，[28]页，25开（大同丛书）

同文斋印书馆，1926.6，3版，[28]页，25开（大同丛书）

　　本书宣传佛教戒杀放生文。有印光法师《慈悲镜发隐》、出尘居士原叙。附《最近惜生杀生现报》《放生福报录》等。

　　收藏单位：国家馆、南京馆

00988

慈风（第4集）　苏州佛学图书馆编

苏州：苏州佛学图书馆，1944，19页，16开

　　本书内含宣传佛学的讲词等。

　　收藏单位：广西馆

00989

慈护编　世界佛教居士林编

上海：佛教书局，1934，60页，32开（戒杀放生丛书甲编2）

本书宣传戒杀、放生。共3部分：经教部、古今贤哲诗文论说劝诫、古今善恶报应征事。

收藏单位：首都馆

00990

慈护编　孙奏庭编

上海：世界佛教居士林，60页，32开

收藏单位：国家馆

00991

慈舟老法师开示录第一、二集合订本　（释）慈舟讲演

北京：庚申佛经流通处，1941.12，[88]页，32开

本书书前有《慈舟法师之略历》。

收藏单位：首都馆

00992

大悲忏法仪规　世界佛教居士林编

上海：佛学书局，1928，32页，64开（法事丛书）

上海：佛学书局，1937.5，再版，32页，64开（法事丛书）

本书为介绍大悲忏法的仪规、经咒文。

收藏单位：国家馆

00993

大悲救劫法要　江谦著

上海：道德书局，60页，32开

收藏单位：南京馆

00994

大乘佛教弘化院课诵圣典（2）

出版者不详，10页，18开

收藏单位：首都馆

00995

大乘佛教弘化院课诵圣典（3）

出版者不详，36页，18开

收藏单位：首都馆

00996

大乘佛教弘化院课诵圣典（4）

出版者不详，18页，18开

收藏单位：首都馆

00997

大乘佛教弘化院课诵圣典（7）

出版者不详，22页，18开

收藏单位：首都馆

00998

大乘止观述记　（释）谛闲述疏

上海：佛学书局，1933，2册（196+224页），18开

本书为谛闲法师讲录之一。全书分上、下卷。正文为对大乘经的讲解。书前有序文一篇。

收藏单位：重庆馆、黑龙江馆、南京馆、绍兴馆

00999

大慈菩萨发愿偈略释　（释）通贤著

上海：佛教净业林，1942.6，36页，32开

上海：佛教净业林，1942.12，2版，36页，32开

收藏单位：上海馆

01000

大势至菩萨圣诞祝仪　世界佛教居士林编

上海：佛学书局，1934，30页，64开（法事丛书）

本书为大势至菩萨圣诞节日有关仪规及经咒文编。内容包括：香赞、称圣号、诵经咒、唱赞、唱偈、拜愿、三皈依、转身向上礼佛。

收藏单位：广东馆、国家馆

01001

大藏治病百法　百炼编

上海：大法轮书局，1948，76页，64开（法轮小丛书）

本书卷首6页为《大藏治病药》，其余为大法轮书局的出版目录及其他宣传品。

收藏单位：江西馆

01002

当世警钟　张秉衡著　龙善编

上海：文业书店，1936，281页，32开

　　本书宣传佛教、儒家道理及因果报应的故事。封面题名：醒事木铎。

　　收藏单位：国家馆、上海馆、首都馆

01003

到光明之路　李圆净编述

北京、重庆：[佛经流通处]，[1942]，[64]页，32开

　　本书讲述佛教因果报应的道理。书前有印光法师序。书后附念佛仪式等。

　　收藏单位：重庆馆、国家馆

01004

到光明之路　李圆净编述

上海：佛学书局，1937，4版，[68]页，32开

上海：佛学书局，1929.11，7版，63页，32开

　　收藏单位：广西馆、国家馆

01005

到光明之路　李圆净编述

上海：国光印书局，1934.1，3版，49页，32开

上海：国光印书局，1934.6，4版，1册，32开

　　本书包括《到光明之路》(李圆净)、《处乱世趋吉避凶之法》(聂其杰)两文。书末附黑暗世界的两幕，包括《欧洲大血战》《非洲的人肉市场》两篇。

　　收藏单位：国家馆、南京馆

01006

到光明之路　李圆净编述

上海：世界佛教居士林，1934，3版，[50]页，25开

　　收藏单位：重庆馆、广东馆、上海馆

01007

到光明之路　李圆净编述

出版者不详，影印本，1册，25开

　　收藏单位：广东馆

01008

德育古鉴　（清）史洁理著　聂其杰编

上海：佛教净业社，1931，再版，210页，32开

　　本书辑录《感应类纱》一书，分12类，引史乘古籍中善恶感应的事实，劝人为善。后附《印光法师净土法门普被三根论》及编者的《处乱世趋吉避凶之法》等。又有《说因果之真义》《欧美人士研究食肉之害》等补白多篇。

　　收藏单位：天津馆

01009

德育古鉴　（清）史洁理著　聂其杰编

上海：佛经流通处，1939.10，198页，22开

　　收藏单位：国家馆、南京馆、首都馆

01010

德育古鉴　（清）史洁理著　聂其杰编

苏州：弘化社，1932，3版，210页，25开

苏州：弘化社，1933.6，4版，210页，25开

　　本书内容包括：功过格、功过案、七辩、三破。附《净意说》《袁了凡立命说》《改过论》《积善论》《张孝祥龙舒净土文序》《印光法师净土法门普被三根论》及编者的《处乱世趋吉避凶之法》。又有《说因果之真义》《欧美人士研究食肉之害》等补白多篇。

　　收藏单位：重庆馆、广西馆、国家馆、南京馆、内蒙古馆、上海馆

01011

德育古鉴（原名，感应类钞）

出版者不详，[1929—1931]，210页，25开

出版者不详，1939.10，156页，26开

出版者不详，1940，1册，26开

　　收藏单位：广东馆、江西馆、上海馆、绍兴馆

01012

地藏菩萨圣诞祝仪　世界佛教居士林编

上海：佛学书局，1934.5，36页，64开（法事丛书）

　　本书为举行地藏菩萨圣诞节有关仪规及经

咒文选编。内容包括：香赞、称圣号、大忏悔文、唱赞、唱偈、拜愿、三皈依、向上礼佛。

收藏单位：国家馆

01013
地藏王菩萨、观世音菩萨、东方药师佛灵感经咒汇录
北京：中央刻经院，30 页，32 开
收藏单位：首都馆

01014
点板赞偈类编　世界佛教居士林编
上海：佛教书局，1934，184 页，64 开（法事丛书）
上海：佛教书局，1937，再版，184 页，64 开（法事丛书）
本书内容包括：拜佛点板、赞语点板、偈语点板、赞语文句。附《居士林赞》。
收藏单位：广西馆、国家馆

01015
定课念佛　苦行著述　朱一飞校
上海：定课念佛同志会总办事处，1935.12，再版，76 页，25 开
本书有印光法师序。
收藏单位：江西馆

01016
动物福音　张用宝编
中国保护动物会，1934.11，76 页，32 开
本书宣传戒杀、保护动物。取材于吕碧城编译的《欧美之光》。
收藏单位：上海馆

01017
多杰尊者法语辑要（附湖南金刚护国息炎法会纪略）　孔智海著
长沙：长沙佛教密乘团，1932.6，98 页，32 开
收藏单位：南京馆

01018
阿弥陀佛圣诞祝仪　世界佛教居士林编
上海：佛学书局，1934，30 页，64 开（法事丛书）
本书为阿弥陀佛圣诞节日有关仪规及经咒文编。内容包括：香赞、称圣号、诵经咒、唱赞、唱偈、拜愿、三皈依、向上礼佛三拜。
收藏单位：国家馆

01019
阿弥陀佛圣典　高观庐纂集　范古农校订
上海：佛学书局，1931.8，10+248 页，25 开
本书为佛教之总持法门。共 10 章：赞叹归敬章、如来因行章、弘誓本愿章、果地殊胜章、发愿生西章、修行法门章、秘密修持章、往生见佛章、劝修净业章、劝持圣教章。
收藏单位：重庆馆、河南馆、湖南馆、南京馆、上海馆、绍兴馆

01020
二课合解　（释）兴慈述
上海：佛学书局，1931.10，395 页，32 开
收藏单位：南京馆

01021
二课合解（重订）　（释）兴慈述
上海：法云印经会，1921，[358] 页，16 开
上海：法云印经会，1938 重印，[358] 页，16 开
上海：法云印经会，1941，3 版，[358] 页，16 开
本书为佛徒日常念诵课仪。共 7 卷，内容包括：示要、楞严咒约义、心经述解、弥陀经蒙解、大忏悔解、蒙山施食仪解、早暮回向文、祝赞祈祷仪、三时供养仪等。
收藏单位：河南馆、首都馆

01022
二课合解（重订）　（释）兴慈述
苏州：弘化社，1935.3，164+195 页，16 开
收藏单位：国家馆

01023
发菩提心文　（唐释）宗密编
出版者不详，26 页，32 开
收藏单位：南京馆

01024

法海搜珍（一名，佛教宣传资料第壹集） 陈无我选材　陆渊雷译衍

[上海]：大法轮书局，1944.7，118页，64开

　　本书取三藏故事中有趣味者，译成白话文。

　　　　收藏单位：广西馆

01025

法华华严持验记合刻本　周克复纂

上海：佛学书局，1934，[148]页，25开

　　本书内分上、下卷。收昙摩罗刹、慧远、鸠摩罗什、道生、玄奘、传灯等300余人诵法华经及华严经的灵验记录。有纂者序及劝流通法华持验引。

　　　　收藏单位：上海馆、首都馆

01026

法戒录　郭介梅编辑

上海：国光印书局，1937，1册，25开

　　　　收藏单位：南京馆

01027

法事指南

杭州迦音社，1册，32开

　　本书内容包括：佛法入中国之始、佛法僧三宝的解释、十法界、十法行、礼拜仪式、水陆大斋本旨、慈悲道场忏法传、焰口缘起、水忏缘起、盂兰盆会缘起、七期念佛仪。

　　　　收藏单位：浙江馆

01028

法雨滋莲　烟霞子编辑

上海：佛学书局，1936.5，48页，32开

　　本书辑录佛典、偈语，及劝人信佛的诗歌等。

　　　　收藏单位：南京馆、上海馆、首都馆

01029

放生经验谈　杜莲瑞著

上海：法云印经会，1937，1册，22开

　　　　收藏单位：广东馆

01030

放生杀生现报录　（清）江慎修著

上海：佛学书局，1934.6，40页，32开（戒杀放生丛书 甲编4）

　　本书包括放生善报5章、杀生恶报4章。

　　　　收藏单位：上海馆

01031

放生杀生现报录　（清）江慎修编纂

上海：世界佛教居士林，1930，3版，40页，32开（戒杀放生丛书 甲编4）

上海：世界佛教居士林，1932.12，5版，40页，32开（戒杀放生丛书 甲编4）

　　　　收藏单位：重庆馆、南京馆

01032

放生仪规　世界佛教居士林审定

上海：佛学书局，1933.6，再版，22页，64开

　　本书介绍放生的程序与仪式。内容包括：香赞、称圣号、法师执水盂说水文、大悲咒、心经、往生咒、请圣等。书前附顶礼三宝观想文。

　　　　收藏单位：国家馆

01033

佛法灵征　黄觉手录

上海：医学书局，1921，39页，32开

　　手录者原题：觉居士。

　　　　收藏单位：上海馆

01034

佛法灵征　黄觉　贺国章著

上海：大雄书店，1944，2版，72页，32开

　　　　收藏单位：南京馆、内蒙古馆

01035

佛法灵征、念佛灵应记合刊　黄觉原著

上海：大雄书店，1943，校正重排，72页，25开

　　　　收藏单位：江西馆

01036

佛法灵征、念佛灵应记合刊　黄觉　贺国章

著　启蒙普济会编

上海：启蒙普济会，1943，72 页，32 开

　　收藏单位：河南馆

01037

佛法与新生活　净宗会编

长沙：净宗会，1935.6，38 页，32 开

　　本书收宣传佛教，劝人信佛的杂文 20 篇。

　　收藏单位：重庆馆、国家馆、南京馆、上海馆

01038

佛化结婚纪念特刊　颜西编辑

上海：[世界佛教居士林]，1936.6，74 页，32 开

　　本书记录举行"佛化"结婚的程序与仪式等。

　　收藏单位：国家馆

01039

佛教念诵集（初集）　心光讲学会编

[上海]：天天印刷所，1947.9，142 页，32 开

[上海]：天天印刷所，1949.2，再版，142 页，32 开

　　本书内容包括：楞严咒、礼佛忏悔文、大悲咒、十小咒、心经、赞佛偈等。

　　收藏单位：江西馆、南京馆、内蒙古馆、上海馆

01040

佛教念诵仪规　世界提倡素会编

上海：大雄书店，1944，36 页，64 开

　　收藏单位：广西馆

01041

佛教圣典　蔡谈庐辑

上海：佛学书局，1936.9，3 册（[543] 页），32 开

　　本书共 3 部分。一为教法篇，含佛陀、法、万有、众生 4 章；二为世道篇，含持身之道、对人之道 2 章；三为修持篇，含发心、行道、内观、世道与佛道 4 章。

　　收藏单位：国家馆、上海馆、首都馆

01042

佛教信徒报恩弘法要从寻常的十善道做起

戴季陶编

上海：佛学书局，1934.8，34 页，64 开（佛学小丛书）

　　本书为作者在桂林莲社的演讲，宣传佛徒修养之道。

　　收藏单位：国家馆

01043

佛教仪式须知　道真等编

上海：佛学书局，1934.3，99 页，32 开

上海：佛学书局，1938，再版，99 页，32 开

　　本书共 11 章，内容包括：礼佛仪式、持用法器仪式、搭持衣具仪式、四威仪式、行仪丛说、服具丛说、法事缘起、五家钟板及牌词式、丛林执事及执务、应持各咒及法语、诸佛菩萨圣诞日期等。为居士应用。

　　收藏单位：南京馆、上海馆、首都馆

01044

佛教愿文　高观如编

[上海]：佛学书局，1936，111 页，32 开（佛教文类 1）

　　本书收唐至清历代信佛法者的许愿文、誓文等，共 46 篇。

01045

佛门之孝经　[张志铨] 编

上海：国光书局，[1930]，18 页，32 开

　　本书节抄自佛家《真孝录》一书。书前有夏慧华的引言，写于 1930 年 9 月。

　　收藏单位：广西馆、国家馆

01046

佛七念诵仪规　世界佛教居士林编

上海：佛学书局，1931，4 版，[212] 页，64 开（法事丛书 3）

上海：佛学书局，1934，5 版，212 页，64 开（法事丛书）

　　本书为佛徒意念口诵经咒文编。

　　收藏单位：广东馆、国家馆、南京馆

01047

"佛"是什么及学佛的过程　威音记录

上海：佛学书局，1933.9，再版，70页，50开（佛学小丛书）

本书介绍释迦牟尼之所以成佛的身相及智慧，以及学佛的4个过程：信乐、了解、修行、证得。

收藏单位：国家馆、上海馆

01048

佛说金刚神咒　默禅编

出版者不详，1922，5页，32开

本书叙述念金刚神咒的灵验。

01049

佛说三世因果经古德嘉言集

出版者不详，1938，50页，64开

出版者不详，78页，32开

本书内含佛教三世因果经及古传佛教徒之嘉言，包括：文昌帝君遏欲文、罗状元醒世诗歌等。

收藏单位：上海馆

01050

佛学救劫编　许止净纂辑

苏州：弘化社等，1932，2册，25开

本书分上、下两册，上、中、下3卷。上卷为劝化篇，有祛疑章、起信章；中卷为修持篇，有三皈五戒经并附各种解说及经证事证、十善业道经浅注及善恶果事证；下卷亦为修持篇，有心经浅注、普门品浅注、弥陀要解录要、行愿品浅注。附《佛法导论》，共5篇：绪论、世法篇、小乘篇、大乘篇、净土篇。

收藏单位：重庆馆、广西馆、国家馆、湖南馆、江西馆、辽大馆、南京馆、内蒙古馆、上海馆、首都馆、天津馆

01051

妇女学佛初步　（释）智光述

上海：佛学书局，1933.1，56页，64开（佛学小丛书）

上海：佛学书局，1935.10，2版，56页，64开（佛学小丛书）

本书共10部分，妇女学佛的现因、妇女学佛的来果、妇女学佛的希望、华女学佛的由致、印妇学佛的发端、四众列会的广谈、平等不二的法说、形成男女的分列、身心真妄的差变，吾人一心的本体。

收藏单位：国家馆

01052

谷音　（释）根慧讲　张观智记

[慈溪]：[伽耶农林浮碧山房]，1936，62页，32开

本书用一些生活现象来解释佛教的理论。

记者原题：张圣慧。

收藏单位：上海馆

01053

观世音菩萨灵感近编　陈慧新编

上海：光华印刷公司，1936，50页，32开

收藏单位：南京馆

01054

观世音菩萨圣诞祝仪　世界佛教居士林编

上海：佛学书局，1934，24页，64开（法事丛书）

本书辑集观音菩萨圣诞节的有关经文、仪规。内容包括：香赞、称圣号、诵经咒、唱赞、唱偈、拜愿、三皈依、转身向上礼佛。

收藏单位：国家馆

01055

观心十法界图说　（宋释）遵式述

上海：佛学书局，1931.6，18页，64开（佛学小丛书）

本书概述迁善改过的要诀。内容包括：观心十法界图、观心十法界图说两部分。书后附《蕅益大师妙观直指》《彻悟大师念佛指要》。有王钦若序。述者原题：天竺慈云大师。

收藏单位：国家馆、上海馆

01056

观音法要　温光熹著

上海：道德书局，[1935]，121+16页，32开

本书介绍虔修观世音的法要。全书共5章：序赞、释名、能加持者之相用、被加持者之修因、辨证逆真伪。书前有邬崇音序。

收藏单位：国家馆、南京馆、上海馆

01057

观音经咒灵感录要　杨钟钰编

无锡：锡成印刷公司，[1935] 印，18+32 页，22 开

本书辑录古籍中有关观音经灵感的记载。书前有《妙法莲华经观世音菩萨普门品》《般若波罗蜜多心经》两经文。

收藏单位：广西馆、国家馆、江西馆、上海馆

01058

观音救苦编（第 1 集）　惟心主编

上海：观音救苦会，1935，[134] 页，32 开

本书内容包括：观音如来十二大愿、圣迹记略、经咒选录、朝礼普陀山指要、观音救苦会章程等。

收藏单位：国家馆

01059

观音灵感近闻录　李圆净编

上海：佛学书局，1930.6，44 页，32 开

上海：佛学书局，1930.9，再版，44 页，32 开

上海：佛学书局，1931.10，3 版，44 页，32 开

上海：佛学书局，1931，6 版，44 页，32 开

上海：佛学书局，1935.5，9 版，44 页，32 开

上海：佛学书局，1936.5，4 版，44 页，26 开

本书记述因念诵观音经而避灾凶的故事。书前有《般若波罗蜜多心经》《大悲心咒持诵简法》。

收藏单位：重庆馆、国家馆、江西馆、南京馆、上海馆、首都馆、浙江馆

01060

观音灵感近闻录　李圆净编校

苏州：弘化社，1932，5 版，44 页，25 开

收藏单位：重庆馆

01061

观音灵感近闻录（第 2 编）　余了翁编集　佛学书局编辑部校订

上海：佛学书局，1932.6，50 页，18 开

本书书前有《白衣大士神咒》。

收藏单位：河南馆

01062

观音灵感近闻录（第 3 编）　（释）慧舟辑　佛学书局编辑处编辑

上海：佛学书局，1933.1，48 页，32 开

本书记述因念诵观音经而避灾凶的故事48 则。

收藏单位：重庆馆、河南馆、江西馆、内蒙古馆

01063

观音灵感近闻录（第 6 编）　刘士安辑　上海佛学书局编辑处编

上海：佛学书局，1935.10，44 页，32 开

本书记述 49 例观音显灵故事。

收藏单位：国家馆、南京馆、天津馆

01064

观音灵感近闻录（第 7 编）　上海佛学书局编辑处编

上海：佛学书局，[1939]，46 页，32 开

本书记述 38 例观音显灵故事。

收藏单位：河南馆

01065

观音灵感近闻录汇编　李圆净编

上海：佛学书局，1939，[300] 页，32 开

本书辑集观音菩萨灵感故事，劝人信奉佛教。书前有辑印《观音灵感近闻录汇编》缘起。

收藏单位：上海馆

01066

观音灵异记

北平：中央刻经院，1932，再版，1 册，32 开

本书概述佛教和信仰的问题。

收藏单位：浙江馆

01067

观音灵异记摘要

出版者不详，48 页，50 开

　　本书内容包括：诵经之科仪、心经、高王观世音经等。

　　　　收藏单位：山东馆

01068

观音起信编　寒世子编

上海：道德书局，1935，4 版，105 页，32 开

上海：道德书局，上海、厦门：宏善书局，1936，5 版，105 页，32 开

　　本书内收有关观世音菩萨的经咒和灵感故事。有《如心经》《高王经》《大悲咒》等。

　　　　收藏单位：贵州馆、南京馆、上海馆

01069

观音起信编　寒世子编

上海：护生报社，[1933]，105 页，32 开

　　　　收藏单位：山东馆

01070

观音起信编　寒世子编

[上海]：明善书局，1930，128 页，32 开

　　　　收藏单位：内蒙古馆

01071

官吏良鉴　陈镜伊编

上海：道德书局，1933，61 叶，36 开（道德丛书 5）

　　本书讲述善恶有报，为官要公正廉洁。共 9 篇：清廉类、循良类、忠直类、仁德类、奸邪类、建没官、财务官、考试官、外交官。

　　　　收藏单位：重庆馆、国家馆、南京馆、上海馆、浙江馆

01072

广长舌　苦行著

上海：世界佛教居士林，1930—1933，6 册，32 开

上海：世界佛教居士林，1930，2 册，32 开

上海：世界佛教居士林，1931.4，17 版，1 册，26 开

本书辑集劝人信佛的论述。有为善不空、劝友协助居士林函、劝友念佛治病函等。1930 年版书前有印光法师序。1931 年版为合刊本。

　　　　收藏单位：上海馆

01073

广长舌　苦行著

出版者不详，[1930—1939]，107 页，32 开

　　　　收藏单位：国家馆、上海馆

01074

广长舌（上册）　苦行编

上海：世界佛教居士林，1931，4 版，[150] 页，32 开

　　　　收藏单位：南京馆

01075

广长舌（下册）　苦行编

上海：世界佛教居士林，1934，5 版，[150] 页，32 开

01076

广长舌（第 1 集）　苦行著

上海：世界佛教居士林，1931，18 版，34 页，32 开

　　　　收藏单位：河南馆

01077

广长舌（第 2 集）　苦行著

上海：世界佛教居士林，1931，4 版，29 页，32 开

　　　　收藏单位：桂林馆、河南馆

01078

广长舌（第 3 集）　苦行著

上海：世界佛教居士林，1930.5，24 页，32 开

上海：世界佛教居士林，1931.2，再版，24 页，32 开

　　　　收藏单位：重庆馆

01079

广长舌（第 4 集）　苦行著

上海：世界佛教居士林，1931，3 版，17 页，
32 开

收藏单位：河南馆

01080

广长舌（第 5 集）　苦行著

上海：世界佛教居士林，1930，16 页，32 开

收藏单位：河南馆

01081

广长舌（第 6 集）　苦行著

上海：世界佛教居士林，1931，18 页，32 开

收藏单位：河南馆、内蒙古馆

01082

广长舌（第 7 集）　苦行著

上海：世界佛教居士林，1931，[26] 页，32
开

本书简介佛理。又有戴季陶题签本。不
编页码。书前有《全同大悲息灾会启》。

收藏单位：国家馆

01083

广长舌（第 9 集）　苦行著述

上海：世界佛教居士林，1933.2，18 页，32
开

本书宣传因果报应，劝人放生行善。

01084

广长舌（第 10 集）　苦行著

上海：世界佛教居士林，[1933—1939]，26
页，32 开

收藏单位：河南馆

01085

广长舌（第 11 集）　苦行著

上海：世界佛教居士林，[1933—1939]，28 页，
32 开

收藏单位：河南馆

01086

寒世子屠场参观记　[寒世子] 编著

上海：道德书局，1935，32 页，32 开

本书通过参观屠宰场的所见所闻，劝人
戒杀茹素放生。另有《关圣帝君觉世经制义
戒杀放生文》《温光熹居士答松禅法师书》
《淤溪戒杀会公言》等。有温光熹序。

收藏单位：重庆馆、国家馆

01087

浩劫中之祥殃问答　安徽省佛教会编

[安庆]：安徽省佛教会，1930.4，22 页，32
开

本书内收舒铁香居士与黄健六居士关于
因果感应等佛教义理的问答。正文前有李天
笃居士题词。书末附有李诚庵、韦原垲居士
跋语及舒铁香居士自跋。

收藏单位：国家馆

01088

觳觫纪闻　项乃登辑

上海：佛学书局，1934，[68] 页，22 开（戒
杀放生丛书 甲编 7）

收藏单位：近代史所、首都馆

01089

护生痛言　李圆净述

上海：佛学书局，1930，36 页，32 开
北京：佛学书局，1938，36 页，32 开
上海：佛学书局，1949，3 版，36 页，21 开

本书讲述佛教素食不杀生的道理。书前
有《流通护生痛言因由》（寂园居士）及《楞
伽经》节录。后附《陕西护生的运动》《素食
戒杀随缘录》及《护生图说》。

收藏单位：重庆馆、首都馆

01090

护生痛言　李圆净著

上海：佛学书局，1929，8 版，54 页，32 开
上海：佛学书局，1930，9 版，54 页，32 开

收藏单位：广东馆、河南馆

01091

护生痛言　李圆净著

上海：国光书局，1930.5，10 版，54 页，32 开
（戒杀放生丛书）

收藏单位：南京馆

01092

护生痛言　李圆净述

西安：克兴印书馆，1938.11，36页，25开

　　收藏单位：重庆馆

01093

护生痛言　李圆净著

上海：世界佛教居士林，1930.5，3版，40页，32开

上海：世界佛教居士林，1935，5版，34页，32开（戒杀放生丛书乙编2）

　　收藏单位：广东馆、南京馆

01094

护生痛言　李圆净述

北京：中央刻经院，18+32页，32开

　　收藏单位：河南馆

01095

护生原理　郭慧浚著

长沙：周公益纸局，1935.8印，48页，32开

　　本书列举古今中外之事，讲戒杀、放生、护生的道理。

　　收藏单位：国家馆

01096

回头是岸　大凡著

朝报印刷厂，1937.7，62页，32开

朝报印刷厂，1938.8，再版，62页，32开

朝报印刷厂，1940.7，3版，62页，32开

　　本书内容包括：序言、魔教之来源、魔说之种种、结论、登岸方针。书前有涤非序。书后有释了明跋。

　　收藏单位：贵州馆

01097

回头是岸　仲觉是庵主人著

出版者不详，[1914]，4页，25开

　　本书为戒淫词。

　　收藏单位：国家馆

01098

基本三学　（释）能海传授

出版者不详，70+46+30+18+26页，32开

　　本书内容包括：《宗喀巴大师显密修行次第科颂》《律海十门》《定道资粮颂》《止观略法》《慧行习练刻意成念记》。著者原题：海公上师。

　　收藏单位：绍兴馆

01099

极乐　（释）静修著

上海：佛学书局，1930，116页，22开

上海：佛学书局，1933.1，再版，116页，22开

　　本书共4章：三恶道之苦楚、三善道之堕落、自力与佛方之难易、专修净土宗之指南。书前有自序、重校极乐序、题序、重印极乐序言。

　　收藏单位：南京馆、内蒙古馆、首都馆、浙江馆

01100

极乐　（释）静修著　（释）戒尘鉴定

上海：天星久记印刷公司，1933.7，3版，128页，22开

　　收藏单位：上海馆

01101

甲绒格西传法录　张心若编

重庆：佛学社，1935.3，80页，16开

　　收藏单位：南京馆

01102

建设佛化家庭　陈海量编述

上海：大雄奋迅团，1948，207页，32开

上海：大雄奋迅团，1948.4，2版，207页，32开

　　本书根据佛语阐发佛化家庭的旨趣。包括至情、夫妇、育儿、理财、衣服、饮食、居住、卫生、修养、婚丧、交际、娱乐等篇。书前有编者自序。

　　收藏单位：重庆馆、广东馆、贵州馆、桂林馆、国家馆、江西馆、南京馆、人大馆、上海馆、首都馆、浙江馆

01103

江慎修先生放生杀生现报录、莲池大师戒杀放生文合编 （释）印光鉴定

苏州：弘化社，1929，再版，[118] 页，25 开

苏州：弘化社，1931，5 版，[118] 页，25 开

苏州：弘化社，1934，8 版，[118] 页，25 开

苏州：弘化社，1935.8，9 版，[118] 页，25 开，精装

　　本书为《放生杀生现报录》和《戒杀放生文》合编本，《放生杀生现报录》分放生善报和杀生恶报两部分，内容包括：放生救物延寿、放生救物愈疾、放生救物免患、放生救物得子、放生救物得智等。书前有印光法师序。后附《莲池大师戒杀放生文》。

　　收藏单位：国家馆、江西馆、南京馆、内蒙古馆、浙江馆

01104

江慎修先生放生杀生现报录、莲池大师戒杀放生文合编 （释）印光鉴定

上海：江苏第二监狱，1929.3，1 册，25 开

上海：江苏第二监狱，1929.5，再版，[118] 页，25 开

上海：江苏第二监狱，1931，3 版，[118] 页，25 开

　　收藏单位：重庆馆、广东馆、桂林馆、国家馆、上海馆、首都馆

01105

江易园居士演讲集 江谦讲述

出版者不详，[1936]，76 页，32 开

　　本书收讲录 10 篇，内容包括：史沈婚礼戒杀记、琅山念佛堂等。

　　收藏单位：上海馆

01106

江易园居士演讲录 江谦讲 崔德振录

南通：佛教会，1935，[24] 页，16 开

　　本书为 1935 年 5 月在南通商会的讲演录，内容为宣传佛教劝人为善。卷末附劝善歌词二首。

　　收藏单位：上海馆

01107

江易园居士在南通三余镇禹稷庙三余莲社第一次讲演（又名，易园居士讲演录） 江谦讲 姜象森记

上海：佛学书局，1935，20 页，32 开

　　本书为佛学讲演录。

　　收藏单位：重庆馆、上海馆

01108

江易园演讲录 江谦讲 崔澍萍录

苏州：弘化社，1935，84 页，32 开

苏州：弘化社，1937，再版，84 页，32 开

　　本书内有讲演录数篇，劝人戒杀吃素念佛等。

　　收藏单位：重庆馆、广西馆、南京馆、上海馆、绍兴馆

01109

劫海慈航

北京：中华印书局，126 页，25 开

　　本书从佛、道、儒书籍中选取有关文字编纂而成，劝世人为善。内容包括：般若波罗密多心经、往生净土神咒、太上感应篇、文昌帝君功过格、父子、劝孝歌等。

　　收藏单位：国家馆、首都馆

01110

戒杀百事 唐振绪辑

上海：世界佛教居士林放生会，1931，再版，70 页，32 开

上海：世界佛教居士林放生会，1935，70 页，32 开

　　本书内含戒杀生的故事 100 则。

　　收藏单位：上海馆

01111

戒杀百事 唐振绪辑

出版者不详，1929，[106] 页，64 开

　　收藏单位：国家馆

01112

戒杀放生集 李证性编集

上海：国光印书局，1932.12，5 版，78 页，32

开（戒杀放生丛书甲编）

　　收藏单位：南京馆、内蒙古馆

01113

戒杀放生集　李证性编纂

上海：世界佛教居士林编辑处放生会，1931印，20版，[100]页，22开

　　收藏单位：辽宁馆

01114

戒杀放生集　世界佛教居士林编辑处编纂

上海：世界佛教居士林，1923，[100]页，32开

上海：世界佛教居士林，1924.7，2版，98页，32开

上海：世界佛教居士林，1924.12，5版，89页，32开

上海：世界佛教居士林，1928，15版，[100]页，32开

上海：世界佛教居士林，1929.4，18版，[100]页，32开

　　本书论述戒杀放生为学佛者的修行要素。

　　收藏单位：江西馆、南京馆、山东馆、首都馆

01115

戒杀放生集（附素食主义）（唐释）实叉难陀译

汉口：湘鄂印书馆，1926.6，110页，16开

　　收藏单位：南京馆

01116

戒杀弭劫编　（清）徐谦编　（释）印光鉴定　邹崇音校对

上海：道德书局，厦门、上海：宏善书局，1936，1册，25开

　　本书共4卷，分祸福两鉴，共256案，劝人戒杀茹素。

　　收藏单位：重庆馆、国家馆、上海馆、首都馆

01117

戒杀名理　聂其杰著

上海：佛学书局，1939，3版，68页，32开

本书从佛学角度劝人戒杀素食。

　　收藏单位：内蒙古馆、上海馆

01118

戒杀名理　聂其杰著

聂氏家言旬刊社，1927，42页，32开

01119

戒淫拔苦集　张证理编

上海：世界佛教居士林，1930，6版，[98]页，22开

上海：世界佛教居士林，1936，7版，[96]页，22开

　　本书共7章：专征佛教经论与出世想、受持篇、决疑论、博引名言广劝、身家宝鉴、因果律严、忏障修福。附节欲主义。

　　收藏单位：河南馆、首都馆

01120

戒淫辑证集　沈善梁著

上海：博济局，[1934]，42页，36开

　　本书辑集古今事证，劝人戒淫，有《吕祖论士子戒淫文》等。

　　收藏单位：国家馆

01121

戒淫辑证集

上海：道德书局，34页，32开

　　收藏单位：河南馆

01122

金刚亥母广修仪轨　（释）满空译

出版者不详，80页，32开

　　收藏单位：南京馆

01123

金胜陀罗尼息灾道场劝修文　普仁著

出版者不详，石印本，[10]页，18开，环筒页装

　　本书劝修《金光明经金胜陀罗尼门》以息灾。附咒赞回向偈。

　　收藏单位：国家馆

01124

经筵拾零 （释）根慧讲演　张观智记录

宁波：三三印刷局，1949.1，29 页，32 开

本书为根慧老法师讲经布教的记录。

收藏单位：上海馆

01125

傲告十方佛弟子启、告宰官白衣启合刊　苏曼殊等著

出版者不详，[21] 页，50 开

本书是就僧众中之歪风，告诫佛家弟子及宰官白衣的训导文。著者原题：曼殊。

收藏单位：广东馆、国家馆

01126

净土忏法仪规　世界佛教居士林编

上海：佛学书局，1936.5，46 页，64 开（法事丛书）

上海：佛学书局，1936，重版，46 页，64 开（法事丛书）

本书为净土忏法经咒文选编。内容包括：唱赞、称佛号、顶礼常住三宝、献香花、观想、赞佛、顶礼三宝、发愿偈、诵经咒、忏悔、归命三宝、三皈依。

收藏单位：广东馆、国家馆

01127

净土传声　（释）倓虚著

出版者不详，[1939]，17 页，25 开

本书论述佛法与世法的关系。另有《覆显定居士书》（倓虚）、《劝人速断肉食免罹灾难文》（龙灿）。

收藏单位：国家馆

01128

净土法会课仪　陈圣缘编

苏州：弘化社，1938，50 页，32 开

本书内容包括：执法器仪式、法器标明、末后晚课说明等。书首有流通序及目次。

收藏单位：广东馆、广西馆、南京馆、内蒙古馆、首都馆

01129

净土法会课仪

出版者不详，[1938]，44 页，32 开

收藏单位：上海馆

01130

净业指南　黄庆澜著

北京：慈祥工厂，1927，72 页，16 开

本书为佛教入门书，不分章。附《劝戒杀放生白话文》。

收藏单位：首都馆

01131

敬告亚洲佛教徒　（释）太虚著

出版者不详，12 页，32 开

本书为太虚法师于东亚佛教大会弘扬佛教之记录，共 5 部分：序言、唯佛教能救今世、其责任在亚洲佛教徒、亚洲佛教徒当如何通力合作耶、如何进行以尽其责任。

收藏单位：首都馆

01132

静坐要诀　（明）袁了凡著

上海：佛学书局，1934.6，36 页，25 开

上海：佛学书局，1936，再版，35 页，25 开

本书记述禅门坐功诸法。内含：辨志篇、豫行篇、修证篇、调息篇、遣欲篇、广爱篇等。

收藏单位：国家馆、南京馆、首都馆

01133

居家士女学佛程序　（释）太虚著述

汉口：佛教正信会，1932，18 页，32 开（佛学小丛书）

本书分 8 部分，介绍佛教信徒居家学佛的程序。

01134

居家士女学佛程序　（释）太虚著述

上海：佛学书局，1932.10，3 版，18 页，64 开（佛学小丛书）

上海：佛学书局，1935，[再版]，18 页，64 开（佛学小丛书）

收藏单位：国家馆、南京馆、首都馆

01135

觉后编　（清）王夔立编

上海：世界佛教居士林，1930.1，2 册，22 开

本书辑集历史上有关的人和事，编为开宗、明理、类事、惇亲、与人、戒色、临财、爱物、约己、惜福、为学、居官、慎术、训女等 14 类，劝世人行善。

收藏单位：重庆馆、广东馆、桂林馆、国家馆、江西馆、南京馆、内蒙古馆、宁夏馆、人大馆、山东馆、上海馆、首都馆、天津馆、浙江馆

01136

觉路同登

出版者不详，1945，20 页，32 开

本书共 3 部分：皈依三宝、受持五戒、念佛方法。

收藏单位：山东馆

01137

觉世微妙音　妙明大师著述

［福建］：出版者不详，1946.5，24 页，32 开

收藏单位：南京馆

01138

觉悟之路　李直著

上海、重庆：中华书局，1945.11，80 页，32 开

上海：中华书局，1947.3，再版，80 页，32 开

本书述说著者读佛心得。共 3 章：开端、别述、结论。

收藏单位：重庆馆、广东馆、桂林馆、国家馆、湖南馆、南京馆、人大馆、上海馆、首都馆、西南大学馆

01139

看破世界　香花道人编述

上海：世界佛教居士林、佛学书局，1930.5，44 页，32 开

上海：世界佛教居士林，1931.6，3 版，44 页，32 开

上海：世界佛教居士林，1933.5，4 版，44 页，32 开

上海：世界佛教居士林，1936，［5 版］，44 页，

32 开

收藏单位：江西馆、南京馆、上海馆、首都馆

01140

慷慨悲歌录　刘显亮编辑

出版者不详，1938.7，16 页，32 开

本书记救苦救难古今善人之言行。内容包括：劝人做善事、往生功行、普贤十大愿王、佛事交供偈、施报说、资生助道、作福助缘、慷慨悲歌录（续集）。书前有地藏经校量布施功德缘品节要、自序。

收藏单位：国家馆

01141

可许则许　陈海量撰述

上海：大法轮书局，1944.6，42 页，36 开

上海：大法轮书局，1946，3 版，42 页，36 开

上海：大法轮书局，1947.2，4 版，44 页，36 开

上海：大法轮书局，1947，5 版，42 页，36 开

上海：大法轮书局，1947.11，再版，44 页，36 开

本书讲众生向佛菩萨发愿祈祷与佛菩萨救度众生之种种情状。正文前有缘起。书后有代跋、致李怀耕居士书两篇。

收藏单位：重庆馆、广东馆、广西馆、国家馆、江西馆、南京馆、绍兴馆、首都馆、浙江馆

01142

快乐无双　丑先难著

［上海］：道德书局，1936，113 页，32 开

本书共 6 编，包括普劝修脱轮回说、改良习惯说、赶早念佛等。

收藏单位：重庆馆

01143

快乐无双　丑先难著

上海：佛学书局，1936.6，130 页，32 开

本书共 6 编：普劝修脱轮回说、迷人可悯、改良习惯说、赶早念佛、生西助念团弁言、想要利己先贵利人。书前有弁言。附劝敬惜字纸说。

收藏单位：江西馆、南京馆、上海馆、首都馆

01144

乐邦宝筏 （释）宽慧著

出版者不详，[1935]，12 页，32 开

　　本书列述经教、告劝修行者往生西方极乐世界的方法。

　　收藏单位：浙江馆

01145

乐生集 （清）卧松子辑

上海：佛学书局，1934.6，200 页，32 开（戒杀放生丛书 甲编 6）

　　本书列举若干因放生而得善报的故事，劝人戒杀放生。内容包括：放生文、戒杀说、杀生七戒文、放生论、决疑论、慈心功德录、格言、万善先资集略、护生品、伤心录、放生、戒杀、杀生等。书末附录救灯上飞虫法、行步不伤虫咒、救鱼鸟法、护生陀罗尼。

　　收藏单位：首都馆

01146

乐生集 （清）卧松子编辑

上海：世界佛教居士林，1932，200 页，32 开（戒杀放生丛书 甲编 6）

　　收藏单位：内蒙古馆、上海馆

01147

楞严咒 （释）妙觉编注

上海：大法轮书局，1948.1，78 页，32 开

上海：大法轮书局，1948.10，再版，78 页，32开

　　本书内含楞严咒，并附大悲咒、十小咒、虚空藏咒，介绍楞严咒等念诵方法、效力及范围。

　　收藏单位：上海馆

01148

离苦得乐 俞明哉编

苏州：弘化社，1935.3，116 页，26 开

苏州：弘化社，1937.3，再版，116 页，26 开

　　本书内分戒杀类、灵感类、净土类，记述观世音菩萨的灵感，及戒杀吃素、改恶修善、信仰佛教的好处。

　　收藏单位：国家馆、江西馆、山东馆、上海馆、首都馆

01149

礼佛发愿文略释 书玉述

出版者不详，[1935]，54 页，32 开

　　本书是怡山禅师所撰《礼佛发愿文》的注释。作者为古杭昭庆万寿戒坛传律沙门。

　　收藏单位：上海馆、绍兴馆

01150

礼念须知 （释）慈航编

上海：佛学书局，[1911—1949]，12 页，32 开

　　收藏单位：上海馆

01151

莲池大师戒杀放生汇录 （明释）莲池著　上海世界佛教居士林编

上海：佛学书局，1934，60 页，32 开（戒杀放生丛书 甲编 5）

　　本书辑集劝人戒杀生的笔记短文数十篇，内容包括：戒杀门、业报门、放生门、护生门、斋素门、善过门等。

　　收藏单位：上海馆

01152

莲池大师戒杀放生文 （明释）莲池著

飘然居士 [发行者]，14 页，25 开

　　本书为佛教布教之文，由池莲大师所述，陈述戒杀放生之利害，唤起众生慈悲好生之本性。

　　收藏单位：上海馆、绍兴馆

01153

莲池大师戒杀放生文（附戒杀感言） （明释）莲池著

四川：佛化图书馆，1949，14 页，32 开

　　收藏单位：广西馆

01154

莲池大师戒杀放生文图说 （明释）莲池著

上海：竞成印刷所，1936.9，70页，32开

本书以一图一文对照排列，宣传戒杀。书前有莲池大师传略。

收藏单位：广东馆、上海馆

01155

梁皇忏随闻录 （释）谛闲述

上海：佛学书局，1933，2册（220+208页），22开

本书为谛闲法师讲录之一。为谛闲法师在观宗寺开讲《梁皇忏》的记录。

收藏单位：首都馆

01156

六字大明咒修法 [王骧陆]著

上海：道德书局，[1947.11]，9页，64开

本书共4部分：修之理由、咒印功德、修法仪轨、病家注意。有引言。六字大明咒又名最胜观音大士心咒。

收藏单位：广西馆、国家馆

01157

律海十门 （释）能海著

出版者不详，42页，32开

本书即《别解脱纲要》，亦名《戒海一滴》，又名《定慧津梁》。介绍学佛的净戒、行持、摄心等要点。著者原题：海公上师。

收藏单位：首都馆

01158

弥勒道场概要 大雄宣述

德风法会，[1936]，38页，32开

本书介绍佛教的修持方法、仪制及修行历程。

收藏单位：内蒙古馆、上海馆

01159

弥勒菩萨圣迹·念佛开示录 范古农讲述

上海：佛学书局，[1919]，[18+22]页，32开

《弥勒菩萨圣迹》内容包括：略述一生、因地故事、佛世随学、学派传流、应化度生、当来成佛、弘扬净土。《念佛开示录》内容包括：念佛法门之事胜、念佛法门之理胜、往生

极乐之解惑、无量寿经之提要、十六观经之概说、阿弥陀经之精髓、往生偈论之阐扬。

收藏单位：国家馆

01160

妙音集 上海佛学图书馆编

上海：大雄书店，1943.4，109页，32开

上海：大雄书店，1944，再版，66页，32开

上海：大雄书局，1948，3版，66页，32开（佛学小丛书）

本书为妙音电台（初名光明电台）广播稿。包括佛学留声片演说稿、佛化歌曲两部。歌曲由李叔同作词，董惠波作曲。

收藏单位：重庆馆、广东馆、广西馆、贵州馆、国家馆、湖南馆、江西馆、南京馆、内蒙古馆、上海馆、绍兴馆、首都馆、天津馆、浙江馆

01161

民教全民（第1册） 蔡慎鸣著

出版者不详，[1936]，[164]页，25开

本书以佛教因果报应、众生轮回等说法，劝戒世人行善。共3卷：民范、世语、心筏。书前有缘起。

收藏单位：广东馆、江西馆、近代史所、南京馆、上海馆

01162

明清善果大辞典 贺箭村编辑

商南（陕西）：古今善制编述馆，[1935]，52页，36开

收藏单位：山东馆

01163

暮时课诵

上海：佛教书店，71页，64开

本书为佛徒日课经文，有心经、净土文、三皈依、大悲咒等。后附诸佛菩萨圣诞、观音斋期表、念佛仪规、供佛仪规。

01164

南无阿弥陀佛 （释）超一讲　张莲守录

无锡：圆通寺，1937.2，再版，26页，32开

本书包括念佛三要件及修持法门、忏悔戒定慧与本宗修行关系两篇。

收藏单位：上海馆

01165

南屏佛祖密行概要　蒋照定译　杨慧诚校

出版者不详，[1935]，46页，25开

收藏单位：江西馆、内蒙古馆

01166

念佛饬终津梁（饬终须知）

出版者不详，14页，16开

本书讲临终超度。

收藏单位：南京馆

01167

念佛歌　温光熹著

上海：大法轮书局，1948，再版，30页，64开（法轮小丛书）

本书为劝世人信佛的歌。

收藏单位：上海馆

01168

念佛恳辞、初机先导合编

苏州：弘化社，1935.4，46+40页，32开

苏州：弘化社，1935.10，2版，46+40页，32开

苏州：弘化社，1936.2，3版，[81]页，32开

苏州：弘化社，1936.10，4版，86页，32开

苏州：弘化社，1937.3，5版，[81]页，32开

《念佛恳辞》释德纯（郑永熙）述，劝人念佛，并介绍念佛的方法及仪式。有释印光序。《初机先导》辑录印光法师所作《为在家弟子略说三归五戒十善义》《净土指要》《临终开示》等。

收藏单位：重庆馆、广西馆、国家馆、江西馆、南京馆

01169

念佛三要件及修持法门　（释）超一讲　张莲守记录

无锡：圆通寺，1937，2版，26页，32开

收藏单位：河南馆

01170

念佛四大要诀　（清释）古昆撰

出版者不详，石印本，1册

本书论述念佛应不贪静境、不参是谁、不除妄想、不求一心。

收藏单位：国家馆

01171

念佛四十八法　郑韦庵著述

上海：佛学书局，1933.12，再版，30页，50开（佛学小丛书）

上海：佛学书局，1934.8，3版，30页，50开（佛学小丛书）

本书介绍48种念佛的方法。内容包括：护意根、戒口业、过珠、调息、默然、供养、愧奋、心念心听等。

收藏单位：国家馆

01172

念佛须知　苦行著

上海：世界佛教居士林，1941.11，58页，32开

本书宣传佛教的短文合集。共48篇，内容包括：学佛之方法、修心为人人所必由之路、学佛要彻底等。

收藏单位：江西馆

01173

念佛要略　曹培灵编

无锡：佛教团体联谊会，1948.10，40页，64开

本书以黄书云原著《念佛要略》为蓝本，删去其中有关教理方面的部分。内容包括：阿弥陀佛之历史及极乐世界之方位、劝修净土、净土资粮、余门比较、佛儒比较、禅净比较、修净土法、课诵、观想施食法、印光法师略传、提倡火葬刍议、营养素（维太命）采取法、念佛需知、临终助念等。有卷头语。并附佛菩萨诞圣表等。

收藏单位：广东馆、桂林馆、国家馆、天津馆

01174

念佛要略　黄书云著

成都：永久印赠佛书会，1943，214 页，64 开，环筒页装

著者根据自己的《念佛浅说》一书辑成此书，讲述念佛道理。

收藏单位：重庆馆

01175

念佛仪规　世界佛教居士林编

上海：佛学书局，1935，30 页，64 开（法事丛书）

本书为佛徒日常念诵经咒文编，有音节注释。

收藏单位：国家馆、南京馆、天津馆

01176

念佛直指　（明释）妙叶撰

上海：商务印书馆，1922，影印本，1 册

本书共上、下两卷，内容包括：极乐依正、斥妄显真、呵谬解、正明心佛观慧、道场尊像念佛正观等。

收藏单位：国家馆

01177

念佛指南　王能威编辑

天津：天津佛教居士林、天津佛教功德林，1935，86 页，25 开

本书为僧人修持书籍。内容包括：念佛仪式、十念法、示修净土、念佛法语、南无阿弥陀佛解、普劝发愿专修净土文、净土法门、劝修净土等。

收藏单位：国家馆

01178

念诵集要　世界佛教居士林编

上海：[佛学书局]，1929.6，[2 版]，增正本，112 页，64 开（法事丛书 12）

上海：佛学书局，1932，3 版，112 页，64 开（法事丛书 12）

上海：佛学书局，1934，5 版，112 页，64 开（法事丛书 12）

本书为佛徒日常诵读经咒文选编。内容

包括：莲社念佛仪规、斋佛上供仪、四圣供、井泉上供、孤魂台上供、年节普佛程序、诸佛菩萨圣诞祝仪、二时临斋仪、回向、礼祖、诸赞语、唱赞点板、真言宗动行法则。

收藏单位：广东馆、国家馆、江西馆、辽宁馆

01179

念诵集要

上海：世界佛教居士林，1924，102 页，64 开

收藏单位：首都馆

01180

念诵集要（重编）　世界佛教居士林编

上海：佛学书局，1937，再版，168 页，64 开（法事丛书）

北京：佛学书局，1938，再版，168 页，64 开（法事丛书）

本书为佛徒日常念诵经咒文编。共 9 部分：念佛仪规、上供仪规、年节菩佛上供程序、诸佛菩萨上供祝仪、佛七、通疏及送神、拜佛点板、赞语点板、偈语点板。

收藏单位：广东馆、国家馆、上海馆、绍兴馆、首都馆

01181

念兹笔谈（一名，佛教宣传资料第壹集）　陈无我选材　陆渊雷译衍

上海：大法轮书局，1944.7，166 页，64 开

本书为杂文集，其中有些文章讨论佛教问题。

收藏单位：广西馆、桂林馆、南京馆、上海馆

01182

孽海曙光（第 1 集）　徐德甫辑

上海：道德书局，1948.2，22 页，36 开

本书内容包括：八反歌、劝孝歌、戒淫歌等。

收藏单位：上海馆

01183

邳县第一模范村坊上村观音福田院发愿因缘

刘仁航著

出版者不详，1918，16 页，16 开

本书内有佛教信徒发起筹建养老储蓄模范村福田院的发愿文、规章等。

收藏单位：上海馆、天津馆

01184

毗尼日用切要解　佛莹撰述

香港：商务印书馆，1949，126 页，25 开

收藏单位：上海馆、首都馆

01185

毗尼违顺观　（唐释）道宣集

重庆：佛学社佛经流通处，7 叶，18 开，环筒页装

收藏单位：重庆馆

01186

辟开混沌

上海：护生报社，16 页，32 开

收藏单位：上海馆

01187

平天下书　唐大圆著

上海：佛学书局，1931，12+32+44 页，32 开（文化公学丛书）

本书分总论、别论两部分。

收藏单位：重庆馆

01188

破除迷信　康寄遥编

西安：佛化社，1931，28 页，32 开

本书主张立佛正信、破除迷信。共 4 部分：迷信之意义、迷信之类别、破除之方法、正信之确立。

收藏单位：南京馆

01189

破除迷信　康寄遥著

上海：佛学书局，1933.12，再版，32 页，50开（佛学小丛书）

收藏单位：国家馆

01190

破瓦修法仪轨

成都：觉文社，5 叶，25 开，环筒叶装

本书为佛经读本。

收藏单位：重庆馆

01191

普劝学佛谭　刘士安编

上海：佛学书局，1930.12，66 页，25 开

上海：佛学书局，1933，再版，66 页，25 开

本书普劝人人学佛。共 28 部分，内容包括：人生都苦、三界无安、学佛是转迷成悟、宜修净土等。有印光法师序、范古农居士序及编者自序。

收藏单位：国家馆、上海馆、首都馆

01192

普贤菩萨圣诞祝仪　世界佛教居士林编

上海：佛学书局，1934.3，16 页，64 开（法事丛书）

本书为举行普贤菩萨圣诞节时的经咒文选编。内容包括：香赞、称圣号、诵经咒、唱赞、喝赞、拜愿、转身向上礼佛。附普贤赞。

收藏单位：国家馆

01193

普贤行愿品随闻记　（释）倓虚讲

青岛：湛山寺印经处，104 页，小 16 开

收藏单位：南京馆

01194

歧路指归　（释）回明撰述

上海：弘化社，1949，4 版，49 页，32 开

收藏单位：上海馆

01195

歧路指归　战德克著

上海：大雄奋迅团，1947.9，72 页，32 开

本书内容包括：我们应该信什么教，关于佛教表面上的几个疑问，佛教里讲些什么道理、它的目的是什么，什么人可以学佛、学佛的方法、念佛以外的助行、怎样念佛、念佛人临终的准备、余话。附《初机净业指南

摘要》。

收藏单位：重庆馆、广东馆、广西馆、国家馆、吉林馆、江西馆、南京馆、山东馆、上海馆、首都馆、天津馆、浙江馆

01196

歧路指归 战德克著

上海：佛学书局，1936.5，重修版，96 页，25 开

上海：佛学书局，1936.8，重修版，再版，96 页，25 开

本书以问答形式劝人信佛，并介绍学佛的方法及怎样念佛等。

收藏单位：重庆馆、桂林馆、国家馆、江西馆、上海馆

01197

歧路指归 战德克著

上海：弘化社，1946.5，4 版，49 页，32 开

01198

歧路指归 战德克著

宏善书局，1936，96 页，25 开

收藏单位：首都馆

01199

歧路指归 战德克著

上海：印光大师永久纪念会，1947，5 版，96 页，32 开

收藏单位：江西馆

01200

歧路指归 战德克著

北平：中央刻经院佛经善书局，[1936]，96 页，25 开

本书有释印光重修流通序，作于 1936 年 1 月。

收藏单位：国家馆、首都馆

01201

千偈瑜珈焰口 王骧陆编

天津：学佛研究会，1934，20 页，32 开

本书含 1250 偈，演说佛理。书中有瑜珈施食等仪，参用密宗施饿鬼法等。

收藏单位：上海馆、天津馆

01202

青年佛徒应注意的四项 李叔同讲演 （释）仁开记录

南山律学会，1936.3，12 页，25 开

本书为弘一法师李叔同 1936 年 2 月在厦门南普陀寺佛教养正院的讲演。内容包括：惜福、习劳、持戒、自尊。讲演者原题：弘一。

收藏单位：广西馆、上海馆

01203

劝发菩提心略说 住净著

[无锡]：艺海美术印书馆，1940，22 页，32 开

01204

劝发菩提心文合刊 （唐）裴休等著 翁守谦校

翁守谦 [发行者]，[1931.9]，[62] 页，32 开

本书辑录劝发菩提心文（裴休）、劝发菩提心论（龙猛）、劝发菩提心论（天亲）、劝发菩提心文（实贤）等 4 篇。书前有常惺序及翁守谦序。出版时间依常序。

收藏单位：国家馆

01205

劝发菩提心文讲义 （释）圆瑛讲 （释）明如记

上海：圆明法施会，[1940]，105 页，25 开（圆瑛法汇）

本书为实贤《劝发菩提心文》讲义。

收藏单位：南京馆、上海馆、首都馆

01206

劝发愿专修净土文 （释）印光等鉴定

佛学书局，1 册，32 开

收藏单位：上海馆、绍兴馆

01207

劝修念佛法门 （释）圆瑛著

上海：道德书局，[1938]，112 页，25 开（圆

瑛法汇）

　　本书共 20 部分，内容包括：念佛发起因缘、念佛即是修行、念佛可度众生、念佛得成佛道等。出版年据印光序。

　　收藏单位：北大馆、南京馆、山东馆、上海馆

01208

劝修念佛法门　（释）圆瑛著

上海：圆明法施会，1947，80 页，22 开（圆瑛法汇）

　　收藏单位：南京馆、首都馆

01209

劝修念佛法门　（释）圆瑛著

上海：圆明讲堂，1934，112 页，32 开

　　收藏单位：广东馆、南京馆、内蒙古馆、山东馆

01210

劝研究佛法说　聂其杰著

上海：佛学书局，1933.7，22 页，32 开（佛学小丛书）

　　收藏单位：上海馆

01211

人何以要学佛

上海：协济出版部，1933.1，34 页，32 开（佛学小丛书）

　　本书从宇宙观和人生观两方面论述学佛的理由。作者认为佛教不是迷信和空谈，是可以依止的一条修行正路。

　　收藏单位：国家馆、上海馆

01212

人间火宅　[萧昌明]讲　上海宗教哲学研究社编

上海：上海宗教哲学研究社，72 页，32 开

　　本书讲述一切苦难均源于人类难以满足的欲望，劝人皈依佛教。

　　收藏单位：宁夏馆、上海馆

01213

人间火宅

大同慈善社总社，83 页，32 开

　　收藏单位：南京馆

01214

人生之最后　李叔同著

上海：佛学书局，1935.1，12 页，32 开

　　本书为 1933 年初弘一法师在厦门妙释寺念佛会上的讲演。内容包括：绪言、病重时、临终时、命终后一日、荐亡等事、劝请发起临终助念会、结语。著者原题：弘一。

　　收藏单位：重庆馆、国家馆

01215

人生指津　聂其杰著

苏州：弘化社，1934.6，178 页，32 开

　　本书选录历年“聂氏家言选刊”中聂云台的著述 10 篇，宣传吃素、戒杀、修善。著者原题：聂云台。

　　收藏单位：吉大馆

01216

人生指津　聂其杰著

上海：中国化学工业社总公司图书室，1933，重排再版，188 页，32 开

上海：中国化学工业社总公司图书室，1933.8，重排 3 版，186 页，32 开

　　本书著者原题：聂云台。

　　收藏单位：重庆馆、广西馆、国家馆、南京馆、山东馆

01217

人生指津　聂其杰著　杨慧镜选

上海：佛学书局，1933，178 页，32 开

上海：佛学书局，1933.5，重排初版，188 页，32 开

上海：佛学书局，1934.8，178 页，32 开

上海：佛学书局，1938.12，3 版，178 页，32 开

上海：佛学书局，202 页，32 开

　　本书著者原题：聂云台。

　　收藏单位：重庆馆、广东馆、广西馆、国家馆、湖南馆、江西馆、内蒙古馆、山东馆、

首都馆

01218

人生指津　聂其杰著　杨慧镜选

上海：聂氏家言旬刊社，1927.8，174 页，32 开

上海：聂氏家言旬刊社，1927.11，再版，174 页，32 开

上海：聂氏家言旬刊社，1928.3，3 版，172 页，32 开，精装

上海：聂氏家言旬刊社，1928，4 版，172 页，32 开

上海：聂氏家言旬刊社，1928.7，增订 5 版，174 页，32 开

上海：聂氏家言旬刊社，1928.11，6 版，174 页，32 开

上海：聂氏家言旬刊社，1929.10，增订 7 版，191 页，32 开

上海：聂氏家言旬刊社，1931.9，16 版，202 页，32 开

上海：聂氏家言旬刊社，1940.4，增订 8 版，200 页，32 开，精装

　　本书著者原题：聂云台。

　　收藏单位：国家馆、吉林馆、江西馆、内蒙古馆、上海馆、首都馆、浙江馆

01219

仁寿特刊　三五赠书社编

上海：大法轮书局，1948，53 页，64 开

　　本书介绍佛教中的大明咒、大悲咒及保富法。

　　收藏单位：上海馆

01220

日诵经咒　（唐释）般若译

出版者不详，1934，[300] 页，32 开

　　本书内有《金刚经》《大悲忏》《八大人觉经》《佛说四十二章经》等。

　　收藏单位：上海馆

01221

儒门放生　郭振墉辑

公益印刷局，[1935]，108 页，32 开

　　本书辑集我国历代名儒放生故事百余例，说明放生原出儒门。

　　收藏单位：河南馆、上海馆

01222

入佛播音　缪涤源讲述　宋尧阶校阅

郑州：净业力行社，1936.9，136 页，32 开

　　收藏单位：上海馆

01223

入佛明宗答问　王骧陆讲

天津：印心精舍，1940.4，120 页，32 开

　　本书讲信仰佛教应"明心见性"的道理。

　　收藏单位：上海馆

01224

三归五戒十善义（印光法师为在家弟子略说）（释）印光著

[上海]：佛经流通处，1933.4，20 页，32 开

　　本书讲述佛教中的三归、五戒、十善三种基本规仪。附录《真正信佛之信条》《劝修净土文》《发菩提心论表记》。

　　收藏单位：广东馆、河南馆、南京馆、上海馆

01225

三归五戒十善义（印光法师为在家弟子略说）（释）印光著

[北平]：中央刻经院，20 页，50 开

　　收藏单位：上海馆

01226

三皈五戒仪范

北京：中央刻经院，[1912]，68 页，26 开

　　本书内含《三皈仪范》《授居家两众五戒正范》两部分。《三皈仪范》内容包括：敷座请师、请圣、回向等；《授居家两众五戒正范》内容包括：敷座请师、忏悔、问遮难、回向等。

　　收藏单位：首都馆

01227

三皈仪范

出版者不详，36 页，18 开

收藏单位：首都馆

01228

三时系念　世界佛教居士林编

上海：佛学书局，1932.6，再版，61 页，64 开（法事丛书 11）

　　本书为佛家超度亡灵时所念之经咒文选编。

　　收藏单位：国家馆、南京馆

01229

三世因果宝卷（附逍遥诗歌卅六篇）

上海：经用厂，38 页，32 开

　　收藏单位：上海馆

01230

三世因果说

上海：明善书局，1935，48 页，32 开

上海：明善书局，1947，48 页，32 开

　　本书说因果报应，劝人行善。

　　收藏单位：首都馆

01231

色戒录　（清）傅清野编

北京：京华印书局，1920，140 页，22 开

　　本书分正编、补编。正编有：正心、养生、伉丽、肃闺、功名等 14 篇；补编有：福善、祸淫两篇。书后附劝孝、戒淫等文。

　　收藏单位：首都馆

01232

色戒录　（清）傅清野编

北京：文益印刷局，1922，重刊，140 页，32 开

　　收藏单位：国家馆

01233

僧伽应化录　李叔同辑

南通：狼山广教寺，1936，石印本，1 册

　　本书辑者原题：弘一。

　　收藏单位：国家馆

01234

杀的问题如何是迷信　王骧陆讲

上海：印心精舍，1948，28 页，42 开

　　本书为佛教徒演讲录，内容为劝人戒杀。

01235

善因福果录（劝过年吃素说）

上海：世界佛教居士林，18 页，32 开

　　本书有劝过年吃素说、戒烟神方、戒杀放生偈等。

　　收藏单位：江西馆

01236

上海护国息灾法会法语　（释）印光讲　邓慧载记录

上海：佛教书局，1937，110 页，32 开

　　本书为 1936 年 11 月印光法师在上海为启建护国息灾法会所作的演讲记录。阐述因果感应、修身齐家和导归净土法门以护国息灾的法则。书后附灵验开示法要、紧要验方五则、毒乳杀儿广告。

　　收藏单位：广西馆、河南馆

01237

上海护国息灾法会印光老法师法语　（释）印光讲　邓慧载记录

上海：佛教日报社，1937.4，[96] 页，32 开

　　本书为 1936 年 11 月印光法师在上海为启建护国息灾法会所作的演讲记录。阐述因果感应、修身齐家和导归净土法门以护国息灾的法则。正文前有印光法师自叙及佛教净业社、范古农的序两篇。

　　收藏单位：国家馆、江西馆、南京馆、上海馆、首都馆

01238

上海护国息灾法会印光老法师法语　（释）印光讲　邓慧载记录

苏州：弘化社，1937，96 页，32 开

01239

生（范古农生日纪念辑）　范古农著

[上海]：佛学书局，1930，66 页，32 开

　　本书宣传生死、轮回、往生极乐的佛教思想。共 4 章：生恩、生相、生缘、生范。

收藏单位：南京馆、上海馆、绍兴馆

01240

生日不称觞之要义　（清）顾炎武等著

苏州：弘化社，1936，24 页，32 开

本书共 6 篇：《生日》（顾炎武）、《生日说》（张贫生）、《五十生日谢客约》（彭定求）、《论生日不宜杀生》（郭慧浚）、《生日不送礼说》（聂其杰）、《生日吃素面说》（聂其杰）。

收藏单位：广西馆、上海馆

01241

生日纪念　范古农编辑

上海：佛学书局，1930.12，再版，66 页，25 开

收藏单位：江西馆

01242

省庵劝发菩提心文　（清释）实贤著

上海：功德林佛经流通处，1931.5，26 页，32 开

上海：功德林佛经流通处，1931.12，再版，26 页，32 开

收藏单位：国家馆

01243

省庵劝发菩提心文讲义录要　（释）谛闲述疏

上海：佛学书局，1931.3，50 页，25 开

上海：佛学书局，1931，再版，50 页，25 开

上海：佛学书局，1933.4，3 版，50 页，25 开

上海：佛学书局，1938，4 版，50 页，25 开

本书为谛闲法师讲录之一。为对莲宗九世祖实贤（省庵）著《劝发菩提心文》的讲解。正文前题：谛闲法师讲，范古农居士记要。书后附莲宗九祖省庵法师传。

收藏单位：国家馆、江西馆、南京馆、绍兴馆、首都馆

01244

省庵劝发菩提心文讲义录要　（释）谛闲讲

[北京]：庚申佛经流通处，1939，50 页，18 开

收藏单位：河南馆

01245

省庵劝发菩提心文·莲宗诸祖法语集要合编

（清释）实贤等著　林慕莲编　（释）印光鉴定

上海：佛学书局，1935，76 页，24 开

本书收有省庵《劝发菩提心文》《死心和尚净土文》《莲池大师念佛法语》等 22 篇。书前有合编序。书后附录省祖遗书一则、彻悟禅师示十种信等。

收藏单位：桂林馆、江西馆、上海馆

01246

圣哲嘉言汇录（甲乙编）　杨钟钰编

无锡：五大印书局，1924，[126] 页，32 开

本书分甲、乙编，共 12 类。包括明伦敷教、善恶劝惩、了心明性、修行练道、佛化济度、阐明佛学等。

收藏单位：江西馆、南京馆、上海馆

01247

圣哲嘉言类纂（初续编）　华文祺　杨钟钰编　唐淞源等校

无锡：华文祺 [发行者]，[1936.12]，1 册，18 开

本书收释迦、观音、南屏、纯阳等的劝善、济世语录，分为上、下卷，具体又分为明伦敷教、赈灾恤贫、昌明佛学、叙事论事等 12 类。书前有唐文治、衲清海、华文祺、杨钟钰 4 人序。

收藏单位：重庆馆、广东馆、桂林馆、国家馆、江西馆、南京馆、上海馆、首都馆

01248

师弟朋友编　上海报恩佛社编

[上海]：中华书局，1915，22 页，32 开（弘法护国、报恩伦理丛书）

本书讲敬师、教徒、择友等，为佛教伦理书。

01249

十八道传授私勘　（日）权田雷斧著　王弘愿译

震旦密教重兴会，1931，315 页，25 开

收藏单位：广东馆

01250

十八道念诵次第　王弘愿译

震旦密教重兴会，1931，再版，43 页，25 开

　　收藏单位：广东馆

01251

十二大愿文衍义　罗奉僧 [著]

出版者不详，1935，129 页，32 开

　　收藏单位：南京馆

01252

十界略解　讷堂老人撰述　（清释）杲鉴笺释

出版者不详，[1936]，18 页，32 开

　　本书讲解念佛以往生净土的道理。出版年据袁荣叟跋。原刊于 1881 年。

　　收藏单位：重庆馆、广东馆、广西馆、桂林馆、国家馆、上海馆、首都馆

01253

时轮金刚法会撮要（征信录） [时轮金刚法会] 编

时轮金刚法会，[1932]，[226] 页，16 开

　　1932 年 10 月，由段祺瑞、吴佩孚、朱庆澜为施主，在故宫太和殿举行时轮金刚法会，由九世班禅曲吉尼玛主持。本书记述法会内容。书前有班禅像。书末大部分为捐款人名录。

　　收藏单位：国家馆、上海馆

01254

时轮金刚法会缘起　段祺瑞著

出版者不详，[20] 页，16 开

　　本书为举办时轮金刚法会的倡议书。

　　收藏单位：国家馆

01255

释迦佛法正知正行　李宏惠编

成都：出版者不详，1942，37 页，32 开

成都：出版者不详，1948，36 页，32 开

　　收藏单位：南京馆、首都馆

01256

释迦牟尼佛的道理　陈海量著

上海：大雄书局，26 页，36 开

　　收藏单位：内蒙古馆、上海馆

01257

释迦牟尼佛圣诞祝仪　世界佛教居士林编

上海：佛学书局，1934，62 页，64 开（法事丛书）

　　本书为举行释迦牟尼佛圣诞时念诵经咒文编。

　　收藏单位：国家馆

01258

释门法戒录　郭慧浚编

[上海]：佛学书局，1937，108 页，32 开

　　本书辑录历代佛门中可足效法和警戒的故事百余条。

　　收藏单位：广东馆、广西馆、辽宁馆、上海馆、绍兴馆

01259

释门真孝录　张广湉辑

上海：佛教净业社流通部，1930，84 页，22 开

上海：佛教净业社流通部，1931，再版，84 页，22 开

　　本书分 5 卷，辑录佛经和佛门弟子讲孝的文章及行孝的实例。书后增刊省庵法师劝发菩提心文、印光法师佛教以孝为本论等。

　　收藏单位：重庆馆、内蒙古馆、绍兴馆

01260

释门真孝录　张广湉辑

苏州：弘化社，1931.1，再版，84 页，25 开

苏州：弘化社，1933.7，3 版，84 页，25 开

　　收藏单位：国家馆、黑龙江馆、江西馆、南京馆、首都馆

01261

寿康宝鉴（原名，不可录）（释）印光增订

苏州：弘化社，1934，12+102 页，25 开

　　本书辑录说明色欲之害、戒淫窒欲的格言，福善祸淫的案证，持戒的方法日期等。

　　收藏单位：重庆馆、国家馆、江西馆、南京馆、绍兴馆

01262
寿康宝鉴（原名，不可录）（释）印光增订
印光 [发行者]，[1927]，[116] 页，25 开

01263
寿康宝鉴（原名，不可录）（释）印光增订
北平：中央刻经院，1943，132 页，32 开
北平：中央刻经院，1943，6 版，132 页，32 开
　　收藏单位：首都馆

01264
寿康宝鉴（原名，不可录） 邹能启编纂
安东：邹能启 [发行者]，1944.6，102 页，22 开
　　收藏单位：吉大馆

01265
授居家二众三皈仪规 世界佛教居士林编
上海：佛学书局，1936，重版，32 页，64 开（法事丛书）
　　本书为居家佛徒应用经文及仪式汇编。
　　收藏单位：国家馆

01266
授居家二众五戒仪规 世界佛教居士林编
上海：佛学书局，1936，重版，44 页，64 开（法事丛书）
　　本书为居家佛徒应用经文及仪式汇编。
　　收藏单位：国家馆

01267
授五戒略仪·授菩萨戒略仪 华北居士林集
出版者不详，1943，26 页，26 开
　　收藏单位：首都馆

01268
数息观法 （释）谈玄编
上海：大法轮书局，1948.11，52 页，64 开
上海：大法轮书局，1948，再版，52 页，64 开（密教丛书）
　　本书共 9 部分，内容包括：数息观之名文、数息观之史略、数息观与中国禅学、佛教各宗之数息观等。书前有张纯一叙，书后

有结论。
　　收藏单位：上海馆

01269
数息观法 （释）谈玄编
武昌：武昌佛学院，1937，44 页，32 开
　　收藏单位：广东馆、国家馆、湖南馆、南京馆

01270
水忏申义疏 （释）谛闲述
上海：佛学书局，1931，[192] 页，22 开
　　本书为谛闲法师讲录之一。是著者对《慈悲三昧水忏》的解说。分释题、释义两部分。
　　收藏单位：辽宁馆

01271
说法善巧（4 辑） 黄忏华撰
上海：商务印书馆，1934，2 册（佛学丛书）
　　收藏单位：国家馆

01272
私立沈阳佛教民众图书馆一览
出版者不详，1947.10，22 页，32 开
　　本书介绍了图书馆的建立、宗旨、组织、准备、经费等内容。
　　收藏单位：浙江馆

01273
素食结婚汇刊 朱石憎辑
上海：鹿苑佛学会，1939，60 页，32 开
　　本书记述实行"素食结婚"的范例及程序等。
　　收藏单位：南京馆、上海馆

01274
倓虚法师讲演录（第 1 集）
青岛：湛山寺印经处，68 页，大 32 开
　　收藏单位：南京馆

01275
谈因 尤雪行编

上海：佛教净业社，1930，再版，149 页，32 开

本书引佛经中的故事，阐述循环因果之理。

收藏单位：南京馆、内蒙古馆

01276

谈因 尤雪行编

上海：佛学书局，1930.8，149 页，32 开

上海：佛学书局，1931.6，再版，149 页，32 开

上海：佛学书局，1935.3，5 版，149 页，32 开

上海：佛学书局，1936，6 版，149 页，32 开

收藏单位：广西馆、国家馆、河南馆、吉林馆、江西馆、上海馆、绍兴馆、首都馆

01277

谈因 尤雪行编

苏州：弘化社，1931，3 版，149 页，32 开

收藏单位：重庆馆、首都馆

01278

谈因 尤雪行编述 （释）印光鉴定

上海：中华书局，1939，142 页，32 开

上海：中华书局，1939.5，重版，142 页，32 开（佛学浅说 2）

收藏单位：上海馆、天津馆

01279

童蒙须知 （清）倭良峰著

无锡：佛教净业社，1938，114 页，32 开

无锡：佛教净业社，1939，114 页，32 开

本书内有弟子规、善恶法戒、善恶惩劝等。大都讲因果报应的故事。

收藏单位：广西馆、南京馆、上海馆、首都馆

01280

童蒙须知

无锡：美新印刷公司，1938.2，69 页，32 开

收藏单位：上海馆

01281

脱离苦海 丑先难著

上海：国光印书局，1935.3，116 页，18 开

上海：国光印书局，1935.4，再版，46 页，18 开

上海：国光印书局，1936，3 版，46 页，18 开

上海：国光印书局，1942，4 版，46 页，18 开

本书收劝世文 10 余篇，劝人信佛念佛，脱离苦海，修到极乐世界。1935 年再版有著者弁言。

收藏单位：广西馆、国家馆、南京馆、首都馆

01282

挽回劫运护国救民正本清源论 （释）印光著

广东：出版者不详，7 页，32 开

本书以佛教有关生死轮回、因果报应、戒杀放生、断荤食素、修德行仁诸说，论述修身齐家治国之道。

收藏单位：国家馆

01283

万善先资集 （清）周梦颜著

上海：佛学书局，1934.1，156 页，32 开

上海：佛学书局，1937.7，3 版，156 页，32 开

本书劝人戒杀。内容包括：因果劝、劝阅是集者、劝在公门者、劝爱子者、劝勿蓄猫、劝节日杀生者等。著者原题：周安士。

收藏单位：重庆馆、国家馆

01284

往生普佛仪规 世界佛教居士林编

上海：佛学书局，1934，42 页，64 开（法事丛书）

本书为佛徒往生念诵经咒文编。内容包括：香赞、称圣号、诵经咒、唱赞、唱偈、莲前位回向、念心经一遍、往生咒三遍、变食真言三遍、甘露水真言三遍等。

收藏单位：国家馆

01285

往生确证 吴契悲编

上海：国光印书局，1931.5，42 页，32 开

本书辑录念佛往生的"实例"。附《现证念佛三昧之一例》《念佛课程》《临经三大要》。

收藏单位：上海馆

01286

往生神咒之研究　王弘愿纂述

震旦密教重兴会，[1931]，19 页，25 开

收藏单位：河南馆

01287

卫生集　华梧栖编

上海：佛学书局，1935，88+80 页，25 开（戒杀放生丛书 甲编 8）

本书分上、下两卷，收放文、戒杀文、好生录决疑论、放生门、杀生门、家畜门等篇。

收藏单位：重庆馆

01288

卫生集　华梧栖编

苏州：弘化社，1931.8，[174] 页，25 开

收藏单位：广西馆、桂林馆、国家馆、江西馆、辽宁馆、内蒙古馆、山东馆、首都馆、天津馆、浙江馆

01289

文殊菩萨圣诞祝仪　世界佛教居士林编

上海：佛学书局，1934.5，16 页，64 开（法事丛书）

本书为文殊菩萨圣诞节所念经咒文编。内容包括：香赞、称圣号、诵经咒、唱赞、唱偈、拜愿、三皈依、转身向上礼佛。附文殊赞。

收藏单位：国家馆

01290

文殊五字根本真言念诵法　（释）能海口授

出版者不详，53 页，18 开

收藏单位：首都馆

01291

无量寿佛

出版者不详，58 页，64 开

收藏单位：南京馆

01292

五戒心法　周秉清编著

上海：佛学书局，1933.5，30 页，36 开（佛学小丛书）

本书讲述居家佛徒修行时所持之五戒的意义及方法。

收藏单位：国家馆、上海馆

01293

勿食众生肉　百炼编

上海：大法轮书局，1949.4，136 页，64 开（法轮小丛书）

本书分上、下编。上编辑集有关论文，下编辑集因果报应故事 10 余篇。

收藏单位：上海馆

01294

物犹如此　（清）徐谦编

上海：道德书局，[1930—1939]，196 页，25 开

上海：道德书局，1935，2 册（222 页），32 开

上海：道德书局，1936，202 页，25 开

本书为小型类书。辑《感应篇注》《现果随录》《果报见闻录》《慈航人天渡》等书中材料，按内容分编为孝友、忠义、贞烈、慈爱、恤孤、眷旧、践信、守廉、翼善、救难、酬德、雪冤、知己、通慧等 14 鉴。

收藏单位：重庆馆、广东馆、广西馆、国家馆、江西馆、南京馆、内蒙古馆、上海馆、绍兴馆、首都馆、浙江馆

01295

物犹如此　（清）徐谦编

北平：中华印书局，222 页，25 开

收藏单位：首都馆

01296

西方确指　常摄集

上海：佛学书局，1930.8，52 页，32 开

本书讲解念佛法门及修行要义。书后附：哆哆婆娑河菩萨应化事迹、净业知津等。

收藏单位：天津馆、浙江馆

01297

西方确指　常摄集

苏州：弘化社，1931.6，再版，52 页，22 开

苏州：弘化社，1934.3，3 版，52 页，26 开

收藏单位：重庆馆、国家馆、南京馆、内蒙古馆、首都馆

01298

西归直指 （清）周梦颜著

上海：佛学书局，1937，再版，94 页，25 开

上海：佛学书局，1937，3 版，94 页，25 开

本书劝人行善以归西方极乐世界。共 4 卷：净土纲要、疑问指南、启信杂说、往生事略。著者原题：周安士。

收藏单位：国家馆、首都馆

01299

西南和平法会特刊 张心若编辑

[重庆]：西南和平法会，1931.4，[130] 页，16 开

该法会 1929 年 10 月在重庆真武山护国禅院举行。特刊内容有图像、题字、言论、译丛、传授、纪录、文苑、杂俎等。

收藏单位：国家馆、近代史所、南京馆

01300

西生法雨 烟霞子编

上海：佛学书局，1934.7，61 页，32 开

本书为宣传佛教禅净的诗偈集，内含四字一句至二十六字一句的诗偈各一段。

收藏单位：国家馆、上海馆、首都馆

01301

现代报应录 上海佛教新闻社编

上海：佛学书局，1935.12，32 页，32 开

本书收录报应事例 18 则。

收藏单位：国家馆

01302

香光小录 吕碧城编著

上海：道德书局，1939，[70] 页，32 开

本书收有关因果报应、断除肉食、念佛方法等方面的短文数篇及有关的佛经节录。

收藏单位：重庆馆、广东馆、河南馆、首都馆

01303

香光小录 吕碧城编著　法香居士校对

上海：大法轮书局，48 页，32 开

收藏单位：上海馆

01304

逍遥津 寒士子辑

上海：道德书局，1931.5，62 页，32 开

本书收劝善、劝教、劝信神等诗词。

收藏单位：浙江馆

01305

孝友感应录 （释）大悲著

出版者不详，[1928]，44 页，25 开

本书摘录纪晓岚《阅微草堂笔记》中有关孝友的内容，并加按语，旨在助人往生极乐净土。书后附《云栖法师戒杀文》《省庵法师劝发菩提心文》。

01306

新编白衣咒灵感录 刘士安编

[上海]：佛学书局，1935，68 页，32 开

本书记述观音显灵的事例。

01307

新编观音灵感录 李圆净著

上海：佛学书局，1930.7，[180] 页，32 开

上海：佛学书局，1932，[180] 页，32 开

上海：佛学书局，1934，3 版，[180] 页，32 开

上海：佛学书局，1935，[再版]，[180] 页，32 开

本书记述观音菩萨灵感故事。

收藏单位：重庆馆、广西馆、国家馆、江西馆、南京馆、上海馆、首都馆

01308

新编观音灵感录 李圆净编集

上海：国光印书局，1935，[176] 页，32 开

收藏单位：国家馆

01309

新编观音灵感录 李圆净著

苏州：弘化社，1931，4 版，[180] 页，32 开

苏州：弘化社，1932.7，9 版，[180] 页，32 开

苏州：弘化社，1936，再版，[182] 页，32 开

　　收藏单位：重庆馆、河南馆、江西馆、南京馆、内蒙古馆

01310

新编观音灵感录　李圆净编集

上海：游民习勤所，1935.9，1 册，32 开

　　收藏单位：上海馆

01311

新编精校看破世界　[周祖道] 编

上海：明善书局，[1933]，90 页，32 开

　　本书辑录三教善书经典中圣贤仙佛之语，劝善劝孝，劝人修行念佛，共 98 篇。书前有编者序及味素子序。

　　收藏单位：国家馆、上海馆、浙江馆

01312

醒迷录　醒迷子著

出版者不详，50 页，32 开

　　本书劝人戒奸淫。

01313

醒世经·因果经

[上海]：道德书局，16 页，32 开

　　《醒世经》宣传信佛，《因果经》宣传因果报应。

01314

醒世全书　浮南山人辑

上海：宏善书局，1936，2 册（292 页），32 开

　　本书收戒赌诗、戒食牛肉歌、戒女色、劝农词、励廉赋等。

　　收藏单位：首都馆

01315

醒世钟

上海：明善书局，23 页，32 开

　　本书收劝孝、戒杀等劝善歌。

　　收藏单位：上海馆

01316

醒心曲　蔡慎鸣著

出版者不详，1926，[29] 页，32 开（涅槃学社丛书）

　　本书为劝善诗歌。附录伪孔、伪佛、伪天、遭遇感言。

　　收藏单位：南京馆、首都馆

01317

醒心曲、大同忏合编　蔡慎鸣著

出版者不详，18+16 页，32 开

　　本书为劝善诗歌。

　　收藏单位：国家馆、上海馆

01318

修定仪轨　阿汪南结口授

出版者不详，8 叶，22 开，环筒叶装

　　本书共 4 节：修定前方便、修定、坐法、正修等。

　　收藏单位：重庆馆

01319

修习止观坐禅法要讲述　（释）宝静讲述

上海：游民习勤所，1936.6，312 页，25 开

　　收藏单位：绍兴馆

01320

修心纲要·学佛决疑　周秉清撰

出版者不详，1921，1 册，18 开

　　收藏单位：浙江馆

01321

修行净业集要

上海：洪兴印刷社，35 页，32 开

　　收藏单位：桂林馆、河南馆

01322

修行净业集要

[上海]：世界佛教居士林，1939，再版，40 页，32 开

　　本书介绍学佛修行的简便方法。

　　收藏单位：南京馆、上海馆

01323
袖珍海底
正礼堂，60 页，90 开，精装
收藏单位：山东馆

01324
恤牛犬录 黄觉云编
上海：佛学书局，1933，90 页，32 开
本书述因果报应，劝人戒杀牛犬等。

01325
学佛初机 杨东著
上海：大法轮书局，1948，54 页，64 开（法轮小丛书）
本书讲述佛教的基本戒律，有三皈、五戒、十善、三十七道品等。
收藏单位：上海馆

01326
学佛方法 （释）太虚讲 唐大圆记
上海：大法轮书局，1948，32 页，64 开（法轮小丛书）
本书内含在家学佛方法、居士学佛程序、在家众之学佛方法、妇女学佛之规范等。
收藏单位：上海馆

01327
学佛人可否吃肉的研究 正知撰稿
上海：国光印书局，1934.9，再版，13 页，32 开
上海：国光印书局，1935，3 版，13 页，32 开
上海：国光印书局，13 页，32 开
本书以问答的形式，引佛经之说讲解学佛人不可吃肉的道理。
收藏单位：广西馆、国家馆、黑龙江馆、南京馆、上海馆

01328
学佛人可否吃肉之研究 正知撰
昆明：佛教净乐法会，1948，40 页，36 开
本书附藏密答问摘要等 4 种。
收藏单位：重庆馆

01329
学佛三件大事 法念释
出版者不详，12 页，25 开
本书用 3 件有特点的事例介绍佛教传入中国以来对于人类的影响。
收藏单位：浙江馆

01330
学佛行仪须知 （释）善因著述 许止烦校
佛化印书局，1942 翻印，48 页，大 64 开
收藏单位：江西馆

01331
学佛最初之决定 王骧陆讲
天津：印心精舍，52 页，32 开
本书阐述学佛之应有态度、避忌以及释疑等。
收藏单位：首都馆

01332
训女宝箴 吕咸熙编
上海：人文印书馆，[1921] 印，[202] 页，25 开
上海：人文印书馆，[1922.8] 印，1 册，25 开
本书以神、佛、仙姑等思想训导妇女。形式为四言、五言、六言、七言诗歌体。
收藏单位：广东馆、南京馆、上海馆

01333
训女宝箴 吕咸熙编 杨钟钰增辑
上海：明善书局，1930，1 册，25 开
收藏单位：重庆馆、内蒙古馆、山东馆、首都馆

01334
延生普佛仪规 世界佛教居士林编
上海：佛学书局，1934，42 页，64 开（法事丛书）
本书为佛徒延生念诵经咒文编。
收藏单位：国家馆

01335
眼前的几件奇事 男青著
[上海]：[道德书局]，[1935]，16 页，32 开

本书内收恽铁樵耳聋闻念佛、张氏妇嗜蟹得现报等，劝人行善信佛。出版年录自篇末聂云台启。

收藏单位：国家馆、南京馆、上海馆

01336

药师佛圣诞祝仪　世界佛教居士林编

上海：佛学书局，1934.10，12页，64开（法事丛书）

本书为药师佛圣诞节日经咒文编。内容包括：香赞、称圣号、念药师灌顶真言、唱赞、唱偈、拜愿、三皈依、转身向上礼佛。

收藏单位：国家馆

01337

药师七佛法会发愿文略释　黄忏华著

出版者不详，50页，32开

本书为1933年南京隆昌寺"修建护国清民弘法利生药师七佛道场"发愿文的解释。封面题名：十二大愿文略释。

收藏单位：南京馆

01338

药师如来法门讲述录　李叔同讲　刘绵松编

上海：佛学书局，1940，22页，32开

本书讲者原题：弘一。

收藏单位：上海馆、首都馆

01339

乙亥讲演录　王骧陆讲

天津：印心精舍，1935，[128]页，18开（天津学佛研究会讲演录出品4）

本书为作者在天津学佛研究会的讲演录。内容包括：启机分（启大众的佛机，发大众的信心），正修分（教人明白因何而修，修为何事，行为何义），印证分（与佛相印）。

收藏单位：南京馆、天津馆

01340

因果录初集　金昌辑　沈云藻校

出版者不详，[1925]，50页，32开

出版者不详，1926.4，3版，50页，32开

本书内收因果报应故事。

收藏单位：南京馆、山西馆、上海馆

01341

因果录二集　金昌辑　沈云藻校

出版者不详，1926，[66]页，26开

收藏单位：安徽馆

01342

因果录四集　金仲抚编辑　凌再生校阅

因果录编辑社，1930.5，68页，26开

本书供高小各校作谈话暨各县监狱佛会、市乡宣讲用。

收藏单位：绍兴馆

01343

因果轮回实录　（释）印光鉴定　俞明哉辑

上海：佛学书局，1934.5，58页，32开

上海：佛学书局，1934，2版，58页，25开

上海：佛学书局，1935，3版，58页，32开

上海：佛学书局，1936，4版，58页，32开

本书辑录历史笔记中有关因果报应的记载百余则，分轮回类、入冥类、戒杀类、补遗类，具体论证因果轮回说。

收藏单位：重庆馆、国家馆、首都馆、浙江馆

01344

因果轮回征信录　黄觉著

上海：佛学书局，1934.11，111页，32开

本书引用古籍中的一些事例，论证因果轮回。共4章：总论、鬼神、因果、轮回。书前有序及自序。著者原题：黄寿云。

收藏单位：国家馆、上海馆

01345

因果轮回征信录　黄觉著

上海：大雄书店，1944，57页，32开

本书说明鬼神、因果、轮回。

收藏单位：广西馆、南京馆

01346

因果实证　周师寿记

苏州：弘化社，上海：佛学书局，1940，48页，

22 开

本书收记录善恶因果报应之事的随笔 40 余篇，劝人信佛行善。

收藏单位：广西馆、国家馆、上海馆、首都馆、浙江馆

01347

因果随录 （释）道根编辑

上海：国光印书局，1939.11，56 页，32 开

收藏单位：南京馆

01348

寅畏室笔录 寅畏室主录

上海：佛学书局，1930，40 页，32 开

本书为因果报应笔记。内容包括：僧报怨、某郎中家果报、李同报恩、记先祖父母葬地、余前母示梦等。

收藏单位：重庆馆、湖南馆、吉林馆、南京馆、上海馆、绍兴馆、首都馆、天津馆

01349

印光法师息灾卫生豫说 （释）印光著

出版者不详，4 页，32 开

本书讲述如何用佛的恩典来息灾，解救人间苦难。

收藏单位：国家馆

01350

印光老法师救世随录 （释）印光著

出版者不详，1939，22 页，32 开

本书劝人念佛戒杀。并收"膨胀救星"等药方。

收藏单位：上海馆

01351

应用唯识学决定生净土论 惠定著

自贡：佛学社、救劫会，1944.2，再版，236 页，32 开

本书论述佛法修持。书前有范古农序《刘净密居士应用唯识学决定生净土论》。与《藏密答问汇编》《佛法护国身释疑论》《净土宗修行上品上生秘密简要法门》合订。

收藏单位：国家馆

01352

应用唯识学决定生净土论 刘净密著

自贡：佛学社、救劫会，1936，144+19 页，32 开

自贡：佛学社、救劫会，1938.6，再版，[169] 页，32 开

本书论述佛法修持。内容包括：序论、驳韩清净谬谈净土、驳论结劝离恶知识、正论应用唯识学决定生净土、附论。

收藏单位：重庆馆、绍兴馆、首都馆

01353

盂兰盆会仪规 世界佛教居士林编

上海：佛学书局，1931.8，38 页，64 开（法事丛书 13）

本书辑集举行盂兰盆会时的有关经咒及仪规。共 4 部分：仪式、净坛、上兰盆供、众僧受食。附供位式。

收藏单位：国家馆

01354

虞铎笔记（原名，警世桴鼓） 陈虞铎著

上海：佛学书局，1931，[102] 页，32 开

本书记述佛界及因果报应事例。

收藏单位：上海馆、首都馆、浙江馆

01355

玉历宝钞劝世文 中央刻经院佛经善书局编辑

北京：中央刻经院佛经善书局，1943.4，58 版，136 页，32 开

北京：中央刻经院佛经善书局，1943，59 版，[136 页]，32 开

本书讲述因果轮回，劝人为善。共 8 章：玉历之图像、玉历之序论、玉历之缘起、玉历之传流、玉历之印证、奉行玉历之善报、不信玉历之恶报、欲除玉历上所载苦厄之一切善法。

收藏单位：国家馆、辽宁馆

01356

玉历至宝钞劝世文 北京佛教教养院编

北京：北京佛教教养院，1927.4，160 页，32

开

本书共 8 章，内容与中央刻经院佛经善书局版《玉历宝钞劝世文》相同，仅章节次序不同。书后附经验神效百方。

收藏单位：国家馆

01357

玉律宝钞　邬崇音编

上海：道德书局，1936，191 页，32 开

本书讲因果报应及地狱事。

01358

欲海慈航　孙勉之　高尔翔编　寒世子校正

上海：明善书局，1932，[87 页]，32 开

本书为劝善书。

收藏单位：国家馆、黑龙江馆

01359

欲海慈航

出版者不详，[1935]，82 页，22 开

收藏单位：山东馆

01360

欲海回狂　（清）周梦颜著

上海：佛学书局，1937.6，再版，114 页，25 开

上海：佛学书局，1937，3 版，114 页，25 开

本书劝戒淫，内容包括：法戒录、受持篇、决疑论。著者原题：周安士。

收藏单位：国家馆、绍兴馆、首都馆

01361

圆明莲池会每周念佛暂行仪式　（释）圆瑛编

上海：圆明讲堂，82 页，64 开

收藏单位：南京馆

01362

月溪法师讲念佛法门　（释）月溪讲

出版者不详，93 页，32 开

收藏单位：广东馆

01363

月溪法师讲四乘法门　（释）月溪讲

出版者不详，1924，54 页，16 开

本书将佛教分为小乘、中乘、大乘和最上乘 4 乘，分别讲述各自的修持方法。

收藏单位：广东馆

01364

在家二众念佛正范　林旭高集

汕头：佛教居士林文化部，1937，22 页，22 开（净土丛书）

收藏单位：首都馆

01365

在家学佛法　慈忍室主人编辑　（释）太虚审定

上海：佛学书局，1931.10，60 页，32 开（海潮音文库 第 3 编 佛学足论 3）

本书共 8 篇：《示慧纶畎士法言》《在家学佛方法》《在家居士紧要之筹备》《学佛者应知行之要事》《为群贤学校学生讲演词》《组织佛教正信会为在家众之统一团体》《居士学佛之程序》《妇女学佛缘起》。

收藏单位：北大馆、国家馆、宁夏馆、上海馆

01366

在家学佛法要　（释）印光著

上海：佛学书局，1931.5，22 页，36 开（佛学小丛书）

上海：佛学书局，1933.5，4 版，22 页，36 开（佛学小丛书）

上海：佛学书局，1938，再版，22 页，36 开（佛学小丛书）

本书为在家弟子略说三归五戒十善义。

收藏单位：国家馆

01367

在家学佛要典　陈海量编

上海：大法轮书局，1943，376 页，32 开

上海：大法轮书局，1947，再版，376 页，32 开

本书介绍在家学佛的方法。内容包括：觉路发轫、学佛常识、佛化家庭等。

收藏单位：江西馆、南京馆、上海馆

01368

在家学佛要典　陈海量编

上海：大雄奋迅团，1949.1，重纂初版，1000页，32 开，精装

收藏单位：上海馆、天津馆、浙江馆、中科图

01369

在家众之学佛方法　（释）太虚演讲　克全记

上海：佛学书局，1933.11，14 页，36 开（佛学小丛书）

本书为太虚大师在宜昌居士林的讲演录。

收藏单位：国家馆

01370

早晚功课念诵仪规、诸佛菩萨圣诞祝仪合刊

（释）彻悟著

出版者不详，油印本，1 册，26 开

收藏单位：广东馆

01371

怎样过生日　马汉封　马襄郇辑述

安次：马氏怡怡室，1939，36 页，36 开

本书辑录唐太宗、白珽、释袾宏、顾炎武、周思仁等人有关生日宣戒杀持斋广行善事孝父母诸说。书前有序两篇。

收藏单位：国家馆、首都馆

01372

怎样获得家庭幸福　张公著

出版者不详，[1947]，46 页，32 开

本书内收张公劝孝文、劝人改过还善文、本愿经、忏悔仪规等。出版年据写序时间。

收藏单位：广东馆、桂林馆、南京馆、天津馆、浙江馆

01373

增订白衣咒灵感录

上海：道德书局，1 册，32 开

本书是对《白衣咒灵感录》的增加与修订，主要内容是记述观音显灵的事例。

收藏单位：上海馆

01374

增订观世音菩萨经咒诵本

厦门：宏善书局，上海：道德书局，1936，1 册，32 开

收藏单位：上海馆

01375

斋天仪规　世界佛教居士林编

上海：佛学书局，1931，62 页，64 开（法事丛书）

上海：佛学书局，1937.5，再版，62 页，64 开（法事丛书）

本书为佛徒斋戒的经咒文选编。

收藏单位：国家馆、南京馆

01376

朝暮二课合解　（释）兴慈述　吴哲夫校订

哈尔滨：哈尔滨佛经流通处，1944.5，362 页，22 开

收藏单位：辽宁馆

01377

朝暮课诵　世界佛教居士林编

上海：佛学书局，1924.8，58+72 页，50 开（法事丛书 2）

上海：佛学书局，1929.9，重订 10 版，58+72 页，50 开（法事丛书 2）

本书内容为佛徒早、晚课诵经咒文及仪式。

收藏单位：国家馆、南京馆

01378

朝时课诵（附念佛仪规）　心光讲学会编

[上海]：天天印刷所，64 页，36 开

本书介绍佛教的朝暮课诵以及念佛、供佛仪规等。

收藏单位：广西馆

01379

朝时课诵（附念佛仪规 供佛仪规）　世界佛教居士林编

上海：佛学书局，71 页，36 开（法事丛书）

01380

真安笔记　魏真安撰

上海：法云印经会，[100] 页，22 开

本书记述佛界的因果事例及学佛心得。内容包括：敬述先德、夙因忽现、定省之义、出告返面、礼意须知、猫鼠相安等。

收藏单位：首都馆

01381

真安居士笔记　魏真安撰

上海：佛学书局，1937.6，[100] 页，32 开

本书版权页题名：真安笔记。

收藏单位：南京馆、内蒙古馆、上海馆、首都馆

01382

拯婴录　李圆净编

上海：世界佛教居士林，[1927]，86 页，32 开

本书以佛教传说劝人拯救婴孩。内含诗歌、论文、现报录等。

01383

正坐研坐讲演纪略　周根净讲　张冠善记录

龙翔印刷厂，[1942]，20 页，32 开

本书以“济佛训”的形式讲打坐修行的道理、方法及达到胎息的过程。

收藏单位：内蒙古馆

01384

止观述义　江味农讲述　蒋维乔笔记

上海：大法轮书局，1948，再版，47 页，32 开

止观（禅定、智慧）是佛教修习方法。本书述止观大意。笔记者原题：蒋竹庄。

收藏单位：上海馆、绍兴馆

01385

中国人在口头上心头上的阿弥陀佛　（释）太虚著

武汉：武汉印书馆，1936.7，12 页，16 开

本书讲念佛的道理和缘故。作者认为，“南无”就是“恭敬皈依信仰服从”的道理，“阿弥陀”就是没有边际的智光与没有限量的福寿这两种道理，“佛”就是圣人、神人、天

人、全人、至人、有道德的人、觉悟了的人、智慧才能最伟大的人等种种道理，合起来就是“敬从那无边无量智光福寿的圣人”的道理。

收藏单位：南京馆

01386

众福之门　（释）演本辑录

上海：佛教居士林，1940，155 页，32 开

本书辑录佛法灵感应验等故事，劝人为善信佛。

收藏单位：国家馆、上海馆

01387

众善快览　贺箭村编

古今善制编述馆，[1935]，77 页，32 开

本书倡导行善除恶，辑善事论文、善官告今、善界宣言、善团启事、善书序跋、善苑诗歌、善翁事略等。

收藏单位：国家馆

01388

祝圣普佛仪规

出版者不详，1 册，32 开

收藏单位：广西馆

01389

最后一着　欧阳柱撰

[汉阳]：别樵居士 [发行者]，1925，石印本，1 册

本书讲述人在生命的最后仍可皈依佛教，以救自己。著者原题：了一居士。

收藏单位：国家馆

01390

最后一着　欧阳柱撰

上海：佛学书局，1941，12 页，36 开（佛学小丛书）

本书著者原题：了一居士。

收藏单位：上海馆

01391

最近观音救劫灵感十录　华岩编

无锡：佛学书局，[1937]，10 页，32 开

本书内含信观世音而得"善报"的故事10则。

宗派

01392

八识规矩补注证义 （唐释）玄奘造颂　（明释）普泰补证　（明释）明昱证义

南京：立成印刷局，1933.9，2版，46页，22开

收藏单位：江西馆

01393

八识规矩颂 （唐释）玄奘撰

上海：佛学书局，27页，32开

本书为讲解"八识"的偈颂。将眼识、耳识、鼻识、舌识、身识、意识、末那识、阿赖耶识分成4类，前5识为一类，后3识各为一类。每类用3颂，共12颂。附贯珠解、法相表总表。

收藏单位：南京馆

01394

八识规矩颂贯珠解　范古农著

上海：佛学书局，1933.7，13页，32开

本书为对唐玄奘著《八识规矩颂》一书的注解。

收藏单位：南京馆

01395

八识规矩颂贯珠解　范古农著述

上海：世界佛教居士林，1926.4，4版，13页，25开

本书为唐玄奘著《八识规矩颂》一书的注解。并收八识规矩颂法相表、八识规矩颂总表。著者原题：幻修。

收藏单位：国家馆

01396

八识规矩颂讲录　（释）觉澄讲　朱鸿儒记录

上海：佛学书局，1940，83页，32开

本书讲解《八识规矩颂》。内容包括：八识规矩颂正文、绪论、正文释义、结论。

收藏单位：南京馆

01397

八识规矩颂讲录　（释）太虚讲　胡继欧记

华北居士林，1931，46页，32开

本书讲解八识规矩。封面题：语体八识规矩颂讲录。

收藏单位：国家馆

01398

八识规矩颂讲义　（释）谛闲讲述

上海：佛学书局，1932.7，50页，22开（谛闲法师讲录）

本书内容包括：初讲题、二讲颂、三讲第七识颂、四讲第八识颂。附录《鸠摩罗什传》《晋书·艺术传》。

收藏单位：河南馆、南京馆

01399

八识规矩颂释论　王恩洋著

上海：协济出版部，1933.7，71页，16开

本书共4部分：导言、通释、本颂释义、抉择。

收藏单位：重庆馆、河南馆、南京馆、上海馆、绍兴馆、中科图

01400

八识规矩颂题诠

出版者不详，34页，25开

本书为唐玄奘著《八识规矩颂》一书的注解，并有《八识规矩颂法相表》《八识规矩颂总表》。

收藏单位：南京馆、浙江馆

01401

八识规矩颂易解　性开撰

上海：法云印经会，1941，78页，32开

01402

白尊者开示录　李圆净著

上海：佛学书局，1930.2，再版，32页，25开

（佛学小丛书）

本书共 4 部分：白尊者开示录、白尊者应化纪略、附印光法师示念法门、附印光法师鉴定念佛仪式。目录页题：郁撅居士记录。

收藏单位：江西馆、绍兴馆

01403

白尊者开示录

杭州：迦音社出版部，28 页，32 开

收藏单位：上海馆

01404

白尊者开示录、三根普被修行简便法说明、皈依受戒与燃香合本　[白普仁] 著

上海：佛学书局，1931，30 页，32 开

上海：佛学书局，1933，再版，30 页，32 开

1925 年 4 月九世班禅到杭州朝佛，白普仁尊者随班禅南下。此为白普仁在杭州佛学会的演说。

收藏单位：国家馆、上海馆、首都馆

01405

白尊者开示录、三根普被修行简便法说明、皈依受戒与燃香合本　[白普仁] 著　郁撅居士记录

迦音周刊社，1929.1，64 页，32 开

收藏单位：国家馆

01406

班禅国师传授时轮金刚法开示录　班禅额尔德尼·曲吉尼玛著　杭州时轮金刚法会编

杭州：杭州时轮金刚法会，1934.5，1 册，16 开

本书为汉藏合编。共 4 部分：摄受弟子开示、时轮金刚源流及预备法开示、正授时轮金刚灌顶开示、时轮金刚如童七灌顶开示。

收藏单位：国家馆、南京馆、上海馆

01407

班禅国师开示录　班禅额尔德尼·曲吉尼玛著

出版者不详，[1932]，[8] 页，16 开

本书书前有班禅国师致时轮金刚法会书。

收藏单位：广西馆、国家馆

01408

班禅国师时轮如童七灌顶之开示　班禅额尔德尼·曲吉尼玛著

出版者不详，[1932]，12 页，16 开，环筒页装

本书为班禅为弟子们及信众开示的记录。

收藏单位：国家馆

01409

宝王三昧念佛直指十大碍行（摘录净土十要）

北京：佛经流通处，石印本，[3] 页，18 开，石印本，环筒页装

收藏单位：国家馆

01410

报恩论　（清）沈善登述

上海：佛学书局，1936.11，2 册（88+66+94+107 页），32 开

本书为净土宗论著。全书分上、下两册，内容包括：净土法门网宗、无量寿经网宗、写经记、劝俗歌等。书前有证经十二则、答问二十五则。书末附有上钟子劝夫子书等。

收藏单位：国家馆、上海馆

01411

不净观法　（释）谈玄编

武昌：武昌佛学院，1936.11，4 版，32 页，32 开（密教丛书）

本书内容包括：引言、不净观之名境、不净观之史略、共相观、别相观、不净观之修法、结论。书前有能海序。

收藏单位：国家馆

01412

参禅法要

出版者不详，34 页，25 开

本书正文前题：云公老和尚语录。

收藏单位：首都馆

01413

禅学讲话　（日）日种让山著　（释）芝峰译

上海：大法轮书局，1948.4，再版，99 页，64

开（法轮丛书）

本书为佛教禅宗著作。分前后两编，前编讲禅的宗旨所在；后编讲解古人公案、禅的本色、禅的作用。书前有译者序，写于1943年。

收藏单位：上海馆

01414

禅宗 慈忍室主人编辑 （释）太虚审定

上海：佛学书局，1931.7，66页，32开（海潮音文库 第2编 佛学本论6）

本书共9篇，内容包括：唐代禅宗与现代思潮、曹汉禅之新击节、论能秀两大师、居士参禅举要、禅兵、江西龙泉寺古禅德肉身考、论禅净书等。

收藏单位：重庆馆、广东馆、国家馆、吉大馆、江西馆、辽宁馆、上海馆

01415

阐教编 杨仁山著

上海：佛学书局，1939，64页，32开

本书为日本净土真宗教义。内容包括：阐教刍言、评真宗教旨、评选择本愿念佛集、评小栗栖阳驳阴资辩、评小栗栖念佛园通、杂评。

收藏单位：国家馆、上海馆

01416

彻悟禅师语录 （清释）际醒著 （清释）了亮等集

出版者不详，42页，22开

本书分上、下两卷。卷上包括序及普说；卷下包括杂著、跋、书问。

收藏单位：上海馆

01417

晨钟集（又名，莲池大师警训略录） （明释）莲池著 胡宅梵选

上海：佛学书局，1935，60页，32开

本书集录莲池大师有关佛学的言论。内容包括：随笔、直道等。

收藏单位：国家馆、上海馆、首都馆

01418

大乘非佛说辨 王恩洋述

[南京]：[支那内学院]，[1923]，24页，16开（支那内学院杂刊）

本书为佛学论文，探讨大乘佛教是否是佛这一问题。书前有著者序。出版年据著者序。

收藏单位：重庆馆、桂林馆、南京馆、山西馆、上海馆、首都馆、天津馆

01419

大乘佛教概述 高观如编

上海：佛学书局，1937—1938，2册（88+95页），32开（佛学讲义5—6）

本书共7篇：大乘佛教概述、法相宗、三宗论、天台宗、华严宗、真言宗、净土宗。

收藏单位：国家馆、辽宁馆、上海馆、首都馆

01420

大乘空义集要 范古农集

上海：佛学书局，1930，62页，32开

本书辑集各家有关大乘中"空"的论文合集。共收文7篇：黄恭佐般若十八空论、大智度论十八空义、真谛十八空论抄、般若波罗蜜多心经、百论破尘品抄、十二门论抄、中论偈抄。书前有范古农序。

收藏单位：河南馆、内蒙古馆、上海馆、首都馆

01421

大乘密教救国论 陈嘉异述

出版者不详，56页，32开

收藏单位：南京馆

01422

大乘因缘论 骆岫青著

[北京]：[佛经流通处]，1925.1，14页，16开

本书目录页著者题：味光居士。

收藏单位：国家馆

01423

大乘与人间两般文化 （释）太虚著

[上海]：泰东图书局，1925.7，54页，32开

[上海]：泰东图书局，1929，再版，54页，32

开

　　本书为作者在庐山和如皋两地的讲演稿。内容包括：释题、甲种文化、乙种文化、人间两般文化利弊之对照、大乘与人间两般文化、大乘化之人间两般文化。

　　收藏单位：重庆馆、贵州馆、桂林馆、河南馆、江西馆、山东馆、山西馆、上海馆

01424

大乘宗地图释 （释）太虚讲演 （释）法舫记

上海：佛学书局，1932.12，2 册（62+104 页），32 开（太虚丛书）

　　本书解释大乘佛法思想，共 4 章：叙言、释题、解图、结论。书后附佛法总抉择谈等。

　　收藏单位：国家馆、南京馆、上海馆

01425

大乘宗地引论 （释）太虚著

上海：光华书局，1928.6，180 页，32 开（太虚法师佛学丛书 1）

　　本书汇集太虚论大乘各宗有关的书函、文章。

　　收藏单位：北师大馆、重庆馆、国家馆、上海馆、首都馆、中科图

01426

大乘宗要　佛学书局编辑部编

上海：佛学书局，1932.9，36 页，32 开（佛学小丛书）

上海：佛学书局，1932.9，再版，36 页，32 开（佛学小丛书）

　　本书分别介绍三论宗、法相宗、天台宗、华严宗、真言宗、律宗、禅宗、净土宗的情况。

　　收藏单位：国家馆、江西馆

01427

大孔雀经药叉名录舆地考 （法）烈维（Sylvain Lévi）著　冯承钧译述

外文题名：Le catalogue géographique des Yaksa dans la Mahāmāyūrī

上海：商务印书馆，1931.2，215 页，32 开（尚志学会丛书）

上海：商务印书馆，1935，国难后 1 版，136 页，32 开（尚志学会丛书）

　　本书以僧伽婆罗、义净、不空的译本与梵文本对勘《大孔雀经》中人名、地名。

　　收藏单位：重庆馆、广东馆、国家馆、南京馆、宁夏馆、上海馆、天津馆、西南大学馆

01428

大手印法要　张妙定编

湖北：文达印刷社，1936，52 页，22 开（观化庐藏密译粹 2）

　　本书附叫字瑜伽、心经异译。

　　收藏单位：江西馆、南京馆

01429

大威德怖畏金刚佛灌顶概要

出版者不详，18 页，25 开

　　收藏单位：内蒙古馆、上海馆

01430

大准提独部法（二经同本）（唐释）善无畏译

震旦密教重兴会，1930，2 版，[26] 页，25 开

　　收藏单位：河南馆

01431

独峰和尚禅要 （元释）独峰撰

北平：国立北平图书馆，1936，摄影本，1 册，精装

　　收藏单位：国家馆

01432

读唯识新旧两译不同论后之意见 （释）守培著

上海：佛学书局，1934，49 页，32 开

　　本书作者对梅光羲的"相宗新旧两译不同论"和太虚的"相宗新旧两译不同论书后"提出自己的意见。

　　收藏单位：重庆馆、上海馆

01433

多杰觉拔尊者开示录　张心若　徐少凡纪录

无锡：圆通寺，1937，36 页，32 开

　　本书为西藏密宗多杰拔尊者 1930 年在四川重庆佛学社讲演纪录。

　　收藏单位：广西馆、湖南馆

01434

阿弥陀佛的净土　李政编

出版者不详，1933，57 页，32 开

　　收藏单位：首都馆

01435

二十唯识论疏　王恩洋著

上海：佛学书局，1939.4，98 页，16 开（龟山丛书 3）

　　本书为《二十唯识论》（世亲造，玄奘译）疏。内分序论及本论。书前有著者龟山丛书叙。

　　收藏单位：重庆馆、上海馆、首都馆、天津馆

01436

法华玄义（第三）（日）佛教大系刊行会编纂

东京：佛教大系刊行会，1918，686 页，22 开，精装（佛教大系）

　　收藏单位：首都馆

01437

法相净土融通说　（释）兴慈著

上海：佛学书局，1941，48 页，36 开（佛学小丛书）

　　本书对"五法""三自性""八识""二无我""四缘""五果"等先叙法相略义，后以净土融通，旨在"识相以明心，融净以造实"。书前有范古农序。

　　收藏单位：上海馆

01438

法相略录　梅光羲著述

上海：佛学书局，1933.9，64 页，32 开

　　本书内容包括：三时教相、八识大旨、六位心所、十一色法、不相应行、六种无为、心所俱起、二种种子、现等三量等。

　　收藏单位：上海馆

01439

法相唯识学　（释）太虚著述　（释）谈玄等编校

长沙：商务印书馆，1938.6，2 册（[896] 页），22 开

长沙：商务印书馆，1939，再版，2 册（[896] 页），25 开

　　本书内容包括：概论、唯识教释类、唯识理论类、唯识答辩类、唯识旁通疏释类、应用理论类。书前有多篇序。

　　收藏单位：重庆馆、东北师大馆、广东馆、桂林馆、国家馆、吉大馆、江西馆、辽宁馆、南京馆、上海馆、中科图

01440

法相唯识学概论　（释）太虚讲　虞德元记

厦门：慈宗学会，50 页，25 开

　　本书为太虚法师在厦门大学文哲学会的演讲录。正文前有虞德元的一段说明文字。

　　收藏单位：贵州馆、国家馆

01441

法相学课本（第 1 期）　法相学社编

上海：法相学社，1948.11，98 页，32 开

　　本书共 12 篇，内容包括:《五蕴论序》（欧阳渐）、《瑜伽师地论十支序》（欧阳渐）、《大乘五蕴论》（世亲著，玄奘译）、《大乘广五蕴论》（安慧著、唐三藏地婆诃罗译）。书前有范古农序言。

01442

法相学课本（第 2 期）　[法相学社] 编

上海：法相学社，1949.3，2 册（[406] 页），32 开

　　本书分上、下两册。上册内容包括：本序、瑜伽地论十支叙（四）、大乘阿毗达摩杂集论（一）；下册内容包括：大乘阿毗达摩杂集论（二）、摄大乘论叙、摄大乘论本。

　　收藏单位：首都馆

01443

法相宗　慈忍室主人编辑　（释）太虚审定

上海：佛学书局，1931，2 册（612 页），32 开

（海潮音文库 第 2 编 佛学本论 1）

本书分上、下两册。上册有：新的唯识论、百法明门论的宇宙观、法相唯识学概论等 25 篇；下册有：佛的认识论、原始佛教之心理学、十二缘起论等 27 篇。

收藏单位：北大馆、国家馆、吉大馆、江西馆、上海馆

01444

法性宗　慈忍室主人编辑　（释）太虚审定
上海：佛学书局，1931.6，220 页，32 开（海潮音文库 第 2 编 佛学本论 2）

本书共 16 篇，内容包括：法界论、成大乘论、金刚四相义等。

收藏单位：北大馆、国家馆、吉大馆、上海馆、首都馆

01445

佛乘宗要（一名，入佛指南）　高观如著
上海：佛学书局，1933.10，204 页，25 开
上海：佛学书局，1938.6，再版，204 页，25 开

本书共 3 部分：绪论、本论、结论。本论包括大乘各宗述要、小乘各宗概要、述律宗 3 章。封内题著者名：高观庐。

收藏单位：国家馆、绍兴馆、首都馆

01446

佛教概论　黄士复著
上海：商务印书馆，1933.12，102 页，32 开（百科小丛书）（万有文库 第 1 集 106）
上海：商务印书馆，1934.3，102 页，32 开（百科小丛书）
上海：商务印书馆，1939.9，102 页，32 开（万有文库 第 1—2 集 简编 44）
上海：商务印书馆，1945.10，96 页，渝 1 版，32 开（百科小丛书）
上海：商务印书馆，1947.2，102 页，32 开（新中学文库）
上海：商务印书馆，1947，3 版，102 页，32 开（新中学文库）（百科小丛书）
上海：商务印书馆，1948，4 版，102 页，32 开（新中学文库）（百科小丛书）

本书共 11 章：总说、俱舍宗、成实宗、律宗、法相宗、三论宗、天台宗、华严宗、密宗、禅宗、净土宗。

收藏单位：安徽馆、重庆馆、大连馆、大庆馆、东北师大馆、广东馆、广西馆、贵州馆、国家馆、黑龙江馆、湖南馆、吉大馆、江西馆、辽大馆、辽宁馆、辽师大馆、南京馆、内蒙古馆、宁夏馆、山东馆、上海馆、绍兴馆、首都馆、天津馆、浙江馆

01447

佛教十宗概要（宋元明思想学术文选前编）
黎锦熙编
北平：黎锦熙 [发行者]，1935.10，1 册，25 开

本书是杨文会《佛教初学得本》的节录，并增加了注解。分别介绍成实、俱舍、禅、律、天台、华严、法相、三论、密、净土宗的简要情况。书后附：法界及释迦佛传略、诸法及学佛要旨、勘误补遗表、中国禅学的发展（胡适）。

收藏单位：北师大馆、东北师大馆、广东馆、国家馆、近代史所、上海馆、首都馆、中科图

01448

佛心经亦通大随求陀罗尼　（唐释）菩提流志译
出版者不详，46 页，16 开

本书分上、下两卷。上卷叙述一切佛心中心大陀罗尼、菩提心成就、如来语之诸印契等；下卷叙述如来之大通力、随心陀罗尼、咒法及功能等。

收藏单位：重庆馆

01449

佛祖心灯贯注·禅净双勖　（释）了然著
苏州：弘化社，1931，48 页，32 开

本书阐述净土法门道理。书前有印光序。

收藏单位：重庆馆、贵州馆、桂林馆、国家馆、南京馆、内蒙古馆

01450

观心觉梦钞　佚名讲述　（释）典寿校刊

上海：佛学书局，1929，76 页，25 开

上海：佛学书局，1934，75 页，25 开

　　本书据日本藏本翻印。书前有翻印例言及《叙观心觉梦钞》。

　　收藏单位：贵州馆、首都馆

01451

灌顶先知

上海：金刚道场，12 页，32 开

　　收藏单位：上海馆

01452

光明真言之研究

出版者不详，1931.1，88 页，22 开

　　光明真言，全名毗卢遮那佛大光明灌顶真言。

　　收藏单位：浙江馆

01453

憨山大师集　（明）德清撰　（释）僧忏选辑

上海：佛学书局，1934.11，292 页，32 开（高僧选集）

　　本书辑撰者有关佛教的杂文、书信、游记等 55 篇。德清号憨山，书前冠其传略。

　　收藏单位：国家馆、辽宁馆、南京馆、内蒙古馆、山东馆、上海馆

01454

寒笳集（一名，蕅益大师警训略录）（明释）智旭著　李叔同选编

上海：协济出版部，1933.6，60 页，32 开

上海：协济出版部，1934，再版，60 页，32 开

　　本书收佛学嘉言警语，按愿文、法语、诗偈等分类编排。正文前题：善臂集。选编者原题：弘一。

　　收藏单位：重庆馆、国家馆、南京馆、上海馆、绍兴馆

01455

汉口佛教正信会民国二十八年度征信录　正信会秘书室编

汉口：武汉印书馆，1940.3，132 页，32 开

　　收藏单位：南京馆

01456

华严原人论　（唐释）宗密著述

上海：佛学书局，1936.6，20 页，50 开（佛学小丛书）

　　本书为佛学论著，共 4 部分：斥迷执、斥偏浅、直显真源、会通本末。书前有著者序。

　　收藏单位：国家馆、上海馆

01457

华严原人论发微录　（宋释）净源著

上海：佛学书局，[1941]，90 页，32 开

　　本书为对宗密著《华严原人论》的阐释。出版年据重刊序写作时间。

　　收藏单位：上海馆、天津馆

01458

华严原人论合解　（元释）圆觉解

上海：佛学书局，1940，111 页，32 开

　　本书解释华严宗五祖宗密的《华严原人论》。

　　收藏单位：广东馆、辽宁馆、首都馆

01459

华严宗教义始末记　（释）持松述

上海：佛学书局，1940，影印本，2 册，32 开

　　本书分 4 篇 6 卷，内容包括：总论、判教、教理之纲要、明观行修持等。书后附华严宗专号。著者原题：密林。

　　收藏单位：首都馆

01460

华严宗要义　（日）凝然著述

上海：佛学书局，1934.2，47 页，50 开（佛学小丛书）

　　本书以问答形式介绍华严宗的理论、教典、祖承等。共 10 部分，内容包括：教宗大意、立教开宗、所立法义、章疏分量等。

　　收藏单位：国家馆

01461

教观纲宗讲录　（释）谛闲讲　圆明笔记

上海：佛学书局，1931，112 页，25 开

上海：佛学书局，1933，再版，112 页，25 开

本书为谛闲法师讲录之一。简介佛教各宗主要理论。

收藏单位：重庆馆、上海馆、天津馆

01462

教观纲宗科释 （释）静修著

上海：佛学书局，1931，190 页，32 开

上海：佛学书局，1938，再版，190 页，32 开

本书为对明智旭著《教观纲宗》（述天台宗教观）一书的诠释。

收藏单位：湖南馆、上海馆、首都馆

01463

解行精舍第一次特刊 ［广州解行学社］编

广州：解行学社，［1932］，54 页，16 开

本书为广州佛教解行精舍法界坊场工成纪念刊。书中收梁季宽等人的文章。书前有孙中山、胡展堂、聂云台题词，王弘愿序。

收藏单位：国家馆

01464

金刚顶发菩提心论浅略释 黄忏华著

上海：佛学书局，1933.10，122 页，32 开

本书解释《金刚顶发菩提心论》中的若干问题。书后附《金波罗华集》（忏华学诗草）。

收藏单位：国家馆、南京馆、上海馆

01465

金刚錍释文（三卷） （唐释）湛然撰 （唐释）时举释 （清释）海眼会

青岛：湛山寺印经处，101 页，16 开

《金刚錍》为佛学重要论著，又名《金刚錍论》《金錍论》。本书为《金刚錍》注疏，共分 3 卷。

收藏单位：首都馆

01466

净土策进

出版者不详，16 页，18 开

收藏单位：重庆馆、首都馆

01467

净土法门 佛天民　佛觉昭送劝

洛阳：法门社，1944，7 页，32 开

收藏单位：广东馆

01468

净土法门贯通诸法大义 黎端甫著

上海：佛学书局，1931.10，66 页，64 开（佛学小丛书）

本书阐述显密禅净之间的关系。

收藏单位：国家馆

01469

净土法门贯通诸法大义 黎端甫著

沈彬翰［发行者］，1935.10，2 版，66 页，64 开（佛学小丛书）

收藏单位：上海馆

01470

净土法要

出版者不详，1 册，32 开

本书内容包括：阿弥陀佛四十八愿、佛说阿弥陀佛经、智者大师十疑论、天如禅师二十二问、净土宗十一代祖师列传。书前有简要念佛法门、简要发愿及回向文、精进念佛法门。封底注潘显贻敬赠。

收藏单位：国家馆、南京馆、上海馆

01471

净土宏纲论·西方认识论 张一留著

上海：印公纪念会流通部，1944.6，［102］页，25 开

本书阐释佛教净土宗要义。《净土宏纲论》包括经论纲要、史地纲领、修持纲宗 3 编。《西方认识论》包括依据及阐释、西方门经及往生等 6 章。

收藏单位：广西馆、黑龙江馆、上海馆

01472

净土篇 李圆净著

苏州：佛教弘化社，1931，32 页，25 开

本书简介净土宗的有关知识。共 10 部分：宗史、赞扬、抉择、理事、依正、起信、发愿、行持、劝进、发心。书前有印光序、范古农序。

收藏单位：重庆馆

收藏单位：国家馆

01473

净土篇　李圆净著

上海：佛学书局，1933.9，58 页，64 开（佛学小丛书）

上海：佛学书局，1933.9，再版，58 页，64 开（佛学小丛书）

收藏单位：国家馆、上海馆

01474

净土清钟（原名，生西金鉴）　对凫居士编纂

文岚簃印书局，1937，4 版，1 册，16 开

本书辑录《净土圣贤录》（彭际清勘定、彭希涑编辑）、《净土圣贤录续编》（胡珽编）中的人物事迹 200 余条，并附以赞。

收藏单位：广东馆

01475

净土三要述义　骆印雄述

上海：佛学书局，1931.2，[140] 页，32 开

上海：佛学书局，1931.7，再版，[140] 页，32 开

上海：佛学书局，1936，2 版，[140] 页，32 开

本书解说"净土三门"：信门、愿门、行门。书前有印光法师序及总论。书后附《阿弥陀佛四十八愿》等。

收藏单位：国家馆、湖南馆、江西馆、南京馆、内蒙古馆、天津馆

01476

净土三要述义　骆印雄述　（释）印光鉴定

苏州：弘化社，1931，再版，[140] 页，25 开

上海：弘化社，1933.8，3 版，[140] 页，25 开

苏州：弘化社，1936，4 版，[140] 页，25 开

收藏单位：重庆馆、国家馆、宁夏馆

01477

净土十要　（明释）智旭选

出版者不详，[1930]，64 页，22 开

《净土十要》为佛教净土宗著作辑要，共 10 卷，明代智旭编。附题：灵峰蕅益大师选定净土十要，由门人成时评点节要后付梓。

01478

净土十疑论　（明释）智旭选

苏州：佛教弘化社，1932，30 页，25 开

本书以问答形式阐扬净土要义。智旭选定其为"净土十要第四"。

收藏单位：重庆馆、内蒙古馆

01479

净土十疑论　（明释）智旭选

上海：国光印书局，1933，19 页，25 开

收藏单位：南京馆

01480

净土释疑论　林师尚著　西波校补

上海：佛学书局，1933.10，180 页，32 开

本书收录释疑 57 论。内容包括：释大事名义疑、释专修净土疑、释四土名义疑、释轮回有无疑、释因果难凭疑等。附录《补净土释疑论》7 篇。

收藏单位：重庆馆、国家馆

01481

净土问辨　朱寿延编著

上海：佛学书局，1933.5，38 页，36 开（佛学小丛书）

本书以问答形式，解释净土法门及佛经中的有关问题。

收藏单位：国家馆、上海馆

01482

净土问辨·功过格　[朱寿延] 编著

上海：佛学书局，1929，[82] 页，22 开

上海：佛学书局，1931，再版，[82] 页，22 开

上海：佛学书局，1942，再版，82 页，18 开

本书内含朱寿延著《净土问辨》及他所刊之文昌帝君《功过格》。书前有释印光合刊序。书后附太上感应篇、阴骘文。

收藏单位：桂林馆、国家馆、江西馆、南京馆、内蒙古馆、绍兴馆、首都馆

01483

净土问辨·功过格　朱寿延著述
上海：国光印书局，1942.8，2 版，26+16+38 页，22 开

　　　收藏单位：上海馆

01484

净土真宗　（日）常本宪雄著　张仁屏译
京都：大谷出版协会，1941.12，44 页，32 开
　　本书讲述了日本佛教中净土学系的教理源流。共 5 章：略释日本佛教史、亲鸾的位置并生涯、亲鸾的著述一般、亲鸾的教义概要、净土真宗的特质。

　　　收藏单位：国家馆

01485

净土之理　范古农讲　郁延年　张元成笔述
天津：佛典流通处，8 页，32 开
　　本书为关于佛教净土法门的演讲录。

　　　收藏单位：国家馆

01486

净土指归集　（明释）大佑集
上海：佛学书局，1935.7，186 页，32 开
　　本书内分上、下卷。卷上包括原教、宗旨、法相、观慧、行法 5 部分；卷下包括证验、决疑、斥谬、指广、劝修 5 部分。

　　　收藏单位：广东馆、国家馆、上海馆、首都馆

01487

净土指南　苦行著述
上海：佛学书局，1943，46 页，32 开
　　本书浅述佛教净土法门。包括《念佛》《念法》《归元》等短文多篇。并讲述佛法应验的一些小故事。

01488

净土指南　苦行著述
上海：世界佛教居士林，1936.9，再版，46 页，32 开
上海：世界佛教居士林，1936.11，4 版，46 页，32 开

　　　收藏单位：上海馆

01489

净土宗　慈忍室主人编辑　（释）太虚审定
上海：佛学书局，1931.7，400 页，32 开（海潮音文库 第 2 编 佛学本论 4）
　　本书共 25 篇，内容包括：建设人间净土论、建设新净土、净土法门说要等。

　　　收藏单位：国家馆、辽宁馆、上海馆

01490

净土宗全书　净土宗宗典刊行会编纂
东京：梶宝顺 [发行者]，1911，1 册，22 开，精装
　　本书收集印度、中国及日本有关净土宗的教义、疏释。分 10 类：所依经论、震旦祖师、震旦诸师、选择立宗、宗义显彰、要义解释、先德述作、圆戒章疏、传记系谱、寺志宗史。

　　　收藏单位：首都馆

01491

净修导言　（释）了然著
苏州：弘化社，1947.7，再版，36 页，25 开
　　本书内容包括：看破色身正好念佛、一句佛号欣厌具足、念佛譬喻说、净业行人当修三福、佛法大海信能为人、净土念佛诗等。

　　　收藏单位：广西馆、江西馆

01492

净业金针　净宗会编辑
长沙：净宗会，1940，2 版，68 页，32 开
　　本书内容包括：念佛须知、生西纪略、弘法昌后、毁佛惨报、素食主义、改良风俗谈、爱物主义、超祖妙法、组织弘法团体、惜物琐言等。

　　　收藏单位：首都馆

01493

净业津梁（原名，一函遍复）（释）印光著
上海：佛学书局，1933.5，14 页，36 开（佛学小丛书）
上海：佛学书局，1934.12，3 版，14 页，36 开

（佛学小丛书）

本书简述净业修行的要旨。

收藏单位：广西馆、国家馆、上海馆

01494

净业良导　（释）印光鉴定

上海：佛学书局，1935.4，156 页，32 开

本书内含释莲池、紫柏、憨山、蕅益等人有关佛教净土宗的文论数十篇。书前有印光序。

收藏单位：国家馆

01495

净宗开示录

出版者不详，[1941]，92 页，32 开

本书包含弥陀圣诞宝静法师莅苏州觉社开示、宝静法师念佛开示录等内容。

收藏单位：山东馆

01496

康藏佛教与西康诺那呼图克图应化事略

长沙：佑记印刷局，1933.5，手写影印，24 页，32 开

本书记录了康藏佛教历史及诺那活佛的生平事迹。

收藏单位：上海馆

01497

康藏佛教与西康诺那呼图克图应化事略

南京：中山印书馆，1933.5，24 页，32 开

收藏单位：南京馆

01498

空行母卓哇让木、汝几你马两传合编　多杰觉拔翻译　吕问轩校勘

四川：三台佛学社，1933，70+50 页，18 开

本书为空行母卓哇让木传和汝几你马传合编，内容为劝人行善向佛。

收藏单位：重庆馆、近代史所、南京馆

01499

喇嘛教及喇嘛与英俄之关系　（日）多贺万一著　[洪涛] 译

[南昌]：内外通讯社，1933，18 页，25 开（内外类编8）

本书概述什么是藏传佛教、藏传佛教之由来，以及俄国、英国、日本与藏传佛教之关系。共 7 章。原载《东亚》10 月号。

01500

喇嘛教及喇嘛与英俄之关系　（日）多贺万一著　[洪涛] 译

上海：现代书局，南京：拔提书局，1934.6，再版，18 页，25 开（内外类编8）

收藏单位：江西馆

01501

喇嘛教之寺院佛像与喇嘛僧之等级　王文萱著

南京：开发西北协会，1936.3，26 页，32 开（开发西北协会专刊1）

本书共 3 篇，记述藏传佛教有关寺院、佛像、僧侣等级内容。

收藏单位：国家馆、华东师大馆、山西馆

01502

理趣经口义记　圆五居士讲　王慧兰笔记

震旦密教重兴会，1931，235 页，25 开

收藏单位：首都馆

01503

莲池大师集　（明释）莲池撰　（释）僧忏选辑

上海：佛学书局，1934.11，[193] 页，32 开（高僧选集）

本书辑《戒杀文》《放生文》《答净土四十八问》《学大乘不轻二乘》等论文24 篇。株宏号莲池，书前冠其传略。

收藏单位：国家馆、山东馆、上海馆

01504

莲花座　杨树枝居士编辑

上海：佛学书局，1933.5，52 页，32 开（佛学小丛书）

收藏单位：上海馆

01505

莲华大乘　（日）北村大成演讲　黄希饶翻译

北京：日莲宗北支开教监督部，1939，50页，25开

　　本书为日本北村法师讲经记录，包含中日文演讲文本及莲华大乘原文。

　　收藏单位：北师大馆、首都馆

01506

莲宗正范　陈海量编

上海：中联印刷公司，1944，68页，25开

　　本书记述净土宗历代祖师的嘉言懿行。在《莲宗正传》（悟开法师）的基础上，新增昙鸾、道绰、传灯、行策四位净土宗大师的传记。

　　收藏单位：广西馆、绍兴馆

01507

莲宗诸祖文集　（释）印光鉴定

上海：法六印经会，1939，76页，32开

　　本书收莲宗文章14篇，附录8篇。莲宗亦称莲社，为净土宗最初俗社。

　　收藏单位：内蒙古馆、上海馆、首都馆

01508

两部曼荼罗通解（金界）　王弘愿学

震旦密教重兴会，1932.4，2册（225+36页），25开

　　本书为日僧权田雷斧著，由王弘愿糅合诸说，对其加以翻译注释。分总论与分解两部分，总论内容包括：金刚界曼荼罗之得名、九会之组织、胎金两部之关系；分解内容包括：成身会、三昧耶会、羯磨会、供养会、四印会等。

　　收藏单位：上海馆

01509

两部曼荼罗通解（胎藏界）　王弘愿学

震旦密教重兴会，1930.11，2册（298+222页），25开

　　本书为日僧权田雷斧著，由王弘愿糅合诸说，对其加以翻译注释。分总论与分解两部分，总论内容包括：大悲胎藏生之得名、胎藏曼荼罗之种类、四重圆坛之建立等；分解内容包括：中台八叶院、遍知院、持明院、观音院、萨埵院等。

　　收藏单位：上海馆

01510

临济佛学三百六十节问答　李雪樵编著

北平：正礼堂，1937，124页，32开

　　本书共10章，内容包括：成佛法门派三十六节问答、佛教禅宗派三十六节问答、五家七宗派三十六节问答等。书后附临济义玄禅师丹功运用图、临济义玄禅师修道四祥铭。

　　收藏单位：国家馆、南京馆

01511

临济真传　李玉麟撰编

出版者不详，53页，大64开

　　收藏单位：江西馆

01512

灵岩念诵仪规

出版者不详，1938，重订本，194页，32开

　　本书为净土宗仪规。

　　收藏单位：江西馆

01513

灵岩山寺念诵仪规　灵岩山寺编

苏州：弘化社，1938，200页，36开

苏州：弘化社，1948，4版，200页，50开

　　本书为净土宗仪规。内容包括：朝时课诵、暮时课诵、佛七仪规等。书前有发行序。书后有跋。

　　收藏单位：广西馆、绍兴馆

01514

灵岩山寺念诵仪规　灵岩山寺编订

苏州：灵岩山寺，1946，200页，36开

　　收藏单位：南京馆、首都馆

01515

灵岩山寺专修净土道场念诵仪规

上海：百宋印刷局，1946.10，增订版，200

页，36 开

收藏单位：上海馆

01516

六字真言法要　班禅额尔德尼·曲吉尼玛讲
戴季陶记

无锡：中国佛学真言研究社，1936.3，2 版，12
页，32 开

　　本书为 1931 年 6 月听班禅大师演说
"唵、嘛、呢、叭、咪、吽"六字真言的记
述。记者原题：戴传贤。

收藏单位：河南馆

01517

六字真言法要　班禅额尔德尼·曲吉尼玛讲
戴季陶记

出版者不详，[1931]，[8] 页，32 开

收藏单位：国家馆

01518

六字真言法要

上海：申利惠记印务局，6 页，32 开

　　本书演说"唵、嘛、呢、叭、咪、吽"
六字真言。

收藏单位：上海馆

01519

六祖坛经　（宋释）惠昕改编

上海：佛学书局，[1934]，影印本，1 册，32
开

　　本书为北宋乾德五年（967）惠昕的改编
本，又称日本兴圣寺本。封面题名为：北宋
刻本兴圣寺藏六祖坛经。

收藏单位：广东馆、国家馆、上海馆

01520

六祖坛经（敦煌出土）（唐释）惠能讲　（唐
释）法海集记

上海：佛学书局，64 页，32 开

　　本书约成书于唐开元二十一年（733）至
贞元十七年（801）之间，是最接近《坛经》
祖本的版本。

收藏单位：广东馆

01521

六祖坛经（宗宝本）（唐释）慧能口述　（宋
释）宗宝编

上海：大法轮书局，1949，53 页，16 开

　　本书即《六祖大师法宝坛经》。宗宝本成
书于元至元二十八年（1291），是明代以后最
通行的《坛经》版本。

收藏单位：国家馆、上海馆、中科图

01522

龙舒净土文　（宋）王日休撰

上海：佛学书局，1929.10，138 页，25 开
上海：佛学书局，1930，[再版]，138 页，25
开
上海：佛学书局，1931，3 版，138 页，25 开
上海：佛学书局，1933，8 版，138 页，25 开
上海：佛学书局，1936.5，9 版，138 页，25 开
上海：佛学书局，1948.7，[再版]，138 页，25
开

　　本书共 10 卷。以儒、道、佛三教经书为
证，阐述净土宗起信、修持、往生事迹、指
迷归要、现世感应等。书前有祩宏撰《王龙
舒国学传》一篇，另有张孝祥等人的序 3 篇，
周大资等人的跋 4 篇。附录《超脱轮回捷径》
《普劝修持》《念佛报应因缘》等。王日休又
称龙舒居士。

收藏单位：重庆馆、广东馆、国家馆、内
蒙古馆、山东馆、绍兴馆、首都馆

01523

龙舒净土文　（宋）王日休撰

上海：国光印书局，1935.8 印，138 页，25 开
上海：国光印书局，1937，138 页，25 开
上海：国光印书局，1944，138 页，25 开

收藏单位：广西馆、桂林馆、国家馆、江
西馆、上海馆

01524

龙舒净土文　（宋）王日休撰

苏州：弘化社，1931，再版，138 页，25 开
苏州：弘化社，1933，136 页，32 开

收藏单位：桂林馆、江西馆、南京馆、山
西馆、首都馆

01525

龙舒净土文 （宋）王日休撰

上海：出版者不详，1949.7，138 页，25 开

　　收藏单位：国家馆

01526

庐山慧远法师文钞　沙元炳编辑　项智源录

上海：国光印书局，1935，106 页，25 开

　　本书分正编及附编。正编收慧远所著之论、序、记、赞、诗偈、书等。附编收有关慧远的传、碑记、杂文、诗、杂事等。有印光等人的序。

　　收藏单位：重庆馆、国家馆、黑龙江馆、江西馆、辽大馆、辽宁馆、南京馆、上海馆

01527

律宗　慈忍室主人编辑　（释）太虚审定

上海：佛学书局，1931.7，92 页，32 开（海潮音文库 第 2 编 佛学本论 5）

　　本书共收 9 篇文章，内容包括：《律仪之原理》《法源寺同戒录序》《前题》《劝请全国僧伽文》等。

　　收藏单位：北大馆、重庆馆、国家馆、上海馆

01528

绿救度佛母修持法

出版者不详，4 张，16 开

　　收藏单位：上海馆

01529

绿救度佛母修持法·救毒难度母避毒法　吴润江编辑

上海：觉圆精舍，1936，[14] 页，32 开

　　本书内含：金刚上师西康诺那呼图克图传授之《圣救度佛母法之开示》《绿度母咒字轮图第一图说明》《绿度母咒字轮图第二图说明》《绿救度佛母修持法》《绿度母咒》《救毒难度母咒》。

　　收藏单位：广东馆、国家馆

01530

蒙藏佛教史　（释）妙舟编

上海：佛学书局，1935.9，2 册（[624] 页），25 开

　　本书共 7 篇，内容包括：西藏古代之佛教、佛教之东渐、教别、西藏近代之佛教等。书前有吴佩孚等人的序 3 篇。

　　收藏单位：东北师大馆、国家馆、近代史所、辽师大馆、南京馆、上海馆、首都馆、天津馆、浙江馆、中科图

01531

秘密曼荼罗教付法传解题　（日）冈田契昌阿阇梨著　王慧兰译

震旦密教重兴会，1930，88 页，25 开

　　收藏单位：广东馆

01532

秘宗日诵　杜肇鸿辑

出版者不详，1920，1 册

　　收藏单位：国家馆

01533

密乘宝藏　孙景风编译　佟竹平校

上海：觉圆精舍，1936，[140] 页，横 16 开，精装

　　本书内容包括：藏字母简明表、加持舌与如云供养及加持数珠等咒、皈依发愿、无量心偈、观音烧施法、曼达供养、藏音大悲咒、宝髻佛心咒、不动佛心咒。

　　收藏单位：上海馆

01534

密教首重师承论　孙景风著

上海：佛学书局，1941，26 页，36 开（佛学小丛书）

　　本书阐述密宗的重师之道及其意义。

　　收藏单位：上海馆

01535

密藏精要全集　觉贤　相文译注

上海：合作印刷社，1935.3，2 册（190+134 页），16 开

　　本书共 6 卷，内容包括：诸佛部、文殊金刚部、诸天鬼神一切菩萨部、密藏精要诸佛

灌顶全集、成就极乐护莲章等。

收藏单位：重庆馆、南京馆、内蒙古馆、上海馆

01536

密宗安心钞 （日）良基和尚著　王弘愿译
潮州：震旦密教重兴会，1931.4，18页，25开

本书内容涉及中国西藏密宗、汉土密宗及日本东密的基本知识。

收藏单位：浙江馆

01537

密宗大纲　黄奉西译述
上海：有正书局，1923.5，84页，32开

本书共6章：序说、法脉相传、所依之经典、立教开宗、修证门、结论。封内题书名为：真言宗纲要。

收藏单位：上海馆

01538

密宗法语 （释）超一讲述　张莲守校对
无锡：真言研究社，1937，70页，32开

本书介绍什么是密宗、密宗的殊胜、密宗修行的方法以及修行密宗对往生净土有所裨益。

收藏单位：河南馆

01539

密宗塑像说略　吴世昌著
外文题名：A study of some gods in the Lama temples
北平：国立北平研究院史学集刊编辑委员会，1936，140—162页，16开

本书为《史学集刊》第1期抽印本。

收藏单位：国家馆

01540

密宗五百佛像考　王岩涛　爱文思著
出版者不详，88页，16开

本书分佛像及形象说明、咒字译汉音。

收藏单位：广西馆

01541

密宗要典五种

出版者不详，119页，32开

本书内容包括：金刚顶菩提心论、金刚顶菩提心论略记、大毗卢遮那成佛神变加持经入其真言住心品、无畏三藏禅要、守护国界主陀罗尼入如来不思议甚深事业品。

收藏单位：重庆馆、内蒙古馆

01542

密宗要诀钞（第1—10编） （日）海惠上人记　胡厚甫译
上海：菩提研究社，1935.9，10册，25开
上海：菩提研究社，1936.7，10册（703页），25开

本书汇集历代真言宗文章，编成10册，分10期出版。内容有：说三大阿僧祇劫、说十地、说即身成佛、说四种曼荼罗等200余篇。书前有朱庆澜、黄复生等人序文。

收藏单位：重庆馆、南京馆、上海馆、首都馆

01543

密宗要义　程宅安著
上海：净乐林编译部，1929.6，158页，25开

本书共5编，内容包括：密宗名义、教相、略传、经意等。书前有王弘愿序。

收藏单位：重庆馆、广东馆、桂林馆、国家馆、江西馆、辽宁馆、南京馆、内蒙古馆、上海馆、浙江馆

01544

密宗要旨 （日）神林隆净著　欧阳瀚存译
昆明：中华书局，1939.8，152页，25开（佛学小丛书）

本书分20章，详述密宗教义。

收藏单位：重庆馆、贵州馆、国家馆、黑龙江馆、江西馆、南京馆、山东馆、上海馆、首都馆、天津馆、中科图

01545

明蕅益大师文选 （释）宝静鉴定 （释）钟镜选辑
上海：佛学书局，1934，69页，25开

本书为文学教授课本。内收：念佛即禅

观论、非时食戒十六益论、慈悲缘苦众生论、阅藏知津自序、郑千里老居士集序、江宁纪赈后序、赠郑完德念佛序、赠张兴公序、台宗会义自序、放生社序等60篇。

收藏单位：重庆馆、江西馆、内蒙古馆、首都馆

01546

明行道六成就法 珀玛迦尔波著 达瓦桑杜英译 （美）伊文思—温慈（W. Y. Evans-Wentz）纂集 张妙定汉译

沙市：文达印刷社，[1936]印，1册，25开（观化庐藏密译粹3）

本书为藏传佛教持法书。书前有叙，写于1936年。

收藏单位：重庆馆、国家馆

01547

内蒙黄教调查记 天纯著

南京：德昌印书馆、南京大功坊，1930.8，104页，32开

本书介绍内蒙古地区藏传佛教格鲁派的历史。

收藏单位：北大馆、重庆馆、国家馆、近代史所、南京馆

01548

念佛的基础 陈雅初编

苏州：佛学图书馆，1944，53页，32开（极乐小丛书）

本书宣传净土宗念佛的道理。

01549

念佛救度中阴法（又名，了生脱死全集）

[缪涤源]编

上海：佛学书局，[1938]，52页，50开（佛学小丛书）

本书据张莲菩提居士翻译西藏西达瓦桑杜喇嘛所译《中阴救度密法》，参以《人生问题》《饬终津梁》《人生之最后》三书及大小乘经论加按语编辑而成，讲述临死前自我解脱之法。书前有编者自序及范古农序，写于1938年。

收藏单位：国家馆

01550

涅般道大手印瑜珈法要释 （释）白莲花造（释）光明心译汉

出版者不详，1册，32开（藏密要典2）

本书是对密宗佛经的解释。内容包括：入门教言、本文要义、结述。后附《功德永志》。

收藏单位：广东馆、广西馆、南京馆、上海馆、首都馆

01551

蕅益大师集 （明释）智旭著 （释）僧忏选辑

上海：佛学书局，1934.4，184页，32开（高僧选集）

本书包括参究念佛论、念佛即禅观论、非时食戒十大益论、戒衣辩讹、法派称呼辩等，及序、疏、记、传等。书前有蕅益大师略传。

收藏单位：广东馆、国家馆、山东馆、上海馆

01552

菩提道次第广论 （明释）宗喀巴著 （释）法尊译

重庆：汉藏教理院，1936，2册（346+264页），25开

汉藏教理院，1942重印，2册（346+264页），18开（汉藏教理院丛书 第1种）

本书原本依拉萨新旧两版《菩提道次第广论》及《广论四家注》，所译法数名词多依奘师所译，人名地名物名内地所无者悉皆译音。共24卷。

收藏单位：重庆馆、首都馆、中科图

01553

菩提道次第直讲 （明释）宗喀巴撰 （释）大勇口译 智湛居士笔录

上海：佛学书局，1册，18开

本书共6卷。

收藏单位：首都馆

01554

菩提心戒释义　黄书云述

上海：佛学书局，1919，重刻本，54页，25开

上海：佛学书局，1936.5，54页，32开（佛学小丛书）

本书分：杀生、偷盗、邪淫、妄言、贪欲、愚痴等十戒。

收藏单位：重庆馆、国家馆、江西馆、南京馆、内蒙古馆、首都馆

01555

七十五法　（日）古德撰

上海：佛学书局，1934.4，46页，64开（佛学小丛书）

本书讲述小乘俱舍的七十五法。

收藏单位：国家馆、上海馆

01556

七十五法略解　季升著述

苏州：国光印书局，1934.7，46页，64开

本书解说小乘俱舍七十五法各法名词。

收藏单位：浙江馆

01557

七十五法略解　圣一居士著　张一留校订

苏州：古吴佛经流通处，1935.7，51页，22开

收藏单位：近代史所、辽大馆、南京馆、上海馆

01558

启信杂说　（清）周梦颜辑

上海：佛学书局，1934，再版，32页，32开

本书摘录《指迷归信》一书中可与净土宗理论相发明者，编为短文多篇。内容包括：理障更甚于欲、当于肉躯生厌离心、九类皆当往生等。书前有莲池大师七笔勾。

收藏单位：广东馆、上海馆

01559

清初僧诤记　陈垣著

[北平]：出版者不详，1940.12，69页，16开

出版者不详，1941，69页，16开

本书记禅宗掌故，遗闻佚事。分济洞之诤，天童派之诤，新旧势力之诤3卷，共10章。书前有禅宗五家宗派类，清初济宗、洞宗世系表，明清间僧诤年表及著者小引。为《辅仁学志》第9卷第2期抽印本。

收藏单位：重庆馆、国家馆、近代史所、南京馆、内蒙古馆、上海馆、首都馆、中科图

01560

劝修净土法门集要　虚禅老人编

[上海]：[道德书局]，[1939]，16页，25开

本书劝人持名念佛，往生极乐净土。书后附饬终须知、每晨十念法门等。出版年为作序时间。

收藏单位：上海馆

01561

日本禅宗读本（中华文）　（日）滨田本悠编辑

东京：宗教问题研究所，1939，52页，22开（兴亚教学资料丛书4）

本书内容包括：兴亚与禅学、禅学大意、日本禅宗史要、日本佛教史要、日本临济黄檗诸祖传、日本曹洞宗诸祖传、日本禅宗现势。

收藏单位：国家馆、首都馆

01562

日本之净土教派

出版者不详，42页，22开（威音65）

收藏单位：首都馆

01563

入佛指南　高观庐著

上海：佛学书局，1933，274页，32开

本书有绪论、本论、结论。本论共3章：大乘各宗述要、小乘各宗概要、述律宗。

收藏单位：重庆馆、广东馆、国家馆、江西馆、南京馆、上海馆、首都馆

01564

入香光室　（释）了然著　徐慧觉编订

苏州：弘化社，1946，110页，32开

苏州：弘化社，1947，再版，110 页，32 开

本书阐释佛教净土宗的理论，分上、下两集：念佛三昧出世宝王论、灵岩一行佛七开示录。书前有发刊序、流通序及自序。书后有跋。

收藏单位：广东馆、广西馆、江西馆、南京馆

01565

入香光室·圆通章讲义 （释）了然著·（释）静权讲

苏州：弘化社，1948，118 页，32 开

《入香光室》阐释佛教净土宗的理论，分上、下两集：念佛三昧出世宝王论、灵岩一行佛七开示录；《圆通章讲义》全称《大势至菩萨念佛圆通章讲义》，内容包括略释题义、正释经文两部分。正释经文共 3 部分：经家叙仪、正显圆通、结示因缘。

收藏单位：首都馆

01566

三乘教义 （释）圆瑛讲演

上海：佛学书局，1935.10，42 页，50 开（佛学小丛书）

三乘，即大乘、中乘、小乘，是释迦牟尼对三种根性众生所说之法。本书是对三乘教义的阐释。书前有龙六纬小引。

收藏单位：国家馆、辽宁馆

01567

三论宗之宇宙观 蒋维乔著

上海：光华大学半月刊社，1937，3 页，18 开

本书为佛学论文。以三论宗的推测法观察推演宇宙的原理真相。

01568

三千有门颂略解 （宋）陈宝之述 （明释）真觉解释

上海：佛学书局，1931，29 页，32 开

本书阐明天台宗理论。著者原题：陈瓘。

收藏单位：重庆馆、上海馆

01569

神会和尚遗集 胡适辑

上海：亚东图书馆，1930.4，220 页，32 开

上海：亚东图书馆，1931，再版，220 页，32 开

本书根据巴黎、伦敦两地所藏敦煌写本中有关神会的著述和生平资料汇编而成。分 4 卷，每卷后均附编者"跋"。另有附录：《荷泽神会大师语》。书前有胡适自序。

收藏单位：重庆馆、东北师大馆、广东馆、广西馆、桂林馆、国家馆、近代史所、辽大馆、南京馆、内蒙古馆、宁夏馆、山东馆、山西馆、上海馆、绍兴馆、首都馆、西南大学馆、浙江馆、中科图

01570

生无生论亲闻记

上海：国光印书局，苏州：弘化社，52 页，25 开

苏州：弘化社，[1931]，[110] 页，25 开

《生无生论》为明代幽溪和尚讲述，是佛教净土宗理论。本书系其弟子所记。正文前题：净土生无生论亲闻记、幽溪法孙受教记。出版年据"重印序"写作时间。

收藏单位：重庆馆、广西馆、江西馆、辽大馆、南京馆、内蒙古馆、上海馆、天津馆

01571

圣救度佛母避毒法 吴润江编

上海：觉圆精舍，1936，[10] 页，32 开

《圣救度佛母避毒法》为金刚上师西康诺那呼克图所传授。圣救度佛母，为观世音菩萨之化身，此避毒法是一神修持的方法。附录绿度母咒、救毒难度母咒。

收藏单位：国家馆、南京馆

01572

圣救度母持华发赞 一切智亲友著

出版者不详，1 册，25 开

本书为佛经读本。附录：影印梵藏圣救度母持华发赞述缘，摘译本书绪论三段。

收藏单位：重庆馆、内蒙古馆、中科图

01573

时轮简说 邓梦先著

[上海]：[佛学书局]，[1934]，16 页，32 开

本书叙述善拔纳略历暨时轮密法源流，内容包括：山海洲、善拔纳形式、大城嘎拉巴四十三法王及神武轮教之新创、后四时佛法住世之年代。书后有著者跋，写于 1934 年 2 月。

收藏单位：国家馆

01574

识海一舟　唐大圆著

上海：泰东图书局，1927.9，196 页，32 开

本书分上、下卷。上卷包括：唯识教义述要、唯识之密意、唯识略谈、八识本体即真如义、真如正诠等；下卷包括：识义发微、唯识学之价值、净土之正见等。

收藏单位：重庆馆、桂林馆、国家馆、吉林馆、辽大馆、南京馆、上海馆、首都馆、浙江馆

01575

始终心要解略钞　（释）谛闲述疏

上海：佛学书局，1931.7，34 页，25 开

上海：佛学书局，1933.3，再版，34 页，25 开

本书为谛闲法师讲录之一。解释天台宗九祖唐湛然（荆溪）著《始终心要》一书。

收藏单位：国家馆、江西馆、南京馆、首都馆

01576

四臂观世音菩萨简略专修仪轨　（释）超一传授

青岛：密宗护国息灾法会，14 页，18 开，环简页装

本书讲述修行四臂观世音菩萨的仪式、程序及内容。

01577

台密纲要　（日）福田尧颖讲述　（释）谈玄编译

武昌：佛学院，1936，再版，56 页，32 开（密教丛书）

本书为日本台密指南。分教史、教纲两编，共 8 章。书前有译者序。

收藏单位：广东馆、国家馆、湖南馆

01578

台宗二十五方便辑要浅述　（释）宝静编著

上海：佛学书局，1933.1，重排 3 版，40 页，25 开（宝静法师丛书）

本书讲解天台宗修禅的方法"二十五方便"。

收藏单位：贵州馆、国家馆、南京馆、内蒙古馆、上海馆、绍兴馆

01579

台宗教观要名解

出版者不详，1940，26 页，32 开

收藏单位：首都馆

01580

天揆禅师语录（1 卷）　（清释）天揆撰

如皋：西方寺，1935，影印本，1 册

收藏单位：国家馆

01581

天台四教仪集注　（元释）蒙润集注

北京：佛学书局，1938.9，308 页，25 开

本书为高丽沙门谛观撰《天台四教仪》集注。共 10 卷。封面题名：四教仪集注。

收藏单位：国家馆、辽宁馆、首都馆

01582

天台宗　慈忍室主人编辑　（释）太虚审定

上海：佛学书局，1931.8，86 页，32 开（海潮音文库 第 2 编 佛学本论 7）

本书共 12 篇，内容包括：天台宗之法系、台宗时教图之研究、性具善恶之辩证等。

收藏单位：北大馆、国家馆、吉大馆、上海馆

01583

天台宗教义略说　梅光羲著述

上海：佛学书局，1935.10，32 页，36 开（佛学小丛书）

本书内含：历史、教判、教理、观行、行位、身士等。

收藏单位：国家馆、上海馆

01584

天台宗思想　周叔迦著

出版者不详，70 页，18 开

　　本书为大学讲义。介绍天台宗传承及历史，天台宗三祖慧思、四祖智顗的生平及其著作、禅法等。共 18 章。

　　收藏单位：国家馆

01585

沩山法乳

出版者不详，34 页，32 开

　　收藏单位：上海馆

01586

唯识大意

出版者不详，48 页，32 开

　　本书辑唯识理论书 4 种：《唯识实验学》《东方心理学阐真》《八识概论》《唯识研究》述要。

　　收藏单位：浙江馆

01587

唯识的科学方法　唐大圆著

泰县：佛教居士林，1929.8，48 页，16 开

　　本书共 3 篇。第一篇为序论，包括命名之由、学佛必研唯识、唯心与唯识异诠、唯字广释、本书所依；第二篇为本论，包括广明唯识境、明唯识行；第三篇为结论，包括三世因果与因果律、引婆沙论、引底唯识论、抉择因果义、余说。

　　收藏单位：河南馆

01588

唯识的科学方法　唐大圆著

上海：佛学书局，1931.1，增订再版，111 页，22 开

　　本书共 3 篇。第一篇为序论，包括命名之由、研究之必要、唯心与唯识异诠、广释唯义、本书所依；第二篇为本论，包括唯识境、唯识行、唯识果；第三篇为结论，包括因果建立、引婆沙论、引成唯议、抉择因果、增语。

　　收藏单位：国家馆、湖南馆、近代史所、

上海馆、绍兴馆、首都馆

01589

唯识二十颂今释　陈渭士著

出版者不详，28 页，32 开

　　本书为唯识宗论藏研究。

　　收藏单位：国家馆

01590

唯识方便谭　唐大圆造

上海：佛学书局，1931.8，重版，增订，2 册（24+56 页），25 开

　　本书共 3 编。第一编分为八识名义、约辨心所、引喻实证、略释外难 4 部分；第二编包括心识辨释、宗义略诠等 14 部分。第一编书前有寂光后序，写于 1924 年 10 月；第二编书前有叙。

　　收藏单位：重庆馆、国家馆、河南馆、绍兴馆、首都馆

01591

唯识方便谭　唐大圆造

上海：世界佛教居士林，[1924.10]，2 册（22+54 页），25 开

上海：世界佛教居士林，1929.1，2 册（22+54 页），25 开

　　收藏单位：国家馆、辽宁馆、南京馆、内蒙古馆、上海馆、绍兴馆、首都馆

01592

唯识讲演录　马冀平讲　许丹笔记

北京：佛教教养院，[1924]，石印本，28 页，32 开

　　本书为 1924 年 7 月在天津佛教讲演会演讲记录。

　　收藏单位：国家馆

01593

唯识讲义　欧阳渐讲

南京：支那内学院，1923，3 册（[103] 页），16 开

　　本书讲述八识八段十义。著者原题：欧阳竟无。

收藏单位：重庆馆、广东馆、桂林馆、国家馆、南京馆、内蒙古馆、首都馆

01594

唯识今释　缪凤林述

南京：支那内学院，1923，58 页，16 开（支那内学院杂刊）

本书驳斥当时唯识学中见、相同种的观点，认为见相别种是护法、玄奘的本义。

收藏单位：重庆馆、桂林馆、辽宁馆、南京馆、上海馆

01595

唯识抉择谈　欧阳渐著

南京：支那内学院，1922.10，[54] 页，16 开

南京：支那内学院，1928，2 版，10+44 页，16 开

本书内含《唯识抉择谈》原稿及讲演记录稿。讲述《成唯识论》，分十个题目：体用谈用义、四涅槃谈无住、二智谈后得、二谛谈俗义、三量谈圣言、三性谈依他、五法谈正智、二无我谈法无、八识谈第八、法相谈唯识。书后附欧阳竟无先生答梅君书。著者原题：欧阳竟无。

收藏单位：重庆馆、广东馆、国家馆、南京馆、上海馆、首都馆、天津馆

01596

唯识三十论纪闻（又名，唯识三十论讲录）

（释）太虚演讲　如如记录

上海：佛学书局，1930.10，40 页，25 开

上海：佛学书局，1930.12，再版，40 页，25 开

本书为太虚法师 1921 年 3 月在杭州幽冀会馆讲录。

收藏单位：贵州馆、国家馆、江西馆、上海馆

01597

唯识三十论纪闻（又名，唯识三十论讲录）

（释）太虚讲演　如如记录

上海：世界佛教居士林，40 页，22 开

收藏单位：贵州馆、上海馆、首都馆

01598

唯识三十论讲话　（日）井上玄真著　（释）芝峰译

武昌：武昌佛学院，1937.5，282 页，32 开

本书分序说与正说两部分。序说介绍唯识论的作者、作由、要旨、所依和地位；正说包括明唯识相、明唯识性、明唯识位三科。书前有译者序。书末有跋。封面题名：唯识论讲话。

收藏单位：重庆馆、国家馆、上海馆、浙江馆

01599

唯识三十论讲要　（释）太虚讲　（释）岫庐纪录

武进：佛学会，1936.5，3 版，50 页，32 开

本书为太虚法师 1930 年 2 月在厦门涌莲精舍的讲录。收于《海潮音》12 卷 5 至 9 期。

收藏单位：南京馆

01600

唯识三十论讲要　（释）太虚讲　（释）岫庐记

上海：国光印书局，1930，4 版，50 页，32 开

01601

唯识三十论释　（释）守培述

上海：佛学书局，1935，122 页，32 开

本书重点从"遮相"的角度讲解《唯识三十论》。

收藏单位：国家馆、辽大馆、内蒙古馆、首都馆

01602

唯识三十颂增释　骆岫青著

出版者不详，102 页，32 开

本书为古印度世亲《唯识三十颂》增释本。

01603

唯识三字经释论　唐大圆著　（释）太虚鉴定

上海：佛学书局，1930.3，3 版，86 页，32 开

上海：佛学书局，1934.3，4 版，86 页，32 开

本书解释唯识三字经。包括唯识三字经释论、唯识三字经讲录两部分。

收藏单位：国家馆、辽大馆、上海馆、浙江馆

01604

唯识三字经释论　唐大圆著　（释）太虚鉴定

汉口：汉口佛教会，1928，再版，68 页，32 开

收藏单位：南京馆、首都馆

01605

唯识述义　梁漱溟著

北京：北京大学出版部，1920，74 页，32 开

本书讨论唯识学的来历、唯识学与佛教、唯识学与西方哲学等。

收藏单位：重庆馆、广东馆、国家馆、上海馆、首都馆、浙江馆

01606

唯识四种　唐大圆著

上海：群众图书公司，1927.11，130 页，32 开（东方文化丛书 2）

本书辑唯识理论书 4 种：《唯识研究述要》《八识概论》《东方心理学阐真》《唯识实验学》。封面题：唯识新著。

收藏单位：重庆馆、国家馆、南京馆、上海馆、浙江馆

01607

唯识通论　王恩洋编

出版者不详，80 页，32 开（支那内学院杂刊）

本书内容包括：佛法总论、诸宗略述、唯识史略、唯识义旨、唯识与余宗之异同及其对佛法之关系等。

收藏单位：重庆馆、桂林馆、南京馆、天津馆、中科图

01608

唯识新解　朱宝昌著

北平：燕京大学哈佛燕京学社，1938，93—127 页，16 开

本书根据怀特海（Whitehead）的见解对佛教的唯识加以新的解释。为《燕京学报》第 23 期单行本。

01609

唯识新论·唯识今释　（释）太虚著　缪凤林著

武昌：武昌印经处，1923，36+54 页，32 开

收藏单位：重庆馆、首都馆

01610

唯识学　（释）满智编述

上海：佛学书局，1932.6，48 页，32 开（佛学小丛书）

上海：佛学书局，1935，2 版，48 页，32 开（佛学小丛书）

本书共 3 部分：唯识学之理论、源流、价值。

收藏单位：国家馆、上海馆

01611

唯识学探源　（释）印顺著

重庆：正闻学社，1945.1，164 页，32 开（正闻学社丛书）

本书分上、下两编。上编为原始佛教的唯识思想，包括原始佛教的思想概说、原始佛教所含蓄的唯识思想两章；下编为部派佛教的唯识思想，包括部派佛教概说、本识论探源、种习论探源、无境论探源，共 4 章。书前有太虚序及著者序。

收藏单位：重庆馆、国家馆、南京馆、上海馆、西南大学馆、浙江馆、中科图

01612

唯识易简　唐大圆著

上海：佛学书局，1933.5，再版，63 页，25 开

本书解释唯识论。内含唯识三十颂、唯识三十颂易解、百法明门论简义。

收藏单位：桂林馆、国家馆、河南馆、南京馆

01613

唯识易简　唐大圆编述

上海：世界佛教居士林，[1933]，63 页，25 开

收藏单位：重庆馆、国家馆、首都馆

01614

唯识者何　清净著　三时学会编

北平：三时学会，1929，再版，18 页，32 开

北平：三时学会，1934，3 版，18 页，32 开

　　本书讲解唯识宗理论中的"唯识"。

　　收藏单位：国家馆、首都馆、天津馆

01615

西方达摩祖师谕救劫最简要最妥之法

出版者不详，[10] 页，16 开

　　本书为单页经文的合订。

　　收藏单位：国家馆

01616

西藏佛教略记　（释）恒演记述　（释）太虚鉴定　范古农校阅

上海：佛学书局，1931.1，1 册，25 开

　　本书为藏传佛教简史。书后附留藏学法团严定尚人致粹华上人书、作者后叙。

　　收藏单位：重庆馆、国家馆、湖南馆、近代史所、中科图

01617

西藏佛教略史　李翊灼著

上海：佛学书局，1929.12，80 页，32 开

　　本书分总论、史略、余论 3 编，介绍西藏佛教史。内容包括：佛教与西藏民族、西藏政治的关系，西藏佛教的究竟观、世界观，西藏佛教的输入时代、绍隆时代，西藏佛教的庄严、礼节和教育等。

　　收藏单位：重庆馆、国家馆、湖南馆、江西馆、南京馆、首都馆、浙江馆

01618

西藏佛教史　李翊灼著

上海：中华书局，1933.2，74 页，32 开（新文化丛书）

　　收藏单位：重庆馆、东北师大馆、广东馆、广西馆、桂林馆、国家馆、黑龙江馆、湖南馆、江西馆、近代史所、辽大馆、南京馆、内蒙古馆、宁夏馆、山东馆、山西馆、首都馆、天津馆、西南大学馆、浙江馆、中科图

01619

西藏佛学原论　吕徵著

上海：商务印书馆，1933.2，136 页，32 开（百科小丛书）

上海：商务印书馆，1933.6，再版，136 页，32 开（百科小丛书）

　　本书依据西藏要籍 12 种，从渊源、传播、文献、学说四方面介绍西藏佛学。书后附藏译显乘论典 600 种略目。

　　收藏单位：重庆馆、大庆馆、东北师大馆、广东馆、广西馆、贵州馆、桂林馆、国家馆、黑龙江馆、湖南馆、江西馆、近代史所、辽大馆、南京馆、内蒙古馆、宁夏馆、山东馆、山西馆、首都馆、天津馆、浙江馆、中科图

01620

西藏心经　（释）转逢疏

上海：大法轮书局，[1949]，48 页，32 开

　　本书书前代序写于 1949 年 2 月。

01621

贤首义章

出版者不详，342 页，32 开（中国佛教学院讲义 11）

　　收藏单位：首都馆

01622

贤首宗　慈忍室主人编辑　（释）太虚审定

上海：佛学书局，1931.8，44 页，32 开（海潮音文库 第 2 编 佛学本论 8）

　　本书共 6 篇，内容包括：略说贤首义，三重法界观，释法界等。

　　收藏单位：北大馆、国家馆、吉大馆、上海馆

01623

显密差别问答钞　海惠上人记　胡厚甫译

上海：菩提研究社，1931，119 页，22 开

　　收藏单位：上海馆、首都馆、浙江馆

01624

显密修行次弟科颂　（释）能海辑

[成都]：文殊院，48 页，25 开

　　本书书前有菩提道次第摄修求加持颂。

　　收藏单位：国家馆

01625

显明大密妙义深道六法引导广论 （释）满空
译　张心若编

南京：大中华印刷厂，1948，112 页，32 开

　　本书讲述藏传佛教噶举派所传忿怒母、
幻身、梦观、光明、中有、生西 6 种密法。

　　收藏单位：广东馆

01626

相宗纲要正续合编　梅光羲编

[上海]：[佛学书局]，1920，376 页，25 开

　　本书共一千余条目，对唯识学中的名相
加以系统诠释。

　　收藏单位：国家馆

01627

小乘佛教概述　高观如编辑

上海：佛学书局，1937.7，92 页，32 开（佛学
讲义 4）

　　本书共 4 章：绪论、小乘佛教的源流、小
乘佛教教义概述、关于小乘佛教的重要典籍。

　　收藏单位：国家馆、上海馆、首都馆、天
津馆

01628

小乘佛学概论 （日）舟桥水哉著　慧圆译

武昌：武昌佛学院，1934.1，164 页，25 开（武
昌佛学院丛书）

　　本书共 12 章，内容包括：绪论、释迦牟
尼佛、佛灭后之佛教、日本之小乘教等。书
前有会觉序。

　　收藏单位：辽大馆、山西馆、天津馆

01629

新的唯识论 （释）太虚著

出版者不详，42 页，22 开

　　本书共 8 部分：新的唯识论发端、宇宙的
人生的唯识论、分析的经验的观察的系统的
唯识论、转化的变现的缘起的生活的唯识论、

真理的实性的唯识论、悟了的解放的改造的
进化的决择的唯识论、实证的显现的超绝的
胜妙的成功的唯识论、究竟的唯识论。

　　收藏单位：首都馆

01630

性命问题　唐大圆著

上海：群众图书公司，1927.11，52 页，32 开

　　本书介绍先秦以来有关"性""命"的论
述，并以佛理解述"性"及"命"。书末附略
录古今言性命之论文。

　　收藏单位：重庆馆、国家馆、吉大馆、南
京馆、上海馆

01631

学密须知　冯宝瑛著

出版者不详，1936，48 页，25 开

　　本书介绍修习密宗的基本知识。内容包
括：显教与密教、唐密、敬佛、忏悔、菩提心
戒、灌顶、梵字、月轮观、即身成佛、阿阇
黎、持诵、辨境。

　　收藏单位：广东馆、广西馆

01632

一苇禅师语录（4 卷） （清释）实英编

如皋：西方寺，1935，影印本，1 册

　　一苇禅师即一苇铁船度禅师。

　　收藏单位：国家馆

01633

依止时轮金刚上师瑜伽相续利益行法

杭州：浙江印刷公司，1 册，16 开

　　收藏单位：南京馆、上海馆

01634

**译注明成祖遣使召宗喀巴纪事及宗喀巴覆成
祖书·佛母大孔雀明王经龙王大仙众生主名
号夏梵藏汉合璧校释**　于道泉 [著]·王静如
[著]

出版者不详，[1920—1949]，1 册，16 开

　　《译注明成祖遣使召宗喀巴纪事及宗喀
巴覆成祖书》，对藏文经籍《察哈尔喇嘛全
书·宗喀巴传》进行了系统翻译和深入比勘，

补证了汉文文献中缺载的明成祖遣使召宗喀巴一事;《佛母大孔雀明王经龙王大仙众生主名号夏梵藏汉合璧校释》对于经中众神名号，如龙王、大仙、众生主等详加译释，并校以梵、藏、汉诸本，比较各名号的异同，订正不同译本的错讹。

　　收藏单位：国家馆

01635

瑜伽述要

出版者不详，17 页，32 开

　　本书论佛教中密教与显教的不同，并对密教的教理、承传、修行等作了简要介绍。

01636

原本净土十要 （明释）智旭辑

苏州：弘化社，[1930]，5 册（[485] 页），22 开

苏州：弘化社，1941，3 版，5 册（[485] 页），22 开

　　本书共 5 册。前 4 册收净土宗经典著作 10 部，包括鸠摩罗什译《佛说阿弥陀要解》等；第 5 册为附本，收《往生论注》等。

　　收藏单位：重庆馆、广东馆、国家馆、江西馆、南京馆、首都馆、浙江馆

01637

原本净土十要

上海：国光印书局，1932.7，5 册，22 开

　　本书收净土宗经典著作 10 部。

　　收藏单位：河南馆、内蒙古馆、上海馆

01638

原本净土十要（第 5 册）（明释）智旭辑

苏州：弘化社，1936，3 版，[210] 页，25 开

　　本书为《原本净土十要》附本，收《往生论注》等。

　　收藏单位：重庆馆

01639

藏密答问类编 （释）慧定著　吴冰国编校

上海：佛学书局，1937，146 页，32 开

　　本书是释慧定法师关于藏中密义的问答，有僧伽戒杀不应食肉、密法与戒淫、藏密转世与念佛往生等 30 个问题。

　　收藏单位：重庆馆

01640

藏密礼赞法要 孙景风编译

上海：觉圆精舍，1936.2，16 页，32 开

　　本书包括合掌仪式、顶礼仪式两种。书前有新译藏密诸经出版预告，介绍 9 种书。封面注"第 1 辑"。

　　收藏单位：广东馆、国家馆

01641

真实义品讲要 [（释）太虚著]

厦门：风行印刷社，1 册，32 开

　　本书为太虚法师 1929 年在厦门闽南佛学院的讲录。

　　收藏单位：南京馆、绍兴馆

01642

真言教之根本问题 王弘愿著

震旦密教重兴会，[31] 页，25 开

　　本书讨论密宗。书后附与常惺法师书解答释惑真言教问题。封面题：王弘愿居士为答密林阇梨贤密教衡释惑之著作。

01643

真言密咒集要 世界佛教居士林编

上海：佛教书局，1934.6，106 页，64 开（法事丛书）

　　本书为密宗咒经选编。

　　收藏单位：国家馆、内蒙古馆

01644

真言宗 慈忍室主人编辑 （释）太虚审定

上海：佛学书局，1931.6，338 页，32 开（海潮音文库 第 2 编 佛学本论 3）

　　本书共 20 篇，内容包括：密教建立观、真言宗释疑、密宗弘传史等。

　　收藏单位：重庆馆、国家馆、上海馆

01645

真言宗义章 （释）显荫译述

上海：世界佛教居士林，1924.7，56 页，18 开

上海：世界佛教居士林，1929.10，2 版，56 页，18 开

本书根据《大日经》《金刚顶经》阐述密宗奥义。内容包括：真言宗名章、真言教主章、付法相承章、所依经论章、事教二相章等。书前有"真言宗普通勤行法则"。书后附真言密教与中华佛法之关系、真言宗释疑等。

收藏单位：广东馆、贵州馆、国家馆、河南馆、上海馆、首都馆、天津馆

01646

真宗十讲（清国俘虏说教）（日）小栗栖香顶口讲 （日）小栗栖龙藏笔记 （释）芝峰校阅

[佛学书局]，1936，[108] 页，32 开，环筒页装

本书为日本净土真宗教义，包括真宗真俗二谛、日本佛教的十四宗、中国佛教与日本佛教传来的概要等 10 讲。书前有芝峰序。书后有跋，并附真宗教旨 10 章。

收藏单位：国家馆

01647

中阴救度密法　张莲译

沙市：文达刊印社，1936，130+72 页，25 开

本书分上、下两卷。附编请诸佛菩萨加被偈、祈求护免中阴险难偈、六种中阴境界警策偈，护免中阴恐布总愿偈。又附涅槃道大手印瑜伽法要（藏密七种法要第二）。

收藏单位：广东馆

01648

中阴救度密法　[张莲译]

北京：张莲 [发行者]，[1939]，1 册，25 开

收藏单位：国家馆、南京馆、首都馆

01649

中阴救度密法（上卷）　达瓦桑杜英译　张莲汉译

沙市：文达刊印社，[1930—1939] 印，80 页，25 开（观化庐藏密译粹 1）

收藏单位：江西馆、上海馆

01650

中有闻教得度密法（藏密要典）（美）伊文思—温慈（W. Y. Evans-Wentz）编 [赵洪铸] 译

出版者不详，[1947]，[170] 页，25 开

本书据达瓦桑杜英译《中阴救密法》编成。中译本删去了英译本前言及图像。内容包括经两卷，均以四言译成。编者原序，有中有闻教得度密法之重要、基本教义概述、本书之英译及编纂等 15 部分。书前有戴传贤等人的序 3 篇及译者自序。书后附录编者所著密教修持法述要、南北佛教与耶教之综合比较、瑜珈学等。

收藏单位：广东馆、广西馆、国家馆、南京馆、上海馆、中科图

01651

竹窗随笔分类略编　（明释）莲池著　佛教居士林编辑

上海：佛学书局，1929.9，[188] 页，32 开

上海：佛学书局，1934，再版，[188] 页，32 开

本书选辑《竹窗随笔》308 篇。

收藏单位：贵州馆、江西馆、南京馆、上海馆、绍兴馆、浙江馆

01652

住持禅宗语录　（释）明旸录

上海：圆明法施会，1949，92 页，22 开（圆瑛法汇）

本书内容包括：佛之禅语语录、一百八十一条经典禅语语录、佛家经典禅语、禅茶妙语、禅语语录、佛家经典禅语语录。

收藏单位：南京馆、首都馆

01653

紫柏大师集　（明）真可撰 （释）僧忏选辑

上海：佛学书局，1934，149 页，32 开（高僧选集）

本书从《紫柏老人集》中选录论文、书信等 24 篇。书前有紫柏大师传略。

收藏单位：国家馆、内蒙古馆、山东馆、上海馆、首都馆

01654

自知录 （明释）莲池著

上海：启蒙普济会，1942，26 页，22 开

本书为著者在《太微仙君功过格》基础上勘定增补而成。分善门、过门两部分，善门包括：忠孝类、仁慈类、三宝功德类、杂善类、补遗；过门包括：不忠孝类、不仁慈类、三宝罪业类、杂不善类、补遗。

收藏单位：广西馆

01655

宗镜录 （五代释）延寿集

上海：商务印书馆，1935.4，3 册（1527 页），32 开，精装（国学基本丛书）

上海：商务印书馆，1935.3，14 册（1527 页），32 开（万有文库 第 2 集 65）（国学基本丛书）

上海：商务印书馆，6 册（1525 页），32 开（国学基本丛书）

本书集录佛教诸宗教义，以问答形式阐述宗派。全书 100 卷，有清世宗序及上喻，杨杰"宗镜录"序。

收藏单位：重庆馆、大连馆、大庆馆、东北师大馆、广西馆、贵州馆、桂林馆、国家馆、辽大馆、辽师大馆、南京馆、内蒙古馆、宁夏馆、上海馆、绍兴馆、首都馆、天津馆

佛教组织及寺院

01656

佛教正信会二十四年度征信录 汉口佛教正信会秘书室编辑 吕九成 汪少云校订

汉口：天利印刷商店，1936.3，1 册，16 开

本书内容包括汉口市佛教正信会沿革概述、各部社团收支统计表、月捐芳名表、代办斋筵收入表、香资公德芳名表等。

收藏单位：上海馆

01657

教育学 慈忍室主人编辑 （释）太虚审定

上海：佛学书局，1930.10，212 页，32 开（海潮音文库 第 1 编 佛学通论 10）

本书共 28 篇，内容包括：佛教研究之大方针、佛学研究之历史观、院长太虚上人论教育等。

收藏单位：北大馆、国家馆、上海馆

01658

昆山巴城进修莲社报告册 徐福众编

佛学半月刊社，1942，50 页，32 开

收藏单位：南京馆

01659

昆山巴城进修莲社报告册 朱达等编

出版者不详，1941，40 页，32 开

收藏单位：南京馆

01660

南通师印莲社缘起章程

出版者不详，1 册，36 开

收藏单位：上海馆

01661

祈祷和平会汇刊（第 2 集） 大捺居士编辑

上海：世界佛教居士林，1936.11，86 页，32 开

收藏单位：南京馆

01662

世界佛教居士林成绩报告书（第 1 册） 世界佛教居士林编

上海：佛学书局，1933.1，154 页，16 开

本书记述该林创办以来的事业。

收藏单位：国家馆、河南馆、江西馆、上海馆、中科图

01663

世界佛教居士林林所开幕纪念刊 世界佛教居士林编

上海：世界佛教居士林，1926，30 页，横 25 开

版权页题：世界佛教居士林新林所落成纪念刊，内含有关布告、开幕纪盛，以及各界的颂词、联额等。

01664

世界佛教居士林林务报告　世界佛教居士林编

上海：世界佛教居士林，[1926]，108页，25开

　　本书为丙寅年夏秋二季林务报告。内容包括：谛闲法师开讲大悲水忏之胜缘、白普仁大师与本林之因缘、佛教视察团莅林参观记略、收支报告等。

　　收藏单位：南京馆

01665

世界佛学苑筹备处报告书　世界佛学苑设备处编辑

北平：世界佛学苑设备处，1931.5，108页，25开

　　本书记述世界佛学苑筹备处成立一年来的概况。书后附英文通讯录及芝加哥宗教团两篇。

　　收藏单位：国家馆

01666

世界佛学苑汉藏教理院开学纪念特刊　汉藏教理院编辑

重庆：汉藏教理院，1932，182页，26开

　　本书内容包括：祝词、演词、纪事、文件、附录、杂俎、章则等。

　　收藏单位：重庆馆

01667

世界佛学苑汉藏教理院特刊　汉藏教理院编

[四川]：[私立北泉图书馆印行部]，1944，54页，25开

　　汉藏教理院为培养僧材、研究汉藏教理而设。本书内容包括：教学旨趣、略史及其沿革、训导纲领、现任教职员一览表等。

　　收藏单位：重庆馆

01668

世界佛学苑汉藏教理院之使命　（释）满智著

出版者不详，[1932]，58页，32开

　　本书共14章，论述了佛教之价值，佛教与西藏民族、与西藏文化、与西藏地理，汉藏关系与佛教，西藏的治理与佛教，川藏之关系，汉藏教理院与川藏之前途、与整个佛教之前途等内容。

　　收藏单位：重庆馆

01669

世界佛学苑设备处报告书　世界佛学苑北通信处编辑

北平：光明印刷局，1932.6，40页，32开

　　收藏单位：南京馆

01670

世界佛学院建设计划书　（释）太虚撰

外文题名：International Buddhist Institute regulations of organization

昆明：玉慧观，[18]页，32开

　　本书内容包括：世界佛教学院缘起、世界佛学院建设计划。

　　收藏单位：重庆馆、南京馆

01671

世界佛学院建设计划书

出版者不详，12页，32开

　　收藏单位：广东馆

01672

世界素食同志联合会缘起及组织大纲　上海世界素食同志联合会编

上海：上海素食同志联合会，13页，32开

　　世界素食同志联合会以戒杀、在全世界普及素食主义为目的，以自由联合为形式。此书介绍该会的宗旨、组织规定等。书后附各地组织简章、世界素食同志联合会登记表。

　　收藏单位：上海馆

01673

世苑汉藏教理院普通科第二届毕业同学录　汉藏教理院编

汉藏教理院，1940，54页，32开

　　本书是该院普通科第二届毕业同学文集，有我们的愿望、读摄论"所知法"、以因果观通修三士道之略谈、三假空概说等共18篇。并附该院普通科、专修科第一届毕业学员名

录及普通科第二届毕业学员一览表。

收藏单位：重庆馆

01674

皖垣佛学研究社周年纪念特刊 皖垣佛学社编

安庆：皖垣佛学社，[1933]，2+124 页，16 开

本书共 5 部分：题辞、发刊词、社务、教务、财务。书前有本社职员表、黄健六（社长）《皖垣佛学研究社缘起》。出版年据"财务"题下所注时间。

收藏单位：国家馆

01675

现代宏法方针案 山东佛教会编

山东：山东佛教会，16 页，32 开

本书提出宏大佛法的三个方针，即：人才化、科学化和社会化。

01676

学僧之路 （释）太虚等著

出版者不详，1931，144 页，32 开

本书收《中国现时学僧应取之态度》（太虚）、《现代僧教育的训育刍议》（法舫）、《现代学僧毕业后的出路》（太虚）、《现代僧伽的职志》（芝峰）、《救僧运动》（太虚）等 9 篇。书后附评白衣收徒传戒、净严律师答慈海比丘书。补白云禅师示众、我事学经等。

收藏单位：重庆馆

01677

政治 慈忍室主人编辑 （释）太虚审定

上海：佛学书局，1930.10，186 页，32 开（海潮音文库 第 1 编 佛学通论 11）

本书共 21 篇，内容包括：拟修改管理寺庙条例私议、佛教僧寺财产权之确定、二十世纪求治之根本、东西学术及政治谈、佛化与社会主义、寺院法之研究等。

收藏单位：北大馆、重庆馆、国家馆、上海馆

01678

支那内学院

出版者不详，[1920—1929]，12 页，18 开

本书叙述支那内学院的沿革及概况。

收藏单位：上海馆、浙江馆

01679

支那内学院概览 ［支那内学院］编

［南京］：［支那内学院］，1931，8 页，25 开

本书叙述该院沿革及概况。

收藏单位：广西馆、国家馆

01680

支那内学院缘起叙

出版者不详，[1938]，[36] 页，16 开

本书介绍该院缘起。附录支那为文明之美称解。写叙时间为"释迦应世二千九百四十五年戊午"。

收藏单位：南京馆

01681

支那内学院院录 支那内学院编

南京：出版者不详，1925，10 页，16 开

出版者不详，1926.9，19 页，18 开

本书叙述支那内学院的沿革及概况。内有沿革、组织大纲、现况一览表、在学人数省别统计表、今后四年计划书。

收藏单位：重庆馆、浙江馆

01682

中国佛教学院章程学则汇编 ［中国佛教学院］编

［中国佛教学院］，54 页，32 开

本书内容有该学院董事题名录、董事会章程及各项学则。

收藏单位：国家馆

01683

中国佛学会筹备之初步

中国佛学会筹备处，1928.7，20 页，32 开

收藏单位：南京馆

01684

中华佛教总会联合蒙藏事实记（1913 年 4 月至 11 月） 中华佛教总会编

北京：中华佛教总会，1914，120 页，25 开

本书记录 1913 年 4—11 月间，中华佛教总会与蒙藏佛教组织间的往来事实。内容有呈文、上书、公函、牒文、照会等。书前有袁世凯像及题辞。

收藏单位：国家馆

01685

中华黄卍字会收容所征信录　中华黄卍字会编

上海：中华黄卍字会，1938，33 页，25 开

该所为一佛教慈善机构。本书内含该收容所收支清册、各户捐款清单、给养物品捐入清单、拨助各善团物品清单等。

01686

中华黄卍字会文志（民国二年九月起三年九月止）（释）清海编

出版者不详，1914，[140] 页，32 开

黄卍字会为佛教组织。本书为该会 1913 年 9 月至 1914 年 9 月的文志，内容有祝词、论说、公函、章程等。书前有中华佛教总会正会长章嘉呼图克图像等。

01687

组织佛教正信会为在家众之统一团体　（释）太虚著

汉口：佛教正信会，1930，8 页，32 开

本书介绍佛教正信会的性质、组织、章程等。

收藏单位：上海馆

对佛教的分析和研究

01688

包乐登氏演讲录　（英）包乐登（B. L. Broughton）讲

上海：世界新闻社，1933，18 页，32 开

本书为包乐登（英国大菩提会副会长）在天津佛教功德林所做的演讲录。书后附《佛教徒应具之崇高佛大人格》《发菩提心论发心品、愿誓品表记》（圆净编）。

收藏单位：国家馆

01689

北平图书馆藏西夏文佛经小记　周叔迦著

[北平]：[国立北平图书馆]，[1930]，55—64 页，18 开

本书为周叔迦对西夏佛经的整理笔记，有助于读者了解西北民族宗教。

收藏单位：国家馆

01690

慈航渡世问答

出版者不详，1947，14 页，32 开

收藏单位：广东馆

01691

从世界危机说到佛教救济　（释）太虚讲　金书琴　金小琴记录

上海：佛学书局，1933.5，28 页，36 开（佛学小丛书）

本书为太虚法师在华北居士林的讲演录。论述以佛教的思想、善德，及致善的实践来挽救世界政治经济危机。

收藏单位：国家馆

01692

读经随笔　（释）倓虚著

青岛：湛山寺印经处，[1942]，30 页，22 开

本书包括一切唯心说、如来十种通号释义、释一切法皆是佛法真义、如来藏妙真如性释义、说佛、释佛法原义等篇。

收藏单位：河南馆、内蒙古馆

01693

读经随笔　（释）倓虚著

出版者不详，24 页，22 开

收藏单位：国家馆

01694

读经自录　[吴止禅]著

出版者不详，32 页，25 开

本书谈学佛的心得。

收藏单位：国家馆、南京馆

01695
发心学佛因缘集（第1编） 佛学书局编辑所
编辑
上海：佛学书局，1933，再版，86页，32开
　　收藏单位：广东馆

01696
法味　尤雪行编述
上海：佛学书局，1930，104页，22开
　　本书摘录《百喻经》中的一些段落，阐
述佛教道理。内容包括：痴人说饼、农夫献
乳、呆汉食盐、爱子受刑、贪夫灌蔗等。
　　收藏单位：国家馆、辽宁馆

01697
法味　尤雪行编
苏州：弘化社，1931.5，3版，104页，22开
苏州：弘化社，1933，4版，104页，22开
苏州：弘化社，1936，5版，104页，22开
　　收藏单位：重庆馆、广西馆、桂林馆、国
家馆、河南馆、南京馆、内蒙古馆、上海馆、
绍兴馆、首都馆

01698
法味　尤雪行编述
上海：中华书局，1939.5，76页，32开

01699
法味　尤雪行编述　（释）印光鉴定
上海：大雄书局，1949.3，4版，104页，22开
　　收藏单位：国家馆

01700
法味
[上海]：佛学推行社，1921，2版，[80]页，
22开
　　收藏单位：河南馆

01701
**反宗教声中之佛教辨（佛教有宗教之精神而
无宗教之流弊）**（释）满智著

上海：佛学书局，1931.5，32页，36开（佛学
小丛书）
上海：佛学书局，1934.12，2版，32页，36开
（佛学小丛书）
　　作者认为，国人对佛教的认识，不谓为
悲观主义的消极厌世，即谓为精神化的道学
及一神多神之宗教。本书针对这种认知，对
佛教是怠惰的、机械的、迷信的、消极的、
偶像的、作伪的、重理想的、轻现世的几个
非难进行辩论。
　　收藏单位：国家馆、上海馆

01702
佛典泛论　吕徵著
上海：商务印书馆，[1925]，36页，16开，环
简页装
　　本书共5章：佛典之构成、佛典之流传、
佛典之翻译、佛典之重编、佛典之印刻。书
后附主要参考书籍及论文。
　　收藏单位：国家馆、浙江馆

01703
佛典略说（一名，佛藏略考）　梅光羲编
上海：佛学书局，1933，64页，36开（佛学小
丛书）
　　本书内容包括：藏经之意义、结集、流
传、汉译、目录、开雕、组织、要素以及各
宗典籍之要点等。
　　收藏单位：上海馆、首都馆

01704
佛典之结集　佛学书局编辑部编述
上海：佛学书局，1932.1，27页，64开（佛学
故事丛书）
　　本书简介有关佛典结集的经过。
　　收藏单位：贵州馆、国家馆

01705
佛法究竟义及相似义　欧阳渐讲　蒋唯心记
南京：金陵大学文学院，[1935]，10页，16开
　　本书为1935年3月23日在金陵大学的
演讲录。正文前题：佛法之究竟目的为转移。
附《谈相似法流》。著者原题：欧阳竟无。

收藏单位：国家馆、天津馆

01706

佛法说地　佛学书局编辑部编

上海：佛学书局，1931.6，22 页，64 开（佛学小丛书）

　　本书介绍佛法中关于地的知识，分南洲阎浮提、北洲郁单日两部分。

　　收藏单位：国家馆、南京馆

01707

佛法谈天　佛学书局编辑部编

上海：佛学书局，1931.6，26 页，64 开（佛学小丛书）

　　本书介绍佛法中关于天的知识，分三界诸天、天象两部分。

　　收藏单位：国家馆

01708

佛法万能中之科学化　杨棣棠著

上海：佛学书局，1932.1，重排，36 页，36 开（佛学小丛书）

上海：佛学书局，1933.12，再版，36 页，64 开（佛学小丛书）

　　本书宣传佛法万能。书后附《二十世纪文化之大潮流当以佛法为归墟论》。

　　收藏单位：国家馆、江西馆

01709

佛法万能中之科学化　杨棣棠著

上海：世界佛教居士林，25 页，32 开（佛学小丛书）

　　本书宣传佛法万能。

　　收藏单位：首都馆

01710

佛法与科学　王小徐著

上海：佛学书局，1929.11，47 页，32 开

上海：佛学书局，1931.2，再版，42 页，32 开

　　本书说明佛法与科学的关系。收有佛法之科学的说明、科学之根本问题等。书后附作者旅欧通信。

　　收藏单位：河南馆、内蒙古馆、浙江馆

01711

佛法与科学　王小徐著

上海：美成印刷所，1929.11，47 页，32 开

　　收藏单位：上海馆

01712

佛法与科学之比较研究　王季同著

上海：佛学书局，1937，5 版，45 页，16 开

　　本书内收短论 10 篇，内容包括：《佛法与科学》《答管义慈》《读"唯物史观与社会学"》《科学之根本问题》《答葛志亮君佛教疑问》等。书前有蔡元培、胡适序及著者自序。

　　收藏单位：广西馆

01713

佛法与科学之比较研究　王季同著

上海：国光印书局，1932，45 页，16 开

上海：国光印书局，1932.11，再版，45 页，16 开

上海：国光印书局，1933，3 版，44 页，16 开

　　收藏单位：广东馆、桂林馆、国家馆、江西馆、内蒙古馆

01714

佛法与科学之比较研究　王季同著

外文题名：Comparative study of Buddhism and sciences

苏州：弘化社，1932.9，45 页，16 开

苏州：弘化社，1932，再版，[19]+45 页，16 开

苏州：弘化社，1933，3 版，[19]+45 页，16 开

苏州：弘化社，1935.12，4 版，45 页，16 开

　　收藏单位：重庆馆、河南馆、南京馆

01715

佛法与科学之比较研究　王季同著

外文题名：Comparative study of Buddhism and sciences

上海：开明书店，1932，45 页，16 开

上海：开明书店，1932.9，修正再版，45 页，16 开

　　收藏单位：广东馆、国家馆、内蒙古馆、中科图

01716

佛法真义　王恩洋述

[南京]：支那内学院，1923，再版，50 页，32 开

　　本书内容包括：佛法诠释、唯识义、三性义、法尔如是义、学佛方法、大乘精神、明内宗差别等。

　　收藏单位：重庆馆、桂林馆、南京馆、天津馆、中科图

01717

佛家忏悔主义　（释）常惺讲

上海：佛学书局，1933，16 页，50 开（佛学小丛书）

　　本书为常惺法师在北平朝阳大学讲演录。论述佛教的人生观及忏悔真义。

　　收藏单位：国家馆、人大馆、上海馆、天津馆

01718

佛教的真面目　佛青少年部编

上海：大雄书局，83 页，32 开

　　收藏单位：南京馆、内蒙古馆

01719

佛教根本思想概说　梁启超著

上海：大法轮书局，1948.7，32 页，64 开（法轮小丛书）

　　本书为梁启超的《佛学演讲录》。

　　收藏单位：江西馆、上海馆

01720

佛教科学观　尤智表著

上海：大雄书局，1949.9，55 页，32 开

　　本书认为佛教不是迷信，而是破除迷信最彻底的学理，是宇宙人生的真理。内容包括：佛教是纯理智的宗教、佛教的研究精神、佛教的平等观等。

　　收藏单位：江西馆、内蒙古馆、天津馆

01721

佛教科学观

出版者不详，[1930—1939]，48 页，32 开

　　收藏单位：浙江馆

01722

佛教群疑杂释

出版者不详，1 册，22 开

　　本书为《威音》第 73—77 期合订本。

　　收藏单位：首都馆

01723

佛教人乘正法论　（释）太虚著

上海：佛学书局，1930.5，4 版，36 页，50 开

上海：佛学书局，1933.10，改排本，40 页，32 开（佛学小丛书）

　　人乘法为佛教五乘法之一，源于如来乘。本书介绍佛教人乘正法。共 15 部分，内容包括：信仰皈依三宝、三皈、五戒善法、在家六众信徒等。

　　收藏单位：辽宁馆、上海馆

01724

佛教人乘正法论　（释）太虚著

上海：世界佛教居士林，1928.5，36 页，64 开

上海：世界佛教居士林，1929.10，3 版，36 页，50 开

　　收藏单位：国家馆、南京馆、浙江馆

01725

佛教人乘正法论　（释）太虚著

汉口：天利印刷商店，1935，5 版，34 页，64 开

　　收藏单位：重庆馆

01726

佛教人乘正法论　（释）太虚著

中国佛学会，1943，7 版，17 页，32 开

　　收藏单位：重庆馆、国家馆

01727

佛教是这样的答或人问

威远中峰寺，19 页，25 开

　　收藏单位：广西馆

01728

佛教调正（佛法判摄）（释）太虚讲 （释）心月 （释）演培记

出版者不详，34 页，64 开

　　本书为太虚法师在汉藏教理院暑期训练班的演讲。内容有对于一切佛法的看法、精诚团结与佛教之调整等。

01729

佛教为世界之希望（中英对照）（英）包乐登（B. L. Broughton）讲 张爾云译

外文题名：Buddhism, the hope of the world

出版者不详，[40] 页，32 开

　　收藏单位：上海馆

01730

佛教研究之大方针 （日）木村泰贤述

出版者不详，1924.7，33 页，32 开

　　本书先就研究趋势、学术风气、文献材料、参照学科等方面谈论当时佛教研究的状况、所应具备之常识与关联学科等问题；继而就历史、教理、实际等三大部门讲授佛教研究所应照顾的原则；最后提出平面之全体研究与立体之全体研究两种佛教研究的进路。

　　收藏单位：上海馆

01731

佛教与基督教 胡焕堂编著

陕西：兴平县金郭寨教会，1941，22 页，32 开（布道丛书）

　　本书内容包括：佛教的产生、佛教的教义、释伽与耶稣、佛教与基督教的比较等部分。

　　收藏单位：南京馆

01732

佛教与民主 本朴著

上海：大法轮书局，1948，20 页，32 开

　　本书认为佛教具有民主思想。其任务应当是：为教内的民主而努力、为国内的民主而努力、为世界的民主而努力。

　　收藏单位：上海馆

01733

佛教与现代思潮 （释）佛悦著 王锡尉校

怀宇县佛教会迎江寺，1946.5，82 页，25 开

　　收藏单位：江西馆

01734

佛能 张一留著

上海：大法轮书局，1948，48 页，64 开（法轮小丛书）

　　本书讲述佛力的无量无边，能利益万物，能知能见，能轮能化，能平能安等。

　　收藏单位：上海馆

01735

佛书答问 佛学研究社编

上海：佛学书局，1938.12，2 册（186 页），32 开（佛学讲义 9—10）

　　本书为佛书知识问答。全书分 2 册，共 4 编：藏经答问、三藏经典答问、各宗要典答问、佛教通典答问。

　　收藏单位：北师大馆、广东馆、国家馆、上海馆、首都馆、天津馆

01736

佛学借镜 黄炟元编

出版者不详，1933，186 页，16 开

　　收藏单位：南京馆

01737

佛学借镜 梦度居士编纂 黄运昌校

考试院印刷所，1934.11，414 页，16 开

　　收藏单位：北师大馆、上海馆

01738

佛学伪书辨略 李翊灼著

出版者不详，40 页，16 开

　　本书对《占察善恶业报经》《大佛顶如来密因修证了义诸菩萨万行首楞严经》《梵网经卢舍那佛说菩萨心地戒品第十》《大乘起信论》（梁真谛译本）、《大乘起信论》（实叉难陀译本）、《大宗地玄文本论》《释摩诃衍论》7 部佛教经、律、论书进行辨伪，对旨趣、义旨、译人、序记及伪托之意义一一考述。

收藏单位：北师大馆、国家馆、南京馆

01739

佛学研究 （法）普纪吕司基（M. Przyluski）
著　冯承钧译

上海：商务印书馆，1930.10，118 页，32 开（尚
志学会丛书）

上海：商务印书馆，1932.12，国难后 1 版，118
页，32 开（尚志学会丛书）

上海：商务印书馆，1935，国难后 2 版，118
页，32 开（尚志学会丛书）

　　本书共 4 章：佛入涅槃前最后之巡历、佛
经原始诵读法、印度佛教数种职名考、那先
比丘经中诸名考。

　　收藏单位：重庆馆、广东馆、贵州馆、
桂林馆、国家馆、湖南馆、江西馆、南京
馆、内蒙古馆、山东馆、上海馆、天津馆、
浙江馆

01740

佛学研究十八篇　梁启超著

上海：中华书局，1936.3，2 册，32 开

上海：中华书局，1941.4，3 版，2 册，25 开

　　本书收录佛学论著 18 篇，内容包括：《中
国佛法兴衰沿革说略》《佛教教理在中国之发
展》《翻译文学与佛典》《佛典之翻译》《读
异部宗轮论述记》《说四阿含》《说大毗婆
沙》等。附录 4 篇《大乘起信论考证序》《佛
教心理学浅测》《支那内学院精校本玄奘传书
后——关于玄奘年谱之研究》《大宝积经迦叶
品梵藏汉文六种合刻序》。

　　收藏单位：重庆馆、国家馆、湖南馆、江
西馆、辽大馆、南京馆、山东馆、上海馆、
首都馆、武大馆、西南大学馆

01741

佛学与人生　岑学吕演讲　潘渭涵笔记

出版者不详，1946，46 页，32 开

　　本书为 1945 年冬，作者应学佛友人之请
演讲佛法的讲义。

　　收藏单位：广东馆

01742

佛学宇宙观

出版者不详，24 页，32 开

　　收藏单位：上海馆

01743

佛游天竺记考释　岑仲勉著

上海：商务印书馆，1934.10，140+16 页，32
开（国学基本丛书）

上海：商务印书馆，1935，再版，140+16 页，
32 开（国学基本丛书）

　　本书就《佛游天竺记》中的人物、时间、
地点等进行考证。书后有附录和异名汇录。

　　收藏单位：重庆馆、东北师大馆、广东
馆、贵州馆、国家馆、湖南馆、江西馆、近
代史所、辽大馆、南京馆、宁夏馆、山东馆、
上海馆、绍兴馆、首都馆、天津馆、西南大
学馆、浙江馆、中科图

01744

感应因果合编

抱道堂，1930，1 册，25 开

　　收藏单位：广东馆

01745

海沤集　福严著

上海：福慧兰若，1948，110 页，32 开

　　本书分上、下卷，分别收有关佛教的诗
偈及杂录。

　　收藏单位：内蒙古馆、上海馆、绍兴馆

01746

和平之音　苦行著述

上海：世界佛教居士林，1941.12，50 页，32
开

　　收藏单位：南京馆、上海馆

01747

鸿嗷辑　郭介梅著述

上海：国光印书局，1934.9，104 页，22 开

　　本书收录劝善止恶的文章。

　　收藏单位：广东馆

01748

鸿嗷辑（卷1树德） 郭介梅著

[中国济生会]，1934，102 页，22 开

收藏单位：首都馆

01749

华译信心的提倡 （日）晓乌敏著

天津：太田外世雄 [发行者]，1931.6，50 页，32 开

本书为汉译佛教研究读本。

收藏单位：国家馆

01750

华译信心的提倡 （日）晓乌敏著

京都：香草舍，1939，50 页，32 开

收藏单位：国家馆、人大馆

01751

化善灵丹

出版者不详，[1936]，28 页，32 开

本书托名济公活佛示训，讲解忠孝节义。

收藏单位：广东馆

01752

基督徒之佛学研究 王治心编 （挪）艾香德（Karl Ludvig Reichelt）校勘

外文题名：A Christian study of buddhism

上海：广学会，1924.11，118 页，32 开

本书介绍佛教，重在基督教与佛教之比较，内容包括佛教的历史、佛教的宇宙观、佛教的人生观等。书前有序两篇。

收藏单位：国家馆、山东馆、上海馆

01753

即人成佛的真现实论 （释）太虚著述 许止烦校订

成都：佛化印书局，1933，24 页，64 开

本书阐述"直依人生增进成佛"的理论。

收藏单位：重庆馆

01754

经济学与佛学 周克明著

上海：佛学书局，1931，132 页，32 开（佛学百科丛书）

本书用佛学理论来解释各派经济学理论。共分 19 章，内容包括：经济学之目的及范围、经济学独立成学科之利弊、佛学与罗马思想家之生命观、佛学与社会主义之比较、佛学与无政府主义之比较等。

收藏单位：贵州馆、江西馆、首都馆

01755

"救主"的光辉 虚心著

汉口：伟伦印书馆，1935，[100] 页，64 开

本书阐述佛、耶、道三教意义和修行要义。从 10 个方面讲述佛，10 个方面讲述耶稣教义，以及从 16 个方面讲述道。最后以立本、修身、建功和成终为结束。

收藏单位：国家馆

01756

科学 慈忍室主人编辑 （释）太虚审定

上海：佛学书局，1930.10，152 页，32 开（海潮音文库 第 1 编 佛学通论 1）

上海：佛学书局，1933，再版，152 页，32 开（海潮音文库 第 1 编 佛学通论 1）

本书共 17 篇，内容包括：轮化论与不生不灭之研究、说四度以上的事、科学的无我观等。书前有慈忍室主人海潮音文库编发大意。

收藏单位：北大馆、重庆馆、国家馆、宁夏馆、上海馆

01757

科学与佛学 胡超伍著

上海：新声书局，1932.7，82 页，32 开

本书阐述佛学与科学的关系，共 14 章，内容包括：科学、佛学、纯粹佛学、应用佛学、物理化学与佛学、生理学与佛学、心理学与佛学等。另附佛心经亦大随求陀罗尼六印。书前有作者序。

收藏单位：重庆馆、广西馆、贵州馆、国家馆、山东馆、首都馆、浙江馆

01758

课余觉语 张仲如述

上海：佛学书局，1935.6，67页，32开

本书为演讲节录，论及以佛教的道理正人心，救国家。正文前题：张仲如先生说（民国九年），南开、燕京两大学诸生辑。

收藏单位：国家馆、南京馆、上海馆、首都馆

01759

历代藏经考略　叶恭绰著

出版者不详，[1936]，25—42页，16开

本书考述我国历代收藏佛教经卷。卷末附影印经文真迹20页。为《张菊生先生70生日纪念论文集》抽印本。

收藏单位：国家馆、上海馆、浙江馆

01760

莲花色尼出家因缘跋　陈寅恪著

北平：国立清华大学，1933，39—46页，16开

本文为莲花色尼出家缘由的考证。

收藏单位：国家馆

01761

灵峰儒释一宗论　（明释）智旭著　江谦选

上海：道德书局，[1941]，[422]页，25开（阳复斋丛刊）

本书内含书、论、序、跋、疏、传、诗偈等。儒释一宗论，即主张"合老与孔，皆儒也。合儒与佛，皆一宗也。即为心一宗也"。书前有《江易园居士传》、阳复斋丛刊编辑缘起序。

收藏单位：江西馆、内蒙古馆、上海馆

01762

论梵文 td 的音译　季羡林著

北平：北京大学出版部，1948.12，38页，16开

本书论述佛经梵文"td"的译音问题。

收藏单位：天津馆

01763

论佛书稿　杨棣棠著

上海：世界佛教居士林，1927.8，2册，25开

本书收论述佛学的书信多篇。有答佛化新青年会书、上从叔少逸论佛法书、答世界佛教居士林书四等。

收藏单位：上海馆

01764

论佛书稿（第 1 集）　杨棣棠著

上海：世界佛教居士林，1924，再版，114页，22开

上海：世界佛教居士林，1929，3版，[114]页，22开

收藏单位：国家馆、辽宁馆、南京馆、首都馆

01765

论佛书稿（第 2 集）　杨棣棠著

上海：佛学书局，1930，3版，1册，22开

收藏单位：首都馆

01766

论佛书稿（第 2 集）　杨棣棠著

上海：世界佛教居士林，1册，22开

收藏单位：首都馆

01767

论佛书稿（第 3 集）　杨棣棠著

上海：世界佛教居士林，1927.8，26页，25开

收藏单位：国家馆

01768

略论佛法要义　王季同编

上海：佛学书局，1941，58页，36开（佛学小丛书）

本书论述研究佛经的方法。书前有《略论佛法要义刊行序》。

收藏单位：国家馆、内蒙古馆、上海馆

01769

秘密真机　水精子著

重庆：德合石印局，1930翻印，27叶，32开，环筒叶装

本书收《火精古佛三期龙华连环调》《济世藏头诗十二首》等。

收藏单位：重庆馆

01770

闽南佛学院特刊 （释）文涛 （释）印明编
厦门：闽南佛学院，1943，80 页，16 开

　　本书内容包括：时事谈、佛学研究、散文、小说等。

　　收藏单位：国家馆

01771

末后之了义 郭慧浚编
[芬陀利室]，1937，48 页，32 开

　　本书集王日休、白普仁喇嘛、印光法师、弘一法师等人对有关"死"的问题的讨论文章。

　　收藏单位：上海馆

01772

拿学理来研究迷信捐 黄健六撰
安徽省佛教会，[1929]，18 页，32 开

　　本书说明佛教非迷信，反对收迷信捐。

　　收藏单位：国家馆

01773

辟妄 熊东明著
[苏州]：出版者不详，1935.6，21 页，32 开

　　本书内容包括：辟中日佛教学会、闲辟中日佛教学会及诸妄论两篇。出版年据写作时间。

　　收藏单位：重庆馆、国家馆、南京馆

01774

辟妄 （明）徐光启著
兖州：天主堂，1929，4 版，活版，27 页，50 开
兖州：天主堂，1933，5 版，活版，27 页，50 开

　　本书批驳佛教教理。共 8 节：破狱、施食、无主孤魂血湖、烧纸、持咒、轮回、念佛、禅宗。目录页题：辟释氏诸妄。

　　收藏单位：国家馆

01775

辟妄 （明）徐光启著
上海：土山湾印书馆，1931，4 版，17 页，32

开
上海：土山湾印书馆，1935，5 版，20 页，32 开

　　收藏单位：国家馆

01776

辟耶篇 聂其杰著
上海：聂氏家言旬刊社，1927.10，128 页，32 开
上海：聂氏家言旬刊社，1928，增编再版，142 页，32 开

　　本书宣传佛教与儒家学说，反击基督教。内有宗教辨惑说、儒家畏天命耶教祷谢上帝辨、明害篇、破迷篇、论耶教致祸之故、上帝主宰说辨惑、佛化基督教序等 14 篇。

　　收藏单位：上海馆、浙江馆

01777

评进化论生命及道德 景昌极述
上海：大法轮书局，1948，80 页，64 开
　　本书以佛教观点批评达尔文的进化论。
正文前题：评进化论（生命及道德之真诠）。

　　收藏单位：上海馆

01778

评进化论生命及道德 景昌极述
出版者不详，[1920—1949]，50 页，16 开（佛法浅释）

　　收藏单位：国家馆

01779

菩萨学处 （释）太虚著
上海：中国佛学会上海分会，1948.2，56 页，64 开（法轮小丛书）

　　本书为太虚法师于 1947 年在宁波延庆寺的讲演录。

　　收藏单位：上海馆

01780

菩萨学处 （释）太虚著　无言记述
上海：大法轮书局，1948，56 页，64 开（法轮小丛书）
上海：大法轮书局，1948，再版，50 页，64

开（法轮小丛书）

收藏单位：广西馆

01781

乔答摩底死　江绍原著

北京：北京大学出版部，1920.7，52页，25开

　　本书是对《佛垂般涅槃略说教诫经》（或称《佛遗教经》）的考据。书前有胡适、仲九的序各一篇。

收藏单位：北师大馆、国家馆

01782

劝惩什抄　沈彬翰编

上海：佛学书局，1936，136页，32开

收藏单位：广东馆

01783

人生　慈忍室主人编辑　（释）太虚审定

上海：佛学书局，1930.10，256页，32开（海潮音文库 第1编 佛学通论4）

上海：佛学书局，1933，再版，255页，32开（海潮音文库 第1编 佛学通论4）

　　本书共30篇，内容包括：人生问题之解决、生死问题之一解、近代人生观的评判等。

收藏单位：北大馆、国家馆

01784

人生的意义何在?　（释）常惺讲　金书琴等记

[北平]：华北居士林，34页，64开

　　本书为在华北居士林关于佛教人生观的讲演。大意为：只有在万法唯识的认识基础上发菩提心、菩萨行，才能得到长久快乐的人生真义。

收藏单位：国家馆

01785

人生的意义何在?

南昌：出版者不详，12页，16开（南昌市诸那学会佛学丛书）

收藏单位：江西馆

01786

人生学　王恩洋著

[内江]：东方文教研究院，1945.5，4册，18开（文教丛书 第14种）

　　本书为《人生学》一书的全编本，共4册:《人生之实相》《儒学大义》《解脱道论》《大菩提论》。

收藏单位：重庆馆、国家馆、吉林馆、上海馆

01787

人生学　王恩洋著

上海：佛学书局，1934.12，4册，18开

收藏单位：重庆馆、国家馆、内蒙古馆、山东馆、上海馆、浙江馆

01788

人生学（大菩提论）　王恩洋著

上海：佛学书局，1934.12，318页，18开

　　本书为《人生学》第4编，内含大士行、大士行果两部分。大士行包括：总持、体量、愿求、正行、惠施、净戒、安忍、精进、静虑、智慧、六度抉择、正行清净；大士行果包括：五位、十三位、大涅槃、大菩提、法身、人生学。附论中国之宗教。书后有跋和后序。

收藏单位：国家馆、南京馆、山东馆、山西馆、上海馆、首都馆、天津馆、中科图

01789

人生学（解脱道论）　王恩洋著

上海：佛学书局，1934.12，160页，18开

　　本书为《人生学》第3编。介绍佛教的出世间学。

收藏单位：重庆馆、国家馆、南京馆、山东馆、上海馆、首都馆、天津馆

01790

人生学（人生之实相）　王恩洋著

上海：佛学书局，1934.12，124页，18开

　　本书为《人生学》第1编。共7篇：人生之实相、人生之谬执、人生之目的、人生之矛盾、人生之两重性格、人生因果之通于三世（附评进化论之无据）、人生之正道。书前

有作者前言。

　　收藏单位：重庆馆、国家馆、南京馆、上海馆、首都馆、天津馆

01791

人生学（世间论）　王恩洋著

上海：佛学书局，1937.1，124页，18开

　　本书为《人生学》第2编。分价值论、本体论、缘起论、出离论、无住涅槃论5章，讲述佛法中的宇宙论及人生论。

　　收藏单位：广东馆、国家馆

01792

儒佛合一救劫编　江谦编著

上海：中国儒佛合一救劫会，1935.3，2册（270+110页），18开

上海：中国儒佛合一救劫会，1936.4，再版，3册（[514]页），22开

　　本书上册讲修行、戒杀及断释、儒、道三教纷争以救劫的理论。中册用佛理解释《四书》及《周易》。下册为编者的救劫杂著及诗歌。卷首有编辑指要。版权页编著者题：阳复居士。

　　收藏单位：广西馆、国家馆、江西馆、上海馆、首都馆

01793

儒佛一宗主要课讲义　江谦讲　游有维记

上海：灵峰正眼印经会，1947.9，56页，25开（阳复斋丛书12）

　　本书以儒佛合一的理论，讲解孔门《大学》首章及佛教的部分经文偈语。书前有兴慈序。

　　收藏单位：国家馆、江西馆、南京馆、上海馆、浙江馆

01794

三宝歌广释　（释）尘空著

上海：大法轮书局，1948，50页，64开（法轮小丛书）

　　本书介绍太虚大师所作《三宝歌》，并逐句解释。

　　收藏单位：广西馆、南京馆、上海馆

01795

社会学　慈忍室主人编辑　（释）太虚审定

上海：佛学书局，1930.10，144页，32开（海潮音文库 第1编 佛学通论8）

　　本书共19篇，内容包括：以佛法解决现世困难、人工与佛学之新僧化、真正佛学家当为世界大劳动家等。

　　收藏单位：北大馆、重庆馆、国家馆、上海馆、首都馆

01796

声明略　吕澂著

南京：支那内学院，1923，44页，16开（支那内学院杂刊）

　　本书研究梵语和佛经中有关音义。

　　收藏单位：重庆馆、上海馆、天津馆

01797

世间三大势力　清净讲

北平：三时学会，1927.1，10页，32开

北平：三时学会，1934，再版，10页，32开

　　本书为在东亚佛教大会的演讲。论及名言势力、业势力、我见势力。

　　收藏单位：国家馆、首都馆

01798

世界成坏（录经律异相）　佛学书局编辑部编

上海：佛学书局，1931.6，14页，36开（佛学小丛书）

　　本书介绍佛教的小三劫、大三劫。

　　收藏单位：国家馆

01799

释悲

出版者不详，32页，32开（支那内学院杂刊）

　　本书介绍佛教对"悲"的解释。

　　收藏单位：重庆馆、南京馆

01800

释教文范　东莲觉苑 [编]

出版者不详，1937，125页，32开

　　本书为佛教历代大德的文学作品集。

　　收藏单位：广东馆

01801

释教正谬

广州：美华浸会印书局，1921.6，40 页，50 开

本书为基督教与佛教辩论之书，分为 10 章：论经典、论教乘、论释迦牟尼、论轮回、论三宝、论沙门、论十恶、论功德、论偶像、论净土。

收藏单位：山东馆

01802

书梁漱溟所著书后　（释）道同著

出版者不详，[1930—1939]，8 页，25 开

本书为对梁漱溟佛学思想的评论。

收藏单位：国家馆

01803

谈空篇　李圆净著

上海：佛学书局，1931.10，44 页，64 开（佛学小丛书）

本书专论佛学中的"空"，共 8 章：法义、世界、教观、行果、人物、喻言、泯迹还原、空有对待。

收藏单位：国家馆、上海馆

01804

谈真录

出版者不详，24 页，32 开

本书为宣扬佛法佛理的书。

收藏单位：重庆馆

01805

讨论集　（释）太虚审定　范古农校订

上海：佛学书局，1932.8，2 册（246+280 页），32 开（海潮音文库 第 3 编 佛学足论 6）

本书上册收：佛学谈、佛学解答、大乘非佛说辨、佛学抉择论等讨论文章；下册辑妙观等人佛学论著及书简等 46 篇。

收藏单位：广东馆、国家馆、宁夏馆、上海馆、首都馆

01806

天眼通原理　冯宝瑛编述

上海：佛学书局，1932.1，50 页，36 开（佛学小丛书）

上海：佛学书局，1934.12，再版，50 页，36 开（佛学小丛书）

天眼通是佛家的六通（天眼、天耳、他心、宿命、神境、漏尽）之一。本书介绍有关天眼通的知识，内容包括：绪论、远近均见、彼此均见、微著均见、通塞均见、明暗均见、三世均见、结论。

收藏单位：广东馆、国家馆

01807

为什么要欢迎太虚法师？

北平：北平佛教会、华北居士林，[1930]，26 页，16 开

本书收录太虚讲演 3 篇：佛学在今后人世之意义、佛学的人生观、在法国巴黎哲人厅讲。书前有《为什么要欢迎太虚法师》短文一篇。书后有《太虚法师小传》。

收藏单位：国家馆

01808

伟大的佛教　王恩洋讲　（释）寂高记

上海：大法轮书局，1948.7，22+10 页，64 开（法轮小丛书）

本书内容包括：伟大的佛教、阅墙与离间 2 篇。

收藏单位：广东馆、上海馆

01809

文化　慈忍室主人编辑　（释）太虚审定

上海：佛学书局，1930.10，174 页，32 开（海潮音文库 第 1 编 佛学通论 6）

本书共 21 篇，内容包括：西洋文化与东洋文化、东方文化的三大要素、佛教与今后中国之国民性等。

收藏单位：北大馆、国家馆、吉大馆、上海馆

01810

闻道子讲道精华录　[杨闻道]讲　[张剑琴]记录　游初白纂辑

出版者不详，[1939]，98 页，16 开

本书分上、中、下 3 卷。上卷释儒，有

三教旨归一本论、释河图洛书变化之理、释儒家求仁之义等篇；中卷释佛，包括解说佛家证登彼岸要义等；下卷释道，含道家清净经精义概说等篇。出版年据张菊人序。

收藏单位：国家馆

01811

我的慈悲主义 （释）茗山著

上海：大法轮书局，1948，32 页，64 开（法轮小丛书）

本书为作者专论，旨"认识慈悲，倡导慈悲，力行慈悲"。书前有园湛法师序。

收藏单位：上海馆

01812

我的慈悲主义 （释）茗山著

镇江：中流月刊社，1948.6，23 页，64 开（中流丛书）

收藏单位：国家馆

01813

无我与群治 梁启超著

上海：大法轮书局，1949，32 页，64 开（法轮小丛书）

本书收佛学著作 2 篇：《说无我》《佛教与群治之关系》。

收藏单位：上海馆

01814

务本丛谭 郭介梅著

上海：国光印书局，1933，104 页

本书阐发敦伦尽分、闲邪存诚、诸恶莫作、众善奉行等事理，与发菩提心、自利利他、信愿念佛、求生西方等佛教法则。

收藏单位：南京馆

01815

心灯录 （清）湛愚老人著

出版者不详，[1947]，260 页，18 开

本书为佛学认识论方面的著作，内分 6 卷。

收藏单位：南京馆、上海馆、中科图

01816

心灯录 （清）湛愚老人著　万武眉批圈点

上海：大法轮书局，1947，影印本，462 页，32 开

收藏单位：桂林馆、上海馆、绍兴馆

01817

心筏 蔡慎鸣著

[涅槃学社]，1921，97 页，32 开（涅槃学社佛学丛书）

广州：涅槃学社，1924，3 版，[97] 页，25 开（涅槃学社佛学丛书）

涅槃学社，1925，4 版，100+38 页，25 开（涅槃学社佛学丛书）

[涅槃学社]，1930，5 版，97 页，32 开（涅槃学社佛学丛书）

本书为短论合集，书前有《般若波罗蜜多心经》及张德炳、沈允升等人的序 3 篇。

收藏单位：国家馆、江西馆、南京馆、山西馆、首都馆

01818

心镗 王骧陆著

天津：印心精舍，1928.2，58 页，32 开

天津：印心精舍，1928，2 版，58 页，32 开

本书为佛教对心的惶然变化的解释。

收藏单位：上海馆

01819

醒世迷编 郁荪纂著　刘鉁评订

上海：土山湾印书馆，1932.12 印，4 版，110 页，32 开

本书分上、下卷，收文 16 篇，内容包括：《佛有世系》《佛生》《佛死》《佛国不远》《佛教入中国之始》《佛教倡乱》等。

收藏单位：国家馆

01820

修道本源

外文题名：A Hanlin doctor's(Su Kwang H'i)defence of christian truth

广州：美华浸会印书局，1923.10，再版，46 页，64 开

本书收录徐光启本传及其所著《辟释氏诸妄》。

收藏单位：广东馆、桂林馆

01821

学佛六篇　聂其杰著

上海：聂氏家言旬刊社，1927.10，1 册，32 开

本书内容包括：劝研究佛法说、说习气、修慧说、说佛法之利益、因果之理必通三世说、业命说。

收藏单位：桂林馆、浙江馆

01822

学佛六篇　聂其杰著

贵阳：文通书局，1928，[97] 叶，32 开，环筒页装

本书书后附：王小徐先生科学之根本问题。

收藏单位：重庆馆

01823

学佛篇　聂其杰著

上海：聂氏家言旬刊社，1929，122 页，32 开

上海：聂氏家言旬刊社，1930，2 版，122 页，32 开

上海：聂氏家言旬刊社，1932.10，4 版，增订本，132 页，32 开

本书内容包括：劝研究佛法说、说习气、修慧说、说佛法之利益、因果之理必通三世说、业命说、第一次家庭学佛学会纪录、王小徐居士答葛志亮君佛教疑问、覆葛志亮君函、覆星加坡李俊承君函等。

收藏单位：重庆馆、国家馆、河南馆、江西馆、上海馆、天津馆

01824

学佛一得　（英）克兰柔著　悟虚译

北京：中国图书公司，[1927]，20 页，32 开

本书有班禅额尔德尼像及印章、伽耶城佛殿像、如来在鹿苑转法轮像等 10 幅照片。书前有王骧陆序。出版年据王序。

收藏单位：国家馆、首都馆

01825

研教与弘法　畏因等著

上海：大法轮书局，1948，59 页，64 开（法轮小丛书）

本书收《佛学研究之历史观》《用科学方法以整理佛学》等 5 篇论文。

收藏单位：上海馆

01826

燕居随稿（卷 1）　高观如著

[上海]：佛学书局，1939，102 页，25 开

本书为有关佛教的杂文集。

收藏单位：国家馆、首都馆

01827

杨汉公上业师书　杨汉公著

上海：佛学书局，苏州：弘化社，1934，28 页，22 开

本书为著者写给王敬夫的信，谈对佛学的见解。

收藏单位：国家馆、上海馆

01828

一桩轮回确证讨论集　王小徐编集

上海：大法轮书局，1948，40 页，64 开（法轮小丛书）

上海：大法轮书局，1948.2，40 页，64 开

上海：大法轮书局，1948.12，2 版，44 页，64 开

本书为有关因果轮回的讨论文集。书前有蔡元培序。

收藏单位：江西馆、上海馆

01829

印光法师文钞续编　（释）印光著

苏州：弘化社，上海：佛学书局，1940，2 册（[584] 页），16 开

本书分上、下两卷，内容包括：书、序、颂、杂著。

收藏单位：广东馆、国家馆、吉林馆、南京馆、内蒙古馆、上海馆、绍兴馆、首都馆

01830

幽冥问答录　黎澍口述　林黝襄手录

广州：黎澍 [发行者]，1944，坊本，20 页，
32 开

本书涉及"佛氏六道轮回之说""凡人世
百官司、冥间亦当仿佛""生灭、阳阴、幽
明、人鬼、皆对演而立"等内容。

收藏单位：重庆馆

01831

原始佛教思想论　（日）木村泰贤著　欧阳瀚
存译

上海：商务印书馆，1933.5，349 页，32 开（佛
学丛书）

本书共 3 篇：大纲论、事实世界观、理想
与其实现。每篇下分若干章节。

收藏单位：重庆馆、广东馆、广西馆、桂
林馆、国家馆、湖南馆、辽宁馆、南京馆、
宁夏馆、山东馆、上海馆、首都馆、天津馆、
浙江馆、中科图

01832

月溪法师讲佛教人生观　叶怀愍述

上海：出版者不详，1934，48 页，16 开

本书内容包括：人生只求衣食吗、究竟应
该怎样呢、苦乐从何而有、我们的心在那里
呢等。书前有月溪法师在大乘经典开讲前的
重要开示及述者序。

收藏单位：国家馆

01833

怎样来建设人间佛教?　（释）太虚讲　（释）
谈玄　（释）苇舫记

[汉口]：佛教正信会宣化团，1933，38 页，
32 开

本书反驳当时的各种学说，认为只有佛
教能救中国。

收藏单位：广西馆、上海馆

01834

怎样来建设人间佛教?　（释）太虚讲　（释）
谈玄　（释）苇舫记

重庆：汉藏教理院，1936，3 版，54 页，36
开

本书分 3 部分：从一般思想中来建设人间
佛教、从国难救济中来建设人间佛教、从世
运转变中来建设人间佛教。

收藏单位：重庆馆、南京馆

01835

张克诚先生遗著　张克诚著

出版者不详，[1922]，[336] 页，16 开
出版者不详，1922.5，136 页，16 开

本书内容包括张克诚先生传、成唯识论
提要十卷、百法明门论浅说一卷、印度哲学
二卷、心经浅说一卷。

收藏单位：重庆馆、国家馆、近代史所、
辽宁馆、南京馆、上海馆、首都馆、天津馆、
西南大学馆、浙江馆、中科图

01836

哲学　（释）太虚著

上海：佛学书局，1932.12，132 页，32 开（太
虚丛书）

本书阐述佛教哲学理论，内容包括：西
洋、中国、印度哲学的概观，国家观在宇宙
观上的根据，人生的佛学，佛法是否哲学，
身心之病及其医药等。

收藏单位：国家馆、河南馆、南京馆、上
海馆

01837

真现实论　（释）太虚著

上海、昆明：中华书局，1940.10，494 页，25
开

本书为上编：宗依论。共 5 章：能知现
实之方法、所知现实之成事、所知现实蕴素、
所知事素之关系、能知所知之决择。书前有
叙论。

收藏单位：重庆馆、东北师大馆、广东
馆、桂林馆、国家馆、江西馆、辽宁馆、南
京馆、上海馆、天津馆、西南大学馆、中科
图

01838

正信录　（清）罗聘著

上海：佛学书局，1931，74 页，25 开

上海：佛学书局，1935，4 版，73 页，25 开

　　本书分上、下两卷。引儒释之说，论述天堂、地狱、轮回、转畜、念佛、持咒、忏悔、恶道不可坠、佛法是平常心等。正文前有《罗两峰（聘）先生事略》及发刊序等。

　　收藏单位：国家馆、辽宁馆、南京馆

01839

正信录　（清）罗聘著

苏州：弘化社，1931.6，74 页，25 开

苏州：弘化社，1933，3 版，12+74 页，25 开

苏州：弘化社，1935.4，4 版，74 页，25 开

苏州：弘化社，1936，[5 版]，74 页，25 开

　　收藏单位：重庆馆、广东馆、广西馆、国家馆、江西馆、辽宁馆、山东馆、上海馆、首都馆、天津馆

01840

知己知彼　陈海量讲述

上海：大法轮书局，1946.10，104 页，32 开

上海：大法轮书局，1946.12，2 版，104 页，32 开

　　本书从析疑起信、学佛常识、佛化家庭、怎样弘法 4 部分论"知己"，从关于耶教、关于伊斯兰教两方面论"知彼"。书前有代序：世界学者对于佛教的批评。

　　收藏单位：重庆馆、广东馆、广西馆、国家馆、江西馆、南京馆、内蒙古馆、首都馆、浙江馆

01841

知己知彼　陈海量述

上海：大雄奋迅团、大雄书局，1948.3，4 版，103 页，32 开

　　收藏单位：上海馆

01842

中国佛教青年之前途　（释）惟贤著

合江（四川）：龙进庄，1947，再版，42 页，32 开

　　本书论述了新佛教运动的检讨、佛教青年问题的产生、佛教教理对青年之启示、中印史上佛教青年的模范、未来佛教的发展等问题。

　　收藏单位：重庆馆

01843

中国新基督学　[张纯一] 著

[上海] : [佛教精进社]，1927.3，[313] 页，20 开

　　本书为著者 3 部著作的合集。包括《改造基督教之讨论》《佛化基督教》《福音秘义》。从不同角度阐述用佛教改造基督教的观点。书前有聂其杰序及著者序。

　　收藏单位：国家馆

01844

转识论之研究　（日）林彦明著

东京：日华佛教教研会，1935.5，46 页，16 开

　　本书包括陈唐三十唯识论国译对照、与上海释太虚法师书、与北平三时学会清净居士书等内容。

　　收藏单位：近代史所、浙江馆

01845

转识论之研究（二民国学匠重译书柬）（日）林彦明国译对照

东京：总本山专修道场，1934.7，46 页，16 开

　　收藏单位：国家馆

01846

自由史观　（释）太虚著述

上海：佛学书局，1932.9，重版，70 页，32 开（太虚丛书）

　　本书共 6 章：绪言、古近人类专权制度之原理、近代自由运动及尚未成功之故、佛陀现实主义之自由原理、以自由史观完成近代之自由运动、结论。

　　收藏单位：国家馆、上海馆

01847

自由史观　（释）太虚著述

[上海] : 群众图书公司，1928.4，98 页，32 开

收藏单位：重庆馆、贵州馆、国家馆、河南馆、吉林馆、江西馆、南京馆、山西馆、上海馆、首都馆

01848

做什么　温光熹著

上海：大法轮书局，1948，53 页，64 开（法轮小丛书）

本书作者自言以唯物辩证法原理，解释佛教、佛法。

收藏单位：江西馆

佛教史

01849

阿那律富楼那　佛学书局编辑部编述

上海：佛学书局，1932.1，23 页，64 开（佛学故事丛书）

本书收集佛书中有关阿那律、富楼那的事迹。

收藏单位：国家馆

01850

阿难迦旃延　佛学书局编辑部编述

上海：佛学书局，1932.1，48 页，64 开（佛学故事丛书）

本书收集佛书中有关阿难、迦旃延的事迹。

收藏单位：国家馆、黑龙江馆、南京馆

01851

八指头陀评传　（释）大醒著

汉口：行愿庵，1935.4，203 页，32 开

本书介绍我国清代诗僧八指头陀（即黄读山）的身世、生活、道行、禅悟、法化、师资、友情、苦吟、年谱等。卷首有了空、张圣慧题辞。书末附著者跋。

收藏单位：国家馆、近代史所、南京馆、上海馆、浙江馆

01852

班禅大师全集　刘家驹编译

重庆：班禅堪布会议厅，1943.10，282 页，25 开

本书为西藏第九世班禅罗桑图丹曲吉尼玛纪念集。全书分历代班禅列传、第九世班禅生前事迹两部分，后者包括传法、演讲、文电三部分。卷首有国民政府褒扬令。

收藏单位：重庆馆、国家馆、近代史所、南京馆

01853

班禅东来记　招待班禅同人编

上海：世界书局，1925.6，[74] 页，18 开

本书为 1925 年初九世班禅游历北京、浙江纪念册。内容包括：西藏史略、南游纪事、班禅游普七日记、杭州欢迎班禅大会纪事、上海官商欢迎班禅之宴会、班禅法语汇辑、班禅招待纪略、班禅南游随从员名录等。

收藏单位：国家馆、人大馆、上海馆、浙江馆

01854

班禅事略　西藏班禅驻京办事处著

北平：西藏班禅驻京办事处，1938.3，14 页，32 开

本书记述第九世班禅的生平事迹。书前有班禅大师遗嘱、国民政府褒扬班禅大师令文。书后附班禅大师世系。

收藏单位：重庆馆、国家馆、南京馆

01855

宝静法师四十年中之过去幻痕尘影　香海莲社编

上海：佛学书局，42 页，32 开

本书为宝静法师传记。

收藏单位：上海馆

01856

北京市寺庙调查一览表（本市寺庙调查一览表）　北京市寺庙调查者编辑

北京：北京市寺庙调查者，油印本，1 册，16 开，环筒页装

本书调查北京市僧寺情况。

收藏单位：国家馆

01857

北平白塔妙应寺敬塔功德法会收支报告　北平白塔妙应寺敬塔功德法会编

北平：白塔妙应寺敬塔功德法会，[1936]，30页，16开

　　本书内有捐款人姓名及款额，该会支出项目及款额。

　　收藏单位：国家馆

01858

北周毁佛主谋者卫元嵩　余嘉锡著

北平：辅仁大学，[1931]，26页，16开

　　本书为北周还俗沙门卫元嵩的研究。共4部分：出处本末、上书请省寺减僧及周武废法、僧徒之评论元嵩、元嵩之学术及其著述。

　　收藏单位：国家馆

01859

参天台五台山记（卷3—5）（日释）成寻著

出版者不详，[1930—1949]，手抄本，3册，18开

　　本书是著者以日本入宋僧人身份在中国巡礼一年多时间所写的日记。计468篇，记载了自日本至杭州、天台山、开封、五台山，再自五台山返至开封、杭州、明州的沿途见闻。卷3—5起讫时间为延久四年（宋熙宁五年）八月一日至十二月卅日。

　　收藏单位：国家馆

01860

禅宗六祖大鉴禅师传　冯宝瑛撰

出版者不详，28页，25开

　　本书为禅宗六祖惠能大师传记。

　　收藏单位：广东馆

01861

超一法师四十年纪略　陈学勤记录

无锡：圆通寺，1937.1，28页，32开

　　本书封面题：中国佛学真言研究社印。

　　收藏单位：内蒙古馆、上海馆

01862

朝鲜佛教通史　（朝）李能和编辑

新文馆，1918，2册，22开，精装

　　本书共3编。上编以编年体记述朝鲜佛教史事，并述奉恩寺等31寺之寺法、寺乘、宗旨、灯规、主职、寺格等；中编记述宗派，分三宝源流、印支渊源罗丽流派、特书临济宗之渊源、朝鲜禅宗临济嫡派；下编为杂项二百品，记录佛教文学等其他内容。

　　收藏单位：国家馆、上海馆

01863

澈底和平论　可悲述论

杭州：海会寺，1939，36页，18开

　　本书分6部分阐述和平的动机、希望、种子、工作，以及和平的花和果。书前有比丘成元"印行彻底和平论"自序。书后附《世界佛教和平会缘起大纲》。

　　收藏单位：国家馆

01864

重庆佛学社佛七课程　重庆佛学社念佛会修订

重庆：重庆佛学社，1927，24页，64开

　　收藏单位：重庆馆

01865

创建湛山寺之经过　湛山寺编

青岛：湛山寺筹备处，1935，30页，32开

　　本书卷首有该寺建筑平面图一幅。

01866

慈航特刊　（释）慈航　刘仁航编辑

[上海]：慈航月报社，1934.5，[40]页，32开

　　本书介绍班禅大师在杭州启建时轮金刚法会的情况。

01867

达赖事略

出版者不详，1934.2，14页，22开

　　本书为十三世达赖喇嘛生平事迹。

　　收藏单位：广西馆、南京馆、上海馆

01868

达摩宝传　悟真子补述

出版者不详，1935，72 页，18 开

出版者不详，1949，64 页，18 开

　　本书为菩提达摩传记。全书分上、下两卷，书前有悟真子叙。

　　收藏单位：北师大馆、广东馆、国家馆、南京馆、内蒙古馆、上海馆、浙江馆

01869

大宝法王历代行略

出版者不详，1 册，25 开

　　收藏单位：浙江馆

01870

大乘起信论疏记会阅（又名，大乘起信论笔削记会阅）（清释）续法编

汉口：武汉印书馆，2 册，32 开

　　收藏单位：南京馆

01871

大迦叶优波离　佛学书局编辑部编述

上海：佛学书局，1932.1，29 页，64 开（佛学故事丛书）

　　本书记述佛大弟子大迦叶、优波离的事迹。

　　收藏单位：国家馆、内蒙古馆

01872

大唐西域记撰人辩机　陈垣著

出版者不详，[1920—1949]，19 页，16 开

　　本书作者引多种历史文献对唐代僧人辩机及其撰写《大唐西域记》之真伪详加考证。共 14 节，内容包括：绪论、辩机之自述、瑜伽师地论后序之辩机、慧立口中之辩机、《新唐书》辩机凡三见、《资治通鉴》之辩机、辩机之略历及年岁等。为桑原博士还历记念，《东洋史论丛》抽印本。

　　收藏单位：国家馆

01873

大雄画传

上海：大雄书店，1945，41 页，64 开

　　收藏单位：广西馆

01874

大雄传　法喜编

上海：大雄书店，1944.9，92 页，32 开

　　本书演述释迦牟尼事迹。共 16 节，内容包括：悉达太子现生王宫、出游四门悲愿离俗、夜半踰城入山修学、菩提树下降魔成道、王城宣化上座云集、双林示寂舍利流布等。为《辅仁学志》9 卷 2 期抽印本。

　　收藏单位：广西馆、国家馆、南京馆

01875

大召调查记　薛景芳著

蒙古文化研究所，1941，手写本，1 册，18 开

　　本书是对大召进行的一次实地调查，主要从庙之实记、名胜古迹、庙之经卷、喇嘛之生活、喇嘛之行政等方面进行介绍。

　　收藏单位：国家馆

01876

地藏大士圣迹　李圆净编

上海：佛学书局，1931.10，38 页，36 开（佛学小丛书）

　　本书叙述地藏菩萨的事迹。共 6 部分：释名、本事、垂迹、度生事业、受佛付嘱、供养利益。

　　收藏单位：国家馆、上海馆

01877

地藏菩萨本迹灵感录　李圆净编

上海：佛学书局，1928.4，38 页，25 开

上海：佛学书局，1930.3，6 版，38 页，25 开

上海：佛学书局，1931，7 版，38 页，25 开

上海：佛学书局，1933，再版，30 页，25 开

上海：佛学书局，1935，改编初版，56 页，25 开

　　本书叙述地藏菩萨显灵故事。全书共 3 部分：地藏菩萨本迹录、地藏菩萨灵感录、地藏菩萨灵感近闻录。

　　收藏单位：广东馆、江西馆、绍兴馆、首都馆

01878

地藏菩萨本迹灵感录　李圆净编

上海：功德林佛经流通处，1931，9 版，37 页，25 开

收藏单位：首都馆

01879

地藏菩萨本迹灵感录　李圆净编

上海：国光印书局，1928，42 页，25 开

上海：国光印书局，1929.8，5 版，38 页，25 开

上海：国光印书局，1932.8，9 版，42 页，25 开

收藏单位：重庆馆、国家馆、河南馆、吉大馆、南京馆、内蒙古馆

01880

地藏菩萨本迹因缘　温光熹著

上海：大法轮书局，1948.6，47 页，64 开（法轮小丛书）

上海：大法轮书局，1948.10，2 版，47 页，64 开（法轮小丛书）

本书介绍地藏菩萨之来历及其事迹等。共 5 部分：七月三十夜，家家地藏香；地藏菩萨底本迹；地藏菩萨底因缘；修法和功德；附题的话。

收藏单位：广西馆、上海馆

01881

地藏菩萨成道记

上海：道德书局，1935，16 页，32 开

本书共 4 部分：地藏王菩萨的应化圣迹、地藏王菩萨的过去因缘、地藏王菩萨的功德利益、地藏王菩萨的应机示化。书后附劝戒杀放生文、耐庵道人戒杀诗。

收藏单位：国家馆、内蒙古馆

01882

地藏菩萨成道记

上海：护生报社，16 页，32 开

收藏单位：上海馆

01883

地藏菩萨九华垂迹图赞

上海：佛学书局，1934.12，影印本，1 册，12 开

本书辑九华垂迹图数幅，图后缀有赞词。

内容包括：示生王家、航海入唐、振锡九华、闵公施地、山神涌泉、诸葛建寺、东僧云集、现入涅槃、造立浮屠、信士朝山。

收藏单位：国家馆

01884

地藏菩萨圣德大观　李叔同撰

上海：佛学书局，1933，64 页，32 开

上海：佛学书局，1935，再版，64 页，22 开

本书辑集佛经中有关地藏菩萨的文字，并加解释。共 10 章：译名辨异、十轮经大旨、占察经大旨、本愿经大旨、法身赞及仪轨大旨并灭定业真言、他经流传、诸家章疏、诸家忏仪、诸家赞述、问答遗疑。撰者原题：弘一。

收藏单位：广东馆、江西馆、上海馆、首都馆

01885

地藏菩萨圣德问答　李圆净编

上海：佛学书局，1936.12，18 页，32 开

本书以问答形式，介绍地藏菩萨的德性。

收藏单位：河南馆

01886

地藏菩萨行愿纪　佛学书局编辑部校订

上海：佛学书局，1931.2，26 页，22 开

本书介绍地藏菩萨的功行。共 10 章：绪论、地藏菩萨的圣号、地藏过去世的因缘、地藏的慈悲誓愿、地藏的应机示化、地藏的功德利益、地藏与地狱众生、地藏与诸佛菩萨、地藏行化中华的圣迹、余言。

收藏单位：上海馆

01887

地藏菩萨行愿纪（林刊增刊 第 1 种）　世界佛教居士林编

上海：世界佛教居士林，1923，26 页，32 开

收藏单位：南京馆、上海馆

01888

东亚佛教大会记要　（日）峰玄光辑

东京：佛教联合会，1926，1 册，平精装

本书为 1925 年在日本东京举行的东亚佛教大会会议记录。分前记、本记、后记 3 部分。前记叙述会议筹备和联络等事宜；本记叙述会议经过；后记叙述参访见学等情况。

收藏单位：国家馆

01889

东亚佛教大会纪要　中支宗教大同盟等编

南京：中支宗教大同盟，1941，23 页，32 开

收藏单位：国家馆

01890

东瀛佛教视察记　宁达蕴编

出版者不详，1926.3，56 页，25 开

本书内容包括：日本佛教概观、东亚佛教大会出席日记等。

收藏单位：国家馆、首都馆

01891

多伦诺尔喇嘛庙参观之案内

出版者不详，[14] 页，32 开，环筒页装

本书介绍汇宗寺、善因寺建筑等有关情况。

收藏单位：国家馆

01892

多尊者金刚瑜伽甘露宏化初记　张心若著

重庆：佛教密乘团，1934，46 页，16 开

本书纪录多杰尊者 60 年中宏化佛法，大慈大悲之行。

收藏单位：重庆馆、绍兴馆

01893

二祖元符寺志略　（释）果亮编辑　阎佚民鉴定　笑尘校对

河北：磁县佛教分会，1936.11，18 页，16 开

本书记述河北磁县元符寺沿革及禅宗二祖慧可史略。编者为该寺主持。

收藏单位：上海馆

01894

法宝馆章程　佛教净业社编

[上海]：佛教净业社，1937，[8] 页，32 开

法宝馆专门保存佛教图籍法物等。此章程于 1937 年 3 月 8 日由佛教净业社董事会议通过。

收藏单位：上海馆

01895

法显传考证　（日）足立喜六著　何健民　张小柳译

[上海]：国立编译馆，1936，1 册，25 开

上海：国立编译馆，1937.5，302+11 页，25 开

本书分上、下两篇。上篇为序说，内容包括：沙门法显之略传、法显之印度游历记、大藏经与法显传、佛国记、法显传之考证；下篇为校释，内容包括：由长安发迹至西域之旅程、北天竺与西天竺、历访中天竺佛迹与东天竺、经由锡兰岛及南海而归还。书前有石田氏序及著者序。书后有索引、附图、校对之跋。

收藏单位：重庆馆、东北师大馆、广东馆、广西馆、贵州馆、桂林馆、国家馆、黑龙江馆、近代史所、辽大馆、南京馆、上海馆、首都馆、武大馆、西南大学馆

01896

法源佛学院第一班同学录　（释）佛悦编

北平：法源佛学院，1939，198 页，18 开

本书内含报告、训词、职教学员表、学员文选、编后赠言等。

收藏单位：国家馆

01897

法住记及所记阿罗汉考　（法）莱维（S. Levi）（法）孝阅纳（E. Chavannes）著　冯承钧译

外文题名：Les seize Archat

上海：商务印书馆，1930.9，151 页，32 开（尚志学会丛书）

上海：商务印书馆，1933，国难后 1 版，151 页，32 开（尚志学会丛书）

《法住记》即《大阿罗汉难提密多罗所说法住记》。本书就《法住记》一书所记阿罗汉事迹进行考证，共 4 章：难提蜜多罗所说法住记疏释、十六阿罗汉之起源、宾头卢跋啰惰阇故事考证、十八阿罗汉之变迁。

收藏单位：北师大馆、重庆馆、广东馆、广西馆、桂林馆、国家馆、湖南馆、江西馆、辽大馆、辽宁馆、南京馆、内蒙古馆、山东馆、首都馆、天津馆、中科图

01898

奋迅集 （释）乐观著

桂林：中国佛教会广西分会、广西省佛教居士林，1943.7，162 页，32 开

本书为乐观法师讲演、论文集，介绍乐观及其他僧人参加抗战的情况。内容包括：《中国僧青年怎样坚强自己争取我们伟大的前途》《中国佛徒团结起来共同扑灭侵略者的火焰》《上海僧侣救护队经过》《重庆僧侣救护队经过》《自传》等。

收藏单位：重庆馆、国家馆、宁夏馆

01899

奋迅集（僧侣抗战工作史） （释）乐观著

上海：护国禅院，1947.1，再版，111 页，32 开

本书是 1943 年版修订重排本。再版时增加了 1943 年下半年至 1945 年上半年的材料，屈映光、会觉等人的序，以及其他若干篇文字。书后《自传》也有文字更动。

收藏单位：东北师大馆、国家馆、上海馆、绍兴馆

01900

奉派赴藏主持第十四辈达赖转世事宜报告书

吴忠信 [著]

出版者不详，1940，112 页，18 开

本书共 3 章：奉派赴藏及在藏洽办各案之经过、西藏现状之考察、中央与西藏关系及今后筹藏办法。

收藏单位：国家馆、南京馆

01901

奉迎东来观音纪念册

出版者不详，[1941]，36 页，32 开

本书内容包括：奉迎东来十一面观音大士圣像始末记、东来观音大士开光法会建修水陆道场启、十一面观音圣像解说等。书前有照片和题字及奉迎词多篇。

收藏单位：国家馆

01902

佛国记 （晋释）法显著

上海：商务印书馆，1937.3，24 页，32 开（万有文库 第 2 集 620）（国学基本丛书）

长沙：商务印书馆，1939.9，24 页，32 开（万有文库第 1—2 集简编）（国学基本丛书）

本书记述了作者公元 399—413 年的旅行经历，是一部典型的游记，是研究中国与印度、巴基斯坦等国的交通和历史的重要史料。

收藏单位：大连馆、大庆馆、东北师大馆、广东馆、国家馆、江西馆、辽大馆、辽师大馆、内蒙古馆、宁夏馆、上海馆、浙江馆

01903

佛教地理　刘汝霖编著

中国佛教学院，146 页，32 开（中国佛教学院讲义 3）

本书介绍中国佛教名城、名山、州郡等，共 3 卷。书前有编著者引言。

收藏单位：国家馆

01904

佛教第一公墓章程 （释）圆瑛等著

出版者不详，16 页，32 开

本书共有 50 条公墓规章。

01905

佛教改革家日莲 （日）井上义澄编译

北京：支那风物研究会，1926.2，304 页，32 开，精装

本书译自日本东京立正大学教授田边善知的著述。介绍日本佛教日莲宗的创始人日莲的一生和他的主义。内容包括：传记篇、教义简篇。书前有译者序。书后附传记图解、教义体解等。

收藏单位：北师大馆、桂林馆、国家馆、辽大馆、人大馆、首都馆、天津馆、中科图

01906

佛教公墓（概况便览）

出版者不详，8 页，32 开

收藏单位：上海馆

01907

佛教弘传史 高观如编

上海：佛学书局，1936.10，84 页，32 开（佛学讲义 2）

　　本书共 13 章，讲述佛教传入中国、朝鲜、日本、缅甸、暹罗、美国、英国、德国、法国、俄国等国的时间、弘通及发展等。附录关于佛教弘传史的文献资料。

　　收藏单位：北师大馆、辽大馆、首都馆、天津馆

01908

佛教会组织须知 广文编著

成都：中国佛教会四川省分会，1945.1，246 页，36 开

　　本书叙述佛教会的组织原则。共 8 部分，内容包括：佛教会在法理上的根据、佛教会的形式与精神、佛教会组织程序、佛教会开会注意事项、佛教会工作注意事项、礼仪提要等。

　　收藏单位：国家馆

01909

佛教净业社第一届征信录

出版者不详，[1928]，1 册，22 开

　　本书内容包括该社 1927 年募集的款项及其用途。

　　收藏单位：上海馆

01910

佛教净业社流通部第一届出纳报告清册 [佛教净业社] 编

[上海]：佛教净业社，[1931]，50 页，18 开

　　本书内含佛教净业社自 1930 年 4 月至 1931 年 2 月"印书统计表""收支总结""逐月流通书籍表""书籍分类出纳总数""存书细数表"。并列有"捐助功德芳名"。书前有弁言，作于 1931 年 2 月。

　　收藏单位：国家馆、南京馆

01911

佛教利生会收支征信录 [佛教利生会] 编

[佛教利生会]，[1939]，38 页，25 开

　　佛教利生会从事救济事业。书内有该会自 1938—1939 年《救济贫寒发放物品数目及人数按月分报告表》《收支各款简明一览表》。书前有编者序言。

　　收藏单位：国家馆

01912

佛教民族英雄传 （释）乐观编著

杭州：乐观 [发行者]，1948.7，36 页，32 开

　　本书收明太祖、浑融和尚、澹归和尚、石涛和尚、八大山人、大错和尚、一念和尚、正志和尚等 15 篇小传。书前有出版者本光的佛教民族英雄传序及自序。

　　收藏单位：桂林馆、国家馆、南京馆、上海馆、中科图

01913

佛教能传布中国的原因 陈垣讲 叶德禄记

北平：辅仁社夏令会，1932，22 页，32 开

　　本书为 1932 年在北平辅仁社夏令会的讲演录。认为佛教传布中国的原因在于能利用文学、美术和园林。

　　收藏单位：国家馆、黑龙江馆、首都馆

01914

佛教史迹（第 1 编） 佛学书局编辑部编制

上海：佛学书局，1931.6，20 页，横 32 开

　　本书收释迦牟尼应世之迹的图画及照片 20 幅，并加注说明。

　　收藏单位：重庆馆、山东馆

01915

佛教正信会概况 佛教正信会编

佛教正信会，[1936]，116 页，16 开

　　本书收佛教正信会职员一览表、本会大事记、佛教正信会会议录、各部社团收支统计、各种捐款芳名表。

　　收藏单位：重庆馆

01916

佛教传记　慈忍室主人编辑　（释）太虚审定

上海：佛学书局，1931.8，516 页，32 开（海潮音文库 第 3 编 佛学足论 5）

本书内含塔铭、碑记、事略、行实、轶事等各种体裁的佛教徒传记百余篇。

收藏单位：国家馆、吉大馆、宁夏馆、上海馆

01917

佛门临济理教名士传　李雪樵编纂　李维城修正

北平：北平正礼堂，1937.5，126+16 页，32 开

本书介绍了佛门临济理教名士 100 余人。后附佛门名士录。

收藏单位：国家馆、近代史所

01918

佛学历史　慈忍室主人编辑　（释）太虚审定

上海：佛学书局，1931.10，237 页，32 开（海潮音文库 第 3 编 佛学足论 4）

本书共 28 部分，内容包括：释尊略传、佛学源流及其新运动、现代佛教史料提议书、论中国现代佛教史料问题、中国初期佛教罗什与慧远二系之比较、会昌以前中华佛教之三大系、唐武宗破佛与中华佛教盛衰之关系等。

收藏单位：国家馆、吉大馆、宁夏馆、首都馆

01919

佛传　高观如编

上海：佛学书局，1936.10，79 页，32 开（佛学讲义 1）

上海：佛学书局，1936，96 页，32 开（佛学讲义 1）

本书为佛祖释迦牟尼简传。共 3 章：宿世的传说、释尊的一生、释尊的灭后。书后附佛传研究的文献资料。

收藏单位：国家馆、山东馆、首都馆、天津馆

01920

佛祖传略　于绍文编

[青岛]：新民报印务局，[1939]，44 页，25 开

本书收录释迦牟尼、摩诃迦叶、阿难、龙树、鸠摩罗什、菩提达摩、慧能大师等 16 篇佛祖简传。

收藏单位：国家馆

01921

辅国阐化正觉禅师第五世嘉木样呼图克图纪念集　黄正清编

出版者不详，1938，105 页，16 开，精装

出版者不详，1948，[117] 页，18 开

[南京]：出版者不详，[1948]，[153] 页，16 开，精装

本书为拉卜楞大寺五位嘉木样大师纪念集。分上、中、下三篇。上篇为一至五世嘉木样大师略传；中篇为圆寂纪实；下篇为附录，有第五世嘉木样大师之故乡、家属、拉卜楞大寺现状，大师年谱等。

收藏单位：重庆馆、东北师大馆、桂林馆、国家馆、南京馆、西南大学馆

01922

改造中国佛教会之呼声　广文等编

苏川湘豫黔皖各省佛教联合会，1936，172 页，24 开

本书收广文、太虚、雷音等 30 余人关于改革佛教问题的论文 30 余篇。

收藏单位：广东馆、上海馆

01923

甘肃那尔果寺造像功德启

出版者不详，8 页，32 开

本书介绍甘肃人那菩金刚发起在那尔果塑造佛像的经过，表彰其功德。

收藏单位：首都馆

01924

高僧传（三集六卷）　梅光羲编

上海：商务印书馆，1934，国难后 1 版，3 册

收藏单位：国家馆

01925

根本救灾在全国人心悔悟　（释）太虚著

[北平]：华北居士林，1931，20 页，64 开

本书论述当时中国的灾难，一大半是人祸，而天灾亦大半是人谋不臧和人为积集的恶业所致。因此，根本的救灾乃是全国上下都能齐心悔悟，根除人祸，不再积集恶业。原刊于《海潮音》12 卷 10 期。

收藏单位：国家馆

01926

公余修养会　公余修养会编

南京：公余修养会，63 页，32 开

本书为宣传佛教的文集。共 9 篇，内容包括:《广劝各团体各界举办公余修养会之演说辞》《公余修养会简章》《佛学昌明之缘由》等。

收藏单位：上海馆

01927

观世音　张亦镜著

外文题名：The origin of Kuan Shih Yin "queen of heaven goddess"。

上海：中华浸会书局，1931.3，4 版，68 页，50 开

本书作者认为，在中国儒释道三教之中，对观世音菩萨的崇拜是"最占势力者"。然而，世人误认为唐朝以后"观音作女像为景教寺所遗耶稣母马利亚"是一种讹传。因此，作者从来源、现身和法力等方面对观世音加以辩谬。

收藏单位：桂林馆

01928

观世音菩萨本迹因缘　温光熹著

上海：大法轮书局，1948.10，再版，38+12 页，64 开（法轮小丛书）

本书介绍观世音的圣迹。另附观世音菩萨大悲经咒序。

收藏单位：重庆馆、内蒙古馆、上海馆

01929

观世音菩萨密行述要　（释）超一编

无锡：佛学真言研究社，1935，72 页，32 开

泉州：佛学真言研究社，1941，31 页，32 开

本书叙述观世音菩萨的历史、功德、灵感、行法等。附佛学真言研究社及圆通寺佛学图书馆缘起、规则等。

收藏单位：南京馆、上海馆

01930

观音菩萨典要　佛学书局编辑部编

上海：佛学书局，1932.1，34 页，36 开（佛学小丛书）

上海：佛学书局，1935.10，2 版，34 页，32 开（佛学小丛书）

本书简介观音菩萨。全书共 3 部分：观音之名号、观音之化现、观音丛考。

收藏单位：桂林馆、国家馆、上海馆

01931

光孝寺与六祖慧能　谢扶雅著

出版者不详，[1935]，28 页，16 开

本书研究慧能的思想理论和他所住的光孝寺。出版年据著者序。

01932

广东佛教概况　谢为何著

广州：广东佛教居士林，1941.8，26 页，32 开（佛学丛书）

本书共 3 章，介绍了广东的佛教源流、制度及近况。

收藏单位：国家馆

01933

广州华林寺五百罗汉堂图记　冯武越著

北平：友联中西印字馆，1935 印，[52] 页，25 开

本书内容包括：序、题记诗词、华林寺略史、罗汉堂考、罗汉考、五百罗汉单身图影，并有英法文说明书。

收藏单位：国家馆

01934

憨山大师年谱疏　（释）福善记录　（释）福征述疏

上海：国光印书局，1934.3，168 页，25 开

本书内分上、下两卷。上卷介绍憨山大师 50 岁前的生平；下卷介绍其后半生（51—

77 岁）的生活。附录收肉身古佛中兴曹溪憨山嗣祖三十六颂、曹溪中兴憨山肉祖后事因缘等 17 篇。卷首有谭贞默等人憨山本师法像赞。书中题名：憨山老人年谱自序实录疏。

收藏单位：广西馆、国家馆、吉林馆、近代史所、辽大馆、辽宁馆、南京馆、内蒙古馆、上海馆、绍兴馆、中科图

01935

汉魏两晋南北朝佛教史　汤用彤撰

长沙：商务印书馆，1938.6，2 册（[878] 页），32 开（佛学丛书）

重庆：商务印书馆，1944，渝 1 版，2 册（300+334 页），25 开（佛学丛书）

本书分"汉代之佛教""魏晋南北朝佛教"两部分。汉代之佛教共 5 章：佛教入华诸传说、永平求法传说之考证、四十二章经考证、汉代佛法之流布、佛道；魏晋南北朝佛教共 7 章，内容包括：佛教玄学之滥觞（三国）、两晋际之名僧与名士、释道安等。

收藏单位：重庆馆、东北师大馆、广东馆、桂林馆、国家馆、江西馆、近代史所、辽大馆、南京馆、宁夏馆、上海馆、首都馆、西南大学馆、中科图

01936

汉藏佛教关系史料集　吕徵编校

成都：华西协合大学、中国文化研究所，1942，1 册，16 开（华西协合大学、中国文化研究所专刊乙种第 1 册）

本书内容包括：汉译藏密三书（《道果语录金刚句》《大手印金璎珞要门》《成就八十五师祷祝》）及清代土观善慧法日的《藏传中土佛法源流》校本。前者有汉藏两种文字的索引，后者附《工布佛教史摄颂》。

收藏单位：国家馆、中科图

01937

汉藏教理院立案文件汇编　汉藏教理院编

重庆：汉藏教理院，54 页，25 开

本书内收公函、呈文、立案事项表、普通科课程表、专修科课程表、教科书目录等。

收藏单位：重庆馆

01938

汉藏教理院之使命　世界佛学苑汉藏教理院编

[重庆]：世界佛学苑汉藏教理院，1932，58 页，32 开

本书共 14 章，内容包括：引言、佛教之价值、佛教与西藏民族、佛教与西藏政治、西藏之信仰、川藏之关系等。书前有《世界佛学苑汉藏教理院之使命》（满智）。书末附《世界佛学苑汉藏教理院缘起》（太虚）、《世界佛学苑汉藏教理院简则》等。

收藏单位：重庆馆

01939

杭州时轮金刚法会大事记　钱文选著

[杭州]：出版者不详，[1934]，16 页，32 开

1934 年 3 月上海闻人王一亭、屈映光、杜月笙、黄金荣等人为施主，发起在杭州举办时轮金刚法会。九世班禅于 4 月到杭州，在灵隐寺主持法会。此书记杭州时轮金刚法会的筹备过程及班禅大师主持法事的盛况。

收藏单位：国家馆、南京馆

01940

荷泽大师神会遗集（唐释）神会撰　胡适校辑

上海：亚东图书馆，1930，1 册

本书为胡适将敦煌文献中有关神会和尚的各种资料并比校勘，与景德传灯录、高僧传等，相互补订，并附有对神会思想、行止与著作之论述及勘误。分 4 卷，另有跋 4 首、神会传一篇，及附录一卷（即景德传灯录卷二十八之神会语录三则）。全称《胡适校敦煌唐写本神会和尚遗集》。

收藏单位：国家馆

01941

弘慈佛学院第八班同学录　弘慈佛学院编

北平：弘慈佛学院，1946，32 页，18 开

弘慈佛学院创办于 1924 年。本书内含该院院长显宗等人的训词，第八班同学录及佛

学、文学文章多篇。

收藏单位：国家馆

01942

弘法大师纪念特刊　褚民谊等著

中日文化协会，1941.11，117页，16开

弘法大师即空海，日本佛教真言宗创始人。书中收录《弘法大师灌顶记跋》《弘法大师与日本佛教》《弘法大师与中国文学》《弘法大师与日本文化》《弘法大师的思想及宗教》等13篇文章。

收藏单位：国家馆

01943

弘法大师与中国　（日）中野义照著

和歌山县（日本）：金刚峰寺，1939.8，15页，32开

本书共6部分：序、弘法大师的生平、真言密教的创设、大师和教育、社会教化的一班、结论。

收藏单位：国家馆

01944

弘化社缘起（附宣言简章）

[苏州]：[弘化社]，[1935]，1册，32开

弘化社为印行施送流通佛经的团体。出版年据书后的呈缴收到章。书中无页码。

收藏单位：国家馆

01945

弘明集（14卷）·广弘明集（36卷）（梁释）僧皎编　（唐释）道宣编

出版者不详，426页，16开

本书由上海中华书局据常州天宁寺本校刊。

01946

弘一大师年谱　林子青编纂

[上海]：杂华精舍，1945，再版，212页，32开

弘一法师李叔同在音乐、艺术、诗文方面卓有成就。本书逐年记叙其一生的活动，并加以考证。书前有著者序。书末有后记。

附本书参考重要刊物与书籍。

收藏单位：广西馆、国家馆、首都馆

01947

弘一大师年谱　林子青编纂

上海：中日文化协会上海分会，1944.9，212页，32开（文协丛书4）

收藏单位：福建馆、国家馆、近代史所、南京馆、内蒙古馆、上海馆、浙江馆、中科图

01948

弘一大师生西纪念刊

出版者不详，[1942]，122页，16开

本书内容包括：《弘一大师略史及宏法略记》《弘一大师生西经过》《释演音小传》（姜丹书）、《弘一大师的遗书》（夏丏尊）、《纪念晚晴老人》（陈祥耀）、《记弘一大师》（曹聚仁）、纪念会事录等。

收藏单位：重庆馆

01949

弘一大师永怀录　弘一大师纪念会编

上海：开明书店、大法轮书局、大雄书店，1943.10，364页，32开

本书为弘一法师李叔同圆寂一周年时，夏丏尊、叶圣陶、丰子恺、曹聚仁等法师生前友人、弟子及世人的悼念文章结集。内收弘一法师之出家、弘一法师的生平、弘一大师在白湖、弘一法师在闽南、弘一律师在湛山、弘一律师的修养与感化、送别晚晴老人、怀晚晴老人、弘一法师之别署、两法师、缘、《子恺漫画》序、纪弘一师尊摄受因缘、晚晴老人生西后之种种、戒珠苑一夕谈等。

收藏单位：广东馆、国家馆、南京馆、内蒙古馆、上海馆、绍兴馆、首都馆、浙江馆、中科图

01950

宏慈佛学院第一班毕业同学录

中央刻经院，1926.10，162页，16开

本书有该学院院主、都讲、教授照片，第一班毕业生全体摄影，教职员及学人名字

表，学人文录等。

收藏单位：国家馆

01951

护法论 （宋）张商英述

上海：佛教净业社流通部，1930，再版，34页，25开

本书为佛法辩护。书前有南宋郑尖《护法论元序》。附录《牟融理惑论》。

收藏单位：重庆馆

01952

护法论 （宋）张商英著述

上海：佛学书局，1935.5印，34页，25开

收藏单位：国家馆、南京馆、首都馆

01953

护法论 （宋）张商英述

苏州：弘化社，[1930]，34页，25开

苏州：弘化社，1931.5，3版，34页，25开

苏州：弘化社，1933.2，4版，34页，25开

苏州：弘化社，1934，5版，34页，25开

收藏单位：重庆馆、广东馆、广西馆、桂林馆、国家馆、湖南馆、江西馆、内蒙古馆、山东馆、绍兴馆、首都馆、天津馆

01954

护国弘化普慈圆觉大师达赖喇嘛历史节略

达赖喇嘛大师追悼会筹备处编

出版者不详，1933，4页，16开

本书内有照片，历世达赖大师年表、达赖喇嘛赞。

收藏单位：南京馆

01955

华严五祖略记（又名，法界宗五祖略记）

（释）续法编辑

上海：佛学书局，1933.9，42页，32开（佛学小丛书）

本书简述华严宗初祖杜顺和尚、二祖智俨和尚、三祖贤首国师、四祖清凉国师、五祖圭峰大师生平。

收藏单位：上海馆

01956

黄专使奉使西藏致祭护国弘化普慈圆觉大师达赖喇嘛纪念照　黄慕松著

专使行署副官处，1935，1册，横16开

1933年12月十三世达赖喇嘛逝世，南京国民政府蒙藏委员会委员长黄慕松前往吊唁。本书收沿途风物及致祭时的照片，共60余幅。

收藏单位：广东馆、国家馆、南京馆、中科图

01957

慧远大师年谱（1卷）　陈统编

北平：燕京大学哈佛燕京学社，1936，1册

本书为净土宗初祖慧远大师年谱。

收藏单位：国家馆

01958

活佛宣扬历史痛陈弊端纪实　章嘉呼图克图撰

出版者不详，1926，1册

收藏单位：国家馆

01959

甲戌蒙难记　（释）宽道著

上海：三昧寺，[1935]，44页，32开

本书作者系上海三昧寺住持。自叙1934年间受贩红丸之嫌被拘捕之经过。出版时间据完稿时间。

收藏单位：上海馆

01960

建设现代中国佛教谈　（释）太虚著

中国佛学会，[1945]，58页，36开

本书共6部分，内容包括：佛教与中国文化、佛教与现代中国、佛教之教法、佛教之教制等。原载于《海潮音》月刊。出版年录自封面赠书题签。

收藏单位：重庆馆、广东馆、国家馆、南京馆

01961

建设现代中国僧制大纲　（释）太虚讲　（释）

大醒记

武昌：武昌佛学院，12 页，32 开

　　本书论述僧制之定义，以及建僧制度之时代范围、僧人之品格的产生及养成、改建僧制之评判。

　　　　收藏单位：重庆馆

01962

金刚上师西康诺那呼图克图行状　韩大载等编

上海：觉圆精舍，[1936]，32 页，32 开

　　本书记西康地区宗教领袖、藏传佛教宁玛派诺那活佛生平事迹。同时也记录了红军将领朱德、陈昌浩、王维舟等长征途中的一段经历。

　　　　收藏单位：南京馆

01963

进修莲社纪念刊　进修莲社编

昆山县进修莲社，1947，[201] 页，32 开

　　本书介绍佛教修身组织进修莲社的章程、职员、公牍、社史等。

　　　　收藏单位：南京馆

01964

近代往生传　杨慧镜编

上海：佛学书局，1934.3，5 版，168 页，22 开

　　本书共 4 部分：往生比丘、往生比丘尼、往生居士、往生女居士。介绍从清末至民国包括红螺山周全和尚、芳城小灵山专西大师、庐山法海会至善大师等人的生平事迹。附录念佛法语、临终要诀等。

　　　　收藏单位：国家馆

01965

近代往生传　杨慧镜编

上海：杨慧镜 [发行者]，1925，[180] 页，22 开

　　　　收藏单位：国家馆、南京馆

01966

近代往生传（第 1 辑）　智印辑

出版者不详，[1924]，47 页，25 开

　　本书记一些佛教徒虔修净土得以往生的经历。内容包括：《栖真寺坐化僧记》（范古农）、《克勤上人传》（释僧虔）、《生西纪闻》（善馨）、《莲贞比丘尼传》（沈李月华）、《如觉比丘尼传》（沈李月华）等。

　　　　收藏单位：首都馆

01967

净土圣贤录　（清）彭希涑等辑　（释）印光校订

上海：佛学书局，1933，3 册（306 页），32 开

　　本书共 3 册，分 3 编，合订一本。上、中两册为初编，下册为续编。书内含佛教净土宗历代圣贤小传。

　　　　收藏单位：南京馆、上海馆、首都馆

01968

净土圣贤录　（清）彭希涑等辑　（释）印光校订

苏州：弘化社，[1933]，3 册，22 开

上海：弘化社，1949.3，再版，3 册（156+192+184 页），22 开

　　　　收藏单位：重庆馆、广东馆、国家馆、首都馆

01969

净土圣贤录

上海：国光印书局，3 册，22 开

　　　　收藏单位：上海馆

01970

净影八识义述　韩镜清著

北京：北京大学，1937

　　本书为《国立北京大学国学季刊》6 卷 2 号抽印本。

　　　　收藏单位：国家馆

01971

静安寺清议录　恩灏等著

上海：静安寺，1923，2 册（46+24 页），32 开

　　本书记述上海静安寺庙产等争讼案和各界的评议。另附通俗宣讲社征求讲员启。

01972

九子母考　赵邦彦著

上海：国立中央研究院历史语言研究所，1931，1册，16开

　　本书为《国立中央研究院历史语言研究所集刊》第2本第3分抽印本。

　　收藏单位：国家馆

01973

空过日记　（释）大醒著

汉口：行愿庵，1935，130页，32开

　　本书为大醒法师日记。记述以往的清闲生活已被时代怒潮卷走的情形及心绪。

　　收藏单位：上海馆

01974

李协斋居士西生记　（释）戒尘记

戒尘[发行者]，5页，16开

　　李协斋历任富滇银行股长、科长、转运公司及货仓经理等职，佛教徒。本书为作者为其死前念佛"超度"时所记。记叙其生平、家庭、信佛的经过，以及"超度"的情况。

　　收藏单位：国家馆

01975

历代佛教尺牍选粹　何子培辑

上海：佛学书局，1937，57页，32开

　　本书选收佛教书牍100篇，分笃训、箴规、思慕、景仰、钦服、赞美、颂扬、话旧、期约、惜别、庆贺、馈赠、敦劝、招请、感谢等30类。

　　收藏单位：国家馆、绍兴馆

01976

历代名人年里碑传总表高僧生卒表订误

上海：商务印书馆，[1933]，7页，16开

　　本书内容分为沿袭梁表之误与增益者误两部分。前者包括：误以附传为正传、误解传文、误卒年、误生年、沿讹制谬；后者包括：误卒年、误年岁、沿讹制谬。

　　收藏单位：国家馆

01977

历代求法翻经录　冯承钧编

上海：商务印书馆，1931.5，107页，32开

上海：商务印书馆，1934.1，国难后1版，107页，32开（史地小丛书）

　　本书介绍自汉至唐期间，佛学传入中国的简况，包括经典及人物等。书后附梵名一览表。

　　收藏单位：北师大馆、重庆馆、东北师大馆、广东馆、国家馆、河南馆、吉林馆、江西馆、近代史所、南京馆、宁夏馆、山东馆、上海馆、首都馆、西南大学馆

01978

历代章嘉呼图克图传略　丁实存著

出版者不详，1册，16开

　　本书详细考述了章嘉呼图克图世系传承系统，分6部分初步考证了第一世至第十六世章嘉呼图克图世系。为《边政公论》6卷4期抽印本。

　　收藏单位：南京馆

01979

历代哲布尊丹巴呼图克图传略　丁实存著

出版者不详，49—64页，18开

　　本书内含第一世至第二十三世哲布尊丹巴呼图克图传略。为《学原》第2—3期抽印本。

　　收藏单位：国家馆、南京馆

01980

莲宗九祖略传　（清释）悟开编

上海：佛学书局，1933.5，50页，36开（佛学小丛书）

　　本书收录莲宗慧远、省庵（实贤）等九位祖师的小传9篇。有编者序及悟灵跋。

　　收藏单位：国家馆、上海馆

01981

莲宗正传　（清释）悟开编集　恩西重订

上海：佛教净业社，1930，再版，62页，32开

　　本书包括自慧远至陈醒共11代净土宗佛

祖的传记，计 11 篇。

收藏单位：辽宁馆、上海馆、天津馆

01982

莲宗正传　（清释）悟开编集　恩西重订

上海：佛学书局，1935，[62+18] 页，22 开

收藏单位：国家馆、南京馆

01983

莲宗正传　（清释）悟开编集　恩西重订

苏州：弘化社，1931，再版，62+18 页，25 开

收藏单位：重庆馆、广东馆、内蒙古馆

01984

涟水佛教会成立特刊　涟水佛教会编

[涟水]：出版者不详，1940，48 页，32 开

本书介绍涟水佛教会成立状况。

01985

灵山正弘集　（释）莲舟重辑

中华书局，1942.1，116 页，32 开

本书为潮阳灵山护国禅寺大颠禅师的纪念集，有本传、谱表、记述、艺林等部分。

收藏单位：内蒙古馆、上海馆、绍兴馆、中科图

01986

罗睺罗须菩提　佛学书局编辑部编述

上海：佛学书局，1932.1，22 页，64 开（佛学故事丛书）

本书收集佛书中有关罗睺罗、须菩提的事迹。罗睺罗事迹包括诞生因缘、出家缘记、受戒得道；须菩提事迹包括诞生及出家、宿世因缘。

收藏单位：国家馆、南京馆

01987

旅行者言　李圆净著

上海：佛学书局，1936，32 页，32 开

本书记述作者从上海乘船到汉口，转铁路到广州，再到香港转回上海，一路旅行的经历，用佛教的道理解释所见所闻。后附《世法篇》（节录《佛法导论》第 2 章）。著者原题：李荣祥。

收藏单位：南京馆、上海馆

01988

美国佛教界之中国佛教史观　李一超编译
范古农校订

[上海]：佛学书局，1931.10，80 页，32 开

本书译自著者《佛教史各时代论》中关于中国佛教的论述。共 42 部分，内容包括：三教之接触、佛教最初输入、中国佛教现状等。书前有太虚等人的序评 3 篇。书末附杨仁山居士十宗略说、杨仁山居士手订佛学课程。卷端与逐页、版权页题名：美国佛学界之中国佛学史观。

收藏单位：上海馆

01989

梦东禅师遗集　吴哲夫编校

哈尔滨：哈尔滨佛经流通处，1943 翻印，[182] 页，32 开

收藏单位：首都馆

01990

密宗四上师传（卷 1—2）　邓隆笔述

出版者不详，[1934]，2 册（60+34 页），25 开

本书卷 1 为圣师宗喀巴传，附宗喀巴大传事略；卷 2 为嘉木样剌麻传。卷 1 共 6 章，内容包括：诞生籍贯及少年时代、在家出家及本师略传、始习般若及多闻诸经等；卷 2 共 11 章，内容包括：诞生籍贯、幼时异征、立志学佛、入藏访师、习金刚乘、入山思修、整顿丛林、创寺弘法等。

收藏单位：国家馆、南京馆

01991

缅甸瓦城洞缪观音寺史略

[瓦城]：出版者不详，1937，8 页，22 开，环筒叶装

本书简述洞缪观音寺的历史由来及重修经过。附录重修洞缪观音寺公德录。

收藏单位：重庆馆

01992

民国廿四年募建九华山幽冥钟第一期报告

出版者不详，[1936]，1 册，25 开

收藏单位：江西馆、上海馆

01993

明季滇黔佛教考 陈垣著

北平：辅仁大学，1940.8，204 页，16 开（辅仁大学丛书 6）

本书共 6 卷 18 篇，内容包括：明以前滇黔佛教、明季滇南高僧辈出、法门之纷争、僧徒之外学、释氏之有教无类等。另附弘光出家之谣。

收藏单位：重庆馆、广东馆、国家馆、湖南馆、近代史所、辽大馆、南京馆、内蒙古馆、上海馆、首都馆、中科图

01994

明末义僧东皋禅师集刊 （清）蒋兴俦著（荷）高罗佩（Robert Hans van Gulik）编著

外文题名：The Ch'An master Tung-Kao: a loyal monk of the end of the Ming Period

重庆：商务印书馆，1944.7，渝版，152 页，36 开

本书为东皋禅师生平及诗文集。全书共 5 卷：东皋心越禅师传、东皋诗选、东皋文选、东皋琴学东传系略、东皋善缘辑要。

收藏单位：重庆馆、东北师大馆、桂林馆、国家馆、吉林馆、南京馆、内蒙古馆、首都馆、天津馆、西南大学馆、中科图

01995

牟子理惑论检讨 余嘉锡著

北平：燕京大学哈佛燕京学社，1936.12，23 页，16 开

本书对《弘明集》中《理惑论》的作者牟子加以考证。全书共 7 部分：流传著录、古今评论、诸家考辨、撰人时代姓名、书名、中国人出家、群书征引。

收藏单位：国家馆

01996

木道人二百岁纪念特刊 木铎声编辑处编

上海：道德书局，1944.11，123 页，25 开

本书辑录诗文 22 篇，内容包括：木祖师二百周年圣诞日纪念辞、木祖师二百岁诞辰纪念文、集阳复斋句成一律、洗礼诗等。书前有照片及木道人遗墨书画。

收藏单位：内蒙古馆

01997

木纳记 惹穷多杰札巴著 多杰口述 张心若笔记

上海：大法轮书局，1948.10.1，194 页，32 开

上海：大法轮书局，1948，再版，194 页，32 开

本书记述木纳一生成佛事迹。共 29 章，内容包括：梦现、开示生为苦本、学咒复仇、放苞雪恨、畏罪去寻师、一封信的秘密、背已磨穿矣、违师窃逃、梦里的故乡、别师归家、马牙山洞的苦修、降三魔、雪山的瓜痕、天人恭敬、毒、弟子之成就、涅槃等章节。

收藏单位：上海馆、绍兴馆

01998

目犍连事迹 佛学书局编辑部编述

上海：佛学书局，1932.1，27 页，64 开（佛学故事丛书）

本书集《僧祇律》《盂兰盆经》《佛学志心经》等书中有关目犍连的事迹编成。全书共 12 节，内容包括：宝桥渡佛、降化梵志、降二龙王、伏菩萨慢等。

收藏单位：国家馆

01999

募建大勇阿阇黎灵骨塔启 （释）大刚等 [编]

留藏同学会，1930，4 页，16 开

本书为募捐启事，其中也介绍了大勇阿阇黎的生平事迹。书内题名：募建大勇阿阇黎灵骨塔捐启。

收藏单位：国家馆

02000

南华小志 隋斋编

广州：登云阁，1937，101 页，32 开

本书记述广东韶关佛教圣地南华禅寺的历史沿革和盛衰，以及佛教在中国的传播和宗派情况等。书前有照片 10 余页。

收藏单位：湖南馆、上海馆、首都馆、天津馆

02001

南京佛教慈幼院第一次第二次报告书 任绳祖编

南京：佛教慈幼院，[140] 页，32 开

本书内有该院章程、施行细则、收领赠品报告等。

收藏单位：南京馆、上海馆

02002

南京佛教慈幼院第三次报告书（自二十年六月起至二十三年六月三十日止） 南京佛教慈幼院编

南京：[佛教慈幼院]，1934，1 册，16 开

收藏单位：南京馆

02003

南京佛教慈幼院第四次报告书（自民国二十三年七月起至二十九年四月止） 南京佛教慈幼院编

南京：[佛教慈幼院]，1940，1 册，18 开

收藏单位：南京馆

02004

南岳化导贫民念佛法会始末记 南岳化导贫民念佛法会编

北平：中央刻经院，1934，110 页，32 开

本书介绍湖南南岳化导贫民念佛法会的组织，并有主要成员的演讲词。

02005

拈花寺律堂第一期毕业同学录 拈花寺律堂编

北平：拈花寺律堂，[1928]，106 页，16 开

本书收录该律堂教职员及学人名字表、训词及学人文录数十篇。

收藏单位：国家馆

02006

念佛人随笔 （释）曙清著

汉口：武汉印书馆，1936.7，42 页，32 开

本书介绍阿弥陀佛小史。

收藏单位：国家馆、浙江馆

02007

孽海慈航 中华佛教会编

中华佛教会，1939.12，47 页，32 开

本书为宣传抗日的材料。共 6 部分：前言、确切认识日本帝国主义的真面目、透彻了解抗战伟大的意义、战地民众们对敌斗争的三大目标、战地民众对敌之积极抵抗运动、战地民众对敌之不合作运动。目录页题名：战地民众的任务与使命。

收藏单位：重庆馆、国家馆、吉林馆、南京馆

02008

诺那上师传略·开示录 徐少凡 冯重熙等著

广州：广东佛教会，1934，36 页，32 开

本书共 2 篇：《诺那上师呼图克图传说》（徐少凡）、《贝嘛道长平日对上师及道侣的质疑》（冯重熙）。

收藏单位：国家馆

02009

陪都慈云寺僧侣救护队纪念刊 陪都慈云寺僧侣救护队总队部编

重庆：陪都慈云寺僧侣救护队总队部，1945，144 页，16 开

本书内收图画、题词、函电、组织、工作报告、队员一览表等。

收藏单位：国家馆、南京馆

02010

评明季滇黔佛教考 孙楷第著

北平：国立北平图书馆，[1930—1939]，[11] 页，16 开

《明季滇黔佛教考》为陈垣著，1930 年 8 月北平辅仁大学刊行，孙氏评论是《北平图书馆季刊》单行本。

收藏单位：国家馆

02011

菩提学会筹备工作报告书 菩提学会著

菩提学会，160 页，32 开

本书共 12 部分，内容包括：绪言、缘起、筹备委员名录、筹备委员会职员名录、发起人名录、会议记录、章程、设计纲要、函牍、译经处报告、接办蒙藏学院经过、收支计数。

收藏单位：山东馆、上海馆

02012

普庵祖师灵验记

沈彬翰，1934.8，46 页，32 开（佛学小丛书）

本书内容包含普庵咒直诵等。

收藏单位：上海馆

02013

清季达赖喇嘛出亡事迹考 吴丰培编

外文题名：Die Zweimalige Flucht des Dalai-lama am Ende der Ch'ing-zeit

吴丰培 [发行者]，311—345 页，16 开

本书叙述十三世达赖的身世、中英藏印交涉、英军川军入藏的始末。卷首有引用书目举要。为《中德学志》抽印本。

收藏单位：国家馆

02014

人间爱晚晴 陈法香著

上海：大法轮书局，1948.4，68 页，64 开（法轮小丛书）

本书收录夏丏尊、丰子恺、叶圣陶、马叙伦等人的文章。内容包括：《怀晚晴老人》《弘一大师史略》《为青年说弘一法师》《弘一律师在湛山》《追念弘一律师》《谈弘一法师临终偈语》等。

收藏单位：上海馆

02015

日本佛法访问记 刘彭翊著

出版者不详，1935.10，102 页，25 开

本书共 3 部分：日本佛教已往之概况及各宗派之由来、日本佛教现在之概况、真言宗之概况及高野山之访问。书前有引言。

收藏单位：国家馆

02016

日本佛教视察记 （释）大醒著

上海：佛学书局，1936.2，242 页，32 开，精装

本书为释大醒 1935 年 5 月 5 日至 6 月 4 日在日本考察佛教的手记，每日一篇，共 30 篇。书前有"中日佛教之比较观——代自序"及艺峰等人的序两篇。书末有跋语。

收藏单位：重庆馆、国家馆、上海馆

02017

日本佛教视察记 （释）大醒著

[武昌]：行愿庵，1936.2，242 页，32 开，精装

收藏单位：广东馆、辽大馆、南京馆

02018

日本刑政与佛教（原名，日本刑政与佛教徒之关系） （日）渡边海旭述

上海：佛学书局，1932.1，22 页，64 开（佛学小丛书）

本书介绍日本佛教界为感化、教化囚徒及保护放免者所做的种种事情。共 7 部分：绪言、日本刑务教化之由来、刑务教化之近况、保护放免者之由来、保护放免者事业之近况、保护少年、结论。

收藏单位：国家馆、内蒙古馆

02019

日华全体佛教徒提携亲善书 （日）寺本婉雅著译 全日本佛教青年会学生联盟编

京都：京都佛教青年会学生联盟事务所，1939.9，17 页，32 开

本书内容包括：与中华全体佛教徒之宣言、推古天皇宪法十七条、圣德太子奉赞歌。书后有跋。

收藏单位：国家馆

02020

日蒙藏全佛教徒提携亲善宣言书 （日）寺本婉雅著译

京都：京都佛教青年会学生联盟事务所，1939.9，13+34 页，32 开

本书为汉藏对译本。

收藏单位：国家馆

02021

三大士实录

上海：法云印经会，1939.1，[156] 页，25 开

本书内容包括：傅大士集、明州定应大师布袋和尚传、文殊化身戒阇黎示现录。

收藏单位：广东馆、国家馆、内蒙古馆、上海馆

02022

三国佛教略史　（日）岛地墨雷　（日）生田得能著　听云　海秋译

上海：佛学书局，1930.2，216 页，32 开

本书叙述印度、中国、日本的佛教略史。书前有范古农序及著者原序。书末有佛教西渐近况。

收藏单位：国家馆、湖南馆、辽大馆、南京馆、上海馆、浙江馆、中科图

02023

僧伽护国史　（释）震华著

上海：佛学书局，1934.7，122 页，32 开

本书共 4 部分：僧伽护国的疑问、僧伽护国的思想、僧伽护国的施设、僧伽护国的史实，另有弁言及余论。书前有智光所作《僧伽护国史叙》一篇。

收藏单位：国家馆、河南馆

02024

汕头市私立觉世学校立校周年概况特刊　私立觉世学校编

[汕头]：私立觉世学校，1942，84 页，16 开

该校为佛教学校。本书内容包括：照片、学生园地、佛学论说文等。

02025

上海佛学书局股份有限公司第二届报告书

上海闸北新民路七七五号编辑所编辑

上海：出版者不详，1930，35 页，25 开

收藏单位：江西馆

02026

圣露呼图克图应化略史

出版者不详，1 册，16 开

本书为藏传佛教噶玛噶举派圣露活佛生平。

收藏单位：南京馆

02027

世界大哲学家释迦牟尼传　雄飞太郎著

上海：新中国图书社，1939.12，70 页，大 32 开

收藏单位：南京馆

02028

世界迦音　郭慧浚编

周公益 [发行者]，1933，96 页，32 开

本书辑集论述及介绍世界各国佛教情况的文章 30 余篇。

02029

释道安时代之般若学述略　汤用彤著

出版者不详，1933.5，50 页，32 开

本书梳理般若学"六家七宗"的旨要及关系，对道安之前一度盛行的"格义"方法予以文化史角度的考察和分析。

收藏单位：南京馆、中科图

02030

释法瑶　汤用彤编

出版者不详，10 页，16 开

本书考证论述了释法瑶的生平。为《国立北京大学季刊》5 卷 4 号抽印本。

收藏单位：南京馆

02031

释加文佛成道纪念册　释加文佛成道会编辑

北平：释加文佛成道会，1937，52 页，25 开

本书内有释迦文（牟尼）佛成道纪念会启，发起人姓名，以及祝词、演说词等。

收藏单位：国家馆

02032

释迦佛应世的始末（录经律异相）　佛学书局

编

上海：佛学书局，1931.6，再版，29 页，32 开（佛学小丛书）

　　本书讲述佛祖应世的事迹。共 6 部分：得道师宗、现生王宫、现迹成道、阿难问葬法、现般涅槃、摩耶五衰相。

　　收藏单位：广西馆、国家馆、上海馆

02033

释迦牟尼佛略史 北京佛教讲习会编

北京：法轮印刷局，1923.1，64 页，32 开（卐通俗丛书1）

　　本书共 8 章：降生、入胎、住胎、出胎、出家、成道、说法、圆寂。书前有叙。

　　收藏单位：国家馆、近代史所

02034

释迦牟尼佛略史 （释）超一演讲 张伯清校对

无锡：佛学真言研究社，1935，24 页，32 开

　　本书内容包括：未出家前之佛陀、佛陀出家之动机、出家学道之佛陀、雪山苦行之佛陀、成最上正觉之佛陀、革命维新之佛陀、普遍教育之佛陀 7 讲。附录无锡佛学图书赠阅处拟推进佛法之意见书。

　　收藏单位：重庆馆、桂林馆、南京馆

02035

释迦牟尼佛略传 （释）显荫述

上海：佛学书局，1930.12，5 版，20 页，22 开

上海：佛学书局，1933.5，6 版，20 页，22 开

　　本书共 3 章：总叙因缘、略传圣迹、流通正教。

　　收藏单位：国家馆、内蒙古馆、绍兴馆

02036

释迦牟尼佛略传 （释）显荫述

上海：世界佛教居士林，[1923]，3 版，20 页，22 开

上海：世界佛教居士林，1928.4，4 版，20 页，22 开

　　收藏单位：国家馆、山东馆

02037

释迦牟尼佛略传 （释）显荫述

沈彬翰，1936.4，7 版，20 页，22 开

　　收藏单位：上海馆

02038

释迦牟尼佛略传 （释）显荫著 万钧增编

济南：北洋印刷公司，1942，[108] 页，25 开

　　收藏单位：首都馆

02039

释迦牟尼传 曼陀罗室主著 鹤寿居士校阅

上海：大通图书社，1936.5，2 册（286 页），32 开

　　本书分上、下两册，共 40 回。内容包括：说因缘三教一源，述楔子白莲五本；兆吉祥夫人怀孕，生浊世太子命名；摩耶后诞儿逝世，波阇姨带女入宫；见细事每多感触，访有道初次从师；善教化演说故事，因诱披学参声明；发慈悲师弟畅谈，论因果衣钵继美等。

　　收藏单位：广东馆、国家馆、南京馆、上海馆、绍兴馆

02040

释迦如来成道记注解 （唐）王勃撰 （宋释）道诚注

上海：医学书局，1920，1 册（佛学丛书）

上海：医学书局，1925，1 册（佛学丛书）

　　本书是介绍释迦牟尼生平与教义的佛学著作，也是古代传记文学作品。

　　收藏单位：国家馆

02041

释迦如来一代记 （释）持松著

[上海]：佛经流通处，1943，[84] 页，32 开

　　收藏单位：首都馆

02042

释迦如来一代记 何绍虞编辑

哈尔滨：佛经流通处，1941，74 页，32 开

　　本书共 12 部分：太子降生离欲出城、车匿还宫太子入林、皇宫忧恋下旨出寻、访师苦行路过瓶沙、降伏魔军成等正觉、度五比

丘转正法论、度千弟子长者布金、安住祇园父母得度、降伏恶象菴摩请供、将入涅槃大众悲仰、遗嘱弟子毕竟入寂、分布舍利结集藏经。

收藏单位：首都馆

02043

释迦如来一代记 慧云译述

[上海]：佛教公论社，1936，116 页，32 开

本书介绍释迦牟尼的生平及其涅槃的经过。内容包括：佛陀降诞的年代、释迦的先祖、新国的建设、净饭王与摩耶夫人、白象托胎、太子诞生、摩耶夫人之死、奇异的太子、阎浮树下的冥想、太子的结婚等。

02044

释迦如来应化录 （明释）宝成编

出版者不详，[1913]，453 页，22 开

本书引佛本行经、大庄严经、因果经等佛教诸经论，叙述佛祖释迦牟尼一生的行迹。附：图绘释迦牟尼的一生、修行本起经、普曜经、佛本行集经、佛所行赞经等。中法文对照，出版时间据法文序。

收藏单位：国家馆

02045

释迦生活 隋树森编译

上海：世界书局，1931，81 页，32 开（生活丛书）

上海：世界书局，66 页，32 开（生活丛书）

本书为释迦牟尼的传记。

收藏单位：广东馆、广西馆、江西馆、上海馆、首都馆、浙江馆

02046

释氏疑年录通检 赵卫邦 叶德禄编

出版者不详，[1940]，16 页，16 开

本书为《辅仁学志》9 卷 2 期抽印本。

收藏单位：国家馆、上海馆、首都馆

02047

释尊圣传（蒙汉合璧） （日）佐藤富江著

东京：大亚细亚建设社，1938.9，再版，257 页，22 开，精装

收藏单位：国家馆

02048

释尊之历史与教法 玉慧观编著

上海：佛慈大药厂，1932，210 页，32 开

本书共 4 章：释迦牟尼之略传、释迦牟尼之教法、释迦牟尼教法之过去发展、释迦牟尼教法与世界学术。

收藏单位：重庆馆、广东馆、桂林馆、黑龙江馆、近代史所、辽大馆、绍兴馆

02049

释尊传 佛学书局编辑部编

上海：佛学书局，1932.4，34 页，36 开（佛学小丛书）

上海：佛学书局，1935，2 版，34 页，36 开（佛学小丛书）

北京：佛学书局，1938，34 页，36 开（佛学小丛书）

本书为佛祖小传。内容包括：古佛授记、菩萨择降、太子幼学、决志出家、独修苦行、成菩提道、鹿园说法、杖林说法、反国说法、舍卫行化、随缘说法、报父母恩、入大涅槃等。另附：佛史颂释。书前有范古农叙。

收藏单位：广西馆、国家馆、上海馆、首都馆

02050

宋代寺院所经营之工商业 全汉升著

昆明：出版者不详，1940，16—22 页，16 开

本文收于《国立北京大学四十周年纪念论文集》乙编。作者认为宋代寺院经营工商业风气盛行，寺院的参与为宋代工商业提供了生产资本，并对工业技术的发展做出了贡献。共 4 部分：概说、宋代寺院对于工业的经营、宋代寺院对于商业的经营、结论。

收藏单位：广东馆

02051

宋元僧史三种述评 陈垣著

出版者不详，1947.12，155—166 页，16 开

本书收书评 3 篇，分别论述《禅林僧宝传》（三十卷，宋释惠洪撰）、《林间录》（二

卷后录一卷，宋释惠洪撰）、《佛祖通载》（二十二卷，元释念常撰）。为《辅仁学志》15卷1、2期合刊抽印本。

　　收藏单位：国家馆

02052

颂圣集（第1辑）　中日文化协会编
出版者不详，1944.10，34页，16开

　　本书为玄奘法师纪念册，辑颂扬法师的碑文、塔铭、论文等。后附《考证三藏塔遗址之发掘》。

　　收藏单位：国家馆、南京馆

02053

苏州弘化社第二届出纳报告清册（1931年2月至1932年2月）　弘化社编
苏州：弘化社，1932，62页，32开

　　本书汇集该年度经济收支及印书购书等情况。共8部分：弁言、捐助功德芳名、印购书籍统计表、收支总结、逐月流通书籍计数表、付附印书籍计数表、书籍分类出纳总数、存书细数表。

　　收藏单位：国家馆

02054

苏州弘化社第三届出纳报告清册（1932年2月至1933年1月）　弘化社编
苏州：弘化社，1933，54页，32开

　　收藏单位：国家馆

02055

苏州弘化社第四届出纳报告清册（1933年1月至1934年2月）　弘化社编
苏州：弘化社，1934，64页，32开

　　本书共9章：弁言、捐助功德芳名、印购书籍统计表、收支总结、逐月流通经书计数表、付附印经书计数、各种经书佛像函札格言药方等出纳总数、各种经书佛像函札格言药方等分类出纳计数、各种经书佛像函札存数表。

　　收藏单位：国家馆

02056

苏州弘化社第五届出纳报告清册（1934年2月至1935年2月）　弘化社编
苏州：弘化社，1935，64页，32开

　　收藏单位：国家馆

02057

太虚大师环游记　（释）太虚著　（释）满智编录
上海：大东书局，1930.3，280页，32开

　　本书为太虚大师赴英、法、德、比、美诸国访问，宣讲佛学的记闻。

　　收藏单位：广西馆、国家馆

02058

太虚大师纪念集　汉藏教理院同学会编
重庆：汉藏教理院同学会，1947.9，234页，28开

　　本书收《太虚大师行略》（海潮音社）、《认识大师与纪念大师》（印顺）、《太虚大师的思想体系》（成德）、《太虚大师与现代佛教》（洪禅）等文54篇。书前有蒋介石等14人的题词。书末有编校后记。

　　收藏单位：重庆馆、国家馆、吉林馆、南京馆、浙江馆、中科图

02059

太虚大师小传
上海：出版者不详，1947.4，8页，22开
　　收藏单位：浙江馆

02060

唐代僧侣及其活动　（日）小笠原宣秀著述　威音译
上海：佛学书局，1933.11，改排本，46页，36开（佛学小丛书）

　　本书论述唐代僧侣的数量、素质、教化及社会事业等。

　　收藏单位：山东馆、上海馆

02061

唐代"俗讲"考　向达著
北平：燕京大学燕京学报社，1934，[14]页，16开

　　唐代俗讲即释氏专为启发流俗的通俗讲

演。共 5 部分：长安寺院与戏场、僧人之唱小曲、寺院中的俗讲、俗讲的话本问题、俗讲的演变。附变文及唱经文目录。为《燕京学报》第 16 期抽印本。

　　收藏单位：国家馆、首都馆

02062

唐代"俗讲"考　向达著

出版者不详，1940，42 页，16 开

　　收藏单位：国家馆

02063

唐人画罗汉供佛图

上海：有正书局，影印本，1 册

　　收藏单位：国家馆

02064

唐玄奘法师年谱（1 卷）　刘汝霖编

出版者不详，1 册

　　收藏单位：国家馆

02065

特殊寺庙新京护国般若寺同戒录

出版者不详，1942，[29]+192 页，32 开

　　收藏单位：首都馆

02066

天津佛教居士林成立大会靳翼青林长演说辞

靳翼青著

天津：佛教居士林，1934.4，12 页，32 开

　　本书介绍居士林成立的缘起等。

　　收藏单位：国家馆

02067

天然和尚年谱　汪宗衍撰

澳门：于今书屋，100 页，32 开

　　本书考述明末天然和尚生平。附著述考、弟子考。

　　收藏单位：浙江馆

02068

天台智者大师别传辑注　（唐释）灌顶著

上海：法藏寺分院，1936.12，重排版，[160]

页，22 开

　　本书为智顗传。内有《天台智者大师别传》（灌顶）、《天台智者大师传论》（梁肃）及宋四明沙门昙照的辑注。

　　收藏单位：国家馆、湖南馆、南京馆、首都馆、浙江馆、中科图

02069

天台智者大师别传辑注　（唐释）灌顶著

上海：国光印书局，1936，[160] 页，32 开

上海：国光印书局，1936.12，重排初版，1 册，32 开

　　收藏单位：辽大馆、上海馆

02070

晚晴山房书简（第 1 辑）　李叔同著　李芳远辑

上海：弘一大师纪念会，1944.10，140 页，36 开（弘一大师全集 1）

　　本书是弘一法师李叔同的书信集。书前有著者手迹和夏丏尊的序。著者原题：弘一。

　　收藏单位：南京馆、绍兴馆

02071

卍缘观音会缘起及简章

[无锡]：出版者不详，10 页，32 开

　　该会由信仰佛教同人捐资创立，会所附设于江苏无锡惠山北第蓬觉圣寺。以劝人虔诵观世音菩萨佛经以消除灾难为宗旨。本书共 10 章：名称及宗旨、会务、会所、职员、会员、议会、法会、经费及会计、享受、附则。

02072

王君靖五追悼会汇录

出版者不详，32 页，大 32 开

　　收藏单位：南京馆

02073

我的佛教改进运动略史　（释）太虚讲述（释）演培等记录

香港：觉音社，1941.6，46 页，32 开（觉音小丛书 2）

　　本书为释太虚在汉藏教理院暑期训练班的

讲演录。分 4 个时期讲述他改进佛教的经过。

收藏单位：重庆馆

02074

无锡袁丽庭居士生西记 丁德尚撰

无锡：三圣阁佛教净业社，1945.3，8 页，32 开

收藏单位：上海馆

02075

吴都法乘（三十卷）（明）周永年撰

出版者不详，1936，影印本，14 册

本书为江苏省古吴地区的佛教记事类纂。内容包括：始兴篇、显圣篇、应现篇、袭灯篇、逸格篇等。

收藏单位：国家馆

02076

西湖寺院题韵沿革考 姚悔庵编

上海：佛学书局，1934.12，306 页，32 开

本书根据《西湖志》《西湖游览志》《咸淳临安志》及《杭州府志》中记载，考证杭州西湖各山 289 所寺院中有关古迹、楼、台、亭、阁、池、井、堂、轩及塔的诗文、题字，并介绍各处寺院的地理位置及遗闻轶事等。

收藏单位：国家馆、辽宁馆、上海馆

02077

西域之佛教（日）羽溪了谛著 贺昌群译

上海：商务印书馆，1933.5，370 页，32 开（佛学丛书）

本书讲述西域地区佛教发展历史。共 7 章：绪论、大月氏国之佛教、安息国及康居国之佛教、于阗国之佛教、龟兹国之佛教、疏勒国及高昌国之佛教、迦湿弥罗国之佛教。

收藏单位：重庆馆、东北师大馆、广东馆、广西馆、桂林馆、国家馆、黑龙江馆、湖南馆、江西馆、南京馆、内蒙古馆、宁夏馆、青海馆、上海馆、首都馆、天津馆、西南大学馆、新疆馆、浙江馆

02078

西藏第九辈班禅事略

出版者不详，16 页，36 开

本书介绍第九辈班禅的生平。共 12 部分：大师入驻中土、宣化蒙疆、首次晋京、国府之册封、二次晋京、维护蒙疆、三次晋京、宣化甘青、圆寂青海、中央之褒崇、行辕人员及西藏民众向中央献旗之经过、留青人员之近况。书前有绪言。

收藏单位：国家馆

02079

西藏圣者米拉日巴的一生 乳毕坚金著 王沂暖译

上海：商务印书馆，1949.12，188 页，32 开

本书分 26 部分记述米拉日巴的一生。内容包括：日琼巴的梦、米拉日巴尊者的家世、凄惨困苦的开始、学习咒术、消灭仇敌等。

收藏单位：重庆馆、东北师大馆、广东馆、广西馆、国家馆、辽大馆、辽宁馆、山西馆、云南馆

02080

暹罗佛教丛谭 尤雪行著述

上海：佛学书局，1934.8，107 页，22 开

本书著述者原题：尤惜阴。

收藏单位：上海馆

02081

现明老和尚纪念刊、宏慈佛学院第七班同学录合编 弘慈佛学院编

北京：弘慈佛学院，1943.1，[148] 页，18 开

现明老和尚生于 1880 年，卒于 1941 年，曾任北京广济寺住持，创办宏慈佛学院。纪念刊收有：现明大师行述、语录、文钞、法语、祭文、学僧纪念文选等。书后有宏慈佛学院第七班同学录。

收藏单位：国家馆

02082

心道法师西北弘法记 寒世子编

上海：道德书局，1936，100 页，32 开

心道法师俗姓李。本书介绍他在西北传播佛教的情况。

收藏单位：南京馆

02083

虚云禅师事略　理真编

上海：大雄书局，1948，51 页，32 开

上海：大雄书局，1949.2，再版，51 页，32 开

　　虚云禅师俗名古岩，字德清，湖南人。本书介绍其生平事迹，内容包括：虚云禅师事迹纪略、云公卓锡南华事迹纪略。附虚云禅师法语。

　　收藏单位：近代史所、南京馆、上海馆、绍兴馆、首都馆

02084

虚云老和尚

出版者不详，28 页，32 开

　　收藏单位：广西馆

02085

虚云老和尚事迹　林远凡编

香港：星岛日报承应部，1944，2 版，96 页，大32 开

　　本书内容包括：事略、法语等。事略部分包括：出生在家时期、出家参方时期、迁居终南时期、宏化西南时期、宏化东南时期等。

　　收藏单位：南京馆

02086

虚云老和尚事迹纪略

广州：佛教居士林，23 页，32 开

　　收藏单位：南京馆

02087

玄奘　宋云彬著

上海：开明书店，1935.11，94 页，50 开（开明中学生丛书 13）

　　本书共 5 章：玄奘的少年时代、西行求法、印度纪游、归途纪程、归后生涯。附录西域地名今释、参考书目。

　　收藏单位：重庆馆、广东馆、国家馆、南京馆、上海馆

02088

玄奘　苏渊雷编著

重庆：胜利出版社，1944.12，179 页，32 开（中国历代名贤故事集 第 3 辑 学术先进）

北平：胜利出版社，1946，179 页，32 开（中国历代名贤故事集 第 3 辑 学术先进）

　　本书共 8 章，讲述佛教传入中国（玄奘之前）的经过，介绍玄奘身世及其取经经历。前有作者小传、潘公展的"中国历代名贤故事集编纂旨趣"。附录《答印度慧天法师书》等 3 种。

　　收藏单位：重庆馆、东北师大馆、国家馆、吉林馆、辽宁馆、南京馆、内蒙古馆、绍兴馆、首都馆、天津馆、西南大学馆、浙江馆、中科图

02089

玄奘　孙毓修编

上海：商务印书馆，1919，55 页，32 开（少年丛书 13）

上海：商务印书馆，1922，5 版，55 页，32 开（少年丛书）

上海：商务印书馆，1924，6 版，55 页，32 开（少年丛书 13）

上海：商务印书馆，1925，7 版，55 页，32 开（少年丛书 13）

上海：商务印书馆，1927，8 版，55 页，32 开（少年丛书）

上海：商务印书馆，1931.4，9 版，55 页，32 开（少年丛书 13）

上海：商务印书馆，1933，国难后 1 版，55 页，32 开（少年丛书）

上海：商务印书馆，1939，3 版，55 页，32 开（少年丛书）

　　本书共 11 章，述唐以前之西游者、玄奘之家世、玄奘西游的经历及归唐后太宗之待遇等。

　　收藏单位：重庆馆、广东馆、广西馆、国家馆、江西馆、辽大馆、南京馆、宁夏馆、首都馆

02090

玄奘　孙毓修原著　陈倩如改编

上海：商务印书馆，1933，45 页，32 开（小学生文库 第 1 集 传记类）

　　收藏单位：东北师大馆、上海馆、绍兴馆、首都馆

02091

玄奘 章衣萍编著

上海：儿童书局，1935.9，64 页，32 开（中国名人故事丛书 1）

上海：儿童书局，1937，4 版，64 页，32 开（中国名人故事丛书 1）

上海：儿童书局，1939，[5 版]，63 页，36 开（中国名人故事丛书）

上海：儿童书局，1940，6 版，64 页，32 开（中国名人故事丛书）

上海：儿童书局，1946.9，11 版，64 页，32 开（中国名人故事丛书）

上海：儿童书局，1947，14 版，64 页，32 开（中国名人故事丛书）

本书向儿童讲述玄奘千辛万苦取经的经历。

收藏单位：重庆馆、广东馆、国家馆、吉林馆、上海馆、首都馆

02092

玄奘到印度 朱泽甫编辑

上海：民众书店，1942.7，赣 1 版，27 页，32 开（历史故事 24）

收藏单位：重庆馆、国家馆

02093

玄奘到印度 朱泽甫编辑

上海：世界书局，1941.1，新 1 版，27 页，32 开（中国历史故事丛刊 24）

上海：世界书局，1943.1，赣 2 版，27 页，32 开（历史故事）

上海：世界书局，1944.1，赣 3 版，27 页，32 开（历史故事）

本书介绍玄奘到印度取经的经过。共 5 部分：玄奘的少年时代、立志留学、一路上的千辛万苦、漫游东西南北五印度、玄奘回唐以后的功课。小学高年级及初中适用。

收藏单位：河南馆、江西馆

02094

玄奘法师年谱 曾了若著

[北京]：文史学研究所，[1923]，71—112 页，16 开

本书为《文史学研究所月刊》3 卷 1 期抽印本。书前有短序，写于 1923 年 4 月。

收藏单位：国家馆

02095

玄奘三藏之行脚与取经 郑师许编

出版者不详，28 页，32 开

收藏单位：广东馆

02096

一梦漫言 （清释）见月撰

上海：世界书局，1937，[80] 页，32 开（佛学丛刊第 1 辑 26）

本书记明末宝华山见月律师自述行脚参访的苦行事迹。书末附《宝华山见月律师年谱扼要》《古心律祖三昧律师略传》《一梦漫言随讲别录》。

02097

一梦漫言 （清释）见月撰

青岛：湛山寺印经处，1934，80 页，22 开

青岛：湛山寺印经处，47 页，22 开

收藏单位：国家馆、上海馆、首都馆

02098

一千二百年之古罗汉寺 （释）又信等著

出版者不详，1944.4，50 页，32 开

本书记述川西什邡罗汉寺情况。内容包括：《一千二百年之古罗汉寺》（又信）、《罗汉寺之法系》（雪樵）、《什邡罗汉寺历代大事年表》（雪樵）等。

收藏单位：重庆馆、国家馆、中科图

02099

鄞县佛教会会刊 （释）宝静总纂 胡熙编辑

宁波：鄞县佛教会，1934，152 页，16 开

本书收该会法令、训令、指令、法规、呈文、会员名录等。书前有圆瑛法师序。书后附本会沿革。

02100

印度佛教史 多罗那他著 王沂暖节译

上海：商务印书馆，1946.11，126 页，32 开

本书择要节译，篇幅仅为原书的三分之一。始于"善见王时代"，终至"造像发生理趣"，共44章。

收藏单位：重庆馆、桂林馆、国家馆、湖南馆、近代史所

02101

印度佛教史 （日）境野黄洋著　慧圆编译

武昌：武昌佛学院，1934.8，136页，25开（武昌佛学院丛书）

本书编译者原题：慧圆居士。

收藏单位：广东馆、国家馆、近代史所、辽大馆、山东馆、首都馆、天津馆

02102

印度佛教史略　吕澂撰

外文题名：A brief history of Buddhism in India

上海：商务印书馆，1925.10，1册，16开（佛学丛书）

本书共上、下两篇：佛在世之佛教、佛灭后之佛教。附印度佛教史略表。

收藏单位：浙江馆

02103

印度古佛国游记　李俊承著

外文题名：Pilgrimage to India, the land of Buddha

新加坡：佛教居士林，1940.3，123页，22开，精装

本书为作者在仰光、加尔各答、那兰陀、伽耶城等地参观佛教遗迹的旅行日记。

收藏单位：东北师大馆、上海馆

02104

印度古佛国游记　李俊承著

商务印书馆，[1939]，123页，25开，精装

长沙：商务印书馆，1940.8，123页，25开

收藏单位：重庆馆、广西馆、贵州馆、国家馆、近代史所、辽大馆、辽师大馆、南京馆、山西馆、上海馆

02105

印度六大佛教圣地图志　谭云山著

出版者不详，1935，10页，32开

本书记述布达伽雅等释迦成道、说法、涅槃、诞生处的概况，并附图照。

收藏单位：南京馆、山东馆、上海馆

02106

印度之佛教 （释）印顺著

合江：正闻学社，1942，242页，32开

合江：正闻学社，1943.4，242页，32开

本书叙述印度佛教的发展、流源概况。全书共18章，内容包括：释尊略传、佛理要略、圣典之结集、学派之分裂、学派思想泛论、中印之法难、大乘佛教导源、虚妄唯识论、真常唯心论、密教之兴与佛教之灭等。书后附录《议印度之佛教》（太虚）、《敬答议印度之佛教》（印顺）、印度佛教大事年表。

收藏单位：重庆馆、桂林馆、国家馆、南京馆、内蒙古馆、山西馆、上海馆、西南大学馆

02107

印光大师行业记　[（释）真达等述]

[四川]：威远中峰寺印书弘化社，1946.12

本书由印光法师弟子略述法师一生行业梗概。

收藏单位：南京馆

02108

印光大师纪念特刊　印光大师永久纪念会编

西安：佛化社，1942.6，12页，16开

本书为印光圆寂悼念文汇集。

02109

印光大师永久纪念会会章　印光大师永久纪念会编

印光大师永久纪念会，12页，16开

本书收会章16条及大会纪事录。

收藏单位：上海馆

02110

印光大师永思集　陈海量编

上海：弘化社，1941.4，264页，32开

上海：弘化社，1943，再版，263页，32开

印光，俗姓赵，法名圣量。集内有编者

引言、大师遗影、大师传记、大师遗教、七众怆辞等。

收藏单位：广东馆、广西馆、国家馆、黑龙江馆、辽宁馆、南京馆、宁夏馆、上海馆

02111

印光大师永思集　陈海量著

上海：灵严大师纪念会，1943，263 页，32 开

收藏单位：广东馆

02112

印藏佛教史　刘立千编

成都：华西大学华西边疆研究所，[1946]，102 页，18 开

本书前编介绍印度佛教，共 6 部分：佛时与佛后之教法、小乘之分派及其发展、大乘之建立、密乘之宏扬、大小乘之教义述略。后编介绍中国西藏佛教，共 5 部分：佛教如何传入、译师及论师、佛教之分派、显密教法之宏布、显密教法之理趣。书前有绪言。书后有结论、附录。

收藏单位：重庆馆、国家馆、黑龙江馆、近代史所、南京馆、上海馆、中科图

02113

英国李提摩太致世界释家书　邵绎译

外文题名：An epistle to all Buddhists throughout

上海：广学会，1916，30 页，22 开，精装

收藏单位：国家馆、内蒙古馆、首都馆

02114

永恒的追思（弘一法师逝世五年祭）　丰子恺等著

上海：大雄书局，1948.2，30 页，32 开（大雄文丛）

弘一法师李叔同曾在浙江省立第一师范学校任音乐教师，是丰子恺的老师。本书收丰子恺、叶圣陶、施蛰存等人的纪念文章 9 篇。

收藏单位：广西馆、国家馆、上海馆

02115

永明延寿禅师自行录　佛学书局编辑部编

上海：佛学书局，1933，27 页，32 开

本书为莲宗六祖延寿的传略及其每日所行的 108 件事功。

收藏单位：上海馆

02116

圆瑛法师弘化纪念册　梁孝志编辑

上海：圆明讲堂，1949，1 册，22 开（圆瑛法汇）

收藏单位：南京馆、天津馆

02117

真谛留华年谱　魏善忱编

出版者不详，21—24 页，22 开

真谛即波罗末陀（Paramartha）或拘罗那陀，古印度西部优禅尼国人。本书从其留华岁月（546 年）为年谱起点。内分纪年、时事、西纪、游履及其译事等部分。书后附：佛学书局影印宋藏遗珍书目。无版权页，疑为抽印本。

收藏单位：国家馆

02118

真谛三藏年谱　苏公望撰

北京：佛学书局，1940.9，[82] 页，22 开（佛学史地丛书）

本书为天竺僧人真谛的年谱。后附译述考。

收藏单位：国家馆、上海馆、首都馆、中科图

02119

整理僧迦制度论　慈忍室主人编辑　（释）太虚审定

上海：佛教书局，1931.12，2 册（210+300 页），32 开（佛学丛刊 海潮音文库 第 3 编 佛学足论 9）

本书内容包括：敬劝诸山长老大兴悲愿书、改革现代比丘尼制之我见、怎么样改革尼姑、妙昙妙莲致太虚法师信及法师复信、在家二众不应剃度收徒说等。

收藏单位：国家馆、吉大馆

02120

整理僧伽制度论　（释）太虚等著

汉口：佛教会，1929.8，4版，126页，32开

本书论佛教制度。全书分：僧依品、宗依品（内含：宗名、宗史、宗学）、制度品（内含：教所、教团、教籍、教产、教规）。书后有作者跋。

收藏单位：国家馆、河南馆、江西馆、南京馆、上海馆、首都馆、浙江馆

02121

整理僧伽制度论 （释）太虚等著

出版者不详，[1930]，126页，25开

收藏单位：国家馆

02122

中国佛教地理 刘汝霖著

出版者不详，[1943]，102+56页，32开

本书介绍与佛教相关的名都、名山、中外交通要地、国内交通要地、佛教遗迹圣地。附录包括造像、起塔、建寺、结社4章。所见书残。为中国佛教学院讲义。

收藏单位：国家馆

02123

中国佛教会 中国佛教会编

中国佛教会，1935，16页，32开

本书收录会章、会员入会规则、各分会组织通则、选举代表规则。

收藏单位：上海馆

02124

中国佛教会章程草案

出版者不详，60页，32开

本书要点包括佛教会的组织结构、登记和入会手续、寺庵管理与僧尼约束等内容。

收藏单位：上海馆

02125

中国佛教史 黄忏华著

长沙：商务印书馆，1940.3，357页，32开

上海、长沙：商务印书馆，1947，再版，357页，32开

本书共4章：中国佛教之肇始时代（东汉至西晋）、中国佛教之进展时代（东晋至南北朝）、中国佛教之光大时代（隋唐）、中国佛教之保守时代（五代至清）。

收藏单位：重庆馆、广东馆、广西馆、贵州馆、国家馆、黑龙江馆、湖南馆、近代史所、辽大馆、南京馆、宁夏馆、上海馆、天津馆、西南大学馆、浙江馆、中科图

02126

中国佛教史略 （释）印顺 （释）妙钦编

上海：正闻学社，1947.7，84页，32开（正闻学社丛书）

本书叙述中国佛教的起源、发展简史及派系原委。共10部分，内容包括：绪言、佛教之输入中国、一帆风顺之南朝佛教、唯心论之确立、新佛教之成长、佛教在平流起落中等。书前有林同济序。

收藏单位：国家馆、近代史所、南京馆、上海馆、浙江馆、中科图

02127

中国佛教小史 陈彬龢著

上海：世界书局，1927.8，65页，32开

本书记述自东汉至清代佛教在中国发展略史。共5章：经典翻译时代，印度佛教传播时代，中国佛教兴盛、保守、衰颓时代等。

收藏单位：国家馆、南京馆、山东馆、山西馆、天津馆、浙江馆

02128

中国革命僧 （释）太虚著

出版者不详，1928.4，14页，42开

本书正文题为：对于"中国佛教革命僧"的训词。大意是倡导中国佛教除旧布新。

收藏单位：国家馆

02129

中国之阿弥陀佛 陈蕴真著

出版者不详，1915，52页，32开

本书内容包括：印度佛教之兴起及其消灭、中国佛教发展之盛况、评论日本在中国传布佛教之不当、佛教与国政之关系、对于中国今日扩张佛教之意见等。

收藏单位：上海馆

02130

中华佛教会川东支部章程　中华佛教会川东支部编

[重庆]：益新印刷局，1912，7叶，25开，环筒叶装

　　本书共10章：总则、组织、权能、会员、职员、任期、经费、会期、赏罚、章程。

　　　　收藏单位：重庆馆

02131

竺道生与涅槃学　汤用彤著

北平：北京大学，1932.3，66页，16开

　　本书介绍东晋僧人竺道生的事迹，并研究涅槃，共24部分。为《国立北京大学国学季刊》3卷1号抽印本。

　　　　收藏单位：重庆馆、国家馆、南京馆、内蒙古馆

02132

追念省元法师征文启　朱庆澜等辑

出版者不详，1933，18页，32开

　　本书有省元法师征文启事及行状，临终遗嘱、遗偈等。

　　　　收藏单位：上海馆

02133

自我介绍　陈海量编纂

上海：大雄书局，1949.3，112页，32开

　　本书收录施剑翘、谭天荫、史久芸、沙箴、曹伯权、方毓惠等19人的自述，介绍他们信佛的思想发展过程和生活奋斗的经历。

　　　　收藏单位：桂林馆、江西馆、上海馆

道　教

02134

八德大成统化合璧　陆志濂注

上海：明善书局，1934，46页，25开

　　　　收藏单位：山东馆

02135

八德功过格

上海：明善书局，60页，32开

　　本书论孝、悌、忠、信、礼、义、廉、耻八德。

　　　　收藏单位：首都馆

02136

八仙考　浦江清著

北平：国立清华大学，1936.1，48页，16开

　　本书为《清华学报》单行本，对八仙的历史传说进行考查。

　　　　收藏单位：国家馆、首都馆

02137

白云观全真道范　安世霖纂

北京：白云观，1940，88页，16开

　　本书为北京白云观各种章则的汇编。内容包括：本观教育班简章、本观教育班细则、本观图书室规章、本观教育班管理处办事细则、本观道士学经细则、本观客堂办事细则、本观执事房办事细则、本观内库办事细则、本观仓房细则、本观买办细则等。

　　　　收藏单位：国家馆、南京馆

02138

白云观志　（日）小柳司气太编

东京：东方文化学院东京研究所，1934，388页，22开，精装

　　本书共7卷：白云观小志、白云观记事、诸真宗派总簿、白云观碑志、东岳庙志、东岳庙七十六司考证、补汉天师世家。

　　　　收藏单位：北师大馆、国家馆

02139

白云观住持安世霖为整饬观务声明书

出版者不详，[1940]，[14]页，16开

　　本书除声明外，另有伪北京特别市公署警察局布告等影印件。

　　　　收藏单位：国家馆

02140

北斗经

出版者不详，1 册，32 开

本经全称《太上玄灵北斗本命延生真经》，"五斗经"之一，据考应为北宋初蜀中道士所作，收于《正统道藏》洞神部本文类。据传本经为太上老君于东汉永寿元年，降授张天师此经，教授道民念诵本经，以求掌管人身性命的北斗本命星君消灾延寿。

收藏单位：东北师大馆、广东馆

02141

碧苑坛经　施守平纂

上海：道德书局，[1937]，109 页，18 开

本书为全真派金莲正宗的理论书籍。讲心法真言、清静身心、阐教宏道等。出版年据写序时间。

02142

博大真人全集

[苏锡文]，1939.4，重刊，57+39 页，32 开

本书为道教炼丹术诀法。分炼丹揭要（利集）、炼丹揭要（贞集）两部分。目录页书名为：性命双修万神圭旨利集。

收藏单位：上海馆

02143

曹国舅全传　姜山编

上海：新华书局，1923，57 页，32 开（八大神仙 8）

本书叙述有关曹国舅的传说。

收藏单位：吉林馆

02144

处世明灯（又名，感应篇白话贯珠解）　李圆净编

上海：乐中印书会，1944.6，70 页，32 开

本书是对太上感应篇的白话解释。编者原题：圆晋。

收藏单位：上海馆

02145

道德书　（清）姚元滋等著

[上海]：劝社，[1939]，122 页，32 开

本书内含《文昌帝君阴骘文》注、人伦

道德等。

02146

道德真言

出版者不详，159 页，16 开

收藏单位：广东馆

02147

道教概说　（日）小柳司气太著　陈彬龢译述

外文题名：Studies in Chinese culture Taoism

上海：商务印书馆，1926.11，118 页，32 开（国学小丛书）

上海：商务印书馆，1930.10，92 页，32 开（国学小丛书）（万有文库第 1 集 109）

上海：商务印书馆，1931.4，再版，118 页，32 开（国学小丛书）

上海：商务印书馆，1933.10，[再版]，92 页，32 开（国学小丛书）

上海：商务印书馆，1933.10，国难后 1 版，92 页，32 开（国学小丛书）

上海：商务印书馆，1934，国难后 2 版，92 页，32 开（国学小丛书）

本书内含道教之起源、道教小史、道教之神学及教理 3 篇，共 13 章。

收藏单位：安徽馆、重庆馆、大连馆、东北师大馆、广东馆、广西馆、贵州馆、桂林馆、国家馆、江西馆、近代史所、辽大馆、辽师大馆、南京馆、内蒙古馆、宁夏馆、山东馆、上海馆、首都馆、天津馆、西南大学馆、浙江馆、中科图

02148

道教入门

出版者不详，石印本，1 册，25 开

收藏单位：上海馆

02149

道教史（上册）　许地山编

上海：商务印书馆，1934.6，182 页，32 开

上海：商务印书馆，1935.4，再版，182 页，32 开

本书共 7 章，内容包括：道底意义、道家思想底建立者老子、老子以后底道家、道家

最初的派别等。

收藏单位：重庆馆、东北师大馆、福建馆、广东馆、广西馆、贵州馆、国家馆、河南馆、江西馆、山东馆、上海馆、首都馆、天津馆、浙江馆

02150

道教史概论 傅勤家著

外文题名：An introduction to the history of Taoism

上海：商务印书馆，1933.12，85页，32开（百科小丛书）（万有文库第1集108）

上海：商务印书馆，1934.1，85页，32开

上海：商务印书馆，1934，再版，85页，32开（百科小丛书）（万有文库第1集108）

上海：商务印书馆，1939.12，85页，32开（万有文库第1—2集简编47）

重庆：商务印书馆，1944.12，渝1版，73页，32开（百科小丛书）

上海：商务印书馆，1947，再版，85页，32开（百科小丛书）

上海：商务印书馆，1947，再版，85页，32开（新中学文库）（百科小丛书）

本书共17章，内容包括：道之名称及涵义、古代之巫祝史、老庄列之学说、秦汉之方士、道教之形成、道佛二教之相排、道教之隆盛、道藏之出现等。

收藏单位：安徽馆、重庆馆、大连馆、东北师大馆、广东馆、广西馆、贵州馆、国家馆、黑龙江馆、江西馆、近代史所、辽大馆、辽师大馆、南京馆、内蒙古馆、宁夏馆、山东馆、上海馆、首都馆、天津馆、西南大学馆、浙江馆、中科图

02151

道教源流 傅代言编译

上海：中华书局，1927.11，130页，32开（常识丛书30）

上海：中华书局，1929.4，再版，130页，32开（常识丛书30）

上海：中华书局，1934.5，3版，130页，32开（常识丛书30）

本书分3编，共13章，内容包括：道教之起源、道教小史、道教神学及其教理等。

书前有蒋维乔序。

收藏单位：重庆馆、广东馆、广西馆、桂林馆、国家馆、黑龙江馆、湖南馆、吉林馆、江西馆、近代史所、南京馆、内蒙古馆、山东馆、上海馆、首都馆、天津馆、浙江馆

02152

道理题释 疯儒老人著

出版者不详，68页，32开

本书收关于修道的问题共90问。

收藏单位：重庆馆、南京馆

02153

道脉源流、济度原始合编 乐应礼编

出版者不详，1936，[21]页，32开

本书叙述道教源流。全书共3篇，内容包括：道脉源流、道旨、济度原始。

收藏单位：国家馆

02154

道统源流 庄严编

上海：民铎报社，1929.3，[164]页，16开

本书列历代师真，包括受律、承宗、传嗣之律师、宗师嗣师等。分道统源流志（上、中、下）、外传、正一法统等部分。书前有俞合达序。

收藏单位：国家馆、吉大馆、南京馆、内蒙古馆、上海馆、天津馆、浙江馆、中科图

02155

道学粹语 邓静虚著

北平：万国道德总会，1947印，68页

本书分析说明先天、后天、理性、气性、识神、元神、人心、道心、鬼神、魂魄、性命、道德、天地、阴阳等概念。

收藏单位：近代史所

02156

道学新论 何倜文著

出版者不详，[1946]，62页，25开

本书分3编：上编论道；中编论性；下编论心。书末附学庸合一研究方法图及说明。

收藏单位：重庆馆

02157

道藏考略　曲继皋著

出版者不详，[1933]，40 页，32 开

　　本书共 8 部分，对道藏的组织、分类、书目、存放及道藏之厄运、化胡经之被禁等，加以简略的考证。出版年录自本书绪言。

　　收藏单位：国家馆、山东馆

02158

道藏源流考　陈国符著

上海：中华书局，1949.7，[322] 页，32 开

　　本书分三洞四辅经之渊源及传授，历代道书目及道藏之纂修与镂板两部分。书后附引用传记提要、道藏札记。

　　收藏单位：重庆馆、东北师大馆、国家馆、黑龙江馆、湖南馆、江西馆、辽大馆、南京馆、内蒙古馆、山西馆、上海馆、首都馆、西南大学馆、中科图

02159

道藏真诠（又名，仙学真诠）（清）阳道生著　（清）彭定球校正

北京：会友书社，1921，重刻本，104 页，25 开

　　本书共 3 卷，介绍道教养生修行之方法。

　　收藏单位：重庆馆

02160

点金奇术　（唐）吕洞宾著　（明）张三丰订龙虎老人编辑

江西：道学研究社，1922，159 页，32 开

　　本书介绍各种点金术。

02161

东岳庙七十六司考证　[刘澄圆编]

出版者不详，1932，68 页，16 开

出版者不详，1936，68 页，16 开

　　本书为民国年间善士刘澄圆用白话编写出各司职务的考证材料。将说明写在木板上，钉挂在各司门前。东岳庙住持华明馨出资，将木板上的说明文字印刷，出《七十六司考证》一书。民间传抄，以作劝善之书，为的是"普通人正心修身"。题目虽为"考证"，

实为解释而已。

　　收藏单位：上海馆、首都馆

02162

东岳庙七十六司考证　朱继斌撰

出版者不详，1941，80 页，16 开

　　收藏单位：南京馆

02163

二关指迷　榕垣抱一子著

出版者不详，[1920]，122 页，32 开

　　本书论因果报应。书前有序，写于 1920 年。

　　收藏单位：上海馆

02164

福寿要览

赣县：众仙玄堂，1938，396 页，22 开

　　收藏单位：上海馆

02165

复兴道教计画书　陈撄宁编

上海：上海市道教会，1937.4，16 页，25 开

上海：上海市道教会，1947，16 页，32 开

　　本书书内有复兴道教办法大纲 9 条，并加说明。

　　收藏单位：上海馆

02166

复真十要　又天编纂　海清氏校正

上海：明善书局，1921，[68] 页，32 开

上海：明善书局，1934.4，[再版]，66 页，32 开

　　《复真十要》相传为吕洞宾所作《惕虑集》的一部分。本书有注释。书后有萧淞跋。出版年据编者自序。

　　收藏单位：上海馆

02167

感应类钞　（清）史洁理辑著

上海：聂氏家言旬刊社，1924，[307] 页，32 开

　　本书辑集太上感应篇、感应篇灵验记、

感应篇颂、功过格、功过案、七辩、三破等。并附诤以意、袁了凡立命说、改过论、积善论、魏叔子地狱论等。

收藏单位：国家馆、南京馆、山东馆

02168

感应篇汇编　（释）印光鉴定

上海：佛学书局，1930，再版，2 册，32 开

上海：佛学书局，1931，再版，2 册，32 开

上海：佛学书局，1935.1，3 版，2 册，32 开

上海：佛学书局，[182] 页，25 开

本书以《太上感应篇》为纲，逐句诠释，附大量事例，说明因果报应，劝人行善。

收藏单位：广西馆、国家馆、南京馆、内蒙古馆、上海馆、首都馆

02169

感应篇汇编　（释）印光鉴定　咱姆莎巴舌耳印施　歇浦学人校阅　徐觉如　陈聚之助校

上海：国光印书局，1931，2 版，2 册，32 开

收藏单位：上海馆

02170

感应篇直讲

上海：佛学书局，1932.5，104 页，32 开

上海：佛学书局，1935，1 册，32 开

上海：佛学书局，1935.8，5 版，[130] 页，32 开

本书共两部分：太上感应篇直讲、太上感应篇灵异记。

收藏单位：北师大馆、桂林馆、国家馆、江西馆、南京馆、内蒙古馆、绍兴馆

02171

感应篇直讲

上海：国光印书局，1934 印，4 版，[130] 页，25 开

上海：国光印书局，1940.4，8 版，52 页，25 开

收藏单位：河南馆、上海馆

02172

感应篇直讲

苏州：弘化社，1933.9 印，150 页，32 开

苏州：弘化社，1936.3，7 版，1 册，32 开

苏州：弘化社，1947.8，再版，1 册，32 开

收藏单位：广西馆、国家馆、江西馆、首都馆

02173

格言汇编　邬云程编

上海：国光印书局，[1925]，124 页，32 开

上海：国光印书局，1928，3 版，124 页，32 开

本书收《阴骘文》"三圣诸经"，及朱柏庐治家格言等 30 篇文章。附普济方。

收藏单位：内蒙古馆、上海馆、绍兴馆

02174

关帝灵感录　寒世子编校

上海：上海道德书局，1937，187 页，32 开

本书辑录众书中有关信奉者得益事例，劝人行善。

收藏单位：国家馆、江西馆、上海馆、绍兴馆、天津馆

02175

关圣帝君教孝文

平江：华云轩，1923，20 页，32 开

本书为文言体。

02176

海山奇遇

出版者不详，96 页，16 开

本书主要讲述吕祖度人的事迹。

收藏单位：广东馆

02177

韩湘子全传　姜山编

上海：新华书局，1923，57 页，32 开（八大神仙 7）

本书介绍韩湘子世家及其出世入道的情况。

收藏单位：吉林馆、江西馆、上海馆

02178

汉钟离全传　姜山编

上海：新华书局，1923，62 页，32 开（八大

神仙 2 ）

本书叙述钟离权诞生至成道的历史。

收藏单位：吉林馆

02179

好生救劫宝经　鸿钧道人撰

出版者不详，26 页，32 开

本书是以扶鸾形式写成的善书。

收藏单位：首都馆

02180

化欲论　元阳子著

天津：华通印务局，1938.11，1 册，16 开

本书讲道家化欲的方法。

收藏单位：南京馆

02181

绘图暗室灯　[（清）深山] 编著

静修庐主人，[1918] 翻印，158 页，32 开

本书分上、下两卷。上卷是文录，包括重刻感应篇、重申阴骘文训、警世文、文昌帝君晓世文等；下卷编辑善恶果报的事例，有慈孝鉴、明险鉴、善德鉴、刁讼鉴等 20 余类。

收藏单位：上海馆

02182

江西分宜林品三先生语录　林金相著

上海：道德书局，1947，76 页，32 开

本书为讲道录，含八卦、周易等。

收藏单位：上海馆

02183

金箴宝训

出版者不详，1936，62 页，22 开

收藏单位：山东馆

02184

经义蠡测笔记

江苏：江苏文化股份有限公司镇江印铸所，[1948]，106 页，32 开

本书为道教经文浅谈记录。

收藏单位：上海馆

02185

救世太上感应篇

出版者不详，1933，32 页，22 开

本书述太上老君教人向善之言，教导世人以善恶感动，天必有祸福报应。

收藏单位：河南馆

02186

觉世宝经中西汇证　杨钟钰编

无锡：锡成印刷公司，1937，316 页，25 开

《觉世经》即《关圣夫子觉世经》，为道教经书之一。书中引用中西实例，对《觉世经》加以解释。书前有王阳明、孚佑帝君、文昌帝君原序及杨寿枬、杨钟钰等人的序。书后有《文昌帝君功过格》，集资刊印。

收藏单位：重庆馆、广东馆、国家馆、江西馆、南京馆

02187

蓝彩和全传　姜山编

上海：新华书局，1923，67 页，32 开（八大神仙 5 ）

本书介绍蓝彩和的一生，叙述其得道济世的情况。

收藏单位：吉林馆、江西馆

02188

老子化胡说考证　王维诚编

北京：国立北平大学，122 页，[1934]，16 开

本书利用法藏敦煌本《化胡经》的卷一、卷八和卷十，与传世文献相比较，勾勒考证自西汉至明清时期老子"化胡"这一佛道关系史上最大公案的主要发展脉络。

收藏单位：南京馆、内蒙古馆

02189

李铁拐全传（又名，李铁拐历史）　俞印民编

上海：新华书店，1923，62 页，32 开（八大神仙 1 ）

本书辑有关李铁拐的记载。

收藏单位：吉林馆、上海馆

02190

良行丛书选刊　徐天民录

汉口：良行精舍，1936印，[48]页，32开（良行丛书10）

　　本书选自良行丛书的《一六心传说自度清净箴》《良行四规》《五教通论序》等。

　　　　收藏单位：国家馆

02191

灵屧宝录　镇江清心堂止水坛编

镇江：清心堂止水坛，1927，2册（[300]页），16开

　　本书介绍道家劝善、戒淫、戒杀等外修知识，并附至善玄密诀及方药。

02192

六圣真道同一会论道录

出版者不详，[1923—1949]，214页，16开

　　　　收藏单位：江西馆

02193

龙沙养真集　[（清）养真子撰]

南京：出版者不详，[1924]，1册，32开

　　本书讲道教养生，教人行善以及节俭。

　　　　收藏单位：浙江馆

02194

论道录（第13册）

云南官印局，12页，18开

　　本书收论唐公真道的4封信。

　　　　收藏单位：国家馆

02195

吕洞宾全传　姜山编

上海：新华书局，1923，60页，32开（八大神仙3）

　　本书叙述吕洞宾的有关传说。

　　　　收藏单位：吉林馆

02196

吕祖汇集　黄警顽编

出版者不详，1册，22开

　　　　收藏单位：广东馆

02197

吕祖灵感录、简效良方合刊　谈文灯辑

出版者不详，[1934]，[78]页，32开

　　《吕祖灵感录》辑录众书中关于吕洞宾的行迹；《简效良方》收救饥、内科、伤科、外科、女科、儿科诸病药方。书后附《终身古训之余》。

　　　　收藏单位：国家馆、江西馆

02198

秘传万法归宗

上海：锦章图书局，石印本，1册，32开

　　本书为道教符咒书。

　　　　收藏单位：首都馆

02199

明德汇刊　张元祐著

首都明德慈善堂，1936，268页，16开

　　　　收藏单位：南京馆

02200

南宋初河北新道教考　陈垣著

外文题名：New Taoist societies in the northern provinces at the beginning of Southern Sung Dynasty

北平：辅仁大学，1941.12，112页，16开（辅仁大学丛书8）

　　本书收有全真教的起源、教史；大道教的起源、大道教宫观一斑；太一教之起源、太一教人物一斑等等，共4卷23章。

　　　　收藏单位：重庆馆、东北师大馆、国家馆、南京馆、内蒙古馆、山东馆、上海馆、首都馆

02201

内功炼丹秘诀（一名，筑基功夫周天大道地仙剑侠修炼法）（增注详解）　殷师竹编译

上海：武侠社，1944，2册，32开

　　　　收藏单位：吉林馆、首都馆

02202

女丹十则　陈撄宁校订

上海：翼化堂善书局，1935，22页，32开（女

子道学小丛书 3）

本书主要讲述女性修炼内丹的口诀，并附陈撄宁校订。口诀包括养真化气、九转炼形、运用火符、默运胎息、广立功行、志坚行持、调养元神、移神出壳、待度飞升、了道成真。

收藏单位：首都馆

02203

旁门小术录　陈撄宁评注

上海：翼化堂善书局，1935.3，34 页，32 开（道学小丛书 第 4 种）

本书收录七言诗歌 13 首，六言诗歌 1 首，并附评注。历举种种旁门小术之害，避免学道者误入歧途。

收藏单位：上海馆

02204

劝戒录　（清）梁恭辰撰

天津：周敬庵 [发行者]，1934.3 重印，10 册（622 页），22 开

本书成于道光年间。辑集经史诸书及所见所闻有关因果报应事例，说明善恶有报，劝人行善除恶。

收藏单位：广东馆、国家馆

02205

劝戒录节本　（清）梁恭辰著　吕美荪编

青岛：吕美荪 [发行者]，1933，48 页，18 开

本书为清代梁恭辰《劝戒近录》一书节本。记清代知名人士善恶果报事。并附编者记叙今人神鬼感应之事的短文数篇及"自记三生因果"等。

收藏单位：国家馆、天津馆

02206

入道阶梯　陈让之编

上海：经书流通处，1932，78 页，32 开

本书是讲道教炼丹修道的书。全书共 6 章，内容包括：学道总说、修道指要、成丹要决等。

02207

三圣经　张绍华编

杭州：迦音社，[1924]，[144] 页，25 开

收藏单位：河南馆

02208

三圣经

山东：同善社，12 叶，32 开

收藏单位：山东馆

02209

三圣经读本

上海：明善书局，[1938]，16 页，32 开

收藏单位：山东馆

02210

三圣经灵验图注

上海：宏善书局，1936，再版，39 页，32 开

收藏单位：内蒙古馆、山东馆

02211

三圣经浅注

北京：中央刻经院，1 册，32 开

收藏单位：首都馆

02212

三我救世心法

出版者不详，54 页，32 开

本书内容有三我救世经、三我救世心法及从容中道经。

02213

善言

山东：历城县同善分社，[1918]，8 页，25 开

收藏单位：山东馆

02214

生生秘诀　邱新佛著　臧仲慈　隋少峰参录　柏露圃校订

山东：新山东日报社，1917.4，[154] 页，18 开（尸素室杂著）

本书分上、中、下三卷。上卷包括三教说（附图）、性命说、学道说、炉鼎说、龙虎说、交媾说、三关说；中卷包括炼已诀、四修诀、调息诀、胎息诀、调药诀、法轮诀（附

图）；下卷包括周天诀、养胎诀（附图）、火候诀、附问答。

收藏单位：山东馆

02215

圣帝反本报恩妙经

上海：明善书局，1925，[92] 页，32 开

本书包括反本报恩妙经重印序、反本报恩妙经。附正气戒淫经注证，包括：正气戒淫经小引、正气戒淫经玉皇宝诰、正气戒淫经、正气戒淫经乐捐芳名。

收藏单位：山东馆

02216

四害图说　抱道堂编

香港：抱道堂，[1930]，82 页，32 开

本书劝世人吃喝嫖赌为"四害"，不可为。出版年录自书前"起缘"。

02217

宋明道学家的政术　陶希圣编

北京：北京大学，387—412 页，16 开

本书为《北京大学社会科学季刊》5 卷 4 期抽印本。

收藏单位：国家馆

02218

太上

杭州：西湖黄龙洞，1938.3，26 页，32 开

本书为道教经文。

收藏单位：上海馆

02219

太上宝箓中西缵义　杨钟钰编

上海：中华书局，1923，[300] 页，32 开

本书集中外因果报应故事，证说《太上感应篇》中的意义。

收藏单位：近代史所、南京馆、上海馆、首都馆、天津馆

02220

太上感应篇

出版者不详，2 册（454 页），16 开

本书对《太上感应篇》分句集证，包括笺注、引经、附论、附断等。书口题：太上感应篇集证。

收藏单位：国家馆

02221

太上感应篇说咏　寿世草堂编

上海：寿世草堂，1935 重印，206 页，32 开

本书辑集众多因果报应故事，解说《太上感应篇》各句。

收藏单位：南京馆、上海馆

02222

太上感应篇说咏

上海：谢文益印刷所善书部，1934，206 页，25 开

收藏单位：绍兴馆、首都馆

02223

太上感应篇说咏

上海：中华书局，1924.4，206 页，25 开

收藏单位：上海馆

02224

太上感应篇引证句解　雀嘉勋注

出版者不详，62 页，32 开

收藏单位：南京馆

02225

太上感应篇注讲证案汇编　（清）陈氏辑

苏州：弘化社，1931，4 版，2 册（382 页），32 开

本书分上、下册，共 4 卷，是《太上感应篇》讲解的汇编本。书前有张丙炎的《重刊感应汇编序》《劝读感应篇汇编启》等。书后有姚端恪公颂等。

02226

太上感应篇注解

北京：[仁寿堂]，1932，68 页，22 开

本书分 10 章，对感应篇进行注解。书前有普劝流通善书十法、太上感应篇读法篡要、太上授感应篇志、太上感应篇等。书后有香

山感化院编的《太上感应篇灵异记》《救急良方》等。

收藏单位：国家馆

02227

太上老君　张亦镜编

外文题名：A study and comparison of Lao Taz and christian truth

上海：中华浸会书局，1932.12，40页，25开

收藏单位：桂林馆

02228

太乙北极真经副集经旨邃秘　万奉桓著

道慈杂志社，1936.1，12页，25开

收藏单位：江西馆

02229

天律圣典大全

上海：[明善书局]，[1932]，2册，25开

本书以《太上感应篇》各章句为题，用儒、佛、道等说逐章演绎。

收藏单位：广东馆、桂林馆、国家馆、江西馆、首都馆

02230

文昌帝君劝孝歌功过格合刊

出版者不详，34页，64开

收藏单位：广东馆

02231

文昌帝君阴骘文暨戒淫宝录

出版者不详，1册，32开

收藏单位：南京馆

02232

仙术秘库　（清）王建章著

上海：大陆图书公司，1922.7，1册，25开，精装

本书共4卷：仙家修品术、仙家摄生术、仙家炼丹术、仙家实验谈。

收藏单位：首都馆

02233

仙术秘库　（清）王建章著

上海：万国长寿学会，[1920—1929]，[168]页，32开

收藏单位：国家馆

02234

性道渊源

出版者不详，27页，36开

本书内分性道源流一、二，简介道教各派的由来。

收藏单位：重庆馆

02235

修真指南注介

[上海]：[五教书局]，[1924]，106页，25开

本书为青华道人著《修真指南》一书注解。主要讲述释、道、儒有关成佛、成仙、成圣的修行之道。附《金丹四百字》。

收藏单位：上海馆

02236

轩辕黄帝阴符经　（清）刘一明著　（清）张阴全校

思明：苏锡文[发行者]，1938，60页

本书为道教重要经典，简称《阴符经》。后人依托黄帝所作，成书年代不详，唐代始通行于世，言行事暗合天道，切应盗机，则能功成事遂。

收藏单位：南京馆

02237

玄教坐牒证

出版者不详，16页，32开

收藏单位：广东馆

02238

玄灵玉皇经

出版者不详，12页，16开

本书内容包括：净天地咒、金光咒、请社令咒、收经偈、誓愿文等。

收藏单位：广东馆

02239

一六心传心镜　虚心道人讲授　又舟　鳌天记录

北平：聚珍阁印刷局，1933，38 页，32 开（良行丛书 2）

本书讲忠、孝、正、信、礼、义、廉、耻等 16 字概念的成因及涵义。

收藏单位：国家馆

02240

一知录　段德林著

[江苏]：出版者不详，[1917]，44 页，32 开

本书共 3 篇：性命、道德、冲庸。出版年为写序时间。

02241

义道行天下

出版者不详，224 页，32 开

收藏单位：广西馆

02242

因果　（清）黄正元　泰一氏著

北平：文奎堂，1937.5，350 页，32 开

本书阐释《太上感应篇》，有大量讲因果报应的例证。

收藏单位：国家馆

02243

因果玉笈、海上蟠桃

出版者不详，1 册

收藏单位：南京馆

02244

阴骘文广义节录　（清）周梦颜著

上海：佛学书局，1934.1，146 页，25 开

上海：佛学书局，1937.7，3 版，145 页，25 开

本书分上、下两卷。正文前题《文昌帝君阴骘文广义节录》。著者原题：周安士。

收藏单位：国家馆、绍兴馆

02245

雨苍馆通函　邓孝然著

北京：世界宗教大同会，1923，[66] 页，18 开

本书是对访道、求道信件的回函。内容包括：论真道究为何物、大道为何而降、修道究为何事、得道究有何益。附邓绍云与蔡子民等书、邓绍云附李季于书。

收藏单位：重庆馆、国家馆

02246

玉历灶君真经　浣野人谨述

出版者不详，24 页，32 开

收藏单位：黑龙江馆

02247

元妙观志（12 卷）　（清）顾沅辑

出版者不详，1928，2 册

本书为苏州元妙观志。正文十二卷，首一卷。包括元妙观图、本志、归并外院、殿宇、祠庙、金石、诗文、杂志等。

收藏单位：国家馆、中科图

02248

元始心经

岳州：明善书局，1933，石印本，12 页，16 开，环筒页装

本书为道教经书。

收藏单位：国家馆

02249

早期道教之政治信念　余逊著

出版者不详，[1942—1949]，50 页，16 开

本书内容包括：述意、道教思想之渊源、太平经之论治术、葛洪之出处识见、东晋道教徒多重事功、南北朝道教徒关心政治。原载《辅仁学志》12 卷 1—2 期。

收藏单位：吉林馆

02250

灶君真经　崇华堂编

崇华堂，1942，14 页，32 开

本经即灶王经，反映的是灶王爷对大众百姓的行为要求和规范。

02251

灶王锡福真经宝忏全璧

出版者不详，1 册，18 开

　　收藏单位：广西馆

02252

灶王真经

厦门：宏善书局，1935，22 页，32 开

　　本书书前有灶王圣像。附俞净意公遇灶神记。

　　收藏单位：山东馆

02253

张道陵天师世家　吴宗慈著

江西省文献委员会，1947.9，62 页，32 开（江西文献丛书 甲集 6）

　　本书收汉道教天师张道陵传、天师历代世系表、历代天师列传。书前有序。书后有附录。

　　收藏单位：国家馆

02254

张果老全传　姜山编

上海：新华书局，1923.10，62 页，32 开（八大神仙 4）

　　本书介绍张果老的一生，叙述仙品、施贫、疗疾等事迹。

　　收藏单位：吉林馆

02255

张三丰道术武术汇宗（一名，武当派仙侠真传）　徐雍编

上海：武侠社，1932.2，2 册（346 页），32 开

　　本书分上、下两集。上集为道术篇，共 4 卷，含张三丰的传记、年谱、丹经秘诀及语录；下集为武术篇，共 9 章，含仙家八段锦、仙家易筋经等。

　　收藏单位：国家馆、天津馆

02256

张三丰太极炼丹秘诀

上海：中西书局，1935.3，3 版，268 页，32 开

　　本书内容包括：传记、太极长生决、修道篇、炼丹篇等。

　　收藏单位：首都馆

02257

中国道教史　傅勤家著

上海：商务印书馆，[1937]，242 页，32 开，精装（中国文化史丛书 第 2 辑）

　　本书共 20 章，内容包括：绪言、外人对于道教史之分期、诸书所述道教之起源、道之名义与其演变、道教以前之信仰、道教之形成、道教之神、道教之方术、道教之修养、道教之规律、佛道二教之互相利用等。

　　收藏单位：重庆馆、大庆馆、东北师大馆、广东馆、广西馆、桂林馆、国家馆、黑龙江馆、湖南馆、辽大馆、辽宁馆、南京馆、内蒙古馆、宁夏馆、上海馆、首都馆、天津馆、西南大学馆、浙江馆、中科图

02258

中兴道教问题　刘诚讷编

刘诚讷 [发行者]，1940，16 页，32 开

　　收藏单位：国家馆

02259

宗主宝诰圣号句解

出版者不详，[1935—1949]，100 页，16 开

　　收藏单位：江西馆

伊斯兰教

02260

北平教案始末记　北平市回民各团体临时联合会编

北平：[回民各团体临时联合会]，1936，29 页

　　本书记录 1936 年因北平多家报社刊发转载侮辱穆斯林的文章而引发的一系列事件。内容包括：事件经过、处理办法、善后措施、各地穆斯林声援情况及一些重要发言内容等。

　　收藏单位：近代史所

02261

北新书局与回教之纠纷真相　北新书局编

上海：北新书局，1930，14 页，16 开

本书介绍因北新书局出版物内容而引起的与穆斯林之间的纠纷的经过。

02262

播音　达甫生　哈德成撰

上海：回教经学研究社，1934，68 页，32 开（上海回教经学研究社丛书）

本书收宣教播音 16 篇。共 3 组：回教大纲述要、回教饮食问题、回教源流考与穆圣非以武力传教之确证。书前有金祖同序。

收藏单位：国家馆、首都馆

02263

朝觐纪略　金再之　马少家著

北平：牛街清真书报社，1932，20 页，32 开

本书作者曾前往麦加朝圣。纪略中有：朝觐由来、朝觐行程、朝觐功课、满克名胜、探望圣陵、满克拜考、满克藏礼、朝觐感言、附志。书前有著者序。

收藏单位：国家馆

02264

朝觐摘要　王世龙译

出版者不详，1929，1 册，16 开

本书为中阿文对照。叙述伊斯兰教朝觐的有关事项。

收藏单位：国家馆

02265

车哈雷凡速

北平：清真书报社，1932，21 页，32 开

本书以问答形式分 4 篇讲述伊斯兰教的信仰。封面题名：汉译车哈雷凡速；逐页题名：扯哈雷凡束。

收藏单位：国家馆

02266

出国宣言　尹光宇著

太原：尹光宇 [发行者]，1934，14 页，32 开

作者为穆斯林，本书为其出国前的宣言，并有附启三则。

收藏单位：国家馆

02267

从怛逻斯战役说到伊斯兰教之最早的华文记录　白寿彝著

出版者不详，1936，22 页，16 开

本书根据中国史料考察怛逻斯战役的始末，它在唐朝西域发展史、唐与大食关系上的意义，它和伊斯兰教最早的华文记录的关系。为《禹贡》半月刊 5 卷 11 期抽印本。

收藏单位：国家馆

02268

答问　曼祖洛·义洛赫（M. Manzur Ilahi）著

追求学会译述

外文题名：The Muslim catechism

北平：清真书报社，1930.12，47 页，36 开（宗教小丛书 2）

本书共 4 部分：序、译文、写在译文之后、答问的结尾。

收藏单位：国家馆、首都馆

02269

大化总归　马复初编译　怀圣室主人订正

太原：中国伊斯兰布道会，1934，订正本 1 版，（42+50）页，32 开

本书为伊斯兰正统教义学与苏菲主义的综合解说，为《四典要会》的续作。着重论述后世及死后复生，演绎"真一开起化之原""数一立成化之本""体一顺化化之机"，而"大化之有总归"的宇宙图式，点明"幻情一化而归于真性""迹象一化而归于实理""人欲一化而归于至德"。上卷 16 章，下卷 18 章，每章均分正文、点评。正文系译述，点评为解说。

收藏单位：山西馆

02270

大化总归·四典要会　马复初注　杨德元

马宏道校阅

北平：清真书报社，1923，30 版，1 册，16 开

本书内含：马开科著、马复初校订的《大化总归》（上、下卷），马复初著《四典要会》（4 卷）。

收藏单位：山西馆、首都馆

02271

大化总归、四典要会、醒世箴言合编

马福祥 [发行者], 1929, [284] 页, 18 开

本书内含：马开科著、马复初校订的《大化总归》（上、下卷），马复初著《四典要会》（4 卷），马复初纂辑《醒世箴言》及《天理命运说》。书首有马福祥序。

收藏单位：重庆馆、国家馆、南京馆、内蒙古馆、山西馆、上海馆

02272

道本须知（小讲一玛尼） 杨耀武论

北京：万全堂，[1910—1919]，石印本，14 叶，25 开，环筒页装

收藏单位：国家馆

02273

对于回教应有的认识和回民本身应有的努力

孙绳武著

出版者不详，[1936]，10 页，16 开

收藏单位：国家馆

02274

额慎呬哞 咋密尊者著 破衲痴译

出版者不详，[1930]，2 册（108+108 页），16 开

本书收《昭元秘诀》《额慎而褪勒默阿忒》两篇。

收藏单位：重庆馆、国家馆、南京馆

02275

尔撒山上之宝训 穆民向道会编辑

上海：穆民向道会，1921，再版，33 页，42 开

本书引《支勒圣经内谟他福音》第 5—7 章。尔撒即耶稣。

收藏单位：山东馆

02276

尔撒受死和复活 胡天申译 董景安校

穆民向道会，24 页，大 64 开

本书讲述耶稣受难及复活的故事。

收藏单位：山东馆

02277

泛伊斯兰教运动与对策 国防部第二厅编

出版者不详，1947，30 页，16 开（边情研究 2）

本书共 11 部分，内容包括：绪言、东大陆伊斯兰教教区分布图、苏联伊斯兰教各族人口及其分布区调查表、甘宁青新伊斯兰教教区分布图等。

收藏单位：广东馆

02278

古兰经（原文）

北京：成达师范学校，1 册，16 开，精装

收藏单位：首都馆

02279

古兰经（原文译本 卷 1） 张东铎译

上海：中国回教书局，1946，[42] 页，32 开

本书为阿拉伯文、中文合印的《古兰经》。

02280

古兰经（原文·译文·合印·分段·提要·简注） 张秉铎翻译

上海：中国回教书局，1946.10，21 页，22 开

收藏单位：上海馆

02281

古兰经大义 杨敬修译

[北平]：伊斯兰出版公司，1947.8，3 册（456 页），32 开

本书为对《古兰经》的讲解，共分 3 册。

收藏单位：国家馆、近代史所、南京馆、首都馆、中科图

02282

古兰经集注（中阿文对照） 杨仲明译解

北平：伊斯兰译经同志会，1931，[8] 页，16 开

本书为《古兰经集注》样本，中阿文各 4 页。

收藏单位：国家馆

02283

古兰经译解 王文清译注

北平：中国回教俱进会，1932.2，[632] 页，25

开，精装

本书据阿拉伯文翻译，用文言文注释，共分114章，内容包括：法谛哈、柏格赖、安法喇、呼代等。书前有徐世昌、许世英序。

收藏单位：北师大馆、广西馆、国家馆、黑龙江馆、近代史所、上海馆、首都馆

02284

古兰经译解（丙种） 王静斋译

上海：中国教协会，1946.10，[809]页，18开，精装

本书据阿拉伯文翻译，中文白话注释。书前有注文所采取的经名简称对照表，《古兰经译解》章名对照目录。书后有译者述和"为什么要翻译古兰经"（阿拉伯文）。

收藏单位：广东馆、国家馆、辽大馆、辽师大馆、南京馆、山东馆、上海馆、浙江馆、中科图

02285

古兰天经摘册·亥帖注解 杨敬修著

上海：秀真精舍，[1921]，113页，16开

本书为对《古兰经》中的"前什选录""雅栖尼""穆洛苦""后十八章"的注解。

收藏单位：国家馆、南京馆

02286

古兰译解

出版者不详，[612]页，16开

收藏单位：国家馆

02287

归真要道（检阅本）（波斯）阿布杜拉（Abdullah）著 （清）伍遵契译注 （清）蒋春华增注

[太原]：中国伊斯兰布道会，1934.10，[272]页，32开（中国伊斯兰布道会丛书5）

本书即《归真要道释义》。书前有译者序、著者序、出版弁言及增注者序。著者原题：二卜顿劳吸额补白克尔；译者原题：伍子先。

收藏单位：国家馆、浙江馆

02288

归真要道译义 （波斯）阿布杜拉（Abdullah）

著 （清）伍遵契译注 （清）蒋春华增注

北平：清真书报社，1918，1册，32开（中国伊斯兰布道会丛书5）

本书分4卷、5门，共40篇。解明本经纲目大义、万有造化根源、今世正事业，讲述修道、养性、近主之道。著者原题：额补白克尔。

收藏单位：首都馆

02289

归真要道译义 （波斯）阿布杜拉（Abdullah）著 （清）伍遵契译注 （清）蒋春华增注

太原：中国伊斯兰布道会，1934，210页，32开（中国伊斯兰布道会丛书5）

02290

归真总义 （印）阿世格著 （清）张时中译

上海：回教书籍流通处，1932，64+22页，25开

本书内含以麻呢穆直默勒启蒙浅说，讲解伊斯兰教以麻呢穆直默勒经文。

收藏单位：广东馆、内蒙古馆

02291

归真总义 （印）阿世格口授 （清）张时中记录

北京：清真书报社，1922.3，20版，74页，25开

收藏单位：桂林馆、国家馆

02292

归真总义 （印）阿世格著 （清）张时中译

出版者不详，[1931]，64页，25开

收藏单位：重庆馆、国家馆、南京馆

02293

归真总义 张隐齐著

北京：清真书报社，1923.3，74页，32开

收藏单位：南京馆

02294

汉译古兰经第一章详解 道隐译著

香港：中国回教学会，1941.10，269页，32开

本书内容包括：法谛海之意义与重要、古兰经第一章原文、赞颂真主志不忘恩、宇宙为一大谜等。

　　收藏单位：上海馆

02295

汉译伊雷沙德　穆楚帆　穆子清译

北平：清真书报社，1934，152 页

　　收藏单位：近代史所

02296

汉译伊斯兰真义　古蓝亚马特（H. M. Chwlam Ahmad）著　陈君葆译

　伊斯兰新布道会（印度），137 页，32 开

　　收藏单位：广东馆

02297

和平的宗教　（印）穆罕默德·阿黎（Muhammad Ali）著　追求学会译述

北平：北平清真书报社，1930.10，46 页，25 开（宗教小丛书 1）

　　本书内容包括：全人类的宗教、名称的旨趣、显著的特征、有历史根据的宗教、基本原则、对真宰的概念等。

　　收藏单位：国家馆

02298

和平教　伊光宇著

外文题名：Islam, the religion of peace

[太原]：鱼腹浦怀圣室，1934.1，再版，增订本，66 页，32 开（鱼腹浦怀圣室宗教丛书 1）

　　本书阐述伊斯兰教教义，提倡世界和平。

　　收藏单位：国家馆

02299

和平之使命——回教之新认识　郁素甫·第吉威著　庞士谦译

北平：月华报社，1948，62 页，32 开

　　本书介绍伊斯兰教义、创始人及经典。共3 编：回教与现代、穆罕默德圣人、古兰经。

　　收藏单位：重庆馆、国家馆、近代史所、南京馆

02300

回光东来史（唐朝宗教文化）　玛达伍德编修

上海：丽美印刷厂，1948.5，44 页，32 开

　　本书共 16 节，讲述回教东传的故事。书前有自序。

　　收藏单位：国家馆

02301

回回原来

出版者不详，54 页，32 开

　　本书内容包括：奉旨西域取真经、回王修表赴唐、敕封掌印钦天监等。

　　收藏单位：上海馆

02302

回教初步浅说（又名，回教浅说）（合订本）　伊斯马仪　范义编

出版者不详，1948.10，再版，118 页

　　本书为中国伊斯兰教义常识读本，涉及伊斯兰教信仰、教典、礼仪、教律、习俗、历史等多方面知识。收文 50 篇，内容包括：回教徒应有最低的宗教常识、道统的经过、回教的信条即"依麻呢"、回教的丧葬问题等。

　　收藏单位：华东师大馆

02303

回教发展史略　袁东寅编

上海：南京回教青年学会，1946，43 页

　　本书为中国伊斯兰教史学著作。共 12 章。

　　收藏单位：近代史所

02304

回教基础知识　（埃及）安纳尼　（埃及）阿屯耶著　马志程译

回教文化出版同志会，1942—1943，4 册，32 开

　　本书为回教小学教材，简介回教教义。

　　收藏单位：国家馆

02305

回教基督教与学术文化　（埃及）穆罕默德·阿布笃（Muhammad Abduh）著　马坚译

外文题名：Al-islam Wa Al-Nasraniyyat

上海：中国回教书局，1936.7，210 页，32 开

　　本书阐述伊斯兰教教义，并以部分基督教学者的言论为佐证，历数伊斯兰教对世界文明的贡献。内容包括：引言、总驳、分驳、基督教的性质、回教的性质、现在的回教、结语。

　　收藏单位：国家馆、首都馆

02306

回教继承法与其他继承法之比较 （埃及）二布都·木台二滴著　林与智译

上海：商务印书馆，1946.11，65 页，32 开（百科小丛书）

　　本书是研究回教法人事部分的继承法，并与其他继承法相比较。共 4 章：回教继承法、古代继承法、现代继承法、回教继承法与古代现代继承法的比较。

　　收藏单位：重庆馆、大庆馆、广东馆、广西馆、桂林馆、国家馆、湖南馆、辽大馆、辽宁馆、南京馆、内蒙古馆、上海馆、首都馆、云南馆

02307

回教教育史 （叙利亚）托太哈（Khalil A. Totah）著　马坚译

外文题名：The contribution of the Arabs to education

长沙：商务印书馆，1941，156 页，32 开（伊斯兰文化丛书）

重庆：商务印书馆，1943，渝 1 版，156 页，32 开（伊斯兰文化丛书）

重庆：商务印书馆，1944.4，赣县 1 版，[15]+156 页，32 开（伊斯兰文化丛书）

上海：商务印书馆，1946.12，再版，156 页，32 开（伊斯兰文化丛书）

　　本书共 9 章：绪论、学校、教员与学生、课程、教授法与学校礼仪、阿拉伯文的教育学名著、阿拉伯的妇女与教育、阿拉伯的教育哲学、结论。有译者序。

　　收藏单位：重庆馆、东北师大馆、广东馆、贵州馆、国家馆、黑龙江馆、湖南馆、吉林馆、江西馆、辽大馆、辽宁馆、南京馆、内蒙古馆、宁夏馆、首都馆、西南大学馆、

浙江馆、中科图

02308

回教教旨简明问答　丁廉先著

出版者不详，1949，再版，26 页，18 开

　　本书书前有序。出版年据书末再版附言。

02309

回教考·据理质证　白铭庵　马复初著

[北京]：清真书报社，1922，[28] 页，16 开

　　《回教考》白铭庵著，以中西史书为据，叙述伊斯兰教道统源流；《据理质证》马复初著，是对天主教的质疑之作。

　　收藏单位：国家馆

02310

回教历史教科书　汉特雅著　林仲明译

上海：中国回教书局，1935，2 册（86+154 页），32 开

　　收藏单位：首都馆

02311

回教浅说　马天英著

重庆：中国回教救国协会，[1941]，5 版，36 页，32 开

　　本书包括以下几个标题：回教的名称、起源、信仰、善功，回教人为什么不吃猪肉不饮酒，婚姻问题，回教与其他宗教，回教人与战争，回教与世界的关系等。出版年据唐柯三序写作时间。

　　收藏单位：重庆馆、广东馆、国家馆、江西馆、南京馆

02312

回教浅说（又名，回教初步浅说）

镇江：新河街回教堂，1946.12，104 页，32 开

　　收藏单位：上海馆

02313

回教认一论 （埃及）穆罕默德·阿布笃（Muhammad Abduh）著　马瑞图译

上海：中华书局，1937，180 页，22 开

上海：中华书局，1939.8，再版，[196] 页，22

开

　　本书为《回教基督教与学术文化》的另一版本。共 22 章，内容包括：绪论、所知物之分类、当有者之断法、真主德性之概论等。有著者原序及译者序。

　　收藏单位：重庆馆、东北师大馆、国家馆、吉大馆、近代史所、辽大馆、辽师大馆、南京馆、内蒙古馆、山东馆、上海馆、首都馆、天津馆、西南大学馆、中科图

02314

回教入门　冯炳南授意　王博谦笔述
冯积善堂，[1940]，28 页，32 开，环筒页装

　　本书内容有回教的天道五功、回教的信条戒条、回教的特色等。出版年据写序时间。

　　收藏单位：上海馆

02315

回教丧礼述要　张清林著
重庆：回教文化出版同志会，1944.7，14 页，32 开

　　本书逐一介绍回教从病危至埋葬的各项规定。共 4 部分，内容包括：弥留时应注意之事项、死后的料理等。书前有马松亭序。

　　收藏单位：重庆馆、国家馆

02316

回教与基督教合论　（英）梅益盛（Isaac Mason）著
外文题名：A primer on Islam and the spiritual needs Mohammedans of China
上海：穆民交际会、广学会，1929，82 页，32 开

　　本书共 6 章，内容包括：在中国之回教、回教如何兴起、回教人之信仰、回教之教义、对于结交回教朋友者之忠告与指引等。

　　收藏单位：国家馆、山东馆

02317

回教与基督教之对较　（英）泰来（C. I. Taylor）著
香港：伊斯兰文学社，[1934]，2 版，9 页，32 开

　　本书为英国教士泰来的演说词。

　　收藏单位：国家馆

02318

回教与人生　马松亭等著
北平：成达师范出版部，1934，68 页，32 开

　　本书为马松亭等 9 人在北平基督教青年会的演讲词，阐述伊斯兰教中有关人生观的问题。共 9 篇：回教与人生（马松亭）、回教与人生（王子馨）、宗教怎样指导人生（洪鉴堂）、伊斯兰的教训（米焕章）、回教教义与生活（马士青）、说宗教与国家之关系（安静轩）、人类性灵三品论（李云亭）、回教对于生死之达观（杨茂亭）、回教奥旨合于诚正修齐之道（管华亭）。

　　收藏单位：国家馆、近代史所、首都馆

02319

回教与尊孔　唐宗正编著
北平：世界回教书局，1941，136 页，32 开

　　本书为施行"新民会"尊孔议案而编写。内含天经选译、圣论选录、节录新闻、论述、孔案余闻等。

　　收藏单位：北师大馆、国家馆、近代史所、山东馆、首都馆、中科图

02320

回教杂记　（英）梅益盛（Isaac Mason）编
上海：广学会，1931.12，69 页，32 开

　　本书介绍回教的专用名词及教义等，内容包括：阿拉、古阿拉伯、巴比、节日及禁食期等。

02321

回教哲学（又名，回教一神论大纲）（埃及）穆罕默德·阿布笃（Muhammad Abduh）著
马坚译
外文题名：Outline of Islamic monotheism
上海：商务印书馆，1934，267 页，32 开（伊斯兰文化丛书）（回教哲学丛书）
上海：商务印书馆，1935，再版，267 页，32 开（回教哲学丛书）
重庆：商务印书馆，1943，渝 1 版，146 页，32

开（伊斯兰文化丛书）

重庆：商务印书馆，1944.4，赣县 1 版，146 页，32 开（伊斯兰文化丛书）

上海：商务印书馆，1946，3 版，146 页，32 开（伊斯兰文化丛书）

本书共 20 章，内容包括：绪论、可知之物的分类、真主的行为、著名的辨驳等。

收藏单位：重庆馆、广东馆、贵州馆、桂林馆、国家馆、吉林馆、江西馆、近代史所、辽大馆、南京馆、内蒙古馆、山东馆、山西馆、首都馆、西南大学馆、浙江馆、中科图

02322

回教哲学史 （荷兰）博雅（T. J. deBoer）著 马坚译

重庆：商务印书馆，1944.11，296 页，32 开（伊斯兰文化丛书）

上海：商务印书馆，1946，296 页，32 开（伊斯兰文化丛书）

本书共 7 章，内容包括：小引、哲学与阿拉伯的学问、毕达哥拉斯派哲学、受新柏拉图派影响的亚里士多德派哲学家、哲学在东方的结果、西方的哲学等。书前有著者序和译者序各一篇。原文为德文，中译本据英文并参照阿拉伯文译出。

收藏单位：重庆馆、东北师大馆、甘肃馆、广东馆、桂林馆、国家馆、湖南馆、辽大馆、辽宁馆、南京馆、内蒙古馆、山东馆、山西馆、首都馆、天津馆、西南大学馆、浙江馆

02323

回教真相 （叙利亚）爱勒吉斯尔（Hussien Al-Gisr）著 马坚译

长沙：商务印书馆，1938.1，344 页，32 开（回教哲学丛书）

上海：商务印书馆，1938，248 页，32 开（伊斯兰文化丛书）

长沙：商务印书馆，1939，再版，344 页，32 开（回教哲学丛书）

上海：商务印书馆，1939，再版，248 页，32 开（伊斯兰文化丛书）

重庆：商务印书馆，1943，渝 1 版，248 页，32 开（伊斯兰文化丛书）

重庆：商务印书馆，1945，渝 2 版，248 页，32 开（伊斯兰文化丛书）

长沙、上海：商务印书馆，1946，3 版，344 页，32 开（回教哲学丛书）

本书内容包括：钦差大臣的譬喻、钦差大臣的各种征兆、穆罕默德的传略、各阶级的人纷纷皈依、异教徒对于回教徒的蛊惑、回教的宗教战争、回教的奴隶制度等。

收藏单位：重庆馆、东北师大馆、广东馆、贵州馆、桂林馆、国家馆、黑龙江馆、湖南馆、吉大馆、南京馆、内蒙古馆、山西馆、上海馆、首都馆、天津馆、西南大学馆、浙江馆、中科图

02324

回经论麦西哈 （英）葛尔珊著 董景安译

上海：穆民向道会，1921.3，33 页，32 开

上海：穆民向道会，1922，44 页，32 开

本书引证《古尔阿尼大经》《苏腊小经》的记载，论证埋西哈·尔撒（al-Masih）在伊斯兰教中的地位。

收藏单位：国家馆、山东馆

02325

回耶辨真 （印）赖哈麦图拉著 王文清译

北京：清真书报社，1922.3，[207] 页，16 开

本书以伊斯兰教的观点，详论伊斯兰教与基督教所争辩的问题。分上、下 2 卷，共 6 章，内容包括：论穆罕默德之为圣并辟基督教徒种种之谤渎等。

收藏单位：国家馆、近代史所、南京馆、天津馆

02326

回耶雄辩录 亚布敦拉君著 王文清译

天津：文秀斋，1943，47 页，25 开

本书主要分析《圣经》内容变更与矛盾之处，解释《古兰经》废除旧条文创立新条文的原因，坚持《古兰经》为真主颁降之天经，穆罕默德为真主使者。

收藏单位：国家馆

02327

教心经注　欧麦尔·奈赛斐（Umar Al-Nasafi）原著　赛尔顿丁（Sa'dal-Din）原译
杨敬修译　马骏图批校
桂林：马骏[发行者]，1941.9，140页，32开
　　本书为《奈赛斐教典诠释》的古汉语译本。著者原题：欧麦雷奈塞裴。
　　收藏单位：桂林馆

02328

教义课本（第1册）　毛拉贝等著　庞士谦等译
北平：成达师范出版部，1934.2，30页，36开
　　本书为伊斯兰教小学课本。正文卷首及版权页均题：小学教义课本。
　　收藏单位：国家馆

02329

教义学大纲　[欧麦尔·奈赛斐（Umar Al-Nasafi）]著　赛尔顿丁（Sa'dal-Din）注　马坚译
出版者不详，1945.10，184页，32开（伊斯兰文化丛书）
　　本书按内容分为18章。书前有译者、注者序各一篇。书名页、版权页均题：赛尔顿丁著。
　　收藏单位：国家馆

02330

校订正教幼学　（清）张时中译　马松亭　赵振武校订
北平：成达师范出版部，1934.1，24页，32开
　　本书分4篇，以问答形式介绍伊斯兰教的信仰、教门、礼拜及诸条规、大小净、天命圣行等。书前有原序。
　　收藏单位：国家馆

02331

近五十年西人之回教研究　Gaudefroy Demonhynes著　韩儒林译
出版者不详，[1930—1939]，18页，16开
　　本书为《禹贡》半月刊第7卷第4期单行本。内容为近代西方50年来对伊斯兰教的研究。
　　收藏单位：国家馆

02332

考证回教历史　马良骏著
出版者不详，1947.5，再版，石印本，[268]页，18开
　　本书分序言与正文两编。序言编共6篇，包括伊斯兰教之发源与系统、中国回回民族之原来、卡费尔名词与回回二字解、清真教之意义、义嘛呢之意义、结论；正文编共9篇，有穆圣宗祖之传流、历代替圣位之海哩法、土耳其种族之发源等。书前有考证回教历史前言及张治中序。
　　收藏单位：国家馆

02333

科学的斋戒　尹光宇编印
桂林：尹光宇，1941.10，油印本，5叶，16开
　　收藏单位：桂林馆

02334

可兰经　铁铮译
[北京]：中华印刷局，1927.12，464页，18开
　　收藏单位：重庆馆、国家馆、近代史所、山东馆、天津馆、中科图

02335

可兰真经汉译附传　刘锦标编译
北京：第一宾馆文记，1943，884页，25开
　　本书为第4部汉文《古兰经》的通译本，包括总传（分为可兰真经释、求护辞、真主的名）及经文114章。"经"，是《古兰经》原文的直译，"传"是译者的引证、解释和发挥，其中包括经学家的注疏，也有译者个人的理解和阐发。封面题名：可兰汉译附传。
　　收藏单位：近代史所、辽大馆、内蒙古馆、山东馆、首都馆

02336

克兰经选本译笺注　刘锦标著
奉天（沈阳）：南满站清真寺，[1933]，128页，18开

[奉天（沈阳）]：南满站清真寺，[1939]，128页，18开

克兰经即古兰经。书前有著者序，写于1933年。封面题：译兼笺注者刘锦标，译兼校对者张德纯，助译者李虞辰，奉天文化清真寺发行。

收藏单位：国家馆、山东馆、首都馆

02337
克兰圣经弁言 （印）穆罕默德·阿黎（Muhammad Ali）著 尹恕仁译
出版者不详，[1925]，[184]页，22开

本书为著者《英译附注克兰圣经》的弁言，共两部分：教训撮要、可兰经之搜集及排列。著者原题：穆罕默德·阿里。

收藏单位：广东馆、国家馆、南京馆、浙江馆

02338
黎明时期回教学术思想史 （埃及）阿哈谟德·爱敏（Ahmed Amin）著 纳忠译
长沙：商务印书馆，1939.2，288页，25开

本书共7篇，叙述公元657—749年期间，伊斯兰教学术发展情况。前4篇叙述阿拉伯人固有文化，伊斯兰教固有文化及希腊、罗马、波斯文化对启明时期伊斯兰教学术思想的影响；后3篇叙述这一时期的学术运动与思想变迁。

收藏单位：重庆馆、东北师大馆、贵州馆、国家馆、辽宁馆、南京馆、上海馆、首都馆、天津馆、西南大学馆、浙江馆

02339
民国二十一年第十九届金陵北城送诊给药所征信录 [金陵北城送诊给药所]编
南京：[金陵北城送诊给药所]，1933，1册，18开

本书收1932年2月8日至1933年1月20日收支并输捐。

收藏单位：南京馆

02340
民国二十二年第二十届金陵北城送诊给药所

征信录 [金陵北城送诊给药所]编
南京：[金陵北城送诊给药所]，1934，1册，18开

本书收1933年1月26日至1934年1月15日收支并输捐。封面题名由哈鏖（哈文甫）题写。

收藏单位：南京馆

02341
民国二十三年第二十一届金陵北城送诊给药所征信录 [金陵北城送诊给药所]编
南京：[金陵北城送诊给药所]，1934，1册，18开

本书收1934年2月14日至1935年2月3日收支并输捐。封面题名由仇继恒（仇涞之）题写。

收藏单位：南京馆

02342
民国二十四年第二十二届金陵北城送诊给药所征信录 [金陵北城送诊给药所]编
南京：[金陵北城送诊给药所]，1936，1册，18开

本书收1935年2月8日至1936年1月23日收支并输捐。封面题名由金嗣芬题写。

收藏单位：南京馆

02343
民国二十七年第二十五届金陵北城送诊给药所征信录 [金陵北城送诊给药所]编
南京：[金陵北城送诊给药所]，1939，1册，18开

本书收1938年5月1日至12月31日收支并输捐。封面题名由金嗣芬题写。

收藏单位：南京馆

02344
民国三十二年第三十届金陵北城送诊给药所征信录 [金陵北城送诊给药所]编
南京：[金陵北城送诊给药所]，1944，14页，18开

本书收1943年3月1日开诊起至12月31日止全年收支并输捐。

收藏单位：南京馆

02345

谟罕默德传　吴寿彭著

出版者不详，1947，16 页，16 开

　　本书记述了穆罕默德的一生，特别是在传播伊斯兰教过程中的主要活动和同多神教徒的斗争。

02346

穆罕默德　金兆梓编

上海：中华书局，1948.2，78 页，32 开（中华文库 初中 第 1 集）

　　本书叙述穆罕默德一生事迹。

　　收藏单位：重庆馆、广东馆、广西馆、桂林馆、国家馆、黑龙江馆、湖南馆、江西馆、南京馆、内蒙古馆、上海馆、首都馆、天津馆

02347

穆罕默德　（印）穆罕默德·阿黎（Muhammad Ali）著　追求学会译述

北平：牛街清真书报社，1931.4，56 页，32 开（宗教小丛书）

　　本书为穆罕默德传记，共 3 部分：追求同仁说、原序、译文。

　　收藏单位：北大馆、国家馆、山东馆

02348

穆罕默德的默示　（埃及）穆罕默德·赖施德著　马瑞图译

上海：中华书局，1946.12，364 页，25 开

　　本书共 5 篇，论述古兰经的意义。

　　收藏单位：重庆馆、东北师大馆、国家馆、黑龙江馆、近代史所、辽大馆、南京馆、内蒙古馆、山东馆、上海馆、首都馆、西南大学馆、浙江馆、中科图

02349

穆罕默德圣迹录　（印）杰伟氏著　刘仲华译

出版者不详，[1920—1929]，68 页，32 开（回教丛书 3）

　　本书分两卷。卷 1 为"穆罕默德之生平事略"，叙述了穆罕默德家世、生平、事迹；卷 2

为"穆罕默德圣迹录"，讲述了穆罕默德的主要事迹、历史功绩和在穆斯林心中的地位。

　　收藏单位：国家馆、南京馆

02350

穆罕默德言行录　（英）桂乍加么屋甸（Khwaja Kamal-ud-Din）著　周沛华　汤伟烈译

上海：伊斯兰文化供应社，1935.8，66 页，32 开（伊斯兰丛书）

　　本书内容包括：理想中的人类完善的导师及其言行、宗教之误解、在日常生活中之宗教、耶稣学说、穆罕默德之以身作则等章节。

　　收藏单位：国家馆、吉大馆

02351

穆罕默德传　（英）梅益盛（Isaac Mason）辑译

外文题名：The life of Mohammed

上海：广学会，1919，97 页，32 开

上海：广学会，1932.1，再版，97 页，32 开

　　本书叙述穆罕默德一生事迹。共 17 章，内容包括：幼年之遭遇、传道之发轫、穆氏逝世及继位者等。

　　收藏单位：桂林馆、国家馆

02352

穆民教训（卷 1—2）　安喳里（al-Ghazali）著　王国华译

北平：成达师范出版部，1932—1933，2 册（418 页），32 开

　　本书共 4 卷。第一卷是人道之部，共 10 章，论及求知、婚姻、交友、营业、饮食、旅外等；第二卷为劣性之部，共 8 章，列举人类的一些劣性，如悭吝、欺哄等，并指出铲除方法。书前有唐柯三等人的序 4 篇，安喳里小传一篇。

　　收藏单位：国家馆

02353

穆民劝善歌　李复真编

北平：成达师范出版部，1935，32 页，32 开

　　本书以歌谣形式，叙述十可夸、十可爱、十可快、十大戒等。

收藏单位：国家馆

02354

穆民应用常识

桂林：阿文女教，1933.1，18叶，油印本，32开

收藏单位：桂林馆

02355

穆圣大事纪略 尹光宇著

柳州：广西柳州清真寺，1938.6，20页，32开

本书著者取自文末。

收藏单位：桂林馆

02356

穆圣大事年表 尹光宇编译

[桂林]：[尹光宇]，1941，油印本，1册，16开

本书为1941年穆圣诞忌纪念大会特刊。

收藏单位：桂林馆

02357

穆圣仪行录及遗嘱 （清）刘智译著

重庆：回教文化出版同志会，1943，[58]页，32开

本书分仪行录和遗嘱两部分。仪行录包括：仪容、学问、德行、斋戒、婚姻、居处等35部分；遗嘱共5部分。译著者原题：刘介廉。

收藏单位：重庆馆

02358

穆士林（第2刊） 穆士林社编辑部编

穆士林社编辑部，1930.9，58页，32开

本书内容包括：回教博爱社社务报务等5篇、"至圣史略"等短文数篇。

收藏单位：国家馆

02359

穆士塔格 金殿桂译著

北平：成达师范学校，1931.9，50页，32开

北平：成达师范学校，1934，再版，60页，32开

本书内容为穆斯林应遵守的日常生活规则，包括沐浴篇、礼拜篇、天课篇、斋戒篇、朝觐篇、婚姻篇、休妻篇、立誓篇。

收藏单位：国家馆

02360

穆士塔格（伊斯兰教简明教律） 金殿桂著

重庆：重庆市清真寺，1943，59页，32开

收藏单位：重庆馆

02361

穆斯霖的祈祷 （印）穆罕默德·阿黎（Muhammad Ali）著 追求学会译述

北平：清真书报社，1930.12，37页，32开（宗教小丛书3）

本书介绍伊斯兰教祈祷的意义与仪式，内容包括：写在译文之前、译文、阿文附注、写在译文之后。

收藏单位：国家馆、首都馆

02362

男子沐浴、礼拜教科书 张文熙原注 燕北居士校阅

北京：清真书报社，1940，再版，1册，25开

收藏单位：首都馆

02363

脑威四十段圣谕（中文与阿拉伯文对照）

[穆·叶·纳尼维（M. Y. al-Nawawi）]注释 庞士谦译

北平：黎明学社，1947.11，29页，32开（回民大众读物1）

本书为纳瓦维（1233—1277）注释《默斯林圣训实录》摘译。收圣训42段，每段均有注释。书前有译者序及"脑威小传"。

收藏单位：国家馆、南京馆

02364

女子沐浴、礼拜教科书 张文熙原注 燕北居士校阅

北京：清真书报社，1940，再版，1册，25开

收藏单位：首都馆

02365

清真大学 （清）王岱舆编译

太原：中国伊斯兰布道会，1934，订正本 1 版，40 页，32 开（中国伊斯兰布道会丛书 1）

本书共 3 部分：统说、本题、总论。编译者原题：真回老人。

收藏单位：国家馆

02366

清真教典速成课本 北平成达师范学校民众教育会议编

北平：成达师范学校，1935.10，修订 6 版，28 页，32 开

本书是供普通民众普及回教知识的读物。内容包括：伊思俩目、以玛尼、大小净、礼拜等内容。

收藏单位：国家馆

02367

清真教条精华（阿拉伯汉文对照） 董玉龙敏万卿修润

出版者不详，[1936]，154 页，16 开，环筒页装

本书为阿拉伯汉文对照，伊斯兰教教条汇编。

02368

清真教之研究 （英）罕直克马伦定著 张炳镇初译 马镇邦重译 （锡兰）友努斯来博·阿罕默德·摩希甸编

出版者不详，[1926]，76 页，32 开（回教丛书 2）

出版者不详，1927，3 版，76 页，32 开（回教丛书 2）

本书共 7 部分：信仰、五功、礼拜、斋戒、天课、朝觐、和平。

收藏单位：国家馆、南京馆、浙江馆

02369

清真解义 何丽堂著

北京：静观书舍，1913，13 叶，16 开，环筒页装

本书内容包括：圣道与常情、宗教与理学、国权与清真、清真教古兰经译文等。

收藏单位：国家馆

02370

清真礼拜撮要（中阿文对照） 刘甫堂编

刘甫堂 [发行者]，1936，[60] 页，25 开

本书分上、下卷，介绍伊斯兰教基础知识。为中阿文对照，中文部分包括音译（念法）及释义。书前有杨耀斌序。

收藏单位：国家馆

02371

清真礼法问答 马士龙著

四川：马士龙 [发行者]，1935，84 页，32 开

本书共 9 章，内容包括：论小净、论大净、明拜、课赋、论朝等，介绍伊斯兰教教规。书前有叶增辉序。

收藏单位：国家馆

02372

清真三字经 何筱溪编译

出版者不详，34 页，32 开

收藏单位：广东馆

02373

清真修道撮要 马廷树辑

出版者不详，[1920]，148 页，32 开

本书收《清真认礼五时根由》（马启荣编辑）、《礼拜条例》（刘智纂）、《聚礼篇摘要》（马廷树编辑）、《清真启蒙》（马廷树编辑）。附回回原来、教统辨、集览、清真箴言、天方蒙引歌。

收藏单位：河南馆

02374

清真指南要言 马文炳著

出版者不详，1926，1 册，18 开

出版者不详，1926，2 版，[212] 页，18 开

出版者不详，1932，3 版，[212] 页，18 开

本书共 4 卷：原教、认主、格论、八赞。书前有马注等人的序 3 篇。

收藏单位：重庆馆、国家馆、南京馆、山西馆、上海馆、天津馆

02375

全人类的伊斯兰教、反侵略之穆圣遗教合刊
尹光宇编
柳州：出版者不详，1939.2，38 页，32 开
（中国伊斯兰布道会普通丛书 1）

本书书末附中央军校第六分校伊斯兰教学生每日举行礼拜规则。

收藏单位：桂林馆

02376

人道天道汇编　刘锦标著
北平：增利印刷局，1938.5，[151] 页，32 开，精平装（回教民德丛书）
北平：增利印刷局，1938.9，再版，[151] 页，32 开，精平装（回教民德丛书）
北平：增利印刷局，1939.8，3 版，[151] 页，32 开，精平装（回教民德丛书）

本书内容包括人道、天道两部分。人道部分是根据伊斯兰教的伦理道德规范（也吸收其他各教的理论），讲述为人之道；天道部分是以三字经形式，申说造物主是天地万物的主宰，人应循天运，尽天职。

收藏单位：国家馆、首都馆

02377

上海穿心街清真寺十八年收支报告册　上海穿心街回教堂编报
出版者不详，1929，52 页，25 开

收藏单位：广东馆

02378

上海伊斯兰妇女协会宣言　上海伊斯兰妇女协会编
上海：上海伊斯兰妇女协会，1936，9 页，32 开

本书内容包括该会宣言、简章等。

02379

圣谕详解　（明）李廷相译著
天津：光明书社，1923，2 册（66+54 页），18 开

本书共 2 卷，是穆罕默德 40 段训诫的注解本。

收藏单位：国家馆、南京馆、首都馆

02380

世界回教史略　水子立编
北平：牛街清真书报社，1930.3，再版，[84] 页，16 开

本书叙述伊斯兰教的产生、发展、传播。

收藏单位：桂林馆、国家馆、山东馆

02381

说回教　马善亭著
北平：清真书报社，[1932]，24 页，32 开

本书为马善亭阿訇 1932 年在北平基督教青年会上演说词。共 8 部分：引言、宗教起源、功用、教统递嬗、回教中兴、古兰教训、回教五功、结论。

收藏单位：国家馆

02382

说斋戒　马善亭著
[北平]：[清真书报社]，1932.1，石印本，12 页，18 开，环筒页装

本书介绍伊斯兰教斋戒功的内容、意义及各项具体规定。

收藏单位：国家馆

02383

四典要会　马复初原注　杨德元　马宏道校阅
北京：清真书报社，1923.1，12 版，1 册，18 开

本书共 4 部分：信源六箴、礼功精义、幽明释义、正异考述。

收藏单位：国家馆

02384

四典要会
出版者不详，1929，1 册，18 开

收藏单位：上海馆

02385

四篇要道　（清）张时中译
上海：回教书籍流通处，1932，116 页，32 开

本书分 4 卷，书前有王占超"重镌四篇要道弁言"、张中"叙四篇要道译解缘起"等。

收藏单位：重庆馆、广东馆、南京馆

02386

四篇要道 （清）张时中译解 （清）刘智原注 杨德元 马宏道校阅

北京：清真书报社，1923，20 版，[116] 页，16 开

本书注者原题：刘介廉。

收藏单位：北大馆、国家馆

02387

琐嘛释义 [清真书报社] 编

北平：清真书报社，1937.4，再版，石印本，54 页，32 开

琐嘛是阿拉伯文"篇章"的音译。此书节选《古兰经》部分篇章，每章包括念法（即音译）及讲意两部分。

收藏单位：国家馆

02388

天方大化历史 （阿拉伯）木海默第著 （明）李廷相译述

北京：清真书报社，1931，再版，[500] 页，32 开，精装

本书为伊斯兰教史著作。全书分 12 卷，叙述自始祖至穆罕默德的历史。

收藏单位：国家馆、南京馆、首都馆

02389

天方典礼 （清）刘智著

北京：清真书报社，1922.12，再版，大铅字版，184 页，16 开

北平：清真书报社，1939，再版，[308] 页，25 开，精装

本书讲解伊斯兰教教义及规制、礼仪。共 20 卷，内容包括：原教、真宰、认识、谛言、"五功—五功总纲、念真"等。附录归正仪解。

收藏单位：国家馆、首都馆

02390

天方典礼 （清）刘智著 白寿彝校点

上海：文通书局，1948，1 册，32 开

本书据 1871 年成都重刊本，参照 1923 年成都刊本、1899 年广州刊本加以校点。书前有白寿彝序。著者原题：刘介廉。

收藏单位：重庆馆、广东馆、国家馆、南京馆、首都馆

02391

天方典礼 （清）刘智纂述 俞陈芳点校

上海：中华书局，1928 重印，1 册，32 开

上海：中华书局，1932 重印，[284] 页，18 开

本书正文前题：天方典礼择要解。纂述者原题：刘介廉。

收藏单位：重庆馆、国家馆、南京馆、天津馆

02392

天方典礼择要解 （清）刘智纂述

马龙标 [发行者]，1919，1 册，18 开

本书共 20 章，内容包括：原教论、真宰、认识等，逐段解释。另附《归正仪解》。纂述者原题：刘介廉。

收藏单位：东北师大馆、国家馆

02393

天方性理 （清）刘智著

北京：清真书报社，1939，15 版，[250] 页，25 开

本书内容包括：本经 5 章、最初图、先天理化图、后天形化图等。著者原题：刘介廉。

收藏单位：首都馆

02394

天方性理 （清）刘智著

奉天：醒时报营业部，1924，[233] 页，25 开

本书著者原题：刘介廉。

收藏单位：东北师大馆

02395

天方性理 （清）刘智纂译

上海：中华书局，1923，[250] 页，16 开

本书著者原题：刘介廉。

收藏单位：重庆馆、国家馆、南京馆、内

蒙古馆、山东馆、首都馆、天津馆

02396

天方性理 （清）刘智纂译

出版者不详，1922，[250] 页，16 开

本书目录题：纂释天方性理图传。纂译者原题：刘介廉。

收藏单位：首都馆

02397

天方性理本经注释 （清）刘智著

上海：文明书局，1931.11，1 册，16 开

本书注释伊斯兰教经典。与《五功释义》《五更月偈》合订。

收藏单位：南京馆

02398

天方战克录 （明）李廷相译著

出版者不详，1924，60 页，16 开

本书介绍穆罕默德军事史。全书共 16 卷，内容包括：仙剑降临神驹伏象、大贤智取赞卜嘞国、大贤单身探蟒穴、神驹超海圣显奇征等。

收藏单位：南京馆

02399

天方正学 （清）蓝熙著

北京：清真书报社，1925，[248] 页，16 开

本书共 7 卷。用儒书解释伊斯兰教"道统"，认为回儒"道本同源"。内容另有天方道统图、阿拉伯字母图、墓志等。蓝熙又名蓝子羲。

收藏单位：国家馆、南京馆、中科图

02400

天方至圣实录 （清）刘智著

上海：中华书局，1924，2 册（280+282 页），16 开

上海：中华书局，1932.9，2 册，16 开

本书共 20 卷，记述穆罕默德一生事迹。附天方至圣国风土考证略及伊斯兰教礼仪。

收藏单位：重庆馆、东北师大馆、国家馆、南京馆、内蒙古馆、上海馆

02401

天经译解 （明）李廷相译著

北京：清真书报社，1924，26 页，16 开

本书为《古兰经》译注本。正文首先用汉语翻译了《古兰经》首章和第 2 章前 5 节，然后根据其他经典对经文逐一进行注解。

收藏单位：北大馆、桂林馆、国家馆、南京馆

02402

五番天命根原

天津：遵古堂石印局批发总处，[1940—1945]，石印本，8 叶，32 开，环筒页装

收藏单位：国家馆

02403

五功释义 （清）刘智著

马福祥 [发行者]，36 页，32 开

本书共 63 章，前 7 章综述五功之来由，中间 25 章对伊斯兰教念、礼、斋、课、朝五功进行诠释，后 31 章从宗教和社会伦理等方面说明五功的意义。

02404

五功释义 （清）刘智著

北平：清真书报社，1931，5 版，48 页，32 开

收藏单位：首都馆

02405

五功与伦理 纳忠编译

云南：云南省经济委员会，1945.10，49 页，32 开

本书介绍伊斯兰教教规。内容包括：回教法中命令禁止的种类、念作证言、沐浴、礼拜的仪式、聚礼和两会礼、礼拜的意义、斋戒的制度、斋戒的意义、天课的制度、天课的意义、朝觐的制度、朝觐的意义、饮食、回教的婚姻制度、回教的丧葬制度、回教继承遗产法。

收藏单位：国家馆

02406

五功总纲 （清）王瑞堂译

上海：出版者不详，1917，105 页，22 开

上海：出版者不详，1918，2 册，22 开

上海：出版者不详，1926，118 页，25 开

　　本书讲伊斯兰教念、拜、戒、施、聚五功。内容包括：初学须知、小净举意、榜达举意、撒申举意、底盖举意、教门原根等。

　　收藏单位：北大馆、国家馆、浙江馆

02407

西北回教联合会一周年纪念号　西北回教联合会会报编辑室编

西北回教联合会会报编辑室，[1940]，36 页，16 开

　　本书内容包括：纪念宣言、开会词、报告、祝词等。

　　收藏单位：国家馆

02408

西北回教生活（第 1 辑）　石觉民著

兰州：回教青年月报社，1945.3，180 页，32 开，环筒页装

　　本书共 14 篇，内容包括：回教祝安礼、回教的五功、主麻与节日、"讨白"问题、饮食问题、婚姻制度、丧葬之礼、经堂教育、回教与风俗、生活与疾病、回胞职业、今后回胞生计等。书前有韩达序。

　　收藏单位：国家馆、中科图

02409

希真正答　（清）王岱舆著

出版者不详，1925，72 页，18 开

　　本书以问答形式，阐明回教教理及有关问题。著者原题：真回老人。

　　收藏单位：国家馆、天津馆

02410

小学经文课本（回汉文对照）　赵振武编

北平：成达师范出版部，1935.7，增订 4 版，40 页，32 开

　　本书为清真经汉文小学学生用书。

　　收藏单位：国家馆

02411

新译天方大化历史　（明）李廷相译著

北京：万全书局，1919，144 页，18 开

　　本书介绍伊斯兰教史略。共 12 卷，内容包括：自初祖阿丹至至圣穆罕默德世统源流图、自以卜啦席默至尔萨世统源流图、国统源流图、道统源流图等。

　　收藏单位：国家馆

02412

新译天方奇异劝善录　（明）李廷相译著

北京：万全印书局，1919，106 页，18 开

　　本书是以故事形式劝善入教的译作。

　　收藏单位：国家馆、南京馆

02413

醒世归真

北京：富华印刷所，[1927] 重印，4 叶，18 开，环筒页装

　　本书为中国伊斯兰教宣传教义的通俗歌谣。整篇歌谣由"急早回头，莫要挨迟，无常来到，后悔便难，守清真，速修身，归顺主，弃红尘"28 个字，依次为每段歌词的开头，每段歌词为 51 个字，都引用古人史实来证明其劝人醒世归真的宗旨。

　　收藏单位：国家馆

02414

醒世箴　马复初纂辑

北京：光明书店，1924，[52] 页，18 开

　　本书内容包括"醒世箴"与"天理命运说"两篇，讲述伊斯兰教教义和道德修养等问题。书前有马福祥等人的序两篇。

　　收藏单位：国家馆、南京馆、天津馆

02415

性理本经注释　（清）黑凤鸣著

中国伊斯兰布道会，1934.6 印，66 页，32 开（中国伊斯兰布道会丛书 4）

　　本书取自《天方性理》内"本经"5 章，逐一加以注释。

　　收藏单位：国家馆、首都馆

02416

性理注释、五功释义合印　（清）黑凤鸣

（清）刘智著

出版者不详，1926，[86] 页，18 开

本书内容包括：纂译天方性理本经注释、礼书五功释义。书前有穆在涵重刊序及黑鸣凤自序。

收藏单位：国家馆、南京馆、山东馆

02417

性理注释·五功释义·五更月歌 （清）刘智著

上海：中华书局，1931，[88] 页，16 开

本书为注释伊斯兰教经典。版权页题名：天方性理注释·五功释义·五更月歌合刊。

收藏单位：重庆馆、南京馆、内蒙古馆、上海馆

02418

续印教规浅说 满子谦 焦淑秀编

出版者不详，[1935]，86 页，32 开

本书说明伊斯兰教教规的有关内容。出版年据米乐亭序。

收藏单位：国家馆

02419

选译详解伟嘎业（第 1 集） [布·沙·马赫穆德] 著 王文清编译

天津：伊光报社，1931，224 页，16 开

本书即《维卡亚教法》选译。以 "伟嘎业" 为正文，其下有解有注，或选自原本，或采自各经，惟附言中有时参加个人闻见。书前有原序及编译者序。

收藏单位：北大馆、国家馆

02420

一件历史的事实和他的道德影响 A. T. U. 演讲

外文题名：A historical fact and its moral effect

穆民交际会，1924，20 页，32 开（穆民交际会丛书）

穆民交际会，1932，重印，20 页，32 开（穆民交际会丛书）

本书是对穆斯林的布道演讲辞。

收藏单位：国家馆

02421

伊斯兰教（上册） （埃及）哈桑·曼苏尔著 纳子嘉译

北平：成达师范出版部，1935，240 页，32 开

本书共 17 章，内容包括：伊斯兰教泛论、古兰经概说、使命与灵迹等。

收藏单位：东北师大馆、国家馆、吉大馆、首都馆

02422

伊斯兰教拜功之理 虎嵩山 苏盛华编著

重庆：突崛月刊社，1942，16 页，32 开（突崛丛书）

本书讲述伊斯兰教礼拜，有小净为礼拜条件，大净亦为礼拜条件，朝向天方招两手，束手于腹，拜完左右出等，共 14 项。

收藏单位：国家馆、南京馆

02423

伊斯兰教的认识 周仲仁译著

北平：成达师范出版部，1934.1，28 页，32 开

本书简要介绍伊斯兰教的特点。共 5 部分：重思想、人类间担负上法律上的平等、稳定人类的和平、现在与后世的并重、适合各时代。

收藏单位：北大馆、国家馆、首都馆

02424

伊斯兰教概论 马邻翼著

上海：商务印书馆，1933.12，156 页，32 开（百科小丛书）（万有文库第 1 集 110）

上海：商务印书馆，1934，156 页，32 开（百科小丛书）

上海：商务印书馆，1935.1，再版，156 页，32 开（百科小丛书）

上海：商务印书馆，1938，5 版，156 页，32 开（百科小丛书）（万有文库第 1 集 110）

长沙：商务印书馆，1939.12，156 页，32 开（万有文库第 1—2 集简编）（百科小丛书）

上海：商务印书馆，1947.2，156 页，22 开（新中学文库）

上海：商务印书馆，1947.3，3 版，156 页，32 开（百科小丛书）（新中学文库）

本书共 5 章：总则、五功、五典、饮食特殊之点、礼制之异同。书后附古兰经要略、穆罕默德史略等。

收藏单位：安徽馆、重庆馆、大连馆、东北师大馆、广东馆、广西馆、贵州馆、桂林馆、国家馆、黑龙江馆、湖南馆、江西馆、辽大馆、辽宁馆、辽师大馆、内蒙古馆、宁夏馆、山东馆、山西馆、上海馆、绍兴馆、首都馆、天津馆、西交大馆、浙江馆、中科图

02425

伊斯兰教概论　马邻翼著

出版者不详，[1930—1939]，96 页，32 开（万有文库百科丛书）

出版者不详，[1938]，102 页，32 开（万有文库百科丛书）

收藏单位：国家馆、黑龙江馆、近代史所、南京馆、上海馆、首都馆、中科图

02426

伊斯兰教义概说　杨少圃著　刘冠豪等参订

北平：德顺成回教经书部，1943，42 页，32 开

本书共 5 章，前 2 章讲述认主学、五功学，纯为事主；后 3 章讲述伦理学、社会学、正心学，纯为待人克己，尽人合天，自归正道。

收藏单位：国家馆、吉大馆

02427

伊斯兰教义与党员守则　张兆理著

重庆：国民图书出版社，1943.4，80 页，36 开

本书说明伊斯兰教教义与中国国民党党员守则之间的关系。全书共 12 部分，内容包括：伊斯兰教崇尚忠勇与"忠勇为爱国之本"、伊斯兰教提倡孝道与"孝顺为齐家之本"、伊斯兰教励行仁爱与"仁爱为接物之本"等。书前有朱家骅等人的序 3 篇。书后有结论、跋语及附表。

收藏单位：重庆馆、广东馆、贵州馆、国家馆、近代史所、南京馆、西南大学馆

02428

伊斯兰教义摘要　张耀臣选辑

天津：九江路清真寺，1949，订正 1 版，96 页，32 开

收藏单位：天津馆

02429

伊斯兰教之理智研究　刘耀黎著

西安：西北论衡社，1941.9，66 页，32 开（西北论衡丛书 1）

本书共 10 部分，内容包括：伊斯兰教正名、穆罕默德生卒年及成教建国之年考、明清以来中国伊斯兰政治关系史及今日之复兴责任等。原载《西北论衡》9 卷 1—3 期。

收藏单位：重庆馆、国家馆、天津馆

02430

伊斯兰教志略　许崇灏著

重庆：商务印书馆，1944.1，137 页，32 开

本书介绍中国伊斯兰教史。共 4 章：回教概述、回教发展之经过、回教传入中国的时期、回教徒与中国历代的关系。书后有白崇禧演说词《中国回教与世界回教》。

收藏单位：重庆馆、广西馆、贵州馆、桂林馆、国家馆、吉大馆、辽大馆、南京馆、中科图

02431

伊斯兰教宗旨　苏盛华编

宁夏：宁夏省回教教长回民教育辅导委员总会，1940，再版，64 页，16 开

本书内容包括：伊斯兰教宗旨（普慈）、伊斯兰教善恶之标准等。

收藏单位：重庆馆

02432

伊斯兰文化学会第三届理事会第一次会务报告

出版者不详，1942，油印本，5 叶，18 开，环筒页装

本书为中华民国伊斯兰教学会会议资料。

收藏单位：国家馆

02433

伊斯兰文化学会第四年度工作计划草案

出版者不详，1942，油印本，5 叶，13 开，环筒页装

　　本书为中国伊斯兰教学会 1942 年工作计划。

　　收藏单位：国家馆

02434

壹异鱼　（印）杰伟著　梁天辰译

出版者不详，10 页，25 开（回教丛书 4）

　　本书为证道故事。

　　收藏单位：国家馆、南京馆

02435

友人论道记（回教证道小册）　L. E. Browne, B. D. 著　（英）梅益盛（Isaac Mason）译

上海：穆民交际会，1930.11，30 页，32 开

　　本书以尔卜窦喇希、额合默帝、雅各三人对话的形式，讲述回教徒宣教的故事。

　　收藏单位：国家馆

02436

斋月演词（成达师范学校学生在北平东四牌楼清真寺演讲）　北平成达师范学校编辑

北平：成达师范学校，1931.2，200 页，32 开

北平：成达师范学校，1931.9，再版，200 页，25 开

　　本书内容包括：伊斯兰教概况、穆罕默德史略、古兰经要略、伊斯兰的政治制度、伊斯兰的经济制度等。

　　收藏单位：北大馆、国家馆

02437

真道问答（穆民须读）　（英）梅益盛（Isaac Mason）著

外文题名：A catechism for Moslems

上海：广学会，1931，36 页，32 开

　　本书共 7 章，内容包括：论独一真主、论人、论罪恶、论耶稣救世的主、论穆罕默德等。

　　收藏单位：国家馆

02438

真境昭微　查密氏原注　（清）刘智译

北京：清真书报社，1925.3，石印本，63 页，25 开

　　本书为刘智对查密氏波斯文苏非主义著作《拉瓦一哈》的汉文译作。共 36 章，内容包括：一心、聚分、见道、变灭、全美等。译者原题：刘介廉。

　　收藏单位：国家馆

02439

正教真铨　李遇春等编

北平：兴记印刷局，1934，271 页

　　收藏单位：近代史所

02440

正教真铨　（清）王岱舆著　（清）刘智注　杨德元　马宏道校阅

北京：清真书报社，1922.12，再版，1 册，16 开

　　本书分上、下卷。上卷有真一、元始、前定、普慈、真赐等 20 篇；下卷有五常、真忠、至孝、听命、首领、友道、取舍等 20 篇。书前有著者序。著者原题：真回老人；注者原题：刘介廉。

　　收藏单位：国家馆、近代史所

02441

正教真铨·清真大学·希真问答合印编

（清）王岱舆著　（清）马安礼参订

上海：中华书局，1931，[138] 页，16 开

　　本书为回教有关经文、教义的选述与解释。书前有马祥福序、金世和序及著者弁言。

　　收藏单位：重庆馆、国家馆、南京馆、内蒙古馆

02442

指迷考证　马魁眉斩　马魁退山著　马光道校正

北平：清真书报社，1922.7，150 页，18 开

　　本书共 4 卷：认主说、不食豕说、佛教兴废杂事、道教说等。书前有马骏序。

　　收藏单位：国家馆

02443

至圣（一名，完善的先知）　（英）嘉玛鲁丁

著　中国回教学会译

外文题名：The ideal prophet

重庆：回教文化出版同志会，1943，48 页，32 开

　　本书记述穆罕默德行实。卷头附《穆圣大事略记》等。

02444

至圣实录纪年校勘记　赵振武著

北平：成达师范出版部，1926.9，24 页，32 开

北平：成达师范出版部，1936.9，再版，24 页，32 开

　　本书订正刘智所译《天方至圣实录》纪年讹误。原发表于《中国回教学会月刊》。卷首有白寿彝序。

　　收藏单位：国家馆

02445

至圣先知言行录　（英）桂乍加么屋甸（Khwaja Kamal-ud Din）编　周沛华　汤伟烈译

出版者不详，[1926]，65 页，32 开（回教丛书）

　　本书为穆罕默德言行录。内容包括：理想的教祖及其言行、宗教之误解、在日常生活中之宗教等。书前有编纂者序，写于 1926 年。

　　收藏单位：国家馆、南京馆、浙江馆

02446

中国回教近东访问团日记（附总报告书）　王曾善编

[重庆]：中国文化服务社，1939，557+76 页，25 开

重庆：中国文化服务社，1942，557+82 页，25 开

重庆：中国文化服务社，1943.9，557+82 页，25 开

　　中国回教近东访问团于 1938 年 1 月至 1939 年 1 月出访印度、埃及等 9 国，以国民外交方式，宣传抗日。此书包含该团团员薛文波的旅途手记及该团报告书。

　　收藏单位：重庆馆、广东馆、国家馆、南京馆、西南大学馆

02447

中国回教救国协会第一届全体会员代表大会特刊　中国回教救国协会编

重庆：中国回教救国协会，1939.8，48 页，16 开

　　本书共 13 部分，内容包括：出席理监事及各省代表名单、训词、致词、大会日程、工作报告、会议记录及附录等。

　　收藏单位：重庆馆、桂林馆、国家馆

02448

中国回教救国协会工作报告（自二十八年八月起至三十一年二月止）　中国回教救国协会编

重庆：中国回教救国协会，1942，76 页，18 开

　　本书内容包括：协会的组织、训练、调查、教育、宣传、教务、救济等。书后附录现任理监事一览、现任职员一览等。

02449

[中国回教俱进会本部通告]　[陈振家编]

出版者不详，[1914]，205 叶，25 开，环筒页装

　　收藏单位：国家馆

02450

中国回教史　傅统先著

长沙：商务印书馆，1940.7，240 页，32 开

　　本书共 7 章，内容包括：回教与穆罕默德、回教之传入中国、宋代之回教、清代之回教等。书前有著者自序。书后附参考书目录。

　　收藏单位：重庆馆、广东馆、国家馆、南京馆、上海馆、首都馆

02451

中国回教史鉴　马以愚著

长沙：商务印书馆，1941，[150] 页，36 开

长沙：商务印书馆，1944，[150] 页，32 开

长沙、上海：商务印书馆，1948.2，增订 2 版，1 册，32 开

　　本书共 8 章：至圣纪要、回教之道、礼法制度、历代史志、回纥源流、回回历法、文章勋业、名寺古墓。增订 2 版内容有所增补。有著者自序及蒋维乔等序 3 篇，跋 1 篇。

　　收藏单位：重庆馆、东北师大馆、广东馆、桂林馆、国家馆、辽大馆、南京馆、上

海馆、天津馆、西南大学馆、中科图

02452

中国回教史研究 金吉堂著

北平：成达师范出版部，1935.12，224 页，32 开

本书分上、下两卷。上卷为中国回教史学，下卷为中国回教史略。论述回教史研究中的有关问题。

收藏单位：东北师大馆、广西馆、国家馆、南京馆、首都馆、浙江馆

02453

中国回教小史 白寿彝著

重庆：商务印书馆，1944.11，46 页，32 开（边疆政教丛书）

本书共 9 章，内容包括：中国大食间的交通、回回之始盛、最近的三十二年等。书前有著者题记。

收藏单位：重庆馆、国家馆、近代史所、辽大馆

02454

中国回教学会会员题名录 中国回教学会编

中国回教学会，68 页，32 开

本书收录该会会员姓名、籍贯及住址。

02455

中国回教学会章程 中国回教学会编

中国回教学会，7 页，16 开

本书内容包括该会的宗旨、会员、责任、任期、会期、会址等 13 条会章。

02456

中国回教与世界回教 白崇禧著

出版者不详，1943，9 页，32 开

本书共 6 部分，内容包括：中国回教的历史、现在之回教世界等。出版年据封底"收到章"。

收藏单位：国家馆、南京馆

02457

中国伊斯兰史纲要 白寿彝著

重庆：文通书局，1946.8，72 页，32 开（穆斯

林丛刊）

上海：文通书局，1947.3，再版，72 页，32 开（穆斯林丛刊）

上海：文通书局，1948.3，沪 2 版，72 页，32 开（穆斯林丛刊）

本书概述伊斯兰教在中国流传的经过及对中国社会的影响。共 20 章，内容包括：大食人底来华、意外的收获、宋代底大食商人、伊斯兰移殖中国底开始、元时回回政治地位底优越、元时回回学术底输入、元代回回在中国学术上的贡献、伊斯兰移殖中国之成功、明清时回回政治地位底低落、明清回回中的学人和名宦等。书前有著者序。

收藏单位：重庆馆、东北师大馆、广西馆、贵州馆、国家馆、黑龙江馆、近代史所、上海馆、天津馆、中科图

02458

中国伊斯兰史纲要参考资料 白寿彝编

上海：文通书局，1948.11，440 页，32 开（穆斯林丛刊）

本书共收文 15 篇，内容包括：《中国回教史》（陈汉章）、《回回教入中国史略》（陈垣）、《"回回"一词的起源和演变》（杨志玖）、《怛逻斯战役和它的影响》（白寿彝）、《宋时大食商人在中国的活动》（白寿彝）等。

收藏单位：广东馆、贵州馆、国家馆、近代史所、西南大学馆、中科图

02459

纂释天方性理图传 （清）刘智纂释

上海：中华书局，1923，[188] 页，18 开

本书阐述伊斯兰教教理，共 5 卷。附采辑经书目。封面、书背均题：天方性理。

收藏单位：桂林馆

02460

纂译天方性理本经注释 （清）黑凤鸣注释

出版者不详，1926，92 页，16 开

本书共 5 卷：总述造化流行之序、分述万有各具之功能、总述人之身性显著之由、分述人之身心性命所藏之德、万而一体之归旨。附

五功释义。封面题：性理注释，五功释义。

　　收藏单位：广东馆

基督教

总论

02461

保障

上海：万国圣经研究会，[1930—1939]，54 页，36 开

　　本书以圣经为依据，介绍宗教与基督教、基督教的起源、宗教组织等。

　　收藏单位：国家馆

02462

不妨一试与上帝亲近 （美）曼丽·毕克福（Mary Pickford）著　明灯报社译述

外文题名：Why not try God

上海：广学会，1936.12，19 页，50 开

　　著者是美国女电影明星。本书讲述她自己的宗教生活并劝人们多多亲近上帝。正文前有译者附笔。

　　收藏单位：国家馆

02463

创造的社会 （英）麦墨累（John Macmurray）著　张仕章译

外文题名：Creative society: A study of the relation of christianity to communism

上海：青年协会书局，1937，改订版，150 页，25 开（青年丛书 35）

上海：青年协会书局，1940，3 版，150 页，25 开（青年丛书 35）

重庆：青年协会书局，1942，150 页，25 开（青年丛书 35）

上海：青年协会书局，1948，5 版，150 页，25 开（青年丛书 35）

　　本书初版时名为《基督教与共产主义》，再版时改为现名。共 9 章，内容包括：基督教徒与共产党员、对上帝的信仰、基督教的辩证法等。书前有译者序。

　　收藏单位：重庆馆、广东馆、贵州馆、国家馆、南京馆、人大馆

02464

到民间去 中华基督教青年会全国协会校会组编

中华基督教青年会全国协会，1927，92 页，32 开

　　收藏单位：广东馆

02465

得个人信主法 （英）何多马（Thomas Hogban）著　（英）斐有文译　柴连复述

出版者不详，1923，49 页，32 开

　　本书讲述个人如何信仰基督。

02466

得胜的途径 倪柝声著

上海：福音书房，1935，54 页，32 开

上海：福音书房，1939，4 版，54 页，32 开

　　本书共两篇。第一篇信徒得救的范围，共 11 部分，内容包括：良心、心、心思等；第二篇得胜的生命，共 4 部分，内容包括：基督活在世上时他的生命如何、圣经里说基督人的生活到底是那一种生活等。

　　收藏单位：重庆馆、广东馆

02467

得胜诗歌 循理会编纂

开封：循理会，1931，[10]+101 页，32 开

　　收藏单位：河南馆

02468

等候上帝 （英）慕安得烈（Andrew Murray）著　（加）季理斐（Donald MacGillivray）口译　李亚东笔述

外文题名：Waiting on God

上海：广学会，1940，6 版，92 页，32 开

　　本书内容包括：与上帝交通、人类生命的

要素、用敬畏仰望的心等候上帝等。著者原题：麦安居。

收藏单位：重庆馆

02469
第四博士及其他 谢颂羔编译
外文题名：The other wise man and other christmas stories
上海：广学会，1940.2，5版，66页，32开
上海：广学会，1947，6版，66页，32开

本书收第四博士、荷都麦克菲根的圣诞、圣诞的礼物、圣诞树和婚礼4篇故事。附录各国圣诞佳歌的起源、各国圣诞趣谈。

收藏单位：重庆馆、广东馆

02470
福音精华
出版者不详，[1925]，74页，32开

本书共15课，内容包括：基督教之总纲、基督降生、耶稣来世表现神人的关系、耶稣的人格等。

收藏单位：山东馆

02471
负重责的人 （美）史兰德著 贝厚德 薛琪瑛译述
上海：广学会，1931，再版，84页，50开

本书是宣扬基督教教义的书，讲述了一些平凡人的故事。

收藏单位：重庆馆

02472
鸽嘴新叶 陈金镛编著
上海：广学会，1929.7，147页，25开

本书内容包括：致沈涵夫先生书、接沈涵夫先生复书、答沈涵夫先生疑问书等。

收藏单位：山东馆

02473
歌中的歌 ［重庆福音书房编］
重庆：福音书房，1945，108页，32开

本书内容包括：当注意的点，第一次的追求和满足，脱离自己的呼召、失败、和恢复，

新造、升天的呼召，爱的生活等。

收藏单位：重庆馆、绍兴馆

02474
古圣徒殉难记（卷下） 广学会编
上海：广学会，76页，25开

本书记述自古以来基督教徒殉难的事迹。本册为第26—37章。

收藏单位：山东馆

02475
古政与圣教之关系 （英）华莱士·威尔森（J. Wallace Wilson）著 （英）孙荣理（John Wallace Wilson）口译 张宗侯笔述
外文题名：Some events in early church history
上海：广学会，1912，122页，22开

本书共13章，内容包括：世界承受教会之预备、教会之扩张自罗马奥古斯督倪罗起至君士但丁止、倪罗在罗马残害教会等。

收藏单位：南京馆、山东馆

02476
国光团 裴道安编
外文题名：Sunshine bands
成都：中华基督教教会四川协会文字部，53页，25开

本书为基督教教材，共40课。书前有引言及国光团的组织法等。书后附圣经金句、游戏等4篇。

收藏单位：重庆馆、国家馆

02477
国家与世界大同 王昌祉主编
香港：真理学会，1949，11页，128开（现代问题的解答 戊10）

本书内容包括：国家是什么、世界大同是什么两部分。

收藏单位：国家馆

02478
国家与世界大同 王廉著
上海：土山湾印书馆，[1940—1949]，13页，128开（现代宗教问题 戊10）

收藏单位：国家馆

02479

国韵经歌（第4卷） 胡秉道纂辑

汉口：中国基督圣教书会，1937，30页，横25开

　　本书包含25首圣经文本中的诗歌。

　　收藏单位：山东馆

02480

回到宗教 林克著　程伯群译

上海：青年协会书局，1936.11，34页，64开（宗教问题小丛书20）

　　收藏单位：南京馆

02481

魂的潜势力 倪柝声著

上海：福音书房，1937.4，106页，32开

上海：福音书房，1939，2版，106页，32开

　　本书共3篇，下分各类标题文章，有灵魂体的分别、亚当的权柄和体力、亚当的脑力与记忆力、亚当管理修理的能力等。

　　收藏单位：广东馆、山东馆

02482

活水 沈骏英译

上海：广学会，1925，32页，32开

　　收藏单位：广东馆

02483

基督教百问 （英）罗杰斯著　张仕章编译

上海：广学会，1926，78页，32开

上海：广学会，1929.10，再版，78页，32开

　　本书以问答形式介绍有关基督教的知识。共5篇：上帝、基督、圣经、教会、其他问题。

　　收藏单位：国家馆、山东馆

02484

基督教对今日中国的使命 谢扶雅著

上海：青年协会书局，1935.12，52页，36开（基督教中国改造丛刊）

　　本书作者认为，中国问题的症结在于文化落后、经济落后、政治落后，根源在于半殖民地半封建的社会性质，出路在于"革命"，而基督教的使命在于"促成一个伟大的革命运动——民族革命、社会革命和精神革命"。

　　收藏单位：南京馆

02485

基督教对于中国改造应有的程序 薛冰著

上海：青年协会书局，1936.8，53页，64开（基督教与中国改造丛书）

　　收藏单位：南京馆

02486

基督教概论 袁安定著

上海：商务印书馆，1936.7，163页，32开（百科小丛书）（新中学文库）

长沙、上海：商务印书馆，1939.9，167页，32开（万有文库 第1—2集 简编45）（百科小丛书）

上海：商务印书馆，1947.2，再版，163页，32开（百科小丛书）（新中学文库）

　　本书共5部分：从犹太教到基督教、开创基督教及其成立的经过、基督教在罗马的进展及其变化、教会改革以来的基督教、基督教的圣经。

　　收藏单位：重庆馆、大庆馆、东北师大馆、广东馆、广西馆、贵州馆、国家馆、黑龙江馆、湖南馆、江西馆、辽大馆、辽宁馆、南京馆、内蒙古馆、山东馆、上海馆、首都馆、天津馆、浙江馆、中科图

02487

基督教纲领 （美）艾迪著　林纾　王治和译

北京：北京基督教青年会，1914，26页，32开

　　本书共15章。内容包括：何谓基督教之精神、释人与上帝当然之关系、形体主义终必败坏、上帝惟一释义、基督教与个人之关系、基督之处家庭、基督之对于一国、举世界尽为同胞、基督教为普通之宗教、基督教信徒日加增其数、基督教国度之领土亦日增多、上帝之感动力等。书前有弁言。

　　收藏单位：国家馆

02488

基督教和我们的时代 （美）本内特（John. C. Bennett）著　蔡昭修译述

外文题名：Christianity and our world

成都：华英书局，1942，56 页，32 开（海慎宗教丛书）

　　本书阐发基督教和世界的关系。共 4 部分：基督教和世俗主义、基督教伦理和道德标准的崩溃、基督教和经济制度、基督教和极权政治。

　　收藏单位：重庆馆

02489

基督教和我们的时代 （美）本内特（John. C. Bennett）著　蔡昭修译述

外文题名：Christianity and our world

上海：青年协会书局，1939.12，71 页，32 开（海慎宗教丛书）

上海：青年协会书局，1948.2，2 版，71 页，32 开（海慎宗教丛书 1）

　　收藏单位：北大馆、重庆馆、广东馆、贵州馆、国家馆、南京馆、上海馆

02490

基督教救国论　聂纪芬著

出版者不详，1918，16 页

　　本书共 5 部分：基督教足以救吾国民之利己心、基督教足以一中国之人心、基督教足以起吾国民之信仰、基督教足以改吾国之家庭、基督教足以兴吾国之实业。

　　收藏单位：北大馆

02491

基督教是什么 （美）普体德（Gordon Poteat）著

外文题名：What is a christianity?

上海：中华浸会书局，1932.12，2 版，18 页，50 开

　　本书介绍基督教基本知识。

　　收藏单位：国家馆

02492

基督教是甚么 （美）龚斯德（Eli Stanley Jones）著

外文题名：What is a christianity?

上海：广学会，1939.4，3 版，14 页，32 开

上海：广学会，1947，5 版，14 页，32 开

　　本书解释基督教的意义。作者认为，基督教就是基督。做基督徒，便是跟随基督，并抓住基督的心和精神，在各项对人的关系上，实行出来。

　　收藏单位：重庆馆、内蒙古馆

02493

基督教问答一百题　杨道荣编

汉口：中华信义会书报部，1937，241 页，18 开

　　本书内容包括：宗教问题、基督教与科学问题、基督教与社会问题、基督教与人生问题、基督教与国家民族问题、基督教与中国文化问题等。

　　收藏单位：重庆馆

02494

基督教与工业问题（耶路撒冷大会决议案）

上海：中华全国基督教协进会，1928.6，14 页，42 开（工业改造丛书 5）

　　本书论述基督教与工业问题。分 4 段：基督的三大原则、经济问题及其解决方法、调查、结论。

　　收藏单位：山东馆

02495

基督教与共产主义 （美）贝德士（Miner Searle Bates）著　张仕章译

外文题名：Christianity and communism

香港：青年协会书局，1939.1，46 页，32 开（非常时丛书第 3 类 2）

　　本书论述基督教与共产主义之间的关系。共 5 章：基督徒与共产主义者的关系、共产主义与马克思主义的检讨、共产主义在苏俄实验的批判等。书前有吴耀宗及译者序各一篇。

　　收藏单位：国家馆、首都馆

02496

基督教与共产主义 （英）麦墨累（John Macmurray）著　张仕章译

外文题名：Creative society: a study of the relation of christianity to communism

上海：青年协会书局，1936.8，150 页，22 开（青年丛书35）

本书共 9 章：基督教徒与共产党员、对上帝的信仰、宗教的本质、虚伪的宗教、耶稣的宗教、永久的与暂时的、基督教的辩证法、基督教与共产主义、理论与行动。书前有译者序。

收藏单位：重庆馆、国家馆、人大馆、西南大学馆

02497

基督教与阶级斗争　（俄）贝蒂也夫（Nicholas Berdyaev）著　王一鸣译

上海：青年协会书局，1936.9，121 页，25 开（青年丛书40）

本书共 6 章，内容包括：阶级斗争是一个事实、马克思理论的批判、基督徒对于阶级斗争的估计等。书前有吴耀宗序。

收藏单位：国家馆、华东师大馆、南京馆、浙江馆

02498

基督教与进化　（美）富司迪（Harry Emerson Fosdick）著　王善治译

外文题名：Christianity and progress

上海：全国书报局，1923.12，105 页，16 开

本书共 6 章：人类进步观念的概论、宗教为人生所必需、福音与社会的进步、进化的基督教、进步的危险、进步与上帝。

收藏单位：浙江馆

02499

基督教与人生问题　如雅德（Arthur Rugh）原著　关天再　应元道译

上海：青年协会书局，1938.11，59 页，32 开

收藏单位：南京馆

02500

基督教与三民主义　中华全国基督教协进会编

上海：中华全国基督教协进会，1928，66 页，16 开

本书收《党化教育的真意义》（姜琦）、《党化教育漫谈》（曹聚仁）、《基督化教育与党化教育冲突吗?》（谢扶雅）、《我对于基督化教育与党化教育的管见》（徐庆誉）、《我的基督化教育与党化教育谈》（钟鲁斋）等文章。

收藏单位：重庆馆

02501

基督教与社会革命　（英）留伊斯（John Lewis）（英）麦墨累（John Macmurray）等著　张仕章编译

外文题名：Christianity and the social revolution

上海：青年协会书局，1940.12，219 页，32 开（青年丛书 第 2 集 11）

上海：青年协会书局，1949，219 页，32 开（青年丛书第 2 集 11）

本书是有关基督教与社会问题的论文集。原著共有论文 18 篇，译本选译其中 11 篇，并分为基督教里的社会主义、共产主义与宗教、末日的审判 3 编。卷首有编译者序及原编者序。

收藏单位：重庆馆、贵州馆、国家馆、湖南馆、近代史所、南京馆、宁夏馆、上海馆

02502

基督教与社会秩序　（英）汤朴（William Temple）著　张伯怀译

外文题名：Christianity and social order

上海：广学会，1946.9，106 页，32 开

收藏单位：重庆馆、国家馆、江西馆、南京馆、内蒙古馆

02503

基督教与社会主义运动　张仕章著

外文题名：Christianity and the socialist movement

[香港]：青年协会书局，1939.5，62 页，32 开（非常时丛书第 3 类 6）

上海：青年协会书局，1949.8，62 页，32 开

本书论述基督教与社会主义运动的关系。全书共 4 章：绪论——综合的研究、理论上的

检讨、历史上的观察、结论——必然的趋势。

收藏单位：国家馆、上海馆

02504

基督教与生活 吴耀宗演述

上海：青年协会书局，1935.11，2版，32页，32开

收藏单位：南京馆

02505

基督教与文化 魏廉士（J. W. Williams）著 文南斗译

外文题名：Christianity and civilization

上海：青年协会书报部，1925，150页，32开

本书叙述基督教在文化上所起的积极作用。

收藏单位：内蒙古馆、山东馆

02506

基督教与文明 朱执信译

中国国民党广州特别市党部执行委员会宣传部，1930，46页

收藏单位：人大馆

02507

基督教与现代潮流 （美）龚斯德（Eli Stanley Jones）著 林步基译

外文题名：The choice before us

上海：广学会，1939.3，158页，32开

本书共10章：绪言、天国主义概述、天国主义之具体化、天国主义实施之方式、法西主义、纳粹主义的宗教、共产法西纳粹天国四种主义的比较、统一人生的媒介、堕落的社会、我们要怎样抉择。

收藏单位：重庆馆、国家馆

02508

基督教与现代思想 谢扶雅著

外文题名：Christianity and modern thought

上海：青年协会书局，1941.7，231页，25开（青年丛书第2集17）

本书共6章，内容包括：绪论、结论、基督教与现代科学思想、基督教与现代宗教思潮等。书前有著者序。

收藏单位：重庆馆、东北师大馆、辽宁馆、上海馆、首都馆

02509

基督教与新生活 宋美龄著

上海：广学会，1940，5版，16页，50开

本书为宋美玲于1937年5月6日在上海所召集之全国基督教协进会第11届大会时所讲的演辞。著者原题：蒋介石夫人。

收藏单位：重庆馆

02510

基督教与新物理学 涂羽卿著

外文题名：Christianity and the new physics

[香港]：青年协会书局，1939.3，50页，32开（非常时丛书第3类10）

本书论述宗教与科学并无冲突，应当携手。共4章：引论、旧物理学的宇宙观、新物理学的基本观念、基督教与新物理学。

收藏单位：重庆馆、国家馆

02511

基督教与原子弹 （美）莫雷生（Charles Clayton Morrison）著 文南斗译

外文题名：The atomic bomb and the Christian faith

上海：广学会，1946，16页，32开

收藏单位：重庆馆、南京馆

02512

基督教在中古欧洲的贡献 杨昌栋著

北京：燕京宗教学院，1936.10，330页，22开（燕京宗教学院丛书1）

本书作者搜集大量史料，从基督教减少穷人的苦痛，基督教减少病人的苦痛，基督教对于远人之怀柔，基督教对于奴隶和农奴的态度，基督教对于妇女和婴孩的态度，基督教之提倡勤谨和有用工艺，蛮族之个人主义与基督教会自身之注重共同，基督教对于政治统一的帮忙，基督教对于废除法庭之残酷的贡献，基督教之限制打仗10个方面论述了基督教在中古欧洲的重大贡献。

收藏单位：北师大馆、山东馆

02513

基督教哲学　赵紫宸著

上海：中华基督教文社，1926.3，344 页，22 开

　　本书共 40 章，内容包括：问题——超自然论、起信论、神秘的宗教与经验的宗教、上帝论、耶稣的伦理思想等。书前有著者自序。

　　收藏单位：国家馆、湖南馆、南京馆、山东馆、山西馆、上海馆、中科图

02514

基督教中平信徒的领袖　麦格非著　石清溪编译

外文题名：The leader in the church

上海：广学会，1936.6，38 页，32 开

　　本书共 9 章，内容包括：长老的职分，领袖应有的品德、职责等。书前有序及卷头语。

　　收藏单位：国家馆

02515

基督圣迹　贾玉铭撰著

南京：灵光报社，1921.6，256 页，22 开

南京：灵光报社，1923，再版，256 页，22 开

　　本书共 5 章：隐默时代、筹备时代、欢迎时代、反对时代、获胜时代。书前有序言。

　　收藏单位：广东馆、山东馆

02516

基督徒的两大义务（十条诫的解释）（英）狄尔梅（P. Dearmer）著　（英）莫安仁（Evan Morgan）周云路译

上海：广学会，1926.11，162 页，32 开

上海：广学会，1939，再版，162 页，32 开

　　本书共 21 章，内容包括：原始时代的基础、基督上十言的用法、第一言：一神主义、第二言：真理、爱人是爱谁呢、七条致命的罪、第十一条诫命等。

　　收藏单位：重庆馆、山东馆

02517

基督徒的神化观念（一名，灵育真诠）　倪凤池著

湖州：倪凤池 [发行者]，1927.8，29 页，32 开

　　本书共 25 部分，内容包括：讲明神化观念为救时要策、上帝把灵魂赐给人类、孔子不是无神派、培栽信仰心的要诀等。

　　收藏单位：国家馆

02518

基督徒的先决问题　（美）怀达格著　张仕章译

上海：广学会，1926.7，23 页，25 开

　　本书共 13 章，内容包括：宗教在人生中的地位、上帝和世人的关系、基督、教会、圣经等。

　　收藏单位：山东馆

02519

基督徒和非基督徒的社会　（美）E. F. Tittle 著　郑启中译述

外文题名：Christians in an unchristian society

上海：青年协会书局，1940.3，87 页，32 开（海慎宗教丛书 8）

上海：青年协会书局，1948.7，再版，87 页，32 开（海慎宗教丛书 8）

　　本书论述只有基督教的信仰、方法、目标，才能产生合乎人类需要的社会变革。共 4 章：上帝在历史中、上帝国、基督教的革命、基督徒和世界。书前有引言。

　　收藏单位：广东馆、贵州馆、国家馆、南京馆

02520

基督徒应有的人生观

出版者不详，1939，15 页

　　本书为燕大基督教团契征文第一种。收第一名陈永龄、第二名雷海鹏、第三名韩光远的文章。

　　收藏单位：北大馆

02521

基督徒与极权国家　余日宣著

外文题名：Christians and the totalitarian state

香港：青年协会书局，1939.1，79 页，32 开（非

常时丛书第2类6)

本书共7章：极权国家的意义、极权国家成立的原因、极权国家的设施、极权国家的统制思想、极权国家的宗教观、极权国家治下的基督徒、结论。书前有编者序。

收藏单位：国家馆、内蒙古馆

02522

基督与劳工 （英）安祝诗（C. F. Andrews）原著　聂绍经译

外文题名：Christ and labour

上海：广学会，1928.3，[116]页，25开

本书分罗马时代、中古时代、现今时代3卷，共9章，内容包括：奴婢问题、财产问题、修道院与基尔特、盘剥重利的罪恶等。

收藏单位：江西馆

02523

基督与我　陈崇桂著

重庆：布道杂志社，1948，3版，246页，32开

本书收著者近年之讲章26篇，内容包括：约翰福音6讲、旧约人物6讲、基督教要道6讲、歌罗西书6讲、主祷文以及使徒祝福文等讲章各1篇。

收藏单位：重庆馆、南京馆

02524

基督与我的人格　赵紫宸著

上海：青年协会书局，1932.11，2版，22页，32开

收藏单位：南京馆

02525

基督与战斗 （英）韦理生原著 （英）梅益盛（Isaac Mason）译

上海：广学会，1916，[92]页，22开

收藏单位：江西馆

02526

基督之事业 （美）华尔德撰 （英）英雅各（James W. Inglis）译　许家惺述

上海：广学会，1925.6，再版，1册，32开

本书共4章：赎罪之事实、赎罪之必要、赎罪之根据、赎罪之效果。

收藏单位：浙江馆

02527

基督中央的教训 （英）薄尔那（Thomas Dehany Bernard）著 （英）莫安仁（Evan Morgan） 周云路译述

外文题名：The central teaching of Jesus Christ

上海：广学会，1929.12，4，277页，32开

本书共3段：开首的几件事、诸演讲篇、主的大祈祷。书前有序言。

收藏单位：山东馆

02528

基督宗教之契约伦理研究

上海：商务印书馆，[1920]，160页，22开

本书共3部分：论至善、论德行、论本份。

收藏单位：浙江馆

02529

基青学术演讲集（第1集）　烟台中华基督教青年会编

烟台：烟台中华基督教青年会，1935.5，165页，25开

本书是烟台中华基督教青年会组织的专家演讲录合集。内含《基督教的中心思想"爱"》（朱经农）、《青年的烦闷及其安慰》（朱经农）、《中华民族的出路与教育》（庄子毅）等15篇。书前有王震东序。

收藏单位：国家馆、华东师大馆

02530

家庭圣课

中华公会书籍委办，1926，1册，32开

本书共8章、45课，内容包括：介绍新朋友、上帝诫命、使徒信经、家庭礼拜、主祷文、学生榜样、随时近主、纪念祖先等。

收藏单位：山东馆

02531

简易要道　陶道泉编

青岛：浸会书局，1937.6，再版，122 页，32 开

本书共 3 部分：救恩要道、教会要道、生活要道。书末附经文。

收藏单位：山东馆

02532

建设一个新世界　蓓脱威廉（Betty Williams）著　邓淑媛译

外文题名：Building a new world

上海：广学会，1939.9，10 页，50 开（非基督徒读物 1）

本书内容包括：新世界的需要、上帝对于改造世界的计画、人类怎样成为基督徒的。

收藏单位：广东馆、国家馆、山东馆

02533

箭上羽　基督徒救世会编

外文题名：Feathers for arrows

北平：基督徒救世会，[1932]，44+46 页，32 开（福音故事）

上海：基督徒救世会，1933.12，2 册，32 开

北平：基督徒救世会，1934，[再版]，44+46 页，32 开（福音故事）

本书内容包括：各种传道法、不正当的讲道、害人灵性的讲道、当传讲耶稣、传得救的道、热心的讲道、父母之爱、同类之爱、爱仇敌、因耶稣之爱、基督的牺牲等。

收藏单位：重庆馆、南京馆

02534

讲道集　焦维真讲

许苏吾[发行者]，1939，104 页，32 开

收藏单位：首都馆

02535

讲道集　王明道著

广州：浸信会联会，1933，233 页，32 开

收藏单位：广东馆

02536

讲范　陈金铺著

上海：广学会，1928.12，再版，179 页，25 开

本书分上、下两编。上编主要收录作者在金陵神学院任教时所撰文章，下编汇集著者在各报发表的讲经文。

收藏单位：江西馆

02537

角声　王明道著

外文题名：Trumpet call

北平：灵食季刊社，1935.8，再版，282 页，32 开

本书共 10 篇：一段极重要的谈话、一个因信得救的人、恶世中的呼声、基督徒的偶像、真实的敬虔与虚伪的敬虔、失败的罗得、信仰与生活、为什么他不能住在伯利恒、三种仆人、基督徒失败的原因。

收藏单位：北大馆、广东馆、桂林馆、国家馆

02538

教友　全绍武著

出版者不详，1922.6，240 页，32 开，精装

本书共 3 编：教友的"知"、教友的"行"、教友的决心。

收藏单位：山东馆

02539

竭诚为主　查姆柏兹（O. Chambers）著　刘子静译

外文题名：My utmost for his highest

上海：广学会，1938.12，422 页，32 开

上海：广学会，1940，4 版，422 页，32 开

上海：广学会，1947，5 版，422 页，32 开

本书为教会学校一年的灵修课程，按月、日编排，每日援引一段经文，附以解析。

收藏单位：南京馆、上海馆、首都馆

02540

进教阶梯　福建邵武属中华基督教会著

福州：福建邵武属中华基督教会，1926，重版，52 页，64 开

本书收宗教诗 126 首、上帝十条圣戒、进教问答、祈祷文等。

收藏单位：国家馆

02541

进修

北平：中华基督教会全国总会，1936.9，99页，25开

收藏单位：山东馆

02542

近代的思潮与福音真理 陆德礼编著

成都：华英书局，[1941]，[50]页，25开，环筒页装

本书讨论基督教的道理与科学的关系。共12部分，内容包括：哥罗西书与近代思潮的关系、基督徒对于科学应有的态度、科学的不足与哥罗西书的贡献等。

收藏单位：重庆馆

02543

近代基督教婚姻观 （加）薄玉珍（Margaret H. Brown）编著 陈德明译述

上海：广学会，1938，36页，22开

本书讲解了近代基督教义中的婚姻观念，阐述了婚姻背后的问题，包括神与人的关系、人与人的关系等。

收藏单位：首都馆

02544

经历与目睹 （美）怀爱伦（Ellen G. White）著

外文题名：The experience and views of Ellen G. White

上海：时兆报馆，1923，100页，32开

本书共24篇，内容包括：幼时的事略、感化信主、起始作工、首次所见之异象、在异象中见新世界、上主的安息日、上帝余民教会中预言的恩赐、圣经为证等。

收藏单位：重庆馆

02545

荆棘之花 （美）密勒（J. R. Miller）编著 许鎏译

外文题名：The blossom of thorns

上海：广学会，1949.9，194页，32开

本书讲述基督化的生活的处世做人之道。

共20章，内容包括：荆棘之花、受苦的奥义、白比黑多、与基督交朋友等。书前有著者原序及译者序。

收藏单位：重庆馆、桂林馆、国家馆、绍兴馆

02546

敬教乐群（青岛中华基督徒青年会五周年报告册）

青岛：出版者不详，1931.4，34页，22开

收藏单位：山东馆

02547

究竟有上帝否 柯道心著

出版者不详，[1932—1949]，32开

本书共3篇15章，内容包括：有上帝之证据、无神论的道德与基督教的道德之比对、生物进化论等。

收藏单位：山东馆

02548

救国文辞大观（全国各界）

出版者不详，[1937—1949]，116页，25开

收藏单位：江西馆

02549

救世之法

外文题名：The way of salvation

出版者不详，30页，64开

本书内容包括：世界的创造、人的创造、神救人的法子等。

收藏单位：江西馆

02550

聚会的生活 倪柝声著

上海：福音书房，1934.9，167页，32开

本书共4章：教会中的权柄、交通的实行、怎样聚会、地方聚会的境界。

收藏单位：内蒙古馆、山东馆

02551

柯芬博士演讲录 柯芬（H. S. Coffin）著 邝宁法译

广东：中华基督教会广东协会，1946，35 页，64 开

　　收藏单位：广东馆

02552

科学的基督化思想 （美）张好义（H. A. Johnston）著　谢颂羔　米星如译

外文题名：Scientific Christian thinking

上海：中国主日学合会，1925，101 页，32 开

　　本书解说基督教教义与科学思想无矛盾，并以基督教观点解说宇宙和进化论等。

02553

枯干的无花果树（代理财产责任之研究）（美）菩提著　（美）菩爱仁译

上海：广学会，1932，再版，50 页，32 开

　　本书共 6 章：丧失代理财产责任、代理财产责任与救赎之关系、获利目的和服务目的、不义的代理人、骆驼穿过针眼、财主得救的问题。

　　收藏单位：重庆馆

02554

癫病　牛顿　李兰阶著

烟台：耶稣教查经处，1930.9，26 页，32 开

　　本书取材圣经，通过具体事例彰显宗教和信仰之义。

　　收藏单位：山东馆

02555

勒赛夫人日记与日思录　（法）依撒伯尔·勒赛（Elisabeth Leseur）著　史林骃译

慕庐，1933.10，272 页，32 开

　　本书著者为天主教徒。书前有古闽安蔬庐主人序。

　　收藏单位：国家馆、黑龙江馆、南京馆、上海馆

02556

理想的社会

外文题名：Ideal society

香港：真理学会，1947.8，21 页，50 开（民众读物小丛刊 1）

　　本书辑集于斌、杨慕时、牛若望撰写的 3 篇文章：《真善美圣的理想社会》《生活即服务》《圣经中的"力行"研究》。

　　收藏单位：国家馆

02557

灵界大战　（英）本仁约翰（John Bunyan）著

外文题名：The holy war

上海：中西基督福音书局，208 页，32 开

　　收藏单位：重庆馆、上海馆

02558

灵磐活水　（美）魏特著　田道一　李肇琳编译

上海：中华浸会书局，1949，再版，136+182 页，32 开，精装

　　收藏单位：重庆馆

02559

伦理的基督教观　（美）史美夫著　简又文译

上海：中华基督教文社，1926.10，202 页，25 开

　　本书著者是美国芝加哥大学神学系主任。讲述基督教神学中所包含的伦理学原则。作者认为，从贵族主义理想至民治主义理想的伦理变迁，是神学观念改造的结果。共 5 章：教会的伦理与威权的神学、教会的伦理之失去信用、现代世界在道德上之挑战、宗教的确证之伦理的基础、神学之伦理之改造。书前有译者引言、原序和导论。

　　收藏单位：国家馆、湖南馆、南京馆、人大馆、上海馆、浙江馆

02560

伦理纲要　P. Hull 著

青岛：天主堂印书局，1926，147 页，32 开

　　本书共 5 篇：论人生之宗旨与完成宗旨之法、论人性之体用、论修己之原理、论对主对人对己之义务、论人之职业。

　　收藏单位：国家馆

02561

伦理宗教百科全书　（英）黑斯廷斯（James

Hastings）编　上海广学会译

外文题名：Encyclopaedia of ethics and religion

上海：广学会，1928，2 册（2254 页），25 开，精装

上海：广学会，1929，再版，2 册（2254 页），25 开，精装

本书介绍以基督教为主题的疆域、邦族、人物、政治、风俗、思想等。共收 700 余词条，按汉字笔画次序排列。书前有诚静怡的序。著者原题：海丁。

收藏单位：东北师大馆、国家馆、湖南馆、山东馆、山西馆、上海馆、武大馆

02562

论圣灵

梧州：梧州宣道书局，1921，1 册，32 开

梧州：梧州宣道书局，1921，再版，14 页，32 开

本书以问答形式探讨基督、圣经及信仰的基本问题。

收藏单位：山东馆

02563

马利亚与耶稣　谦普 E. G 著　（英）莫安仁（Evan Morgan）译

上海：美华书馆，1932.12，94 页，32 开

本书共 10 章，内容包括：马利亚之蒙召、博士之拜献、耶稣所受之教育等。

收藏单位：山东馆

02564

面对基督　马克遂会督著　谢颂羔译

外文题名：Confronted with Chirst

汉口：中国基督圣教书会，1948，6 版，114 页，32 开

本书为中英文对照。共 13 篇，内容包括：基督改造人格、一位真理的寻求者、临死的盗贼、一位不道德的妇人、欺诈的商人、抓住耶稣衣裳的妇人、一位怀疑者、一位爱耶稣的妇人、生来是瞎眼的人、称为盘石的人、一位激烈的反对者、耶稣所爱的门徒、三位愿意跟随耶稣的门徒。

收藏单位：河南馆

02565

名人的信仰　陈仁炳著

上海：中国基督圣教书会，1935，85 页，32 开

汉口：中国基督圣教书会，1937.4，2 版，85 页，32 开

本书介绍世界上许多名人，因信仰了基督耶稣而创造伟业的事迹。

收藏单位：南京馆

02566

名人故事　计志文编

香港：伯特利教会，186 页，32 开

本书收传授基督教义的小故事 90 多个，分问答、比喻、故事、附录 4 类编排。

收藏单位：重庆馆

02567

明爱故事　（美）易安德（Alfreda Natina Anderholm）吕绍端译

外文题名：Love divine short stories

汉口：中华信义会书报部，1931.11，170 页，32 开

汉口：中华信义会书报部，1939，2 版，126 页，32 开

本书收入 44 个有关基督教教义的故事。内容包括：《孝顺》《雪祷告文》《圣经》《什么结局》《找着了》《三个仇敌》《比金子更可羡慕》《重价的珍珠》《你的父亲在等候你》等。

收藏单位：国家馆、辽宁馆

02568

明道集　仲伟仪编辑

天津：基督教青年会，1921，278 页，22 开

收藏单位：江西馆、山东馆

02569

默想的艺术　冷亨利著　明灯报社编译

昆明：广学会，1939，36 页，64 开

本书节译都柏林三一学院冷亨利原著《圣徒之神秘诀》一书。

收藏单位：重庆馆、广东馆

02570

牧师镜　朱友渔编译　黄天白润文

上海：中华圣公会书籍委办，1921，71 页，32 开

　　本书共 22 章，内容包括：上帝之仆、耐苦、勤劳、警醒、斋戒、廉洁等。

　　收藏单位：山东馆

02571

慕翟最后的讲坛　（美）慕翟（D. L. Moody）原著　谢颂羔译

上海：广学会，1933.10，98 页，32 开

上海：广学会，1937，2 版，93 页，32 开

　　收藏单位：广东馆、南京馆

02572

培灵奋兴演讲集　戚庆才主讲　陈惠泉　施诒孙校对

谢宏等 [发行者]，1946.1，上海，43 页，32 开

　　收藏单位：上海馆

02573

朋友！你抱什么宗旨去应付世界？　黄明远著

汉口：中华信义会书报部，[1935]，3 页，64 开

　　本书论述基督教的道德伦理。

　　收藏单位：国家馆

02574

批评非基督教言论汇刊全编　真光杂志社编辑

上海：中华浸会书局，1927，368 页，32 开

　　本书收 1922 年《真光》杂志刊载的反驳非基督教同盟、非宗教大同盟论点的文章数十篇。

　　收藏单位：上海馆、首都馆、浙江馆

02575

评美国平信徒调查国外宣教会之报告书（美）斯比尔著

上海：美华书馆，1933.9，75 页，32 开

　　本书共 30 章，内容包括：宣教会之重新估计、批评宣教会、此是一件平信徒的报告么、为何不取缔舆论的披露、责由谁负、调查团评论的精神与其他范围、缺乏宣教士的背景、最初宣教士与社会服务、缺乏普遍性、报告书是否应当全部接受等。

　　收藏单位：山东馆

02576

祈祷一得　中华浸会女传道会联合会编译

上海：中华浸会书局，1940，111 页，32 开

　　收藏单位：广东馆、首都馆

02577

启明读本　徐载熙编辑

成都：美英书局，1939.5，1 册，32 开

　　收藏单位：南京馆

02578

浅易读经课程（甲种）　李如愚编

上海：福音书房，1936，5 版，152 页，32 开

　　收藏单位：广东馆

02579

青春之探寻　华文纶（Arthur Warren）著　蔡书绅译

外文题名：The world's quest for eternal youth

上海：时兆报馆，1939.12，127 页，32 开

　　本书共 12 章，内容包括：西班牙探险家之探寻、希望与应许、福音传遍天下、人类衰老的原因等。

　　收藏单位：重庆馆、吉林馆、南京馆

02580

青年的美德　路加著

外文题名：Virtus of the youth

香港：真理学会，1948.12，19 页，50 开（民众读物小丛刊 33）

　　本书内容包括：大学生的美德、中学生的美德、小学生的美德。

　　收藏单位：国家馆

02581

青年与宗教　江文汉编著

重庆：中华基督教青年会全国协会校会组、中华基督教女青年会全国协会学生部，1943 印，76 页，32 开（青年与宗教研究丛书）

本书共 8 部分：宗教和科学、上帝的存在和天国、青年的烦闷和人生观的建立、基督教和政治、宗教的起源和必要、基督教和其他宗教、教会合一问题、基督教在战时的贡献和任务。

收藏单位：重庆馆、南京馆

02582

如何测验主的旨意 （德）叶道胜（Immanuel Genahr）著

外文题名：How to prove the Lord's will

广学会，1929，48 页，32 开（灵修生活丛书）

本书共 15 章，内容包括：遇疑难事如何能测验主的旨意、何为上帝之目示、请教老成、祈祷为要、测验为重等。

收藏单位：重庆馆

02583

如何应付灾祸及其他 谢颂羔编

上海：基督教联合出版社，1946，再版，64 页，32 开

本书收录 9 篇文章：《如何应付灾祸》《爱与赦罪》《撒旦的诡计》《因信得救》《信徒的悔改》《我们得医治因主受鞭伤》《得救是甚么意义》《基督徒自信的力量》《看哪！你们的神》。

收藏单位：重庆馆、南京馆

02584

上主与偶像 （加）翟辅民（Robert Alexander Jaffray）著

外文题名：A contrast: God and the idols

广西：出版者不详，1921，10 页，50 开

本书包含上主与偶像相关观点的论述。

收藏单位：山东馆

02585

少年良友 葛立模编

北平：普爱堂出版社，1948.1，542 页，大 64 开

本书为基督教早晚课，内容包括文言与白话的经文、祷词等。

收藏单位：首都馆

02586

绍贤讲道集 曾绍贤著

上海：美华浸会书局，1940，74 页，32 开

收藏单位：广东馆

02587

神化 倪凤池著

湖州：倪凤池 [发行者]，1933.11，60 页，32 开

本书以问答形式，提倡一神——即基督治国。

收藏单位：浙江馆

02588

神在吾身上所显的奇妙大能力 汪兆翔编述

上海：基督教荣耀会，1935，42 页，32 开

上海：基督教荣耀会，1936，再版，42 页，32 开

本书自述其信仰基督教以后的蒙恩情况。

收藏单位：上海馆

02589

圣诞丛谈 汤亦可编

世界书局，1941.11，155 页，32 开

上海：世界书局，1945.11，再版，155 页，32 开

本书介绍圣诞节的来历、欢宴、诗歌及习俗等。共 6 编：圣诞节史话、圣诞节种种、圣诞节宴会、圣诞节诗歌、各国圣诞节与习俗、中国圣诞节与习俗。

收藏单位：重庆馆、南京馆、山东馆、上海馆

02590

圣诞特刊

武昌：武昌府街口圣教世主堂，1935.12，48 页，25 开

本书为纪念圣诞的论文集。共收文章 17 篇，内容包括：《救主圣诞的感言》（林树华）、

《狂风暴雨中之圣诞节》(胡经纬)、《我对于庆祝圣诞节的认识》(陈敬一)等。

收藏单位:国家馆

02591

圣诞天使

出版者不详,[1930—1939],52 页,50 开

本书共 6 章:小天使、谁叩门、以拉的姐姐、天使门前叩门的大声、天使的生日、耶稣圣诞。

收藏单位:国家馆、南京馆

02592

圣诞之书　谢颂羔编

外文题名:Selected stories for Christmas

上海:广学会,1940,326 页,32 开

本书收有关圣诞的故事。共 10 篇,内容包括:圣诞之梦、圣诞老人的传说、圣诞树的传说、冬天的乐园等。书前有编辑者序。

收藏单位:重庆馆

02593

圣诞之夜

外文题名:A Christmas night

香港:真理学会,1948.12,18 页,50 开(民众读物小丛刊 34)

本书收散文两篇:《圣诞节底写真》《圣诞之夜》。

收藏单位:国家馆

02594

圣道纲要　林思翰　姜从光编著

外文题名:Outlines of Bible doctrines

上海:时兆报馆,1947.10,再版,475 页,36 开

本书共 10 段:真神上帝、论圣经、叛逆与救赎、上帝的律法、预言、将来的事、圣所、人的性质、圣灵、教会。

收藏单位:重庆馆

02595

圣道入门问答　真光杂志社编

上海:美华浸会书局,1938.7,16 页,64 开

上海:美华浸会书局,1940,2 版,16 页,大 64 开(平民布道小丛书 1)

收藏单位:广东馆、南京馆

02596

圣恩诗歌　远东宣教会音乐委办会编著

外文题名:Songs of grace

北京:远东宣教会,1933.4,141 页,32 开

北京:远东宣教会,1939.9,3 版,141 页,32 开

本书为赞美诗集。书后附《圣恩短歌集》。

收藏单位:首都馆

02597

圣经及教会人物　张雪岩编著

田家半月刊社,1948.1,78 页,32 开

本书介绍了 46 位圣经中的人物。

收藏单位:南京馆

02598

圣灵感生　丁华辉著

上海:广学会,1933,60 页,32 开

收藏单位:重庆馆

02599

时代的末期　(俄)贝蒂也夫(Nicholas Berdyaev)著　白石译

上海:青年协会书局,1937.2,141 页,25 开(青年丛书 45)

本书论述社会主义与基督教精神的根本异同。共 4 章:文艺复兴时代之告终、新的中世纪、俄国的革命、民主主义社会主义与神权政治。书前有吴耀宗序。

收藏单位:重庆馆、国家馆、湖南馆、南京馆、上海馆、浙江馆

02600

实验启明读本　徐载熙著　李果良编订

成都:华英书局,1941,76+74 页,25 开,环筒叶装

本书为乡村少年及成年人适用。为第 4、5 两册。其他题名:启明读本。

收藏单位：重庆馆

02601

世界上的财富是为谁的?　王廉著

上海：现代问题研究社，12 页，大 64 开（现代问题的解答 戊 4）

　　本书共 3 部分：不是为少数富人的奢侈享用、不是为国家政府的耀武扬威、是为全体民众的。

　　收藏单位：国家馆

02602

兽性的约束　王瑞明著

外文题名：Controlling over one's ami animal nature

香港：真理学会，1949.2，29 页，50 开（民众读物小丛刊 38）

　　本书论述人性的善与恶，含兽性的约束、再论兽性的约束两部分。兽性的约束包括：人性与兽性、兽性的破坏力、兽性的约束、纯人性的世界；再论兽性的约束包括：不同的见解、几点引证、一点感想、半个建义。

　　收藏单位：国家馆

02603

天人感应　（法）罗林斯（Brother Lawrence）著　胡贻毅译

上海：广学会，1917，42 页，64 开

上海：广学会，1930.11，4 版，38 页，64 开

上海：广学会，1939，6 版，42 页，64 开

　　本书为宗教感受谈。分两编，第 1 编见道谭 4 篇，第 2 编论道信札 15 封。

　　收藏单位：重庆馆、山东馆

02604

天神月　傅玉堂译述

澳门：慈幼印书馆，1949.10，54 页，42 开（公教小读物丛刊 46）

　　本书共 35 篇，内容包括：天神、天神的显示、圣弥额尔宗使天神节、宗使天神圣加俾厄尔、宗使天神辣法厄尔、护守天神节、神职人员和九品天神、我们的天神、天主的恩爱、天主的上智、天神照护的高超、天神的爱情、天神因耶稣而爱我们、天神的恩惠

（上、下）、天神替我们拒敌、天神拒魔诱等。

　　收藏单位：国家馆、吉林馆

02605

童子撒母耳　安玛利原著　刘文林译

外文题名：Samuel the temple boy

上海：广学会，1936.4，56 页，大 64 开

　　收藏单位：国家馆

02606

头头是道　王作光著

上海：广学会，1930，112 页，32 开

　　本书收宗教杂感 161 则。

　　收藏单位：广东馆、上海馆

02607

图画喻道（第 1 集）　（美）璧树作图

上海：宣道书局，[1936]，1 册，22 开

　　本书共 3 类：救恩、灵修、灵工。

　　收藏单位：重庆馆、山东馆

02608

我的忏悔　（西）韦弥第（C. M. Viglietti S. S.）著　邓青慈译

外文题名：Quomodo vocationem meam amisi

澳门：慈幼印书馆，1936，144 页，32 开（青年丛书 3）

澳门、上海：慈幼印书馆，1947.4，144 页，32 开（青年丛书 3）

　　本书共 53 部分，内容包括：小英雄、小理想家、赛马、父母的泪、入学寄宿、小凌辱、圣召萌芽、理想、假期来了、第一次风波等。

　　收藏单位：广西馆、国家馆、南京馆、上海馆、首都馆

02609

我的宗教经验谭　宋美龄著　明灯记者译述

外文题名：My religion

上海：广学会，1935，3 版，12 页，50 开

上海：广学会，1937，6 版，12 页，50 开

上海：广学会，1938，14 版，12 页，50 开

　　本书记录作者内心的宗教经验。原稿用

英文写成，载于美国《论坛》杂志。

收藏单位：重庆馆、广东馆

02610

我为什么作基督徒 （挪）哈列比（O. Hallesby）著 刘健译

汉口：信义书局，168 页，32 开

本书著者原题：哈列斯比。

收藏单位：广东馆

02611

我要作一个基督徒 （英）马克遂（H. A. Maxwell）著 张粹然 何慈洪翻译

外文题名：I want to be a Chirstian

成都：华英书局，1949.1，151 页，32 开，环筒叶装

本书主要讲述了如何指示人们成为基督徒的途径。

收藏单位：重庆馆

02612

我之宗教政治 赵克善著

[沈阳]：出版者不详，[1948]，422 页，32 开

本书为著者演讲、著述、书信的汇编，阐述基督教义提倡人类博爱、正义、和平。共 12 篇，内容包括：牺牲篇、竞德篇、哲内篇、法外篇、狡智篇等。书前有"子步、关福堂、资序"，写于 1948 年。

收藏单位：国家馆

02613

新道德标准之建立 蔡葵著

外文题名：The building of a new moral code

上海：青年协会书局，1935.1，38 页，64 开（基督教与中国改造丛书）

本书内容包括：道德是为人而设的、道德标准的时空限制、崩溃中的旧道德、道德的变动性等。

收藏单位：南京馆

02614

信仰与使命的研究 信仰与使命研究设计委员会编辑

中国基督教学生运动临时全国总会，1935，14 页，32 开（中国基督教学生运动通告 第 2 号）

本书内容包括：学运发展小史、研究的缘起、研究大纲、研究的方法、参考书报等。

收藏单位：重庆馆

02615

信仰与行为 M. J. Scott 著 王昌社编译

外文题名：Faith and conduct

香港：真理学会，1941.1，38 页，32 开

香港：真理学会，1948，再版，39 页，32 开

本书共 3 部分：信仰与行为之关系、公教信友的行为、公教信友们思想上并不受着钳制。

收藏单位：国家馆

02616

信仰之根据 黄培新译

外文题名：Why believe

中国各大学基督徒学生联合会，1947.10，82 页，32 开

本书共 7 章，内容包括：为什么信神、为什么信耶稣基督、我们应对圣经持何种态度等。

收藏单位：南京馆

02617

续见证如云 王完白编

外文题名：The second book of "A cloud of witness"

上海：通问报社，1948.12，44 页，32 开

收藏单位：上海馆

02618

训蒙真言

上海：基督福音书局，1934，53 页，26 开

上海：基督福音书局，69 页，64 开

本书共 52 章，论述一些基督教的基本知识。内容包括：论神保养人的身体、论父母的慈爱、论灵魂、论天使和魔鬼、论世界头一段事、论亚当夏娃两个人、论神的儿子等。

收藏单位：重庆馆

02619

耶路撒冷大会的使命和建议

出版者不详，1928.3，76 页，32 开

　　收藏单位：南京馆

02620

《耶稣会士在音韵学上的贡献》补（昭雪汤若望文件中的罗马字对音） 罗常培著

出版者不详，[120 页]，16 开

　　本书内容包括：程氏墨苑里的利玛窦注音、西儒耳目资里关于音韵的要点、明季普通音的试测、西儒耳目资的影响等。

　　收藏单位：内蒙古馆、浙江馆

02621

耶稣论 （美）赖曼（E. W. Lyman）译述　陈兆恩译

上海：青年协会书局，1947.11，68 页（海慎宗教丛书 2）

　　本书共 7 章，内容包括：耶稣的生活故事、耶稣的教训、耶稣自己的宗教经验、耶稣怎样想他自己、耶稣的创见等。

　　收藏单位：北大馆

02622

耶稣圣诞歌词选

出版者不详，12 页，50 开

　　本书为圣诞歌本。

　　收藏单位：国家馆

02623

一个耶稣主义者的宗教观 张仕章著

外文题名：The religion of a Jesusist

上海：青年协会书局，1935.7，26 页，32 开（宗教问题小丛书 12）

上海：青年协会书局，1949.9，3 版，26 页，32 开

　　本书著者为基督教徒、耶稣主义者。此书是其宗教观的自述。

　　收藏单位：上海馆

02624

一条光明路

上海：时兆报馆，1930，再版，22 页，32 开

上海：时兆报馆，1931，再版，22 页，32 开

本书为基督教普及读物，共 9 章。

　　收藏单位：重庆馆、绍兴馆

02625

医院中的基督 因曼腓力（Philip Inman）著 梁得所译

外文题名：Christ in the modern hospital

上海：广学会，1940.3，3 版，105 页，32 开

　　本书通过作者与病人相处多年的经历，说明了"医院中的基督易于让人信仰"这个道理。内容包括：伤心的牢笼、连接天壤的阶梯、夕阳门、祷告效验的增添等。

　　收藏单位：重庆馆、广东馆、南京馆

02626

疑问汇答 陈金镛著

外文题名：Reply to the doubter

上海：广学会，1926，82 页，32 开

　　本书共 4 则、9 部分：疑问汇答、答圣经五可疑、答多疑者潘慕福君疑问、答张钟君条问、驳章太炎先生无神论、答广州援魂君疑问、答广东张道翔君函问、答奉天张雨畴君疑问、答刘君问题。

　　收藏单位：国家馆、山东馆

02627

义工服务 中华基督教宗教教育促进会编

上海：中华基督教宗教教育促进会，1940，再版，62 页，18 开（培养教会义务工作人员小丛书 5）

　　本书共 8 章，内容包括：教会中义工是时代的需要、义工的灵性基础、农村教会的组织等。

　　收藏单位：重庆馆

02628

由死亡得生命（《灵性水流》节译本） （法）马丹盖恩（Madame Guyon）著　俞成华译

上海：福音书房，1937，60 页，32 开

　　本书将基督徒灵程的经历很清晰地分成 3 等。一方面述说每等情形及难处，另一方面又说出如何对待难处，并如何往前进步。旨在促进基督徒灵命的长进。

　　收藏单位：重庆馆

02629

余日章博士言论集　余日章著

上海：青年协会书报社，1927，134 页，32 开

本书分讲演和论著两卷。上卷收《今日中国政治现象的观察》《国家主义与国际主义》《基督教与政治》《基督教在中国当前之五大问题》《今日之中国青年会》《青年会同人应怎样反省》《中国基督教运动的需要》7 篇讲演词；下卷收《中国在国际间之地位》《中华基督教青年会史略》《青年会与公民教育运动》3 篇文章。

收藏单位：安徽馆

02630

与汪精卫论道　张亦镜著

外文题名：The Christian position versus modern agnosticism

广州：美华浸会印书局，1924.12，8 版，30 页

本书内容包括：区凤墀先生来函、书汪精卫巴黎民德报发刊词后。书前有弁言。

收藏单位：近代史所

02631

与汪精卫论道　张亦镜著

外文题名：The Christian position versus modern agnosticism

上海：中华浸会印书局，1932.1，10 版，48 页

收藏单位：桂林馆

02632

约三老人（寓言）　谢颂羔著

上海：广学会，12 页，50 开（布道小丛书）

本书收有关约翰的寓言故事。

收藏单位：国家馆、南京馆

02633

再谈安息日　胡恩德著

香港：可乐出版社，28 页，32 开

本书内容包括：是基督呢？是守日呢？异样的信法、得救的方法、信徒与行善、旧约律法的用途、律法不废的正意、新布补旧衣服、安息日是预表等。

收藏单位：重庆馆

02634

战争与和平　王廉著

[上海]：现代问题研究社，13 页，64 开（现代问题的解答 戊 9）

本书共 3 部分：战争问题、和平问题、为什么世界上不免有战争。

收藏单位：国家馆

02635

真理论坛　张雪岩编著

华北：田家半月刊社，1948.1，160 页，32 开

收藏单位：南京馆

02636

证道集　卡来尔（J. C. Carlile）著　应元勋译

上海：广学会，1938，110 页，32 开

收藏单位：广东馆

02637

证道集　谢洪赉编

外文题名：Reasons for christian faith

上海：中华基督教青年会组合，1914.10，120 页，32 开

本书辑集张伯苓、金伯平、陈德明、鸠山秀夫等中外著名人士自述其信仰基督耶稣的文章 16 篇，论说上帝的存在。

收藏单位：国家馆

02638

证道录（第 1 集）　明灯报社编

上海：广学会，1941.1，3 版，83 页，64 开

本书内容包括：不回头、青年的富人、耶稣生平与我的生平等。

收藏单位：重庆馆

02639

证道录（第 2 集）　明灯报社编

上海：广学会，1941，3 版，83 页，64 开

本书内容包括：我的宗教经验谈、沪战的回忆、谢谈庵牧师小传等。

收藏单位：重庆馆

02640

证道录（第 3 集）　明灯报社编

上海：广学会，1939，82 页，50 开

本书共 10 章，内容包括：江长川牧师布道、余止斋牧师布道、竺规身牧师布道、诸辛身牧师布道等。

收藏单位：山东馆

02641

政府与人民 王昌祉主编

香港：真理学会，1949.10，12 页，64 开（现代问题的解答 戊 8）

本书内容包括：政府应当为人民服务、人民应当服从政府、政治道德与公民道德。

收藏单位：国家馆

02642

政府与人民 王廉著

上海：土山湾印书馆，[1949]，13 页，128 开（现代宗教问题 戊 8）

收藏单位：国家馆

02643

祝圣主教礼文（曾友山博士升任河南教区副主教）

外文题名：Order of service for the consecration

上海：救主堂，1949.3，22 页，32 开

收藏单位：上海馆

02644

追随一星的路径 （美）柯克司（E. B. Cox）著 戚庆才译

外文题名：Star trails

上海：美华浸会书局，1934.8，81 页，32 开

本书叙述著者的信教经历。共 8 章，内容包括：踏进追随一星路径的初步、圣殿朝主、我们的影儿、星的体质——永远的品性等。书前有译者卷头语和张春江序。

收藏单位：广东馆、国家馆、南京馆

02645

宗教观 （美）布朗著 聂高莱（D. W. Nichols）胡大龄译

上海：中华圣公会书籍委办，1927，172 页，32 开

本书自述其信仰上帝的过程并说明祈祷和圣经的用处等。

收藏单位：上海馆

02646

宗教名言集 普天德等著

上海：广学会，1936.11，215 页，32 开

上海：广学会，1937.3，再版，215 页，32 开

上海：广学会，1940.2，3 版，215 页，32 开

本书辑录普天德、刘湛恩、王治心、黎照寰等人的基督教讲演文稿 35 篇。

收藏单位：重庆馆、国家馆、黑龙江馆、南京馆、山东馆、上海馆、首都馆

02647

宗教生活 王稼书译

上海：青年协会书局，1947.8，90 页，32 开（海慎宗教丛书）

收藏单位：南京馆

02648

宗教问题小丛书（第 3—19 种）

上海：青年协会书局，1934—1935，[462] 页，50 开

本书为该丛书的合订本，每种讲一个问题。内容包括：基督教与马克思主义、基督教与新青年、基督教与中国人生、宗教所受科学的恩赐等。

02649

作上帝的女儿及其他 A. D. Belden 等著 冯雪冰 （英）梅德立（Frank Madeley）译

上海：广学会，1932，32 页，36 开

本书共收短文 3 篇：《作上帝的女儿》《万王之王》《我的恩典是够你用的》。

收藏单位：重庆馆

圣经

02650

阿摩司书释义 （英）林辅华（Charles Wilfrid

Allan）著　夏明如译

外文题名：Exposition of the Book of the Prophet Amos

上海：广学会，1935.11，129 页，25 开

上海：广学会，1939，再版，129 页，32 开

　　本书共 6 章，内容包括：阿摩司的环境、阿摩司的上帝观、阿摩司书的内容等。

　　收藏单位：重庆馆、国家馆

02651

阿摩斯书注释　李荣芳著

上海：广学会，1933，160 页，32 开

　　本书简述阿摩斯的时代、阿摩斯书的内容及详细注释等。

　　收藏单位：重庆馆

02652

安慰之言

出版者不详，33 页，80 开

　　本书为圣经摘录。

　　收藏单位：上海馆

02653

八福篇　朱味腴著

上海：广学会，1933，108 页，32 开（众水之声 1）

　　本书为著者在短期经校奋兴会 8 次讲解圣经的讲词合集。朱味腴又名朱遵道。

　　收藏单位：上海馆

02654

八福演义（德育故事）（美）苏墨司（Thomas O. Summers）著　胡贻毂译

外文题名：The claremont tales

上海：基督教青年会组合，1914.4，54 页，22 开

　　本书为圣经故事，共 8 回：破垒重完、感动回心、纯孝格亲、瞀女获福、蹈火见勇、宝镜产怪、漏舟遇救、受锻弥贞。

　　收藏单位：国家馆

02655

八福真经　朱退愚著

外文题名：Christ's sermon

上海：广学会，1931.12，144 页，32 开

　　本书是用四言体译的耶稣登山宝训，并有讲义 20 篇。

　　收藏单位：上海馆、天津馆

02656

拔摩异像　贾玉铭著

外文题名：Exposition of revelation

[南京]：灵光报社，1928.10，238 页，18 开（灵光报社丛书）

　　本书共 25 章，内容包括：书之引言、第一异象、七会总论、前三书信、后四书信、神的宝座、羔羊取卷、揭开六印等。

　　收藏单位：广东馆、首都馆

02657

宝贵的应许　（英）葛赖德（Samuel Clarke）著　金炎青校译

外文题名：Precious Bible promises

上海：中华浸会书局，1949.9，182 页，32 开

　　本书采集圣经中的应许，分门别类编为 4 卷：暂时福份的应许、尽责蒙恩的应许、教会生长与荣耀的应许、基督再来的应许。

　　收藏单位：广东馆、国家馆

02658

彼得前后书与犹大书注释　鹿依士著

上海：广学会，1933，64 页，25 开

　　本书是对《彼得前书》《彼得后书》《犹大书》的经文所作的注释。

　　收藏单位：重庆馆

02659

长征（旧约故事）　米星如著

中华基督教文社，1929，168 页，32 开

　　本书内容包括：出乐园、地下的血声、虹、预备的羔羊、以撒娶妇、长子的祝福等。

　　收藏单位：浙江馆

02660

重译新约全书（串珠注解原文释词）　朱实惠译

南京：新译圣经流通处，1936.6，754+136+46页，32 开，精装

　　本书共 21 篇，内容包括：四福音书、使徒行传等。书前有序、重译说明、重译新约倡始人赛兆祥博士小史、例言、读经须知。书末附新约原文释词、新约人名译意表、新约称号一览表、基督耶稣应验旧约对照表、新约事迹年表、新约犹太地图附略说、新约使徒传道地图略说、应用经文备选、一元复始读经表。

　　收藏单位：国家馆、南京馆

02661

出埃及的故事（从埃及到迦南　第四年级） 桑得司夫人著　中华总会教育部改译

上海：时兆报馆，1941，3 版，414 页，25 开

　　收藏单位：国家馆

02662

出埃及记　上海圣经公会编

上海：圣经公会，1935，[123] 页，32 开

上海：圣经公会，1936，94 页，64 开

　　收藏单位：广东馆、山东馆

02663

出埃及记　上海圣经公会编

上海：圣书公会，1930，82 页，50 开

　　收藏单位：广东馆

02664

出埃及记

中西基督福音书局，246 页，32 开

　　收藏单位：南京馆

02665

出谷纪　思高圣经学会编译

北平：方济堂，1948.10，159 页，32 开

　　本书即《出埃及记》。书前有主要参考书目、出谷纪引言。书后附引用经书简字表。

　　收藏单位：国家馆、人大馆

02666

初级古史略　苏冠明编著

澳门等：慈幼印书馆，1942，37 页，32 开（公教史地丛书 1）

澳门等：慈幼印书馆，1948.3，6 版，37 页，32 开（公教史地丛书 1）

　　本书为圣经历史课本。共 33 篇，内容包括：天主造万物、天主十诫等。6 版书前有 3 版序、写在 5 版之前。

　　收藏单位：国家馆

02667

初级圣经与自然　基督复临安息日会教育部编译

上海：时兆报馆，1928，72 页，25 开

　　本书从上帝创造世界的观点来讲解自然的教学大纲。

　　收藏单位：上海馆

02668

初学真道门路　梁锡生编著

外文题名：A manual for Christians and enquirers

汉口：中国基督圣教书会，1940.7，2 版，256页，32 开

　　本书共 29 章，内容包括：各种祷告文式、圣经摘要章节、初习福音问答、新旧约的故事、主耶稣的比喻、洗礼仪式要旨等。

　　收藏单位：河南馆

02669

创世记第五章中的福音　王明道著

外文题名：The Gospel in the fifth chapter of Genesis

北平：灵食季刊社，1936.1，30 页，32 开

　　本书以圣经中亚当及其 9 代子孙为例，说明人生的福气、虚空及痛苦，讲解因信得救，与神同行的道理。

　　收藏单位：广东馆、国家馆、首都馆

02670

创世记释义　（英）林辅华（Charles Wilfrid Allan）著　夏明如译

上海：广学会，1940，48 页，18 开

　　本书内容包括：导言、建造巴别塔、亚伯拉罕的历史、第二创造论等。

　　收藏单位：重庆馆

02671

创世纪　思高圣经学会编译

北平：方济堂，1948，[845] 页，32 开

北平：方济堂，1948.10，256 页，32 开

　　本书为"梅瑟五书"——创世纪、出谷纪、申命纪、肋未纪、户籍纪的合订本。书前有主要参考书目、引言。书后附引用经书简字表。

　　收藏单位：国家馆

02672

创世纪

上海：圣经公会，158 页，32 开

　　本书为旧约全书之一，从创世纪第一章讲起。

　　收藏单位：广东馆

02673

创世纪

中国主日学合会，46 页，32 开

　　收藏单位：南京馆

02674

创世纪（广东话）

出版者不详，1937，66 页，32 开

　　收藏单位：广东馆

02675

创世纪的家庭研究　陈金镛著

上海：广学会，1924.10，147 页，32 开

　　本书共 50 章，内容包括：未有家庭前之状况、世界第一家庭、苦家庭的起因、坏家庭的现象、模范的家庭、保守的家庭、漂流的家庭等。

02676

创世纪讲义（第 1 卷　第 1—11 章）（加）翟辅民（Robert Alexander Jaffray）著

梧州：宣道书局，1913，81 页，32 开

梧州：宣道书局，1925，107 页，32 开

　　收藏单位：绍兴馆

02677

创世纪讲义（第 3 卷　第 26—36 章）（加）翟

辅民（Robert Alexander Jaffray）著

梧州：宣道书局，1927，299 页，32 开

梧州：宣道书局，1928，349 页，32 开

　　收藏单位：绍兴馆、首都馆

02678

创世纪略解　（加）黎附光（G. Christopher Wills）译

上海：基督福音书局，205 页，32 开

　　收藏单位：广西馆

02679

创世纪之研究　贾玉铭编著

南京：灵光报社，1923.5，316 页，18 开

南京：灵光报社，1927.7，2 版，316 页，18 开

　　本书为讲义。共 11 章，内容包括：导言、论创造、论乐园、论罪原等。书前有编者序。

　　收藏单位：国家馆、河南馆、浙大馆、浙江馆

02680

次经全书　（美）都孟高（M. H. Throop）　黄叶秋译

北京：圣公会书室，1920，1 册，32 开

　　收藏单位：国家馆、山东馆

02681

次经全书　（美）都孟高（M. H. Throop）　黄叶秋译　雷海峰改译

中华圣公会书籍委员会，1933，464 页，32 开

　　本书内容包括：玛喀比传上卷、玛喀比传下卷、多比传、犹滴传、便西拉智训、所罗门智训、以斯拉续编上卷、以斯拉续编下卷、巴录书、耶利米书信、玛拿西祷言、三童歌、苏撒拿传、比勒与大龙、以斯帖补编。为次经全书白话文译本。

　　收藏单位：广东馆

02682

从巴比伦到伯利恒（福音书的历史起源）

（英）布朗（Laurence E. Browne）著　（爱尔兰）米德峻（William Miskelly）　孔祥林译

外文题名：From Babylon to Bethlehem

上海：广学会，1935.12，92页，32开

　　本书论述新旧约的来源。共9章，内容包括：被掳而久居巴比伦的犹太人、他们如何建造圣殿、他们如何建筑城墙、法律的得胜、希腊思想的侵入、殉道者等。

　　收藏单位：国家馆、浙江馆

02683

大道真诠　（美）步济时（John Stewart Burgess）著　邓少萍译

上海：中华基督教青年会组合，1914，98页，32开

　　本书内容包括：皇母懿旨、昊天玉帝玉旨、序一、序二、序三，以及原意（无极）、初基（无极）、贯一（一本）无机、太极、雨义、四象等。

　　收藏单位：国家馆

02684

大卫　（美）那夫译

上海：广学会，1929，38页，32开

　　收藏单位：重庆馆、绍兴馆

02685

大卫的特长　严玉潭著

上海：广学会，1933，119页，32开

　　本书叙述《圣经》故事人物大卫的智、仁、勇等特点。

　　收藏单位：重庆馆、广东馆、南京馆

02686

大先知　（美）Grace Saxe 著　（美）狄珍珠（Madge D.Mateer）等译

外文题名：Studies in the major prophets

上海：美华浸会印书局，1939，再版，80页，32开

　　本书共10课，内容包括：绪言、论先知以赛亚、论以赛亚书、论耶利米、论耶利米书、论但以理、论但以理书等。

02687

但以理讲义

上海：时兆报馆，1917，177页，32开

上海：时兆报馆，1929，再版，177页，32开，环筒页装

　　本书为《但以理书》讲义。

　　收藏单位：上海馆

02688

但以理书

圣经公会，1935，2313—2356页，32开

上海：圣经公会，[44] 页，32开

　　本书为《旧约全书》的一卷，分为12章。附国语注音字母。

　　收藏单位：广东馆

02689

但以理书第六章教训　梅藤更讲　李兰阶译

烟台：耶稣教查经处，1929，16页，32开

02690

但以理书纲目　烟台足前明灯报社编

烟台：足前明灯报社，1936，再版，23页，32开

02691

但以理书讲义（官话）　（加）翟辅民（Robert Alexan-der Jaffray）著

外文题名：An exposition of the Book of Daniel

梧州：梧州宣道书局，1926，276页

　　本书共17课，内容包括：论但以理书的大旨、论但以理如何立志、论但以理解人像之梦、论金像和火窑的事、论尼布甲尼撒王受刑罚等。

　　收藏单位：山东馆

02692

但以理书注释（根据英国德来福博士之说）

（英）德来福　中华圣公会书籍委办译

中华圣公会，1925，84页，22开

　　本书共5章，内容包括：但以理书之引论、但以理书之纲要等。每章分经文、大纲、宗旨、灵训、注释。附录中英文名词对照表。

　　收藏单位：山东馆

02693

但以理真诠　马路加著

北平：神召合一月刊社，1937，204 页，32 开

收藏单位：首都馆

02694

道就是十字架　林洪兵著

上海：福音堂，1934.11，146 页，25 开

本书共 7 章，内容包括：道的来源、圣经中七个时代的真理、"得救的福音"的道、"南无阿弥佗佛"的道等。书前有梁季平等人的序言、著者自序。书末附林洪兵经济收支的报告。

收藏单位：国家馆

02695

道也者　（英）梅德立（Frank Madeley）著　谷云阶译

外文题名：Everybody's text（Thoughts on John III:16）

上海：广学会，1940.4，122 页，32 开

本书阐释《约翰三章》第 16 节中的 14 个问题。内容包括：上帝、因为、爱了、世界、甚至、赐给等。书前有莫安仁的弁言。

收藏单位：广东馆、国家馆、南京馆、山东馆

02696

得救攸关　时兆报馆编

上海：时兆报馆，1911，84 页，32 开

上海：时兆报馆，1925，84 页，32 开

上海：时兆报馆，1930，[再版]，84 页，32 开

本书辑集圣经中关于上帝对人类的警告，并加注释。

收藏单位：重庆馆、上海馆

02697

得胜的迦勒　（美）安汝慈（Ruth Paxson）著　王峙译

上海：宣道书局，1936.10，63 页，32 开

收藏单位：南京馆

02698

德训篇　方济堂圣经学会编译

北平：方济堂，1947.10，161 页，32 开

本书即《便西拉智训》。书前有拉丁文参考书目和引言。

收藏单位：国家馆

02699

第七年级用圣经读本福音传遍天下（卷 1 使徒行传）（美）麦克平（Alma E. Mckibbin）著　基督复临安息日会中华总会教育部译

上海：时兆报馆，1932，138 页，25 开

本书为《使徒行传》诠释。共 61 课，每课分为主题提示、读经索引及注释 3 部分。

02700

第五福音　无名使徒著　费尔朴等译

上海：青年协会书局，1927，184 页，32 开（青年丛书第 2 集 37）

上海：青年协会书局，1949，再版，184 页，32 开（青年丛书第 2 集 37）

本书为未列入"正典"的福音书之一，述耶稣事迹。共分 22 章，内容包括：疯人与猪群、耶稣与法利赛人、耶稣与罪人、无名使徒与尼哥底母、耶稣游历加利利等。

收藏单位：辽宁馆、南京馆

02701

读经日程　吴德定著　苏佐扬译

南京：中国各大学基督徒学生联合会，1948，42 页，32 开

本书辑集 1948 年 1、2 月份每日讲读的经文。

收藏单位：南京馆

02702

读经日课（雅各书 以西结书）

北京：顺城书局，1939.9，83 页，50 开

收藏单位：山东馆

02703

读经日课（耶利米、哀歌、俄巴底亚选篇）

北京：顺城书局，1939.7，84 页，50 开

收藏单位：山东馆

02704

读经日课（以色列被掳 列王纪下廿一至廿五章 那鸿、哈巴谷、西番亚）

北京：顺城书局，1939.6，84 页，50 开

收藏单位：山东馆

02705

读马可福音识字法（上海土白）

上海：土山湾印书馆，1913，212 页，32 开，环筒页装

本书为供不识字的教徒学习读圣经的识字读本。

02706

读启示录后感言

上海：黄宅，1938.11，168 页，32 开

收藏单位：江西馆、绍兴馆

02707

短福音 朱有光 曾昭森编

广州：永汉北路圣贤里广输公司，1923，132 页，36 开

收藏单位：山东馆

02708

多俾亚传 徐景贤译

出版者不详，[1935]，石印本，[32] 页，16 开

《多俾亚传》即《多比传》，约前二世纪一犹太人所写。叙述老人多比和淑女撒拉的故事。是基督教"次经"中的一卷。

收藏单位：国家馆

02709

俄巴底亚书·那鸿书·西番雅书释义 （英）林辅华（Charles Wilfrid Allan）著 夏明如译

上海：广学会，1940.10，15 页，16 开（旧约释义丛书）

《俄巴底亚书释义》内容包括：导言、以东的浩劫、以东灭亡的原因、以东的毁灭与犹大的复兴；《那鸿书释义》内容包括：导言、尼尼微的毁灭与犹大的安慰、尼尼微的毁灭、尼尼微覆亡和覆亡的原因；《西番雅书释义》内容包括：导言、耶和华要攻击犹大和耶路撒冷、惩罚列国、重提攻击耶律撒冷和列国等。

收藏单位：重庆馆

02710

恩赐赏赐与奖赏 王明道著

外文题名：Gift, reward, and prize

北平：灵食季刊社，1936.1，32 页，32 开

本书阐述圣经中恩赐、赏赐与奖赏这三个不同的应许。

收藏单位：广东馆、国家馆、天津馆

02711

恩典福音 苏慕华（L. Scarlett）著

江门：恩典研经社，1947.3，221 页，32 开

本书共 14 章，内容包括：圣经自然的基本分线、以色列与教会的混乱、律法和恩典、国度的福音和恩典的福音的混乱、约翰福音的特殊信息等。

收藏单位：国家馆、人大馆

02712

二约释义丛书 （英）韦廉臣（Alexander Williamson）等编 （加）季理斐（Donald MacGillivray）陈金镛校正

外文题名：Aids to the understanding of the Bible

上海：广学会，1930.3，7 版，402 页，32 开

上海：广学会，1941，9 版，校正版，402 页，32 开

本书初版于 1882 年，后经多次修订重版，1930 年以前共出 6 版，均为线装本。共 17 章，内容包括：研究圣经之益、论启示与二约之总义、圣经纪事之原委、旧新二约间之事迹考、圣经所载诸国见于史汉者、圣经之度量衡及其币制、犹太与中国年历对照表、圣约植物备考、圣经动物备考、古国凭经、旧约异迹考、新约异迹考等。书前有韦廉臣等人的序 3 篇。

收藏单位：重庆馆、桂林馆、国家馆、山东馆、首都馆

02713

方言圣经

上海：土山湾印书馆，457 页，32 开

本书为用上海方言翻译的圣经。内容包括：玛窦圣经 28 章、玛尔谷圣经 16 章、路加圣经 24 章、若望圣经 21 章。

收藏单位：上海馆

02714

非常时期的圣经金句　邵镜三著

上海：广学会，1939.7，97 页，32 开

上海：广学会，1941，再版，97 页，32 开

本书从《圣经》中选出有关抗战的语句，分编于"仰赖上帝""圣经的效用""忍受苦难""牺牲""服务"等 22 个论题之下。书前有绪言及总论。

收藏单位：重庆馆

02715

腓立比讲义　贾玉铭著

南京：灵光报社，1928，114 页，22 开（灵光报社丛书）

收藏单位：广东馆

02716

腓立比精义　王镇著

北京：查经记录社，1941，210 页，32 开

收藏单位：首都馆

02717

腓立比人书释义　（英）林辅华（Charles Wilfrid Allan）　夏明如著

上海：广学会，1936.3，23 页，16 开（新约释义丛书 1）

上海：广学会，1941，4 版，23 页，16 开（新约释义丛书 1）

上海：广学会，1948，5 版，23 页，16 开（新约释义丛书 1）

本书内容包括：腓立比城、腓立比教会、圣保罗和腓立比人的关系、写这封书信的原故、保罗对于腓立比人想念等。

收藏单位：重庆馆、国家馆

02718

腓立比人书新注释　华河力（H. F. Wallace）著　陈泽霖译

外文题名：A new commentary on St. Paul's Epistle to the Philippians

上海：广学会，1936.5，98 页，25 开

上海：广学会，1940，3 版，98 页，25 开

本书将腓立比人书分为 16 段，逐段加以解释。书前有小引，介绍腓立比教会，保罗写此信的时间、地点、信的特点等。

收藏单位：重庆馆、国家馆

02719

腓立比人书注解　（美）钟泊西著（Dr. T. P. Bell）郭大中译　侯述先校

广州：东山华美浸会印书局，1921.8，113 页，22 开，精装

本书对《腓立比人书》进行注解。书前有范耐思的序言。

收藏单位：山东馆

02720

丰富　（美）卢述福（Joseph F. Rutherford）著

上海：万国圣经研究会，1936，373 页，32 开，精装

本书讲述圣经故事。此书在美国印制。

收藏单位：南京馆、上海馆

02721

福音　吴经熊译述

香港：公教真理学会，1949.8，371+80 页，50 开，精装

本书为新约全书中的福音书。书后附宗徒大事记。

收藏单位：国家馆

02722

福音传遍天下　（美）麦克平（Alma E. Mckibbin）著　基督复临安息日会中华分会教育部译

外文题名：The gospel to all the world

上海：时兆报馆，1932，138 页，32 开（圣经读本 第七年级）

本书内容包括：在耶路撒冷的教育、大逼

迫、论扫罗、第一次传道的行程、基督教会
的第一次议会、论彼得、保罗作囚犯等。

　　收藏单位：重庆馆

02723

福音的准备　陈际云编

上海：广学会，1949.3，23 页，32 开（青年
宗教丛书 1）

　　本书解说《圣经·旧约》篇章的来历、
意义等。

02724

福音概要　李崇光编

成都：华英书局，1939，20 页，22 开，环筒
页装

　　本书为基督教学友读本。分 6 课，讲述
圣经、上帝、偶像、主耶稣基督、圣灵及洗
礼。

　　收藏单位：国家馆、南京馆

02725

福音故事（第 4 册 耶稣成就大功）　福幼报社
编

上海：广学会，1924，47 页，50 开

　　本书共 6 章：末次守逾越节、在客西马尼
园被拿、彼得不认耶稣、被钉十字架、复活、
升天。

　　收藏单位：重庆馆、国家馆

02726

福音合参纲要　葛富恩　许福之编译

上海：天声报社，1948，12 页，32 开

　　本书论述福音书。

02727

福音合一　（美）芳泰瑞（Courtenay H. Fenn）
著

外文题名：The complete Gospel: a diatessaron

天津：华北书会，1915，258 页，22 开

　　本书共 9 段：论耶稣三十岁以前之事、论
福音开端、论首先在犹太省传道、论初次在
加利利传道、论二次在加利利传道、论末次
在加利利传道、论在比利亚传道、论耶稣一

生末七日之事、论四十日显现之事。

　　收藏单位：国家馆、山东馆

02728

福音合一　（美）芳泰瑞（Courtenay H. Fenn）
著

外文题名：The complete Gospel: a diatessaron

汉口：中国基督圣教书会，1923，252 页，25
开

汉口：中国基督圣教书会，1937，5 版，251
页，25 开

　　收藏单位：广东馆、山东馆

02729

福音经　马相伯译述　赵尔谦校阅

[上海]：商务印书馆，1949.1，2 册（[526]
页），32 开（相伯编译馆丛书）

　　本书记耶稣为王、为仆、为人、为神。
书前有救世福音对译序。

　　收藏单位：东北师大馆、国家馆、南京
馆、内蒙古馆、上海馆

02730

福音圣路（原名，路得记灵训）　袁奉道讲
真理导报社记录

宁波：中华传道会宁波福音堂，1949.5，87
页，32 开

　　本书是对《路得记》的讲解。共 12 章，
内容包括：概论、路得之贤德、路得之成功、
书中之祝福等。书前有著者序言。

　　收藏单位：上海馆

02731

福音书

上海：大英圣公会、美国圣经会，[1924]，
332 页，32 开

　　本书为马太、路加、马可、约翰四福音
书合刊。官话和合译本，附标注音字母。

　　收藏单位：国家馆、南京馆

02732

福幼圣经　福幼报社编

上海：广学会，1926，215 页，32 开

上海：广学会，1928，466 页，32 开，精装

本书供儿童阅读。

　　收藏单位：河南馆、首都馆

02733

哥林多后书释义　柏基根（T. M. Barker）著
马福江译

外文题名：The second epistle of Paul to the Corinthians

上海：广学会，1937.5，19 页，16 开（新约释义丛书）

上海：广学会，1941，再版，19 页，16 开（新约释义丛书）

　　本书分概论、释义两部分，内容包括：哥林多城、哥林多教会、保罗给哥林多教会的书信、保罗目的之忠实、新约的执事、新约的传道者、新约的信息等。

　　收藏单位：重庆馆、国家馆

02734

哥林多前书实用官话注释　（美）何赓诗（Martin Hopkins）著

汉口：中国基督圣教书会，1937，358 页，32 开

汉口：中国基督圣教书会，1937.7，2 版，358 页，32 开

　　收藏单位：吉林馆、首都馆

02735

哥林多前书释义　（英）林辅华（Charles Wilfrid Allan）著　夏明如　程伯群译

上海：广学会，1948，47 页，16 开（新约释义丛书）

02736

歌罗西和腓利门两书新注释　（英）英雅各（James W. Inglis）著

上海：广学会，1931，60 页，22 开

　　本书分概论、释义两部分，内容包括：歌罗西及其教会、歌罗西之异端基督之尊荣、奴隶之制度、为善德感谢、求腓利门收回奴仆等。

　　收藏单位：重庆馆

02737

各会员对于旧约之意见

出版者不详，油印本，1 册，散叶钉装

　　收藏单位：国家馆

02738

给儿童讲述的创世纪　（法）桑赛（Pierre de Saint-Seine）著　萧先义译

天津：出版者不详，12 页，64 开

　　本书共 5 篇，内容包括：我们必须保持的态度、关于世界的创造和创世纪所谓"日子"的问题、天主创造亚当和厄娃等。

　　收藏单位：国家馆

02739

根据于历史的以赛亚书释义　（英）林辅华（Charles Wilfrid Allan）著　夏明如译

外文题名：A new historical commentary on the book of the prophet Isaiah

上海：广学会，1930，246 页，32 开

上海：广学会，1932，再版，246 页，32 开

　　收藏单位：山东馆、上海馆、首都馆

02740

古代希伯来的故事　（美）党美瑞（Marie Adams）著　宗教教育促进会编译

上海：青年协会书局，1947.10，75 页，25 开（青年丛书 第 2 集 26）

　　本书讲述旧约创世纪中的故事。共 18 课，内容包括：创造的故事、人初次犯罪的故事、人对同类弟兄们负责任的起始等。

　　收藏单位：国家馆、南京馆、天津馆

02741

古迹阐微　（英）石玉带（R. B. Girdlestone）著　（英）慕雅德（Anhur Evans Moule）译　陈书绅笔述

外文题名：A bird's-eye view of discoveries illustrating and confirming the old testament

[北京]：圣教书会，1911，46 页，42 开

　　本书共 10 章：论旧约之作用、论探索旧约之精奥、论遗碑铭记与旧约之关系、论迦南掘获之基石、论埃及掘获之基石、论西乃山掘获之基石、论迦勒底之古事、论亚述掘获之基石、论巴西掘获之基石、论

旧约之不朽。

收藏单位：国家馆

02742

古今述（财神） 宋德刚著
出版者不详，20页，32开

本书讲述了圣经中有关财神的故事。

收藏单位：国家馆

02743

古今述（公主） 宋德刚著
出版者不详，17页，32开

本书讲述了圣经中有关公主的故事。

收藏单位：国家馆

02744

古经大略 （德）赫德明（Joseph Hesser）著
兖州：兖州府天主堂印书馆，1934，8版，2册，32开
兖州：兖州府天主堂印书馆，1938，9版，127页，32开
兖州：兖州府天主堂印书馆，1939，10版，86页，32开
兖州：保禄印书馆，1940，11版，2册（[178]页），32开，精装

本书为白话旧约全书的简写本，共98篇。1938年、1939年版为下卷，从第55篇至第98篇。

收藏单位：国家馆、河南馆

02745

古经简要注讲
兖州：兖州府天主堂印书馆，1933，2册（266+212页），25开

本书为旧约全书注解。共3编：论上古的事（从亚当到亚巴郎的事）、论依撒尔百姓的行实讲圣祖们、讲梅瑟的行实。

收藏单位：国家馆

02746

古经略说 （德）赫德明（Joseph Hesser）著
兖州：兖州府天主堂印书局，1934，6版，310页，25开

兖州：保禄印书馆，1945，7版，197叶，32开

本书为旧约全书的白话简写本。

收藏单位：国家馆、河南馆、吉林馆、绍兴馆

02747

古经略说 周凤岐编译
济南：华洋印书局，1934，466页，36开

本书为旧约全书古经节译本。共4卷，内容包括：创世纪、圣祖纪、梅瑟纪、皇帝纪、多俾亚传等。卷首有编者序及凡例。

收藏单位：国家馆

02748

古经详解
兖州：山东兖州府天主堂，1928，活版，4册，32开

本书共4册8卷，每册含2卷。内容包括：从造天地至亚巴郎、从亚巴郎至梅瑟、梅瑟、判官、从撒马尔至分国、分国后依撒尔国始末、分国后右达国始末、右达国人回国后至天主降生。

收藏单位：国家馆

02749

古经像解
出版者不详，1924，50页，18开
出版者不详，1931，87页，18开

本书共14端，内容包括：天主造世界、论初人犯罪、论洪水讲性教、论异端邪教、论先知圣人等。

收藏单位：国家馆

02750

古史参箴 沈则宽编著
上海：慈母堂，1911印，4册，32开
上海：土山湾印书馆，1930，4版，4册，32开

本书每章分为"史""箴"两部分。史部介绍旧约全书内容，箴部为对世人的规劝。

收藏单位：国家馆、南京馆、绍兴馆

02751

古史参箴（卷 2） 沈则宽撰　应儒望　南志恒校

出版者不详，[1910—1929]，566 页，32 开

本书内容包括：若稣嗳传、民长传、卢德传、列王传等。

收藏单位：国家馆、内蒙古馆、绍兴馆

02752

古史略 沈则宽著

外文题名：Historie abbreviate veteris testamenti

上海：土山湾印书馆，1915 重印，202 页，32 开

上海：土山湾印书馆，[1910—1919]，186 页，32 开

上海：土山湾印书馆，1933，9 版，[220] 页，32 开

上海：土山湾印书馆，1937，10 版，204 页，32 开

上海：土山湾印书馆，1940，11 版，202 页，32 开

本书据旧约全书编写，记载天主造天地、天主降生、宗徒传教的事迹。编著者原题：沈容斋。

收藏单位：国家馆、江西馆、上海馆、绍兴馆、浙江馆

02753

古史略（高级）（意）鲍斯高（S. Joannes Bosco）著　梁铭勋译

外文题名：Historia sacra(texlus pro scholis mediis)

澳门：慈幼印书馆，1947.5，131 页，32 开（公教史地丛书 3）

本书为青年人研修旧约圣经编写的课本。有著者原序及毕少怀序。

收藏单位：黑龙江馆

02754

古史像解 沈则宽编著

外文题名：Explicaiones imaginum coloratarum antiqui testamenti

上海：土山湾印书馆，1915，活版，106 叶，32 开

上海：土山湾印书馆，1936，5 版，112 页，32 开

本书为刘德齐组织学生根据沈则宽《古史参箴》改编并配图的基督教通俗读物。全书采用问答体，共 106 段文字，每段配一图。

收藏单位：国家馆、近代史所、南京馆、浙江馆

02755

古物学与圣经 （美）卜德生（B. C. Patterson）著　管西屏修词

外文题名：Archaeology confirming and illustrating the Bible

上海：中西基督福音书局，1935.7，184 页，32 开

上海：中西基督福音书局，1937，再版，174 页，32 开，精装

本书内容包括：绪言、古物学在今昔研究上之差别、帕勒斯听之古物时代表、研究古物学所应持之态度、定规时代之方法等。

收藏单位：重庆馆、广西馆、近代史所、上海馆、中科图

02756

古新经节要便读 薛田资编译

兖州：兖州府天主堂印书馆，1933 印，3 版，81 页，25 开

本书共 39 章，内容包括：造世界、造天神并黜逆命者、造人地堂、人类犯罪、天主罚罪并预许救世主等。

收藏单位：国家馆

02757

古新经史像略说 孔广布　黄金阶编

兖州：兖州府天主堂印书馆，1929，[82] 页，32 开

兖州：兖州府天主堂印书馆，1940.3，7 版，84 页，32 开

兖州：兖州府天主堂印书馆，1948，8 版，84 页，32 开

本书收旧约、新约图像 82 幅，图下有说明。

收藏单位：国家馆、内蒙古馆、上海馆

02758

古新圣经问答

上海：土山湾印书馆，1924，116 页，64 开

　　本书共 29 端，内容包括：天主造世界、论初人犯罪、论洪水等。书前有小序。

　　收藏单位：国家馆

02759

古新史略图说

兖州：兖州府天主堂印书馆，1920 重印，23 叶，25 开，环筒页装

兖州：兖州府天主堂印书馆，1931，6 版，84 页，25 开

兖州：兖州府天主堂印书馆，1934，7 版，84 页，25 开

　　本书内含古、新二经大略式 82 图（古史 34 图，新史 48 图）。每图之下略加说明。卷首有书之缘起。

　　收藏单位：国家馆

02760

关于办理新约之重要各点报告

出版者不详，油印本，1 册，散叶钉装

　　收藏单位：国家馆

02761

关于宇宙起源问题圣经与科学是否冲突　王昌祉主编

香港：真理学会，1949，2 版，10 页，64 开（现代问题的解答乙 9）

　　本书共 3 章：科学对于宇宙起源的假说、圣经对于宇宙起源的记载、圣经与科学是否冲突。

　　收藏单位：国家馆

02762

哈该和撒迦利亚两书注释　（英）力戈登（L. Gordon Phillips）著

上海：广学会，1933，85 页，32 开

　　收藏单位：重庆馆

02763

汉文圣经译本小史　贾立信　冯雪冰著

外文题名：Chinese versions of the Bible

上海：广学会，1934.7，98 页，32 开

　　本书主要介绍了中文翻译本圣经的历史。

　　收藏单位：北师大馆、重庆馆、广东馆、桂林馆、国家馆

02764

何西阿书释义　（英）林辅华（Charles Wilfrid Allan）著　夏明如译

外文题名：Exposition of the Book of the Prophet Hosea

上海：广学会，1937，133 页，32 开

　　收藏单位：重庆馆、上海馆、绍兴馆

02765

户籍纪　思高圣经学会编译

北平：方济堂，1948.10，146 页，36 开

　　本书即《民数记》。书前有主要参考书目、户籍纪引言。书后附引用经书简字表。

　　收藏单位：国家馆

02766

会牧书信释义　诚质怡著

上海：广学会，1938.9，15 页，16 开（新约释义丛书）

上海：广学会，1948，再版，15 页，16 开（新约释义丛书）

　　本书内容包括：总论、提摩太前书释义、提摩太后书释义、提多书释义。

　　收藏单位：重庆馆

02767

基本的真道　毕尔士（Ethel Pierce）编

上海：中华浸会书局，1933.6，98 页，32 开

　　本书为圣经引语，共 6 章。

　　收藏单位：国家馆、南京馆

02768

基督和他的十字架　（美）米勒（Samuel M. Miller）著　康尔伯（Gustav Carlberg）吕绍端译

外文题名：Christ and his cross

汉口：中华信义会书报部，1935.7，159 页，32

开

　　本书分基督的教训、在基督的十字架前两卷。

　　　　收藏单位：国家馆

02769

基督经课初津　（美）韩宁著　基督教青年会组合编辑部编订

上海：基督教青年会组合，1914，32 页，32 开

　　本书正文分 15 课：导言、基督降生之预示、基督降生、耶稣幼年事迹、耶稣领洗受试、耶稣行奇迹之初步、耶稣选择十二使徒、登山宣道、二年辛劳、犹太人之反对、末次会餐耶稣被卖彼得否认耶稣、耶稣受裁判受死刑安葬、耶稣复生、耶稣升天圣灵下降、温习。卷首有圣迹表。

　　　　收藏单位：国家馆

02770

加拉太人书释义　（英）贾立言（A. J. Garnier）冯雪冰著

上海：广学会，1936，17 页，16 开（新约释义丛书）

上海：广学会，1948，4 版，17 页，16 开（新约释义丛书）

　　本书分总论、释义两部分。总论共 5 部分：本书普通的性质、受信者、写作本书的原因与目的、本书的著者与日期、分析、参考书目；释义共 5 部分：引子、个人部分、教义部分、伦理部分、结尾。

　　　　收藏单位：重庆馆、国家馆

02771

加拉太人书注释　丁宝玺注译

上海：中华浸会书局，1948.10，78 页，32 开

　　　　收藏单位：绍兴馆

02772

加拉太书（恩典与律法的比较）（加）黎附光（G. Christopher Wills）著　鲍会园译

上海：基督福音书局，160 页，32 开

　　　　收藏单位：上海馆

02773

迦拉太人书注释　（挪）艾香德（Karl Ludvig Reichelt）编译　李路得笔述

外文题名：Commentary on St. Paul's Epistle to the Galatians

汉口：中华信义会书报部，1925.3，再版，98 页，16 开

　　本书分概论、释义两编。概论包括迦拉太教会、迦拉太人书之品格目的、迦拉太人书作于何时何地 3 章；释义是对全书分段解释，共分 5 段，每段下再分若干款。书前有梁家驷序。正文前及出版页均标为"圣保罗与迦拉太人书注释。"

　　　　收藏单位：国家馆

02774

家庭祷告（4 卷）　L. M. Cross 著　A. H. Mateer 编译

外文题名：God's minute: a book of 365 daily prayers for home worship each sixty seconds long

上海：长老会，1926，4 册（186+187+186+189 页），32 开

　　本书摘自《圣经》中的部分章节。书前有英文的出版前言及编者按，并有郭敬源序一篇。

02775

降临后第十一廿四主日

出版者不详，289—386 页，32 开

　　　　收藏单位：国家馆

02776

教授圣经略史　（美）威廉斯（J. T. Williams）著　蔡卓君　杨元勋合译

广州：美华浸会印书局，1919，31 页，25 开

　　　　收藏单位：广东馆

02777

教友基本识字读本（第 1 册）　甘爱维（Ivy Greaves）著

外文题名：Star foundation readers. Book Ⅰ

上海：广学会，1947.10，24 页，32 开

　　本书内分 24 课，讲解基督生平，每课有

7 个生字。

收藏单位：国家馆、南京馆

02778

教友简易读本（原名，教友识字读本）（第 1 册 主祷文） 谢颂羔编

上海：广学会，1940，10 版，24 页，32 开

本书为适合平民诵读的基督教教科书。共 21 课。

收藏单位：重庆馆

02779

教友简易读本（原名，教友识字读本）（第 2 册 八福篇） 谢颂羔编

上海：广学会，1940，10 版，24 页，32 开

本书为适合平民诵读的基督教教科书。共 24 课。

收藏单位：重庆馆

02780

教友简易读本（原名，教友识字读本）（第 5 册 爱的意义） 谢颂羔编

上海：广学会，1940.1，再版，36 页，32 开

本书以哥多林前书第 13 章爱的意义及保罗的教训为主题，包括有关基督故事的 25 课内容。

收藏单位：山东馆

02781

教员季本（甲种初种官话） 中国主日学合会编

外文题名：Teacher's quarterly

上海：中国主日学合会，1924，62 页，36 开

本书为教师用讲解圣经课本，共 12 课，每课包括 4 部分：每日读经、铭心经文、课经辅助、教授辅助。

收藏单位：国家馆

02782

解经法讲义 孟昭义编辑

[上海]：基督复临安息日会东方函授学校，1935，2 册（218+166 页），32 开

本书由英文本 *How to give Bible reading*

翻译而成。本课分作上、下两卷，上卷 1—20 课为解经之法则；下卷 21—40 课是解经的题目。

收藏单位：重庆馆

02783

解经指南 朱宝惠编著

外文题名：Exegetical guide to the Bible

上海：广学会，1924，112 页，32 开

本书内容包括：背景的作用、义理的辨析、误解的免除等。

收藏单位：重庆馆、浙江馆

02784

谨守圣日 [（美）韩尚理（O. A. Hall）] 编

出版者不详，77 页，42 开

本书辑录了圣经和预言之灵中有关"谨守圣日"的教训，共 52 个小题，多方面阐发安息日的重要性。

收藏单位：重庆馆

02785

经题编珠 （美）李德（R. Alton Reed）著 邬清芬译述

外文题名：Topical study of the Bible

上海：中华浸会书局，1947—1948，2 册，32 开

本书内含基督教徒在一年中的读经经题。

收藏单位：广东馆、上海馆

02786

经文汇编 （美）芳泰瑞（Courtenay H. Fenn）编

上海：华北协和道学院，1911，364 页，22 开，精装

上海：华北协和道学院，1914，364 页，22 开

本书为新旧约名词解释辞典。

收藏单位：国家馆

02787

经文汇编 （美）芳泰瑞（Courtenay H. Fenn）编辑

上海：美华书馆，1949，918 页，16 开，精装

本书为新旧约名词解释辞典。书前有张伯苓序及编者序。

　　收藏单位：广东馆

02788

经文汇编（官话和合） （美）芳泰瑞（Courtenay H. Fenn）编辑

[上海]：华北协和道学院，1923，918 页，16 开，精装

　　收藏单位：国家馆、山东馆

02789

经文汇编（新约） （美）芳泰瑞（Courtenay H. Fenn）编辑

外文题名：A concordance of the New Testament

华北协和道学院，1937，596 页，25 开，精装

本书为新约名词解释辞典。

　　收藏单位：上海馆

02790

经文及其适合之材料 刘子静著

外文题名：Christian themes and Chinese source materials

上海：广学会，1940.4，153 页，32 开

本书共 12 部分，内容包括：天父、天行有常、靠天吃饭、天人合一等章节。

　　收藏单位：山东馆

02791

经训类纂 （英）丁良才（Frederic Charles Dreyer）著

汉口：基督圣教书会，1924，[302] 页，16 开

上海、汉口：基督圣教书会，1936，再版，[302] 页，16 开

本书为对圣经的解说、注释。卷首有著者中文序、英文序。

　　收藏单位：国家馆

02792

经义绀珠 黄炳晖编辑

福州：施埔教堂，1921，172 页，32 开

本书为《圣经》的解释，用于普及《圣经》教义。

　　收藏单位：国家馆

02793

旧新约间之宗教 理查著 （美）都孟高（M. H. Throop） 黄叶秋译

北京：中华圣公会书籍委办，1926，110 页，32 开

本书共 7 章，内容包括：先知书与启示文、启示文对于上帝国之见解、先知书与启事文之弥赛亚观等。

　　收藏单位：山东馆

02794

旧新约全书（广东话）

[上海]：圣书公会，1920，1308+400 页，22 开，精装

本书分旧约、新约两部分。内容包括：创世记、出埃及记、马太传福音书、马克传福音书、路加传福音书、约翰传福音书等。

　　收藏单位：东北师大馆、国家馆

02795

旧新约圣经（串珠）

上海：大美国圣经会，1922，838+258 页，22 开，精装

　　收藏单位：国家馆

02796

旧新约圣经（官话） （美）施约瑟（Samuel Isaac Joseph Schereschewsky）译

上海：大美国圣经会，1912，1284+442 页，22 开，精装

上海：大美国圣经会，1914，[1280] 页，50 开，精装

上海：大美国圣经会，1915，1042+366 页，32 开，精装

　　收藏单位：国家馆

02797

旧新约圣经（官话串珠） （美）施约瑟（Samuel Isaac Joseph Schereschewsky）译

上海：大美国圣经会，1912，1320 页，25 开，

精装

上海：大美国圣经会，1915，978+342 页，25 开，精装

　　收藏单位：国家馆

02798

旧新约圣经（客话）

上海：圣书公会，1920，[1768] 页，22 开，精装

上海：圣书公会，1923，[再版]，[1768] 页，22 开，精装

　　收藏单位：国家馆

02799

旧新约圣经（上海土白） 上海美国圣经会编辑

上海：美国圣经会，1924，[1834] 页，25 开，精装

上海：美国圣经会，1928，1834 页，25 开

　　收藏单位：国家馆

02800

旧新约圣经（上海土白）

上海：大美国圣经会，1913，[2743] 页，25 开，精装

02801

旧新约圣经（文理串珠）

上海：美国圣经会，1925，1096 页，22 开，精装

　　收藏单位：国家馆

02802

旧新约圣经（文理串珠）

上海：美华圣经会，[1921]，1096 页，32 开

上海：美华圣经会，1927，1096 页，32 开

　　本书内容包括：摩西一书创世记、摩西二书出伊及记、摩西三书利宋记、摩西四书民数记等。

　　收藏单位：广西馆

02803

旧新约圣书（文理）

上海：大英圣书公会，1922，1 册，25 开

　　收藏单位：国家馆、山东馆

02804

旧约人物 聂绍经　张仕章著

上海：广学会，1928.9，158 页，32 开

上海：广学会，1939.10，4 版，158 页，32 开

上海：广学会，1948，8 版，158 页，32 开

　　本书共 14 章，将《旧约》中的人物提出来逐一叙述讨论。与《新约人物》《世界人物》为姊妹篇，宜于神学校及普通中学读经班作课本或补充课本。

　　收藏单位：重庆馆、桂林馆、南京馆、山东馆

02805

旧约背景 （爱尔兰）米德峻（William Miskelly）著　梁德惠译

外文题名：The background of the old testament

上海：广学会，1940.10，209 页，18 开

　　本书介绍有关旧约的历史、政治、地理背景。共 16 章。书后附旧约背景简略年表、古物学家探访古迹年表。有插图。

　　收藏单位：重庆馆、广西馆、国家馆、吉大馆、中科图

02806

旧约撮要 （美）浦其维（Cicero W. Pruitt）编译

上海：中华浸会书局，1929，226 页，25 开

　　本书共 14 章，内容包括：论万物的起头、论列祖之时代、论约伯受试炼、论摩西与约书亚的时代、论后来的王和先知等。

　　收藏单位：重庆馆

02807

旧约但以理注释 那夏礼注

上海：中国圣教书会，1917，再版，30 页，32 开，环筒页装

　　本书为《但以理书》注释。

02808

旧约导论 李荣芳著

外文题名：Introduction to the literature of the old testament

北平：中华圣公会书籍委员会，1930，348 页，32 开

北平：中华圣公会书籍委员会，1940，再版，354 页，32 开

本书共 19 章，内容包括：六经导论、士师记、撒母耳、列王记、历代志等。

收藏单位：黑龙江馆、山东馆

02809

旧约儿童故事（第 1 册）（美）阮福德夫人（Mrs. F. R. Brown）编

上海：广学会，1932.11，60 页，32 开

上海：广学会，1940，5 版，60 页，32 开

本书收根据旧约内容编写的儿童故事。

收藏单位：重庆馆、广东馆

02810

旧约儿童故事（第 2 册）（美）阮福德夫人（Mrs. F. R. Brown）编

上海：广学会，1940，4 版，49 页，32 开

收藏单位：重庆馆、广东馆

02811

旧约妇女 （美）狄珍珠（Madge D. Mateer）编 张仲温译

外文题名：Women of the old testament

上海：广学会，1924，152 页，32 开

上海：广学会，1939.10，5 版，152 页，32 开

上海：广学会，1947，6 版，152 页，32 开

本书辑《旧约圣经》中的 22 位妇女的事迹。包括夏娃、撒拉、利百加等。

收藏单位：重庆馆、国家馆、首都馆

02812

旧约纲目 彭善彰译著

宁波：伯特利圣经学院，[1940]，116 页，32 开

本书为宁波伯特利圣经学院第 6 种讲义，对旧约每一部分的作者、主题、要旨等分别加以提示。出版年据书前小序。

收藏单位：首都馆

02813

旧约纲目 （美）因太信译 余瑞云述

广州：美华浸会印书局，1919，169 页，28 开，精装

广州：美华浸会印书局，1921，再版，169 页，28 开，精装

本书为《旧约》的各分卷目录。

收藏单位：上海馆

02814

旧约历史 （美）励德厚 陈金镛著

上海：广学会，1923，194 页，32 开

上海：广学会，1925，3 版，194 页，22 开

上海：广学会，1930，6 版，194 页，32 开

上海：广学会，1947，11 版，194 页，32 开

本书讲旧约中所提到的历史事实。共 12 章，内容包括：太古时代、以色列人的家族世代、以色列人侨居埃及、以色列人在西方旷野和约旦河的东边等。

收藏单位：重庆馆、南京馆、首都馆

02815

旧约历史日课 V. Vogt 著 湘中中华信义会编译

外文题名：Bible history (O. T.) for higher primary schools

汉口：中华信义会书报部，1933.2，9 版，70 页，32 开

本书分 50 课，讲解旧约中所记载的历史。

收藏单位：国家馆

02816

旧约名人概论 吉慧丽（Willie H. Kelly）著 [凌永泉] [郑爱琳] 译

外文题名：Men of the old testament

上海：中华浸会书局，1935，56 页，32 开

本书共 23 课，介绍圣经旧约名人。书前有序及引言。

收藏单位：国家馆

02817

旧约全书

上海：美华圣经会，1934，1056 页，32 开，精装

本书为《圣经》的《旧约》部分全文，自《创世纪》至《玛拉基书》。国语和合译本。

收藏单位：江西馆

02818

旧约全书

圣经公会，1942，1056 页，32 开

收藏单位：国家馆、南京馆

02819

旧约全书

出版者不详，255 页，16 开，环筒页精装

出版者不详，1 册，18 开

出版者不详，280 页，32 开

本书为《圣经》的《旧约》部分全文，包括创世记、出伊及记、利未记、民数纪略、申命记、约书亚记、士师记、撒母耳前书、撒母耳后书、列王记略、历代志略等。

收藏单位：广西馆、国家馆、南京馆、山东馆

02820

旧约人物志　詹辅民著　李荣芳译

外文题名：Personalities of the old testament

上海：青年协会书局，1949.3，222 页，25 开（青年丛书 第 2 集 38）

本书共 29 章，内容包括：摩西、约书亚、底波拉、基甸、撒母耳等。

收藏单位：国家馆

02821

旧约入门　J. H. Raven 著　魏国伟　陈建勋译

外文题名：Old testament: introduction general and special

汉口：中华信义会书报部，1929，2 册（[382] 页），25 开（信义神学丛书）

本书共 4 编：旧约入门总论、旧约入门分论、先知书、纪土宾。书前有译者序及著者原序。书后有中西人名对照表。

收藏单位：国家馆

02822

旧约入门（旧约与外传）　雷德里著

中华圣公会书籍委办，1925，2 版，229 页，32 开

本书为《旧约》入门读本，含外传。

收藏单位：山东馆

02823

旧约圣经故事　杜少衡编著

上海：广学会，1948，35 页，32 开

本书为《旧约》中的故事类经文白字化。

收藏单位：首都馆

02824

旧约圣经课（第 1 集）（加）薄玉珍（Margaret H. Brown）编　洪超群译

外文题名：Old testament lessons. Vol. I

上海：广学会，1936.9，74 页，32 开

本书是以《圣经·创世纪》前几章中的故事为内容的识字课本，共 17 课。

收藏单位：国家馆、辽宁馆

02825

旧约圣书

圣书公会，1913，794 页，32 开

收藏单位：广东馆

02826

旧约圣书（官话）

圣书公会，1912，1284 页，22 开，精装

收藏单位：内蒙古馆、山东馆

02827

旧约史记　（美）麦克平（Alma E. Mckibbin）著　基督复临安息日会远东教育部编译

上海：时兆报馆，1930，253 页，25 开

本书为旧约讲义，共 116 课。

收藏单位：重庆馆

02828

旧约史记（创世与先祖的故事）（美）乐克威尔著　基督复临安息日会中华总会教育部编译

上海：时兆报馆，1931，443 页，32 开

本书为旧约讲义，共 6 段。

收藏单位：重庆馆

02829

旧约史记（卷1）

上海：时兆报馆，1929，478 页，32 开

本书为旧约讲义，共 133 课。

收藏单位：重庆馆

02830

旧约史记（卷2）

上海：时兆报馆，1926，385 页，32 开

本书为旧约讲义，共 122 课。

收藏单位：重庆馆

02831

旧约史记（文理 卷2）

上海：时兆报馆，1921，284 页，32 开

本书为旧约讲义，共 16 章。

收藏单位：重庆馆

02832

旧约史记撮要 （美）马德盛（P. Matson）著

外文题名：Old testament history

上海：中国基督圣教书会，1948.1 重印，104 页，25 开

本书概选《旧约》大旨，按次序编撰，用于初学者及孩童阅读，共分 77 章。

收藏单位：内蒙古馆、山东馆

02833

旧约史记讲义（十年级） 中华函授学校编

中华函授学校，129 页，32 开，环筒页装

本书为旧约讲义，共 39 课。

02834

旧约释义丛书 （英）林辅华（Charles Wilfrid Allan）等著　夏明如等译

上海：广学会，1940.1—1949.5，[757] 页，16 开，精装

本书为《圣经·旧约》自创世纪至玛拉基书各篇释义之合订本。

02835

旧约述要 （英）莫尔干 （英）莫安仁（Evan Morgan）著　周云路译

上海：广学会，1931.2，3 版，158 页，22 开

收藏单位：山东馆

02836

旧约说略 郭罗氏编

北京：中华圣公会书籍委办，1922，36 页，32 开

本书共 8 章，内容包括：教会圣经总论、论旧约书的来历、旧约书头五本的说略、十二本史记说略、五本诗歌说略、十六先知书的说略等。书末有结论。

收藏单位：国家馆

02837

旧约伟人三十课 （美）戴斐士（John P. Davies）著　吕朝良译

外文题名：Thirty lessons in Old testament characters

上海：中华浸会书局，1936.8，73 页，32 开

本书内容包括：信心的祖宗亚伯拉罕、亚伯拉罕的信心和行为、遭遇患难的约瑟、得了权势的约瑟等。中英文对照。

收藏单位：山东馆

02838

旧约五经

外文题名：Union version of the Old testament

上海：大美国圣经会，1914，1 册，32 开

收藏单位：北大馆、山东馆

02839

旧约先知十二卷

上海：圣经公会，1936，2357—2492 页，32 开

收藏单位：广东馆

02840

旧约研究指南 李荣芳著

上海：广学会，1948，69 页，32 开（中华全国基督教协进会基督教奋进运动丛书 1）

本书介绍《圣经·旧约》中各篇的内容和作者，指出读经的方法。对于旧约的解释

等问题也有简单的说明。

收藏单位：南京馆

02841

旧约要义 贾玉铭编著

南京：灵光报社，1922，180 页，22 开

本书讲解了《旧约》各卷要义，讲述圣经要旨。

收藏单位：广东馆、国家馆

02842

旧约箴言（官话）

上海：苏格兰圣经会，1932，32 页，32 开

本书共收旧约全书箴言 31 章，前有小引。

收藏单位：山东馆

02843

旧约之研究 张南伯（C. F. Johannaber）著 刘马可 文南斗译

外文题名：The old testament: its use, origin, & message

上海：广学会，1936.9，268 页，32 开

上海：广学会，1938.9，3 版，268 页，32 开

本书介绍旧约的起源、内容、意义、目的及使用方法。

收藏单位：国家馆、人大馆

02844

救法论（圣经中救法论之研究）（美）斯密司等著 张坊译

上海：广学会，1930，167 页，32 开

本书共 5 章，内容包括：圣经中救法之价值、根据今日思潮以论救法等。

收藏单位：山东馆

02845

救主再临考（官话）（加）翟辅民（Robert Alexander Jaffray）著

外文题名：The return of the saviour

梧州：宣道书局，1919，201 页，32 开

梧州：宣道书局，1921，再版，159 页，32 开

收藏单位：广东馆、桂林馆

02846

掘发宝藏 曹新铭著

上海：美华浸会书局，1933，70 页，32 开

上海：美华浸会书局，1938，68 页，32 开

本书共 10 章，内容包括：圣经是神所默示的、圣经使人有得救的智慧等。书前有自序。

收藏单位：重庆馆、广东馆

02847

科学与圣经的吻合 （美）李梅（Harry Rimmer）著 赵君影译

外文题名：The harmony of science and the Scripture

上海：中西基督福音书局，[1934]，19 页，32 开（科学与圣经小丛书 1）

本书论述了四大事实。

收藏单位：国家馆、南京馆

02848

科学约拿与鲸鱼 （美）李梅（Harry Rimmer）著 赵君影译

外文题名：Modern science, Jonah, and the whale

上海：中西基督福音书局，[1934]，15 页，32 开（科学与圣经小丛书 3）

本书论证《约拿书》中关于约拿与鲸鱼相战的故事的可靠性。

收藏单位：国家馆

02849

肋未纪 思高圣经学会编译

北平：方济堂，1948.10，137 页，32 开

本书即《利未记》。书后附引用经书简字表。

收藏单位：国家馆

02850

历代的愿望

出版者不详，[189] 页，25 开

本书解释圣经中的经文。此书似为一部书中的一册，全书册数不详。

02851

利未记讲义 足前明灯报社编

烟台：足前明灯报社，1935，2册，25开

　　收藏单位：首都馆

02852

利未纪

上海：圣经公会，[1934]，89页，32开

上海：圣经公会，[1937]，[89]页，32开

　　本书为《旧约》的一卷，共27章，记载了有关选自利未族的祭司团所需谨守的一切律例。

　　收藏单位：广东馆、上海馆

02853

列王纪释义　（英）力戈登（L. Gordon Phillips）著　朱巧贞译

外文题名：The first and second book of the Kings

上海：广学会，1940.1，40页，18开（旧约释义丛书）

　　本书内容包括：以色列与犹大统一的国家、分国时代的历史、撒马利亚陷落后的犹大国历史等。

　　收藏单位：北大馆、重庆馆、绍兴馆

02854

灵府长春（官话）　孙楚卿译

出版者不详，1923，58页，25开

　　收藏单位：广东馆

02855

灵光（创世记之福音）　灵光报社编

南京：灵光报社，1933，96页，32开

　　收藏单位：广东馆

02856

灵历集珍　（美）范珍珠等译

灵光报社，1922，12+242页，22开

　　收藏单位：河南馆

02857

路得记

上海：圣经公会，1935，767—778页，32开

　　本书为《圣经·旧约》中的一卷。记载了波阿斯与路得的相遇、拿俄米的计划、至近亲属的卸责、波阿斯的爱心、大卫的家谱等。书后附汉语注音符号。

　　收藏单位：广东馆、国家馆

02858

路得记研究　（德）巴克唐著　周朝见译

烟台：足前明灯报社，1935，69页，25开

　　本书共14章，内容包括：路得记的要旨、富有的救赎主、路得一生的四时期等。

　　收藏单位：上海馆

02859

路伽福音

上海：大英圣书公会，1932，174页，18开

　　本书即路加福音，用汉语注音符号排印。此为上海大英圣书公会版。

　　收藏单位：国家馆

02860

路加传的福音　李山甫译

天津：崇德堂，1948.9，149页，64开

　　本书即路加福音。书中附有注释。

　　收藏单位：国家馆

02861

路加传的福音　萧舜华译　公教丛书委员会主编

天津：崇德堂，1940.4，206页，64开

　　本书即路加福音。文中附有注释。

　　收藏单位：国家馆、南京馆

02862

路加传福音书（中西字）

出版者不详，1926，159页，56开

　　本书即路加福音。

　　收藏单位：重庆馆

02863

路加福音　圣经公会编

圣经公会，1936，171页，64开

圣经公会，1940，82页，64开

圣经公会，1944，81页，64开

圣经公会，[1948]，82页，32开

本书为《圣经·新约》中的一卷。记载了施洗约翰、耶稣的出生、童年、传道、受难、复活。

收藏单位：广东馆、国家馆、江西馆

02864

路加福音

上海：美华圣经会，1931，98 页，50 开

上海：美华圣经会，1934，82 页，64 开

上海：美华圣经会，1944，82 页，64 开

收藏单位：国家馆

02865

路加福音

出版者不详，1935，136 页，42 开

收藏单位：重庆馆、广东馆、山东馆

02866

路加福音（官话略解）

上海：苏格兰圣经会，[1920]，54 页，32 开

上海：苏格兰圣经会，1925，54 页，32 开

上海：苏格兰圣经会，1933，54 页，32 开

上海：苏格兰圣经会，1937，54 页，32 开

本书为官话版带注解。

收藏单位：重庆馆、广西馆、国家馆、首都馆

02867

路加福音（海南话罗马字） 圣书公会编

出版者不详，1916，92 页，32 开

本书为海南方言版。

收藏单位：广东馆

02868

路加福音（文理和合译本） 圣书公会编

出版者不详，1933，62 页，64 开（新约全书 3）

本书为文言文译本。

收藏单位：广东馆

02869

路加福音（中西字）

圣经公会，124 页，32 开

本书为中英文对照版。

收藏单位：重庆馆、广东馆、南京馆

02870

路加福音释义 （爱尔兰）米德峻（William Miskelly）著 （英）林辅华（Charles Wilfrid Allan）等译

外文题名：The Gospel according to St. Luke

上海：基督教辅侨出版社，1948.6，63 页，16 开（新约释义丛书 3）

本书为神学生、牧师及一切《圣经》研究者的参考书。对《路加福音》难明之处，做简明详尽的解释。版权页出版者题：广学会。著者误题：朱德峻。

02871

路加福音新注释 （英）英雅各（James W. Inglis）编

外文题名：New commentary on the Gospel of Luke

上海：广学会，1925，618 页，22 开

上海：广学会，1937，再版，503 页，22 开

本书分概论、释义。内容包括：路加为著作者、路加圣迹、路加福音之性质、新约开幕之先声、天使与牧者、耶稣传道之准备等。

收藏单位：广东馆、山东馆

02872

路加福音注释 （英）英雅各（James W. Inglis）著

上海：广学会，1940，3 版，503 页，18 开

收藏单位：重庆馆

02873

罗马人书讲义 （加）翟辅民（Robert Alexander Jaffray）著

梧州：宣道书局，1918，258 页，25 开

梧州：宣道书局，1931，再版，333 页，25 开

本书共 5 段：论罪恶、论救赎、论成圣、论希望、论善行。

收藏单位：桂林馆、山东馆

02874

罗马人书讲注 丁宝玺注

上海：中华浸会书局，1941，92 页，32 开
　　收藏单位：桂林馆

02875

罗马人书释义　（英）贾立言（A. J. Garnier）
朱德周著
外文题名：The epistle of Paul to the Romans
上海：广学会，1937.1，42 页，16 开（新约释
义丛书）
上海：广学会，1948，3 版，42 页，16 开（新
约释义丛书）
　　本书分概论、释义两部分。内容包括：著
作日期与地点、罗马教会、保罗所传的福音等。
　　收藏单位：北大馆、重庆馆、国家馆

02876

罗马人书浅释　（挪）穆格新（Sten Bugge）著
　周游译
汉口：中华信义会书报部，1933.3，322 页，16
开（信义神学丛书）
汉口：中华信义会书报部，1940，2 版，[41]+
302 页，32 开
汉口：中华信义会书报部，1947，3 版，302 页，
32 开
　　本书为对《罗马人书》的注释。全书分
16 章。
　　收藏单位：广西馆、国家馆、河南馆

02877

罗马书信释义　董海伦等著
上海：诚信书报社，1949，144 页，32 开
　　本书为对《罗马人书》的解说，附图画。

02878

罗马书注略
烟台：足前明灯报社，1937，64 页，32 开
　　本书是对《罗马人书》的注略。

02879

罗马新讲义　贾玉铭著
南京：灵光报社，1925，242 页，25 开
　　收藏单位：广东馆

02880

罗哲的理论　约翰·欧扩德（John Urquhart）
著　赵君影译
上海：中西基督福音书局，[1934]，56 页，32
开（科学与圣经小丛书 6）
　　本书记述一次有关圣经与科学关系的问
题的讨论。内容包括：圣经的真理是千古不变
的、二十世纪的一些重大科学成就及今后任
何时候所发现都可在圣经中找到根据等。
　　收藏单位：国家馆、南京馆

02881

吕译新约初稿　吕振中译
北平：燕京大学宗教学院，1946.6，481 页，
22 开
　　本书以英国牛津大学苏德尔所编的希腊
文《新约》为蓝本，参考他本译出。正文前
有赵紫宸通启、司徒雷登弁言及译者序。
　　收藏单位：广西馆、国家馆、南京馆、人
大馆、山东馆、首都馆、中科图

02882

马可福音
华西圣经公会，1942，74 页，32 开
　　本书为《圣经·新约》的一卷，记录耶
稣的传教活动。
　　收藏单位：重庆馆

02883

马可福音
上海：美华圣经会，1931，57 页，50 开
　　收藏单位：国家馆

02884

马可福音
上海：圣经公会，1938，52 页，64 开
　　收藏单位：南京馆

02885

马可福音
上海：圣书公会，[1934]，48 页，32 开
上海：圣书公会，[1937]，160 页，32 开（新约
全书）

收藏单位：江西馆、山东馆、上海馆

02886
马可福音
中华圣经会，[1946]，48 页，64 开
中华圣经会，1948，48 页，64 开
　　收藏单位：广东馆、上海馆

02887
马可福音
出版者不详，80 页，42 开
　　收藏单位：重庆馆、山东馆

02888
马可福音（川苗土话）
出版者不详，1922，98 页，32 开
　　本书为川苗方言版。
　　收藏单位：广东馆

02889
马可福音（官话和合译本）
上海：美华圣经会，1926，79 页，32 开，精装
上海：美华圣经会，1929，48 页，64 开
　　本书为白话文译本。
　　收藏单位：广东馆

02890
马可福音（官话和合译本）
上海：圣书公会，1933，48 页，32 开
　　本书为白话文译本。
　　收藏单位：广东馆、内蒙古馆、山东馆

02891
马可福音（官话略解）
上海：苏格兰圣经会，1925，32 页，32 开
上海：苏格兰圣经会，50 页，32 开
　　本书为白话文解说本。
　　收藏单位：广西馆、首都馆

02892
马可福音（国语和合译本）
中国圣经公会，1937，[69] 页，32 开
　　本书为白话文译本。

收藏单位：内蒙古馆

02893
马可福音（云南苗人土话）
上海：圣书公会，1932，139 页，32 开
　　收藏单位：广东馆

02894
马可福音（中西字）
上海：圣书公会，1915，76 页，32 开
　　本书为中英文对照。
　　收藏单位：广东馆

02895
马可福音的故事　甘爱维（Ivy Greaves）著
上海：广学会，1948.3，1 册，32 开
　　收藏单位：南京馆

02896
马可福音略解
汉口：汉镇英汉书馆，1912，52 页，25 开
　　收藏单位：山东馆

02897
马可福音释义　区熙弼（W. H. Alton）著　朱
世璇译
外文题名：The Gospel of Mark
上海：广学会，1937.5，65 页，16 开（新约释
义丛书）
上海：广学会，1940，再版，65 页，16 开（新
约释义丛书）
上海：广学会，1948，3 版，65 页，16 开（新
约释义丛书）
　　本书分总论、释义两部分，介绍马可的
生平和编著福音的时代，对福音书进行逐段
解释。
　　收藏单位：北大馆、重庆馆、国家馆

02898
马可福音新注释　潘慎文口述　曹迈文译著
上海：广学会，1925，411 页，18 开
　　收藏单位：山东馆

02899

马可福音注释 （挪）唐务道（Olav Dalland）（挪）艾香德（Karl Ludvig Reichelt）编译

外文题名：Exegetical commentary on the Gospel of St. Mark with critical introduction

汉口：中华信义会书报部，1925，328 页，18 开

本书分概论、释义两部分。内容包括：新约论马可事迹、马克福音之目的、马克福音注释之种类等。

收藏单位：北大馆、国家馆、山东馆

02900

马克福音

上海：圣经公会，1935，48 页，32 开（新约全书 2）

本书即《马可福音》。

收藏单位：浙江馆

02901

马太（黑苗文）

上海：圣书公会，1928，136 页，25 开

收藏单位：广东馆

02902

马太福音

上海：美华圣经会，1931，91 页，50 开

本书为《圣经·新约》的一卷，共 28 章。主要记载了耶稣的生平，包括耶稣的家谱、耶稣神奇的出生、童年、受浸与受试探、讲道、被钉十字架、复活以及复活的耶稣最后向使徒颁布大使命。

收藏单位：国家馆

02903

马太福音

圣经公会，1936，158 页，90 开

收藏单位：国家馆

02904

马太福音

中华圣经会，1948，74 页，64 开

收藏单位：广东馆

02905

马太福音

出版者不详，126 页，50 开

出版者不详，898 页，32 开，精装

收藏单位：重庆馆、广东馆、山东馆

02906

马太福音（官话和合译本）

上海：美国圣经会，1924，127 页，32 开，精装

本书为白话文译本。

02907

马太福音（官话略解）

上海：苏格兰圣经会，1925，50 页，32 开

上海：苏格兰圣经会，1928，50 页，32 开

上海：苏格兰圣经会，1935，50 页，32 开

本书为白话文解说本。

收藏单位：重庆馆、江西馆、首都馆

02908

马太福音（国语、阿拉伯文对照）

上海：大英圣书公会，1934，1 册，50 开

收藏单位：国家馆

02909

马太福音（汉、回文对照）

上海：大英外国圣经公会，1921，[304] 页，大 64 开

本书为中文、阿拉伯文对照。

收藏单位：国家馆、山东馆

02910

马太福音（中西字）

外文题名：The Gospel According to Saint Matthew

上海：大英外国圣经公会，1924，116 页，32 开

本书为中英文对照。

收藏单位：国家馆

02911

马太福音（中西字）

上海：圣书公会，1911，116 页，32 开，精装

本书为中英文对照。

收藏单位：广东馆

02912

马太福音讲义 （加）宣信（Albert Benjamin Simpson）著　王峙译

上海：宣道书局，110 页，32 开

02913

马太福音释义 （英）林辅华（Charles Wilfrid Allan）著　程伯群译

上海：广学会，1948，52 页，16 开（新约释义丛书）

02914

马太福音新注释 （加）季理斐（Donald Mac Gillivray）李路德编

外文题名：New commentary on the Gospel of Matthew

上海：广学会，1928，870 页，32 开，精装

上海：广学会，1933，再版，870 页，32 开，精装

上海：广学会，1939，4 版，870 页，32 开，精装

本书分概论、释义两部分。内容包括：耶稣在世之时局、马太福音之渊源、希伯来人福音、马太福音之地名、马太福音作于何时、马太福音之品格及目的等。

收藏单位：广东馆、山东馆

02915

马太福音训义 （英）莫尔干著 （英）莫安仁（Evan Morgan）连警斋译述

上海：广学会，1933，462 页，32 开

收藏单位：重庆馆

02916

马太福音注释 （美）包德士（J. A. Bnoadus）著 （美）浦其维（Cicero W. Pruitt）张子云合译

上海：中华浸会书局，1935，898 页，22 开，精装

收藏单位：广东馆

02917

马太福音注释 （加）季理斐（Donald Mac Gillivray）李路德著

上海：广学会，1928.3，820 页，25 开

上海：广学会，1941，5 版，820 页，25 开

本书分概论、释义两编，先讲总则后析经义。内容包括：马太圣迹、耶稣在世之时局、马太福音之渊源、耶稣基督族谱、山上圣谕等。

收藏单位：重庆馆

02918

玛窦传的福音 萧舜华译

天津：崇德堂，1939.2，180 页，64 开

本书为《马太福音》讲解。共 3 集：耶稣的童年时期、耶稣的传教时期、耶稣的苦难和光荣时期。

收藏单位：国家馆、江西馆

02919

玛窦福音概论 余卜著　周士良译

上海：土山湾印书馆，24 页，32 开

本书为《马太福音》概论。

收藏单位：国家馆、内蒙古馆

02920

玛尔谷传的福音 李山甫译

天津：崇德堂，1939.4，128 页，64 开

天津：崇德堂，1948.7，87 页，64 开

本书即《马可福音》。

收藏单位：国家馆、江西馆

02921

玛尔谷福音概论 余卜著　周士良译

上海：土山湾印书馆，28 页，32 开

本书为《马可福音》概论。

收藏单位：国家馆

02922

玛拉基与约珥两书注释 （英）力戈登（L. Gordon Phillips）著　吕振中译

上海：广学会，1933，54 页，25 开

本书共 4 章：玛拉基书小引、玛拉基书注

释、约珥书小引、约珥书注释。书前有序一篇。

收藏单位：重庆馆

02923

梅瑟五书　思高圣经学会编译

北平：方济堂，1948，866 页，32 开

本书即"摩西五经"，包括创世纪、出谷纪（出埃及记）、肋末记（利未记）、户籍纪（民数记）、申命纪五书。书前有编者序、凡例。书后附引用经书简字表、经内译名表。

收藏单位：国家馆、辽大馆、内蒙古馆、上海馆、首都馆

02924

美华圣经会中文圣经目录

上海：美华圣经会，[1930]，33 页，50 开

本书叙述美华圣经会在华的中文圣经目录。

收藏单位：浙江馆

02925

弥迦书释义　（英）林辅华（Charles Wilfrid Allan）著　夏明如译

外文题名：Exposition of the Book of the Prophet Micah

上海：广学会，1937.5，80 页，32 开

本书共 7 章，内容包括：以色列和犹大的审判、社会的不义和它的惩罚、不公平的官长和假先知、人世宗教中心的耶路撒冷等。书前有序言。

收藏单位：国家馆

02926

弥撒正祭所纪念的诸圣　Mother Philippa 著　刘绪庆译

澳门：慈幼印书馆，1949.8，40 页，50 开（灵修小丛书 68）

本书分举扬圣体圣血前所纪念的诸圣、举扬圣体圣血后所纪念的圣人们两部分。记述圣伯多禄（彼得）、圣保禄（保罗）、圣若望（约翰）、宗徒兼圣史、圣女亚加大童贞致命等圣徒。

收藏单位：国家馆、内蒙古馆

02927

勉励会讲义　无树勋编著　周志禹审阅

上海：中华基督教勉励会全国协会，1947，167 页，32 开

本书内容包括：祈祷的功用、新年的志向、福音是神的大能、基督教的贡献等。

收藏单位：南京馆

02928

勉励会讲义　姚贤扬　周志禹著

中华基督教勉励会全国协会，1932，258 页，25 开

中华基督教勉励会全国协会，1938.12，4 版，229 页，25 开

本书通过浅显易懂的文字解读圣经。

收藏单位：浙江馆

02929

民数记

上海：圣经公会，1937，124 页，32 开

本书为旧约全书户籍记。国语和合译本，附标注音符号。

02930

民众与圣经　（英）林辅华（Charles Wilfrid Allan）著　夏明如译

上海：广学会，1939，64 页，32 开（道声小丛书 6）

本书介绍英国圣经历史以及它与中文圣经的关系，并指出民众怎样获取阅读圣经的机会。书前有著者导言。

收藏单位：重庆馆

02931

明经指南　（美）富司迪（Harry Emerson Fosdick）著　汤忠谟译述

外文题名：A guide to understanding the Bible

上海：青年协会书局，1948，412 页，25 开（金陵神学院丛书 4）

本书分述《圣经》中的上帝、世人、是非、痛苦、与上帝灵交、灵魂不灭 6 种思想的发展。书前有摩西序及著者导言。书后附新旧约著述年代略表。

收藏单位：上海馆、首都馆

02932

末七日

出版者不详，4 页，32 开

　　本书为棕叶主日以及礼拜一至礼拜六的祈祷文。

　　收藏单位：山东馆

02933

末期之时势　外德劳（C. Waidtlow）著

外文题名：The last seven years before Christ's return

汉口：中华信义会书报部，1935.5，14 页，32 开

　　本书是对圣书中"末期说"的解释。

　　收藏单位：国家馆

02934

末世预言阐微　林柏（C. E. Lindberg）著

吕绍端译

外文题名：Beacon lights of prophecy in the Latter Days

汉口：中华信义会书报部，1932.9，242 页，25 开

　　本书共 3 部分：尚未应验之豫言的唯一目标、属于历史上的光与豫言的标号、但以理和撒迦利亚并约翰启示录概论。

　　收藏单位：国家馆

02935

尼希米记

上海：圣经公会，1936，1 册，32 开

　　本书为《圣经·旧约》的一卷书。共 13 章，内容包括：尼希米奉派往耶路撒冷、重建城墙、教导百姓、城墙落成呈献、清除不洁等。

　　收藏单位：广东馆、国家馆

02936

尼希米记研究　中华浸会女传道会联合会编

上海：中华浸会书局，1946，14 页，32 开

　　本书共 4 章：尼希米修筑耶路撒冷城墙的缘由和计划、再造城墙的工作、完成、尼希米做了几件重大改革的事。

02937

农民的耶稣　林步基著

上海：广学会，1933，49 页，32 开

　　本书为农民查经课本。就《圣经》解释耶稣与农民的关系。

02938

平安·慰藉　万国圣经研究会编

上海：万国圣经研究会，1938，64 页，36 开

　　本书在美国印制，收《平安》《慰藉》两篇文章。

02939

破坏与建设　康尔伯（Gustav Carlberg）著

吕绍端译

外文题名：Judgment and restoration

汉口：中华信义书局，1933，54 页，32 开

　　本书研究《圣经·旧约》中耶利米书和哈该书。分上、下两卷，内容包括：耶利米与当时和今日、先知哈该与复兴。书前有著者序。

　　收藏单位：国家馆

02940

普世传福音的教训　W. O. Carver 著　（美）

万应远（Robert Thomas Bryan）　张涵江译

上海：中华浸会书局，1931.10，86 页，32 开

　　本书共 12 课。

　　收藏单位：国家馆

02941

七十个七考详　烟台足前明灯报社编

烟台：足前明灯报社，1936，再版，35 页，32 开（预言丛书 3）

　　本书为圣经故事。

02942

启示录纲目　烟台足前明灯报社编

烟台：足前明灯报社，1938，43 页，32 开

　　收藏单位：上海馆

02943

启示录话解 （丹）韩申（N. C. Hansen）著 外德劳（C. Waidtlow） 阎兴纲译

外文题名：Commentary of the Apocalypse

汉口：中华信义书局，1935.1，142 页，32 开

本书共 21 章，内容包括：提要、引端、七教会所接的信、上帝荣耀之宝座、论未来事之书将被耶稣展开、书之六印被开、两个异象安慰教会、从上帝而来的头六个吹号的灾难、第七位天使吹号、审判之序、审判之总论等。

收藏单位：国家馆

02944

启示录简要 韦丹忱编著

郑州：浸礼会，1940，104 页，32 开

收藏单位：南京馆

02945

启示录讲义 （加）翟辅民（Robert Alexander Jaffray）著

梧州：宣道书局，1931，80 页，32 开

收藏单位：南京馆

02946

启示录讲义 赵世光编著

上海：灵粮刊社，[1912—1947]，194 页，25 开

本书共 22 章，系将约翰写给早年教会的启示录的内容作详尽的解释。内容包括：绪论、所看见的事、七个教会、神宝座的周围、书卷、揭开六印、得救的选民和外邦人、揭开第七印、蝗虫和马、七雷、两个见证人、妇人和男孩子、两个野兽、庄稼和葡萄、预备倾倒七碗、七碗、大淫妇、巴比伦大城倾倒、两种筵席、白宝座审判、新天新地和新城等。

收藏单位：江西馆、内蒙古馆、首都馆

02947

启示录讲义 赵世光编著

外文题名：An exposition of Revelation

上海：时兆报馆，1912，224 页，28 开

收藏单位：重庆馆、广东馆

02948

启示录句解（国语） 上海时兆报馆编

上海：时兆报馆，1912，224 页，32 开

上海：时兆报馆，1929，再版，224 页，32 开

上海：时兆报馆，1941，3 版，224 页，32 开

本书用白话文对约翰写给早年教会的启示录的内容进行了详尽的解释。

收藏单位：重庆馆、上海馆

02949

启示录句解（文理） 上海时兆报馆编

上海：上海时兆报馆，1916，再版，216 页，28 开

本书用文言文对约翰写给早年教会的启示录的内容进行了详尽的解释。

收藏单位：重庆馆

02950

启示录释义 （英）林辅华（Charles Wilfrid Allan）著 沈武侯 夏明如译

上海：广学会，1941，52 页，16 开（新约释义丛书）

收藏单位：重庆馆

02951

启示录新注释 （美）司徒雷登（John Leighton Stuart）著

上海：广学会，1922，241 页，32 开

本书介绍启示录出现的时间、著作人，以及读启示录之益处，启示录中的耶稣基督等。

收藏单位：山东馆

02952

启示录之研究 丁立介著

上海：经筵庐，1934，164 页，32 开

本书封面题：经筵第 1—16 期，灯台异象启示录 1—3 章。

收藏单位：国家馆

02953

启示录之研究法 （美）米勒（Samuel M. Miller）著 唐秀德 陈建勋译

外文题名：The revelation of Jesus Christ

汉口：中华信义会书报部，1928.5，126 页，32 开

本书共 12 课。

收藏单位：国家馆

02954

启示录注解 ［丁宝玺］著

出版者不详，[1947]，影印本，203 页，16 开

本书按条逐段讲解。不含启示录原文。

书前有著录者弁言。出版年据赵竹轩序。

收藏单位：国家馆

02955

启示录注解 （英）杰勃生著　史嘉乐译

中华圣公会书籍委办，1925，196 页，32 开

本书对启示录进行注解，共 22 章。

收藏单位：山东馆

02956

启示录注解

上海：基督福音书局，[1936]，179 页，32 开

本书按章节讲解，不含原文。

收藏单位：国家馆

02957

前三福音问题 （英）施继德（B. H. Streeter）著　赵紫宸译

北平：京华印书局，1929.6，50 页，32 开（燕京宗教学院小丛书 1）

收藏单位：内蒙古馆、山东馆

02958

青年圣经读本 萧舜华译

外文题名：Bible illustree

天津：崇德堂，1941，184 页，32 开，精装

天津：崇德堂，1941，398 页，32 开

本书是新旧约全书的白话青年读本。内容包括古经、新经两部分。

收藏单位：国家馆、江西馆、南京馆、首都馆、天津馆

02959

人生须知 （丹）于承恩（Johannes Vyff）著

外文题名：What every one should know about christianity

汉口：中华信义会书报部，1933.2，120 页，16 开

本书共 120 篇，用圣经故事劝人信仰耶稣，以蒙恩得救。书前有王近唐叙。

收藏单位：国家馆

02960

认识天父 W. R. Barstow 著　刘文林译

上海：广学会，1935，106 页，32 开

本书为圣经摘述。

收藏单位：重庆馆

02961

如何读圣经 （英）阿特尼（Walter F. Adeney）著　王治心　谢颂羔译

上海：广学会，1933，再版，67 页，32 开

本书分上、下两卷。上卷《解释圣经方法的大纲》，内有：选择正确的原本、了解圣经字句和段落的正确意义等 9 条；下卷《如何解释圣经的各部分》，内有：旧约、新约两条。

收藏单位：重庆馆

02962

若苏厄书 圣经学会译

香港：思高圣经学会，1949.4，106 页，32 开

本书共 24 章，为《圣经》若苏厄传。

收藏单位：国家馆

02963

若望传的福音 李山甫译

天津：崇德堂，1948.9，118 页，64 开

本书是对《约翰福音》的注释。

收藏单位：国家馆、上海馆

02964

若望传的福音 萧舜华译　公教丛书委员会主编

天津：崇德堂，1940.5，184 页，64 开

收藏单位：国家馆、南京馆

02965

撒迦利亚书考详　烟台足前明灯报社编

烟台：足前明灯报社，1936—1937，2 册（335+[303]）页，32 开（预言丛书 7）

本书分两卷，共 20 章。版权页及封内题书名为：撒迦利亚的异象和预言。

02966

撒母耳记

上海：圣经公会，1936，[181] 页，32 开（旧约全书）

本书为上、下册合订。国语和合译本。

收藏单位：广东馆、上海馆、绍兴馆

02967

撒母耳记注释　（英）力戈登（L. Gordon Phillips）著　吕振中译

外文题名：Commentary on Samuel

上海：广学会，1936.10，250 页，25 开

本书分绪论及注释两部分。绪论共 8 部分，内容包括：撒母耳记在旧约正传中底地位、撒母耳记成书底经过、撒母耳记底分段、撒母耳记底价值等。书前有著者序。书后附参考书目。

收藏单位：国家馆

02968

善人遭难

出版者不详，[1922]，110 页，50 开

本书取材于旧约约伯书。内容包括：约伯事迹、三友与约伯辩论等。

收藏单位：山东馆

02969

申命记

上海：圣经公会，1937，[109] 页，32 开

收藏单位：广东馆

02970

申命记释义　（美）都孟高（M. H. Throop）著　黄叶秋译

外文题名：The book of Deuteronomy

上海：广学会，1939，71 页，16 开（旧约释

义丛书）

收藏单位：重庆馆

02971

申命记新注释　（美）都孟高（M. H. Throop）著　黄叶秋译

外文题名：Deuteronomy : a new commentary with critically revised text

上海：广学会、中华圣公会书籍委员会，1936，390 页，32 开

本书逐段介绍申命记。每一段均包括要义、经文、注释、校经四部分。书前有都孟高序。

收藏单位：国家馆

02972

申命纪　思高圣经学会编译

北平：方济堂，1948.10，147 页，32 开

本书书后附引用经书简字表。

收藏单位：国家馆

02973

神的工人　杨绍棠讲述　王铭廉笔记　徐超尘校对

南京：基督教会，1948.3，160 页，32 开

南京：基督教会，1948.11，3 版，160 页，32 开

收藏单位：北师大馆、南京馆、上海馆、绍兴馆

02974

神的工人

出版者不详，214 页，32 开

收藏单位：河南馆

02975

神的杰作　倪柝声著

外文题名：The masterpiece of God

上海：福音书房，1939，2 版，54 页，32 开

收藏单位：广东馆

02976

神的永远计划　（美）赖金著　张暮晞译

上海：灵工社，1939，169 页，横 16 开，精

装

本书解释圣经经义。书前有前言及著译者序两篇。

收藏单位：广东馆、南京馆

02977
神愿意 倪柝声著
上海：福音书房，[1939]，25 页，32 开（福音讲台集 第 11 种）

本书为新约圣经注解。

收藏单位：国家馆、上海馆

02978
生命之粮 （新西兰）戴蒙光（H. Davies）著
W. N. Pan 译述
外文题名：The bread of life
上海：广学会，1930，165 页，32 开

本书从圣经中选择 22 个读经总题，按日编排分题、全句，供个人和家庭在一年中查经之用。并附祈祷文多篇。

02979
圣保禄书翰（并数位宗徒函牍）
香港：纳匝肋静院，1918，活版，280 页，32 开
香港：纳匝肋静院，1927，活版，280 页，32 开

本书即《保罗书信》。

收藏单位：国家馆

02980
圣保禄书信集（俘虏时期书信集） 萧舜华译
天津：崇德堂，1942.2，72 页，64 开

本书内容包括：致格罗森信友书（歌罗西书）、致厄弗所信友书（以弗所书）、致费赖孟书（腓利门书）、致斐理伯信友书（腓立比人书）。

收藏单位：国家馆、江西馆、内蒙古馆

02981
圣保禄书信集（罗马、加拉达） 李山甫译
天津：崇德堂，1948.2，92 页，64 开

本书即《加拉太书》，依据希腊文翻译，译

文中略加注释。书前有译者序言及读者须知。

收藏单位：国家馆

02982
圣道指引（官话）
上海：时兆报馆，1914，565 页，32 开
上海：时兆报馆，1926，565 页，32 开

本书为对圣经的讲解。

收藏单位：重庆馆

02983
圣道指引（全册官话）
出版者不详，363 页，32 开

收藏单位：广东馆、上海馆

02984
圣道指引（文理）
上海：时兆报馆，1912，200 页，25 开

本书共 32 题，内容包括：查考圣经之必需、先知预言之确实可据、论世界历史之预言、论审判、上帝全备之律法、论安息日等。

收藏单位：重庆馆

02985
圣福音经
出版者不详，1 册，18 开

本书即四福音书。

收藏单位：国家馆

02986
圣教路加福音
香港：圣类斯学校，1937，141 页，50 开，精平装

本书书前有译义、序言、小引。

收藏单位：广东馆、国家馆

02987
圣教新经全集
献县：耶稣会，1927，3 次排印，2 册（[1061]页），18 开，精、平装
献县：耶稣会，1930，4 次排印，2 册（[1061]页），18 开，精、平装
献县：耶稣会，1933，5 次排印，2 册（[1061]

页），18 开，精、平装

献县：耶稣会，1936，6 次排印，2 册（[1061] 页），18 开，精、平装

　　本书即《新约》。

　　收藏单位：国家馆、内蒙古馆、宁夏馆、首都馆

02988

圣教新经全集（上集）

外文题名：Novom Jesu Christ testamentum

献县：耶稣会，1933，3 次排印，624 页，32 开

　　本书即《新约》。本册为上集。

　　收藏单位：国家馆

02989

圣教新经全集（下集）

献县：耶稣会，1922，2 次排印，791 页，32 开，精装

献县：耶稣会，1924，3 次排印，791 页，32 开，精装

　　本书即《新约》。本册为下集。

　　收藏单位：国家馆、绍兴馆

02990

圣京劫　俄荷伦（A. Ohorn）著　陈建勋译

成都：英华书局，1940，246 页，25 开

　　本书为圣经预言故事，叙述圣城耶路撒冷屡遭劫难的情况。共 12 章，内容包括：尼罗的城、他乡作客、犹太省长等。

　　收藏单位：重庆馆

02991

圣京劫　俄荷伦（A. Ohorn）著　陈建勋译

外文题名：The captain of the temple guard

汉口：中华信义会书报部，1936，243 页，25 开

　　收藏单位：广东馆、内蒙古馆、首都馆、西南大学馆

02992

圣经百科全书　上海协和书局编

上海：上海协和书局，1925，4 册，16 开

本书分 4 册。据英国俄珥编《圣经百科全书》编成，每条目下附希伯来及希腊原文。全书分天部、岁时部、地部、政治部、教会部、礼制部等 24 个部类，每部之下又分若干小卷。书前有襄助本书人名表和英文词条索引。

　　收藏单位：重庆馆、广西馆、桂林馆、国家馆、江西馆、近代史所、山东馆、上海馆、天津馆、中科图

02993

圣经报　（加）翟辅民（Robert Alexander Jaffray）黄原素主笔

梧州：宣道书局，1929，67 页，25 开

　　收藏单位：广西馆

02994

圣经备典（官话）　（英）雷振华（G. A. Clayton）译著　李时安述

外文题名：The Mandarin Bible dictionary

汉口：中华基督圣教书会，1924，714 页，16 开

汉口：中华基督圣教书会，1939，2 版，714 页，16 开，精装

　　本书分旧约、新约两部分。为圣经名词解释，以中文笔划为序。

　　收藏单位：桂林馆、国家馆、河南馆

02995

圣经备典（下）　（英）雷振华（G. A. Clayton）译著　李时安述

汉口：圣教书局，1920，[307] 页，16 开

　　收藏单位：国家馆

02996

圣经初学捷径

上海：商务印书馆，1912，84 页，22 开

　　本书讲述圣经的基本知识。

　　收藏单位：国家馆

02997

圣经辞典　（英）黑斯廷斯（James Hastings）著　上海广学会译辑

外文题名：Dictionary of the Bible

上海：广学会，1916.9，[965]+20 页，16 开，精装

上海：广学会，1923，再版，967+[28] 页，16 开，精装

上海：[广学会]，[1926]，[再版]，1 册，16 开，精装

上海：广学会，1933.4，再版，[965]+20 页，16 开，精装

上海：广学会，1941.2，5 版，965 页，16 开，精装

上海：广学会，1948.9，6 版，965 页，16 开

上海：广学会，1 册，16 开

本书收词约 1700 余条。词条按汉字部首编排。著者原题：海丁氏。

收藏单位：重庆馆、东北师大馆、广东馆、广西馆、国家馆、黑龙江馆、湖南馆、南京馆、山东馆、山西馆、上海馆、绍兴馆、浙江馆

02998

圣经的故事 （美）房龙（H. W. Van Loon）著 谢秉文译

上海：世界书局，1939.12，416 页，32 开

本书共 19 章，是为儿童编写的圣经故事。自"一件文学上的遗产——旧约与新约是怎样写成？在许多世纪之间，圣经起了些怎样的变化？"至"教会之成立"共 29 章。书前有陆高谊发刊词、著者致译者的一封信及著者原序。

收藏单位：重庆馆、广东馆、贵州馆、国家馆、黑龙江馆、南京馆、内蒙古馆、上海馆、首都馆、西南大学馆、浙江馆

02999

圣经的故事（上册 新约之部） 韩丁（Harold B. Hunting）著 顾惠人译

上海：青年协会书局，1940，65 页，25 开（青年丛书第 2 集 12）

上海：青年协会书局，1947，3 版，65 页，25 开（青年丛书第 2 集 12）

本书共 12 章，介绍了新约全书。书前有序。

收藏单位：重庆馆、广东馆、国家馆、南

京馆、上海馆

03000

圣经的故事（下册 旧约之部） 韩丁（Harold B. Hunting）著 顾惠人译

上海：青年协会书局，1940，68 页，25 开（青年丛书第 2 集 12）（中学宗教丛书）

本书介绍旧约全书，内含第 13—24 章。

收藏单位：国家馆

03001

圣经的灵感 英格理（E. S. English）著 王长新译

北平：韩德[发行者]，1948.3，10 页，32 开

本书译自英格理所著《必要相信的事》一书的第一章。内容包括：灵感的意义是什么、"字字灵感"的内在的证据、"字字灵感"的外在的证据。书前有译者的写在前面一文。

收藏单位：国家馆

03002

圣经的研究 （美）顾斯庇（Edgar J. Goodspeed）著 马鸿纲译

外文题名：The story of the Bible

上海：青年协会书局，1941.8，330 页，25 开（金陵神学院丛书 3）

上海：青年协会书局，1948.3，再版，330 页，25 开（金陵神学院丛书 3）

本书按照《圣经》内容发展的历史和文学的背景，把各经卷的顺序重新排列、编写而成。分旧约、新约两编。有著者导言。

收藏单位：重庆馆、国家馆、黑龙江馆

03003

圣经地理 盖温柔（Nina E. Gemmell）编著

上海：基督福音书局，1940，60 页，32 开

上海：基督福音书局，1947.7，2 版，35 页，32 开

收藏单位：广东馆、上海馆

03004

圣经地理 （美）浦安娜（Anna Seward Pruitt）著 姜贯一编译

外文题名：Bible geography

上海：中华浸会书局，1932，122 页，25 开

上海：中华浸会书局，1936，再版，122 页，25 开

本书解释圣经中的地理名称。依圣经原文次序排列。

收藏单位：国家馆

03005

圣经地域图　伦敦圣教书会编　（英）卜道成（Joseph Percy Bruce）译

上海：广学书局，1918，[26] 页，12 开

本书为中英对照。

03006

圣经地域详考　伦敦圣教书会编　（英）卜道成（Joseph Percy Bruce）译

上海：广学会，1919，60 页，10 开

本书共 13 章，内容包括：关于圣史之诸地、挪亚后裔所居之地、以色列人出埃及与漂流之地等。书后有附卷。

收藏单位：山东馆

03007

圣经读本（第 7 册）　吴航　陈雨卿编

福州：闽北基督教圣书协会，1933，7 版，82 页，32 开

收藏单位：福建馆

03008

圣经分题读法　南昌圣经学院译

出版者不详，72 页，25 开

收藏单位：江西馆

03009

圣经纲要（旧约之部）　哈斯（John A. W. Haas）著　刘健译

外文题名：Old testament literature in outline

[汉口]：中华信义会书报部，1934，268 页，32 开

本书为《圣经》概论，介绍旧约的性质、内容与形式。共 32 章。书前有施茂克导言。书后附问题。

收藏单位：国家馆

03010

圣经纲要（新约之部）　哈斯（John A. W. Haas）著　刘健译

外文题名：New testament literature in outline

[汉口]：中华信义会书报部，1934.4，[180] 页，32 开

本书为圣经概论。介绍新约的性质、内容与形式。共 20 章，每章后附问题。书前有施茂克导言。

收藏单位：国家馆

03011

圣经格言　中华圣经会格言委员会编

北平：中华圣经会，1939，164 页，32 开

本书收中国信徒摘录的圣经片段。书前有圣经会格言委员会作的序。

收藏单位：国家馆、首都馆

03012

圣经各卷的要义　（英）柯固道（G. Koll）著

上海：中西基督福音书局，2 册，32 开

本书内容包括：卷一创世纪至以斯帖，卷三马太福音至启示录。

收藏单位：南京馆、山东馆、首都馆

03013

圣经故事　中华基督教会四川大会文字部编辑

成都：华英书局，1942.4，2 册，32 开

收藏单位：南京馆

03014

圣经故事大全　鲍威著　吴福临译

上海：青年协会书局，1949.7，492 页，22 开（青年丛书 第 2 集 39）

收藏单位：东北师大馆、广东馆

03015

圣经关于人类元祖的记载　王昌祉主编

香港：真理学会，1949，2 版，9 页，大 64 开（现代问题的解答 乙 10）

本书共 4 章：人类起源问题、人类堕落问题、人类年代问题、人类一源问题。

　　收藏单位：国家馆

03016

圣经国音字课本　任杜氏著　中国基督圣教书会 [编]

出版者不详，1936，30 页，32 开

　　收藏单位：广东馆

03017

圣经函授考试问题（卷上 新约之部）　苏安论（W. Swollen）编译

汉口：中华信义会书报部，1928.12，72 页，32 开

　　本书为函授学生而编，将新约全书的内容综合为 12 个部分（即 12 编），每编中再分若干问题。每一编中首列"先决事项"，为学习的重点，后列"考试问题"若干。

　　收藏单位：国家馆

03018

圣经函授考试问题（卷下 旧约之部）　苏安论（W. Swollen）编译

汉口：中华信义会书报部，1929.12，140 页，32 开

　　本书将旧约全书内容归纳为 4 个部分，即摩西五经、史记、诗歌、先知书。每一部分下分若干编。

　　收藏单位：国家馆

03019

圣经函授课（第 1—8 种）　马路加译述　杨鸿志校对

出版者不详，1939—1941，9 册，32 开

　　收藏单位：首都馆

03020

圣经何以是上帝的道　中华基督教会全国总会编

上海：中华基督教全国总会，26 页，64 开（教友须知小丛书 15）

　　本书为基督教通俗读物，分 3 部分论述

《圣经》的意义。

　　收藏单位：国家馆

03021

圣经教授法　（美）胥温德（Edwin F. See）著　胡贻縠译

外文题名：The teaching of Bible classess

上海：中华基督教青年会全国协会书报部，1916.5，206 页，22 开

　　本书为著者教授圣经的心得。

　　收藏单位：国家馆

03022

圣经教授指导　（英）马丁（Hugh Martin）（英）鲁滨逊（H. Robison）等著　黄石译

外文题名：The teacher's commentary

上海：广学会，1939，713 页，25 开，精装（基督教学习推进会丛书）

　　本书共 3 部分：圣经普通论文之部、旧约圣经之部、新约圣经之部。

03023

圣经类编　（美）赫显理（Henry Galloway Comingo Hallock）编

上海：普益书会，[1916]，3 册（3573 页），18 开，精装

　　本书为圣经分类辞典。以笔画多寡为序排列。书前有编者序，作于 1916 年。

　　收藏单位：国家馆、南京馆、山东馆、绍兴馆

03024

圣经历史简课　江宗海译

上海：基督教青年会，1913.3，再版，124 页，32 开

　　本书共 3 卷：圣经全书导言、旧约历史之研究、新约历史之研究。书后附考试习问。

　　收藏单位：国家馆

03025

圣经历史教科书（第 2 册）　（挪）唐务道（Olav Dalland）编纂

汉口：中华信义会书报部，1933，3 版，36 页，

32 开

本书为初级学校第 3—4 学年用教科书，每课后附参考供教师使用。

收藏单位：国家馆

03026

圣经历史教科书（第 3 册 新约）（挪）唐务道（Olav Dalland）编纂

汉口：中华信义会书报部，1923，再版，36 页，32 开，环筒页装

收藏单位：国家馆

03027

圣经历史教科书（第 4 册）（挪）唐务道（Olav Dalland）编纂

汉口：中华信义会书报部，1933，3 版，36 页，32 开

汉口：中华信义会书报部，1935，4 版，36 页，32 开

收藏单位：国家馆

03028

圣经历史教授指南（卷上 旧约） C. J. Sodergren 著　谢受灵译

外文题名：Teacher's guide. Bible stories from the old and the new testaments

汉口：中华信义会书报部，1925.10，228 页，25 开

本书讲述圣经的历史。共 52 课。每课分为述说事实、圣经参考、解释要义、指明实用、问答指南 5 部分。

收藏单位：国家馆

03029

圣经论成圣之实意 （美）鲁思（Christian Wismer Ruth）著　德维复译

外文题名：Bible readings on the second blessing

上海：广学会，1934，240 页，32 开

收藏单位：广西馆、南京馆

03030

圣经年代表 腓力毛罗著 （英）斐有文　柴连复译述

外文题名：Chronology of the Bible

上海：中国基督教书会，1930.7，62 页，32 开

收藏单位：绍兴馆

03031

圣经旁注 欧照隣　郑志文合编

广州：分享社，1948，80 页，32 开（分享丛书 2）

收藏单位：广东馆

03032

圣经培灵引解（第 1 册 罗马人书）（英）斐有文　柴连复译述

大英伦敦圣教书会，168 页，22 开

收藏单位：山东馆

03033

圣经全书

出版者不详，1 册，36 开

本书收圣经《旧约全书》和《新约全书》两部。

收藏单位：山东馆

03034

圣经人名地名意义考 赖德校阅

山东：平度浸信会查经班，1933，142 页，25 开

收藏单位：山东馆、首都馆

03035

圣经人物 顾惠人编著

外文题名：Great men of the Bible

上海：青年协会书局，1946.10，103 页，25 开（中学宗教丛书 5）（青年丛书 第 2 集 21）

上海：青年协会书局，1947，再版，103 页，32 开（中学宗教丛书 5）（青年丛书 第 2 集 21）

本书分别论述圣经中的亚伯拉罕、雅各、约瑟、摩西、约书亚、底波拉、大卫、以利亚、阿摩司、何西阿、以赛亚、耶利米等 20 个人物。

收藏单位：重庆馆、辽宁馆、南京馆

03036

圣经入门　雷德礼（L. B. Ridgely）著　刘子芸润

汉口：圣教书局，1920，214 页，18 开

　　本书共 15 篇：旧约入门纲领、旧约各书之编次、旧约各书之时代、旧约各书之著者与书目、旧约中之采集编、旧约之搜集不全、旧约最古之文籍、旧约早年之历史、主历前七世纪之先和、以色列被掳时之先知及诗书、主前六百年至五百年史记书及法律书、波斯纪之先知历史及律典、波斯纪之诗文稗史、希腊纪、圣经外传入门。

　　收藏单位：国家馆、山东馆

03037

圣经史实　（英）伯来基（William G. Blaikie）著　陈建勋译

外文题名：A manual of Bible history

汉口：中国基督教书会，1935.12，504 页，32 开

　　本书共 16 章，内容包括：上帝创造世界与始祖犯罪、洪水、人类分散、希伯来人的祖先、埃及、西乃旷野与约旦河东岸、约书亚克服迦南等。

　　收藏单位：山东馆

03038

圣经始末记　（爱尔兰）米德峻（William Miskelly）著　孔祥林译

外文题名：How the Bible came

上海：广学会，1935，再版，39 页，36 开

　　本书论述《圣经》的历史及传播。

　　收藏单位：重庆馆

03039

圣经是什么　恩友宗教论著讨论会著

恩友杂志社，1949.12，54 页，32 开（恩友丛书 1）

　　本书共 5 章：圣经是什么、我们应当用什么态度读圣经、旧约的内容与意义、新约的内容与意义、圣经的历史观。卷首有序。

　　收藏单位：国家馆

03040

圣经是神默示的吗　道俘著

出版者不详，1945，44 页，32 开

　　本书证明圣经无所不包，许多学问都早早在圣经里有过。

　　收藏单位：南京馆

03041

圣经是真的吗?　（英）阿提克逊（Basil Ferris Campbell Atkinson）著　吕宜环　管西屏译

南京：诚信印书馆，1939，2 版，162 页，32 开

　　本书内容包括：圣经的真与不真有什么重要的关系吗、圣经是怎样来的、圣经中的科学是真的吗等。

03042

圣经是真的吗?　（英）阿提克逊（Basil Ferris Campbell Atkinson）著　吕宜环　管西屏译

上海：美华浸会书局，1935，237 页，32 开

　　收藏单位：山东馆

03043

圣经述奇　时兆报馆编译部编译

上海：时兆报馆，1943.12，126 页，32 开

　　本书叙述圣经中耶稣默示给人们的真理及圣训。共 12 章，内容包括：奇妙的财宝、奇妙的耶稣、奇妙之爱、奇妙的公义、奇妙的救恩、奇妙的能力等。书前有编译者序。

　　收藏单位：重庆馆、国家馆、南京馆、内蒙古馆、山东馆、上海馆、首都馆、天津馆

03044

圣经诵读须知　（英）斯米施（J. Paterson Smyth）著　罗雅各　翟人俊译

外文题名：How To Read The Bible

上海：广学会，1933.3，90 页，32 开

上海：广学会，1939.5，再版，89 页，32 开

　　本书介绍读《圣经》的方法。共 4 篇：绪论、正确的圣经观、论研究须用思想——敏悟的、论用情感读圣经——虔诚的。封面著者题：斯密施。

　　收藏单位：重庆馆、山东馆

03045

圣经溯源 （英）斯米施（J. Paterson Smyth）
原著　华立熙　张之彬译述
外文题名：How we got our Bible
上海：广学会，1932.12，再版，67 页，32 开
　　　　收藏单位：南京馆、山东馆

03046

圣经索隐　Chas Inglis 著　计维生译
上海：基督福音书局，144 页，32 开

03047

圣经文学读本（第 1 册）　张仕章编辑
外文题名：Readings in Biblical literature Vol. I
上海：青年协会书局，1947.4，再版，120 页，
32 开（中学宗教丛书 4）（青年丛书第 2 集 20）
　　　　本书分上、下编：上编故事类，下编比喻
类。
　　　　收藏单位：南京馆

03048

圣经新约入门　雷德礼（L. B. Ridgely）著
刘子芸润
外文题名：An introduction to the Holy scriptures
汉口：圣教书局，1922，182 页，18 开
　　　　本书共 9 卷：对观福音三书、使徒行传、
圣保罗书、希伯来书、圣雅各书、圣彼得前
书、圣彼得后书、圣犹大书、圣约翰之书。
　　　　收藏单位：北大馆、国家馆

03049

圣经学概论（上集 古经篇）　希黎著　袁承斌
编译
北平：公教教育联合会，1937，[426] 页，32
开
　　　　本书分上、下两卷。上卷古经通论，内
含：绪论、感发、圣经的著者等 4 章。下卷古
经各论，内含：梅瑟五书、世界原始、人类原
始、洪水、圣经的年代、古圣祖等 18 章。书
前有著者自序。书末附古经大事年表、中西
名词索引。
　　　　收藏单位：国家馆、内蒙古馆、首都馆

03050

圣经要道读课　（美）顾德迈（Fred S. Goodman）
著　谢洪赉译
上海：中华基督教青年会组合，1914.11，4 版，
64 页，32 开
　　　　本书共 3 部分，共 14 课，内容包括：论
圣经、论上帝、论人。
　　　　收藏单位：国家馆

03051

圣经一贯之研究　赵君影译
上海：基督福音书局，186 页，32 开
　　　　本书有圣经的启示、沿革，以及经文讲
解。书前有译者序。
　　　　收藏单位：重庆馆、桂林馆

03052

圣经一贯之真理　E. D. 著
福州：出版者不详，270 页，32 开
　　　　本书收《为神作见证的圣经》《万世以
前——无始的永远》《亚当和女人》等数十篇。
　　　　收藏单位：南京馆

03053

圣经译史　吴慧烈（Violet Wood）著　女铎
社述译
外文题名：Great is the company
上海：广学会，1949，146 页，32 开
　　　　本书叙述各国翻译与普及圣经的史实。
共 20 章。
　　　　收藏单位：东北师大馆

03054

圣经与人群之关系　马相伯演说
北京：出版者不详，[1916]，56 页，25 开
　　　　本书为马相伯于 1916 年 5 月 7 日在北京
中央公园的演说。
　　　　收藏单位：国家馆

03055

圣经与日常生活　（美）党美瑞（Marie Adams）
编　潘玉梅译　刘廷芳校订
外文题名：The Bible in everyday life

上海：广学会，1936.3，24页，36开（青年灵修会小丛书7）

本书介绍圣经及认识圣经的几种方法。

收藏单位：国家馆

03056

圣经与文学研究 高博林著

长沙：商务印书馆，1940.9，65页，32开（百科小丛书）

本书论述圣经与文学的关系以及圣经在文学中的地位。共5章：绪论、"创世纪"与神话研究、新旧约故事的研究、诗歌研究、结论。书前有序。书末附本书所用参考书籍。

收藏单位：重庆馆、国家馆、辽大馆、南京馆、宁夏馆、上海馆、首都馆、西南大学馆

03057

圣经与自然 基督复临安息日会华中联合会教育部编 中华总会教育部校

上海：时兆报馆，1936，354页，32开

本书是用上帝创造世界的观点来讲解自然的教科书。一二年级适用，父母及教师用本。

收藏单位：重庆馆

03058

圣经摘录

美国洛司亚格勒司湖南圣经学校，1921，206页，50开

本书按次序分类分段摘录圣经内容，每段有标题。正文前有小引。

收藏单位：江西馆

03059

圣经摘录

上海：商务印书馆，1917，210页，42开
上海：商务印书馆，1923，210页，42开
上海：商务印书馆，1924，210页，42开
上海：商务印书馆，1925，210页，42开
上海：商务印书馆，1927，210页，42开

收藏单位：广东馆、国家馆、山东馆

03060

圣经摘录

[上海]：出版者不详，1922，210页，36开

收藏单位：河南馆

03061

圣经之宝贵 张之江著

外文题名：The precious Bible

上海：美华圣经会，1931.6，[8]页，32开（美华圣经会丛书4）

本书为颂扬《圣经》的短文。书前有赵锡恩序。

收藏单位：国家馆、南京馆

03062

圣经之起原及生长 海兰耳著 谢颂三译述

上海：广学会，1933.4，145页，32开
上海：广学会，1940.4，再版，145页，32开

本书共12章，内容包括：神圣的文库——总论、上帝言语的起头、上帝启示的完成、新约如何成为圣典等。

收藏单位：重庆馆、山东馆、绍兴馆、首都馆

03063

圣经之认识 （美）挪克司（R. C. Knox）著 密记励 赵鸿祥译

外文题名：Knowing the Bible

上海：广学会，1935，358页，32开（齐鲁神学丛书6）
上海：广学会，1940，3版，358页，32开（齐鲁神学丛书6）
上海：广学会，1947，4版，358页，32开（齐鲁神学丛书6）

本书解说圣经中的一些内容。

收藏单位：重庆馆、桂林馆、近代史所、山东馆、上海馆、首都馆

03064

圣经之如何成就 刘德丽著 女青年会全国协会编辑部译

上海：中华基督教女青年会协会，1922，122页，25开

上海：中华基督教女青年会协会，1932.1，4
版，122 页，25 开

本书共 6 章，内容包括：一个民族的祖宗、民族的险象与民族的领袖、一个衰落的民族、特赐的领袖与他的伟大使徒、基督教之建立。

收藏单位：山东馆

03065

圣经之文学研究　[美]摩尔登（Richard G. Moulton）著　（英）贾立言（A. J. Garnier）等译
外文题名：The literary study of the Bible
上海：广学会，1936，[20]+516 页，32 开
上海：广学会，1938，再版，14+516 页，25 开

本书研究宗教文学问题。共 7 卷：圣经文学的体例论、圣经中的抒情诗歌、圣经的史诗与历史文学、圣经中的修辞文学、圣经或智慧文学的哲学、圣经中的先知文学、约伯记。

收藏单位：国家馆、山东馆、首都馆

03066

圣经之研究法（路加福音）（美）米勒（Samuel M. Miller）著　吕绍端译述
外文题名：The gospel by Luke outline studies
汉口：中华信义会书报部，1937.5，30 页，32 开

本书共 10 课。书前有弁言。书后有路加福音大纲一览。

收藏单位：重庆馆、国家馆

03067

圣经之研究法（马太福音）（美）米勒（Samuel M. Miller）著　吕绍端译述
外文题名：The gospel by Matthew outline studies
汉口：中华信义会书报部，1937.4，40 页，32 开

本书共 13 课，内容包括预备事项及 28 章内容。书前有弁言。书后有马太福音大纲一览。

收藏单位：重庆馆、国家馆

03068

圣经之研究法（使徒行传）（美）米勒（Samuel M. Miller）著　吕绍端译述
汉口：中华信义会书报部，1937，68 页，32 开

收藏单位：重庆馆

03069

圣经之真纯　（英）琼斯（L. Bevan Jones）著　孔福民译述
外文题名：Authenticity to the scriptures
汉口：中国基督圣教书会，1949.6 重印，42 页，32 开

本书译自著者《基督教对清真教的解释》一书中的一章。引古兰经证实圣经的完善与权威。书前有译者引言。

收藏单位：国家馆

03070

圣经直解　[阳玛诺]译
上海：土山湾慈母堂，1915，2 册（1112 页），32 开，精装

本书共 14 卷，对圣经进行解释。书前有译者序。

收藏单位：国家馆、南京馆、山东馆

03071

圣经直解　阳玛诺译
兖州：兖州府天主堂印书局，1930，3 版，5 册，24 开

收藏单位：国家馆

03072

圣经旨趣浅说　（德）和士谦（Carl Johannes Voskamp）著
外文题名：The gist of the Bible
汉口：中华信义会书报部，1935.4，再版，198 页，32 开

本书分上、下两卷。解释圣经各卷旨趣要点。

收藏单位：国家馆、辽大馆

03073

圣经指略（上卷 旧约）

华北书会，1913，196 页，22 开

  收藏单位：首都馆

03074

圣经指略（下卷 新约）

华北书会，1913，[256] 页，22 开

  收藏单位：首都馆

03075

圣经中的几个表式与伴偶

烟台：耶稣教查经处，1934，71 页，32 开

03076

圣经中的男孩子 上海福幼报社编

上海：广学会，1927，44 页，32 开

上海：广学会，1933，44 页，32 开

  本书摘辑圣经中有关男孩子的章节。

  收藏单位：重庆馆、山东馆

03077

圣经中的圣歌 林保罗编 缪秋笙审定

上海：广学会，1948，再版，30 页，32 开

  本书为第一级义工教材第 11 册。共 6 课，内容包括："照圣书上所记载的，谁应当歌颂？""照圣书记载，谁曾歌颂过的？或谁将要歌颂？""圣经里圣歌的内容""照圣经记载，人当怎样歌唱？"等。书后附旧约时代里唱诗的提倡者、怎样领唱诗等。

  收藏单位：重庆馆、南京馆

03078

圣经锥指 谢洪赉著

外文题名：Introduction to Bible study

上海：中华基督教青年会，1914，1 册，25 开

上海：中华基督教青年会，1915，4 版，1 册，25 开

上海：中华基督教青年会，1917.7，5 版，1 册，25 开

  本书为讲授圣经的课本。阐述为人之道。书后有复习纲要。

  收藏单位：国家馆、山东馆、天津馆

03079

圣经字典选本 钱在天著

南京：仁声印书局，1936，108 页，36 开

  收藏单位：广东馆、绍兴馆

03080

圣经总论 陈崇桂著

重庆：布道杂志社，1947，364 页，32 开

  本书考证圣经各篇章的作者、写作地点、时期及内容。

  收藏单位：重庆馆、国家馆、南京馆

03081

圣书纲目 [William Muirhead] 编

外文题名：Topical index of the Bible

上海：广学会，1912，322 页，25 开

  本书为圣经分类索引，以圣经中的某一关键词为目，下列出处。共 12 卷，内容包括：上帝总论、基督总论、圣神总论、圣经总论、福音总论等。

  收藏单位：国家馆

03082

圣书故事浅略（耶稣奇迹） 伦敦圣教书会编译

上海：伦敦圣教书会，1910，32 页，32 开

  收藏单位：首都馆

03083

圣书故事浅略（约瑟古传） 伦敦圣教书会编译

上海：伦敦圣教书会，1911，32 页，32 开

  本书记述圣经中约瑟的故事。

  收藏单位：首都馆

03084

圣书与中国文学 周作人等著 小说月报社编辑

外文题名：The Bible and literature

上海：商务印书馆，1925.3，65 页，50 开（小说月报丛刊25）

  本文评析《圣书》与中国文学，刊载于 1921 年 1 月刊《小说月报》12 卷 1 号。

收藏单位：重庆馆、国家馆、吉林馆、江西馆、辽大馆、上海馆、首都馆

03085

圣咏集　方济堂圣经学会编译

北平：方济堂，1946.9，514 页，32 开

圣咏即《诗篇》，共 5 卷、150 篇。卷首有序、凡例。卷末附引用经书简字表、经内译名表、经外译名表。

收藏单位：国家馆、南京馆、内蒙古馆、首都馆

03086

圣咏译义初稿　吴经熊译

上海：商务印书馆，1946.10，121 页，25 开

上海：商务印书馆，1946.10，再版，121 页，25 开

上海：商务印书馆，1946，3 版，121 页，25 开

圣咏即《诗篇》。据希伯来文翻译。书前有蒋中正给译者的书信及于斌、朱希孟的序文各一篇。

收藏单位：重庆馆、东北师大馆、广东馆、广西馆、贵州馆、桂林馆、国家馆、近代史所、南京馆、内蒙古馆、山东馆、上海馆、绍兴馆、天津馆、西南大学馆、浙江馆

03087

诗篇　圣经公会编译

圣经公会，1935，[198] 页，32 开

圣经公会，1936，256 页，32 开

圣经公会，1942，641—724 页，32 开

圣经公会，1948，134 页，50 开

圣经公会，83 页，32 开

本书为旧约全书第 19 卷。

收藏单位：重庆馆、广东馆、国家馆、吉林馆、南京馆、绍兴馆

03088

诗篇（官话和合译本）

上海：大英圣书公会，1919，146 页，25 开

上海：大英圣书公会，[1924]，256 页，25 开

上海：大英圣书公会，1920，142 页，25 开

收藏单位：广东馆、国家馆、山东馆

03089

诗篇（中西字）

出版者不详，1932，225 页，32 开

收藏单位：南京馆

03090

诗篇浅说　李荣芳著

北平：燕大基督教团契，1937.12，14 页，23 开（燕大基督教团契丛书 2）

本书对《诗篇》的形成、时代背景及其类别等作了分析。

收藏单位：国家馆

03091

诗篇释义　（美）郭斐蔚（Frederick Rogers Graves）著述　俞恩嗣译

外文题名：Commentary on Psalms

上海：广学会，1932.11，280 页，25 开

上海：广学会，1940，再版，280 页，22 开

本书收《旧约》中的诗篇，共 150 篇，每首诗均有详细注释。书前有著者序和概论各一篇。

收藏单位：重庆馆、广东馆、河南馆、山东馆、上海馆、首都馆

03092

诗篇新论　（英）林辅华（Charles Wilfrid Allan）著　夏明如译

外文题名：Introduction to the book of Psalms

上海：广学会，1932.12，146 页，32 开

本书共 14 章，内容包括：引言、诗篇的本质、诗篇的著作期和著作人、诗篇的编纂、诗篇的诗艺等。

收藏单位：重庆馆、广东馆、南京馆、山东馆、上海馆、绍兴馆、首都馆

03093

十国地图说略

烟台：足前明灯报社，20 页，32 开

本书介绍圣经地理。

03094
使徒行传　中华函授学校编
中华函授学校，石印本，39 页，16 开，环筒页装
　　本书为中华函授学校七年级用课本。介绍基督教几位著名使徒，如彼得、约翰、保罗等人的历史。

03095
使徒行传　中华圣经会编
[中华圣经会]，1948，78 页，64 开
　　本书为新约圣经卷五。
　　收藏单位：广东馆、上海馆

03096
使徒行传
上海：美华圣经会，1931，93 页，36 开
　　收藏单位：国家馆

03097
使徒行传
圣经公会，1935，78 页，32 开
上海：圣经公会，1936，163 页，90 开
[圣经公会]，1937，86 页，64 开
　　收藏单位：国家馆、南京馆、内蒙古馆

03098
使徒行传（称上帝）
上海：美华圣经会，1934，78 页，50 开
　　收藏单位：国家馆

03099
使徒行传（官话和合译本）
上海：大美国圣经会，1921，130 页，32 开，精装
　　本书为白话文译本。

03100
使徒行传（官话略解）
上海：苏格兰圣经会，1925，50 页，32 开
上海：苏格兰圣经会，1933，50 页，32 开
　　本书为白话文译本。
　　收藏单位：重庆馆、山东馆、首都馆

03101
使徒行传课本　（英）窦乐安（John Darroch）
　　农竹译述
上海：中国圣教书会，1925，200 页，32 开
　　本书共 49 课，内容包括：四福音与使徒行传的分别、基督升天、马提亚中选、五旬节、一次奇迹的影响等。
　　收藏单位：重庆馆

03102
使徒行传释义　（英）罗培德（W. P. Roberts）
著　朱世璇译
上海：广学会，1938，55 页，16 开（新约释义丛书）
上海：广学会，1948，再版，55 页，16 开（新约释义丛书）
　　本书共 9 部分。内容包括：总论，本书特有的价值，本书与路加福音之关系、著作日期、根据，路加记载之是否准确，本书之原文、分析、释义，复活的基督和它的门徒，基督徒首次的聚会，圣灵的洗礼，彼得的演词和他的影响，信主者的集团，医愈瘫腿的人，彼得的言辞，彼得的新约禁锢，为教会祷告，信主者的生活，使徒第二次被捉，发达的教会的辅弼者，司提反的讲道与被捉，司提反的演辞和辩白，司提反的殉道，福音从耶路撒冷向外传播，扫罗变成一个信主的人等。
　　收藏单位：国家馆、上海馆

03103
使徒行传新注释　咸牧师　殷雅各牧师著
外文题名：New commentary on the acts of the apostles
上海：广学会，1930，430 页，32 开，精装
　　本书内容包括：著书之历史、本书之宗旨、历史上之考据、使徒传道时之环境、年表、著作之时期、教会之鉴定等。
　　收藏单位：北大馆、上海馆、首都馆

03104
使徒行传要略（官话）
上海：时兆报馆，1926，199 页，32 开

上海：时兆报馆，1929，199页，32开

本书以问答体解说使徒行传。

收藏单位：重庆馆、上海馆

03105

使徒行传之研究　（美）路思义（Henry Winters Luce）编译　冯明安笔述

外文题名：Aids to study of Acts

上海：协和书局，1919，331页，22开

上海：协和书局，1923，[13]+331，[10]页，22开

上海：协和书局，1928，331页，23开

本书共6段60课，内容包括：论门徒为复活之耶稣作证而立教会于耶路撒冷、论门徒因受迫离耶路撒冷散至犹太全地及撒马利亚作证、论门徒初向拜耶和华之外邦人作证等。

收藏单位：重庆馆、广东馆、山东馆

03106

使徒言行录　华西教育会编

成都：华英书局，1922，102页，32开

本书据圣经中的有关记载，叙述诸"圣人"的言行。正文前题：初小第四年圣经选集。

收藏单位：国家馆

03107

使徒约翰福音　何尔敦笺释　俞安乐译述

出版者不详，66页，大64开

本书将流传数千年的圣经故事，用简明通俗的现代语言重新诠释，淋漓展现圣经故事的精髓。

收藏单位：浙江馆

03108

使徒之时代　（爱尔兰）米德峻（William Miskelly）著　马福江述

外文题名：The apostolic age

上海：广学会，1940.3，256页，25开

本书研究《圣经》新约各篇的产生年代。共51章，内容包括绪论及福音书的来源等。有插图。

收藏单位：重庆馆、国家馆、绍兴馆

03109

士师记

上海：圣经公会，1937，691—766页，32开

收藏单位：广东馆

03110

士师记（失败与拯救的书）　罗西耳（H. L. Rossier）著　鲍会园译

[上海]：基督福音书局，92页，32开

收藏单位：上海馆

03111

世界名人与圣经　谢洪赉著

外文题名：Great men and the Bible

上海：中华基督教青年会全国协会书报部，1917，再版，68页，25开

上海：中华基督教青年会全国协会书报部，1920.9，3版，74页，25开

本书列举52位世界著名政治家、哲学家、文学家、科学家受益于圣经的事迹。

收藏单位：国家馆、江西馆

03112

释经学　司可迪（George H. Schodde）著　魏国伟　李少兰译

外文题名：Biblical hermeneutics principles scriptural interpretation

汉口：中华信义会书报部，1935.11，1册，32开

本书引用圣经中的事来解释圣经。全书共3卷13章，内容包括：圣经为解释之目的物、释经学的普遍原则、特别释经学。

收藏单位：国家馆

03113

释经学（上册）　（美）德锐著　张永训编译

南京：[金陵神学院]，1921，94+60+20页，22开

本书引用圣经中的事来解释圣经。

收藏单位：国家馆

03114

属灵人　倪柝声著

外文题名：The spiritual man

[上海]：[福音书房]，[1928]，1323 页，32 开

上海：福音书房，1932.6，再版，3 册（1342 页），32 开

本书根据圣经讲肉体和灵魂的关系。分 3 卷：灵魂体的总论、肉体、魂。卷首有再版序、序、后序、原文检字表。书末有索引。

收藏单位：内蒙古馆、山东馆、上海馆、绍兴馆、浙江馆

03115

属灵人（卷 1 灵魂体的总论） 倪柝声著

上海：福音书局，102 页，32 开

本书共 4 章：灵和魂和身子、灵和魂、人的堕落、救法。

收藏单位：国家馆

03116

属灵人（下册） 倪柝声著

上海：福音书局，1946，[434] 页，25 开

收藏单位：首都馆

03117

司可福圣经课程 （美）司可福（Cyrus Ingerson Scofield）著 李晨钟译

武昌、上海：宣道书局，1947，再版，[94] 页，32 开

收藏单位：广东馆

03118

四福音大辞典 （英）黑斯廷斯（James Hastings）编 （英）林辅华（Charles Wilfrid Allan）夏明如编译 胡昌言校阅

外文题名：A dictionary of Christ and the Gospels

上海：广学会，1933—1936，2 册（792+868 页），16 开，精装

上海：广学会，1940，再版，2 册（792+886 页），32 开，精装

本书词条按汉字部首排列。著者原题：海丁氏。

收藏单位：重庆馆、广西馆、国家馆、黑龙江馆、南京馆、内蒙古馆、山西馆、上海馆

03119

四福音的历史价值 蒯德潜著 周士良译

上海：土山湾印书馆，31 页，32 开

本书内容包括：四福音所引起的问题、四福音的作者、四福音的流传、福音的历史价值的旁证等。

收藏单位：国家馆、内蒙古馆

03120

四福音随笔 （美）慕翟（D. L. Moody）著 谢颂羔译

上海：广学会，1940，76 页，32 开

03121

四史合编

献县：胜世堂，458 页，32 开

本书即四福音书。共 6 卷，内容包括：圣婴事迹、耶稣传教第一年事迹、耶稣传教第二年事迹、耶稣第三年传教事迹、从耶稣复活到耶稣升天等。

收藏单位：国家馆

03122

四史集一注解

出版者不详，115 页，25 开，环筒页装

本书为四福音书的注释。内含卷 7—10。

收藏单位：国家馆

03123

四史圣经

献县：胜世堂，1918，638 页，32 开

本书即马太、马可、路加、约翰四福音。每章后有注解。

收藏单位：国家馆

03124

提多书释义 王颂棠著

上海：广学会，1934，204 页，32 开

收藏单位：重庆馆、广东馆、南京馆

03125

提多书新注释 （德）连普安（H. Linden）著

上海：广学会，1934，220 页，32 开

收藏单位：重庆馆

03126

提摩太前书新注释 （德）连普安（H. Linden）
著　麦邑山译

上海：广学会，1935，200 页，32 开
　　收藏单位：重庆馆、首都馆

03127

提摩太后书新注释 （德）连普安（H. Linden）
著　麦邑山译

上海：广学会，1935，346 页，32 开
　　收藏单位：重庆馆

03128

提摩太前后书释义　王颂棠编

上海：广学会，1932，335 页，32 开
　　收藏单位：重庆馆

03129

提摩太前书考详　烟台耶稣教查经处编

烟台：耶稣教查经处，1930，86 页，24 开
　　收藏单位：山东馆

03130

天定论　万国圣经研究会编

万国圣经研究会，1913，238+24 页，32 开（圣
经研究）
　　本书共 16 章，提出许多圣经上的问题。
　　收藏单位：浙江馆

03131

天路之灯台　林悟真著

上海：圣灵报社，1935.9，234 页，32 开
　　本书共 10 章，内容包括：论圣经、论安
息日、论洗礼等。
　　收藏单位：国家馆

03132

天下大经　刘子静　（美）梅立德（Frank R.
Millican）　陈荣真编

外文题名：The greatest book in the world

上海：广学会，1937.8，82 页，32 开

本书共 3 章，第 1 章为中外名人对于圣
经的见正文，如威尔逊总统、格兰德总统、德
国文豪歌德等；第 2 章是从教务杂志的一篇文
《将来的教会——它对圣经的信仰》所翻译出
来的；第 3 章是讨论圣经在灵修方面的价值。
　　收藏单位：山东馆

03133

帖撒罗尼迦前后书略解

烟台：耶稣教查经处，1935，65 页，32 开

03134

帖撒罗尼迦前后书释义　葛赉恩（S. W. Green）
著　浦化人译

外文题名：The epistles of Paul to the Thessalonians

上海：广学会，1937，8 页，16 开（新约释义
丛书 1）

上海：广学会，1940，再版，8 页，16 开（新
约释义丛书 1）
　　本书共 6 部分：导言、帖撒罗尼迦前书的
概要、帖撒罗尼迦前书释义、帖撒罗尼迦后
书的概要、帖撒罗尼迦后书释义、附注。
　　收藏单位：重庆馆、国家馆

03135

帖撒罗尼迦前后书新注释　（美）芳泰瑞（Co-
urtenay H. Fenn）编译

上海：广学会，1926，103 页，25 开

本书首先叙述帖撒罗尼迦当时的情形，
再叙保罗写这两封书信给帖撒罗尼迦弟兄的
地点、时间和目的。前书是保罗对帖撒罗尼
迦弟兄说明他对上帝的感觉，对基督的态度
以及他以别人在宗教上的坚固和伦理上的进
步为他的生死问题；后书是更详细的说明基督
第二次降临以前的预兆，以纠正他们错误的
印象，并劝导他们坚持信德。
　　收藏单位：重庆馆

03136

童年圣经读本　李山甫著

天津：崇德堂，1947.7，61 页，32 开
　　本书共 57 课，内容摘自圣经。每课后附
提要。

收藏单位：国家馆、南京馆、天津馆

03137

万民福音 （美）力宣德（George Carleton Lacy）著

外文题名：The Bible for all people

上海：美华圣经会，1935，[8] 页，32 开

　　本书介绍有关华文圣经的销售、传播等情况。

　　收藏单位：国家馆

03138

万王之王

香港：公教真理学会，1 册，16 开

　　本书为圣经故事连环画。

　　收藏单位：国家馆

03139

往训万民　萧杰一编

安庆：天主堂，1940—1941，4 册（[2258] 页），32 开

安庆：天主堂，1944.1，再版，4 册（[2258] 页），32 开

　　本书讲解周年主日及各种特别瞻礼圣经训义和道理。

　　收藏单位：国家馆、湖南馆、宁夏馆、绍兴馆、首都馆

03140

为什么要研究圣经　W. R. Bowie 著　姚贤慧译

上海：青年协会书局，1941.5，90 页，32 开（海慎宗教丛书）

　　本书共 5 章：为什么读圣经、文学的圣经、生命之书的圣经、圣经所论到的神与人、圣经与今日的时代。

　　收藏单位：重庆馆、广东馆、贵州馆、国家馆、南京馆

03141

为主立志　石天民译

外文题名：Decision for Christ

上海：基督福音书局，23 页，32 开

　　本书讲述一些圣经中的故事，劝人信仰基督。

　　收藏单位：南京馆

03142

我为什么信圣经是神所默示的　王明道著

北平：灵食季刊社，1933.3，142 页，32 开

　　本书共 10 章，内容包括：引言、旧约中的律法美备奇妙证明圣经是神所默示的、圣经中的记载善恶皆备证明圣经是神所默示的等。

　　收藏单位：国家馆、天津馆

03143

五十二主日圣经讲义　（美）赫显理（Henry Galloway Comingo Hallock）选辑　金铸范校

上海：普益书会，1916，250 页，26 开

　　本书收《我将万物都更新了》（王修临）、《我实在告诉你们人若没有重生必不能见上帝的国》（吕乾元）、《现在就是拯救的日子》（侯荫祖）、《你们应当悔改》（耿锡田）、《为义受逼迫的人是有福的》（欧温雅）等。

　　收藏单位：重庆馆

03144

希伯来书释义　（美）赫士（W. M. Hayes）译著　韩凤冈校阅

外文题名：Commentary on Hebrews

上海：广学会，1925.5，134 页，32 开

上海：广学会，1933，再版，130 页，32 开

　　本书共 3 编：新约经手者愈于旧约诸经手者、新约大祭司所行实二有效非若旧约礼虚能鲜和劝门徒坚信不退。

　　收藏单位：重庆馆、山东馆

03145

希伯来书释义　（英）力戈登（L. Gordon Phillips）著　陈景熹译

上海：广学会，1948，19 页，16 开（新约释义丛书）

03146

希伯来书之研究　蒋梅村著　李既岸校

上海：灵声社，1937，203 页，32 开

本书剖析希伯来书的内容及含义。共 13 章，内容包括：神子、人子、摩西等。

收藏单位：国家馆、首都馆

03147

希伯莱讲义 贾玉铭著

灵光报社，1933，2 版，218 页，25 开

收藏单位：广东馆

03148

席胜魔诗歌·教会诗歌 美华书馆编

上海：美华书馆，1912，[176] 页，32 开

收藏单位：河南馆

03149

先知哈该和撒迦利亚时代之以色列人 （英）牛顿便雅悯著　沈春华译

烟台：伯大尼家庭敬拜室，1940，32 页，32 开

本书为圣经故事解说。

03150

先知以利亚实录 （英）梅尔（F. B. Meyer）著 季理　任保罗译

上海：广学会，1923，再版，126 页，28 开

本书内容包括：以利亚（eliyahu）、《圣经》故事人物、犹太教奉为最大先知。

收藏单位：上海馆

03151

现代青年旧约必读 李荣芳著

上海：中华基督教女青年会全国协会，1933，282 页，22 开

收藏单位：广东馆

03152

现代青年新约必读 柏基根（T. M. Barker）等编

上海：中华基督教女青年会全国协会，1933.4，183 页，25 开

本书共 6 卷，内容包括：全书导论、耶稣是谁、耶稣的工作与思想等。书前有刘廷芳序。

收藏单位：广东馆、国家馆、山东馆、上海馆

03153

现代索隐（国语） 施拜首著　胡钝初译

上海：时兆报馆，1925，126 页，32 开

上海：时兆报馆，1928，126 页，32 开

本书引述历史，说明上帝创造世界及圣经中的预言等。

收藏单位：重庆馆、南京馆、上海馆、浙江馆

03154

现在或将来 苏慕华（L. Scarlett）著

上海：中华浸会书局，1932，17 页，64 开

本书摘自圣经中的彼得前书、彼得后书、约翰一书、约翰二书、约翰三书等。

收藏单位：国家馆

03155

新经 [萧舜华] 译

[天津]：[崇德堂]，[1941]，[213] 页，32 开

本书为《圣经·新约》白话青年读本。内容包括：预报若翰保弟斯大诞生、预报耶稣诞生、玛利亚往见依撒伯尔等。

收藏单位：国家馆

03156

新经大略 （德）赫德明（Joseph Hesser）编译

兖州：兖州府天主堂印书馆，1928，6 版，刻本，111 叶，32 开，环筒叶装

兖州：兖州府天主堂印书馆，1932，7 版，[10+123+107 页]，32 开

兖州：兖州府天主堂印书馆，1935，8 版，2 册（10+123+107 页），32 开

兖州：保禄印书馆，1940，10 版，2 册，32 开

兖州：保禄印书馆，1940，11 版，94+80 页，32 开

兖州：保禄印书馆，1947，12 版，[230] 页，32 开

本书为新约全书的简写本。内容包括：天神报若翰诞生、圣母领报、圣母往见圣妇依

撒伯乐、若翰诞生、耶稣圣认、圣母献耶稣于主堂等。

收藏单位：国家馆、河南馆、上海馆

03157

新经公函与默示录 （法）士杰卜多禄（Pierre Bousquet）述

外文题名：Nouveau testament epitres et apocalypse

香港：纳匝肋静院，1923，546 页，32 开

本书摘自新约中的圣保禄（保罗）、圣雅哥伯（雅各）、圣伯多禄（彼得）、圣若望（约翰）的书信及启示录。附注解。

收藏单位：国家馆

03158

新经合编

外文题名：Quatuor Evangelia

献县：耶稣会，1931，28+572 页，32 开

本书是以《圣经》为蓝本编写的耶稣传记，共 6 卷：耶稣圣婴事迹天主与人偕、耶稣传教第一年事迹、耶稣传教第二年事迹、耶稣传教第三年事迹、圣主日事迹、自耶稣复活至升天事迹。

收藏单位：国家馆

03159

新经简要 邵司铎著

兖州：兖州府天主堂印书馆，1935，2 版，220 页，25 开

本书选自《新约》。共 110 篇，内容包括：天神报若翰诞生、圣母领报、三王来朝等。书前有小引。

收藏单位：国家馆

03160

新经简要注讲

兖州：兖州府天主堂印书馆，1932—1933，4 册（[751] 页），25 开

本书为新约全书的注解。共 110 篇，每篇分内容、圣经、注讲、劝言 4 部分。冠图。

收藏单位：国家馆、绍兴馆

03161

新经略说 （德）赫德明（Joseph Hesser）著

兖州：天主堂印书馆，1930，7 版，[380] 页，32 开

兖州：天主堂印书馆，1934，8 版，[310] 页，32 开

兖州：保禄印书馆，1941，修订 1 版，319 页，32 开

本书为新约的白话本。共 146 章，内容包括：天神报若翰诞生、圣母领报、圣母往见圣妇依撒伯尔等。

收藏单位：国家馆、河南馆

03162

新经奇迹粹要

[天津]：出版者不详，1918，23 页，36 开

本书从新约全书中摘录"变水为酒""过海止风""徒步走海"等奇迹资料。

收藏单位：国家馆

03163

新经全书 李山甫 （法）申自天（René Archen）（法）狄守仁（P. Petit）等合译

天津：崇德堂，1949，453 页，32 开，精装

本书即《新约》，内容包括：玛窦传的福音、马尔谷传的福音、路加传的福音等。书后附插图。

收藏单位：国家馆、内蒙古馆、绍兴馆

03164

新经释义

上海：土山湾印书馆，1926 重印，420+102 页，32 开，精装

收藏单位：浙江馆

03165

新经像解

北平：出版者不详，1932，106 页，16 开

本书共 9 部分，内容包括：论耶稣基利斯督降诞、论圣若翰保弟斯大、论耶稣选择宗徒等。

收藏单位：国家馆

03166

新经译义 玛窦（Mateo）撰 江南耶稣会隐

名士译

上海：土山湾印书馆，1912重印，412+12页，32开，精装

上海：土山湾印书馆，1926，420页，25开，精装

　　本书共4卷。书后附四史合璧、宗徒大事录。

　　收藏单位：国家馆、南京馆、内蒙古馆

03167

新旧全书　圣经公会编

圣经公会，1937，[1407]页，50开，精装

　　收藏单位：江西馆

03168

新旧约（厦门罗马字）　圣书公会编

上海：圣书公会，1930，[1103]页，22开，精装

　　收藏单位：广东馆

03169

新旧约辑要（普及本）　（美）费佩德（Robert Ferris Fitch）　杨阴浏编

上海：开明书店，1933，573页，32开

　　本书共8部分：起初、以色列族、以色列众先知、希伯来之诗歌与故事、我主之一生及其传道事业、耶稣之教训、始初之教会、书信与约翰之启示录。

　　收藏单位：重庆馆、上海馆

03170

新旧约辑要（英汉对照）　（美）费佩德（Robert Ferris Fitch）　杨阴浏编

外文题名：The little Bible

上海：开明书店，1933.1，803页，32开，精装

　　本书卷首有英文序。

　　收藏单位：重庆馆、国家馆、南京馆、浙江馆

03171

新旧约接续史　（英）库寿龄（Samuel Couling）原著　李路得　毛云轩校阅

上海：广学会，1917，再版，49页，22开

　　本书共37章，总论犹太古史，内容包括：论犹太属波斯、论亚历山大胜波斯、论亚历山大得犹太、论他利米得犹太等。

　　收藏单位：国家馆

03172

新旧约里的故事　柏纳德（H. C. Barnard）著　宋桂煌译

上海：青年协会书局，1948，70页，32开（青年丛书第2集35）

　　本书共14章，内容包括：导言，万有的起源，亚伯拉罕、以撒、雅各、约瑟，摩西和以色列的后裔，约书亚和先知们，撒母耳和扫罗，大卫朝和所罗门朝，王国的分裂：以利亚和以利沙等。

　　收藏单位：吉大馆

03173

新旧约全书　上海广学会编

上海：[广学会]，1939，2+908页

　　收藏单位：近代史所

03174

新旧约全书

[上海]：美国圣经会，1938，[738]页，32开

03175

新旧约全书

圣经公会，1935，[1408]页，50开

上海：圣经公会，1936，[1686]页，32开，精装

上海：圣经公会，[1939]，1408页，32开

上海：圣经公会，1940，[1408]页，32开，精装

上海：圣经公会，1941，1408页，32开，精装

　　本书收旧约经文共39篇，包括创世纪、出埃及记、利未记、民数记、申命记、约书亚记、士师记、路得记、撒母耳记上、撒母耳记下、列王纪上、列王纪下等；新约经文共27篇，包括马太福音、马可福音、路加福音、约翰福音、使徒行传、罗马人书、哥林多前书、哥林多后书、加拉太书、以弗所书、腓

立比书等。

收藏单位：重庆馆、东北师大馆、广东馆、广西馆、桂林馆、国家馆、黑龙江馆、江西馆、辽大馆、南京馆、山东馆、绍兴馆、首都馆

03176
新旧约全书
苏格兰圣经会，1939，1056+352 页，22 开，精装

收藏单位：国家馆、江西馆、上海馆

03177
新旧约全书
上海：中国圣经公会，1938，352 页，32 开，精装

03178
新旧约全书
中华圣经会，1948，[1408] 页，50 开，精装
[中华圣经会]，1949，318 页

收藏单位：重庆馆、桂林馆、近代史所、西南大学馆

03179
新旧约全书（串珠）
上海：圣经公会，1935，[1272] 页，25 开，精装

收藏单位：重庆馆、国家馆

03180
新旧约全书（串珠）
上海：中华圣经会，1946，[1272] 页，32 开，精装
中华圣经会，1947，1056 页，32 开，精装
中华圣经会，1948，[1272] 页，32 开

收藏单位：重庆馆、桂林馆、江西馆、上海馆、首都馆

03181
新旧约全书（第 4 卷）
圣经公会，1941，800 页，32 开，精装
本书内容自马太福音至启示录。旁附国

语拼音字母。

收藏单位：重庆馆、上海馆

03182
新旧约全书（福州话）
上海：圣书公会，1929，[1480] 页，32 开，精装

收藏单位：广东馆

03183
新旧约全书（福州土腔）
上海：圣书公会，1928，[1482] 页，32 开，精装

收藏单位：国家馆

03184
新旧约全书（官话）　上海大英圣书公会编辑
上海：大英圣书公会，1924，[2072] 页，32 开，精装

03185
新旧约全书（官话）
上海：美华圣经会，1927，[2042] 页，25 开，精装

收藏单位：天津馆

03186
新旧约全书（官话和合译本）
上海：大美国圣经会，1919，[1408] 页，32 开，精装

收藏单位：国家馆、绍兴馆

03187
新旧约全书（官话和合译本）
上海：大英圣书公会，1920，[1056+352] 页，32 开，精装
上海：大英圣书公会，1922，1056+352 页，32 开，精装
上海：大英圣书公会，1924，[1056+352] 页，32 开，精装

收藏单位：国家馆、江西馆、内蒙古馆、山东馆

03188
新旧约全书（官话和合译本）
上海：美国圣经会，1923，1056+352 页，50 开，精装
上海：美国圣经会，1926，1056+352 页，32 开，精装
上海：美国圣经会，1930，1056+352 页，32 开，精装
上海：美国圣经会，1931，1056+352 页，32 开，精装
　　出版者英文名称：American Bible Society。
书内出版者又称：上海美华圣经会。
　　收藏单位：重庆馆、国家馆、山东馆

03189
新旧约全书（官话和合译本）
上海：美华圣经会，1926，[1682] 页，32 开
上海：美华圣经会，1927，1682 页，32 开
　　收藏单位：广西馆、国家馆

03190
新旧约全书（官话和合译本）
上海：圣经公会，1932，[1408] 页，32 开，精装
上海：圣经公会，1938，1408 页，32 开，精装
　　收藏单位：重庆馆、广东馆、吉林馆

03191
新旧约全书（官话和合译本）
上海：圣书公会，1930，1056+352 页，32 开
上海：圣书公会，1931，[1056+352] 页，32 开，精装
上海：圣书公会，1933，[1056+352] 页，32 开，精装
　　收藏单位：广东馆、国家馆、山东馆、首都馆

03192
新旧约全书（官话和合译本）
上海：苏格兰圣经会，1933，[1408] 页，25 开，精装
[苏格兰圣经会]，1940，318 页

上海：苏格兰圣经会，[1682] 页，25 开
　　收藏单位：重庆馆、东北师大馆、广东馆、广西馆、近代史所、南京馆、内蒙古馆

03193
新旧约全书（官话和合译本 上帝）
上海：大美国圣经会，1920，1 册，25 开，精装
　　收藏单位：桂林馆、山东馆

03194
新旧约全书（官话和合译本 神）
上海：大美国圣经会，1920，1056+352 页，50 开，精装
　　收藏单位：国家馆

03195
新旧约全书（广东话）
广州：圣书公会，1920，[1710] 页，32 开，精装
上海：圣书公会，1926，1406 页，32 开，精装
圣书公会，1931，[1424] 页，32 开，精装
　　收藏单位：广东馆、国家馆、南京馆、浙江馆

03196
新旧约全书（广东土白）
上海：大美国圣经会，1920，[1708] 页，32 开

03197
新旧约全书（国语本）
上海：美华浸会书局，1939，[1682] 页，25 开，精装
　　收藏单位：广东馆

03198
新旧约全书（国语和合译本）
圣经会，1056 页，32 开
　　收藏单位：江西馆

03199

新旧约全书（国语和合译本 第2卷 撒母耳记至诗篇）

圣经公会，[1941]，1718页，32开，精装

  收藏单位：上海馆

03200

新旧约全书（客话）

上海：圣书公会，1931，[1768]页，25开，精装

  收藏单位：广东馆

03201

新旧约全书（上海话）

上海：美华圣经会，1928，[1834]页，25开，精装

  本书书后附家庭记要。

  收藏单位：广东馆、国家馆

03202

新旧约全书（文理）

上海：美国圣经会，1923，[1032]页，50开

03203

新旧约全书（文理和合译本）

上海：圣书公会，1921，[1026]页，32开

上海：圣书公会，1923，782+250页，32开，精装

上海：圣书公会，1928，782+250页，32开，精装

  收藏单位：广东馆、国家馆、河南馆

03204

新旧约圣经（串珠）

圣经公会，1940，954+318页，25开，精装

  收藏单位：国家馆

03205

新旧约圣经（官话）（美）施约瑟（Samuel Isaac Joseph Schereschewsky）译

上海：大美国圣经会，1912，1284+442页，25开，精装

上海：大美国圣经会，1914，1284+442页，

25开，精装

  收藏单位：国家馆

03206

新旧约圣经（官话串珠）

上海：大美国圣经会，1912，978+332页，25开，精装

  收藏单位：国家馆

03207

新旧约圣书

圣书公会，1913，248页，32开，精装

上海：圣书公会，1927，800+248页，32开，精装

  收藏单位：广东馆、南京馆

03208

新旧约圣书（官话）

圣书公会，1913，[1408]页，32开，精装

  收藏单位：重庆馆

03209

新旧约圣书（广东话）

圣书公会，1920，[1708]页，25开，精装

03210

新史合编直讲

上海：土山湾印书馆，1913，2册，25开

上海：土山湾印书馆，1913，10册（[717]页），16开

上海：土山湾印书馆，1930，[923]页，18开，精装

  本书是对新约的讲解。共20卷，内容包括：圣路加书札弁言、天神报若翰受孕、圣母领报、耶稣宗谱等。

  收藏单位：国家馆、内蒙古馆、上海馆、绍兴馆、首都馆

03211

新史像解　沈则宽编译

上海：土山湾印书馆，1921，101页，32开

上海：土山湾印书馆，1932，5版，100页，32开

本书为刘德齐继《古史像解》之后组织学生编绘的第二部著作。解释文字由沈则宽撰写。以问答形式解释新约中记载的人物及事件，共 100 段文字，每段配一图。编译者原题：沈容斋。

收藏单位：国家馆、南京馆、内蒙古馆、浙江馆

03212
新约（国语罗马字）
出版者不详，383 页，25 开，精装
收藏单位：广东馆

03213
新约（花苗文）
上海：圣书公会，1929，575 页，25 开
收藏单位：广东馆

03214
新约（建宁罗马字）
上海：圣书公会，1922，618 页，25 开，精装
收藏单位：广东馆

03215
新约（满洲话）
出版者不详，1 册，22 开，精装
收藏单位：广东馆

03216
新约（汕头话）
出版者不详，550 页，22 开，精装
收藏单位：广东馆

03217
新约撮要（原名，圣经心）（美）湛罗弼（R. E. Chambers）编
上海：中华浸会书局，1941，4 版，117 页，32 开

03218
新约导论　诚质怡著
外文题名：An introduction to the literature of the New Testament

[北平]：中华圣公会书籍委办，1930，320 页，32 开

本书共 18 章，内容包括：新约研究总论、副本之校勘、历史评论法等。书后附参考书举要。

收藏单位：国家馆、山东馆

03219
新约导论　（挪）穆格新（Sten Bugge）著　陈建勋　周游译
外文题名：New Testament Introduction
汉口：中华信义会书报部，1934.8，412 页，32 开

本书共 51 章，内容包括：上帝的道、新约导论为神学的一科、符类福音的问题等。卷首有译者序。卷末附录希律世系图、罗马皇帝年代表、景教三威蒙度赞。

收藏单位：国家馆

03220
新约读法介谈　赖崇理著
上海：中华浸会女传道会联合会，1941，154 页，32 开

本书介绍读圣经的方法，以及基督徒读经的目的。共 15 章，内容包括：新约最早一卷、最早的福音书、第二卷福音书等。卷首有小引、例言及新约卷次表。

收藏单位：广东馆

03221
新约读范　诚敬一编译
上海：广学会，1912，74 页，32 开
上海：广学会，1930，再版，74 页，32 开
上海：广学会，1939，3 版，74 页，32 开

本书内容包括：新约总论、福音与书信总论、廿七卷事类考和分段考等。

收藏单位：重庆馆、上海馆

03222
新约妇女　（美）狄珍珠（Madge D. Mateer）编辑　张仲温译述
外文题名：Women of the New Testament
上海：广学会，1924，107 页，32 开

本书辑新约全书中 14 位妇女的事迹，包括：马利亚、以利沙伯、亚拿等。

收藏单位：国家馆

03223

新约概论 包克私口译 费赓周笔述 赵指云演文

外文题名：Introduction to the New Testament

上海：广学会，1914，1 册，25 开

上海：广学会，1931，3 版，305 页，25 开

本书概述新约全书的作者、成书年代、书中涉及的人物、各章特点。

收藏单位：国家馆、南京馆、山东馆、天津馆

03224

新约考古学 （挪）唐务道（Olav Dalland）编译 喻筠记述

外文题名：Introduction to New Testament time

[汉口]：中华信义会书报部，1924，74 页，32 开

本书共 6 章，内容包括：犹太人的历史、耶稣的圣迹、使徒布道及新约文字。

收藏单位：国家馆

03225

新约历史 （英）贾立言（A. J. Garnier） 冯雪冰合编

外文题名：New Testament history

上海：广学会，1933.12，526 页，25 开

本书讲述新约的由来，共 5 卷 23 章，内容包括：世界的背景、犹太的情形、帕勒斯听的土地与人民、耶稣幼年生活与工作等。

收藏单位：重庆馆、广东馆、浙江馆

03226

新约历史日课 V. Vogt 著 湘中中华信义会译

外文题名：Bible history for higher primary schools

汉口：中华信义会书报部，1933.2，9 版，72 页，32 开

本书共 55 课，讲解新约中所记载的历史，内容包括：论上帝的启示在圣经内、论施

洗约翰幼年事、论天使加伯列报信给童女马利亚等。

收藏单位：国家馆

03227

新约全书

美国圣经公会，1944，414 页，50 开，精装

本书内容包括：马太福音、路加福音、约翰福音、罗马人书、雅各书、犹大书、启示录等。

收藏单位：桂林馆、上海馆、首都馆、天津馆

03228

新约全书

广州：美华浸会印书局，1917，318 页，32 开

收藏单位：广西馆

03229

新约全书

圣经公会，1935，1032 页，22 开

圣经公会，1936，414 页，50 开，精装

圣经公会，1938，578+142 页，25 开，精装

圣经公会，1939，557 页，32 开

圣经公会，1939，1032+256 页，22 开，精装

圣经公会，1943，724 页，32 开，环筒叶装

圣经公会，843 页，32 开，精装

收藏单位：重庆馆、广东馆、桂林馆、国家馆、河南馆、吉林馆、辽大馆、南京馆、首都馆、首都馆

03230

新约全书

中华圣经会，1946，577+142 页，32 开，精装

中华圣经会，1947—1948，[720] 页，32 开，精装

中华圣经会，1948，1032+256 页，32 开，精装

中华圣经会，1948，578 页，32 开，精装

收藏单位：广东馆、绍兴馆

03231

新约全书

出版者不详，1939，908 页，32 开，精装
出版者不详，640 页，64 开
出版者不详，1114 页，25 开，精装
　　收藏单位：重庆馆、广西馆、贵州馆、绍兴馆

03232
新约全书（官话和合）
[上海]：大美国圣经会，1911，1058 页，32 开
上海：大美国圣经会，1921，744 页，32 开
上海：大美国圣经会，1921，石印本，1032 页，22 开，精装
　　收藏单位：重庆馆、国家馆

03233
新约全书（官话和合）·诗篇（官话） 曲振方标点
[上海]：大美国圣经会，1911，石印本，592+146 页，32 开，精装
　　本书内容包括：马太福音、马可福音、路加福音、约翰福音、使徒行传、使徒保罗达罗马人书等。
　　收藏单位：国家馆

03234
新约全书（官话和合译本）
上海：大英圣书公会，1918，1 册，50 开，精装
上海：大英圣书公会，1924，578 页，42 开，精装
上海：大英圣书公会，1925，578 页，90 开，精装
　　收藏单位：北大馆、广东馆、国家馆、天津馆、浙江馆

03235
新约全书（官话和合译本）
上海：美国圣经会，1926，578 页，32 开
　　收藏单位：广西馆、江西馆、首都馆

03236
新约全书（官话和合译本）
[上海]：圣书公会，1916，石印本，1058 页，

32 开，精装
上海：圣书公会，1931，石印本，1032 页，32 开，精装
上海：圣书公会，1932，578 页，32 开，精装
　　收藏单位：国家馆

03237
新约全书（官话和合译本）
上海：苏格兰圣经会，1934，578 页，32 开
　　收藏单位：重庆馆、山东馆

03238
新约全书（官话和合译本）
上海：出版者不详，1918，640 页，90 开，精装
　　本书为新约全书官话本。
　　收藏单位：浙江馆

03239
新约全书（广东话）
上海：圣书公会，1929，570 页，32 开
　　收藏单位：广东馆

03240
新约全书（汉字注音合刊）
上海：圣书公会、美华圣经会，[1934]，843 页，32 开
　　收藏单位：国家馆、南京馆

03241
新约全书（卷 1 马太福音）
上海：大英圣书公会，128 页，25 开
　　收藏单位：重庆馆、山东馆

03242
新约全书（卷 5 使徒行传）
圣经公会，1936，78 页，25 开
　　收藏单位：江西馆

03243
新约全书（苏州土白）
上海：大美国圣经会，1922，586 页，32 开，精装

收藏单位：广东馆

03244

新约全书（文理）

上海：大英圣书公会，1922，390 页，42 开，精装

　　收藏单位：国家馆

03245

新约全书（中西字） 中国圣经书屋编译

外文题名：The New Testament

中国圣经书屋，1940，908 页，32 开，精装

　　收藏单位：重庆馆、南京馆

03246

新约全书（中西字）

上海：大美国圣经会，1930，672 页，25 开，精装

　　收藏单位：广东馆

03247

新约全书（中西字）

上海：[大英圣书公会]，1911，898 页，32 开，精装

　　出版者据 "British & Foreign Bible Society" 翻译。粤语英语对照。

　　收藏单位：广东馆

03248

新约全书（中西字）

上海：商务印书馆，1926，898 页，32 开，精装

　　收藏单位：广东馆

03249

新约全书（中西字）

[中国圣经会]，1947，908 页，32 开，精装

　　收藏单位：南京馆、内蒙古馆、首都馆

03250

新约全书（中西字官话和合译本，美国新译英文）

外文题名：The new testament

上海：美国圣经会，1913，672 页，32 开

上海：美国圣经会，1924，672 页，22 开，精装

上海：美国圣经会，1927，672 页，22 开，精装

上海：美国圣经会，1933，672 页，22 开

　　本书为中英文对照。

　　收藏单位：国家馆、内蒙古馆、天津馆

03251

新约全书（中西字中英文对照）

上海：大英圣经公会，1937，908 页，32 开，精装

　　收藏单位：重庆馆、上海馆

03252

新约全书（中西字中英文对照）

出版者不详，1935，672 页，25 开

出版者不详，1940，828 页，25 开

　　收藏单位：河南馆、江西馆

03253

新约全书（中英文合璧）

[中国圣经会]，1949，908 页，32 开

　　收藏单位：绍兴馆

03254

新约人物 谢颂羔编

外文题名：New Testament Characters

上海：广学会，1928，118 页，32 开

上海：广学会，1940，6 版，144 页，32 开

上海：广学会，1946，7 版，144 页，32 开

上海：广学会，144 页，32 开

　　本书内容包括：一个模范的学生、耶稣的履历、耶稣伟大的人格、耶稣的宗教等。

　　收藏单位：北大馆、重庆馆、广东馆、河南馆、南京馆

03255

新约入门 （挪）艾香德（Karl Ludvig Reichelt）译　李路得述

汉口：中华信义会书报部，1923，396 页，25 开

汉口：中华信义会书报部，1923，再版，396页，25 开

本书分总论、分论两部分，内容包括：新约入门之观念及其来由、教会如何审定新约、新约胚胎时代犹太之情形等。

收藏单位：山东馆

03256

新约入门（上卷）（挪）艾香德（Karl Ludvig Reichelt）译　李路得述

汉口：圣教书局，1915，126 页，25 开

收藏单位：山东馆

03257

新约入门各论

出版者不详，379 页，25 开

收藏单位：山东馆

03258

新约圣经（官话串珠）

上海：大美国圣经会，1915，197 页，32 开，精装

本书书后附汉文圣经译本小史。

收藏单位：辽宁馆、云南馆

03259

新约圣经流传史　密立根著　（英）贾立言（A. J. Garnier）　冯雪冰译

上海：广学会，1934，14+270 页，32 开

本书共 5 章：新约原文的著作、希腊文的古卷、古译文、希腊文新约评注本、圣经英文译本。卷末附汉文圣经译本小史、各种圣经译本。

收藏单位：国家馆、辽宁馆、山东馆

03260

新约圣经之初　李涌泉著

上海：广学会，1935，139 页，32 开

本书研究新约的原文和流传的经过。附录紧要新约钞本散存欧美一览表。

收藏单位：广西馆、山东馆

03261

新约圣书

出版者不详，442 页，22 开

出版者不详，600 页，22 开

收藏单位：国家馆、首都馆

03262

新约圣书（文理和合）

大美国圣经会出版社，1912，424 页，25 开

收藏单位：山东馆

03263

新约圣书（文理和合）

圣书公会，1914，400 页，32 开

收藏单位：国家馆、浙江馆

03264

新约史（九年级）　中华函授学校编

出版者不详，192 页，25 开

本书为课本，共 40 课。

收藏单位：上海馆

03265

新约史记　中华函授学校编

出版者不详，192 页，32 开

本书为讲义。

收藏单位：上海馆

03266

新约史记（官话）

上海：时兆报馆，1926，654 页，32 开

本书为课本，共 134 课。书后附习文课。

收藏单位：重庆馆、内蒙古馆

03267

新约史记（文理）

上海：时兆报馆，1921，522 页，32 开

本书为课本，共 3 卷 19 章。

收藏单位：重庆馆、广东馆

03268

新约书信的起源和传播　斯尔托著

上海：广学会，1927.1，108 页，32 开

本书内容包括：雅谷书、帖撒罗尼迦前书、帖撒罗尼迦后书、哥林多前书、哥林多后书、加拉太书等。

收藏单位：山东馆

03269

新约书信概论　李维廉著

广学会，1939，3 版，145 页，32 开

收藏单位：广东馆

03270

新约伟人三十课　（美）戴斐士（John P. Davies）著　吕朝良译

外文题名：Thirty lessons in old testament characters

上海：美华浸会书局，1936，129+13 页，32 开

收藏单位：重庆馆

03271

新约问答　德位思编

成都：华英书局，44 页，32 开

收藏单位：南京馆

03272

新约希汉英字典　（美）司徒雷登（John Leighton Stuart）著

北京：燕京大学宗教学院，1918，238 页，16 开，精装

北平：燕京大学宗教学院，1948，影印本，238 页，16 开，精装

本书收新约希腊文名词，用中英两种文字解释。

收藏单位：上海馆

03273

新约小史　（美）古士毕（E. Y. Goodspeed）著　简又文编译

上海：中华基督教文社，1927，150 页，32 开

本书介绍新约各章写作的历史背景、主要目的与内容等，共 20 章，内容包括：达帖撒罗尼迦人书、达加拉太人书、达哥林多人前书等。

收藏单位：山东馆、上海馆

03274

新约学课　（美）鲁柏森（Archibald Thomas Robertson）著　（美）浦其维（Cicero W. Pruitt）译

外文题名：Studies in the New Testament

上海：美华浸会书局，1933.6，320 页，32 开

上海：美华浸会书局，1940，再版，320 页，32 开

本书共 3 编：新约的背景、基督的事情、使徒的历史。

收藏单位：重庆馆、广东馆、国家馆、南京馆、山东馆

03275

新约研究指南　诚质怡著

上海：广学会，1948，41 页，32 开（中华全国基督教协进会基督教奋进运动丛书 2）

本书介绍研究《圣经·新约》的方法。

收藏单位：南京馆

03276

新约原文类解　朱宝惠编著

南京：宜春阁印刷局，1925，192 页，32 开

收藏单位：山东馆

03277

新约正经成立史　张伯怀著

外文题名：The Canon & Test of the New Testament

上海：广学会，1937.1，202 页，32 开（齐鲁神学丛书 9）

上海：广学会，1938.10，再版，202 页，32 开（齐鲁神学丛书 9）

本书共 14 章，内容包括：总论、新约经典之缘起、新约经典的考据、续使徒时代的新约（一、二）、哀利纽时代、阿利真时代、犹西笔时代、犹西比时代（续前）、审定新约的聚会、中世纪的新约、宗教革命时代的新约、暂时列入经典之书、结尾的话。书后附古代新约目录。

收藏单位：国家馆、江西馆、南京馆、内蒙古馆、山东馆、首都馆

03278

新约指南　士诺敦　邹秉彝译

外文题名：The making and meaning of the New Testament

上海：广学会，1947，4 版，10+208 页，32 开

　　本书共两部分。第一部分为新约的背景，分别介绍犹太、希腊和罗马；第二部分为新约的书本，分级别介绍福音书、使徒行传和保罗的书信、公函与启示录，以及新约的订定和流转。

　　收藏单位：黑龙江馆

03279

新约中的妇女　（美）吉惠丽（Willie Kelly）著

外文题名：Women of the New Testament

上海：美华浸会印书局，1932，30 页，32 开

　　本书介绍新约全书中每位妇女的事略，共 20 课，内容包括：耶稣先锋约翰的母亲以利沙伯、主耶稣的母亲马利亚、神殿里的女先知亚拿和腓利的四个女儿、耶稣的朋友马利亚和马大等。

　　收藏单位：国家馆

03280

新约总论　李兆民著

外文题名：A student's general introduction to New Testament

上海：广学会，1926，214 页，32 开

　　本书共 10 章，内容包括：新约的研究方法、新约最初时期底环境、新约底年表、新约正典和外传、新约的文笔和耶稣底语言、新约底引证、新约底礼拜和祭司、新约底原本、新约底古译本、中华译本。

　　收藏单位：国家馆、山东馆

03281

行传

中华圣经会，1948，78 页，64 开

　　收藏单位：南京馆

03282

袖珍圣经类编

上海：中华普益书会，972 页，50 开，精装

　　本书为新旧约圣经词典。

　　收藏单位：国家馆

03283

袖珍学生圣经辞典　（英）林辅华（Charles Wilfrid Allan）著　谷云阶译

外文题名：Bible dictionary for schools

上海：广学会，1933，230 页，32 开

　　本书按英文字母顺序排列。

　　收藏单位：上海馆

03284

宣传正义之古先知阿摩司之研究　（瑞典）罗育德（Ruth Nathorst）著

外文题名：AMOS the prophet of righteousnes

[汉口]：中华信义会书报部，1928，20 页，32 开

　　本书介绍犹太王国先知阿摩司（Amos）的时代背景及其工作与预言要义。书前有著者序。

　　收藏单位：广东馆、国家馆

03285

选题便览　（美）易格兰（T. Ekeland）编译

外文题名：Bible texts of vairous occasions

汉口：中华信义书局，1923，78 页，32 开

汉口：中华信义书局，1928.7，再版，78 页，32 开

　　本书辑录圣经中有关内容，分载于 37 个题目之下，供牧师和传道人在举行各种集会时选用。内容包括：圣洗、坚振礼、圣餐、慰病、慰灾、慰贫等。

　　收藏单位：国家馆

03286

循序录　许维生译

外文题名：Line upon Line

上海：福音书局，2 册，64 开

　　本书叙述了《圣经》中的故事，内容包括：创造、亚当的罪、该隐与亚伯、洪水、应许之地、应许的婴孩等。

　　收藏单位：重庆馆

03287

训道篇 方济堂圣经学会编译

北平：方济堂，1947.10，75页，32开

本书即《传道篇》。正文前有拉丁文参考书目和引言。

收藏单位：国家馆

03288

雅歌 方济堂圣经学会编译

北平：方济堂，1947.10，57页，32开

本书正文前有拉丁文参考书目。

收藏单位：国家馆

03289

雅歌

上海：圣经公会，1937，1803—1816页，32开（旧约全书）

收藏单位：广东馆

03290

雅各彼得犹大书释义 （英）林辅华（Charles Wilfrid Allan）著 夏明如译

上海：广学会，1939，39页，16开（新约释义丛书）

上海：广学会，1948，再版，39页，16开（新约释义丛书）

上海：广学会，39页，16开

本书共4篇：雅各书释义、彼得前书释义、彼得后书释义、犹大书释义。

收藏单位：重庆馆、上海馆

03291

雅各书新注释 （挪）艾香德（Karl Ludvig Reichelt）著 李路德编译

外文题名：Commentary on St. James

上海：广学会，1925.3，178页，25开

上海：广学会，1940.1，再版，178页，25开

本书分概论、释义两编。

收藏单位：重庆馆、首都馆

03292

亚肋叔歌

北平：出版者不详，1934印，44页，32开

本书为传教剧本。

收藏单位：国家馆

03293

研经概论 （英）林辅华（Charles Wilfrid Allan）著 沈靖 夏明如译

外文题名：Handbook to the Bible

上海：广学会，1942，154页，32开（解经指南2）

本书研究《圣经》的起源及特点等。共12章，内容包括：圣经研究法、圣经是宗教的文库、圣经的权威和灵感等。书前有著者序言。

收藏单位：重庆馆

03294

耶和华（人类之友） 沈秋宾译

上海：基督教中华浸会少年团联会，1941，245页，32开

收藏单位：广东馆

03295

耶利米哀歌

上海：圣经公会，1937，2147—2162页，32开

收藏单位：广东馆

03296

耶利米书

上海：圣经公会，1936，176页，32开

本书为旧约全书的一卷，记载了先知耶利米的预言。

收藏单位：广东馆、国家馆

03297

耶利米书（国语注音） 上海圣经公会编

上海：圣经公会，1936，165页，32开

03298

耶利米书释义 （英）林辅华（Charles Wilfrid Allan）著 夏明如译

外文题名：A historical commentary on the book of the prophet Jeremiah

上海：广学会，1933，267 页，25 开
上海：广学会，1941，再版，267 页，25 开

本书分 24 章。书名页题：根据于历史的耶利米书释义。

收藏单位：重庆馆、首都馆

03299

耶稣的福音　萧舜华译

南京：圣保禄会印书馆，1949.1，342 页，64 开，精装

本书即四福音书，包括玛窦福音、玛尔谷福音、路加福音、若望福音。

收藏单位：国家馆

03300

耶稣对时局宣言　张仕章著

基督教新文社，1939，21 页，32 开（耶稣主义丛刊 1）

收藏单位：南京馆

03301

耶稣基督的启示　（美）何赓诗（Martin Hopkins）著

上海：福音书局，[1939]，428 页，32 开

本书是对启示录的解释。书前有著者英、汉文序。书后有汉英名词对照表等。实用国语注释、解经分析讲义。

03302

耶稣基督完全的人子　罗以撒译

上海：福音书局，16 页，32 开

收藏单位：南京馆

03303

一本古书里的现代科学　（美）李梅（Harry Rimmer）著　赵君影译

外文题名：Modern science in an ancient book

上海：福音书局，[1934]，17 页，32 开（科学与圣经小丛书 4）

本书论述《约伯记》中所蕴藏的科学知识。

收藏单位：国家馆

03304

一个受训练的民族　贾溥萌著

上海：广学会，1931.3，49 页，32 开
上海：广学会，1931，再版，47 页，32 开

本书共 50 课，摘自《圣约·旧约》。书前有编者弁言。

收藏单位：重庆馆

03305

一年可念完之五十二节圣经　[中华浸会书局] 编

上海：中华浸会书局，1932.11，3 版，16 页，32 开

本书摘录《圣经》中的章节。

收藏单位：国家馆

03306

以弗所歌罗西腓利门书释义　（英）林辅华（Charles Wilfrid Allan）著　程伯群译

外文题名：The epistle of Paul to the Ephesians. The epistle of Paul to the Colossians. The epistle of Paul to the Philemon

上海：广学会，1948，23 页，16 开（新约释义丛书）

03307

以弗所书注释　（美）赫士（W. M. Hayes）译著

外文题名：New commentary on St. Paul's letter to the Ephesians

上海：广学会，1921，184 页，32 开
上海：广学会，1925，再版，183 页，22 开
上海：广学会，1940，4 版，164 页，22 开

收藏单位：山东馆、首都馆

03308

以赛亚书

上海：圣经公会，1935，1817—1970 页，32 开
上海：圣经公会，1937，163 页，32 开

本书为旧约全书的一卷。记载关于犹大国和耶路撒冷的背景资料，以及当时犹大国的人民在耶和华前所犯的罪，并透露耶和华

将要采取判决与拯救的行动。

　　收藏单位：广东馆

03309
以赛亚书讲义　[华北神学院]编
华北神学院，石印本，182 页，16 开
　　本书为圣经教材。

03310
以赛亚书之研究　（美）甄乃思（Richard E. Jenness）著
汉口：中国基督圣教书会，1939，124 页，32 开
　　收藏单位：广东馆

03311
以色列诸先知　（英）力戈登（L. Gordon Phillips）著　庄霜根译
上海：广学会，1924.12，166 页，32 开
上海：广学会，1931，[再版]，176 页，32 开
　　本书共 5 章，内容包括：亚述时期、巴比伦时期、波斯时期、希腊时期、预言。书后有结论。
　　收藏单位：山东馆、绍兴馆

03312
以色列诸先知（新译）　（英）力戈登（L. Gordon Phillips）著　马冯纲　王揆生译
外文题名：The prophets of Israel
上海：广学会，1924.12，252 页，32 开
上海：广学会，1941.7，6 版，252 页，32 开
　　本书共 8 章，详述《旧约》诸先知生活的时代，他们的言论、使命等。书前有译者赘言、著者第 4 版原序等。
　　收藏单位：重庆馆、吉大馆、山东馆

03313
以斯拉记
上海：圣经公会，1936，130 页，32 开
　　本书为《圣经》旧约中的一卷书。记叙以斯拉在波斯帝国摧毁巴比伦帝国后重建耶路撒冷，带领一批犹太人返回应许之地这段时期的经历。

　　收藏单位：广东馆

03314
以斯拉书略解　爱德华登纳著　吴久舒译
上海：福音书局，1941，109 页，32 开
　　以斯拉书即《以斯拉记》。

03315
以斯帖记（国语和合译本）
上海：圣经公会，1936，1421—1442 页，32 开
　　本书为《圣经》旧约的一卷。
　　收藏单位：广东馆

03316
以西结书　上海圣经公会编
上海：圣经公会，1936，1 册，32 开
　　本书为旧约全书的一卷，记载了先知以西结看到的异象。
　　收藏单位：广东馆、国家馆、上海馆

03317
淫妇得救　倪柝声著
上海：福音书房，1939，4 版，21 页，32 开
　　本书讲述一个出轨妇女在临死前受到良心谴责，通过悔过、祈祷，而得到主的谅解的故事。
　　收藏单位：广东馆

03318
犹大书话解　外德劳（C. Waidtlow）著　段大经译述
外文题名：Commentary on the epistle of St.Jude
汉口：中华信义会书报部，1935.1，16 页，32 开
　　本书分为提要和句解两部分，内容包括：著书之人、受书之人、著书之时、著书之地、著书之目的等。
　　收藏单位：国家馆

03319
逾越节　倪柝声著
上海：福音书房，1933，25 页，32 开
上海：福音书房，1939，3 版，25 页，32 开

本书辑录并讲解《旧约·出埃及记》11章4节至12章各段经文。

收藏单位：重庆馆、国家馆

03320
约伯记　[美]摩尔登（Richard G. Moulton）著　（英）贾立言（A. J. Garnier）冯雪冰　朱德周译
外文题名：The book of Job
上海：广学会，1936，74页，32开

本书共两章：约伯记的本事、约伯记在文学与哲学上的地位。

收藏单位：国家馆

03321
约伯记
上海：圣经公会，1936，1443—1518页，32开

收藏单位：广东馆

03322
约伯记（官话和合译本）
上海：美华圣经公会，1931，57页，64开

本书为约伯记官话（白话文）译本。

03323
约伯传　方济堂圣经学会编译
北平：方济堂，1947，121页，32开

本书即约伯记，全书分为42章。

收藏单位：国家馆

03324
约翰二三书话解　外德劳（C. Waidtlow）著　段大经译述
外文题名：Commentary on the second and third epistle of st. John
汉口：中华信义会书报部，1935.5，20页，32开

本书内容包括：约翰二书话解、约翰三书话解。

收藏单位：国家馆

03325
约翰福音
上海：美华圣经会，1931，76页，36开
上海：美华圣经会，1934，64页，64开

本书是《圣经》新约的一卷，记载了耶稣的生平。

收藏单位：国家馆

03326
约翰福音
佩带圣经公会，1946，123页，64开

收藏单位：南京馆、上海馆

03327
约翰福音
圣经公会，1937，133页，64开
圣经公会，1938，267—348页，25开
圣经公会，1940，64页，64开

收藏单位：广东馆、国家馆、江西馆

03328
约翰福音
圣书公会，1948，64页，64开

收藏单位：广东馆、江西馆

03329
约翰福音
出版者不详，106页，48开

收藏单位：重庆馆、桂林馆、南京馆、绍兴馆

03330
约翰福音（官话和合）
圣书公会，66页，64开（新约圣书4）

本书为官话（白话文）译本。

收藏单位：国家馆

03331
约翰福音（官话略解）
上海：苏格兰圣经会，1925，40页，32开
上海：苏格兰圣经会，1926，40页，32开

本书为官话（白话文）简写本。

收藏单位：重庆馆、广西馆、首都馆

03332

约翰福音（广东话）

圣经公会，1938，70 页，64 开

　　收藏单位：广东馆

03333

约翰福音（中文阿拉伯文对照）

上海：大英圣书公会，[1919]，136 页，42 开

　　收藏单位：国家馆

03334

约翰福音（中西字） 华西圣经公会编

外文题名：The Gospel according to St. John（Chinese and English）

华西圣经公会，1942，93 页，32 开

　　本书为中英文对照。

　　收藏单位：国家馆

03335

约翰福音（中西字）

上海：圣经公会，1911，90 页，32 开

　　本书为中英文对照。

　　收藏单位：广东馆

03336

约翰福音（中英文合璧）

上海：大英圣书公会，1948，317—409 页，32 开

　　本书为中英文对照。

　　收藏单位：重庆馆、西南大学馆

03337

约翰福音的中心 卜乐思著　苏佐扬译

上海：内地会，22 页，32 开

　　本书提出许多圣经上的问题，叫学习者引用经文填写。

03338

约翰福音略解 （英）司皮尔著 （加）季理斐（Donald MacGillivray）杜文渊译

上海：广学会，1923，210 页，25 开

　　本书内容包括：本福音的著作者、约翰为何人、作者的宗旨与计划、本福音的分析、

福音正文解释、附录等。

　　收藏单位：重庆馆

03339

约翰福音神迹的研究 （英）陶然士（Thomas Torrance）著　王神荫译

外文题名：Expository studies in St. John's miracles

上海：广学会，1941，236 页，32 开

　　本书共 10 章，揭示约翰福音所载神迹蕴含的实际意义。有著者原序及译者序。

　　收藏单位：重庆馆、广东馆、天津馆

03340

约翰福音释义 （英）林辅华（Charles Wilfrid Allan）著　陈景熹译

上海：广学会，1948，42 页，16 开（新约释义丛书）

03341

约翰福音问答

出版者不详，116 页，32 开

03342

约翰福音中的耶稣 蒋梅村著

上海：中华基督教贵格会，1948，再版，84 页，32 开

　　收藏单位：上海馆

03343

约翰福音注释 （挪）艾香德（Karl Ludvig Reichelt）译　李路得述

外文题名：Exegetical commentary on the Gospel of St. John

汉口：中华信义会书报部，1919，12+412 页，16 开

汉口：中华信义会书报部，1925，再版，12+412 页，16 开

中华信义会书报部，1948，3 版，38+412 页，32 开

　　本书分为概论、释义两编。概论包括使徒约翰圣迹、约翰福音承认案、约翰福音与符类福音之关系、约翰福音作于何时何地、约翰福音为谁而作、约翰福音之品格及目的

6 章；释义是对约翰福音的分段注释，共分 8 段，书前有译者序和英文序。

收藏单位：国家馆、首都馆

03344

约翰福音注释 （加）季理斐（Donald Mac Gillivray） 李路德著

上海：广学会，1931，904 页，25 开

上海：广学会，1939，3 版，904 页，25 开

上海：广学会，1941，4 版，904 页，25 开

本书分概论、释义两编。书前李路德自序。

收藏单位：重庆馆、广东馆

03345

约翰三章十六节 耶稣教查经处编

烟台：耶稣教查经处，1934，135 页，32 开

本书为约翰福音的一部分。

03346

约翰书信释义 （美）赫士（W. M. Hayes）释义 管西屏校阅

外文题名：Commentary on St. John's epistles

上海：广学会，1936.9，73 页，32 开

本书是对约翰一、二、三书的解释。约翰一书分 3 段解释，包括行于光中之据、作神子女之据、以爱而活以信而获胜；约翰二书分为 3 支解读，包括问安、劝辞、总结；约翰三书亦分为 3 支解释，包括约翰所爱之该犹与其优待宣道者之行为、自大者及其恶行、赞誉有善行者。

收藏单位：国家馆

03347

约翰书信释义 （英）贾立言（A. J. Garnier） 朱德周著

外文题名：The epistles of St. John

上海：广学会，1936，20 页，16 开（新约释义丛书 1）

上海：广学会，1948，3 版，20 页，16 开（新约释义丛书 1）

本书是对约翰一、二、三书的解释。

收藏单位：重庆馆、国家馆

03348

约翰一书释义 （英）林辅华（Charles Wilfrid Allan）著　夏明如译

外文题名：Exposition of the first epistle of St. John

上海：广学会，1935，236 页，32 开

收藏单位：重庆馆

03349

约翰壹书研究 中华浸会女传道会联合会编辑

外文题名：A study of the book of First John

上海：中华浸会书局，1946.7，14 页，32 开

收藏单位：上海馆

03350

约拿书（国语和合译本）

[上海]：圣经公会，1936，6 页，32 开

本书为旧约全书抽印本，从 2441 页至 2446 页。

收藏单位：国家馆

03351

约拿书的教训 许维生译

外文题名：Meditation on Jonah the prophet

上海：福音书局，67 页，32 开

03352

约拿先知的研究

上海：广学会，1926，114 页，42 开

本书主要介绍先知约拿的事迹，共 6 章，内容包括：是历史么比喻么幻想么、本书含有历史性质之证据、这问题的枢纽、按历史的性质解说本书等。

收藏单位：国家馆

03353

约书亚记 罗西耳（H. L. Rossier）著　鲍会园译

上海、北京：福音书局，128 页，32 开

本书是《圣经》旧约的一卷书。共 24 章，记载了以色列人由约书亚带领进入应许之地的过程。

收藏单位：上海馆

03354

约书亚记

出版者不详，106 页，32 开

　　收藏单位：广东馆

03355

约书亚纪讲义 （加）翟辅民（Robert Alexander Jaffray）[著]

梧州：宣道书局，1926，426 页，25 开

　　本书共 29 课，内容包括：论约书亚记至大纲要、论约书亚记被召二命民等。

　　收藏单位：山东馆

03356

在他面前 王峙著

香港：灵恩书局，1946.8，46 页，32 开

　　收藏单位：南京馆

03357

在天我等父者 （美）梅博文（Kaschmitter）著 周振兴译

北平：公教教务联合会，1946，8 页，32 开

　　本书摘自福音书中的故事。

　　收藏单位：国家馆

03358

帐幕宝训 包乐克（A. J. Pollock）著 戴葛玉连译

外文题名：The tabernacle's typical teaching

上海：中西基督福音书局，1931，178 页，36 开，精装

上海：中西基督福音书局，1936，再版，180 页，32 开

　　本书为圣经讲解。共 20 章。

　　收藏单位：重庆馆、上海馆、天津馆

03359

真道纲要 黄渔深编

上海：业余圣经夜校，104 页，32 开

　　本书为上海基督教会上海区会业余圣经夜校课程目录。

　　收藏单位：上海馆

03360

真道留传

出版者不详，石印本，1 册

　　收藏单位：国家馆

03361

真道疑难讲演录 （德）叶道胜（J. Genahr）著

汉口：中华信义会书报部，1932.3，84 页，32 开

　　本书讲解旧新约全书中的若干问题。内容包括：旧约智慧书之报应与永生观、诗篇中之报应与永生观、约伯记之报应与永生观、传道书之报应与永生观、旧新约所言之上帝果有殊异否、旧约圣经与二十世纪之人尚有关涉否。

　　收藏单位：国家馆

03362

真理的圣经 Sidney Collett 著

外文题名：The Scripture of Truth

上海：基督福音书局，2 册（260 页），32 开

　　本书共 10 章，内容包括：圣经的诞生、第一本印成英文的圣经、圣经与历史等。

　　收藏单位：广东馆、上海馆

03363

真伪福音辨 王明道著

外文题名：The Gospel: true and false

北平：灵食季刊社，1936.3，102 页，32 开

　　本书述说如何分辨福音之真伪。共 7 篇，内容包括：一共有几个福音呢、我们应当注重来生的道理么、救赎的重要等。书前有著者序。

　　收藏单位：广东馆、国家馆、首都馆、天津馆

03364

箴言 方济堂圣经学会编译

北平：方济堂，1947.10，88 页，32 开

　　本书共 31 章。书前有拉丁文参考书目和引言。

　　收藏单位：国家馆

03365

箴言（旧约全书）

上海：圣经公会，1719—1778 页，32 开

　　本书为抽印本。国语会译本，附标注音符号。

　　收藏单位：广东馆、河南馆

03366

箴言释义 （美）都孟高（M. H. Throop）著

上海：广学会，1939，19 页，32 开（旧约释义丛书）

　　收藏单位：重庆馆

03367

箴言新释 （美）都孟高（M. H. Throop）　黄叶秋编著

北平：中华圣公会书籍委员会，1932，158 页，32 开

03368

智慧篇　方济堂圣经学会编译

北平：方济堂，1947.10，73 页，32 开

　　本书即《所罗门智训》。书前有拉丁文参考书目和引言。

　　收藏单位：国家馆

03369

智慧书（六种）　方济堂圣经学会编译

北平：方济堂，1947.10，591 页，32 开（旧约全书 4）

　　本书共 6 部分：约伯传（约伯记）、箴言、训道篇（传道书）、雅歌、德训篇（便西拉智训）、智慧篇（所罗门智训）。卷首有序、自序及凡例。卷末附引用经书简字表、经内译名表、经外译名表。

　　收藏单位：广西馆、国家馆、内蒙古馆、首都馆

03370

中华圣公会书籍委办发刊书目提要　中华圣公会书籍委办编

中华圣公会书籍委办，1930，14 页，18 开

　　本书内容包括：圣经论说及注释、道理及牧友神学、教会及宗教史记、教授及教科书等。

　　收藏单位：国家馆

03371

中文创作圣歌　六公会联合圣歌委员会选

六公会联合圣歌委员会，35 页，32 开

　　本书含有 53 首中文圣歌歌词。

　　收藏单位：浙江馆

03372

周年主日圣经

出版者不详，179 页，32 开

　　本书逐日讲解圣经中从神降临主日起至耶稣升天的内容。

　　收藏单位：国家馆

03373

周年主日瞻礼圣经　田司铎著

香港：公教真理学会，1947.4，2 版，124 页，32 开

　　本书为闽南读音字文章。

　　收藏单位：南京馆

03374

诸先知的使命　苏尔恩（George W. Thorn）著　夏明如译

外文题名：The prophets of Israel and their message for today

上海：广学会，1940，140 页，32 开（解经指南 1）

　　本书为《圣经》经义研究用书。共 12 章，内容包括：希伯来先知的地位和能力、预言的目的等。

　　收藏单位：重庆馆、广东馆

03375

诸子喻道　美以美会全国书报部编

上海：美以美会全国书报部，1939，356 页，32 开

　　本书内容包括：受托主义、造物的妙能、诚信移山、信心的能力、生命在我、生是行人死是归人等。

收藏单位：首都馆

03376

逐日经课 （瑞典）艾尔龄（Erling Eidem）著
陈湘涛译述
外文题名：Daily Bible reading texts
汉口：中华信义会书报部，1933.1，152 页，64 开

本书为教徒们的每日经课。主要内容取自新约全书。

收藏单位：国家馆

03377

主日圣经摘箴简言　张敬一著
太原：天主堂印书馆，1941，415 页，32 开

收藏单位：南京馆

03378

主耶稣的比喻（官话）（加）翟辅民（Robert Alexander Jaffray）著
外文题名：The parables of the lord Jesus
梧州：宣道书局，1931 印，320 页，22 开

收藏单位：河南馆

03379

主之圣言（周年主日 瞻礼释经）（意）颜思回（Andrew Granelli）著
香港：公教报社，1931，288 页，32 开

本书辑天主教神父在主日对圣经的解释57 篇。

收藏单位：国家馆

03380

注解新约圣经
上海：出版者不详，[564] 页，6 版，32 开，精装

收藏单位：浙江馆

03381

注疏正讹　（英）慕雅德（Anhur Evans Moule）著　陈书绅译
伦敦：圣教书会，1911，41 页，42 开

本书为圣经注释。

收藏单位：国家馆

03382

准备（撒迦利亚书研究）（美）卢述福（Joseph F. Rutherford）著　陈石言译
外文题名：Preparation
上海：万国圣经研究会，1934，369 页，32 开，精装

本书在美国印制。有彩图。

收藏单位：重庆馆、上海馆、天津馆

03383

宗徒大事录　（清）李问渔译
上海：土山湾印书馆，1914，102 页，32 开
上海：土山湾印书馆，1936，3 版，96 页，32 开

本书即《使徒行传》。共 28 章，内容包括：耶稣许圣神耶稣升天、选玛弟亚代茹答斯、圣神降临赐异言之恩、伯多禄初讲道、三千人归化新友度活之景、跛者获愈等。逐页题名为：新经译义宗徒大事录。

收藏单位：国家馆、南京馆、内蒙古馆

03384

宗徒大事录　萧舜华译
天津：崇德堂，1941.6，193 页，64 开
本书即《使徒行传》。

收藏单位：国家馆、江西馆、上海馆

教义、神学

03385

安慰的信息（又名，国难中的信息）　陈崇桂讲
万县：华盛印务公司，1941.6，117 页，32 开

收藏单位：南京馆

03386

安慰人的妙诀　（美）密勒（J. R. Miller）著
（加）季理斐（Donald MacGillivray）译
上海：广学会，1924，再版，69 页，32 开

本书共 22 章, 内容包括: 安慰人的言语、基督怎样安慰人、圣灵是安慰人的人、信服上帝不怕险阻、受苦于我们有益等。著者原题: 米路尔。

收藏单位: 国家馆

03387

巴德的宗教思想　赵紫宸著

外文题名: The theology of Karl Barth

香港: 青年协会书局, 1939, 78 页, 32 开 (非常时丛书第 3 类 8)

本书介绍瑞士加尔文宗神学家巴德 (Karl Barfh) 的宗教思想。共 12 部分, 内容包括: 巴德生平述略、巴德思想的背景、巴德神学的名称等。

收藏单位: 重庆馆

03388

巴诺圣母

出版者不详, 1939.7, 62 页, 32 开

本书介绍圣母几次 "显现" 等事略。

收藏单位: 国家馆

03389

把这个世界改变过来　格林斯旦 (L. W. Grensted) 著　谢颂义译

上海: 广学会, 1939, 21 页, 50 开

收藏单位: 广东馆

03390

白话宣讲　[夏伯多禄] 著

宣化: 出版者不详, 1931, 重版, 62 页, 32 开

宣化: 出版者不详, 1937.3, 3 版, 64 页, 32 开

本书共 7 章, 内容包括: 天地有一真宰、谁是真神、天主十诫等。书前有重印白话宣讲序及自序。

收藏单位: 广西馆、国家馆

03391

宝筏　周海珊编

浙江: 周海珊 [发行者], 1936.12, 192 页, 16开

本书为作者的读书笔记, 间以批注。

收藏单位: 国家馆

03392

彼拉多灭亡的原因　顾仁恩演讲

上海: 基督徒布道团, 1938, 84 页, 32 开

收藏单位: 广东馆

03393

玻利加依纳爵遗著撮录

兖州: 天主堂, 1933, 67 页, 32 开

本书为波利卡普 (Polycarpus) 和依纳爵 (Ignatius Antiochenus) 论述基督教信仰与教会制度的著作摘录。

收藏单位: 国家馆、内蒙古馆

03394

不可思议之思议　(美) 亮乐月 (Laura M. White) 著　李冠芳编译

上海: 广学会, 1923, 127 页, 32 开

上海: 广学会, 1924, 再版, 127 页, 32 开

本书共 11 章, 内容包括: 进化与主宰、上帝的性格、万物的遭劫、罪恶的由来、神圣的基督等。

收藏单位: 重庆馆、山东馆

03395

超性学要 (第 1 大支 第 1 段 论天主) (意) 阿奎那 (Thomas Aquinas) 著　(意) 利类思 (Lodovico Buglio) 译义

外文题名: Tractatus de Deo

[北平]: 公教教育联合会, 1930, 298 页, 32 开

[北平]: 公教教育联合会, 1930.9, 再版, 298 页, 32 开

本书内容包括: 性学外尚须有他学否、天学贵于他学否、天学为上知否、天主为天学之向界否等。由圣教会审定。为《神学大全》(Summa theologica) 节译本。

收藏单位: 北大馆、国家馆

03396

超性学要（第1大支 第2段 论三位一体）

（意）阿奎那（Thomas Aquinas）著 （意）利类思（Lodovico Buglio）译义

外文题名：Tractatus de Trinitate

[北平]：公教教育联合会，1930.10，再版，160页，32开

　　收藏单位：国家馆、吉林馆、南京馆、首都馆

03397

超性学要（第1大支 第3段 论万物原始）

（意）阿奎那（Thomas Aquinas）著 （意）利类思（Lodovico Buglio）译义

外文题名：Tractatus de Creatione

[北平]：公教教育联合会，1930.10，再版，62页，32开

　　收藏单位：国家馆

03398

超性学要（第1大支 第4段 论天神）（意）阿奎那（Thomas Aquinas）著 （意）利类思（Lodovico Buglio）译义

外文题名：Tractatus de Angelis

[北平]：公教教育联合会，1930.11，再版，262页，32开

　　收藏单位：北大馆、国家馆、首都馆

03399

超性学要（第1大支 第5段 论形物之造）

（意）阿奎那（Thomas Aquinas）著 （意）利类思（Lodovico Buglio）译义

外文题名：Tractatus de Creatione rerum corporalium

[北平]：公教教育联合会，1930.12，再版，64页，32开

　　收藏单位：国家馆

03400

超性学要（第1大支 第6段 论人灵魂肉身）

（意）阿奎那（Thomas Aquinas）著 （意）利类思（Lodovico Buglio）译义

外文题名：Tractatus de Homine

[北平]：公教教育联合会，1931.2，再版，320页，32开

　　收藏单位：国家馆

03401

超性学要（第1大支 第7段 论宰治）（意）阿奎那（Thomas Aquinas）著 （意）利类思（Lodovico Buglio）译义

外文题名：Tractatus de Gubernatione

[北平]：公教教育联合会，1931.3，再版，94页，32开

　　收藏单位：国家馆

03402

超性学要（第3大支 第1段 论天主降生）

（意）阿奎那（Thomas Aquinas）著 （意）利类思（Lodovico Buglio）译义

外文题名：Tractatus de Incarnatione

[北平]：公教教育联合会，1932.1，再版，160页，32开

　　收藏单位：国家馆

03403

超性学要（第3大支 第10段 论复活）（意）阿奎那（Thomas Aquinas）著 （葡）安文思（Gabriele de Magalhaens）译义

外文题名：Tractatus de Resurrectione

[北平]：公教教育联合会，1932.1，再版，126页，32开

　　收藏单位：国家馆

03404

初会问答 （西）石铎琭（Pedro de la Pi?uela）述

[北平]：出版者不详，1941，48页，32开

　　本书共14篇，内容包括：论天主真有及本情之妙、论天无二主、论天神魔鬼等。书前有译者序。

　　收藏单位：国家馆

03405

大时代中的上帝观 吴耀宗著

成都：华英书局，45页，32开

　　本书论证上帝的存在。共4章：历史中的

上帝、社会生活中的上帝、个人生活中的上帝、耶稣所表现的上帝。

收藏单位：重庆馆

03406

大时代中的上帝观　吴耀宗著

香港：青年协会书局，1940.10，45 页，32 开（非常时丛书 第 2 类 9）

收藏单位：重庆馆

03407

大造实有

上海：土山湾印书馆，1923，2 版，21 页，32 开

上海：土山湾印书馆，1935，3 版，23 页，32 开

本书从以万物受造为证、以万物次序为证、以人之天良为证等方面，论证"大造"的存在。

收藏单位：国家馆

03408

大造实证　牟作梁　李道昌著

济南：华洋印书局，14 页，64 开（神职杂志袖珍丛书 1）

本书共 3 部分：天地万物证明天主是实有的、世上的生物更能证明天主是实有的、众人渴望真福证明天主是实有的。

收藏单位：国家馆

03409

大字要理问答

外文题名：Projet de Catéchisme Complet

出版者不详，[1930—1949]，48 叶，32 开，环筒页装

本书共 5 部分：八端经、要理小引、当信要理、当受规诫、得圣宠的法子。

收藏单位：国家馆

03410

大罪至重　[（德）赫德明（Joseph Hesser）] 著

兖州：兖州府天主堂印书馆，1935，5 版，216 页，50 开

本书讲犯罪是对天主的羞辱，对个人有极大的害处。共 18 章，内容包括：论罪的本意、论罪的分别、犯大罪是重重羞辱我们无上的主宰、犯大罪辜负我们全善大父之恩是忘恩失义极恶的心等。

收藏单位：国家馆

03411

当圣灵降临　班克鲁著

上海：广学会，1935.6，221 页，32 开

上海：广学会，1946，4 版，221 页，32 开

本书共 23 章，内容包括：他是谁、预备他的殿、圣灵之洗是否为第三个福气、圣灵的见证、清洁、能力、试验诸灵、导引、柔和与谦卑的心等。

收藏单位：北师大馆、重庆馆、山东馆

03412

得救的研究　黄余生著

福音真理社，1938，115 页，32 开

收藏单位：广东馆

03413

地狱信证　斯顾拔著　沈则宽译

外文题名：De Inferno Testimonia

上海：土山湾印书馆，1931，5 版，126 页，32 开

上海：土山湾印书馆，1934，6 版，126 页，32 开

本书共 9 章，内容包括：地狱公论、地狱真道、地狱之刑、地狱之思等。

收藏单位：国家馆、内蒙古馆

03414

东方基督　P. C. Mozoomdar 著　杨荫浏译

外文题名：The Oriental Christ

上海：广学会，1933，176 页，32 开

本书论述基督的种种形态。共 13 章，内容包括：受洗的基督、禁食的基督、哭泣的基督、受死的基督等。

收藏单位：重庆馆

03415
都是恩典 （英）司布真（C. H. Spurgeon）著
董吉亭译
上海：中华浸会书局，1941，87 页，36 开
　　收藏单位：广东馆

03416
恩赐和恩典 （美）司美生著
外文题名：Gifts and Grace
上海：美华浸会书局，1934.6，25 页，64 开
上海：美华浸会书局，1943，25 页，64 开
　　本书解释圣灵的恩赐与恩典的不同含义。
　　收藏单位：国家馆

03417
二元神学 罗以撒著
上海：中西基督福音书局，[1934]，149 页，32 开
　　本书介绍圣经中的二元神学。分总论、下元神学两篇，内容包括：二元神学的界说、下元的性质、三种犹太人、犹太人与基督徒等。书前有英文序，自序作于 1934 年。
　　收藏单位：重庆馆

03418
法蒂玛的警声 蒙弟·奥加（Montes de Oca）著 艾克礼译
外文题名：More about Fatima
香港：公教真理学会，1947.9，33 页，50 开
香港：公教真理学会，1947，再版，43 页，50 开
　　本书讲述 1917 年圣母在葡萄牙的法蒂玛"显灵"的神迹。
　　收藏单位：国家馆、南京馆、内蒙古馆

03419
法蒂玛圣母
出版者不详，1948.5，40 页，50 开
　　本书记述圣母于 1917 年在葡萄牙的法蒂玛"显现"过程。
　　收藏单位：国家馆

03420
方言问答
上海：土山湾慈母堂，1913，88 页，64 开
　　本书是用上海方言编写的教理问答，内容包括：领洗问答、告解问答、圣体问答、坚振问答。

03421
方言问答撮要 （美）苗仰山（C. Bortolazzi）著
上海：土山湾印书馆，1926，4 版，158 页，32 开
　　本书是用上海方言写成的教理问答。

03422
奉慈正义 （清）李问渔著
上海：土山湾印书馆，1931，197 页，32 开
　　本书论马利亚的圣洁本性，内容包括：圣母无原罪、圣母满被圣宠、圣母本性美妙、天主母尊位等。书前有著者献奏。
　　收藏单位：国家馆、南京馆

03423
福音奥秘 张也拏述
南京：中华真耶稣教会总会，1935.11，64 页，64 开
　　收藏单位：南京馆

03424
福音的意义 谢颂羔编译
上海：广学会，1929，148 页，32 开
　　本书解释耶稣的生、死和复活。
　　收藏单位：辽宁馆、山东馆

03425
复兴 苏拉白著
新历史社，24 页，大 64 开
　　本书共 10 章，内容包括：东方、默示、巴白、巴哈乌拉、亚牟尔巴哈、巴哈乌拉的要言、亚牟尔巴哈的要言、巴哈意运动的社会和理想的要义撮要、巴哈意运动的伦理和精神理想要义的撮要、闪光的门徒。
　　收藏单位：国家馆

03426

橄榄山上　单英民编著

上海：时兆报馆，1942，126 页，32 开

　　收藏单位：山东馆、首都馆

03427

高中教理讲义（上册）　王仁生编著

上海：土山湾印书馆，1943.4，177 页，32 开

上海：土山湾印书馆，1948.9，3 版，177 页，32 开

　　本书为高中教理讲义第一卷信道。共 20 章，内容包括：信道——信经、天主实有、天主的性体及属性等。书前有凡例。书后附法华术语对照表、法华人名地名对照表。

　　收藏单位：国家馆

03428

高中教理讲义（中册）　王仁生编著

上海：土山湾印书馆，1943.7，186 页，32 开

　　本书为高中教理讲义第二卷诫命。共 18 章，内容包括：伦理学概况、人生终向、人性的行为等。书前有凡例。书末附中法术语对照表。

　　收藏单位：国家馆、内蒙古馆

03429

高中教理讲义（下册）　王仁生编著

上海：土山湾印书馆，1946，159 页，32 开

　　本书为高中教理讲义第三卷圣宠——圣事。共 15 章，内容包括：圣宠、祈祷、圣事——圣仪、圣洗、坚振、圣体——实在、领圣体、弥撒圣祭、悔过——告解、痛悔——定改、告明、补赎——大赦、终传、神品、婚配。卷首有凡例。卷末附法华术语对照表。

　　收藏单位：国家馆

03430

高中教理课程答解　徐宗泽编著

上海：圣教杂志社，1940.5，155 页，32 开

上海：圣教杂志社，1940，155 页，32 开

　　本书内容包括：信经、古教史、伦理学、圣教史、圣宠及圣事、圣教礼规。书前有著

者小序。

　　收藏单位：国家馆

03431

告新悔悟者　（挪）哈列比（O. Hallesby）著　魏国伟　李少兰译述

外文题名：Advice to the newly awakened

汉口：中华信义会书报部，1934，60 页，50 开

　　本书为基督教的宗教经验谈。

　　收藏单位：国家馆

03432

恭敬天主圣神

兖州：兖州府天主堂印书馆，1931，142 页，32 开

　　本书主要论述天主圣神及神恩。书后附圣神七恩经、圣神玫瑰经。

　　收藏单位：国家馆

03433

龚斯德博士所答复的几个问题　（美）龚斯德（Eli Stanley Jones）著

上海：广学会，1941，4 版，22 页，32 开

　　本书是龚斯德博士答复基督徒的教义问题。共 26 个问题，内容包括：基督教的威权在什么地方、基督教里面有没有真实无妄的原理、"自然"或圣书可作为上帝完备的启示吗等。

　　收藏单位：重庆馆、广东馆

03434

关于朱执信"耶稣是什么东西"的杂评　张亦镜编

上海：中华浸会书局，1930.7，34 页，32 开

上海：中华浸会书局，1930.12，再版，34 页，32 开

　　本书反驳朱执信书中有关历史的耶稣、圣经中的耶稣、新教徒的耶稣、新理想主义哲学者的耶稣 4 个方面的论点。

　　收藏单位：国家馆、南京馆

03435

光荣圣母 [（德）赫德明（Joseph Hesser）]著

兖州：兖州府天主堂印书馆，1931，2版，224页，32开

本书共29章，内容包括：论圣母的预像、论圣母无染原罪、论圣母真是天主的母亲等。

收藏单位：国家馆、首都馆

03436

还有七天生活 （美）赛尔敦著 上海广学会译

上海：广学会协和书局，1922，62页，25开

收藏单位：广东馆

03437

好人何必做基督徒 （美）普体德（Gordon Poteat）著

外文题名：Why should good men be Christians?

上海：美华浸会书局，1934，11页，50开

本书结合中国历史研究了"好人何必做基督徒?"这个题目。

收藏单位：国家馆

03438

黑女子的呼声

香港：真理学会，1949.6，2册（21+31）页，50开（民众读物小丛刊43—44）

本书探索人与宇宙、人与大自然之间的关系，内容包括：黑女子的呼声、大宇宙的回声、小电子的应声、生活的答言、哲学的对话等。

收藏单位：国家馆

03439

花地玛圣母 岳道译

澳门：白德美纪念出版社，1948.6，再版，32页，50开（灵修小丛书3）

本书为法蒂玛圣母显圣事略。内容包括：报信、目睹奇迹的三个孩子、显现等。

收藏单位：国家馆

03440

魂的得救 倪柝声著

上海：福音书房，1933，56页，32开

收藏单位：广东馆

03441

基督的十字架

外文题名：The Cross of Christ

上海：福音书房，1933，62页，32开

上海：福音书房，1936，再版，62页，32开

本书讲解十字架的象征意义，论证十字架是赐福的道路。内容包括：十字架是我们的生命、领人钉死十字架的灵、十字架的意思就是死、为什么必须背十字架等。

收藏单位：重庆馆、国家馆

03442

基督第二次降临与基督统治下的千禧年 戴云清译

上海：中西基督福音书局，1946，55页，32开

收藏单位：南京馆

03443

基督果真复活了么? 王明道著

外文题名：Did Christ actually rise from the dead？

北平：灵食季刊社，1936，32页，32开

本书举出耶稣的墓空、天使的报告、旧约的预言等7个证据证明耶稣复活。

收藏单位：国家馆、内蒙古馆

03444

基督教大旨

出版者不详，1册，32开

收藏单位：南京馆

03445

基督教教义解释（原名，神学纲要） 班克斯（J. S. Banks）著 彭寿 董正初译

外文题名：A Manual of Christian Doctrine

上海：广学会，1939，再版，393页，32开

本书根据神学是研究上帝的科学这一观点编辑而成。分为得救的意义及复活的意义两类，供神学生及传教师研究参考之用。

收藏单位：重庆馆

03446

基督教神学大纲　（美）蒲朗（William Adams Brown）著　邹秉彝译

外文题名：Christian theology in outline

上海：广学会，1938.8，330页，25开（金陵神学院丛书）

上海：广学会，1942.9，翻版，412+13页，32开（金陵神学院丛书）

本书共6部：基督教神学的轮廓、基督教的上帝观、基督教的宇宙观、人与罪、靠基督的拯救、基督徒的生活。卷首有序、译例及绪论。后有索引、汉译英文名汇。

收藏单位：南京馆、山东馆

03447

基督教信条

出版者不详，[1910—1919]，8页，32开

本书内容包括：论上帝、论默示、论圣经、论创造等。

收藏单位：国家馆

03448

基督教要旨之研究　骆维康著　梁小初　汤仁熙译述

上海：中国基督教青年会全国协会书报部，1916.8，58页，32开

上海：中国基督教青年会全国协会书报部，1922.5，4版，58页，32开

本书共14课，内容包括：人在宇宙间之位置、吾人与上帝之关系、上帝之品性、上帝如何显示于人、耶稣基督为上帝特遣者等。

收藏单位：国家馆、南京馆、天津馆

03449

基督教证　（英）林辅华（Charles Wilfrid Allan）著　夏明如译

上海：广学会，1933.3，201页，24开

本书共12章，从耶稣基督的品性和人格论证基督教的真理。

03450

基督教之基础　（德）考茨基（K. Kautsky）著　汤治　叶启芳译

上海：神州国光社，1932.4，606页，25开

本书分析基督及其教义。共4篇：耶稣的人格、罗马帝国时代的社会、犹太民族、基督教之起源。每篇下含若干章、节。

收藏单位：北师大馆、重庆馆、桂林馆、国家馆、湖南馆、江西馆、近代史所、南京馆、内蒙古馆、山西馆、上海馆、首都馆、浙江馆、中科图

03451

基督教之天国的实践　陈晋贤编著

外文题名：Pratical application of the Christian concept of the Kingdom of God

上海：广学会，1927，76页，32开

本书共两章：天国的意义、天国的实践。书前有绪言。书末有总结。

收藏单位：国家馆、山东馆

03452

基督抹杀论　（日）幸德秋水著　狸吊匹译

北京：北京大学出版部，1924.12，114页，25开

本书内容包括：绪论——基督者何耶、圣书可信乎、圣书以外之证迹、基督教之起源、初期基督教之道德、基督之实体、结论——一笔抹煞等章节。书前有著者序。

收藏单位：重庆馆、国家馆、上海馆、浙江馆

03453

基督人所当注意的四件事　倪柝声著

上海：福音书房，1937，2版，18页，32开

本书从主的命令和保罗的榜样两方面讲基督徒应当注意的知识、信心、热心、生命4件事。

收藏单位：广东馆

03454

基督神通义证　张纯一著

北京：燕京大学神科，1921，56页，22开

本书共 7 章，内容包括：化水为酒、知撒马利亚妇有五夫、西门承命得鱼无算、平息风涛、被曳临崖将堕而遁、五饼二鱼饱五千人等。

收藏单位：国家馆、浙江馆

03455

基督是我们的希望（第 3 册 历史的证据） 南京基督教协进会青年工作促进委员会著

上海：广学会，1947，8 页，32 开

本书为对信仰上帝的观念的相关讨论。

收藏单位：山东馆

03456

基督是我们的希望（第 4 册 今后的出路） 南京基督教协进会青年工作促进委员会著

上海：广学会，1947.12，8 页，32 开

本书论及基督教的最终目标，基督教徒应如何面对现实及当前的使命。

收藏单位：国家馆、近代史所、南京馆

03457

基督与人类痛苦 （美）龚斯德（Eli Stanley Jones）著 无愁译 （英）梅德立（Frank Madeley）校

上海：广学会，1935.7，262 页，32 开

上海：广学会，1946，4 版，262 页，32 开

本书记述基督拯救世人的痛苦。共 13 章，内容包括：混乱、基督徒脱免了痛苦吗、应付人类痛苦的方法、基督教的方法——据福音中所载的等。

收藏单位：重庆馆、广东馆、南京馆、上海馆

03458

基督与他的十字架 陈文渊著

外文题名：Christ and his Cross

上海：青年协会书局，1936，41 页，50 开（宗教问题小丛书 17）

本书共 4 讲：丧失的人生与上帝、追求的人生与天国、守候的人生与基督、判决的人生与十字架。

收藏单位：国家馆

03459

基督之灵 （美）尔德曼（C. R. Erdman）著 陈德亮译

上海：广学会，1933，103 页，32 开

本书为关于圣灵的论证，要基督徒充满基督之灵，以维持基督教的兴盛。共 7 章，内容包括：与我们永久同居的、另外的一位保惠师、被圣灵充满等。书前有译者序言。

收藏单位：辽宁馆、山东馆

03460

基利斯督之母

上海：出版者不详，44 页，32 开（圣玛利亚小丛书）

本书内容包括：有圣母保险会成功、我们的儿童乐园、"真正敬礼圣母"的节略等。

收藏单位：国家馆

03461

畸人十篇 （意）利玛窦（Matteo Ricci）著

上海：土山湾印书馆，1928.12，3 版，123 页，32 开

本书共 10 篇，内容包括：人寿既过误犹为有、人于今世惟侨寓耳、常念死候利行为祥、常念死候备死后审、君子希言而欲无言、斋素正旨非由戒杀、自省自责无为为尤、善恶之报在身之后、妄询未来自速身凶、富而贪吝苦于贫窭。著者自称畸人。

收藏单位：国家馆、内蒙古馆、山东馆、首都馆、浙江馆

03462

畸人十篇 （意）利玛窦（Matteo Ricci）著

兖州：兖州府天主堂印书馆，1930，4 版，109 页，32 开

收藏单位：国家馆

03463

几个圣经难题

香港：真理学会，1948.9，23 页，50 开（民众读物小丛刊 27）

本书对六日化成地天、造化的次序、地球中心说等难题进行解释。

收藏单位：国家馆、内蒙古馆

03464
家父与家属　（美）肯杨（E. W. Kenyon）著
马路加译
外文题名：The father and his family
北平：神召合一真理月报社，1939，288 页，32 开

　　本书共 19 章，内容包括：创造的原理、人的叛逆、死亡的管辖等。每章后有习问。书前冠英文序言。

　　收藏单位：国家馆

03465
简言要理
北平：公教进行会，1934.8 印，27 页，50 开
北平：公教进行会，1937，27 页，50 开
北平：公教进行会，1938.8，27 页，50 开

　　本书为教理问答。内容包括：进教要理、诫命要理、圣事要理、祈祷要理。

　　收藏单位：国家馆

03466
简言要理
青岛：天主堂印书局，1934.8，39 页，50 开
　　收藏单位：国家馆

03467
简言要理
北平：西什库天主堂遣使会印书馆，1937 印，45 页，32 开
　　收藏单位：国家馆

03468
见证如云（无线电听众之自述）　王完白编
上海：广协书局，1940，84 页，32 开

　　本书汇集 25 位基督教信徒在无线电广播中的自白，讲述他们在各自的人生过程中所体验到的基督教义和灵力的经验。

　　收藏单位：上海馆

03469
蒋委员长证道谭　上海福音广播社编

上海：上海福音广播社，1937，13 页，64 开

　　本书为蒋介石于 1937 年在南京卫斯理教堂的证道词。

03470
教理问答　[（德）赫德明（Joseph Hesser）]编著
兖州：兖州府天主堂印书馆，1917，115+7 叶，25 开，环筒页装
兖州：兖州府天主堂印书馆，1930，6 版，11+250+11 页，32 开
兖州：兖州府天主堂印书馆，1931，7 版，250+11 页，32 开
兖州：兖州府天主堂印书馆，1932，8 版，248+12 页，32 开
兖州：兖州府天主堂印书馆，1935 印，9 版，242 页，32 开

　　本书共 3 卷：当信的道理、当守的诫命、得圣宠的法子。

　　收藏单位：国家馆、河南馆、内蒙古馆、首都馆

03471
教理问答
上海：土山湾印书馆，1947，129 页，25 开
　　收藏单位：南京馆

03472
教理问答（上海教区）
上海：土山湾印书馆，1947，128 页，64 开
　　收藏单位：南京馆

03473
教理问答（上卷）　[（德）赫德明（Joseph Hesser）]编著
兖州：兖州府天主堂印书馆，1941，10 版，84 页，32 开

　　本书讲"当信的道理"。内容包括：信德和信德的对象、信德的重要、信德的性质等。

　　收藏单位：国家馆

03474
教理问答教授法

上海：土山湾印书馆，1 册，36 开

本书为 4 卷合订本。共 42 课，内容包括：天主性体、三位一体、天主十诫、四规概论、七宗罪、圣宠、祈祷、圣事概论、圣体圣事、终傅圣事等。附录《论公教的风俗习惯》。

收藏单位：国家馆、南京馆、首都馆

03475

教理问答教授法（卷 1—2）

上海：土山湾印书馆，2 册（141+146 页），64 开

本书卷 1 共 14 课，内容包括：人生终向、天主性体、三位一体、天地肇始等；卷 2 共 18 课，内容包括：天主十诫、四规概论、总论德行等。

收藏单位：国家馆

03476

教义神学　（美）Henry Eyster Jacobs 著　伍礼德译

汉口：中华信义会书报部，1928—1930，2 册（314+360 页），25 开（信义神学丛书）

本书由《基督教信仰纲要》译出。上册为第 1—23 卷，内容包括：渊源与方法、上帝的本体与属性、三位一体、创造、上帝的保治、天使、论人、论罪、论上帝对于沉沦的人的恩典等；下册为第 24—41 卷，内容包括：道即恩器、律法与福音、圣礼、圣洗、圣餐、教会、职员、教会的信条、教会的惩戒等。

收藏单位：国家馆

03477

教义神学（上册）（美）赫士（W. M. Hayes）著

外文题名：Systematic theology

上海：广学会，1930.5，274 页，25 开

上海：广学会，1936，2 版，283 页，32 开

上海：广学会，1940，3 版，283 页，32 开

本书共 4 段：绪言、神之实有、圣经为神之启示、神之功性。

收藏单位：河南馆、山东馆

03478

教义神学（下册）（美）赫士（W. M. Hayes）著

外文题名：Systematic theology

上海：广学会，1933.3，再版，321 页，32 开

本书内容包括：人学、人之堕落、拯救、沦亡与永生。

收藏单位：山东馆

03479

精神不死　现代问题研究社编

现代问题研究社，[1940—1949]，20 页，64 开（现代问题的解答 甲 6）

本书共 3 部分：按理而论灵魂是不灭的、这是你自己利害关系的问题、谁曾见过。

收藏单位：国家馆

03480

旧约圣经神学　（美）韦德尔（F. Weidner）著　（美）易德文（August William Edwins）　吕绍端译

外文题名：Biblical theology of the old testament

汉口：中华信义会书报部，1947，再版，336 页，25 开（信义神学丛书）

本书共 3 编：摩西神学、先知神学、旧约智慧书。书前有著者原序和译者序。

03481

救人福音　（英）鲍康宁（Frederick William Baller）释

出版者不详，37 页，64 开

收藏单位：南京馆

03482

康庄　余诚著

上海：土山湾印书馆，1935，21 页，32 开（光启杂录）

本书共 6 部分：万物来源、人类原始、宗教、灵魂、人生目的、结论。书前有卷首语。

收藏单位：上海馆

03483

劳工神圣的真谛　葛司铎著　张秀亚译

香港：真理学会，1947.3，15 页，64 开
　　　收藏单位：南京馆

03484
历史的末页 （英）麦思伟（Arthur S. Maxwell）
著　顾长声译
外文题名：Time's last hour
上海：时兆报馆，1948，92 页，32 开
　　　本书宣传人类将被原子弹毁灭，要以宗教来拯救人类。

03485
炼狱考 （清）李问渔著
上海：土山湾印书馆，1936，5 版，76 页，32开
　　　本书共 8 篇，内容包括：论炼狱有无、论炼狱苦刑、论炼灵景况等。书前有弁言。
　　　收藏单位：国家馆、内蒙古馆

03486
炼狱灵魂　孟敬安（Alphonso Gasperment）著
外文题名：Le Purgatoire
献县：献县天主堂，1943，72 页，32 开
　　　本书为圣教灵修书。共 16 章，内容包括：论有炼狱、论炼灵所受之苦、论谁下炼狱等。书后附求圣母救炼灵歌。
　　　收藏单位：国家馆

03487
炼狱圣月　田文都译述
太原：出版者不详，1931 重印，112 页，36 开
　　　本书内容包括：诸圣瞻礼、追思已亡、救炼灵受报、炼苦极大、炼狱觉苦、炼狱失苦等。书前有小引、弁言。
　　　收藏单位：国家馆

03488
两个安息　倪柝声著
上海：福音书房，1940，2 版，25 页，32 开
　　　本书内容包括：得救的安息与得胜的安息。
　　　收藏单位：广东馆

03489
灵程指南　宋尚节演讲
上海：西门斜桥制造局，1932，102 页，18 开
　　　本书内容包括：十字架的奥秘、灵的施洗、重生、奉献、成圣、圣灵充满等。
　　　收藏单位：广东馆

03490
灵魂的生活 （美）菲茨帕特里克（Edward A. Fitzpatrick）著 （美）阿道夫（Mary Adolph）译
兖州：山东兖州保禄印书馆，1945.8，213 页，36 开（天路丛书 3）
　　　本书为公教教理读本，初级小学适用。共 9 章，内容包括：天主造天地万物、天主的诫命、基督是救赎者等。书前有译者序、费爱华的《最稀奇的故事》。
　　　收藏单位：国家馆、首都馆

03491
灵命生活　贾玉铭著
出版者不详，1921，66 页，22 开
　　　收藏单位：广东馆

03492
灵磐活水 （美）魏特著　田道一译
上海：中华浸会书局，1947，2 册（136+182）页，32 开
　　　收藏单位：广东馆

03493
露德圣母发显记略
外文题名：Les apparitions de Lourdes
献县：献县张家庄天主堂，1933，115 页，32开
　　　本书记述圣母在路德所显的各种圣迹，以及伯尔纳得的故事。共 33 节，内容包括：露德地方的形势、苏比路家中的变更、伯尔纳得的来历、山洞和附近地方的光景等。
　　　收藏单位：国家馆、黑龙江馆

03494
露德圣母记

献县：献县张家庄胜世堂，1938，3 次排印，14 页，32 开

　　本书记录了圣母在露德的事迹。

　　收藏单位：国家馆

03495

露德圣母记

出版者不详，[1930—1939]，18 页，42 开

　　收藏单位：国家馆

03496

露德圣母纪略

上海：土山湾印书馆，1914，97 页，32 开

上海：土山湾印书馆，1916，97 页，32 开

上海：土山湾印书馆，1924，4 版，97 页，32 开

　　本书讲述圣母在路德显现的始末、朝礼胜概、灵泉圣绩。书前有纪略序引等 6 篇。书末附修女小传、纪略跋言及译者合璧。江南主教倪准刊。

　　收藏单位：国家馆

03497

论公教司铎通牒　比约十一（Pius PP. XI）著

公教教育联合会译

北平：公教教育联合会，1936.4，再版，66 页，32 开

　　本书共 4 部分，论说司铎的地位、作用及修炼生活。于 1935 年 12 月 20 日颁发。

　　收藏单位：国家馆

03498

论基督身体　赵尔谦译

外文题名：On the Mystical Body of Christ

香港：真理学会，1949，52 页，36 开（民众社会问题丛书 3）

　　本书为教宗庇护十一颁发的《奥秘之体通牒》的通俗简本。共 4 节：概论、教会是基督的奥体、和基督聊在一起：与基督团结起来、爱慕圣教会。

　　收藏单位：国家馆

03499

没有人看见过上帝　吴耀宗著

外文题名：No man hath seen God

上海：青年协会书局，1943.11，78 页，25 开（青年丛书第 2 集 22）

上海：青年协会书局，1946，4 版，78 页，25 开（青年丛书 第 2 集 22）

上海：青年协会书局，1948.10，增订 5 版，127 页，25 开（青年丛书第 2 集 22）

　　本书讲述上帝是一元化、情感化、人格化的真理，看不见的上帝是一个真实存在的上帝。共 8 部分，内容包括：圣经中的上帝信仰、上帝存在的问题、上帝信仰与唯物论等。

　　收藏单位：广东馆、国家馆、吉大馆、江西馆、南京馆、上海馆

03500

没有人看见过上帝　吴耀宗著

出版者不详，96 页，36 开

　　收藏单位：重庆馆

03501

末世　汪兆翔著

外文题名：Last Days

天津：文岚簃印书局，1938，4 版，70 页，32 开

　　本书从社会、教会、国际、自然界诸方面论证末世的情况。共 4 章：关于末世的预言、世界末时的情形、耶稣再来情形、世界末日情形。

　　收藏单位：国家馆

03502

默中之手　（比）卫方济（François Noël）著

兖州：天主堂印书馆，1933，2 版，140 页，32 开

　　本书列举诸种事例证明天主的存在及至高无上。共 9 章，内容包括：诸事皆自上来、天主掌管个人的事情、天主掌管万民的事情等。

03503

谋生捷径（官话）

外文题名：The way of life

上海：时兆报馆，1919，116 页，25 开

本书共 22 篇，内容包括：创造天地之记载、撒旦重新立国、救世主降生之事迹等。

收藏单位：江西馆

03504

南京教区要经要理

南京：圣保禄会印书馆，37 页，64 开

收藏单位：南京馆

03505

能力的赋与　（加）史密斯（Oswald. J. Smith）著　圣洁指南月刊社译

上海：伯特利教会，124 页，32 开

本书著者原题：斯密史。

收藏单位：广东馆

03506

能力的源流　涂羽卿讲

上海：青年协会书局，1936.3，18 页，32 开（宗教问题小丛书 18）

本书为基督教宗教信仰的研究。

收藏单位：广东馆、国家馆、南京馆

03507

你们若不悔改　（美）安在德（H. A. Ironside）著　赖德　张容江合译

上海：中华浸会书局，1948，133 页，32 开

收藏单位：广东馆、绍兴馆

03508

判逆的信仰　（英）恳治（D. S. Cairns）著（英）贾立言（A. J. Garnier）　冯雪冰译

上海：广学会，1931.1，[399] 页，32 开

本书共 4 卷 9 章，内容包括：关于神迹奇事的辩论、圣经对于神迹奇事的观念、近代思潮与神迹奇事等。书前有绪言。书后有附注。

收藏单位：首都馆

03509

千禧年主义　（美）卡斯（Shirley Jackson Case）著　谷云阶译

外文题名：The Millenial hope

上海：广学会，1937，180 页，32 开

本书共 5 部分：千禧年主义的由来、希伯来与犹太人的希望、早年的基督徒对于千禧年的希望、晚年的基督徒对于千禧年的希望、现代千禧年希望的评论。

收藏单位：重庆馆、上海馆、首都馆

03510

青旸圣母史略　茅本荃编著

上海：土山湾印书馆，1932，42 页，32 开

本书记述青旸县（即今青阳县）建造教堂和圣母在该县"显现"的过程。内容包括：青旸形势、购置堂基、建造圣堂、开堂志异、新分会口、朝圣盛况等。

收藏单位：国家馆、浙江馆

03511

全备救恩　黄渔深编著

中国基督徒业余圣经夜学促进会，78 页，32 开（基都徒查经课程 第 1 集 1）

本书分 31 课，讲述耶稣的救世及其恩惠。

03512

全要理问答

外文题名：Projet de catéchisme complet

[北平]：出版者不详，93 页，36 开，环筒页装

本书为教理问答。内容包括：当信要理、当守的规诫、得圣宠的法子等。

收藏单位：国家馆

03513

人第一次的罪　倪柝声著

外文题名：Man's first sin

上海：福音书房，1935，再版，54 页，32 开

本书共 3 部分：人第一次的罪、自知、信心。

收藏单位：重庆馆、绍兴馆

03514

人海指南　（英）达罗著　钟荫棠译

上海：广学会，1913，58 页，22 开

本书内容包括：原业、原产、原义、宥过、评过、礼貌、虑后、治家、基督之道德观。

收藏单位：国家馆、首都馆

03515

人类的超性特恩 勃罗斯（P. Plus）著 浦尔曹雅（Le Bourgeois）摘编 杨寿康译

外文题名：Dieu en nous

上海：土山湾印书馆，1932，61 页，32 开

本书论天主的赏赐与人的超性性命。共 5 篇，内容包括：人的灵魂是天主的住宅、大罪、我们和心灵里的天主所有可能的往来和圣宠、实行和心灵里的天主亲密。书前有徐宗泽引言。

收藏单位：国家馆、南京馆

03516

人类南针 王善治著

外文题名：The Compass of mankind

[九江]：景德镇福音堂，1948.5，30 页，25 开

本书共 8 部分：人生意义合天心歌、弁言、几封鼓励的信、上帝与其所创造之世界中间所有的连系厥惟中国"十"字、科学与圣经中间所有的连系亦惟中国"十"字、如何人人能认识上帝、中国"十"字与耶稣基督、中国"十"字与永生。

收藏单位：国家馆、南京馆

03517

人能建设天国么？ 王明道著

外文题名：Can the kingdom of heaven be established by men?

北平：灵食季刊社，1933.2，24 页，32 开

本书论《圣经》所预言的天国。

收藏单位：国家馆

03518

人生必读 陈若瑟著

兖州：兖州府天主堂，1916.4，再版，石印本，80 页，36 开

本书共 10 篇，内容包括：论天主创造天地神人万物、论人有灵魂不死灭不转生、论

耶稣为天主降生救赎世罪、论公教为天主所亲立之教等。书前有著者序。

收藏单位：国家馆

03519

人生历程 （澳）施达（F. J. Sheed）著 廖玉华译述

外文题名：Mappa vitae humanae

澳门：白德美纪念出版社，1949.5，105 页，50 开（公教小读物丛刊 41）

本书共 14 章，内容包括：人生目的问题、人生法律问题、天堂、创造与堕落、天主降生、基督的奥妙神体等。书前有引言。

收藏单位：国家馆

03520

人宜求识元本 陈晋贤著

外文题名：Homo debet inquirere de suo primo principio

上海：土山湾印书馆，1920，14 页，32 开

上海：土山湾印书馆，1930，10 页，32 开

本书讲述天地日月星辰确有一造物大主，即天主。书前有小引。1920 年版另有法文小引。

收藏单位：国家馆

03521

人罪至重 （比）卫方济（François Noël）著

外文题名：De gravitate peccati hominis

上海：土山湾印书馆，1936，再版，102 页，32 开

本书论述人的罪恶深重，应信天主。共 3 卷：由人至微则观人罪至重、由主至大则观人罪至重、由罪至凶则观人罪至重。

收藏单位：国家馆

03522

如何自知与神的光 倪柝声著

外文题名：God's light and self-examination

上海：福音书房，1939，3 版，58 页，32 开

本书共 7 部分：自知是不是从自省而来呢、正当的法子、神的光与自知、这光从何来呢、这光的能力、将来的审判、一个祷告。

收藏单位：广东馆

03523

山东复兴 （美）高福德（Francis X. Clougherty）著　王长泰译

外文题名：The Shantung revival

上海：中华浸会书局，1934.10，100 页，32 开

本书列举山东省一些基督徒的经历和感受，借以宣传圣灵的作用。共 5 章：重生、圣灵特别工作、活水永流、两个不信神的人的见证、灵泉活水。

收藏单位：国家馆、南京馆

03524

山上的基督 （美）龚斯德（Eli Stanley Jones）著　应远涛　沈秋宾译

外文题名：The Christ of the mount

上海：青年协会书局，1932.8，250 页，32 开

上海：青年协会书局，1937.7，5 版，252 页，32 开

本书共 18 章，内容包括：山上的人、人生的目标、八福的内容、基督和八福对于将来的关系等。书前有原序、引言。

收藏单位：广东馆、国家馆、南京馆、山东馆、上海馆

03525

善恶报略说 （比）南怀仁（Ferdinand Verbiest）著

外文题名：De retributione boni & mali

上海：土山湾印书馆，1936，7 版，13 页，32 开

本书共 15 篇，内容包括：善恶由人自专而定、天主不强阻恶者以存其自专、赏罚不专在现世等。

收藏单位：国家馆、浙江馆

03526

上帝爱惜他的百姓 基督复临安息日会重编

出版者不详，1946，16 页，64 开

收藏单位：广东馆

03527

上帝的国与弥赛亚 （英）司可讬（E. F. Scott）著　张伯怀译述

上海：广学会，1934，232 页，32 开（齐鲁神学丛书 5）

本书介绍基督教中对耶稣启示思想的两大观念：上帝的国、弥赛亚。

收藏单位：重庆馆、南京馆、山东馆、上海馆

03528

上帝的救法 苗沛兴译

外文题名：God's plan of salvation

汉口：中华信义会书报部，1934.1，82 页，32 开

本书共 3 篇：上帝的救恩、我们怎样走得救之路、救恩的完成——基督教的希望。

收藏单位：国家馆

03529

上帝的救赎法 Mary E. Mcdonough 原著　周志禹译

上海：中华圣经函授学校，1929，54 页，32 开

收藏单位：首都馆

03530

上帝的研究 （美）武咨（Frank Theodore Woods）著 （英）贾立言（A. J. Garnier）冯雪冰译述

外文题名：What is God like?

上海：广学会，1929，初版，151 页，32 开

上海：广学会，1931，再版，151 页，32 开

上海：广学会，1939，3 版，152 页，32 开

本书共 6 章：宇宙中最宏伟之力、路标、人类如何开始认识上帝、上帝是否与耶稣相似、上帝何以不除灭恶者、人当如何实行。

收藏单位：重庆馆、国家馆、山东馆

03531

上帝美丽的世界 （美）党美瑞（Marie Adams）编　潘玉梅译　刘廷芳校订

外文题名：God's beautiful world

上海：广学会，1936.3，22 页，36 开（青年灵修会小丛书 8）

本书讲述上帝是一切的起源，应从被造之物中去领略神意。

收藏单位：国家馆

03532

上海惠主教论传教节日

出版者不详，1941，9 页

本书解释传教节日的意义。书后有为求传教发展祝文。

收藏单位：南京馆

03533

社会福音的神学

上海：广学会，[274] 页，22 开

本书共 19 章，内容包括：社会福音对于神学的需求、神学变通的困难、社会福音在神学中不是新异、人类之原罪等。

收藏单位：山东馆

03534

赦罪的原委 （德）陆亨理（Henry Ruck）著

北平：新旧库邮箱五号，1931.6，59 页，32 开

本书共 5 章：赦罪的由来、永远的赦免、恢复的赦免、管教的赦免、三方面的赦免的合论。书前有著者序言。

收藏单位：国家馆

03535

身体复活 哈德满（O. Hardman）原著 俞恩嗣译

外文题名：The Resurrection of the body

上海：广学会，1938，126 页，32 开（基督教学术推进会丛书）

本书研究基督复活问题。共 6 章：近代人对于"肉体复原说"之拒绝、近代派代替学说之弱点、空墓之事实与其表意、基督复活与现世利益、复活之基督与已故者之灵魂、救赎过程之完成。书前有译者序言。

收藏单位：重庆馆、广东馆

03536

神道讲义 柳种广编

南昌：书报房，1933，114 页，32 开

本书分 45 个讲题，讲述基督教义。

收藏单位：上海馆

03537

神道学 贾玉铭编著

南京：灵光报社，1921.9，3 册（236+298+344 页），22 开

本书是对基督教神学的阐释。内容涵盖世道人心、教会信仰、信徒的灵命等。

收藏单位：山东馆

03538

神道学 贾玉铭著

上海：灵修学院，1949，848 页（灵修学院丛书）

收藏单位：近代史所

03539

神道学（第 2 册） [贾玉铭] 著

南京：灵光报社，1931，4 版，482 页，25 开（灵光报社丛书）

收藏单位：国家馆、山东馆、天津馆

03540

神道学（第 3 册） 贾玉铭著

南京：灵光报社，1925.10，再版，1 册，22 开

南京：灵光报社，1935，5 版，315 页，22 开

收藏单位：山东馆

03541

神道学节要

广州：美华浸会印书局，1918，85 页，25 开

收藏单位：山东馆

03542

神道要义 （挪）唐务道（Olav Dalland）编译

外文题名：The christian faith an outline

汉口：中华信义会书报部，1924，164 页，32 开

本书为中学师范圣经学校用课本，讲述

基督教教义。共 4 编：总论、论信、论爱、论望。

收藏单位：国家馆

03543

神的先知与应许

烟台：耶稣教查经处，1931.8，42 页，25 开

收藏单位：山东馆

03544

神的帐幕

出版者不详，1937，140 页，32 开

收藏单位：广东馆

03545

神迹论 （挪）哈列比（O. Hallesby）著（美）戴怀仁（Ingvald Daehlin） 毛光仪译

外文题名：The miracle

[汉口]：中华信义会书报部，1932.5，62 页，32 开

本书论述上帝的创造力。共 6 部分：神迹与启示、神迹的超然性、神迹观念的种种、神迹与天国、神迹在教会生活工作上的地位、神迹与科学。

收藏单位：广东馆、国家馆

03546

神救赎的计划 （美）肯杨（E. W. Kenyon）著　马路加译

外文题名：The Father and his family or a restatement to the plan of redemption

天津：基督徒福音书室，1940.6，再版，288 页，32 开

本书共 19 章，内容包括：创造的原理、人的叛逆、死亡的管辖等。

收藏单位：国家馆、近代史所、首都馆、天津馆

03547

神救赎的原则 （英）史百克（Theodore Austin-Sparks）著

外文题名：God's principle in redemption

上海：福音书房，52 页，32 开

本书共 3 篇：福音是什么、十字架的三种定理、复活的生命与基督的身体。

收藏单位：广东馆

03548

神秘的圣洁 爱德华·登纳（Edward Dennett）著　许景文译

外文题名：God's way of holiness

上海：基督福音书局，31 页，36 开

本书讲基督的圣洁。

03549

神学纲要 班克斯（J. S. Banks）著　彭寿董正初译

上海：广学会，1926.10，432 页，18 开

神学是研究上帝的科学，本书根据此点编辑而成。共两部：论"救赎"教义所假定的诸教义、论属"救赎"的诸教义。书前有序引。供神学生及传教士研究参考之用。

收藏单位：山东馆

03550

神学四讲 赵紫宸著

外文题名：Four talks on theology

上海：青年协会书局，1948，76 页，25 开（青年丛书第 2 集 36）

本书主要宣传基督教神学知识。共 4 篇：创世论、成身论、救赎论、道德论。

收藏单位：国家馆、上海馆

03551

神之爱与人间苦 巴拉德（R. Ballard）著文南斗译

上海：广学会，1938，32 页，36 开（道声小丛书 2）

收藏单位：广东馆

03552

生于忧患 （英）梅德立（Frank Madeley）著

外文题名：The divine alchemist

上海：广学会，1940.1，120 页，32 开

本书阐述上帝如何将困难的环境变成福泽的源泉。共 4 部分，内容包括：万事与爱上

帝者有益、圣经以外原理的例证等。

收藏单位：重庆馆、广东馆、上海馆、绍兴馆

03553

圣宠论　徐宗泽编著

外文题名：Tractatus de gratia actuali et habituali

上海：圣教杂志社，1930，240+16 页，32 开（神学提纲）

本书分圣宠论、宠爱论两编。书前有著者神学提纲序。书后有索引、中西名词对照表。版权页题名：神学提纲圣宠论。

收藏单位：国家馆、内蒙古馆、上海馆

03554

圣道起信论　徐松石著

上海：广学会，1940.11，110 页，32 开

收藏单位：内蒙古馆、上海馆

03555

圣教德育

广州：出版者不详，[1910—1919]，48 页，22 开

本书共 7 章，内容包括：对神之本份、对己之本份、对众人之本份、对家人之本份、对教会之本份、对国家之本份等。书末有补论安息日、饮酒。

收藏单位：国家馆

03556

圣教理证选要（辩道类）　沈锦标编著

外文题名：Sanctae religionis probatio

上海：土山湾印书馆，1939，5 版，36 页，32 开

本书内容包括：天堂地狱、魂有三等、神人鬼三样、奉教人守何诫、守诫之人少、圣教不许娶妾何故等。

收藏单位：国家馆、内蒙古馆

03557

圣教真诠　库全英口译　李永庆笔述

上海：广学会，1911，88 页，18 开

本书共 12 章：论人知有神、论万有能穷

神与否、论真神万物之干涉、论苦难与恶偏之干涉、论人心之恶偏、论万古之至人、论至人之证、论神之复兴人、论神代人受苦、论悔改者复初、论三位一体、论天国。

收藏单位：国家馆、山东馆、天津馆

03558

圣灵充满的基督徒　（挪）哈列比（O. Hallesby）著　（美）戴怀仁（Ingvald Daehlin）译

外文题名：A spiritfilled christian

[汉口]：中华信义会书报部，1931.10，14 页，32 开

本书论及圣灵充满的 7 个标志。

收藏单位：国家馆

03559

圣灵充满的生活　勒脱斯（L. L. Legters）著　苏慕华（L. Scarlett）译

外文题名：The simplicity of the spirit filled life

上海：中华浸会书局，1933.2，81 页，32 开

上海：中华浸会书局，1935.5，再版，81 页，32 开

本书叙述如何使自己的生活充满圣灵。共 12 章，内容包括：圣灵——内在者、圣灵的见证、我可期望的、圣灵充满对于众门徒有什么意义等。

收藏单位：国家馆、南京馆、山东馆

03560

圣灵充满是什么　冉道甫（H. G. Randolph）著　李少兰译述

外文题名：Filled with the spirit

汉口：中华信义会书报部，1935.5，88 页，32 开

本书论述圣灵充满就是度圣灵引导的生活并依圣灵而行。共 7 章，内容包括：被充满的目的、被充满之必要、如何被充满等。

收藏单位：国家馆

03561

圣灵的能力与恩赐　（英）梅德立（Frank Madeley）冯雪冰著述

外文题名：The holy spirit, his power and gifts

上海：广学会，1939.10，120 页，32 开

本书共 5 章：圣灵恩赐与能力、圣灵的恩赐、暂时的恩赐、永久的恩赐、结论。

收藏单位：重庆馆、国家馆

03562

圣灵浅解　D. H. Dolman 著　师雅各译　陈子刚笔述

上海：中华浸会书局，1930.8，158 页，32 开

本书共 15 部分，内容包括：圣灵是赐生命者、基督成形在你们心里、不要抗拒圣灵等。

收藏单位：广东馆、国家馆

03563

圣灵与新生活　（挪）哈列比（O. Hallesby）著　殷深基译

外文题名：Spirit and life

[汉口]：中华信义会书报部，1931.8，132 页，32 开

本书研究基督教圣灵在救世中所处的地位和所做的工作。共 3 章：引言、圣灵旧约时代的工作、圣灵新约时代的工作。

收藏单位：国家馆

03564

圣灵之研究　陈崇桂著

长沙：湖南圣经学院，1933，98 页，32 开

本书书前有卷头语"灵的运动"。

03565

圣母发现于露德实传

香港：纳匝肋静院，1914，75 页，64 开

本书讲述一个叫伯尔纳德（Bernadette）的女孩在法国路德（Lourdes）地方见圣母显圣的故事。

03566

圣母善导记要　[徐励]编译

上海：慈母堂，1915.4，再版，47 页，64 开

本书共 15 篇，内容包括：圣母善导的义、圣母善导圣堂、善导圣堂坍毁等。书前有编者小引。

收藏单位：国家馆

03567

圣母圣室　中玉译

外文题名：De lauretano domo

澳门：慈幼印书馆，1948.4，29 页，50 开（灵修小丛书 52）

本书讲述圣母玛利亚的圣宫以及圣宫所显的奥迹。

收藏单位：国家馆

03568

圣母显示（于德国马林弗利德）

[北平]：出版者不详，1949.7，19 页，50 开

本书记述圣母 1946 年在德国马林弗利德 3 次"显现"的圣迹。书前有译者序。

收藏单位：国家馆

03569

圣母要理简要　圣母会士译辑

上海：土山湾印书馆，1918 印，88 页，32 开

本书共 3 卷：论圣母行实、论敬礼圣母的理由、论敬礼圣母之工。

收藏单位：国家馆

03570

圣母忠仆　（法）葛利农（Louis Mary Grignion）著

外文题名：Le serviteur de Marie

献县：献县天主堂，1925，71 页，32 开

献县：献县天主堂，1930，71 页，32 开

献县：献县天主堂，1937，4 次排印，71 页，36 开

本书讲作圣母忠仆的善工如何贵重、圣母如何使吾人相似耶稣等。并有向耶稣诵、向天主圣子诵等祈祷文。

收藏单位：国家馆

03571

圣三位一体　英格理（E. S. English）著　王长新译

外文题名：The holy trintiy

北平：韩德[发行者]，1948.3，10 页，32 开

本书为英格理所著《必要相信的事》一书的第 2 章。共 3 部分：三位一体的事实在圣经中的默示、圣三位一体的位格和他们的工作、三位一体的同等与性格。书前有译者的写在前头。

　　收藏单位：国家馆

03572

圣神三法 （美）马雅各（James H. McConkey）著　更新子译

上海：广学会，1932，68 页，32 开

　　本书共 4 部分：圣神之效力、得圣神之方法、充满圣神之方法、得圣神常常显明之方法以及总结于信爱。

　　收藏单位：山东馆

03573

圣事论　徐宗泽编著

外文题名：Tractatus de sacramentis

上海：圣教杂志社，1931.6，276 页，32 开（神学提纲）

　　本书共 8 编：总论圣事、论圣洗、论坚振、论圣体、论告解、论终傅、论神品、论婚配。书前有绪言。版权页题名：神学提纲（圣事论）。

　　收藏单位：国家馆、内蒙古馆

03574

圣体降福 （英）佐治・彭斐尔（George Bampfield）著　吴炳中译

外文题名：Benediction of the bl sacrament

香港：公教真理学会，1947.7，25 页，50 开

　　本书共 3 部分：天主第一次降来世上、天主以人性显示、今日天主居在我们之间。

　　收藏单位：国家馆

03575

圣学底介绍书（第 1 册）　中国圣学讨论会编

道德专书刊印筹备处，1932，62 页，32 开

　　本书介绍基督教理论和方法。共 16 章，内容包括：总论、圣学究竟是什么、圣学上底食欲问题、圣学上底性欲问题，以及小法第一——十二集的介绍。

　　收藏单位：国家馆

03576

圣学问答（第 1 册）　天勇著

[重庆]：中国圣学讨论会，106 页，36 开

　　本书用基督教观点解释宇宙和人生的奥秘。

　　收藏单位：重庆馆、广东馆、国家馆、江西馆、南京馆

03577

圣学最近理论（一名，圣学眼光下之种种问题 第 1 册）　中国圣学讨论会编

重庆：中国圣学讨论会，1934.1，76 页，32 开

　　本书选录该会导师文稿编辑而成，共 20 个专题，内容包括：神灵有无底问题、宗教存亡底问题、恶人善化底问题等。

　　收藏单位：国家馆

03578

盛世刍荛

兖州：兖州府天主堂印书馆，1926，1 册

兖州：兖州府天主堂印书馆，1937，4 版，162 页，32 开

　　本书共 6 篇：首篇、溯源篇、救赎篇、灵魂篇、赏罚篇、异端篇。

　　收藏单位：国家馆

03579

诗篇中的教训　李荣芳著

上海：青年协会书局，1941.4，56 页，32 开（灵修丛刊 3）

　　收藏单位：南京馆

03580

十二位宗徒道理　常守明译

[宣化]：出版者不详，1930，1 册，18 开

　　本书为 1875 年 12 位宗徒向众信友的训话，此文约编于第一世纪末叶。

　　收藏单位：国家馆、内蒙古馆

03581

十字架的使者　倪柝声编

上海：福音书房，1939，4 版，52 页，32 开

　　收藏单位：广东馆

03582

时代转变中的上帝观 （美）樊都生（Henry Pitney Van Dusen）著　应远涛译

外文题名：The plain man seeks for God

上海：青年协会书局，1934.9，112 页，25 开（青年丛书 11）

　　本书共 6 章：普通人的难题、普通人困难的根源、近代科学所给予的光明、超乎科学——价值的意义、活的上帝、最后的复杂问题——恶。书前有译序。

　　收藏单位：北大馆、重庆馆、广西馆、国家馆、南京馆、上海馆、首都馆、浙江馆

03583

实践神学大纲 （英）麦沾恩（George H. McNeur）编辑

外文题名：Outline of practical theolog

上海：广学会，1926，120 页，32 开

　　本书讲述实践神学定义及内容，共 8 章：宣道学、个人谈道、牧范学、教会政治、教会治理、礼拜学、世界传播、宗教教育。附：请求入教者应有之准备。

　　收藏单位：国家馆、山东馆

03584

世界伟人的宗教信仰 （加）华勒斯（Archer Wallace）著　姚贤慧译

外文题名：The religious faith of great men

上海：青年协会书局，1936.9，204 页，25 开（青年丛书 39）

上海：青年协会书局，1941，再版，204 页，25 开（青年丛书 39）

上海：青年协会书局，1948.3，3 版，204 页，25 开（青年丛书 39）

　　本书共 10 章，介绍 80 余位世界著名人物的宗教信仰，他们有探险家、艺术家、著作家、商业家、音乐家、哲学家、诗人、科学家、军事家、政治家。

　　收藏单位：重庆馆、广东馆、贵州馆、国家馆、湖南馆、吉大馆、吉林馆、南京馆、

内蒙古馆、上海馆、中科图

03585

收获运动六论　中华基督教会四川协会文字部编

成都：华英书局，[1905—1918]，68 页，22 开，环筒页装

　　本书针对教会工作人员和各研究团体，介绍预备主圣工一种默想的、讨论的和祈祷的材料。即从灵性收获方面着眼，提出 6 个题目以资研讨。

　　收藏单位：重庆馆、国家馆

03586

赎回光阴　倪柝声著

上海：福音书房，1939，22 页，32 开

　　本书共 5 部分：找机会来爱我们的主、找机会行善、我还是要先说到赦免人、尽量去爱人、用我们的钱帮助人。

　　收藏单位：广东馆

03587

赎罪 （挪）哈列比（O. Hallesby）著 （美）戴怀仁（Ingvald Daehlin）译

外文题名：The atonement

[汉口]：中华信义会书报部，1935.6，54 页，32 开

　　本书为著者在挪威教育界的一篇演说辞。通过赔偿、赎罪、牺牲、代替、代赎、和好 6 大观念讨论基督教对于赎罪的信仰。

　　收藏单位：广西馆、国家馆

03588

属灵的恩赐 （英）纪达诺长（Donald Gee）著　马路加译述

外文题名：Concerning spiritual gifts

北京：神召合一真理月报社，1939.4，再版，142 页，32 开

北京：神召合一真理月报社，1947.4，142 页，32 开

　　本书共 12 章，内容包括：属灵的恩赐之目的、先知讲道（预言）的恩赐、圣灵的恩赐和圣灵的果子等。

收藏单位：国家馆

03589

属灵的宇宙 赵恩赐著

两广浸信联会书报社，1946，再版，202 页，32 开

本书共 120 课，内容包含关于属灵的一切，意在使研经者获得检查上的便利。

收藏单位：广东馆

03590

属天国信息的经文（自法蒂玛传出） 包志仁编译

香港：真理学会，[1946]，12 页，64 开

法蒂玛是葡萄牙小镇，相传是圣母显现的地方。书前有译者序，作于 1946 年。

收藏单位：国家馆

03591

曙光

南京：南京圣保禄会，[1940—1949]，15 页，64 开

本书记述 1917 年圣母在葡萄牙法第玛显现经过，以及奇传经文、特种敬礼等。书后有附录两篇。

收藏单位：国家馆

03592

四末

出版者不详，203 页，32 开

本书共 20 章，内容包括：人的为头、大罪关系、预备善终、讲私审判、地狱失苦等。

收藏单位：国家馆

03593

四末真论 （比）柏应理（Philippe Couplet）著

上海：土山湾印书馆，1940，5 版，28 页，32 开

本书内容包括：死候说、审判说、天堂说、地狱说。书前有序、引。书后附《终末之记甚利于精修》（高一志）。封面题名：道学类四末真论。

03594

四终略意 （西）白多玛（Hortis Ortiz）著

北平：遣使会印书馆，1933，122 页，32 开

本书内容包括：死候之说、私审判之说、公审判之说、地狱之说、天堂之说。

收藏单位：国家馆

03595

四终略意 （西）白多玛（Hortis Ortiz）著

上海：土山湾印书馆，1930，112 页，32 开

收藏单位：国家馆、内蒙古馆

03596

诵芬论丛（又名，关于玛利亚） 钱公溥等编译

上海：徐汇总修院，1949.4，124 页，32 开

本书辑论说圣母的文章 14 篇，内容包括：天主之母、无原罪圣母、童贞玛利亚、圣玛利亚、圣母升天等。

收藏单位：国家馆、首都馆

03597

他是谁 （法）申自天（René Archen）著

天津：崇德堂，1948.3，106 页，32 开

本书共两卷，介绍耶稣基督和基督的奇迹。版权页题名：耶稣基督究竟是谁。

收藏单位：首都馆

03598

太初 潘志蓉述

上海：广学会，1913，168 页，32 开

收藏单位：南京馆

03599

泰西名人证道谭 （英）墨独克（John Murdoch）（美）罗密士（H. Loomis）辑 胡贻縠译述

上海：基督教青年会组合，1914，再版，76 页，25 开

本书为罗斯福、亚历山大二世、华盛顿等欧美帝王、政治家、将帅、科学家、思想家、文学家盛赞圣经、耶稣及基督教教义的

言论集。书前有原序两篇及译者自序。

收藏单位：国家馆

03600

泰西名人证道谭 （英）墨独克（John Murdoch）
（美）罗密士（H. Loomis）辑 胡贻毅译
上海：青年协会书报部，1924，3 版，58 页，
32 开

收藏单位：南京馆

03601

谈道录 （美）姚尔吉（Archibald G. Adams）
著 简又文 高为雄译
外文题名：A dialogue on christianity
上海：青年协会书报部，1922.12，49 页，32 开
（宗教研究丛书 3）
上海：青年协会书报部，1923.2，再版，49 页，
32 开（宗教研究丛书 3）

本书共 4 篇：天国之来源、天国之始祖、
天国之国民、天国之任务。书前有编者引言。

收藏单位：山东馆

03602

探原课本 徐宗泽编著
上海：圣教杂志社，1927，288 页，32 开
上海：圣教杂志社，1929，2 版，364 页，32 开
上海：圣教杂志社，1936.4，3 版，372 页，32 开

本书内容包括：原人学、原神学、宗教
学、圣教会。书前有著者总旨。

收藏单位：国家馆、南京馆、内蒙古馆、
上海馆

03603

特来义圣母记
外文题名：Histoire de notre dame de la treille
献县：张家庄胜世堂，1917，103 页，64 开

本书论述圣母在法国的若干次“显灵”
情况。书后附献愿经文。

收藏单位：国家馆

03604

天道基础（一名，教会问答讲义） 纽兰德史

密斯（Newland-Smith） 张畯杰编译
中华圣书公会书籍委办，1929，227 页，32 开

本书共 5 部分：领洗的誓约、信经和信经
的要旨、主祷文和主祷文的要旨、十条诫和
十条诫的要旨以及圣礼和圣礼的要旨。

收藏单位：山东馆

03605

天道溯源直解 （美）丁韪良（William Alexander
Parsons Martin）著 ［（英）包尔腾］译
外文题名：Evidences of Christianity in Kwanhwa
津汉基督圣教协和书局，1917，修订本，154
页，32 开

本书论天道之根源及人事的始末等。书
前有包主教序及自序。

收藏单位：国家馆

03606

天道溯源直解 （美）丁韪良（William Alexander
Parsons Martin）著 ［（英）包尔腾］译
外文题名：Evidences of Christianity in Kwanhwa
上海：中国基督圣教书会，1913，[154] 页，32
开
汉口：中国基督圣教书会，1917，修订本，154
页，32 开

收藏单位：江西馆、内蒙古馆

03607

天风 罗斯（C. Rose）著 华西大学译
成都：华英书局，1941，56 页，36 开

本书内容包括：最高的治理者、上帝的计
划、建造人间的桥梁等。

收藏单位：重庆馆

03608

天国（卷 1） 张灵著
浙江：新昌基督教堂，1935，387 页，32 开

本书讲述天国的情形及如何能进入天国。

收藏单位：广东馆、吉林馆

03609

**天国和平之后（又名，法蒂玛圣母显现纪
实）** 巴尔达（C. C. Barthas） 冯西加（G. Da

Fonscoa）著　刘鸿逊　吴炳中译

外文题名：Out lady of light

香港：真理学会，1949.6，162 页，36 开

　　本书分 4 篇，记述圣母 6 次显现的事迹、朝圣盛况、三牧童小传等。书前有译者序言。书后附太阳异像目睹者的报告等 3 篇。

　　收藏单位：桂林馆、国家馆、湖南馆

03610

天国之奥秘　斯格菲尔德（F. W. Schofield）著（英）贾立言（A. J. Garnier）　冯雪冰译

上海：广学会，1929，78 页，32 开

　　本书共 8 章：天国的意义、天国奥秘的解释、以撒种的比喻解释天国的奥秘、以稗子的比喻解释天国的奥秘、以才干的比喻解释天国的奥秘、十字架的奥秘、复活的奥秘、关于身体复活以后的问答。

　　收藏单位：内蒙古馆、山东馆

03611

天国主义　曹新铭著

上海：广学会，1941，156 页，32 开

　　本书叙述耶稣教义中有关天国的教导，如和平、和睦、饶恕、爱敌、平等、自由等。

　　收藏单位：南京馆

03612

天理良心　［李慕真］编

北平：西什库遣使会印书馆，1933 重印，68 页，32 开

　　本书内容包括：天主二字的意义、主宰只有一尊、心为善恶之原等。

　　收藏单位：国家馆、内蒙古馆、首都馆

03613

天堂要理图说明书　耀汉会乐爵兄弟编

［安国］：安国天主堂，1936.10，57 页，32 开

　　本书分上、下两编。上编为教理概义，包括：圣经大意、圣教简史、真福八端、七罪宗、异端简史；下编包括：天主教、儒教、释教、道教、回教、誓文教六教源流。

　　收藏单位：国家馆、内蒙古馆

03614

天堂永福　（德）赫德明（Joseph Hesser）著

兖州：兖州府天主堂印书馆，1931，4 版，32 页，32 开

　　本书共 8 章，内容包括：天堂的福乐世人懂不透、圣人往后看就享大福乐、论天堂的美丽等。书前有自序。

　　收藏单位：国家馆

03615

天梯　（清）李问渔编著

上海：土山湾印书馆，1916 重印，82 页，32 开

上海：土山湾印书馆，1921 重印，82 页，32 开

　　本书讲圣母的品德和敬圣母的法子，是摘译圣利高烈的申尔福解。书前有编著者弁言。

　　收藏单位：国家馆

03616

天主宠爱之母

上海：出版者不详，39 页，32 开（圣玛利亚小丛书）

　　本书收论文及文艺体裁的作品。内容包括：提倡家庭敬礼圣母、教友传教经验等篇。

　　收藏单位：广东馆

03617

天主画谱　（德）亚尔邦著　李若翰译

兖州：兖州府天主堂印书馆，1933，144 页，25 开

　　本书叙述天主通过自然界的各种现象，提醒人们亲近天主，救援灵魂。共 10 章，内容包括：人的灵魂比星辰日月还贵重、艰难引人归天主、肉身的病苦与灵魂的毛病的比较等。书前有导言。书后有末言。

　　收藏单位：国家馆、内蒙古馆

03618

天主降生救赎论　徐宗泽编著

上海：圣教杂志社，1932，284 页，32 开（神学提纲）

本书分两编：论天主降生、论耶稣基督救赎之工。附编论圣母玛利亚。书前有著者"神学提纲序"。版权页题书名为：神学提纲（天主降生救赎论）。

收藏单位：国家馆

03619

天主降生引义 （意）艾儒略（Giulio Aleni）撰

上海：土山湾印书馆，1922 重印，48 页，32 开

本书分上、下卷。上卷分 8 章，论天主降生之事；下卷分 21 章，就天主降生答问。

收藏单位：国家馆

03620

天主三位一体论 徐宗泽编著

外文题名：Tractatus de Deo uno et trino

上海：圣教杂志社，1930，216 页，32 开

本书分上编、中编、下编 3 部分。上编讲论天主实有，内分两章。中编讲论天主之性体及优长，内分两章。下编讲论天主之知识与愿欲，内分 5 章。书前有天主惟一论开篇。书末有天主圣三论叙述，内分 5 章。

收藏单位：国家馆、内蒙古馆

03621

天主上智亭毒万物论 爱利爱（P. Lodiel）著 圣教杂志社译述

上海：土山湾印书馆，1916，54 页，32 开

上海：土山湾印书馆，1935 重印，54 页，32 开

本书内容包括：以物理之秩序证、以博物名家之言证、痛苦疾病论、今世祸福论、世上善恶论等。

收藏单位：国家馆、南京馆

03622

天主圣母 徐志摩　沈性仁翻译

上海：出版者不详，1927.8，214 页，32 开（圣玛利亚小丛书）

本书共 10 篇，内容包括：是教友就要传教、爱情的力量、以实际行动响应传教等。

收藏单位：国家馆

03623

天主圣三与爱 萨莱（Gaston Salet）著　周士良译

上海：土山湾印书馆，24 页，32 开

本书论述圣父、圣子、圣灵三位一体的教理，并讲述其由来。

收藏单位：国家馆

03624

天主圣神 [孟司铎] 等著

外文题名：De spiritu sancto

献县：献县天主堂，1943，144 页，32 开

本书共 3 卷：论圣神本体、论圣神七恩、论恭敬圣神。

收藏单位：国家馆

03625

天主造物论·四末论 徐宗泽著

外文题名：Tractatus de deo creante et elevante de novissimis

上海：圣教杂志社，1930.7，194 页，32 开（神学提纲）

《天主造物论》包括：论天主造世界、论天主造人依其本性之伦序、论天神等 7 章。《四末论》包括：论炼狱、论地狱、论天国、论复活等 6 章。

收藏单位：国家馆、内蒙古馆、上海馆

03626

天主之母 萨莱（Gaston Salet）著　周士良译

上海：土山湾印书馆，24 页，32 开

本书讲述天主之母玛利亚、始孕无玷及无原罪的道理。

收藏单位：国家馆

03627

完全的如何来到 童克圣　金东乙译述

上海：广学会，1933，165 页，32 开

本书共 10 章，内容包括：完全与有限、罪之由来、迷途改正等。

收藏单位：山东馆

03628

挽回祭说　农竹著

汉口：中国基督圣教书会，1936.6，70页，25
开（中国基督圣教书会）

　　本书共 8 章，内容包括：释意七则、挽回
祭的公意等。

　　收藏单位：山东馆

03629

万事元始　（美）怀爱伦（Ellen G. White）著
时兆报馆编辑部译

上海：时兆报馆，1922，191页，25开，精装

　　本书用基督教的观点解释万事万物的本
源。共 22 章，内容包括：管理万物之真神、
罪恶之原始、上帝救赎人类之计划、信心之
试炼等。书前有苏清心序。

　　收藏单位：重庆馆、广东馆、广西馆、南
京馆、内蒙古馆、山西馆、上海馆、浙江馆

03630

万应圣母像记略

兖州：兖州府天主堂印书馆，1931，83页，36
开

　　本书共 3 部分：万应圣母像之由来、仿样
圣母像、敬礼万应圣母。

　　收藏单位：国家馆

03631

为什么恭敬天主呢？　牟作梁　李道昌著

济南：华洋印书局，15页，64开（神职杂志
袖珍丛书 22）

　　本书共 5 部分：天主是万物的主宰、天主
无穷美善、天主是我们的大恩主、天主有赏
善罚恶的大权、天主是我们的希望。

　　收藏单位：国家馆

03632

为什么恭敬耶稣呢？　牟作梁著

济南：华洋印书局，14页，64开（神职杂志
袖珍丛书 23）

　　本书共 3 部分：耶稣是真天主、耶稣又是
救世主、耶稣是万民的君王。

　　收藏单位：国家馆

03633

为什么天主许有教难　王廉著

上海：土山湾印书馆，[1940—1949]，14页，
128开（现代宗教问题 丁 8）

　　本书共 3 部分：天主所定的自然界的公
律、天主对于我们的特殊意旨、我们应有的
态度。

　　收藏单位：国家馆

03634

**为什么我做了基督徒（原名，在新春亲族餐
席上的报告）**　严谔声著

出版者不详，[1940]，9页，25开

　　本书为著者自述其信仰基督教的经过及
对基督教义的理解。

　　收藏单位：国家馆

03635

为甚么要敬拜上帝　（英）来思德（M. Lester）
著　谢颂羔　陈德明译述
外文题名：Why worship?

上海：广学会，1938，32页，64开

　　本书共 9 部分，内容包括：译者小言、敬
拜的意义、自我解放、解除死亡的恐惧、消
除忧虑、敬拜与创造等。

03636

问答释义（卷 1—2 要理）（德）韩宁镐（Augustin
Henninghaus）著

济南：济南府无原罪堂，1933，活版，173+138
页，32开

　　本书为教理问答释义。分两卷 87 章，内
容包括：论要理问答四字、论耶稣升天去了还
来不来、论肉身死不死等。卷首有序。

　　收藏单位：国家馆

03637

问答释义（卷 3 告解）（德）韩宁镐（Augustin
Henninghaus）著

济南：济南府无原罪堂，1933，活版，154页，
32开

　　本书为告解问答释义。共 32 章，内容包
括：论告解是什么、论告解要紧不要紧、论省

察是什么等。

　　收藏单位：国家馆

03638

问答释义（卷 3 告解）（德）韩宁镐（Augustin Henninghaus）著

兖州：兖州府天主堂印书馆，1931 印，6 版，[216] 页，25 开

兖州：兖州府天主堂印书馆，1933，8 版，204 页，25 开

　　收藏单位：国家馆、河南馆、内蒙古馆、首都馆

03639

问答释义（卷 4 圣体）（德）韩宁镐（Augustin Henninghaus）著

兖州：兖州府天主堂印书馆，1930.10，5 版，136 叶，32 开

兖州：兖州府天主堂印书馆，1932，6 版，136 叶，32 开

兖州：兖州府天主堂印书馆，1937，7 版，136 页，32 开

　　本书为圣体问答释义。共 24 章，内容包括：圣体是什么、圣体是谁立的、谁有成圣体的权等。书前有小引。

　　收藏单位：国家馆、南京馆

03640

问答释义（卷 5 坚振）（德）韩宁镐（Augustin Henninghaus）著

兖州：兖州府天主堂印书馆，1927 重印，144 叶，32 开，精装

兖州：兖州府天主堂印书馆，1931，7 版，146 叶，32 开

兖州：兖州府天主堂印书馆，1932，8 版，274 页，32 开

　　本书为坚振问答释义。共 22 章，内容包括：坚振是什么、坚振要紧不要紧、谁可以领坚振、领过洗的小孩子不能坚振么等。附录 7 章。书前有序。

　　收藏单位：国家馆、河南馆、内蒙古馆

03641

我不信神迹　黄明远著

汉口：中华信义会书报部，[1935]，7 页，64 开

　　本书驳斥不信神迹的观点。

　　收藏单位：国家馆

03642

我的问题　乐泉编译

澳门：白德美纪念出版社，1949.8，93 页，50 开（公教小读物丛刊 44）

　　本书共 4 篇：我的问题、最后呢、世界末日、神泉。

　　收藏单位：广西馆、国家馆、内蒙古馆

03643

我的新耶稣观　范莅海撰

上海：青年协会书局，1929，92 页，32 开

　　本书共 5 篇：中国的耶稣、现代的耶稣、青年的耶稣、子弟的耶稣、学生的耶稣。书前有《记与友人一夕话》（代序）。书后附录《东方的基督教》。

　　收藏单位：重庆馆、国家馆、南京馆

03644

我们的密友——圣灵　浸会少年团编缉部编译

上海：中华浸会书局，1933.2，128 页，32 开

　　本书共 12 章，内容包括：圣灵是谁、圣灵与圣经、圣灵与基督人格的长进、圣灵是我们的向导等。

　　收藏单位：广东馆、国家馆

03645

我们的圣教小引

香港：纳匝肋静院，1947，22 页，64 开

　　本书讲天主造天地，天主造人，天主审判各人的灵魂及十诫条目。教理学初保守班读本。

　　收藏单位：国家馆

03646

我所认识的基督（民国二十二年李提摩太氏

当选征文） 王揆生　薛冰著
外文题名：The Jesus I know
上海：广学会，1935.3，[60] 页，32 开，环筒
页装
上海：广学会，1942，3 版，[60] 页，28 开，环
筒页装
　　本书收当选征文两篇。著者讲述他们信
教的经过。
　　收藏单位：广东馆、国家馆、南京馆、上
海馆

03647
我所信的基督耶稣　成寄归著
长沙：湖南圣经学院，1935.10，30 页，32 开
（灵修小册 2）
　　收藏单位：南京馆

03648
我为什么要做基督徒　张福著
上海：广学会，1940.3，10 版，24 页，32 开
　　收藏单位：南京馆

03649
我为什么作基督徒　谢景升编
上海：青年协会书局，1940，62 页，32 开（灵
修丛书 9）
　　本书收宗教经验谈 12 篇。
　　收藏单位：广东馆、南京馆

03650
我信圣灵　韦思洛夫（Fredrik Wisloff）著
（美）戴怀仁（Ingvald Daehlin）　王永生译
外文题名：I believe in the Holy Spirit
汉口：中华信义会书报部，1940.3，423 页，32
开
　　本书共 8 章：圣灵与三位一体、圣灵与圣
道、圣灵与世人、圣灵与教会、圣灵与信徒、
亵渎圣灵、成圣、圣灵的充满。附录人名原
文索引。
　　收藏单位：重庆馆、国家馆

03651
我信天主
北京：西什库遣使会印书馆，1938 重印，122
页，32 开
　　本书共 9 章，以问答形式论说有天地万
物必有天主、天主是永存的、人人都应当相
信天主。
　　收藏单位：国家馆

03652
我在四福音中所认识的耶稣　曹新铭著
上海：广学会，1935，154 页，32 开
　　本书宜宣教师及布道者阅读。根据四福
音而作，从各方面将耶稣的生活烘托出来。
内容包括：耶和华的史略、德性、生活、使
命及耶稣与人类、与各界、与门徒、与家庭、
与民族及本世界社会等。
　　收藏单位：重庆馆、广西馆、山东馆

03653
无染原罪　[孟亚丰索] 述
外文题名：L'Immaculée conception
献县：献县天主堂，1934，252 页，32 开
　　本书共 3 卷：圣母显灵圣牌实传、讲论圣
母无染原罪及路德圣母记略。卷首有序。
　　收藏单位：国家馆

03654
无神抑有神　王昌祉主编
香港：真理学会，1949.5，9 页，64 开（现代
问题的解答 甲 8）
　　本书共 3 章：什么是神、无神论者的理
由、为什么有人要主张无神。
　　收藏单位：国家馆

03655
无神抑有神　现代问题研究社编
现代问题研究社，12 页，64 开（现代问题的
解答 甲 8）
　　收藏单位：国家馆

03656
吾乐之缘
青岛：青岛天主堂印书局，1932 印，74 页，32
开

本书共 3 部分：吾乐之缘随时随处恭敬圣母、当常常恭敬圣母、随时随处常当恭敬圣母。

收藏单位：国家馆

03657

悟性的更新　倪柝声著

福音书房，1935，2 版，63 页，32 开

本书内容分两篇 13 节，内容包括：人的心、诺士在中文圣经中的各种译法、诺士与基督人的关系、心先坏了、外邦人是心里不肯信等。

收藏单位：广东馆

03658

希伯来国族的长成　（美）党美瑞（Marie Adams）著　卢乐山译

外文题名：The building of the Hebrew nation

上海：青年协会书局，1948，78 页，22 开（中华主日学丛书）

本书共 18 课，内容包括：摩西的诞生、埃及的灾难、以色列人脱离埃及、永生（复活节）等。书前有绪论——编辑的旨趣。

收藏单位：东北师大馆、广东馆

03659

希伯来王国的研究　（美）党美瑞（Marie Adams）著　卢乐山译

上海：青年协会书局，1948.5，69 页，22 开（青年丛书第 2 集 33）（中学主日学丛书旧约编 3）

本书共 18 课，内容包括：扫罗被选为以色列第一任国王、约拿单战败非利士、大卫渐孚众望、大卫与约拿单的友谊、逃亡的大卫等。书前有绪论——编辑的旨趣。

收藏单位：广东馆

03660

现代潮流中的上帝观　（美）樊都生（Henry Pitney Van Dusen）著　应远涛译

外文题名：God in these times

上海：青年协会书局，1937，132 页，25 开（青年丛书 50）

上海：青年协会书局，1948.10，2 版，132 页，25 开（青年丛书 50）

本书共 3 章：基督教的主张和现代人、关于活上帝的主张、社会危机中基督教的主张。书前有著者序。附录《基督教对于共产主义的批评》《基督徒与妥协》。

收藏单位：重庆馆、贵州馆、国家馆、江西馆、南京馆、上海馆

03661

现在的得救（灵光）　焦维真编

南京：灵光报社，1934.6，138 页，32 开

收藏单位：山东馆

03662

孝敬我们的母亲　周济世著

[保定]：[保定总堂]，1939，104 页，32 开

本书讲恭敬圣母的道理。共 4 部分：圣母爱耶稣、耶稣爱圣母、圣母爱我们、我们该怎么恭敬圣母。书前有作者写在前面的话。

收藏单位：国家馆

03663

新旧神学辨异　（挪）哈列伯（O. Halleby）著　（美）戴怀仁（Ingvald Daehlin）　王敬轩译述

外文题名：The main difference between positive and liberal theology

汉口：中华信义会书报部，[1930.1]，32 页，32 开

本书为著者的演讲录。共 4 部分：切实的异点、研究方法的异点、两样不同的信仰、结束的话。书前有译者序。

收藏单位：国家馆

03664

新约圣经神学（上册）　（美）韦德尔（F. Weidner）著　（美）易德文（August William Edwins）　吕绍端译

外文题名：Biblical theology of the New Testament

汉口：中华信义会书报部，1932，277 页，32 开（信义神学丛书）

本书阐明新约的重要道理和基督徒的义务。分耶稣的要训、彼得的要训两编。书前有序。

收藏单位：国家馆

03665

新约要道大纲 彭彼得编著

上海：广学会，1938.11，46 页，32 开

上海：广学会，1940.1，再版，46 页，32 开

上海：广学会，1948.7，3 版，46 页，32 开

本书内容包括：天父的世界、天父的世界（续）、耶稣的恩赐、耶稣的恩赐（续）、耶稣的性格、耶稣的爱、人的地位等。

收藏单位：南京馆、山东馆

03666

信经引义 （比）卫方济（François Noël）著

外文题名：Nihil obstat

兖州：兖州府天主堂印书馆，1934，2 版，174 页，50 开

本书共 12 端，内容包括：我信全能者天主罢得肋化成天地、我信其降地狱、我信肉身之复活、我信长生等。

收藏单位：国家馆

03667

信望爱三德论 徐宗泽编著

上海：圣教杂志社，1931.1，198 页，32 开（神学提纲）

本书共 4 编：超性德能总论、信德论、望德论、爱德论。卷首有著者"神学提纲序"。卷末附索引、中西名词对照表。版权页题名：神学提纲（信望爱三德论）。

收藏单位：国家馆、内蒙古馆

03668

幸福的追求 （美）林亨利（H. C. Link）著

谢颂义译

上海：广学会，1938，26 页，50 开

收藏单位：广东馆

03669

性理真诠提纲 孙璋述

上海：土山湾印书馆，1916 重印，1 册，32 开

本书共 10 篇，内容包括：直指灵性本体、论神非阳之德、论人灵性非理、论人之灵性

惟一不能有二、论人之灵性无死灭等。

收藏单位：国家馆、浙江馆

03670

寻求上帝 （英）桂厚伯（A. Herbert Gray）著

王治心 谢颂羔译述

外文题名：Finding God

上海：广学会，1934.1，97 页，32 开

上海：广学会，1939.12，3 版，97 页，32 开

本书说明寻求上帝的 8 种方法。共 11 章，内容包括：宗教经验是人人可以得到的么、从理智寻求上帝、从美里寻求上帝、从失败里寻求上帝等。

收藏单位：国家馆、南京馆

03671

寻找上帝 （美）党美瑞（Marie Adams）编

潘玉梅译 刘廷芳校订

外文题名：The search for God

上海：广学会，1936.12，36 页，36 开（青年灵修会小丛书 14）

上海：广学会，1939，再版，36 页，36 开（青年灵修会小丛书 14）

本书共 4 段：我的上帝观是什么、别人的几种上帝观、耶稣的上帝观、寻找上帝。

收藏单位：重庆馆、国家馆

03672

训十二徒真诠 （英）布西（A. B. Bruce）著

（加）季理斐（Donald MacGillivray）译 姜云五述

上海：广学会，1917，2 版，198 页，22 开

上海：广学会，1924.11，230 页，22 开

本书共 30 章，内容包括：开端、得人如得鱼一样、税吏马太、十二使徒、耳闻和眼见、祷告、使徒初次传道等。

收藏单位：山东馆

03673

亚物演义 （清）李问渔著

上海：上海慈母堂，1911 重印，82 页，32 开

本书讲述崇敬圣母玛利亚的道理。内容包括：亚物原始、亚物宝贵、亚物奇效、天主

圣母玛利亚等。书前有著者序。

　　收藏单位：国家馆、内蒙古馆

03674

要道课程

出版者不详，251 页，32 开

　　收藏单位：广东馆

03675

要经汇集（上海教区）

出版者不详，1946，305 页，64 开

　　收藏单位：南京馆

03676

要理譬解（第 1 册 人生终向 1—5 题）

外文题名：Catechismi illustratio

芜湖：芜湖天主堂印书馆，1946 印，19+308
页，32 开

　　本书为教理问答解说。书前有弁言。书
后有中文、拉丁文对照及拉丁文附录。

　　收藏单位：国家馆

03677

**要理譬解（第 2 册 天主默示存在性体天主造
成天地 5—43 题）**

外文题名：Catechismi illustratio

芜湖：芜湖天主堂印书馆，1946 印，2 册（15+
497 页），32 开

　　本书内容包括：论天主默示、论天主存在
性体等。书后有中文、拉丁文对照及拉丁文
附录。

　　收藏单位：桂林馆、国家馆

03678

**要理譬解（第 3 册 天主降生圣神，圣教 43—
88 题）**

外文题名：Catechismi illustratio

芜湖：芜湖天主堂印书馆，1947 印，2 册（12+
506 页），32 开

　　本书共 3 部分：论耶稣基利利斯督、论天
主圣神、论圣教会。书后有中文、拉丁文对
照及拉丁文附录。

　　收藏单位：桂林馆、国家馆

03679

要理譬解（第 4 册 万民四末 88—108 题）

外文题名：Catechismi illustratio

芜湖：芜湖天主堂印书馆，1947 印，2 册（11+
397 页），32 开

　　本书论天堂和地狱。书后有中文、拉丁
文对照及拉丁文附录。

　　收藏单位：国家馆

03680

要理譬解（第 5 册 伦理，十诫 108—163 题）

外文题名：Catechismi illustratio

芜湖：芜湖天主堂印书馆，1947—1948 印，3
册（267+244+263 页），32 开

　　本书论天主十诫。书后有中文、拉丁文
对照及拉丁文附录。

　　收藏单位：国家馆、首都馆

03681

要理譬解（第 6 册 恶罪，规教 163—186 题）

外文题名：Catechismi illustratio

芜湖：芜湖天主堂印书馆，1948 印，308 页，
32 开

　　本书内容为圣教四规。书后有中文、拉
丁文对照及拉丁文附录。

　　收藏单位：国家馆

03682

**要理譬解（第 7 册 德行真福八端哀矜 186—
200 题）**

外文题名：Catechismi illustratio

芜湖：芜湖天主堂印书馆，1948 印，281 页，
32 开

　　本书论当修的德行。书后有中文、拉丁
文对照及拉丁文附录。

　　收藏单位：广东馆、国家馆

03683

要理譬解（第 8 册 圣宠，圣事 200—330 题）

外文题名：Catechismi illustratio

芜湖：芜湖天主堂印书馆，1948 印，2 册（12+
14+670 页），32 开

　　本书内容包括圣宠、圣事两部分。书后

有中文、拉丁文对照及拉丁文附录。

　　收藏单位：国家馆

03684

要理譬解（第 9 册 祈祷，经文 330—365 题）

外文题名：Catechismi illustratio

芜湖：芜湖天主堂印书馆，1949 印，10+329 页，32 开

　　本书内容包括祈祷、经文两部分。书后有中文、拉丁文对照及拉丁文附录。

　　收藏单位：桂林馆、国家馆

03685

要理譬解（第 10 册 圣教礼仪 365—377 题）

外文题名：Catechismi illustratio

芜湖：芜湖天主堂印书馆，1949 印，2 册（10+498 页），32 开

　　本书论圣教会的年节及礼仪。分上、下册，下册书后附：论教宗比约第十二世礼仪的通谍、通谍之目录。

　　收藏单位：广东馆、国家馆

03686

要理启蒙　葛乐伯（Augustini Gruber）著　成秉智译

济南：华洋印书局，1941 印，256 页，32 开

　　本书为教理教学用书。共 23 课。书前有译者的话、重刊绪言、要理启蒙本篇。附录要理启蒙理论的检讨、对于圣体具体的指导。

　　收藏单位：国家馆、首都馆

03687

要理条解

外文题名：Catechesis elementaria

天津：法租界正文印刷局，1940，363 页，32 开

　　本书共 3 部分。上卷包括总旨、讲信德、讲信经、讲天主一体三位、讲天主造成天地、讲天主第二位耶稣救赎人类、讲万民四末、讲圣教会；中卷包括讲诫命的总意、讲十诫、钦崇天主万有之上、毋呼天主圣名以发虚誓、守瞻礼之日、孝敬父母、毋杀人等章节；下卷包括讲圣宠、讲圣事的总意、讲圣洗圣事、讲坚振圣事、讲告解圣事、讲大赦、讲圣体圣事等章节。

　　收藏单位：国家馆

03688

要理条解

献县：张家庄天主堂，1927，338 页，32 开

献县：张家庄天主堂，1933，9 版，338 页，32 开

　　本书为教理问答。内分上、中、下 3 卷：讲当信的道理、讲当守的诫命、讲得神恩的法子。

　　收藏单位：国家馆

03689

要理条解

出版者不详，[1913—1919]，94+111+193 页，32 开

　　收藏单位：国家馆

03690

要理问答

香港：慈幼印书馆，1939.6，118 页，32 开

香港：慈幼印书馆，1947.8，再版，118 页，32 开

　　本书宣传基督教要理。书前有小引。书后附简短经文。版权页题名：图像要理问答。

　　收藏单位：国家馆、上海馆

03691

要理问答

澳门：慈幼印书馆，1949.4，40 页，32 开

澳门：慈幼印书馆，1949，3 版，40 页，32 开

　　本书为教理问答。内容包括：小引、天主十诫、圣事、祈祷。

　　收藏单位：重庆馆、国家馆、内蒙古馆、上海馆

03692

要理问答

武昌：方济印书馆，1936，118 页，64 开

　　收藏单位：南京馆

03693

要理问答

上海：广协书局，1938，73 页，32 开

本书解说基督教要理。书后附经言引证。

收藏单位：东北师大馆

03694

要理问答

济南：华洋印书局，1934.8，118 页，64 开

本书共 4 卷 377 个问题，内容包括：小引、信经、天主、三位一体、原祖父母等。

收藏单位：国家馆

03695

要理问答

香港：纳匝肋静院，1939 重印，134 页，64 开

本书共 4 卷 377 个问题，内容包括：小引、天主、三位一体、造成天地、天神等。

收藏单位：国家馆

03696

要理问答

南京：圣保禄会印书馆，36 页，64 开

本书为教理问答，共两部分：圣教要经、要理问答。附圣教要经。

收藏单位：国家馆

03697

要理问答

外文题名：Catechism of Catholic doctrine

香港：圣类斯工艺学校，1947，118 页，32 开

香港：[圣类斯工艺学校]，1947，6 版，1 册，50 开

本书为教理问答。书后有经文。

收藏单位：国家馆

03698

要理问答

北平：西什库天主堂遣使会印书馆，1934 印，78 页，32 开

北平：西什库天主堂遣使会印书馆，1935，78 页，32 开

北平：西什库天主堂遣使会印书馆，1936，84 页，32 开

北平：西什库天主堂遣使会印书馆，1938，1 册，32 开

本书共 4 部分：领洗问答、告解问答、圣体问答、坚振问答。书前有《圣号经》等经文。

收藏单位：国家馆、吉林馆

03699

要理问答

南昌：新记合群印刷公司，1936，再版，136 页，64 开

收藏单位：江西馆

03700

要理问答

兖州：兖州府天主堂印书馆，1934，135 页，36 开

本书为教理问答。内容包括：信经、十诫、圣事、祈祷。

收藏单位：国家馆、江西馆

03701

要理问答

出版者不详，282 页，25 开，精装

收藏单位：广东馆、国家馆

03702

要理问答（卷 1）

出版者不详，80 页，18 开

本书为教理问答。内容包括：信德、诫命、圣宠、祈祷。本册为卷 1。

收藏单位：国家馆、内蒙古馆

03703

要理问答（卷 1 信经）

兖州：兖州府天主堂印书馆，1934，32 页，50 开

收藏单位：国家馆

03704

要理问答（卷 2 诫命）

兖州：兖州府天主堂印书馆，1934，32 页，50

开

兖州：兖州府天主堂印书馆，1940，11 版，23 页，64 开

    收藏单位：国家馆、内蒙古馆

03705

要理问答（卷 3 圣事）

兖州：兖州府天主堂印书馆，1934，48 页，64 开

兖州：兖州府天主堂印书馆，1939，10 版，35 页，64 开

    收藏单位：国家馆

03706

要理问答（卷 4 祈祷）

兖州：兖州府天主堂印书馆，1934，16 页，50 开

兖州：兖州府天主堂印书馆，1939，10 版，14 页，50 开

    收藏单位：国家馆

03707

要理问答（中英文对照）

香港：[圣类斯工艺学校]，1946，35 页，50 开

    本书为教理问答。书前有英文引言。书后附经文。

    收藏单位：国家馆

03708

要理问答大字

北平：西什库天主堂遣使会印书馆，1934，60 页，32 开

北平：西什库天主堂遣使会印书馆，1936 印，60 页，32 开

    本书内容包括：领洗问答、告解问答、圣体问答等。书前附经文。

    收藏单位：国家馆

03709

要理问答释义

兖州：兖州府天主堂印书馆，1934，10 版，254 页，25 开

兖州：兖州府天主堂印书馆，1934，11 版，2 册（199+202 页），25 开

    本书是对《要理问答》的解释。共 83 章，内容包括：论要理问答四字、论你为什么进教、论恭敬天主等。书首有问答释义略序。

    收藏单位：国家馆、南京馆、首都馆

03710

要理问答释义（第 1 册） 孔广布编著

兖州：保禄印书馆，1940.6，2 版，186 页，32 开

    本书为教理问答释义。全书共分 5 册，此册讲解前 57 问。内容包括：论要理问答四字、论你为什么生在世上、论什么是恭敬天主等 54 章。书前有小引。

    收藏单位：国家馆、内蒙古馆

03711

要理问答释义（第 2 册） 孔广布编著

兖州：兖州府天主堂印书馆，1936 印，189 页，32 开

兖州：兖州府天主堂印书馆，1939，2 版，182 页，32 开

兖州：兖州府天主堂印书馆，1940，3 版，182 页，32 开

    本书为教理问答释义。本册为第 55—93 章，内容包括：论耶稣怎样救赎众人的罪、论无始无终的天主怎么能受死呢、论耶稣死后肉身埋葬了没有等。

    收藏单位：国家馆、内蒙古馆、绍兴馆

03712

要理问答释义（第 3 册） 孔广布编著

兖州：兖州府天主堂印书馆，1936，10+208 页，32 开

兖州：保禄印书馆，1940，3 版，10+240 页，32 开

    本书为教理问答释义。本册共 88 章，内容包括：天主十诫、十诫总纲、圣教会四规等。

    收藏单位：国家馆、内蒙古馆、绍兴馆、首都馆

03713

要理问答释义（第 4 册） 孔广布编著

兖州：兖州府天主堂印书馆，1937 印，199 页，32 开

兖州：保禄印书馆，1940，3 版，196 页，32 开

　本书为教理问答释义。本册共 74 章，内容包括：圣宠、宠佑、宠爱等。

　收藏单位：国家馆、河南馆、内蒙古馆

03714

要理问答释义（第 5 册） 孔广布编著

兖州：兖州府天主堂印书馆，1938 印，247 页，32 开

兖州：保禄印书馆，1939，247 页，32 开

兖州：保禄印书馆，1940.4，2 版，247 页，32 开

　本书为教理问答释义。本册共 97 章，内容包括：圣体、弥撒、领圣体等。

　收藏单位：国家馆、内蒙古馆

03715

要理问答宣讲 张志一编著

青岛：天主堂印书局，[1939] 印，3 册，32 开

　本书为教理问答讲解。内容包括：小引、讲天主、讲三位一体、讲造成天地等。书前有著者原序。本套书共 4 册。3、4 册为合订本。

　收藏单位：国家馆、首都馆

03716

要理问答宣讲（第 4 册） 张志一编著

青岛：天主堂印书局，1936，181 页，32 开

　本书为《要理问答宣讲》第 4 册单行本，内容包括：终传、神品、婚配、祈祷、圣号经、天主经、圣母经等。

　收藏单位：国家馆

03717

要理问题

北平：西什库遣使会印书馆，1933，9 册，42 开

　收藏单位：国家馆

03718

要理问题

出版者不详，1947，194 页，64 开

　收藏单位：南京馆

03719

要理像解

出版者不详，1929，66 页，9 开

　本书共 4 章：宗徒信经、圣事七迹、天主十诫圣教四规、祈祷四末罪恶德行各等善工。

　收藏单位：国家馆、绍兴馆

03720

要理引伸（第 1 册 人生宗向 1—5 题）

芜湖：芜湖天主堂印书馆，1936 印，10+96 页，32 开

芜湖：芜湖天主堂印书馆，1941 重印，15+141 页，32 开

　本书共 4 部分：人生在世上是为什么、什么是恭敬天主、什么是救灵魂、该怎样恭敬天主。书前有弁言及中文、拉丁文对照表。

　收藏单位：国家馆、内蒙古馆

03721

要理引伸（第 2 册 论天主默示 5 题上）

芜湖：芜湖天主堂印书馆，1936 印，129 页，32 开

芜湖：芜湖天主堂印书馆，1941 重印，144 页，32 开

　本书内容包括：你信天主么、默启的可能性、古经的分析及内容、默启的外面证据、圣迹的分析等。

　收藏单位：国家馆、内蒙古馆

03722

要理引伸（第 3 册 天主存在性体 5 下—21 题）

芜湖：芜湖天主堂印书馆，1941 重印，157 页，32 开

　本书共两部分：论天主的存在、论天主的性体。

　收藏单位：国家馆、内蒙古馆

03723

要理引伸（第 4 册 造成天地 21—44 题）

芜湖：芜湖天主堂印书馆，1936 印，246 页，32 开

芜湖：芜湖天主堂印书馆，1942 重印，258 页，32 开

本书内容包括：怎么说天主造成天地呢、天主为什么造成天地万物呢、万物受造以后还须天主保存么等。

收藏单位：国家馆、内蒙古馆、首都馆

03724

要理引伸（第 6 册 论天主降生 44—69 题）

芜湖：芜湖天主堂印书馆，1936 印，423 页，32 开

本书内容包括：天主怎么样救赎人类、"降生"二字有什么意思、天主降生叫什么名字等 25 题。

收藏单位：国家馆、内蒙古馆

03725

要理引伸（第 8 册 上 圣神，圣教 69—77 题）

芜湖：芜湖天主堂印书馆，1937 印，288 页，36 开

本书内容包括：耶稣升天时许遣圣神降临、圣神是谁、圣神什么时候显然降临等。

收藏单位：国家馆、内蒙古馆

03726

要理引伸（第 8 册 下 圣神，圣教 77—88 题）

芜湖：芜湖天主堂印书馆，1937 印，289—579 页，32 开

本书内容包括：论"密教"、谁是圣教会的首领、耶稣赋给圣教会什么权柄、圣教中人能彼此相通功等。书后增补五卷圣教精义。

收藏单位：国家馆、内蒙古馆

03727

要理引伸（第 10 册 万民四末 88—108 题）

芜湖：芜湖天主堂印书馆，1938 印，784 页，32 开

本书内容包括：什么是万民四末、常想万民四末、论死亡等。

收藏单位：国家馆、内蒙古馆、首都馆

03728

要理引伸（第 11 册 天主十诫 108—130 题）

芜湖：芜湖天主堂印书馆，1937 印，504 页，32 开

本书为教理问答解说。内容包括：绪言、论当受的诫命及天主十诫中的一—三诫。

收藏单位：国家馆、内蒙古馆

03729

要理引伸（第 12 册 次板七诫 130—163 题）

芜湖：芜湖天主堂印书馆，1938 印，435 页，32 开

本书续论十诫，内容包括：第四诫命什么、第五诫禁止什么、论自杀等。

收藏单位：国家馆、内蒙古馆、首都馆

03730

要理引伸（第 13 册 四规·罪恶 163—186 题）

芜湖：芜湖天主堂印书馆，1939 印，388 页，32 开

本书共两部分：论圣教四规、论罪。

收藏单位：国家馆、内蒙古馆

03731

要理引伸（第 14 册 德行·圣宠 186—208 题）

芜湖：芜湖天主堂印书馆，1939 印，778 页，32 开

本书内容包括：论德行、论圣宠两部分。论德行部分含：修德行、德行概论、德行分论。

收藏单位：国家馆、内蒙古馆、首都馆

03732

要理引伸（第 15 册 圣事总论 圣洗坚振告解 208—276 题）

芜湖：芜湖天主堂印书馆，1940 印，790 页，32 开

本书内容包括：圣事总论、分论圣事两部分。分论圣事含：圣洗、坚振、告解。

收藏单位：国家馆、内蒙古馆

03733

要理引伸（第 16 册上 圣体圣事 276—307 题）

芜湖：芜湖天主堂印书馆，1940 印，583 页，32 开

本书共 3 部分：论弥撒圣祭、论领圣体、供圣体。

收藏单位：国家馆、内蒙古馆、宁夏馆

03734

要理引伸（第 16 册下 终傅神品婚配 307—330 题）

芜湖：芜湖天主堂印书馆，1940 印，587—1136 页，32 开

本书共 3 部分：论终傅圣事、论神品圣事、婚配圣事。附婚配圣事要理引伸。

收藏单位：国家馆、内蒙古馆

03735

要理引伸（第 17 册 祈祷·经文 330—365 题）

芜湖：芜湖天主堂印书馆，1941 印，455 页，32 开

本书讲祈祷。并含：圣号经、天主经、圣母经。

收藏单位：国家馆、内蒙古馆

03736

要理引伸（第 18 册 圣教礼仪 365—377 题）

芜湖：芜湖天主堂印书馆，1941 印，720 页，32 开

本书论述圣教会的年节及礼仪。包括 3 正卷、3 附卷和补遗。

收藏单位：国家馆、内蒙古馆

03737

耶稣的社会理想　吴雷川著

上海：青年协会书局，1934.9，26 页，32 开（宗教问题小丛书 13）

本书共 8 章，内容包括：我们为甚么要研究耶稣的社会理想、耶稣发表社会理想所用的口号——天国、耶稣社会理想中的标准——上帝、耶稣社会理想的缩写——主祷文等。

收藏单位：国家馆、南京馆

03738

耶稣底社会原理　（美）饶习博（Walter Rauschenbusch）著　张仕章译述

外文题名：The social principles of Jesus

上海：广学会，1923，114 页，25 开，精装

上海：广学会，1930.11，3 版，239 页，25 开

本书共 4 篇 12 章，内容包括：耶稣底社会定理、耶稣底社会理想、反抗的社会力、战争底胜利等。

收藏单位：山东馆、绍兴馆

03739

耶稣基督究竟是谁?　（法）申自天（René Archen）著

天津：崇德堂，1948，106 页，32 开（公教丛书 26）

本书共两卷：耶稣基督、基督的奇迹。书前有导言：宗教信仰一般的理由。

收藏单位：国家馆

03740

耶稣基督所讲的天堂地狱　王昌祉主编

香港：真理学会，1949.9，10 页，64 开（现代问题的解答 丙 9）

本书共 3 章：耶稣基督的话、天堂地狱不能不有、谁升天堂谁下地狱。

收藏单位：国家馆

03741

耶稣基督所讲的天堂地狱　王廉著

上海：土山湾印书馆，13 页，128 开（现代问题的解答 丙 9）

收藏单位：国家馆

03742

耶稣基督再降临的状况　（美）卫英士（Frank J. Wiens）著

外文题名：Christ's second coming

上海：美华浸会书局，1935.2，34 页，32 开

本书共 4 章：耶稣基督再临的先兆要紧的共有十四个、耶稣基督再来时将必有事实查圣经所载我说有切要的四个、世界末日和末尾的审判、新天新地的景况。

收藏单位：国家馆

03743

耶稣教要道问答 卫师母编

上海：广学会，1947.4，18 页，50 开

本书包含多条有关耶稣的教义问答，后附十诫说。

收藏单位：南京馆、山东馆

03744

耶稣神迹之研究 （美）沙尔孟（W. H. Sallmon）著 胡贻穀译

上海：青年会总委办处，1912，45 叶，25 开，环筒页装

本书内容包括：医治患癫者、平息风浪、医治加大拉之附鬼者等。

收藏单位：国家馆

03745

耶稣圣迹合参 （英）丁良才（Frederic Charles Dreyer）著

上海：中国圣教书会，1919，24 页，32 开

本书共 9 段：论耶稣三十岁以前之事、论耶稣传道之开端、论耶稣首先于犹太传道之事、论耶稣初次于加利利传道之事、论耶稣二次于加利利传道之事、论耶稣末次于加利利传道之事、论耶稣于比利亚传道之事、论耶稣入京遇害之事、论耶稣复活升天之事。卷首有凡例。

收藏单位：桂林馆、国家馆

03746

耶稣是谁 计志文著

上海：青年妇主全国协会，1947.7，3 版，16 页，64 开（布道小丛书）

收藏单位：南京馆

03747

耶稣是谁 王明道著

外文题名：Who is Jesus?

北平：灵食季刊社，1928.5，66 页，32 开

北平：灵食季刊社，1935.2，再版，66 页，32 开

本书内容包括：耶稣是谁、耶稣为甚么未曾作王、为甚么称基督为神的儿子等。

收藏单位：国家馆

03748

耶稣是什么东西 朱执信著

上海：华通书局，1929.11，41 页，32 开

本书附录《批评朱执信著耶稣是什么东西之谬妄》。

收藏单位：国家馆、江西馆、南京馆、天津馆

03749

耶稣是什么东西 朱执信著

[南京]：中国国民党江苏省党务整理委员会宣传部，1930.5 印，24 页，50 开（宣传丛书 4）

本书反对基督教有关耶稣的传说。共 6 章，内容包括：历史的耶稣、圣经中之耶稣、新教徒的耶稣等。

收藏单位：国家馆、南京馆

03750

耶稣是神的儿子吗？ 张郁岚编著

上海：福音书局，36 页，32 开

收藏单位：南京馆

03751

耶稣是天主吗？ 芬梨著 叶荫云 刘荣耀 冯德尧合译

香港：真理学会，1949.3，28 页，32 开

本书从福音经的著述、宗徒们的指证、耶稣的自证等方面论证耶稣是天主。

收藏单位：国家馆

03752

一个科学家的感生观 （美）李梅（Harry Rimmer）著 赵君影译

外文题名：A scientist's viewpoint of the virgin birth

上海：中西基督福音书局，[1934]，26 页，32 开（科学与圣经小丛书 2）

本书从作者本人作为科学家的经验出发，意图证明基督为童女所生。

收藏单位：国家馆

03753

一个上海商人的改变　李观森著　明灯报社编译

外文题名：A changed exchange broker

上海：广学会，1936.11，76 页，32 开

上海：广学会，1940.6，7 版，92 页，32 开

本书叙述一个商人信教的经历。

收藏单位：广西馆、国家馆、近代史所、上海馆、首都馆

03754

一个耶稣主义者的宗教观　张仕章著

外文题名：The religion of a Jesusist

上海：青年协会书局，1935，26 页，32 开（宗教问题小丛书 12）

本书内容包括：绪言、我的宇宙观、我的人生观、我的社会观、结论。

收藏单位：国家馆

03755

一篇关于圣灵的谈话　（英）宾路易（Jessie Penn-Lewis）著

外文题名：Talks on the holy spirit

上海：福音书房，1935，再版，56 页，32 开

上海：福音书房，54 页，32 开

本书为基督教灵修书。共 6 章，内容包括：真理的圣灵、神在肉身显现、圣灵为基督作见证、心思向圣灵开启等。

收藏单位：重庆馆

03756

已验预言为圣经之证　推威士著　黄大辟译

上海：中国基督教圣书会，1933，86 页，25 开

本书共 14 章，内容包括：推罗坚固的城已照预言灭了、西顿本古城既照预言受罚复照预言还存在等。

收藏单位：山东馆

03757

翼下共鸣录　（法）佟甘谭（Joseph de Tonquedec）

著　胡瑞译述　震大公青会编辑

外文题名：Voila votre mére

上海：震旦大学，1938.5，71 页，64 开（震大公青会丛书 3）

本书共 6 章：圣母是我们灵魂的母亲、圣母难以形容地爱我们、如何圣母特别怜爱罪人、圣母为诸恩宠之母、我们需要热爱圣母、恭敬圣母荣蒙宏恩。

收藏单位：国家馆

03758

因果（卷 2 罪的赦免）

北平：[新旧库]，1931，152 页，32 开（新旧库集 2）

收藏单位：首都馆

03759

因果（卷 5 团体的圣洁）

北平：[新旧库]，1932，117 页，32 开（新旧库集 1）

收藏单位：首都馆

03760

应当一无挂虑　倪柝声著

上海：福音书房，1940，2 版，12 页，32 开

本书为读经记录。讲凡事要祈求、祷告和感谢。

收藏单位：广东馆

03761

永不灭亡　（美）史瑞白（J. F. Strombeck）著　龙灵光译

广东：恩典研经社，1947.2，207 页，32 开

本书分 5 编 33 章，论说灵魂被救赎从圣灵而生的人是永远安全的。

收藏单位：国家馆

03762

永援圣母　P. Sagrado 著

澳门：慈幼印书馆，1948.3，32 页，50 开（灵修小丛书 51）

本书讲述圣母玛利亚圣像的来历，所显灵迹，以及圣像的构造、形象、意义等。

收藏单位：国家馆

03763

永援之母

成都：羊市巷赎主院，1947，154 页，64 开

本书讲述圣母的德性善表。共 7 章，内容包括：永援之母的圣像、最灵奇的圣母像、永援之母的忠仆等。书前有小引。

收藏单位：国家馆

03764

有没有天主？

外文题名：Does God exist?

香港：真理学会，1948.3，19 页，50 开（民众读物小丛刊 15）

本书共两篇：世界是不是自有的呢、世界是不是被创造的呢。

收藏单位：国家馆

03765

有神　倪柝声著

西安：福音书房，1947，22 页，36 开（福音讲台集 第 16 种）

本书为著者的一次讲道记录，旨在宣扬神的存在。

收藏单位：重庆馆

03766

有神同在　（法）鲁伦（Brother Lawrence）著 姜建邦重译

外文题名：The practice of the presence of god

上海：中华浸会书局，1949.9，30 页，32 开（培灵丛书）

本书收著者的谈话、书信，共 19 篇，内容为宗教经验谈。书前有重译者的短文"关于鲁伦"。

收藏单位：国家馆

03767

有天父没有　（英）林辅华（Charles Wilfrid Allan）著　夏明如译

外文题名：Is there a heavenly father?

上海：广学会，1939.6，30 页，50 开（道声小丛书 8）

本书从物质世界、动物世界、人类世界里的困难探讨天父有否的问题，并作出肯定的结论。书前有引言。

收藏单位：山东馆

03768

与女史论道　陈梦南著

广州：美华浸会印书局，[1910—1919]，14 页，32 开

本书为基督教教义，共 2 篇：怀贞女史答芝山老人书、梦觉居士覆怀贞女史书。

收藏单位：国家馆

03769

预言末世提纲

烟台：东鲁印务公司，1927 印，36 页，25 开，环筒页装

本书内容包括：预言末世提纲及启示录的章目。

03770

预言与时兆　单英民编著

上海：时兆报馆，1942.8，126 页，32 开

重庆：时兆报馆，1943.10，2 版，126 页，32 开

重庆：时兆报馆，1944，3 版，126 页，32 开

本书以战争、地震、饥荒、疾病等社会、自然"时兆"，论证基督复临，末日审判即将到来。

收藏单位：重庆馆、国家馆、江西馆、南京馆、山东馆、上海馆、绍兴馆、首都馆、天津馆、浙江馆

03771

渊源　钱潭云著

苏州：天侨出版部，1936.7，267 页，22 开

本书共 4 章：绪言、上帝、救法、结论。书后附圣经章节查阅法。

收藏单位：南京馆、山东馆

03772

原神　（英）泊迭生（A. Seth Pringle-Pattison）

等著　（英）莫安仁（Evan Morgan）口译
许家惺笔述
外文题名：The Spirit
上海：广学会，1924.5，208 页，32 开
上海：广学会，1929，再版，208 页，32 开
　　本书共 10 章，内容包括：上帝之行动、心理学上观察之恩赐、精神之经验、精神与物质等。
　　收藏单位：国家馆、山东馆、首都馆

03773
源源流长　（英）贾立言（A. J. Garnier）著
朱巧贞译
上海：广学会，1940.6，107 页，32 开
　　收藏单位：南京馆

03774
在火窑与狮穴中　王明道著
北平：灵食季刊社，1947.9，64 页，32 开
　　本书共 10 篇，内容包括：他们的神仍是我们的神、奇妙的拯救、不妥协的基督等。书前有著者序。
　　收藏单位：国家馆

03775
怎样信耶稣　陈崇桂著
外文题名：How to believe in Jesus
上海：内地会，1949，3 版，10 页，64 开
　　本书是传播基督教教义的通俗读物。
　　收藏单位：天津馆

03776
增补要理问答
出版者不详，26 页，50 开
　　本书是对《要理问答》的补充。
　　收藏单位：国家馆

03777
战胜自己　L. Rouzic 著　常守义译述
外文题名：Se vaincre
北平：明德学园，1947，再版，159 页，50 开
（神修丛书）
　　本书解读基督教教义。共 4 章：战争的性质、仇敌、守卫、赏报与幸福。
　　收藏单位：国家馆

03778
帐蓬里的以撒　梅晋良译
上海：广学会，1938，56 页，大 64 开
　　收藏单位：广东馆

03779
真道常识　黄铎编
外文题名：Abiding knowledge of Christian truth
上海：广学会，1934.1，92 页，32 开
　　本书是为学道友、平信徒研究圣经而撰写的问答体简明课本。共 18 课，内容涉及真道的大纲、教会的要理、信徒对各方的本分等。每课有诵读经文、公开讨论、课余谈话、静默祷文等。
　　收藏单位：广东馆

03780
真道通诠　（美）蔚利高译
上海：华美书局，1916，190 页，32 开
　　本书共 5 篇：基督道之发凡、上帝之道及其与世攸系之旨、服上帝圣治之子民、基督之行己造世、拯救之国或拯救之旨之施行。
　　收藏单位：山东馆

03781
真道问答　欧格非著　（加）季理斐（Donald MacGillivray）　李路德修正
上海：广学会，1941，23 版，48 页，32 开
　　本书共 18 章，以问答方式，论证基督教的教义。
　　收藏单位：重庆馆

03782
真恩典　苏慕华（L. Scarlett）著
上海：中华浸会书局，1933.11，3 版，22 页，64 开
　　本书叙述耶稣赐给人类的种种恩典。
　　收藏单位：国家馆

03783
真理的要点
香港：真理学会，13 页，50 开
　　本书讲解天主、灵魂及人类的起源等。
　　收藏单位：国家馆

03784
真理是什么
上海：万国圣经研究会，64 页，32 开
　　收藏单位：南京馆

03785
真有地狱吗？　（意）白德美（Andreas Beltrami）
著　傅玉棠译
外文题名：Verene est infernum?
澳门：白德美纪念出版社，1947.4，再版，57
页，50 开（公教小读物丛刊 6）
　　本书共 12 章，内容包括：由于天主的默
示证明地狱的存在、人们的理智也证明地狱
的存在、我什么也不信等。
　　收藏单位：国家馆

03786
真正敬礼圣母　弗蒙圣（S. Louis De Montfort）
著　黄雪霞译
上海：圣母慈爱祈祷会，200 页，32 开
　　收藏单位：上海馆

03787
咫尺福地　钟德明撰
[福州]：仓前山对湖可园，1937，48 页，25
开
　　收藏单位：福建馆

03788
中国教会著名人物证道篇　郭中一编辑
外文题名：Testimonies to Christianity by prominent
Chinese Christians
汉口：中国基督圣教书会，1938.4，2 版，86
页，32 开
　　本书辑录中国名人冯玉祥、宋美龄等对
基督教的论述，共 10 余篇。
　　收藏单位：广东馆、南京馆、上海馆

03789
中华圣母　（法）惠济良（Auguste Haouissée）
著　王昌祉译
外文题名：Maria sinarum regina
上海：徐汇中学慈音月刊社，1941.8，60 页，
36 开（慈音丛书 3）
　　本书共 3 部分：导论、正论、结论。导论
部分包括：圣礼部命令译文、命令的动由；正
论部分包括：中华之后称号的意义与范围等；
结论部分包括恭敬圣母、依赖圣母、祈求圣母。
　　收藏单位：国家馆、内蒙古馆

03790
钟恩嗣博士讲演集　（美）钟恩嗣讲　胡贻毅
何子恒译述
上海：青年协会书局，1926，80 页，32 开
　　本书是美国哈佛大学教授钟恩嗣博士在
济南举行的第十届中华基督教青年会全国大
会上的讲演集。共 6 讲：人生有价值么、宗教
在近代思想上的地位、科学能力的有限、上
帝经验与人生问题、我的上帝观、基督在宗
教上所占的地位。
　　收藏单位：重庆馆、南京馆

03791
诸先知教义　（英）克配决刻（A. F. Kirkpatrick）
著　彭寿　董正初译
上海：广学会，1927.1，506 页，22 开
上海：广学会，1941，再版，503 页，32 开
　　本书为《圣经》经义研究用书。共 18
章，内容包括：绪言、俄巴底亚、耶利米、基
督为预言的标竿等。
　　收藏单位：重庆馆、山东馆

03792
主耶稣基督神完全的仆人　罗以撒译
上海：中西基督福音书局，14 页，32 开
　　收藏单位：南京馆

03793
主耶稣基督以色列的王　罗以撒译
中西基督福音书局，53 页，32 开
　　收藏单位：南京馆

03794

助人信主　胡仲英译

上海：全国浸会复兴布道促进委员会，1941，100 页，32 开

　　收藏单位：广东馆

03795

自裁自驭　常守义译

[北平]：明德学园，1943，159 页，大 64 开

　　本书内容同《战胜自己》。

　　收藏单位：国家馆

03796

自先知传的福音　萧舜华译

外文题名：l'Evangile prophetique

天津：崇德堂，1942.12，41 页，32 开

　　本书讲述先知默西亚（摩西）的事迹，内容包括：永生的圣言、史前福音、莫西亚是亚巴郎的后裔等。

　　收藏单位：国家馆、南京馆、首都馆

03797

宗教经验谭　徐宝谦主编　吴雷川等著

上海：青年协会书局，1934.7，120 页，25 开（宗教丛书 5）

上海：青年协会书局，1934，再版，120 页，25 开（宗教丛书 5）

上海：青年协会书局，1934，4 版，120 页，25 开（宗教丛书 5）

上海：青年协会书局，1949，再版，120 页，25 开（宗教丛书 5）

　　本书收集信仰基督教的经验体会 18 篇。书前有编者小言。书后有著者略历。

　　收藏单位：重庆馆、贵州馆、国家馆、南京馆、首都馆、浙江馆

03798

最密切的关系　吴骥著

香港：尖沙咀浸信会，1941，198 页，32 开

　　收藏单位：广东馆

03799

罪字解义　（英）窦乐安（John Darroch）译

外文题名：Etymology of the Chinese character for sin

上海：中国圣教书会，1915，18 页，32 开

　　收藏单位：国家馆

03800

作基督徒的三部曲　赵恩赐著

出版者不详，28 页，64 开

　　收藏单位：广东馆

03801

作神的孩子　陈鸣扬主编

上海：基督堂，1948.8，112 页，32 开

　　收藏单位：上海馆

03802

作王的生命　亚察尔著

上海：福音书房，1933.3，131 页，32 开

上海：福音书房，1936，2 版，131 页，32 开

　　本书共 8 章：到宝座之路、被赎为王、得胜的呼唤、生命胜过死亡、争战得胜后作王、作王生命的安息、基督必要作王、现在都来到了。

　　收藏单位：广东馆、山东馆

03803

做基督徒的意义是什么　宋诚之著

成都：华英书局，1936.3，25 页，64 开

　　本书论述信仰基督教可以解决人生的 5 大问题：宇宙从那样来？往那里去；何谓生；何谓死；何谓责任；何谓幸福。同时介绍初学基督教的方法：诵读圣经、静默祈祷、舍己救人、博览群书，最后鼓励信徒加入教会。

　　收藏单位：国家馆

布教、传道、仪注

03804

爱的科学　（日）贺川丰彦著　俞康德译

上海：广学会，1934，356 页，32 开

上海：广学会，1941.3，4 版，356 页，32 开

上海：广学会，1948，5 版，356 页，32 开

本书以人类生活状态为立足点论述爱的原理。共 22 章，内容包括：爱的创造、爱的进化、爱与性欲、爱与恋爱、爱与结婚等。书前有引论。

收藏单位：安徽馆、重庆馆、南京馆、上海馆、首都馆、浙江馆

03805

白话祷文小集（第 1 册） 万嘉禄编　李安敦译

沂州：沂州教区主教府，1943.10，13 页，64 开

本书共 22 部分，内容包括：孝顺天父、画十字、求降福、饭前祈祷、主授祷文、玛丽万福等。

收藏单位：国家馆

03806

保罗布道遗规 （英）连若兰（Roland Allen）著　（英）瑞思义（William Hopkyn Rees）许家惺译

外文题名：The missionary methods of St.Paul

上海：广学会，1915.12，96 页，22 开

本书介绍了公元 47—57 年 10 年间保罗在罗马、加拉太等 4 省创立基督教会的历史条件和经过、传教的内容和方法、取得成功的原因等。共 6 章，内容包括：保罗传道之地其社会道德及宗教之状况若何、保罗布道之方法、保罗教海信徒等。书前有序言。

收藏单位：国家馆、山东馆

03807

北京监狱布道报告书 刘锡廉编

北京：京师第一监狱，1918，60 页，18 开

本书内容包括：缘起、京中四监讲员讲题与规例、监狱布道指南、京中四监囚犯总额记名数目并函授查经社员调查表等。书前有序文及司法部监狱司司长王文豹题辞。

收藏单位：重庆馆

03808

比喻劝人

济南：华洋印书局，1941，44 页，64 开

本书共 10 部分，内容包括：节蟭比喻（轻看世俗）、野兔比喻（谦逊忍耐）、两个学生比喻（一勤一怠）、蟾兔比喻（有恒无恒）、蟾兔第二比喻（无恒者不中用，有恒者事竟成）等。山东济南教区杨主教准刊。

收藏单位：国家馆

03809

朝圣团纪念册 梁师鸿编

北平：宗教与文化社，1935.9，10+356+25 页，16 开

本书分上、下卷。上卷记事珠，共 4 章：传略、中华朝圣团动机、中华朝圣团行程、中华朝圣团往返详记；下卷文字珠，共 3 章：文件、论文、考据。

收藏单位：国家馆、内蒙古馆、上海馆

03810

晨更 吴永泉译

中国各大学基督徒学生联合会，38 页，64 开

收藏单位：南京馆

03811

晨星之光 圣灵报社编

上海：圣灵报社，1940，210 页，32 开（圣灵报社丛书 第 2 种）

本书内容包括：生生的意义与实际、论安息日、独一的真神、论律法与恩典、灵的区别、成圣之道等。

收藏单位：重庆馆

03812

成寄归牧师讲道集 成寄归著

长沙：湖南圣经学院，1941.8，392 页，32 开

收藏单位：绍兴馆

03813

成人之路 郭中一著

外文题名：The road to mature manhood

上海：广学会，1930.6，94 页，32 开

本书共 3 编：耶稣基督、基督徒、基督教会。

收藏单位：山东馆

03814

传道的书报员 （美）怀爱伦（Ellen G. White）著 梅忠达译

上海：时兆报馆，1935，84 页，32 开

本书内容包括：书报工作的重要、书报员的资格、书报员与福音使者之合一、书报传道工作的复兴、本会书报的感化力等。

收藏单位：重庆馆

03815

从实际上解释耶稣的比喻 劳利原著 浦保罗 徐世光译

上海：广学会，1941.3，3 版，304 页，32 开（基督教学术推进会丛书）

收藏单位：南京馆

03816

大圣若瑟

北平：出版者不详，1929，86 页，42 开

本书是关于圣若瑟的主祷文。

收藏单位：国家馆

03817

大圣若望

北平：出版者不详，1932，194 页，42 开

本书是关于圣若望的主祷文。

收藏单位：国家馆

03818

大时代灵修日程 郭中一著

成都：中国基督圣教会，1939.12，100 页，64 开

收藏单位：南京馆

03819

祷范讲义 陈金镛编

上海：广学会，1930，86 页，32 开

上海：广学会，1930，再版，86 页，32 开

本书内容包括：我们在天上的父、愿人都尊你的名为圣、愿你的国降临、愿你的旨意行在地上如同行在天上、我们日用的饮食今日赐给我们等。

收藏单位：辽宁馆、山东馆、上海馆

03820

祷告 （挪）哈列比（O. Hallesby）著 李明华 吕绍端译

汉口：中华信义会书报部，1941，修正再版，194 页，32 开

本书讲述基督教祷告的相关内容。

03821

祷告的工作

上海：福音书房，1935，再版，61 页，32 开

上海：福音书房，1938，3 版，61 页，32 开

本书介绍如何祷告及祷告的意义。

收藏单位：重庆馆、广东馆、南京馆

03822

祷告生涯 叟尔世敦著 李冠芳译 许善齐校订

上海：广学会，1934，211 页，32 开

收藏单位：辽宁馆、南京馆

03823

祷文 赵紫宸著

[北京]：燕大基督教团契，1938，28 页，22 开

收藏单位：辽宁馆

03824

迪皓克拉西（又名，神治政权）（避难所）
（美）卢述福（Joseph F. Rutherford）著

外文题名：Theocracy

上海：守望台圣经书社，61 页，32 开

本书论说目前世界所发生的大苦难完全由于魔鬼恶势力所引起，要避免毁灭，唯有投奔神。

收藏单位：上海馆

03825

敌基督者 （美）贾嘉美（James Robert Graham III）著 赵君影译

外文题名：The anti-Christ

上海：中西基督福音书局，[1931]，22 页，32 开

　　收藏单位：上海馆

03826

恩典与真理　马凯著　戴允新译

上海：中西基督福音书局，184 页，64 开

　　收藏单位：南京馆

03827

儿童怎样亲近上帝（复活节前）　赵蕴华 （加）薄玉珍（Margaret H. Brown）编

上海：广学会，1941.3，116 页，32 开

上海：广学会，1944，116 页，32 开

　　本书内容包括：上帝喜爱世上所有的小孩、我们应该感谢的事物、时常祷告、耶稣指示我们上帝的爱等。

　　收藏单位：重庆馆、山东馆

03828

二约焚香典礼考　张亦镜著

广州：美华浸会印书局，[1920—1929]，28 页，64 开

　　收藏单位：桂林馆

03829

分别万民　（美）卢述福（Joseph F. Rutherford）[著]

上海：万国圣经研究会，1933，63 页，32 开

　　收藏单位：南京馆

03830

奋兴讲演集（第 1 卷）　黄原素等著

梧州：广西省宣道会联会传道部，[1913—1931]，39 页，32 开

　　本书内容包括：耶稣之完全救赎、成圣之道、神医与今日之教会、主耶稣必速临。著者还有：罗圣爱、赵柳塘、李建志。

　　收藏单位：桂林馆

03831

奋兴演讲集　宋尚节著　蓝庆生等记录

上海：华文印刷局，1935，133 页，18 开

上海：华文印刷局，1936，再版，133 页，16 开

　　本书集著者在厦门主领基督教奋兴大会时的讲演录。

　　收藏单位：广东馆

03832

奋兴演坛　宋尚节讲　黄葆真编

金井：金声月刊社，1935，118 页，32 开

　　本书集宋尚节博士在金井主领基督教奋兴大会时的讲演，共 19 篇。

　　收藏单位：首都馆

03833

奋兴正义　若瑟纽（Rosenius）著　王敬轩译

外文题名：A faithful guide to peace with God

汉口：中华信义会书报部，1937.4，314 页，32 开

　　本书为著者在北欧等地的讲演稿。共 17 章，内容包括：律法、律法的目的、福音、赦罪、重生、罪人的福音、奥秘的事等。书前有杨道荣序。

　　收藏单位：国家馆

03834

福音讲坛　居念岵著

上海：广学会，1934，389 页，32 开

　　收藏单位：南京馆

03835

福音易读（中册第 28—56 课）　中华基督教四川美道会文字部编

外文题名：Gospel stories

成都：华英书局，1 册

　　收藏单位：国家馆、南京馆

03836

妇女学道要训　（英）贾乐义（E. Lois Chapple）原著　（英）莫安仁（Evan Morgan）　周云路译

外文题名：Elementary lessons on Christian truths

上海：广学会，1931.8，58 页，32 开

上海：广学会，1932.4，2 版，58 页，32 开

　　本书讲述基督教相关内容，共 12 课，内

容包括：论上帝、论人、论救赎等。

　　收藏单位：上海馆

03837

复活节表演集　培真冬荪等译

上海：女青年会全国协会编辑部，1934.3，69页，64开

　　收藏单位：南京馆

03838

复活弥撒经文　（德）万宾来（Charles Weber）编

兖州：天主堂保禄印书馆，1940.9，2版，26页，64开

　　本书著者原题：万主教。

　　收藏单位：南京馆

03839

感恩弥撒经文　（德）万宾来（Charles Weber）编著

兖州：天主堂保禄印书馆，1940.9，2版，30页，64开

　　本书著者原题：万主教。

　　收藏单位：南京馆

03840

个人布道与生活　（美）党美瑞（Marie Adams）编　贾荣环译

上海：广学会，1941，4页，50开（圣经与青年问题2）

　　本书介绍个人布道的条件：确定的经验、祈祷和信心。

　　收藏单位：山东馆

03841

个人传道论　（英）麦沾恩（George H. McNeur）著　李安息亨译

上海：广学会，1927.10，122页，25开

　　本书分概论、分论两部分。概论共3章：个人传道的定义和范围、个人传道在人格上的价值、个人传道的辞令和社交；分论共13章，内容包括：个人传道的需要、为何忽略个人传道的工作、关于个人传道几种明显的证

据等。书前有序。

　　收藏单位：山东馆

03842

个人传道事业　（美）俄伯　穆德著　谢洪赉译

上海：中华基督教青年会组合，1914，再版，45页，32开（学校青年会全书5）

　　本书分卷上、卷下两部分。卷上履行方法共8章，卷下经课举隅共8章。附录特遣传道法等3章。

　　收藏单位：山东馆

03843

公祷经　促进基督教知识协会编

[促进基督教知识协会]，1914，808页，22开，精装

　　本书共24部分，内容包括：早祷文、晚祷文、人欲得救经、随时祷文、随时谢文、过年祝文书信福音、施行主圣餐文等。

　　收藏单位：山东馆

03844

公祷书

浙江：中华圣公会，1939，255页，32开

　　本书共15章，内容包括：早祷文、晚祷文、总祷文、随时祷文及谢文、施行主圣餐文、施圣餐与病人文、周年祝文书信福音、施婴孩圣洗礼文、施壮年圣洗礼文、教会问答、坚信礼文、婚姻礼文、殡葬礼文、刻责文、家庭祷文等。书后附历年复活日表、无定期圣节表、每日读诗篇单和六大圣日特选诗篇。

　　收藏单位：人大馆、山东馆

03845

欢迎耶稣圣婴　（德）万宾来（Charles Weber）著

兖州：保禄印书馆，1942，28页

　　本书共6部分：预备、实行、出堂迎接圣婴、堂外祭台前迎接圣婴的礼节、回堂、山洞马槽前当行的敬礼。书末附歌曲《何人叩门》。

　　收藏单位：国家馆

03846

环球妇女公祷日秩序　刘美丽编译

上海：广学会，1941，21 页，25 开

上海：广学会，1948.2，15 页，25 开

　　本书共 42 章，内容包括：拜主引始、主日、午前颂主、上主诸德、耶稣降生、耶稣受死、耶稣复生、主为祭司、耶稣全能、耶稣复临、圣灵感心、三位一体、上主救恩、奋力自勉、专心随主、随从耶稣、耶稣义袍等。

　　收藏单位：广东馆、南京馆

03847

婚配仪礼

香港：公教真理学会，60 页，64 开

　　收藏单位：南京馆

03848

基督化的家庭关系　潘玉梅主编

上海：中华全国基督教协会，1949.10，94 页，32 开

　　收藏单位：南京馆

03849

基督教布道（第 2 卷）

出版者不详，[1910—1919]，364 页，22 开

　　收藏单位：国家馆

03850

基督教和其他宗教　（美）普体德（Gordon Poteat）著

外文题名：Christianity and other religions

上海：美华浸会书局，1934.8，15 页，50 开

　　本书论述基督教和佛教、道教、伊斯兰教、孔教的区别。

　　收藏单位：国家馆

03851

基督教能救中国么　（美）普体德（Gordon Poteat）著

外文题名：Can Christianity save China?

上海：美华浸会书局，1934.8，14 页，50 开

　　本书作者认为，基督教不能救中国。只有受了基督的感化，肯改革己心，并且拿基督的精神为精神，更愿意躬自力行的中国人，才能救中国。

　　收藏单位：国家馆

03852

基督能力的路径　贝克斯顿著

出版者不详，1929，32 页，32 开

　　收藏单位：南京馆

03853

基督徒生活指南　中国基督教内地会编著

成都：华英书局，1941.7，14 页，32 开

　　收藏单位：南京馆

03854

基督徒与祷告　曹新铭著

上海：美华浸会书局，1939.1，18 页，64 开（信徒须知小丛书 3）

　　收藏单位：南京馆

03855

基督徒与奉献　曹新铭著

上海：美华浸会书局，1938，10 页，64 开（信徒须知小丛书 2）

　　收藏单位：南京馆

03856

基督徒运动员　许维生译

上海：中西基督福音书局，1937.1，2 版，50 页，32 开

　　收藏单位：南京馆

03857

家庭祭坛　诚静怡著

上海：中华全国基督教协进会，1932.3，140 页，32 开

　　收藏单位：南京馆

03858

家庭与灵修　（美）吴德（L. F. Wood）著
女译报社编辑

上海：广学会，1948.6，50 页，32 开

　　收藏单位：南京馆、绍兴馆

03859

家用祷告 （英）林辅华（Charles Wilfrid Allan）
著述

外文题名：Prayers for Christian families

上海：中国基督圣教书会，1934，27 页，32 开

　　本书内容包括：礼拜日早晨、礼拜一早晨、年底祈祷、新年朔日祈祷等。

　　　　收藏单位：广东馆

03860

建立更好的家庭生活　谈浩德　陈毅华编辑

上海：广学会，1948.7，98 页，32 开（与天父合作建设新世界丛书 3）

　　　　收藏单位：南京馆

03861

建立更好的社会生活　谈浩德　陈毅华编辑

上海：广学会，1948.12，72 页，32 开（与天父合作建设新世界丛书 4）（儿童乐园丛书 4）

　　本书共 8 部分，内容包括：用我们的家庭建设社会、选择益友建立更好的社会、耶稣为孩童最好的朋友、建立基督化社会等。

　　　　收藏单位：南京馆

03862

建设更好的个人生活　谈浩德编

上海：广学会，1948，114 页，32 开（儿童乐园 2）

　　　　收藏单位：广东馆、广西馆、南京馆

03863

讲道记录　大会编辑组编

南京：中国各大学基督徒学生联合会，1947，106 页，32 开

　　　　收藏单位：南京馆

03864

诘推诿不信者　张亦镜著

外文题名：Common excuses of unbelievers refuted

上海：中华浸会书局，1932.8，7 版，44 页，50 开

　　本文为解答不信教者的 12 种推诿之词，共 12 部分，内容包括：没有工夫（犹云无暇）、我怕魔鬼试探难做成耶稣门徒等。

　　　　收藏单位：桂林馆

03865

金钱上帝之管家应有之概念　慕安得烈著
俞恩嗣译

中华圣公会书籍委办会，1939.4，71 页，32 开

　　　　收藏单位：南京馆

03866

尽我所有建设新世界　谈浩德编辑

上海：广学会，1947.9 印，[18]+70 页，32 开（儿童乐园 1）

　　　　收藏单位：南京馆

03867

尽忠为上帝之国　（加）理查罗伯治著　成都华英书局文字部编译

成都：华英书局，46 页，32 开

　　　　收藏单位：南京馆

03868

救赎法讲义（第 8 年级）　东方函授学校编

东方函授学校，1931，再版，268 页，25 开

　　本书共 40 课，其中第 10、25、40 课为复习课。

　　　　收藏单位：重庆馆

03869

救知乐　佐治卡亭（George Cutting）编

外文题名：Safety, certainty and enjoyment

上海：中西基督福音书局，31 页，32 开

　　本书为基督教布道之书，教导世人懂得自救，并为之喜乐。

　　　　收藏单位：上海馆

03870

救知乐　佐治卡亭（George Cutting）著

出版者不详，48 页，64 开

　　　　收藏单位：广东馆

03871

救主受难日联合礼拜礼文

上海：联合礼拜委办，1939.4，16 页，32 开

收藏单位：南京馆

03872

苦难与人生 曹新铭著

上海：美华浸会书局，1938.7，8 页，64 开（非常时期布道小丛书 1）

收藏单位：南京馆

03873

快乐圣诞故事 福幼报社编

上海：广学会，1946.11，48 页，32 开

收藏单位：南京馆

03874

灵程初阶

出版者不详，29 页，大 64 开

收藏单位：上海馆

03875

灵程奋讲（第 1 集） 计志文著

上海：伯特利教会，118 页，32 开

收藏单位：南京馆

03876

灵程日进

出版者不详，1941.8，56 页，64 开

收藏单位：南京馆

03877

灵光指南 宋尚节著

上海：华文印刷局，1923，102 页，13 开

收藏单位：浙江馆

03878

灵力由求 （英）胡布恩著 鲍竹庵述

汉口、天津：基督教协和书局，109 页，25 开

收藏单位：上海馆

03879

灵力由求 （美）师雅谷（Jacob Speioher）口

译 陈梦石笔述

外文题名：Power through prayer

广州：美华印书局，1914，138 页，42 开，精装

本书共 20 章，内容为基督教传布教义。

收藏单位：国家馆

03880

灵粮诗歌 赵世光编

上海：灵粮刊社，1947.7，6 版，203 页，64 开

本书为基督教诗歌，共 214 篇，内容包括：一切忠心圣徒、一日辛劳与忧虑、一日工完为耶稣等。

收藏单位：南京馆

03881

灵声短歌

上海：灵声社，1936.4，32 版，34 页，64 开

收藏单位：南京馆

03882

灵修歌集 上海基督教奋进会编

上海：基督教奋进会，1938，[104 页]，64 开

上海：基督教奋进会，1939，3 版，68 页，64 开

收藏单位：南京馆

03883

灵修经验谭 徐宝谦著

上海：青年协会书局，1947.3，108 页，25 开（青年丛书第 2 集 24）

本书收蔡志澄等人的文章，介绍他们进行灵修的体会。共 15 篇，内容包括：最近三年来灵修经验的自述、从灵修中得来的醒悟、灵修经验谭等。书前有序。书后附作者简历和后序。

收藏单位：国家馆、南京馆

03884

鲁伦至言 张亦镜重译

外文题名：Practicing the presence of god

上海：中华浸会书局，1930.5，5 版，57 页，50 开

收藏单位：桂林馆、绍兴馆

03885

马路加讲道集　马路加讲述

北京：出版者不详，1942，248 页，32 开

　　收藏单位：首都馆

03886

门徒的祈祷　Frank Johnson 著　谷德屏译述

上海：广学会，1929，4+68 页，32 开

　　收藏单位：辽宁馆

03887

蒙召成圣　（美）安汝慈（Ruth Paxson）著
刘令璧译

外文题名：Called unto holiness

上海：广学会，1948.2，63 页，32 开

　　本书是根据著者 1936 年在英国开西大会历次讲词编成，各讲词的目的在于提高听众灵性的生活。共 4 章：与基督合而为一、与基督同形、为基督充满、基督的战士。

　　收藏单位：南京馆

03888

米非波设　司但理著　赵君影译

上海：中西基督福音书局，22 页，32 开

　　收藏单位：南京馆

03889

默中之手

兖州：兖州府天主堂印书馆，1933，2 版，140 页，32 开

　　本书列举诸种事例证明天主的存在及至高无上。共 9 章，内容包括：诸事皆自上来、天主掌管个人的事情、天主掌管万民的事情等。

　　收藏单位：国家馆、首都馆

03890

你在那里？　计志文著

外文题名：Where art thou?

上海、九龙：伯特利教会，1940.6，2 版，120 页，18 开

　　本书共 11 章，内容包括：我来了、十字架的救法、你在那里、约拿的五不死四不祷、保罗之悔改等。

　　收藏单位：上海馆

03891

培灵讲道　黄原素等讲

广州：培灵研经会，1933.7，374 页，32 开

广州：培灵研经会，1936，395 页，32 开

广州：培灵研经会，1937，304 页，32 开

　　本书为培灵研经会历次讲道的讲稿汇编。

　　收藏单位：广东馆、南京馆

03892

祈祷经文

出版者不详，64 页，18 开

　　本书内容包括：祈祷经文、信经、天主十诫等。书前有《祈祷经文论》。

　　收藏单位：国家馆

03893

求世预言　张巴拿巴著

新加坡：南洋印刷社，90 页，32 开

　　收藏单位：南京馆

03894

劝女脱罪

外文题名：Exhorting women to cast off sin

成都：华美书局，1935.6 重印，9 叶，22 开，环筒页装

　　本书共 6 章：女揹罪担、劝进佛堂、叩拜观音、指引真路、有求必应、心得平安。

　　收藏单位：国家馆

03895

人范　陈龙藩编辑

福州：美华书局，1926，100 页，25 开

　　本书主要讲述封建伦理、忠孝仁爱。分忠、孝、节、义 4 集，汇辑古今奇闻轶事，共 60 余篇，并加评论。

　　收藏单位：首都馆

03896

人间的基督　（英）霍德进（H. T. Hodgkin）原

著 刘美丽译述
外文题名：Jesus Christ among men
上海：广学会，1933.4，152 页，32 开

本书内容包括：耶稣与平民、耶稣与法利赛人、耶稣与家庭、耶稣与病者、耶稣与妇女等。

收藏单位：南京馆

03897

人生的目的是什么 （美）来逢宁（Loofty Levonian）著 黄淑芬译
上海：广学会，1941，17 页，50 开（胡德勃罗克宗教及道德丛刊 15）

本书共 4 部分：人生是有目的的、人生的目的、人生最基本的目的是什么、基督与人生的目的。

收藏单位：首都馆

03898

人生苦难当如何应付
上海：中华基督教会全国总会，18 页，64 开（教友须知小丛书 3）

本书从基督教的角度救人于苦难之中。

收藏单位：山东馆

03899

日日祷告文 景福音著 李叔青译
旅顺：农业进步社，1938，126 页，50 开

收藏单位：辽宁馆

03900

汝爱主再来乎 王峙编
上海：宣道书局，36 页，32 开

收藏单位：广西馆

03901

三十三年逐日经文 （英）石恒励（Harry T. Silcock）著 林道兴译述
重庆：义工促进会，1943，60 页，32 开

本书内容包括：耶稣之生平、大斋节与复活节之研究、以胜利的生活建立新世界底秩序、约翰福音书之研究、初期教会之研究等。

收藏单位：重庆馆

03902

三愿问答 高德尔著 （清）李问渔译
上海：土山湾印书馆，1933，96 页，64 开

本书以问答体阐述"三愿"之义，三愿为耶稣圣训。内容包括：发愿总论、论三愿别类、论德与愿的分别等。书前有弁言。著者原题：李杕。

收藏单位：国家馆

03903

山边宝训 （美）怀爱伦（Ellen G. White）著
上海时兆报馆编译部译
上海：时兆报馆，1929.10，158 页，32 开，精装

本书为基督在八福山边的讲道。共 6 章：山边之上、八福、律法属灵的性质、服务的真意旨、主祷文、非评乃行。

收藏单位：上海馆

03904

上帝与社会改造 （日）贺川丰彦著 无愁译
上海：广学会，1936.9，[22]+208 页，32 开
上海：广学会，1946，5 版，208 页，36 开

本书记述基督拯救世人的痛苦。共 10 章：由上帝而得新生、上帝与痛苦的世界、上帝与基督、上帝与十字架、上帝与灵魂、上帝与祈祷、上帝与圣经、上帝与良心、上帝与日常生活、上帝与新社会制度。书前有英译本散得兹氏序和汉译例言。

收藏单位：重庆馆、广东馆、国家馆

03905

上海惠主教的一句训言
出版者不详，7 页

收藏单位：南京馆

03906

少女营 欧梅君 高君铭编著
上海：中华基督教女青年会全国协会，1935.6，186 页，25 开

本书共 5 章：夏令营的宣言、营和会的种类、营会的筹备及领袖人材、探讨大自然的宝藏、各种兴趣组。

收藏单位：山东馆

03907

社会事业与慈善事业 王廉著

上海：土山湾印书馆，[1940—1949]，13 页，128 开（现代宗教问题戊 7）

本书分甲乙两部分。甲部分为社会事业是什么，共 3 部分：社会事业的性质与重要、天主教与社会事业、我国的天主教与社会事业；乙部分为慈善事业是甚么，共 3 部分：慈善事业的性质与重要、天主教与慈善事业、我国的天主教与慈善事业。

收藏单位：国家馆

03908

神导 福尔德（E. N. Forde）著 张天福译

外文题名：Guidance

上海：广学会，1939，9 版，27 页，46 开（个人布道刊物 1）

本书内容包括：神导是甚么、如何可以获得"神导"、关于追求神导几个实用的提议、静默的时候。

收藏单位：重庆馆、首都馆

03909

神道真假论 汤杰卿著

广东：美华浸信会印书局，1920，1 册，22 开

收藏单位：首都馆

03910

神的儿子 （爱尔兰）柏勒（John Gifford Bellett）著 缪安信节译

外文题名：The son of God

上海：福音书局，1930，90 页，32 开

上海：福音书房，1935，2 版，90 页，32 开

本书共 5 章：在父怀里的独生子、道成了肉身住在我们中间、被接在荣耀里、叫万物都服在他的脚下、那时子也要自己服要叫万物服他的。

收藏单位：广东馆、上海馆、首都馆

03911

神恩与母爱 张怀德讲述 林珊记

晨钟刊社，1947，24 页，36 开（晨钟布道小册 2）

本书讲述神恩与母爱的关系。

收藏单位：上海馆

03912

神话语的职事 倪柝声著

[上海]：[福音书房]，328 页，32 开

本书共 4 部分：执事、神的话、职事、对象。详细论述了三种执事、话语的内容与传递、保罗的路程和职事、话语职事的最高点、话语的根据、需要有圣灵的解释、需要有圣灵的启示、神的话是基督、从基督认识神的话、职事的根据、启示与思想、重担与话语、圣灵的管治与话语、话语与记性、话语与感觉、说话时要注意的事、话语的对象等问题。

收藏单位：绍兴馆

03913

神仆的品格 （加）史密斯（Oswald J. Smith）著 冒登瀛译

外文题名：The man God uses

重庆：布道杂志社，1949，112 页，32 开

本书共 17 章，内容包括：一个生日的祈祷、上帝使用的人、最高的考验等。全书完全论述了基督徒应有的品格，译者希望所译出的这本书，能激励中国的同道们，同情一切在黑暗罪恶中生活的人们，更进一步充实自己。

收藏单位：重庆馆

03914

生命之探寻 华文纶（Arthur Warren）著 蔡书绅译

上海：时兆报馆，1940.7，3 版，127 页，32 开

上海：时兆报馆，1941，再版，127 页，32 开

本书共 12 章，内容包括：西班牙探险家之探寻、美丽世界的诞生、王与后的诞生等。

收藏单位：重庆馆、江西馆、山东馆

03915

圣餐指南 （美）裴琦著 魏希本译

北平：中华圣公会书籍委员会，1937.6，99 页

收藏单位：南京馆

03916

圣歌选集

闽北基督教圣书协会，1933，187 页，32 开

收藏单位：广东馆

03917

圣歌选集

出版者不详，145+26 页，42 开

收藏单位：广东馆

03918

圣会诗章

北平：中华圣公会，1940，226 页，32 开

收藏单位：首都馆

03919

圣母弥撒经文　（德）万宾来（Charles Weber）编著

兖州：天主堂保禄印书馆，2 版，1 册，64 开

本书著者原题：万主教。

收藏单位：南京馆

03920

圣女小德兰的祈祷　威诺·若翰生（Vernon Johnson）原著　钟全璋　潘良清译

外文题名：The prayer of St. Teresa of Lisiseux

澳门：慈幼印书馆，1949.5，68 页，50 开（世光丛书 4）

本书为祈祷文，共 8 部分，内容包括：祈祷的重要、圣女小德兰祈祷的泉源、圣女小德兰祈祷的特征等。书前有译者的话、小引。

收藏单位：国家馆

03921

圣日讲章　石汉章等著

上海：广学会，1934.6，16 页，32 开

收藏单位：南京馆

03922

圣神弥撒经文　（德）万宾来（Charles Weber）编著

兖州：天主堂保禄印书馆，1942.8，3 版，2 册，64 开

本书著者原题：万主教。

收藏单位：南京馆

03923

圣棹服务团手册　白爱丽（Edith Weir Perry）著　程约翰编译

外文题名：An altar guild manual

北平：中华圣公会书籍委员会，1935，60 页，22 开

本书共 6 章：圣棹及其陈设品、圣品人礼服、教会节令颜色、工作指导、圣棹服务团简章式样、祷文。书前有小引。书末附圣器及圣衣名词译文对照表。

收藏单位：国家馆

03924

使徒布道记　穆雅德著　雷魏怜慈译　李时安笔述

上海、汉口：中国基督教圣书会，1931.7，198 页，32 开

本书详细记述使徒一生所做事情和为教会所做的工作。

收藏单位：山东馆

03925

世界大奋兴　奚尔勒约翰（John Shearer）著　包忠杰译

外文题名：Old time revivals

汉口：宣道书局，1948，再版，65 页，32 开

本书共 16 章，内容包括：清教徒火热之心、实我特会堂的一大纪念日、新英格兰之奋兴、英国民众之大醒悟、坎巴斯兰的工作、布锐内德与美国土人的奋兴、国外布道的大奋兴、学生中的大奋兴、奋伲所发起的奋兴、奇力斯特的奋兴、顿地的大奋兴、一八五七年美国的奋兴、一八五九年爱尔兰厄耳斯特省的奋兴、一八五九年英国亚伯丁州的奋兴、穆迪领两国归向神、环球大奋兴。书前有英文序、纪念辞。

收藏单位：重庆馆

03926

收成感恩　科克斯著　洪超群编

上海：广学会，1939，42 页，32 开

　　本书为基督教祈祷经文。

　　收藏单位：国家馆、山东馆

03927

受坚振须知　（英）罗培德（W. P. Roberts）著

[江苏]：中华圣公会书籍委员会，1933，2 版，58 页，32 开

　　本书介绍了教会的宗旨和工作、教会的史略、中华圣公会、圣经、洗礼和圣餐等内容。

　　收藏单位：南京馆

03928

私祷日新　（英）白赉约翰（John Baillie）原著　谢秉德等译

外文题名：A diary of pricate prayer

上海：基督教联合出版社，1946.2，94 页，32 开

上海：基督教联合出版社，1948，4 版，94 页，32 开

　　本书为每日祈祷文。

　　收藏单位：广东馆、辽宁馆、南京馆

03929

颂主灵歌

出版者不详，150 页，32 开，精装

　　收藏单位：南京馆

03930

颂主诗歌　华北公理会编

天津：华北公理会，1929，477 页，25 开

　　收藏单位：山东馆

03931

颂主诗歌

横滨：[福坤印刷公司]，1912，465 页，23 开，精装

横滨：[福坤印刷公司]，1923，465 页，32 开

　　本书收录基督教诗歌 408 首。

　　收藏单位：国家馆、南京馆

03932

颂主诗歌

上海：美华书馆，1929，525 页，32 开，精装

　　本书收录诗歌 400 余首。包括五线谱，附钢琴伴奏谱。

　　收藏单位：国家馆

03933

所指望的一位　（英）扭百里（Thomas Newberry）著　（英）江长美（A. Kuff Ani Ki）译

外文题名：The expected one

上海：中西基督福音书局，74 页，32 开

　　本书共 18 章，内容包括：圣灵降临的教育、神的儿子的再来、基督的审判台、复活的圣徒引到神前、主耶稣基督的降临等。

　　收藏单位：南京馆

03934

太平洋传道录　（美）狄珍珠（Madge D. Mateer）译述

上海：广学会，1934，4 版，328 页，32 开

　　本书共 19 章，内容包括：幼年的事、从学、在革拉斯哥城传道、论传道于外国之本分、回苏格兰的事、末次周游英国的事等。

　　收藏单位：重庆馆、近代史所

03935

逃难者　（美）卢述福（Joseph F. Rutherford）著

外文题名：Refugees

上海：守望台圣经书社，[1940]，64 页，32 开

　　本书针对当时动乱的时局和众多的逃难者，宣传只有信仰耶稣真理，才能逃避祸难、获得安慰。

　　收藏单位：上海馆

03936

天侨歌声　钱团运著

上海：太平洋图书文具服务社，1939.11，90 页，64 开

　　本书为基督教诗歌集。

　　收藏单位：南京馆

03937

完全洗净 库多玛著 袁永晟译

基督圣教书会，1933 重印，22 页，32 开

本书共 5 章，内容包括：解释基督的救恩、指点革新的能力、诫勉信的理由等。

收藏单位：山东馆

03938

望而活 祈真福著

上海：中西基督福音书局，1936，16 页，32 开

收藏单位：南京馆

03939

唯爱政治

厦门保健院，1948，13 页，32 开

收藏单位：广东馆、南京馆

03940

为什么上礼拜堂 陈崇桂著

重庆：布道杂志社，1945.6，92 页，32 开

收藏单位：南京馆

03941

未完的布道工程 刘廷芳译述

上海：中华全国基督教协进会，[1940—1949]，18 页，32 开（玛德拉斯大会文献丛刊 19）

本书内容包括：导言、未曾福音化的区域、现在情境中得几件事实、教会在未完工程上的地位、宣教师在未曾完工的布道工程上的地位和动工的宣召等。

收藏单位：山东馆

03942

我的图画书 福幼报馆编纂

上海：广学会，1923，76 页，32 开，精装

收藏单位：南京馆

03943

我们何以要宣教 中华基督教会全国总会编

上海：中华基督教会全国总会，22 页，64 开（教友须知小丛书 14）

本书共 4 章：宣教是什么、何以宣教、对于宣教事工当以免除的误会、对于宣教事工

我们能做什么。

收藏单位：广东馆、山东馆

03944

我们所需要的复兴 （加）施密斯（Oswald J. Smith）著 林景康译

外文题名：The revival we need

上海：伯特利教会，106 页，32 开

收藏单位：上海馆

03945

无疑与疑问

上海：中西基督福音书局，22 页，32 开

收藏单位：南京馆

03946

五十二短篇讲坛 谢颂羔编

外文题名：Fifty two sermon outlines

上海：广学会，1941，5 版，139 页，50 开

本书收录国内外名牧师的讲坛共 52 篇，内容包括：事奉上帝、你们是世上的光、勤劳的耶稣等。书前有序。

收藏单位：广东馆

03947

五十二短篇讲坛（第 4 集） 谢颂羔编辑

上海：广学会，1931，204 页

上海：广学会，1932，再版，204 页，50 开

本书共 52 篇，内容包括：恩典与真理、无知的人、圣经中的第一问、浪子与他的哥哥、主为我的朋友、主来了、我做人的倾向等。

收藏单位：重庆馆

03948

希望的曙光 贾立德著 沈骏英译

广学会，1927，110 页，32 开

本书共 15 章：身入异乡、船坞所见、初次进谒、思潮起伏、主和仆、保罗、无聊的生活、伽鲁斯、神秘的故事、花园琐记、在保罗寓所、祈祷室、黑幕之一、演武场上、最后的胜利。

收藏单位：山东馆

03949

先知与君王　（美）怀爱伦（Ellen G. White）著

出版者不详，油印本，2 册（[552] 页），32 开（历代斗争丛书 2）

　　本书内容包括：由盛而衰、北国众先知等。

　　收藏单位：上海馆

03950

小本祷告文

出版者不详，14 页，32 开

　　收藏单位：南京馆

03951

小天路历程

外文题名：The little Christian's pilgrimage

上海：广学会，1930.2，114 页，32 开

　　本书由本仁约翰的《天路历程》总结整理得来，浅显易懂，专为儿童准备。共 49 章，内容包括：灭亡城、小基督徒出门、执一与随风倒、伤心潭、帮助救小基督徒等。

　　收藏单位：山东馆

03952

新生命的开始　卫理公会女布道会编　吉爱梅师母等改编

南京：基督教协进会宗教教育委办会，1946.10，14 页，32 开（平信徒训练会丛书）

　　收藏单位：南京馆

03953

信徒的盼望　（德）陆亨理（Henry Ruck）著

外文题名：The believer's hope

北平：新旧库邮箱五号，1933.1，38 页，32 开

　　本书共 5 章：盼望的由来、盼望之体裁、被提、主的降临、结论。

　　收藏单位：南京馆

03954

宣道诗　（美）刘福群（William C. Newbern）编

上海：宣道书局，1941，2 版，287 页，18 开，精装

　　收藏单位：广东馆

03955

宣道训练　唐马太著

上海：中华浸会书局，1947，149 页，32 开

　　收藏单位：广东馆

03956

选择　（美）卢述福（Joseph F. Rutherford）著

上海：万国圣经研究会，59 页，32 开

　　收藏单位：南京馆

03957

学道津梁　张南伯（C. F. Johannaber）著　文南斗译

汉口：中华美会宗教教育事务所，1937.6，4 版，96 页，32 开（中华美以美会宗教教育领袖训练丛书 2）

　　收藏单位：南京馆

03958

学道进阶　（美）司保罗著　范珣清译

上海：广学会，1932.11，4 版，56 页，32 开

　　收藏单位：南京馆

03959

学生社会服务之研究　（美）韩慕儒（Roscoe M. Hersey）著　基督教青年会组合编译

上海：基督教青年会组合，1914.9，106 页，25 开

　　本书为宣传基督教的社会服务。共 11 章，内容包括：提倡教育、公众教育、提倡游戏、公众之福利、社会服务之调查等。书前有导言。

03960

学校祷文　（英）罗培德（W. P. Roberts）著

上海：中华圣公会，1926，26 页，50 开

　　本书收感谢文、赞美文等多篇祈祷文。

　　收藏单位：山东馆

03961

雅歌的默想　丁素心著

重庆：布道杂志社，1948.2 印，329 页，32 开

收藏单位：南京馆

03962

研经班领袖须知   如雅德（Arthur Rugh）著
刘乃慎   应元道译
上海：青年协会书局，1925.6，16 页，32 开

收藏单位：南京馆

03963

仰望耶稣   程光译述
汉口：中华信义会书报部，1930，再版，124
页，32 开

本书内容包括：每日默祷、祈求圣主之祷
文。摘自圣经。

收藏单位：国家馆

03964

要道津梁   （美）孔宗道（M. G. Conger）著
上海：基督复临安息日会、三育大学，1921，再
版，油印本，1 册，26 开，环筒叶装

本书为上海三育大学高等圣经要道班的
课本。共 3 段，内容包括：圣经根基之原理；
排列次序是该会有名传道士所信用的，说明
次序的用处；说明该会在中国工作上应注重
的，并将活泼的能力传给该会的教友等。每
课后有习题。

收藏单位：重庆馆

03965

要道津梁   （美）孔宗道（M. G. Conger）著
黄习鹏译
中华函授学校，1923，改订本，279 页，25 开

本书是著者将原著《要道津梁》改订后
出版，专备基督教会在中国的中学生用。
共 3 段：圣书根本的原理；将圣经中主要的道
理，分课研究；对于教友和基督门徒的最紧要
的一切真理。

收藏单位：重庆馆

03966

要道五答（原名，答曾骨人先生来函所设问）
张亦镜著

外文题名：Replies to five important doctrinal
questions
上海：中华浸会书局，1931.2，3 版，40 页，50
开

本书共 5 篇：有无永活上帝、人至末日能
否复活、基督是否圣灵感生、上帝何不使人
变善、上帝造物谁造上帝。

收藏单位：桂林馆

03967

耶和华是我的磐石   包克司登编   张敬一译
上海：青年协会书局，1941.4，60 页，32 开（灵
修丛刊）

收藏单位：黑龙江馆、南京馆

03968

耶稣基督的传教成绩   王昌祉主编
香港：真理学会，1949.5，11 页，64 开（现代
问题的解答 丙 5）

本书共 4 部分：教义的广传、吸引人心、
变化世界改良社会、给予人类的真幸福。

收藏单位：国家馆

03969

耶稣基督的传教成绩
现代问题研究社，13 页，64 开（现代问题的
解答 丙 5）

收藏单位：国家馆

03970

耶稣基督的教训   王昌祉主编
香港：真理学会，1949.5，10 页，64 开（现代
问题的解答 丙 3）

本书共 3 部分：爱的宗教、爱天主、爱的
条件。

收藏单位：国家馆

03971

耶稣基督的教训   现代问题研究社编
现代问题研究社，12 页，64 开（现代问题的
解答 丙 3）

收藏单位：国家馆

03972

耶稣基督的新诫命 王昌祉主编

香港：真理学会，1949，10 页，64 开（现代问题的解答 丙 4）

本书共 4 篇：为什么称做新诫命、爱人的重大关系、爱人的几项实践、奇特的教训——爱仇。

收藏单位：国家馆

03973

耶稣基督永远的神子 罗以撒译

上海：中西基督福音书局，20 页，32 开

收藏单位：南京馆

03974

耶稣圣诞弥撒经 （德）万宾来（Charles Weber）著

兖州：兖州保禄印书馆，1942，再版，28 页，32 开（生活基督化）

收藏单位：国家馆

03975

耶稣圣诞弥撒经（又名，圣诞子时弥撒）

香港：纳匝肋静院，1939，42 页，50 开

本书共 3 部分：什么是耶稣圣诞、什么是弥撒、耶稣圣诞子时弥撒经文。

收藏单位：国家馆

03976

耶稣圣道易学

成都：四圣祠街华英书局，1 册，32 开

收藏单位：南京馆

03977

耶稣圣心弥撒经文 （德）万宾来（Charles Weber）编

兖州：天主堂保禄印书馆，1940.9，2 版，26 页，64 开

本书著者原题：万主教。

收藏单位：南京馆

03978

一个牧师的爱·超越时空的爱

[光华书局]，146 页，32 开

收藏单位：重庆馆

03979

一生得胜论 （美）崔林保著 （加）翟辅民（Robert Alexander Jaffray）译

上海：宣道书局，42 页，32 开

收藏单位：南京馆

03980

引人归主 艾迪著 胡贻毂译

上海：青年协会书报部，1919，22 页，32 开

收藏单位：广东馆

03981

隐密处的灵交 G. H. Knight 著 王明道译述

外文题名：In the secret of his presence

北平：灵食季刊社，1930.9，192 页，32 开

北平：灵食季刊社，1934.1，再版，192 页，32 开

北平：灵食季刊社，1941.4，3 版，158 页，32 开

本书共 20 章，内容包括：独自与神晤对的需要、独自与神晤对的模范、独自与神晤对的时候我们发现工作能力的来源等。书前有原序及译者序。

收藏单位：国家馆、南京馆、绍兴馆

03982

营会户外诗歌 中华基督教女青年会全国协会少女部编

上海：中华基督教女青年会全国协会少女部，1935.5，30 页，32 开

收藏单位：南京馆

03983

应用祷文六十则 萧文若编著

成都：中华基督教会四川大会文字事业委员会，1937.6，34 页，32 开

收藏单位：南京馆

03984

永生的话（颂主诗歌选录）

出版者不详，162 页，32 开

　　收藏单位：南京馆、内蒙古馆

03985

由死入生天路指南 ［（英）孟省思］ ［（英）孟君贤］著 ［（英）窦乐安（John Darroch）］译

外文题名：The traveler's guide from death to life

伦敦：大英伦敦圣教书会，[1910—1919]，320 页，24 开

　　本书通过许多短篇故事，宣传耶稣之道。

　　收藏单位：国家馆

03986

由死入生天路指南

外文题名：The traveler's guide from death to life

上海：中西基督福音书局，79 页，40 开

　　本书为中文、阿拉伯文对照。

　　收藏单位：重庆馆

03987

由死入生天路指南（缩印本） ［（英）孟省思］ ［（英）孟君贤］著 ［（英）窦乐安（John Darroch）］译

外文题名：The traveler's guide from death to life

上海：中西基督福音书局，[1910—1919]，191 页，50 开

　　收藏单位：重庆馆、国家馆

03988

犹大书略解或在末日的基督徒 许维生译

上海：中西基督福音书局，24 页，32 开

　　收藏单位：南京馆

03989

余民得胜（国语） （美）怀爱伦（Ellen G. White）著

外文题名：The triumph of the remnant

时兆报馆，1927，112 页，32 开

　　本书为怀爱伦遗著。

　　收藏单位：重庆馆、南京馆、上海馆

03990

与儿童的谈话 石天明译

上海：中西基督福音书局，54 页，32 开

　　收藏单位：南京馆

03991

与老学究语 张文开著

广州：美华浸会印书局，1922.10，59 页，25 开

　　收藏单位：山东馆

03992

与主面对面 （英）宾路易（Jessie Penn-Lewis）著

外文题名：Face to face

上海：宣道书局，1934，82 页，32 开

　　本书包括序言、由死亡得生命等。

　　收藏单位：广西馆

03993

愿他们合二为一（十一月十四日至二十日）

中华基督教青年会全国协会、中华基督教女青年会全国协会，17 页，32 开

　　收藏单位：上海馆

03994

愿主的国降临 卫理公会延平年议会编

外文题名：Thy kingdom come

上海：广学会，1948.1，94 页，32 开

　　本书共 12 部分，内容包括：火热的心、提倡灵性的生活、实现主召我们的使命等。书前有程素秋卷头语。

　　收藏单位：国家馆、南京馆

03995

在清晨灵修时如何寻找真神 卡卢塞尔（Donald W. Carruthers）著 张天福译

外文题名：How to find reality in your morning devotion

上海：广学会，1941，9 版，14 页，32 开（布道刊物 1）

　　本书内容包括：上帝的话——圣经、上帝的能力——祷告、使祈祷没有效果的几项

障碍、祷告的方法——四个步骤、上帝的领导——圣灵等。

收藏单位：重庆馆

03996

早祷周课 亚当斯（M. Adams）编 潘玉梅译

上海：广学会，1934，152 页，18 开

本书内含 16 个礼拜的周课，包括敬重、选择目标、爱国等。书前有赞美诗 9 首。

收藏单位：广东馆

03997

怎样引导孩子们祈祷 洪超群 （加）薄玉珍（Margaret H. Brown）编著

上海：广学会，1940，20 页，32 开（家庭宗教丛书）

本书内容包括：孩子们的祈祷是什么、什么时候孩子们应当开始祈祷呢等。

收藏单位：重庆馆

03998

怎样自修与服务 陶德满（Lawrence Todmen）著

上海：青年协会书局，1941.10，54 页，32 开（灵修丛刊 5）

收藏单位：南京馆

03999

这是今天中国求得救得胜的唯爱政治 [真理人著]

[厦门市思明北路保健院]，1948，13 页，32 开

收藏单位：广东馆、贵州馆

04000

真神是怎样的 真光杂志社编

上海：美华浸会书局，1939，18 页，64 开（平民布道小丛书 3）

收藏单位：南京馆

04001

振济贫困通牒 比约十一（Pius PP. XI）[讲]

北平：公教教育联合会，1931.10，10 页，32 开

本书为梵蒂冈天主教教宗通谕之一。

收藏单位：国家馆、内蒙古馆

04002

证道比喻 （印）孙达尔（Sadhu Sundar Singh）著 王席珍 谢颂义译

外文题名：Parables

上海：广学会，1926.1，46 页，32 开

上海：广学会，1935.11，3 版，46 页，32 开

本书根据印度基督教会杰出的人物孙达尔演讲内容中的一些比喻译成。比如：生命、海鱼的比喻等。附作者自传。

收藏单位：重庆馆、国家馆、山东馆

04003

证道一助 张之江著

上海：广学会，1940.4，18 版，44 页，32 开

上海：广学会，1947，19 版，44 页，36 开

本书为著者归主的经过，以及他对真理、贡献的认识。

收藏单位：重庆馆、南京馆

04004

中国教会问题的讨论 刘廷芳编辑

上海：中华基督教青年会全国协会书报部，1922.7，56 页，32 开

收藏单位：南京馆

04005

中华循道公会礼文

出版者不详，134 页，32 开

收藏单位：广东馆

04006

主婢神谈

[天主教太原教区]，1934 印，290 页，32 开

本书为写给"守贞的女士及修女"的圣教书。

收藏单位：南京馆

04007

主祷新解 菩提著 聂绍经编译

上海：广学会，1923.5，64 页，32 开

> 收藏单位：南京馆

04008

主之时间 安德生 W. D 著

广西：梧州宣道书局，1921，再版，20 页，50 开

> 本书共 5 段，内容包括：教师、效果、课程等。

> 收藏单位：山东馆

04009

助进教会奋兴的实迹 （英）麦根德（James M'Kendrick）著 （英）陆义金译

外文题名：Seen and heard

汉口：中华基督圣教书会，1935，再版，158 页，32 开

汉口：中华基督圣教书会，158 页，25 开

> 本书为著者在英、澳、美、加等地传教见闻录。

> 收藏单位：浙江馆

04010

宗教生活与人生 曹新铭著

上海：美华浸会书局，1938，14 页，64 开（青年布道小丛书2）

> 收藏单位：南京馆

宗派

总论

04011

裂教原委问答

香港：纳匝肋静院，1914，13 叶，32 开

> 本书为基督教教派问题解答。

> 收藏单位：国家馆

天主教（旧教、公教、罗马公教）

04012

[1947 年新日历] 白德美纪念出版社编

澳门：慈幼印书馆，1947，79 页，50 开

> 本书为天主教新年特刊，内有日历、宗教常识、寓言、修养拾零等。公教小读物丛刊"特刊"。

> 收藏单位：国家馆

04013

1948 年新日历 白德美纪念出版社编

澳门：慈幼印书馆，1948，82 页，50 开（公教小读物丛刊特刊）

> 本书为天主教新年特刊，内有我国各区主教姓名一览表、宗教常识、寓言、修养拾零等。

> 收藏单位：国家馆

04014

哀矜炼灵说 [石振铎] 述

上海：土山湾印书馆，1917 印，17 页，64 开

上海：土山湾印书馆，1925，4 版，18 页，64 开

> 本书讲解天主教善功哀矜、炼灵。

> 收藏单位：国家馆

04015

爱主金言

上海：土山湾慈母堂，1925 印，2 版，21 页，64 开

> 本书讲授爱天主的道理及如何才能做到爱主。共 13 部分，内容包括：天主第一诫、爱的为头、上等爱德等。

> 收藏单位：国家馆

04016

爱主实行 （意）利高烈（Alphonsus de Ligorio）著 主徒会修士译

外文题名：Praxis amandi Jesum Christum

北平：公教教育联合会，1932.10，224 页，32 开（神修篇6）

北平：公教教育联合会，1936，再版，224页，32开（神修篇6）

北平：公教教育联合会，1940，3版，256页，32开（神修篇6）

本书共18章，内容包括：爱德是忍耐的、爱德是良善的、爱德不妄行、爱德不自大等。著者原题：圣雅尔风索。

收藏单位：国家馆

04017

安老会记

上海：土山湾印书馆，1912印，66页，32开

本书介绍安老会。共21章，内容包括：立会宗旨、出外求济、会中主保等。

收藏单位：国家馆、浙江馆

04018

安琪儿的泪 （意）白德美（Andreas Beltrami）著 傅玉棠译

澳门：慈幼印书馆，1946.11，73页，50开（公教小读物丛刊11）

本书共收20篇文章，内容包括：《我还能享多少年的福》《天主不死》《安琪儿的泪》等。书前有著者序。

收藏单位：国家馆、南京馆

04019

奥园记 半芜译

献县：献县天主堂，1933，299页，32开

本书为翻译本，通过描写儿童的把戏以及一些无影踪的理想，来阐述人生深刻的道理。共13部分，内容包括：嬉戏、葫芦、新交、天主美妙的追求、苦恼的来源、更深的探索、奥园、人生的谜等。

收藏单位：国家馆、首都馆

04020

八十年来之江南传教史 （法）史式徽（J. de la Serviere）编著 金文祺译

外文题名：La nouvelle mission du Kiang-Nan (1840-1922)

上海：圣教杂志社，1929.5，62页，32开（圣教杂志丛刊）

本书记述1839—1923年天主教在江南的传教史，共5章：罗主教、赵主教、年主教、郎主教、教务进展。

收藏单位：国家馆、内蒙古馆、首都馆

04021

白衣修女 张秀亚译

香港：真理学会，1947，14页，50开（民众读物小丛刊4）

本书讲述天主教徒的故事，共两部分：白衣修女、固执。

收藏单位：国家馆

04022

拜圣体兼拜圣母简言 （意）利高烈（Alphonsus de Ligorio）著

香港：纳匝肋静院，1926重印，活版，124页，64开

本书内容包括：拜圣体简言序、引言、论拜圣母序、论神领圣体、拜圣体前诵、神领圣体诵、拜圣母诵等。

收藏单位：国家馆

04023

拜圣体录 （意）利高烈（Alphonsus de Ligorio）著

河间：胜世堂，1916，130页，50开，环筒页装

本书汇集圣经中有关拜圣体的记载。内容包括：叙、圣利各略上圣母书、神领圣体说、第一次拜圣体、拜圣母祝文等。著者原题：亚尔方稣·利各略。

收藏单位：国家馆

04024

拜圣体文 （意）利高烈（Alphonsus de Ligorio）著

上海：土山湾慈母堂，1924，3版，111页，64开

上海：土山湾印书馆，1937，4版，87页，64开

本书包括神领圣体和第1次至第31次拜圣体经文。共36个部分，内容包括：拜

圣体文序、引言、第一次拜、第十次拜、第三十一次拜等。

　　收藏单位：国家馆

04025
北极探险
献县：张家庄天主堂印书馆，1936，2 版，105 页，32 开

　　收藏单位：国家馆

04026
备终录 （意）利高烈（Alphonsus de Ligorio）著
上海：土山湾慈母堂，1913，282 页，32 开
上海：土山湾慈母堂，1926 印，289 页，32 开

　　本书共 36 首，内容包括：想人死后形像、想世上的福一死就完、想人的性命很短、想人一定要死等。书前有序。

　　收藏单位：国家馆、内蒙古馆、浙江馆

04027
备终录（方言） （意）利高烈（Alphonsus de Ligorio）著　（美）苗仰山（C. Bortolazzi）译
上海：土山湾慈母堂，1915，294 页，32 开

　　本书以松江土语（方言），劝人相信耶稣，死后升天。共 36 部分，内容包括：想人死后光景、想世上的福一死就完、想人个性命十分短等。书前有译者序。

04028
本笃会修士陆征祥最近言论集　陆征祥著
[北平]：光启学会，1936.1，230 页，25 开（光启学会丛书）

　　本书分上、下集，共收文 9 篇，内容包括：《满洲问题评判》《本笃会沿革史》《上蒋主席书》等。

　　收藏单位：国家馆、近代史所、内蒙古馆、首都馆

04029
笔谈（路遇）
出版者不详，14 页，32 开

　　本书以天主教士与中国儒士交谈的形式，宣传天主教教义。

　　收藏单位：国家馆

04030
笔谈（孝敬）
出版者不详，16 页，32 开

　　本书讨论天主教与中国儒家对孝道的态度。

　　收藏单位：国家馆

04031
敝帚一扫　天主教教务协进委员会编
上海：天主教教务协进委员会，1949，97 页，32 开

　　本书为天主教杂论集。内收 8 篇，内容包括：《黎培理总主教的训话》（黎培理）、《传教性的神修》（米孝诺著、沈保义译）、《编制语体祈祷词的尝试》（王寒松）等。另有 10 篇谈道资料。

　　收藏单位：国家馆、内蒙古馆

04032
避静便览
海门：天主堂，[200] 页，32 开

　　本书讲述避静的规则、功课等。

04033
避静默想神功（下卷）
出版者不详，[1920—1949]，1 册，25 开，精装

　　本书共 31 部分，内容包括：每月避静神功小引、每月避静之式、省察式样、预备临终之式、求善终经等。

　　收藏单位：国家馆

04034
避静神工　李友兰著
天津：崇德堂印书馆，1940，276 页，32 开
天津：崇德堂印书馆，1941，275 页，32 开

　　本书讲述避静的道理及周日避静默想神工。共 108 部分，内容包括：避静前夕、默想造人之终向等。卷首有著者序。

　　收藏单位：国家馆、南京馆

04035

避静神工　李友兰著

献县：献县天主堂，1925，316 页，32 开

献县：献县天主堂，1932，2 次排印，316 页，32 开

收藏单位：国家馆

04036

避静小引

上海：土山湾印书馆，1922，22 页，64 开

本书内容包括：避静规则 10 则、省察默想条目等。

收藏单位：国家馆

04037

避静指南　柏若翰（A. Paschang）著　赖福成译

外文题名：De Exercitiis Spiritualibus

香港：公教真理学会，1947.12，123 页，64 开（神修丛书）

本书告诉教徒怎样避静，有默想题 24个，内容包括：默想天主造生我之恩、默想天主和世俗、默想耶稣召我跟随他、默想倚靠天主是我的力量、默想耶稣隐居的生活等。

收藏单位：国家馆

04038

避静指南　福若瑟著

兖州：兖州府天主堂印书馆，1926，活版，202页，32 开

兖州：兖州府天主堂印书馆，1931，2 版，170页，32 开

本书共 18 篇，内容包括：避静的意思、罪恶之凶、耶稣降生立表等。

收藏单位：国家馆、内蒙古馆

04039

避难记

献县：献县天主堂，1932，59 页，32 开

本书共 18 回。河北献县主教恩利格刘准刊。

收藏单位：国家馆

04040

边疆公教社会事业　（比）王守礼（Charles Joseph van Melckebeke）著　傅明渊译

外文题名：En mongolie L'action sociale de l'Eglise Catholique

北平：普爱堂上智编译馆，1947.10，157 页，32 开

本书为作者考察我国西北地区"圣母圣心会"教区的记录。说明传教士对该地区的贡献。共 11 章，内容包括：土地、农村、围堡、耕种、农业合作、慈善事业等。书前有译者序、插图、导言。书后附本书外国人名中西文对照表、原书西文参考书目。

收藏单位：国家馆、南京馆、上海馆、首都馆

04041

边疆公教社会事业　（比）王守礼（C. van Melckebeke）著　傅明渊译

天主教教务协进委员会，1949，131 页

收藏单位：近代史所

04042

砭傲金针　（清）李问渔著

上海：土山湾印书馆，1922，4 版，41 页，50开

上海：土山湾印书馆，1933，5 版，42 页，50开

本书逐条陈述谦逊之道。书前有序。

收藏单位：国家馆

04043

辨道浅言

北平：西什库遣使会印书馆，1933 重印，37页，32 开

本书共 14 章，内容包括：论人有灵魂、论灵魂不死不灭、论人无托生之理、论人死后各自领赏罚等。

收藏单位：国家馆

04044

辩护学　于炳南（Antonio Ubierna）编　张铄夫　张哲夫译

安庆：天主堂印书馆，10+366 页，32 开

本书共 6 组：心理学、伦理学、原神学、论宗教、论各宗教、论圣教会。

收藏单位：国家馆

04045

辩护真教导言　赵文南著

北平：公教教育联合会，1934.8，28 页，32 开

北平：公教教育联合会，1936.9，再版，28 页，32 开（护教篇 第 5 种）

本书分导言、两个先决的问题两部分。导言共 5 条：公进会员研究辩护真教学的需要、公进会员预备传教德行上应有的修养、知识方面的预备、宣讲应有的态度、讲道时应注意事项。两个先决的问题为：信仰与迷信（信德是迷信么？）、神学与科学（圣教道理是与科学冲突的么？）。

收藏单位：贵州馆、国家馆

04046

辩护真教课本（第 1 册 率性之教超示之教） [俞伯禄] 编

外文题名：Cours d'apologétique. tome I, La religion naturelle La religion surnaturelle

上海：土山湾印书馆，1915.9，164 页，18 开

上海：土山湾印书馆，1919.8，再版，164 页，18 开

上海：土山湾印书馆，1923，3 版，164 页，18 开

上海：土山湾印书馆，1925，4 版，174 页，18 开

本册为第 1—2 卷。提倡"率性之教""超示之教"，反对无神论、无教论、唯理论。书前有序、凡例。

收藏单位：国家馆、上海馆

04047

辩护真教课本（第 2 册 基利斯督教） [俞伯禄] 编

外文题名：Cours d'apologétique. tome II, La religion chrétienne

上海：土山湾印书馆，1915.12，活版，135 页，18 开

上海：土山湾印书馆，1922，再版，136 页，18 开

上海：土山湾印书馆，1925，4 版，145 页，18 开

本册为第 3 卷。宣传耶稣基督为"人之真天主"，反对犹太教、伊斯兰教等其他宗教。共 4 编，内容包括：论不宗基利斯督之教、论超示宗教显现之事迹等。

收藏单位：国家馆、上海馆

04048

辩护真教课本（第 3 册 罗马公教会） [俞伯禄] 编

外文题名：Cours d'apologétique. tome III, L'Eglise catholique romaine

上海：土山湾印书馆，1916，198 页，22 开

上海：土山湾印书馆，1922，再版，199 页，18 开

本书维护罗马公教，反对希腊正教、新教等。

收藏单位：国家馆、上海馆

04049

辩护真教课本（第 3 册 天主真教会） [俞伯禄] 编

外文题名：Cours d'apologétique. tome III, L'église catholique

上海：土山湾印书馆，1916，199 页，18 开

上海：土山湾印书馆，1927 印，4 版，211 页，18 开

本册为第 4 卷。维护罗马公教，反对希腊正教、新教等。共上、下两编：详论基利斯督之教会、孰为基利斯督之真教会。

收藏单位：国家馆

04050

辩惑卮言　（清）李问渔著

外文题名：Protestantismi refutatio

上海：土山湾印书馆，1935，4 版，29 页，32 开

本书内容包括：真教时期、耶稣行略、统治权等。书前有序。

收藏单位：国家馆

04051

辩学遗牍

北平：救世堂，1934 印，42 页，25 开

　　本书为虞德园与利西泰（即利马窦）探讨佛教与天主教问题的书信集。书末附原跋。

　　收藏单位：国家馆

04052

驳明两教合辨　王司铎著

香港：[纳匝肋静院]，1920.4，180 页，32 开

　　本书为反驳秀耀春牧师《两教合辨》一文。书末有历代罗马教皇接位年表。

　　收藏单位：国家馆

04053

驳耶稣教　（法）陆第爱（Lodiel）著　陈若望编译

外文题名：Refutatio protestantismi

上海：土山湾印书馆，1916，58 页，32 开

上海：土山湾印书馆，1929 印，58 页，32 开

上海：土山湾印书馆，1933，4 版，58 页，32 开

　　本书站在天主教立场上反对耶稣教。共 4 章：依据圣经证明真正耶稣所传之教、耶稣教之道理、耶稣教之道品、耶稣教徒非复上古真天主所立之教。书后有结论。

　　收藏单位：国家馆、南京馆、内蒙古馆、山东馆

04054

不可不知　公教真理学会编

外文题名：What we must know

香港：公教真理学会，16 页，50 开（公教真理学会小丛刊）

　　本书宣传天主教的基本知识。

　　收藏单位：国家馆

04055

蔡总主教公进言论（第 1 集）（意）蔡宁（Mario Zanin）著

北平：中华公教进行会总监督处，1935.7，118

页，32 开（公教进行 5）

　　本书内收新代表蔡总主教关于中国公进的谈话、蔡总主教对全国公进会长陆伯鸿之贺词等数篇。书前有发刊词。

　　收藏单位：国家馆

04056

蔡总主教论教友传教　（意）蔡宁（Mario Zanin）著

北平：中华公教进行会总监督处，1936.4，61页，32 开（公教进行 9）

　　本书收蔡总主教"论教友传教"公函。

　　收藏单位：国家馆

04057

参观圣堂　潘来仪编著

兖州：兖州保禄印书馆，8 页，64 开

　　本书介绍天主堂的来历、作用，及堂内圣物。

　　收藏单位：国家馆

04058

参与弥撒对话经文　上海圣体军月刊编译

上海：土山湾印书馆，1938，58 页，32 开（圣体军小丛书）

　　本书介绍做弥撒时的话语和仪式。

04059

查教关键　张雅各伯著

上海：土山湾印书馆，1923，2 次排印，338页，32 开

　　本书内容包括：论治国以查教为要、论孔子之教与耶稣之教互相比较、论迷信等。

　　收藏单位：国家馆、内蒙古馆、绍兴馆

04060

朝拜圣体　（意）理阿略著

北平：西什库天主堂遣使会印字馆，1933，144页，50 开

北平：西什库天主堂遣使会印字馆，1943 印，107 页，64 开

　　本书共 31 篇，内容包括：凡渴者皆来我前、我所与之粮即我体也为活世人之命者、

与人同居乃我之乐也等。书前有序及引言。

收藏单位：国家馆

04061

朝圣母简言　朱佐豪编译

上海：土山湾印书馆，[1935]，84页，25开

本书介绍中国天主教圣母堂的来历。内容包括：中国拜圣母的根基、中国拜圣母的来历、拜圣母的益处等。书前有卷头语及引言。出版年据卷头语推测。

收藏单位：国家馆、上海馆

04062

朝圣行脚　叶秋原著

北平：上智编译馆，1947.5，60页，32开

本书概述英美的天主教文化事业。共51篇，内容包括：由重庆到印度、印度的天主教、圣方济沙勿略等。书前有方豪司铎序及著者"英美罗马朝圣行脚小引"。

收藏单位：国家馆、内蒙古馆、上海馆、天津馆

04063

晨钟集　袁锦棠编著

澳门：白德美纪念出版社，1947.3，72页，50开（公教小读物丛刊15）

本书共26篇，内容包括：蜘蛛的悲剧、没有信德的人、天主教与自由等。书前有序。

收藏单位：国家馆、南京馆

04064

成德捷径

献县：胜世堂，1915，51页，64开

献县：胜世堂，1934，62页，64开

本书共14部分，内容包括：比辣多判定耶稣该死、耶稣负苦架、耶稣第一次跌仆等。书前有小引。

收藏单位：国家馆

04065

成德三径

兖州：兖州府天主堂印书馆，1931，2版，296页，32开

本书介绍成德之道，共3卷：思慕齐全、切望修德、切望认赞天主等。书前有引言、凡例。

收藏单位：国家馆

04066

成婚新例

兖州：兖州府天主堂印书局，1931，4版，18页，50开

本书为天主教教友成婚章程、规例。书前有序言。

收藏单位：国家馆

04067

崇修圣范　圣母小昆仲会修士编

北平：阜成门外石门圣母会，1948，510页，50开

本书共4卷：论崇修常法、论在修会中崇修的常法、论修全德、论德行。书前有绪论。

收藏单位：国家馆

04068

崇修圣范新编　圣母小昆仲会修士编

北平：阜成门外石门圣母会，1936—1937，2册（384+310页），32开

本书共上、下两册。上册为1—2卷，内容包括：论崇修常法、论在修会中崇修的常法。下册为3—4卷，内容包括：论修全德、论德行。上册正文前有绪论。

收藏单位：国家馆、首都馆

04069

崇修学的观念　范光夏译

济南：华洋印书局，1932，228页，32开（神职杂志崇修神秘1）

本书共4篇：总纲、涤除路的原则、光明路的原则、结合路的原则。

收藏单位：国家馆

04070

崇修引　[萧若瑟]著

河间：胜世堂，1910—1911，4册，32开

本书内容包括：正意、省察、祈祷、克

己、谦逊、诱惑、救赎、圣体、神贫等。

收藏单位：国家馆

04071

崇修引（第 1 册）

献县：张家庄天主堂，1921，8 次排印，691 页，32 开

献县：张家庄天主堂，1926，667 页，32 开

献县：张家庄天主堂，1933，667 页，32 开

本书为卷 1—7。包括：贵德、庸行、正意、省察、祈祷、翕合主旨等。

收藏单位：国家馆、内蒙古馆

04072

崇修引（第 2 册）

献县：张家庄天主堂，1926，525 页，32 开

献县：张家庄天主堂，1933，525 页，32 开

本书为卷 8—13。包括：克己、谦逊、诱惑、忧喜等。

收藏单位：国家馆、内蒙古馆

04073

崇修引（第 3 册）

献县：张家庄天主堂，1921，8 次排印，661 页，32 开

献县：张家庄天主堂，1926，638 页，32 开

献县：张家庄天主堂，1933，638 页，32 开

本书为卷 13—22。包括：救赎、圣体、神贫、守规等。

收藏单位：国家馆、内蒙古馆

04074

崇修引撮要　黄臬波莫编

外文题名：Summarium de perfectione christiana

上海：土山湾印书馆，1934，232 页，32 开

上海：土山湾印书馆，1936，再版，185 页，32 开

本书论指引崇德修慝之方，趋善避恶之法。共 22 篇，内容包括：贵德篇、庸行篇、正意篇等。书前有著者序。

收藏单位：国家馆

04075

崇修指南　若翰·斯加辣买里（P. J. Scaramelli）著

外文题名：Director spiritualis

献县：献县天主堂，1940，391 页，32 开

本书为卷 1 "论修成全之德的法术"，共 6 篇，内容包括：论成全之德的要素及其附属品并深浅的等级、论修成全之德的第一法术是诚切也恒久的盼望等。书前有引言。

收藏单位：国家馆

04076

宠爱至贵　孟亚丰索述

外文题名：La grace sanctifiante

献县：张家庄天主堂，1919.1，269 页，32 开

献县：张家庄天主堂，1931，3 次排印，207 页，32 开

本书共 35 章，内容包括：论犯罪的凶恶、论回头得罪赦、论得罪赦复生等。

收藏单位：国家馆、首都馆

04077

宠佑至要　孟亚丰索述

外文题名：La grace actuelle

献县：张家庄天主堂，138 页，32 开

献县：[张家庄天主堂]，1919，2 次排印，143 页，32 开

献县：[张家庄天主堂]，1929，143 页，32 开

本书共 27 章，内容包括：圣宠是什么、圣宠的贵重、天主看重圣宠、奉教人轻看圣宠等。书前有序。

收藏单位：国家馆

04078

重发领洗圣愿　[（德）万宾来（Charles Weber）] 编著

兖州：保禄印书馆，16 页，64 开

兖州：保禄印书馆，1941.1，2 版，16 页，64 开

本书内容包括：重发领洗圣愿经、感谢领洗大恩经。书前有小引。

收藏单位：国家馆

04079

酬真辨妄 （清）黄伯禄编

上海：土山湾印书馆，1914，252 页，22 开

上海：土山湾印书馆，1936，6 版，9+212 页，22 开

本书共 119 篇，内容包括：天主二字何解、上帝与天主何别、天与天主何别等。书前有序、凡例。

收藏单位：国家馆、内蒙古馆、浙江馆

04080

初次领圣体的图像

大同：天主堂永望学会，1941，18 页，16 开

收藏单位：国家馆、首都馆

04081

初告讲义（上编） 姚正风编译

大同：天主堂永望学会，1941，138 页，32 开（儿童教理丛书告解——圣体）

本书专供幼稚班初告前讲授用，讲解圣洗、告解、神工等内容。共 16 讲，内容包括：圣洗圣事高举我人于天主义子的尊位、圣洗圣事加于人的义务等。书末附编两节。

收藏单位：国家馆

04082

初级中学公教道理教科书 （德）Johann. EV. Pichler 著　顾若愚译

滋阳：保禄印书馆，[1939—1940]，3 册，32 开

本书为初级中学第 3 学年宗教课用书。共 3 编：天主的启示、天主的诫命、圣事与祈祷。

收藏单位：国家馆

04083

初级中学公教道理教科书（第 2 编） （德）Johann. EV. Pichler 著　顾若愚译

兖州：保禄印书馆，1942，重订再版，100 页，32 开

兖州：保禄印书馆，1944，3 版，100 页，32 开

本书为初级中学第 3 学年宗教课用书。

本编为：天主的诫命。

收藏单位：国家馆

04084

初领讲义（下编） 姚正风编译

大同：天主堂永望学会，1941，102 页，32 开（儿童教理丛书告解——圣体）

本书共 14 讲，内容包括：圣体柜——圣体栏、耶稣为我甘居圣体柜中、认识耶稣等。书前有凡例。书后附录初领圣体道理撮要须知。

收藏单位：国家馆

04085

初领圣体 （德）Josef Künn 著　满恩礼编译

兖州：兖州保禄印书馆，1940.12，120 页，32 开

本书共 3 部分：预备初次告解、预备初领圣体、初领圣体以后的生活。

收藏单位：国家馆

04086

传道员手册 （比）王守礼（Charles Joseph van Melckebeke）著　张帆行译

出版者不详，53 页，32 开

本书讲述天主教传道员应具备的知识。共 13 章，内容包括：传道员的任务、工作的组织、检讨的资料、圣堂、堂口等。书前有导言。书后有结论。

收藏单位：上海馆

04087

传教漫话 天主教教务协进委员会编辑

天主教教务协会委员会，357—466 页，32 开

收藏单位：广东馆

04088

传教通则 马奕猷著

外文题名：Guide for catechists

香港：真理学会，1941.1，再版，48 页，32 开

香港：真理学会，1947.4，3 版，36 页，32 开

本书为基督教的传教通则。共 6 章：奉教通则、传道员应守的通则、例行通则、成

立保守办理通则、乡村教友守瞻礼主日条例、各项表册式。

收藏单位：国家馆、南京馆

04089

传教要规

兖州：兖州府天主堂印书局，1930，5 版，[20] 页，42 开

兖州：兖州府天主堂印书局，1937，6 版，[20] 页，50 开

本书讲述传教的规则，共 6 条要规：论先生们的等次、论先生应酬教外之人、论先生照管新教友、论先生照管众教友们、论先生相帮神父、论先生警戒自己。

收藏单位：国家馆

04090

传教之研究　上智编译馆编

北平：上智编译馆，1947，148 页，32 开

本书收录于斌、赵振声、张润波等研究传播天主教的文章。共 18 篇，内容包括：公教作家的培养、图书馆在传教事业上的位置、中国思想界之趋势、公教出版事业的推进等。

收藏单位：国家馆、近代史所、南京馆

04091

传教指南

献县：张家庄天主堂，1936，22 页，32 开

本书共 6 章，内容包括：先生本分之大意、按其分位爱天主万有之上、宜显爱人之心讲明救灵之道等。

收藏单位：国家馆

04092

传信伙助会　范司铎　韩司铎编

外文题名：Societas propagationem fidei adjuvando

北平：公教教育联合会，1932，再版，20 页，32 开（教务丛书第 5 种）

北平：公教教育联合会，1938.8，3 版，20 页，32 开（教务丛书第 5 种）

本书介绍基督教传信伙助会，共 5 章，内容包括：各教友都有辅助传教之责任、为何立了伙助传教会、传信伙助会的组织等。

收藏单位：国家馆

04093

传信与圣伯铎二善会史略　周连墀著

北京：公教教育联合会，182 页，36 开

本书内容包括：传信善会、培植本籍神职班圣伯铎善会（简称圣伯铎善会）、公教先进国的二善会、二善会之在我国、我国教袍均宜报名加入善会。书前有著者前言。书后附录二善会组织大纲、善会之大赦和特恩。

收藏单位：国家馆、内蒙古馆

04094

慈善事业概略　（英）耐龙（P. G. Neyron）著　朱云侣译

外文题名：Histoire de la charité

上海：土山湾印书馆，1929，98 页，32 开（光启杂录）

本书介绍世界天主教慈善事业的发展经过。

收藏单位：内蒙古馆

04095

慈幼会学校日用经文

出版者不详，63 页，64 开

本书为早、晚课，领圣体前后经文及习练善终法则。

收藏单位：国家馆

04096

从教外典籍见明末清初之天主教　陈垣著

出版者不详，1934，30 页，16 开

本书为《国立北平图书馆馆刊》8 卷 2 号抽印本。分上、下两编，引《明史》《烈皇小识》《紫桃轩杂缀》《日下旧闻考》等 50 种书，论天主教教史教士之品学及教徒之教外著述等。

收藏单位：北师大馆、国家馆

04097

从伦敦到罗马　庄森（Vernon Johnson）著　吴丙中译

外文题名：One lord one faith

香港：真理学会，1948.10，148 页，32 开（新

时代问题丛书)

本书介绍一位英国国教牧师改信罗马天主教的经过。共 3 部 13 章，内容包括：丽须城、从伦敦到罗马、结论等。书前有译者序、序言、注释。

收藏单位：国家馆、吉林馆、首都馆

04098

促进内修生活的小小秘诀 （德）Cassian Karg 著

济南：华洋印书局，1941，67 页，32 开

本书共 8 章：挂心事、童年善表、小秘诀的意义、成年模范、牺牲、圣母化与圣体化、内心的神乐、新生命与宗徒任务。

收藏单位：国家馆

04099

答客刍言 （法）倪怀纶（Valentin Garnier）著 沈则宽译

上海：土山湾印书馆，1935，4 版，71 页，32 开

本书讲述外国人为什么要来中国传教、耶稣的死与复活、天主教教律等内容。译者原题：沈荣斋。

收藏单位：国家馆

04100

答问录存 （清）李问渔著

上海：土山湾印书馆，1937，4 版，100 页，32 开

本书共 7 部分，内容包括：论天地主宰、论神、论迷信、论真教等。书前有中文序。

收藏单位：国家馆

04101

大本宣讲录

北平：出版者不详，1934.3，208 页，32 开

本书为布道宣讲书，主要内容是劝教友传教。共 33 篇，内容包括：劝教友传教演说、劝教友忍苦传教、传教的三个善法等。书前有大本红色宣讲录序。

收藏单位：国家馆、首都馆

04102

大本宣讲录（第 1 组） 圣教会审定

北平：公记印书局，1929.5，240 页，32 开

北平：公记印书局，1935.9，3 版，252 页，32 开

本书为布道演讲录合集。共 32 篇，内容包括：论人为万物之灵、论天主教中的爱德、再论天主教的爱德等。

收藏单位：国家馆、人大馆

04103

大本宣讲录（第 2 组）

[北平]：中华公教信友进行会总部，1930，94 页，32 开

本书为布道演讲录合集。共 22 篇，内容包括：由天地万物证实有天主、因天主造化万物证实人类有灵魂、由人有灵魂证实有天堂地狱、论天堂、论地狱等。书前有序，作于 1930 年 10 月。

收藏单位：国家馆、首都馆

04104

大本宣讲录（第 3 组） 圣教会审定

[北平]：出版者不详，1940.12，126 页，32 开

本书为布道演讲录合集。共 17 篇，内容包括：耶稣圣诞节演说、天主为福乐根源、幸福来自真道德等。

收藏单位：国家馆、内蒙古馆

04105

大道指归（原名，师主篇） 佚名氏著 朱希圣译

香港：公教真理学会，1947.8，661 页，64 开（神修丛书）

本书共 4 卷：神修要诀、勖人内修、内心安慰、圣体圣事。书前有于总主教、朱主教序。

收藏单位：国家馆

04106

大赦经文 黄乐施著

北京：中华公教进行会总监督处，61 页，64 开

本书录自《大赦汇编》，共 10 部分，内

容包括：弁言、向天主圣三诵、敬礼耶稣基利斯督诵、向圣家诵、向圣神诵。书前有大赦经文序。

收藏单位：国家馆、内蒙古馆

04107
大赦例解 （意）晁德莅（Angelo Zottoli）述
上海：土山湾印书馆，1935，再版，50 页，32 开

本书共 6 部分，内容包括：圣教会大赦总说、圣母会大赦总例、圣衣会恩赦备述等。书前有自序。

收藏单位：国家馆

04108
大司祭之御路 （奥）侯树信（Joannes Hofinger）著　耶稣会初学士译
上海：慈幼印书馆，1948.8，58 页，横 50 开，精装

本书介绍了默想耶稣的苦路 14 处。讲司铎应如何效仿耶稣，善行苦路，完成传教的使命。书内题名：标准司铎的苦路经。

收藏单位：国家馆

04109
大瞻礼弥撒
北平：出版者不详，1929，85 页，32 开
北平：出版者不详，1941，83 页，32 开
北平：出版者不详，1944，83 页，32 开

本书是《大瞻礼弥撒》单行本。共 26 种经文，内容包括：圣母显迹圣牌瞻礼弥撒、圣母无原罪瞻礼、耶稣圣诞子时弥撒等。

收藏单位：国家馆

04110
大瞻礼弥撒（合订本）
北平：出版者不详，1929，1 册，32 开

本书是《大瞻礼弥撒》《宗古歌经简要》《圣体降福经文》《圣歌》4 书的合订本。

收藏单位：国家馆

04111
大主日礼义

北京：救世堂，1928，1 册

收藏单位：国家馆

04112
代洗经文
北平：西什库天主堂遣使会印书馆，1934 印，5 页，64 开

本书共 4 部分：付圣事前后该念之经文、付洗小孩问答之式、付洗大人问答之式、婚配圣事问答之式。

收藏单位：国家馆

04113
代疑编 杨廷筠著
外文题名：Quaestiones diversae de religione christiana
上海：土山湾印书馆，1935，3 版，[102] 页，32 开

本书引征儒道学说解释有关天主教的问题。共 24 篇，内容包括：答造化万物一归主者之作用、答生死赏罚惟系一主百神不得参其权、答戒杀放生释氏上善西教不断腥味何云持斋等。卷首有杨淇园先生超性事迹、原序及总论。

收藏单位：国家馆

04114
代疑续编 杨廷筠著
杭州：我存杂志社，1936，68 页，32 开（我存文库 7）

本书引证儒道学说揭示有关天主教的问题。分上、下 2 卷。上卷共 12 部分，内容包括：原同、崇一、贵自、明超等；下卷共 11 部分，内容包括：茹苦、识祈、蹠实等。书前有代疑篇序、代疑续篇序。

收藏单位：国家馆、内蒙古馆、上海馆、浙江馆

04115
戴士劝语 （法）戴遂良（Léon Wieger）著
[兖州]：天主堂，2 册（[283] 页），16 开

本书为戴士劝语前两册。内容包括：瞻礼部、理规部、四末部、圣人部、史题部、蒙童部、杂题部等。

收藏单位：国家馆

04116

戴士劝语（第 2 册 瞻礼）（法）戴遂良（Léon Wieger）著

献县：张家庄，1935，284 页，32 开

本书介绍天主教圣日的来历，在圣日时教徒们所应祷告和默想的内容。

收藏单位：国家馆

04117

戴士劝语（第 2 册 瞻礼）（法）戴遂良（Léon Wieger）著

献县：出版者不详，1926，1 册，18 开

献县：出版者不详，291 页，32 开

出版者不详，352 页，18 开

收藏单位：广东馆、国家馆

04118

戴士劝语（第 3 册 主日）（法）戴遂良（Léon Wieger）著

出版者不详，1925，280+195 页，18 开

本书为罗马公教主祷文。中文、拉丁文对照读物。

收藏单位：国家馆

04119

戴士劝语（第 4 册 要理）（法）戴遂良（Léon Wieger）著

[献县]：出版者不详，1934，1 册，18 开

出版者不详，[1930—1949]，1 册，18 开

出版者不详，280 页，18 开，精装

本书共 50 篇，内容包括：天主是谁、依靠天主、三位一体等。中文、拉丁文合璧。

收藏单位：广东馆、国家馆

04120

祷文详解

兖州：兖州府天主堂，1925，2 版，69 页，32 开

兖州：兖州府天主堂，1931，3 版，69 页，32 开

本书共 4 部分：耶稣圣名祷文、耶稣圣心祷文、圣母祷文、圣若瑟祷文。

收藏单位：国家馆

04121

祷文摘要

献县：张家庄印书馆，1932，56 页，50 开

本书共 8 部分，内容包括：耶稣圣心祷文、圣母无染原罪祷文、圣母圣心祷文、圣若瑟祷文等。

收藏单位：国家馆

04122

涤罪正规 （意）艾儒略（Giulio Aleni）著

上海：土山湾印书馆，1935，3 版，134 页，32 开

本书论述天主教的赎罪说。内容包括：论省察、论痛悔、论改过、论告解、论补赎。书前有涤罪正规小引。

收藏单位：国家馆

04123

弟兄结合会问答

北京：西什库遣使会印字馆，1941 印，146 页，32 开

本书为拉丁文、汉文对照。以问答形式介绍天主教弟兄结合会。分上、下卷，上卷弟兄结合会的组织，共 4 部分，内容包括：弟兄结合会的宗旨、弟兄结合会的会员等；下卷弟兄结合会的职务，共 5 部分，内容包括：弟兄结合会的行政管理、弟兄结合会的规则及章程等。书前有卷头语和导言。

收藏单位：国家馆

04124

断环记 张秀亚译

外文题名：Broken ring

香港：真理学会，1948.2，14 页，50 开（民众读物小丛刊 14）

本书收宗教故事两篇：《断环记》《驴之虔诚》。

收藏单位：国家馆

04125

队长向导 张希斌著

上海：土山湾印书馆，1936.8，94 页，32 开（圣体军小丛书）

上海：土山湾印书馆，1939.8，再版，87 页，32 开（圣体军小丛书）

　　本书共 10 部分，内容包括：圣体军队长、先决问题、性格修养等。书前有献词、惠主教序。书末有附录、改误表、索引。

　　　　收藏单位：国家馆

04126

铎修正则　包维尔（P. Bouvier）著　姚景星译

外文题名：Règles de la perfection sacerdotale

澳门：慈幼印书馆，1947.8，54 页，50 开（世光丛书 2）

　　本书为实用司铎人员手册，汇集普通和特别的规例。共 161 条，说明司铎的精神、生活及职务。书前有茹斯巴利枢机的信。

　　　　收藏单位：国家馆

04127

儿童德径　常守义译

[北平]：明德学园，1945，545 页，56 开

　　本书共 7 部分：论圣体神生、论成德实行、论圣事、论祈祷的心神、论热心敬礼、论年内瞻礼、论高超圣召。

　　　　收藏单位：北师大馆、国家馆

04128

儿童神粮　（奥）比格肋威连著

济南：华洋印书局，1940 印，3 册（126+136+106 页），32 开

　　本书为天主教传教课本，介绍天主教基本知识及圣经故事。

　　　　收藏单位：国家馆、首都馆

04129

儿童要理教学法　海富蒹著

出版者不详，1940，再版，36 页，32 开

　　本书介绍公教教育的目的以及怎样备课、怎样讲解等。书前有小引。

　　　　收藏单位：国家馆

04130

发丧要规　[（奥）圣福若瑟（Joseph Freina-demetz）著]

外文题名：Quomodo mortui sepeliendi sunt

兖州：兖州府天主堂印书馆，1933，7 版，27 页，50 开

兖州：保禄印书馆，1941，8 版，22 页，64 开

　　本书为天主教徒办丧事的规矩。

　　　　收藏单位：国家馆

04131

法表拉　（英）魏恩满（Cardinal Wiseman）著　吴培禄译

外文题名：Fabiola

献县：出版者不详，1940，356 页，32 开

　　本书内容为罗马天主公教初兴小史演义。法表拉是书中主人翁的名字。共 45 部分，内容包括：公教家庭、献子于主、教外家庭、夜晚宴会、安贫乐道等。书前有赵振声、韩穆然、吴培禄三人分别所做的序。

　　　　收藏单位：国家馆、上海馆

04132

珐琅祭器样子　北京西什库天主堂编

北京：西什库天主堂印书馆，1925，40 页，18 开

　　本书为法文、汉文对照，介绍天主教珐琅祭器 224 种。

　　　　收藏单位：国家馆

04133

方济各第三会规

太原：太原府天主堂印书馆，1930，1 册，50 开

　　本书共 11 部分，内容包括：三会源流、入会初学发愿、论行为、执事监察遵规、得全赦规则、无定期之全大赦等。书末附敬礼圣方济各九日神工。

　　　　收藏单位：国家馆

04134

方济后学圣母传教修女会记

武昌：武昌天主堂，1932 印，42 页，50 开

本书共 8 部分：方济后学圣母传教修女会的性质、会务的发达、本会的事业、招选新修道的规矩、本会在传教地方的情形、本会会友的行实、圣德及致命的勇敢、传教事业统计表。

收藏单位：国家馆

04135

访察真教　张志一编著

青岛：天主堂印书局，1942，2 册（328+308 页），32 开

本书论证天主教是真正的宗教，凡信教者必得救。分上、下两册，上册共 30 章，内容包括：世上的苦患与造物的照顾、人对于宗教的观察、万物征有造物主、灵魂的神性、灵魂不死不灭等；下册共 22 章，内容包括：圣教会的标记、论教会的首领权、罗马主教接伯铎的首位等。书末附书中所遇人名。

收藏单位：国家馆

04136

飞翔集　钟协著

外文题名：Sursum corda. I

澳门：白德美纪念出版社，1947.2，再版，83 页，50 开（公教小读物丛刊 2）

本书内收短文及寓言故事。共 63 篇，内容包括：向光去、门户常是开的、善心的行为、石级是绊脚的东西吗、驾艇员、忍受环境要无恼无怨等。书前有著者的话。

收藏单位：广西馆、国家馆

04137

飞翔集（卷 2）　钟协著

外文题名：Sursum corda. II

澳门：白德美纪念出版社，1948.5，57 页，50 开（公教小读物丛刊 29）

本书内收短文及寓言故事。共 43 篇，内容包括：明天再算、前后判若两人、摄影、白蚁的故事等。书前有著者的话。

收藏单位：广西馆、国家馆

04138

非非基督教　张士泉著

外文题名：Contra antichristianismum

上海：土山湾印书馆，1926，36 页，32 开（圣教杂志丛刊）

上海：土山湾印书馆，1931 重印，36 页，32 开（圣教杂志丛刊）

本书针对非基督教同盟而作，申明信教的决心。共两部分：我不怕非基督教同盟的反对、不宜和非基督教同盟人驳辨的我见。

收藏单位：国家馆

04139

分辨教会教产教士　张雅各著

上海：土山湾印书馆，1932，再版，16 页，32 开（光启杂录）

本书共 4 部分：天主教会非外国之教会、天主教会之公产非外国之资产、天主教传教士不分本国外国、结论。

收藏单位：国家馆、内蒙古馆

04140

奉教须知　陈若瑟著

兖州：翰墨林石印局，1917.10 印，石印本，86 页，32 开

本书述天主教徒进教时应修习的教理和遵守的规则。共 10 部分，内容包括：热爱天王、护守教规、勉尽职守等。书前有前直隶副主教雷序和著者序。

收藏单位：国家馆

04141

奉教须知　戴教师述

献县：献县天主堂，1935，119 页，32 开

本书讲述教徒进教应修习或遵守的事项。共 33 部分，内容包括：奉教、天主、万物、三位一体、天神、世人等。

收藏单位：国家馆

04142

奉教须知　戴教师述

兖州：兖州府天主堂，128 页，32 开

收藏单位：国家馆

04143

奉献全家于圣心录要　上海圣心报馆辑译

上海：土山湾印书馆，1943，25 页，64 开

　　本书介绍奉献全家于圣心的由来、必要、礼规及经文。书前有小引。书后附祈祷宗会宗旨、圣心许敬礼之者十二殊恩。

　　　　收藏单位：国家馆

04144

扶助善终要理经文　[成和德] 编译

兖州：兖州府天主堂印书馆，1937，3 版，28 页，50 开

　　本书共 3 部分：扶助善终要理、临终祷文、祝文。书前有引言。

　　　　收藏单位：国家馆

04145

辅弥撒经（中西音合订）

兖州：兖州府天主堂印书馆，1931，20 页，64 开

　　本书共两部分：中音辅弥撒经、西音辅弥撒经。书前有小引。

　　　　收藏单位：国家馆

04146

辅弥撒礼仪（上）（司铎常礼弥撒）　李君武著

北京：震生印刷局，1942，68 页，50 开（礼仪丛书）

　　本书论辅祭、司祭礼节的标准。书前有著者小言。

　　　　收藏单位：国家馆

04147

辅助传教　戴教师述

出版者不详，17 页，32 开

　　本书内收 20 条讲述天主教辅助传教的释文。

　　　　收藏单位：国家馆

04148

父道　苏子梅译著

重庆：公教进行会，1947，60 页，32 开

重庆：公教进行会，1949，60 页，32 开

本书为罗马公教教义。书前有一封公开的信、序言。书后有译著者序。

　　　　收藏单位：国家馆、首都馆

04149

妇女时髦问题　（法）惠济良（Auguste Haouissée）编

上海：土山湾印书馆，1930，26 页，36 开

　　本书共 5 部分，内容包括：摘译南京教区惠副主教牧函之一节、罗玛教宗代牧枢机主教、崩比利致罗玛市女学校师长函等。封面副标题为：天主教神长摈斥不端服装训谕汇编。

　　　　收藏单位：国家馆

04150

复兴布道诗　王载编

上海：宣道书局，1941，21 版，161 页，50 开

　　本书为颂歌诗集。

04151

复兴布道诗

福州：仓前山救恩报社，136 页，22 开，精装

　　本书收录基本教会诗并配以乐谱形式。

　　　　收藏单位：山东馆

04152

改善中国与教廷关系问题　常守谦编

北平：宣化景星学院，1929，64 页，32 开（外交问题丛书 1）

　　　　收藏单位：国家馆

04153

橄榄园　钟协著

澳门：白德美纪念出版社，1948.3，69 页，50 开（公教小读物丛刊 27）

　　本书共 5 部分：编者的话、茹达斯的死、最后的刹那、果子、一具十字架、橄榄园。

　　　　收藏单位：广西馆、国家馆

04154

高丽致命事略　沈则宽著

上海：土山湾慈母堂，1929，3 版，168 页，32 开

本书讲述天主教在朝鲜的传教缘起，介绍朝鲜天主教的司铎、教友殉教的事迹。内容包括：高丽开教缘起、高丽名士入教、高丽信人自举司教、中华司铎首进高丽、周司铎为主致命等。

收藏单位：国家馆、内蒙古馆、浙江馆

04155

告解问答

北平：西什库遣使会印书馆，1934，21 页，32 开

本书以问答的方式解释告解的定义、意义及作用。

收藏单位：国家馆

04156

告解指南

献县：献县天主堂，1943，169 页，32 开

献县：献县天主堂，1944，2 次排印，169 页，32 开

本书教人如何告解、得赦、与天主亲善和好，并讲述省察、痛悔、定改、告明、补赎的规则。共 24 章，内容包括：泛论罪过、论人的卑贱、论罪的凶恶等。书前有序。

收藏单位：国家馆

04157

告领小补 北平盛新中学神修研究会编

出版者不详，1946，52 页，64 开

本书为天主教告解圣事书。共 12 部分，内容包括：告解前诵、告解、圣教四规、七罪宗等。书前有告领小补序、前言。

收藏单位：国家馆

04158

告领要经袖珍

上海：土山湾印书馆，1933，4 版，38 页，128 开

本书共 8 部分，内容包括：解罪前诵、解罪规略、解罪后诵等。

收藏单位：国家馆

04159

告明切要 [（德）赫德明（Joseph Hesser）] 著

兖州：兖州府天主堂印书馆，1931，6 版，67 页，32 开

兖州：兖州府天主堂印书馆，1935，7 版，67 页，32 开

本书分上、中、下 3 卷。上卷共 22 章，内容包括：恶神引诱人冒办神工、冒办神工的罪能叫人失望、瞒下大罪不得平安等；中卷共 6 章，内容包括：冒办神工的罪非同小可、人不肯告明真是糊涂等；下卷共 8 章，内容包括：某神父宁死也不露神工、耶稣教中人妆神父等；书前有小引。

收藏单位：国家馆

04160

各式圣歌

上海：土山湾印书馆，1937，8 版，55 页，64 开

本书共包括 18 首基督圣歌。

收藏单位：国家馆

04161

给病者的十封信 黄昌祉编译

香港：公教真理学会，1947.7，再版，48 页，32 开

香港：[公教真理学会]，82 页，32 开

本书内收关于救灵的 10 封书信。

收藏单位：国家馆、南京馆

04162

给儿童们 （美）Stanislaus 著 王昌社译述

外文题名：Delightful guide for boys and girls

香港：真理学会，1939.7，90 页，32 开

香港：真理学会，1947，再版，49 页，32 开

本书内收有关人生训导的短文 15 篇，内容包括：留心起头、随波逐流的危险、要做圣人有志气的就能做到、试金石、习惯等。

收藏单位：贵州馆、国家馆

04163

给男教友们 （英）J. Leo McGovern 著 何继

高译

香港：真理学会，1940.1，57 页，32 开

　　本书共 5 部分：我们的生命、德行与罪恶、忠诚、需要我们注意的几个问题、在天主台下工作。

　　　　收藏单位：国家馆

04164

工作论 （比）雷克洛（J. Leclercq）著　顾古香译

外文题名：On Work

香港：新生出版社，1949.5，再版，109 页，32 开（社会问题丛书）

　　本书宣传天主教关于劳动的观点。共 12 节，内容包括：当如何应用生命的问题、工作的定义和观念、工作和游戏、工作的哲学、工作的义务等。

　　　　收藏单位：国家馆

04165

公教传教员　欧司铎（Odoricus Schell）著

北平：公教教育联合会，1933，62 页，32 开（教育篇 5）

北平：公教教育联合会，1936.4，再版，62 页，32 开（教育篇 5）

　　本书共 3 篇。内容包括：上篇——论传教的本分、中篇——论传教员该怎样尽本分、下篇——论传教员的功劳。每篇分为数个部分。书前有小引。

　　　　收藏单位：国家馆

04166

公教道理教科书（第 1 册 初级小学用）　公教道理教科书编辑会编

兖州：保禄印书馆，1941.3，重订初版，36 页，32 开

　　本书介绍天主教基本知识，讲解天主教的基本教理及天主教常识。共 36 部分，内容包括：天主、一个天主、天主三位等。版权页题名：初小公教道理教科书。

　　　　收藏单位：国家馆

04167

公教道理教科书（第 2 册 初级小学用）　公教道理教科书编辑会编

兖州：保禄印书馆，1940，144 页，32 开

兖州：保禄印书馆，1941.3，重订初版，52 页，32 开

兖州：保禄印书馆，1941，重订再版，52 页，32 开

兖州：保禄印书馆，1943，重订 3 版，52 页，32 开

　　本书共 38 部分，内容包括：亚巴郎的后代、梅瑟诞生、天主委任梅瑟等。书后有练习题。版权页题名：初小公教道理教科书。

　　　　收藏单位：国家馆

04168

公教道理教科书（第 3 册 初级小学用）　公教道理教科书编辑会编

兖州：保禄印书馆，1941.4，重订初版，59 页，32 开

兖州：保禄印书馆，1942，重订再版，59 页，32 开

　　本书共 40 部分，内容包括：道理、喜信、玛利亚走亲戚等。书内有插图。书后有练习题。版权页题名：初小公教道理教科书。

　　　　收藏单位：国家馆、内蒙古馆

04169

公教道理教科书（第 4 册 初级小学用）　公教道理教科书编辑会编

兖州：保禄印书馆，1941.4，重订初版，74 页，32 开

　　本书共 40 部分，内容包括：纪念品、三个问题、朝拜等。书内有插图。书后有练习题。版权页题名：初小公教道理教科书。

　　　　收藏单位：国家馆

04170

公教道理教科书（第 5 册 初级小学用）　公教道理教科书编辑会编

兖州：保禄印书馆，1941.7，重订初版，70 页，32 开

兖州：保禄印书馆，1945，重订再版，70 页，

32 开

本书共 37 部分，内容包括：起初、天主是谁、一位良友等。书内有插图。版权页题名：初小公教道理教科书。

收藏单位：国家馆、首都馆

04171
公教道理教科书（第 6 册 初级小学用） 公教道理教科书编辑会编

兖州：保禄印书馆，1942，重订再版，72 页，32 开

本书共 40 部分，内容包括：天主第四诫、天主第五诫、天主第六诫等。书内有插图。版权页题名：初小公教道理教科书。

收藏单位：国家馆

04172
公教道理教科书（第 7 册 初级小学用） 公教道理教科书编辑会编

兖州：保禄印书馆，1943，重订再版，65 页，32 开

本书介绍天主教基本知识。共 37 部分，内容包括：救世者、圣母领报、三钟等。书内有插图。版权页题名：初小公教道理教科书。

收藏单位：国家馆

04173
公教道理教科书（第 8 册 初级小学用） 公教道理教科书编辑会编

兖州：保禄印书馆，1941.5，重订初版，84 页，32 开

兖州：保禄印书馆，1944，重订再版，84 页，32 开

本书介绍天主教基本知识。共 42 部分，内容包括：若翰致命、五饼二鱼、常生神粮等。书内有插图。版权页题名：初小公教道理教科书。

收藏单位：国家馆

04174
公教道理教科书（第 1 册 高级小学用） 公教道理教科书编辑会编

兖州：保禄印书馆，1941.7，重订初版，44 页，

32 开

本书介绍天主教基本知识。共 20 课，内容包括：人生观、认清目的、人的需求、到达目的等。版权页题名：高小公教道理教科书。

收藏单位：国家馆

04175
公教道理教科书（第 2 册 高级小学用） 公教道理教科书编辑会编

兖州：保禄印书馆，1941.8，重订初版，56 页，32 开

收藏单位：国家馆

04176
公教道理教科书（第 3 册 高级小学用） 公教道理教科书编辑会编

兖州：保禄印书馆，1941.8，重订初版，54 页，32 开

收藏单位：国家馆

04177
公教道理教科书（第 4 册 高级小学用） 公教道理教科书编辑会编

兖州：保禄印书馆，1941.9，重订初版，88 页，32 开

收藏单位：国家馆

04178
公教道理教学指导书 公教道理教科书编辑会编

兖州：保禄印书馆，1941—1942，2 册（109+184）页，32 开

本书介绍天主教基本知识。共两册。第 1 册共 50 部分，内容包括：天主、一个天主、天主三位等；第 2 册共 38 部分，内容包括：亚巴郎的后代、梅瑟诞生、天主委任梅瑟等。版权页题名：初小公教道理教学指导书。

收藏单位：国家馆

04179
公教的社会观 欧堪著 廖玉华译

香港：真理学会，1949.3，106 页，25 开

收藏单位：重庆馆、广西馆、贵州馆、桂

林馆、江西馆

04180

公教化的生活　白德美纪念出版社编著

澳门：慈幼印书馆，1948.5，24 页，64 开（袖珍丛书 7）

本书为天主教传道书。论述在私事上、在家庭里、在公众生活上、在言语间，教徒应该怎样思、怎样行。

收藏单位：国家馆

04181

公教家庭与公教公礼　陈乐德著

兖州：保禄印书馆，1941.11，46 页，32 开

本书介绍公教会，公教礼仪，以及公教家庭的日程、主日、年节等。全书共 10 部分，内容包括：复活节、圣神降临节、信友一生的公教生活、神品、婚配等。

收藏单位：国家馆

04182

公教教理课本　张志一译

青岛：天主教堂印书局，1938，144 页，32 开

本书为天主教学校课本，译自德文。全书共两编：圣经的内容、介绍圣歌和祈祷经文。

收藏单位：国家馆

04183

公教教育学简要（教育篇 第六）　林凤棲　欧司铎（Odoricus Schell）著

外文题名：Brevis tractatus paedagogiae

北京：公教教育联合会，1941.10，再版，44 页，36 开

本书共 3 章：论教育的处所、论教育的法则、论教师的人格。书前有自序和绪论。

收藏单位：国家馆

04184

公教进行的意义　于斌著

北平：公教教育联合会，1933.12，24 页，32 开（公教进行 3）

北平：公教教育联合会，1934，再版，24 页，

32 开（公教进行 3）

本书阐述天主教传教组织的意义。全书共 5 部分：正名、定义、公进的任务、公进的主动人、神长们的监导。

收藏单位：国家馆

04185

公教进行会江南支部第二次报告　公教进行会江南支部编

上海：公教进行会江南支部，1915，156 页，32 开

本书共 7 部分，内容包括：编制、书记部报告、经济部报告、宣讲部报告、教育部报告等。

收藏单位：国家馆

04186

公教进行会员生活方式

[梅县]：嘉应教区公进指导处，1946.7，14 页，32 开

本书为天主教进行会会员的生活准则。全书共 4 部分：祈祷、言行、其他工作、特别工作。

收藏单位：国家馆

04187

公教进行要理问答　（法）冯特乃肋（R. Fontenelle）著　于斌译

北平：中华公教进行会总监督处，1935.7，4 版，22 页，32 开（公教进行 1）

北平：中华公教进行会总监督处，1937.9，5 版，22 页，32 开（公教进行 1）

本书内容包括：公教会的性质、对象及公教会的组织。书前有译者序（初版）、再版序。

收藏单位：国家馆

04188

公教进行组织初阶　马神父（B. F. Meyer）编

外文题名：The guild plan of Catholic action

香港：真理学会，1946.12，113 页，32 开

本书为公进会组织的基本规则。附录视文、小组会的辩论范围。书前有前言和引言。

收藏单位：国家馆、南京馆

04189

公教敬礼领洗前后盛典　代牧万著

兖州：兖州府天主堂印书馆，32 页，32 开

　　本书共 3 部分：领洗以前的礼规、领受圣洗当时的礼规、领洗以后的礼节。

　　收藏单位：国家馆

04190

公教考真辟妄

青岛：天主堂印书局，1934 印，78 页，32 开

　　本书讲述马丁路德行实、天主教道理等。共 4 章 18 节，内容包括：路得小传、论自主之权、论誓反教传于各国、誓反教反对天主教的杂问题等。

　　收藏单位：国家馆、内蒙古馆

04191

公教论　陈香伯撰

长沙：商务印书馆，1941，85 页，32 开

重庆：商务印书馆，1943，89 页，32 开（百科小丛书）（新中学文库）

[赣县]：商务印书馆，1944.3，89 页，32 开

重庆：商务印书馆，1945，2 版，89 页，32 开

上海：商务印书馆，1947.2，再版，89 页，32 开（新中学文库）

上海：商务印书馆，1947，3 版，85 页，32 开

上海：商务印书馆，1948，4 版，85 页，32 开

　　本书共 5 篇：天主、基督、教义、教史、教会。书前有吴经熊等人的序。

　　收藏单位：重庆馆、东北师大馆、广东馆、广西馆、贵州馆、国家馆、黑龙江馆、华东师大馆、吉大馆、江西馆、辽大馆、南京馆、内蒙古馆、山东馆、上海馆、首都馆、浙江馆、中科图

04192

公教论真　梧州教区传道员编

香港：[公教真理学会]，1946.12，278 页，32 开

香港：公教真理学会，1948，2 版，190 页，32 开

香港：公教真理学会，1949.9，3 版，162 页，32 开

　　本书共 25 题，内容包括：传教的动机、奉教没有害处、奉教的原因、神的真假等。书名页印有：教理初学班演讲本。

　　收藏单位：桂林馆、国家馆、南京馆

04193

公教母亲总善会公规

上海：土山湾印书馆，11 页，128 开

　　本公规共 7 章，内容包括：宗旨、责任、入会、经文等。

　　收藏单位：国家馆

04194

公教前途展望　（法）徐雅尔（Suhard）著　萧先义译

天津：崇德堂，1948.6，20 页，25 开（人生小丛书）

　　本书主要论述第二次世界大战后天主教的状况。共 3 部分：公教的现状、公教的已往、公教的将来。书前有导言——新人文主义的兴起。

　　收藏单位：国家馆

04195

公教庆祝华籍主教特刊

天津：益世报馆，1926，24 页，16 开

　　本书包括启事、发刊辞、特载等内容。书内有图片。

　　收藏单位：国家馆

04196

公教人生哲学　（法）惠济良（Auguste Haouissée）著　杜廷美译

上海：土山湾印书馆，1940.12，175 页，32 开

　　本书为公教演讲集。内容包括：神与人类智力、人民的鸦片、明日的宗教等。书前有著者原叙。

　　收藏单位：国家馆、南京馆、天津馆

04197

公教生活述要　（比）麦尔谢（Cardinal Mercier）

著　张怀译

兖州：保禄印书馆，1942.4，30 页，32 开

　　本书讲述在公教生活中教友为救灵魂应当信仰天主默启的真理，遵守圣神的启示与教会的规诫。

　　收藏单位：国家馆

04198

公教圣秩典礼　张克定译

兖州：保禄印书馆，1948.1，89 页，32 开

　　本书介绍祝圣礼仪。内容包括：写在前面、前奏、剪发礼、小品的祝圣、大品的祝圣、新司铎初次献祭奠典礼等。书中祝圣文为中文、拉丁文对照。封面题名：圣秩典礼。

　　收藏单位：国家馆

04199

公教司祭　欧司铎（Odoricus Schell）著

北平：公教教育联合会，1941，56 页，32 开

　　本书共 3 卷：论司祭的来由、论司祭的本分、论教友待神父的本分。

　　收藏单位：国家馆

04200

公教徒的真意义

香港：公教真理学会，1938，2 版，90 页，32 开

　　本书论述"圣经的权威独在天主教手里"，列表说明基督教会与天主教会的不同点。共 21 部分，内容包括：教会或圣经、问答、看得见的教会、玫瑰经的解释、告解圣事等。附历代教皇表。

　　收藏单位：国家馆

04201

公教问答

北平：公教教育联合会，5 页，18 开

　　本书为保守学校教课本（临时），适用于老人及婴儿。共 4 章：良心、圣教、圣事、灵魂。

　　收藏单位：国家馆

04202

公教小读物丛刊　白德美纪念出版社编

澳门：慈幼印书馆，1 册，32 开

　　本书介绍该丛刊的 48 本书，附内容提要。

　　收藏单位：国家馆

04203

公教信友的真相　公教真理学会编

外文题名：The truth about catholics

香港：公教真理学会，1940.10，3 版，86 页，32 开

香港：公教真理学会，1947，4 版，73 页，32 开

　　本书为论文集，共收文 25 篇，内容包括：《教会与科学》《有形的教会？》《公教信友崇拜圣母吗？》等。

　　收藏单位：国家馆、湖南馆、南京馆

04204

公教信友手册　于斌等著　吴智德编

外文题名：Manuale fidelium Catholicorum

香港：公教真理学会，1948.9，161 页，32 开（公教基本知识丛书）

　　本书共 20 部分，内容包括：中国天主教教区划分源流表、中国天主教大事年表、天主教在中国等。书前有序及黎公使、吴公使、于总主教略历。书后有编后记。

　　收藏单位：北师大馆、国家馆、首都馆

04205

公教真理问答简言十六端

烟台：出版者不详，1938，10 页，50 开

　　本书以问答形式讲述信天主教的意义，天主的本性、什么是迷信等等。全书共 16 个问答，内容包括：奉天主教有什么好处、天主是谁、天主的本性可得而知吗等。

　　收藏单位：国家馆

04206

公教主义　朱者赤著

北平：上智编译馆，1947，74 页，32 开

北平：上智编译馆，1947.12，82 页，32 开

　　本书为天主教短篇杂文集。论述天主教与自由、平等、博爱的关系，天主教的国家观、责任观等。

收藏单位：北师大馆、国家馆、南京馆、上海馆

04207

公进丛书（共 8 种） 中华公教进行会总监督处编

北平：中华公教进行会总监督处，1935，1 册，32 开，精装

本书介绍中华公教进行会组织大纲、公教进行要理问答（公教进行第一种）、蔡总主教公进言论（第一集）、公进进行的意义（公教进行第三种）、公进导言、公进概论（公教进行第六种）、公进三大模范人物、公进组织示范（公教进行第八种）。圣教会审定。

收藏单位：国家馆

04208

公进导言 顾学德著

北平：中华公教进行会总监督处，1935.3，30 页，32 开（公教进行 4）

本书介绍公进的定义、性质、组织、会员资格等。

收藏单位：国家馆、首都馆

04209

公进的要素

香港：真理学会，1947.11，22 页，50 开（民众读物小丛刊 7）

本书收论述公进会的文章 5 篇:《公进的要素》《公教进行的必要》《公进会员当研究什么和怎样研究》《公进为传扬圣教所必需》《公教与内修》。

收藏单位：国家馆

04210

公进概论 希望编

北平：中华公教进行会总监督处，1935.7，150 页，32 开（公教进行 6）

本书共 5 章：公教进行的意义、公教进行的重要性、公进目的及其工作大纲、公进传教的性质、公进的组织。书前有小序。

收藏单位：国家馆、内蒙古馆、首都馆

04211

公进通则 马奕猷著

兖州：兖州府天主堂印书馆，1941，再版，134 页，32 开

本书共 4 编：总论公教进行会、中华公教进行会的确立、公进示范提要、中华公教进行会梧州教区组织细则。书前有弁言。书后有附录。

收藏单位：国家馆

04212

公进组织示范 于斌著

北平：中华公教进行会总监督处，1935.8，43 页，32 开（公教进行 8）

本书内容包括：公进组织示范、中华公教进行会入会志愿书、公教进行会会员和徽章、公进每月常会之意义、公进训练的五大要点等。

收藏单位：国家馆

04213

公理战胜纪念特辑 纪录等著 中华公教进行会全国临时指导会编

中华公教进行会全国临时指导会，1945，24 页，18 开

本书是关于公教救国事业的特刊。内容包括:《中华公教之战时救济工作》（冯瓒璋）、《绥战拾闻》（叶德禄）、《公教徒的战地救国事业》（雅博）。

收藏单位：国家馆

04214

功劳至宝 孟亚丰索述

献县：张家庄胜世堂，1918，101 页，32 开
献县：张家庄胜世堂，1919，101 页，32 开
献县：张家庄天主堂，1936，102 页，32 开

本书共 17 章，内容包括：人能立功劳、立功劳的章程、功劳能相通等。

收藏单位：国家馆

04215

恭敬佘山圣母通谕 （美）惠主教（Channing Moore Williams）著

[上海]：出版者不详，1936，75页，32开

本书为佘山圣母堂落成，上海惠主教颁的通谕。书名页题：佘山圣母大殿落成，上海惠主教通谕所属信友，论恭敬圣母教之佑。书内有佘山圣母进教之佑新堂图形。

收藏单位：国家馆

04216

恭敬圣若瑟的劝谕　（德）韩宁镐（Augustin Henninghaus）著

兖州：兖州府天主堂印书馆，1931，36页，50开

本书为劝教友热心恭敬圣若瑟。

收藏单位：国家馆

04217

关于天主教的政治背景

梅县：梅县天主堂，[1940—1949]，3页，50开（我们的呼声3）

收藏单位：国家馆

04218

广播演讲

香港：真理学会，1938，42页，32开

本书为传教士讲演录。全书共7篇，内容包括：公教圣道为今日社会之需要、基多乃降生为人的真天主、圣教会何故称为至公等。

收藏单位：国家馆、南京馆

04219

归乡道上　寒风著

外文题名：On the way home

香港：真理学会，1948.9，20页，50开（民众读物小丛刊28）

本书为记述作者在回家路上的所见、所闻及感受。书前有序。

收藏单位：国家馆

04220

国化仪式　朱葆元编

上海：救主堂男子传道服务团，1929，342页，32开

本书为适合中国人使用的基督教礼仪书。

共24节，内容包括：退修灵格、颁布施令、婚姻典礼、家庭礼拜等。书前有编者序及弁言。

04221

孩童善领圣体

北京：西什库天主堂遣使会印字馆，1924重印，64页，64开

本书为训导儿童如何领圣体。共9章，内容包括：领前领后该发的善情、为悦乐耶稣圣心善领圣体法等。

收藏单位：国家馆

04222

孩童善领圣体

北京：出版者不详，1924重印，[58]页，50开，环筒页装

收藏单位：国家馆

04223

黑暗里的明星

香港：真理学会，1949.4，20页，50开（民众读物小丛刊42）

本书收杂文3篇：《黑暗里的明星》（焱言）、《生活的断片》（卫康）、《灵魂之献》（刘温和）。

收藏单位：国家馆

04224

华字国音弥撒经　张维笃编

兖州：兖州天主堂保禄印书馆，1939.11，16页，64开

兖州：兖州天主堂保禄印书馆，1943，再版，16页，64开

本书收弥撒经文。共10篇，内容包括：每天弥撒经文、耶稣圣心弥撒经文、圣母弥撒经文等。

收藏单位：国家馆

04225

会赦摭陈（附圣物大赦）　徐励编

上海：土山湾印书馆，1915.9，活版，98页，50开

本书内容包括：玫瑰会、圣衣会、领报会

等。书前有例言。书后附圣物大赦。

收藏单位：国家馆

04226

会长规条　[（法）田类思（Louis-Gabriel Delaplace）]著

北平：西什库天主堂遣使会印字馆，1934印，24页，50开

本书共6条，内容包括：会长本分功位之高大、选立会长之规、会长照管圣教公事之责等。书前有小引。书后附圣事前后该念之经文。

收藏单位：国家馆、首都馆

04227

会长要规

兖州：天主堂印书馆，1931，4版，22页，50开

兖州：天主堂印书馆，1935，5版，22页，50开

本书论天主教教会会长应守的规则。共6篇，内容包括：论挑选会长规矩、论会长照应堂中规矩、论会长尊敬神父规矩等。

收藏单位：国家馆

04228

婚姻通牒　比约十一（Pius PP. XI）著

外文题名：Litterae encyclicae "Divini Illius"

北平：公教教育联合会，1930.12，再版，68页，36开

本书共3章：论真实婚姻之功效、论反背婚配原则的错误、论整顿婚姻之方法。书前有导言。书后有结论。

收藏单位：国家馆

04229

婚姻通牒　比约十一（Pius PP. XI）著

出版者不详，1930.12，36页，18开

收藏单位：国家馆

04230

婚姻问题　赵尔谦译

外文题名：On marriage

香港：真理学会，[1949]，15页，36开（民众社会问题丛书2）

本书共22部分，内容包括：教宗庇护十一颁发这个通谕的理由、结婚的原则和法律、婚配后的降幅等。书前有说在前面。

收藏单位：国家馆

04231

基督降生以前　周修女译

兖州：保禄印书馆，1945.10，319页，36开（天路丛书4）

本书为公教教理读本，初级小学适用。共8章，内容包括：创造世界、选择领袖、梅瑟立法等。书前有译者序、费爱华的《第4册前面的信》。

收藏单位：国家馆、首都馆

04232

基督在人间　骆娄特著　景明译

上海：新生出版社，91页，32开（人生问题解答公教道理的综合3）

本书内容包括救世、基督的身后生存两部分。

收藏单位：上海馆

04233

基督正教　陶洁斋著

外文题名：The truth about Protestantism

香港：真理学会，1949.10，34页，36开（公教基本知识丛书）

本书共两篇：论裂教的来源及其教祖、辩护天主教的道理。

收藏单位：国家馆

04234

基多青昆手册　王昌祉　梅乘风编

外文题名：Le carnet du cadet du christ

上海：土山湾印书馆，1941.10，32页，64开

本书为青年圣体军团小册子，内容包括：青年圣体军投军仪式、基多青昆奉献诵、青昆周会程序示例等。

收藏单位：国家馆

04235

基利斯督罗马公教会

出版者不详，影印本，276 页，16 开

04236

记名要务

兖州：兖州府天主堂，10 页，50 开

　　本书介绍天主教基本知识。热河叶主教准。

　　收藏单位：国家馆

04237

祭器样本　信友信托部编

北平：出版者不详，50 页，横 32 开

　　本书为拉丁文与中文对照，介绍天主教祭品若干种。

　　收藏单位：国家馆

04238

寄小天神　张孝松著

外文题名：Epistolae ad pueros

上海：土山湾印书馆，1938.6，96 页，32 开（圣体军小丛书）

　　本书写给小朋友，讨论天主教圣体军的使命、职责。共 18 篇，内容包括：重大的使命、伟大的使命、使命的实践、效法乞丐等。书前有代序。书后有正误表。

　　收藏单位：国家馆、首都馆

04239

"家庭保健"运动计划纲要　万广礼著

[北平]：出版者不详，[1948]，12 页，32 开

　　本书阐述天主教家庭教育问题。书前有序。

　　收藏单位：国家馆

04240

家庭教育简编　沈锦标著

外文题名：L'éducation en famille par les parents

上海：光启社，1929，28 页，32 开（光启杂录）

上海：光启社，1940，再版，28 页，32 开（光启杂录）

本书共 10 部分，内容包括：教育意义、圣经金训、前圣良箴、我华谚语等。书前有小序。

　　收藏单位：国家馆、内蒙古馆

04241

家庭教育问答　石静山著

北京：西什库遣使会印字馆，1942 印，20 页，32 开

　　本书以问答的形式阐述天主教家庭教育问题。书前有序。

　　收藏单位：国家馆

04242

家学浅论

太原：明原堂印书馆，1917 重印，活版，21+22 页，36 开

　　本书以天主教教理论家庭。共两卷：论父母的责任、论儿女的本分。书前有小引。

　　收藏单位：国家馆、南京馆

04243

拣言要理　（法）田类思（Louis-Gabriel Del-aplace）著

北平：西什库天主堂遣使会印书馆，1934 印，42 页，32 开

　　本书讲述圣洗、告解、圣体、坚振等。书前有小引、凡例三则。书后附刊临终大人代洗规矩。

　　收藏单位：国家馆

04244

简易弥撒规程

北平：圣母会，1948.7，56 页，64 开

　　本书内容包括：早课经文、晚课经文、弥撒规程，并配图画讲解。

　　收藏单位：国家馆

04245

将临弥撒经文　（德）万宾来（Charles Weber）编译

兖州：兖州天主堂保禄印书馆，1940.12，2 版，24 页，64 开（生活基督化 5）

兖州：兖州天主堂保禄印书馆，1941，3 版，24
页，64 开（生活基督化 5）

　　本书为天主教弥撒经文。编译者原题：沂
州教区万主教。

　　收藏单位：国家馆、南京馆

04246

江南公教进行会支部第一次报告　公进会编

上海：土山湾印书馆，1913，177 页，32 开

　　本书包括江南公进会的缘起、组织规则、
会员题名录、各分会来信、演说词及杂录等。

　　收藏单位：国家馆、近代史所

04247

讲道适用　许嘉禄编

出版者不详，2 册（161+279 页），32 开

　　本书内容包括：天主是造化万物的主宰、
天神、人类、耶稣圣名等。

　　收藏单位：国家馆

04248

讲道须知　（美）惠主教（Channing Moore
Williams）著　[韩司铎]译述

[献县]：出版者不详，1939，40 页，32 开

　　本书共两部分，内容包括：讲道的普通条
例、主意、当讲的事等。书后有附录两则。

　　收藏单位：国家馆、上海馆

04249

降生奥迹的蕴藏　萨莱（Gaston Salet）著　周
士良译

上海：土山湾印书馆，24 页，32 开

　　本书共两部分：降生在宗教上的后果、降
生奥迹照耀下的人类和世界。书末有结论。

　　收藏单位：国家馆

04250

交友的知识　傅玉棠编著

外文题名：De amicitia

澳门：慈幼印书馆，1947.1，30 页，32 开（青
年丛书 4）

　　本书用天主教教理谈交友、择友。共 3
章：真诚良善的朋友、虚伪奸险的朋友、污浊

卑劣的朋友。

　　收藏单位：国家馆

04251

交友论（合校本）　（意）利玛窦（Matteo Ricci）
著

北平：上智书馆，1948，26 页，横 25 开

　　本书论交友的目的、方法、意义。附录
《大西域利公友论序》等。

　　收藏单位：广东馆、国家馆、南京馆

04252

教育通牒　比约十一（Pius PP. XI）著

上海：土山湾印书馆，1930，86 页，32 开（光
启杂录）

　　本书共 4 章：教育权应属何人、谁当受
教育、论教育之环境、圣教会教育究属如何。
书前有绪言。书后有结论。著者原题：教皇庇
护第十一世。

　　收藏单位：国家馆、南京馆、内蒙古馆

04253

教理词典

外文题名：Adjumenta missionarii

上海：土山湾印书馆，[1930]，430 页，32 开

　　本书为中法对照词典。

　　收藏单位：浙江馆

04254

教理撮要（上海教区）

上海：土山湾印书馆，1936，3 版，38 页，64
开

　　本书内容包括：进教要理、诫命要理、教
灵方法。附《圣教要经》。

　　收藏单位：内蒙古馆

04255

教理详解　（德）戴尔第著

上海：土山湾慈母堂，1914，5 版，[360]页，
32 开

上海：土山湾印书馆，1919，6 版，[360]页，
32 开

上海：土山湾印书馆，1922，7 版，359 页，

25 开，精装

上海：土山湾印书馆，1925，8 版，340 页，32 开

上海：土山湾印书馆，1936，10 版，[330] 页，32 开，精装

本书共 3 卷：该当信的道理、该当守的诫命、该当用得神佑的法子。

收藏单位：国家馆、江西馆、南京馆、内蒙古馆、人大馆、浙江馆

04256

教理详解（方言）（德）戴尔第著　凌云译

上海：土山湾印书馆，1912，393 页，32 开，精装

本书为介绍天主教的上海方言译本。分上、中、下 3 卷，上卷共 21 部分，内容包括：讲信德、讲信经、讲我信全能者天主罢德肋化成天地等；中卷共 26 部分，内容包括：讲戒命个总意思、讲爱天主个戒命、讲爱人个戒命等；下卷共 32 部分，内容包括：讲圣宠、讲圣事个总意、讲圣洗圣事等。书前有方言教理解序。书后有圣教要理总结。

收藏单位：内蒙古馆、上海馆

04257

教士们是怎样的人？　现代问题研究社编

现代问题研究社，12 页，64 开（现代问题的解答 丁 7）

本书共两部分：他们是、他们不是。"他们是"内容包括：他们是耶稣基督的效法者、他们是献身给教会服务者、他们是献身给社会群众服务者、他们是抱着崇高的道德理想者。"他们不是"内容包括：教士们不是无以为生借此骗饭吃者、他们不是社会的寄生虫、不是愚昧顽固不近人情、不是资本家大地主、不是帝国主义的走狗。

收藏单位：国家馆

04258

教廷锡爵纪念册

北平：辅仁大学，22 页，32 开

本书共 3 部分：缘起、尉爵小识、谕旨华译。书末附专用名词表（华英对照）。

收藏单位：国家馆、内蒙古馆、首都馆

04259

教训儿女

兖州：兖州府天主堂印书局，1931，4 版，43 页，50 开

本书为写给天主教教友的公开信，论述如何教育儿女。

收藏单位：国家馆

04260

教要解略　（意）高一志（A. Vagnoni）著

上海：土山湾印书馆，1933，4 版，73 页，32 开

本书分上、下两卷。内容包括：天主经、圣母经、天主十诫、真福八端、罪宗七端等。书前有序。

收藏单位：国家馆

04261

教要序论　（比）南怀仁（Ferdinand Verbiest）著

上海：慈善堂，1914，活版，12+92 页，32 开

上海：土山湾印书馆，1935，5 版，91 页，32 开

本书讲述天主为何、十诫条目、信经及耶稣事迹。

收藏单位：国家馆、山东馆

04262

教要序论　（比）南怀仁（Ferdinand Verbiest）著

兖州：兖州府天主堂印书馆，1931，3 版，116 页，32 开

收藏单位：国家馆

04263

教要序论　（比）南怀仁（Ferdinand Verbiest）著

献县：张家庄天主堂，1932，96 页，32 开

收藏单位：国家馆

04264

教要总说

上海：土山湾印书馆，1934，再版，11 页，32 开

本书讲述圣父、圣子、圣神三位一体的道理。

收藏单位：国家馆

04265

教友传教之志意　陆伯鸿演讲

外文题名：Spiritus apostolatus laici

香港：公教真理学会，18 页，32 开

香港：公教真理学会，1941，再版，21 页，64 开

本书为中华公教进行会总会长陆伯鸿在公进大会上的致词和有关公进生活与工作的演讲。

收藏单位：国家馆

04266

教友生活　（法）惠济良（Auguste Haouissée）编著

上海：震旦大学，1940.10，再版，97 页，64 开（震大公青会丛书 4）

本书共 7 讲，内容包括：教友生活的原始、教友生命的泉源、教友生活的目的等。

收藏单位：国家馆

04267

教友袖珍

香港：圣类斯工艺学校，1946，416 页，64 开

本书内容包括：日常经文、早课经文、晚课经文、告解规程等。

收藏单位：国家馆

04268

教友袖珍

出版者不详，1948，616 页，64 开

收藏单位：绍兴馆

04269

教中宝藏（广东白话）

香港：纳匝肋静院，1917，197 页，32 开

本书内容包括：诸圣瞻礼、追思已亡、圣母无原罪之始胎等。

收藏单位：国家馆

04270

教宗比约十一世论圣教会的教育　公教教育联合会译

北平：公教教育联合会，1936.6，64 页，32 开

本书内容包括：圣教会教育的职务、教育底目的、圣教会教育的宗旨和方法等。书中题名：教宗比约十一教育通牒。

收藏单位：国家馆、人大馆

04271

教宗良十三世"劳工问题"通谕　良十三（Leo XIII）谕　陈之藩译

外文题名：Litterae encyclicae "rerum novarum"

北平：公教教育联合会，1933，56 页，16 开

北平：公教教育联合会，[1920—1939]，54 页，36 开

教宗良第十三世于 1891 年 5 月 15 号颁有"劳工问题之通谕"，内容包括：绪言、上篇社会党解决劳工问题之方法的伪谬不当、下篇解决劳工问题的真确方法。书前有译者序，写于 1927 年 8 月。为英汉对照。

收藏单位：国家馆、吉林馆、内蒙古馆

04272

芥子　周若渔著

外文题名：The mustard seed

香港：真理学会，1948.7，21 页，50 开（民众读物小丛刊 24）

本书以芥子为喻，从形、质两方面探讨天主教发展的背景、基本要理等。

收藏单位：国家馆

04273

金训　劳珩（Roothaan）著

上海：土山湾慈母堂，1913，23 页，90 开

上海：土山湾慈母堂，1924，2 版，23 页，90 开

本书为天主教徒的座右铭。讲述在天主

前、在神兄前及在本身上应遵守的规矩。

收藏单位：国家馆

04274

进教切要

青岛：天主堂印书局，22页，64开

本书内容包括：进教切要、圣教要理六端、信德诵、望德诵等。

收藏单位：国家馆

04275

进教问答　靳荫泗等编

兖州：保禄印书馆，36页，64开

兖州：保禄印书馆，1940.4，3版，36页，64开

本书共101问，内容包括：信经要理、诫命要理、圣事要理、祈祷要理。

收藏单位：国家馆

04276

进教小引

献县：献县天主堂，1938，9页，32开

本书介绍入教前的准备知识，以及什么是天主、为什么要信主、为什么要入会等内容。

收藏单位：国家馆

04277

进教要理　巴换宗编

外文题名：Catechumenorum elementaria instructio

大同：大同天主堂永望学会，1942，178页，36开

本书依据《简言要理问答》编成。共14章，内容包括：讲奉教的为头、讲天主的德能、讲古经等。书前有小引。

收藏单位：国家馆

04278

进教之佑降福　安斯尼（A. Anzini）著　傅玉棠译

澳门：进教之佑文化服务社，1949.4，128页，36开（公教小读物丛刊40）

本书共32部分，内容包括：降福、降福的超性效能、降福的权力、富有启示性的梦等。

收藏单位：国家馆

04279

进天主教有何手续

梅县：梅县天主堂，[1940—1949]，3页，50开（我们的呼声2）

本书讲解天主教入会基本知识。

收藏单位：国家馆

04280

经文汇辑

赣州：赣州天主堂，1946.10，再版，376页，大64开

收藏单位：江西馆

04281

经文汇辑

上海：文明书局，1948，4版，312页，大64开

收藏单位：江西馆

04282

经文汇辑

南昌：新纪合众印刷公司，1937，再版，506页，大64开

收藏单位：江西馆

04283

经文简集

北平：西什库天主堂遣使会印书馆，1934印，60页，64开

本书内容包括：弥撒公经、求恩祝文等47种经文及祝文、诵词。

收藏单位：国家馆

04284

经验杂录　天主教教务协进委员会编

上海：[天主教教务协进委员会]，[1949]，30页，32开

本书为天主教杂论集。内收文章6篇：《本堂神父对公青应有的态度》《学校之传教工作》《公教教理课本》《边疆传教士与农民福利》《衡阳总修院》《台湾天主教开教史

略》。

收藏单位：国家馆、内蒙古馆

04285

经验杂录（2） 天主教教务协进委员会编

上海：[天主教教务协进委员会]，[1949]，42页，32 开

本书为天主教杂论集。内收文章 8 篇：《教廷驻华公使黎培理总主教的一封信》《促进教友热心的重要方法之一——下会》《教员在教学上道德上宗教上应有之条件》《公教进行的文献及基本理论》《我也来谈谈改革经言》《在伟大中国传扬伟大公教》《北平仁爱贞女会》《汉译经文略例十四则》。

收藏单位：广东馆、国家馆

04286

精神和物质

梅县：梅县天主堂，[1940—1949]，[3 页]，50开（我们的呼声 4）

本书讲解天主教教义。

收藏单位：国家馆

04287

精修学

出版者不详，160 页，32 开

本书为天主教神修学。共 6 卷：精修学的基础、内修的方法、内修的阻碍、神生三阶、心灵的痼政、引导良心的艺术。书前有导言 6 篇。

收藏单位：国家馆

04288

警怠神修篇 （德）赫德明（Joseph Hesser）著

兖州：兖州府天主堂印书局，1932，5 版，15 页，32 开

本书共 19 章，内容包括：不可妄靠天主的仁慈、领圣事不可推辞、不可故驳真理等。

收藏单位：国家馆

04289

敬礼圣母月 （意）晁德莅（Angelo Zottoli）译述

上海：土山湾印书馆，1929.6，2 版，144 页，36开

本书为在圣母月内默想敬礼圣母德表。书前有译者圣月敬礼本则、一月神花之例等。附献心善规、月间歌诗等。

收藏单位：国家馆

04290

敬礼圣母月 （德）韩宁镐（Augustin Henninghaus）编著

兖州：保禄印书馆，1941.2，8 版，58 页，64开

本书为圣母月内默想敬礼圣母之诵文。附敬礼圣母经选要向圣母玛利亚诵。

收藏单位：国家馆

04291

敬礼圣心分务

上海：土山湾印书馆，1931，2 版，10 页，50开

本书介绍耶稣圣心和圣母圣心，按日讲解敬仰思考的道理。

收藏单位：国家馆

04292

敬礼圣心月 （意）晁德莅（Angelo Zottoli）述

上海：土山湾印书馆，[1917] 印，222 页，36开

上海：土山湾印书馆，1920，222 页，36 开

本书内含在圣心月内每日默想耶稣圣心之原、之向、之尊的材料。另有每日的幸获诵、归向诵、钦崇诵等。书后附敬礼经文、圣心会规等。

收藏单位：国家馆、首都馆

04293

敬礼耶稣圣心九分务 白德美纪念出版社主编

澳门：慈幼印书馆，1948.5，再版，32 页，64开（袖珍丛书 4）

本书共 3 部分：敬礼耶稣圣心九分务、耶稣圣心祷文、献心诵。

收藏单位：国家馆

04294

敬慕圣体 （法）戴遂良（Léon Wieger）著

出版者不详，72 页，32 开

本书共 7 部分：望弥撒、拜圣体、善领圣体、结合于人、多领圣体、请圣体、谢圣体。

收藏单位：国家馆

04295

九年来之辅大公教青年会 中华公教进行会青年部北平辅仁大学青年会编

[北平]：[中华公教进行会青年部北平辅仁大学青年会]，1935.8，92 页，22 开

本书讲述辅仁大学公教青年会试办、革新过程及状况等。书前有引言。书后附历年各省公教毕业同学人数表等 3 份及编后语。

收藏单位：国家馆、首都馆

04296

九十三题 （法）狄守仁（P. Petit）著

天津：崇德堂，1938.3，31 页，32 开（公教丛书 2）

天津：崇德堂，1938，再版，31 页，32 开（公教丛书 2）

天津：崇德堂，1944，16 页，32 开

天津：崇德堂，1947，5 版，32 页，64 开

本书以问答形式介绍天主教基本知识。共 4 章：灵魂、天主、宗教、公教。

收藏单位：国家馆、江西馆

04297

救灵近思

北京：出版者不详，1928，36 页，64 开

本书专述"事主救灵"大义。

收藏单位：国家馆

04298

救灵引 [李纯一著]

献县：张家庄天主堂，1925，[64] 页，32 开

献县：张家庄天主堂，1929，64 页，32 开

献县：张家庄天主堂，1934，[再版]，64 页，32 开

本书专论拯救灵魂。共 4 部分：冒办神工之罚、猝死可畏、求了圣母得免猝死、论地

狱。附善领圣体式样。

收藏单位：国家馆

04299

救世语

兖州：兖州府天主堂印书馆，1936，42 页，32 开

本书以歌谣形式，记述耶稣受难救世的过程。

收藏单位：国家馆

04300

据理质证 马德新著

北京：出版者不详，1924，14 页，25 开

本书从回、儒、道、释、耶五教本体论的比较角度，回答天主教云南教区法籍主教古若望司铎关于天主教的"性理"学说。

收藏单位：国家馆、南京馆

04301

军人魂 戴一法著

香港：真理学会，1948.10，22 页，50 开（民众读物小丛刊 30）

本书辑著者的信 6 封：抗战的初年、赎罪之战、天上的保卫、军人魂、精神的连络、少年的回忆。

收藏单位：国家馆

04302

君问愚答 （法）戴遂良（Léon Wieger）述

出版者不详，29 页，32 开

本书共 27 个问题，以问答形式讲述天主教的基本教义。

收藏单位：国家馆

04303

科学家相信天主的七大理由 王昌祉主编

香港：真理学会，1949，2 版，8 页，64 开（现代问题的解答乙 2）

本书共 7 篇，内容包括："用不能动摇的数学定律，我们能够证明宇宙是被一个伟大精巧的上智，所计划所管理的""生命达到他目的的潜力，可以证实有一个无微不到的智

慧"、"动物的智慧"等。

收藏单位：国家馆

04304

科学家与宗教（上册） 江道源著

长沙：商务印书馆，1938.4，初版，255 页，32
开

　　本书介绍天主教与学术的关系。共 5 卷：
古代天主教之学术运动、中古前期天主教之学
术、中古后期天主教之学术、文艺复兴时代天
主教之学术、文艺复兴时代的公教科学家。

收藏单位：重庆馆、广东馆、广西馆、贵
州馆、国家馆、南京馆、上海馆、绍兴馆、
首都馆

04305

客问条答 [（法）倪怀纶（Valentin Garnier）]
著　[（清）李问渔] 译

上海：土山湾印书馆，1937，5 版，51 页，32
开

　　本书以主客问答的形式讲解天主教教理
及有关问题。

收藏单位：国家馆

04306

口铎日抄 （意）艾儒略（Giulio Aleni）　卢
安德口（Andrear Rudonia）铎　李其香笔记

上海：土山湾印书馆，1936，4 版，261 页，32
开

　　本书介绍艾儒略、庐安德两位西洋司铎
来华谈道论教（天主教）的口铎。

收藏单位：国家馆

04307

苦民大荣 [（德）Anton de Waal 著]　[罗赛
（Peter Roeser）译]

[兖州]：兖州府天主堂印书馆，1929，2 版，
118 页，32 开

　　本书依据圣经编译。共 12 篇，内容包
括：天上妙号、忠信的贞妇、凶信、发丧、苦
父孝子等。

收藏单位：国家馆

04308

苦中慰乐宝鉴 （法）帅渠尔（De Ségur）著
张璜译

上海：土山湾印书馆，1929.9，229 页，32 开

　　本书论述人解脱各种苦难的方法。共 37
篇，内容包括：苦难不是天主做出来的、苦难
从天主来的有什么意思、论害病和长病等。

收藏单位：国家馆

04309

来不及了　钟协著

澳门：白德美纪念出版社，1949.1，95 页，50
开（公教小读物丛刊 37）

　　本书记述一位女子的故事。她为了弟弟，
帮凶嫁祸，累忠仆。死前悔悟，未及补过。

收藏单位：广西馆、国家馆

04310

劳动神圣　现代问题研究社编

现代问题研究社，12 页，64 开（现代问题的
解答 戊 1）

　　本文是天主教对劳工问题的解答，共 3
部分：劳动是神圣的、劳动的报酬——工资、
劳动冲突的消除。

收藏单位：国家馆

04311

劳工通牒　良十三（Leo XIII）谕　张士泉译

上海：圣教杂志社，1930.1，90 页，32 开（圣
教杂志丛刊）

　　本书为教宗良第十三世于 1851 年 5 月 15
号颁有"劳工问题之通谕"，共 8 章，内容包
括：解决待遇劳工问题之原因之原则之困难之
危险之紧要、总论惟圣教会能从实际上移风
易俗改良社会等。书前有弁言。

收藏单位：国家馆、内蒙古馆

04312

老人要理

出版者不详，1912.8，18 叶，50 开，环筒页
装

　　本书为罗马公教教义。内容包括：老人要
理、圣号经、天主经、圣母经、信经、天主

十诫、圣教四规等。

收藏单位：国家馆

04313

黎巴嫩的逃亡者　傅玉棠译

外文题名：Libani filius

澳门：白德美纪念出版物，1948.10，79 页，50 开（公教小读物丛刊 34）

本书叙述黎巴嫩崇奉天主教的马来尼人，在仇教政权下进行反抗斗争的史实。共 7 部分：五月里最后的一天、马来尼人与陶路西人、逃命、火窑脱险、计上心来、诱惑、意外的救星。书前有译者序。

收藏单位：广西馆、国家馆、吉林馆

04314

黎总主教致全国教区首长函　（摩纳哥）黎培理（Antonio Riberi）著

出版者不详，[1940—1949]，8 页，32 开

本书为黎培理写给全国教区首长的公开信。

收藏单位：国家馆

04315

礼节便览

天津：直隶印字馆，1940 印，82 页，36 开

本书介绍礼仪方式、所用经文及圣年重要礼规。共 6 卷：圣体、圣洗、坚振、终傅、婚配、圣年内几种特殊礼规。经文为拉丁文，有汉字注音。

收藏单位：国家馆、内蒙古馆、首都馆

04316

礼节问答　（法）杜谛利爱（Henri Dutilliet）著　梁师鸿译

外文题名：Petit catechisme liturgique

北平：宗教文化社，1935.4，初版，[314] 页，36 开

本书共 3 卷：论敬主所用的什物、论礼节内重要职务、论圣教会大瞻礼或礼节。另有附篇：论主教职务上的普通礼节。书前有 3 篇序、敬告读者诸君、译者的话及小引。书后附中西文字对照表。

收藏单位：国家馆

04317

礼节问题

北平：出版者不详，1930，182 页，32 开

本书共 4 编：圣教会庆贺的瞻礼、做恭敬天主的礼节用的物件、"弥散、日课、本分经"、重要的热心功课。

收藏单位：国家馆、首都馆

04318

礼仪篇

北平：公教教育联合会，1932—1933，3 册，32 开

本书为拉丁文汉文对照。共 3 册：第 1 册内容为弥撒次序纲领，第 2 册为圣诞前主日，第 3 册为圣诞弥撒。

收藏单位：国家馆

04319

理窟　（清）李问渔著

上海：土山湾印书馆，1936，7 版，398 页，18 开

本书将天主教与释、儒、道相比较，阐述天主教要旨。共 9 卷：主宰论、耶稣传、天主教论、道教论、佛教论、儒教论、异端辩、魂鬼论、敦俗说。书前有丁竣及著者序。著者又作李杕。

收藏单位：桂林馆、国家馆、吉林馆、上海馆

04320

理信与迷信

梅县：梅县天主堂，[1940—1949]，[3 页]，50 开（我们的呼声 7）

本书讲解信奉天主的态度。

收藏单位：国家馆

04321

利用己过的技术　常守义译

绥远：归绥哲学修院，1937，308 页，36 开

本书共 11 章，论人皆有原罪，述说戴罪之人应有的认识、心情及所为。

收藏单位：国家馆、内蒙古馆

04322

利用己过的技术 常守义译

明德学园，1944，再版，303 页，32 开

04323

炼灵弥撒经文 [（德）万宾来（Charles Weber）]编译

兖州：兖州天主堂保禄印书馆，1943.4，2 版，21 页，64 开（生活基督化 3）

本书为天主教望弥撒经文。共两部分：预祭、正祭。预祭包括：神父进堂经、悔罪经、祝文、劝言、福音；正祭包括：奉献经、献饼经、奉献自己诵、感恩诵、为阖圣教会祈求、联合诸圣人、神父按手诵等。

收藏单位：国家馆

04324

炼灵圣月

北京：西什库天主堂遣使会，1942 重印，162 页，64 开

本书内容包括在炼灵月的 30 日内，每日应思考的问题及诵读的经文。

收藏单位：国家馆

04325

临终经 （意）利类思（Lodovico Buglio）译

献县：献县天主堂，1939，20 页，64 开

本书共两部分：临终经、临终祷文。

收藏单位：国家馆

04326

灵修法 （西）圣依纳爵（S. Ignatius de Loyola）著

天津：出版者不详，1944，101+6 页，32 开

本书论说天主教徒在思想、言语、行为等方面的规则。正文前附教宗比约十一诏书。

收藏单位：国家馆、南京馆

04327

领圣体经 （德）赫德明（Joseph Hesser）著译

兖州：兖州府天主堂书局，1924，4 版，439 页，50 开

兖州：兖州府天主堂书局，1934，5 版，421 页，50 开

本书共 39 篇，内容包括：论以下的经该怎么念、素常领圣体公用的经、将临月领圣体的经、耶稣圣诞瞻礼领圣体的经、领圣体的经为恭敬耶稣圣名、三王来朝瞻礼领圣体的经、领圣体经为恭敬耶稣苦难、领圣体经为恭敬耶稣系受鞭笞及受茨冠之苦辱、领圣体经为恭敬耶稣背十字架、领圣体经为恭敬耶稣被钉十字架上、复活瞻礼领圣体的经、领圣体的经为恭敬耶稣升天、圣神降临瞻礼领圣体的经等。著者原题：赫神父。

收藏单位：国家馆

04328

领圣体启应短诵

兖州：兖州府天主堂印书馆，1931，4 版，21 页，50 开

本书共两部分：预备领圣体启应短诵、领圣体后启应短诵。

收藏单位：国家馆

04329

领圣体前后诵

张家口：西湾子天主堂，1914.10，6 版，9 叶，64 开，环筒页装

本书内容包括：信德经、望德经、情愿经等。

收藏单位：国家馆

04330

领圣体须知 （意）利高烈（Alphonsus de Ligorio）著

上海：土山湾印书馆，1924 印，22 页，64 开

本书内容包括：预备领圣体、领圣体前诸德、谢圣体、领圣体后诸德及祈祷文。

收藏单位：国家馆

04331

领洗要理讲话 孔广布编著

兖州：保禄印书馆，1940.11，2 册（267+182 页），32 开

本书论述天主教徒领洗时应信守的道理和应遵守的诫命。

收藏单位：国家馆

04332

陆总会长公进言论（第 1 集） 陆伯鸿著

北平：中华公教进行会，1936.11，40 页，32
开（公教丛书 12）

北京：中华公教进行会，1939，再版，40 页，
32 开（公教丛书 12）

本书为中华公教进行会会长陆伯鸿在华
中训练周及全国公进代表大会的言论集。内
收 11 篇，包括：公教进行会会员应注重神业
工夫、公教进行会之方法和精神、公教进行
会会员的训练等。书前有徐景贤编辑缘起。

收藏单位：国家馆、内蒙古馆

04333

论公教进行会 （美）惠主教（Channing Moore
Williams）著

上海：出版者不详，1935，107 页，32 开

本书共 4 章：论公教进行会的性质、论公
教进行会的宗旨、论公教进行会的方法、公
教进行会两个模范。

收藏单位：国家馆、内蒙古馆

04334

论孩子们初次开领圣体

兖州：兖州府天主堂印书馆，1931，2 版，17
页，50 开

收藏单位：国家馆

04335

论婚配圣事 （德）韩宁镐（Augustin Henn-
inghaus）著

兖州：兖州府天主堂印书馆，1934，5 版，29
页，64 开

兖州：兖州府天主堂印书馆，1940，6 版，31
页，64 开

收藏单位：国家馆

04336

论领圣体

出版者不详，136 页，32 开

本书共 7 章，内容包括：论领圣体从前怎

么样、圣体是神药、孩子该早开圣体等。

收藏单位：国家馆

04337

论弥撒圣祭（上） 牟作梁著

济南：华洋印书局，13 页，64 开（神职杂志
袖珍丛书 24）

本书共两章：天天望弥撒、弥撒最尊贵。

收藏单位：国家馆

04338

论弥撒圣祭（中） 牟作梁著

济南：华洋印书局，16 页，64 开（神职杂志
袖珍丛书 25）

本书为第 3 章弥撒的奥妙，共 6 部分，
内容包括：弥撒复新耶稣降生的奥妙、复新耶
稣诞生的奥妙、复新耶稣世上的生活、弥撒
是复新耶稣的转求等。

收藏单位：国家馆

04339

论如比来翁圣年 （德）韩宁镐（Augustin Henninghaus）
著

[济南]：出版者不详，[1925]，10 页，50 开

如比来翁为天主教大恩典，每 25 年庆贺
一次，此书讲述教友应如何热心过这个圣年，
以便得如比来翁大赦。出版年录自书中内容。

收藏单位：国家馆

04340

论圣物 Kreuser 著　郭隆静编译

兖州：保禄印书馆，1940.12，68 页，64 开

圣物是象征天主赐福的物件。本书共 8
部分：不是迷信、圣物的性质、黑暗的背影、
祛魔礼、降福礼、神圣的物件、被降福的人、
祝圣与天主的事物。

收藏单位：国家馆

04341

论圣洗圣事 黄司铎著

济南：华洋印书局，1939，2 版，80 页，64 开

本书共 11 篇，内容包括：圣洗是什么、
是要紧的么、圣洗发生什么效验、谁可以领

圣洗等。书前有著者序。

　　收藏单位：国家馆

04342

论推进圣召的义务 （摩纳哥）黎培理（Antonio Riberi）著

出版者不详，[1949]，8 页，32 开

　　本书为教廷驻华公使黎培理写给各位总主教、主教、司铎的一封信。从传教区主要的计划、宗座代表的推动、教区当局之最高努力等方面论述推进圣召的义务。

　　收藏单位：国家馆

04343

论小罪 （意）白德美（Andreas Beltrami）著 叶顺天译

澳门：白德美纪念出版社，1947.12，65 页，50 开（公教小读物丛刊 24）

　　本书论小罪的危害性。共 10 章，内容包括：草莽的成见、圣人的警告、宁死不说谎、肉眼和信光等。

　　收藏单位：国家馆

04344

罗马弥撒经本 圣母会会士编译

北京、上海：圣母会公教书籍编辑部，1938，266 页，42 开，精装

北京：圣母会公教书籍编辑部，1939，3 版，266 页，42 开，精装

北京、上海：圣母会公教书籍编辑部，1943，5 版，641 页，42 开，精装

北京、上海：圣母会公教书籍编辑部，1946，6 版，641 页，42 开，精装

　　本书包括一年内各主日及大瞻礼弥撒经。共 83 部分，内容包括：写在前边的几句话、烟台副主教给作者的信、序文、论圣年等。书后附领圣体前后经两种及苦路经。

　　收藏单位：国家馆

04345

玫瑰经浅义

上海：土山湾印书馆，1919，20 页，64 开

　　本书为经文解释。分欢喜、痛苦、荣福

各 5 端，每端分故事和推意两部分。封面题名：五彩玫瑰经浅义。

　　收藏单位：国家馆

04346

玫瑰经义 （清）李问渔著

上海：土山湾印书馆，1920 重印，84+108 页，32 开

上海：土山湾印书馆，1935，4 版，212 页，32 开

　　本书分上、下两卷。上卷论该经缘起、本义、诵法、效益。下卷将奥迹 15 端分为 30 日默想。其中上卷共 20 部分，内容包括：玫瑰经名义、玫瑰经原始、玫瑰会恩赦等；下卷共 32 部分，内容包括：默想简易法、第二日欢喜一端上、第四日欢喜二端上等。卷首有著者序。

　　收藏单位：国家馆、人大馆、绍兴馆

04347

玫瑰十字军 梁保禄编译

澳门：白德美纪念出版社，1947.10，58 页，50 开（公教小读物丛刊 22）

　　本书介绍玫瑰经。共 9 个部分，内容包括：序、玫瑰经的历史、玫瑰大赦、玫瑰九日敬礼等。

　　收藏单位：国家馆

04348

每日恭敬圣若瑟经 [罗司铎（Father Roser）]著

兖州：兖州府天主堂印书馆，1930，2 版，33 页，50 开

　　本书为每日恭敬圣教大主保、圣若瑟之祈祷经文。书前著有须知，内容包括第一天至第三十一天的祈祷经文。

　　收藏单位：国家馆

04349

每天弥撒经文 万神父著

兖州：兖州府天主堂保禄印书馆，1934，31 页，64 开

兖州：兖州府天主堂保禄印书馆，1943.3，4

版，26 页，64 开

本书共 24 部分，内容包括：神父进堂经、悔罪经、荣福诵等。书前著有凡例。著者原题：圣言会士万神父。

收藏单位：国家馆、南京馆

04350

猛士忠魂 （意）乌果斯安尼（R. Uguccioni）著 王湧译

澳门：白德美纪念出版社，1947.11，111 页，50 开（公教小读物丛刊 23）

本书叙述一位教士如何舍生取义、卫道卫国的故事。共 4 幕：诡谋、进攻、花冠、凯旋。书前有编者的话。

收藏单位：国家馆

04351

弥撒常经

外文题名：Missae majoris hebdomdae

北平：辅仁大学，1931，52 页，50 开

本书为瞻礼经文。共 4 部分：望进教者之弥撒、祝文、拜十字架、预圣者之弥撒。附特献弥撒本经及圣主弥撒本经。汉文、拉丁文对照。

收藏单位：国家馆

04352

弥撒规程 （美）Stedman 著 吴经熊译

香港：公教真理学会，1947.1，53 页，64 开，精装

本书内容包括：望弥撒的方法、程序、祝文、福音等。

收藏单位：国家馆、南京馆

04353

弥撒规程（附谢圣体经）

上海：土山湾印书馆，1931 印，56 页，64 开

本书为天主教弥撒程序、经文。

收藏单位：国家馆

04354

弥撒和教友的生活 （法）盘尔格（De Gibergues）著 杨寿康译

外文题名：La messe et la vie chrétienne

上海：土山湾印书馆，[1934]，172 页，32 开

本书共 11 章，内容包括：弥撒的伟大和尊严、神圣的牺牲、弥撒和感谢等。书前有徐宗泽序。

收藏单位：国家馆、上海馆

04355

弥撒祭考 英千里著

出版者不详，1939.6，34 页，16 开

本书共 8 篇，内容包括：小引、弥撒释名、弥撒之起源——宗徒时代、近代之罗马弥撒等。卷首有引用书目。卷末附术语及专名表。为《辅仁学志》8 卷 1 期抽印本。

收藏单位：国家馆、内蒙古馆、人大馆

04356

弥撒祭义 （意）艾儒略（Giulio Aleni）述

外文题名：Tractatus de sacrificio missae

上海：土山湾印书馆，1931，3 版，90 页，32 开

本书论弥撒礼仪。分上、下卷，上卷共 10 部分，内容包括：名义第一、崇严第三、品级第五等；下卷内容包括：将祭十八节、正祭九节、徹祭六节。

收藏单位：国家馆、内蒙古馆、绍兴馆

04357

弥撒降福歌经

青岛：天主堂印书局，32 页，64 开

本书共 31 部分，内容包括：上台经、全能经、悔罪经、圣三歌等。

收藏单位：国家馆

04358

弥撒经文

出版者不详，1 册，32 开，精装

收藏单位：国家馆

04359

弥撒经文礼节讲义

外文题名：Explicatio precum et coeremoniarum ordinarii missae

香港：出版者不详，1930，240页，32开

本书为罗马公教弥撒礼节教材，书中经文均为中文和拉丁文对照。共两部分，其中题外之附事分6节：论祭台、论圣爵、论圣布等；论弥撒圣祭之经文分两部分：圣祭之备、本义之祭。

收藏单位：国家馆、内蒙古馆

04360

弥撒旧闻　茅本荃编著

外文题名：Explanatio missae

上海：土山湾印书馆，1935.1印，532页，32开

本书共10卷，内容包括：论弥撒原始、论弥撒分类、论弥撒祭礼、论弥撒圣器等。书前有序、自序、凡例、引用书目。

收藏单位：国家馆、内蒙古馆、绍兴馆、首都馆

04361

弥撒诠要

外文题名：Manuale ministri missae

上海：土山湾印书馆，1933.7印，83页，36开

本书为中文、拉丁文对照。辑全部日常经、正祭经和八段活动经。

收藏单位：国家馆、浙江馆

04362

弥撒小言　（清）李问渔著

上海：土山湾印书馆，1922，76页，32开

上海：土山湾印书馆，1935.6，5版，79页，32开

本书共16篇，内容包括：弥撒为圣教真祭、弥撒名义、弥撒为教中公礼等。每篇附相关的小故事。

收藏单位：国家馆

04363

弥撒与人生　关采苹译

外文题名：Your mass your life

香港：真理学会，1946.12，67页，32开

本书讲述弥撒的价值与益处、分享弥撒的益处及怎样参与弥撒圣祭等礼仪。共31篇，内容包括：牺牲的释义、弥撒圣祭、弥撒

的价值与益处等。书后有附录。

收藏单位：国家馆、南京馆

04364

民国三年全国公教进行会联合大会纪事　[天津大公报馆]编

天津：天津大公报馆，[1914]，[166]页，18开

本书共10篇，内容包括：大会之历史、代表题名录、各处成绩之报告等。书前有序、凡例。

收藏单位：国家馆、内蒙古馆

04365

民元以来天主教史论丛　叶德禄编

[北平]：辅仁大学图书馆，1943.2，216页，32开

本书收陈垣、姚大荣、方豪、叶德禄等人所撰有关民国以来天主教在我国传播的论文及传记文章20余篇。

收藏单位：国家馆、中科图

04366

明末清初耶稣会士的儒教观及其反应　陈受颐著

北京：北京大学，[1930—1939]，64页，18开

本书为《国立北京大学国学季刊》5卷2号抽印本。

收藏单位：国家馆

04367

模范父母

香港：真理学会，1949.7，22页，50开（民众读物小丛刊47）

本书收谈家庭教育的文章两篇：《公教家庭教育》《回忆》。

收藏单位：国家馆

04368

模范女长

献县：张家庄，1935，80页，32开

本书讲述修女院院长的本分。共6章，内容包括：当尽的本分、当修的德行、避免的毛病等。书前有小引。书后有总劝言。

收藏单位：国家馆

04369

模范修女　[巴神父]编

献县：张家庄天主堂印书馆，1937，2次排印，162 页，32 开

　　本书共 22 章，内容包括：论自新的功夫、当看重自己的圣召、该爱慕自己所入的修会等。书前有引言。

　　收藏单位：国家馆

04370

摩尔博士的文卷　郭海骏译

外文题名：Manuscript of the doctor More moor

香港：真理学会，1947.11，22 页，50 开（民众读物小丛刊 8）

　　本书为主教传教故事。劝人相信天主。

　　收藏单位：国家馆

04371

魔鬼毒害

献县：献县天主堂，1936，2 次排印，277 页，32 开

　　本书共 3 卷：论诱惑、论缠绕、论附魔。

　　收藏单位：国家馆

04372

莫斯科·滑铁卢·圣赫肋纳　（意）白德美（Andreas Beltrami）著　傅玉棠译

澳门：慈幼印书馆，1946.8，80 页，50 开（公教小读物丛刊 8）

　　本书收录 18 篇历史故事，内容包括：莫斯科·滑铁卢·圣赫肋纳、阿拉利各的坟穴、君士但丁堡的沦陷等。

　　收藏单位：国家馆、南京馆

04373

墨子的兼爱与耶稣的博爱

香港：真理学会，1949.6，24 页，50 开（民众读物小丛书 45）

　　本书收文章两篇：《墨子的兼爱与耶稣的博爱比观》《墨子的兼爱非攻概观》。

　　收藏单位：国家馆

04374

默祷释义　[（法）茂米尼]著

献县：张家庄印刷所，1918，2 版，322 页，32 开

献县：张家庄印刷所，1919，3 版，322 页，32 开

　　本书共 5 卷，内容包括：论祈祷之可贵、论默祷中各种功夫、论爱情之默祷等。

　　收藏单位：国家馆

04375

默思圣难录　（清）李问渔著

上海：土山湾印书馆，1917 印，205 页，32 开

上海：土山湾印书馆，1928，4 版，179 页，32 开

　　本书为默想耶稣苦难。共 60 篇，内容包括：伯大尼晚餐、耶稣预言受难、耶稣望城挥泪等。

　　收藏单位：国家馆

04376

默思主苦　P. Henry More 著　[刘斌]译

献县：张家庄胜世堂，1920，127 页，32 开

献县：张家庄天主堂，1928，[再版]，126 页，32 开

　　本书内含默想耶稣苦难的材料。共 33 题，内容包括：默想耶稣苦难前引、耶稣喫罢斯卦羔羊、如达斯离开十一宗徒等。

　　收藏单位：国家馆

04377

默想宝鉴

北京：救世堂，1914，3 册（[1409] 页），32 开，精装

北平：西什库天主堂印书馆，1932 重印，6 册（[2784] 页），32 开

　　本书共 6 卷，内容包括：默想天主所立的各样奇妙事情、默想各样的德行、默想另外出名的圣人行实等。

　　收藏单位：国家馆、江西馆、内蒙古馆、人大馆、绍兴馆、首都馆

04378

默想规程

[北京]：出版者不详，1924，63 页，64 开，环筒页装

本书将耶稣所历之苦难，分编为 30 日的默想材料。

收藏单位：国家馆

04379

默想规略

[北京]：出版者不详，1926，15 页，64 开

本书共 3 段：默想之先、默想之间、默想之后，讲述默想者当守的规矩。书后附默想神工表。

收藏单位：国家馆、首都馆

04380

默想全书　刘赖孟多著

献县：张家庄天主堂，1915，6 册，32 开

献县：张家庄天主堂，1918，2 版，6 册，32 开，精装

献县：张家庄天主堂，1921，3 版，6 册，32 开

献县：张家庄天主堂，1924，4 版，322 页，32 开

献县：张家庄天主堂，1929，5 版，6 册，32 开，精平装

献县：张家庄天主堂，1934，6 版，6 册，32 开

献县：张家庄天主堂，1940，7 版，6 册，32 开

本书为天主教内修书。按一年内月、日次序排列，默想天主所立的各样圣事、诸圣人行实等。书前有刘赖孟多序。

收藏单位：国家馆、内蒙古馆、宁夏馆、首都馆

04381

默想神功　（西）石铎琭（Pedro de la Piñuela）述

[北平]：出版者不详，1933，115 页，50 开

本书讲述默想神工之利益、规程、默想要知七端等神修工夫。书前有孟主教重订序、编者序。

收藏单位：国家馆

04382

默想圣心九则　[（意）鲍尔谷]著　[圣心报馆]译

上海：土山湾慈母堂，1923，3 版，56 页，64 开

本书共 9 则，内容包括：圣心在圣体中享受福乐、圣心在圣体里赐人圣宠、圣心在圣体里奉祭于天主等。书前有弁言。

收藏单位：国家馆

04383

默想正则　若望禄德撰　蒋升译

上海：土山湾印书馆，1933 重印，68 页，64 开

本书共 3 部分：默想前工、默想正工、默想徹工。前工中有默想远备、默想近备、正工中有默想初工、默想继工、默想终工、徹工中有省察默工、全工括要等内容。

收藏单位：国家馆

04384

默想指南　南司铎著

香港：公教真理学会，1947.10，93 页，64 开（神修丛书）

本书共 10 章，内容包括：默祷的要素、默想的益处、默想的要紧等。

收藏单位：国家馆

04385

母亲伟大的责任　森麦著　梁曼如译

香港：公教真理学会，[1938.6]，37 页，32 开

香港：公教真理学会，1947，再版，36 页，50 开

本书共 9 章，内容包括：芦丛里的婴孩、基利斯督君王的儿、如何锻炼小孩、母教的伟大和永久等。

收藏单位：国家馆、南京馆

04386

母佑会史略　傅玉棠译

澳门：白德美纪念出版社，1948.6，30 页，50

开（灵修小丛书 23）

本书介绍圣母进教之佑女修会的概况。共 2 章：母佑会的起源、母佑会的宗旨。

收藏单位：国家馆

04387

母佑月 武幼安编著

澳门：白德美纪念出版社，1947.5，100 页，50 开（公教小读物丛刊 17）

本书讲述在圣母月敬礼圣母的道理，以及圣鲍斯高圣迹。共 31 篇，内容包括：进教之佑名称的伟大、天主预示圣母玛利亚为我等之佑、圣母善尽助佑吾人的职责等。

收藏单位：广西馆、国家馆

04388

穆民始信福音记 （英）葛珧珊著 董景安译

上海：穆民向道会，1921.4，117 页，32 开

本书讲述 12 人改教的故事，宣传天主教。共 12 章，内容包括：得信、会议、续议等。

收藏单位：国家馆

04389

南京教区主教公函

上海：土山湾印书馆，1933，53 页，32 开

本书共 4 部分：公教进行事业的性质、和其他善会的关系、普通组织法、分部组织法。书内书名题：南京教区惠主教于赎世后十九世纪念年致属下司铎信友论公教进行会的公函。

收藏单位：内蒙古馆

04390

内修模范

献县：张家庄天主堂，1922，2 版，160 页，32 开

献县：张家庄天主堂，1936，3 版，160 页，32 开

本书共 29 章。前 17 章统论祈祷补赎之工，后 12 章分陈各等修会内修之工，内容包括：论信德为万善诸德之源、论圣教会中两等职务、论圣教秩序等。书末附箴言一篇。

收藏单位：国家馆

04391

内修生活问答 阿里耶（P. J. J. Olier）著 范介萍译

外文题名：Catechisme de la vie interieure

澳门：慈幼印书馆，1949.7，107 页，42 开（世光丛书 5）

本书共两卷：论教友的精神、保存教友精神的要法。

收藏单位：国家馆

04392

你的天上母亲 Germaine Guélin 著 沈汝孝译

外文题名：Ecce tua mater caelestis!

上海：土山湾印书馆，1942.5，107 页，64 开

本书讲述耶稣的圣母的故事。共 24 篇，内容包括：一朵玉簪花、天神来拜望她、小耶稣的母亲等。书前有引言。

收藏单位：国家馆

04393

你们来赴喜筵罢

北平：公进宣讲团，8 页，64 开

本书根据耶稣的话"来赴喜筵"论说宗教哲理。

收藏单位：国家馆

04394

你要作一个完善的人么？ Cohausz 著 袁意可译

兖州：保禄印书馆，1940.5，66 页，64 开

本书共 6 部分，内容包括：促人完善的呼声、完善的本体何在、成完善的法子等。

收藏单位：国家馆

04395

你在天主教堂中见到什么？ 现代问题研究社编

现代问题研究社，12 页，64 开（现代问题的解答 丁 6）

本书采用问答式叙事方式介绍天主堂的建筑及教堂内有形物的基础知识。

收藏单位：国家馆

04396

溺爱　（匈牙利）马骏声（Eugene Zsamar）著

河北：大名耶稣会，1948，29 页，64 开（神修学 第 4 册 特印本）

本书共 9 部分，内容包括：总论、第一步偏爱、第二步私爱、第三步色情爱等。

收藏单位：国家馆

04397

怕死救星　[（德）亚尔邦] 著　李若翰译

兖州：兖州府天主堂印书馆，1933，162 页，25 开

本书共 12 篇，内容包括：论死亡、论怕罪、论偷盗、论邪淫、论爱人、论忍耐等。

收藏单位：国家馆

04398

辟诬编

上海：土山湾印书馆，1933 印，4 版，7 页，32 开

本书为天主教辩护。

收藏单位：国家馆

04399

辟邪崇真　李若翰著

济南：华洋印书局，1937，271 页，32 开

济南：华洋印书局，1939，271 页，32 开

本书共 4 篇：论邪神与异端、论真神的实有、论人有个灵魂、论真宗教。书前有著者导言。

收藏单位：国家馆

04400

平日弥撒经文

出版者不详，1 册，32 开

本书为经文合编。有信经、求恩祝文、领圣体诵、圣母弥撒经等。

收藏单位：国家馆

04401

平绥沿线之天主教会　雷洁琼著

[北平]：平绥铁路管理局，1935.3，22 页，32 开（平绥铁路旅行读物 5）

[北平]：平绥铁路管理局，1935，2 版，22 页，32 开（平绥铁路旅行读物 5）

本书为对绥远一带天主教堂及教会事业的调查。

收藏单位：国家馆、上海馆、浙江馆

04402

葡京宗主教宰来叶拉枢机论公进会与祈祷宗会书　宰来叶拉著

上海：圣心报馆，1935.8 印，20 页，32 开

本书共 8 部分：译者小言、各善会与公进会之关系、祈祷宗会与公进会之关系、祈祷宗会的历史、列代教宗的褒誉、祈祷宗会大会、圣体军大会、结语。书名页题：葡京宗主教宰来叶拉枢机论公进会与祈祷宗会书。

收藏单位：国家馆、内蒙古馆

04403

七件圣事略说

兖州：兖州府天主堂印书馆，1932，6 版，40 页，32 开

本书内容包括：圣事总意、圣洗圣事、坚振圣事、圣体圣事、论弥撒、论领圣体、论供圣体、告解圣事、宗傅圣事、神品圣事、婚配圣事。

收藏单位：国家馆

04404

七克　（西）庞迪我（Diego de Pantoja）撰述

上海：土山湾印书馆，1917，264 页，32 开

上海：土山湾印书馆，1931.8 印，8 版，302 页，32 开

本书共 7 卷：伏傲、解贪、坊淫、熄忿、塞饕、平妒、策怠。

收藏单位：北大馆、桂林馆、国家馆、辽宁馆、南京馆、内蒙古馆、山东馆、上海馆、浙江馆

04405

七克真训　[沙勿略顾] 著

济南：华洋印书局，1935，活版，79 页，32 开

本书内容包括：论天主教徒应克骄傲、克

嫉妒、克忿怒、克邪淫、克贪吝、克贪饕、克懒惰。

收藏单位：国家馆

04406

七克真训　[沙勿略顾] 著

上海：土山湾印书馆，1927，5 版，184 页，32 开

上海：土山湾印书馆，1932，6 版，184 页，32 开

收藏单位：国家馆、绍兴馆

04407

七克真训　[沙勿略顾] 著

兖州：兖州府天主堂印书馆，1937，7 版，156 页，32 开

收藏单位：国家馆

04408

奇城之王　半芜译

献县：献县天主堂，1934，131 页，32 开

本书共 19 章，内容包括：奇遇、修养、法律、组织、恶伴、赴宴、思迁、械厂、病房、生息、大道等。

收藏单位：国家馆

04409

祈祷和平诵

出版者不详，2 页，64 开

本书为祈祷和平的经文一篇。

收藏单位：国家馆

04410

祈祷会友便览

上海：土山湾慈母堂，1911，新版，38 页，64 开

本书介绍祈祷会的缘起、入会要求、基本要理、入会益处、章程等。

收藏单位：国家馆

04411

祈祷望弥撒　牟作梁　李道昌著

济南：华洋印书局，16 页，64 开（神职杂志袖珍丛书 17）

本书共两部分：为何该祈祷、作弥撒圣祭奥义。

收藏单位：国家馆

04412

祈祷要益

兖州：兖州府天主堂印书馆，1916，53 页，25 开

兖州：兖州府天主堂印书馆，1926，2 版，127 页，25 开

兖州：兖州府天主堂印书馆，1934，3 版，94 页，25 开

本书阐述念经的必要性及益处。共 12 章，内容包括：论念经的本意、论念经是很要紧的、论念经的好处、论该谦逊念经等。

收藏单位：国家馆、河南馆、首都馆

04413

祈祷宗会纪律讲话　王昌祉编著

上海：土山湾印书馆，1944，150 页，64 开

本书收录 24 篇讲话。内容包括：入会宗旨、救灵重责、救灵工作等。

收藏单位：国家馆

04414

祈祷宗会领班讲话　王昌祉编著

上海：土山湾印书馆，1944，56 页，64 开

本书共 10 篇，内容包括：领班员的意义、领班员的任务、领班员的紧要等。

收藏单位：国家馆

04415

祈祷宗会问答　狄索（T. R. P. Tissot）著　徐允希编译

上海：土山湾印书馆，1937，44 页，64 开

本书讲祈祷宗会的宗旨、性质、组织、功效。分上、下两篇，上篇 5 章：祈祷宗会的宗旨、祈祷的效力、祈祷的种类、献功的利益、续论献功的利益；下篇 6 章：祈祷宗会的性质、祈祷宗会的功效、祈祷宗会的设立法、祈祷宗会的等级、对于圣心的利益、对于会友的利益。

收藏单位：国家馆

04416
气质 （匈牙利）马骏声（Eugene Zsamar）著
河北：大名耶稣会，1948，39 页，64 开（神修学 第 4 册 特印本）

本书共 7 篇：利用或压制、气质的种类、多血质者、胆汁质者、忧郁质者、黏液质者、务内的人和务外的人。

收藏单位：国家馆

04417
千虑一得 （奥）侯树信（Joannes Hofinger）编著
上海：天主教教务协进委员会，1949，99 页，32 开

本书辑文章 11 篇，内容包括：《如何改善宗教教育上的教学方法》《传教性的神修》《公教的德行或幸福观》等。

收藏单位：国家馆、内蒙古馆

04418
谦逊 隐名氏著 吴炳中译
香港：公教真理学会，1947.9，113 页，64 开（神修丛书）

本书论述谦逊的美德，内容包括：我们急须谦逊、人须谦逊的理由、谦逊最高的典型等。

收藏单位：国家馆

04419
前进略说 ［田文都］编
兖州：兖州府天主堂印书馆，1934，6 版，52 页，50 开

本书共 7 篇：当切望前进、当天天勉励自己、当对越天王、当尽心竭力、当恒心为善、当做何工算得前进、前进之永报。

收藏单位：国家馆

04420
勤领圣体 （法）J. Lintelo 著 杨凤翔译
香港：真理学会，1946，37 页，32 开
香港：真理学会，1946.5，2 版，37 页，32 开

本书讲述勤领圣体之善功。

收藏单位：国家馆、南京馆

04421
勤领圣体劝
河间：胜世堂，1912，136 页，32 开
河间：胜世堂，1913，120 页，32 开
河间：胜世堂，1914，136 页，32 开

本书用问答体介绍什么人能天天领圣体，天天领圣体的益处等。直隶东南主教马准刊。

收藏单位：国家馆、上海馆

04422
勤领圣体说 （法）赛渠尔（De Segur）著（清）李问渔译
上海：土山湾印书馆，1911，52 页，32 开
上海：土山湾印书馆，1927，3 版，48 页，32 开

本书共 6 部分：总说、设难、小孩子勤领、少年人勤领、公议部谕示、初领年纪。

收藏单位：国家馆

04423
青年风浪
兖州：兖州府天主堂印书馆，1928，118 页，32 开
兖州：兖州府天主堂印书馆，1931，2 版，118 页，32 开
兖州：兖州府天主堂印书馆，1939，3 版，94 页，64 开

本书为依据圣经圣训为青少年编写的布道书，共 34 篇。

收藏单位：国家馆

04424
青年镜（德育故事） 王完白译
上海：广学书局，1931，4 版，104 页，32 开

本书译自法文，内容包括宗教道德教育短篇故事 14 篇。

收藏单位：上海馆

04425
青年圣体军纲要 王昌祉编著
上海：土山湾印书馆，1941.11，40 页，64 开

本书共 10 部分，内容包括：青年圣体军的起源、青年圣体军的宗旨、青年圣体军的精神等。

收藏单位：国家馆

04426

青年袖珍 （意）鲍斯高（S. Joannes Bosco）著

上海：慈幼印书馆，1949，再版，492 页，64 开

本书共 4 卷：教友应尽的责任、各种经文、补充弥撒经和要理问答、圣歌选录。

收藏单位：国家馆、上海馆

04427

青年主保圣若望伯尔各满主日敬礼

兖州：兖州府天主堂印书馆，1929，66 页，32 开

本书介绍主日敬礼的内容。

收藏单位：国家馆

04428

轻世金书 （葡）阳玛诺（Emmanuel Diaz）译 朱宗元订

上海：土山湾印书馆，1923，142 页，32 开

本书共 4 卷，为劝人轻世事、崇圣母、悔过从善、严遵十诫之书。

收藏单位：国家馆、内蒙古馆、山东馆、浙江馆

04429

庆祝中国教会体制建立二周年纪念特刊 北平市各大学天主教同学会编

北平：北平市各大学天主教同学会，1948.4，50 页，16 开

本书辑纪念文章 18 篇，内容包括：《圣统的意义与圣统下的中国信友》《李鸿章与教会体制问题》《圣统与中国天主教的建立》等。

收藏单位：国家馆

04430

衢龙江常四县公教进行会联合训练班纪念刊（1935 年） 衢县公进会公青会编

[杭州]：衢县公进会公青会，1936，114 页，32 开

四县为浙江衢县、龙游、江山、常山，书中有训练班纪略、公文录稿、参加者名单、公进会简介等。

收藏单位：国家馆

04431

取譬训蒙 （意）晁德莅（Angelo Zottoli）译述

上海：土山湾印书馆，1917 印，[505] 页，32 开

上海：土山湾印书馆，1929，3 版，431 页，32 开

本书分上、中、下 3 卷。上卷论信、望、爱三德的重要经义，中卷论天主十诫及守诫良法，下卷论省察忏悔之道。卷首有序。

收藏单位：国家馆

04432

全国公教教育会议纪要 [天主教教务协进委员会学校教育组编]

[上海]：天主教教务协进委员会学校教育组，[1948]，130 页，24 开

本书内容包括：全国公教教育会议演讲择要（27 篇）、提案节录及会议结论、函电选辑、会议纪略等。附全国公教中小学校现状统计表（插表）、全国公教中小学校教科用书之调查。

收藏单位：国家馆、上海馆

04433

全国公进会员一致加入祈祷宗会提案 徐允希著

上海：圣心报馆，[1935]，14 页，32 开

本书附公进总部答问和公进总部提案。

收藏单位：国家馆

04434

劝学罪言 [英华] 著

[北京]：出版者不详，1917，12 页，18 开

[北平]：出版者不详，1929，12 页，18 开

本书共两篇：劝学罪言、覆友人驳劝学罪

言书。

收藏单位：国家馆、内蒙古馆

04435

热心 连国邦著

上海：土山湾印书馆，1935，102 页，32 开（圣体军小丛书）

本书共 6 章：怎样望弥撒、怎样领圣体、怎样谢圣体、怎样神领圣体、怎样拜圣体、怎样告解。附录《司铎祭服的意义》。

收藏单位：国家馆

04436

热心领圣体 连国邦著

上海：土山湾印书馆，1941，51 页，64 开

本书内容包括：怎样预备领圣体、怎样谢圣体、怎样神领圣体、怎样拜圣体、怎样告解。

收藏单位：国家馆

04437

热心望弥撒 连国邦译

上海：土山湾印书馆，1941，62 页，64 开

本书内容包括：弥撒是什么、怎样望弥撒、望弥撒的全过程及经文。

收藏单位：国家馆

04438

热心引 明嘉禄述

献县：胜世堂，1916，2 次排印，122 页，32 开

献县：胜世堂，1919 印，107 页，32 开

献县：胜世堂，1934，107 页，32 开

本书共 23 篇，内容包括：爱天主万有之上、成圣二法、天主仁慈等。书前有述者叙。

收藏单位：国家馆

04439

人格的教育 王廉著

上海：土山湾印书馆，[1940—1949]，13 页，128 开（现代宗教问题戊 6）

本书共 4 部分：对于教育的错谬的见解、我们主张人格教育、人格教育的实施、几个具体问题。

收藏单位：国家馆

04440

人格课程 李美博等著

上海：广学书局，[1937—1940]，5 版，6 册，32 开

本书共 6 册：儿童模范生活、儿童模范生活、怎样共同生活、最高伟人、少年人格之涵养、少年考察团。

收藏单位：重庆馆、广东馆、南京馆

04441

人格课程（第 1 册 儿童模范生活） 李美博等著 中华基督教教育会主编

上海：广学书局，1931，214 页，32 开

上海：广学书局，1940，6 版，214 页，32 开

收藏单位：重庆馆

04442

人格课程（第 2 册 儿童模范生活） 李美博等著 中华基督教教育会主编

上海：广学书局，1931，256 页，32 开

收藏单位：广东馆、辽宁馆

04443

人格课程（第 3 册 怎样共同生活） 李美博等著 中华基督教教育会主编

上海：广学书局，1931，106 页，32 开

上海：广学书局，1939，3 版，106 页，32 开

上海：广学书局，1941，10 版，106 页，32 开

收藏单位：重庆馆、广东馆、辽宁馆

04444

人格课程（第 4 册 最高伟人） 李美博等著 中华基督教教育会主编

上海：广学书局，1933，191 页，32 开

上海：广学书局，1946，7 版，191 页，32 开

收藏单位：重庆馆、山东馆

04445

人格课程（第 5 册 少年人格之涵养） 李美博等著 中华基督教教育会主编

上海：广学书局，1932.5，170 页，32 开

上海：广学书局，1932.9，再版，170 页，32 开

上海：广学书局，1940，7 版，170 页，32 开

收藏单位：重庆馆、辽宁馆、上海馆

04446

人格课程（第 6 册 少年考察团） 李美博等著

中华基督教教育会主编

上海：广学书局，1932.5，162 页，32 开

上海：广学书局，1940，4 版，162 页，32 开

收藏单位：重庆馆

04447

人生的意义 王昌祉主编

香港：真理学会，1949，11 页，大 64 开（现代问题的解答 甲 10）

本书共 3 部分：错误的解答、人生的真意义、人生的态度。

收藏单位：广东馆、国家馆

04448

人生的意义 王廉著

上海：土山湾印书馆，[1940—1949]，16 页，128 开（现代宗教问题甲 10）

收藏单位：国家馆

04449

人生观

上海：土山湾印书馆，1935，4 版，20 页，32 开（光启杂录）

本书从天主教立场论述人生观，共 3 篇：你从那里来的，将来到什么地方去；人有灵魂，灵魂是不死不灭；你有一天要死，死了以后是不是就此了结吗？

收藏单位：国家馆、南京馆、内蒙古馆

04450

人生三大问题

上海：土山湾印书馆，1936，3 版，6 页，32 开（光启杂录）

本书论述人生三大问题：入世之由来、在生之要务、身后之归宿。

收藏单位：国家馆

04451

人生要务 （法）肋班（M. Lepin）著

上海：土山湾印书馆，1949，6 版，36 页，32 开

本书内容包括：有一个天主命人遵守的教、真教不出基督教、真教就是天主教等。

收藏单位：国家馆、南京馆、内蒙古馆

04452

人生重要问题 （法）肋班（M. Lepin）著

朱志尧　朱德章译

出版者不详，[1913]，79 页，32 开

上海：出版者不详，1936，4 版，80 页，32 开

本书内容包括：有一宗教是天主所命亦是人所不得不皈依、真教即是基督教、真基督教是罗玛公教等。著者原题：勒本。

收藏单位：国家馆、南京馆、上海馆、天津馆、浙江馆

04453

人是猿变的吗？ 王昌祉主编

香港：真理学会，1949，2 版，9 页，64 开（现代问题的解答乙 8）

本书共 3 部分：现代科学的答复、哲学的答复、天主教的答复。

收藏单位：国家馆、天津馆

04454

人心的道德律证明有神 王昌祉主编

香港：真理学会，1949，8 页，大 64 开（现代问题的解答乙 3）

香港：真理学会，1949，2 版，8 页，大 64 开（现代问题的解答乙 3）

本书共两章：道德律是从那里来的、道德律的效力那里来的。

收藏单位：国家馆

04455

仁爱首功

上海：土山湾印书馆，1934，4 版，8 页，64 开

本书论说爱人为仁爱第一大功。

收藏单位：国家馆

04456

日常生活三十讲　鲁微达著

澳门：白德美纪念出版社，1948.4，59 页，50 开（公教小读物丛刊 28）

　　本书介绍天主教徒日常生活常识，共 30 讲，内容包括：时间的价值、省察、悔改等。

　　收藏单位：广西馆、国家馆、湖南馆

04457

日常训语

[兖州]：[兖州府天主堂印书馆]，18 页，50 开

　　本书为教友日常生活规则手册。共 12 章，内容包括：起床洗面及安寝规则、进堂在堂出堂规则、看圣书等。

　　收藏单位：国家馆

04458

日课简集

兖州：兖州府天主堂印书馆，1936，3 版，163 页，50 开

　　本书为日课经文。

　　收藏单位：国家馆

04459

日用粮（第 1 册）（法）戴遂良（Léon Wieger）述

出版者不详，200 页，36 开

　　本书为罗马公教主祷文。

　　收藏单位：国家馆

04460

日用粮（第 2 册）（法）戴遂良（Léon Wieger）著

出版者不详，226 页，32 开

　　本书包括玫瑰经和谢圣体经。

　　收藏单位：国家馆

04461

日用粮（全部）（法）戴遂良（Léon Wieger）述

献县：出版者不详，1927，2 版，232 页，32 开

献县：出版者不详，1927，3 版，232 页，32 开

　　本书为天主教经文 80 段。

　　收藏单位：国家馆

04462

容孩近我

献县：胜世堂，1917，4 次排印，48 页，64 开

　　本书为劝儿童多领圣体。

　　收藏单位：国家馆

04463

如比来翁大赦（德）韩宁镐（Augustin Henninghaus）著

兖州：兖州府天主堂，1926.2，9 页，50 开

　　本书讲述教友如何得如比来翁大赦，以及教皇为教友得大赦所定的条款。

　　收藏单位：国家馆

04464

如庇来翁大赦考　渔人译

上海：土山湾印书馆，1916.3 印，48 页，32 开

上海：土山湾印书馆，1924 重印，48 页，32 开

　　本书讲述天主教"如庇来翁大赦"之缘始、历史、特别大赦等。

　　收藏单位：国家馆、内蒙古馆

04465

如何爱天主（法）格罗西著　梁保禄译

香港：真理学会，1947.10，71 页，64 开（神修丛书）

　　本书介绍爱主的意义及如何才能爱主等。

　　收藏单位：国家馆

04466

如何生活（美）嘉宝泉（A. Capuchin）著　何继高译

香港：真理学会，1939，70 页，32 开

香港：真理学会，1941.5，再版，76 页，32 开

香港：真理学会，1948，3 版，76 页，32 开

　　本书共 8 章，内容包括：教友的时代、爱

护自己及爱护教会、我们所用的方法等。

收藏单位：重庆馆、国家馆

04467

儒交信

外文题名：Confucianismus christianismi amicus

[献县]：[张家庄天主堂]，1942，76 页，32 开

本书记述清朝进士司马温古皈依天主教后，其友人对他的不同态度及看法。

收藏单位：国家馆、南京馆

04468

若翰小兄弟会入会及发愿礼节

出版者不详，26 页，32 开

本书为方济各会入会礼仪。

收藏单位：国家馆

04469

三层楼新诗　李天耀编

出版者不详，[1941]，77 页，32 开

本书为圣歌歌词选集。

收藏单位：国家馆

04470

山穷水尽　张秀亚译

香港：真理学会，1947，20 页，50 开（民众读物小丛刊 2）

本书叙述一位基督徒面临困境，坚信主而得救的故事。

收藏单位：国家馆

04471

山西太原教区凤主教晋铎金庆纪念（1890—1940）　山西太原教区全体国籍司铎编

太原：太原天主堂印书馆，1940 印，72 页，32 开

本书分前、正、后 3 篇。前篇为天主教传入山西之经过至凤主教莅晋，正篇为凤主教履新以来至 1939 年之成绩，后篇附 7 位神父致命小传。书前有小序。

收藏单位：国家馆

04472

汕头天主教同学会纪念刊　天主教同学会编

汕头：汕头天主教同学会，1947.1，10 页，18 开

本书收录文章有：汕头公教同学会的任务、当我跪在十字架前、背上十字架朝向现实的人生、晨星女子中学创设史略等。

收藏单位：国家馆、南京馆

04473

善灵乐园　赵书绅著

献县：张家庄天主堂，1941，122 页，32 开

本书共 5 卷，内容包括：善行祈祷、敬礼天堂的圣人、悔罪的模式等。

收藏单位：国家馆

04474

善生福终正路　（意）陆安德（Andre-Jean Lubelli）撰

上海：土山湾印书馆，1912 重印，147 页，32 开

本书分上、下两卷。讲述修身之法、祈求天主之法、福终之法等天主教道理。书前有自序。

收藏单位：国家馆

04475

善生福终正路　（意）陆安德（Andre-Jean Lubelli）撰

献县：张家庄天主堂，1933，150 页，32 开

收藏单位：国家馆

04476

善望弥撒　罗司铎述

兖州：兖州天主堂保禄印书馆，1932，3 版，162 页，50 开

兖州：兖州天主堂保禄印书馆，1940，5 版，110 页，50 开

本书讲述弥撒祭礼的意义、四样望弥撒的善法。书前有罗司铎序。

收藏单位：国家馆

04477

善与弥撒

济南：华洋印书局，1937，5 版，98 页，32
开

济南：华洋印书局，1939，6 版，98 页，32
开

本书介绍弥撒的意义、弥撒中所用的祭
品、弥撒规程等。

收藏单位：国家馆

04478
善与弥撒
济南：济南府无染原罪堂，1930，74 页，50
开

收藏单位：国家馆

04479
善与弥撒
北平：救世堂，1931，40 页，64 开

收藏单位：首都馆

04480
善哉天主   比约十一（Pius PP. XI）著
献县：出版者不详，1936，167 页，50 开

本书为赞颂天主的祷文。共 3 章：天主的
美善、天主的美丽、天主是如何圣善的。

收藏单位：国家馆

04481
善择地位规则   [达马南] 著   金玛   陈雅译
上海：土山湾印书馆，1916，52 页，32 开
上海：土山湾印书馆，1928 印，2 版，48 页，32
开

本书告诫信徒如何选择上帝为自己安排
的地位，以及适用这一地位应具备的条件。
共 6 章，内容包括：善择关系、善择法规、善
择要纲等。

收藏单位：国家馆

04482
善终会规
上海：土山湾印书馆，1934，35 页，64 开

本书为善终会组织规则。内容包括：会之
原旨、会中良法、进会要端、会友要务、会中
常务等。附圣若瑟新祷文、警言、病时诵。

收藏单位：国家馆

04483
社会事业宗徒   冯瓒璋著
北平：中华公教教务联合会，1941，84 页，32
开

本书介绍天主教的社会事业。内容包括：
公教社会事业先导，世界公教社会事业现况，
中华公教社会事业展望，合作事业的浅说、
种类及组织。

收藏单位：国家馆

04484
申尔福解   （意）利高烈（Alphonsus de Ligorio）
著   成和德译
外文题名：Explicatio salve regina
上海：土山湾印书馆，1932，2 版，298 页，32
开

本书解释申尔福经文。共 10 章，内容包
括：解申尔福王后仁慈之母、解我等之望申尔
福等。

收藏单位：国家馆、内蒙古馆

04485
申尔福疏解   （意）利高烈（Alphonsus de Ligorio）
著
上海：土山湾慈母堂，1911，[203] 页，32 开

本书共 10 篇，内容包括：申尔福天主圣
母仁慈之母、我等之生命我等之饴、我等之
望申尔福等。每篇附以故事。

收藏单位：国家馆

04486
申尔福义   （意）利高烈（Alphonsus de Ligorio）
著   J. Mou. S.J 译
献县：张家庄胜世堂，1917，247 页，32 开
献县：张家庄胜世堂，1926，247 页，32 开

本书即《圣母的光荣》。共 10 章。

收藏单位：国家馆

04487
神工备要
青岛：天主堂印书局，1939 重印，10 页，64

开

本书内容包括：八诫、圣教会四规等。

收藏单位：国家馆

04488

神灵战术　（意）司古鲍（L. Scupoli）著　常守义译

北平：明德学园，1943，292 页，50 开（神修丛书）

北平：明德学园，1946，再版，293 页，50 开（神修丛书）

本书共 8 分 67 章，内容包括：圣德基础、神灵操练、克制毛病、战胜魔鬼等。

收藏单位：国家馆

04489

神秘祈祷　（匈牙利）马骏声（Eugene Zsamar）著

河北：大名耶稣会，1948，93 页，64 开（神修学第 7 册特印本）

本书共 4 篇：总论、神秘洁除、灌注的默视、附属现象。

收藏单位：国家馆

04490

神妙的医生

香港：真理学会，1948.8，20 页，50 开（民众读物小丛刊 26）

本书收录有关天主教的杂文 4 篇：神妙的医师、迷羊归栈、病梦中、分家。

收藏单位：国家馆

04491

神修学（第 1 册 圣德 学理）（匈牙利）马骏声（Eugene Zsamar）著

河北：大名耶稣会，1948，154 页，32 开

本书内容包括：圣德的定义、动机，谁能成圣，以及成圣的四种条件等。书前有导言。书后附圣经卷目简称对照表。

收藏单位：国家馆、江西馆

04492

神修学（第 2 册 天主化生活）（匈牙利）马骏

声（Eugene Zsamar）著

河北：大名耶稣会，1948，183 页，32 开

本书内容包括：天国、耶稣化生活、行为的天主化、圣神七恩、真福八端等。

收藏单位：国家馆、江西馆

04493

神修学（第 3 册 翕合主旨）（匈牙利）马骏声（Eugene Zsamar）著

河北：大名耶稣会，1948，120 页，32 开

本书论述教义的基础、被动因素、主动因素、敬礼四大问题。

收藏单位：国家馆、内蒙古馆

04494

神修学（第 4 册 圣德的阻碍）（匈牙利）马骏声（Eugene Zsamar）著

河北：大名耶稣会，1948，171 页，32 开

本书内容包括：世俗、魔鬼——诱惑、自我——理智的阻碍、意志的阻碍、情绪的阻碍等。

收藏单位：国家馆、内蒙古馆

04495

神修学（第 5 册 心灵纯洁）（匈牙利）马骏声（Eugene Zsamar）著

河北：大名耶稣会，1948，159 页，32 开

本书内容包括：心灵纯洁的动机，神修选择，心灵修炼，省察、告解等。

收藏单位：国家馆、湖南馆

04496

神修学（第 6 册 克己）（匈牙利）马骏声（Eugene Zsamar）著

河北：大名耶稣会，1948，153 页，32 开

本书共 6 个部分：克己、外克己、混合克己、内克己、克己圣术、十字架的御路。

收藏单位：国家馆、湖南馆

04497

神修学（第 7 册 祈祷）（匈牙利）马骏声（Eugene Zsamar）著

河北：大名耶稣会，1948，181 页，32 开

本书内容包括：总论、我为什么不会默想、默想方式、神秘祈祷、终日结合等。

收藏单位：国家馆

04498

神修学（第 8 册 德行）（匈牙利）马骏声（Eugene Zsamar）著

河北：大名耶稣会，1948，167 页，32 开

本书内容包括：慷慨、殉教、圣召、贞法、智德等。

收藏单位：国家馆、内蒙古馆

04499

神修学内容简介

出版者不详，47 页，32 开

本书共 8 部分，内容包括：圣德学理、圣德的阻碍、心灵纯洁、克己、祈祷等。

收藏单位：国家馆

04500

神修训言 [吴司铎] 著

北京：西什库遣使会印字馆，[1940]，180 页，18 开

本书共 56 篇，内容包括：基利斯当、选择地位、修道圣召等。书前有卷首语。修道院适用。

收藏单位：国家馆

04501

神修引领（1—4 卷） [尚司铎] 著

济南：华洋印书局，1932，3 册（[820] 页），32 开

本书共 3 册 4 卷，内容包括：进德秘诀、消除神污、益灵宝泉等。

收藏单位：国家馆

04502

神翼用健

外文题名：Wie Lernt Man Gut Beten？

兖州：兖州府天主堂印书馆，1934，2 版，251 页，25 开

本书共 18 章，介绍主要神工。

收藏单位：国家馆

04503

神职班传教联合善会组织大纲（拉丁文与汉文对照） 中华公教宗座传教事业善会秘书处编

北平：中华公教宗座传教事业善会秘书处，1941，22 页，32 开

本书共 4 章：性质及宗旨、会员、管理、会议。

收藏单位：国家馆

04504

甚么是天主教

梅县：梅县天主堂，[1940—1949]，7 页，50 开（我们的呼声 1）

收藏单位：国家馆

04505

慎思录 明禄嘉译

献县：张家庄胜世堂，1914，139 页，25 开

献县：张家庄胜世堂，1916，148 页，32 开，环简页装

献县：献县天主堂，1934，125 页，32 开

本书共 9 章，内容包括：论人要紧慎思四终、论人生终向、论罪恶等。书前有序。

收藏单位：国家馆

04506

生活信友化收成谢恩敬礼（为传教士用） [（德）万宾来（Charles Weber）] 著

兖州：兖州府天主堂印书馆，1937 印，88 页，32 开

本书内容有：收成谢恩节（中文、拉丁文对照）、谢恩诵、赞美天主歌、申正经等。

收藏单位：国家馆

04507

生活信友化谢恩敬礼（为信友用） [（德）万宾来（Charles Weber）] 著

兖州：兖州府天主堂印书馆，1937，29 页，32 开

本书介绍了收成谢恩节的来历、预备、实行，谢恩诵及赞美天主歌等。

收藏单位：国家馆

04508

生命的产生　王昌祉主编

香港：真理学会，1949，2版，8页，64开（现代问题的解答乙7）

本书共3篇：引言、机会不能产生生命、究竟生命是从那里来的。

收藏单位：国家馆

04509

圣达尼老九德默想

上海：土山湾印书馆，1926，42页，64开

本书为波兰天主教圣徒达尼老的九德默想。内容包括：热心神业、虔敬圣体、热爱圣母、轻视世俗、忠随圣召、谨慎听命、贞洁纯金、谦德工深、克苦周密。

收藏单位：国家馆

04510

圣诞弥撒经文（卷6）　[（德）万宾来（Charles Weber）] 著

兖州：兖州府天主堂印书馆，[1921—1949]，27页，50开

本书内容包括：铎德进堂经、悔罪经、荣福经等。

收藏单位：国家馆、南京馆

04511

圣道之配　（爱尔兰）马弥雍（Dom Columba Marmion）著　范介萍译

香港：公教真理学会，1947.9，75页，64开（神修丛书）

本书谈树立神修的标准，教徒应具备的品行。共7章，内容包括：圣道之配、耶稣人性、忠信热爱、依于圣道等。

收藏单位：国家馆

04512

圣而公教会　陈哲敏著

上海：出版者不详，34页，32开

收藏单位：广西馆

04513

圣方济各第三会规　艾我略编

出版者不详，1928，55页，64开

本书为方济各会在俗教徒会规。内容包括：论入会、初学、发愿；论行为；论执事；监察遵规等。

收藏单位：上海馆

04514

圣方济各第三会规　李博明编

济南：无染原罪堂，1930，重刊，60页，64开

本书共3篇：论入会保守许愿、论行为、论本分监察会规。

收藏单位：国家馆、内蒙古馆

04515

圣号经问题

北平：出版者不详，1930印，36页，50开

本书解答了有关圣号经问题。

收藏单位：国家馆

04516

圣教会第四规　（德）舒德禄（Theodore Schu）编

兖州：兖州府天主堂印书馆，1939印，43页，64开

收藏单位：国家馆

04517

圣教礼仪　罗司铎著

兖州：兖州府天主堂印书馆，1930，4版，432页，25开

兖州：兖州府天主堂印书馆，1935，5版，312页，25开

本书共4卷：圣年篇，圣事篇，圣物、圣像、圣号篇等。附录：在中国致命死的30位真福人。

收藏单位：国家馆、天津馆

04518

圣教礼仪撮要　[萧杰一] 译

安庆：安庆天主堂，1941，再版，264页，32开

本书共3卷：弥撒圣祭、圣洗、神品圣

事。书前有译者序及再版序。

收藏单位：国家馆

04519

圣教理证 （清）黄伯禄编

天津：崇德堂印书馆，1941，72 页，32 开

收藏单位：国家馆

04520

圣教理证 （清）黄伯禄编

北平：西什库天主教堂遣使会印书馆，1937，98 页，32 开

本书书前有主教准据及小引。

收藏单位：国家馆、内蒙古馆

04521

圣教理证 （清）黄伯禄著　蔡任渔重订

香港：真理学会，1941.5，再版，50 页，32 开

本书共 59 篇，内容包括：天主二字何解、天地万物只有一个天主、不可言奉教为难等。书前有重订序、原序及黄序。

收藏单位：桂林馆、国家馆

04522

圣教理证

广西：玫瑰印书局，1924，68 页，32 开

本书内容包括：论天主二字之解、论天主全能全知全善、论天主何为生人有恶等数篇。

收藏单位：广西馆

04523

圣教理证

献县：胜世堂，1922，75 页，32 开

献县：张家庄印刷所，1932，75 页，32 开

献县：献县天主堂，1938，75 页，32 开

本书共 67 篇，内容包括：天主二字何解、天地万物只有一个天主、四书五经内未有天主之名等。书前有序及原序。

收藏单位：国家馆

04524

圣教理证

兖州：天主堂印书馆，1932，6 版，45 叶，32

开

兖州：天主堂印书馆，1940，9 版，45 叶，32 开

收藏单位：国家馆

04525

圣教理证

上海：土山湾印书馆，1936，10 版，71 页，32 开

本书共 64 章，内容包括：天主二字何解、何谓天主全能全知全善、天主为何造人向恶、为何天主造猛兽害人、天地万物只有一个天主等。书前有原序、序。

收藏单位：国家馆、南京馆、内蒙古馆、浙江馆

04526

圣教理证

出版者不详，1934 重印，100 页，32 开

收藏单位：南京馆

04527

圣教切要 （西）白多玛（Thomas Ortiz）著

上海：土山湾印书馆，1913 重印，149 页，32 开

上海：土山湾印书馆，1935，3 版，155 页，32 开

本书讲述天主教教义及戒规等。内容包括：经文、天主十诫、圣教四规、圣事之迹、万民四终等。

收藏单位：国家馆

04528

圣教切要

兖州：天主堂印书馆，1934，4 版，131 页，25 开

本书内容包括：圣号经、天主经、圣母经、信经、天主十诫等。

收藏单位：国家馆

04529

圣教全经本

兖州：保禄印书馆，1941，420 页，50 开，精

装

本书卷首有诵经劝语、公诵经时规则。

收藏单位：国家馆

04530

圣教日课

北平：北平遣使会印字馆，1933，520 页，64 开，精装

本书为教徒每日修行之简要经文。

收藏单位：国家馆、内蒙古馆

04531

圣教日课

北京：西什库遣使会天主堂印书馆，1943，626 页，90 开，精装

收藏单位：国家馆

04532

圣教日课

出版者不详，133 页，64 开

收藏单位：国家馆

04533

圣教释疑　李秉源著

香港：真理学会，1946.10，51 页，32 开

香港：真理学会，1948，再版，32 页，32 开

本书共 45 篇，内容包括："天地间果有真主宰否？""天主教与誓反教（即耶稣教），何所差别？""敬事天主，与迷信何异？"等。书前有序及原序。

收藏单位：国家馆、南京馆

04534

圣教四规

北平：饮助委会，1943，8 页，64 开

收藏单位：国家馆

04535

圣教条例　（意）凤朝瑞（Agapito Fioretii）著

太原：太原府天主堂印书馆，1941 印，45 页，32 开

本条例共 14 条，内容包括：钦崇天主、建立圣堂公所、尊敬圣堂等。书前有原序及

新序。著者原题：凤亚加彼多。

收藏单位：国家馆、南京馆

04536

圣教小引　范中著

上海：土山湾印书馆，1937，4 版，13 页，32 开

本书主要讲述天主教教理是应当相信的道理，天主教礼仪是应当行使的。

收藏单位：国家馆

04537

圣教要理

香港：纳匝肋静院，1913，91 叶，32 开

香港：纳匝肋静院，1919，182 页，25 开

本书共 16 章，内容包括：信经要理、圣事之迹、圣洗要理、坚振要理、告解要理、圣体要理、终传要理、神品要理、婚配要理、十字圣号、天主经、圣母经、信经、天主十诫、圣教四规、真福八端。卷首有小引、凡例。

收藏单位：国家馆、江西馆

04538

圣教要理问答

兖州：兖州府天主堂，[1932]，79 页，16 开

兖州：兖州府天主堂，[1932]，70 页，16 开

本书为教理问答。书前有拉丁文序言。

收藏单位：国家馆

04539

圣教要理问答注解　（西）管宜穆（Jérôme Tobar）著

上海：土山湾印书馆，1932，3 版，148 页，32 开

本书共 4 部分：领洗问答、告解问答、圣体问答、坚振问答。每部分后附以上海方言写成的问答。

收藏单位：国家馆、内蒙古馆

04540

圣教要理选集

上海：土山湾印书馆，1932，4 版，53 页，32

开

本书共 45 篇，内容包括：要理六端、圣号经、天主经、圣母经等。

收藏单位：国家馆

04541

圣教益世征效

北平：西什库遣使会印字馆，1933 重印，29 页，32 开

本书共 10 章，内容包括：端志向、隆中孝、和家庭等。

收藏单位：国家馆

04542

圣教宗与中国　徐景贤编著

杭州：我存杂志社，1933.11，122 页，32 开（我存丛书 1）

本书记述元、明、清三代及 1922—1933 年间罗马教皇与中国的关系。包括甲编、乙编及附篇。书前有编者序。

收藏单位：国家馆、内蒙古馆、浙江馆

04543

圣经广益　（法）冯秉正（Moyriac de Mailla）编译

上海：土山湾印书馆，1917，240 页，32 开

上海：土山湾印书馆，1922 印，240 页，32 开

本书介绍 8 日内每日神工。

收藏单位：国家馆

04544

圣经广益　（法）冯秉正（Moyriac de Mailla）编译

献县：献县天主堂，1934，214 页，32 开

收藏单位：国家馆

04545

圣类思主日敬礼

兖州：兖州府天主堂印书局，1926，活版，49 页，50 开

兖州：兖州府天主堂印书局，1931，2 版，45 页，50 开

本书为默想恭敬圣类思行实功德之经文。

收藏单位：国家馆

04546

圣路善工

天津：崇德堂印书馆，1940，38 页，64 开

本书为苦路经。内容包括：默想耶稣苦难、行拜苦路之善工。

收藏单位：国家馆、南京馆

04547

圣路善工

兖郡（兖州）：天主堂印书局，1933，重刊，37 页，64 开

青岛：天主堂印书局，1931，41 页，64 开

收藏单位：国家馆

04548

圣路善工

北京：西什库天主堂遣使会印书馆，1942 重印，40 页，64 开

收藏单位：国家馆

04549

圣路善工

北平：出版者不详，1935 重印，40 页，50 开

收藏单位：国家馆

04550

圣母祷文疏解　俞伯禄著

上海：土山湾印书馆，1913，活版，196 页，32 开

本书共 58 段，每段分解和祝言两部分。书前有序及绪言。

收藏单位：国家馆、内蒙古馆

04551

圣母底五月　沈士贤主编

上海：吴承记印书局，44 页，32 开（圣玛利亚小丛书）

本书辑录赞美圣母的文章。内容包括：《圣母的五月》《敬爱圣母》《罪人之托》《露德最大的圣迹》《圣母显现于菲律宾丽葩城》等篇。

收藏单位：广东馆、国家馆

04552

圣母会公规

上海：土山湾印书馆，1933，4版，53页，64开

上海：土山湾印书馆，1943，5版，53页，64开

　　本书为圣母会规章。共10章：宗旨、性质，神业，分部、讲学会，治理，收录、开除，会务，职员，司事，联络，另章。附圣母大赦。

　　收藏单位：国家馆

04553

圣母经

北平：中原印刷社，1943，8页，64开

　　本书为《圣母经》讲义。书前有前言。

　　收藏单位：国家馆

04554

圣母经问题

北平：出版者不详，1931，57页，64开

　　本书解答有关圣母经的问题。封面题：光荣天主的圣母倚靠圣母的转术。

　　收藏单位：国家馆

04555

圣母玫瑰经

北平：西什库天主堂遣使会印字馆，1935，18页，64开

　　本书为圣母玫瑰经15端解说。

　　收藏单位：国家馆

04556

圣母圣衣会恩谕　那永福编著

上海：土山湾印书馆，1935.8，2版，70页，32开

　　本书介绍圣衣会的历史、规则，圣衣的实质，圣母的恩德。

　　收藏单位：国家馆

04557

圣母圣月

[济南]：无染原罪堂华洋书局，1928，247页，64开

　　本书为圣教徒一月之内每日默想圣母德性、圣迹德诵书。书前有圣母月序。书口题为：圣母月。

　　收藏单位：国家馆

04558

圣母圣月

[北平]：出版者不详，1935，112页，32开

　　本书为圣母月恭敬、默想圣母圣迹的祷文、经文及诵文。书前有主教准据及小引。

　　收藏单位：国家馆

04559

圣母无染原罪小日课　天津圣母军编

[天津]：出版者不详，24页，64开，精装

　　本书为每日诵读的白话经文。内容包括：夜课经、晨时经、午前经等。书前有写在前面的几句话、圣母无染原罪小日课的起源、本日课之读法。

　　收藏单位：国家馆

04560

圣母无原罪儿女会规

出版者不详，1934，63页，64开

　　收藏单位：江西馆

04561

圣母无原罪小日课

耕中圣母会，1946，油印本，[8页]，32开

　　收藏单位：国家馆

04562

圣母小日课　傅明渊编译

大同：永望学会，1943，110页，90开

　　本书为罗马公教祈祷经文。

　　收藏单位：国家馆

04563

圣母小日课　[（意）利类思（Lodovico Buglio）]编

兖州：兖州天主堂，1936，5版，活版，[146]

页，64 开

　　本书为教会敬礼圣母玛利亚的法定经文。书前有小引，书扣有跋。附魏继晋译，刘松林、高慎思订《圣咏续解》一文。

　　收藏单位：国家馆

04564

圣母小日课　圣母会会士编译

北平：圣母会公教书籍编辑部，1947，196页，64 开，精装

　　本书为教会敬礼圣母玛利亚的法定经文。内含关于圣母小日课的种种、圣母重视她的小日课以及小日课经文。书前有写在前面的几句话及王基志司铎序。书后附索引一览表。

　　收藏单位：国家馆

04565

圣母小日课

北京：北堂印书馆，1915，116页，64 开

　　本书为教会敬礼圣母玛利亚的法定经文。书前有小引。

　　收藏单位：国家馆

04566

圣母小日课圣咏疏解　（意）伯辣弥诺（B. Robert Bellarmine）著　徐允希编译

上海：土山湾印书馆，1937.1，184页，32 开

　　本书对申正经、晚经、夜课经、赞美经、晨经至申初经进行解释。书前有绪言、编译例言、日课时序。

　　收藏单位：国家馆

04567

圣母小日课注解　罗司铎编著

兖州：天主堂印书馆，1930，2 版，190页，32开

　　本书为对圣母小日课经文的讲解。书前有罗司铎小引。

　　收藏单位：国家馆

04568

圣母月　凌宝珂著

兖州：天主堂印书馆，1933，6 版，58 叶，50

开

　　本书为天主教圣母月每日经文。包括默想前祝文、祭献诵。

　　收藏单位：国家馆

04569

圣母月　明修士编　杨文生译

安庆：安庆天主堂，1938，82 页，32 开

安庆：安庆天主堂，1941，重版，84 页，32 开

　　本书介绍了恭敬圣母的方法及要义。书前有自序。书后附再会吧圣母歌。

　　收藏单位：国家馆

04570

圣母月

献县：张家庄天主堂，1934，136 页，32 开

献县：张家庄天主堂，1939，136 页，32 开

　　本书为每日默想圣母行实之诵书。书前有圣母圣月规例。

　　收藏单位：国家馆

04571

圣母月

出版者不详，1922，136 页，32 开

　　收藏单位：广东馆

04572

圣母月默想

外文题名：Mois de Marie

献县：张家庄天主堂，1934，128 页，32 开

　　本书为圣教徒每日默想之诵书。

　　收藏单位：国家馆

04573

圣母瞻礼九日神工

济南：济南府无染原罪堂，1928 重印，活版，35 页，50 开

　　本书内容包括：圣母瞻礼前九日经文、圣母九日神工、庆贺圣母无染原罪经文。

　　收藏单位：国家馆

04574

［圣母瞻礼之大日课］

出版者不详，[1921—1949]，1 册，16 开

本书内容包括：亡者日课、圣母瞻礼之大日课、耶稣圣名占礼日课、天主圣三瞻礼大日课等。

收藏单位：国家馆

04575

圣年广益（下卷）（法）冯秉正（Moyriac de Mailla）编译

外文题名：Vitae sanctorum

上海：土山湾印书馆，1932，5 版，2 册（1594）页，32 开

本书叙说一年中每天应修的神工。内容包括：默想神工简易要法、每日经文、祷告及默想内容。

收藏单位：重庆馆、国家馆、浙江馆

04576

圣人列品祷文

兖州：兖州府天主堂印书馆，1931，3 版，42页，50 开

本书为主日经。

收藏单位：国家馆

04577

圣日宣讲（德）高费奈化著

青岛：青岛天主堂印书馆，1930，5 册（[1290]页），32 开

青岛：青岛天主堂印书馆，1935 重印，5 册，32开

本书内容包括：论圣年、论主日、论降临主日等若干篇。

收藏单位：国家馆

04578

圣若翰伯尔格满每日训言　山西大同大修道院译

外文题名：Pensees de saint Jean Berchmans

北平：公教教育联合会，1930，62 页，32 开（神修篇 1）

北平：公教教育联合会，1933，再版，102 页，32 开（神修篇 1）

北平：公教教育联合会，1939，3 版，102 页，

32 开（神修篇 1）

本书为圣若翰伯尔格满在一年之中的每日的训言。

收藏单位：国家馆

04579

圣若瑟祷文

出版者不详，[1936]，5 页，64 开

本书包括启天主矜怜我等、启圣玛利亚、启若瑟极义等。书背有"中华民国廿五四月敬赠"字样。

收藏单位：国家馆

04580

圣若瑟圣月　[（法）田类斯（Louis-Gabriel Delaplace）]著

北平：西什库天主堂遣使会印书馆，1936，152页，32 开

本书讲述圣若瑟的身世。书前有圣月前晚叙文。书后有奉献圣若瑟祝文、平日默想题目目录、瞻礼日选摘默想题目目录。

收藏单位：国家馆

04581

圣若瑟小日课　徐励译

上海：土山湾印书馆，1943，24 页，64 开

本书为天主教小日课经文。

收藏单位：国家馆

04582

圣若瑟月　（意）贾玛若兰（Garmagnola）著　鲁微达译

澳门：白德美纪念出版社，1947.3，再版，78页，50 开（公教小读物丛刊 3）

本书讲述圣若瑟尊荣、谦德及权能等。

收藏单位：国家馆

04583

圣若瑟月　罗神父著

兖州：兖州府天主堂书局，1926.8，2 版，活版，252 页，32 开

兖州：兖州府天主堂印书馆，1935.10，3 版，252页，32 开

本书为每日恭敬圣若瑟经，内容为默想圣若瑟的功德。1926 年版书前有圣若瑟月规例。书后有恭敬圣若瑟经。

收藏单位：国家馆、绍兴馆

04584

圣若瑟月

献县：张家庄印刷所，1922，129 页，32 开

献县：天主堂，1942，96 页，32 开

收藏单位：国家馆

04585

圣若瑟月日课

兖州：兖州府天主堂印书馆，1933，3 版，52 页，50 开

本书为圣教徒每日诵经文。书后附圣若瑟祷文。

收藏单位：国家馆

04586

圣时　Mateo Crawley Boevey 著　粟临泉译

外文题名：Heure Sainte

济南：华洋印书局，1940，148 页，64 开

本书为天主教瞻礼的默想资料。书前有译者的话。

收藏单位：国家馆

04587

圣时

出版者不详，油印本，16 页，25 开，环筒页装

本书内容包括：供圣体、念祝文；默想、念祝文；念祝文；念祝文。

收藏单位：国家馆

04588

圣时敬礼诸式

青岛：青岛天主堂印书局，1941 印，64 页，32 开

本书为节日礼拜、祷告用经文。

收藏单位：国家馆

04589

圣时善情　巴锡爵著

济南：华洋印书局，1940，2 版，243 页，64 开

本书敬行圣时，恭敬耶稣圣心。共 13 个圣时，并有圣时经文、圣时歌。书前有拉丁、中文的顾主教与巴神父书、序及得圣时大赦之要例。

收藏单位：国家馆

04590

圣事经文简要

北平：出版者不详，1933，39 页，64 开

本书为举行圣事仪式时所用的经文。内容包括：洒圣水经文、复活瞻礼洒圣水经文、大弥撒经文、亡者大弥撒经文等。

收藏单位：国家馆

04591

圣事宣讲

北京：西什库遣使会印字馆，1942，再版，2 册（807 页），32 开

本书共两卷 34 题，内容包括：总论圣之迹、论圣洗圣事之迹、论婚配等。

收藏单位：国家馆

04592

圣体奥迹　叶露嘉编译

外文题名：De Eucharistia

澳门：慈幼印书馆，1949.5，32 页，50 开（灵修小丛书 65）

本书共 3 章：吾主确实存在、弥撒是祭献、领圣体。

收藏单位：国家馆

04593

圣体规仪　（意）潘国光（Frarcuis Brancati）著

外文题名：Eucharistica methodus

上海：土山湾印书馆，1935，3 版，24 页，32 开

本书介绍领圣体的规则。附圣体圣迹八端。

收藏单位：国家馆

04594

圣体纪　（清）李问渔著

上海：土山湾印书馆，1912 重印，144 页，32 开

　　本书内容包括：圣体预像、耶稣立圣事、拜圣体等数篇。书前有序及声言。

　　收藏单位：国家馆、浙江馆

04595

圣体降福经文

北平：辅仁大学，36 页，64 开

　　本书书后有圣母赞颂天主歌。

　　收藏单位：国家馆

04596

圣体降福经文

北京：西什库天主堂遣使会印字馆，1942，58 页，32 开

　　本书为圣教徒一月之内每日默想圣母德性、圣迹的诵书。

　　收藏单位：国家馆

04597

圣体降福经文

出版者不详，55 页，32 开

　　收藏单位：国家馆

04598

圣体降福经文（华文）

[安国]：出版者不详，1937，再版，145 页，32 开，精.平装

　　本书共 11 篇，内容包括：圣体经文、圣心经文、圣母经文等，另有求平安诵。经文上附歌谱。封面题：耀汉德来二会自用。

　　收藏单位：国家馆

04599

圣体军教练员手册　王昌祉编

外文题名：Le Carnet de l'Instructeur de la Croisade Eucharistique

上海：土山湾印书馆，1947.8，48 页，64 开

　　本书为圣体军团教练员小册子。包括：圣体军教练员的任务、教练员应有的美德、教练员每月自省。

　　收藏单位：国家馆

04600

圣体军良友　张希斌著

上海：土山湾印书馆，1936.5，103 页，32 开（圣体军小丛书）

　　本书介绍圣体军简史、经文、军歌和秩序等内容。

　　收藏单位：国家馆

04601

圣体军小宗徒手册　王昌祉编

外文题名：Le Carnet du Petit Apotre

上海：土山湾印书馆，1947.8，32 页，64 开

　　本书内容包括：圣体军小宗徒升任仪式、圣体军小宗徒奉献诵、小宗徒应有的美德、队长集会程序示例。

　　收藏单位：国家馆

04602

圣体军训话三十则　王昌祉编著

外文题名：Triginta Oratiunculae ad Pueros Cruciatae Eucharisticae ab eorum Monitoribus habendae

上海：土山湾印书馆，1942.7，140 页，64 开

　　本书共 30 篇，内容包括：牢记圣体军宗旨、郑重集会、晨起献功等。书前有作者叙。书后附：关于月主保单的几个疑问等 6 篇文章。

　　收藏单位：国家馆

04603

圣体问答

北平：西什库遣使会印书馆，1934，19 页，32 开

　　本书为有关罗马公教圣体圣事的问答。

　　收藏单位：国家馆

04604

圣体与热心　（法）季约来（François Guilloré）著　张润波译

北平：朴庵堂平寓，1931.8，26 页，32 开（神修讲话）

该书从方济各季约来（François Guilloré）的《神修讲话》中摘译。共4章：吾主在圣体圣事内幽静的独居、吾主圣体的神妙境界、圣体圣事的成与终、圣体与麯酒形的奥妙结合等。

收藏单位：国家馆

04605

圣体月　亚尔风索著

兖州：天主堂，1918，重刊，70叶，64开，环筒页装

兖州：兖州府天主堂印书馆，1933.4，6版，172页，50开

本书为圣教徒每日默想之诵书。书前有自序及小引。

收藏单位：国家馆

04606

圣维亚纳讲道选集　（法）Le Monnin 著　沈汝孝译

香港：真理学会，1939.12，119页，32开

香港：真理学会，1940，再版，119页，32开

本书共两卷：论道22讲、圣训6讲。书前有译者的话。

收藏单位：国家馆、内蒙古馆

04607

圣味增爵保禄氏神修格言　圣味增爵保禄氏著　张润波译

北平：上智编译馆，1948.6，60页，42开

本书前有译者叙言、原序及格言索引表。

收藏单位：国家馆、南京馆

04608

圣洗礼仪

外文题名：Ritus Baptismi

香港：公教真理学会，1940.10，33页，42开

香港：公教真理学会，1947.2，再版，33页，50开

本书共两部分：圣洗圣事浅释、圣洗礼仪。

收藏单位：国家馆、南京馆

04609

圣心报（第47年全册）

上海：土山湾印书馆，1933，432页，32开

本书为《圣心报》合订本。自548号起，至559号终，共12期。书后有《圣心报》事类索引。

收藏单位：国家馆

04610

圣心临格　［孟司铎］著

外文题名：Le règne du sacré cceur

献县：张家庄，1915，149页，32开

献县：张家庄，1919，3次排印，136页，32开

献县：张家庄，1920，4次排印，138页，32开

献县：张家庄，1926，5次排印，128页，32开

本书共15章，内容包括：升天堂的火车、圣教道理的总纲、圣心初显在十字架、圣心是什么、圣心要什么、圣心许什么等。

收藏单位：国家馆

04611

圣心圣月　（意）贾玛若兰（Garmagnola）著　鲁微达译

澳门：白德美纪念出版社，1946，96页，42开（公教小读物丛刊42）

本书介绍耶稣圣心敬礼的起源、传播、对象、目的、方法等。附录《怎样爱耶稣圣心》。

收藏单位：广西馆

04612

圣心诵句默想　王昌祉编

外文题名：Meditationes in orationes jaculatorias ad fovendam devotionem erga ss. Cor jesu

上海：土山湾印书馆，1940，187页，64开（圣心小丛书）

本书为颂扬耶稣圣心。共12篇，内容包括：耶稣圣心保护我众之家、耶稣圣心我信尔爱我、耶酥圣心诸事为尔等。

收藏单位：国家馆

04613
圣心王家问答
西湾子双爱堂，1918.5，重版，15页，50开，
环筒页装
　　本书共 8 节，内容包括：讲恭迎耶稣圣心
入王于家庭之宗旨、讲恭迎的礼节、讲圣心
入王于家庭后之本分等。
　　收藏单位：国家馆

04614
圣心问答
上海：土山湾印书馆，1933，6 版，17 页，64
开
　　本书共 3 章：恭敬圣心的宗旨、恭敬圣心
的原理和益处、恭敬圣心的法子。此书初版
于 1898 年。
　　收藏单位：国家馆

04615
圣心训言
出版者不详，[1921]，15 页，36 开
出版者不详，1947.11，14 页，50 开
　　本书为罗马公教教义。
　　收藏单位：国家馆

04616
圣心与司铎　朱希圣译述
外文题名：Le sacré-cceur et le sacerdoce
海门：立教公署，1945.2，176 页，32 开
　　本书共 4 卷：论司铎为上主无穷仁爱之
化工、耶稣圣心司铎之德性、论耶稣对其司
铎之爱情、推论无穷仁爱及司铎之神位神职。
书前有刊误表、序及自序。
　　收藏单位：国家馆

04617
圣心月
天津：崇德堂，1940，103 页，32 开
　　本书内容包括：圣心的显现、圣心的尊
贵、圣心的圣善、圣心的伤痕、圣心的祭献、
圣心的爱主等。
　　收藏单位：国家馆

04618
圣心月
献县：胜世堂，1921，113 页，32 开
献县：张家庄，1926，113 页，32 开
　　本书封内题名：圣心月新编遗响。
　　收藏单位：国家馆

04619
圣心月新编　（清）李问渔著
上海：土山湾印书馆，1934 印，4 版，129 页，
64 开
　　本书为圣心月内默想敬礼耶稣圣心祷文。
并附《耶稣圣心新祷文》《向耶稣圣心赎罪
诵》等 5 篇。书前有序、自序及引言。
　　收藏单位：国家馆

04620
圣衣会规略　[（法）田类斯（Louis-Gabriel
Delaplace）] 编
北平：西什库遣使印书馆，1933，28 页，50 开
　　圣衣会即加尔默罗会。本书以问答形式
论圣衣、圣衣会及恩赦。附宜诵经文。北平
主教满准刊。
　　收藏单位：国家馆、首都馆

04621
圣永译义初稿　吴经熊译
出版者不详，[1946—1949]，118 页，22 开
　　本书为圣咏即《诗篇》。此书据希伯来文
翻译，共 5 卷。书前有蒋中正给译者的书信。
有于斌、朱希孟的序文各一篇。
　　收藏单位：江西馆

04622
圣愿问答　（法）田类思（Louis-Gabriel Delaplace）
著
北平：出版者不详，1933，26 页，50 开
　　本书共两篇：总论圣愿、论贞洁之愿。书
前有要引。书后有发愿经式。
　　收藏单位：国家馆

04623
圣召问题　冯瓒璋编译

外文题名：Pro sociaiate salesiana

澳门等：慈幼印书馆，1947.4，35页，64开（袖珍丛书3）

本书共5部分：前言、崇高的尊位、急切的需要、在传教区中、家庭与圣召。

收藏单位：国家馆

04624

圣召指南　[孟亚丰索]述

献县：献县天主堂，1926.11，178页，32开

献县：献县天主堂，1932，216页，32开

本书共5卷：总论圣召、圣召的尊贵、查考圣召、论圣召的阻挡、招修道的本分。卷首有序。

收藏单位：国家馆

04625

圣主日礼节袖珍　（意）文启明（Vincenzo Randi）编著

外文题名：Caeremoniae hebdomadae majoris

澳门等：慈幼印书馆，1948.3，122页，50开

本书讲述的是"圣主日"的礼节。共4章：圣枝主日、圣瞻礼五、圣瞻礼六、圣瞻礼七。正文后有拉丁文、中文术语对照表等。

收藏单位：广东馆、国家馆

04626

圣主日礼仪　圣母会会士编译

北京：圣母会公教书籍编辑部，1942.3，200页，64开，精装

北京、上海：圣母会公教书籍编辑部，1943.1，再版，200页，64开，精装

本书依照公教会弥撒经本节译。只包括圣瞻礼五（耶稣建定圣体）、圣瞻礼六（耶稣受难占礼）及圣瞻礼七（望复活）三日的礼仪。书前有译者写在前边的几句话、序及启事等。

收藏单位：国家馆

04627

圣主日礼仪

外文题名：The holy week

香港：公教真理学会，215页，50开

本书内容包括：圣枝主日、圣瞻礼五、圣

瞻礼六、圣瞻礼七、耶稣复活瞻礼等章。书前有绪言、弥撒意义略说、弥撒次序。

收藏单位：国家馆

04628

师范简言　（葡）李西满（Simon Rodrigues）杨若望编

河间：张家庄胜世堂，1914，22页，32开

献县：张家庄胜世堂，1918，19页，32开

献县：张家庄胜世堂，1938，19页，32开

本书讲述存超性之志、端正、热心、谦逊及救人热火等传教之道。

收藏单位：国家馆

04629

师主篇　（荷）吉拉德·克路特（Gerard Groote）著　萧舜华　田景仙译

外文题名：The following of christ

献县：张家庄，1919，313页，32开

本书共3卷：关于内修生活最有用的教训、关于内修事务的忠告、激动热心领圣体的劝言。

04630

师主篇　李友兰编著

献县：献县天主堂，1916，360页，32开，环筒页装

献县：献县天主堂，1919，330页，32开

献县：献县天主堂，1936.10，327页，32开

本书内容包括：论效法耶稣轻看世俗、论修士的本分、论人有所望宜靠天主等。首卷有编者弁言。

收藏单位：国家馆

04631

师主篇（原稿初译）（荷）吉拉德·克路特（Gerard Groote）著　萧舜华　田景仙译

天津：崇德堂，1940.7，386页，64开

天津：崇德堂，1948，234页，64开

收藏单位：国家馆、南京馆

04632

师主神操　巴鸿勋（J. Bataille）译

外文题名：Cheu tchou chenn ts'ao

献县：耶稣会，1937.6，483页，50开

本书分炼路5卷，明路4卷，合路2卷。内容包括：论除免罪恶、耶稣的善训该如何听从、人以领圣体合于天主等若干章。

收藏单位：国家馆

04633

十二殊恩默想 （法）步培（Joseph Boubée）著　王洗耳译

外文题名：Meditationes in 12 promissiones ss. Cordis Jesu

上海：土山湾印书馆，1941，167页，64开（圣心小丛书）

本书意在传扬圣心敬礼。是原著的节译本。书前有王昌祉序。

收藏单位：国家馆

04634

十诫　戴教师述

献县：张家庄天主堂，1936，160页，32开

本书讲解天主教徒应遵守的十条标准。

收藏单位：国家馆

04635

十诫精义 （美）狄乐播（Robert McCheyne Mateer）编译　于汉清笔述

上海：广学会，1913，62页，32开

收藏单位：南京馆

04636

十字圣号　叶露嘉译

澳门等：慈幼印书馆，1948.12，31页，50开（灵修小丛书60）

本书共3章：信徒徽号、十字圣号的能力、十字圣号的功用。

收藏单位：国家馆

04637

识己篇（为拒恶而择善）　玛雷斯（Joseph Malaise）著　公教丛书委员会编译

外文题名：Know yourself: To refuse the evil and to choose the good

天津：公教丛书委员会，1947.11，262页，64开

本书共32章，列举人类本性中的罪恶和耶稣真徒的美德。书前有原序、附则。

收藏单位：国家馆

04638

实益年刊

青岛：青岛天主堂，1929，70页，16开

本书介绍天主教宗教节日的来历、内容、圣物的起源及实质。

收藏单位：国家馆

04639

始终维新的天主教

天津：崇德堂，35页，32开

本书内容包括：天主是谁、谁有敬奉天主的责任、怎么样敬奉天主、天主教的沿革概要等。

收藏单位：国家馆

04640

世界的伟大证明有神　王昌祉主编

香港：真理学会，1949，2版，8页，64开（现代问题的解答乙1）

本书共两部分：世界是伟大的、谁是世界的造物主。

收藏单位：国家馆

04641

守瞻礼之日　[（德）赫德明（Joseph Hesser）]著

兖州：兖州府天主堂印书馆，1933，8版，43页，32开

本书介绍应该如何守瞻礼。共39章。书前有小引。

收藏单位：国家馆

04642

守瞻礼主日的本分 （德）韩宁镐（Augustin Henninghaus）著

兖州：兖州府天主堂印书馆，1931印，38页，50开

兖州：兖州府天主堂印书馆，1934，3 版，41
页，50 开

本书告诫教友不要犯天主的大诚命，要
守主日。

收藏单位：国家馆

04643

守贞要规

兖州：兖州府天主堂印书馆，1936，4 版，18
页，64 开

本书论说童贞在信徒生活中的地位、守
贞的重要、如何改正陋习等。

收藏单位：国家馆

04644

守贞宜读 李友兰著

外文题名：Cheou tcheng i tou

献县：献县天主堂，1929，80 页，32 开

献县：献县天主堂，1937，80 页，32 开

本书共 21 章，内容包括：论贞洁字义、
论贞洁之紧要、贞洁能乐天庭等。书前有序。

收藏单位：国家馆

04645

司铎避静宝鉴 胡明善译述 王振民校阅

北平：传信印书局，1935.11，2 册（755 页），
32 开，精装

本书内容包括：僻静导言、热心神工、司
铎贤否之影响、司铎罪过之重大、论告解、
懈怠的司铎、热切的司铎、司铎应研究学术、
热心当具之条件、如何劝悔教友、听告解、
做弥撒、克己等。

收藏单位：国家馆

04646

司铎金鉴 （意）福拉西乃狄（Frassinetti）著
（葡）李西满（Simon Rodrigues）译

献县：张家庄胜世堂，1917，106 页，32 开

献县：张家庄胜世堂，1920，3 次排印，109 页，
32 开

献县：张家庄胜世堂，1936，4 次排印，109 页，
32 开

本书共两卷 34 章，讲述司铎应具备的品

德及如何引导教徒。书前有序、小引。

收藏单位：国家馆

04647

司铎默想宝书（卷 1 论列练路）

兖州：兖州府天主堂，1917，活版，508 页，25
开

兖州：兖州府天主堂，1927，活版，重刊，550
页，25 开

本书内容包括：将临第一主日想公审判、
将临第二主日想救主的灵迹、将临第三主日
想你是谁、正月初一想耶稣圣名、立耶稣圣
名后之主日庆贺耶稣圣名等。书前有更正、
自序。

收藏单位：国家馆、内蒙古馆

04648

司铎默想宝书（卷 2 论列明路）

兖州：兖州府天主堂，1918，活版，12+460 页，
32 开，精装

兖州：兖州府天主堂，1927，活版，重刊，537
页，25 开

本书内容包括：苦难主日想我们当跟从耶
稣之紧要容易赏报、圣枝主日想耶稣进都城、
哀哭京都、驱逐堂中商贩，复活瞻礼想复活
之荣、耶稣圣身、灵魂及天主性的光荣等。

收藏单位：国家馆、内蒙古馆、首都馆

04649

司铎默想宝书（卷 3 上册 续列明路）

兖州：兖州府天主堂，1918，活版，12+469 页，
25 开，精装

兖州：兖州府天主堂，1927，活版，重刊，516
页，25 开

本书内容包括："降临后第七主日想
假先知。假先知是谁。外披羊皮。因树看
果。""降临后第八主日想行哀矜之责之益
之式""降临后第九主日想耶稣哭日路撒
冷""降临后第十主日想二人之祈祷"等。

收藏单位：国家馆、内蒙古馆、首都馆

04650

司铎默想宝书（卷 4 瞻礼题目）

兖州：兖州府天主堂，1919，活版，180页，32开

本书内容包括：圣安德肋瞻礼、圣方济各沙勿略、圣女巴尔巴拉、圣尼各老、圣盎波落雪、圣母无染原罪等。

收藏单位：国家馆

04651

司铎退省 （法）谈天道著　邹俊生译

外文题名：Secessus sacerdotalis

上海：土山湾印书馆，天津：崇德堂，1949，262页，32开

本书分上、下两卷，论述司铎的神修生活和省察等。

收藏单位：广东馆、国家馆

04652

司铎与善会　周连墀著

北京：公教教育联合会，1941.7，58页，32开

本书共8篇，内容包括：神职班传教联合善会之原起和现状、组织大纲、本善会各项神恩之诠解等。书前有自序及主要参考书目。

收藏单位：国家馆

04653

死说

外文题名：De Morte

上海：土山湾印书馆，1935重印，2版，10页，32开（光启杂录）

本书内含天主教徒论说"死"的文章3篇。书前有小引。

收藏单位：国家馆

04654

四规

献县：出版者不详，1936，257+185页，16开

本书内容包括：参加弥撒、守斋日、每年至少告解和领圣体一次、量力奉献供教会之需要。

收藏单位：国家馆

04655

四规

出版者不详，[1936]，255页，18开

本书共51篇，内容包括：恶终善终、小罪炼狱、地狱四门等。

收藏单位：国家馆

04656

四规道理

献县：献县天主堂，1940，413页，36开

本书共46篇，内容包括：立功劳、论大罪之恶、爱天主爱人等。书前有序。

收藏单位：国家馆

04657

诵经劝语

出版者不详，416页，64开，精装

本书共15篇，内容包括：早课、晚课、主日规、主日经、望弥撒经、领圣体经、告解规式、各样经文、玫瑰经、祷文集、苦路经、周年瞻礼、圣月、殡葬经、要理问答。书前有公诵经时规则。

收藏单位：国家馆

04658

俗言警教　孟主教著

兖州：兖州府天主堂印书馆，1926重印，活版，81页，32开

兖州：兖州府天主堂印书馆，1931印，4版，140页，32开

兖州：兖州府天主堂印书馆，1941.11，5版，81页，32开

本书为天主教杂论。内容包括：论天主是谁、论天无知觉灵明、论地无知觉灵明、论眼见不足真证、论皇上不能封神、论中国佛之来原等数篇。4版较初版内容有扩充。

收藏单位：国家馆

04659

他在祭台干什么？　（英）C. C. Martindale 著　真理学会编辑部译

外文题名：What is he doing at the altar?

香港：公教真理学会，1941.3，58页，50开

香港：公教真理学会，1947.7，再版，39页，50开

本书介绍天主教司铎如何主持弥撒。

收藏单位：国家馆、南京馆

04660

太平洋的背后 保嘉第尼著 邓青慈译

澳门：白德美纪念出版社，1947.4，67页，50开（公教读物小丛书16）

本书收：《太平洋的背后》《达高》两篇故事。书前有卷头语。

收藏单位：国家馆、南京馆

04661

谈道资料 天主教教务协进委员会编

[上海]：天主教教务协进委员会，[1949]，28页，32开

本书收文5篇，内容包括：《三联讲道图》（谈天道）、《神学圣律实际问题——论司铎的圣召》（P. Escanciano S. J.）、《小信德的人为什么胆怯》（侯树信著、米增祥译）等。

收藏单位：国家馆

04662

谈道资料（2） 天主教教务协进委员会编

上海：天主教教务协进委员会，[1948]，34页，32开

本书收文6篇，内容包括：《玛利亚——天主之母》（顾保鹄译）、《为天国》（苏艺译）、《十月三日圣女小德肋撒瞻礼神婴小路》（全恩编）等。

收藏单位：国家馆

04663

谈论真假 罗司铎著

兖州：兖州府天主堂印书馆，1926，7版，109页，32开

兖州：兖州府天主堂印书馆，1933，8版，109页，32开

兖州：兖州府天主堂印书馆，1937，9版，109页，32开

本书用俗语讲述天主教徒该当如何善言教训俗人，给他们辩明真假。书前有小引。

收藏单位：国家馆

04664

谈谈大赦 白德美纪念出版社主编 何慕人编著

澳门：慈幼印书馆，1947.2，36页，64开（袖珍丛书2）

本书为天主教教理书。共5部分：大赦的性质、圣教会可能颁赐大赦、大赦的价值与利益、获得大赦的必要条件、大赦与炼灵。

收藏单位：国家馆

04665

天国的锁钥 （意）白德美（Andreas Beltrami）著 王湧译

澳门：白德美纪念出版社，1949.9，65页，50开（公教小读物丛刊45）

本书共12篇，内容包括：圣洗圣事、欲得大罪得宽免、告解是最要紧的、痛悔的种类等。

收藏单位：国家馆

04666

天国之阶

上海：土山湾印书馆，168页，32开

收藏单位：首都馆

04667

天国之钥 亚尔方素原著 范石夫译

南京：南京圣保禄会，1948，85页，64开

本书是论天主教祈祷的小册子。共3章，内容包括：祈祷与人生、祈祷之实效、祈祷之要素。

收藏单位：国家馆

04668

天阶 （意）潘国光（Frarcuis Brancati）编著

外文题名：Scala caelestis

上海：土山湾印书馆，1935，2版，18页，64开

本书介绍天主教徒在每天起身、穿衣、穿鞋、洗脸、梳头、照镜、焚香、写字、看花等日常生活中所应思想的主的恩典。

收藏单位：国家馆

04669

天眷隆渥　袁希孟译

北平：西什库天主堂遣使会印字馆，1938 印，111 页，32 开

本书共 5 章，内容包括：大恩赐、有意实行九个阳月首瞻礼六的几个感想、恭迎耶稣圣心作主于家庭如何讲解等。

收藏单位：国家馆

04670

天门宝钥　徐励译

外文题名：La contrition parfaite, clef d'or du paradis

上海：土山湾印书馆，1934 印，22 页，64 开

本书讲解痛悔的道理。共 7 章，内容包括：痛悔两字怎么解、什么是上等痛悔、如何发上等痛悔等。

收藏单位：国家馆

04671

天主公教的进行

北平：[公教图书馆]，[1929.4]，24 页，32 开

本书内容包括：什么是进行会、特别标识及组织法、中华公教进行会、中华信友进行会章程等。书前有宗座驻华代表致公教教育联合会书。

收藏单位：国家馆

04672

天主公教证验真教学　德恩普　宗怀谟编

济南：华洋印书局，1931，2 版，364 页，32 开

本书共 3 篇：我们必须信奉一个宗教、我们必须信奉基多的宗教、我们必须信奉天主公教。

收藏单位：国家馆、湖南馆

04673

天主教　刘韵轩著

上海：天主教教务协进委员会，1949，102 页，32 开

上海：天主教教务协进委员会，1949.6，新版，102 页，32 开

本书论述天主教教义、信条、诫条等。

收藏单位：上海馆、天津馆

04674

天主教　刘韵轩著

北平：中华公教进行会总监督处，1936.1，7 版，196 页，32 开

北平：中华公教进行会总监督处，1936，8 版，201 页，32 开

北平：中华公教进行会总监督处，1937.5，9 版，202 页，32 开

本书共 6 卷：论天地之真主、论吾人之灵魂、论公教之真理、论宗徒信经、论十诫四规、论圣事七迹。书前有于斌序、作者弁言。

收藏单位：国家馆、近代史所、内蒙古馆、首都馆

04675

天主教传入中国概观　[圣教杂志社编]

上海：土山湾印书馆，1928，64 页，32 开（圣教杂志丛刊）

上海：土山湾印书馆，1933，再版，64 页，32 开（圣教杂志丛刊）

本书概述天主教传入中国的历史。附录十字圣架五次显现中华、陕西新发现之圣教古碑、天主正道解略。

收藏单位：广东馆、广西馆、贵州馆、国家馆、内蒙古馆、首都馆、浙江馆

04676

天主教传行中国考

外文题名：Histoire de l'église de Chine

献县：胜世堂，1923，2 册（272+239 页），32 开

献县：献县天主堂，1931，509 页，32 开

献县：献县天主堂，1937，3 次排印，511 页，32 开

本书内容摘自《圣教史略》。共 8 卷，内容包括：自汉唐至元太祖、自元初迄元末、自明初至沈灌教难至崇祯末、自咸丰至光绪末等。

收藏单位：桂林馆、国家馆、近代史所、南京馆、首都馆、浙江馆

04677

天主教大纲　王仁生　吴礽茂编

外文题名：Grandes lignes de la religion Catholique

上海：土山湾印书馆，1938.10，23 页，64 开（光启杂录）

上海：土山湾印书馆，1939.11，再版，23 页，64 开（光启杂录）

　　本书介绍天主教基础知识。内容包括：耶稣是真理、耶稣是道路、耶稣是生命。另附经文 1 篇。

　　收藏单位：国家馆

04678

天主教的检讨

北平：西什库天主堂遣使会印字馆，1942.2 印，17 页，32 开

　　本书内容包括：天主教的组织、教宗的地位、教宗的政策等。书前有导言。

　　收藏单位：国家馆、内蒙古馆

04679

天主教的宗教仪式　王昌祉主编

香港：真理学会，1949.6，11 页，64 开（现代问题的解答 丁 5）

　　本书共 4 篇：宗教仪式的意义、祈祷的意义、天主教中几种重要的宗教仪式、几种谬见。

　　收藏单位：国家馆、内蒙古馆

04680

天主教的组织　王昌祉主编

香港：真理学会，1949.8，2 版，10 页，64 开（现代问题的解答 丁 4）

　　本书共两章。第 1 章治理教务的组织，包括教宗、主教、司铎、教友；第 2 章辅佐教务的组织，包括教廷、修会、善会。

　　收藏单位：国家馆

04681

天主教会法典（试译）　（德）杨恩赉　李启人试译

外文题名：Codex iuris canonici

济南：华洋印书局，1943，662 页，16 开，精装

本书共 5 编：总则、人、物、诉讼行为、罪罚。书前有自序。

　　收藏单位：内蒙古馆、山东馆

04682

天主教教义提纲（第 1 册 问答）（法）马司铎（Chanoine Masure）著　（法）狄守仁（P. Petit）编译

天津：崇德堂，1937.4，再版，146 页，32 开

天津：崇德堂，1938，3 版，129 页，32 开（公教丛书 3）

天津：崇德堂，1941.8，再版，1 册，32 开

天津：[崇德堂]，1944，80 页，32 开

天津：崇德堂，1948.5，4 版，108 页，32 开（公教丛书 3）

　　本书共 3 卷：耶稣启示给我们应信的真理、耶稣指示给我们应尽的义务、耶稣付给我们得常生的方法。

　　收藏单位：国家馆、近代史所、南京馆、内蒙古馆、首都馆

04683

天主教教义提纲（第 2 册 福音原文摘录）（法）狄守仁（P. Petit）著　朱星元译

天津：崇德堂，1937.7，181 页，32 开

天津：崇德堂，1938.12，再版，159 页，32 开（公教丛书 4）

　　本书讲述耶稣基督其人其事以及他给人们的启示。

　　收藏单位：国家馆、江西馆、天津馆

04684

天主教教义提纲（第 3 册 公教概论）　高司铎著　（法）狄守仁（P. Petit）编译

天津：崇德堂，1938，10+224 页，32 开（公教丛书 5）

天津：崇德堂，1941，再版，10+224 页，32 开（公教丛书 5）

　　本书共 4 章：基多的人格、基多的事业、公教的生活、援助。有总结论：公教道理的集成。

　　收藏单位：国家馆、首都馆

04685

[天主教祈祷经文]

[天主堂]，[1930—1939]，1 册，16 开

本书内容包括：七旬主日前瞻礼七、六旬主日前瞻礼七、五旬主日前瞻礼七、严斋第一主日瞻礼七、严斋第二主日瞻礼七等。

收藏单位：国家馆

04686

天主教浅说 张介眉著

外文题名：Cum approbatione ecclesiastica

北平：上智编译馆，1948，156 页，32 开

本书介绍天主教的教理、教规、教仪、组织及历史等。

收藏单位：广西馆、国家馆

04687

天主教十六世纪在华传教志 （法）裴化行（Henri Bernard）著 萧浚华译

外文题名：Aux portes de la chine: les missionaires du XVI siècle

上海：商务印书馆，1936.6，334 页，16 开（历史丛书）

上海：商务印书馆，1937，再版，334 页，16 开

本书分上、下编，上编叙述天主教徒来华目的；下编叙述利玛窦、方济各、沙勿略、范礼安、罗明坚等人在华的传教活动。

收藏单位：重庆馆、东北师大馆、广东馆、广西馆、桂林馆、国家馆、湖南馆、江西馆、辽大馆、南京馆、内蒙古馆、山东馆、首都馆、天津馆、西南大学馆、浙江馆、中科图

04688

天主教是麻醉品吗

梅县：梅县天主堂，[1940—1949]，[3 页]，50 开（我们的呼声 8）

收藏单位：国家馆

04689

天主教是什么 王昌祉主编

香港：真理学会，1949.6，10 页，64 开（现代问题的解答 丁 2）

本书帮助认识天主教。共 3 章：名词方面的解释、惟有天主教是耶稣的真教会、对于天主教的几种谬见。

收藏单位：国家馆

04690

天主教是什么 现代问题研究社编

现代问题研究社，12 页，64 开（现代问题的解答 丁 2）

收藏单位：国家馆

04691

天主教适合人性 光启社编

外文题名：Le christianisme convient a l'homme

上海：土山湾印书馆，1934，30 页，32 开

本书共 4 章：天主教是完备的、天主教是连贯的、天主教是普遍的、天主教是真实的。

收藏单位：国家馆

04692

天主教术语名辞汉译问题 陈哲敏著

出版者不详，20 页，32 开

本书共 5 部分：中国天主教名辞术语现阶段的情形、各方面的感觉与努力、我们对于问题的看法、具体的原则、具体的工作。书前有绪言。

收藏单位：国家馆、内蒙古馆

04693

天主教信徒的立场 天主教教务协进委员会编

出版者不详，11 页，50 开

本书从基本准则、公共福利、政权的需要、服从政权等几方面，阐述天主教徒的立场。

收藏单位：广东馆、国家馆

04694

天主教要理的基础 （意）鲍斯高（S. Joannes Bosco）著 白德美纪念出版社编译

外文题名：Fundamentum religionis catholicae

澳门等：慈幼印书馆，1948.3，再版，31 页，32 开

本书共 10 章，内容包括：真教的大意、只有一个真教、圣教会的元首、论教宗不能错误、给福音教人的一个答复、给青年人的三句忠告等。

收藏单位：国家馆、辽宁馆、内蒙古馆

04695

天主教要理问答

天津：出版者不详，1935，40 页，32 开，环筒页装

本书为教理问答。内容包括：论当信的道理、论当守的规诫、论得圣宠的法子。书前附圣教要经。

收藏单位：国家馆

04696

天主教永垂不朽 （英）奥云·德理（Owen F. Dudley）著 郭海骏译

外文题名：The church unconquerable

香港：公教真理学会，1947.8，27 页，32 开

本书论说天主教的神圣及永恒。

收藏单位：贵州馆、国家馆

04697

天主教与学术贡献 蔡任渔著

外文题名：The church's part in science

梅县：公进出版社，1937.1，64 页，32 开（公教文库 2）

本书内容包括：天主教与科学、天主教与教育事业、天主教与西学东渐。书前有代序。书后附录《天主教西洋美术之东渐》《天主教西洋哲学之来华》2 篇。

收藏单位：国家馆

04698

天主教与政治 现代问题研究社编

现代问题研究社，12 页，64 开（现代问题的解答 丁 9）

本书共 3 部分：天主教会与政治、天主教教友与政治、天主教的政治主张。

收藏单位：国家馆

04699

天主教之进行中华公教信友进行会章程 中华公教信友进行会总部编

北平：中华公教信友进行会总部，26 页，36 开

本书内收章程 33 条。书前有宗座代表刚总主教致可敬公教教育联合会会长平安于主及公教信友进行会宗旨。

收藏单位：国家馆

04700

天主经 （西）德肋撒（St. Teresa of Jesus）著 香港赤柱圣衣会修女译

外文题名：Le chemin de la perfection

香港：公教真理学会，1948.1，137 页，64 开（神修丛书）

本书共 16 章，内容包括：在天我等父者、收心的祈祷、安静的祈祷等。译自德肋撒的《修戒正路》一书。

收藏单位：国家馆

04701

天主经

[北平]：出版者不详，1931，80 页，50 开

本书即主祷文。以问答形式说明学习念天主经的方法。

收藏单位：国家馆

04702

天主经（又名，尔名见圣）（前 3 求） [（德）亚尔邦] 著 李若翰译

兖州：兖州府天主堂印书馆，1933，118 页，25 开

本书共 3 卷。此册是第 1 卷，劝人荣耀天主的圣名，使天国降临，世人承行主旨。卷首有译者序。

收藏单位：国家馆

04703

天主经（又名，日用之粮）（第 4 求） [（德）亚尔邦] 著 李若翰译

兖州：兖州府天主堂印书馆，1932，122 页，25 开

本书共 3 卷。此册是第 2 卷，劝人依靠天主。卷首有译者序。

收藏单位：国家馆

04704

天主经（又名，尔免我债）（后 3 求）［（德）亚尔邦］著　李若翰译

兖州：兖州府天主堂印书馆，1933，182 页，25 开

本书共 3 卷。此册是第 3 卷，帮助罪人得到赦免。有译者序。

收藏单位：国家馆

04705

天主经解

济南：济南教区天主堂印刷局，1940 印，78 页，32 开

本书共 9 篇，内容包括：善于祈祷的耶稣基督、在天我等父者、我等愿尔名见圣等。书前有小引。

收藏单位：国家馆

04706

天主圣教百问答　（比）柏应理（Philippe Couplet）著

外文题名：Centum quaesita et responsa

上海：土山湾印书馆，1934，7 版，24 页，18 开

本书以问答形式讲述天主圣教之理。初版于 1675 年。书前有著者叙言。

收藏单位：国家馆

04707

天主圣教十诫直诠　（葡）阳玛诺（Emmanuel Diaz）述

外文题名：Decalogi simplex explicatio

上海：土山湾印书馆，1930，2 版，136 页，32 开

本书对天主十诫的解释。分上、下两卷。上卷论前三诫上爱天主，下卷论后七诫下爱世人。卷首有叙十诫、十诫序。

收藏单位：国家馆、山东馆

04708

天主圣教约言　（葡）苏如望（J. Soerio）述

外文题名：Religionis christiane summarium

上海：土山湾印书馆，1916，22 页，32 开

上海：土山湾印书馆，1920 印，22 页，32 开

上海：土山湾印书馆，1936，7 版，17 页，32 开

本书介绍天主教基本教规。内容包括：崇一天主万有之上、守瞻礼之日、孝敬父母等。

收藏单位：国家馆

04709

天主十诫

北平：中央医院，1930，94 页，32 开（圣教会丛书 9）

本书共 22 篇，内容包括：由天地万物证实有天主、论天堂、论天主十诫等。书前有序。

收藏单位：国家馆

04710

天主十诫劝论圣迹

外文题名：De decalogo instructiones & miracula

上海：土山湾印书馆，1911 重印，166 页，32 开

上海：土山湾印书馆，1921，166 页，32 开

上海：土山湾印书馆，1934，7 版，192 页，32 开

本书说明十诫的意义。书前有跋、总论。

收藏单位：国家馆、内蒙古馆

04711

天主实义　（意）利马窦（Matteo Ricci）著

上海：土山湾印书馆，1935，6 版，166 页，32 开

本书分上、下卷。上卷包括：解释世人错认无主、论人魂不灭大异禽兽等 4 篇；下卷包括：辩排轮回六道戒杀生之谬说而揭斋素正志、释解意不可灭并论死后必有天堂地狱之赏罚以报世人所为善恶等 4 篇。书前有李之藻重刻序等。

收藏单位：国家馆、南京馆

04712

天主实义 （意）利马窦（Matteo Ricci）著

兖州：兖州府天主堂，1930，活版，5版，石印本，85页，32开

兖州：兖州府天主堂，1936，活版，6版，85叶，32开

本书为文言对照。

收藏单位：国家馆

04713

天主实义 （意）利马窦（Matteo Ricci）著
（明）李之藻 （明）冯应京译

献县：张家庄胜世堂，1914重印，石印本，95页，16开

收藏单位：国家馆

04714

天主实义 （意）利马窦（Matteo Ricci）著
朱星元 田景仙编译

天津：崇德堂，1941.8，220页，22开

天津：崇德堂，1948，191页，32开

天津：崇德堂，1948.1，再版，191页，32开

本书为文言对照。

收藏单位：安徽馆、国家馆、南京馆、内蒙古馆、首都馆

04715

天主与科学 王廉著

上海：土山湾印书馆，13页，64开（现代宗教问题丁10）

本书共3部分：天主绝对不相反科学、天主教提倡科学、天主教与我国的科学知识。

收藏单位：国家馆

04716

天主在我们 潘吕（R. P. Plus）著 吴应枫译

外文题名：Dieu en nous

上海：土山湾印书馆，1941，180页，64开（震大公青会丛书5）

本书叙述怎样祈祷天主，怎样使祈祷的质量改进。共5卷：我们的超性特恩、天主居于我们灵魂上、死罪与同天主绝交、我们与在我们的天主来往、和在我们的天主亲密的步骤等。

收藏单位：国家馆、南京馆

04717

同心曲

外文题名：Song fo Harmony

香港：真理学会，1948.1，32页，50开（民众读物小丛刊12）

本书收故事两篇：《同心曲》（张秀亚译）、《四公》（雷洪）。书前有序。

收藏单位：国家馆

04718

童身之圣童身者 沈士贤主编

上海：中联印刷公司，47页，32开（圣玛利亚小丛书）

本书为天主教杂文集。内容包括：《我们的信仰》《告诉普世的人》《大众的意见》等。

收藏单位：国家馆

04719

童贞之光 南昌圣类思医学院编

南昌：圣类思医学院，1948.12，10页，25开

南昌：圣类思医学院，1949.2，16页，25开

收藏单位：江西馆

04720

童贞指南

兖州：兖州府天主堂印书局，1932印，4版，358页，32开

本书内含论天主教徒修行的文章42篇，内容包括：《论人都该修洁德》《论童贞的尊贵》《论祈祷》《论领圣事》等。书后附人名详解。

收藏单位：国家馆、辽宁馆

04721

童子圣体军要略

上海：土山湾印书馆，1928，24页，32开

上海：土山湾印书馆，1932，3版，27页，32开

本书分10部分，介绍童子圣体军性质、宗旨、规律、教练、资格等。

收藏单位：国家馆

04722

退思录　[刘赖孟多] 编译

外文题名：Retraite de huit ou dix jours

献县：张家庄天主堂，1926，2 册（[772] 页），32 开

献县：张家庄天主堂，1932，2 版，2 册（475+364 页），32 开

　　本书论避静工夫。上卷：默想题目；下卷：训典备考。书前有编者序。

　　收藏单位：国家馆

04723

晚间一小时之家庭朝拜圣心　玛窦（Mateo）著

香港：耶稣圣心远王天下进行会，1938，44 页，50 开

　　本书为祈祷朝拜的经文。

　　收藏单位：国家馆

04724

万物真原　（意）艾儒略（Giulio Aleni）著

献县：献县天主堂，1934，32 页，32 开

　　本书以天主教观点论天地万物之原。共11 篇，内容包括：论物皆有始、论人物不能自生、论天地不能自生人物、论理不能造物、论天主造成天地、论天主为万有无原之原等。书前有著者小引。

　　收藏单位：国家馆

04725

万物真原　（意）艾儒略（Giulio Aleni）著

兖州：兖州府天主堂印书馆，1929，活版，5版，44 页，50 开

兖州：兖州府天主堂印书馆，1932.11，6 版，44 页，50 开

　　收藏单位：国家馆

04726

亡者大弥撒

外文题名：Missa pro defunctis

北平：出版者不详，1941，13 页，32 开

　　本书为弥撒经文。内容包括：亡者大弥撒、弥撒后拜安所经文、起棺时经文。

　　收藏单位：国家馆

04727

王肃达氏绘制公教要理圣像说明　[王肃达] 编

出版者不详，35 页，50 开

　　收藏单位：国家馆

04728

望教须知　戴教师述

出版者不详，36 页，32 开

　　本书介绍望教的要求，有经文 43 条。

　　收藏单位：国家馆

04729

为什么你不做一位圣人　（爱尔兰）[奥布赖恩]（John A. O'Brien）著　王瑞明译

出版者不详，29 页，32 开

　　本书论述怎样才能成为圣人。

04730

为什么要祈祷　萨莱（Gaston Salet）著　周士良译

上海：土山湾印书馆，32 页，32 开

　　本书论述原始民族的祈祷、古代宗教的几种祈祷、祈祷与哲学、基督教与祈祷，着重论述天主教的祈祷。

　　收藏单位：广东馆、国家馆

04731

问答略解　伯司铎著

兖州：兖州府天主堂印书馆，1926，2 版，235页，32 开

兖州：兖州府天主堂印书馆，1933，4 版，185页，25 开

　　本书以问答形式讲述天主教十诫、四规、圣三、复活、升天等教律和常识。

　　收藏单位：国家馆、河南馆

04732

我的初领圣体　Laravoire Morrow 著

外文题名：My first communion

香港：慈幼印书馆，1939.7，114 页，32 开

本书内容包括：天主与万物、亚当和厄娃、天主是什么、天主能做什么、天主三位、十字圣号、善神和恶神、天主和我、我的护守天神等。

收藏单位：国家馆

04733

我的公教信仰（卷 1 信仰之部） Laravoire Morrow 著　冯瓒璋译

香港：慈幼印书馆，1947.6，113 页，18 开

香港：慈幼印书馆，1949，2 版，2 册（92+94 页），32 开

本书以问答形式介绍天主教基本教义。本册为信仰之部，共 51 章，内容包括：天主和人的灵魂、天主、天主圣三、造化、天神、获守天神、原祖父母、原罪、天主的存在、圣经、宗徒信经等。书前有前言及编辑大意。

收藏单位：广东馆、国家馆

04734

我的公教信仰（卷 2 十诫之部） Laravoire Morrow 著　冯瓒璋译

香港：慈幼印书馆，1947.10，109 页，16 开

本书为十诫之部，共 25 章，内容包括：天主十诫、圣教四规、大罪、小罪、七罪宗、德性、四枢德、爱人的义务等。书后有附录祈祷。

收藏单位：国家馆、首都馆

04735

我的公教信仰（卷 3 圣事之部） Laravoire Morrow 著　冯瓒璋译

香港：慈幼印书馆，1948.1，101 页，16 开

本书为圣事之部，共 26 章，内容包括：圣宠、宠佑、宠爱、圣事、圣洗、告解、省察、痛悔、定改、告明、大赦、圣体、弥撒等。书后有附录圣仪和其他。

收藏单位：国家馆、首都馆

04736

我的生活　吴燕著

外文题名：My life

香港：真理学会，1949.6，20 页，50 开（民众读物小丛刊 46）

本书介绍生活方式、生活情趣，收文章 3 篇：我的生活、一顿优美的早膳、理弟的死。书前有民众读物小丛刊总序。

收藏单位：国家馆

04737

我的主日弥撒经书　史神父（Fr. Stedman）著　吴经熊译

香港：公教真理学会，1946.12，531 页，64 开

香港：公教真理学会，1947.4，2 版，531 页，64 开

本书介绍望弥撒的简易方法。附有主日弥撒主旨的解释、拉丁文与中文对照及对语弥撒等内容。

收藏单位：国家馆

04738

我国圣教二十二种名称之考释　方豪撰

出版者不详，[1936]，[8] 页，16 开

本书介绍天主教在我国的不同称谓及其由来。为《我存》杂志 4 卷 6—7 期抽印本。

收藏单位：国家馆

04739

我将到天主的祭台前　周连墀编译

[北平]：传信书局，1938.5，98 页，50 开

本书共 3 章：望弥撒之责任、弥撒用品、弥撒中之经文和礼节。书前有例言。书后有附录。

收藏单位：国家馆

04740

我们的圣教（第 1 集 儿童班读本）　马奕猷编辑　黄永杰画图

香港：公教真理学会，1946，3 版，[44] 页，22 开

香港：公教真理学会，1948，[81] 页，32 开

本书以问答的形式并配图画讲解天主教基本教理。

收藏单位：国家馆、首都馆

04741

我们的圣教（第 1 集 儿童班教授法） 马奕猷著

广西：梧州天主堂，1938，287 页，16 开

广西：梧州天主堂，1939，再版，287 页，16 开

本书为 7—12 岁的儿童编写的天主教课本。采用心理教授法，又称幕呢克教授法，共 40 课，内容包括：天主造天地、我们对天主有什么本份、论天神、论原祖犯罪、圣母领报等。书前有著者总论。著者原题：马监牧。

收藏单位：桂林馆、国家馆

04742

我们的圣教（第 2 集 像解问答教授法） 马奕猷著

外文题名：Our holy religion

香港：公教真理学会，1939，763 页，18 开

香港：公教真理学会，1940，486 页，18 开

香港：公教真理学会，1947.9，再订版，2 册（763 页），16 开

本课本为从第 60 课至 110 课，每课包括绪论和课题详解。

收藏单位：国家馆

04743

我们的圣教（像解问答读本） 马奕猷编

香港：公教真理学会，1938，[148] 页，32 开

香港：公教真理学会，1946，3 版，[148] 页，32 开

香港：公教真理学会，1947，改订版，[148] 页，32 开

本课本中每课有一幅插图，三个问题，并引圣经加以解释。

收藏单位：国家馆、南京馆

04744.

我们的圣教（像解问答略说） 马奕猷编　陆鸿年图画

香港：公教真理学会，1940，2 册（457 页），32 开

本书为高级小学读本。共 110 课，每课包括图画解、问答解两部分。

收藏单位：国家馆、首都馆

04745

我们的喜讯（公教宣讲的基本题材）（奥）侯树信（Joannes Hofinger）著　李笑春译

景县：总修院，1947.1，147 页，32 开

景县：总修院，1947，[284] 页，32 开

本书共两编 30 讲，内容包括：天主对我们的永爱、我们对天主恩爱的答覆——教友生活等。书前有卷头语。

收藏单位：国家馆、南京馆、首都馆

04746

我们的宗教 （匈牙利）陶德（Tihamér Tóth）著　杨世豪译

外文题名：Religion des jungen menschen

兖州：保禄印书馆，1948.5，156 页，32 开

本论文集共收文章 62 篇，分坚持你的信仰、天主和我的灵魂两部分。书前有译者自序及愚蠢的蜘蛛。

收藏单位：国家馆、辽宁馆、上海馆

04747

我们昆弟身上的基多 潘吕（R. P. Plus）著　吴应枫译

外文题名：Le christ dans nos freres

上海：震旦大学，1941.7，264 页，64 开（震大公青会丛书 7）

本书分上、下两篇。上篇为妙生津，内含合一津、爱德津、连领津；下篇为救灵三法，内含外动法、祈祷法、痛苦法。书前有卷头语。

收藏单位：国家馆、南京馆

04748

我能够做司铎么？ （英）兑尔（William Doyle）著　陈伯良译

外文题名：Shall I be a priest?

香港：公教真理学会，[1938]，44 页，36 开

本书共 7 章，讲述司铎的尊位、威权、伟业等。书前有译者的话。

收藏单位：广西馆、国家馆、南京馆

04749

我能够做修女吗？ 左爱伦娜（E. Chaw）著

外文题名：Shall I be a nun?

香港：真理学会，1940.6，再版，34页，50开

本书共 11 篇，内容包括：最可爱的灵魂、挚爱的心、为爱主而救人、圣经上的富少年、决心听从圣召、奉献自己的灵魂、祈祷和默想、选择修会的问题等。

收藏单位：国家馆

04750

我是什么？ R. P. Adrian 著 冯瓒璋译

外文题名：The Great question

香港：公教真理学会，1940.11，66页，32开

香港：公教真理学会，1946.11，再版，65页，32开

香港：公教真理学会，1948.8，3版，65页，32开

本书是以天主教徒的观点谈论信仰问题。内容包括：有没有天主、中国古代的宗教信仰、由理智证明天主的性体、人有灵魂、天主和人的关系等。

收藏单位：国家馆

04751

我为什么信奉天主教？ 现代问题研究社编

现代问题研究社，12页，64开（现代问题的解答 丁3）

本书共 3 部分："我信奉天主教，不是因为……""我信奉天主教是因为……""应当如此"。

收藏单位：国家馆

04752

我之改奉天主教小史 （美）花友兰（Wilmoth. A. Farmer）著

外文题名：Conversio mea a protestantismo

上海：土山湾印书馆，1928.10，2版，59页，32开（圣教杂志丛刊）

上海：土山湾印书馆，1932，3版，59页，32开（圣教杂志丛刊）

上海：土山湾印书馆，1939，4版，34页，32开（圣教杂志丛刊）

本书为作者自述改信天主教的经过，并阐述天主教教义，说明天主教是耶稣所立的圣教。书前有小引。

收藏单位：国家馆、黑龙江馆、内蒙古馆、浙江馆

04753

我知弥撒 方廷忠纂译

上海：慈幼印书馆，1948.6，40页，64开

本书讲述作弥撒的程序、内容及姿式。书前有序。书中配有图。

收藏单位：国家馆

04754

无价的诺言 白德美纪念出版社编译

澳门等：慈幼印书馆，1944.7，36页，50开（灵修小丛书1）

澳门等：慈幼印书馆，1947.3，再版，36页，50开（灵修小丛书1）

本书正文前题：耶稣圣心无价的诺言。先以问答的形式解释"耶稣圣心无价的诺言"是什么，然后讲出 9 个小故事作为例证。

收藏单位：国家馆

04755

吾主苦难的追忆（周日默想） P. Theodosius Maestri 著 P. Solanus Li 译

外文题名：Passio domini nostri jesu christi

出版者不详，109页，50开

本书是对耶稣苦难的每日默想材料。中文、拉丁文对照。书前有序言。

收藏单位：国家馆

04756

西湾圣教源流 （比）隆德里（Val. Rondelez C. I.）编著

北京：西什库遣使会印字馆，1939，184页，32开

本书记述张家口西湾子村天主教传教史。共 7 章、40 节。书前有序及著者小引。书后附表册 9 种。

收藏单位：国家馆

04757

希诺亚人　周信华著

上海：土山湾印书馆，1940，180 页，32 开

本书为公教少年读物。

收藏单位：国家馆、宁夏馆、首都馆

04758

下会宣讲　张志一著

青岛：青岛天主堂印书馆，1932 印，2 册（322+374 页），32 开

本书共 50 章，讲述灵魂得救的基本道理。

收藏单位：国家馆

04759

下会宣讲（卷下）

青岛：天主堂印书馆，1935，2 版，374 页，32 开

本书共 50 章，讲述灵魂得救的基本道理。本书为下卷，从 22 章到 50 章。

收藏单位：国家馆

04760

闲话圣衣　（意）文启明（Vincenzo Randi）编著

澳门：白德美纪念出版社，1947.7，73 页，50 开（公教小读物丛刊 19）

本书介绍圣衣的来源和所附的恩宠。共 5 章：圣衣是什么、棕色圣母圣衣、蓝色圣衣、红色耶稣苦难圣衣、要特别注意的事项。

收藏单位：国家馆、江西馆、南京馆、内蒙古馆

04761

显灵圣牌　鲁微达译

澳门：白德美纪念出版社，1946.9，34 页，50 开（灵修小丛书 5）

澳门：白德美纪念出版社，1947.3，3 版，34 页，50 开（灵修小丛书 5）

本书叙述圣牌的来源和恩佑。

收藏单位：国家馆、江西馆

04762

向圣母求善终小日课（袖珍）

安庆：教务月刊社，1941.8，98 页，64 开

本书为天主教用于每日祈祷的经文，内容包括：主日、瞻礼二至七。

收藏单位：国家馆

04763

向文化事业努力（天主教对于中国文化之贡献）　程野声著

外文题名：Contribute your efforts towards civilization

香港：真理学会，1949.2，19 页，50 开（民众读物小丛刊 37）

本书讲述天主教对中国天文学、数学、农学、音乐、语言学、美术、教育、哲学、神学等 18 个方面的影响和贡献。书前有民众读物小丛刊总序。

收藏单位：国家馆

04764

向耶稣圣灵诵（圣时默想初编）　吴应枫著
圣心报馆编者校订

外文题名：Meditationes pro Hora Sancta

上海：土山湾印书馆，1937.2，36 页，64 开

本书共 12 句，供信友在圣时默想耶稣之用。书前有校刊记言。

收藏单位：国家馆

04765

向主仆福若瑟神父九日敬礼　鲍月旺编著

兖州：兖州府天主堂，1944，22 页，64 开

本书包括 9 日内每日的忖想内容及必须诵读的经文。书前有序言。

收藏单位：国家馆

04766

小伯禄　亚尔伯白西哀著　成方济译

宣化：宣化真一印字馆，1934.9，34 页，32 开

本书为幼童求圣体故事。书名页题：儿童之模范。

收藏单位：国家馆

04767

小牧童 佛略烈（J. Froehlich）著 姚景星译

澳门：白德美纪念出版社，1947.8，2 册（184 页），50 开（公教小读物丛刊 20—21）

本书分上、下册。叙述一个弃儿，从孤儿院转入乡村，从牧羊变为牧"人"的故事。

收藏单位：国家馆

04768

小学生问答 武幼安编著

香港：慈幼印书馆，1947.2—1948.3，5 册（[377] 页），32 开

本书为 1—5 年级小学生编写的天主教基本知识课本及问题解答。

收藏单位：国家馆

04769

小学要理教科书（第 3 册） 李益博编辑

安国：安国西关天主堂，1938.12，56 页，32 开

本册讲天主十诫，圣教要规及七罪宗等。书前有编者说在前面。

收藏单位：国家馆

04770

孝敬父母 [（德）赫德明（Joseph Hesser）] 著

兖州：兖州府天主堂印书馆，1932 印，28 叶，32 开

[兖州]：兖州府天主堂印书馆，1932 印，6 版，28 叶，32 开

本书讲述人应奉天主之命孝敬父母的道理。共 40 章。书前有小引。

收藏单位：国家馆

04771

邪正理考 张雅各伯著

外文题名：De veris et falsis

上海：土山湾印书馆，1913，4 次活字重版，1 册，32 开，精装

上海：土山湾印书馆，1916，5 次活字重版，1 册，32 开

上海：土山湾印书馆，1924，7 版活字重版，

24+542 页，32 开

上海：土山湾印书馆，1933，8 版，18+563 页，32 开

上海：土山湾印书馆，1940，9 版，订正版，476 页，32 开

上海：土山湾印书馆，[1933—1949]，476 页，32 开

本书共 5 卷：论敬神之道、讲孝亲之礼、证圣教之真、解疑惑之端、明传教之义。

收藏单位：国家馆、江西馆、南京馆、内蒙古馆、首都馆

04772

邪正理考简言 张雅各伯著

外文题名：De veris et falsis compendium

上海：土山湾印书馆，1923 印，74 页，32 开

上海：土山湾印书馆，1933 重印，94 页，32 开

上海：土山湾印书馆，1934 重印，74 页，32 开

上海：土山湾印书馆，1939 重印，78 页，32 开

本书为问答体，解说天主教敬神之道、孝道、基本教义。共 5 章。书前有序。

收藏单位：国家馆、内蒙古馆

04773

邪正理考节本（辩道类） 张雅各伯著

外文题名：De veris et falsis（Editio brevior）

上海：土山湾印书馆，1940，285 页，32 开

本书为《邪正理考》一书的修订节本。共 4 卷。书前有叙言。书后续补一章：题几件开天辟地以来的大事。

收藏单位：国家馆、内蒙古馆

04774

谢圣体经

兖州：天主堂印书馆，1935，4 版，16 页，50 开

收藏单位：国家馆

04775

谢圣体经

北平：出版者不详，1934，21 页，64 开
北平：出版者不详，1935，21 页，64 开
出版者不详，[1930—1949]，8 页，64 开

　　本书为谢主经。内容包括：解罪前诵、解罪后诵、求领圣体祝文、信德经、望德经、谦逊经、小悔罪经等。

　　收藏单位：国家馆

04776

心心相印 （匈牙利）马骏声（Eugene Zsamar）著
外文题名：Intimate union
光启社，245 页，32 开

　　本书内容包括：默想奥迹的秘诀、玛利亚在预像和象征中、圣母无染原罪。

　　收藏单位：首都馆

04777

心园 l'Abbé Lasausse 著　朱志尧译
外文题名：L'heureuse année
上海：土山湾印书馆，1938.10，524 页，64 开
上海：土山湾印书馆，1948.1，再版，524 页，64 开

　　全书按一年 12 个月分为 12 个默想主题。书前有杰慕奥倍灵夫人序、张士泉序、徐宗泽序及译者自序。

　　收藏单位：国家馆、江西馆

04778

心箴 （清）李问渔著
上海：土山湾印书馆，1914 重印，154 页，32 开，精装

　　本书共 24 篇，内容包括：救自己的灵魂你用心么、人有一个宗向你想着么、万物各有宗向你遵照么等。书前有著者序。

　　收藏单位：国家馆、绍兴馆、首都馆

04779

新答客问　项退结著
北平：上智编译馆，1947.11，86 页，32 开

　　本书介绍天主教教义。共 12 个问题，内容包括：天主何来、世界末日、人类痛苦、天主教的人生观等。附录什么是神学？唯心呼？唯物呼？

　　收藏单位：国家馆、辽宁馆、浙江馆

04780

新订祈祷宗会袖珍　[才依格] 编
外文题名：Manuale apostolatus orationis
上海：土山湾印书馆，1938，[231] 页，64 开

　　本书共 4 章：论祈祷宗会宗旨、论祈祷宗会职务、论祈祷宗会之体制与治权、论大赦与特恩。并有宗会规条诠释。书前有略例、小序。书后附仪式、经文。

　　收藏单位：广东馆、国家馆

04781

新式圣母月
北京：石门圣母会，[1926]，石印本，181 页，32 开

　　本书为天主教徒过圣母月用书。

　　收藏单位：国家馆

04782

新袖珍简祷
香港：圣类斯学校，1937.7，3 版，144 页，64 开

　　本书为祷文，内容包括：日常经文、早课、晚课、与弥撒略礼、瞻礼主日经文、玫瑰经、告解规程、领圣体前后经、周年瞻礼经、圣路善工等。

　　收藏单位：国家馆

04783

新袖珍简祷
香港：真理学会，1946，160 页，128 开
香港：真理学会，1949，143 页，64 开

　　收藏单位：国家馆

04784

新已亡日课
献县：献县天主堂，1939.6，53 页，36 开

　　本书用于炼灵求主，内容包括：申正经、夜课经、赞美经。书前有引言。

　　收藏单位：国家馆、南京馆

04785

信爱 De Nadaillac 著　王仁生译述

外文题名：Etincelles de foi et d'amour

上海：震旦大学，1939.7，再版，236 页，64 开
（震大公青会丛书）

　　本书将耶稣行实分为 40 个默想，每一个默想分预备领圣体、谢圣体 2 部分。书前有著者引言及译者序。

　　收藏单位：国家馆

04786

信友手册　马耀汉编著

外文题名：Necessaria ad salutem

澳门等：慈幼印书馆，1948.1，30 页，64 开
（袖珍丛书 5）

　　本书内容包括：我们应信的、我们应为的、我们应求的、我们应领的、应尽的义务等。

　　收藏单位：国家馆

04787

信者要理　翟勒门（Peter Geierman）著　李益博译

外文题名：The convert's catechism of catholic doctrine

香港：真理学会，1949，92 页，32 开（公教基本知识丛书）

　　本书内容包括：普通教理、公教的教理。附录祈祷经文，热心神工，善工；责任，天主十诫，圣教六规应———守的瞻礼主日——小齐日，大齐日；信者归正的手续；公教名词释义。

　　收藏单位：国家馆、南京馆

04788

省察

献县：胜世堂，1919，2 次排印，66 页，32 开
[献县]：胜世堂，1936，64 页，32 开

　　本书共 11 章，内容包括：省察工夫攸关匪浅、省察题目勿轻更张、每日省察酌行苦工、论公省察等。

　　收藏单位：国家馆

04789

省察规式

上海：土山湾印书馆，1931，14 页，128 开

　　本书介绍省察的步骤、要思考的问题和应诵读的经文。

　　收藏单位：国家馆

04790

省察神工　吴司铎著

外文题名：Examen conscientiae ad usum seminariorum

北京：西什库天主堂遣使会印书馆，1941 印，136 页，32 开

　　本书修道院适用。共 132 题，内容包括：进修道院该有的意向、在修道院该有的精神、在修道院该专务齐全、该看中规矩、守规矩该忠信等。

　　收藏单位：北师大馆、国家馆、首都馆

04791

省慈编（圣母月新编）（意）利高烈（Alphonsus de Ligorio）等著　蒋升　龚柴译

上海：土山湾印书馆，1934，4 版，212 页，128 开

　　本书为天主教圣母月内每日之默想，分为：起工、继工九上、继工九中、继工九下、终工等部分。著者原题：亚尔方骚利诰理。上海主教惠重准。

　　收藏单位：国家馆

04792

幸福家庭　王昌祉主编

香港：真理学会，1949.9，10 页，64 开（现代问题的解答 戊 2）

　　本书共 3 章：家庭的重要性、现代家庭的危机、天主与幸福的家庭。

　　收藏单位：国家馆

04793

幸福家庭　王廉著

上海：土山湾印书馆，13 页，128 开（现代问题的解答 戊 2）

　　收藏单位：国家馆

04794

性理真诠　孙德昭（Alexandro）述
外文题名：Rationum naturalium recta explanatio
上海：土山湾印书馆，1935 印，421 页，25 开

　　本书以天主教的观点论人性与神的关系，并反驳汉唐以来关于性理的论点，认为古儒真教即天主教。分为灵性之体、灵性之原等。上海主教惠重准。

　　收藏单位：国家馆、宁夏馆

04795

修规益要（上卷）　[末铎] 译
香港：纳匝肋静院，1912，活版，138 页，32 开

　　本书共两卷。上卷 13 章，内容包括：论修规原始、论会规终向、论守规要紧、论默想修规等。卷首有引言。香港主教师准。

　　收藏单位：国家馆

04796

修女避静道理（第 1 辑）　[张润波] 编著
宣化：宣化天主堂，1943.3，112 页，32 开

　　本书讲述修女避静道理 14 条，内容包括：论修会、论修女的神生、论守贞洁圣愿善法、论听命圣愿、爱人之德。书后有 4 个附录。

　　收藏单位：国家馆

04797

修女避静引　[巴神父（Jules Bataille）] 编
外文题名：Retraite de Huit Jours
献县：献县天主堂，1934，145 页，32 开
献县：献县天主堂，1935，2 版，145 页，32 开

　　本经文用于避静前日、避静八日以及发愿前避静。书前有序。河北献县耶稣会主教刘准。

　　收藏单位：国家馆、吉林馆

04798

修身养心　[P. Bataille]
外文题名：Le Regime Spirituel de La Vie Religieuse
献县：张家庄天主堂，1937，90 页，32 开

　　本书共 4 章：修身总论、五官之修法、内司之修法、善尽常本分之劝话。帮助教友修善行，养圣德。书前有序。河北献县耶稣会主教刘准。

　　收藏单位：国家馆

04799

修生袖珍
外文题名：Manuale precum ad usum seminaristae
香港：真理学会，1939.12，2 版，221 页，50 开

　　本书为天主教经文、祷文、圣歌选录。中文、拉丁文对照。

　　收藏单位：国家馆

04800

袖珍日课要备　[宋德刚] 著
兖州：兖州府天主堂，1916 重印，活板，22+517 页，50 开

　　本经文包括早课、晚课、弥撒规程、告解经文、做事前经、饭前后经、谢恩经、新年经等。书前有自序。山东南界主教韩准。

　　收藏单位：国家馆

04801

袖珍日课要备　[宋德刚] 著
兖州：兖州府天主堂印书馆，1940，10 版，15+400 页，50 开

　　本经文包括早课、晚课、弥撒规程等。书前有自序。

　　收藏单位：国家馆

04802

徐汇公学辨护真教课本
[上海]：徐汇公学，1912，影印本，114+100+174 页，18 开

　　本书对真教详为讲解、剖别是非。卷一讲本性之教，依人性理，不可不从；卷二讲上主若默示超性之教人理当信从；卷三讲理宜信认基利斯督所立之教。书前有序、凡例。

　　收藏单位：国家馆

04803

徐汇纪略　林骈编
上海：土山湾印书馆，1933 印，1 册，32 开

本书主要介绍徐家汇的教会事业。内容包括：徐家汇一带的天主堂、大小修道院、藏书楼、天文台、圣教杂志社、圣心报馆、土山湾育婴堂、圣母院、徐汇中学、汇师中学及附属小学等并附有照片。书前有引言。书后附上海各天主堂介绍。

收藏单位：国家馆、南京馆、上海馆、首都馆、浙江馆

04804

徐汇纪略

出版者不详，[1914.4]，1 册，18 开

收藏单位：上海馆

04805

徐汇中学圣母始胎会友八十周庆纪念册 贾修士编 张司铎译

[上海]：徐汇中学圣母会，1933，[80] 页，32 开

本书介绍了北京、南京、陕西、上海的圣母会。附最近十年内徐汇中学圣母会同登录。卷首题：中国开教时的圣母会。

04806

续古政与圣教之关系 华莱士·威尔森（J. Wallace Wilson）著

上海：广学会，1912，104 页，22 开

本书共 10 章，内容包括：基督教卒能致胜、教会之先祖、圣奥古斯丁等。

收藏单位：山东馆

04807

续理窟 （清）李问渔著

外文题名：Puteus rationum

上海：土山湾印书馆，3 版，1936，425 页，18 开

本书收有关天主教等内容的著述 110 篇。有吴馨、洪锡范的序。上海主教惠重准。

收藏单位：安徽馆、国家馆、首都馆

04808

宣讲纲目 赵怀信著

宣化：宣化天主堂，1940.5，306 页，25 开

本书共 4 卷 20 编，内容包括：论天主诸恩、论教友常尽之本分及救灵魂之善法、论圣号经天主经圣母经、论周年主日等。书前有弁言、原序。宣化代牧主教张准。

收藏单位：国家馆

04809

学习辅弥撒经文书 白德美纪念出版社主编

外文题名：Modus missam inserviendi

澳门：白德美纪念出版社，1946.7，36 页，64 开（袖珍丛书 1）

本书为拉丁文汉文对照，内有弥撒经文及作弥撒的程序。书前有与弥撒礼的善法、辅弥撒者该注意下列数端、弥撒中打铃表。

收藏单位：国家馆

04810

雪地狱 R·腓拉雷著 殷士译

[澳门]：白德美纪念出版社，1948，61 页，50 开（公教小读物丛刊 25）

收藏单位：重庆馆

04811

训练圣体军 常守义译

大同：大修道院，1934—1935，3 册（248+258+218 页），32 开

大同：大修道院，1934—1935，再版，3 册（246+258+235 页），32 开

本书为天主教圣体军用课本。内容包括：论圣体神生、圣体军的义务、论圣事、论热心敬礼、论圣召等。初版由山西大同主教邓准。再版由绥远主教葛准。

收藏单位：国家馆

04812

训蒙十二德

上海：土山湾印书馆，1922 重印，36 页，64 开

本书为天主教训蒙修会的道德 12 条，内容包括：庄重、慎言、谦逊、识见、明智、忍耐、审慎、良善、荣主、检察、热心、洪量。江苏主教姚重准。

收藏单位：国家馆

04813

训真辨妄 （清）黄伯禄编

外文题名：Responsio veritatis ad refutandos errores

上海：土山湾印书馆，1925，5 版，212 页，25 开

上海：土山湾印书馆，1936，6 版，212 页，25 开

本书为《圣教理证》改编本。共 119 篇，内容包括：天主二字何解、异端当禁、天主教非外国教等。书前有序。上海主教惠重准。

收藏单位：重庆馆、国家馆、南京馆、上海馆

04814

亚尔斯小花 ［（法）魏亚乃（J. B. Vianney）著　张卓然译］

安国：安国西关天主堂，1929，28 页，32 开

本书共 13 章，内容包括：论救灵魂、爱天主、灵魂洁净、祈祷、仁慈、论圣神等。河北安国西关天主堂孙主教准。

收藏单位：国家馆

04815

亚尔斯小花 （法）魏亚乃（J. B. Vianney）原著　张卓然译

杭州：我存杂志社，1936.9，42 页，32 开（我存文库 6）

本书共 13 篇，内容包括：救灵魂、爱天主、灵魂洁净、祈祷、仁慈、圣神等。附 Lady herbert 著、张景明节译的《圣魏亚乃小传》。

收藏单位：国家馆

04816

严斋日课

出版者不详，1 册，16 开

本书为咏唱日课经文。包括经书、晨经、午经、申初经、申正经、赞美经等。

收藏单位：国家馆

04817

言论 冯瓒璋等著

出版者不详，446 页，32 开

本书包括专件、会务报告、公教消息、公教文艺、言论等内容。"言论"收入：公教进行与社会服务、公教爱德的火焰在燃烧、欢迎教宗比约第十二、耶稣博爱思想的构成、再往前进一步吧、圣奥斯定论青年时代的危机等篇。

收藏单位：国家馆

04818

仰合天主圣意 亚尔风索著

济南：华洋印书局，1935，重刊本，54 页，50 开

本书内分上、下卷。上卷为仰合天主圣意总论，下卷包括论随天主圣意遇公灾之事、论各人本身所遇之苦该随天主圣意、论有病该随天主圣意、论有诱惑磨难该随天主圣意等 9 篇。山东济南教区主教杨准。

收藏单位：国家馆

04819

仰合天主圣意 亚尔风索著

兖州：[兖州府天主堂印书馆]，1931，5 版，52 页，36 开

兖州：兖州府天主堂印书馆，1934，6 版，49 页，36 开

收藏单位：国家馆

04820

要经六端简言要理

北平：崇德堂，1947，29 页，64 开

本书分要经六端、简言要理两部分。"要经六端"内容包括：圣号经、天主经、圣母经、信经、小悔罪经等；"简言要理"内容包括：进教要理、戒命要理、圣事要理、祈祷要理，共有 87 条要理问答。

收藏单位：国家馆

04821

要经略解

兖州：兖郡天主堂，1920 重印，53 页，25 开

兖州：[兖州府天主堂印书馆]，1930，5 版，53 页，32 开

兖州：兖州府天主堂印书馆，1932，6 版，53 页，32 开

本书讲解圣号经、天主经、圣母经、信经等。书前有序及敬天主歌。

收藏单位：国家馆

04822

要理大全

外文题名：Catechismus major

献县：[张家庄天主堂印书馆]，1935，377页，32开

献县：张家庄天主堂印书馆，1937，11版，377页，32开

献县：张家庄天主堂印书馆，1938，12版，377页，32开

献县：张家庄天主堂印书馆，1940，13版，377页，32开

本书为教理问答。分3卷：讲当信的道理、讲当守的诫命、讲得神恩的法子。

收藏单位：国家馆

04823

要理歌

上海：土山湾印书馆，1921，12页，横32开

本书为天主教要理歌。

收藏单位：国家馆

04824

要理解略（卷1—2 进教要理 耶稣真教）

北京：救世堂，1919重印，43+23叶，32开，环筒页装

本书卷1共21章，内容包括：论人人都有本分进教、论有一个天主、论天主造天地神人万物、论天主之德能、论耶稣圣名、论原罪、论本罪、论耶稣复活等；卷2共10章，内容包括：论圣教会、论教皇、论异教、论希腊教、论耶稣教、论天主教等。北京主教林准。

收藏单位：国家馆

04825

要理解略（卷3—4 七件圣事 八端经文）

北京：救世堂，1924重印，139叶，32开，环筒页装

本书卷3共14章，内容包括：论圣宠、论圣事之迹、论圣洗、论告解、论省察、论

圣体、论神品、论婚配等；卷4共20章，内容包括：论祈祷、讲圣号经、讲天主经、讲圣母经、论天主十诫、论四孝敬父母等。北京主教林准。

04826

要理六端讲论 李盛烈编著

香港：纳匝肋静院，1923重印，27页，50开

本书讲解6端，内容包括：该明天主赏善罚恶、审判生死者、该明第二位圣子降生为人、名称耶稣基利斯督、该明天下设教者最多、惟天主一教至公至正能使人得天上之永福免地狱之永苦、所以天下万民皆当奉真主以救己灵魂等。香港主教师准。

收藏单位：国家馆

04827

耶教毕大尔夫人归正自述 （爱尔兰）法纳·玛利亚（Fanny Maria）自述 张士泉译

外文题名：Mme Pittar sa conversion racontee par eile-meme

上海：圣教杂志社，1933，3版，214页，32开（圣教杂志丛刊）

本书为法纳·玛利亚自述其信奉天主的经过。共16章。

收藏单位：国家馆

04828

耶教毕大尔夫人归正自述 （爱尔兰）法纳·玛利亚（Fanny Maria）自述 张士泉译

外文题名：Mme Pittar sa conversion racontee par eile-meme

上海：土山湾印书馆，1928.10，2版，11+214页，32开（圣教杂志丛刊）

收藏单位：国家馆

04829

耶稣的言语 （法）沙博（Chabot）著 姜贤弼等译

外文题名：Paroles de Jesus

天津：崇德堂，1941.5，142页，32开

本书阐释耶稣所讲"真理"。共15篇，内容包括：人生的纲领、生命的言语、试探天

主者、公教的自由、传教的精神、光明与良心等。书前有序。封面、版权页题：公教丛书委员会译。天津主教文准。

收藏单位：国家馆、首都馆

04830

耶稣复活本主日

外文题名：Homiliae dominicales

出版者不详，[1935]，243 页，32 开

本书介绍在耶稣复活后、圣神降临后以及圣诞前等主日的传教活动。

收藏单位：国家馆

04831

耶稣会成立四百周年纪念刊　华仁书院编

华仁书院，1940，12 页，32 开

本书介绍耶稣会历史。

04832

耶稣会士（精神与模范）　Jean Dissard 著　徐保和译

外文题名：Les Jesuites

天津：崇德堂，1936.1，304 页，32 开

本书内容包括：精神、模范两卷，介绍耶稣会的精神以及耶稣会中的模范人物。卷首有代序的几句心腹话。卷末附中华耶稣会士，利玛窦；耶稣会士底经文。河北献县主教刘准。

收藏单位：国家馆、内蒙古馆、上海馆

04833

耶稣会之后　A. Drive 著　严蕴梁译

外文题名：Marie et la Compagnie de Jésus

上海：土山湾印书馆，1941，347 页，32 开

本书讲述耶稣会对圣母的崇敬。

收藏单位：内蒙古馆

04834

耶稣会中辅理修士的地位

上海：土山湾印书馆，[1934]，70 页，32 开

本书通过几个辅理修士的事例，讲辅理修士的地位和职务。

收藏单位：内蒙古馆

04835

耶稣基督的在世代权　王廉著

上海：土山湾印书馆，[1940—1949]，15 页，64 开（现代宗教问题丙 10）

本书共 5 部分：耶稣基督建立了自己的在世代权、教皇的职权、天主教教友绝对拥护教皇、对于教皇问题的若干误会、为什么现代有些人们要诋毁教皇。

收藏单位：国家馆

04836

耶稣苦难弥撒经文

兖州：天主堂保禄印书馆，23 页，64 开（生活基督化 7）

本书内容包括：神父进堂经、悔罪经、奉献经、献饼经、献酒经等。

收藏单位：国家馆、南京馆

04837

耶稣仁爱之王　玛窦（Mateo Grawley-Boevey）著　关采蘋译

外文题名：Jesus Amoris Rex

香港：真理学会，1946.8，212 页，32 开

本书收文 20 余篇，内容包括：恭迎耶稣圣心入王于家庭的原始、信德的精神、爱德、圣德、爱的牺牲、仁爱之王的社会统治等。书前有序及《本书的原始》一文。香港主教恩准。

收藏单位：国家馆、南京馆

04838

耶稣圣心祷文

兖州：兖州府天主堂印书局，1931，3 版，10 页，50 开

兖州：兖州府天主堂印书局，1934，4 版，10 页，50 开

本书为祈祷文。

收藏单位：国家馆

04839

耶稣圣心入王家庭问答　白罗著　周若渔译

香港：公教真理学会，1947.2，20 页，64 开

香港：公教真理学会，1947.6，再版，20 页，64

开

本书共6篇：圣心入王家庭的意义、圣心入王家庭的礼仪、耶稣圣心为家中之王、圣心入王家庭之原始、天主所许的殊恩、耶稣圣心瞻礼。书后有附录。

收藏单位：国家馆

04840

耶稣圣心圣月

北京：西什库天主堂遣使会印书馆，1944印，125页，32开

本书为教徒在耶稣圣心月的每日祈祷文。北京主教满准。

收藏单位：国家馆

04841

耶稣圣心月　[圣母小昆仲会士]编

兖州：兖州府天主堂印书馆，1930，138页，25开

兖州：兖州府天主堂印书馆，1935，2版，131页，25开

本书详述敬礼圣心的经过、归向、目的、内外工夫及圣心所许的赏报等。2版版式略有变动。

收藏单位：国家馆

04842

耶稣圣心之通谕　（西班牙）约瑟法·美能台（Josefa Menéndez）著　顾古香译

外文题名：Un appel à L'amour message du coeur de Jésus

上海：土山湾印书馆，1940.3，222页，50开

本书由圣心会修女约瑟法·美能台按日记录的"耶稣通谕"。书前有原序《耶稣圣心特选之器》，附修女约瑟法·美能台小传。海门主教朱准。

收藏单位：国家馆

04843

耶稣一瞥　萨莱（Gaston Salet）著　周士良译

上海：土山湾印书馆，17页，32开

本书内容包括：耶稣的智慧、耶稣的行动、耶稣的心、耶稣的秘密等。上海教务代理姚准。

收藏单位：国家馆

04844

耶稣真教　柯德烈著

献县：张家庄胜世堂，1916，268页，32开，环筒页装

献县：张家庄胜世堂，1922，240页，32开

献县：张家庄胜世堂，1924，253页，32开

献县：张家庄胜世堂，1928，253页，32开

献县：献县天主堂，1934，247页，32开

献县：献县天主堂，1937，14次排印，247页，32开

本书共16章，内容包括：论圣经、论传道之权、论遗传、论圣事洗礼坚振、论弥撒、论告解、论真教外不能救灵等。

收藏单位：国家馆、天津馆

04845

耶稣真教四牌

香港：纳匝肋静院，1925重印，123页，32开

本书共4篇：论耶稣真教至一、论耶稣真教至圣、论耶稣真教至公、论耶稣真教从使徒传下来的。香港副主教德准。

收藏单位：国家馆

04846

耶稣真徒的生活（第1册 宗教即天主与人之间生命的联系）　徐司铎（Louis Sullerot）著　公教丛书委员会编译

天津：崇德堂，[1938]，89叶，13开

天津：崇德堂，1938.8，124页，32开（公教丛书6）

天津：崇德堂，1941.5，再版，124页，32开（公教丛书6）

本书主要解释公教的性质。内容包括：导言及人、天主、宗教与天主共同的家庭生活3章和结论。书前有序言。

收藏单位：国家馆、内蒙古馆、首都馆

04847

耶稣真徒的生活（第 2 册 耶稣基督神性和人性生活唯一的源泉） 徐司铎（Louis Sullerot）著　申自天译

天津：崇德堂，1946.11，149 页，32 开（公教丛书 7）

　　本书共 3 卷：地堂的惨剧、救赎的惨剧、耶稣基督神性生命唯一的源泉。书前有导言基督在耶稣真徒生活中所处的地位。书后有结文圣母玛利亚诸宠之中保。

　　　　收藏单位：国家馆、内蒙古馆

04848

耶稣真徒的生活（第 3 册 耶稣在人心中的生活） 徐司铎（Louis Sullerot）著　申自天译

天津：崇德堂，1947.1，272 页，32 开（公教丛书 8）

　　本书共 3 卷：圣宠生命的源泉：弥撒祭礼、超性生命的分散于众人、超性生命在永生中的结果。书前有导言耶稣隐于我们心内的生命：圣宠。书后有结文世界的中心：弥撒。

　　　　收藏单位：国家馆、内蒙古馆

04849

耶稣真徒的生活（第 4 册 公教道德即效法耶稣） 徐司铎（Louis Sullerot）著　申自天译

天津：崇德堂，1944，208 页，32 开（公教丛书 9）

　　本书共 3 卷：尽对自己的义务去效法耶稣、尽对天主的义务去效法耶稣、尽对人的义务去效法耶稣。

　　　　收藏单位：国家馆、南京馆、首都馆

04850

野火 栢增　胡德风著

外文题名：In terra sinense

澳门：白德美纪念出版社，1949.3，75 页，50 开（公教小读物丛刊 39）

　　本书收故事 3 篇：白沙渡童、恕、无名英雄。书前有编者卷首语。

　　　　收藏单位：广西馆、国家馆

04851

一目了然 白主教编著

兖州：兖州天主堂保禄印书馆，1940.6，13 版，30 页，64 开

　　本书为传道宣传品。书前有小引。

　　　　收藏单位：国家馆

04852

一目了然

北京：救世堂，1918 印，30 页，36 开

北京：救世堂，1930 重印，30 页，36 开

　　本书由北京主教林准。

　　　　收藏单位：国家馆

04853

一目了然

献县：天主堂，1936，24 页，36 开

　　本书为河北献县耶稣会主教刘准。

　　　　收藏单位：国家馆

04854

一目了然

北平：西什库天主堂遣使会印书馆，1936 重印，30 页，36 开

　　本书由北平主教满准。

　　　　收藏单位：国家馆

04855

一目了然（辨道类）

上海：土山湾印书馆，1939，11 版，25 页，32 开

　　本书为传道宣传品。

　　　　收藏单位：南京馆、上海馆

04856

一位归正者的自述 [（英）加大利纳·尼各]著　杨寿康译

外文题名：Mémoires d'une convertie

上海：徐家汇圣教杂志社，1939.12，97 页，32 开

　　本书为作者自述摒弃英国教会而皈依罗马公教的经过。共 5 章，内容包括：幼年时代、罗玛的居留时期、公教思想的萌芽时期、

归正的经过、修道的圣召。

收藏单位：国家馆、南京馆、上海馆

04857

一小时恭圣体为外教 （意）嘉乐（G. Carabelli）著

香港：纳匝肋静院，1935 重印，44 页，64 开

本书内容包括：朝拜、感经、赔补、求恩。并附孟司铎著《中国归化》一篇。香港主教恩准。

收藏单位：国家馆

04858

依靠圣母 （意）利高烈（Alphonsus de Ligorio）著　常守义译

外文题名：Les Cloirfs de Marie

[绥远]：明德学园，1945，230 页，50 开

本书是著者《圣母之光荣》一书的一部分，讲解《申尔福》经文。是历代"圣人"依靠圣母的言论集。共 10 章，内容包括：我等之生命我等之饴、我等之望申尔福等。书前有译者小引。绥远教区副代牧白祥准。

收藏单位：国家馆

04859

易简祷艺 （法）沈东行（Joseph Saraiva）编译

外文题名：Facilis et brevis explicatio orandi arts

上海：土山湾印书馆，1936，2 版，234 页，128 开

本书内容包括：祈祷规则、祈祷助益、祈祷月课。上海主教惠重准。

收藏单位：国家馆

04860

易简默想　韩穆然译

献县：献县天主堂，1939，19+592 页，32 开

本书为在主日期间默想耶稣言行奥迹的材料。内容引自圣经典故。书前有自序、凡例。书后有数种默想。

收藏单位：国家馆、南京馆、天津馆

04861

引经训童 （意）欧日搦（Eugene IV）著　李莪枞译

北平：公教教育联合会，1935，80 页，36 开

北平：公教教育联合会，1941，再版，80 页，36 开

本书为天主教教义读本。共 33 章，内容包括：论天主三位造成世界、天主造原祖父母、圣母领报、诸圣婴孩致命、论天主十诫、论耶稣祈祷、耶稣复活等。书前有小引。

收藏单位：国家馆

04862

隐修与传教 （意）某传教士著

北京：出版者不详，1926，29 页，50 开

本书讲述隐修士与传教士的关系、教友当重视隐修圣召等道理。北京副主教富准。

收藏单位：国家馆

04863

印像圣路善工　[若瑟玛尔济亚尔孟] 著

北平：西什库天主堂遣使会印书馆，1935，46 页，32 开

本书内容为默想耶稣苦难行拜苦路之善工。书前有准据及耶稣受难圣路善工小引等。

收藏单位：国家馆

04864

雍乾间奉天主教之宗室　陈垣著

出版者不详，36 页，18 开

本书介绍苏努诸子和简亲王德沛的奉教情况。分上、下两编，上编包括：苏努之世系及略历、苏努父子获罪之原因、苏努诸子奉教之热诚等 6 篇，附苏努父子获罪年表等 3 篇；下编包括：德沛之世系及略历、德沛奉教说之由来、德沛之性理学说等 6 篇，附诸家载德沛事勘误表。

收藏单位：国家馆

04865

永乐·炼苦　周若渔　程野声著

香港：真理学会，1947.10，22 页，50 开（民众读物小丛刊 6）

本书收天主教杂文 3 篇:《耶稣帝王》《敬礼诸圣》《救助炼灵》。

收藏单位:国家馆

04866

永远的祭司　马宁(Manning)著　范介萍译

外文题名:De sacerdotio

澳门:慈幼印书馆,1949.5,197 页,50 开(世光丛书 3)

本书阐述司铎的地位与职责。共 20 章,内容包括:祭司职的性质、祭司的职权、神父的目的、神父的救助、宣讲的职务等。书前有译者序。

收藏单位:国家馆、湖南馆

04867

用已过术　常守义译

明德学园,1944,再版,303 页,50 开

本书共 3 部分:犯罪后宜避的心情、犯罪后当发的心情、利用已过以成圣修德。书前有小引。厚和教区副代牧白祥准。

收藏单位:国家馆

04868

幼童日领圣体之问题

上海:土山湾印书馆,1922,2 版,20 页,64 开

本书阐述幼童日领圣体的方法及问题。江苏主教姚重准。

收藏单位:国家馆

04869

诱惑　(匈牙利)马骏声(Eugene Zsamar)著

河北:大名耶稣会,1948,37 页,64 开(神修学 第 4 册 特印本)

本书论诱惑的根源及程序等。内容包括:总论、天主与诱惑所指定的目的、诱惑的根源、诱惑的程序、指示。

收藏单位:国家馆

04870

余暇快览(第 1 集 护守天神店)

献县:献县天主堂,1929,86 页,32 开

献县:献县天主堂,1934,86 页,32 开

本书共 16 节,内容包括:天主保佑、护守天神店、双方调查、离别、将军之酬报、巴黎之游、事前之筹备等。河北献县耶稣会主教刘准。

收藏单位:国家馆

04871

宇宙有否原始　王昌祉主编

香港:真理学会,1949.6,10 页,大 64 开(现代问题的解答 乙 6)

本书共 5 部分:引论、热力学第二定律证明宇宙是有原始、天体扩张说证明宇宙是有原始、无神论者的设难、结论。

收藏单位:国家馆

04872

语体经文

出版者不详,116 页,18 开

本书收录早晚功课、圣路善工、临终经、已亡日课等方面经文。

收藏单位:国家馆

04873

预备临终　严毅编

安庆:天主堂印书馆,1940,35 页,50 开

本书内含论死亡、论善终两部分。安庆主教梅准。

收藏单位:国家馆

04874

月之十五日(圣体军祈祷日)

上海:土山湾印书馆,[1936]印,16 页,36 开

本书收祈祷会及圣体军祈祷日之祈祷文、诵文 6 篇。上海主教惠准。

收藏单位:国家馆

04875

在基多耶稣　R. P. Plus 著　吴应枫译

上海:震旦大学,1942.1,266 页,64 开(震大公青会丛书 6)

本书共 7 卷,叙述我们编入基多耶稣的事实、途径、原始和编入基多妙身后的实用、

常识、要求。书前有卷头语。

　　收藏单位：国家馆、南京馆

04876

赞美经

出版者不详，1 册，18 开

　　收藏单位：国家馆

04877

早晚工课

兖州：保禄印书馆，1944 印，14 版，32 页，64 开

　　本书为早、晚课经文。包括：圣号经、感谢经、信经、圣母圣心会经、天主十诫等。

　　收藏单位：国家馆

04878

早晚工课

北平：西什库遣使会印字馆，1933 印，28 页，50 开

北京：西什库遣使会印字馆，1939，34 页，64 开

　　本书为早、晚课经文。包括：感谢经、天主经、圣母经、信经、解罪经、天主十诫、圣教会四规、爱德经、望德经等。北平主教满准。

　　收藏单位：国家馆

04879

早晚工课

[北平]：出版者不详，1936，48 页，36 开

　　收藏单位：国家馆

04880

早晚课

香港：纳匝肋静院，1935 重印，2 版，61 页，64 开

　　本书为早、晚课经文。包括：圣号经、三钟经、早课经、五拜礼、天主经、圣母经、五谢礼、晚课经等。香港主教恩准。

　　收藏单位：国家馆

04881

早晚课（上海教区）　上海土山湾印书馆编

上海：土山湾印书馆，1945，52 页，64 开

　　本书为天主教早课及晚课用书，内容包括：五礼拜、圣号经、三钟经等。书末附谢圣体经。

　　收藏单位：重庆馆、上海馆

04882

早晚课简集　顾若愚编

兖州：保禄印书馆，1941.2，4 版，8 页，50 开

　　本书为经文。包括：圣号经、奉献诵、天主经、圣母经、信经、信德诵、望德诵等。

　　收藏单位：国家馆

04883

怎样认识你自己　高兰·柯克（Konrad Hock）著　李海鹤译

澳门：白德美纪念出版社，1948.6，83 页，42 开（公教小读物丛刊 30）

　　本书共 6 章：四种不同气质、易怒型的气质、浅薄型的气质、忧郁型的气质、迟滞型的气质、各种混合型气质。附录《对青年读者的几句话》等 6 篇。

　　收藏单位：广西馆、国家馆、内蒙古馆

04884

怎样望弥撒

上海：土山湾印书馆，1939.10，50 页，64 开

　　本书共两部分：怎样望弥撒、怎样领圣体。上海主教惠准。

　　收藏单位：国家馆

04885

增补坚振问答

青岛：天主堂印书局，16 页，64 开

　　本书为坚振问答的增补条目。包括：坚振是什么？圣事有几件？什么是聪明？什么是刚毅？什么是明达？什么是上智？等 33 个问答和重发领洗圣愿经。管理青岛教区主教维准。

　　收藏单位：国家馆

04886

斋克　罗雅谷著

北平：西什库天主堂遣使会印书馆，1937，99页，32开

本书为天主教徒在每年40天的封斋日所应守的规则。北平主教满准。

收藏单位：国家馆

04887

瞻礼道理

献县：献县天主堂，1940，306页，36开
献县：献县天主堂，1940印，595页，36开

本书内容包括：圣母无原罪、耶稣圣诞、圣家瞻礼、耶稣受难、圣母月、大祈祷、耶稣圣心、圣母升天等。书前有写在前面的几句话。河北献县教区主教赵准。

收藏单位：国家馆

04888

照管天主圣堂

出版者不详，[26页]，50开

本书论教友照管天主圣堂的本分。

收藏单位：国家馆

04889

真道自证　（法）沙守信（Emeric Langlois de Chavagnac）著

上海：土山湾印书馆，1917，136页，32开
上海：土山湾印书馆，1926，4版，123页，32开

本书共4卷：性理、事道、驳疑引据、教。书前有真道要引、订真道自证记等。江苏主教姚重准。

收藏单位：国家馆、山东馆

04890

真道自证　（法）沙守信（Emeric Langlois de Chavagnac）著

北平：西什库遣使会印字馆，1933重印，26+129页，32开

本书由北平满主教重准。

收藏单位：国家馆

04891

真道自证　（法）沙守信（Emeric Langlois de Chavagnac）著

献县：张家庄天主堂，1931印，171页，32开

本书由河北献县耶稣会主教恩利格刘准。

收藏单位：国家馆、首都馆

04892

真福正路

武昌：武昌天主堂，1933，274页，25开

收藏单位：广东馆

04893

真福直指　（意）陆安德（Andre-Jean Lubelli）著

上海：土山湾印书馆，1933，3版，146页，32开

本书分上、下两卷。共10章，内容包括：享世福不能得真福、推理能明真福何在、天主十诫成人得享真福、天堂永福略讲等。南京主教惠重准。

收藏单位：国家馆

04894

真教大益

上海：土山湾印书馆，1937印，5版，17页，32开

本书共4章：论在真神台前的益处、论归于自己的益处、论归于别人的益处、论得大益该查真教。上海主教惠重准。

收藏单位：国家馆

04895

真教的记号　牟作梁　李道昌著

济南：华洋印书局，16页，64开（神职杂志袖珍丛书16）

本书共4部分：天主公教是至一的、天主公教是至圣的、天主公教是至公的、天主公教是从宗徒传下来的。书前有绪言。书后有结论。

收藏单位：国家馆

04896
真教理证
外文题名：Nos Raisons de Croire
献县：张家庄天主堂，1936，3 版，87 页，32
开

本书共 5 章：有一造物真主、我死后何如、我当如何恭敬天主、天主必要我信奉的宗教就是基督教、但罗玛公教是真基督教。书前有弁言。书后有结论。河北献县耶稣会主教刘准。

收藏单位：国家馆

04897
真教问答 （清）李问渔著
上海：土山湾慈母堂，1913 重印，146 页，64 开
上海：土山湾印书馆，1923，5 版，146 页，64开

本书以问答形式讲天主教之缘起、体制及救灵等。著者原题：李杕。

收藏单位：国家馆

04898
真教自证 （意）晁德莅（Angelo Zottoli）撰
上海：土山湾印书馆，1930，3 版，72 页，32开

本书共 6 篇，内容包括：上主超示教人其要足拟其有、设主超示教人人宜探究而从、设主超示教人人必可据其真等。南京主教姚重准。

收藏单位：国家馆、南京馆、内蒙古馆

04899
真教最要
上海：土山湾印书馆，1937 印，2 版，9 页，32开

本书共两章：论知道真教的人、论不明真教的人。上海主教惠重准。

收藏单位：国家馆

04900
真理警世 田文都等编
太原：明原堂印书馆，1917 重印，活版，143页，36 开

本书将《圣教理证》《俗言警教》加以改编而成。内容包括：论天主是谁、敬真神不宜敬假神、论孔子不禁止言人过等数篇。

收藏单位：国家馆

04901
真理警世 田文都等编
太原：天主总堂印书馆，1934 重印，140 页，32开

收藏单位：国家馆

04902
真心爱仇 （德）赫德明（Joseph Hesser）著
兖州：兖州府天主堂印书馆，1933，5 版，42页，50 开

本书教导人们爱仇敌。共 19 章，内容包括：论爱仇人是新教的诚命、论该爱仇人、撒比爵不宽免仇人背教等。著者原题：赫神父。

收藏单位：国家馆

04903
拯救人灵秘诀 牟作梁 李道昌著
济南：华洋印书局，9 页，64 开（神职杂志袖珍丛书 13）

本书共两部分：拯救人灵魂切要、救人灵魂的妙法。

收藏单位：国家馆

04904
拯世略说 朱宗元述
上海：土山湾印书馆，1935.7，3 版，85 页，32开

本书收文 28 篇，内容包括：圣教释道不可相浑、天主性情美好、天地原始、爱仇复仇说等。书前有著者自序。上海主教惠重准。

收藏单位：国家馆

04905
拯亡劝言
献县：胜世堂，1920，2 版，19 页，42 开
本书讲述拯救炼灵的道理及救助炼灵的善功。

收藏单位：国家馆

04906

正道惟一

兖州：兖州府天主堂印书局，1930，4 版，22 页，50 开

本书论述天主圣教道理，证明天主教是惟一真正宗教。

收藏单位：国家馆

04907

正邪略意　康福民著

上海：土山湾印书馆，1934，4 版，13 页，32 开

本书讲述天主教的各种恩典，劝人警惕魔鬼，辨别外教邪说。上海主教惠重准。

收藏单位：国家馆

04908

正心编　沈锦编著

上海：土山湾印书馆，1924 印，35 页，50 开

本书共 12 章：正思想、正意向、正性情、正言语、正瞻视、正听闻、正饮食、正嗅闻、正举动、正像司、正工作、正喜乐。

收藏单位：国家馆、内蒙古馆

04909

正义与和平　中华各大学公教教授学会编

武昌：益华报社，1938.3，32 页，32 开（益华丛书）

本书内含为抗战而编写的有关圣诞节的文章数篇。包括：圣诞节献词、耶稣精神的昭示、抗战期间的圣诞节等。书后附敬谢全世界同情中国的宗教家。

收藏单位：国家馆、南京馆

04910

指引真教（护教篇 第 1 种）　欧司铎（Odoricus Schell）　赵幼松编

北平：公教教育联合会，1932.3，再版，24 页，32 开

北平：公教教育联合会，1934.6，4 版，24 页，32 开

北平：公教教育联合会，1936.3，5 版，24 页，32 开

本书以问答方式论述天主教为真教。书前有叙言。

收藏单位：国家馆

04911

中国公教童子军组织缘起

出版者不详，4 页，32 开

收藏单位：上海馆

04912

中国公教真理学会之使命　叶秋原著

中国公教真理学会，1943，32 页，64 开

本书论述中国公教真理学会的任务。内容包括：关于公教书籍之刊布、关于经典之翻译整理与统一及公教文献之整理、关于公教思想与三民主义之研究等。

收藏单位：国家馆

04913

中国归化　孟司铎著

[献县]：[献县天主堂]，1921，31 页，50 开

[献县]：[献县天主堂]，1925，39 页，50 开

本书论述天主教在中国的传播问题。主要包括：天主愿意救众人、中国归化的阻挡、中国不奉教的缘故、论祈祷的能力、论救国会等内容。

收藏单位：国家馆

04914

中国归主　孟敬安（Alphonso Gasperment）著

北平：西什库天主堂印书馆，1948，20 页，50 开

本书从中国八年抗战的胜利说到天主教教义及信仰。

收藏单位：国家馆、内蒙古馆

04915

中国开教时的圣母会　贾修士编　张司铎译

上海：土山湾印书馆，1933，37 页，32 开

本书介绍了北京、南京、陕西、上海的圣母会及圣母会的变相。

收藏单位：国家馆

04916

中国亲爱的 亲爱中国的罗马教宗　乐渔著

[北京]：[国立清华大学研究院]，1928，14页，32开

　　本书共6章：公教统制、教宗训谕我国教友通电大意、民族主义之真谛、今将教宗对我国的希望就他的通电再解释一下、中国的罗马教宗、我国教友的责任。

　　收藏单位：国家馆

04917

中国首任天主教枢机纪念册　北平辅仁大学编

北平：辅仁大学，1946，76页，32开

　　本书介绍天主教组织、中国天主教发展史、枢机的来历和职权等。书前有辅仁大学引言、宗座驻华代表致全国主教书。

　　收藏单位：国家馆、辽宁馆、南京馆、首都馆

04918

中国天主教传教史　（意）德礼贤（Pasquale d'Elia）著

上海：商务印书馆，1933，157页，32开（百科小丛书）（万有文库第1集105）

上海：商务印书馆，1934.1，157页，32开（百科小丛书）

长沙、上海：商务印书馆，1934.12，再版，157页，32开（百科小丛书）

上海：商务印书馆，1935.4，3版，157页，25开（百科小丛书）

长沙、上海：商务印书馆，1939.12，157页，32开（万有文库第1—2集简编）（百科小丛书）

长沙：商务印书馆，1940.5，4版，157页，32开（百科小丛书）

　　本书共17部分，内容包括：最先的记载、聂斯多略派的教会、第一个天主教传教区、闭关时代、近代的先驱利玛窦等。附中国天主教1933大事录。

　　收藏单位：安徽馆、重庆馆、大连馆、大庆馆、东北师大馆、广东馆、广西馆、贵州馆、桂林馆、国家馆、黑龙江馆、湖南馆、江西馆、辽大馆、辽师大馆、南京馆、内蒙古馆、宁夏馆、山东馆、上海馆、首都馆、天津馆、浙江馆、中科图

04919

中国天主教传教史概论　徐宗泽编著

上海：土山湾印书馆，1938，368页，32开

　　本书内容包括：开封犹太教、唐景教碑出土史略、唐景教论等。附录中国圣教掌故拾零。书前有著者叙略。

　　收藏单位：广东馆、国家馆、黑龙江馆、湖南馆、近代史所、南京馆、上海馆、首都馆、西南大学馆、中科图

04920

中国天主教史论丛（甲集）　方豪著

重庆：商务印书馆，1944.12，151页，32开（中国公教真理学会丛书）

上海：商务印书馆，1947.3，151页，32开（中国公教真理学会丛书）

　　本书辑中国天主教史文章13篇，内容包括：校勘学、版本学、史料学、古迹人物考、专题历史叙述、教外史料等。

　　收藏单位：重庆馆、东北师大馆、广东馆、国家馆、近代史所、辽大馆、南京馆、内蒙古馆、山东馆、上海馆、绍兴馆、首都馆、西南大学馆

04921

中国天主教文化协进会　于斌讲

北平：益世报馆，23页，32开

　　本书内容包括：中国天主教文化协进会释名、中国天主教文化协进会的使命、中国天主教文化协进会与中华公教进行会的关系、中国天主教文化协进会与世界四大问题4篇演讲词。附录中国天主教文化协进会章程、中国天主教文化协进会各省市分会组织通则。

　　收藏单位：国家馆

04922

中华公教进行会成立册　中华公教进行会松江善导报社编

松江善导报社，1914，40页，32开

　　本书内容包括各地中华公教进行会成立

的日期、地点、负责人名册。

　　收藏单位：内蒙古馆

04923

中华公教进行会简章

西湾子双爱堂，1911，6 页，64 开，环筒页装

　　本书内含章程 12 条，包括：定名、宗旨、纲领、等级、会员、职员等。

　　收藏单位：国家馆

04924

中华公教进行会全国教区代表大会实录　中华公教进行会总监督处编

[北平]：中华公教进行会总监督处，1936，1 册，16 开

　　本书共 5 编：大会纪事、会务报告、讲演词、议决案、提案汇存。

　　收藏单位：国家馆、内蒙古馆、上海馆、首都馆

04925

中华公教进行会全国教区代表大会提案一览

[中华公教进行会总监督处]编

[北平]：[中华公教进行会总监督处]，[1936]，111 页，32 开

　　本书共 9 个提案，内容包括：组字提案、社字提案、教字提案、新字提案、青字提案、男字提案、妇字提案、信字提案、光字提案。

　　收藏单位：国家馆、内蒙古馆

04926

中华公教进行会演进史

出版者不详，24 页，32 开

　　本书内有公教进行会的历史及章程，第一次大会记等。

04927

中华公教进行会组织大纲　[中华公教教育联合会编]

[北平]：中华公教教育联合会，1932.12，56 页，32 开

[北平]：中华公教教育联合会，1934，再版，

56 页，32 开

[北平]：中华公教教育联合会，1935，3 版，56 页，32 开

　　本书共 7 章，内容包括：基本原则，公教进行会之总组织，公教进行会各部之组织，中华公教进行会男子部、青年部、女子部等。书前有传信圣部公函第 32—3867 号、宗座驻华代表公署公函第 33—15 号。

　　收藏单位：国家馆、上海馆

04928

中华公教青年会辅仁大学支部章则及会员一览　训练委员会编

北平：执委会出版股，1931.10，52 页，64 开

　　收藏单位：国家馆

04929

中华公教学友联合会纪念刊　中华公教学友联合会学术部编

[北平]：[公记印书局]，1930，112 页，18 开

　　本书介绍中华公教学友联合会之成立、沿革、现况等，并收集会友论文 10 余篇，会外通讯等。

　　收藏单位：国家馆、内蒙古馆

04930

中华全国公教进行会统计册　中华公教进行会总监督处编

北平：中华公教进行会总监督处，[1937]，328 页，32 开

　　本书统计时限为 1936—1937 年，分男子部、妇女部、青年部 3 编。书前有编纂缘起、中华公教进行会演进史略、年谱等。

　　收藏单位：国家馆、首都馆

04931

中华全国教务统计　光启社编

外文题名：Annuaire des missions catholiques de Chine

上海：土山湾印书馆，1938，88 页，32 开

上海：土山湾印书馆，1939，88 页，32 开

上海：土山湾印书馆，1942，88 页，32 开

上海：土山湾印书馆，1947，88 页，32 开

上海：土山湾印书馆，1949，87 页，32 开

本书为天主教在中国教务的统计。

收藏单位：国家馆、上海馆

04932

中西齐家谱

上海：土山湾印书馆，1921 重印，260 页，32 开

本书共 8 章，告诫人应如何奉事天主、如何对待父母子女、如何对待爱情、怎样尽主仆本分等。江南主教姚准。

收藏单位：国家馆、内蒙古馆

04933

忠实的一天 沈默著

澳门：白德美纪念出版社，1946，69 页，50 开（公教小读物丛刊 4）

澳门：白德美纪念出版社，1947.3，再版，58 页，50 开（公教小读物丛刊 4）

本书共收 2 篇：忠实的一天、新裤的故事。澳门主教罗若望准。

收藏单位：广西馆、国家馆、吉林馆、南京馆

04934

忠言 桑树德（P. Bizeul）著 （清）李问渔译

上海：土山湾印书馆，1936，5 版，12 页，32 开

本书为天主教杂谈。上海主教惠重准。

收藏单位：国家馆

04935

终日结合 （匈牙利）马骏声（Eugene Zsamar）著

河北：大名耶稣会，1948，40 页，64 开（神修学 第 7 册 特印本）

本书共两篇：收敛心神、常不断的祈祷。

收藏单位：国家馆

04936

周年经训 张维笃编著

兖州：保禄印书馆，1942.9，12+193 页，32 开

本书为主日经文。每节包括书信和福音两部分。兖州教区主教舒准。

收藏单位：国家馆、内蒙古馆

04937

周年默想 P. Vercruysse 著 许采白 蒋邑虚译

外文题名：Meditationes quotidianae in totum annum

上海：土山湾印书馆，1912—1913，4 册（259+251+258+294 页），32 开

上海：土山湾印书馆，1937，2 版，4 册（259+251+258+294 页），32 开

本书的每日祈祷包括定像和特求两部分。书前有序、小引及默想正则撮要等。上海主教惠准。

收藏单位：国家馆、内蒙古馆、上海馆、首都馆

04938

周年默想

外文题名：Meditationes quotidianae in totum annum

上海：土山湾印书馆，1912—1913，4 册（268+263+267+304 页），32 开

上海：土山湾印书馆，1912—1913，2 册（263+304 页），32 开，精装

本书由江南主教姚准。

收藏单位：广东馆、国家馆、内蒙古馆

04939

周年瞻礼经

上海：土山湾印书馆，1932 印，546 页，64 开

上海：土山湾印书馆，1948 印，484 页，64 开

本书内容包括：弥撒规程、谢圣体经、主日经、诸圣宗徒、耶稣圣心等。上海主教惠重准。

收藏单位：国家馆、浙江馆

04940

周年瞻礼全集

杭州：始胎堂，1930，86+104+94 页，64 开，精装

本书内容包括：经规、天主教早晚课、主日经、圣歌等。杭州宗座代权田法服准。

收藏单位：国家馆

04941

周年主日及大瞻礼圣经

青岛：天主堂印书局，1930，[179] 页，32 开

本书为天主教瞻礼经文。

收藏单位：国家馆、内蒙古馆

04942

周月善思　步武尔（Bouhours）著　穆若望译

献县：张家庄天主堂，1926，196 页，64 开

每日默想包括 3 段：经文讲解、善行、圣言。直隶东南耶稣会主教刘准。

收藏单位：国家馆、内蒙古馆

04943

主日

献县：[献县天主堂]，1934，280+195 页，25 开

本书为天主教主日经文。中文和阿拉伯文对照。刘主教准。

收藏单位：国家馆

04944

主日公经句解

献县：献县天主堂，1937，122 页，36 开

本书为主日经文句解，包括爱心经、感谢经、祈求经、奉献经等。河北献县耶稣会主教刘准。

收藏单位：国家馆

04945

主日圣经讲解

香港：纳匝肋静院，1920，564 页，32 开

本书包括从降临首主日至降临后二十四主日的每日经文。香港主教师准。

收藏单位：国家馆

04946

主日瞻礼圣经

兖州：天主堂印书馆，1920，重刊，226 页，36 开

兖州：天主堂印书馆，1926，4 版，[324] 页，32 开

兖州：天主堂印书馆，1931，5 版，306 页，32 开

兖州：天主堂印书馆，1937，6 版，248 页，32 开

本书为天主教徒在主日诵读的经文，每篇包括书信和万日略两部分。

收藏单位：国家馆

04947

主之人杰　梁保禄　钟全章译述

外文题名：Heroes Dei

澳门：白德美纪念出版社，1949，4 册（31+32+37+32 页），50 开（灵修小丛书 69—72）

本书共 4 册，内容包括：儿童能否成圣人、圣人与动物、冒险的圣人、圣人与善表等。

收藏单位：国家馆

04948

助善终经　伏若望译

上海：土山湾慈母堂，1924，140 页，64 开

本书内容包括：善终助功规例、临终祷文、炼狱祷文等。江苏主教姚重准。

收藏单位：国家馆

04949

助善终引　赵怀信著

[宣化]：出版者不详，1928.5，52 页，32 开

本书共 3 章：为什么该当助善终、怎么样助善终、助善终常用的言语。宣化程主教准。

收藏单位：国家馆

04950

专务精修

献县：张家庄胜世堂，1917，224 页，32 开

本书共 3 卷：论精修之故、论精修之法、论精修之事。直隶东南耶稣会主教马准。

收藏单位：国家馆

04951

追悼阵亡将士 中华各大学公教教授学会编

武昌：武昌花园山益华报社，1938.4，94 页，32 开（益华丛书 2）

本书为 1938 年初在汉口举行公教会议，追悼抗日阵亡将士及死难同胞，祈祷中国胜利的会议专辑。收论文 9 篇和若干书报文摘。武昌艾主教准。

收藏单位：东北师大馆、国家馆、南京馆

04952

自尊（天主的儿女 基多的肢体）（法）高利约（Ch. Glorieux）著 公教丛书委员会译

天津：崇德堂，1939.6，10+252 页，32 开（公教丛书 14）

天津：崇德堂，1947.6，再版，154 页，32 开

本书共 8 部分，内容包括：天主的唯一圣子、论圣子与义子的关系、我们的富源、基多的肢体、结论等。书前有序。再版副题名：天主的子女 基多的肢体。

收藏单位：国家馆、南京馆、首都馆、天津馆

04953

宗古歌经简要

北平：出版者不详，1934，45 页，32 开
北平：出版者不详，1941，46 页，32 开
北平：出版者不详，1943，46 页，32 开
北平：出版者不详，1944，46 页，32 开

本书为经文汇编，有洒圣水经文、复活瞻礼洒圣水经文、亡者大弥撒等。

收藏单位：国家馆

04954

宗教丛谈

出版者不详，2 册，18 开

本书共收入 104 个论题，内容包括：真神一定有、世界万物由天演进化的于理不通、论人的由来、论人性同兽性所有的区别、万物皆有始、天地不能自生人物、论人类的始祖、论儒教、论道教、论风水、论迷信、论真正的自由等。

收藏单位：国家馆

04955

宗教反正 张巴拿巴著

出版者不详，[1930]，160 页，32 开

本书内含圣灵的洗、蒙主拣选、洗脚圣礼等 30 余篇。书前有序文 3 篇。序作于 1930 年 10 月。

收藏单位：南京馆

04956

宗教评论粹集

出版者不详，[1929]，60 页，32 开

本书收入：罗马教宗对中国人的宣言书、改善中国与教廷关系问题、论法国保护在华教权亟须废弃等文章。

收藏单位：国家馆

04957

宗教问题粗谈

出版者不详，1918，22 页，25 开

本书共 3 部分：中国社会对于公教之观念、公教之内容、公教真谛。浙东主教赵准。

收藏单位：国家馆

04958

宗徒事业之灵魂 若翰·苏达（J. B. Chautard）著 范介萍译

外文题名：L'Ame de tout apostolat

澳门：慈幼印书馆，1947.7，222 页，50 开（世光丛书 1）

澳门：慈幼印书馆，1947.12，再版，222 页，50 开（世光丛书 1）

本书共 5 篇，内容包括：天主愿意种种传教事业兼有内修生活、外务生活与内修生活的化合、以内修生活发展传教事业等。书前有教宗本笃十五世致作者亲笔御书、作者简传及绪言等。

收藏单位：国家馆

04959

宗座代表蔡宁总主教为耶稣受难瞻礼致全国公教青年函 （意）蔡宁（Mario Zanin）著

北平：[宗座驻华代表公署]，1939.3，[4] 页，18 开

收藏单位：国家馆

04960

宗座代表刚总主教对于中华学生之演讲

[（意）刚恒毅（Celso Benigno Luigi Costantini）] 著

上海：土山湾印书馆，1925印，18页，32开，环筒页装

　　本书演讲题目为：中国之新生命。

　　收藏单位：国家馆

04961

宗座代表驻华十周年大庆特刊　中华公教学友联合会学术部编

北平：公教图书馆，1932.12，52页，16开

　　本书共35篇，内容包括：发刊祝词、庆贺宗座驻华代表十周年大纪念、贺刚总主教来华十年、庆祝刚大主教莅华十周年纪念颂词、十年来宗座驻华大事录等。书前有发刊词、卷头语。书后附鸣谢。

　　收藏单位：国家馆

04962

宗座驻华代表刚大主教米郎大学的讲演

（意）刚恒毅（Celso Benigno Luigi Costantini）讲

北平：公教教育联合会，[1931]，58页，32开

　　本讲题是：学术传教问题和今日之中国。书前有于斌所写的介绍。

　　收藏单位：国家馆

04963

宗座驻华代表公署落成纪念册

[北京]：出版者不详，[1923]，[42]页，横32开，精装

　　本书内有公署平面图说明，天主教信友呈请宗座代表刚公移节北京书及数幅公署实景照片。

　　收藏单位：国家馆

04964

遵主圣范　（德）肯培多马原著　（英）英雅各（James W. Inglis）　韩汝霖译述

上海：广学会，1938.11，248页，22开（基督教学术推进会丛书）

上海：广学会，1948，3版，248页，32开

　　本书共4卷：勉励灵修、预备内心、心的安慰、主的圣餐——劝人热心领受圣餐。书前有译者序。

　　收藏单位：广东馆、河南馆、内蒙古馆、山东馆

04965

遵主圣范　类斯田删订

北京：救世堂，1912，65叶，32开，精装（环筒页装）

北京：救世堂，1941，[136页]，32开

　　本书分2卷、37章，内容包括：论真实道理、论办事的明智、论看圣书、论与天主神交、论谦忍自卑等。书前有序言、凡例。

　　收藏单位：国家馆、首都馆

04966

遵主圣范

北京：西什库天主堂遣使会印书馆，1936，18+260页，32开

北京：西什库天主堂遣使会印书馆，1941印，18+260页，32开

　　本书共4卷。卷1共25章，包括论效法耶稣与轻慢世幻、论真实道理、论办事的明智、论看圣书等内容。卷2共12章，包括论与天主神交、论谦忍自卑、论安静之善士、论正直纯净等内容。卷3共59章，包括论耶稣与善魂默谈神交、论真实无声的圣训、论谦逊以听天主圣训因多有忽略圣训不以为意者、论在天主台前宜真诚谦逊等内容。卷4共18章，包括论当何等虔恭以领耶稣之圣体、论耶稣圣体大显天主爱人的至情、论勤领圣体最有大益、论善领圣体者蒙恩最多等内容。书前首有序言、凡例。书后附附印第一目录、附印第二目录。北平主教满准。

　　收藏单位：国家馆

04967

正教初学集成

上海：中华东正教协会，1936，208页，32开

本书内容包括：日诵经文、抵暮课、乡晨课、教规略述。

收藏单位：首都馆

新教（耶稣教）、东正教

04968

爱友流传录（第 1 集） 刘权编著

汉口：刘权 [发行者]，1937.5，[438] 页，22 开

本书内容包括：处世须知、楹联精华、受益诗歌、故事杂钞、格言问答、灵食择要、三教问答、真道问答、圣经问答等。

收藏单位：国家馆

04969

安乐家 伦敦圣教书会著 （英）窦乐安（John Darroch） 农竹译

上海：中国圣教书会，1928，132 页，32 开

本书为信教故事。

04970

安息日辩谬（官话） 时兆报馆编

上海：时兆报馆，1921，55 页，32 开

本书为辩论安息日问题。附礼拜日考。

收藏单位：重庆馆、上海馆

04971

安息日论 易司顿（W. Easton）著 （美）戴怀仁（Ingvald Daehlin）译

外文题名：The Sabbath

[汉口]：中华信义会书报部，1933.3，20 页，42 开

本书根据罗马加拉太两书，解释安息日的问题。

收藏单位：国家馆

04972

安息日要论（国语） 上海时兆报馆编

上海：时兆报馆，1928，34 页，32 开

本书讲述基督教安息日（即礼拜日）的由来及信徒如何过安息日等。

收藏单位：上海馆

04973

安息日正论 上海时兆报馆编

上海：时兆报馆，21 页，32 开

本书叙述基督教关于安息日（即礼拜天）的说法。

收藏单位：重庆馆、南京馆

04974

按日读经顺序与题目 （美）湛罗弼（R. E. Chambers）译

外文题名：Through the parallel testaments in a year

上海：中华浸会书局，1929.10，68 页，64 开

上海：中华浸会书局，1930.4，再版，68 页，64 开

本书按经名及新旧约篇名的顺序排列，为读经辅助书。

收藏单位：国家馆

04975

暗导 （英）赫柏特·司泰德（Herbert Stead）著 （英）莫安仁（Evan Morgan）译

上海：广学会，1932.6，150 页，32 开

本书收文 9 篇，内容包括：她作的些小善事、基督在此、奇妙的联谊祈祷大会等。书前有译者自序。

收藏单位：重庆馆

04976

奥斯堡信条 魏国伟 陈建勋译

汉口：中华信义会书报部，1928，68 页，32 开

汉口：中华信义会书报部，1934，修正再版，68 页，32 开

本书是路德宗的信仰纲要。分 2 卷，共 28 条，卷 1 包括：论上帝、论原罪、论教会等 21 条；卷 2 详述已革各种弊端的条文，共 7 条。

收藏单位：国家馆

04977

被压迫者的福音 谢扶雅著

香港：青年协会书局，1938.10，62 页，36 开（非常时丛书 第 1 类 2）

本书共 4 章："神国近了"、生在被压迫民族中的耶稣、耶稣底教训、我们应当怎样？书前有编辑旨趣。

收藏单位：国家馆

04978

补满基督患难的缺欠　（美）何赓诗（Martin Hopkins）著

滕县（山东）：华北神学院，15 页，32 开

本书劝人以能为基督接受患难为乐事。

04979

布道的意义　中华基督教协进会布道委员会编著

上海：广学会，1938.11，46 页，32 开

本书共 4 章，讲布道的原则、布道应注意的方法、布道合作问题及建议案。书前有导言。书后附录讨论问题、参考书目。

收藏单位：重庆馆

04980

布道轨范　史高德著　（加）季理斐（Donald MacGillivray）　杜文渊译

上海：广学会，1933.1，72 页，32 开

上海：广学会，1940.1，再版，72 页，32 开

本书共 4 章，讲布道的责任、传布的消息、布道前的预备及布道的方法。书前有序。

收藏单位：重庆馆

04981

布道经题

中华总会传道协会，1935.1，[96] 页，25 开，精装

本书为基督教的布道经题。

04982

布道诗歌　时兆报馆编译部编

上海：时兆报馆，1948，再版，71 页，32 开

本书为基督教赞颂诗集。

04983

布道新诗　计志文编

上海：基督教中国布道会，1948，150 页，32 开

本书为圣歌及圣诗、颂赞诗合刊。

收藏单位：上海馆

04984

财政汇刊·积财于天（中英文对照）　旧金山大埠中华基督教长老会九十周年纪念筹备处编

[旧金山]：中华基督教长老会，[1946]，53 页，25 开

本书收集参加中华基督教长老会 90 周年活动的中外宗教界人士的讲演词，列出 1942—1945 年教友捐款名单及数额。

收藏单位：国家馆

04985

查经简要　史华德（W. E. Strickland）著　罗威译

郑州：华中联合会，[1932]，127 页，32 开

本书共 48 题，内容包括：基督徒所信仰的神、罪进入世界之来历、论祷告等，每题均包括查经索引和本题摘要两部分。

收藏单位：重庆馆

04986

查经简要　史华德（W. E. Strickland）著　夏咏华译

上海：时兆报馆，1935，94 页，32 开

上海：时兆报馆，1941.9，127 页，32 开

本书共 76 题，内容包括：基督徒所信奉的真神、罪进入世界的因果、圣灵的工作等，每题均包括查经索引和本题摘要两部分。

收藏单位：重庆馆、上海馆、首都馆

04987

阐道小笺　范伟等著

出版者不详，1 册，25 开

收藏单位：广东馆

04988

阐道小笺　基督教青年会全国协会书报部编

上海：中华基督教青年会全国协会书报部，1918，1册，32开

上海：中华基督教青年会全国协会书报部，1929.4，116页，32开

本书为有关布道、阐道的资料汇编，内有谢洪赉等人的文章28篇。

收藏单位：国家馆

04989

崇拜适用故事集（第1集） 罗黎晞（Roxy Lefforge）著 周苏藤译述

外文题名：Fifty stories with worship value

上海：广学会，1947.3，沪初版，214页，32开

上海：广学会，1948，再版，214页，32开

收藏单位：重庆馆、南京馆、上海馆

04990

崇拜适用故事集（第2集） 罗黎晞（Roxy Lefforge）著 周苏藤译述

外文题名：Fifty stories with worship value

上海：广学会，1948，230页，32开

收藏单位：重庆馆、南京馆、上海馆

04991

重生的基督徒（个人布道运动的成效）（美） 苏梅克（S. M. Shoemaker）著 （美）梅立德（Frank R. Millican）傅方弼译

上海：广学会，1931.1，150页，32开

上海：广学会，1931，3版，150页，32开

上海：广学会，1939，8版，150页，32开

上海：广学会，1941.5，9版，150页，32开

本书共18章，内容包括：复兴基督教的原始精神、宗教与科学并施的效果、世上的快乐不能满足人的心等。

收藏单位：重庆馆、广东馆、山东馆

04992

重生的牧师 苏梅克（S. M. Shoemaker）著 傅方弼 无愁 （美）梅立德（Frank R. Millican）译述

外文题名：Twice-born ministers

上海：广学会，1935.10，204页，32开

上海：广学会，1939.7，4版，204页，32开

本书内含12位牧师的宗教经验，共14章。

收藏单位：重庆馆、国家馆、山东馆

04993

重生的意义 司密斯（J. Herbert Smith）著 汤仁熙 陈德明译

上海：广学会，1935.11，24页，36开

上海：广学会，1936.3，再版，24页，36开

本书讲述渐进的重生和忽然的重生。

收藏单位：广东馆、上海馆

04994

重生篇

天津：基督教联合会，22页，32开

收藏单位：首都馆

04995

重生真义 王明道著

外文题名：The new birth

北平：灵食季刊社，1935.3，96页，32开

北平：灵食季刊社，1940，再版，76页，32开

本书引述圣经，申说重生的道理。共5章：重生是什么意思、为什么人必须重生、一个人得了重生有甚么表现、怎样方能得重生、得了重生的人还能犯罪么。书前有著者序。

收藏单位：国家馆、天津馆

04996

传道法程 林思翰编著 王震辉译述

上海：时兆报馆，1938，348页，32开

本书共6篇，内容包括：传道的预备、讲道要诀等。

04997

传道金鉴 （美）赫德思（E. R. Hendrix）著

外文题名：Skilled labor for the master

上海：广学会，1913，164页，25开

本书为著者的演讲稿。共20章，内容包括：卒业后之问题、高等职业之义务、传道者之书室、传道者以阅历而增能力、论传道者不能成材之故、传道贵有定向、志意全服救主、受圣灵之膏沐、代祷之职任、论困难之祭礼、论骤然之昏昧等。书前有译者小引。

收藏单位：广东馆、国家馆、山东馆

04998

传道经验谭（第1集） 杨道荣编

外文题名：Preacher's experiences. Vol. I

汉口：中华信义会书报部，1册，32开

本书共10篇，叙述浦化人、陈金镛、丁立美、陈崇桂、梁家驷、生熙安、魏继贞、许声炎、赵斗南、崔爱光10位牧师的传道经验。书后有贾玉铭、沈芝祥牧师附录各一篇。

04999

传道经验谭（第2集） 杨道荣编

外文题名：Preacher's experiences Vol. II

汉口：中华信义会书报部，1926.11，64页，32开

汉口：中华信义会书报部，1930.8，2版，64页，32开

本书共8篇，叙述赵柳塘、朱味腴、王正翱、诸辛生、谷子容、李春蕃、凌德渊、祝千丞8位牧师的传道经验。

收藏单位：国家馆、山东馆

05000

传道经验谭（第3集） 杨道荣编

外文题名：Preacher's experiences. Vol. III

汉口：中华信义会书报部，1928.11，92页，32开

汉口：中华信义会书报部，1931.8，2版，92页，32开

本书共9篇，叙述韩凤冈、成寄归、彭彼得、李岳汉、杨谷怀、宋学连、周伯琴、花文渊、刘今吾9位牧师的传道经验。

收藏单位：国家馆、山东馆

05001

传道经验谭（第4集） 杨道荣编

外文题名：Preacher's experiences. Vol. IV

汉口：中华信义会书报部，1929.12，66页，32开

本书共10篇，叙述焦维真、陈观斗、尚魁英、陈秋卿、黄永昌、黄观海、李约翰、李世美、朱葆元、施配明10位牧师的传道经

验。书后有徐九江附录一篇。

收藏单位：国家馆

05002

传道经验谭（第5集） 杨道荣编

外文题名：Preacher's experiences. Vol. V

汉口：中华信义会书报部，1931.1，96页，32开

本书共10篇，叙述袁恕庵、王明道、李恒春、倪鸿文、应会治、费宗之、张学恭、麦梅生、林温人、冯葆光10位牧师的传道经验。每篇前均有著者像。

收藏单位：重庆馆、国家馆

05003

传道经验谭（第6集） 杨道荣编

外文题名：Preacher's experiences. Vol. VI

汉口：中华信义会书报部，1931.11，92页，32开

本书共10篇，叙述陈玉玲、吴封波、王恒心、李启荣、倪良品、赵世光、周之德、李咨真、王士瑛、孟继曾10位牧师的传道经验。每篇前均有著者像。

收藏单位：国家馆

05004

传道良助（国语）（美）怀爱伦（Ellen G. White）著　和禄门等译

外文题名：Gospel workers

上海：时兆报馆，1921，292页，32开

上海：时兆报馆，1926，再版，292页，32开

本书述说"基督教传道人必须奉行的根本要道"。

收藏单位：重庆馆

05005

传道授业解惑　朱葆元著

中华全国基督教协进会，[1939]，7页，64开（基督教前进运动丛刊36）

本书为基督教宣传材料。

收藏单位：国家馆

05006

传道一隅　陈金镛编

上海：广学会，1930，88 页，32 开

　　本书讲述基督教传道人应有的修养。

05007

传福音教　何恒六著

汉口：中华信义会书报部，[1935]，7 页，64 开

　　本书讲述为什么要在中国传播福音教。

　　收藏单位：国家馆

05008

传经指引　（美）巴狄德水（Dorothy Dickinson Barbour）著　陈亮东译

外文题名：Desired Bible

上海：中华基督教教育会，1927.3，118+118+15 页，25 开

　　本书分 2 编，上编为教学法，共 8 章：怎样使学生爱好圣经、改造平日的行为、自主自决的基督徒、宗教活动的联络、良教师的资格、了解学生的生活、怎样去开始工作、几种困难与其解决法；下编为教学法实例，共 4 章：成效卓著之各班记载、团体工作大纲、适用于中等学校团体的计划百则、书目分类。

　　收藏单位：国家馆、华东师大馆

05009

大无畏的精神　（英）柯伦克（Katharine S. Cronk）著　福幼报社译

外文题名：Brave adventurers

上海：广学会，1936.5，118 页，32 开

上海：广学会，1939，3 版，118 页，32 开

　　本书分 8 章讲述启发儿童信教发挥救世精神的故事。

　　收藏单位：重庆馆、国家馆

05010

当跑的路　刘赏宸著

上海：广学会，1940，114 页，32 开

　　本书为初入教的教徒解说基督的教训和基督徒的生活。内容包括：罪是怎么来的、唯一的救法、耶稣是谁、十字架的功能、个人的修养、决心往前跑等 20 篇。

　　收藏单位：广东馆、南京馆

05011

祷告手册　（芬）喜渥恩（Erland Sihvonen）编译

外文题名：Prayer book

汉口：中华信义会书报部，1929.11，208 页，32 开

　　本书内容包括：年例祷文、纪念祷文、通用祷文。附录主耶稣基督受苦受死之历史、耶路撒冷灭亡史。

　　收藏单位：国家馆

05012

到得救之路（原名，信义宗的到得救之路）

（美）格白汀（G. H. Gerberding）著　陈建勋译

外文题名：The way of salvation

汉口：中华信义会书报部，1931.4，184 页，25 开

　　本书认为圣餐圣洗是得救的条件。共 27 章，内容包括：都是罪人、用器皿的时代、基督徒要学、坚振礼等。著者为美国信义宗牧师。

　　收藏单位：国家馆

05013

道德的探险（一个基督徒的两性道德观）

（英）施继德（B. H. Streeter）著　刘廷芳译

外文题名：Moral adventure

北平：燕京大学宗教学院，1932.2，116 页，18 开（燕京宗教学院小丛书 3）

　　本书共 3 篇 12 章，内容包括：寻道德、法典与试验、性的伦理。书后有原注及译注。

　　收藏单位：国家馆、山东馆

05014

道学初阶　上海时兆报馆编

上海：时兆报馆，1930，62 页，32 开

上海：时兆报馆，1932，再版，62 页，32 开

　　本书用浅白官话编写，向儿童和不识字的男女宣传基督耶稣道理。

收藏单位：重庆馆

05015

道腴一贯 （英）冯马利亚著　刘永龄译

上海：广学会，1916，54 页，32 开，环筒页装

本书为短篇故事集，传扬有关上帝的灵感。

05016

得救入门　林明正著

上海：时兆报馆，1939，62 页，32 开

本书以问答体解说基督教义。

收藏单位：上海馆

05017

得救指南 （美）怀爱伦（Ellen G. White）著

广东：汕头安息日会书报房，1928，169 页，32 开

本书共 4 章，内容包括：信徒的准备、怎样才可与上帝复和、合意的遵守安息日等。书后有凡例。

05018

得胜的生活　Meade Macguire 著　季富德译

外文题名：Life of victory

上海：时兆报馆，1928，187 页，32 开

本书共 20 章。讲述基督教徒如何依靠上帝战胜恶魔。

收藏单位：重庆馆

05019

得胜者 （英）梅德立（Frank Madeley）著

冯雪冰译

外文题名：The overcomer

上海：广学会，1931.12，28+24 页，32 开

本书论述只有虔信上帝，才能算得胜。收文 2 篇：谁是失败者？人人都有胜利的机会、人各有其工。

05020

得胜者的祷告　栾非力著

北平：基督徒聚会处，1946.10，再版，73 页，32 开

本书共 7 章：祷告之中的祷告、除去祷告的拦阻、惧怕神垂听祷告、客西马尼与十架、合乎神旨意的祷告、愿你的旨意成就、三件不可少的事。

收藏单位：国家馆、天津馆

05021

得胜之路 （美）马雅各（James H. McConkey）著　陈崇桂译述

外文题名：The way to victory

上海、汉口：中国基督圣教书会，90 页，32 开

本书论述住在耶稣基督里面，是战胜罪恶的秘诀。共 7 章，内容包括：死之路、生之路、献身之路、洁净之路、复活之道、得胜的附带品等。

收藏单位：国家馆

05022

德育故事　谢洪赉著

外文题名：Stories for young people

上海：中华基督教青年会，1914.6，3 版，116 页，32 开

上海：中华基督教青年会，1919.9，4 版，120 页，32 开

上海：中华基督教青年会，1923.4，5 版，110 页，32 开

上海：中华基督教青年会，1930，6 版，110 页，32 开

本书收纪实及虚构故事共 20 篇。内容包括：小铁汉、新年乐、苦转甜（纪实）、恶少年（纪实）、贫富观等。

收藏单位：国家馆、河南馆、南京馆、绍兴馆、首都馆、天津馆、浙江馆

05023

对于个人布道事工的几个建议　朱立德著

上海：广学会，1935.2，16 页，32 开

上海：广学会，1939.6，4 版，16 页，32 开

本书为说明个人布道的原则、方法。

收藏单位：重庆馆

05024

恩典与宗教 （英）费多马（Thomas Phillips）

著　（英）莫安仁（Evan Morgan）　周云路译

上海：广学会，1930.6，124页，32开

　　本书共13章，内容包括：恩典宗教为必需的、诸教根本上各有恩典的印象、恩典有名辞等。书前有莫安仁序。

　　收藏单位：山东馆

05025

儿童宝筏　陈仰周　赖安利著

上海：广学会，1931.2，100页，32开

上海：广学会，1931.4，再版，100页，32开

　　本书讲如何以基督教的教义来教育儿童。共10章，内容包括：论身体、不可迷信、不可赌博等。书前有小引。

　　收藏单位：上海馆

05026

儿童崇拜　陈晋贤编

上海：广学会，1934.6，244页，25开（促进会宗教教会丛书）

　　收藏单位：江西馆、南京馆

05027

儿童崇拜的研究　（美）巴狄德水（Barbour）编

上海：广学会，1932.8，98页，32开（促进会宗教教育丛书）

上海：广学会，1939.7，4版，98页，32开

上海：广学会，1947，5版，98页，32开

　　本书为第一级义工教材。分上、下两篇。内容包括：如何主领儿童的崇拜、选择崇拜的仪式、初小主日学崇拜、儿童主日学崇拜等。书前有序言。

　　收藏单位：北师大馆、重庆馆、南京馆

05028

儿童崇拜文与主领人指南　（美）郭爱理（Alice H. Gregg）编

上海：广学会，1939，76页，32开

　　本书内含：儿童崇拜文，包括：儿童入堂应有之礼貌、崇拜前之祷文等；主领人指南，包括：献给儿童崇拜的主领人、儿童崇拜时圣经之运用。

05029

儿童的基督化生活　李冠芳主编

上海：广学会，1933，96页，25开（基督化家庭运动周丛书）

　　本书共12章，内容包括：家庭宗教教育的重要、耶稣的家庭生活等。

　　收藏单位：南京馆、山东馆

05030

儿童读本（第2册）　谢颂羔编

上海：广学会，1930.5，36页，32开

上海：广学会，1940.4，22版，36页，32开

　　本书收故事36篇，内容包括：好的牧羊人、上帝爱人、耶稣的幼年等。

　　收藏单位：国家馆

05031

儿童读本（第5册）　谢颂羔编

上海：广学会，1935，35页，32开

　　收藏单位：山东馆

05032

儿童与上帝　柯柏　威琴孙著　（加）薄玉珍（Margaret H. Brown）　洪超群译

上海：基督教学术推进会，1937.1，22页，32开

　　本书为家庭宗教教育小册子。讲怎样培养儿童具有宗教知识及信仰。

05033

菲律宾讲道集（救恩篇）　焦维真著

上海：华文印刷局，1940.10，2版，128页，32开

　　本书专论耶稣对人类各方面的完善所作的贡献。

　　收藏单位：上海馆

05034

菲律宾讲道集（救恩篇）　灵光灵修院编

灵光灵修院，1939，128页，32开

05035

丰富的人生　（美）龚斯德（Eli Stanley Jones）

著 朱铁蓉等译
外文题名：Abundant living
上海：广学会，1948，636 页，32 开
　　本书为灵修课程，按周编排，每日的内容包括经文讲解及祷文。
　　收藏单位：南京馆、绍兴馆、首都馆

05036
丰富的生活 （美）龚斯德（Eli Stanley Jones）
著 朱铁蓉译
衡阳：广学会，1944，187 页，32 开
　　收藏单位：重庆馆

05037
丰美的生活 （美）龚斯德（Eli Stanley Jones）
著 马鸿纲等译述
上海：广学会，1937，630 页，32 开
上海：广学会，1941，6 版，630 页，32 开
上海：广学会，1946，7 版，630 页，32 开
　　本书介绍基督教徒一年中每天应读的灵修经文，并解释经文的意义。
　　收藏单位：广东馆、桂林馆、南京馆、宁夏馆、上海馆

05038
奉他的名（基督祈祷） 汤卜生（George B. Thompson）
著
上海：时兆报馆，93 页，32 开
　　本书共 8 篇，内容包括：祷告的习惯、忽略祷告、私自祈祷、家庭中的祈祷等。
　　收藏单位：重庆馆、上海馆

05039
服从的训练 （英）慕安得烈（Andrew Murray）
著
上海：广学会，1941.8，147 页，64 开
　　本书共 8 章，内容包括：服从在圣经里的重要性、基督的服从、真实服从的秘诀等。书后附为守晨更者进一言。
　　收藏单位：重庆馆、天津馆

05040
服务的意义 （美）富司迪（Harry Emerson Fosdick）

著 胡贻毂等译 胡贻毂编订
外文题名：The meaning of service
上海：青年协会书局，1936.4，再版，334 页，42 开，精装
上海：青年协会书局，1936.10，3 版，334 页，42 开，精装
　　本书为研究基督徒生活对于社会实际的效用。共 12 章，内容包括：基督教与服务主义、克己、公道等。章内有按日读课及祷文。
　　收藏单位：国家馆、南京馆、上海馆

05041
服务真诠 （美）怀爱伦（Ellen G. White）著
梅晋良译
外文题名：Ministry of healing
上海：时兆报馆，1940.1，487 页，22 开
上海：时兆报馆，1948.3，再版，487 页，22 开，精装
上海：时兆报馆，1949.3，3 版，487 页，32 开
　　本书从宗教角度说明医务工作的真诠。全书共 8 编，内容包括：真实的医药布道士、医师的工作、医药布道士和他们的工作、看顾病人、健康的原理、家庭、主要的知识、职工的需要。
　　收藏单位：重庆馆、广东馆、广西馆、国家馆、吉林馆、江西馆、南京馆、宁夏馆、山东馆、上海馆

05042
福幼唱歌 福幼报社编
上海：广学会，1928，26 页，32 开
　　本书为供儿童用的赞美诗。

05043
父母对于子女的责任 （美）施拜雷（W. L. Sperry）
著 明灯报社编译
外文题名：Duty of parents to their children
上海：广学会，1937.5，68 页，32 开
上海：广学会，1940，再版，67 页，32 开
上海：广学会，1947，3 版，67 页，32 开
　　本书共 13 章，内容包括：治家的态度、教导子女信仰宗教的重要、对于子女宗教道德的努力、教导子女宗教须潜化默移、教导

子女须"防患未然"、以诚实教导子女、以良好家教传给子女、父母对于"设计教育"应有的认识、诵记经典、圣经教授法、主日学、礼拜堂、儿童们自己的宗教。卷首有《编译者的介绍》一文。

收藏单位：重庆馆、国家馆、南京馆、山东馆

05044

复合说明书 中华圣公会合一委办发出

[汉口]：出版者不详，1923，32 页，25 开

本书共 4 章，内容包括：兰拍会议恳请书、会议议案、结论等。附兰拍会议致全球基督徒恳请书及关于复合之议案。

收藏单位：国家馆

05045

复临运动的故事 安拉思夫人（Matilda Erickson Andross）著 时兆报馆编译部编译

外文题名：Story of the advent message

上海：时兆报馆，1931.9，418 页，25 开

上海：时兆报馆，1947，再版，418+13 页，25 开

本书介绍了基督复临安息日会的发起和经过。共 27 章，内容包括：复临运动的星辰、美洲的基督复临运动、基督复临运动在他处的发展等。书前有译者引言。书后附复临运动大事年表及图表等。

收藏单位：重庆馆

05046

复兴查经纪录 焦维真著

上海：华文印刷局，1940.10，再版，2 册（230+160 页），32 开

本书内容包括：基督徒之人生哲学、灵程写照（自创世纪至约书亚）、耶稣再来等。

收藏单位：上海馆、首都馆

05047

复兴查经纪录 焦维真著

灵光灵修院，1939，2 册，32 开

收藏单位：广东馆

05048

复兴查经纪录 焦维真著

上海：中华神学院，1934，再版，2 册（[390]页），32 开

05049

复兴讲坛 顾仁恩讲

香港：基督徒布道团，[1941]，128 页，32 开

香港：基督徒布道团，1942.6，[再版]，128 页，32 开

本书收讲道文章 19 篇，内容包括：耶稣尊名的意义、天国的君王来了、赦罪的恩主等。

收藏单位：浙江馆

05050

富儿之苦 福幼报社编辑

外文题名：The sorrows of a rich child

上海：广学会，1934，再版，101 页，32 开

收藏单位：重庆馆、南京馆

05051

个人布道 Dora I Zimmerman 著 金炎青译

外文题名：Studies in personal work

上海：美华浸会书局，1930.10，114 页，25 开

上海：美华浸会书局，1934.5，再版，114 页，25 开

本书共 4 章：受托与布道、基督的委任、个人布道的方法、个人布道的工场。

收藏单位：国家馆、南京馆、上海馆

05052

个人布道 乔治·英兰著 张伯绅译述

外文题名：Personal evangelism

成都：华英书局，1939.7，32 页，64 开

收藏单位：国家馆、南京馆

05053

个人传道 （美）卫英士（Frank J. Wiens）撰

外文题名：Personal Work

上海：美华浸会书局，1928，102 页，32 开

上海：美华浸会书局，1940，4 版，102 页，32 开

本书共 12 章，主要介绍传道工作。

收藏单位：上海馆

05054

个人宗教生活的方法 （美）卫明（Henry Nelson Wieman）著　应远涛译

上海：青年协会书局，1933，174 页，32 开

上海：青年协会书局，1934.8，再版，174 页，32 开

上海：青年协会书局，1934.10，4 版，174 页，32 开

本书叙述如何过基督徒生活。内容包括个人的灵修、团契的生活、人生快乐的寻求等内容。

收藏单位：重庆馆、南京馆、山东馆、浙江馆

05055

给全国基督徒的一封公开信（中国基督徒祷告运动宣言） 张锡焕执笔

北平：出版者不详，1948.6，[7] 页，32 开

中国基督徒祷告运动是北平 10 院校 10 中学 100 名基督徒学生发起的，提出 10 个主题作为此运动的祷告目标，主要内容是渴望国家安定，世界和平。

收藏单位：国家馆

05056

公祷文　圣公会订

出版者不详，1918，48+294+167 页，25 开

出版者不详，1935，再版，659+38 页，32 开，精装

本书内容包括：公祷文读例、公祷文。书后附诗篇（圣公会著），按每日早、晚次序排列，共计 150 篇。

收藏单位：重庆馆、国家馆、南京馆

05057

公祷文　中华圣公会港粤教区编订

香港：中华圣公会港粤教区，1938.9，326 页，32 开

收藏单位：广西馆

05058

公祷文暨普天颂赞简本　江苏教区办公处编

上海：江苏教区办公处，204 页，32 开

本书为祈祷文和赞美诗的合编。

收藏单位：江西馆、上海馆

05059

公共崇拜的意义及方法 （美）寇润岚（R. M. Cross）编著　曹鸿祥译

上海：广学会，1937，72 页，32 开

上海：广学会，1939，再版，72 页，32 开

本书为第二级义工教材第一册。共 13 课，内容包括：基督教崇拜的意义、仪式、祈祷的地位与宗旨、圣经的用法等。

收藏单位：上海馆

05060

公开的基督 （美）龚斯德（Eli Stanley Jones）著　谢颂羔译

外文题名：Christ at the round table

上海：广学会，1931.3，242 页，32 开

上海：广学会，1931.5，再版，242 页，32 开

上海：广学会，1932.8，3 版，242 页，32 开

上海：广学会，1932，5 版，242 页，32 开

本书记述在印度公开讨论基督教教义的经过。共 17 章，内容包括：开始、与人生接触、公开讨论会中所得的感想、重生、群众的救赎、扩大的基督等。1932 年版含译者"陈德明"。

收藏单位：重庆馆、国家馆、南京馆、山东馆、首都馆

05061

古事今谈　罗威尔（E. A. Rowell）著　徐华译

外文题名：Prophecy speaks

上海：时兆报馆，1939.5，170 页，32 开

上海：时兆报馆，1939，再版，170 页，32 开

上海：时兆报馆，1948，3 版，170 页，32 开

上海：时兆报馆，1949.3，4 版，170 页，32 开

本书讲述一个无信仰的家庭用圣经预言解答他们困难问题的故事。共 15 章，内容包括：嘲笑、关于预言的辩论、试验之开始、怎样驳

诘圣经、埃及拥护预言、但以理的胆子等。

收藏单位：重庆馆、广东馆、广西馆、国家馆、吉林馆、辽宁馆、辽师大馆、内蒙古馆、宁夏馆、上海馆、首都馆、天津馆

05062
故事汇抄 陈化鹍编著
出版者不详，1923，322 页，25 开
　　本书为圣教故事汇编。内容包括：恶表惊人三则、主日作工受罚、善为寓意、守瞻礼日等故事近百篇。鄂东主教田准。

收藏单位：国家馆

05063
光爱小笺（第 3 集）
上海：基督福音书局，[90] 页，36 开
收藏单位：首都馆

05064
光明之路 克仁著 叶昆岗译述
外文题名：The lighted way
上海：时兆报馆，1929，159 页，50 开
　　本书讲基督教徒青年的处世修养等。内容包括：品格的重要、上帝所计划的人生、选择的恩赐等。

收藏单位：重庆馆

05065
广学会第三十七周报告书 广学会编
上海：广学会，1924，1 册，22 开
　　本书共 20 篇，内容包括：本会对于新潮流的态度和工作、华侨中的工作、赠送书籍、圣经注释编辑部报告、函信传道部的消息、女铎报一年来之回顾、明灯报告、添设书报推销经理、销售的成绩、广告和宣传、逝世的会员、明年的大政方针、出版的新书、华信徒新近的创作、本会今年总支账目、本会今年总收账目、本会职员名录、会员名录、团体会员、十万运动。书前有弁言。

收藏单位：国家馆

05066
广学会第三十八周报告册

上海：广学会，1925.10，27 页，22 开
　　本书内容包括：圣经注释编辑部报告、明灯报告、关于妇孺之书报状况、函信传道部消息、推销处销售情形、本年内所出版之新书、本会职员名录、华会员一览表、报告补遗、感逝录、本会收支账略、本会今年总支账目、本会今年总收账目等。书前有绪言。

收藏单位：国家馆

05067
广学会近况（一九三〇年十月至一九三一年十月）（加）季理斐（Donald MacGillivray）著
出版者不详，1931，27 页，22 开
收藏单位：国家馆

05068
归正的意义与实例（美）格白汀（G. H. Gerberding）著 刘健译
外文题名：New Testament conversions
汉口：中华信义会书报部，1930.4，72 页，32 开
　　本书共 6 讲，内容包括：浪子的归正、彼得的跌倒与再归正、虚伪的归正、几乎归正等。

收藏单位：国家馆

05069
国难祷文 中华全国基督教协进会编
四川：成都华英书局，12 页，64 开（基督教前进运动丛刊）
　　本书共 24 篇，内容包括：为求神迹、为求战争的后果、为前线、为求和平、为我们的领袖、为战事工作员、为医生与护士、为宣传战事消息的人、为饥饿的人、为患病的人、为受伤和将死的人、为在战争中罹害的人、为受害人的亲友、为求指引、为各家庭、为孤单的人、为劳苦的人、为教会生活、为捐输、为求主的胜利、为各族的人民、为错误的事、为祈祷的人、为圣灵的工作。

收藏单位：国家馆

05070
国难祷文 中华全国基督教协进会 [编]
上海：中华全国基督教协进会，[1930—1939]，

12 页，64 开（基督教前进运动丛刊 35）

收藏单位：国家馆

05071

孩童宝训　宋玉如著

出版者不详，[1932]，82 页，横 16 开

本书为基督教的启蒙读物。书前有著者自序，作于 1932 年 11 月。

收藏单位：国家馆

05072

孩童崇拜故事集（7）　中华基督教会四川协会文字部编辑

成都：华英书局，46 页，32 开，环筒页装

本书是为儿童编写的主日课教材的辅助读物，包括了 13 个小故事。

收藏单位：国家馆

05073

孩童崇拜故事集（9）　中华基督教会四川协会文字部编辑

成都：华英书局，50 页，36 开，环筒页装

本书为短篇宗教故事的合集。

05074

孩童的祷告

上海：广学会，29 页，32 开

本书为基督教对儿童祈祷的内容和方法的指导书。

05075

何谓基督教　（美）艾迪（Sherwood Eddy）原著　青年协会书报部重译

外文题名：What is Christianity?

上海：中华基督教青年会全国协会，1918.2，28 页，32 开

上海：中华基督教青年会全国协会，1924.1，再版，28 页，32 开

本书共 3 章：人与上帝之关系、人与人之关系以确立品德为必要、基督教是否为救人救国之世界的能力。书前有弁言和绪论。

收藏单位：国家馆、江西馆、天津馆

05076

和谐的家庭　清洁理（Katharine R. Green）著　女铎社译

外文题名：Harmony in the home

上海：广学会，1937.5，41 页，32 开

本书关于基督徒家庭教育学。共 3 章：家庭的问题、家庭的关系、家庭以外的环境。书前有绪言。

收藏单位：国家馆、南京馆、山东馆

05077

贺川丰彦证道谈　（日）贺川丰彦著　（加）季理斐（Donald MacGillivray）　谷云阶译

外文题名：The religion of Jesus and its truth

上海：广学会，1929.11，124 页，32 开

上海：广学会，1930.11，2 版，124 页，32 开

上海：广学会，1931.6，3 版，124 页，32 开

本书共 5 章：认识上帝、耶稣与人的失败、耶稣对于祈祷的心理、耶稣受死的意义、耶稣与门徒的关系。书前有序。

收藏单位：江西馆、南京馆、山东馆、上海馆

05078

黑门甘露正续编　宋尚节讲

上海：基督徒布道团清心区，1937.6，再版，[151] 页，32 开

上海：基督徒布道团清心区，1937.7，再版，[151] 页，32 开

本书书前有弁言及再版小言。1937 年 1—5 月宋尚节博士在上海讲经记录。合订本。

收藏单位：上海馆

05079

沪南清心堂青年团契十周纪念刊　邬鹏飞编

上海：沪南清心堂青年团契，1948.2，[44] 页，32 开

本书内含勉词、感言、专载及十年大事记等。

收藏单位：国家馆

05080

华北美会第二届年议会纪录（美以美会第

四十七届) [华北美会第二届年议会] 编
北京: [华北美会第二届年议会], [1940], 100 页, 18 开

本书共 10 部分, 内容包括: 议会职员、年会各部各委员各委办、年会日程、纲例条问、年议会派司单、报告书、纪念、年议会历史、杂项、记事。

收藏单位: 国家馆

05081

华北美以美会第四十六届年议会纪录 [华北美以美会第四十六届年议会] 编
北京: [华北美以美会第四十六届年议会], [1939], 116 页, 18 开

该年会于 1939 年 10 月在北京召开。书内含此次年会的职员录、日程、纲例条问、派司单、各项报告书、记事、杂项等。

收藏单位: 国家馆

05082

华北美以美会四十二次年议会录 [华北美以美会四十二次年议会] 编
天津: [华北美以美会四十二次年议会], [1934], [104] 页, 18 开

华北美以美会四十二次年议会 1934 年 8 月在天津召开。书内含此次年会的职员、委员名录、日程、报告书、年会小史、记事等。

收藏单位: 国家馆

05083

华北中华基督教团前卫理公会华北山东年议会记录 [卫理公会华北年议会] 编
北京: [卫理公会华北年议会], [1943], 72+24 页, 18 开

本书内容包括: 卫理公会华北年议会第五届记录、华北中华基督教团前卫理公会山东年议会第四届会议记录。两会均于 1943 年 9 月 1—5 日在北京召开。

收藏单位: 国家馆

05084

华人接受基督教 (英) 李提摩太 (Timothy Richard) 拟题 谢恩光撰
上海: 广学会, 1917, 105 页, 32 开 (李提摩太博士悬奖征文取录之卷 乙种)

本书探讨人如何能赞成并接受基督教问题。共 5 编: 绪论、理由论、障碍论、进行论、结论。

05085

荒漠甘泉 唐醒 袁洁民编
外文题名: The streams in the desert adopted and compiled
上海: 福音书房, 1939.12, 466 页, 32 开, 精装
上海: 福音书房, 1941, 4 版, 466 页, 32 开, 精装
上海: 福音书房, 1942.3, 5 版, 466 页, 32 开, 精装
上海: 福音书房, 1944.5, 翻印本, 1 册, 32 开
上海: 福音书房, 1946.5, 6 版, 466 页, 32 开, 精装
上海: 福音书房, 1947.4, 8 版, 466 页, 32 开, 精装

本书为基督徒每日读经课本。内容大都摘自美国考门夫人所编 Streams in the Deserts (《荒漠甘泉》)。

收藏单位: 北师大馆、重庆馆、广西馆、国家馆、江西馆、上海馆、绍兴馆、首都馆、天津馆

05086

荒漠甘泉 唐醒 袁洁民编
香港: 香港印刷工业合作社, 1946, 408 页, 32 开

收藏单位: 广东馆

05087

魂之解剖 (美) 万而特 (Howard Arnold Walter) 著 明灯报社译
外文题名: Soul surgery
上海: 广学会, 1936.8, 45 页, 50 开

本书讲述基督教个人布道要义及方法。共两章: 个人布道的重要、个人布道的大纲。

收藏单位: 国家馆

05088
活水的江河 （美）安汝慈（Ruth Paxson）著
罗惠忱译
上海：广学会，1935.4，117页，32开
上海：广学会，1939.10，4版，117页，32开
上海：广学会，1941.3，5版，117页，32开
上海：广学会，1948.10，6版，117页，32开
　　本书共9章，内容包括：属肉体的基督徒的记号、属灵的基督徒的记号、两个相对的境界等。
　　收藏单位：重庆馆、江西馆、山东馆、浙江馆

05089
活水永流 （美）戈尔登（S. D. Gordon）著
（加）季理斐（Donald MacGillivray）译 潘桢述
外文题名：Quiet talks on power
上海：广学会，1914，58页，25开（灵修生活丛书）
上海：广学会，1916，再版，58页，25开（灵修生活丛书）
上海：广学会，1922，4版，52页，22开（灵修生活丛书1）
上海：广学会，1935.6，6版，52页，22开（灵修生活丛书1）
上海：广学会，1940.8，7版，校正版，44页，32开（灵修生活丛书1）
　　本书为杂谈基督教理。共7章：沟水壅塞、第二个山顶、论能力之来路、得能力的价值、保惠师亲赐能力、如何常得能力、能力如潮之涨溢。
　　收藏单位：重庆馆、国家馆、山东馆

05090
火热的心（第1册）（芬）牧若马（Urho Muroma）
[著] 刘健译
外文题名：Fervent in spirit. Vol. I
汉口：中华信义会书报部，1932.12，再版，60页，25开
　　本书为布道演讲录。内容包括《火热的心》《谁能进天国》等4篇。书前有高果能的介绍语及著者原序。由英译本转译。

收藏单位：国家馆

05091
祸福之缘因 （德）波理察（O. Borchest）著
（德）连普安（H. Linden）译
上海：广学会，1933，48页，32开
　　本书以宗教观点，谈祸福原因。

05092
积金碎玉
北平：华龙印书馆，1940，216页，32开
　　本书讲述基督教的基本要理及圣经中所记载的耶稣事迹。
　　收藏单位：国家馆

05093
基督大纲 （美）施匹尔（Robert E. Spear）著
（英）斐有文 （加）季理斐（Donald Mac-Gillivray）译
外文题名：The principles of Jesus
上海：广学会，1913，[142]页，25开
上海：广学会，1929.1，3版，146页，25开
　　本书共52章，内容包括：基督论天父、基督论上帝之旨、基督论罪恶、基督论教会、基督论婚姻、基督论战争、基督论品行、基督论疾病、基督论真诚、基督论安乐等。
　　收藏单位：国家馆、山东馆

05094
基督道纲 （英）辟克原著 （英）瑞思义（William Hopkyn Rees）译意 许家惺述文
上海：广学会，1915，156页，22开
　　收藏单位：山东馆、首都馆

05095
基督道为真之证 （英）涂尔腾（William Harry Turton）著 （英）梅益盛（Isaac Mason） 哈志道译
外文题名：The Truth of Chrisitianity
上海：广学会，1919，82页，32开
　　本书译自原著的第3段"基督道为真论"。论证基督之道的真实性，劝人信仰基督。
　　收藏单位：山东馆

05096

基督的新妇 王明道著

外文题名：The Bride of Christ

北平：灵食季刊社，1926.9，118 页，32 开

北平：灵食季刊社，1931.4，再版，118 页，32 开

本书共 5 章：基督的新妇的意义、基督的新妇所得的应许、如何能作基督的新妇、基督的王后、一个蒙悦纳的新妇。

收藏单位：国家馆

05097

基督感生的研究 朱宝惠著

外文题名：Concerning the virgin birth

上海：中华浸会书局，1929.5，70 页，32 开

本书为基督感生说辩护。

收藏单位：国家馆、南京馆

05098

基督化的婚姻（基督化家庭运动专册） 全国基督化家庭委员会编

外 文 题 名：Christian marriage: Christianizing the Home Week Pamphlet

上海：中华全国基督教协进会，1948，109 页，32 开

本书为 1948 年 10 月 24 日至 31 日基督化家庭运动周材料（基督化家庭周小册）。讲述按基督教的方式解决婚姻的问题。

收藏单位：南京馆、人大馆

05099

基督化的婚姻观 （加）薄玉珍（Margaret H. Brown）编　洪超群译

昆明：广学会，1940，50 页，32 开

本书是从史康伯所著的英文本《基督徒婚姻的根据》改编。共 9 章，内容包括：将近结婚期、婚姻在灵性方面的价值、天职与选择、婚姻的义务、夫妻的平等等。

收藏单位：重庆馆

05100

基督化的家庭教育 （美）巴狄德水（Dorothy Dickinson Barbour）授旨　蔡咏春述意

外文题名：Christian home education

上海：广学会，1930.10，222 页，32 开

上海：广学会，1931.8，再版，222 页，32 开

上海：广学会，1934.3，6 版，222 页，32 开

上海：广学会，1942 翻印，180 页，32 开

上海：广学会，1946，12 版，222 页，32 开

本书共 17 章，讲述基督徒对子女的教育方法。

收藏单位：重庆馆、吉林馆、辽宁馆、南京馆、人大馆、上海馆

05101

基督化家庭 陈崇桂编

汉口：中国基督圣教书会，1936，160 页，32 开

汉口：中国基督圣教书会，1936，再版，160 页，32 开

汉口：中国基督圣教书会，1937，3 版，160 页，32 开

本书内收有关建设基督化家庭的文章。

收藏单位：重庆馆、广东馆、内蒙古馆、首都馆

05102

基督化家庭与民主的中国 全国基督教协进会基督化家庭委员会编

外文题名：The Christian home and the republic of China

上海：广学会，1947.10，118 页，32 开

本书为 1947 年 10 月 19 日至 26 日基督化家庭运动周小册子。共 8 篇材料，内容包括：实践基督化家庭生活以促进中国的民主、家庭合作养成民主化的中国等。书后附有故事、家庭诗歌等 4 篇。

收藏单位：国家馆、上海馆

05103

基督教 王德隆著

北京：湘乡馆，1920，30 页，32 开

本书内容包括：各种宗教之比较、基督教之特点、基督教今后教务工作进行之商榷等。

05104

基督教（文理） A. Layman 著

外文题名：The church of Christ

上海：1913，154 页，32 开，精装

　　本书共 40 章，内容包括：论始创之教、论上帝之国、论初现天国、论耶稣教会、论耶稣即上帝之道等。

　　收藏单位：国家馆

05105

基督教的佛味 徐松石著

外文题名：The buddhist flavour in the religion of Christ

上海：青年协会书局，1935.6，48 页，32 开

　　本书贯通基督教、佛教二教。共 7 部分：绪论、上帝和真如、魔鬼是什么、外功与内功、来生的问题、基督的应化、要道答客问。

　　收藏单位：国家馆

05106

基督教的人生观 （英）瓦忒豪斯（Eric Strickland Waterhouse）著　傅方弼　（美）梅立德（Frank R. Millican）译

上海：广学会，1930.1，113 页，36 开

上海：广学会，1930.6，再版，113 页，32 开

上海：广学会，1939.8，3 版，113 页，32 开

　　本书共 12 章，内容包括："我相信有良善，所以相信有上帝""我相信有爱，所以相信基督""我相信有友情，所以相信三位一体"等。书前有原序。

　　收藏单位：北大馆、重庆馆、江西馆、辽宁馆、南京馆

05107

基督教的性道德 张仕章著

上海：新文社，1931，86 页，50 开（新文社小丛书）

　　本书以《圣经》为依据，论述灵肉一致的性道德。

　　收藏单位：吉林馆

05108

基督教合理论 （英）垦治（David S. Cairns）著　（英）贾立言（A. J. Garnier）　于化龙译

外文题名：The reasonableness of the Christian faith

上海：广学会，1926.7，168 页，22 开

上海：广学会，1929.1，再版，180 页，32 开

上海：广学会，1933.10，3 版，180 页，32 开

　　本书据著作演讲词译成。共 4 章：世界之谜、信仰、启示、基督教启示之完备与真实。每节前有要旨，每章后附有习问。1929 年再版曾经增删。

　　收藏单位：国家馆、南京馆、内蒙古馆、山东馆、上海馆

05109

基督教浸会高级少年团指南 区慕灵　许韶阳编著

外文题名：A Manual for the baptist senior young people's missionary organization

上海：美华浸会书局，1938.8，32 页，25 开

　　本书共 7 章：基督教浸会少年团概论、组织浸会高级少年团的初步建议、基督教浸会少年团章程样式、职员的责任、分队、周会、优美标准。正文前有绪言、浸会少年团格言、宗旨、口号、志愿书及团歌等。附录怎样举行圣经练习等。

　　收藏单位：国家馆

05110

基督教浸会高级少年团指南 区慕灵　许韶阳编著

上海：全国浸会少年团编辑部，1941，3 版，48 页，25 开

　　收藏单位：广东馆

05111

基督教救赎论 汤忠谟著

上海：中华圣公会，1935.9，258 页，25 开（中央神学院丛书）

　　本书共 3 篇：绪论、历史之研究、圣经之研究。

　　收藏单位：国家馆

05112

基督教辟谬（上编）（英）希蓝麦沁著　林文庆译

出版者不详，1921，137 页，32 开

本书对各种不利于基督教的传说逐条予以解释、反驳。

05113

基督教起信论 （英）英雅各（James W. Inglis）著　韩汝霖译

外文题名：Christ the supreme revelation

上海：广学会，1936.11，148 页，32 开

上海：广学会，1937，2 版，148 页，32 开

本书共 21 章，内容包括：绪论、论宗教是永存的、福音书的著作、论保罗、论旧约、论耶稣无罪、论基督教的功绩等。

收藏单位：广东馆、国家馆

05114

基督教徒之信仰及其理由 （英）洪苔儿（C. F. Hunter）著 （英）赫永襄（J. Sidney Helps）陈启新译

外文题名：What a Christian believes and why

汉口：中国基督圣教书会，1937.4，326 页，32 开

本书共 12 章，内容包括：何故信有上帝、人对于上帝的知识与其来源、基督徒对于耶稣的信仰与其确证等。书前有中文序、英文序。

收藏单位：上海馆

05115

基督教信仰和民主主义 （美）Gregory Vlastos 著　田浩征译述

外文题名：Christian faith and democracy

成都：华英书局，1942，112 页，32 开（海慎宗教丛书 10）

本书共 5 章：巫术和成熟的信仰、我们的信仰和民主主义、我们的信仰是真实的吗、我们的信仰的否定、实现我们的信仰。

收藏单位：重庆馆

05116

基督教信仰和民主主义 （美）Gregory Vlastos 著　田浩征译述

外文题名：Christian faith and democracy

上海：青年协会书局，1941.1，147 页，32 开（海慎宗教丛书 10）

成都：青年协会书局，1942，147 页，32 开

上海：青年协会书局，1948.7，再版，147 页，32 开（海慎宗教丛书 10）

收藏单位：重庆馆、贵州馆、国家馆、南京馆、内蒙古馆

05117

基督教信仰与青年（宗教问题讨论大纲） 中华基督教青年会全国协会宗教教育部编

中华基督教青年会全国协会宗教教育部，1946.6，24 页，32 开

本书共 4 个小题，内容包括：耶稣的上帝观、人生的意义、我们为什么要加入教会等。每题后附讨论问题。

05118

基督教要道八讲　S. P. Long 著　刘健译

外文题名：The way made plain

汉口：中华信义会书报部，1929.10，160 页，25 开

本书共 8 讲：断定谷、耶稣是往父那里去的唯一道路、律法不知旁的道路、信仰不知旁的道路、祈祷不知旁的道路、圣洗不知旁的道路、认罪与赦罪不知旁的道路、圣餐不知旁的道路。有巴色林导言。

收藏单位：国家馆

05119

基督教义略解　彭彼得著

北京：汇文学校，1927.5，454 页，18 开

本书共 13 章，内容包括：宗教之实在、物质与上帝、上帝之启示、上帝之本性、人之地位、罪恶之经验、历史的耶稣、基督之品格、基督之伦理等。有司徒雷登序和著者序。

收藏单位：国家馆、山东馆、首都馆

05120

基督教义诠释（又名，基督教义略解） 彭彼得著

外文题名：Exposition of Christian doctrine

上海：广学会，1936.2，662页，32开（齐鲁神学丛书7）

上海：广学会，1936.12，3版，662页，32开（齐鲁神学丛书7）

上海：广学会，1939，4版，662页，32开（齐鲁神学丛书7）

上海：广学会，1940.4，5版，662页，32开（齐鲁神学丛书7）

　　收藏单位：国家馆、南京馆、山东馆、首都馆

05121

基督教与人类的再造 侯仁之著

北平：燕大基督教团契，1937，28页，25开（燕大基督教团契丛书3）

　　本讲稿共4篇，内容包括：总要做醒祷告免得入了迷惑、一个历史的学生对于基督教教义的认识、基督教与人类的再造等。附《即德即知》。

05122

基督教与人生 朱资雍著

外文题名：Christianity and life

汉口：中华信义会书报部，1934.4，27页，32开

　　本书共6部分：由宗教与科学说到基督教、改造人生的基督教、调剂人生的基督教、服务人生的基督教、希望人生的基督教、基督教与今日的中国。

　　收藏单位：广西馆、国家馆

05123

基督教约老会简史 北美约老会著 魏司道 李温伟杰译

外文题名：A brief history of the Reformed Presbyterian Church

齐齐哈尔：北满约老会，[1935]，108页，32开

　　本书共4章：旧约时代的教会、新约时代的教会、改教、北美约老会。附录《北美基督教约老会的条约》等。封面题名：约老会简史。

　　收藏单位：广东馆、国家馆

05124

基督精义 （英）顾乐伟（T. R. Glover）编 （英）莫安仁（Evan Morgan）口译 连警斋笔述

外文题名：Outlines for group study fundamentals of the Christian religion

上海：广学会，1932.10，55页，32开

　　本书叙述基督教9条基本经义：罪恶、刑罚、忏悔、回向、救恩、代罪、救赎、称义、成圣。编者原题：葛楼福。

　　收藏单位：辽宁馆

05125

基督徒布道刊（第3期） [天津基督教布道团]编

天津：[天津基督教布道团]，1939.2，138页，32开

　　本书内收：《进入安息》《创世纪之福音》《基督徒是一棵结果子的树》等文章。

　　收藏单位：国家馆

05126

基督徒的安息日 海尼思（C. B. Haynes）著 徐华译

外文题名：The Christian Sabbath

上海：时兆报馆，1948，104页，32开

　　本书论述有关基督教徒守安息日的问题。

　　收藏单位：重庆馆

05127

基督徒的本分 乐益文（E. D. Kellogg）著 黄铎译

上海：广学会，1936.3，4版，27页，32开

上海：广学会，1940，7版，27页，32开

　　本书为平信徒和基督徒而作，关于基督徒的重要义务，分3项：对教会的本分、对家庭的本分、对他人的本分。

　　收藏单位：重庆馆、南京馆

05128

基督徒的六种印记 （美）薛德福（C. A. Shatford）著　明灯报社编译

上海：广学会，1941，3 版，54 页，50 开

本书内容包括：忠、勇、忍、谦虚、自由、洪量。

收藏单位：重庆馆

05129

基督徒的生命 （挪）哈列比（O. Hallesby）著　汤清译

汉口：中华信义会书报部，1938，157 页，32 开

本书共 11 讲，内容包括：罪与罪的觉悟、醒悟与悔改、基督徒与修理等。

收藏单位：重庆馆

05130

基督徒的新人生 B. Glasby 著　于化龙翻译

上海：广学会，1932，再版，38 页，32 开

本书共 7 章：新人的品格、新人在家庭里为人如何、新人在教会里为人如何、新人对别国的国民为人如何、在耶稣基督里成为新人、劝告新人、旧人。

收藏单位：重庆馆

05131

基督徒的信仰与生活 （英）汤朴（William Temple）著　应远涛评述

外文题名：Christian faith and life

上海：青年协会书局，1936.8，153 页，25 开（青年丛书 36）

上海：青年协会书局，1939.5，再版，153 页，25 开（青年丛书 36）

上海：青年协会书局，1948.1，3 版，153 页，25 开（青年丛书 36）

本书为作者于 1931 年 2 月在牛津圣马利亚教堂内的演说词。共 8 章："上帝"的意义、基督在历史中的地位、世上有道德的标准吗、罪和悔改、十字架的意义、在人生中的圣灵、祈祷和圣礼、基督徒的社会。著者原题：台波尔。

收藏单位：贵州馆、国家馆、南京馆、上海馆

05132

基督徒的信仰与生活 许甦编

辅德季刊社，1941，[43] 页

收藏单位：北大馆

05133

基督徒的性观 （英）桂厚伯（A. Herbert Gray）著　聂绍经译述

外文题名：Men, women and God: a discussion of sex questions from the Christian point of view

上海：广学会，1926.1，107 页，32 开

上海：广学会，1929.1，再版，134 页，32 开

上海：广学会，1933.4，3 版，134 页，32 开

本书以智、灵、体相统一的观点论述性的问题。共 13 章，内容包括：性育的重要、伴侣的职责、爱情的释义、婚约的根据、道德的标准、男子的奋斗、嫖妓的罪恶、女子的青春、强迫的独身、结婚的艺术、不幸的婚姻、社会的不良、往事的不咎。书前有序及绪言。

收藏单位：重庆馆、国家馆、辽宁馆

05134

基督徒的言语 王明道著

外文题名：The words of my mouth

北平：灵食季刊社，1933.2，60 页，32 开

本书引述圣经、论基督徒应说的言语。共 12 部分，内容包括：当弃绝虚谎的言语说诚实的话、当弃绝污秽的言语说清洁的话、当弃绝毁谤的言语说造就人的话、当弃绝论断的言语说劝勉人的话等。

收藏单位：广东馆、国家馆、天津馆

05135

基督徒的自由 （德）马丁·路德（Martin luther）著　（德）和士谦（Carl Johannes Voskamp）著　陈建勋译

外文题名：Von der Freiheit eines Christenmenschen

外文题名：A treatise on Christian liberty

汉口：中华信义会书报部，1932.9，68 页，32 开（马丁路德丛刊）

本书确切译名应作《论基督之人的自由》，是路德于宗教改革运动初期写的 3 篇

"宣言书" 之一。

收藏单位: 国家馆

05136

基督徒对于儿女应有的态度 （美）海珥玛
（Irma Highbaugh）编　孙恩三　张雪岩译
外文题名: What should be the attitude of Christians toward their Children
上海: 广学会, 1936.8, 订正版, 38 页, 32 开
（父母教育小丛书 2）
上海: 广学会, 1940, 5 版, 订正版, 38 页, 32
开（父母教育小丛书 2）
上海: 广学会, 1941, 3 版, 订正版, 28 页, 32
开（父母教育小丛书 2）
　　本书共 12 课, 内容包括: 按基督的教训
对待儿女的教友、善待儿童的模范家庭、怎
样把宗教遗传留给我们的儿女等。另附父母
教育考卷。书名页著者题: 薄玉珍。

收藏单位: 重庆馆、国家馆、南京馆

05137

基督徒对于儿女宗教教育的责任　陶绥德（J. Torset）著
汉口: 信义书局, [1935], 7 页, 64 开
　　本书作者认为, 父母应教小孩子祷告、
背十条戒、信经、主祷文等, 并把新旧约历
史上的故事讲给他听。

收藏单位: 国家馆

05138

基督徒家庭的生活　裴瑞芝（Jessie E. Payne）
著
外文题名: Life in a Christian home
上海: 广学会, 1933.9, 40 页, 32 开
上海: 广学会, 1937.3, 再版, 40 页, 32 开
上海: 广学会, 1948, 5 版, 40 页, 36 开
　　本书共 20 课, 内容包括: 耶稣的家庭、
父母教育儿女的责任、耶稣所受的教育等。
每课一题, 附以图画, 再引圣经有关经文。
每课后均有讨论问题。

收藏单位: 重庆馆、国家馆、山东馆

05139

基督徒家庭中的规则　女铎报社编
上海: 广学会, 1929, 88 页, 32 开
　　本书介绍基督徒家庭中的种种规矩以及
做人的道理。

收藏单位: 重庆馆

05140

基督徒教师与学生　熊祥煦著
上海: 中华基督教宗教教育促进会, 1936, 18
页
　　本书共 4 部分: 基督徒教师的准备、如何
行、正常的责任、轭外工作。书前有起论: 彷
徨歧路的学生。书后有结语: 最后一言。

收藏单位: 近代史所

05141

基督徒灵程的研究　焦维真著
南京: 灵光报社, 1929.12, 218 页, 32 开（灵
光报社丛书）
　　本书论述基督徒灵性修养的历程。共 29
章, 内容包括: 你灵命的现状如何、灵命长育
之定例、圣灵充满之秘诀、向神所当尽的本
分、对世人所当有之贡献等。

收藏单位: 上海馆

05142

基督徒入门问答（注音汉字）　（美）戴怀仁
（Ingvald Daehlin）编
外文题名: Phonetic and character Elementary epitome of Luther's catechism
汉口: 中华信义会书报部, 1935.4, 再版, 44 页,
32 开
汉口: 中华信义会书报部, 1935.9, 7 版, 32 页,
32 开
　　本书内容包括: 论律法、论福音、信经、
论祷告等。

收藏单位: 国家馆

05143

基督徒生活的研究　（美）赛尔（Herny T. Sell）
著　万福林译
外文题名: Studies in the life of the Christian

上海：美华浸会书局，1935.2，204 页，32 开

　　本书讲述基督徒对上帝应抱的态度及对人、对己、对教会、对家庭、对国家和社会的责任。共 14 章，内容包括：基督徒的耶稣观、基督徒的上帝观、基督徒的人生观、基督徒的人类观、基督徒的信仰等。

　　收藏单位：广东馆、国家馆、南京馆

05144

基督徒为何当纳十分之一　上海时兆报馆编

上海：时兆报馆，1932，[92] 页，32 开，精装

　　本书为什一捐论文合订本。并附什一之定制、纳付十分之一的幸福、什一制、奉献十分之一道德上的本分。

05145

基督徒问答（大字版）（美）戴怀仁（Ingvald Daehlin）编著　易绍康笔述

外文题名：Short explanation of Luther's catechism

汉口：中华信义会书报部，1935，12 版，80 页，32 开

汉口：中华信义会书报部，1941，17 版，78 页，32 开

　　本书为教徒基础知识问答。内容包括：总论、论十条诫、论信经、论祷告、论圣洗、论圣餐等。

　　收藏单位：国家馆、河南馆

05146

基督徒学生的人生哲学（荷兰）杜甫德（Visser't Hooft）原著　江文汉译

外文题名：Students' philosophy of life

香港：青年协会书局，1938.11，75 页，32 开（非常时丛书第 2 类 10）

　　本书共 6 篇：我们要有选择、基督徒的选择、上帝呢还是宗教呢、我们要看重现实、基督徒生活的实质、基督教集团的任务。

　　收藏单位：国家馆

05147

基督徒要学（德）马丁·路德（Martin luther）著

外文题名：Luther's small catechism

汉口：中华信义会书报部，1930，30 页，32 开

汉口：中华信义会书报部，1935，再版，30 页，32 开

　　本书介绍基督徒须知。共 5 卷：十条诫、信经、主祷文、圣洗、圣餐。附认罪、日用祷文、信徒本分录。

　　收藏单位：国家馆

05148

基督徒要学解释（美）戴怀仁（Ingvald Daehlin）著　易绍康述

汉口：中华信义会书报部，1931.6，3 版，114 页，32 开

　　本书就基督徒须知所知作的释疑。共 5 卷，内容包括：十诫、信经、祷告等。书前有序及圣经简用书目。

　　收藏单位：重庆馆、国家馆

05149

基督徒与婚姻　王明道著

外文题名：Christians and marriage

北京：灵食季刊社，1943.6，134 页，32 开

　　本书介绍基督徒应有的婚姻观。共 10 篇，内容包括：圣经中的婚姻观、结合婚姻的正轨、为什么神不许属他的人和不信的人结婚、基督徒可以离婚么等。书前有序。

　　收藏单位：北师大馆、国家馆

05150

基督与动荡时期中之青年　基督教协进会青年工作促进委员会编

南京：基督教协进会青年工作促进委员会，1947，11 页，32 开

　　本书内容包括：《我们需要一个新的文化运动》《基督教中的"我们"》《生活的原动力——信仰》3 篇、并有证道集锦 14 则、小故事若干篇。

　　收藏单位：国家馆、南京馆

05151

基督与青年　文助华编

外文题名：Youth for Christ and the kingdom

上海：广学会，1937.6，82 页，32 开

上海：广学会，1939，再版，82 页，32 开

本书论述了如何领导青年跟随基督，建设地上天国。共 9 章，内容包括：基督对于青年之激发、天国对于青年之激发、训练青年以应付激发等。每章后有讨论题。书后附依据约翰福音之基督研究大纲等。

收藏单位：重庆馆、广东馆、国家馆、南京馆

05152

基督与现代问题（宗教与人生问题讨论课程）
如雅德（Arthur Rugh）著　青年协会书局译
外文题名：Jesus's way of life
上海：青年协会书局，1934，4 版，62 页，32 开

本书共 13 课，内容包括：我为什么称自己为基督徒、基督对于人们有什么影响、基督对于政治问题的生活方法是怎样的等。书前有弁言、译序、本书用法。书后有参考书籍。

收藏单位：南京馆

05153

基督在此　斐可（W. G. Thornal Baker）著
浦保罗译
上海：广学会，1938.11，29 页，64 开（道声小丛书 4）

本书共 10 篇，内容包括：重要的问题、问题的解答、最后的铁证等。

收藏单位：重庆馆

05154

基督之友　文助华著　陈景熹译
外文题名：Friends of Christ
上海：广学会，1948.5，420 页，32 开

本书为全年灵修课程，按日编排。

收藏单位：广东馆、国家馆、上海馆、绍兴馆

05155

寂静之时　费尔朴（A. Phelps）著　（英）莫安仁（Evan Morgan）谷云阶译述
外文题名：The still hour
上海：广学会，1936.3，84 页，32 开
上海：广学会，1939，3 版，84 页，32 开

本书阐发祈祷精义。共 14 章，内容包括：没有上帝临在的祈祷、没有意味的祈祷、心口不一致的祈祷、不信靠祈祷、信靠祈祷等。

收藏单位：重庆馆、国家馆

05156

家（基督徒家庭手册）　潘玉粿编
上海：广学会，1949.3，108 页，32 开
上海：广学会，1949.5，3 版，108 页，22 开

本书讲述了为什么要出这本书，阐述了基督徒家庭应有的表现，全家人与神的联系，基督徒家庭崇拜资料。附录介绍关于家庭的读物。

收藏单位：南京馆、浙江馆

05157

家庭布道宝鉴　基督复临安息日会远东总会家庭布道部编
基督复临安息日会家庭布道部，109 页，32 开，环筒页装

本书介绍促进家庭布道工作的方法。

收藏单位：重庆馆

05158

家庭布道宝鉴　基督复临安息日会中华总会家庭布道部编
上海：东方函授学校，1935，再版，订正，120 页，25 开

收藏单位：重庆馆

05159

家庭布道部聚会秩序　基督复临安息日会家庭布道部编
基督复临安息日会家庭布道部，1940，2 册（[252] 页），32 开
基督复临安息日会家庭布道部，1941，2 册（89+93 页），32 开

本书内容包括：做工的教会、每周两小时为基督而用、基督徒家庭日、父母的特权、先觉后觉、善工运动奋兴会秩序等。

收藏单位：重庆馆

05160

家庭查经题要　[侯美莲] 编

北平：意诚印刷局，1933，146页，25开

本书供妇女学道、查阅圣经之用。编者见于书前安禄锡序中。

05161

家庭崇拜 中华基督教会四川美道会文字部编译

外文题名：Family worship: a book of fifty worship programs

成都：华英书局，1941.12，94页，25开，环筒页装

本书内分50日，每日的内容包括经文讲解及祈祷文。书后有圣歌。

收藏单位：重庆馆、国家馆

05162

家庭崇拜实施方法 王学仁编

[上海]：基督教联合出版社，1943.3，38页，32开，环筒页装

本书共8章：概况、家庭礼拜的设施、唱诗、祷文、圣经、程序、使用、愿辞。

收藏单位：国家馆

05163

家庭的新希望 全国基督化家庭委员会编订

上海：基督教联合出版社，1946，52页，32开

本书内容包括：一九四六年基督化家庭运动周建议、基督化家庭周开幕礼拜、自健康身体中获得新希望、自下一代青年人中获得新希望等。

收藏单位：重庆馆、南京馆

05164

家庭故事 女星报社编

外文题名：Stories for the home

上海：广学会，1934，3册（55+50+58页），36开

本书共3册。第1册内含小故事数篇，讲述基督徒对基督的日常信奉；第2册讲述6个小故事，向母亲们介绍如何用基督徒生活的各种良好的方法训练孩子；第3册内含小故事7篇，讲述使家庭基督化的妇女日常生活。

收藏单位：国家馆、辽宁馆

05165

家庭礼拜日课 魏力德（Herbert L. Willett）毛烈生（Charles C. Morrison）著

上海：广学会，1930.2，370页，32开

本书讲述主祷文。讲题包括：永不改变的神、恬静的心灵、从患难中得到幸福、仰首向神、我们必须的神等。

收藏单位：广东馆、首都馆

05166

家庭灵性生活（基督教家庭对于子女的灵性生活） 沈顾明等撰

上海：广学会，1946.8印，再版，15页，32开（基督化家庭小丛书1）

收藏单位：南京馆

05167

家庭灵修日课 清洁理（Katharine R. Green）著 麦超兰译

外文题名：Book of family worship

上海：广学会，1937.4，2册（364+368页），64开

上海：广学会，1939，再版，2册（364+368页），64开

本书为基督徒日修课。从正月一日至十二月三十一日，每日一课（包括经文和祈祷文）。

收藏单位：国家馆

05168

家庭需要拯救么？ （美）斐以文（Edwin R. Thiele）著 林嘉瑜编译

外文题名：Shall we save the home?

上海：时兆报馆，1933.3，95页，32开

上海：时兆报馆，1933.5，2版，95页，32开

本书讲述基督教的家庭观。共9章：家庭已陷于危境了么、基础的倾覆、衰落的因素、祸患的前驱、分解的潜势力、难题与其解决、历史上最大的危机、苦海中的南针、合乎我们心愿的家庭。

收藏单位：重庆馆、广西馆、湖南馆、吉

林馆、江西馆、南京馆、上海馆、天津馆

05169

家庭宗教　汤姆逊（Janes K. Thompson）著
（加）薄玉珍（Margaret H. Brown）　洪超群译

外文题名：Religion in the home

上海：广学会，1936.9，114 页，32 开

上海：广学会，1939.11，4 版，114 页，32 开

　　本书为苏格兰教会出版物。共 6 章，说明负教育责任的人，本身对于上帝的观念，比他们所用的教材和教法，影响更为重大。书后附讨论问题两组。

　　收藏单位：国家馆、南京馆、首都馆

05170

家庭宗教教育　（美）Henry F. Cope 著　罗运炎译

上海：美以美会全国书报部，1924.7，2 版，86 页，25 开

　　本书共 19 章，内容包括：家庭的宗教教育、家庭礼拜、家庭与教堂等。书前有译者前言。

　　收藏单位：吉林馆、南京馆

05171

家庭宗教教育的提倡　王学仁编

上海：广学会，1933.5，44 页，50 开

上海：广学会，1941，4 版，44 页，32 开

　　本书内容包括：家庭礼拜的设施、唱诗、祷文、圣经、程序、使用、愿辞。

　　收藏单位：重庆馆、浙江馆

05172

坚振礼（十二简课）　[中华圣公会书籍委办]编

北平：中华圣公会书籍委办，1932，[26] 页，24 开

05173

监理公会第三十一次中华年会记录　监理公会编

上海：监理公会，1916，90 页，32 开

　　本书内容包括：会员衔名、代表衔名、会务、报单、案件、文件等。后附中华传道课程表、年会单、中西传道纪年表。

　　收藏单位：国家馆

05174

简易祈祷法　（法）马丹盖恩（Madame. Guyon）著　俞成华译

外文题名：A short and easy method of prayer

上海：福音书房，1939.3，再版，86 页，32 开

上海：福音书房，1939，3 版，86 页，32 开

　　本书共 24 章，内容包括：普通祈祷的呼召、祈祷的方法、祈祷的第一层经历、祈祷的第二层经历、属灵的枯干、顺服、受苦、奥秘、品德、制欲等。

　　收藏单位：广东馆、国家馆、河南馆

05175

讲经记录

上海：1933，212 页，32 开

　　本书为基督教主日（星期日）聚会的记录，含 33—34 期。讲经内容有往事的述说、基督的心、爱神等。封内题书名为：讲经记录（1933 年合订本）。

05176

教皇钦立传教总会　（德）韩宁镐（Augustin Henninghaus）著

兖州：兖州府天主堂印书馆，1934，3 版，30 页，64 开

　　本书讲述传教为教友的本分，并收教会的章程。

　　收藏单位：国家馆

05177

教会纲例　胡保罗　江民志编辑

上海：美以美会书报部，1935，360 页，25 开，精装

　　本书为美以美会教会纲例。内容包括：美以美会历史、宪法、律例、组织及管理法等。

　　收藏单位：首都馆

05178

教会纲例（节本）

上海：1918，[172] 页，32 开，精装

　　本书内容包括：美以美会历史、美以美会宪法、美以美会规例。规例共 9 卷，内容包括：教会、诸议会、传道者之职任、地方传道与劝士、女传道等。

05179

教会规程　全球总会执行委员会编　时兆报馆译述

上海：时兆报馆，1936.2，136 页，32 开

　　本书共 9 编，内容包括：教会的训诫、福音的经济、教会的聚会等。

　　收藏单位：重庆馆、上海馆

05180

教会规礼　华北公理会著作委办拟稿

华北公理会，1923，168 页，32 开

　　本书内容包括：引言、基督教的信仰、公理会概略、教会规礼、华北公理会的组织、全国协进会的概略等。目录前题：华北基督教公理会规礼。

　　收藏单位：国家馆、山东馆、首都馆

05181

教会颂赞名歌考略　（英）林辅华（Charles Wilfrid Allan）著　夏明如译

上海：广学会，1939，130 页，32 开（道声小丛书 7）

　　本书为基督教各种颂赞诗歌的考据。

　　收藏单位：广东馆、南京馆、山东馆

05182

教会证言（卷 9）　（美）怀爱伦（Ellen G. White）著　梅忠达译

上海：时兆报馆，1932.12，352 页，25 开，精装

　　本书共 8 编，内容包括：大王之复临、文字布道的地位、城市的工作、卫生的工作、合一的精神等。

　　收藏单位：重庆馆、广东馆、上海馆

05183

教友须知大纲　王学仁著

外文题名：The obligations of Christians

上海：广学会，1936.3，4 版，34 页，32 开

　　本书共 6 章：教友之修养、教友与家庭、教友与教会、教友与社会、教友与基督、教友之常识。

　　收藏单位：国家馆

05184

节期的程序　中华全国基督教协进会家庭文字委员会主编

外文题名：Methods of celebrating the festivals

上海：广学会，1934.7，133 页，32 开（基督化家庭运动周丛书）

　　本书为各种节日编写的家庭基督化材料，共 10 余篇。

　　收藏单位：国家馆

05185

谨防魔鬼的诡计　王明道著

外文题名：Beware of the devil's devices

北平：灵食季刊社，1935.9，74 页，32 开

　　本书列举种种现世的诱惑，指出抵御的方法。共 10 章，内容包括：摇动信徒的信心、用世界的好处引诱信徒、引诱信徒妄用神的恩赐为自己谋利益等。

　　收藏单位：广东馆、桂林馆、国家馆、首都馆、天津馆

05186

进教初学（耶稣说我是道路 真理 生命）　王凯等编

上海：广学会，1930，2 版，56 页，32 开

上海：广学会，1931，3 版，56 页，32 开

　　本书为基督教的浅近学习读本。内容包括：世界、人、乐园、罪、真神等。附课主祷文、十诫、八福、公祝福。

　　收藏单位：上海馆

05187

近代名牧讲坛集（第 1 集）　美以美会全国书报部编

外文题名：Sermons by famous preachers

上海：美以美会全国书报部，1925.12，248 页，

25 开

本书辑集中外有名的牧师宣讲圣经的讲词。

05188

近代宣道学大纲　A. S. Hoyt 著　谢颂羔　米星如编译

外文题名：Principles of modern preaching

上海：美以美会全国书报部，1924.8，116 页，25 开

本书介绍基督教宣道的理论及方法。共 13 章，内容包括：宣道的预备法、宣道与圣经、宣道与人生、宣道法的分类、宣道与言语等。书前有罗运炎及谢颂羔的序两篇。

05189

浸会初级组少年团指南　全国浸会少年团编辑部编

上海：美华浸会书局，1939，70 页，32 开

收藏单位：广东馆

05190

浸会教章　（美）万应远（Robert Thomas Bryan）著

外文题名：Church government

上海：中华浸会书局，1935，52 页，32 开

上海：中华浸会书局，1941.6，3 版，52 页，32 开

本书分上、下两卷。卷上教会的组织包括：管理教会的方法、教会的浸礼、牧师、执事、教友等 10 章；卷下教会的工作包括：敬拜真神、讲道、祷告、教会的音乐、主日学、个人工作等 8 章。1935 年版正文前有毛复初序及著者自序。

收藏单位：国家馆、上海馆

05191

浸会少年团指南　L. P. Leavell 著　徐松石审译及增编

广州：美华浸会书局，1926，168 页，25 开

收藏单位：广东馆

05192

浸会少年团指南

出版者不详，249 页，25 开

本书分为总务委员会、修灵队、宣道队、交谊队、教务队五部分。

收藏单位：山东馆

05193

浸会在华布道百年略史（1836—1936）　吴立乐等编

外文题名：Brief historical sketches of Baptist Missions in China(1836—1936)

上海：中华浸会书局，1936.6，234 页，25 开

本书内容为该会在华南、江苏等地布道概况。书前有序文及诗等。

收藏单位：桂林馆、国家馆、近代史所、上海馆

05194

浸礼查经课　孟昭义著

上海：基督复临安息日会中华总会传道协会，1947，112 页，32 开

本书共 50 课，内容包括：创造天地的真神、敬拜偶象的虚妄、查考圣经的必须等。

收藏单位：上海馆

05195

精神的生活　（美）狄珍珠（Madge D. Mateer）译　张学恭述

上海：广学会，1929，46 页，32 开

本书引用圣经上的训条，帮助人们医治心灵。

收藏单位：重庆馆

05196

微世名言　（美）番特克（Henry Van Dyke）著　（美）亮乐月（Laura M. White）译

外文题名：The First Christmas tree and other stories

上海：广学会，1914，76 页，22 开

本书收 9 个故事：第一颗圣诞树、第四博士传、失路小孩、印度人匿怨之遗毒、淤泥寓言、去邪归正、梦游天堂、忘记了两个字、天使巡阅世界歌。

收藏单位：国家馆

05197

静露 S. T. Fraser 著　赵鸿祥译

外文题名：The dew of stillness

上海：广学会，1932，95 页，32 开

上海：广学会，1934，再版，97 页，32 开

　　本书主要讲述基督教徒静默祈祷及应注意的事项。

　　收藏单位：重庆馆、山东馆、上海馆

05198

静修一助　罗运炎编

出版者不详，[1944]，82 页，32 开

　　本书包括有静修经训、希圣希贤、生活指导等 5 篇。书后附录为服务献祷、诗篇中的祷文。

　　收藏单位：重庆馆、南京馆

05199

旧德性的新教法　威尔金松（M. B. Wilkiuson）著　（加）薄玉珍（Margaret H. Brown）　洪超群译

上海：广学会，1939，39 页，32 开（家庭宗教丛书）

　　收藏单位：重庆馆

05200

救道韵语　阎兴纪著

外文题名：The joyous path of salvation

汉口：中华信义会书报部，1934.5，54 页，42 开

　　本书以诗歌形式，讲述基督救世真道。共 10 章：世人犯罪、神应许赐人救主、救主的性格、救主的证据、救主传道、救主替人受死、救主复活、救主再来成立禧年、救主成立新天新地、世人如何能得永福。

　　收藏单位：国家馆

05201

救恩颂赞得胜歌

上海：使徒信道会，1937，248 页，32 开

　　本书为赞颂诗歌合集。

　　收藏单位：上海馆

05202

救恩新歌

宁波：伯利特微声社，1941，3 版，32 页，64 开

　　本书收赞美诗歌 130 首。

05203

救人奇乐　（美）托里（Reuben Archer Torrey）著

外文题名：The wonderous joy of soul winnings

上海：广学会，1930.6，100 页，32 开

上海：广学会，1931，[再版]，100 页，32 开

上海：广学会，1941，6 版，100 页，32 开

　　本书共 5 章。说明救人灵魂的快乐、救人的方法、如何成功以及传道的程序。

　　收藏单位：重庆馆、山东馆

05204

救世先锋必读　邹沛新著

汉口：天利印刷公司，1935，112 页，32 开

　　本书介绍基督教书报推销术以及实地工作的方法。

　　收藏单位：上海馆

05205

举目向田观看　中华浸会女传道会联合会编

外文题名：Look unto the fields

上海：[中华浸会书局]，1940，66 页，32 开

上海：中华浸会书局，1949.5，再版，68 页，32 开

　　本书号召教徒面向边疆，推进布道工作。共 10 部分：蒙古落后的原因、新疆民族的复杂、青海的困苦民生、西藏的阶级社会、西康的宗教、苗胞的需要、缅甸进步的阻碍、暹罗的华侨、越南一瞥、基督徒对于回教徒的责任。书末有附篇《边疆布道小史》。

　　收藏单位：国家馆、南京馆、人大馆

05206

克己略说　（法）包士杰（Jean-Marie Planchet）著　马文纯译

出版者不详，1926，93 页，25 开，环筒页装

　　本书共两卷，内容包括：序言、克己略

说卷一、克己略说卷二。卷一分克己之性质、克苦之紧要、克苦之益、克制私欲偏情、克制己心、克制自高、克制肉身之紧要、克制五官、克制眼目、克制听官、克制嗅官、克制口官、克制舌头、克制觉官、忍耐或背十字架、圣若翰威亚内的圣训；卷二分圣基所、米郎府主教圣加禄、圣多明我、圣嘉爱当Gaétan 修院会祖、十字圣若望、圣亚尔方索立高列、真福若翰嘉俾厄尔克苦之德、若望威亚乃亚尔斯本堂。

收藏单位：国家馆

05207
空中佳音 米勒耳 徐华等著
上海：时兆报馆，1936，125 页，32 开
本书为基督复临安息日会主办的布道广播讲稿集。内容包括：现代的一个信息、宇宙的建筑师、一位医师眼光中之上帝等 13篇。

收藏单位：重庆馆、湖南馆、南京馆、上海馆、天津馆

05208
快乐的生活 （美）党美瑞（Marie Adams）编 潘玉梅译
上海：广学会，1934，17 页，32 开（青年灵修会小丛书 4）

收藏单位：广东馆

05209
乐守主日 王震辉著辑
重庆：时兆报馆，1945，16 页，32 开
本书共 15 篇，内容包括：余民教会的特质、安息日乃一标记、六日之内应当劳碌作了等。

收藏单位：重庆馆

05210
礼拜学 （芬）喜渥恩（Erland Shvonen）编著 杨道荣校阅
外文题名：Outlines of liturgics
汉口：中华信义会书报部，1926.12，222 页，25 开（信义神学丛书）

本书共 6 编：礼拜学之普通观念、礼拜之艺术、礼拜之分部、礼拜之种类、特别聚会之礼式、各种祝福礼。书后附世界各种宗教分布表。

收藏单位：国家馆

05211
礼拜仪式 李天德译
汉口：福音道路德会，1932，606 页，32 开
本书内容包括：路德宗所采用的礼拜仪式、短祷文、问答要道、节期祷文、特别祷文等。

05212
立德篇（上） （美）穆德（J. R. Mott）（美）艾迪（Sherwood Eddy）原著 奚若译
外文题名：Character building
上海：中华基督教青年会，1914.8，7 版，20 页，32 开
本书宣扬应以基督为教范，进行自我修养。

收藏单位：国家馆

05213
立志传道阻碍解决法 丁立美撰述
上海：中华基督教青年会全国协会书报部，1916.5，22 页，32 开
本书述说个人、家庭、学校、教会等方面传教的困难及解决的办法。分上、下两篇：阻碍之种类与其通过、立志签押之效益。

收藏单位：国家馆、天津馆

05214
良心论 （挪）哈列比（O. Hallesby）著 杨懋春译
外文题名：Conscience
汉口：中华信义会书报部，1938.3，120 页，32 开
本书讨论有关基督道德生活的问题。共12 章，内容包括：什么是良心、良心如何尽其职务、良心的审判、坠落而陷入罪中之人的良心、良心与上帝的道、良心的醒悟、良心与我们的"旧人"、良心与恩典、良心与信仰、良心与新人、良心的败坏和死亡、良心

的生长和成熟。书前有著者原序。

收藏单位：重庆馆、人大馆、山东馆

05215

两广浸会同胞自主的培正学校　曾郁根撰述

广州：两广浸会事务所，1927，40 页，32 开

本书介绍该校的创办发展情况。该校属于基督教浸信会。

05216

两广浸信会史略　刘粤声编

广州：两广浸信会联会，[1934]，308 页，18 开，精装

本书记述了广东、广西两省浸信会传教的百年历史。内容包括：联会事业、党会史略、个人传记。

收藏单位：山东馆、上海馆

05217

灵程日引　陶绥德（J. Torset）著

外文题名：Daily devotional book

汉口：中华信义会书报部，1936，800 页，32 开

本书为圣经题目和讲题，每个礼拜日一讲，全书用白话写成。

收藏单位：国家馆

05218

灵程指引　焦维真著

上海：[华文印刷局]，1941.6，再版，138 页，32 开

本书讲述基督教拯救人的灵魂，使人的灵魂健康成长的途径。

收藏单位：上海馆

05219

灵程指引　焦维真著

灵光灵修院，1940，2 册，32 开

收藏单位：广东馆

05220

灵修的方法　徐宝谦编译

外文题名：Method of devotion

上海：青年协会书局，1936.1，64 页，32 开

本书介绍基督教灵修的意义和方法。分两部分，第一部分祈祷的纪律，共 4 节：团体崇拜、个人修养、与神同工、言行举例；第二部分思想的种子，共 7 部分：快乐之源、神是生命、神是能力、神是光明、神是慈爱、神与十架、平安之源。

收藏单位：贵州馆、国家馆、南京馆

05221

灵修进程　张雪岩编著

[华北]：田家半月刊社，1948.1，[6]+139 页，32 开

本书共 149 部分，内容包括：看重遗传的错处、法利赛人的记探、非用祷告不可、靠钱财不能得救、服事人是信徒的本分、最大的诚命、不要轻信、起来、不能救自己等。

收藏单位：南京馆、人大馆

05222

灵修日课　贾玉铭著

灵光报社，1932.12，4 版，368 页，32 开（灵光报社丛书）

收藏单位：南京馆

05223

灵修日新（第 2—3 册）　陈崇桂著

外文题名：Daily meditation

出版者不详，2 册，32 开

本书为圣经每章之讲义。

收藏单位：广东馆

05224

灵修日新（第 4 册）　陈崇桂著

外文题名：Daily meditation

长沙：陈崇桂，1936.4，1801—2378 页，32 开

本书为圣经每章之讲义。本册自那鸿书起至启示录止。

收藏单位：河南馆

05225

灵修日新（下册）　陈崇桂著

外文题名：Daily meditation

长沙：陈崇桂，1936.4，[777] 页，32 开，精装

长沙：陈崇桂，1936.10，再版，[777] 页，32 开，精装

本书为圣经每章之讲义。下册自耶利米哀歌第 4 章起至启示录止。

收藏单位：上海馆

05226

灵修日新（下册） 陈崇桂著

出版者不详，[561] 页，32 开

收藏单位：首都馆

05227

灵修指微 倪柝声编

外文提名：Spiritual life and warfare

上海：福音书局，1927，286 页，32 开

本书论述灵魂、肉身、生命、十字架等问题，共 18 篇。

收藏单位：广东馆

05228

灵障篇 （美）马士（F. E. Marsh）著　赵紫宸译

外文题名：Spiritual hindrance

上海：青年协会书报部，1918.3，52 页，32 开

本书讲消弭心灵障碍的方法。共 12 章：意垢、恋世、怀怨、我见、偿债、心惧、胆怯、恶言、傲物、怠祷、弃经、信漓。

收藏单位：国家馆、天津馆

05229

路德基督徒要学语录 和温编

外文题名：Light on Luther's catechism from his writings

汉口：中华信义会书报部，1930.11，62 页，32 开

本书为《基督徒要学》摘录。

收藏单位：国家馆

05230

路上的光 Soren Dahl 著　陈建勋译

[汉口]：中华信义会书报部，1929，110 页，

36 开

本书为基督教布道材料。

收藏单位：国家馆

05231

论人

出版者不详，[92] 页，32 开

本书阐述基督教教理。全书共 4 篇，本书为第 2—4 篇，第 1 篇缺。书名为第二篇的篇名。第 3 篇和第 4 篇篇名分别为：论人的缺陷、论社会秩序的重建。

05232

麻疯稗史 （美）海深德（L. S. Hulzenga）著　高明强编译

外文题名：The leper in legend and history

上海：广学会，1933.12，46 页，18 开

本书共 11 篇，内容包括：圣基督弗的得名（木雕的麻疯人像）、何以麻疯没有方法医治（六世纪时候的麻疯院）、圣驾的光顾（商议怎样处置这些麻疯人）等。书前有邬志坚序、原序、译者弁言。

收藏单位：国家馆、上海馆

05233

马丁路德小问答略解 （德）马丁·路德（Martin luther）著　福音道路德会翻译委办译

汉口：福音道路德会，1930.6，190 页，32 开

汉口：福音道路德会，1935，再版，190 页，32 开

本书书前有译者序。封内题书名为：袖珍马丁路德博士小问答。

收藏单位：上海馆

05234

埋藏的财宝 （美）L. A. Reed 著　邬静海译述

上海：东方函授学校，1937，284 页，32 开

本书讲述基督徒的修养，如何发扬自己的聪明、智慧、品格、光荣等。内容包括：绪言、何地、何时、如何、何人、什么、为什么不。

收藏单位：广东馆、内蒙古馆、上海馆

05235

闽南长老会八十年简史 许声炎编

福建：金井基督教堂，[1920]，94 页，16 开

本书共 4 章：圣教源流、胚胎、建造、闽南长老会传入内地史略。

05236

明日的国民 梅晋良 曾道纯著

上海：时兆报馆，1936.1，80 页，32 开

本书从基督教立场讲述如何改良家庭，培育和教养孩子。内容包括：父母——造人的技师、教养儿童的第一课、前程万里的婴孩、儿童习惯的造就与改革等。

收藏单位：重庆馆、湖南馆、绍兴馆、浙江馆

05237

模范基督徒 （英）魏德海（Leslie D. Weatherhead）著 无愁译 （美）梅立德（Frank R. Millican）校

上海：广学会，1936.2，144 页，32 开

上海：广学会，1946.12，7 版，144 页，32 开

本书叙述如何当好基督徒。共 9 章：叛服、交换经验、默祷、团契的生活、上帝的引导、上帝的旨意、报偿、见证、上帝的担负。书后有本书复习总题。

收藏单位：国家馆、南京馆、山东馆

05238

魔鬼的挣扎 吴冠勋（Arthur Olson）著 王友三译

外文题名：Christ or satan

汉口：中华信义会书报部，1932.2，26 页，42 开

本书讲述一个教徒信教的故事。

收藏单位：国家馆

05239

末世与来生 威勒（I. Welle）著 （美）戴怀仁（Ingvald Daehlin） 王永生译

汉口：中华信义会书报部，1940.11，88 页，32 开

本书共 5 章，内容包括：人死后的光景、基督再来的标号、敌基督的等。

收藏单位：重庆馆

05240

牧范学 （英）麦沾恩（George H. McNeur）编著

外文题名：Handbook on pastoral theology

上海：广学会，1938.11，271 页，32 开

本书为牧师、神学生及传道者用书。详述教会的业务、传道的使命、所负的职责等。共 23 章，内容包括：牧范学的历史、教会、教会与上帝国的关系、牧师、牧师的选名等。书前有绪言。

收藏单位：国家馆

05241

牧师手册 鲍哲庆编译

广州：美华浸会印书局，1925.1，151 页，25 开

收藏单位：绍兴馆

05242

慕道查经课程 倪柝声编

外文题名：Bible studies for beginners

上海：福音书房，1927，54 页，32 开

上海：福音书房，1934.5，7 版，54 页，32 开

本书为基督教讲道课本。共 26 课，内容包括：不接受基督的推辞、基督的救道、神的信息、一个大比较、对失丧的人说什么话等。

收藏单位：国家馆、南京馆

05243

慕道友问答 赵世光著

上海：灵粮刊社，1946.7，60 页，32 开

上海：灵粮刊社，1946.10，再版，60 页，32 开

本书以问答形式介绍基督教的基本知识。共 20 部分，内容包括：神、圣经、旧约、律法、耶稣基督等。

收藏单位：国家馆、江西馆、南京馆

05244

你爱我吗？ 陈章惠明讲 邵达镇记

上海：基督堂，1947.7，53 页，32 开

本书为福音电台播音记录。共 7 篇，内

容包括：脱离黑暗的权势、贪财是万恶之根、在基督里众人也都要复活等。书前有王空白序及陈章惠明引言。

　　收藏单位：上海馆

05245

你可以做一个基督使者　杰姆斯·凯洛（James Keller）著　柏园译述

外文题名：Yau can be a Christopher

上海：商务印书馆，1948.10，35 页，32 开

　　本书讲述如何做一个基督教的传扬者。

　　收藏单位：国家馆、南京馆

05246

你们心持两意要到几时呢?　王明道著

外文题名：How long halt ye between two opinions?

北平：灵食季刊社，1929.6，26 页，32 开

北平：灵食季刊社，1934.10，再版，26 页，32 开

　　本书劝诫信徒专心归向基督。

　　收藏单位：广东馆、国家馆

05247

你也来做一个基督使者　杰姆斯·凯洛（James Keller）著　雨文译

外文题名：You can be a christopher

上海：新生书店，1949.3，32 页，36 开

　　本书讲述如何才能成为传教士以及传播教义的途径与方法。内容包括：你也能做一个基督使者、无真理便无自由、芸芸众生如之何、美国对于传福音所负的债、我们当前的问题、我们的义务与权利等。

　　收藏单位：国家馆、天津馆、浙江馆

05248

牛津团契是什么　平徒著　明灯报社编译

上海：广学会，1935.11，74 页，32 开

上海：广学会，1940，5 版，74 页，32 开

　　本书介绍牛津团契的宗旨、组织精神等。共 12 章：牛津团契、罪过、交换经验、奉献、赔偿、导引、绝对的诚实、绝对的清洁、绝对的无私、绝对的爱心、世界、你们。书前有小言。

　　收藏单位：重庆馆、国家馆

05249

派书传道　（美）怀爱伦（Ellen G. White）著　胡钝初译

上海：时兆报馆，1926，71 页，32 开，精装

　　本书为介绍如何派销基督教宣传书刊，传教布道。

　　收藏单位：重庆馆、上海馆

05250

培进生活课程（第 1 集）　王尔斌　（美）郭爱理（Alice H. Gregg）编

上海：广学会，1931.4，2 版，234 页，32 开

　　本书内容包括：引言、故事索引、画片说明、一年级诗歌、序言、工作计划、课程目的、几个歌谱、十八周实录。附录管理、好撒玛利亚人、各种不同的光、感谢启应。

　　收藏单位：山东馆

05251

培进生活课程（第 2 集·上）　王尔斌　（美）郭爱理（Alice H. Gregg）编

上海：广学会，1930.10，254 页，32 开

上海：广学会，1931.4，2 版，254 页，32 开

　　本书向儿童介绍教规、教理。内容包括：敬拜，真理或知识，谢饭诗、早祷诗、礼拜记录等。附录谢饭的故事。

　　收藏单位：山东馆

05252

培灵故事　（德）连普安（H. Linden）译　麦邑山述

外文题名：Thing news and old

上海：广学会，1931.9，88 页，32 开（壹角丛书）

上海：广学会，1948，4 版，78 页，32 开

上海：广学会，1948，6 版，88 页，32 开

　　本书为短篇故事集，劝人为善及虔信上帝。共收故事 100 篇，内容包括：慎言、时机勿失、信仰、万事有益于爱上帝者、光明之士不畏死亡等。

　　收藏单位：重庆馆、山东馆

05253

葡萄园 朱味腴著

上海：广学会，1932.12，146 页，32 开（众水之声 2）

本书为基督教讲道集。共 8 篇，内容包括：先知经验谭、还续、先知的工作与希望、一个模范的传道人等。

收藏单位：上海馆

05254

普世人类都是神的儿子么？ 王明道著

外文题名：Are all men sons of God

北平：灵食季刊社，1936.3，30 页，32 开

本书引述圣经，论证凡信基督耶稣的都是从神而生，都是神的儿子，都能得神救赎。

收藏单位：广东馆、国家馆、江西馆、首都馆、天津馆

05255

普天崇拜 中华基督教会等编订

上海：广学会，1937.7，1 册，32 开

上海：广学会，1947.7，3 版，[576] 页，25 开

上海：广学会，1948.6，6 版，576 页，32 开

本书介绍基督教的礼拜仪节，圣餐仪节，并有祷文、祝福文、诗篇和其他启应经文。3 版为卷上。

收藏单位：江西馆、首都馆

05256

祈祷 麦亢干　张暮晞著

上海：灵声社，1935.7，52 页，32 开

本书共 8 章，内容包括：为什么要祈祷、祈祷的凭依等。

收藏单位：山东馆

05257

祈祷的科学 布如师（Michael Bruce）著　陈茂才译

外文题名：The science of prayer

上海：青年协会书局，1937.1，94 页，25 开（青年丛书 43）

上海：青年协会书局，1948.10，再版，94 页，25 开（青年丛书 43）

本书论证祈祷是一门科学，并介绍祈祷的原则和方法。共 6 章：祈祷是什么、上帝的需要、祈祷与行为、祈祷与团契、祈祷的方法、结论。附录祈祷法举例。

收藏单位：重庆馆、国家馆、辽宁馆

05258

祈祷发微 （美）富司迪（Harry Emerson Fosdick）著　谢洪赉等译

外文题名：The meaning of prayer

上海：青年协会书报部，1918.2，再版，107 页，42 开

上海：青年协会书报部，1929，4 版，260 页，64 开

本书研究基督徒祈祷的意义。原著共 10 章，内容包括：祈祷之自然、祈祷乃神交上帝、上帝眷爱个人、上帝对于吾人祈祷之善意、祈祷之障碍等。每章分 3 部分，本书是其中的按日读课部分。书前有原著者自序等。

收藏单位：国家馆、南京馆、上海馆

05259

祈祷发微总论 （美）富司迪（Harry Emerson Fosdick）著　谢扶雅译

外文题名：The meaning of prayer（comments）。

上海：青年协会书报部，1919.9，150 页，50 开

本书是《祈祷发微》中的总论和研究问题两部分。书前有译者引言。译者原题：谢乃壬。

收藏单位：国家馆

05260

祈祷教育 付勒彻尔（Mary F. Fletcher）著（加）薄玉珍（Margaret H. Brown）　洪超群译述

外文题名：Teaching about prayer

上海：广学会，1937.6，33 页，32 开（基督教学术推进会丛书）

上海：广学会，1939，再版，33 页，32 开（基督教学术推进会丛书）

本书主要论述父母应怎样培养子女的宗教意识。书前有小引。

收藏单位：重庆馆、广东馆、国家馆、山东馆

05261

祈祷精义

出版者不详，1 册，25 开

　　本书从孔教会杂志摘选说孔教祈祷之真意，还包含王阳明先生祈祷说。

　　收藏单位：浙江馆

05262

祈祷受托研究　（美）贵玛利亚著　李汉铎译　美以美会宗教教育课程委员会审定

外文题名：Stewardship of prayer

上海：广学会，1931，40 页，32 开

　　本书按圣经编制，介绍受人委托代为祈祷的内容和目的。

05263

祈祷学（重译语体）　（英）慕安得烈（Andrew Murray）著　（英）瑞思义（William Hopkyn Rees）译意　许家惺述文

外文题名：With christ in the school of prayer

上海：广学会，1917.3，154 页，25 开

上海：广学会，1918.5，再版，154 页，25 开

上海：广学会，1926，再版，80 叶，25 开

上海：广学会，1939，4 版，148 页，22 开

上海：广学会，1948，6 版，148 页，32 开

　　本书共 31 课，内容包括：有求必应、信则得之、我知主常听我、祈祷不辍等。书前有瑞思义序。4 版、6 版题名：跟基督学祈祷。

　　收藏单位：重庆馆、国家馆、山东馆、上海馆

05264

祈向　赵紫宸著

上海：广学会，1931，152 页，32 开

　　本书为祷告文集。共 42 部分，内容包括：晨祷、晚祷、新年、受难节、复活节等。

　　收藏单位：重庆馆、上海馆

05265

虔修日程　卫理公会书报部编

上海：卫理公会，1942，235 页，32 开

　　本书为基督徒每日自修功课，包括读经祈祷等。自正月一日至十二月底按日编排。

　　收藏单位：上海馆

05266

强盗得救　倪柝声著

外文题名：The robber saved

上海：福音书房，1939.4，10 版，38 页，32 开

　　本书讲述一个强盗在临死前受到良心谴责，悔过、祈祷，因而得到主的谅解的故事。

　　收藏单位：国家馆

05267

强种须知　丁林（C. Tinling）著　沈骏英译

上海：广学会，1926，3 版，68 页，32 开

　　本书讲述中国古代大禹、夏桀与商汤、神童李太白等故事，每个故事内附有戒烟酒、戒毒、戒吗啡等歌。

　　收藏单位：重庆馆

05268

勤劳的人生　曹新铭著

上海：美华浸会书局，1938.9，140 页，32 开

　　本书共 12 章，内容包括：惜阴、不累人、造就自己等。书前有庞荣琦序及自序。

　　收藏单位：重庆馆、上海馆

05269

青草地　（挪）贺哈拉（Hanna Holthe）编译

外文题名：Green pastures

汉口：中华信义会书报部，1935.2，42 页，32 开

　　本书为叙述 32 个教徒信教的故事。内容包括：小亚细亚的吉利鲁、富足的路工、一件异常而又可能的事等。书前有卷头语。

　　收藏单位：国家馆

05270

青年宝筏　（英）梅尔（F. B. Meyer）著　（英）山雅各（J. Sadler）　王宗仁译

上海：青年会，1914，22 页，32 开

　　本书从视听、动作、思想、交友、学业

及起居饮食卫生等方面告诫青年淑身处世，以备上帝不时之需。

收藏单位：国家馆

05271

青年基督教问题 （美）黑格兰德（M. Hegland）
著 李少兰译

外文题名：Problems of Christian youth

汉口：中华信义会书报部，1940，113 页，32
开

本书对我怎样可以知道我是不是一个基督徒、我能看出上帝的旨意么、上帝为我的生命定了一个计划吗、我们如何可以得到属灵的能力等 18 个问题作了解答。

收藏单位：重庆馆

05272

青年金言 姜建邦编著

上海：中华浸会少年团联会，1948.10，204 页，32 开

本书为中华浸会少年团友编写的名言、格言录，按日编排，每日辑各种格言 5—10 句，每月标一总题，附经之一节。

收藏单位：广东馆、国家馆

05273

青年信徒查经手册 卜乐思著 苏佐扬译

上海：内地会，35 页，24 开

本书为练习、熟悉圣经的习题，以问答体写成。

收藏单位：上海馆

05274

擎光者（如何与人查经） 基督复临安息日会全球总会家庭布道部编 时兆报馆编译部译述

上海：时兆报馆，1949，213 页，32 开

本书为训练教徒查经用课本。内容包括：早期的历史、成功服务的资格、个人之工的地位与重要、查经题的准备、信心的阶梯等12 章。附录《教会史话》《基督复临安息日会大事年表》等。

收藏单位：重庆馆、上海馆

05275

全国基督徒布道团查经大会特刊 汪兆翔
马驾夷编

杭州：基督徒布道总团，1935.8，40 页，16 开

本书内容包括：查经大会会务概况、查经记录等 4 篇；宋尚节向查经会会员所说的话等 8 篇。书前有写在前面。

05276

热心领人归主论 （英）周维德（J. H. Jowett）
著 （英）梅益盛（Isaac Mason） 哈志道译

上海：广学会，1924.6，58 页，32 开

上海：广学会，1931，4 版，58 页，32 开

上海：广学会，1935.2，5 版，58 页，32 开

上海：广学会，1939.8，6 版，58 页，32 开

本书讲述信徒热心领人归主之理。共 7 章：信徒所本的大题、信徒的牺牲、信徒的慈爱、信徒仰望得人之法、信徒的良友、信徒所得的平安、信徒将来的希望。

收藏单位：重庆馆、广东馆、山东馆

05277

人本来之性质人将来之结果 上海时兆月报馆编

上海：时兆月报馆，1912，61 页，32 开

本书以基督教观点论人生，说明信基督才有永生。

收藏单位：重庆馆

05278

人生指南 （英）赫永襄（J. Sidney Helps）译
陈启新笔述

外文题名：Guide to life

汉口：中国基督圣教书会，1930，124 页，32 开

汉口：中国基督圣教书会，1949.4，重印，[124] 页，32 开

本书从人的欲望、人生的需要及基督教的教义等方面奉劝人们以耶稣为榜样。

收藏单位：国家馆

05279

人为什么受痛苦 （英）魏德海（Leslie D.

Weatherhead）著　刘美丽　叶柏英译

外文题名：Why do men suffer

上海：广学会，1940，188 页，25 开

　　本书共 12 章，内容包括：几种假定、无辜的人为甚么受痛苦、上帝对于我们的痛苦抱何种态度等。书前有著者小引。

　　收藏单位：广东馆、辽大馆

05280

人为什么受痛苦　（英）魏德海（Leslie D. Weatherhead）著　刘美丽　叶柏英译

外文题名：Why do men suffer

成都：华英书局，1941，188 页，25 开，环筒页装

　　收藏单位：重庆馆

05281

人为什么受痛苦

出版者不详，230 页，32 开

　　收藏单位：山东馆

05282

荣耀的事实　倪柝声著

上海：福音书房，1935，再版，44 页，32 开

上海：福音书房，1939，4 版，44 页，32 开

　　本书共 4 部分：得胜在乎与基督联合、显明的奥秘、得胜的生命是的确的事实、得释放的途径。

　　收藏单位：广东馆、国家馆

05283

如何领人归向基督　（美）叨雷（R. A. Dorrey）著　王峙译

上海：福音书局，1934.11，4 版，94 页，32 开

上海：福音书局，34 页，32 开

　　本书介绍基督教布道的方法。

　　收藏单位：重庆馆、山东馆、天津馆

05284

如何与人查经（国语）

中华总会家庭布道部，1934，80 页，32 开

中华总会家庭布道部，1935，80 页，32 开

　　本书为训练教徒查经的课本。

　　收藏单位：重庆馆、上海馆

05285

如何主领儿童的崇拜　陈晋贤　（美）郭爱理（Alice H. Gregg）著

上海：广学会，1940.9，3 版，30 页，32 开

　　收藏单位：南京馆

05286

山中日祷　夫累瑟（S. T. Fraser）著　许无愁译

外文题名：Unto the hills

上海：广学会，1937.4，136 页，32 开

　　本书为日课材料，共 3 篇 65 课，每日一课。先引经文，后加讨论，再殿以默祷文。书前有作者导言《我要向山举目》。

　　收藏单位：贵州馆、国家馆

05287

善工录　基督复临安息日会编

基督复临安息日会，1939，[12] 页，16 开

　　本书为基督复临安息日会工作报告。记述基督复临安息日会所做的慈善事业。

05288

上帝国（世界的希望）　（美）卢述福（Joseph F. Rutherford）著　陈石言译

上海：万国圣经研究会，1931，64 页，32 开

　　本书内含宣传信教可以消减罪恶、悲伤、疾病、压制与死亡等。

　　收藏单位：南京馆、上海馆、天津馆

05289

上帝是谁　（美）来逢宁（Loofty Levonian）著　许无愁译

外文题名：Who is God?

上海：广学会，1938.8，22 页，64 开（胡德勃罗克宗教及道德丛刊 11）

　　本书论述须从人们的人格与品性去认识上帝，人类的道德愈高，则上帝愈圆满丰富。

　　收藏单位：国家馆、南京馆

05290

上帝特别眷顾信徒 （德）彼理察著 （德）
连普安（H. Linden）译 麦邑山笔述
上海：广学会，1932，50 页，32 开（信徒生活
释疑第 1 集）

本书引述许多故事，叙述上帝对信徒的
眷顾。

05291

上海第一浸会堂百年史略 ［上海第一浸会堂］
编
上海：上海第一浸会堂，1947 印，123+45 页，
25 开

本书内容包括：史略、年表、本会的教育
事业、圣工列传、事略、杂录等。

收藏单位：广东馆、国家馆、近代史所、
内蒙古馆、上海馆、中科图

05292

谁是浸会信徒 George W. McDaniel 著 杜信
明 张豪安译
外文题名：The people called baptists
上海：美华浸会书局，1941，124 页，32 开

本书论如何做一个浸会的信徒。

收藏单位：广东馆

05293

谁是完人？ 林证耶著
汉口：中华信义会书报部，[1935]，5 页，64 开

本书简述世上无完人，唯有信天主。

收藏单位：国家馆

05294

什么是对于上帝的信仰 （美）来逢宁（Loofty
Levonian）著 慕奥译
外文题名：What is faith in God?
上海：广学会，1937.5，12 页，64 开（胡德勃
罗克宗教及道德丛刊 4）
上海：广学会，1938，2 版，12 页，64 开（胡
德勃罗克宗教及道德丛刊 4）

本书宣传要以耶稣信仰上帝的精神去信
教。

收藏单位：广东馆、国家馆

05295

什么是基督教信仰 江文汉著
上海：青年协会书局，1949.1，41 页，32 开（宗
教与生活丛书）

本书共 6 部分：上帝的存在、人的本性、
基督是主、上帝的统治、圣经的启示、教会
的团契。

收藏单位：上海馆

05296

什么是罪恶 （美）来逢宁（Loofty Levonian）著
慕奥译
外文题名：What is sin?
上海：广学会，1937.5，18 页，50 开（胡德勃
罗克宗教及道德丛刊 5）
上海：广学会，1940，翻版，18 页，50 开（胡
德勃罗克宗教及道德丛刊 5）

本书论述什么是罪恶，罪恶的根源，抵
抗罪恶的奋斗等。

收藏单位：国家馆

05297

神的定命 （英）牛顿（Benjamin Wills Newton）
著 C. H. Shen 译
外文题名：Appointments of God
烟台：伯大尼家庭敬拜室，1939.12，53 页，
36 开

本书书口题书名为：神的定名。

05298

神的应许 陈崇桂著
宜宾：布道杂志社，1944.8，96 页，32 开（布
道杂志社丛书 1）

本书内含基督教布道辞 12 篇，内容包
括：应许救恩、应许圣灵、应许天国、应许祈
祷、应许引导、应许同在、应许保护、应许
供给、应许力量、应许结果、应许平安、应
许安慰。书前有著者卷头语。

收藏单位：广东馆、国家馆、湖南馆

05299

神能吗？ （英）艾德文·殴尔著 姜建邦译
上海：中华浸会书局，1948，81 页，32 开

本书记录作者在英国传教的情况。

收藏单位：上海馆

05300

生活妙法 （英）梅德立（Frank Madeley）著
冯雪冰译

外文题名：The best way of life

上海：广学会，1931.12，41页，32开

本书宣传只有虔信基督耶稣，才能创造新生活。

收藏单位：上海馆

05301

生命的冠冕 （美）傅里孟（John D. Freeman）著
阎人俊译

上海：基督教中华浸会书局，1941，150页，32开

本书共8章，内容包括：作神的奴仆、主的荣耀、主的尊贵、主的份儿等。

收藏单位：广东馆、南京馆

05302

生命的路线 李继圣著

香港：基督徒文字工作运动，1949.4，52页，32开

本书内容包括：生命、基督复活的大能、爱、过约但河等。

收藏单位：江西馆

05303

生命与丰盛的生命 （英）乔治英兰（George S. Ingran）著　张伯绅译述

外文题名：Life and life abundant

成都：华英书局，1939.7，38页，64开

本书为基督教布道小册子。书前有贾玉铭序言。

收藏单位：国家馆、南京馆

05304

生命之门 （英）宾路易（Jessie Penn-Lewis）著
阎人俊译

外文题名：The gate to life

基督教中华浸会少年团联会，1941，14页，32

开

本书劝人更清楚地认识十字架之大能，知道它是得救之门，成圣之基。

05305

牲畜罢工记 D. MacGilivray[节选]　Y. S. Loh
[译]

外文题名：The strike at Shane's

上海：广学会、协和书局，1916，48页，32开

上海：广学会、协和书局，1917，50页，32开

上海：广学会，1930，再版，68页，32开

本书通过想象的牲畜罢工故事，劝人不可虐待牲畜。

收藏单位：国家馆、南京馆、首都馆

05306

圣餐 （挪）哈列比（O. Hallesby）著 （美）戴怀仁（Ingvald Daehlin）译　毛光仪述

[汉口]：中华信义会书报部，1932.2，44页，32开

本书介绍圣餐的历史、恩赐、功用、形式、用法以及谁当领圣餐。

收藏单位：国家馆

05307

圣诞老人的传说及其他 谢颂羔编著

外文题名：The legend of santa claus and other stories

上海：广学会，1936.7，104页，32开（壹角丛书）

上海：广学会，1939.1，3版，105页，32开（壹角丛书）

本书为基督证道故事集。共13篇，内容包括：圣诞老人的传说、圣诞树的传说、智慧与幸运、三愿、隐身帽的传说等。附录关于圣诞树的考据、圣诞节在欧洲、孩子的呼声。

收藏单位：国家馆、首都馆

05308

圣诞文书 谢颂羔编

上海：广学会，1937.7，326页，32开

上海：广学会，1940.7，再版，326页，32开

本书共10篇，内容包括：圣诞之梦、圣诞

老人的传说、圣诞树的传说、冬天的乐园等。

收藏单位：重庆馆、南京馆

05309

圣道讲台（卷1） 谢受灵等著

外文题名：Sermons

汉口：中华信义会书报部，1931.5，312页，18开

本书收集基督教主要纪念日的牧师讲演词59篇。

收藏单位：国家馆

05310

圣道讲台（卷2）（美）戴怀仁（Ingvald Daehlin）著

汉口：中华信义会书报部，1923，128页，25开

汉口：中华信义会书报部，1929.4，再版，128页，25开

汉口：中华信义会书报部，1939，再版，128页，25开

本书根据《圣经·新约》的四福音书编著。内容包括：基督的国、救主再来、努力的人就得着了、希律屠婴、末世审判等。

收藏单位：国家馆

05311

圣道讲台（卷3）（美）戴怀仁（Ingvald Daehlin）著

汉口：中华信义会书报部，1930.10，132页，25开

本书根据《圣经·新约》的四福音书编著。内容包括：耶稣开始传道的第一声、天国实义、耶稣三证、上帝的先知等。

收藏单位：国家馆

05312

圣道诠证（英）马开著　（英）梅益盛（Isaac Mason）口授　蒋茂森笔述

上海：广学会，1916，104页，28开

上海：广学会，1923，104页，28开

本书诠证基督真理，解释圣经新约内容，辩护基督真道。

收藏单位：山东馆、天津馆、浙江馆

05313

圣道易知 宋恩乐著

上海：广学会，1933，40页，32开

上海：广学会，1937，84页，32开

本书内分14课，介绍基督教教友须知。

收藏单位：国家馆

05314

圣光日引

梧州：宣道书局，1919，1册，25开

收藏单位：广东馆

05315

圣光日引（日课）

梧州：宣道书局，1929，374页，25开

梧州：宣道书局，1930，1册，22开

本书为基督徒自修课程，按日排列，每晚一课。书后附感恩课、生日课、婚姻课、患难课、疾病课、死丧课。

收藏单位：国家馆

05316

圣光日引（晚课）（加）翟辅民（Robert Alexander Jaffray）译

外文题名：The daily light

上海：商务印书馆，1923，374页，25开

本书为基督徒自修课程，按日排列，每晚一课。

收藏单位：国家馆

05317

圣光日引（晚课 官话）（加）翟辅民（Robert Alexander Jaffray）译

外文题名：The daily light: evening lessen (mandarin edition)

梧州：宣道书局，1918，374页，25开

梧州：宣道书局，1930，[再版]，374页，25开

05318

圣光日引（早课）

武昌：宣道书局，1947，374 页，32 开，精装

本书为基督徒每天自修的课程。

收藏单位：广东馆、广西馆

05319

圣经光亮中的灵恩运动　王明道著

外文题名：The "ling en" movement in the light of the Scriptures

北平：灵食季刊社，1934.1，44 页，32 开

北平：灵食季刊社，1941.11，再版，38 页，32 开

本书叙说信徒追求灵恩诸问题。

收藏单位：国家馆、天津馆

05320

圣经之婚姻观　陈建勋编译

汉口：中华信义会书报部，1932.7，104 页，32 开

本书根据美国卜鲁斯（G.M.Bruce）所著《婚姻与离婚》一书按照中国情形编译而成。共 5 章：家庭的起源、婚姻的方式、圣经论婚姻和家庭、一夫一妻婚姻的危机、离婚。书前有穆格新序。

收藏单位：国家馆

05321

圣龛中的呼声　姚景星译

上海：土山湾印书馆，1943.6，93 页，50 开

本书共 3 编：谁在圣龛中、为什么在圣龛中、圣龛中的耶稣教训什么。

收藏单位：国家馆

05322

圣灵果子的故事　Lilian Cox　Doris Gill 著　古宝娟　饶恩召译

外文题名：Stories of the harvest of the spirit

汉口：中国基督圣教书会，1940，134 页，32 开

本书为短篇故事。

05323

圣诗史话（一名，赞美诗的故事）　姜建邦编译

外文题名：Hymn writers and hymn stories

上海：中华浸会书局，1946.12，233 页，32 开

上海：中华浸会书局，1947，233 页，32 开

上海：中华浸会书局，1948.5，再版，330 页，32 开，精装

本书收 150 首颂主圣歌的故事。每一故事前引用与该诗歌有关的圣经一节或两节。共 6 编，内容包括：希腊拉丁文的圣诗（400—1500 A. D.）、宗教革命时期的圣诗（1500—1650）、清教徒兴起时期的圣诗（1650—1780）等。书前有编译者自序及朱维之、李肇琳的序。

收藏单位：广东馆、国家馆、近代史所、南京馆、山东馆、上海馆、首都馆、中科图

05324

圣洗　（挪）哈列比（O. Hallesby）著　（美）戴怀仁（Ingvald Daehlin）译　毛光仪述

外文题名：Baptism

[汉口]：中华信义会书报部，1931.5，48 页，32 开

本书以圣经为根据，分 9 章论圣洗的性质和意义。书前有谢受灵序。

收藏单位：国家馆

05325

胜利的基督化家庭　全国基督化家庭委员会编

基督教联合出版社，1945.10，42 页，32 开

本书为 1945 年 10 月 21 日至 28 日基督化家庭运动周材料。

收藏单位：国家馆

05326

胜利的生活　（美）龚斯德（Eli Stanley Jones）著　马鸿纲　无愁　沈秋宾译

外文题名：Victorious living

上海：广学会，1937.8，630 页，32 开

上海：广学会，1938.12，3 版，630 页，32 开

上海：广学会，1939，4 版，630 页，32 开，精装

上海：广学会，1948，8 版，630 页，32 开

本书共 300 余个问题，内容包括：使我们

不得不追求的问题、我们的宗教定义之所在、宗教的生活是不自然的和奇怪的吗等。

收藏单位：重庆馆、广东馆、南京馆、宁夏馆

05327

胜利的生活　谢受灵著

上海：青年协会书局，1941.2，39 页，32 开（灵修丛书 2）

收藏单位：南京馆

05328

什一捐的理论与实施　孙维德　艾年三编译

汉口：中华信义会书报部，1932，60 页，50 开

本书分理论与实施两部分。理论共 10 部分，内容包括：什一捐的创始及先例、基督与什一、使徒与什一等；实施共 4 部分：随业而捐、随有而捐、人人皆捐、分类而捐。

收藏单位：国家馆

05329

什一之定制　时兆报馆编

上海：时兆报馆，1921，28 页，32 开

本书讲述基督徒对教会的捐献制度——什一之定制的意义。

05330

十字架的苦难　倪柝声著

上海：福音书房，1939.3，10 版，16 页，32 开（福音讲台集 第 3 种）

本书为基督教布道初级读物。

05331

时代思潮下的基督徒　洛德（F. T. Lord）著（英）贾立言（A. J. Garnier）冯雪冰译述

外文题名：The master and his man

上海：广学会，1931，164 页，32 开

本书记述各时代基督门徒所作的事情，并论述 20 世纪门徒该做些什么。共 7 章：亲见耶稣的门徒、不愿敬拜该撒的门徒、抛弃红尘的门徒、出外布道的门徒、往异国传教的门徒、改良社会的门徒、二十世纪的门徒。

收藏单位：重庆馆、湖南馆、山东馆、上海馆

05332

识字进阶简易诗歌　甘曼维编著

上海：广学会，1948，110 页，32 开

本书为圣诗集。每页下附生字表。

05333

实行的基督教　（美）龚斯德（Eli Stanley Jones）著　谢颂羔　谢颂义译

外文题名：The Christ of the Indian road

上海：广学会，1928.11，158 页，32 开

上海：广学会，1931.9，再版，158 页，32 开

上海：广学会，1932，3 版，158 页，32 开

上海：广学会，1932，7 版，158 页，32 开

上海：广学会，1932.12，8 版，158 页，32 开

本书共 13 章，内容包括：使者和福音、布道事业的宗旨和目的、教会中心问题等。书前有小言。

收藏单位：重庆馆、广东馆、国家馆、湖南馆

05334

实用的信仰　武兹（E. S. Woods）著　陈容真译

上海：广学会，1938，213 页，32 开（基督教学术推进会丛书）

本书共 12 章，内容包括：人生与其背景、耶稣的办法、请自家庭始、人与物、人与机器、把窗门打开来、信仰欤武力欤等。

收藏单位：北师大馆

05335

拾级就主（官话）　（美）怀爱伦（Ellen G. White）著

外文题名：Steps to Christ

上海：时兆报馆，1928，118 页，25 开

上海：时兆报馆，1930 重印，118 页，25 开

本书共 13 章，内容包括：天父爱人、献己成圣、生长于基督之中、以主为乐等。

收藏单位：重庆馆、国家馆

05336

拾级就主（文理）（美）怀爱伦（Ellen G. White）
著

外文题名：Steps to Christ

上海：时兆报馆，1923，112 页，32 开

上海：时兆报馆，1926，112 页，32 开

　　收藏单位：重庆馆

05337

使人自由的律法　Jens Christensen 著　（美）都
孟高（M. H. Throop）译

上海：广学会，1935，36 页，32 开

　　本书记述一个由信仰伊斯兰教转信基督
教的少年与一位伊斯兰教老人的谈话，传扬
基督教义。

05338

使我们丰富的贫人　亚巧·沃莱思（Archer
Wallace）著　（美）费佩德（Robert Ferris Fitch）
杨荫浏译述

上海：广学会，1936.1，134 页，32 开

上海：广学会，1936.4，再版，134 页，32 开

　　本书记述苏格拉底、巴路治·斯毕努茶、
约翰·米尔顿、伦白兰德、约翰·彭荫等 14
个丰富了人类精神生活的"穷人"。

　　收藏单位：国家馆、首都馆、浙江馆

05339

世界信义宗大势　（丹）叶更生（Joergensen）
（德）傅乃希（Fleiche）（美）文慈（Wentz）
著　刘健译

外文题名：The Lutheran churches of the world

汉口：中华信义会书报部，1931.8，342 页，25
开

　　本书汇集信义会在世界各国的活动及发
展情况。

　　收藏单位：国家馆

05340

世上最高的梯子　王明道著

外文题名：The highest ladder in the world

北平：灵食季刊社，1936.12，26 页，32 开

　　本书论述了信仰基督耶稣是到达天国之

路。

　　收藏单位：广东馆、国家馆

05341

受苦有益　王明道著

外文题名：The blessing of suffering

北平：灵食季刊社，1926.10，40 页，32 开

北平：灵食季刊社，1932.8，3 版，40 页，32 开

北平：灵食季刊社，1937，4 版，40 页，32 开

　　本书述说苦难对信徒的益处。

　　收藏单位：国家馆、江西馆

05342

受托真义与实践　张雪岩著

上海：广学会，1935，44 页，32 开

上海：广学会，1936.6，3 版，44 页，32 开

　　受托即基督教所谓把自己的一切（包括
金钱财产等）奉献给上帝。本书讲受托的意
义、原则、目的、方法等。

　　收藏单位：国家馆、南京馆

05343

书报员补助　时兆报馆编

上海：时兆报馆，[32] 页，32 开

　　本书介绍基督教书报员的工作。

　　收藏单位：上海馆

05344

书报员诗歌

上海：时兆报馆，1931，25 页，32 开

　　本书为宣传宗教的书报员歌唱词合订本。

　　收藏单位：重庆馆、上海馆

05345

淑世新语　胡贻穀编纂

外文题名：A compass for daily life

上海：青年协会书报部，1918，3 版，34 页，32
开

　　收藏单位：天津馆

05346

输舍概要　（英）克劳德（William Kemp Lowther
Clarke）著　俞恩嗣编译

上海：广学会，1940，94 页，32 开（基督教学术推进会丛书）

本书论基督教徒对于捐献和施舍应有的正确观念。附录讲道大纲、献捐的圣经选句、基督徒的本分。

收藏单位：广东馆

05347

赎罪果效 （英）牛顿（Benjamin Wills Newton）著　C. H. Shen 译　烟台足前明灯报社编

烟台：足前明灯报社，1935.12，128 页，32 开

本书共 6 篇，内容包括：赎罪的救恩、靠耶稣的血成圣、耶稣洗门徒的脚等。

05348

属灵年日的计算　倪柝声著

外文题名：Spiritual calculation of time

上海：福音书房，1937，25 页，32 开

本书宣讲一个人属灵的年纪只能从他重生、得救之时算起。

收藏单位：国家馆、天津馆

05349

司布真讲坛集　（英）司布真（C. H. Spurgeon）著　（英）莫安仁（Evan Morgan）　陈金镛译　谢颂羔编

上海：广学会，1939，269 页，32 开

上海：广学会，1947，2 版，267 页，36 开

本书共 9 篇，收司布真讲道录《要为我们自己的灵魂勷劳》《耶稣基督永远是一样的》等。书前有广学会小言。

收藏单位：重庆馆、广东馆

05350

司牧良规　（美）慕尔腓（Thomas Murphy）著　（美）赫士（W. M. Hayes）编　谭延铭等校

外文题名：Pastoral theology: the pastor in the various duties of his office

上海：广学会，1911.8，142 页，32 开（神道学堂教科书）

上海：广学会，1916.5，再版，134 页，32 开

上海：广学会，1938，6 版，110 页，32 开

上海：广学会，1941，7 版，109 页，32 开

本书据慕尔腓的《教牧学》编辑。共 11 章，内容包括：引论、教牧之虔德、教牧之学问、教牧讲台之工、教众相辅之责等。书前有赫士中英文序。

收藏单位：重庆馆、国家馆、山东馆

05351

颂主圣诗　[华西圣教会] 订

成都：华英书局，1913，172+5 叶，28 开，环筒叶装

本书内容包括：序、颂主圣诗、增补、圣教类联。

收藏单位：重庆馆

05352

颂主诗歌选集（大号）　广学会编

上海：广学会，1933，54 页，32 开

收藏单位：上海馆

05353

颂主诗集　基督教全国大会筹备委员会编

上海：基督教全国大会筹备委员会，1922.5，52 页，32 开

本书按类编排，内容包括：早晚使用、祈祷与敬拜、感恩与颂德、教会与服务等。

收藏单位：国家馆、南京馆

05354

素祭（又名，活泉）

出版者不详，[1949.1]，[60] 页，32 开

本书共收祷告诗歌 90 余首。

05355

太初有道　林鸿斌著

上海：福音堂，1935，620 页，32 开

本书介绍耶稣救世人的道理，劝人为善入教。

收藏单位：上海馆

05356

谈道集　刘美丽　叶柏华编译

上海：广学会，1948.5，183 页，32 开

本书内含从各种书籍与杂志中选择的文章 37 篇。内容包括：上帝在什么地方、上帝看顾我们么、怎样读圣经、宗教与家庭和谐的关系等。

收藏单位：国家馆、南京馆、绍兴馆

05357

探求人生的真意义 （美）党美瑞（Marie Adams）编　潘玉梅译

外文题名：In quest of life's meaning

上海：广学会，1936.6，68 页，36 开（青年灵修会小丛书 10）

上海：广学会，1938，3 版，68 页，36 开，精装（青年灵修会小丛书 10）

本书共 5 段：怎么能晓得人生当信仰甚么、人生的意义是信仰、人生的意义是真理、人生的意义是服务、人生的意义是崇拜。

收藏单位：广东馆、国家馆、南京馆

05358

探险 （英）韦更生著　张钦士译述

北平：基督教青年会学生部，1930，54 页，32 开

本书讲述如何凭借基督教的信仰应付和战胜个人的难题。共 6 章：发现的信仰、物我的认识、指导的实验、本能之利导、青年之问题、解决之初步。

收藏单位：国家馆

05359

天父真经　朱退愚著

上海：广学会，1931，80 页，32 开

本书为主祷文。附经赞及经传讲义 7 篇、赞 3 篇。

收藏单位：上海馆

05360

童子崇拜集　蔡恩仲编著

上海：广学会，1941.11，116 页，32 开

本书为儿童主日学校用的公祷仪式材料。内容包括：主日公祷、赞美上主、跟从救主等，每篇附有圣歌。书后附歌名索引。

收藏单位：重庆馆

05361

童子崇拜集（续编）　蔡恩仲编著

上海：广学会，1941.11，124 页，32 开

本书为儿童主日学校在特别节期用的公祷仪式材料。共 10 篇，内容包括：新年礼拜、儿童节礼拜、复活节礼拜等。书前有序文、弁言及例言。书后附歌名索引、诗歌首句索引。

收藏单位：重庆馆

05362

推销书报指南　时德立著

上海：时兆报馆，1929，127 页，25 开

本书介绍有关推销教会书报的方法。卷首有唐那思序及著者绪言。

收藏单位：重庆馆、上海馆

05363

完美的家庭 （美）怀爱伦（Ellen G. White）著梅忠达译

外文题名：The ideal home

上海：时兆报馆，1935，78 页，32 开

本书讲述基督徒的家庭如何达到完美。

收藏单位：上海馆、浙江馆

05364

完全人　武奇云著

开封：圣书学院，1937，14+302 页，32 开

收藏单位：河南馆

05365

王夫人的日记（第 2 册） （加）薄玉珍（Margaret H. Brown）编　涂亚伯等译

上海：广学会，1931，54 页，32 开

上海：广学会，1932，3 版，54 页，32 开

本日记中叙述基督徒家庭的日常生活及服务等。本书为第 2 册。

收藏单位：上海馆

05366

王夫人的日记（第 3 册） （加）薄玉珍（Margaret H. Brown）编　涂亚伯等译

上海：广学会，1933，52 页，32 开

收藏单位：上海馆

05367

王夫人的日记（第 4 册）（加）薄玉珍（Margaret H. Brown）编 涂亚伯等译

上海：广学会，1934，79 页，32 开

收藏单位：南京馆、上海馆

05368

王夫人的日记（第 5 册）（加）薄玉珍（Margaret H. Brown）编 涂亚伯等译

上海：广学会，1940，128 页，32 开

收藏单位：上海馆

05369

为何要作基督徒 （英）黑格兰德（M. Hegland）著 李少兰译

外文题名：Why be a Christian?

汉口：中华信义会书报部，1940，102 页，32 开

本书从 9 个方面对为何要作基督徒的问题给予解答。

收藏单位：重庆馆

05370

为基督受苦的威廉 撒罗亚斯考富（N. I. Salotf-Astakhoff）著 赵世光 陈永信合译

外文题名：Willie's acquaintance with Christ

上海：广学会，1938，85 页，32 开

本书讲述少年威廉信教的故事。

收藏单位：内蒙古馆、上海馆

05371

为主而活 爱伦（H. B. Allen）著 基督教中华浸会少年团联会编译

外文题名：Living for Jesus

上海：美华浸会书局，1940，130 页，32 开

本书教育儿童把一生献给主、为主工作。

05372

文化方面的传教工作 高乐康（P. Legrand）著 景明译

北平：铎声月刊社，1947，123 页，32 开

本书共 11 章，内容包括：课题的本身、新闻事业、出版事业、社交关系、文化合作等。书后附录《关于现代中国思想动态的检讨》。

收藏单位：国家馆、内蒙古馆、首都馆

05373

文字布道士训言 （美）怀爱伦（Ellen G. White）著 梅忠达译

上海：时兆报馆，1949.9，2 版，94 页，32 开

本书讲述如何做好教会的出版工作，用文字宣传宗教的重要性和注意事项。

收藏单位：上海馆

05374

我不灰心（原名，我相信人们）（加）华勒斯（Archer Wallace）著 朱德周译

外文题名：I believe in people

上海：广学会，1939.6，220 页，32 开

上海：广学会，1946，再版，220 页，32 开

本书讲述基督教信仰者的立身处世。共 8 章。

收藏单位：重庆馆、上海馆

05375

我的宗教认识 殷子恒著

武昌：鄂湘五运委员会，1933，92 页，32 开

本书为著者与湛然和尚通信，讲述对宗教的认识，认为基督教是真理，因而皈依基督。

05376

我们的信仰 （匈牙利）陶德（Tihamér Tóth）著 袁意可译

保禄印书馆，1941.2，225 页，32 开

本书共两部分：论信仰、有一个天主么。

收藏单位：东北师大馆、上海馆、首都馆

05377

我们为什么赌博? （美）普体德（Gordon Poteat）著

外文题名：Why do we gamble

上海：中华浸会书局，1934，11 页，64 开

本书说明赌博的坏处，劝人戒赌。

收藏单位：国家馆

05378

我们为什么脱离天主教　康尔伯（Gustav Carlberg）著　吕绍端译

汉口：中华信义会书报部，1931.9，55 页，32 开

汉口：中华信义会书报部，1932.3，再版，55 页，32 开

汉口：中华信义会书报部，1936，3 版，55 页，32 开

本书记述新教（耶稣教）脱离天主教的经过及其基本的观念、性质和礼仪。内分上、下卷，共 14 章。书前有杨道荣序。

收藏单位：重庆馆、广东馆、国家馆

05379

我们要见耶稣　奈尔斯（D. T. Niles）著　程伯群译

上海：广学会，1940.3，110 页，32 开

本书共 5 章，内容包括：宣传福音之请求、宣传福音之合理化等。书前有杜甫德序及著者自序。书后附宣传福音之方法等 3 篇。

收藏单位：重庆馆、广东馆、南京馆、山东馆

05380

我为什么要加入教会　张福良著

上海：广学会，1931，17 页，32 开（基督化农村生活丛书）

本书叙述"小王"的信教经过。

05381

我怎样才可以得救　Olaf Guldseth 著　中华信义会书报部译

汉口：信义书局，1929，70 页，50 开

本书论说只有跟随圣灵的引导，才能使灵魂得到救赎。

收藏单位：国家馆

05382

无形之画　M. M. F. 著　Giang Ai Lan 译

外文题名：Pictures of silver

上海：美华书馆，1915，46 页，25 开

本书为宣传基督教的小故事。共 12 篇，

内容包括：校长与学堂、水管、坚定之心志、汝所需用者、伏其翼下等。正文前有中英两种文字的小引及原序。

收藏单位：国家馆

05383

五旬节与灵化　（美）龚斯德（Eli Stanley Jones）著　（英）莫安仁（Evan Morgan）连警齐译

外文题名：The Christ of every road

上海：广学会，1932.8，138 页，32 开

上海：广学会，1937.7，4 版，138 页，32 开

本书阐述五旬节派的教义。共 25 章，内容包括：醒觉之机、闭门开市的教会、生命之源、五旬节与生命之敌、五旬节与胜利之生命等。

收藏单位：重庆馆、国家馆、南京馆、天津馆

05384

瞎聋哑　福幼报社编辑

上海：广学会，1924，再版，34 页，50 开

收藏单位：重庆馆

05385

乡村礼拜　朱敬一　张佩英编著

上海：广学会，1940.4，106 页，32 开（乡村教会丛书 1）

本书内容包括：乡村礼拜秩序、信条启应文、祷文等。书前有编著大意及再版声明。

收藏单位：重庆馆

05386

乡村礼拜　朱敬一　张佩英编著

南京：金陵神学院宗教育科，1935.10，2 版，124 页，32 开

收藏单位：南京馆

05387

湘中二十五年　谢受灵　辛鼎编

外文题名：Twenty five years in Hunan

汉口：中华信义会湘中总会，1928.5，191 页，25 开

本书共 12 部分：介言、二十五年之回顾、

二十五年中之布道事业、二十五年中之教育事业、二十五年中之医药事业、二十五年中之慈善事业、二十五年中各公会之经过状况等。

收藏单位：国家馆

05388

小讲台 S. Stall 著 李荣春译

上海：广学会，1912，59 页，22 开

上海：广学会，1918，再版，59 页，32 开

本书共 43 章，通过短篇故事讲述耶稣之道。

收藏单位：首都馆

05389

小群诗歌（暂编本） 福音书局编

上海：福音书局，1931.9，再版，230 页，32 开

本书收赞美诗 184 首。书前有暂编小群诗歌序。

收藏单位：国家馆

05390

小团契布道摘要 （美）龚斯德（Eli Stanley Jones）著 明灯报社译

上海：广学会，1934.1，20 页，36 开

上海：广学会，1939.10，3 版，20 页，36 开

本书讲述个人布道的工作方法。

收藏单位：重庆馆

05391

写给受苦的圣徒 王明道著

外文题名：Talks to suffering Christians

北平：灵食季刊社，1935.1，46 页，32 开

本书共 5 部分：不要灰心、不要为自己争辩、从约瑟出监所得的教训、我所作的你如今不知道后来必明白、受苦的基督徒应当读的几段经训。

收藏单位：国家馆、天津馆

05392

新颂诗 毛宅三著

出版者不详，1936，272 页，32 开

本书据颂诗改编的新韵诗集。

收藏单位：上海馆

05393

信家复兴诗歌

烟台：耶稣教查经处，1948，77 页，32 开

本书为基督教赞颂诗集。

收藏单位：上海馆

05394

信家诗歌

烟台：耶稣教查经处，1934，102 页，32 开

烟台：耶稣教查经处，1938.5，5 版，102 页，32 开

本书为赞美诗歌集。

收藏单位：上海馆

05395

信徒处世常识 王明道著

外文题名：How to be a kind and tactful Christian

北平：灵食季刊社，1936.3，168 页，32 开

北平：灵食季刊社，1941.7，3 版，142 页，32 开

本书共 30 章，内容包括：访问、谈话、通信等。第 3 版共 32 章，增加了给亲友送行、尊敬老人两章。书中文章在《灵食季刊》陆续发表时题为：基督徒的处世常识。

收藏单位：国家馆、天津馆

05396

信徒快乐秘诀 （英）秀耀春著 郭女史译述

汉口：中国基督圣教书会，192 页，32 开

汉口：中国基督圣教书会，1938，再版，192 页，32 开，环筒页装

本书共 21 章，讲述基督徒如何虔信上帝，以获得心身愉快。

收藏单位：重庆馆、上海馆

05397

信徒生活鉴 （挪）诺尔伯（S. Norborg）著 （美）戴怀仁（Ingvald Daehlin） 王永生译

汉口：中华信义会书报部，1937.8，102 页，32 开

本书收 5 篇演讲词：人生的责任与所以尽责之道、看哪、你的王来了、基督再来、教会的盼望等。

收藏单位：重庆馆

05398

信徒针砭　王明道著

外文题名：Talks on practical christian life

北平：灵食季刊社，1935.1，106 页，32 开

本书劝诫基督信徒在生活小事上要谨慎。共 17 篇，内容包括：谨慎你的眼睛、慢慢的说、几句重要的箴言等。

收藏单位：国家馆

05399

信仰　王梓仲编译

北京：华北公理会，1938.10，40 页，32 开（公理会教友须知第 2 种）

本书内容包括：基督教之纲要、信条、信经。有序言及编后识。

收藏单位：国家馆

05400

信仰的基础　（英）修慈（H. M. Hughes）著 杨苑林译述

外文题名：Basic beliefs

上海：广学会，1937，460 页，32 开

上海：广学会，1940.4，3 版，460 页，32 开

上海：广学会，1948，4 版，460 页，32 开

本书共 14 章，内容包括：我们的信仰、上帝知识的来源、有上帝的证据、耶稣基督、基督化的上帝观等。书前有译者序。

收藏单位：重庆馆、广东馆、国家馆、山东馆、天津馆

05401

信仰的意义　（美）富司迪（Harry Emerson Fosdick）著　胡贻榖译

外文题名：The meaning of faith

上海：青年协会书局，1921.4，472 页，50 开，精装

上海：青年协会书局，1922.2，再版，472 页，50 开，精装

上海：青年协会书局，1925.4，4 版，472 页，50 开，精装

上海：青年协会书局，1929.1，5 版，472 页，50 开，精装

上海：青年协会书局，1941.3，6 版，472 页，50 开

本书论述基督教信仰对人生的意义。共 12 章，内容包括：信仰与人生、信仰与真理、人格的上帝与信仰、上帝的承认与信赖、信仰问题与知识上之为难等。每章内有按日读课及祷文。

收藏单位：重庆馆、广东馆、国家馆、南京馆、内蒙古馆、上海馆、首都馆、浙江馆

05402

信仰生活的秘诀　（英）慕安得烈（Andrew Murray）著　邹秉彝译述

外文题名：The secret of the faith life

上海：广学会，1933，74 页，32 开

本书论述信仰生活的意义。

收藏单位：湖南馆、南京馆、上海馆

05403

信耶稣有甚么好处　李仁编

上海：广学会，1933.2，18 页，32 开

本书列举了信仰耶稣的 7 种好处。书后有怎样信耶稣、怎样祷告、怎样礼拜、怎样入教等。

05404

信义宗颂主圣诗　中华信义会赞美诗委员部编

汉口：中华信义会书报部，1924.7，5 版，548+23+80 页，64 开，精装

汉口：中华信义会书报部，1933，432+20+88 页，64 开

汉口：中华信义会书报部，1935，6 版，[628] 页，64 开

本书共 10 部分，共收诗歌 450 首。内容包括：普通颂赞、赞美三位一体、教会年、教会、布道等。

收藏单位：国家馆

05405

信义宗颂主圣诗简本

外文题名：The solfa hymnal

汉口：中华信义会书报部，1932.10，[192] 页，32 开

本书收颂主圣诗 153 首，按首字笔画排序。内容包括：一心信靠我恩主、又是一年过去、十字宝架永远长存等。附录《中华信义会礼拜仪式》。逐页题名：信义宗颂主圣诗简本附乐谱。

收藏单位：国家馆

05406

信义宗颂主圣诗简本（注音汉字）

汉口：中华信义会书报部，1933.4，346 页，32 开

本书收颂主圣诗 153 首。附主日上午礼拜仪式、圣餐仪式。均有汉语注音、字母注音。

收藏单位：国家馆、河南馆

05407

信义宗要道 魏格特（A. G. Voigt）著 陈建勋译述

外文题名：Distinctive doctrines of Lutheranism

汉口：中华信义会书报部，1929.2，24 页，32 开

汉口：中华信义会书报部，1932.7，再版，24 页，32 开

本书内容包括：信义宗道理的根本特点、主要的教理、因信称义、论上帝、中保基督等。

收藏单位：国家馆

05408

星期日之沿革 施土罗（W. E. Straw）著 蔡书绅译

上海：时兆报馆，1941，125 页，32 开

本书叙述星期日的来源及其传入基督教的经过。

收藏单位：山东馆、上海馆

05409

醒世箴言（鼓词） 王树亭著

上海：广学会，1932，64 页，32 开

上海：广学会，1934，再版，64 页，32 开

本书以鼓词的形式宣传基督教义。

收藏单位：重庆馆

05410

幸福的阶梯 （美）怀爱伦（Ellen G. White）著 时兆报馆编辑部译

外文题名：Steps to Christ

上海：时兆报馆，1939，再版，113 页，32 开

上海：时兆报馆，1940，[再版]，113 页，32 开

上海：时兆报馆，1940，3 版，113 页，32 开

上海：时兆报馆，1947.9，4 版，113 页，32 开

上海：时兆报馆，1948，5 版，113 页，32 开

本书共 13 篇，内容包括：上帝爱人、罪人之必需基督、悔改、认罪、信徒的试验、基督徒的工作与人生、认识上帝、在主里快乐等。

收藏单位：重庆馆、广东馆、国家馆、吉林馆、江西馆、南京馆、上海馆

05411

续小讲台 席尔瓦纽斯（Sylvanus Stall）著 李荣春译述

上海：广学会，1928.9，2 版，130 页，32 开

本书通过短篇故事讲述耶稣之道。共 37 章，内容包括：论冠冕、论新心、论圣诞之树、论书叶、论珊瑚、论砖等。

收藏单位：山东馆

05412

宣道的手册 （英）查特尔（H. J. Charter）著 （英）莫安仁（Evan Morgan） 周云路译

外文题名：A manual for preachers

上海：广学会，1923，52 页，32 开

上海：广学会，1932，[再版]，52 页，32 开

收藏单位：国家馆、山东馆、首都馆

05413

宣道法 贾玉铭著

南京：灵光报社，1922，312 页，25 开

南京：灵光报社，1930.7，4 版，298 页，25 开

（灵光报社丛书）

本书共 13 章，内容包括：绪论、资格、派别、经题、备经义、个人传道、布道方法、祈祷与宣道等。

收藏单位：山东馆、上海馆

05414

宣道法大纲　王学仁编著

上海：广学会，1938.11，28 页，32 开

上海：广学会，1940，3 版，28 页，32 开

本书为第二级义工教材第 2 册，宣道员教材。共 12 课，内容包括：义务讲道人的资格、责任与模范、搜集讲道材料、预备讲道等。书前有序。

收藏单位：重庆馆、南京馆

05415

宣道良规　（美）赫士（W. M. Hayes）编　于汉清笔述

上海：广学会，1929，6 版，110 页，32 开

上海：广学会，1939，8 版，110 页，32 开

本书共 3 段。第 1 段引论包括宣道要理、目的、资格；第 2 段题旨包括题旨要用、内容、程式；第 3 段题目包括申经命题、题目内容、选题公理。

收藏单位：辽宁馆、上海馆

05416

宣道学　（英）麦沾恩（George H. McNeur）编著

上海：广学会，1939.11，250 页，32 开

上海：广学会，1948，再版，250 页，32 开

本书阐述宣道学的定义、性质和任务以及宣道学与神道学各科的关系。共 22 章。

收藏单位：广东馆、上海馆、首都馆

05417

学校礼拜秩序　缪秋笙编

上海：中华基督教教育会，1926.4，35 页，25 开（宗教教育丛著 2）

本书共 7 部分：绪论、小学礼拜秩序、中学礼拜秩序、大学礼拜秩序、特殊星期日礼拜秩序、晨会题目、参考书目。

收藏单位：国家馆

05418

学校诗歌

汉口：中华信义会书报部，[1935]，64 页，50 开

本书为基督教诗歌集。共 60 首，内容包括：爱主、信仰、圣诞、复活、教会等。

收藏单位：国家馆

05419

要道集

上海：时兆报馆，1921，[500] 页，32 开

本书内容包括：安息日辩谬、一条光明路、道学初阶、安息日要论、什一之定制、得救入门等。

05420

耶和华的七节期　（加）黎附光（G. Christopher Wills）著　石天民译

外文题名：The seven feasts of Jehovah

上海：基督福音书局，153 页，32 开

本书共 12 章，介绍基督教的安息日、逾越节等 7 个节期。

收藏单位：广东馆、国家馆

05421

耶稣教要道问答　（美）Mrs. Ralph C. Wells 编著

外文题名：A catechism of important Chirstian teaching for beginners

上海：广学会，1947.8 印，30 页，32 开

收藏单位：南京馆

05422

耶稣的目的　（英）穆迪（Campbell N. Moody）著　（英）莫安仁（Evan Morgan）　周云路译述

外文题名：The purpose of Jesus

上海：广学会，1930，117 页，32 开

本书共 4 章：先考主对公众的演说、再考主对个人的问答和门徒的教诲、十字架的道理、对于主的目的使徒上的解释。书前有莫

安仁序。

收藏单位：上海馆

05423

耶稣教问答（国语）（美）倪维斯（Helen S. C. Nevius）著

外文题名：Catechism of christian doctrine

上海：广协书局，1949.3，4版，46页，32开

本书以问答体解说耶稣教的道理。书前有改订序言，写于1936年。

收藏单位：内蒙古馆

05424

耶稣圣心矜怜我等

出版者不详，16页，64开

本书共5篇，内容包括：耶稣圣心所许的特恩、耶稣圣心善会、向进教之佑圣母奉献诵等。

收藏单位：国家馆

05425

耶稣是基督　福音道路德会编

汉口：协同书局，1937，263页，16开

本书为教会每主日福音讲题。共50余课，内容包括复活、圣诞等各种节期的讲题。

05426

耶稣受难周（美）党美瑞（Marie Adams）著 潘含章译述

外文题名：Passion week

上海：广学会，1935，62页，32开

上海：广学会，1939，3版，62页，32开

上海：广学会，1940，4版，62页，32开

本书共8课。每课提出经文、默契、祈祷等题旨，揭示耶稣受难周的意义。

收藏单位：重庆馆、国家馆、首都馆

05427

耶稣受难周　中华基督教会四川协会文字部编

成都：中华基督教会四川协会，1940.3，42页，32开

本书摘引《圣经》中有关耶稣受难部分

章节。供复活节做礼拜用。

收藏单位：重庆馆

05428

耶稣为生命之光（个人灵修及家庭崇拜手册）

万德森等著　陆琪臣　李抱沈译

中华全国基督教协进会，64页，22开（神子福音丛书 第1集）

本书为基督徒每日查经祈祷用书。内容包括：图画解说、手册之编辑及其用法、前序文、查经日课及其解说、后跋文、作者及编译者介绍。

收藏单位：国家馆、江西馆、南京馆

05429

耶稣与我的欲望（美）党美瑞（Marie Adams）著　严家里译

外文题名：Jesus and my desires

上海：广学会，1936.6，38页，32开（青年灵修会小丛书11）

上海：广学会，1936，再版，38页，32开（青年灵修会小丛书11）

上海：广学会，1938，3版，38页，32开（青年灵修会小丛书11）

本书共4段：耶稣与我安全的欲望、耶稣与我求知的欲望、耶稣与我成功的欲望、耶稣与我友爱的欲望。

收藏单位：广东馆、国家馆、山东馆

05430

耶稣与我们（英）魏德海（Leslie D. Weatherhead）著　夏明如译

外文题名：Jesus and ourselves

上海：广学会，1941.8，226页，32开

本书共18章，内容包括：耶稣尊重我们的人格、耶稣关心我们的自尊、耶稣与我们的影响。

收藏单位：重庆馆、广东馆、南京馆、山东馆

05431

耶稣主义讲话　张仕章著

香港：青年协会书局，1941.2，67页，32开（非

常时丛书第3类1）

上海：青年协会书局，1949.8，3 版，67 页，32 开

　　本书收 9 篇讲道辞，内容包括：什么是耶稣主义、赤裸裸的耶稣主义、辩证法的耶稣主义、战斗的耶稣主义等。

　　收藏单位：广东馆

05432

以心体心

出版者不详，20 页，64 开

　　本书讲述耶稣为赎人罪而受难，信徒应以信主之心报答。

　　收藏单位：国家馆

05433

义工布道法　李明华　李伯诚编著

汉口：信义书局，1937.8，32 页，32 开

　　本书共 24 课，内容包括：为什么要传道、宣传什么样的福音、怎样预备讲题、布道与常识、布道的毅力等。书后附参考资料。

　　收藏单位：重庆馆

05434

因他的名得生命　（美）米勒（Samuel Miller）著　吕绍端译

外文题名：Life in his name

汉口：中华信义会书报部，1937.4，182 页，32 开

　　本书共 27 章，内容包括：你就可以得生命、道成肉身、看哪上帝的羔羊、圣灵降临、生命的起点等。

　　收藏单位：重庆馆、国家馆

05435

因信称义　（荷）伊文思（I. H. Evans）著　时兆报馆译

外文题名：Righteousness by faith

上海：时兆报馆，1928，97 页，32 开

　　本书共 17 篇，内容包括：上帝恨恶罪恶、上帝挽救罪人的方法、基督为洁净的源泉、重生的必要、罪之惨史等。书前有发行者序言。

　　收藏单位：重庆馆

05436

隐藏在基督里　（芬）牧若马（Urho Muroma）著　古和能　丁晓鸣译

汉口：中华信义会书报部，1940.3，248 页，32 开

　　本书共 3 卷：救恩、生长在恩典里、警醒主来。

　　收藏单位：重庆馆

05437

婴儿受水礼　W. J. McGlothlin 著

广州：东山美华印书局，1920，204 页，50 开，精装

　　本书共 15 章，内容包括：世界之婴儿受水礼、浸信会论水礼之意见、婴儿受水礼之与圣经等。

　　收藏单位：山东馆

05438

永生　（美）党美瑞（Marie Adams）编　潘玉梅译　刘廷芳校订

外文题名：Immortality

上海：广学会，1936.12，28 页，36 开（青年灵修会小丛书 13）

　　本书探究失败者的胜利及永生的保证。

　　收藏单位：国家馆

05439

由浅入深（信道启蒙 卷 1）　毕来思（P. F. Price）著　中国圣教书会编辑部译

汉口：中国基督圣教书会，1936.7，106 页，32 开

　　本书通俗讲述基督教教义。书后附国语注音字母及图。

05440

由浅入深（信道启蒙 卷 2）　毕来思（P. F. Price）著　中国圣教书会编辑部译

汉口：中国基督圣教书会，1939，19 版，136 页，32 开

　　收藏单位：山东馆

05441

有学问的便是好人吗? 林证耶著

汉口: 信义书局, [1935], 5 页, 64 开

本书论说只有敬畏上帝, 克己自洁, 远恶近善, 才能被称为完全人。

收藏单位: 国家馆

05442

与神相交 曾霖芳著

上海: 嘉种出版社, 1915, 92 页, 32 开 (培灵丛书 2)

收藏单位: 首都馆

05443

与中华基督教文化事业会诸同道商讨教义问题 杨仲彝著

出版者不详, 1948, 56 页, 32 开 (中华基督教文化事业会丛书)

本书为讨论基督教教义诸问题的著作, 共 18 章。

05444

欲我何为 (官话) (美) 戈尔登 (S. D. Gordon) 著 (加) 季理斐 (Donald MacGillivray) 译

上海: 广学会, 1914, 48 页, 32 开

本书讲述基督信徒应该做些什么以及如何做, 共 6 章。

05445

喻言丛谈 (官话) (英) 格铁夫人 (Margaret Gatty) 著 (加) 季理斐夫人 (Louisa May Knox-Browne) 译

上海: 广学会, 1915, 55 页, 36 开, 环筒页装

上海: 广学会, 1923, 3 版, 40 页, 32 开, 环筒页装

本书以自然界中虫鱼鸟兽的故事作喻, 宣传基督教义。

收藏单位: 上海馆

05446

远方的小朋友 赵蕴华 (加) 薄玉珍 (Margaret H. Brown) 编

上海: 广学会, 1941, 60 页, 32 开

本书通过图画向儿童介绍耶稣的幼年事迹、世界各地的风俗及儿童的日常生活。

05447

愿你的国降临 (美) 党美瑞 (Marie Adams) 编 郑如冈译

外文题名: Thy kingdom come

上海: 广学会, 1936.6, 36 页, 36 开 (青年灵修会小丛书 12)

本书共 3 段: 愿你的国降临在我的灵性生活中、愿你的国降临在我的生活中、愿你的国降临在我的服务工作中。

收藏单位: 国家馆

05448

在基督里的胜利 (美) 阮道甫 (H. G. Randolph) 著 吕绍端译

外文题名: Victory in Christ

上海: 中华信义会书报部, 1934.1, 101 页, 32 开

本书分析基督徒胜利生活。共 8 章, 内容包括: 胜利的可能、胜过魔鬼、胜过世界、甚么是胜利的生活、胜利的路等。

收藏单位: 国家馆

05449

赞美诗歌 时兆报馆编

上海: 时兆报馆, 1932.12, 263 页, 32 开

上海: 时兆报馆, 1936, [再版], 263 页, 32 开

上海: 时兆报馆, 1947, 5 版, 1 册, 25 开

本书为赞美诗集。

收藏单位: 江西馆、南京馆、首都馆

05450

赞美诗歌 (无谱) 时兆报馆编

外文题名: Hymns of praise

上海: 时兆报馆, 1938, 288 页, 32 开

上海: 时兆报馆, 1940, 4 版, 288 页, 32 开

重庆: 时兆报馆, 1945, [再版], 288 页, 32 开

本书为赞美诗集。无曲谱。

收藏单位：重庆馆、吉林馆、上海馆

05451

怎样祷告　（美）托里（Reuben Archer Torrey）著　陈崇桂译

外文题名：How to pray

上海：广学会，1915，再版，92 页，22 开

　　本书共 12 章，内容包括：祷告之紧要、祷告上帝、祷告与顺从、祷告的阻碍、何时祷告等。著者原题：道来。

　　收藏单位：国家馆、山东馆

05452

怎样建设基督化家庭　海珥玛（Irma Highbaugh）著　张雪岩译

外文题名：What are Christian standards for establishing a home

上海：广学会，1937.2，62 页，32 开（父母教育小丛书 1）

上海：广学会，1940，3 版，62 页，32 开（父母教育小丛书 1）

　　本书共 12 课，内容包括：为什么要有一个家庭、遵照上帝的旨意为儿女择配、基督化家庭的目的是为生儿子吗、妾能使家庭不安等。

　　收藏单位：广东馆、国家馆

05453

怎样作基督徒　（美）龚斯德（Eli Stanley Jones）著

上海：广学会，1937.11，10 页，32 开

上海：广学会，1947，6 版，10 页，36 开

　　本书是教导立志踏在正道的人，如何去做一个真实的基督徒。

　　收藏单位：重庆馆、广东馆、山东馆

05454

怎样做基督徒　陈崇桂著

外文题名：How to become a Christian

长沙：湖南圣经学校，1931.5，98 页，25 开

　　本书内含 31 日的讲经材料，每日一篇，每篇均附一篇祷告文。

　　收藏单位：国家馆

05455

怎样做基督徒　陈崇桂著

成都：中国基督圣教书会，1937.2，再版，98 页，25 开

成都：中国基督圣教书会，1941.7，[再版]，98 页，25 开，环筒页装

成都：中国基督圣教书会，1948.5，5 版，96 页，25 开，环筒页装

　　收藏单位：重庆馆、江西馆、南京馆

05456

怎样做基督徒　张南伯（C. F. Johannaber）著　陈水翔等译

上海：广学会，1949.6，62 页，25 开

　　收藏单位：江西馆

05457

怎样做浸会的教友　克劳莱（S. Crawley）著　毕路得　冯覃燕译

上海：美华浸会书局，1938.12，68 页，32 开

　　本书共 9 章，内容包括：得救的方法、进入教会的门、教会的定约等。

　　收藏单位：重庆馆

05458

战时基督化家庭的标准（基督化家庭运动周）　全国基督化家庭委员会编

成都：全国基督化家庭委员会，1944，64 页，32 开

　　本书内容包括：家庭周开幕主日崇拜程序、家庭卫生、进步的家庭等。

　　收藏单位：重庆馆

05459

真道入门问答　（英）杨格非著

汉口：中国基督圣教书会，1936，44 页，32 开

　　本书内容包括：独一上帝、天地万物、救主耶稣等。

　　收藏单位：首都馆

05460

真道诗歌　基督复活安息日会编

上海：时兆月报馆，1911，129 页，32 开，环

筒页装

本书内收 129 首赞美诗。

05461

真神爱人　J. F. Johnson 编

外文题名：God's love to man

上海：中国圣教书会，1916.3，3 版，[300] 页，32 开，环筒页装

本书内容包括：真神爱人、老者重生、信徒快乐秘诀、天路历程等。

05462

征服者与被征服者　范朗西著

香港：中华基督教青年会，1947.4，16 页，32 开（青年德育丛书 3）

本书以宗教的观点阐述人生道德。内容包括：思想的艺术、征服者与被征服者、人类不和睦的背境等。

05463

指正辨答　蹇庸编

安国：西关天主堂，1929，22 页，32 开

本书内容包括：论当恭敬惟一天主、论一夫一妻制、论誓反教、论托生等。

收藏单位：国家馆

05464

至圣与正义　（英）富尔屯（W. Fullerton）著（英）梅德立（Frank Madeley）译述

上海：广学会，1934，79 页，32 开

本书为有关基督教灵性生活经验的讲演集，共 4 篇。

收藏单位：辽宁馆、上海馆

05465

中国今日的需要　（美）湛罗弼（R. E. Chambers）著　张亦镜述

上海：中华浸会书局，1912.4，37 页，50 开

上海：中华浸会书局，1934，21 版，37 页，50 开

本书介绍相信基督的重要性。述者原题：亦镜。

收藏单位：国家馆

05466

中华基督教卫理公会第四届华北年议会记录　[中华基督教卫理公会第四届华北年议会] 编

北平：[中华基督教卫理公会第四届华北年议会]，[1942]，74 页，18 开

第四届年会于 1942 年 8 月 26 日至 31 日在北平召开。本书内含第四届年议会职员、各部、各委员、委办名录，年会日程，纲例条问，派司单，报告书，统计表，记事等。

收藏单位：国家馆

05467

中华基督教卫理公会华北年议会第六第七届记录　[中华基督教卫理公会华北年议会] 编

天津：[中华基督教卫理公会华北年议会]，1945，168 页，25 开

两届年会分别于 1944 年 9 月、1945 年 10 月在天津召开。书中有这两届年会的职员录，各部各委办会及会员录，各部各委员、委办名录，会议日程，各项报告，纲例条问，派司单，记事等。

收藏单位：国家馆

05468

中华基督教卫理公会华北山东年议会议事记录合刊　[中华基督教卫理公会华北山东年议会] 编

天津：中华基督教卫理公会华北山东年议会，[1944]，[103] 页，25 开

两会于 1944 年 9 月 6 日至 10 日在天津召开。本书内含两会议记录、各项报告、纲例条问、特别会令等。

收藏单位：国家馆

05469

中华监理公会第三十九次年议会记录　毛吟槎编

苏州：天赐庄圣约翰堂，1925.1，[180] 页，25 开

本书内容包括：会员名衔、委员名衔、会务、史略、报告、函牍等。

收藏单位：国家馆

05470

中华监理公会第四十二次年议会记录 汪芥葆 毛吟槎 程保罗编

苏州：宫巷乐群社，1927.2，110 页，22 开

　　本书内容包括：会员名衔、委员名衔、会务、报告、议案、函牍、行状、试卷、列表等。

　　收藏单位：国家馆

05471

中华监理公会第一次大议会记录 杨镜秋编

上海：出版者不详，1932.12，[165] 页，16 开

　　本书内容包括：会员名录、大议会组织系统表、会务、报告等。书末附年议会统计表。

　　收藏单位：国家馆

05472

中华民族眼里的耶稣（基督教的合理化） 徐松石著

外文题名：Christ through the eyes of the Chinese nation

上海：广学会，1935.6，2 版，194 页，32 开

上海：广学会，1948.4，[再版]，191 页，32 开

上海：广学会，1948.7，再版，192 页，32 开

　　本书共 7 章，内容包括：圣经的流弊、东方的宗教阵线、儒释道耶同源论等。书前有自序。书后有总结。附录《耶稣最重要的讲论》。

　　收藏单位：南京馆、山东馆、上海馆

05473

中华民族眼里的耶稣（基督教的合理化） 徐松石著

外文题名：Jesus through the eyes of the Chinese nation

上海：作者书社、青年协会书局，1934.11，194 页，32 开

上海：作者书社、青年协会书局，1935，再版，194 页，32 开

　　收藏单位：广西馆、山东馆

05474

中华圣公会江苏教区九十年历史（1845—1935） 林步基等编

外文题名：History of the diocese of Kiangsu: A.D. 1845—1935

[镇江]：江苏教区议会，1935.10，140 页，25 开

　　本书内容包括：弁言、教区史略、大事年表、堂区简史以及各项统计等。

　　收藏单位：国家馆、南京馆、上海馆

05475

中华圣公会说略 韩仁顿编

北京：中华圣公会书籍委办，1917，23 页，32 开

　　本书共 5 篇：信纲、史略、法治概要、教规撮要、教会与国家之关系。

　　收藏单位：国家馆

05476

中华信义会礼拜与圣事仪式 中华信义会礼拜仪式委员会编订

汉口：中华信义会书报部，1933.4，296 页，25 开，精装

　　本书分礼拜仪式、圣事仪式两卷。附录祝圣礼拜堂钟之经文、祷文等 3 篇。

　　收藏单位：国家馆

05477

中华信义会礼拜与圣事仪式简本 信义会礼拜仪式委员会编订

汉口：中华信义会书报部，1932.9，80 页，50 开

　　本书内容包括：主日、圣餐、主日学等礼拜仪式。

　　收藏单位：国家馆

05478

中华信义会章程 中华信义会第一届大议会审定

汉口：信义书局，1933.4，再版，34 页，32 开

　　本书共 5 章：总则、宗旨、组织及行政、联合学校及其他联合事业、修改章程。附《中华信义会总会章程》《中华信义会公会章程》《中华信义会区会章程》。

　　收藏单位：国家馆

05479

周会程序（基督复临安息日会） 基督复临安息日会中华总会青年布道部编

外文题名：Young people's missionary volunteer suggestive material for society programs

基督复临安息日会中华总会青年布道部，1940，432 页，32 开

本书为青年布道安排的 1940 年全年周会的材料和节目。

收藏单位：上海馆

05480

周会程序（基督复临安息日会义勇布道团 民国二十六年） 中华总会义勇布道部编译

上海：时兆报馆，1937，426 页，32 开

本书收录了 1937 年全年每周义勇布道团青年开会所准备的材料和节目。

收藏单位：重庆馆

05481

周会程序（上卷） 基督复临安息日会中华总会青年布道部编

基督复临安息日会中华总会青年布道部，1939，124 页，32 开，精装

本书为该部所拟定的有关办理青年团成功秘诀和全年周年会程序。

收藏单位：重庆馆

05482

主必速临（文话）

上海：时兆报馆，1917，37 页，25 开

本书共 8 章，内容包括：论基督复临与各人有何关系、论基督第二次如何复临、论福音广传乃世末之预兆等。书前有小引。书末附新天新地。

收藏单位：上海馆

05483

主日讲题（卷 1） 上海毕士大福音堂编

上海：上海毕士大福音堂，1939，120 页，32 开

本书介绍基督教主日，讲题包括神的国、重生、罪、神儿子耶稣的血、救恩、到我这里来等。

05484

主日讲题（卷 3） 上海毕士大福音堂编

上海：上海毕士大福音堂，1941.6，80 页，32 开

本书共 4 部分：雅歌灵意、诗篇第廿三篇要义、忍耐的道等。

05485

住在主里面 慕安得烈著 （加）季理斐（Donald MacGillivray） 潘维周译述

上海：广学会，1940.8，5 版，52 页，32 开，环筒页装

本书共 15 课，内容包括：住在主里面、必得心里的平安、住在主里面特叫你多结果子、祷告有效等。书前有作者序言。书后附约翰福音第 15 章 1—11 节。

收藏单位：重庆馆

05486

宗教徒呢？基督徒呢？ （挪）哈列比（O. Hallesby）著 谢怀祖译

汉口：信义书局，1941，218 页，32 开

本书共 8 章，内容包括：基督教理智之牺牲、信仰的顺从、试探来临之时、刚强的基督教、宗教与基督教等。

收藏单位：重庆馆

05487

宗教雄辩论 陈乃西著

厦门：陈乃西 [发行者]，1923，123 页，25 开

厦门：陈乃西 [发行者]，1925，2 版，123 页，25 开

本书收辩论文 60 余篇，内容包括：《灾祸死亡是何原因》《罪恶之直接报应》《不公不义非罪恶之结果》等。书前有林齐春序言及作者小引。

收藏单位：上海馆

05488

宗教与祈祷 （美）来逢宁（Loofty Levonian）

著　许无愁译

外文题名：Religion and prayer

上海：广学会，1938.8，12 页，64 开（胡德勃罗克宗教及道德丛刊 12）

　　本书论祈祷与上帝的关系。

　　收藏单位：国家馆

05489

最高级的人生　（美）安汝慈（Ruth Paxson）著

外文题名：Life on the highest plane

上海：广学会，1929.12，3 册，32 开

上海：广学会，1930.11，再版，3 册，32 开

上海：广学会，1931，3 版，3 册，32 开

上海：广学会，1931，4 版，3 册，32 开

上海：广学会，1940.3，5 版，3 册（[1196] 页），32 开

　　本书共 3 卷。上卷共 13 章，内容包括：人生三级、上帝最初所造的人、最低级的人生、居住在最低地位的人生、撒但与上帝的冲突等；中卷共 10 章，内容包括：恩典胜过罪恶、基督为我们的主、基督为我们的生命等；下卷共 11 章，内容包括：充满圣灵的生活、属灵人的工作、属灵人的希望等。

　　收藏单位：河南馆、江西馆、山东馆、上海馆、首都馆

05490

作基督徒的重要问题　（美）亚西卫（Robert A. Ashworth）著　裘金译

外文题名：Being a Christian

上海：中华浸会书局，1932.9，44 页，36 开

　　本书共 7 章，内容包括：做基督徒是什么意思、我怎样成为一个基督徒、基督徒灵性生命的生长法等。书前有绪言。

　　收藏单位：国家馆、南京馆

教会组织及教堂

05491

安息日学教学原理　全球总会安息日学部著

陈民编译

上海：时兆报馆，1939.6，97 页，32 开（安息日学教员训练课 第 1 集）

上海：时兆报馆，1947.6，再版，98 页，32 开（安息日学教员训练课 第 1 集）

上海：时兆报馆，1948，再版，98 页，32 开（安息日学教员训练课 第 1 集）

　　本书内容包括：教员自身的准备、教学法原理、教学方法、预备教材等。

　　收藏单位：重庆馆、国家馆

05492

办理安息日学之训言

上海：时兆报馆，1928，32 页，32 开

　　本书由怀爱伦遗著选译。共 15 章，内容包括：安息日学的重要、教员的职分与工作、与基督同工的必须、查考圣经、安息日学的效用等。

　　收藏单位：重庆馆

05493

布道的要素　林保罗编著

上海：广学会，1940.12，33 页，10 开

　　收藏单位：南京馆

05494

成都青年会发起集团义卖献金竞赛大会纪念册　艾俊之编

成都：成都中华基督教青年会，1939.4，76 页，32 开

　　本书内容包括：本会发起集团义卖之旨趣、集团义卖启事及办法、参加义卖商店及私人、政府领导各方赞助等。

　　收藏单位：南京馆

05495

成人宗教教育的研究

[上海]：中华基督教宗教教育促进会，1932，41 页

　　收藏单位：北大馆

05496

儿童与宗教　福克斯（H. W. Fox）著　（加）

薄玉珍（Margaret H. Brown） 于化龙译

外文题名：The child's approach to religion

上海：广学会，1931.4，91 页，32 开

上海：广学会，1940.5，3 版，91 页，32 开

本书讲述如何培养儿童的基督教信仰。共 11 部分，内容包括：怎样开始教导儿童、死与来世的问题、神迹与比喻等。书前有编译者序言。

收藏单位：重庆馆

05497

古今英雄 中华基督教宗教教育促进会主日学课程编辑委员会编著

上海：广学会，1934，119 页，36 开（促进会宗教教育丛书）

上海：广学会，1941，3 版，121 页，36 开（促进会宗教教育丛书）

本书为儿童主日学课第五册下卷试验本、学生用书。共 5 编：到普天下去、中华归主、暑假生活等。附崇拜秩序、圣诗一览表等 4 篇。

收藏单位：重庆馆、广东馆、国家馆、南京馆

05498

光荣的庙宇 福州护士分会编演

上海：广协书局，1934，34 页，32 开

收藏单位：广东馆

05499

基督并他钉十字架（基督教学生运动的见证）

中华基督教青年会女青年会全国协会校会组学生组，61 页，32 开

收藏单位：南京馆

05500

基督化人生的研究 谢颂羔编译

上海：广学会，1928，277 页，32 开

本书为中等学校以上适用。共两部分：中等学校以上适用的基督教宗教教育大纲、宗教教育设计大纲。

收藏单位：国家馆

05501

基督教教育学 （芬）喜渥恩（Erland Sihvonen）吕绍端著

汉口：中华信义会书报部，1930.6，316 页，25 开（信义神学丛书）

本书共 3 编：基督教教育的沿革、教育心理学概论、宗教教学法。附教授法示范。

收藏单位：国家馆

05502

基督教与平民教育运动

上海：中华全国基督教协进会，1930.2，30 页，22 开（教友识字运动丛书）

本书共 3 部分：中国平民教育运动概略、保定公理会办理平民教育的经验、昌黎美以美会办理妇女平民教育的经验。

收藏单位：山东馆

05503

基督教育之研究 （美）怀爱伦（Ellen G. White）著 何威尔编 叶昆冈译

外文题名：Studies in Christian education

上海：时兆报馆，1933，再版，101 页，32 开

本书论述基督教育是人的身体、智力和灵性三育并重。

收藏单位：重庆馆、上海馆

05504

基督教中学教员手册 中华基督教教育协会编

中华基督教教育协会，1948.10，54 页，32 开

收藏单位：南京馆

05505

基督教中学校宗教教育的研究 缪秋笙 毕范宇编

中华基督教教育会，1930，330 页，32 开

本书介绍中等教育的过去与现在、中学校的宗教教育概况、学生的生活和兴趣、宗教教育上的几个特殊问题、宗教教育的程序和方法、培养品格上的几个特殊问题以及宗教教育上的新实验等。附书报介绍、宗教教育标准的建议等。

05506

基督徒的家庭　赵鸿祥编著

上海：广学会，1940.4，2 版，46 页，32 开

　　收藏单位：南京馆

05507

家庭教育的研究　谢颂羔著

上海：广学会，1930，124 页，32 开

上海：广学会，1930，再版，124 页，32 开

上海：广学会，1940，4 版，142 页，32 开

　　本书介绍基督教化的家庭。共 23 章，内容包括：家庭的观念、几个基本的教育观念、家庭教育的改良等。

　　收藏单位：重庆馆

05508

教会　（美）党美瑞（Marie Adams）编　潘玉梅译　刘廷芳校订

上海：广学会，1936.3，26 页，36 开（青年灵修会小丛书 6）

　　本书共 3 段：教会对于世界的意义、我应当参加教会的集会吗、我为甚么应当加入教会。书前有短文《我们的经验话》，介绍灵修会的 4 个要素。

　　收藏单位：国家馆

05509

教会的奋兴　（芬）高果能（Kalle Korhonen）著

滠口：信义神学院，1934，2 版，96 页，32 开

　　收藏单位：广东馆

05510

教会的经济基础　刘廷芳译

出版者不详，1939，18 页，32 开（玛德拉斯大会文献丛刊 18）

　　收藏单位：广东馆

05511

教会的生活　应元道译

中华全国基督教协进会，1939，22 页，32 开（玛德拉斯大会文献丛刊 3）

　　收藏单位：广东馆

05512

教会的使命　唐那格主教讲　缪秋笙译述

[上海]：中华全国基督教协进会，[1922—1939]，6 页，64 开（基督教前进运动丛刊 39）（玛德拉斯世界大会名论丛刊 3）

　　收藏单位：国家馆

05513

教会的体用与其必要性　赵紫宸著

上海：广学会，1946，14 页，32 开

成都：广学会，1947.3，14 页，32 开

　　本书论述基督教会的性质与宗旨。

　　收藏单位：重庆馆、南京馆

05514

教会的意义和使命　George Stewart 著　姚贤惠译

外文题名：The church

上海：青年协会书局，1941.1，125 页，32 开（海慎宗教丛书）

　　本书共 5 章：现时代人类的悲惨命运、教会在现时代的地位、教会的威权、教会的任务、教会在行动中——耶稣的四个比喻。

　　收藏单位：重庆馆、广东馆、贵州馆、国家馆、近代史所、南京馆、上海馆

05515

教会合一问题研究　郭伟编著

出版者不详，[1911—1949]，30 页，32 开（教会学习手册 第 5 种）

　　本书共 6 章：导言；教会分裂的起因；教会合一运动的经过；教会合一的概念，和计划的种种；基本的原则；到合一之路。

　　收藏单位：广西馆、人大馆

05516

教会会友之训练　I. J. Van Ness 著　（美）万应远（Robert Thomas Bryan）　徐松石翻译增编

上海：中华浸会书局，1930，2 版，94 页，32 开

上海：中华浸会书局，1937，3 版，94 页，25 开

本书共 13 章，内容包括：尊崇基督的教会、教会和他的使命、教会和他的会友等。

收藏单位：广东馆、南京馆

05517

教会籍以生活的信仰　刘廷芳译述

上海：中华全国基督教协进会，[1939]，24 页，32 开（玛德拉斯大会文献丛刊 12）

本书内容包括：世界的需要、福音的中心、唤召教会、基督教与其他各种信仰等。

收藏单位：广东馆

05518

教会纪略　鲁波罗弗著

上海：时兆报馆，1911，104 页，25 开

上海：时兆报馆，1930，[再版]，93 页，25 开

上海：时兆报馆，1930，再版，104 页，36 开

上海：时兆报馆，1935，[再版]，104 页，36 开

本书共 36 章，内容包括：序言、论第一位天使的警告、论传第一位天使之警告、第二位天使之敬告、设立医院和警局作调养病人之工等。

收藏单位：重庆馆、广东馆、上海馆

05519

教会今日应有的三大觉悟　穆德著　刘廷芳述

[上海]：中华全国基督教协进会，[1922—1939]，13 页，64 开（玛德拉斯世界大会名论丛刊 5）（基督教前进运动丛刊 41）

本书为马德拉斯大会开幕辞的摘录。教会今日应有的三种觉悟为：教会应当明了的，是他所处的时期是何等严重？教会今日所当关心的，是世界向教会的挑战是何等方式？教会今日当自己估量的，是自身力量能否应付今日世界的需求？

收藏单位：国家馆

05520

教会如何改变社会　中华基督教会全国总会编

上海：中华基督教会全国总会，24 页，64 开

（教友须知小丛书 12）

本书讨论教会如何改变社会的问题。

收藏单位：国家馆、南京馆

05521

教会与变迁中的社会及经济状况　吴力译

上海：中华全国基督教协进会，[1939]，19 页，32 开（玛德拉斯大会文献丛刊 5）

本书论述基督在现代的使命。共 4 部分：绪论、基督教的社会意义、教会与社会行动、基督教的几种社会行动。

收藏单位：广东馆、国家馆

05522

教会与工人　杨绍唐著

外文题名：The church and the worker

天津：基督徒福音书室，1941，再版，170 页，32 开

本书共 14 章，内容包括：教会是属神的、教会的元首、教会的合一、教会的独立与相通、教会是基督的身体、教会内部的组织等。

收藏单位：吉大馆、首都馆

05523

教会与工人　杨绍唐著

外文题名：The church and the worker

北京：杨绍唐[发行者]，1939，180 页，32 开

本书著者原题：杨绍棠；发行者原题：杨绍棠。

收藏单位：国家馆

05524

教会与工人　杨绍唐著

上海：中华全国基督教协进会，1941，再版，170 页，32 开

收藏单位：广西馆

05525

教会与社会（教会及其在社会的功用）（英）铎夫特（W. A. Visser't Hooft）（英）吴德汉（J. H. Oldham）著　谢受灵译

外文题名：The church and its function in society

上海：广学会，1940，288 页，32 开（金陵神学院丛书）

本书讨论基督教教会社团与国家的相互关系。共两篇 11 章，内容包括：教会与各教会、教会在社会的功用等。

收藏单位：国家馆、南京馆

05526

教会与现代工业问题　谢颂羔　米星如编译

外文题名：The church and industrial reconstruction

上海：广学会，1923，119 页，25 开

上海：广学会，1929，增版，130 页，32 开

本书主要讲述基督教会与现代工业的问题。共 10 章，内容包括：导言、基督教理想社会的三大原则、现代工业与基督教等。

收藏单位：广东馆、国家馆、山东馆

05527

教会与学运　刘廷芳著

出版者不详，[1935]，34 页，32 开（真理与生命小丛书 2）

本书分上、下两篇，主要论述中国教会与学生运动的关系。内容包括：什么是学运、学运哪里来的、谁是学运的领袖、学运之基础在哪里、教会如何需要青年、教会本身如何需要学运、学运如何需要教会、教会对于学运的活动应取何态度等。

收藏单位：重庆馆

05528

教会在健康和医药上的服务　王吉民译

中华全国基督教协进会，1939，11 页，32 开（玛德拉斯大会文献丛刊 15）

收藏单位：广东馆

05529

教育指南　魏尚廉编译

北平：圣母小昆仲会，1934.6，437 页，32 开

本书共 3 卷。上卷论体育、智育、德育的原则及运用，圣教教育的理论及实行，社会教育的概略；中卷论教授、训练及学校的组织；下卷论教师及修养。书前有魏尚廉序。

收藏单位：国家馆、上海馆

05530

教育组织　夏威尔编

出版者不详，[1924]，255 页，25 开

本书为基督教会出版物。共 27 章，分述教会的教育部门组织以及中小学的组织、行政、设备、教学等。

收藏单位：重庆馆、广东馆、上海馆

05531

今后宣教士的地位职务和训练　缪秋笙译

上海：中华全国基督教协进会，1939，14 页，32 开（玛德拉斯大会文献丛刊 17）

收藏单位：广东馆

05532

今日中国教会的布置工作　魏礼模著　傅步云译

中华全国基督教协进会，84 页，32 开（玛德拉斯大会文献丛刊 6）

收藏单位：广东馆

05533

救人的安息日学　基督复临安息日会全球总会安息日学部著　基督复临安息日会中华总会安息日学部译

上海：东方函授学校，1933，[203] 页，32 开

本书介绍安息日的历史，安息日学——普及全球的机关及组织安息日学等。分两卷 16 章。附录有全球安息日学统计、中华总会安息日学统计等 3 篇。

收藏单位：重庆馆

05534

邻童主日学课　南京金陵神学院编

上海：广学会，1936.7，291 页，32 开（宗教教育促进会丛书）

本书为邻童主日学教师编的教学参考书。内容包括：宗教故事、诗歌、游戏、手工等。

收藏单位：国家馆

05535

邻童主日学课

成都：中华基督教会四川协会文字部，168 页，

32 开

收藏单位：南京馆

05536

领小孩归向天父 唐彼美 尹剑秋合编

上海：广学会，1939，2 版，99 页，22 开

本书共 5 段 42 课，内容包括：天父的慈爱、圣诞课、耶稣的事迹、春日的故事、故事选录等。

收藏单位：广东馆

05537

蒙童团组织法 霍尔特夫人（Mrs. H. M. Holt）著 上海时兆报馆选译

外文题名：The junior manual

上海：时兆报馆，1928，107 页，25 开

蒙童义勇布道团是教会所属的青年义勇布道部组织之一，主要任务是帮助孩童认识耶稣，成为虔诚的基督徒。本书共 12 章，介绍该团的宗旨、组织法、理想的标准等。书前有序言。

收藏单位：重庆馆

05538

你在天主堂里所见到的是什么？ （英）C. C. Martindale 著 黄斯望译

外文题名：What you see in a catholic church

香港：真理学会，1939.6，46 页，50 开

香港：真理学会，1940.6，再版，46 页，50 开

香港：真理学会，1947，3 版，46 页，50 开

本书介绍天主堂的建筑及教堂内有形物的用途。

收藏单位：国家馆、南京馆、内蒙古馆

05539

培养教会工作人员的研究 韦格尔及视察团编

[上海]：中华基督教宗教教育促进会，1935.11，[216] 页，18 开

本书为中华基督教宗教教育促进会就"培养教会工作人员"的问题所作的视察报告、结论与建议。分上、下两编。书前有绪论。书后有附录 4 章。

收藏单位：国家馆

05540

平民宗教课本教学法 陈光蛟著 中华基督教协进会编

上海：广学会，1933.7，[180] 页，32 开

本书为平民学校教员用书，1—4 册合订本。介绍基督教宗教教育方法。

收藏单位：重庆馆

05541

青年会代答 谢洪赉编辑

外文题名：Hand book of the Young Men's Christian Association

上海：中华基督教青年会组合，1914，3 版，14 页，大 16 开

本书共 10 章：释名、起原、现势、宗旨、经营、组织、支派、设立、经济、赞成。

收藏单位：国家馆、西交大馆

05542

青年会的学生事业（第 12 届全国大会之决议案）

中华基督教青年会全国协会校会组，1934.2，21 页

收藏单位：西交大馆

05543

青年会的宗教事业 尚爱物编

上海：青年协会书局，1935.5，150 页，25 开（青年与宗教运动丛刊 6）

本书从第 12 课讲起，至第 20 课结束。内容包括：研究题材、参考资料、本科作业、讨论问题等。

收藏单位：山东馆

05544

青年会五十周纪念册

出版者不详，1 册，16 开

收藏单位：南京馆

05545

青年夏令会手册 田德丽等著

上海：中华基督教教育促进会，1948.5，75 页，

32 开

收藏单位：贵州馆、南京馆、内蒙古馆

05546

青年宗教教育的研究

上海：中华基督教宗教教育促进会，1932，38 页，32 开

收藏单位：南京馆

05547

上帝的同工　蔡黄香英　李美博编著

上海：广学会，1937，234 页，32 开（促进会宗教教育丛书）

上海：广学会，1946，再版，234 页，32 开（促进会宗教教育丛书）

本书为儿童主日学课第六册试验本、学生用书。分 6 编 52 课，内容包括：圣经是怎样来的、平安节、编著耶稣传、基督徒的意义、上帝的同工、圣歌故事。封面题：中华基督教宗教教育促进会主日学课程编辑委员会编著。

收藏单位：国家馆、山东馆

05548

圣地拾珍　（美）党美瑞（Marie Adams）著　卢乐山译

上海：广学会，1941.4，53 页，32 开

本书为著者参诣圣地时，目睹圣经中所载各种建筑物的情况，并附经句以资说明。

收藏单位：重庆馆、广东馆、山东馆

05549

失路小孩　樊大克（H. Vandyke）著　李冠芳译

上海：广学会，1925，14 页，42 开

收藏单位：广东馆

05550

实物教学　中华浸会神学院编著

中华浸会少年团联会，1949.7，46 页，32 开

本书介绍教会学校通过实物向儿童进行教育的方法。

收藏单位：国家馆

05551

使徒言行三十课（中英文本）（美）戴斐士（John P. Davies）著　朱雅各译

外文题名：Thirty lessons in the acts and the epistles

上海：美华浸会书局，1939.10，150 页，32 开

本书共 30 课，内容包括：基督教会的起始、初期教会的活力、司提反与腓立、保罗的改变等。

收藏单位：重庆馆、国家馆、山东馆

05552

世界基督教学生同盟　中华基督教全国协会编

出版者不详，32 页，32 开（学运研究参考资料）

收藏单位：南京馆

05553

世界基督教学生同盟史略　世界基督教学生同盟大会执行部编译

上海：中华基督教青年会全国协会书报发行所，1921.11，38 页，32 开

本书介绍世界基督教学生同盟的建立、组织和成长、指导原则等。

收藏单位：广东馆、南京馆

05554

受托表演　戴珍珠著　王瑞芝译

上海：广学会，1940，24 页，32 开

本书为儿童剧本。

收藏单位：广东馆

05555

受托主义　谢受灵著

上海：广学会，1948.1，2 版，40 页，32 开

收藏单位：南京馆

05556

天父的好孩子　蔡黄香英　李美博编著

上海：广学会，1936.7，250 页，32 开（促进会宗教教育丛书）

上海：广学会，1947.11，3 版，250 页，32 开（促进会宗教教育丛书）

本书为儿童主日学课第 3 册、教员用本，

共 6 篇 52 课。内容包括：我们如何作天父的好孩子、儿童耶稣如何做天父的好孩子、耶稣是天父众孩子的好榜样等。

收藏单位：国家馆、山东馆

05557

团体工作与新教育　高君铭　欧梅君编译

上海：中华基督教女青年会全国协会，1935.1，42 页，32 开

收藏单位：南京馆

05558

团体事业讨论大纲　（美）甘霖格（L. Sweet）编

上海：青年协会书局，1934.7，102 页，25 开（青年与宗教运动丛刊 6）

收藏单位：江西馆

05559

完成天父的意旨　蔡黄香英　李美博编著

上海：广学会，1937.5，266 页，32 开（促进会宗教教育丛书）

本书为儿童主日学课第 4 册教师授课参考书。根据旧约编辑，共 52 课，内容包括：学习怎样应用圣经、亚伯兰为什么搬家、最好的报复办法等。

收藏单位：广东馆、国家馆、黑龙江馆、绍兴馆

05560

为什么要注意教会　刘廷芳述

中华全国基督教协进会，8 页，64 开（玛德拉斯世界大会名论丛刊 2）（基督教前进运动丛刊 38）

本书为 1939 年在印度马德拉斯举行的国际基督教代表大会论文之一。根据英国欧藤（J.H.Oldham）的《教会问题在今日的世界》一文的部分内容译述。从 5 个方面论述教会的重要。

收藏单位：国家馆

05561

我们帮天父的忙　中华基督教宗教教育促进

会主日学课程编辑委员会编著

上海：广学会，1932.8，138 页，32 开（促进会宗教教育丛书）

上海：广学会，1933.4，再版，138 页，32 开（促进会宗教教育丛书）

上海：广学会，1940.10，5 版，138 页，32 开（促进会宗教教育丛书）

本书为儿童主日学课第 2 册，内容包括：父母为我们做了甚么、学习给人道谢、用行为表示感谢、想法子叫我们的家好看等。

收藏单位：国家馆、南京馆、山东馆

05562

我们的教会　（匈牙利）陶德（Tihamér Tóth）著　郭隆静译

兖州：保禄印书馆，214 页，32 开

收藏单位：上海馆

05563

我们天父的世界　（美）郭爱理（Alice H. Gregg）等编辑

上海：中华基督教宗教教育促进会，56 页，32 开

上海：中华基督教宗教教育促进会，1932.10，再版，110 页，32 开（促进会宗教教育丛书）

本书为儿童主日学课第 1 册。

收藏单位：南京馆、山东馆

05564

我们天父的世界（合订本）　（美）郭爱理（Alice Gregg）　蒋翼振编

外文题名：The heavenly Father's world

上海：广学会，1933.10，328 页，32 开（促进会宗教教育丛书）

上海：广学会，1936.5，再版，328 页，32 开（促进会宗教教育丛书）

上海：广学会，1946.10，5 版，328 页，32 开（促进会宗教教育丛书）

本书共 5 节，内容为有关天父的世界的描述等。

收藏单位：南京馆、山东馆

05565
五年简述 中华基督教女青年会编
出版者不详，1928，66 页

本书分事工之部、合作之部。内容包括：市会、校会、训练、宗教、中华卫生教育会、燕京大学、金陵女子大学等。

收藏单位：近代史所

05566
现代教会的危险 王明道著
北平：灵食季刊社，1933.3，50 页，32 开

本书述说现代教会存在的危险。内容包括：崇拜金钱、效法世界、容纳罪恶等。

收藏单位：广东馆、国家馆

05567
小学要理教学法 李益博著
安国：李益博，1938.12，230+180 页，32 开

本书为第 1 卷《当信的道理》。共 3 章：天主的认识、神人万物的认识、教会与四末的认识。书前有著者导言。

收藏单位：国家馆

05568
新加坡华人基督教青年会第二届征募会特刊
乐华印务公司，1948，24 页，32 开

收藏单位：南京馆

05569
新约的教会观 温慈著 缪秋笙译
成都：中华全国基督教协进会，7 页，64 开（玛德拉斯世界大会名论丛刊 4）（基督教前进运动丛刊）

本书为玛德拉斯国际基督教代表大会论文之一。内容包括：按照新约，教会的中心是基督；按照新约，教会是圣洁的，与众分开的；按照新约，教会是应有使徒精神的；按照新约，教会是公众的——普世的，包含一切的；按照新约，教会是一个。

收藏单位：国家馆

05570
新约教会 赖崇理著
上海：中华浸会书局，1936.1，310 页，32 开
上海：中华浸会书局，1947，再版，310 页，32 开

新约教会为基督教的一个组织。本书介绍该会的组织、意义以及教友应具备的条件等。

收藏单位：山东馆

05571
学生个人问题教授法 中华基督教教育会编
[上海]：中华基督教教育会，14 页，32 开

本书为教学大纲，共 3 部分：目的、本学程的内容纲要、教学法。

收藏单位：国家馆

05572
学生与教员 （美）韦格尔（Luther Allan Weigle）著 吕绍端译述
外文题名：The pupil and the teacher
汉口：中华信义会书报部，1935.7，280 页，32 开
汉口：中华信义会书报部，1948.8，修正版，282 页，32 开

本书为基督教主日学教员用书，分学生、教员两编。论述怎样遵循和利用儿童生活、发育、成长的自然律，塑成健全的人格。书前有译者序。

收藏单位：国家馆、南京馆

05573
学习大教师的教授法（国语）
上海：时兆报社，1928，41 页，36 开
上海：时兆报社，1930，41 页，32 开

本书讲述要像基督（大教师）那样办道。

收藏单位：重庆馆、上海馆

05574
一种新兴的妇女职业——女青会干事 中华基督教女青年会全国协会编
上海：中华基督教女青年会全国协会，1939.9，56 页，64 开

收藏单位：南京馆

05575

益智丛谈 邱丽英编

上海：中华女青年会全国协会，1922，68 页，50
开

收藏单位：河南馆

05576

意大利鲍斯高司铎教育法 张怀编著

北平：光启学会，1937.5，136 页，25 开（光启
学会丛书）

本书内容包括：鲍斯高传记和他的教育学
说两部分。书后附名词注释、参考书目。

收藏单位：国家馆、内蒙古馆、首都馆

05577

游历圣地记

上海：土山湾印书馆，1934 印，72 页，32 开
上海：土山湾印书馆，1935，再版，72 页，32
开

本书介绍白冷、纳匝肋、热纳撒肋湖、
大博尔山等基督圣地。

收藏单位：国家馆、黑龙江馆、内蒙古
馆、上海馆

05578

怎样创办乡村主日学 李美博著 毕范宇
余牧人译

上海：广学会，1937，4 版，24 页，32 开
上海：广学会，1940，7 版，24 页，32 开

本书介绍乡村主日学的开办及教学方法。
此册为第一级义工教材第 8 册。

收藏单位：重庆馆、南京馆

05579

怎样促进世界基督徒团契 （美）K. S. Latourette
著 陈维姜译

上海：青年协会书局，1939.8，81 页，32 开（海
慎宗教丛书）

本书共 5 章，内容包括：世界基督教团契
是必需的、世界基督徒团契的要素、实现世
界基督教徒团契的最近步骤等。

收藏单位：重庆馆、广东馆、贵州馆、国
家馆、南京馆、内蒙古馆

05580

占礼七日课

出版者不详，27 页，16 开

本书介绍基督教的宗教教育。内容包括：
瞻礼七申正经、晚经等。

收藏单位：国家馆

05581

真道家学课问题（卷 2）

外文题名：Home study Bible course examination
questions

汉口、上海：中国基督圣教书会，102 页，25
开

收藏单位：广东馆

05582

真耶稣教会创立三十周年纪念专刊 魏以撒
主编

南京：真耶稣教会总会，1947.12，330 页，16
开

本书封面题名：真耶稣教会卅年纪念专刊。

收藏单位：南京馆

05583

中华浸会神学院章程

上海：[中华浸会神学院]，1948，62 页，32
开

本书内容包括：院历、院董、总论、宪章
草案等。

收藏单位：南京馆

05584

中华留日基督教青年会十五周年成绩报告

出版者不详，1 册，32 开

收藏单位：南京馆

05585

**中华全国基督教协进会教会生活与事工委会
扩大会议报告**

教会生活与事工委员会，1937.5，80 页，32
开

收藏单位：南京馆

05586

中学生个别训导法　邵庆元著

上海：基督教青年会全国协会校会组，1935.5，26页，24开（中华基督教宗教教育丛书1）

　　本书内容包括个别训导的教育哲学基础、中学生的个别训导、品性生长的记录等。附参考书报目录。

　　　　收藏单位：南京馆

05587

主日师范学讲义　卫雅各著　潘子放译

广州：美华浸会印书局，1916，2版，49页，32开

　　　　收藏单位：南京馆

05588

主日学服务员　（美）沙塞堡著　谢颂三　吴真奇编译

上海：中华监理公会基督教教育部，1933.3，104页，32开

上海：中华监理公会基督教教育部，1940.4，2版，104页，32开（中华监理公会基督教教育丛书1）

　　　　收藏单位：南京馆

05589

主日学教材　中华基督教四川协会文字部编

成都：中华基督教四川协会文字部，1942，106页，22开，环筒页装

　　本书为教员用书。书前有绪言。

　　　　收藏单位：重庆馆、南京馆

05590

主日学课本　谢颂三著

上海：广学会，1930.3，107页，32开

　　本书内容包括：新年的感想、基督徒的诚实生活、学校中的诚实生活等。

　　　　收藏单位：山东馆

05591

主日学最初三级的法程　Annie Williams 著　徐松石编译

上海：中华浸会书局，1927，132页，25开

　　本书共8章，内容包括：儿童性质的原理、教授的原理、分级功课的原理等。书前有译者序言。

05592

宗教课程（草案）　中华基督教教育会编

上海：中华基督教教育会，1928.10，54页，24开

　　本书探讨基督教教会学校如何进行宗教教育，共4部分：宗教教育底目的、宗教教育的课程、适用于中小学的活动和设计、通用的宗教课本。

　　　　收藏单位：国家馆

05593

宗座关于讲授圣教学科之大学院及专科学院事务之敕书　[比约十一（Pius PP. XI）] 著

出版者不详，[1931]，14页，18开

　　本书为庇护11世关于天主教学院事务的敕书。共6章58条，内容包括：总则、人员及管理、课程、学位授予、教具及会计、暂行规则等。

　　　　收藏单位：国家馆

对基督教的分析与研究

05594

辟邪归正论　陈乙山编

上海：美华浸信会印书局，1921，77页，32开

　　本书共69论，内容包括：论上帝二字之说、论上帝全能全智全善、论为何真神生人有恶、论真神为何生恶兽害人等。

　　　　收藏单位：山东馆

05595

崇拜者与睡眠者　何顿讲　缪秋笙译述

上海：中华全国基督教协进会，11页，64开（玛德拉斯世界大会名论丛刊6）（基督教前进运动丛刊42）

　　　　收藏单位：国家馆

05596

除旧杂录 [天主教教务协进委员会编]

上海：[天主教教务协进委员会]，1949，120页，32开

本书内容包括：修道人与青年指导、漫谈传教工作、传教学的剖视、谈谈孤儿教育、办理讲道班的经验等。

收藏单位：国家馆、南京馆

05597

大光破暗集 张亦镜编

广州：美华浸会印书局，1923，再版，205页，25开

本书为香港《大光报》与香港《国是报》有关基督教辩论文章的合集。主旨是以耶稣基督之光，破除黑暗。书前有张祝龄、黎文锦的序及编者的大光周刊笔战文原序。

收藏单位：国家馆、黑龙江馆

05598

大光破暗集 张亦镜编

外文题名：Relative value of Christianity and confucianism

上海：中华浸会书局，1932.12，3版，214页，25开

收藏单位：桂林馆

05599

大光破暗集

香港：大光报，[1918]印，207页，25开

收藏单位：国家馆

05600

大题小做 陈崇桂著

汉口：中华信义会书报部，1934.3，62页，32开

本书收录著者发表于信义报、布道杂志的文章26篇。内容包括：历史上有没有耶稣这个人、耶稣是神否、基督教的试金石、论布道、做事与结果子。

收藏单位：广东馆、广西馆、国家馆

05601

道玄指实（第1册）（英）仲均安（Alfred G. Jones）著

广学会，98页，22开

全套书共10册，此为第1册。共5章：论人人习道要追究真理、论考究真理之难、论考究真理本有之难、论道学中之难、论党同伐异之弊。

收藏单位：山东馆

05602

道玄指实（第3册）（英）仲均安（Alfred G. Jones）著

广学会，98页，22开

全套书共10册，此为第3册。共3章，内容包括：论敬神之源流、详论人知神之如何等。

收藏单位：山东馆

05603

道玄指实（第8册）（英）仲均安（Alfred G. Jones）著

广学会，120页，22开

全套书共10册，此为第8册。共5章：论教会历代名士之言罪恶如何、论罪所以为罪之实、论人性当初出世时如何、论今人之邪巫、论恶惯之深关系之大。

收藏单位：山东馆

05604

道玄指实（第9册下、第10册）（英）仲均安（Alfred G. Jones）著

广学会，2册（132页），22开

全套书共10册，此为第9册下及第10册。第9册下共5章，内容包括：救主所作如何关切信徒之圣洁、救主所作如何关切信徒得真生永生等；第10册共4章：圣灵临人以成救主之功、论得救者所必作必有、论救恩之宽窄并得救者之多寡及论本教他教所言得救一事之别。

收藏单位：山东馆

05605

道原　谢扶雅译述

上海：青年协会书报部，1925，109 页，32 开

　　本书共 5 章：现代宗教潮流的一瞥、上帝的新观念、人在宇宙中的地位、上帝与耶稣、论永生。译述者原题：谢乃壬。

　　收藏单位：首都馆

05606

道之枢　范祎编

上海：中华基督教青年会组合，1914.9，72 页，25 开

　　本书为有关基督教、儒学等内容的文论合集。共 10 篇，内容包括：过去时代之宗教观（上、下）、哲学之上有宗教、论人有治理万物之权、勃特来公德论等。其中范祎（皕海）8 篇，天翼 2 篇。

　　收藏单位：国家馆

05607

读教宗通电感言　[程主教] 著

[北平]：[宗座代表公署内公教图书馆]，1929.3，20 页，32 开

　　本书内容包括嘉思巴利的《教宗通电》以及程主教的《通电感言》。

　　收藏单位：国家馆

05608

佛化基督教　印送同人编辑

上海：协和书局，1924.3，39 页，25 开

　　收藏单位：江西馆

05609

佛化基督教　张纯一著

上海：[佛教精进社]，1927.3，12 版，114 页，25 开

　　本书内收佛教徒谈论基督问题的书信 27 封。

　　收藏单位：河南馆

05610

佛化基督教　张纯一著

上海：佛学书局，1933，再版，114 页，32 开

上海：佛学书局，1939.4，3 版，118 页，32 开

　　收藏单位：北大馆、国家馆、辽宁馆、内蒙古馆、首都馆

05611

佛化真基督教（第 3 编）　张纯一著

出版者不详，1925，18 页，32 开

　　本书内收佛教徒谈论基督问题的书信。

　　收藏单位：首都馆

05612

覆友人驳劝学罪言书

出版者不详，1917，11 页，22 开

　　收藏单位：国家馆

05613

改造基督教之讨论　张纯一撰

上海：定庐，1922，42 页，32 开

上海：定庐，1927，2 版，44 页，22 开

　　收藏单位：国家馆、河南馆

05614

革命的基督教　（美）华德（Harry F. Ward）著　简又文等译

上海：青年协会书局，1948，再版，228 页，32 开（宗教研究丛书 3）

　　收藏单位：国家馆、中科图

05615

革命的基督教　（美）华德（Harry F. Ward）著　简又文译

上海：中华基督教文社，1926.9，260 页，25 开

　　本书为著者在华讲演录，为反驳当时对基督教的责难而作。共 17 篇，内容包括：耶稣的革命精神、耶稣的经济学等。书前有孙科、徐谦的序。

　　收藏单位：国家馆、湖南馆、内蒙古馆、山东馆、上海馆

05616

个人福音　谢扶雅著

上海：中华基督教女青年会全国协会，1933，151 页，32 开

　　本书收有关于基督教的论文 20 篇。

收藏单位：广东馆、山东馆、上海馆

05617

归原直指 赵若望述

兖州：兖州府天主堂，1925，重刊，72 页，32 开

兖州：兖州府天主堂，1931，72 页，32 开

兖州：兖州府天主堂，1931，5 版，72 页，32 开

本书分上、下两卷。上卷包括论天地有主、论人魂不灭、论永福永苦；下卷包括论降生之略、论传教之由。

收藏单位：国家馆、浙江馆

05618

基督的得人法 哈尔柯著 励德厚译

上海：广学会，1935，4 版，[46] 页，25 开

本书共 20 章，内容包括：论基督启示天父有什么需要、论启示父的心、论天父的神能启示、论基督选择他的同得人的人、论基督使他的同救人者有能力、论基督于同得人者所要求的、论基督之大概的训条、论传道特别训条等。书后有练习课。

收藏单位：重庆馆

05619

基督第二次降临 C. Stanley 著 戴云清译述

外文题名：What god has said on the second coming of Christ

上海：中西基督福音书局，52 页，32 开

收藏单位：上海馆

05620

基督改造社会之程序 如雅德（Arthur Rugh）著

上海：青年协会书报部，1922.10，3 版，54 页，32 开

本书分大改造家之家庭与出世，改造家之初步等目次。

收藏单位：山东馆

05621

基督教的合一运动 裴大卫（D. Paton）著

陈海澄译

香港：青年协会书局，1941，103 页，32 开（非常时丛书第 3 类 4）

收藏单位：广东馆

05622

基督教的危机 （美）莫利生（C. C. Morrison）著 袁访赉译

外文题名：The crisis of Christianity

上海：青年协会书局，1935，29 页，36 开（宗教问题小丛书 10）

收藏单位：国家馆、南京馆

05623

基督教的中心信仰 赵紫宸著

上海：青年协会书局，1934，再版，54 页，32 开（基督教与中国改造丛刊第 1 种）

本书为《基督教与中国改造》中的一章。

收藏单位：南京馆

05624

基督教会与经济制度 1937 年 7 月牛津世界大会原著 应元道译

外文题名：The church and the economic order

香港：青年协会书局，1938.12，58 页，32 开（非常时丛书第 1 类 10）

上海：青年协会书局，1949，3 版，58 页，36 开

本书内容包括：基督教为什么要注意到经济制度、现时经济情势的分析、基督徒的人生观所受到的挑战、基督徒对于这种挑战之决议、基督教对于经济制度的训言、直接的基督徒行动。

收藏单位：国家馆、湖南馆、内蒙古馆

05625

基督教教会 葛斐思（Griffiths）原著 许绍册译述

上海：青年协会书局，1948.1，89 页，32 开（基督教认识丛书 4）

收藏单位：南京馆

05626

基督教进解　赵紫宸著

上海：青年协会书局，1947，10+174 页，32 开（青年丛书第 2 集 23）

上海：青年协会书局，1948.3，10+174 页，再版，32 开（青年丛书第 2 集 23）

本书作者谋求突破西人对基督教的解释，树立中国的旗帜。全书共 10 章，内容包括：导言、知识与信仰、基督教与中国文化、基督教本身——耶稣基督等。

收藏单位：重庆馆、南京馆、上海馆

05627

基督教进行西方之历史观　梁集生演

出版者不详，1 册

收藏单位：国家馆

05628

基督教伦理学之基础　龚德义著

上海：广学会，1931.7，206 页，32 开（齐鲁丛书 1）

本书共 6 篇：导言、耶稣和古代伦理的关系、耶稣的伦理、保罗对于基督教伦理的特殊贡献、约翰之书籍对于基督教伦理的贡献、基督教伦理之显露的基本的原则。

收藏单位：山东馆

05629

基督教社会学概论（原名，上帝人类与社会）

（英）戴蒙德（V. A. Demant）著　（加）薄玉珍（Margaret H. Brown）改作　许无愁译述

外文题名：Introduction to Christian sociology

上海：广学会，1937.1，141 页，32 开

上海：广学会，1940，再版，141 页，32 开

本书共 8 章，内容包括：教会与社会的救赎、由伦理学至于社会学、经济生活中之伦理观等。

收藏单位：重庆馆、广东馆、国家馆

05630

基督教五大证据　谢受灵编译

外文题名：Five outstanding evidences of Christianity

汉口：中华信义会书报部，1925，168 页，16

开（信义神学丛书）

本书共 5 编：上帝的存在为基督教的证据、圣经的灵感为基督教的证据、耶稣基督为基督教的证据、基督教的经验为基督教的证据、基督教的历史为基督教的证据。

收藏单位：国家馆

05631

基督教与创造的生活　（美）艾德敷（Dwight W. Edwards）著　应远涛译

外文题名：Christianity and creative living

上海：青年协会书局，1936，44 页，32 开（宗教问题小丛书 15）

收藏单位：国家馆、南京馆

05632

基督教与科学　谢洪赉著

上海：中华基督教青年会全国协会书报部，1916.10，168 页，25 开

上海：中华基督教青年会全国协会书报部，1925，3 版，157 页，25 开

本书共 8 章，内容包括：基督教与科学果相冲突欤、心灵界之实在、科学之承认上帝、进化论与创世说等。

收藏单位：国家馆、山东馆、上海馆、天津馆

05633

基督教与马克思主义　（美）樊都生（Henry Pitney Van Dusen）著　张仕章译

外文题名：The challenge of Christianity to Marxism

上海：青年协会书局，1934.6，18 页，50 开（宗教问题小丛书 11）

上海：青年协会书局，1935，18 页，50 开（宗教问题小丛书 11）

收藏单位：国家馆、湖南馆、南京馆

05634

基督教与民生主义　沈嗣庄著

上海：博物院路二十号文社，36 页，32 开（布道笺 3）

收藏单位：山东馆

05635

基督教与农村改造　梅贻宝著

上海：青年协会书局，1935，78 页，60 开（基督教与中国改造丛刊第 7 种）

本书共 6 章，内容包括：农村改造的意义、农村问题的分析、农村改造的途径、农村改造的阵容、农村改造的宗教性等。

收藏单位：重庆馆、南京馆

05636

基督教与农村生活　（美）党美瑞（Marie Adams）编　潘玉梅译

上海：广学会，1935，28 页，32 开（青年灵修会小丛书 5）

本书共 3 段：农村、建设新的农村世界、农村方面的基督。

收藏单位：北大馆、重庆馆、近代史所

05637

基督教与社会改造　吴雷川著

外文题名：Christianity and social reconstruction

上海：青年协会书局，1934.11，36 页，36 开（基督徒作者团契丛刊 1）

收藏单位：广东馆、国家馆、南京馆

05638

基督教与新青年　陈文渊著

上海：青年协会书局，1936，23 页，50 开（宗教问题小丛书 16）

收藏单位：国家馆、南京馆

05639

基督教与中国文化　吴雷川著

外文题名：Christianity and Chinese culture

上海：青年协会书局，1936.9，11+300 页，22 开（青年丛书 37）

上海：青年协会书局，1940.4，再版，300 页，22 开（青年丛书 37）

本书共 10 章：引论、耶稣事略、耶稣训言纲要、耶稣为基督、基督教在世界历史上的价值、基督教与中国的关系、中国文化已往的检讨上（学术思想之部）、中国文化已往的检讨下（政治社会之部）、中国文化未来的展望、基督教更新与中国民族复兴。

收藏单位：重庆馆、东北师大馆、贵州馆、国家馆、近代史所、南京馆、上海馆、首都馆、浙江馆

05640

基督教与中国文化　徐宝谦著

上海：青年协会书局，1934，51 页，32 开（基督教与中国改造丛刊第 2 种）

本书为《基督教与中国改造》中的一章。内容包括：我为什么研究这个问题；我从前怎样看这个问题；两者的中心信仰的态度，到底有无冲突等。

收藏单位：南京馆

05641

基督教与中国文化　赵紫宸著

成都：基督教联合出版社，1946，27 页，32 开

收藏单位：南京馆

05642

基督教与宗教　（德）加伯林（A. C. Gaebelein）著　魏光熹　倪怀祖译

外文题名：Christianity or religion？

上海：福音书局，246 页，32 开

上海：福音书局，1935，再版，248 页，36 开

本书共 5 章：宗教、宗教的普遍、宗教的起始与发展、圣经眼光中宗教的出生与长成、基督教。

收藏单位：北师大馆、重庆馆、东北师大馆、广东馆、国家馆、南京馆、人大馆、山东馆、上海馆、天津馆、浙江馆

05643

基督伦理标准　（英）James Stalker 著　（加）季理斐（Donald MacGillivray）译

外文题名：The ethical teaching of Jesus

上海：广学会，1911，106 页，22 开

上海：广学会，1920，2 版，106 页，22 开

上海：广学会，1929，3 版，128 页，32 开

本书除总论外，分为 3 段 15 章，内容包括：论福音与真福、论上帝的国、论义、论人不能止于至善必受大祸、论罪、论悔改、论

相信等。

收藏单位：重庆馆、山东馆

05644

基督徒对于国际政治破产的建议　温曜译
出版者不详，[1940—1949]，19 页，25 开，环简页装

本书共 5 章：绪言、基督徒对于现世政治权力的分析、基督徒对于国际意识的实施初步、教会的策略、结论。

收藏单位：国家馆

05645

基督徒与战争　曾宝荪著
上海：青年协会书局，1935.2，27 页，64 开

收藏单位：南京馆

05646

基督与共产主义　（美）龚斯德（Eli Stanley Jones）著　许无愁译述
外文题名：Christ's alternative to communism
上海：广学会，1937，399 页，32 开，精装
上海：广学会，1940，再版，398 页，32 开

本书共 11 章，内容包括：对于经济权被剥夺者的福音、对于社会与政治地位被剥夺者的福音、对于残废病人的福音等。

收藏单位：重庆馆、桂林馆、国家馆、人大馆

05647

基督与社会　俞思嗣译著
浙江：中华圣公会书籍委办，1931，168 页，22 开

本书共 5 部分：耶稣的教训；初期教育；中世纪教育；学术，宗教，工业革命；实行方法。书前有序和导言。

收藏单位：山东馆

05648

基督与社会改造　（英）霍德进（H. T. Hodgkin）著　曾约农译
外文题名：Reconstruction according to Jesus Christ

成都：基督教联合出版社，1942.4，4 版，162 页，32 开

本书共 10 周内容：耶稣所悬之标准、社会之现状及其标准、自由与同情、公义与仁爱、进取心与服务心、目的与方法、创造性之仁爱——个人方面、创造性之仁爱——与群众之工作、实行之初步、青年之储能与效实。

收藏单位：国家馆

05649

基督与社会改造　（英）霍德进（H. T. Hodgkin）著　曾约农译
外文题名：Reconstruction according to Jesus Christ
上海：青年协会书报部，1923.11，198 页，42 开
上海：青年协会书局，1925.4，再版，198 页，42 开，精装
上海：青年协会书局，1934.7，再版，198 页，42 开，精装

收藏单位：国家馆、南京馆、农大馆、浙江馆

05650

基督与社会秩序　（英）葛罗（W. M. Clow）著　聂绍经译
外文题名：Christ in the social order
上海：广学会，1925，54 页，32 开

收藏单位：国家馆

05651

基督证道论　（英）罗赛生（Canon Robinson）著　A. P. Parker 译
上海：广学会，1912，94 页，22 开

本书共 14 章，内容包括：基督品德为真道之极证、基督品德能否与神学分论、基督舍身与其预知之关系等。

收藏单位：山东馆

05652

基督之十字架　（英）苏道味（Arthur Sowerby）著　刘家麟译
外文题名：The cross of Christ

上海：广学会，1917，92+102 页，25 开

本书分上、下 2 卷，叙述基督受难及有关的事。上卷有论耶稣预知在已将受之苦以及何等之难、论上帝允纳基督献己为牺牲等 7 章；下卷有论使徒剖解十字架之道、论圣彼得如何论及十字架之道等 5 章。

收藏单位：国家馆

05653

兼爱博爱辩　郭敬源著

外文题名：The Christian and mihist conceptions of love

北京：出版者不详，1911，18 页，22 开

收藏单位：国家馆

05654

教会证道与非基督教信仰及文化　陈文渊译述

上海：中华全国基督教协进会，1939，18 页，32 开（玛德拉斯大会文献丛刊7）

本书为马德拉斯大会第五组报告书。论述对基督教信仰及文化的认识。

收藏单位：广东馆、国家馆

05655

就基督的指南针　Rev. R. Pogue 著

外文题名：The child's guide to Christ and the Lord's Supper

上海：福幼报馆，1922，70 页，64 开

本书共 6 章：什么是朋友、谁是我们的救主、友情坚固、承认基督、友情的纪念、圣餐。

收藏单位：重庆馆

05656

伦理答疑　徐宗泽编著

上海：圣教杂志社，1939.6，248 页，32 开

本书为上海徐汇女中圣教要理讲义，以问答形式编写。全书分上、中、下 3 编。上编有：论人的行为、论良心、论法律、论罪、论德行；中编有：论天主十诫、圣教规戒、论政党及禁书刊物、论职位；下编有：论圣事、论大赦。书前有序。

收藏单位：国家馆、内蒙古馆、首都馆

05657

论无神的共产主义通牒　袁承斌译

北平：中华公教教育联合会，1937.6，82 页，32 开

本书内容包括：圣教会对于共产主义的态度、共产主义的学说和结果、圣教会光明的道理、挽救的良药与方法、圣教会办理社会事业的主持者和助手。

收藏单位：国家馆

05658

论无神的共产主义通牒撮要（No.Q2.）　比约十一（Pius PP. XI）[编著]

香港：公教真理学会，1938，19 页，32 开

收藏单位：国家馆

05659

罗运炎论道集　罗运炎著

外文题名：Selected Christian essays

上海：广学会，1931.9，270 页，32 开

收藏单位：上海馆

05660

罗运炎论道文选　罗运炎著

上海：广学会，1931.9，270 页，32 开

本书为关于基督教的论文、杂著合集。

收藏单位：国家馆

05661

辟基督抹杀论　（英）殷雅各著　聂绍经译述

上海：广学会，1925.12，86 页，22 开

本书共 17 章，内容包括：不可靠的证据、陈腐的证据、论断矛盾等。

收藏单位：山东馆

05662

评基督抹杀论　沈嗣庄等著

上海：青年协会、国学社，南京：神学志理事处，1925，110+38 页，32 开

本书收录了《发刊的所以然》（王治心）、《序论一》（范丽海）、《序论二》（沈嗣庄）、《我对于狸译基督抹杀论的批评》（张仕章）、《基督抹杀论书后》（彭长琳）等文章。附载

《基督可抹杀吗》(周博夫)、《论基督抹杀论后》(包小芳)。

收藏单位：国家馆

05663

人类的挑战者　青年会世界协会著　陈征帆译

上海：青年协会书报部，1929.12，92 页，32 开（世界青年研究基督丛书 3）

本书共 13 章，内容包括：伤心的疑问、光明如何耀临、雷霆之子、真理与生命、宗教的真假相等。

收藏单位：南京馆、山东馆

05664

人生基本问题的解答　（法）申自天（René Archen）著

外文题名：Questions fondamentales

天津：崇德堂，1938，108 页，32 开（公教丛书 1）

天津：崇德堂，1938，再版，107 页，32 开

天津：崇德堂，1949，再版，91 页（公教丛书 1）

本书以问答形式罗列了 289 个问题。共 4 章：论灵魂、论天主、论耶稣基多、论公教。

收藏单位：重庆馆、国家馆、南京馆、内蒙古馆、上海馆

05665

世人都是神的儿子　倪柝声编

上海：福音书房，1934，再版，37 页，36 开

本书讨论基督教的基本意义。

收藏单位：重庆馆、南京馆

05666

谈社会主义的请莫要乱来　张亦镜著

外文题名：The fallacies of socialism

上海：中华浸会印书局，1931.3，5 版，18 页，50 开

收藏单位：桂林馆

05667

天道问答　（英）李提摩太（Timothy Richard）著

中国基督圣教书会，14 页，32 开

本书通过问答形式探讨关于基督教对哲学和人生的理解。

收藏单位：山东馆

05668

味腴讲演集（第 1 集）　朱味腴著

上海：广学会，1923，再版，268 页，32 开

上海：广学会，1929.9，4 版，268 页，32 开

上海：广学会，1947，7 版，268 页，32 开

本书杂谈基督教。共 50 篇，内容包括：生命在道中、真理之自由、基督徒之天职与责任、天国在汝心、一个悔改得救的强盗等。本集一名：五十经义。

收藏单位：重庆馆、国家馆、绍兴馆、首都馆、浙江馆

05669

味腴讲演集（第 2 集）　朱味腴著

上海：广学会，1941，3 版，145 页，32 开

上海：广学会，1947，4 版，145 页，32 开

本书共 8 题，每题有 2—7 讲，将基督的至道旁引侧敲，阐明经纬。本集一名：葡萄园。

收藏单位：重庆馆、首都馆

05670

味腴讲演集（第 3 集）　朱味腴著

上海：广学会，1947，3 版，108 页，32 开

本集一名：八福篇。

收藏单位：重庆馆

05671

味腴讲演集（第 4 集）　朱味腴著

上海：广学会，1940，358 页，32 开

上海：广学会，1947，再版，358 页，32 开

本书为杂谈基督教，内容为说喻，对于耶稣所设之比喻均以生动之文字予以解说。内有快乐的教会、一夕话、拉撒路复活、过渡等 25 篇。本集一名：淼音。

收藏单位：重庆馆、广东馆、绍兴馆、首都馆

05672

味腴讲演集（第5集） 朱味腴著

上海：广学会，1940，396页，32开

上海：广学会，1947.10，再版，396页，32开

　　本集内分上、下两卷。上卷名《撒种》，共70篇，内容包括讲耶稣、耶稣救我、自由与平安、信行合一、心满意足、极大的问题等；下卷名《观果知树》，共9篇，内容包括节制、温柔、信实、良善、恩慈等。

　　收藏单位：重庆馆、首都馆

05673

我们的经济生活 （美）巴纯士著　徐虹矶译

香港：公教真理学会，1947，32页，36开

　　本书论述天主与经济生活的关系。内容包括：引言、经济的程序、结果、社会上的改造。

　　收藏单位：国家馆、湖南馆、吉林馆、南京馆、天津馆

05674

诬教雪 张亦镜著

外文题名：Does Christianity lead to the disintegration of a nation?

上海：中华浸会印书局，1932.11，4版，46页，50开

　　收藏单位：桂林馆

05675

现代基督教思想与中国文化 胡贻毂编辑

青年协会书报部，1925.6，72页，32开（中国文化与基督教丛书1）

　　本书共3篇：基督教新思潮与中国民族根本思想、基督教与中国文化、中国文化与基督教的关系。

　　收藏单位：南京馆

05676

现代思想中的基督教 胡贻毂编辑

上海：青年协会书局，1925.1，40页，32开（基督教义小丛书1）

上海：青年协会书局，1926，3版，40页，32开（基督教与现代问题小丛书1）

　　本书共4篇：基督教与耶稣基督、东方的基督教、耶稣基督能改造世界么、耶稣圣诞与非基督教运动。

　　收藏单位：山东馆、首都馆

05677

现代问题的解答（甲组） 现代问题研究社编辑部 [编]

现代问题研究社编辑部，1册，22开

　　本书内容包括：我们需要整个的真理、科学与科学精神、思想与脑、良心与道德、我是什么等。

　　收藏单位：国家馆、南京馆

05678

效法基督 肯比斯（Thomas. A. Kempis） 黄培永译

外文题名：Imitation of Christ

重庆：布道杂志社，1947，300页，32开

重庆：布道杂志社，1948，310页，32开

　　本书共4卷：培灵之道、论内心生活、论内心的安慰、论圣餐。

　　收藏单位：重庆馆、广东馆、桂林馆、南京馆

05679

耶墨辨 张亦镜著

外文题名：A study and comparison of Jesus and ancient China's communist Maktek

上海：中华浸会书局，1931.3，6版，26页，64开

　　收藏单位：桂林馆

05680

耶儒辨 张亦镜著

外文题名：A study and comparison of Christ and Coufucius

上海：中华浸会书局，1931.3，6版，30页，64开

　　收藏单位：桂林馆

05681

耶稣将再来 （美）郎登（W. C. Longden）译 凌旭东　杨筱青笔述 （英）鲍康宁（Frederick

William Baller）校阅
外文题名：Jesus is coming
上海：美华书馆，1911，100 叶，32 开

　　本书共 22 篇，内容包括：论耶稣将再来、论直解字意、论主再来不是指着人的死说、论三等显现、论千太平年之时等。

　　收藏单位：首都馆

05682

以色列的七定节期　（加）翟辅民（Robert Alexander Jaffray）著
梧州：宣道书局，1919，26 页，32 开

　　收藏单位：广西馆

05683

异端辨　（德）叶道胜（Immanuel Genahr）译
麦梅生述
上海：广学会，1912，18+18+20 页，22 开

　　本书分上、中、下 3 卷，简述对基督教持不同意见的探讨与研究。

　　收藏单位：国家馆、山东馆

05684

原始基督教对战争的态度　（英）贾渡庶（C. J. Cadoux）著　童克圣译
外文题名：The early Christian attitude to war
上海：广学会，1937.6，73 页，32 开

　　本书共 3 章：耶稣对于战争的教训、初期基督教并不赞成战争、拒绝参加战争的原始基督徒。

　　收藏单位：国家馆

05685

怎样引人信主　陈崇桂著
外文题名：How to lead men to Christ
汉口：中华基督圣教书会，1936，3 版，99 页，32 开

　　本书叙述作者怎样引人信教的体会，与那些愿做此事的教友们互相勉励互相切磋。

　　收藏单位：重庆馆

05686

战争之替代

外文题名：The Christian equivalent of war
上海：中华基督教青年会全国协会书报部，[1917]，48 页，32 开

　　本书阐述了基督教的战争观。共 8 章：论战争之恶果、论迫力适当之功用、论战争何利于道德、论战争何关于宗教、论战争问题何以欲取决于耶稣、论耶稣对于个人战争替代之主张、论耶稣对于社会战争替代之主张、论耶稣对于国际战争替代之主张。

　　收藏单位：国家馆

05687

兆启王临　（美）科特雷尔（R. F. Cottrell）著
外文题名：Heralds of the King
上海：时兆报馆，1919.7，238 页，25 开，精装
上海：时兆报馆，1920.1，[再版]，213 页，25 开，精装
上海：时兆报馆，1921，再版，213 页，25 开，精装
上海：时兆报馆，1921，3 版，213 页，25 开，精装
上海：时兆报馆，1924，4 版，213 页，25 开，精装

　　本书以现代科学的发达情况、国际形势以及各种异兆的产生，论证末日审判必将降临。共 19 章，内容包括：知识加增发明日多、旅行与交通之便利、近百年医学之进步、亚西亚之奋兴、古时预言应验不爽、西方之四大国等。

　　收藏单位：重庆馆、广东馆、国家馆、江西馆、上海馆、首都馆、天津馆、浙江馆

05688

真光丛刊　张亦镜编
上海：中华浸会书局，1928.3，[1000] 页，32 开，精装

　　本书收有关基督教的短文。内容包括：说经文、辩道文、通论、关于宗教之考据文字、答问等。

　　收藏单位：河南馆、吉林馆、近代史所

05689

正教宜别

广州：美华浸信会印书局，[1910—1919]，刻本，6 叶，25 开，环筒页装

收藏单位：国家馆

05690

仲如先生弘道书 张纯一著

出版者不详，[1921]，[442] 页，20 开

本书为论文集。共 5 部分：基督教外篇、基督教内篇、谈道书、讲演集、专著。书前有张之江序。

收藏单位：国家馆、河南馆、辽大馆

05691

自由是什么 （美）来逢宁（Loofty Levonian）著 黄淑芬译

上海：广学会，1941，15 页，64 开（胡德勃罗克宗教及道德丛刊 16）

本书内容包括：自由与人类的本性、自由的误解、人类还有道德上的本性、历史所遗留的教训等。

收藏单位：重庆馆

05692

宗教辨惑说之辨惑 张士泉著

上海：土山湾印书馆，1926，162 页，32 开

上海：土山湾印书馆，1933，191 页，32 开（光启杂录）

本书是作者对聂其杰《宗教辨惑说》（1924 年再版）一书的驳论。共 7 章：缘起、宗教之目的、天道之意义、儒家求仁之方法、耶教离人事以言天道之误、因果感应说与救主赎罪及最高权赏罚说、结论。附《儒家畏天命与耶教祷谢上帝辨》。

收藏单位：国家馆

05693

最近反基督教运动的纪评 张亦镜编辑

广州：美华浸会印书局，1925.3，112 页，25 开

本书内收：《如是我闻之非基督教周的反基督教运动》（亦镜）、《论反基督教运动》（秋霖）、《文化侵略辩》（招观海）等。

收藏单位：上海馆

基督教史

05694

埃及方济各女修会会祖 白德美纪念出版社编译

澳门：白德美纪念出版社，1949.1，再版，32 页，50 开（灵修小丛书 61）

本书为玛利亚·加大利纳·罗沙姆小传。

收藏单位：国家馆、内蒙古馆

05695

艾迪博士演讲录 艾迪著

天津：基督教青年会，1931，28 页

收藏单位：近代史所

05696

艾迪博士自述（原名，思想的探险）（美）艾迪（Sherwood Eddy）著 沈秋宾译 应远涛校阅

外文题名：A pilgrimage of ideas; or, the re-education of Sherwood Eddy

上海：青年协会书局，1948.10，再版，291 页，32 开（青年丛书 34）

本书为作者自述生活经历和思想。

收藏单位：上海馆

05697

艾迪集 谢颂羔编著

上海：广学会，1935.1，126 页，32 开

上海：广学会，1935.10，再版，126 页，32 开

本书介绍美国基督教传教士艾迪博士在中国的活动。

收藏单位：山东馆、上海馆

05698

爱德小天使（顾达和·玛利亚·普鲁尼小传） 杨塞译

澳门：白德美纪念出版社，1946.7，30 页，50 开（灵修小丛书 36）

澳门：白德美纪念出版社，1948.6，再版，32 页，50 开（灵修小丛书 36）

本书共 22 篇，内容包括：最初的孺慕、

降幅、无上的愉快、问候天主的司铎、古怪的讨厌心理、若我死了，我立刻到天堂去享见耶稣、最初的胜利、在路上等。书前有小序。

收藏单位：国家馆、南京馆

05699

爱的科学　吴经熊著　宋超群译

外文题名：The science of love

北平：上智编译馆，1947，[14+96] 页，50 开

本书是对圣女德肋撒言行研究。共 12 章，内容包括：宗教与科学之关系，圣哲对于天主之观感、笃爱出于天赋等。书前有写在前面、译者的话等。封内题书名为：（英汉对照）爱的科学——里修德肋撒言行的研究。

收藏单位：国家馆

05700

安老会会祖若翰娜余康传　王昌社编译

香港：真理学会，1939.12，67 页，32 开

本书为安老会创始人法国修女若翰娜·余康的生平事迹以及安老会的发展。

收藏单位：国家馆

05701

安女士路伊斯小传　李冠芳译

外文题名：One girl's influence

上海：广学会，1918，32 页，22 开

收藏单位：国家馆、首都馆

05702

暗中之光　矼启荣编

上海：广学会，1934.2，29 页，32 开

收藏单位：南京馆

05703

八大圣师传略合编　陈泗芬编译

上海：土山湾印书馆，1925，44 页，32 开

本书内容包括热罗尼莫、奥斯定、益博罗削等 8 人行实。书前有序、弁言、凡例。

收藏单位：国家馆、内蒙古馆

05704

巴勒斯坦景象

上海：福音书房，[1911—1945]，32 页，32 开

本书为巴勒斯坦巡礼记，并追述耶稣在耶路撒冷的行迹。共 8 章，内容包括：约旦河、加利利海等。

收藏单位：国家馆

05705

白话有像圣女小德肋撒言行录

香港：纳匝肋静院，1937 重印，40 页，32 开

本书为德肋撒小传，共 5 章。增补：圣女死后圣迹、列入可敬品、列入真福品。

收藏单位：国家馆

05706

百年树人　广州基督教青年会编

[广州]：广州基督教青年会，1932.10，6 页，32 开

本书介绍广州青年会状况，筹建河南分会的预算及募捐办法。

收藏单位：国家馆

05707

半年来全国青年会军人服务工作概述　中华基督教青年会全国协会编

上海：中华基督教青年会全国协会，1938.4，21 页，32 开

本书内容包括：缘起及组织、工作的方式、服务的地点、事工进展之经过、各地青年会之战时工作、重加调整后之军人服务等。

收藏单位：国家馆

05708

半生之回顾

外文题名：My life decisions

出版者不详，1918，60 页，25 开

本书是基督徒浦化人自述，共 10 章，叙述其家庭、求学职业等方面的经历。书前有著者序。

收藏单位：国家馆、首都馆

05709

半生之回顾（增订）　浦化人撰著

上海：青年协会书报部，1921.6，再版，[72] 页，

32 开

05710

保罗的灵修生活 （英）麦希圣（G. Matheson）
著 （加）季理斐（Donald MacGillivray） 谢
颂羔译述
外文题名：The spiritual development of St. Paul
上海：广学会，1927.1，84 页，32 开
上海：广学会，1939.9，再版，84 页，32 开
　　本书介绍圣保罗的灵修、传道及生平，共
14 章。书前有季理斐序及谢颂羔再版小言。
　　　收藏单位：重庆馆

05711

保罗的人格 （美）约弗逊（Charles E. Jefferson）
著 谢颂羔 米星如译述
上海：广学会，1937.8，335 页，32 开
　　　收藏单位：重庆馆、广东馆、人大馆、首
都馆

05712

保罗的人格 （美）约弗逊（Charles E. Jefferson）
著 谢颂羔 米星如译
外文题名：The character of Paul
上海：协和书局，1926，165 页，25 开
　　本书介绍保罗的生平。共 26 章，内容包
括：保罗这个人、不可知的事、他的限量、他
的诚实等章节。
　　　收藏单位：山东馆

05713

保罗传大纲 诚质怡编著
上海：广学会，1939.6，89 页，32 开
上海：广学会，1940.5，再版，80 页，32 开
　　本书为教会的教学大纲，第一级义工教
材第 5 册。每章分引论、圣经记载、问题讨
论和参考书。包含序、正文 12 章（保罗的来
历、悔改、第一次游行布道等）。书后附参考
书和使徒行传地图。
　　　收藏单位：国家馆、南京馆、山东馆

05714

保罗传之研究 （美）顾德迈（Fred S. Goodman）

著 胡贻穀译
外文题名：Life and letters of Paul
上海：中华基督教青年会组合，1914.8，再版，
[62] 页，32 开
　　本书共 3 卷：大数之保罗、保罗为宣教
师、保罗为教师与殉道者。每卷下又分若干
课。书前有用本书时参考书目等。书后附保
罗之改心、保罗年谱、保罗书札分类表。
　　　收藏单位：国家馆、山东馆

05715

北京各大学天主教同学会特刊 北平市各大
学天主教同学会编
[北平]：北平市各大学天主教同学会，1948，
46 页，16 开
　　本书内容包括：论坛、会务、新诗、各分
会概况、生活指导、文艺会员名单等。

05716

北京史家胡同基督徒会堂建堂报告
出版者不详，[1937]，32 页，32 开
　　本书内容包括建堂经过和建堂收支报告
两部分。
　　　收藏单位：国家馆

05717

北京天使修院现行规则
[北京]：出版者不详，16 页，32 开
　　本书内容包括：北京天使修院之沿革史、
教导实施纲要、日行常规。
　　　收藏单位：国家馆

05718

北京中华基督教会十周大事记 [孟省吾] 编
[北平]：[中华基督教会]，1930.1，121 页，16
开
　　本书为北京中华基督教会成立十余年纪
事。书前有潘维周等人的序 5 篇及弁言。
　　　收藏单位：国家馆

05719

北平基督教女青年会三十周年纪念刊
[北平]：[基督教女青年会]，1946.10，43 页，

16 开

本书内含该会三十周年纪念发刊感言、三十年的经过、三十周年庆祝会志盛等。

收藏单位：国家馆

05720

北平基督教女青年会社会服务工作报告书（中英合璧） 北平女青年会社会服务部编

北平：北平女青年会社会服务部，1936.5，1册，32 开，环筒页装

本书内容包括该会委员长、委员、干事、教员等名单及各项社会服务工作介绍等。

收藏单位：国家馆

05721

比利时玉簪 杨塞译

澳门等：慈幼印书馆，1948.10，31 页，50 开（灵修小丛书 58）

本书为比利时人圣若望·伯尔格满小传。

收藏单位：国家馆

05722

毕嘉尔贞女小史 雷甦尔（Paul Lesourd）著 冯奎璋译

北京：公教教育联合会，132 页，36 开

本书为圣伯铎善会创始人法国人若翰纳·毕嘉尔小传。共 7 部分。书前有序、前言、本籍神职与传教。

收藏单位：国家馆、首都馆

05723

庇护第十 A. de Cigala 著　龚石译

上海：土山湾印书馆，1936.11，270 页，32 开

本书为罗马教皇庇护十世（Pius Ⅹ）的传记。庇护十世 1903—1914 在位。

收藏单位：国家馆、内蒙古馆、首都馆

05724

庇护十二世的生活 黎正甫著

外文题名：The life of Pius Ⅻ

香港：真理学会，1949.3，161+15 页，32 开（世界名人传记）

本书分 34 章，介绍罗马教皇的事迹。书

前有著者自序。书后附译名对照备检。

收藏单位：重庆馆、广西馆、国家馆、湖南馆、江西馆、南京馆、内蒙古馆、上海馆、西交大馆、浙江馆

05725

并蒂红葩 南望耀著

澳门：慈幼印书馆，1949.4，29 页，50 开（灵修小丛书 64）

本书为圣女芙花和玛利亚童贞殉教小传。

收藏单位：国家馆

05726

病者之慰（圣若望号天主者小传） 钟协译

澳门：慈幼印书馆，1946.7，29 页，50 开（灵修小丛书 30）

澳门：慈幼印书馆，1948.6，再版，28 页，50 开（灵修小丛书 30）

本书为圣若望号天主者小传，内容包括：蹈火、疯子——圣人、若望、致命的焦渴、渡海、神秘的声音、圣宠的威力等。书前附灵修小丛书。书后附圣若望号天主者瞻礼之弥撒经文。

收藏单位：国家馆

05727

波兰玉蕴 傅玉棠编著

澳门：慈幼印书馆，1947.7，31 页，50 开（灵修小丛书 39）

本书为波兰人圣达尼老·各斯加小传。

收藏单位：国家馆

05728

驳无神之演说 张亦镜著

外文题名：There is no god

上海：中华浸会书局，1931.2，8 版，27 页，64 开

本书为作者对《神道与道德有无关系》的辩驳。

收藏单位：桂林馆

05729

查麦士传 单英民编译

外文题名：Janes Chalmers

上海：广学会，1941.9，194 页，32 开

　　本书为英国传教士查默斯传。以 Levett Richard 所著《查麦士自传与书函》（ *James Chalmers: His Autobiography and Letters* ）为蓝本，参照查默斯所著《新几内亚之先锋工作》（ *Pioneering in New Guinea* ）和《新几内亚之工作与冒险》（ *Work and Adventure in New Guinea* ）两书编译而成。主要介绍查默斯在新几内亚传教的情况。共 12 章。

　　收藏单位：广东馆、国家馆、湖南馆、华东师大馆、南京馆、上海馆

05730

长生路志（官话）　时兆报馆编

上海：时兆报馆，1922，116 页，32 开

上海：时兆报馆，1926，116 页，25 开

　　本书讲述耶稣的故事。共 24 篇，内容包括：创造天地之记载、基督之复活、基督再来等。

　　收藏单位：重庆馆、浙江馆

05731

长生路志（文理）　时兆报馆编

上海：时兆报馆，1925，95 页，32 开

　　收藏单位：重庆馆

05732

朝鲜景教史料钞　魏建功著

出版者不详，[1930]，28 页，18 开

　　本书记述朝鲜国王捕杀基督圣徒、禁行圣教以及朝鲜学人殉教的史实。本篇钞后记曾载《骆驼草》第 5 期。全书载于《女师大学术季刊》第 3 期。

　　收藏单位：国家馆

05733

彻尔图会会祖　杨塞译

澳门等：慈幼印书馆，1948.11，31 页，50 开（灵修小丛书 59）

　　本书为加尔都西会（Carthusian Order）的创始人、意大利人圣布鲁诺（St.Bruno）传。

　　收藏单位：国家馆

05734

陈相兄弟辩　张亦镜著

外文题名：Are christians betrayers of their country's welfare

上海：中华浸会书局，1931.2，4 版，40 页，50 开

　　收藏单位：桂林馆

05735

成人工作用书　中华基督教宗教教育促进会编

上海：中华基督教宗教教育促进会，1939.7，5 版，增订版，37 页，25 开（宗教教育书目 3）

　　本书所收书目分为：宗教课本与补充材料、基督化家庭教育用书及义工训练。每一书目包括：书名、编、著、译者、出版年、页数、定价及内容提要。

　　收藏单位：国家馆、山东馆

05736

炽爱的天使（张若瑟修士小传）　大同神学总修院编

北京：西什库天主堂遣使会印字馆，1942.5 印，166 页，32 开

　　本书为中国天主教修士张若瑟修士小传。共 4 章。

　　收藏单位：国家馆

05737

重庆市基督教男女青年会服务学生委员会三年来工作报告　重庆市基督教男女青年会服务学生委员会编

重庆：重庆市基督教男女青年会服务学生委员会，1941，石印本，19 页，16 开，环筒叶装

　　本书内容包括：为学生服务工作进一言、工作概况、表格报告、战时生活一页等。

　　收藏单位：重庆馆

05738

重庆市青年会第五届征友会纪念册　重庆市青年会编

重庆：重庆市青年会，1934，34 页，32 开

　　本书内有智育部工作记录、青年会第五

届征友大会简章、征友会各队队长队员题名、青年会工作方针等。

收藏单位：国家馆

05739

重庆市中华基督教青年会二十周年纪念册

重庆中华基督教青年会编

重庆：中华基督教青年会，1941，96 页，32 开

本书内容包括：本会大事记、本会现任同工一览表、本会章程等。

收藏单位：重庆馆、国家馆、南京馆、上海馆

05740

重庆市中华基督教青年会十周年纪念专册

重庆中华基督教青年会编

重庆：中华基督教青年会，1931，68 页，16 开

本书共 28 章，记录了重庆市中华基督教青年会十年大事件。内容包括：重庆青年会十年之历程、德育部工作概述、智育部十年来事工之一瞥、体育部事工之回顾、重庆青年会职工部小史及现况、少年部的创始和发展的希望、群育工作的一斑等。书前有孔祥熙等人的题字及张之江、卢作孚、毛宅三序。

收藏单位：国家馆、近代史所

05741

仇敌 （美）卢述福（Joseph F. Rutherford）著

上海：万国圣经研究会，354 页，32 开，精装

本书根据圣经，讲基督耶稣的故事。

收藏单位：重庆馆、辽大馆、上海馆

05742

初级新史略 苏冠明编著

澳门：慈幼印书馆，1942.4，42 页，32 开（公教史地丛书 2）

澳门：慈幼印书馆，1946.10，5 版，42 页，32 开（公教史地丛书 2）

本书共 42 篇，内容包括：若翰诞生的报告、圣母领报、圣母往见圣妇依撒伯尔、耶稣圣诞、圣母献耶稣于主堂、三王来朝等。书前有 3 版序、写在 5 版之前。

收藏单位：国家馆、南京馆、上海馆

05743

初期的教会 （美）党美瑞（Marie Adams）著

上海：青年协会书局，1948.4，98 页，32 开（中华主日学丛书）（青年丛书第 2 集 32）

本书为基督教教会中学圣经课程读本，介绍教会的产生、传播及扫罗、保罗传道等。

收藏单位：南京馆

05744

初期教会中的妇女 （加）薄玉珍（Margaret H. Brown）编　洪超群译

外文题名：Women of the early church

上海：广学会，1940，69 页，32 开

本书摘录圣经中有关初期教会中妇女的记述。

收藏单位：辽宁馆、上海馆

05745

传布福音于麻疯病人的戴勉司铎小传 （比）Teresa Lloyd 著　邢敦本译

香港：公教真理会，23 页，32 开

本书为 19 世纪比利时天主教神父戴勉传记。封面题：戴勉神父小传。

收藏单位：国家馆、南京馆

05746

传道记 张巴拿巴著

上海：真耶稣教会总部，1929.10，136 页，32 开

上海：真耶稣教会总部，1934.7，再版，136 页，32 开

本书是作者自述多年来在各地传布耶稣福音的经历，共 24 章。书前有曹灵谷等人的序 3 篇。

收藏单位：国家馆、南京馆

05747

传福音的保罗 北美国外布道协会等编

中华全国基督教协进会，64 页，32 开（神子福音丛书第 2 集）

中华全国基督教协进会，手写影印本，64 页，

22 开（神子福音丛书 第 2 集）

本书内容包括半年查经日课及其解说等。

收藏单位：上海馆

05748

传教花絮 傅玉棠译述

澳门：慈幼印书馆，1946.10，76 页，50 开（公教小读物丛刊 10）

本书记述在中国、美国、印度等教区内，传教士的生活状况。

收藏单位：国家馆、南京馆

05749

传信会创始者苞丽纳雅立格女士小史 （法）腊挂述意 张秀材撰文

天津：崇德堂，1941.1，298 页，32 开

本书为法国天主教徒苞丽纳·雅立格（一译宝里纳·玛丽亚·雅立格）传记。

收藏单位：国家馆、南京馆、首都馆、中科图

05750

传信会女会祖 中玉译

澳门等：慈幼印书馆，1948.5，32 页，50 开（灵修小丛书 53）

本书为传信会创始人宝里纳·玛利亚·雅里各小传。

收藏单位：国家馆

05751

创造教会的伟人 林仰山（F. S. Draks）著 张云岩译

上海：广学会，1947，3 版，59 页，32 开

本书是圣保罗、奥利金、奥古斯丁、法兰西斯、马丁路德、约翰本仁、约翰卫斯理、马礼逊等人之传略，可作为义工人员的初级课本。

收藏单位：重庆馆、南京馆

05752

慈母心 岳道译述

澳门：白德美纪念出版社，1946，71 页，50 开（公教小读物丛刊 5）

澳门：白德美纪念出版社，1947.4，再版，54 页，50 开（公教小读物丛刊 5）

本书为圣母行传。内含 18 篇短文，颂扬圣母对人类，特别是对信友的爱和仁慈。

收藏单位：广西馆、国家馆

05753

慈善弟兄会的创立者伯多禄·弗利道芬 F. Conrath 著 满恩礼译

兖州：保禄印书馆，1940.12，74 页，32 开

本书叙述慈善弟兄会创始人伯多禄·弗利道芬的事迹。书前有译者写在前面。

收藏单位：国家馆

05754

慈幼会史略 何慕人译

澳门：白德美纪念出版社，1946.7，40 页，50 开（灵修小丛书 32）

澳门：白德美纪念出版社，1948.6，再版，32 页，50 开（灵修小丛书 32）

本书介绍鲍斯高（J. Bosco）以及他创建的慈幼会。

收藏单位：国家馆、内蒙古馆

05755

从中国文化说到基督教 赵紫宸著

外文题名：The christian faith against China's cultural background

上海：广学会，1946.12，26 页，36 开

本书论中国文化与基督教信仰，说明二者的矛盾与调和，对于教内外读者有特殊的贡献。

收藏单位：重庆馆、南京馆

05756

大道流行（古代教会史） （英）贾立言（A. J. Garnier）著 朱巧贞译

外文题名：Early church history

上海：广学会，1948，189 页，32 开

本书为自公元 98—1216 年的古代基督教教会史。

收藏单位：宁夏馆、浙江馆

05757

代祷录

出版者不详，1 册，42 开，精装

　　收藏单位：上海馆

05758

戴德生的生平　明灯杂志社编

上海：广学会，1939.8，42 页，36 开

　　本书共 4 章：上帝的能力、在英伦行医、向中国出发、中国内地会的创始。

　　收藏单位：山东馆

05759

戴公行述　（英）鲍康宁（F. W. Baller）著

外文题名：Life of Hudson Taylor

上海、汉口：中国基督圣教书会，152 页，32 开

　　本书共 19 章，内容包括：祷告有能、蒙召遂事奉上帝、预备侍奉主、上帝又准祷告、在伦敦居住等。

　　收藏单位：山东馆、上海馆、绍兴馆

05760

戴氏遗范　（英）鲍康宁（F. W. Baller）译述

外文题名：Life of Hudson Taylor

汉口：中国基督圣教书会，164 页，32 开

　　本书为新教内地会创始人戴德生（James Hudson Taylor）传。

　　收藏单位：绍兴馆、浙江馆

05761

道源一勺　张亦镜著

上海：中华浸会书局，1930.10，48 页，32 开

　　本书是作者于 1916 年编写的《神学管窥》一书的修改本，内容包括：巴米两雄主感神迹证道、亚伯拉罕轶事、以色列国先知以利亚之大奇迹、基督教之概要。书前有著者弁言。

　　收藏单位：国家馆、南京馆

05762

德行谱　巴多明（Dominicus Parrenin）译

上海：土山湾印书馆，1931，3 版，54 页，32 开

　　本书为圣达尼老·各斯加本传。共 4 卷：首叙圣达尼老各斯加初生及从游之始末、次述圣人进会肄业及殁后列入圣品之始末、布言圣达尼老各斯加所显之圣迹、本传附纪叙圣人之兄保禄改过迁善之历略。书前有序、跋。

　　收藏单位：国家馆

05763

登帝位的奴隶

上海：慈幼印书馆，1949.2，5 册，横 64 开（虹采丛书）

　　本书内容为圣若瑟（约瑟，雅各和结拉之子）的生平。

　　收藏单位：国家馆

05764

迪嘉兰　（德）F. R. 女士著　丁山译

澳门：白德美纪念出版社，1947.5，再版，80 页，50 开（公教小读物丛刊 7）

　　本书为希腊圣女迪嘉兰殉教小史。

　　收藏单位：国家馆

05765

第二次征求会员会特号　苏州基督教青年会编

苏州：苏州基督教青年会，1922，54 页，32 开

　　本书收有该会会员照片及该会简章、宗旨、概况等。

05766

第九届中华基督教青年会全国干事大会报告（基层建设与青年会干事）　中华基督教青年会全国干事联合会编

杭州：中华基督教青年会全国干事联合会，1947，[60] 页，32 开

　　本书内容包括：演讲录、各组建议案、灵修摘要、大会日记等。

　　收藏单位：南京馆、山东馆、上海馆

05767

第十三期中国基督教会年鉴附编　中华全国

基督教协进会编

[上海]：[中华全国基督教协进会]，[1937]，23 页，18 开

　　本书内容包括：抗罗宗（即新教）教会发展之统计、高等教育之调查、神学院与圣经学校之教育、全国盲哑教育调查表等。

　　收藏单位：重庆馆、国家馆

05768

第四届年会报告　中华全国基督教协进会编

上海：中华全国基督教协进会，[1926]，184 页，18 开

　　本年会于 1926 年 10 月在上海召开。本书内容包括：本年会日程记要、年会记录、组织及议案、各项报告、法规、会员名录、各委员名表等。

　　收藏单位：国家馆

05769

第五届征友会纪念册　重庆市中华基督教青年会编

重庆：中华基督教青年会，[1934]，[32] 页，32 开

　　本书内容包括：智育部工作记录、青年会第五届征友大会简章、征友会各队队长队员提名、青年会工作方针等。

　　收藏单位：重庆馆

05770

第一次总会纪录　中华基督教会总会编

上海：中华基督教会总会，1927.10，59 页，22 开

　　本书记录本会的出席人员、演说主题、会议要案、出支状况等。

　　收藏单位：山东馆

05771

第一届杭州基督教学生联合夏令会会刊　杭联夏令会编辑组编

[杭州]：杭联夏令会编辑组，1947，49 页，32 开

　　本书内容包括：该会筹备经过、讲演摘要、会中生活散记等。

05772

典型母亲　（法）柯富礼（A. Auffray）著　范介萍译

外文题名：Mamma Mardarita Dosco

澳门：白德美纪念出版社，1948.11，92 页，50 开（公教小读物丛刊）

　　本书记述圣鲍斯高的母亲玛加利大·鲍斯高的生平。

　　收藏单位：广西馆、国家馆、湖南馆、吉林馆

05773

丁立美牧师纪念册　谢扶雅编

上海：广学会，1939，120 页，32 开

　　本书为丁立美（1871—1900）纪念册。分上、下编。上编介绍其生平事迹，下编为亲朋追念文。书前有丁牧师照片。

　　收藏单位：天津馆

05774

东北教会的昨日和明日（第 12 届年会文献）　李廷魁著

上海：中华全国基督教协进会，1941.5，39 页，32 开

上海：中华全国基督教协进会，1946，39 页，32 开

　　本书内容包括：沦陷期间的教会、教会在沦陷期中的得失等。

　　收藏单位：重庆馆、国家馆、上海馆

05775

东方教会史　罗金声（C. H. Plopper）著

上海：广学会，1941，324 页，25 开（金陵神学院丛书）

　　本书共 3 部：自毁像运动开始至罗马帝国灭亡、自康士坦丁堡沦陷以至近代之东方教会、东正教之复合运动。书前有绪论和著者序。

　　收藏单位：重庆馆、贵州馆、桂林馆、国家馆、首都馆、中科图

05776

东方救世军军歌（第 2 编）　欧阳弁元著

出版者不详，1912，20 页，32 开

东方救世军为基督教组织。

05777

东尼　林蕤译

香港：真理学会，1948，2册（26+29页），50开（民众读物小丛刊 17—18）

　　本书为天主教信徒东尼的故事。

　　收藏单位：国家馆

05778

董渡始胎会五十年大庆纪念（中、法、拉丁文合璧）　董渡始胎会编

[上海]：董渡始胎会，1920，80页，32开

　　本书内容包括：该会创始经过、规条、会友名录等。封面题名：圣母无原始罪始胎会上海董家渡五十周年纪念会友同登录。

05779

独修圣人行传　张维笃编

出版者不详，1936，61页，22开

　　本书为保禄、玛尔胡、喜拉恋人的小传。此书为拉丁文，有中文注释。

　　收藏单位：国家馆

05780

笃爱之科学　吴经熊著　陈香伯译

外文题名：The science of love

香港：真理学会，[1946.11]，55页，32开

　　本书为圣女德肋撒言行研究。共12章，内容包括：宗教与科学之关系、圣哲对于天主之观感、笃爱出于天赋等。书前有英文前言及译后感言。

　　收藏单位：国家馆、江西馆

05781

断头台慈父　杨塞译

澳门：慈幼印书馆，1947.10，32页，50开（灵修小丛书42）

　　本书为圣若瑟·贾发束小传。

　　收藏单位：国家馆

05782

对于乡村教会领袖的服务建议　齐鲁大学乡村服务社

济南：齐鲁大学乡村服务社，1940，8页，22开（乡村服务丛刊2）

　　本书共5课，内容包括：生计、卫生、家事等。

　　收藏单位：山东馆

05783

多玛会刊（汕头天主教圣多玛斯会六周年纪念）　汕头圣多玛斯会编

汕头：汕头圣多玛斯会，1935，80页，32开

　　本书内容包括阐扬天主教的纪念文章、宗教问题论文、文艺作品等。

05784

多明我沙维贺传　（意）鲍斯高（S. Joannes Bosco）著　陈伯康　苏冠明译

澳门：慈幼印书馆，1943.12，102页，32开（青年丛书）

　　本书为多明我·沙维贺传。

　　收藏单位：国家馆、上海馆

05785

儿童良友的教宗　何慕人译

澳门：慈幼印书馆，1947.7，再版，32页，50开（灵修小丛书26）

　　本书为庇护十世小传。

　　收藏单位：国家馆

05786

儿童夏令学道会（第1册）　甄开思著

中国基督教圣教会，1937，32页，32开

　　收藏单位：广东馆

05787

二百年来一致兄弟会大奋兴史　John Greenfield 著　马路加译

北平：新普送[发行者]，1938.6，150页，32开

　　本书为一致兄弟会的历史。共7章，内容包括：近代的五旬节、圣灵降临、圣灵的见证、复新我们的日子等。

　　收藏单位：国家馆

05788

二年的回忆　赵怀信著

北平：公教图书馆，1929，416 页，32 开

　　著者 1926 年去罗马接受教宗的祝圣。本书共 6 章，自述在罗马的见闻。

　　收藏单位：国家馆

05789

二十年回忆（1925—1945 年）　赵世光著

上海：灵粮刊社，1945，202 页，32 开

上海：灵粮刊社，1947.10，再版，202 页，32 开

　　本书为作者自述家世、笃信基督加入教会的经过及此后二十年中在南洋等地传教的经历。共 5 章。

　　收藏单位：重庆馆、东北师大馆、广西馆、国家馆、吉大馆、江西馆、近代史所、内蒙古馆、上海馆、绍兴馆、首都馆、天津馆

05790

法学之光　袁锦棠编著

澳门：慈幼印书馆，1947.7，32 页，50 开（灵修小丛书 38）

　　本书为真福康达度·斐里尼小传。

　　收藏单位：国家馆

05791

反对基督教　中华民国学生联合会总会执委会编

[中华民国学生联合会总会执委会]，[1925]，40 页，32 开

　　本书共 5 部分：反基督教运动的理由与必要、基督教在中国之势力及其罪恶、过去反基督教运动批评、五卅以后的反基督教运动、我们的战略。

　　收藏单位：国家馆、黑龙江馆、人大馆

05792

反对基督教　中央军事政治学校政治部宣传科编

[南京]：中央军事政治学校政治部宣传科，1927.3，106 页，32 开（黄埔小丛书 1）

　　本书内容包括：文化侵略的意义、反革命

的耶稣、我的基督教观、教徒与非教徒联合起来等。

　　收藏单位：南京馆

05793

反对基督教运动　中国青年社　非基督教同盟编辑

国光书店，1925，58 页，32 开

　　本书收文 5 篇：《反对基督教运动》（杨贤江、恽代英）、《传教与帝国主义》（李春蕃）、《基督教与中国》（梅电龙）、《近代的基督教》（蔡和森）、《耶稣是什么东西》（朱执信）等。

　　收藏单位：广东馆、广西馆、南京馆

05794

反对基督教运动　中国青年社　非基督教同盟编辑

上海：上海书店，1924.12，30 页，32 开

上海：上海书店，1925，再版，30 页，32 开

上海：上海书店，1925，3 版，30 页，32 开

　　收藏单位：重庆馆、国家馆、浙江馆

05795

梵天道讯　（英）马修（Basil Mathews）著　朱巧贞译

外文题名：The church takes root in India

上海：广学会，1940，168 页，32 开

　　本书介绍印度基督教的情况、印度社会情况（包括职业、教育、宗教、礼俗等）。卷首页书名作：梵天道讯（教会已在印度立了根基）。

　　收藏单位：广东馆、广西馆

05796

方德望神父小传　袁承斌　丁汝成译

上海：徐汇圣教杂志社，1926，46 页，32 开（圣教杂志丛刊 5）

上海：徐汇圣教杂志社，1935，再版，50 页，32 开（圣教杂志丛刊 5）

　　本书介绍法国来华传教士方德望的事迹。

　　收藏单位：国家馆、浙江馆

05797

方济各后学圣母传教会会祖耶稣苦难之玛利

亚修女小传　达克著　孙严顼译

出版者不详，1934，203 页，32 开

　　本书为法国修女玛利亚小传。

　　　收藏单位：国家馆

05798

方言圣人行实摘录　（美）苗仰山（C. Bortolazzi）著

上海：土山湾印书馆，1913 印，167 页，32 开

　　本书为天主教圣人热罗尼莫、默辣尼亚、安多尼等 17 人行实。《诸圣年广益撮录圣人行实》一书的方言本。

　　　收藏单位：国家馆

05799

非基督教运动平议　胡贻毅编

上海：青年协会书局，1925.5，再版，40 页，32 开（基督教小丛书 2）

　　本书共 8 篇：非基督教运动的我见、告非基督教者、对非基督教运动说几句话、基督教是否帝国主义的先锋、基督教是否资本主义的后盾、基督教与帝国主义、文化侵略辩、为思想解放而反对基督教者进一言。

　　　收藏单位：山东馆

05800

斐理伯赵公荣哀录　中华公教学友联合会纂辑

北平：中华公教学友联合会，1935.9，78 页，16 开

　　本书为斐理伯赵怀义主教纪念册。书名页题：赵斐理主教荣哀录。

　　　收藏单位：国家馆

05801

奋进特刊（第 1 期）　中华基督会奋进运动委员会编

中华基督会奋进运动委员会，1948.1，78 页，32 开

　　本书为中华基督会发起的为期五年的奋进运动特刊，内含报告、通讯、布道记等。

　　　收藏单位：国家馆、吉林馆、南京馆

05802

佛兰克·卜克满与道德重整运动　霍华德（Peter Howard）著　罗时实译

外文题名：That man Frank Buchman

上海：正中书局，1948.6，119 页，32 开

　　本书介绍美国路德宗牧师布克曼（Frank N.D.Buchman）及其发起的信仰复兴运动。

　　　收藏单位：重庆馆、广东馆、国家馆、吉林馆、南京馆、上海馆

05803

服务的救主　刘益士（F. Warburton Lewis）著　（英）莫安仁（Evan Morgan）　叶劲风编译

上海：广学会，1936.11，422 页，32 开

上海：广学会，1937，再版，422 页，32 开

上海：广学会，1939，3 版，422 页，32 开

　　本书根据《服务的耶稣》《世人的救主》二书编译，共 77 章。

　　　收藏单位：重庆馆、国家馆、山东馆

05804

福建兴化美以美会蒲公鲁士传　陈日新编

美兴印书局，1925，136 页，32 开

　　本书为美国教士蒲鲁士传略。

05805

福女伯尔纳德传略

上海：土山湾印书馆，1927，3 版，78 页，64 开

　　本书记录了法国天主教福女伯尔纳德（Bernadette）的家世、经历。

　　　收藏单位：国家馆

05806

福女德肋撒灵迹杂录

上海：土山湾印书馆，1923，10 页，64 开

　　本书介绍圣衣会修女德肋撒的生平事迹。

05807

福女德肋撒行实

烟台：天主堂印书馆，1924 印，石印本，137 页，32 开

　　本书共 4 卷：福女传略、真福德肋撒的德

行、福女德肋撒的道理、福女显的灵迹。

收藏单位：国家馆、人大馆

05808

福女玛利亚纳传 （清）李问渔译

上海：土山湾印书馆，1937，再版，120 页，50 开

本书为厄瓜尔多尔天主教徒玛利亚纳传记。共 23 章。

收藏单位：国家馆

05809

福音合参 白烈得著 因大信译

上海：中华浸会书局，1935，再版，314 页，32 开

本书选译自 *The Harmony of the Gospels*，讲述耶稣的生平事迹。附马太、马可、路加记要略之三福音会表。

05810

辅仁大学司铎书院成立十周年纪念刊 辅仁大学司铎书院成立十周年纪念刊委员会编

北平：辅仁大学司铎书院同学会，1948.9，[106] 页，16 开

本书内容包括：学生论文、司铎书院十年大事简表、同学会会章、同学录等。书前有编者序、司铎书院院史。

收藏单位：国家馆、南京馆

05811

辅仁圣依搦斯青年团

[北京]：[辅仁女中]，油印本，5 叶，32 开

收藏单位：国家馆

05812

复活 沈石水著

香港：真理学会，1948.3，21 页，50 开（民众读物小丛刊 16）

本书收耶稣复活、大圣若瑟两篇。

收藏单位：国家馆

05813

复活节的回忆

成都：华英书局，42 页，32 开

本书为根据圣经新约路加福音而编写的 16 段故事，讲述耶稣末次入耶路撒冷至复活日共 8 天的行迹。

收藏单位：国家馆、南京馆

05814

复原教创始记 （美）励德厚口述 徐翰臣笔译

上海：广学会，1914，40 页，22 开

本书共 6 章：圣道正讹之缘起、信仰自由之新理、称义问题之剖解、圣经真谛之辨析、基督真相之纰漏、圣公会原则之确定。

收藏单位：国家馆、山东馆

05815

改教四百年记 （芬）喜渥恩（Erland Sihvonen）编译

汉口：中华信义会书报部，1925，再版，72 页，32 开

本书记述自路得改教后的 400 年历史。分上、中、下 3 卷。上卷为路得改教史；中卷为信义会现世情形；下卷为信义会布道事略。

收藏单位：国家馆

05816

改造方针（原名，基督教对新中国社会改造应尽的职责） 真光杂志社编

上海：中华浸会书局，1929，132 页，32 开

本书为真光杂志社征文汇编。收录张乐道、陈杰、黄赞华、汪潮以《基督教对新中国社会改造应尽的职责》为题的文章 4 篇。

收藏单位：国家馆、南京馆

05817

改造自己　改革现实 中华基督教青年会女青年会全国协会校会组学生部编

中华基督教青年会女青年会全国协会校会组学生部，1948，36 页，32 开

本书为中华基督教青年会、女青年会学生干事会议暨全国学济事工会议记录。内容包括：讲演摘要、各地事工报告、全国学生工作讨论摘要等。书后附会议日程表、讨论大

纲、职员名单、全体会员通讯录等。

05818

盖恩夫人的信 （法）盖恩夫人（Jeanne Guyon）
著　俞成华译
外文题名：Letters by Madame Guyon
上海：福音书房，1947.6，109 页，32 开
　　　收藏单位：桂林馆、国家馆、上海馆、绍兴馆

05819

甘贫的王子　傅玉棠译
澳门：慈幼印书馆，1948.12，40 页，50 开（灵修小丛书 47）
　　本书为奥古斯多·察多利斯荃小传。
　　收藏单位：国家馆

05820

甘贫师表　傅玉棠译
澳门：白德美纪念出版社，1948.6，3 版，32 页，50 开（灵修小丛书 15）
　　本书为圣五伤方济各小传。
　　收藏单位：国家馆

05821

刚总主教到华十周纪念论文集（1922—1932）
罗马传信部大学中国留学生会编
[北京]：出版者不详，1932，294 页，32 开
　　本书内收留学罗马传信大学的中国学生，为纪念刚总主教在华传教十年而写的文章数十篇，颂扬刚总主教的功德。书前有卷头语、编辑大意。
　　收藏单位：国家馆、内蒙古馆

05822

高级古史略　（意）鲍斯高（S. Joannes Bosco）著　梁铭勋译
澳门等：慈幼印书馆，1947.5，131 页，32 开（公教史地丛书 3）
澳门：慈幼印书馆，1948，再版，162 页，32 开（公教史地丛书 3）
　　本书包含圣史前 6 纪（由人类被造至洪水泛滥止，历 1656 年。——从赫伯来人全体

被掳至救世主降生，历 584 年。）。书前有原序、毕少怀序及前言。
　　收藏单位：国家馆、内蒙古馆

05823

高级新史略　（意）鲍斯高（S. Joannes Bosco）著　梁铭勋译
澳门：慈幼印书馆，1948.3，70 页，32 开（公教史地丛书 4）
澳门：慈幼印书馆，1948，再版，70 页，32 开（公教史地丛书 4）
　　本书为圣史第 7 纪（自耶稣降生后至日路撒冷城被毁，赫伯来人被逐异城，历 70 年）。共 14 章。书前有原序及毕少怀序。书后有结论。
　　收藏单位：国家馆、南京馆、内蒙古馆

05824

格勒德播道历史　（美）盖斯德（William Guest）著　任保罗译
外文题名：Life of Stephen Grellet
上海：广学会，1913，431 页，32 开
　　本书介绍了美国格勒德（Stephen Grellet）布道的历史。
　　收藏单位：重庆馆

05825

各国基督教学生事业汇录　世界基督教学生同盟大会事务处编
世界基督教学生同盟大会事务处，1922，49 页，32 开
　　本书内有各国大学生数目及基督教学生团体有关宗教活动的报告。

05826

工商学院公教同学坚振纪念刊　白峰云编
出版者不详，1938，37 页，32 开
　　本书介绍天津工商学院信仰天主教的学生领坚振圣事的情况。

05827

工作的再思　倪柝声著
上海：福音书房，1938.3，370 页，32 开

本书共 10 章，内容包括：使徒们、使徒的出发和脚踪、地方的教会等。书前冠英文序言。

收藏单位：广东馆、国家馆、湖南馆、绍兴馆

05828

公教感化了他　莫希功编著

澳门：白德美纪念出版社，1947.1，75 页，50开（公教小读物丛刊 13）

本书为圣人玛窦·戴尔博及顾达和·锡基达小传。

收藏单位：国家馆

05829

公教教务公文　公教教务联合会编

北平：公教教务联合会，[1926]，[171] 页，18开

本书为拉丁文与中文对照。内容包括：教宗训喻、教宗比约十一致中华电。出版年录自教宗来电。

收藏单位：国家馆、内蒙古馆

05830

公教进行会女宗徒弗隆物洛夫人传略　亨理·马斯克理爱（Masquelier）著　杨寿康译

上海：启明女子中学，1937，177 页，32 开

本书 21 章。书前有惠主教序、法文序及导言等。

收藏单位：国家馆

05831

公教作家主保　何慕人译

澳门：白德美纪念出版社，1948.6，再版，32页，50 开（灵修小丛书 25）

本书为方济各·撒肋爵小传。

收藏单位：国家馆、内蒙古馆

05832

公进女青年主保　钟协译

澳门：白德美纪念出版社，1944.12，32 页，50 开（灵修小丛书 6）

澳门：白德美纪念出版社，1947，再版，32页，50 开（灵修小丛书 6）

本书为圣女依搦斯殉教小史。共 15 部分，内容包括：黎明、发愿、模范的家庭、超性的答话、葡哥标等。书后附经文。

收藏单位：国家馆

05833

公民教育运动说明书　余日章著

上海：中华基督教青年会全国协会书局，20页，32 开

本书内容包括：公民教育为中华民国当今急务、青年会与公民教育、国内名人责望青年会提倡公民教育之言论等。

收藏单位：国家馆

05834

共产主义驳论　徐宗泽编著

上海：徐汇圣教杂志社，1926.2，23 页，32 开（圣教杂志丛刊）

本书共 8 部分，内容包括：社会党学说、马克斯学说等。书前有绪言。书后有结论。

05835

古教会血证史　（芬）高果农（Kalle Korhonen）编译　汪燮尧校

汉口：中华信义会书报社，1937.9，286 页，32开

汉口：中华信义会书报社，1941，再版，286 页，32 开

本书叙述历史上基督教被摧残，教士牺牲殉难的史实。著者原题：科隆恩。

收藏单位：重庆馆、广东馆、国家馆、南京馆

05836

古圣醒世遗训

出版者不详，1 册，25 开

收藏单位：首都馆

05837

古约翰生平　明灯社编

上海：广学会，1940，131 页，32 开

本书介绍古约翰的生平事迹。

收藏单位：广东馆、辽宁馆

05838

古祖若瑟　乐泉译

澳门：慈幼印书馆，1949.3，32 页，50 开（灵修小丛书 63）

本书为圣约瑟的小传。

收藏单位：国家馆、上海馆

05839

关于耶稣一生的记载（选要）（加）谢尔孟（Henry Burton Sharman）编

外文题名：Selections from records of the life of Jesus

重庆：博文印字馆，1931.6，65 页，16 开

本书选记耶稣一生中的事迹。内容包括：记载的起源、叙述约翰之工作、耶稣受约翰的洗、耶稣得渔夫为门徒、因安息工作而遭批评等。

05840

关于耶稣一生的记载（选要）（加）谢尔孟（Henry Burton Sharman）编

上海：青年协会书局，1934，437 页，16 开

收藏单位：北大馆、东北师大馆

05841

管理修道院及大学院圣部制定细则

出版者不详，20 页，18 开

本细则是根据 1931 年 5 月"宗座关于讲授圣教科学之大学及专科学院事务之敕书"制定。

收藏单位：国家馆

05842

广东宣教师 1940 年夏令会报告书　夏令会编辑部编

宣教师夏令会，1940，84 页，32 开

收藏单位：广东馆

05843

广州基督教青年会民国十一年至二十年财政报告　[广州基督教青年会编]

[广州]：[广州基督教青年会]，1932，39 页，18 开，环筒页装

本书列出广州基督教青年会 1922—1931 年收支数目。

收藏单位：国家馆

05844

郭显德牧师行传全集　连警齐编

上海：广学会，1940.7，666 页，25 开

本书为郭显德逝世二十周年特辑。共 4 卷：郭牧概论、郭牧与山东教会、郭牧遗简、郭牧荣哀录。

收藏单位：国家馆、近代史所、南京馆、中科图

05845

国难特辑（第 2 辑）　招观海主编

广州：基督教联合国难服务委员会，1938.1，62 页，16 开

本书内容包括：该委员会抗战工作成绩报告、美国宗教家龚斯德博士的演讲录等。

收藏单位：国家馆

05846

汉译圣人名称录

出版者不详，1943，101 页，25 开

本书为天主教徒选择圣名用书。收录圣名 1500 个。

收藏单位：国家馆、内蒙古馆

05847

杭州基督教青年会第九次年报告

杭州：基督教青年会，1922，32 页，22 开

收藏单位：浙江馆

05848

杭州基督教青年会二十周年纪念图册　邬式唐编

杭州：基督教青年会，1934.2，141 页，16 开

本书内容包括：会史、前绩、组织与职

员、事工、统计、余载等。书前有董承光弁言及序多篇。

收藏单位：国家馆

05849

杭州基督教青年会十周纪念册 陈国桢编

杭州：基督教青年会，1924.2，1 册，16 开

本书内容包括：会史、前绩、组织与职员、事工、统计、余载等。

收藏单位：浙江馆

05850

杭州基督教同工录 杭州基督教友谊社编

外文题名：Hangchow church workers' directory

杭州：杭州基督教友谊社，1934.1，39 页，25 开

本书为基督教会员录。

收藏单位：浙江馆

05851

杭州修院二十五周纪念册 杭州修院编

杭州：杭州修院，1936.11，54 页，16 开

本书内含：《传教区的教律》《17 世纪时的杭州修院事业》《本院二十五年成立之回顾》等文章。

收藏单位：国家馆、内蒙古馆

05852

杭州中华基督教青年会复会二周年纪念特刊

李萍仙总编辑 施国琛等编辑

[杭州]：[杭州中华基督教青年会]，[1948.10]，15 页，16 开

本书为该会复会二周年纪念刊，书内记录会议内容以及参会人员等。

收藏单位：浙江馆

05853

合校本大西西泰利先生行迹 （意）艾儒略（Giulio Aleni）著 向达校

北平：上智编译馆，1947.5，34 页，18 开

本书为中文中最早记述利玛窦事迹的著作。内容包括：《大西利西泰子传》（张维枢）、《大西西泰利先生行迹》（牛津本、陈本标题

作大西利先生行迹)、《读利先生传后》(李九标)、《绝徽同文纪卷五》、《钦敕大西洋国土葬地居舍碑文》（王应麟）。书前有觉明居士序。

收藏单位：东北师大馆、国家馆、近代史所、南大馆、南京馆、内蒙古馆

05854

盍聆姊训 伏耀汉编译

青岛：天主堂印书局，1929 印，219 页，32 开

本书为根据德肋撒自传编辑的圣女言训。

收藏单位：广东馆、国家馆

05855

贺川丰彦 郭中一编

上海：广学会，1932，46 页，32 开

上海：广学会，1933，2 版，46 页，32 开

本书介绍贺川丰彦的生平事迹。

收藏单位：南京馆、上海馆

05856

贺川丰彦的生平 爱克司林（William Axling）原著 明灯报社编译

外文题名：Kagawa

上海：广学会，1935，96 页，50 开

上海：广学会，1939，再版，96 页，50 开

收藏单位：广东馆、近代史所、绍兴馆

05857

贺川丰彦评传 刑德著 陈共田述译

上海：中华全国基督教协进会基督化经济生活委员会，1928.3，22 页，32 开（经济改造传记丛书 3）

本书为日本基督徒贺川丰彦评传及其作品一览。

收藏单位：国家馆

05858

黑暗中的亮光（路得一生有趣的事迹） 浸会少年团编辑部编译

上海：美华浸会书局，1933.1，10+132 页，32 开

本书共 18 章，内容包括：马丁路得的幼

年、马丁路得的大学生活、马丁路得做教师、马丁路得与赎罪券、马丁路得在瓦特堡、黑暗中的光明等。

　　收藏单位：国家馆

05859

黑河英雄探险记　（英）华克尔（F. D. Walker）著　连警斋译

外文题名：The romance of the Black River

上海：广学会，1938.8，354页，32开

　　本书记述英国传教会在西非土著居民中的布道工作。

　　收藏单位：国家馆、首都馆、中科图

05860

红色的百合花　王昌社编著

香港：公教真理学会，1947—1949，再版，6册（60+35+60+52+109+44页），32开

　　本书共6卷。

　　收藏单位：国家馆

05861

红色的百合花（第1卷）　王昌社编著

香港：公教真理学会，1940.3，79页，32开

　　本卷为：真福若瑟张大鹏、真福日罗尼莫庐廷美、老楞佐王宾、亚加大林贞女合传。目录页书名题：红色的百合花——中国致命真福传。

　　收藏单位：国家馆、武大馆

05862

红色的百合花（第2卷）　王昌社编译

香港：公教真理学会，1940.10，32页，32开

　　本卷为：真福若瑟张文澜、保禄陈昌品、若翰罗廷荫、玛尔大王罗氏合传。目录页书名为：中国致命真福传。

　　收藏单位：国家馆

05863

红色的百合花（第3卷）　王昌社编译

香港：公教真理学会，1939.11，60页，32开

　　本卷为：真福文若望司铎、马尔定吴学圣、若望张天申、若望陈显恒、路济亚易贞

女合传。目录页书名为：中国致命真福传。

　　收藏单位：北师大馆

05864

湖南基督教教会报告书

出版者不详，9页，18开

　　收藏单位：广东馆

05865

华北公理会职员录　[华北公理会]编

华北公理会，1927.11，96页，18开

　　本书内含华北公理会董事部及其所属的京兆、保定、天津、山东临清、德县、山西太谷、汾阳、陕西公理会各部职员录。项目包括：姓名、别号、原籍、年岁、何校毕业、现任职务、在职年限、通信处。书前有缘起。

　　收藏单位：国家馆

05866

华北基督教宗教工作研究会会刊（1941年夏）　华北基督教宗教工作研究会编

[北平]：华北基督教宗教工作研究会，1941.11，146页，32开

　　本书内容包括：本届研究会筹备经过、收支报告、课程记录、演讲记录、文苑、名录等。

　　收藏单位：国家馆

05867

华北中华基督教团成立周年纪念册　华北基督教团编

华北基督教团，[1942]，[405]页，16开

　　本书内容包括：摄影、献词、成立概况、职员名录、同工名录、统计表等。

　　收藏单位：国家馆、近代史所、山东馆

05868

华北中华基督教团第二届执行委员会记录

华北中华基督教团本部编

北平：华北中华基督教团本部，[1943]，18页，18开

　　该会于1943年在北平召开。本书内含：会员名录、会议议程、报告书、议决案等。

　　收藏单位：国家馆

05869

华北中华基督教团各级会章程　华北中华基督教团本部编

北平：华北中华基督教团本部，[1931—1945]，15页，18开

本书内容包括：华北中华基督教团及其下属的省、特别市分会，省属道、市区会章程。附各级会办事细则及图表4种。

收藏单位：国家馆

05870

华东基督教教育会第十七届年会专刊　华东基督教教育会编

南京：华东基督教教育会，1931，107页，16开

本书内容有：年会到会人员，各组讨论和决议等。

收藏单位：国家馆

05871

华光团组织指南　欧梅君　高君铭编著

上海：中华基督教女青年会，1933.11，45页，25开

华光团是中华基督教女青年会在12—18岁少女中成立的组织。本书内容包括：华光团的缘起、意义、组织方法、基本目标、初步训练及华光团领袖须知等。

收藏单位：国家馆

05872

皇清诰授资政大夫治理历法加工部右侍郎又加二级敦伯南公行略　徐日升　安多撰

出版者不详，1册

本书为清代康熙年间来华的耶稣会传教士南怀仁生平事迹。

收藏单位：国家馆

05873

悔罪之表（圣妇玛利亚·玛大肋纳小传）　傅玉棠译

澳门：白德美纪念出版社，1946.7，29页，50开（灵修小丛书34）

澳门：白德美纪念出版社，1948.6，再版，29页，

50开（灵修小丛书34）

本书为"抹大拉的马利亚"（the Mary Magdalene）事迹（见《路加福音》第八章）。

收藏单位：国家馆

05874

会务管理　程蔼慈著

上海：中华基督教女青年会全国协会，1948，54页，32开

本书共4章，介绍中华基督教女青年会的会务、财务、总务管理。

收藏单位：南京馆、上海馆

05875

会务年报　北平中华基督教青年会编

北平：中华基督教青年会，1934.9，[123]页，32开

本书内容包括：该会同人录、会务年报、计划大纲及会员录。书前有编者弁言。

收藏单位：国家馆

05876

会员录

出版者不详，72页，32开

本书为基督教会员录。

收藏单位：浙江馆

05877

基督本纪　（美）卜舫济（Francis Lister Hawks Pott）　金泽厚编

外文题名：The life of Christ

上海：广学会，1935.5，18版，122页，32开

上海：广学会，1946，22版，122页，32开

收藏单位：广西馆、南京馆

05878

基督的教会与中国的将来（第12届年会手册）　中华全国基督教协进会编

上海：中华全国基督教协进会，1946.12，102页，32开

本书共10篇，内容包括：年会议事日程表、迎第十二届年会、教会内在的生活、本届年会代表名录等。

收藏单位：上海馆

05879

基督复临安息日会东方函授学校章程

上海：基督复临安息日会东方函授学校，1935，重订版，40 页，32 开

本书介绍该校校史、学科及各种规章等。

05880

基督复临安息日会义勇布道部少年团团员手册　中华总会义勇布道部编译

上海：时兆报馆，1936，203 页，32 开

本书共两编：宗旨及范围、组织与活动。

收藏单位：重庆馆

05881

基督化经济关系全国大会报告　中华全国基督教协进会编

上海：中华全国基督教协进会，[1927]，114 页，25 开

大会于 1927 年 8 月在上海召开。书内含代表姓名录、大会程序、决议案及大会报告数篇。书前有李天禄等人的序两篇。

收藏单位：国家馆

05882

基督会五十周年纪念册（自一八六六年至一九三六年）

出版者不详，79 页，32 开

收藏单位：南京馆

05883

基督降临之世界　（爱尔兰）米德峻（William Miskelly）著　马福江译

外文题名：The world of the incarnation

上海：广学会，1938.9，165 页，25 开

上海：广学会，1939.12，再版，165 页，25 开

本书叙述耶稣在世与其有关的地域地理、宗教、政治、文化、哲学、教育等情形。共 25 章，内容包括：引言、结论、犹太的奇特地势等。

收藏单位：重庆馆、广东馆、上海馆

05884

基督教初入西方概述　曹溥萌著

上海：广学会，1932，36 页，32 开

本书叙述基督教最初传入西欧的概况。

收藏单位：重庆馆、南京馆

05885

基督教对今日中国底使命　谢扶雅著

上海：青年协会书局，1935，52 页，36 开（基督教与中国改造丛刊第 8 种）

收藏单位：广东馆

05886

基督教对于今日中国的宣召　中华全国基督教协进会编

上海：中华全国基督教协进会，1946.12，76 页，32 开

本书为中华全国基督教协进会第二十届年会论丛。收文 19 篇，内容包括：《今日中国基督教的使命》（王治心）、《基督教在今日中国的使命》（余牧人）、《今后中国教会之使命》（谢受灵）等。

收藏单位：重庆馆、国家馆

05887

基督教发达史　[美] 班顿（Roland H. Bainton）著　程伯群译

外文题名：The church of our fathers

上海：广学会，1948.6，260 页，32 开

本书包括教会的起源等 23 章。书前有译者序、基督教世纪大事记。

收藏单位：国家馆、黑龙江馆、南京馆、人大馆、天津馆、中科图

05888

基督教负将士服务协会（工作通信之二）

出版者不详，26 页，16 开

收藏单位：南京馆

05889

基督教纲要　谢扶雅著

上海：中华书局，1934.3，124 页，32 开

本书分上、下两论。共 6 章，内容包括：

基督教底发生及成立、基督教教祖耶稣、保罗神学及初代教会等。

收藏单位：北师大馆、重庆馆、广东馆、广西馆、桂林馆、国家馆、南京馆、内蒙古馆、山东馆、上海馆、首都馆、天津馆、浙江馆

05890

基督教国际宣教协会所召集之耶路撒冷大会

中华全国基督教协进会译

中华全国基督教协进会，8 页，32 开

本书记述基督教国际宣教协会第 3 次大会的缘起、会员之支配、聚会之地点、会期、目的、讨论之问题。

收藏单位：国家馆

05891

基督教会史　华尔克（Williston Walker）著

谢受灵译

外文题名：History of the Christian church

上海：广学会，1948.12，2 册（860 页），32 开

本书介绍基督教发展的历史。

收藏单位：广东馆、桂林馆、南京馆、上海馆、首都馆、中科图

05892

基督教会史纲　恭思道编著

上海：中华圣公会，1939.5，486 页，32 开（中央神学院丛书）

本书记述自公元 600 年至 19 世纪的基督教会史，共 82 章。书前有罗培德序、编著者小引。附《英圣公会改革之历史》11 章。

收藏单位：国家馆、上海馆

05893

基督教会史略　蔡振华译　聂高莱（D. W. Nichols）　潘书卿参校

[北平]：中华圣公会，1920，130 页，32 开

[北平]：中华圣公会，1932，再版，138 页，32 开

本书共 29 章，内容包括：基督教初传于犹太、基督教流传于异国、罗马城教会、

教会受逼、教会之分裂等。书前有聂高莱序。

收藏单位：桂林馆、国家馆

05894

基督教领袖　普莱斯登夫人（Mary F. J. Preston）著　李肇琳译

上海：中华浸会少年团联会，1948.8，117 页，32 开

本书说明团契领袖的工作、领导的原则和理想。共 8 章。书前有作者自序、译者序。书后附温习与考试题目、领袖种类。

收藏单位：广东馆

05895

基督教农村运动　张福良著

上海：广学会、中华全国基督教协进会，1930.6，37 页，32 开（基督化乡村生活丛书）

上海：广学会、中华全国基督教协进会，1930，再版，40 页，32 开（基督化乡村生活丛书）

本书内容包括：序、导言、宗教、教育、农业、卫生与医药、娱乐、举例和结论。

收藏单位：国家馆、山东馆

05896

基督教全国大会报告书　全绍武等编

上海：协和书局，1923.5，352 页，16 开，洋装

本书介绍 1922 年 5 月在上海召开的基督教全国大会情况。内容包括：基督教全国大会职员录、大会代表录、基督教全国大会日程撮要、大会会长诚静怡博士开会演辞、第一股报告书与演说及讨论、中华续行委办会总报告书等。

收藏单位：国家馆、上海馆

05897

基督教人名辞典（上卷）　（英）林辅华（Charles Wilfrid Allan）著　沈武侯　夏明如译

上海：广学会，1941，316 页，32 开

本书介绍世界各国基督教会的代表人物。书前有中文、英文序言。

05898

基督教史纲 （英）贾立言（A. J. Garnier）编
冯雪冰译

外文题名：A short history of Christianity

上海：广学会，1923.9，535 页，32 开

上海：广学会，1928，535+31 页，32 开，精装

上海：广学会，1929.11，再版，529 页，32 开

上海：广学会，1930，3 版，16+529 页，32 开

上海：广学会，1931，4 版，529 页，32 开

上海：广学会，1933，5 版，529 页，32 开

上海：广学会，1939，10 版，529 页，32 开

上海：广学会，1940，12 版，529 页，32 开

上海：广学会，1942，翻版，402 页，32 开

上海：广学会，1947.11，13 版，529 页，32 开

　　本书前 3 卷讲基督教各个时期的历史，第 4 卷为基督教在中华的历史。由初期的基督教、中世纪教会、教会改革与近世的基督教、基督教在中华的历史等 4 卷，共 26 章组成。其中包括基督教发生前的准备、神哲主义的异端、基督教的胜利、教皇制的全盛时期、近世基督教思潮、基督教在中国的发扬等。

　　收藏单位：重庆馆、东北师大馆、广东馆、国家馆、黑龙江馆、吉大馆、江西馆、近代史所、南京馆、山东馆、首都馆、西南大学馆、浙江馆、中科图

05899

基督教史略 （英）卞文（D. Bevan）著　郑启中译

外文题名：Christianity

上海：青年协会书局，1937.1，178 页，25 开（青年丛书 44）

上海：青年协会书局，1948.1，再版，178 页，25 开（青年丛书 44）

　　本书共 12 章，叙述从基督教起源至现代的历史。

　　收藏单位：重庆馆、东北师大馆、广东馆、国家馆、黑龙江馆、湖南馆、吉大馆、山东馆、上海馆、首都馆、中科图

05900

基督教史要 盖温柔（Nina E. Gemmell）编著

上海：华文印刷局，1940.4，178 页，32 开

　　收藏单位：东北师大馆

05901

基督教思想进步小史 谢颂羔编著

上海：广学会，1929，128 页，32 开

　　本书介绍基督教思想的发展过程，内容包括：初期思想、中世纪的思想、改革时代的思想、康德以后及目前的思想等，并讲述思想、科学、教育与宗教的关系。

　　收藏单位：华东师大馆

05902

基督教思想史 彭彼得编著

上海：广学会，1936.9，602 页，32 开（齐鲁神学丛书 10）

　　本书据作者的讲稿编成。共 20 章，内容包括：耶稣降生以前之思想、耶稣自己之思想、使徒时代教父之思想（古代）、第二世纪之异端、护教者朱司丁等、亚历山大神学及异端、拉丁神学及异端等。书前著者自序。书后附信表释义、参考书、西名中译表。

　　收藏单位：重庆馆、东北师大馆、国家馆、近代史所、南京馆、山东馆

05903

基督教乡村建设 （美）包德斐著

上海：中华全国基督教协进会，1932，66 页，25 开

　　本书内容包括：中国基督教乡村工作的根本原则、基督教乡村事业的领袖人才等。书前有编者的话。附录本会第八届大会乡村教会之议决案、斐列滨古希根乡村教会工作区组织大纲。

　　收藏单位：重庆馆

05904

基督教与大国民 谢洪赍编

上海：中华基督教青年会组合，1911，再版，74 页，32 开

上海：中华基督教青年会组合，1915.3，3 版，70 页，32 开

本书收 1907 年东京万国学生青年大会的 5 篇讲演稿，分别论述英国、美国、德国、法国及非洲地区的基督教情况。

收藏单位：国家馆、山东馆、天津馆

05905

基督教与今日中国的问题 （美）艾迪（Sherwood Eddy）演讲　袁访贲译述

外文题名：Four lectures on Christianity and China

上海：青年协会书局，1935.10，49 页，32 开（宗教问题小丛书 14）

本书共 4 讲：中国的危机、能力的秘密、青年的出路、灵修的方法。

收藏单位：国家馆、南京馆

05906

基督教与新中国　罗运炎著

外文题名：Christianity and new China

上海：美以美会全国书报社，1923.3，105 页，32 开

上海：美以美会全国书报社，1923.12，2 版，105 页，32 开

本书共 10 章：基督教与科学、基督教与哲学、基督教与新思潮（上、下）、基督教与国家、基督教与政治、基督教与社会、基督教与家庭、基督教与工业、结论等。

收藏单位：国家馆、浙江馆

05907

基督教与新中国　吴耀宗著

上海：青年协会书局，1940.6，282 页，32 开（青年丛书第 2 集 7）

上海：青年协会书局，1948.12，282 页，再版，32 开（青年丛书第 2 集 7）

本书为论文集。分两部分，上编为基督教与新中国，下编为我的基督信仰。共收文章 26 篇。另有蒋介石演说词：为什么要信仰耶稣。书前有编者序。书后有《编者的意见——基督教信仰的本质及其在大时代中的意义》一文。

收藏单位：重庆馆、贵州馆、国家馆、南京馆、首都馆

05908

基督教与新中国（中华全国基督教协进会扩大执委会议报告书）

出版者不详，1943.5，78 页，32 开

本次扩大执委会于 1943 年 5 月在成都召开。书内含陈文渊的代序——基督教与新中国以及蒋介石、张治中等人的训词，会议宣言，特别演讲，讨论记录等。附代表名录、本次扩大会议职员录。

收藏单位：重庆馆、国家馆、南京馆

05909

基督教与远东乡村建设　（美）费尔顿（Ralph A. Felton）著　杨昌栋等译

上海：广学会，1940.12，372 页，36 开（金陵神学院丛书）

本书共 8 章，论述中国、日本、朝鲜的乡村教会，教会财政与自养问题，乡村建设与精神基础等。书前有杨昌栋序、译者弁言。

收藏单位：重庆馆、国家馆、近代史所、内蒙古馆

05910

基督教与中国人生　张伯怀著

上海：青年协会书局，1934.4，48 页，50 开（宗教问题小丛书 19）

上海：青年协会书局，1936.4，48 页，50 开（宗教问题小丛书 19）

收藏单位：国家馆、南京馆

05911

基督教与中国乡村建设运动　余牧人著

外文题名：Christianity and the rural reconstruction movement in China

上海：广学会，1943，蓉初版，95 页，32 开（金陵神学院丛书）

上海：广学会，1948，沪 3 版，95 页，32 开（金陵神学院丛书）

本书共 4 章：中国乡村建设运动概述、基督教与中国乡村建设运动、中国教会的乡村建设工作（上、下）。

收藏单位：南京馆、上海馆

05912

基督教在中国之概况 恭思道著

上海：中华圣公会，1941.12，再版，71 页，32 开（中央神学院丛书）

本书共 12 章，内容包括：唐代及唐代以前时期之基督教、元代之景教、元代之罗马教、沙维翼及利玛窦之工作等。

收藏单位：上海馆

05913

基督教著名妇女小传 罗德（R. F. T. Lord）著 刘美丽编译

外文题名：Great women of Christian history

上海：广学会，1947，169 页，32 开

上海：广学会，1948，再版，169 页，32 开

上海：广学会，1949.1，蓉版，140 页，32 开

上海：广学会，1949.3，3 版，169 页，32 开

本书为介绍基督教妇女的小传，共 14 篇。

收藏单位：国家馆、南京馆、人大馆、上海馆

05914

基督教宗教历史 W. J. McGlothlin 译

上海：中华浸会书局，1921.8，283 页，25 开

上海：中华浸会书局，1929.9，再版，283 页，25 开

本书共 10 章，内容包括：古世教会、罗马国变为宗教基督之国及罗马教之始基、论完全之罗马教等。书前有英文序。封面题书名为：基督教历史。

收藏单位：吉大馆、上海馆

05915

基督教最初发展故事 （美）普体德（Gordon Poteat）著 朱铁蓉译

上海：青年协会书局，1938.4，156 页，32 开

本书主要内容源自《一个伟大的运动》。共 20 课，内容包括：耶稣的遗命、人数虽少而精神却很伟大、共同快乐的生活、第一个殉道者、老祭司和新任务的冲突等。书前有译者引言。

收藏单位：重庆馆、国家馆

05916

基督教最早的五大总议会 恭思道著

上海：中华圣公会，1938，83 页，32 开（中央神学院丛书）

本书介绍基督教五次总议会及其工作效果。

收藏单位：上海馆

05917

基督救国主义刊行之十（天国福音） 徐谦著 林肇烈笔录

基督救国会，1922，56 页，32 开

基督救国会于 1919 年成立于广州，1920年又在上海成立。本书内容包括：广州研究会讲演集、教会新使命、宪法要点等。

05918

基督论衡 （英）散代（William Sanday）著 （美）都孟高（M. H. Throop） 黄叶秋译

中华圣公会书籍委员会，1922，164 页，32 开

中华圣公会书籍委员会，1933，再版，164 页，32 开

本书分 7 章记述基督的一生事迹、言行。

收藏单位：山东馆

05919

基督模范（官话） （加）季理斐（Donald Mac Gillivray）译

上海：广学会，1916，再版，84 页，32 开

上海：广学会，1924.1，4 版，42 页，32 开

本书用白话文讲述基督生平模范事迹。

收藏单位：山东馆、上海馆、天津馆

05920

基督模范（文理） （加）季理斐（Donald Mac Gillivray）译

上海：广学会，[1930]，84 页，22 开

本书用文言文讲述基督生平模范事迹。

收藏单位：浙江馆

05921

基督生平（安息日学高级学课） 基督复临安息日会中华总会安息日学部编译

出版者不详，1947，63 页，32 开

本册有 14 课，内容包括：简纯的服务和奉献、祈祷与日常生活、天父眷顾他的子女、实际的宗教等。

收藏单位：重庆馆

05922

基督实录引义（官话）（美）怀爱伦（Ellen G. White）著

外文题名：Christ our saviour

上海：时兆报馆，1911，144 页，22 开，精装

上海：时兆报馆，1925，144 页，32 开

上海：时兆报馆，1926，144 页，32 开，精装

上海：时兆报馆，1930，[再版]，144 页，32 开

本书记述耶稣一生的事迹。

收藏单位：重庆馆、广东馆、国家馆、上海馆

05923

基督事迹的旁证   马路加译

北平：马莲芳，1942，92 页，32 开

本书辑集有关书信、档案中的旁证资料。

收藏单位：上海馆

05924

基督徒的希望   吴雷川著

上海：青年协会书局，1940.11，43 页，32 开（灵修丛书1）

本书宣传基督教可以改造中国、救中国。内容包括：希望、基督徒、希望与信、希望与爱、患难与希望、基督徒当如何应付患难等。

收藏单位：湖南馆、辽宁馆、南京馆

05925

基督徒青年十大问题   第二届世界基督青年大会中国筹备委员会编

第二届世界基督青年大会中国筹备委员会，1947.4，95 页，32 开

本书对基督怎样得胜世界、谁决定善恶呢、圣经能帮助我们解决日常的问题吗、人是机器的奴隶吗、个人自由和社会平等是否必需有冲突、社会是否要以家庭为基础、促进世界秩序的基础是什么、教会是无法挽救的吗、教会能合一吗、教会能逃避现实吗 10 个问题进行解答。

收藏单位：人大馆、上海馆

05926

基督徒青年十大问题（基督是我们的希望）

中华基督教青年会全国协会校会组   中华基督教女青年会全国协会学生部编

中华基督教青年会全国协会校会组、中华基督教女青年会全国协会学生部，1947，95 页，32 开

收藏单位：重庆馆、南京馆

05927

基督徒学生团体的顾问   卢传河著

上海：中华基督教青年会全国协会校会组，1935.5，43 页，25 开（中华基督教宗教教育丛书2）

本书分 4 部分介绍基督教学生团体的任务、在教育上的地位、顾问的资格等。书后附顾问的任务、参考书目。

05928

基督徒与救国运动   沈体兰著

香港：青年协会书局，1938.8，42 页，36 开（非常时丛书第 2 类 1）

本书共 5 部分：基督教对于国家和战争的态度、抗战后基督徒的救国工作、中国抗战后之一般形式及其对基督徒的挑战、基督徒在救国运动中的地位和贡献、抗战基督徒的救国工作。书前有绪言。

收藏单位：重庆馆、国家馆

05929

基督徒与战时服务   王象咸   应远涛编著

香港：青年协会书局，1940.6，56 页，32 开（非常时丛书第 2 类 5）

本书共 7 章，内容包括：救济难胞、保护平民、救护和医务、服务人员和款项来源等。书前有梁小初序。

收藏单位：重庆馆

05930

基督眼里的中华民族   徐松石著

外文题名：The Chinese nation through the eyes of Jesus

上海：广学会，1941.9，250页，32开

　　本书分为中国之强与基督之强、大乘孔教与基督两篇。共12章，内容包括：思想的澄清、基督教的绝对和相对、人生的了解等。书前有张之江序、著者自序、绪论。

　　收藏单位：国家馆、近代史所、南京馆、首都馆

05931

基督传　（意）巴比尼（Giovanni Papini）著（英）贾立言（A. J. Garnier）　周云路译述

外文题名：Storia di Cristo

上海：广学会，1929.2，718页，32开，特装

上海：广学会，1930，再版，718页，32开

上海：广学会，1933.12，3版，718页，32开

　　本书译自意大利文，著者为意大利著名作家，他经过研究《四福音书》，认为耶稣的言行与其模范，为解决世界一切问题的唯一办法，于是作者用他的文学天才，写成了这本轰动全球的《基督传》。书前有贾立言基督传序。

　　收藏单位：重庆馆、广东馆、国家馆、江西馆、南京馆

05932

基督传　（美）海尔（W. B. Hill）著　陈霆锐　胡贻榖译述

外文题名：The life of Christ

上海：青年协会书报部，1920.8，294页，32开

上海：青年协会书报部，1925，再版重订，434页，32开（海尔博士丛著2）

上海：青年协会书报部，1931，重订版，382页，32开（海尔博士丛著2）

上海：青年协会书报部，1931.1，3版，294页，32开

　　本书共19章，内容包括：巴力斯在耶稣时代之情形、犹太人的宗教思想、耶稣诞生、拿撒勒时代、施洗约翰、耶稣受洗等。书前有基督传原序。

　　收藏单位：北师大馆、广东馆、国家馆、

吉大馆、南京馆、山东馆、绍兴馆、首都馆、浙江馆

05933

基督传　（英）聂格里（Mac Gillivray）著（加）季理斐（Donald MacGillivray）译

外文题名：The earthly life of Jesus Christ

上海：广学会，1916，再版，1册，18开

　　本书共23章。书前有叙、小引及发端。书后附四福音合编基督传表。

　　收藏单位：国家馆

05934

基督传导言　（美）海尔（W. B. Hill）著　刘乃慎　胡贻榖译述

外文题名：Introduction to the life of Christ

上海：青年协会书局，1925，238+27页，25开（海尔博士丛著1）

　　收藏单位：南京馆、山东馆、首都馆

05935

基督传记　（美）克仁（M. E. Kern）著　基督复临安息日会中华总会教育部译

外文题名：The life of Christ

上海：时兆报馆，1933，136页，32开

上海：时兆报馆，1947，3版，136页，26开

　　本书为圣经读本第九年级。内容包括：预备的时期、受职的时期、在犹太起始传道、在希望的日子、经比利亚来到耶路撒冷、受害的一个安息日等。

　　收藏单位：重庆馆

05936

基督宗教历史

东山（广州）：美华浸会印书局，1921.8，315页，25开

东山（广州）：美华浸会印书局，1929.9，再版，315页，25开

　　本书共10章，内容包括：绪论、主历元年至主历一千九百一十七年止的九个时间段的历史。

　　收藏单位：山东馆

05937

济南广智院志略　[济南广智院] 编

济南：济南广智院，1931.2，12 页，25 开

　　本书记述该院（属基督教）的创办及其沿革。共 6 部分，内容包括：创办小史、陈列物品之汇录、社会服务之工作等。

　　收藏单位：国家馆

05938

加尔瓦略山与祭台　萨莱（Gaston Salet）著
周士良译

上海：土山湾印书馆，24 页，32 开

　　本书证明耶稣在加尔瓦略山受难的史实，解释什么是弥撒、教堂为什么设祭台。

　　收藏单位：国家馆

05939

家室砥柱　李荣光编著

澳门：慈幼印书馆，1948.3，36 页，64 开（袖珍丛书 6）

　　收藏单位：南京馆

05940

架上七言　（意）伯辣弥诺（B. Roberto Bellarmino）著　倪栖梅译

上海：土山湾印书馆，1924 印，188 页，32 开

　　本书分上、下两卷。上卷共 12 章，论架上前三言；下卷分 24 章，论架上后四言。引经据典，对七言逐句解释。

　　收藏单位：国家馆、内蒙古馆

05941

见与闻（传记 第 2 种）　（美）麦雅各著　俞成华译

上海：福音书房，114 页，32 开

　　收藏单位：黑龙江馆、上海馆、绍兴馆、首都馆

05942

建造韩宁镐主教铜像捐册

[建造韩宁镐老主教铜像筹备处]，[1940]，6页，32 开

　　本书共两部分：主教韩公宁镐传略、建造

韩宁镐主教铜像捐启。

　　收藏单位：国家馆

05943

江西吉安教区教士修女被劫始末

出版者不详，8 页，22 开

　　收藏单位：上海馆

05944

江西谢先生行实（中华公教为义致命者）

出版者不详，[1935.5]，20 页，32 开

　　收藏单位：上海馆

05945

教皇庇护第十一世避静通牒　张士泉编著

上海：圣教杂志社，1930.5，36 页，32 开（圣教杂志丛刊）

　　本书共 6 章，内容包括：讲圣年大赦引起避静神工、避静的好处、避静神工的由来和历史等。

　　收藏单位：国家馆、内蒙古馆

05946

教会古史节要　（英）梅益盛（Isaac Mason）译述

上海：广学会，1925.5，再版，123 页，25 开

　　收藏单位：江西馆

05947

教会辑史（上篇）　（芬）石约翰（Hannes Sjöblom）（芬）高果能（Kalle Korhonen）著

湖南：信义会，1917，70 页，25 开

　　本书共 3 章：创立教会、殉难之教会、国教会。正文前题：（芬）古墨柔、汝森克原著，石约翰、高果能同译，湖西何恒六述。书前有教会辑史序，写于 1917 年。

　　收藏单位：国家馆

05948

教会觉悟与非基督教运动　胡贻榖编

外文题名：Rediscovery of the christian church in the midst of anti-christian attacks

上海：青年协会书报部，1925，66 页，36 开（基

督教小丛书3）

本书收文 8 篇，内容包括：基督教与非基督教运动、非基督教运动之观察、非基督教运动的研究、非教风潮与本色教会、中国本色教会的讨论等。

收藏单位：重庆馆

05949

教会历史 盖温柔（Nina E. Gemmell）讲 赵世光记

上海：灵粮刊社，1947.4，134 页，32 开

本书为基督教教会历史。分 7 章讲述初期教会的情形、组织、发展及改革等。每章后有习题。

收藏单位：上海馆、绍兴馆

05950

教会历史 （美）赫士（W. M. Hayes）编 李新民代笔

外文题名：Church history

上海：商务印书馆，1915—1916，194+173 页，25 开

本书共两卷，记述 1517—1918 年的基督教教会史。共 23 章，内容包括：绪言、古世教会、续使徒时代、圣教受迫得胜、教父与异端等。

收藏单位：国家馆

05951

教会历史 李少兰译

中华信义会书报部，1941—1949，178+247 页，25 开

本书共 3 卷。

收藏单位：广东馆、桂林馆

05952

教会历史 （德）沙穆著 （英）瑞思义（William Hopkyn Rees）译意 许家惺述文

上海：广学会，1914.8，168 页，25 开

上海：广学会，1920，再版，[70] 页，32 开

上海：广学会，1924.5，184 页，32 开

上海：广学会，1931，再版，184 页，32 开

本书叙述 19 世纪以前的基督教教会史。

共 5 卷：教会之原始、教会中世纪时代等。

收藏单位：重庆馆、国家馆、山东馆、首都馆、天津馆、浙江馆

05953

教会历史（上卷） （美）赫士（W. M. Hayes）编

外文题名：Church history. Vol. Ⅰ

上海：广学会，1921，3 版，146 页，25 开

上海：广学会，1923，4 版，136 页，25 开

上海：广学会，1924，5 版，136 页，25 开

上海：广学会，1933，7 版，136 页，25 开

上海：广学会，1940.3，10 版，136+10 页，25 开

本书记述公元 60—1517 年的基督教教会史。共 23 章。

收藏单位：广东馆、国家馆、吉大馆、山东馆、上海馆、首都馆

05954

教会历史（下卷） （美）赫士（W. M. Hayes）编

外文题名：Church history. Vol. Ⅱ

上海：广学会，1924，4 版，131 页，25 开

上海：广学会，1929.6，5 版，131 页，25 开

上海：广学会，1933，6 版，136 页，25 开

上海：广学会，1940，9 版，131 页，25 开

本书记述 1517—1918 年的基督教教会史，兼论中国、日本、高丽、印度的教会近世史。共 18 章。

收藏单位：国家馆、吉大馆、山东馆、首都馆

05955

教会例文 四川英美会置

成都：华英书局，1921，226 页，36 开，精装

本书共 3 卷：论教会、教会管理法、圣礼。

收藏单位：重庆馆

05956

教会名人传 George Hodges 著 朱友渔译

上海：中华圣公会，1922，142 页，32 开

上海：中华圣公会，1922，再版，142 页，32
开

　　本书内有西披林、欧白罗、澳士丁等 34
位教会名人传记。附传中华教士吴虹钰。附
录中西名词对照表。

　　收藏单位：广东馆、上海馆、浙江馆

05957
教会史　林仰山编
上海：广学会，[1929—1935]，3 册，32 开（齐
鲁神学丛书）

　　收藏单位：南京馆

05958
教会史（第 1 卷 古代教会）　林仰山编著
上海：广学会，1940.7，[277] 页，32 开（齐
鲁神学丛书 11）
上海：广学会，1947.11，再版，[277] 页，32
开（齐鲁神学丛书 11）
上海：广学会，1948，3 版，[277] 页，32 开
（齐鲁神学丛书 11）

　　本书为公元 30—451 年基督教教会史，
共 5 章。书前有编著者自序。

　　收藏单位：重庆馆、广东馆、桂林馆、国
家馆、绍兴馆

05959
教会史（第 2 卷 中代教会）　林仰山编著
上海：广学会，1941.7，144 页，32 开（齐鲁
神学丛书 12）
上海：广学会，1948，2 版，1 册，32 开（齐
鲁神学丛书 12）

　　本书内容包括：欧洲中世纪的情形、东教
与西教之分裂、教会之推广、罗马教皇、修
道院制等。

　　收藏单位：重庆馆、广东馆

05960
教会史（第 3 卷 近代教会）　林仰山编著　彭
彼得校订　单伦理　董昭德译
上海：广学会，1946.6，142 页，32 开（齐鲁
神学丛书 13）
上海：广学会，1947.12，再版，142 页，32

开（齐鲁神学丛书 13）

　　本书共 3 章：西教之改革、罗马教之反改
革运动、近世纪之更正教会等。

　　收藏单位：重庆馆

05961
教会史记入门　雷德礼（L. B. Ridgely）著
汉口：中华圣公会书籍委办，1915，121 页，22
开

　　收藏单位：国家馆

05962
教会史略　何永学著
上海：广学会，1925.2，3 版，40 页，50 开

　　本书共 18 部分，内容包括：加利利战事、
耶路撒冷战事等。

　　收藏单位：山东馆

05963
教会史略　（挪）穆格新（Sten Bugge）编
汉口：中华信义会书报部，1926.4，再版，176
页，32 开
汉口：中华信义会书报部，1933，3 版，176 页，
32 开
汉口：中华信义会书报部，1940.3，4 版，178
页，32 开

　　本书分为古世纪、中世纪、近世纪 3 个
部分，内容包括：教会创立时代、教会自立
时代、教会为国教时代等。含中西名词对照
表。附景教流行中国碑颂并序、景教三威度
赞。

　　收藏单位：广东馆、国家馆

05964
教育手册　基督复临安息日会中华总会教育
部编
基督复临安息日会中华总会教育部，1934，337
页，32 开

　　本书共 6 编，内容包括：办理基督教育
之议案、计划、建议、规程。有论行政机构、
论教育部、论教职员等。书前有教育与人生
观及教育宗旨。

　　收藏单位：上海馆

05965

教宗比约第十　毕辣弥原著　周连墀译

北京：公教教育联合会，1940，144 页，32 开

本书记录了比约第十（庇护十世，Pius X）的内修生活。全书 22 篇。书前有冯奎璋序言。

收藏单位：国家馆、首都馆

05966

教宗比约十一世通牒（基利斯督之平安在基利斯督之中国）

北平：中华公教进行会，[1922]，30 页，32 开

本书为庇护十一世给中国信徒的圣诞通喻。内容涉及国际上及信仰方面的危机。出版年据写作时间。

收藏单位：国家馆

05967

教宗比约十一四十年通牒（中外文对照）

北平：公教教育联合会，1931.5，73 页，18 开

收藏单位：国家馆

05968

教宗训谕（为促进宣传圣教事）　公教教务联合会编

外文题名：Documenta pontificia de provehendis missionibus

北京：公教教务联合会，[1926.6]，62 页，18 开

本书共 3 部分：夫至大至圣之任务、圣教会以往的成绩、余继位伊始。

收藏单位：国家馆

05969

教宗于广播电中之讲演（教宗加冕九周年之纪念）

北平：出版者不详，1931.2，10 页，32 开

本书为庇护十一世 1931 年 2 月 12 日讲演。

收藏单位：国家馆、内蒙古馆

05970

今日乡村教会的观察　张横秋著

中华全国基督教协进会乡村教会与农民生活事业委员会，1926.2，24 页，32 开（乡村教会丛书 3）

本书为华北公理会张横秋调查报告。内容包括：农民生活的状况、教会不足以应付农民的需要、乡村布道新法、乡村教会之树立等。

收藏单位：山东馆

05971

金宝恩的经历　（英）戴存义（Frederick Howard Taylor）著　吴久舒译

上海：广学会，1936.8，225 页，32 开

本书为加拿大传教士金宝恩（Margaret King）传记。

收藏单位：重庆馆、国家馆

05972

金陵女子神学院校友通修会特刊　校友通修会特刊编辑部编

南京：校友通修会特刊编辑部，1948.10，30 页，25 开

本书内容包括：发刊词、校友通修会记略、校友会成立之经过等。

收藏单位：南京馆

05973

金陵神学录　金陵神学院编

上海：商务印书馆，1912，44 页，32 开

本书内容包括：该校简史、学生须知、课程表及职员名录等。

收藏单位：国家馆、南京馆

05974

金陵神学院董事会年会记录　金陵神学院编

[南京]：[金陵神学院]，[1936]，104 页，32 开

该会于 1936 年 5 月 27 至 28 日召开。

收藏单位：南京馆

05975

金陵神学院董事会年会记录　金陵神学院编

南京：金陵神学院，[1937]，[100] 页，25 开

该会于 1937 年 5 月 18 日至 19 日召开。本书内容包括：该会董事及列席代表名单、会议议程、报告、议案等。用中英文两种文字刊载。

收藏单位：国家馆

05976

金陵神学院简章

出版者不详，1941，89+64 页，22 开

收藏单位：广东馆

05977

近代基督教思潮　李志实译

上海：广学会，1926，77 页，32 开

本书论述了近代基督教思想的发展。

收藏单位：国家馆、山东馆

05978

近代教会史　（英）贾立言（A. J. Garnier）著　陈女士　朱巧贞译

外文题名：Modern church history

上海：广学会，1940.2，151 页，32 开

本书介绍自 14 世纪至 20 世纪初从事教会运动的领袖们的道德言行以及教会的发展情形。

收藏单位：重庆馆、国家馆、南京馆

05979

经过烈火的洗礼以后　邵镜三编

香港：青年协会书局，1939，108 页，32 开（非常时丛书第 2 类 8）

本书收录 9 篇文章：《一千五百里的长征》（蒋翼振）、《主解重围》（余牧人）、《烽火回忆录》（朱敬一）、《湖上余生》（王钥东）、《安勿忘危》（查全璧）、《炸弹下所得的经验》（杨光邃）、《遭难所得的经验和教训》（周梅阁夫人）、《生死关头》（邵镜三）、《苦中的甜味》（桂克美）。书前有编辑旨趣和编者引言。书后有编者的编后。

收藏单位：广东馆、国家馆、南京馆

05980

经课基督指要　（美）步济时（John Stewart

Burgess）著　杨培栋译

上海：中华基督教青年会组合，1914.12，3 版，16 页，32 开

本书内容包括：耶稣基督之家世与阅历、耶稣基督之德性等 6 课。

收藏单位：国家馆

05981

经文中的耶稣　（加）谢尔孟（Henry Burton Sharman）著　（加）云从龙（L. E. Willmott）译

上海：协和书局，1925，240 页，32 开

本书材料选自圣经，每周的课程大纲分为目的、方法、内容、小结 4 部分。

收藏单位：浙江馆

05982

景教碑考　冯承钧著

上海：商务印书馆，[1928]，100 页，32 开（史地小丛书）

上海：商务印书馆，1931.5，100 页，32 开（史地小丛书）

上海：商务印书馆，1933.3，国难后 1 版，100 页，25 开（史地小丛书）

上海：商务印书馆，1935.5，国难后 2 版，100 页，25 开（史地小丛书）

本书为大秦景教流行中国碑考。内分 5 节：碑之发现、清儒考证、唐代之景教、景教碑文、叙利亚文人名表。书后附大秦考、拂菻考、犁轩考等。

收藏单位：重庆馆、大庆馆、东北师大馆、广东馆、国家馆、河南馆、湖南馆、江西馆、近代史所、辽宁馆、南京馆、山西馆、上海馆、首都馆、天津馆、浙江馆、中科图

05983

敬礼圣类思默想九则

上海：土山湾印书馆，1926，40 页，32 开

上海：土山湾印书馆，1932.8 印，2 版，40 页，32 开

本书讲解类思一生的言行。共 9 篇，内容包括：谨口慎言、谨守眼目、节食苦身、热心神业、虔敬圣母、轻视世荣、热心救灵等。书前有序。

收藏单位：国家馆、上海馆

05984

纠谬新编　张亦镜著

外文题名：Correcting errors

广州：美华浸会印书局，1922.2，59页，25开

　　本书是作者为纠正绍安君辟"张亦镜批评梧州救国晨报绍安君对于美国政府学校禁用耶稣书之感言"之谬而作。

　　收藏单位：桂林馆

05985

旧约十大伟人

上海：广协书局，1934.11，110页，32开

　　收藏单位：南京馆

05986

救恩　（美）卢述福（Joseph F. Rutherford）著

上海：守望台圣经书社，1939，399页，32开，精装

　　本书辑集《圣经》中有关耶稣的事迹，编成故事。

　　收藏单位：上海馆

05987

救世后即满十九世纪勅定特别圣年颁殊恩大赦诏书　公教教育联合会译

北平：公教教育联合会，1933，11页，32开

　　本书为庇护十一世于1933年1月在梵蒂冈宣布，包括赦诏书、录事两部分。

　　收藏单位：国家馆

05988

救世军道理

北平：救世军华北区域本部，1932，402页，18开

　　收藏单位：山东馆、首都馆

05989

救世军指略注解

北京：救世军华北本部，1927，277页，25开

　　收藏单位：首都馆

05990

救世主　（法）肋班（M. Lepin）著　王昌社译

外文题名：L'évangile de Notre-Seigneur Jésus-Christ

上海：震旦大学，1938.5，506页，64开（震大公青会丛书2）

上海：震旦大学，1940.3，再版，506页，64开（震大公青会丛书2）

　　本书叙述耶稣一生的行实。内容包括：引言、耶稣的来历、耶稣隐晦的生活、耶稣公开的生活、耶稣受难等。书前有勒氏原序。书末附新经上对于教义和神修有关的各节、灵迹比喻分类表等。

　　收藏单位：国家馆

05991

救世主传　（美）阿道夫（Mary Adolph）译

兖州：兖州保禄印书馆，1945.4，228页，36开（天路丛书2）

　　本书为公教教理读本，初级小学适用。共10章，内容包括：伟大的故事、最甜美的故事、耶稣开始传道等。书前有译者序及费爱华的"最稀奇的故事"。

　　收藏单位：国家馆

05992

救主画传　（加）薄玉珍（Margaret H. Brown）编著

外文题名：A pictorial life of our saviour

上海：广学会，1939.10，3版，16页，32开（广学连环画丛刊）

　　收藏单位：南京馆

05993

救主行实图解

出版者不详，1935，[82]页，18开

　　本书辑照片40幅，讲解耶稣的圣迹。内容包括：耶稣圣诞、耶稣十二龄时讲道、耶稣受洗热尔当河、宗徒承命举纲得鱼、耶稣复活雅义路女、耶稣登山当众升天等。

　　收藏单位：国家馆、吉林馆、南京馆、内蒙古馆、上海馆、天津馆

05994

举世钟爱之女（圣女婴孩耶稣德肋撒） 纪怀
德著

香港：纳匝肋印书馆，1948.5，307 页，32 开

本书为德肋撒传记，共 15 章。

收藏单位：国家馆

05995

军兵规章 [救世军华北区域本部] 编

北平：救世军华北区域本部，1934，258 页，
36 开

北平：救世军华北区域本部，1935.1，再版，
258 页，36 开

本书内含宗旨、组织原则及军兵行为规
范。书前有编者通令。

收藏单位：国家馆、首都馆

05996

慷慨的财主 邱吉云（A. M. Chingwin）著
（加）薄玉珍（Margaret H. Brown） 梅晋良译

上海：广学会，1939，80 页，32 开

本书叙述英国富翁捐款给基督教发展布
道工作的故事。

收藏单位：吉林馆、南京馆

05997

抗战老人雷鸣远司铎 耀汉小兄弟会编

北平：耀汉小兄弟会，1947.10，52 页，32 开

本书共 3 部分：《抗战老人雷鸣远司铎》
（立册）、《雷故司铎鸣远事略》（方豪），附
《爱中国爱了六十三年雷鸣远》（警雷）。书前
有国民政府褒扬令及前言。

收藏单位：国家馆、南京馆、内蒙古馆

05998

考试主保 乐泉译

澳门：慈幼印书馆，1948.12，31 页，50 开（灵
修小丛书 48）

本书为圣若瑟·顾伯定诺小传。

收藏单位：国家馆

05999

可纪念的少年著作家 傅玉棠译

澳门：慈幼印书馆，1945，34 页，50 开（灵修
小丛书 18）

澳门：慈幼印书馆，1946.11，再版，34 页，50
开（灵修小丛书 18）

本书为安德肋·白德美（D. Andrea
Beitrami）司铎小传。

收藏单位：国家馆、上海馆

06000

可敬多明我啥维豪传 朱希圣译

外文题名：La vie de Dominique Savio

出版者不详，[1919]，110 页，32 开

本书为 19 世纪西班牙天主教修道士多
明我·沙维贺（即啥维豪，Dominicus Savio）
传。书前有原序及序。

收藏单位：国家馆、首都馆

06001

可敬加大利纳德嘉归达传 丁宗杰编

上海：土山湾印书馆，1941，75 页，46 开

本书为印第安女孩加大利纳·德嘉归达
传记。内容包括：可敬女幼时的日常生活、替
若格神父复仇、领洗、逃走、初领圣体等。
正文前题：摩哈江畔玉簪罗椤河滨之花。书后
附圣迹二起。

收藏单位：国家馆

06002

可敬尚巴纳神父小传 魏尚廉译

兖州：保禄印书馆，1941.12，101 页，32 开

本书为法国天主教神父尚巴纳（1789—
1840 年）传记。共 23 章。附录圣召问题。

收藏单位：国家馆、首都馆

06003

可敬小德肋撒传撮要 李若望译

上海：土山湾印书馆，1923，22 页，64 开

本书为法国圣衣修女德肋撒（Thérèse）
传略。

06004

克理维廉传 （英）史密斯（Geonge Smith）著
周云路译

外文题名：The life of William Carey

上海：广学会，1927，再版，71 页，32 开（国外布道英雄集 2）

　　本书为英国远方布道会传教士威廉·克理（William Garey）传。著者原题：司密特。

　　收藏单位：重庆馆

06005

孔维铎传略

[北京]：出版者不详，[1940]，116 页，32 开

　　本书为美国传教士孔维铎传记。共 11 章，内容包括：幼年的时代、修道、神父与副主教的职务、建立传教修院的情形、开发传教、主教时的事略、总会长的工作时代等。

　　收藏单位：国家馆

06006

苦耶稣　陈田编

上海：土山湾印书馆，1937.5，90 页，32 开（圣体军小丛书）

　　本书依据《圣经》和传记，叙述耶稣的圣难。共 8 部分，内容包括：苦难主日、欢迎耶稣、建立圣体等。

　　收藏单位：国家馆

06007

旷野之声

香港：真理学会，1948.7，22 页，50 开（民众读物小丛刊 23）

　　本书介绍使徒约翰和马太，收文两篇：《耶稣的前驱洗者若翰》《圣玛窦》。

　　收藏单位：国家馆

06008

赖麦培　[（美）脱埃海伦] 著　[丁罗米] 译

上海：广学会，1912，144 页，25 开

　　本书为印度女基督徒赖麦培传记。共 12 章。书前有原著者序及中国女青年会总委办编译部的译书大意。

　　收藏单位：国家馆、山东馆

06009

赖神浸信会　梁有雄编

广州：东山赖神会，1949，1 册，32 开

　　收藏单位：广东馆

06010

郎世宁修士年谱　刘乃义著

天津：出版者不详，50 页，32 开

　　本书为天主教传教士意大利人郎世宁（Giuseppe Castiglione）年谱。

　　收藏单位：国家馆、首都馆

06011

雷鸣远司铎追悼会纪念册　方豪述编

方豪述 [发行者]，1940.7，4 页，16 开

　　雷鸣远（1877—1940），原籍比利时，后入中国籍，本书简要介绍他在中国抗日战争时期的事迹。书前有雷鸣远遗墨。

06012

雷主任公毕返团主保瞻礼联合庆祝大会纪念册　督导旬报编

军委会华北战地督导民众服务团，20 页，16 开

　　本书内容包括：大会的筹备经过、大会盛况、祝词致词及附录等。雷主任即雷鸣远神父。

　　收藏单位：国家馆

06013

离家之后　张之临著

上海：土山湾印书馆，1937，35 页，32 开

　　本书介绍了天主教有关悔改的教义。内容包括：堕落、烦恼、求父宽恕、后母不容、补赎、工作等内容。

　　收藏单位：国家馆

06014

李叔青传　李仲覃编

上海：广学会，1934.1，129 页，25 开

　　李叔青，名延生，清末基督教徒。本书记述其家庭、学校教育、成为传教士的生活道路。书末附李叔青的著述。

　　收藏单位：国家馆、南京馆

06015

李提摩太传　（英）苏特尔原著　（英）梅益

盛（Isaac Mason）　周云路译述

上海：广学会，1924.9，100 页，32 开（国外布道英雄集 6）

　　本书共 18 章，内容包括：诞生和幼年、离烟台迁居青州布道、赈济山东饥荒、第一次回国、广学会的事功等。

　　收藏单位：上海馆、绍兴馆

06016

李我存研究　方豪著

杭州：我存杂志社，1937.5，96 页，32 开（我存丛书 5）

　　李我存（1566—1630），名之藻，明代科学家，利玛窦的学生，与徐光启等人将西学介绍于国内。本书介绍其生平及学术成就。末附杂记、年谱及遗文。

　　收藏单位：国家馆、浙江馆

06017

李我存·杨淇园两先生传略　浙江杭州仓桥天主堂编辑

杭州：我存杂志社，1933.8，30 页，32 开

　　本书为天主教徒李我存、杨淇园传记。

　　收藏单位：国家馆、内蒙古馆

06018

李修善牧师传　（英）林辅华（Charles Wilfrid Allan）著　谷云阶译

上海：广学会，1934.11，135 页，32 开

　　本书为英国牧师李修善传记。

　　收藏单位：北大馆、辽宁馆

06019

李义和传　[刘赖孟多] 著

献县：张家庄天主堂，1933，69 页，32 开

　　本书为中国天主教徒李义和传。

　　收藏单位：国家馆

06020

力的创造（上海中华基督教青年会三十五周年纪念册）　上海青年会编

上海：上海青年会，91 页，16 开

　　本书内容包括：三十五年前的上海青年会、青年会与中国民族、我为什么辅助青年会、青年会与世界、青年会与青年问题等。书前有孙中山先生嘉言。书后附载本会二十周年纪念会曹雪赓先生演讲辞。

　　收藏单位：重庆馆、国家馆、南京馆、内蒙古馆、上海馆

06021

历史上之基督　（英）顾乐伟（T. R. Glover）著　（英）莫安仁（Evan Morgan）译

外文题名：The Jesus of history

上海：广学会，1924.10，4 版，165 页，25 开

上海：广学会，1931，5 版，165 页，25 开

　　本书论述基督教的历史。共 10 章，内容包括：福音之研究、基督之幼时、基督之心理、耶稣与其门人、耶稣就上帝所立之训诲、耶稣就人所立之训诲、耶稣论罪之训诲、选负十字架之义等。

　　收藏单位：重庆馆、山东馆

06022

利玛窦年谱初稿（上）　李一鸥著

出版者不详，437—520 页，16 开

　　本书介绍意大利天主教传教士利玛窦的生平事迹。

　　收藏单位：国家馆

06023

利玛窦司铎和当代中国社会　（法）裴化行（Henri Bernard）著　王昌社译

外文题名：Le Père Matthieu Ricci et la soclété chinoise de son temps

上海：东方学艺社，1943.4，2 册（307+263 页），22 开

　　本书共 2 册。第 1 册分上、下两编。上编：在中国社会的边缘上；下编：西洋儒士。第 2 册分上、下两编。上编：万历皇帝的"主顾"；下编：西儒利玛窦。主要叙述利玛窦在中国传教的经过。书前有著者序。

　　收藏单位：国家馆、辽师大馆、南京馆、宁夏馆、上海馆、首都馆、浙江馆、中科图

06024

灵迹大圣　岳道编译

澳门：白德美纪念出版社，1945.6，32 页，50 开（灵修小丛书 12）

澳门：白德美纪念出版社，1947.4，再版，32 页，50 开（灵修小丛书 12）

本书为安东尼（1195—1231）小传。书前有导言。书后有向圣安尼诵。

收藏单位：国家馆

06025

灵心小史（圣女小德肋撒自传）

外文题名：Ste Thérèse de L'Enfant Jésus

上海：土山湾印书馆，1928.9，335 页，32 开

上海：土山湾印书馆，1929，2 版，520 页，32 开，精装

上海：土山湾印书馆，1947.10，4 版，335 页，32 开

本书为德肋撒（Thérèse）自传。分 12 章记述了圣女小德肋撒的生活琐事。

收藏单位：安徽馆、国家馆、南京馆、内蒙古馆、上海馆、首都馆

06026

灵医会会祖　郭尔根著

澳门：慈幼印书馆，1949.6，28 页，50 开（灵修小丛书 66）

本书为嘉弥略·雷列斯小传。

收藏单位：国家馆

06027

刘董二位致命真福合传（湖北襄郧属教史记略）

上海：土山湾印书馆，1921，65 页，22 开

上海：土山湾印书馆，1937 印，193 页，32 开

本书内容包括：刘司铎方济各·克来小传、董司铎若望·嘉俾厄尔伯尔·玻亚尔小传。二人均为天主教殉教的法国传道士。1921 年版书后附董真福同时被难诸教友记略。1937 年版由鄂北襄郧教史录刊，并附董圣人致命歌诀上、下篇。

收藏单位：国家馆

06028

六十年来美华圣经会事业的检讨　（美）力宣德（George Carleton Lacy）著

上海：美华圣经会，1936.5，17 页，32 开（美华圣经会丛书）

本书记述美华圣经会自 1875—1935 年 60 年间推广经销《圣经》的情况。

收藏单位：国家馆

06029

鲁利传　（美）瑞美尔著　（英）梅益盛（Isaac Mason）译

上海：广学会，1924.1，41 页，32 开（国外布道英雄集 1）

上海：广学会，1930，再版，41 页，32 开（国外布道英雄集 1）

本书为美国布道会传教士鲁利传记。共 9 章，内容包括：鲁氏少年事迹、见异象事奉上帝、鲁氏的预备传道、鲁氏著书兴学并游说罗马教皇等。

收藏单位：重庆馆、山东馆

06030

陆德音女士荣哀录　周蜀云等著

贵阳：基督教女青年会，50 页，32 开

陆德音（？—1940），是贵阳女青年会的会长。

06031

路得改教纪略　（美）林乐知（Young J. Allen）编

上海：广学会，1923，再版，156 页，22 开

上海：广学会，1939，10 版，172 页，32 开

上海：广学会，1941.6，11 版，172 页，32 开

本书记述马丁·路德的生平。共 23 章，内容包括：总引大纲、未改正前教务情形、路得早岁情形、在安福德读书情形、路得为修道士情形等。

收藏单位：安徽馆、重庆馆、国家馆、首都馆

06032

路得改教四百年纪念　（芬）喜渥恩（Erland

Sihvonen）著

上海：福音书房，1917，31 页，25 开

收藏单位：首都馆

06033

路得马丁生平　沈君默　谢颂羔编

上海：广学会，1941，100 页，32 开

本书为马丁·路德传记。

收藏单位：广东馆、上海馆

06034

路得传略　[A. Gasperment] 著　[孟司铎] 述

献县：出版者不详，1928，222 页，32 开

本书为马丁·路德传。共 3 卷：论路得事迹、论路得异端、论路得秉性。书前有孟司铎序、小引及凡例，有地名、人名对照表，路得行实年表。

收藏单位：广东馆、国家馆

06035

路德改教史　（德）斐嘉乐著　廖安仁译

上海：中华书局，[1917]，60 页，32 开

本书为马丁·路德（Martin Luther）小传。介绍他自入教至修改天主教义的一段历史。

06036

路德改良教会纪事本末　（芬）喜渥恩（Erland Sihvonen）著

汉口：[信义神学院]，1917，[82 页]，25 开

本书为路德改教 400 年纪念。共 4 章：教会历史总论、路得改教历史、路得现世小评文、路得教播道小事略。

收藏单位：国家馆

06037

路德传　（瑞典）何礼魁（H. H. Holmquist）著　（美）戴怀仁（Ingvald Daehlin）　陈建勋译述

外文题名：Life of Martin Luther

汉口：中华信义会书报部，1937.5，306 页，32 开

本书为马丁·路德传。共 23 章。

收藏单位：国家馆、南京馆、人大馆

06038

露德小花　邓青慈译

澳门：白德美纪念出版社，1946.8，再版，30 页，50 开（灵修小丛书 20）

澳门：白德美纪念出版社，1948，3 版，28 页，50 开（灵修小丛书 20）

本书为法国天主教圣女伯尔纳德·苏庇卢（Bernadette）小传。

收藏单位：国家馆

06039

论勤领圣体的上谕

青岛：天主堂，1913，活板，16 页，50 开

青岛：天主堂，1931，2 版，18 页，50 开

本书为 1905 年教皇庇护十世的通谕。

收藏单位：国家馆

06040

论勤领圣体的上谕

兖州：兖州府天主堂印书局，1931，2 版，18 页，50 开

收藏单位：国家馆

06041

论圣保禄宗徒　希望著

北平：中华公教进行会总监督处，1936.10，42 页，32 开（公教进行 11）

北平：中华公教进行会总监督处，1939.10，再版，42 页，32 开（公教进行 11）

本书论述保罗在传教中的功绩。内容包括：代序、引言、传略、致命简史、勇毅的性格、特出的学识、超凡的圣德、传教的成绩、遗书。

收藏单位：国家馆

06042

罗马教皇代表蔡宁总主教首次莅杭、杭州田法服大主教晋升银庆纪念刊　我存杂志社编

出版者不详，70 页，13 开

本书记录了罗马教皇代表蔡宁之行，以及田法服大主教晋升仪式。

收藏单位：浙江馆

06043

罗马克力门书暨初期福音一讲 李涌泉编译
上海：广学会，1939.9，36 页，32 开（基督教学术推进会丛书 基督教初期遗文 1）

收藏单位：国家馆、内蒙古馆、山东馆

06044

罗马宗教激战史 （德）乌利航著 （美）武迪庵译
出版者不详，202+154+88 页，23 开

本书共 3 编：冲突、激战、胜利。

收藏单位：重庆馆

06045

略知门径 苏州中华基督教青年会编
苏州：中华基督教青年会，1930，22 页，32 开（苏州中华基督教青年会农村事业丛刊 3）

本书介绍苏州基督教青年会唯亭山麓村服务处从道德、常识、卫生和改善社会经济生活状况着手，所作的工作及所获得的当地乡民的好评。

06046

马丁路得的事迹 中华浸会少年团联会编辑部编
外文题名：Light amid the darkness as seen in the life of Martin Luther
上海：中华浸会书局，1944.10，117 页
上海：中华浸会书局，1949.4，3 版，11+117 页，32 开

本书为《黑暗中的亮光》一书改名出版。讲述了马丁·路德（Martin Luther）的生平事迹。

收藏单位：国家馆、上海馆、首都馆

06047

马礼逊小传 清洁理（Katharine R. Green）著（美）费佩德（Robert Ferris Fitch） 杨荫浏译
外文题名：Robert Morrison: the first protestant missionary to the Chinese
上海：广学会，1935.3，176 页，32 开

上海：广学会，1940，再版，175 页，32 开
上海：广学会，1946，3 版，175 页，32 开

本书介绍英国传教士马礼逊（Robert Morrison）的生平。内分终久到了中国、与人分享的丰富、长途的航行、闭关时代的中国、一位正式的译员、董事的反对与北京之行、连翩的不幸、英伦之行等 12 章。卷首有译者费佩德的序和著者序。版权页注有"改正教中最早来华的宣教士"的字样。书末有参考书籍。

收藏单位：重庆馆、国家馆、近代史所、辽宁馆、南京馆、上海馆、首都馆、天津馆、浙江馆

06048

马礼逊传 （英）梅益盛（Isaac Mason）著 周云路译述
上海：广学会，1924，47 页，32 开（国外布道英雄集 4）
上海：广学会，1932，3 版，47 页，32 开（国外布道英雄集 4）

本书为英国传教士马礼逊（Robert Morrison）传。

收藏单位：南京馆、上海馆

06049

玛德拉斯大会印象集 吴耀宗编
上海：中华全国基督教协进会，[1939]，141 页，32 开（玛德拉斯世界大会文献丛刊 11）

本书记印度马德拉斯国际基督教代表大会。内容包括：玛德拉斯大会的意义和使命、玛德拉斯大会给我的印象、玛德拉斯大会的高辉等 10 篇。

06050

玛利亚 （法）申自天（René Archen）译
天津：崇德堂，1948.6，147 页，32 开

本书为圣母玛利亚传记，共 12 章。

收藏单位：国家馆、首都馆

06051

梅格姑娘 梁玛加利（Margarel Leung）著 林蕊 黄孟昭译

香港：真理学会，[1937]，28 页，32 开

　　本书讲述了基督教徒梅格的生平事迹。

　　收藏单位：国家馆、南京馆

06052

美国慕翟事略 （美）慕惠廉（William R. Moody）
著　王臻善译

上海：广学会，1932，4 版，206 页，32 开

　　本书为 19 世纪美国兴奋派传教士穆迪（D.L. Moody）传略。

　　收藏单位：广东馆、绍兴馆、浙江馆

06053

美国圣经会在华八十三年之历史　J. R. Hykes
著

出版者不详，1916，70 页，24 开

　　本书记述美国圣经会在华之情形大略。内容包括：在传教士经理之时代、在中国设立分会之时代等。另有该会在中国印刷书量及翻译工作等。

　　收藏单位：湖南馆、首都馆

06054

美国宗教家劳遮威廉传　陈一山笔述　曹卓人删润

外文题名：Life and times of Roger Williams: A struggle for religious liberty

上海：广学会，1912，36 页，23 开（世界政治家列传）

　　本书为美国教士罗杰·威廉斯传略。主要介绍其争取宗教自由的斗争情况。节译自 A.P. Parker 所著 *Some of the World's Leading Statesmen*（*American*）一书。

　　收藏单位：国家馆

06055

美华圣经会季刊

上海：美华圣经会，1932，173 页，25 开

　　本书为第 15—19 期合订。

　　收藏单位：广西馆

06056

美华圣经会近十年进步概况　林天和编

上海：美华圣经会，1934.4，11 页，32 开（圣经会丛书）

　　本书简述美华圣经会在华 10 年的情况。

　　收藏单位：国家馆

06057

美华圣经会在华百年事业大势 （美）力宣德（George Carleton Lacy）著

上海：美华圣经会，1932，22 页，64 开

　　本书叙述了美华圣经会在华 100 年来的活动。书前有梦秋罗序。书后有林天和跋。

　　收藏单位：广西馆、国家馆

06058

美华圣经会在华百年之佳果 （美）力宣德（George Carleton Lacy）著

上海：美华圣经会，1934.4，12 页，32 开（圣经会丛书）

　　本书记述美华圣经会自 1833 年以来在华办理圣经事业 100 年的情况。

　　收藏单位：国家馆

06059

美洲华侨教会　刘粤声编

全美华侨基督教大会，1933，214 页，32 开

　　本书共 12 章，内容包括：大会的宣言、会章、祝电、祝词、讲章、议程、会使、职员、筹备纪略、议案汇志、分组提案和进支数目等。书后有 9 章附录。

　　收藏单位：山东馆

06060

弥额尔马高鼎传 （意）鲍斯高（S. Joannes Bosco）著　邓青慈译

澳门：慈幼印书馆，1944.7，66 页，32 开（青年丛书 2）

澳门：慈幼印书馆，1947.8，再版，56 页，32 开（青年丛书 2）

　　本书为天主教圣徒马高鼎·弥额尔传记。

　　收藏单位：国家馆、南京馆

06061

免疫主保　殷士译

澳门：白德美纪念出版社，1946，31页，42
开（灵修小丛书2）

澳门：白德美纪念出版社，1948.4，3版，32
页，42开（灵修小丛书2）

本书为圣罗格小传。

收藏单位：国家馆

06062

苗族救星　古宝娟　绕恩召译述

汉口：中国基督圣教书会，1939.10，102页，
32开

本书记述英国牧师柏格理（Samuel
Pollard）在中国云南苗族中布道的经过。

收藏单位：国家馆、内蒙古馆

06063

民国十九年的上海青年会　上海青年会编

上海：青年会，[1930]，16页，32开

本书介绍上海基督教青年会1930年工作
概况。

06064

民国四年青年会成绩之报告　青年会全国协
会编

上海：青年会全国协会，1916.11，40页，24
开

本书共5篇，内容包括：全国协会之事
业、各地青年会之事业、学生之事业等。附
会计之报告、董事干事题名录等。

收藏单位：上海馆

06065

民国五年青年会成绩之报告　青年会编

上海：青年会，1916，58页，24开

本书共3篇：中华基督教青年会宗旨及组
织、论中华基督教青年会为国民公立公有之
机关、一年内会务之概闻。

06066

名牧遗徽　谢洪赉编著

外文题名：Lives of prominent Chinese pastors

上海：青年协会书局，1940.11，69页，32开

本书共10篇，收录谢锡恩、颜永京、许

扬美、席子直、陈大镛等人的事略。

收藏单位：南京馆

06067

名牧遗徽　谢洪赉著

上海：中华基督教青年会全国协会书报部，
1916.2，98页，32开

本书内容包括清末民初牧师谢锡恩、颜
永京、许扬美、席子直、陈大镛、黄品三、
谢谈庵、孟继贤、王煜初、何福堂10人的事
略。书前有著者叙。

收藏单位：国家馆、近代史所、辽宁馆

06068

明末奉使罗马教廷耶稣会士卜弥格传　沙不
烈（Robert Chabrié）撰　冯承钧译

长沙：商务印书馆，1941.4，124页，25开

本书包括卜弥格的传记3编，介绍其一
生的经历与遗著。书前有译者序及撰者《概说
十七世纪之中国及耶稣会》一文。书后附补译
者补辑的庞天寿等五人传。中译本略有删削。

收藏单位：广东馆、国家馆、近代史所、
辽大馆、辽宁馆、南京馆、上海馆、首都馆、
中科图

06069

模范信徒（原名，吴累满传记）　（英）梅益
盛（Isaac Mason）　周云路译述

上海：广学会，1923，126页，32开

本书为美国基督徒吴累满约翰传略。

收藏单位：重庆馆

06070

**墨西哥第一位公进致命（光明玛利亚刚麦卓
女士传）**　Anthony Dragon原著　王昌社编译

香港：公教真理学会，1941.8，173页，32开

本书内容包括：在无神派控制下的墨西
哥、刚麦卓女士的家庭生活、在俗的宗徒、
为主捐躯。

收藏单位：国家馆

06071

母后典型　傅玉棠译

外文题名：Sta. Elisabeth a Thuringia

澳门：慈幼印书馆，1947.7，32 页，50 开（灵修小丛书 24）

本书为匈牙利圣妇依撒伯尔小传。

收藏单位：国家馆

06072

慕翟生平 谢颂羔编

外文题名：A short life of D. L. Moody

上海：广学会，1938.10，80 页，32 开

本书为纪念慕翟诞辰 100 周年而作。

收藏单位：绍兴馆

06073

穆德传（世界的公民）（英）马修（Basil Mathews）著 张仕章译

外文题名：John R. Mott, world citizen

上海：青年协会书局，1935.3，[13]+404 页，25 开（青年丛书 20）

上海：青年协会书局，1940.10，再版，[13]+404 页，25 开（青年丛书 20）

上海：青年协会书局，1948.10，3 版，[13]+404 页，25 开（青年丛书 20）

本书分 21 章介绍美国基督教卫理公会教士穆德（John R. Mott）的生平与传教活动。书前有译者序和著者卷首语。附录穆德博士著述一览。封面有穆德博士世界旅程图。著者原题：马泰士。

收藏单位：重庆馆、东北师大馆、广东馆、国家馆、黑龙江馆、吉大馆、吉林馆、南京馆、宁夏馆、山西馆、上海馆、绍兴馆、首都馆、浙江馆、中科图

06074

穆勒传（原名，信魁济梵传）（德）穆勒著（英）鲍康宁（Frederick William Baller）译 朱立德校

外文题名：The life of Rev. George Müller of Bristol

上海：广学会，1930.3，5 版，114 页，32 开

上海：广学会，1931.12，6 版，114 页，32 开

上海：广学会，1935.12，7 版，114 页，32 开

上海：广学会，1936.10，8 版，114 页，32 开

上海：广学会，1939.12，10 版，114 页，32 开

上海：广学会，1946.12，11 版，114 页，32 开

本书为德国宗教信徒穆勒略传。主要介绍其靠传教募捐创办大孤儿院的事迹。共 18 章，内容包括：弃暗就光、亮渐胜暗、信心如火旺、新开荒地、根深叶茂等。书前有译者鲍康宁（英国牧师）序。

收藏单位：国家馆、南京馆

06075

南游记略 余日章著

上海：青年协会书报部，1918，12 页，32 开

本书介绍了城市学校基督教青年会联合组织，记述由广州到云南旅行中沿途的布道工作。

06076

宁波基督教青年会民国十三年份全年会务报告 谢凤鸣撰

宁波：宁波基督教青年会，1924，1 册，16 开

本书内容包括：序言、通启、德育事业、智青事业、体育事业、君育事业等。

收藏单位：浙江馆

06077

宁波青年会成立十五周年纪念特刊

宁波：宁波基督教青年会，1933.1，1 册，16 开

本书内容包括：总理遗像、孙中山先生对青年会之言论、本会会所、题词、发刊词、惠词、本会现任董事部等内容。

收藏单位：浙江馆

06078

宁波青年会会务报告、建筑计划 宁波青年会编

宁波：宁波青年会，1921，[28] 页，16 开

本书内含宁波基督教青年会会务报告及会所建筑计划等。

06079

女大善士伊利赛伯传 （英）节丽春（D. C. Joynt）译 高献筮述

外文题名：Elizabeth Fry

上海：广学会，1912，60 页，23 开

本书为英国基督教公谊会慈善家伊丽莎白·弗赖传略。共 15 章。主要介绍她一生致力于监狱改革运动的事迹。书前有英国节丽春序。

收藏单位：北大馆、国家馆

06080

瓯圣行演 吴怀赤著

献县：献县天主堂，1932，134 页，32 开

本书记叙罗马人瓯大觉的生平行实。共 29 回，内容包括：瓯圣履历、佯败取胜、畅谈宗教等。书前有前引。河北献县主教恩利格刘准。

收藏单位：国家馆

06081

欧柏林传 道生（Marshall Dawson）著 章申译

外文题名：Oberlin

成都：基督教联合出版社，1944，170 页，32 开（金陵神学院丛书）

本书为牧师欧柏林的传记。

收藏单位：重庆馆

06082

欧洲大陆基督教更正史 罗金声（C. H. Plopper）编译 汪其天述文

外文题名：History of the reformation of the church on the continent of Europe

南京：金陵神学院教会历史部，1932.11，254 页，25 开

本书论述欧洲宗教改革运动的史实。共 12 章，内容包括：更正教起始时的欧洲情形、路得和更正教运动等。书前有编者自序。

收藏单位：国家馆、南京馆

06083

贫苦之父（圣味增爵小传） 岳道译

外文题名：S. Vincentius a Paulo

澳门：慈幼印书馆，1946.8，再版，34 页，50 开（灵修小丛书 14）

澳门：慈幼印书馆，1948，3 版，32 页，50 开

（灵修小丛书 14）

本书讲述罗马公教基督教徒圣味增爵的成长经历。内容包括：种子时期、萌芽时期、成熟时期、实用时期等。书末附《向圣味增爵敬礼诵》。

收藏单位：国家馆、南京馆

06084

贫人之后（圣女加辣小传） 傅玉棠译

外文题名：Sta. Clara Assisiensis

澳门：白德美纪念出版社，1946.7，28 页，50 开（灵修小丛书 27）

澳门：白德美纪念出版社，1948.6，再版，30 页，50 开（灵修小丛书 27）

本书共 15 部分，内容包括：亚西西的圣加辣、童年时代、主的净配、战争与胜利等。书末附《向圣女加辣诵》《圣女加辣瞻礼之弥撒祷文》。

收藏单位：国家馆

06085

贫人之母（圣女罗依斯·马丽辣克小传） 傅玉棠译

外文题名：Sta. Aloisia de Marillac

澳门：慈幼印书馆，1947.9，32 页，50 开（灵修小丛书 41）

本书共 16 部分，内容包括：小天使、伟大的愿望、结婚与丧夫、准备接受、主的计划等。书末附《向圣女罗依斯·马丽辣克诵》《祝文》等。

收藏单位：国家馆

06086

"迫于基利斯督之慈爱"通牒 中华公教教育联合会译

北平：公教教育联合会，1932.9，26 页，32 开

本书由教宗比约十一世于 1932 年 5 月 3 日颁发，主要论及当时的世界形势，号召信徒坚信天主。

收藏单位：国家馆

06087

七苦圣母的爱儿（圣嘉庇厄尔小传） 岳道译

外文题名：S. Gabriel A B. V. M. Perdolente

澳门：慈幼印书馆，1945.2，32 页，50 开（灵修小丛书 8）

澳门：慈幼印书馆，1947.10，再版，32 页，50 开（灵修小丛书 8）

本书共 14 部分，内容包括：圣人诞生、求学时代、几点斑痕等。书末附《格言和定志》《圣人常诵的经》等。

收藏单位：国家馆、南京馆

06088
奇年奇行 （法）辣柔尼（M. Lajeunie）著

外文题名：La gracieuse histoire de la Petite Anne de Guigne

上海：土山湾印书馆，1931，110 页，32 开

本书讲述一个叫奇年（Anne de Guigne）的小女孩至死信奉天主的故事。

06089
耆年汇刊 赵希明编

基督教四市耆年会，1937，[100] 页，32 开

本书内容包括：耆年会历年会务、各埠通讯录、耆年协会组织大纲、耆年会理想与宿愿等。为南京、北平、上海、武汉四市《耆年会报》第 2—5 年合刊。

06090
前进，共赴国难 卢广绵编

[河北]：[基督教学生联合会]，1932，128 页，32 开

本书为河北省基督教学生联合会 1932 年夏令会手册。内容包括：《灵修日课——国难与青年》（吴耀宗），讨论大纲：民族性改造问题、乡村问题、学校生活等。附录梁漱溟的《中国问题之解决》。

06091
乾隆绛州志之韩霖 叶德禄著

北平：叶德禄[发行者]，[1937.7]，6 页，16 开

本书系由北平图书馆所藏乾隆《绛州志》残本与原刻本中有关韩霖的条目进行比较考证而成。书末附录原刻本：韩霖传及韩霖诗。

收藏单位：国家馆、吉林馆

06092
遣使会在华殉教烈士（真福方济各·利志士·克来小传） 傅玉棠译

澳门等：慈幼印书馆，1948.12，32 页，50 开（灵修小丛书 46）

本书共 5 部分：从这摇篮到那摇篮、活动图书馆、开荒者、两个十字架、公义与凯旋。书末附祝文、遣使会及其工作等。

收藏单位：国家馆、内蒙古馆

06093
青龙桥茔地志

外文题名：Christiana in coemeterio Tsing-long-k'iao 1624-1890

[北京]：出版者不详，1940，49 页，22 开

北京西便门外青龙桥公墓是明天启年间钦赐的天主教教徒墓地。存至清光绪十六年（1890），共有天主教教徒墓碑 83 方。其中有教徒李祖白及西洋传教士哥里亚的墓。书中详记对二墓的发掘情况及对二人事迹的考证，同时抄录了其他 30 余方墓碑的碑文。书中有拓片、照片及序文 3 篇。北京主教满准。

收藏单位：国家馆

06094
青年慈父（圣若望·鲍斯高小传） 傅玉棠译

外文题名：S. Joannes Bosco

澳门：慈幼印书馆，1945.7，34 页，50 开（灵修小丛书 13）

澳门：慈幼印书馆，1946.4，2 版，34 页，50 开（灵修小丛书 13）

澳门：慈幼印书馆，1947.4，3 版，34 页，50 开（灵修小丛书 13）

本书为意大利天主教圣徒鲍斯高（Joannes Bosco）小传。共 11 部分，内容包括：神童、初次奇梦、目标、学生时代、神父等。

收藏单位：国家馆、南京馆、上海馆

06095
青年会创立者 谢洪赉编

外文题名：The life of Sir George Williams

上海：中华基督教青年会组合，1914.3，120 页，25 开

本书为基督教青年会创立者英国人乔治·威廉斯（G. Williams）的传记。共 13 章，内容包括：童年时代、改心皈主、初至伦敦、事业之预备、创立青年会等。

收藏单位：国家馆、南京馆、天津馆

06096

青年会事业概要

香港：出版者不详，1918，86 页，大 16 开

本书主要介绍了香港中华基督教青年会的情况，内容包括：伍廷芳先生劝国人入会书、青年会之由来及发展、本会成立小史等。书末附本会章程志愿书。

收藏单位：国家馆

06097

青年会事业之设计训练法　克乐恺（J. C. Clark）编著　青年协会书报部译

外文题名：Projects in Y. M. C. A. work

上海：青年协会书报部，1926.9，116 页，32 开

本书共 6 编，内容包括：关于指导事宜的设计、关于负责事宜的设计、关于特殊交接事宜的设计等。书前有缘起。

收藏单位：重庆馆

06098

青年会与中国前途　青年协会书报部编

上海：青年协会书报部，1926.4，130 页，32 开

本书收演讲文章 11 篇，内容包括：今日中国政治现象的观察、最近中国思想运动之研究、教会与青年等。封内附题：特别大会演讲集。

06099

青年会在广州　广州基督教青年会编

广州：广州基督教青年会，1935.4，[16] 页，50 开

本书介绍广州基督教青年会各方面简况。

收藏单位：国家馆

06100

青年会旨趣、成绩合刊　范祎　奚若撰述

外文题名：The aims and accomplishments of the Young Men's Christian Associations

上海：基督教青年会组合，1914，22 页，22 开

收藏单位：天津馆

06101

青年模范　张仕章编译

外文题名：The boys' life of Christ

上海：广学会，1928.3，248 页，32 开

上海：广学会，1928.12，再版，248 页，32 开

上海：广学会，1940，8 版，248 页，32 开

上海：广学会，1946，9 版，248 页，32 开

本书描述耶稣 12 岁以后的种种事迹。共 25 章，内容包括：一群山乡的孩子、一个古老的学堂、节期中的旅行、大学里的三天等。书前有编者小序、耶稣生平大事年表等。

收藏单位：重庆馆、国家馆、南京馆

06102

青年，你是这样吗？　（意）鲍斯高（S. Joannes Bosco）著　陈伯康　苏冠明译

外文题名：Dominicus Savio

澳门：慈幼印书馆，1947.12，再版，74 页，32 开（青年丛书 1）

本书介绍多明我·沙维贺的生平。共 27 章，内容包括：多明我沙维贺的诞生、秉性、敬爱天主，多明我在模里亚道村的善行，多明我初领圣体、预备、澄心、定志等。书前有著者原序。

收藏单位：广西馆、贵州馆、国家馆、南京馆、上海馆

06103

青年兴国准范　史密斯（A. H. Smith）著　（加）季理斐（Donald MacGillivray）译

上海：广学会，1913，66 页，22 开

本书共 7 章：论中国之大势、华人之禀赋、今日中国社会之缺点、宗教之得失、来华传道之先觉、传道之法则、教会难决之问题等。

收藏单位：山东馆

06104
青年学生模范（圣类斯·公撒格小传） 杨塞译

澳门等：慈幼印书馆，1948.7，31 页，50 开（灵修小丛书 55）

本书共 13 部分，内容包括：好一位出身显贵的小侯爵、小军事家、热心、心心相契等。书末附《向圣类斯诵》。

收藏单位：国家馆

06105
青年自治会章程

上海：出版者不详，1 页，22 开

本书共 12 部分，内容包括：定名、宗旨、辨事、入会、权利、责任、职员、权限、会期、经费、出会、附则。

收藏单位：国家馆

06106
请问——云南今日的青年，需要什么？ ［云南基督教青年会］编

云南基督教青年会，14 页，16 开

本书介绍中华基督教青年会的性质，云南基督教青年会 1923—1925 年之概况，1926 年之计划及收支预算情况、入会章程等。

收藏单位：国家馆

06107
庆祝圣诞特刊（旅沪广东浸信会） 旅沪广东浸信会编

广州：浸信会，1948，6 页，32 开

本书介绍圣诞老人、圣诞节和圣诞树的来历等。

06108
全国基督教会祈祷纪 通问报馆辑

上海：通问报馆，1913，78 页，25 开

收藏单位：国家馆

06109
全国基督教青年会军人服务部工作概要（民国二十七年度） 全国基督教青年会军人服务部总部编

全国基督教青年会军人服务部总部，1938，28 页，32 开

本书分 9 部分，内容包括：前言、工作组织、工作区域、工作同仁、工作方式、工作用具等。书后附 1938 年度 7—9 月份各地支部服务人数统计表等。

收藏单位：国家馆

06110
全国基督教青年会军人服务部三周年总报告（民国廿九年冬） ［全国基督教青年会军人服务部］编

上海：［全国基督教青年会军人服务部］，[1940]，59 页，18 开

本书分总论、分论，介绍该部的组织及工作等。书前有《蒋委员长对于全国青年会总干事大会的训词》（1940 年 12 月 6 日）、萧奉元的序言。

收藏单位：国家馆、南京馆

06111
全国基督教青年会三年来的军人服务（中英文对照） ［中华基督教青年会全国协会］编

外文题名：Y. M. C. A. emergency service to soldiers in China, 1937—1940

上海：［中华基督教青年会全国协会］，[1941]，1 册，16 开

本书介绍三年来（1937—1940 年）全国青年会军人服务部工作概况。后半部分为照片。书前有《蒋委员长对于全国青年会总干事大会的训词》（1939 年 12 月 6 日）。

收藏单位：国家馆

06112
全国青年会军人服务部民国廿七年度工作概要 全国青年会军人服务部编

全国青年会军人服务部，[1938]，20 页，32 开

本书分 8 部分：前言、工作组织、工作区域、工作人员、工作方式、各支部分论、各方面之协助、结论。正文前书名：中华全国基督教青年会军人服务部民国二十七年度工作概要。书口书名：青年会军人服务部民国

二十七年度工作概要。

收藏单位：国家馆

06113

全国青年会军人服务工作　中华基督教青年会全国协会编

上海：中华基督教青年会全国协会，1938.3，6页，16开

本书内容包括：全国青年会军人服务工作分布图、全国青年会在抗战前后方举办军人服务工作的图片多幅及中英两种文字的说明。

收藏单位：国家馆

06114

全国青年会军人服务工作概况　中华基督教青年会全国协会编

上海：中华基督教青年会全国协会，[1937—1949]，5页，32开

本书共4部分：缘起及组织、工作之方式及种类、工作地域之分配、各方人士对于本会事工之赞许。

收藏单位：国家馆

06115

全国协会之芹献　中华基督教青年会全国协会编

上海：中华基督教青年会全国协会，1924，12页，32开

本书内容包括上年度的工作概况和本年度的工作计划。

收藏单位：上海馆

06116

拳祸一瞥　三友编著

外文题名：De B. martyribus in "boxers" persecutione

澳门：白德美纪念出版社，1948.9，108页，42开（公教小读物丛刊33）

本书分8章讲述了基督教徒的生平事迹。书前有序。

收藏单位：广西馆、国家馆、内蒙古馆

06117

群圣流芳　（法）士杰卜多禄（Pierre Bousquet）

编辑

香港：纳匝肋静院，1921，4册（[1198]页），32开

本书内含370余名天主教圣教徒小传。

收藏单位：国家馆、首都馆

06118

人而天主的耶稣基督　王昌祉主编

香港：真理学会，1949，9页，64开（现代问题的解答 丙7）

本书内容包括：承认奥迹并不相反理智、天主三位一体的奥迹、天主降生成人的奥迹等。

收藏单位：国家馆

06119

人而天主的耶稣基督　现代问题研究社编

现代问题研究社，12页，64开（现代问题的解答 丙7）

收藏单位：国家馆

06120

人类的救星　（美）怀爱伦（Ellen G. White）著　蔡书绅译

外文题名：Christ our saviour

上海：时兆报馆，1941.3，185页，32开

上海：时兆报馆，1941.8，再版，185页，32开

上海：时兆报馆，1947，3版，186页，32开

本书记述耶稣一生的事迹。共32章，内容包括：在圣殿中被献、博士的拜见、逃往埃及、儿童时代的生活等。书前有序。书后附《有九十九》。《基督实录引义（官话）》一书易名出版。

收藏单位：重庆馆、广东馆、贵州馆、江西馆、南京馆、上海馆、首都馆

06121

人神的呼应　青年会世界协会著　应元道袁访赍译

外文题名：Youth's eternal quest & God's reply

上海：青年协会书局，1928.3，126页，32开（世界青年研究基督丛书1）

本书讲述耶稣传道时的历史背景。共13章，内容包括：青年的寻求、人世的答复、当

时的犹太、受洗的一幕等。书前有引言、原序。

收藏单位：辽宁馆、上海馆、浙江馆

06122

人之子（一个先知的传）（德）路德维希（Emil Ludwig）著　E. Paul　C. Paul 英译　孙洵侯重译　徐霞村校

外文题名：The son of man: the story of Jesus

上海：商务印书馆，1937.6，174 页，25 开

上海：商务印书馆，1947.2，再版，174 页，25 开（新中学文库）

上海：商务印书馆，1948.3，3 版，174 页，25 开

　　本书为耶稣传。共 5 章：受命、喜音、逃亡、争斗、受难。书前有给读者。著者原题：卢特维喜。

　　收藏单位：重庆馆、东北师大馆、广东馆、广西馆、桂林馆、国家馆、黑龙江馆、江西馆、辽师大馆、南京馆、内蒙古馆、宁夏馆、山东馆、山西馆、上海馆、首都馆、天津馆、浙江馆

06123

仁慈之父——方济（法）卜相贤（Alfred Bonningue）编译

[天津]：出版者不详，35 页，64 开

　　本书为天主教日内瓦主教方济各·撒肋爵（Francois de Sales）的生平事迹。共 9 部分，内容包括：青年时期、仁慈、温和、虔诚、耐性、为穷人服务、泉源、布道者、友谊。书后有结论、附录。封面及书名页题：我来给世界送火，希望它快燃起来。

　　收藏单位：国家馆

06124

认识耶稣的妇女（加）薄玉珍（Margaret H. Brown）　洪超群著

上海：广学会，1939，103 页，32 开

上海：广学会，1940.6，2 版，103 页，32 开

　　收藏单位：广东馆、南京馆

06125

日本传道伟人集　孟嘉玉德（Alfred A. Gilman）

刘敬恒编译

外文题名：Pioneers of the church in Japan

汉口：中国基督圣教书会，1926，60 页，32 开

　　本书共 6 部分：十六世纪至十九世纪基督教在日本的略史，李可赖主教长，李西玛牧师，毕主教，韦主教，元田作之主教、出保太郎主教。书前有吴德施序、孟玉德自序。

　　收藏单位：国家馆

06126

入华耶稣会士列传（法）费赖之（Aloys Pfister）著　冯承钧译

外文题名：Notices biographiques et bibliographiques sur les mission de l'ancieune de Chine

长沙：商务印书馆，1938.6，212 页，22 开

　　本书内收入华耶稣会士小传 50 篇，包括方济各沙勿略（Francisco Javier）、利玛窦（Matteo Ricci）、汤若望（Johann Adam Schall von Bell）等。书前有译者序、汉学研究所绪言、著者原序。

　　收藏单位：东北师大馆、广东馆、国家馆、江西馆、近代史所、南京馆、内蒙古馆、宁夏馆、上海馆

06127

若尔当传　威秉智译

济南：华洋印书局，1941，107 页，64 开

　　本书为方济各会士德国人若尔当小传。书前有王汝琦序、译者自序。山东济南教区杨主教准。

　　收藏单位：国家馆

06128

萨服那洛拉传　清洁理（Katharine R. Green）原著　于化龙译

外文题名：The life of savonarola

上海：广学会，1931.8，62 页，32 开（壹角丛书）

　　本书共 6 部分：少年时代的生活、声誉鹊起、改革运动、政治活动、努力的奋斗、为道殉身。

　　收藏单位：南京馆

06129

山东基督教教育协进部年会报告

出版者不详，1924，[80] 页，22 开

　　收藏单位：广东馆

06130

山东基督教浸礼会典章

上海：美华书馆，1919，36 页，25 开

　　本书主要记录了山东基督教浸礼会典章制度。

　　收藏单位：山东馆

06131

山西汾阳崇道神学院章程　山西汾阳崇道神学院编

山西：汾阳崇道神学院，1935，16 页，32 开

　　收藏单位：上海馆

06132

善工汇刊　[基督复临安息日会中华总会编]

基督复临安息日会中华总会，[1930—1939]，15 页，16 开

　　收藏单位：广东馆

06133

善牧会创始人真福贝勒蒂修女事略　杨寿康译

上海：土山湾印书馆，1934，61 页，32 开

　　本书为贝勒蒂修女小传。内容包括：幼年时代、她在多而时所受的教育、多而济良所的院长、总会长职务的产生、仪表和才智德性、真福列品的荣衔等。

　　收藏单位：国家馆、首都馆

06134

上帝为何用慕翟　戴锐（R. A. Torrey）著

谢颂羔　陈德明译

外文题名：Why God used D. L. Moody

上海：广学会，1933.5，36 页，32 开

上海：广学会，1937.3，3 版，36 页，32 开

　　本书讲述兴奋派传道士穆迪布道的故事。

　　收藏单位：上海馆

06135

上海董家渡公教进行会成立二十五年纪念册

上海公教进行会编

上海：公教进行会，1937，272 页，16 开

　　本书内容为上海董家渡公教进行会成立25 年来的工作、组织、大事记、演进史等。

　　收藏单位：上海馆

06136

上海董家渡圣母无原罪始胎会成立八十周纪念（1862—1942） [圣母无原罪始胎会] 编

[上海]：圣母无原罪始胎会，[1942—1949]，52 页，18 开

　　本书收文 8 篇，内容包括：董家渡圣母会始胎会八十年大庆记、惠大主教训词、各报记录转登、领袖朱志尧先生始胎会八旬纪念述感等。书后附一九二〇年后已亡会友录、在会会友同登录。

　　收藏单位：国家馆

06137

上海各区公教进行会会员录　[上海公教进行会] 编

[上海]：[公教进行会]，23 页，32 开

　　本书收上海董家渡、徐家汇、虹口等区会员的名录。

　　收藏单位：上海馆

06138

上海公教进行会公规　[上海公教进行会] 编

上海：[公教进行会]，1925，[12] 页，32 开

　　本书包含有该会之成立、宗旨、事业、会员、职员等公规。

　　收藏单位：上海馆

06139

上海公教进行会银庆纪念册（中华民国元年至二十五年）　中华公教进行会总会长办事处编辑

上海：中华公教进行会总会长办事处，1937，[380] 页，16 开

上海：中华公教进行会总会长办事处，1946.9，1 册，16 开

本书记述该会成立 25 年来的情况，包括组织概况、工作概况、大事记等。书前有插图、题词、序。附录中华公教进行会演进史。目录页前题：上海公教进行会成立二十五年纪念册。

收藏单位：上海馆

06140

上海惠主教公函（在特殊状况下做父母的本分）

上海：土山湾印书馆，19 页，32 开

收藏单位：上海馆

06141

上海基督教青年会会事丛录 上海基督教青年会编

上海：基督教青年会，1923.1，56 页，32 开

本书内容包括：该会大事纪要、宗旨、组织、规则以及事业概况等。

收藏单位：上海馆、天津馆

06142

上海基督教青年会会员题名录 上海基督教青年会编

上海：基督教青年会，1921.10，76 页，32 开

本书收该会职员 3000 余人之姓氏及各种趣闻录。

收藏单位：上海馆

06143

上海基督教青年会十九年度会务报告 上海基督教青年会编

上海：基督教青年会，1930，80 页，16 开

本书收录本会三十年之经过、一年来会务之概况、本会之组织与人员、分部事工。附本会十九年度经济报告、本会十九年度会员姓名录。

收藏单位：上海馆

06144

上海基督教中国青年会章程（汉英合刊） 上海基督教中国青年会编

上海：基督教青年会，[10] 页，25 开

封面题名：中国青年会章程。

收藏单位：上海馆

06145

上海教区颁给公教教理科毕业证书规程

上海：土山湾印书馆，[1935]，41 页，32 开

本书内容包括：初级教理考试规则、初级教理课程第一年至第三年、中级教理考试规则、中级教理课程第一年至第三年。书前有绪言。上海主教惠准。

收藏单位：国家馆

06146

上海青年

上海：中华基督教青年会，1935.3，40 页，16 开

本书内容包括：本会去年事工之概况、本会过去一年经济之概况、会务报告等。为上海中华基督教青年会 1934 年年度报告专号。

06147

上海圣彼得堂二十周自立纪念刊 上海圣彼得堂编

上海：圣彼得堂，1933，70+28 页，16 开

本书内有照片、祝词、牧区大事记、本堂历史等。中英文合刊。

06148

"上智亭毒"医院创办者（圣若瑟·本笃·葛多楞高赞牧司铎小传） 杨塞译

外文题名：S. Josephus Benedictus Cottolengo

澳门等：慈幼印书馆，1948.2，32 页，50 开（灵修小丛书 43）

本书共 11 部分，内容包括：恩宠得到了、伟大的黎明、主的祭台、良善的大司铎、红色走廊、伟大的"小家庭"等。书末附向葛多楞高祝文。

收藏单位：国家馆

06149

尚神父小传

上海：土山湾印书馆，1919，46 页，32 开

收藏单位：首都馆

06150

绍兴大坊口真神堂六十年历史　蒋德恩　邬福安编

绍兴：出版者不详，1930.12，16 页，22 开

本书介绍了绍兴大坊口真神堂的修建历史以及主要管理人员。

收藏单位：浙江馆

06151

佘山　张若谷编

佘山：佘山天主堂，1931，69 页，50 开

本书介绍佘山名胜风景及天主圣母等。

收藏单位：上海馆

06152

佘山圣母记　上海圣心报馆编

佘山：佘山圣母大堂，1914，30 页，32 开

本书介绍佘山建立天主堂经过。照片下附文字说明。

收藏单位：国家馆、上海馆

06153

社会服务

北平：[基督教女青年会]，[1947]，77+46 页，18 开，活页装

本书以问答形式介绍北平基督教女青年会进行的各项社会服务。共 20 课，内容包括：开会经过、同工通讯、指导团员、办夏令会、举行冬赈、福利事业、推进文化等。

收藏单位：国家馆

06154

社会福音　吴耀宗著

外文题名：The social Gospel

上海：青年协会书局，1934.9，159 页，32 开（青年丛书 10）

本书为著者论文、演讲集。共 18 篇，内容包括：《社会福音的意义》《社会福音与个人福音》《中国的危机与国际的形势》《青年出路的先决问题》《唯爱主义与社会改造》《基督教与共产主义》《中国的基督教往那里去》等。书前有谢扶雅序、著者自序。

收藏单位：重庆馆、广东馆、国家馆、湖

南馆、吉林馆、南京馆、上海馆

06155

什么是女青年会　夏秀兰著　张仕章译

上海：中华基督教女青年会全国协会，1940.1，15 页，25 开

本书共 6 篇，内容包括：对于女青年会的认识、女青年会是什么人管理的、女青年会乃是一种运动等。

收藏单位：上海馆

06156

神爱牺牲（沈则功修士小传）

上海：土山湾印书馆，1936，184 页，32 开

本书为中国天主教修士沈则功（1911—1929）传记。共 4 章：幼年的事实、公学的状况、修院的生活、安死善终。书前有蔡元培先生序、堂弟沈则效修士序、自序等。上海主教惠准。

收藏单位：国家馆

06157

神婴小路简篇　山西大同总大修道院译

北平：公教教育联合会，1930，16 页，32 开（神修篇 3）

北平：公教教育联合会，1941，3 版，16 页，32 开（神修篇 3）

本书介绍德肋撒的品德。书前有引言。

收藏单位：国家馆

06158

生利捐大会节目·奋兴大会节目　中华总会安息日学部编

上海：中华总会安息日学部，[355] 页，32 开，精装

本书记录了 1932—1940 年间，基督教会举办生利捐大会及奋兴大会开展捐款活动的节目，内容包括唱诗、祈祷、演讲、表演等。

收藏单位：上海馆

06159

圣安德肋行实

北平：出版者不详，1931 印，69 页，50 开

本书是以问答形式写的使徒安德列小传。北平主教林准。

收藏单位：国家馆

06160

圣安多尼行实 （加）高士兰（Gosselin）著 崔务实译

济南：天主堂印书局，1934，127 页，32 开

本书为葡萄牙天主教圣徒安多尼传记。共 45 章。

收藏单位：国家馆

06161

圣安多尼传 （清）李问渔译

外文题名：S. Antonii de Padua

上海：土山湾印书馆，1937，3 版，83 页，50 开

本书为葡萄牙天主教圣徒安多尼传记。共 22 章，内容包括：幼龄、入奥斯定会、入方济各会、遭难、保乐山静修、传教等。书前有译者序。上海主教惠重准。

收藏单位：国家馆

06162

圣保禄 P. F. Prat 著　沈造新译

外文题名：Saint Paul

上海：土山湾印书馆，1937.4，301 页，32 开

本书共 6 部分：特选之器、外邦宗徒、圣保禄在欧洲、圣保禄在亚洲、基多的囚徒、致命。书前有惠主教序、原序、译者的话。上海惠主教准。

收藏单位：国家馆、南京馆、内蒙古馆、上海馆、首都馆

06163

圣保禄宗徒行实 （法）包士杰（Jean-Marie Planchet）著

北平：西什库遣使会印书馆，1933 印，10 页，50 开

本书为保罗行传。共 5 部分：保禄难为圣教会、保禄被如德亚人的欺、保禄坐狱、保禄在希兰国传教、保禄在罗马致命。北平主教满准。

收藏单位：国家馆

06164

圣保罗传　赵紫宸著

外文题名：The life of St. Paul

上海：青年协会书局，1947.10，262 页，25 开（青年丛书第 2 集 27）

上海：青年协会书局，1948，再版，262 页，25 开（青年丛书第 2 集 27）

本书介绍保罗一生行迹。共 5 卷：准备与使命、第一次传道行程与耶路撒冷教制大会、第二次传道行程、第三次传道行程、不辱使命。书前有序、导言、谨拟圣保罗生卒及其年谱等。

收藏单位：国家馆、吉大馆、南京馆、上海馆、中科图

06165

圣鲍斯高的继位者（弥额尔·卢华神父小传） 傅玉棠译

澳门：慈幼印书馆，1946.5，38 页，50 开（灵修小丛书 22）

澳门：慈幼印书馆，1947.3，再版，38 页，50 开（灵修小丛书 22）

本书共 36 部分，内容包括："分担一半"、卢华的家庭、主之圣召、小铃子、第一位慈幼会修士、读哲学和神学等。

收藏单位：国家馆

06166

圣鲍斯高的母亲（玛加利大妈妈小传） 杨塞译

外文题名：Mamma Margherita Bosco

澳门：白德美纪念出版社，1946，32 页，50 开（灵修小丛书 29）

澳门：白德美纪念出版社，1948.6，再版，32 页，50 开（灵修小丛书 29）

本书共 14 部分，内容包括：玉洁冰清的少女、无畏的农家女、贤妻、纪律与爱德、天主见你等。

收藏单位：国家馆、南京馆

06167

圣鲍斯高的童年生活　武幼安译

出版者不详，26 页，32 开

　　本书为鲍斯高（Joannes Bosco）传记。共 10 部分，内容包括：引子、孤儿、贤母、祈祷和工作、专心读书、可纪念的一夜、可纪念的一日、小宗徒、初步胜利、新纪录。安庆梅主教准刊。

　　　　收藏单位：国家馆

06168

圣鲍斯高传略　德修士述译

上海：斯高学校印书馆，23 页，32 开

　　本书为鲍斯高（Joannes Bosco）传记。共 10 章：幼稚、青年、传教、庆礼院之成立、庆礼院之发达、主宰默佑、著作、教育、圣德、逝世。书前有绪言。书后有结言。选自圣教杂志。

　　　　收藏单位：国家馆

06169

圣本笃小史

香港：纳匝肋静院，1936，活版，78 页，50 开

　　本书为本尼狄克传。共 38 章，内容包括：本笃修理破坏的瓦盆、本笃战胜邪情的诱惑、本笃画个十字有毒的酒杯自碎、本笃归化明悟散乱的修士等。书前有序。书后附中外人名和地名对照表。香港主教恩准。

　　　　收藏单位：国家馆

06170

圣本笃行实　[公教教育联合会] 编

外文题名：Vita S. Benedicti

北平：公教教育联合会，1933，147 页，32 开（神修篇 8）

　　本书为本笃会创始人意大利人本尼狄克（Benidictus）传。共 9 部分：隐修人、教师、院长、父亲、立法者、全牺牲、圣人、结论、附本书"引得"。

　　　　收藏单位：国家馆、宁夏馆

06171

圣伯多禄　L. CL. Fillion 著　张冬青译

外文题名：Saint Pierre

上海：土山湾印书馆，1941.8，158 页，32 开

　　本书为彼得传。分 3 卷：预备期、工作期、晚年与逝世。书前有原序、译者附言。上海惠主教准。

　　　　收藏单位：国家馆、上海馆

06172

圣伯多禄的小史

北京：出版者不详，1929 印，23 页，50 开

　　本书为彼得传。北京主教林准。

　　　　收藏单位：国家馆

06173

圣伯多禄致命　[北京教区] 编

[北京]：出版者不详，21 页，64 开

　　本书为彼得殉教故事。

　　　　收藏单位：国家馆

06174

圣伯辣弥诺小传

外文题名：S. Robertus Bellarmino

上海：土山湾印书馆，1930，30 页，64 开

　　本书记述意大利天主教徒伯辣弥诺的生平事迹及灵修生活。共 20 部分，内容包括：绪言、志学、圣召、初修、讲学、卒业等。书后附圣人贻中国奉教官绅书等。书口题名：圣伯辣弥诺枢机小传。南京主教姚准。

　　　　收藏单位：国家馆、浙江馆

06175

圣伯辣民传

外文题名：Vie de St Robert Bellarmin

献县：张家庄，1935，299 页，32 开

　　本书据法国谷带神父（P. Couderc S. J.）的《伯辣民行实》改编。共 3 卷：伯辣民当修士、伯辣民当红衣主教、伯辣民当圣人。书前有序。河北献县主教恩利格刘准。

　　　　收藏单位：国家馆

06176

圣达尼老小传　张士泉编译

外文题名：S. Stanislai Kostka

上海：土山湾印书馆，1926 印，52 页，50 开

　　本书为 16 世纪波兰天主教圣徒达尼

老·各斯加小传。共 32 部分，内容包括：出身贵显、有形天神、入学之乐、学生表率、求领圣体、修道之乐等。书前有弁言、更正。南京主教姚准刊。

收藏单位：国家馆

06177

圣达尼老行实

献县：献县天主堂，1926，96 页，32 开

本书分上、中、下 3 卷。共 33 段，内容包括：出身贵显秉性纯洁、不喜繁华被兄虐待、入初学后心安神乐、弃家修道可振家声、幼童复活感恩进教等。书后附保禄各斯加改过迁善、圣达尼老行实跋后等。直隶东南耶稣会主教刘准。

收藏单位：国家馆、内蒙古馆

06178

圣诞故事　钟协等译

澳门：慈幼印书馆，1946.12，72 页，50 开（公教小读物丛刊 12）

本书收录有关耶稣诞生的故事。共 5 篇，内容包括：贾师傅的圣诞节、午夜的无名氏、野孩子、埃及途中、幽灵的子时弥撒。书前有给读者的信。澳门主教罗若望准。

收藏单位：国家馆

06179

圣诞故事

外文题名：Christmas stories

上海：福幼报，1929，50 页，42 开

本书收录有关耶稣诞生的故事。

收藏单位：浙江馆

06180

圣诞故事（乙组）　李志实译述

上海：广学会，1926，22 页，50 开

本书包括《第四个博士》《第二个瞎子巴底买》两篇故事。

收藏单位：山东馆

06181

圣德管窥　谢洪赍著

外文题名：The character of Jesus: A Short Course of Bible Studies

上海：中华基督教青年会组合，1914，再版，52 页，25 开

上海：青年协会书报部，1918.2，3 版，52 页，25 开

上海：青年协会书报部，1920，4 版，52 页，25 开

本书叙述基督生平与品性。共 12 课，内容包括：勇敢、坚忍、温和等。书前有引言。书后附结论。

收藏单位：国家馆、山东馆、浙江馆

06182

圣翟辣尔传　慕若瑟（Joseph Moran）译

外文题名：Vita sancti Gerardi Mariae Maiella

北平：西什库天主堂遣使会印书馆，1935，424 页，25 开

本书记录天主教赎世主会圣翟辣尔的一生。共 19 章，内容包括：圣翟辣尔诞生、翟辣尔爱主至诚待己至严、翟辣尔蒙召入会、圣翟辣尔传教、翟辣尔列圣品等。宣化府主教程准。

收藏单位：国家馆

06183

圣都小英雄　梅安尼著　岳道译

外文题名：Parvus heros

澳门：慈幼印书馆，1946.1，104 页，50 开（公教小读物丛刊 1）

澳门：慈幼印书馆，1946.12，再版，109 页，50 开（公教小读物丛刊 1）

澳门：慈幼印书馆，1947，再版，109 页，50 开（公教小读物丛刊 1）

本书介绍圣达济斯（Tarcisius）、圣女则济利亚、圣老楞佐等殉教的事略。1946.1 版澳门主教罗若望准，1946.12 版澳门代理主教飞能道准。

收藏单位：广西馆、国家馆

06184

圣法兰西斯　J. O. Dobson 著　谢颂羔编

外文题名：St. Francis of Assisi

上海：广学会，1930，54 页，32 开（壹角丛书）

上海：广学会，1931.4，2 版，54 页，32 开（壹角丛书）

上海：广学会，1941，5 版，63 页，32 开

本书为圣法兰西斯传记。主要介绍了圣法兰西斯的生平事迹及其思想。宣扬基督教思想。

收藏单位：重庆馆、广东馆、南京馆

06185

圣方济格沙勿略小传　G. Schurhammer 著　J. Wang 译

外文题名：Vita S. Francisci Xaverii

上海：土山湾印书馆，1922.10，31+24 页，64 开

上海：土山湾印书馆，[1921—1929]，56 页，36 开

本书为西班牙耶稣会传教士方济各·沙勿略（Francisco Javier）传。共 24 部分，内容包括：圣人幼时、圣人回头、定志精修、朝拜圣地、传教救人等。书末附《圣方济各沙勿略祷文》。

收藏单位：国家馆、内蒙古馆

06186

圣方济各撒肋爵行实　[纳匝肋静院] 译

香港：纳匝肋静院，1935，活版，582 页，32 开

本书为法国天主教日内瓦主教方济各·撒肋爵（Francois de Sales）传记。书前有序。

收藏单位：国家馆

06187

圣方济各行实　圣文都辣著　崔多明我译

济南：华洋印书局，1941，2 版，362 页，32 开

本书共 15 章，内容包括：论方济各在世俗的时候；论方济各真心回头，归向天主，并修理三座圣堂；论方济各创立修会，并求教宗准定会规等。书后附《圣方济各死了以后，所显的圣迹》，共 10 节。书前有译者序、例言。山东济南教区杨主教准。

收藏单位：国家馆

06188

圣方热罗传　代保尼斯著

献县：献县天主堂，1934，2 册（[1184] 页），32 开

本书为天主教圣师方热罗传记。

收藏单位：国家馆、内蒙古馆

06189

圣芳济　葭水著

上海：青年协会书局，1949，54 页，32 开（宗教与生活丛书）

本书为方济各会创始人方济各（Francesco d'Assisi）传。

06190

圣妇依撒伯尔　（德）亚尔邦著　李若翰译

兖州：兖州府天主堂印书馆，1934 印，277 页，25 开

本书为圣妇依撒伯尔传记。分依撒伯尔当幼女、妇人、寡妇、圣妇 4 部分，共 77 节。书前有译者序言。书末附《辞行的末言》。

收藏单位：国家馆

06191

圣迹抉微　（美）亮乐月（Laura M. White）著　袁玉英译述

外文题名：Scenes from ben hur and other tales of the Christ

上海：广学会，1916，44 页，25 开

本书讲述基督耶稣的故事，共 5 篇。

收藏单位：国家馆、南京馆、上海馆

06192

圣迹咫闻　谢洪赉著

上海：中华基督教青年会，1915，54 页，22 开

上海：中华基督教青年会，1922.3，3 版，54 页，22 开

收藏单位：国家馆、山东馆

06193

圣嘉弥略·雷列斯传　殷士译述

外文题名：S. Camillus de Lellis

香港：真理学会，1947.9，122 页，32 开

　　本书为 16 世纪末意大利天主教徒嘉弥略·雷列斯（Camillo de Lellis）传。据翟苏尔达（Gesualdà）著 *S. Camillo de Lellis* 一书编译。共 51 部分，内容包括：母亲的梦、妄念、初晓、决心、二十年后、从军记等。书前有慈幼印书馆序。

　　收藏单位：国家馆

06194

圣教布道近史　（美）司徒雷登（John Leighton Stuart）著　陈金镛译

上海：基督教青年合会、华美书局，1910—1912，3 册（89+73+73 页），25 开（布道小丛书 5）

　　本书内容包括：论布道于亚美利亚洲之拉丁种族、论布道于北美洲之土人、论布道于欧罗巴洲及论布道于犹太人等。

　　收藏单位：国家馆、山东馆

06195

圣教布道近史　（美）司徒雷登（John Leighton Stuart）著　陈金镛译

上海：中华基督教青年会全国协会书报部，1916—1917，再版，3 册（98+76+70 页），32 开（布道小丛书 5—6）

　　本书分初、中、下 3 编，共 12 章，叙述各地布道情况。

　　收藏单位：国家馆、山东馆

06196

圣教会史纲　于炳南（Antonio Ubierna）编　杨堤译

安庆：安庆天主堂，1937，282 页，32 开

安庆：安庆天主堂，1941，再版，282 页，32 开

　　本书为于炳南司铎授课讲义，原稿是拉丁文。内容包括：古代、中世纪、近代圣教会史纲及古代、近代中华圣教史纲。书前有王昌祉序、译者再版序。书后附西文索引、正误表。

　　收藏单位：贵州馆、国家馆、近代史所、内蒙古馆

06197

圣教鉴略

外文题名：Histoire de l'Eglise

上海：土山湾印书馆，1911，1 册，32 开，精装

上海：土山湾印书馆，1923，3 版，14+212+[51] 页，32 开

上海：土山湾印书馆，1930，4 版，增订版，277 页，32 开，精装

上海：土山湾印书馆，1931，5 版，增订版，277 页，32 开

上海：土山湾印书馆，1939，6 版，增订版，202 页，32 开，精、平装

　　本书为教史。共 8 卷，内容包括：耶稣立教、日尔曼归化、英国圣教艰难等。附历代教皇表、圣教历代公会议表、太西总皇表。

　　收藏单位：广东馆、国家馆、南京馆

06198

圣教历史　牟作梁著

济南：华洋印书局，1939，2 版，206 页，32 开

　　本书为教史。内分 3 卷。卷 1 初世纪（1—5 世纪），卷 2 中世纪欧洲各国进教（6—15 世纪），卷 3 近世纪圣教得最后胜利（16—20 世纪）。济南主教杨准。

　　收藏单位：国家馆

06199

圣教史记（1 卷）

上海：美华书馆，1922，38 叶，24 开，环筒叶装

　　本册内容为中世代圣教总纲。共 6 章：欧洲西北二方之狄族归教、圣教传于日耳曼数族之中、圣教传于欧洲西北狄族之中、圣教初传于司拉非诸族、回教与圣教相关之事、罗马诸教父与圣罗马国事略。书后附中西人地表。

　　收藏单位：重庆馆

06200

圣教史记（4 卷）

上海：美华书馆，1922，46 叶，24 开，环筒叶装

　　收藏单位：重庆馆

06201

圣教史记（中世代）

上海：美华书馆，1915，1 册，[24 开]

　　收藏单位：北师大馆

06202

圣教史略　萧若瑟译

外文题名：Historia ecclesiastica

献县：张家庄胜世堂，1917，2 册（486+559 页），32 开

献县：张家庄胜世堂，1919，3 次排印，2 册（486+[559] 页），32 开

献县：张家庄胜世堂，1925，4 版，修订版，2 册（486+559 页），32 开

献县：张家庄胜世堂，1932，5 版，修订版，2 册（486+559 页），32 开

　　本书为基督教史。记述从耶稣立教直至近代的欧洲、亚洲、非洲的基督教历史。包括卷一至十，内容包括：宗徒之世、第二三世之连番教难、罗玛天子进教等事、野族归化、欧洲教史等。书前有译者序。1925 年版河北献县耶稣会主教恩利格刘准。

　　收藏单位：桂林馆、国家馆、首都馆、浙江馆

06203

圣经学博士（圣热罗尼莫小传）　中玉译

外文题名：S. Jeronimus Eccl. doct

澳门等：慈幼印书馆，1948.6，32 页，50 开（灵修小丛书 54）

　　本书为天主教圣师意大利人圣热罗尼莫小传。共 15 部分，内容包括：青年时代、隐修士、在罗玛、晚餐厅等。

　　收藏单位：国家馆、内蒙古馆

06204

圣克辣未尔传　[夫劣利要] 著　[刘赖孟多] 译

外文题名：La vie de St. Pierre Claver

献县：出版者不详，1928，565 页，32 开

　　本书为西班牙天主教圣徒克辣未尔传记。共 6 卷 90 章，内容包括：出身贵显幼承善训、出就外传德学并进、请父母命入耶稣会、初学之时热心出众等。书前有译者弁言。书后有附录。直隶献县耶稣会主教恩利格刘准。

　　收藏单位：国家馆、首都馆

06205

圣老楞佐行实　（法）包士杰（Jean-Marie Planchet）著

北平：西什库遣使会印书馆，1933，7 页，50 开

　　本书为天主教徒楞佐小传。共 3 部分，内容包括：圣喜斯得致命、老楞佐将教会之财帛拉给皇上、老楞佐致命。北平主教满准。

　　收藏单位：国家馆

06206

圣肋思小传

献县：张家庄天主堂，1936，37 页，32 开

　　肋思即类思。本书共两节：圣人的行为是当效法的、圣人的善终。河北献县耶稣会主教刘准。

　　收藏单位：国家馆、上海馆

06207

圣类思公撒格学生主保小传

上海：土山湾印书馆，1922，5 版，76 页，64 开

上海：土山湾印书馆，1934，7 版，80 页，64 开

　　本书为 16 世纪意大利天主教徒圣类思·公撒格传。类思因为人治病受传染而死，被教皇封为少年主保。

　　收藏单位：国家馆

06208

圣罗格行实

献县：张家庄胜世堂，1920，15 页，32 开

　　本书为法国天主教"祛疫主保"圣罗格小传。附圣罗格免瘟疫诵。直隶东南耶稣会主教刘准。

收藏单位：国家馆

06209

圣玛利亚　沈士贤主编

出版者不详，78 页，32 开（圣玛利亚小丛书）

　　本书内容包括：是教友就要传教、我们应负起传教的责任来、致孤儿的公教信友、三十九步、是一个孩子带了头、模范会员赵英颇、夫妇会员、圣玛利亚图书馆成立的前后、你同别人来往时。书末有附录。

　　收藏单位：广东馆

06210

圣母净配　南星耀著

外文题名：S. Josephus

澳门：慈幼印书馆，1949.7，37 页，50 开（灵修小丛书 67）

　　本书为圣若瑟小传。内容包括：达味之子、达味之女、若瑟与玛利亚订婚等。

　　收藏单位：国家馆

06211

圣母军手册　圣母军总部订

上海：圣母军天主教教务协进委员会，1949.1，252 页，32 开

　　本书共 3 编 8 章，内容包括：圣母军底原起与性质、圣母军底目标、体系与义务等。书前有教廷驻华公使黎培理总主教致译者函。书后有补编 7 篇及索引。

　　收藏单位：广东馆、国家馆、上海馆、首都馆

06212

圣母无原罪始胎会上海董家渡五十周年纪念会友同登录

上海：董渡始胎会，1920，72+8 页，18 开

　　本书为中文、法文、拉丁文合璧。内容有该会创始经过、规条、会友名录等。卷端题名：董渡始胎会五十年大庆纪念。

　　收藏单位：上海馆

06213

圣母献堂会组织大纲

出版者不详，1934.11，53 页，50 开

　　收藏单位：江西馆、内蒙古馆

06214

圣母行实　（意）高一志（A. Vagnoni）译述

外文题名：Vita Beatae Mariae Virginis

上海：土山湾印书馆，1937，5 版，145 页，32 开

　　本书共 3 部分：圣母生平、古今人物谈圣母大德、圣母圣迹。上海主教惠准。

　　收藏单位：国家馆

06215

圣母行述　（意）梅先春（Pietro Massa）著

外文题名：Vita Beatae Mariae Virginis

外文题名：The life of our lady

香港：公教真理学会，1947.5，48 页，32 开

　　本书共 16 章，内容包括：圣母的宗系和圣诞、圣母与若瑟结婚、耶稣婴孩时期的圣母、耶稣死后的圣母等。书前有序。

　　收藏单位：国家馆、南京馆

06216

圣难绎义　（法）法倍尔（P. M. Fabro）著
倪守鹤译

外文题名：Mysteria passionis D. N. Jesu Christi

上海：土山湾印书馆，1929，2 册（823 页），32 开

　　本书讲耶稣受难，共 44 章。有注解。附圣经译名表、译名对照表。

　　收藏单位：国家馆、上海馆、浙江馆

06217

圣女德肋撒行实　徐励编译

外文题名：Vita Sanctae Theresiae

上海：土山湾印书馆，1917.12，234 页，32 开

上海：土山湾印书馆，1933，再版，174 页，32 开

　　本书为西班牙修女德肋撒（Teresa，1515—1583）传记。共 60 章，内容包括：圣女诞生教育、领受天主神慰、圣女救世情深等。书前有序。书后附录《向圣女德肋撒祝文》等。1917 年版江南主教姚准，1933 年版南京主教

惠重准。

收藏单位：国家馆

06218

圣女德肋撒行实

山东：烟台天主教堂印书馆，1929，153 页，32 开

本书为西班牙修女德肋撒（Teresa）传记。

收藏单位：江西馆、首都馆

06219

圣女斐乐默纳传 （清）黄伯禄译

外文题名：Vita S. Philomenae

上海：土山湾印书馆，1914，55 页，32 开

上海：土山湾印书馆，1935，3 版，56 页，64 开

本书根据 1802 年在罗马出土的圣女斐乐默纳墓志编写。1914 年版江南主教倪准，1935 年版上海主教惠重准。

收藏单位：国家馆、江西馆

06220

圣女加大利纳小史

北京：出版者不详，1930 印，44 页，50 开

本书为圣女加大利纳殉教事迹。北京主教林准。

收藏单位：国家馆

06221

圣女路济亚小史

[北京]：出版者不详，1930，36 页，50 开

本书为罗马圣女路济亚殉教小史。北京主教林准。

收藏单位：国家馆

06222

圣女玛德肋纳素非传（圣心会创始人） [末仆]译

外文题名：Sainte Madeleine-Sophie Barat (1779—1865)

上海：土山湾印书馆，1939.4 印，160 页，32 开

本书介绍法国女天主教徒玛德肋纳素非（Sainte Madeleine-Sophie Barat）的生平事迹。共 7 章：预备期、圣心会的创立、初期修院、圣女玛达肋纳素非总会长、圣女的德行、圣女玛达肋纳素非教育家、结局。译自法文。书前有法文、中文序言。上海主教惠准。

收藏单位：国家馆、上海馆

06223

圣女玛加利大传 （意）白德美（Andreas Beltrami）著　傅玉堂译

外文题名：Vita Sanctae Margaritae Mariae Alacoque

澳门：慈幼印书馆，1946.6，114 页，50 开（公教小读物丛刊）

本书为法国天主教圣徒玛加利大传略。共 30 章，内容包括：圣女的诞生、十字架与苦路、圣体天使、人心之谜等。书前有《给慈幼会及母幼会的男女初学生》及序。澳门主教罗若望准。

收藏单位：国家馆

06224

圣女玛加利大传

上海：土山湾印书馆，1931.9，3 版，192 页，32 开

本书为法国天主教徒玛加利大（Margaretta，1647—1690）传记。共 26 章。

收藏单位：国家馆、吉林馆

06225

圣女热玛传

北京：救世堂，1914，68 页，32 开

北京：救世堂，1915，68 页，32 开

本书为 19 世纪意大利天主教圣女热玛（Gemma Galgani）的传记。

收藏单位：国家馆

06226

圣女热玛传

外文题名：La bienheureuse Gemma Galgani

北平：西什库天主堂遣使会，1935，69 页，32 开

北平：西什库天主堂遣使会，1935 重印，69 页，32 开

北平：西什库天主堂遣使会，1943 重印，69 页，32 开

本书共 18 章，内容包括：圣女热玛幼龄、圣女进学校初领圣体、圣女在家的行为及如何忍受家里的磨难、圣女到亲戚家及归本家害重病、圣女得五伤之恩、圣女到亚呢呢家里居住、圣女得鞭笞及茨冠之苦、圣女诚实及弃绝世物之德、圣女听命之德等。书前有序。北京主教满准。

　　收藏单位：国家馆

06227

圣女日多达小传 （法）格老（P. L. Cros）编 圣心报馆译

外文题名：Compendium vitae Sanctae Gertrudis

上海：土山湾印书馆，1917，147 页，50 开

上海：土山湾印书馆，1935.11，2 版，147 页，50 开

本书为天主教圣女日多达生平事迹。共 12 章，内容包括：日多达之幼年、日多达之归化、日多达之圣德、圣母帮助日多达成圣等。上海主教惠准。

　　收藏单位：国家馆

06228

圣女小德肋撒成德懿范 孙严顼编译

外文题名：Super vita Sanctae Teresiae a jesu infante

北平：公教教育联合会，1931，48 页，32 开（神修篇 4）

北平：公教教育联合会，1935，48 页，32 开（神修篇 4）

本书共 9 章，内容包括：圣女之父母、圣女幼年、圣女入圣衣会、圣女之死、圣女之爱天主、圣女之爱众灵、圣女为众铎德之祈求、圣女之"赤子之道"、结论。书前有序、引言。

　　收藏单位：国家馆

06229

圣女小德肋撒神婴小路 马尔丹原著 赵怀

信译

宣化：宣化天主堂，1943.12，160 页，32 开

本书为德肋撒小传。共 9 章，内容包括：神婴小路在福音书上的根据——神婴小路的义意、微小软弱——心谦、一无所有——神贫、倚赖天主等。书前有代序、原书导言、译者附言。

　　收藏单位：国家馆

06230

圣女亚加大童贞致命小史

北京：出版者不详，1929 印，26 页，42 开

本书记述圣女亚加大殉道事迹。北京主教林准。

　　收藏单位：国家馆

06231

圣女依搦斯小史

北京：出版者不详，1929 印，14 页，50 开

本书为罗马城天主教圣女依搦斯小传。北京主教林准。

　　收藏单位：国家馆

06232

圣女婴孩耶稣德肋撒小史 徐励编译

外文题名：Summarium vitae et miraculorum S. Theresiae a jesu infante

上海：土山湾印书馆，1930 印，4 版，62 页，64 开

本书为德肋撒的传略。共 3 部分：传略、圣女婴孩耶稣德肋撒祝文、灵迹。书前有小引。南京主教姚重准。

　　收藏单位：国家馆、浙江馆

06233

圣女婴孩耶稣德肋撒传略 张渔珊编译

外文题名：Compendium vitae S. Theresiae

上海：土山湾印书馆，1931.3 印，3 版，38 页，32 开

本书为德肋撒传记。共 18 章，内容包括：幼稚家居、入塾读书、患病沉重、初领圣体、圣召始基等。书前有译者弁言。南京主教姚重准。

收藏单位：贵州馆、国家馆

06234

圣女则济理亚行实

北平：出版者不详，1931 印，89 页，50 开

　　本书为意大利圣女则济理亚殉教小史。北平主教林准。

　　收藏单位：国家馆

06235

圣人德表　（意）艾儒略（Giulio Aleni）述

兖州：兖州府天主堂印书馆，1934—1936，12 册（[2412] 页），25 开

　　本书以时间为序，列出一年中每日应敬礼的圣人及其传记。

　　收藏单位：广东馆、国家馆、首都馆

06236

圣人德表目录索引　李若翰编

兖州：兖州天主堂保禄印书馆，1940.5，1 册，32 开

　　本书以时间为序，列出一年中每日应敬礼的圣人。书后附圣人德表作讲要理问答参考的总目、拉丁文索引。兖州教区主教舒准。

　　收藏单位：国家馆

06237

圣人言行　（意）艾儒略（Giulio Aleni）述

香港：纳匝肋静院，1927，12 册，32 开

　　本书以月为单位，每日介绍一人。第 1 册卷首有著者序。

　　收藏单位：广西馆、国家馆

06238

圣日辣尔传　[（清）李问渔] 编

上海：土山湾印书馆，1922 重印，142 页，36 开

　　本书为 18 世纪意大利圣人日辣尔传记。共 5 卷 38 章，内容包括：幼年、学艺、行艺、入院初学、志切圣功、望德、诚敬圣母等。

　　收藏单位：国家馆

06239

圣若瑟传　马若瑟述

上海：土山湾印书馆，1931，4 版，30 页，32 开

　　本书为约瑟（Ioseph）传。内容包括：若瑟之高尚、若瑟为耶稣义父、圣母爱敬若瑟等。南京主教姚准。

　　收藏单位：国家馆、浙江馆

06240

圣若望　Louis Pirot 著　张冬青译

外文题名：Saint Jean

上海：土山湾印书馆，1941.11，168 页，32 开

　　本书为约翰传。圣若望即约翰，是耶稣的十二门徒之一。本书介绍其生平事迹。书前有著者原序、译者赘言。

　　收藏单位：国家馆、内蒙古馆

06241

圣若望伯尔各满传

献县：张家庄天主堂，1920，124 页，32 开
献县：张家庄天主堂，1937，123 页，32 开

　　本书为 17 世纪比利时天主教圣徒伯尔各满传。共 3 卷：记圣人起生至起意进耶稣会时事、记圣人进耶稣会至往罗马时事、记圣人居罗马时事及死后圣迹。河北献县耶稣会主教刘准。

　　收藏单位：国家馆

06242

圣若望臬波莫传

献县：张家庄天主堂，1926，38 页，50 开

　　本书共 8 章：圣人诞生圣名深意、圣人进修善表晋升司铎、皇后被疑圣人下狱、保守圣事缄默身受重刑、蒙主默启为圣事致命、死后奇迹人人钦敬、侮慢圣人招主显罚、若望圣舌久存不朽。直隶献县耶稣会主教刘准。

　　收藏单位：国家馆

06243

圣若望臬玻穆传　（德）魏继晋（Florian Bahr）译

外文题名：Vita S. Joannis Nepomuceni

上海：土山湾印书馆，1932，3 版，43 页，32 开

本书共 19 部分，内容包括：诞生、幼年、殉主、灵迹、圣思、祷文等。南京主教惠重准。

收藏单位：国家馆

06244

圣若望宗徒的行实

北平：出版者不详，1932 印，194 页，50 开

本书为约翰行传。北平主教林准。

收藏单位：国家馆

06245

圣师伯尔纳多行实（上卷）

外文题名：Vie de saint Bernard

献县：献县天主堂，1931，1 册，32 开

本书为 12 世纪法国教士伯尔纳多（伯尔纳定，Bernard）传记。全书分上、下两卷，共 46 章。本卷共 27 章，内容包括：论圣人之父母及其诞生教育品行、论圣人先见之明等。河北献县耶稣会主教刘准。

收藏单位：国家馆、内蒙古馆

06246

圣体灯传・癫女行实

兖州：兖州府天主堂印书馆，1929，28+40 页，36 开

收藏单位：国家馆

06247

圣体教宗庇护十世小传 （英）Lady Cecil Kerr 著 王昌社译述

外文题名：Pius X, the Pope of the Eucharist（Synopsis vitae Pii X, Sanctissimae Eucharistiae Papae）

香港：公教真理学会，1946，38 页，32 开

本书为教皇庇护十世（Pius X，原名 Giuseppe Sarto）的传记。他于 1835 年出生于意大利。

收藏单位：国家馆、南京馆、内蒙古馆、上海馆

06248

圣体善会主保（圣巴斯加・拜伦小传） 钟协

译

外文题名：S. Paschalis Baylon

澳门：白德美纪念出版社，1948.4，再版，32 页，50 开（灵修小丛书 10）

本书为西班牙圣徒圣巴斯加・拜伦小传。共 21 部分，内容包括：圣巴斯加・拜伦的诞生、上品小天神、愿做圣方济各会士、圣的小牧童等。

收藏单位：国家馆

06249

圣体圣事宗徒（真福伯多禄・儒利安・爱玛神父小传） 岳道译

外文题名：B. Petrus Julianus Eymard

澳门等：慈幼印书馆，1948.3，32 页，50 开（灵修小丛书 44）

本书共 41 部分，内容包括：诞生的城市、跑街的磨刀匠、妈妈、容易听耶稣的话、从萌芽到开花等。

收藏单位：国家馆

06250

圣体小烈士（圣达济斯小传） 鲁微达译

外文题名：S. Tarcisius

澳门：白德美纪念出版社，1948.10，3 版，31 页，50 开（灵修小丛书 17）

本书为圣达济斯（S. Tarcisius）小传。共两部分，内容包括：仇教运动的速写、圣体小烈士。

收藏单位：国家馆

06251

圣维雅纳传 （法）堵乐虚（M. Trochu）著 上海徐家汇小修院编译

外文题名：Le Curé d'Ars saint Jean-Marie-Baptiste Vianney

上海：土山湾印书馆，1931，2 册（675+34 页），32 开

本书为法国天主教圣徒维亚纳（即魏亚乃，J. B. Vianney）传记。共 41 章，内容包括：圣人家世及幼年时代、恐怖时代、牧场宣讲、乐善好施、入小学初告、爱居利初领等。书后附译名合璧。南京大司牧惠济良准刊。

收藏单位：国家馆、上海馆

06252

圣味增爵德行圣训

北京：救世堂，1912，336 叶，25 开，精装

本书为味增爵言行录。共 23 章，内容包括：信德、望德、爱天主、天主鉴临、默想、热心等。北京救世堂主教林准。

收藏单位：国家馆

06253

圣味增爵会会祖翁若南（一位实事求是的教友） 黄若瑟著　王昌社译

外文题名：Synopsis vitae Friderici Ozanam, fundator Piae Societatis Sancti Vincentii a Paulo

外文题名：A short life of Frederic Ozanam, the founder of St. Vincent de Paul Society

香港：真理学会，1939.8，62 页，36 开

本书为圣味增爵会会祖、仁爱会创始人、法国人弗赖特烈·翁若南小传。

收藏单位：国家馆、南京馆、内蒙古馆

06254

圣味增爵行实

北京：救世堂，1912，69 叶，25 开，精装

北京：救世堂，1913，69 叶，25 开，精装

本书为遣使会、仁爱会创始人、法国人味增爵（Vincent de Paul，1581—1660）的生平事迹。分 3 卷 75 章，内容包括：圣人诞生及其童年行实、味增爵入学读书弃俗修道、味增爵升神父等。

收藏单位：国家馆

06255

圣魏亚乃（本堂司铎之模范传记 卷上） 张润波辑译

[北平]：朴庵堂平寓，1931.5，160 页，32 开

本书为法国天主教徒魏亚乃（J. B. Vianney）传记。主要内容译自法国 M. Trochu 的"亚尔斯本堂传"。共 13 章，内容包括：圣魏亚乃的家世、圣魏亚乃诞生和儿童时代等。版权页题名：模范木堂圣魏亚乃传卷上。

收藏单位：国家馆

06256

圣五伤方济各行实 安圣谟译　周道范　马焕章校阅

烟台：天主堂印书馆，1926，2 册（541+589 页），32 开

本书为方济各会创始人、意大利人方济各（Francesco d'Assisi，1181—1226）传。分上、中、下 3 卷，共 53 章，内容包括：方济各诞生、领洗、教育、亚细西青年领袖、怜哀穷人、耶稣提醒方济各弃绝世物、甘修神贫等。书前有译者序。书口题名：圣方济各行实。山东烟台主教罗准。

收藏单位：国家馆

06257

圣五伤方济各行实 （法）包士杰（Jean-Marie Planchet）著

北平：遣使会印书馆，1933，12 页，50 开

本书为方济各会创始人、意大利人方济各（Francesco d'Assisi，1181—1226）传。

06258

圣五伤方济各行实 杨干荪（Johannes Joergensen）著　何芳理译

香港：公教真理学会，1949.3，460 页，32 开

本书共 4 编：圣堂的修理人、传播福音的宗徒、歌咏天主的诗人、孤芳自赏的独修士。书前有《太阳歌》。香港主教恩理觉准。

收藏单位：重庆馆、广西馆、贵州馆、国家馆、湖南馆、江西馆、南京馆、上海馆、浙江馆

06259

圣心的宗徒（圣女玛加利大·亚辣谷克小传） 傅玉棠译

外文题名：S. Margarita M. Alacoque

澳门：白德美纪念出版社，1946.8，再版，30 页，50 开（灵修小丛书 16）

澳门：白德美纪念出版社，1948.10，3 版，32 页，42 开（灵修小丛书 16）

本书为法国天主教徒玛加利大（Margaretta，1647—1690）传记。共 28 部分，内容包括：摇篮、哥舍瓦堡、圣堂、十字架、宗徒的事、圣

召等。书末附《万福耶稣圣心诵》。

收藏单位：国家馆、上海馆

06260

圣心会会祖（圣玛大肋纳·所斐亚·巴拉小传） 傅玉棠译

外文题名：Sta. Magdalena Sophia Barat

澳门等：慈幼印书馆，1947.10，32页，50开（灵修小丛书40）

本书共11部分，内容包括：圣心会的圣会祖、圣召的萌芽、巴黎之行等。书末附《圣玛大肋纳·所斐亚祝文》。

收藏单位：国家馆、上海馆

06261

圣心良友（第1集） 王昌祉编

外文题名：De amicis ss. Cordis jesu Iª series

上海：土山湾印书馆，1940，149页，64开（圣心小丛书）

本书收录陈云裳、张伯达等12位司铎的文章各一篇。内容包括：圣保禄宗徒、圣依纳爵主教致命、架下诸圣等。书有编者序。上海主教惠准。

收藏单位：国家馆

06262

圣亚尔方骚行实

外文题名：Vie de St. Alphonse Rodriguez

献县：张家庄胜世堂，1917，225页，32开

献县：张家庄胜世堂，1920，2次排印，232页，32开

本书为天主教圣人业尔方骚传记。共3卷，内容包括：进修初步、进修妙德、灵迹圣表。1917年版直隶东南耶稣会主教马准。

收藏单位：国家馆

06263

圣亚丰索行实 孟亚丰索著

外文题名：Vie de St. Alphonse de Liguori

献县：献县天主堂，1933印，382页，32开

本书为亚丰索传。共4卷：从诞生到立救世会（1696—1732）、亚丰索立救世会到升主教（1732—1762）、亚丰索升主教到回本会（1762—1775）、亚丰索回至修会到死（1775—1787）。书前有传主年表、人名地名中、意文对照索引及著者序。河北献县耶稣会恩利格刘准。

收藏单位：国家馆

06264

圣依纳爵 巴尔荣（Victor Barjon）著 杨堤译

外文题名：Saint Ignace de Loyola

上海：土山湾印书馆，1941.3，104页，50开

本书为依纳爵·罗耀拉传记。共4部分：山间风云、留学巴黎、世界的中心——罗玛、最后阶段。书前有吴应枫序、著者原序等。书后有附录等。上海惠主教准刊。

收藏单位：国家馆

06265

圣依纳爵传

外文题名：Vie de saint Ignace de Loyola

献县：献县天主堂，1929，746页，32开

本书为天主教耶稣会创始人、西班牙人依纳爵·罗耀拉（Ignace de Loyola）传。共4卷，内容包括：因看圣书动心回头、远离家乡赴塞辣山、居忙肋撒苦身克己等。河北献县耶稣会主教刘准。

收藏单位：国家馆、内蒙古馆

06266

圣依纳爵传略 沈礼门编著

上海：土山湾印书馆，1932，2版，98页，50开

本书为依纳爵·罗耀拉小传。内容包括：作圣开基、离家避世、苦行圣功、德修上进等。南京主教惠重准。

收藏单位：国家馆

06267

圣长雅各伯的小史

出版者不详，1929印，39页，50开

本书为雅各行传。以问答形式讲解天主教基本知识及圣徒雅各伯的事迹。

收藏单位：国家馆

06268
圣哲略史
龙翔印刷厂，19 页，32 开
收藏单位：内蒙古馆、上海馆

06269
师达能夫妇功成传 （英）金乐婷（Mary Geraldine Guinness）著　吴久舒译
上海：广学会，1939.11，222 页，32 开
师达能为基督教宣教士，曾在中国传教。著者原题：戴存义夫人。
收藏单位：重庆馆、广东馆、国家馆

06270
诗歌集　中国耶稣教自立会编
[开封]：河南第一区联会，1940，石印本，[107] 页，32 开
本书分两卷，共 90 首，内容包括：悔改吧、叹世人迷信歌、全家乐、今有一处洗罪之泉、永世之光等。
收藏单位：河南馆

06271
十二个模范妇女　E. H. Farrance　J. A. W. Hamilton 原著　古宝娟译意　饶恩召笔述
汉口：中国基督圣教书会，1940.3，174 页，32 开
本书介绍 12 位模范妇女的事迹。共 12 章，内容包括：为道殉难的青年女子——沈玛格、激动创立圣经会的女子——琼斯玛利亚、美国第一女差遣员——哈安义、提倡释放黑奴的先驱——涂华氏、冒险救人的少女——林达恩、现代护病事业之创始人——南丁格尔、盲目女诗人——华范懿、宗教诗歌的作家——哈法茜、黑人的白皇后——司勒沙耳马利亚、海军的恩人——威斯呑、印度妇女教育家——那玛拜、热心爱世的女杰——石百基拉。
收藏单位：南京馆、首都馆

06272
十架七言　朗格（S. P. Long）著　王永生译
外文题名：The wounded word
汉口：信义书局，1938，52 页，32 开
汉口：信义书局，1940.5，52 页，32 开
本书记述耶稣被钉在十字架上的情形。内容包括：导言及第 1 部——代求、第 2 部——赎罪，共 7 讲。
收藏单位：重庆馆、浙江馆

06273
十架七言　戚庆才演讲
外文题名：The seven words of Christ
上海：甘氏圣经学院，1940.5，80 页，32 开
收藏单位：上海馆

06274
十九世纪的伟人　（意）乌古斯安尼（Ruffino Uguccioni）著　胡重生译
香港：圣类斯学校，1940.12，410 页，32 开
香港：圣类斯学校，1941.1，再版，373 页，32 开
香港：圣类斯学校，1947.11，3 版，410 页，32 开
本书为意大利天主教圣徒鲍斯高（Joannes Bosco）传记。内容包括：悲惨的曙光、孤儿之父、母亲、祈祷等。书前有译者序。
收藏单位：国家馆、南京馆、内蒙古馆、上海馆

06275
十三女圣人传　迟尚德等编译
外文题名：Thirteen women saints
上海：广学会，1937，114 页，32 开（壹角丛书）
本书为 13 个女圣徒的传记。包括：圣以利沙伯、圣黑利抵甲、圣丽奥巴、圣梅格、圣希利达、圣若安和圣真耐为等。

06276
十周年纪念册　南京基督教青年会编
南京：南京基督教青年会，1922，137 页，16 开
收藏单位：南京馆

06277
时代的呼声（华东大学夏令会讨论演讲集）

刘量模编

上海：基督教青年会学生部，1931.9，91页，32开

本书为由基督教青年会主持的华东各大学青年会夏令营讨论与讲演录。

收藏单位：吉林馆

06278

使徒保罗言行录（新译语体）（英）司密氏著 （加）季理斐（Donald MacGillivray）节译 李亚东述

上海：广学会，1924，224页，32开

上海：广学会，1931.1，3版，392页，32开

本书共4卷，记录基督教使徒保罗的一生和传道经历。

收藏单位：山东馆

06279

使徒时代 （美）海尔（W. B. Hill）著 刘乃壬译

外文题名：The apostolic age

上海：青年协会书报部，1926.1，619页，32开，精装（海尔博士丛著3）

本书叙述耶稣12门徒传道的事迹。共22章，内容包括：预备时期和五旬节、耶路撒冷教会发达的经过、较为普遍的传道事业之开始等。书末附使徒时代年谱。

收藏单位：山东馆、首都馆

06280

世界基督教青年大会专集 梁传琴编

中国阿姆斯特丹大会委员会，1939，114页，32开

本书为世界基督教青年大会中国代表团报告汇编。介绍该会活动情况及讨论的专题等。

收藏单位：山东馆、上海馆

06281

首都青年会务报告专号 南京基督教青年会编

南京：基督教青年会，1929.5，35页，16开

本书内含演讲录、会务报告、活动记事、通告等。

收藏单位：国家馆

06282

赎世主会会祖（圣亚尔方骚·尼果利小传）

谢慈佑译

外文题名：S. Alphonsus M. de Liguori

澳门：慈幼印书馆，1946.7，35页，50开（灵修小丛书31）

澳门：慈幼印书馆，1948.6，再版，32页，50开（灵修小丛书31）

本书为赎世主会创始人圣师亚尔方骚·尼果利小传。共18部分，内容包括：诞生、走第一步路、博学多才、十六岁的律师等。

收藏单位：国家馆、南京馆

06283

数圣芳标 （美）苗仰山（C. Bortolazzi）著

杜席珍译

献县：张家庄胜世堂，1914，178页，32开

献县：张家庄胜世堂，1918，2版，158页，32开

献县：献县天主堂，1936，3版，158页，32开

本书共17部分，内容包括：圣热罗尼莫圣师、圣妇默辣尼亚节妇、圣女笃罗德亚致命、圣安多尼方济各会等。书前有译者序。

收藏单位：国家馆、南京馆、内蒙古馆

06284

双十年（原名，十年中的神迹） 钱团运著

出版者不详，24页，32开

本书为作者自述信神的经过，分前十年、后十年两部分。

收藏单位：上海馆

06285

司布真生平 谢颂羔编

上海：广学会，1939，64页，32开

上海：广学会，1947，3版，64页，32开

本书为英国基督教传教士司布真（C. H. Spurgeon，1834—?）传略。共15部分，内容包括：他的幼年、他的重生、少年布道家、他的进步、在伦敦做牧师等。书前有编者小言。

收藏单位：上海馆

06286

司勒沙耳美玉传　李冠芳译

外文题名：The life of Mary Slessor

上海：广学会，1933.3，3 版，52 页，32 开（国外布道英雄集）

本书为泰西名女、苏格兰人司勒沙耳美玉（Mary Slessor）传记。卷端题名：司勒沙耳美玉女士传。

收藏单位：国家馆

06287

松江基督教妇孺救济会报告册　松江基督教妇孺救济会编

松江基督教妇孺救济会，[1925.3]，48 页，24 开

本书包括该会的会务及章程等。书前有罗树森、蒋维乔、陆规亮等人的序。

收藏单位：上海馆

06288

苏州致命纪略　徐允希著

外文题名：Acta martyrum Soochow

上海：土山湾慈母堂，1932，108 页，32 开

本书记述天主教耶稣会士黄、谈二位神父在苏州殉教的始末及其一生的品德。共 29 章，内容包括：黄安多幼岁、黄修士就学马尼刺、江南教务状况、黄神父传教江南等。书前有序、著者叙言。书后有译名合璧。南京主教惠大司牧准刊。

收藏单位：国家馆、上海馆

06289

谭化溥司铎遇害记　Fr. D. Donnelly 著　王昌社译述

外文题名：A short life of Fr. J. Donovan, M.M

香港：真理学会，1941.9，55 页，32 开

本书为美国传教士谭化溥（Fr. Gerard Donovan）小传。共 5 部分：幼年时代、奉派来华、开始工作、被绑勒赎的经过、牺牲殉职。

收藏单位：贵州馆、国家馆、南京馆、内蒙古馆

06290

汤若望与木陈忞　[陈垣著]

北平：辅仁大学，1938，28 页，16 开

本书对清顺治年间高僧木陈忞所著《北游集》及德国人魏特所著《汤若望传》进行了比较与研究。分 3 章：雍正谕旨之驳正、世俗传说之解答、汤忞二人之比较。书后附录本事年表、龙池世谱。为北平辅仁大学《辅仁学志》7 卷 1—2 合期抽印本。

收藏单位：国家馆、吉林馆、近代史所、南京馆

06291

唐景教碑颂正诠　阳玛诺著

上海：土山湾慈母堂，1927，3 版，74 页，32 开，环筒页装

本书内容包括：大秦寺僧景净述"景教流行中国碑颂并序"及阳玛诺对碑颂的注诠。南京主教姚重准。

06292

天国伟人　谢洪赉编

外文题名：Pioneers of the Cross: brief biographies of Morrison, Garey, Livingstone, Paton and Gardiner

上海：中华基督教青年会全国协会书报部，1917.1，3 版，58 页，32 开

本书介绍 5 位基督教传教士的生平。共 5 篇，内容包括：马礼逊传、贾利传、李逢士敦传、柏登传、贾德拿传。书前有引言。

收藏单位：国家馆

06293

天津海大道中华基督教会年报（1936 年）

[天津海大道中华基督教会]编

天津：[天津海大道中华基督教会]，1936，54 页，32 开

本书内容包括：该会各种聚会情况、执常会议记事摘录、各股工作报告、经济报告等。

收藏单位：国家馆

06294

天津海大道中华基督教会年报（1937 年）

[天津海大道中华基督教会] 编

天津：[天津海大道中华基督教会]，1937，65 页，32 开

　　本书内容包括：《勉基督徒努力战胜环境》（雷舜笙）、《海大道中华基督教会二十四年来之前瞻后顾》（刘福增）等文章。并有"特别节礼与聚会""各股工作报告""个人消息""经济"等栏目。

　　收藏单位：国家馆

06295

天津海大道中华基督教会年报（1938 年）

[天津海大道中华基督教会] 编

天津：[天津海大道中华基督教会]，1938，84 页，32 开

　　本书内容包括：《基督徒的灵性生活》（陈炳如）等文章。并有"特别聚会""各项工作报告""个人消息""经济"等栏目。

　　收藏单位：国家馆

06296

天津海大道中华基督教会年报（1939 年）

[天津海大道中华基督教会] 编

天津：[天津海大道中华基督教会]，1939，82 页，32 开

　　本书内容包括：《本教会一年来之回顾》（刘福增）等文章。并有"各股报告""个人消息""经济报告"等栏目。

　　收藏单位：国家馆

06297

天津基督教青年会开幕纪念

出版者不详，1914.10，19 页，18 开

　　本书内容包括天津基督教青年会各种事宜之概略及入会通告。书前绪言介绍了该会新会所建筑始末。

　　收藏单位：国家馆

06298

天津基督教青年会思想训练班第二期讲义

出版者不详，44 页，25 开

　　收藏单位：首都馆

06299

天上珠儿　　戴尔华（Victor Delvoie）著　　金鲁贤译

外文题名：Anne de Guigné

上海：土山湾印书馆，1936.6，44 页，32 开（圣体军小丛书）

　　本书为教徒亚纳·奇年（Anne de Guigné）小传。共 12 部分，内容包括：绪言、家世、顽劣、感悟等。书前有序。上海教区主教惠准。

　　收藏单位：国家馆

06300

天神善牧　　黎正甫编译

外文题名：Pastor Angelicus: Our holy father Pius XII

香港：公教真理学会，1947.12，28 页，50 开

　　本书为庇护十二世（Pius XII，1876—1958，原名 Eugenio Pacelli）小传。庇护十二世 1939—1958 在位。共 14 部分，内容包括：家世情形、出使德国、为国务卿、工作祈祷、日常生活、死而后已等。

　　收藏单位：国家馆

06301

天主教在中国　　牛若望著

外文题名：Catholicism in China

香港：真理学会，1948.8，32 页，50 开（民众读物小丛刊 25）

　　本书内容包括：天主教传入我国简史、我国天主教之组织及现状、天主教中央行政机构等。

06302

田家瞻望　　张雪岩编著

成都：田家社，1942.12，[10]+132 页，36 开（田家丛书）

　　本书记述华北基督教农村事业促进会出版《田家半月报》的历史及概况。共 9 部分：导言、历史、内容、技术、读者的贡献、学术地位、经济状况、展望、结语。书前有著者序。

　　收藏单位：重庆馆、东北师大馆、国家馆、吉林馆

06303

童年圣人　苏连爱（Choullier）著　张冬青译

上海：土山湾印书馆，1939.12，138 页，32 开（圣体军小丛书）

　　本书讲述 5—18 岁的十几位天主教小圣人的故事。原书 50 余篇，此书选译其中 10 余篇编成。

　　收藏单位：广西馆、国家馆

06304

拓荒文化　张雪岩编

北平：华北基督教农村事业促进会北平编辑部，1947.3，37 页，32 开

　　本书为华北基督教农村事业促进会文字部《田家半月报》报告书。共 14 部分，内容包括：为什么办田家、史的回顾、本报的国际性、发展农村文字工作十二年计划大纲等。

　　收藏单位：国家馆

06305

完人的模范　（美）富司迪（Harry Emerson Fosdick）著　应元道　袁访赍译

外文题名：The manhood of the master

上海：青年会全国协会，1930.3，286 页，32 开

　　本书叙述耶稣基督的生平人格。共 12 章，内容包括：耶稣的欢乐、耶稣的宽大、耶稣的愤怒、耶稣的忠、耶稣的忍耐、耶稣的诚等。

　　收藏单位：湖南馆、上海馆、浙江馆

06306

完人之范　（美）富司迪（Harry Emerson Fosdick）著　谢扶雅译

外文题名：The manhood of the master

上海：青年协会书局，1917.12，207 页，32 开

上海：青年协会书局，1919，3 版，208 页，32 开

上海：青年协会书报部，1921.6，5 版，208 页，32 开，精装

上海：青年协会书局，1925.4，重订 8 版，207 页，32 开，精装

　　本书叙述耶稣基督的生平人格。共 12 章，内容包括：耶稣之乐、耶稣之宽大、耶稣之怒、耶稣之忠等。译者原题：谢乃壬。

　　收藏单位：重庆馆、广东馆、河南馆、南京馆、山东馆、天津馆、浙江馆

06307

玩索圣史　（德）花之安著

外文题名：Meditations on old testament

汉口：圣教书局，1911，1 册，22 开

　　本书共 6 卷：元始列祖之事、摩西始终事、约书亚及诸士师治民、以色列族始有王及大权荣、以色列犹太诸王分据失国事、统论先知。书前有著者自序。

　　收藏单位：国家馆

06308

万儿之母　（加）薄玉珍（Margaret H. Brown）著　吴维亚译

外文题名：Mother to thousands

上海：广学会，1936.12，94 页，32 开

　　本书为德国修女伊范生平及其赈济穷困妇孺的事业。共 19 部分，内容包括：伊范的童年和环境、她的父母、接受使命、修女院等。书前有引言。书后附在患难之日蒙拯救、细利西亚统治变迁史。

　　收藏单位：国家馆

06309

万方朝圣录（耶路撒冷大会记）　赵紫宸著

上海：中华全国基督教协进会，1928.12，132 页，32 开

　　本书为作者参加耶路撒冷基督教会议的散记。共 9 章：橄榄山顶、万方贤隽、旷观世界、同证福音、圣众契阔、宗教教育、农工神圣、天下一家、灵国涌现。

　　收藏单位：国家馆、山东馆

06310

汪竹亭先生纪念册　汕头河婆浸理会汪竹亭先生追悼会编

汕头：出版者不详，1936，68 页

　　收藏单位：近代史所

06311

王淑女士传 浸会少年团编辑部编

外文题名：Biography of Miss Sue Wang

上海：中华浸会书局，1934.3，84页，32开

　　本书是教会为基督教女信徒王淑（1898—1931）编写的传记（宣传品）。共4段，内容包括：神预定的旨意、女士成为神的女儿、女士被膏为神作工、王女士荣归天国。书前有《读王淑女士传的感言》、引言。

　　收藏单位：国家馆、绍兴馆

06312

威廉兑尔传

外文题名：Synopsis vitae Patris William Doyle e societate jesu（A short life of Fr. William Doyle S. J.）

香港：真理学会，24页，32开

　　本书共13部分，内容包括：幼时了了长大聪明、蒙主圣召入耶稣会、孜孜矻矻诲人不倦等。封面题名：耶稣会士威廉兑尔传。

　　收藏单位：国家馆、南京馆

06313

威廉约翰传 （英）赫斯（E. H. Hayes）著 周云路译

上海：广学会，1925，56页，32开（国外布道英雄集10）

　　本书为基督教传教士英国人威廉·约翰（William John）传。

06314

为人师的耶稣 夏尔孟编 吴耀宗　刘开荣译

重庆：商务印书馆，1943.8，274页，36开

重庆：商务印书馆，1944.3，赣县初版，274页，36开

重庆：商务印书馆，1947.2，再版，274页，36开

　　本书共6部分：马太马可和路加底记载、关于弥赛亚的插言、约翰底记载、结论、研究的问题、集体思想的方法。书前有序。

　　收藏单位：重庆馆、东北师大馆、广东馆、广西馆、国家馆、黑龙江馆、湖南馆、江西馆、南京馆

06315

为义受逼的人 姜建邦编著　赵世光校阅

外文题名：Heroes and martyrs who suffered for righteousness' sake

上海：雪粮刊社，1942.7，64页，32开

　　收藏单位：南京馆、上海馆

06316

维叨罗森泊评传 杜爱伦编　陈其田译

外文题名：Walter Rauschenbusch

上海：协进会基督化经济生活委员会，1928.3，22页，36开（经济改造传记丛书2）

　　本书侧重介绍维叨罗森泊基督教社会化的主张。共7部分，内容包括：罗氏生活的今义、他的人格可风、预备的时代、罗氏重要的工作、基督教社会化的主张、罗氏的精神和心思、他的影响常存。书前有译者介绍辞、楔子。封面书名前注"美国社会哲学家"。

　　收藏单位：国家馆、上海馆

06317

维馨纪念集 维馨纪念集编辑委员会编辑

上海：上海基督徒布道团总团，1941，38页，32开

　　本书介绍朱维馨一生传教活动。

06318

伟大的保禄（传教者的模范） （法）高利约（Ch. Glorieux）著　公教丛书委员会译

外文题名：Vie de St. Alphonse Rodriguez

天津：崇德堂，1939.2，150页，32开（公教丛书）

　　本书为保罗传记。

　　收藏单位：国家馆、南京馆、首都馆

06319

伟人的母亲（圣穆奈加） Elspeth Procter 著 吴维亚译述

外文题名：Saint Monnica

上海：广学会，1937.6，59页，36开（基督教学术推进会丛书小传集1）

本书记述奥古斯丁（Augustine）的母亲穆奈加一生的事迹。分 5 章：童年的悲哀、忍气吞声做媳妇、可怜的寡母、伟人的母亲、永生的圣徒。

收藏单位：国家馆、山东馆

06320

卫道战士（圣多明我小传） 潘稼西译

澳门：慈幼印书馆，1949.2，30 页，50 开（灵修小丛书 62）

本书为多明我会创始人、西班牙人多明我（Domingo de Guzman，1170—1221）小传。共 12 部分，内容包括：圣善的母亲、大学生、艰巨的使命、玫瑰十字军等。书末附《圣多明我瞻礼之弥撒经文》。

收藏单位：国家馆

06321

卫理公会年议会简史（中华基督教百年纪念专册） 罗运炎编

上海：中华基督教卫理公会，1947.10，89 页，32 开

收藏单位：上海馆

06322

文献里的耶稣 （加）谢尔孟（Henry Burton Sharman）著 （加）云从龙（L. E. Willmott）译

外文题名：Jesus in the record

上海：上海协和书局，1928.9，264 页，32 开

本书材料选自圣经，共 23 周课，每周课分为 5 类：研究的目的、研究的方法、研究的内容、研究的重要问题、研究的发现。周课内容包括：耶稣事业的朕兆、约翰的行动及其对于耶稣的关系、耶稣事业的开端、反对派的兴起等。书前有例言。

收藏单位：国家馆

06323

我的家在南洋 南洋著

外文题名：My home in the South

香港：新生出版社，[1930—1949]，52 页，32 开（时代学生丛书）

本书共 9 部分：小引、才德妇人、虔诚

的佛教居士、唯一的汽车、红旗与黑旗、故乡的神仙们、琢娘、勉强离佛、后言。书末附《我所认识的雷鸣远老人》《中国的外交总长——陆征祥》。

收藏单位：国家馆

06324

我的见证 宋尚节　王敏学著

上海：伯特利，1933.9，97 页，18 开

收藏单位：上海馆

06325

我的主耶稣 刘美丽编译

外文题名：Little Lord Jesus

上海：广学会，1932.6，35 页，32 开

上海：广学会，1932.11，再版，34 页，32 开

本书是为儿童编写的耶稣的故事。共 9 部分，内容包括：圣诞日、博士朝见、下到埃及、耶稣的玩侣、进耶路撒冷、耶稣成人后等。书前有卷头语。

收藏单位：国家馆

06326

我们的活动（义勇布道会特刊） 基督复临安息日会中华总会义勇布道部编

上海：时兆报馆，33 页，32 开

本书介绍义勇布道会的组织系统及其对活动的建议、活动范围等。后有歌曲若干首。

收藏单位：重庆馆

06327

我们的领袖（耶稣传） （法）高利约（Ch. Glorieux）著　公教丛书委员会译

天津：崇德堂，1939.6，306 页，32 开

天津：崇德堂，1948.7，11+10+197 页，32 开

本书共 10 章：一个婴孩为人类诞生了、工人的生活、有播种的出来撒种、传教的生活、他是基多吗、反对不断的增进、十二宗徒、决战时期、黑暗时期、巴斯卦。书前有狄守仁序、原序、白峯云序、导言。书后附结论。1939 年版北京主教满准。

收藏单位：国家馆、辽宁馆、南京馆、内蒙古馆、宁夏馆、中科图

06328

我们的母亲　周济世著

[保定] : [保定总堂]，1939，132 页，36 开

　　本书为圣母玛利亚行实。共 7 章：圣母幼年时代、自圣母领报至耶稣圣诞、自耶稣诞生至圣家回纳匝肋、耶稣隐居纳匝肋的生活、耶稣传教的时代、耶稣受难的时期、圣母与幼稚的圣教会。书前有著者写在前面、小言。书后附录东闾圣母的来历。

　　收藏单位：国家馆

06329

我们的小德肋撒　贾卜南（P. J. Carbonnel）著
陈秋棠译

外文题名：Histoire de Sainte Thérèse de l'enfant Jésus

上海：土山湾印书馆，1934.4，154 页，36 开
（公教儿童丛书 2）

　　本书为德肋撒的传记。共 25 章，内容包括：诞生、母泪、养病、幼稚时代、超性观念等。书前有译者序。

　　收藏单位：国家馆

06330

我们的小类思　陈秋棠　姚锦文译

外文题名：Saint Louis de Gonzague

上海：土山湾印书馆，1934，192 页，32 开

　　本书共 20 章。附编类思给儿童青年的遗嘱、类思写给母亲的最后一封信、教皇思想中的类思和青年。

　　收藏单位：国家馆

06331

我们理想的模范　（美）惠立（W. P. Whaley）著　贝厚德　朱薛琪瑛译述

外文题名：Jesus our ideal

上海：广学会，1931.1，179 页，32 开
上海：广学会，1931.5，再版，179 页，32 开

　　本书讲述耶稣是童子、青年、教友各色人等在各个方面的模范。共 12 章，内容包括：理想的感化能力、耶稣是童子的模范、耶稣是青年的模范、耶稣是教友的模范、耶稣是服务的模范等。书前有引言。

　　收藏单位：国家馆、上海馆

06332

我们为什么反对世界基督教学生同盟？
非基督教学生同盟，1922，62 页，32 开

　　本书收录非基督教学生同盟的宣言、通电、章程，以及《基督教与世界改造》（赤光）、《基督教与基督教会》（陈独秀）、《耶稣是什么东西？》（朱持信）、《青年会是什么东西？》（秋人）等 14 篇文章。

　　收藏单位：国家馆、内蒙古馆

06333

我如何得有今日（回忆与忏悔）　谢颂羔著

外文题名：What I owe to the Christian church

上海：广学会，1938.11，140 页，32 开
上海：广学会，1941，再版，159 页，32 开

　　本书共 63 部分，内容包括：王先生的女儿、我的女同学们、小木匠、家庭礼拜等。书前有梁得所序、薄玉珍序。

　　收藏单位：重庆馆、上海馆、绍兴馆

06334

我所体验的基督　安德烈（C. F. Andrews）著
王揆生译

外文题名：What I owe to Christ

上海：青年协会书局，1934.1，182 页，25 开（青年丛书 15）
上海：青年协会书局，1938.11，再版，182 页，25 开（青年丛书 15）

　　本书为著者的宗教经验谈。共 19 章。前 10 章叙述其家庭宗教背景及本人的宗教生活；后 9 章谈著者到印度工作的情形及与泰戈尔兄弟、甘地夫妇等人的交往。书前有译序。

　　收藏单位：国家馆、南京馆

06335

我怎样开始　Hallen Viney 著　杨富森译

外文题名：How do I begin?

上海：五洲书报社，1939.3，10 页，32 开
上海：五洲书报社，1939.11，订正再版，10 页，32 开

　　本书为基督教"道德重整运动"（即牛津

团契运动）宣传品。

收藏单位：上海馆

06336

无玷圣母的爱女（圣女加大肋纳·赖宝莲小传） 岳道译

外文题名：Sta. Catharina Labouré

澳门等：慈幼印书馆，1948.1，32 页，50 开（灵修小丛书 49）

本书共 19 部分，内容包括：幼年和最初的痛苦、殷勤的精神、孝爱天主的精神等。

收藏单位：国家馆

06337

无双的耶稣 （英）龚斯顿·洛思（Johnston Ross）著 （英）梅德立（Frank Madeley）冯雪冰译

外文题名：The universality of Jesus

上海：广学会，1932，94 页，32 开

本书论耶稣的伟大。

收藏单位：广东馆

06338

吾主耶稣言行史略 A. Goodier 著 陈伯良译

外文题名：Domini nostri Jesu Christi vitae synopsis

香港：公教真理学会，1938，68+11 页，32 开

香港：公教真理学会，1938，2 版，68 页，32 开

香港：公教真理学会，1946，4 版，1 册，32 开

本书记述耶稣行实。共 4 章：导言、起源、预点、终局。书前有小引、原序。书后附耶稣显圣迹一览表、耶稣谕言一览表。香港主教恩准。

收藏单位：重庆馆、国家馆

06339

吴虹钰先生传 朱友渔编

出版者不详，10 页，18 开

本书为同仁医院吴虹钰（1833—1919）的传略。

收藏单位：上海馆

06340

吴杨两修士传 山宗泰著

上海：土山湾印书馆，1943，70 页，64 开

本书为吴月潮、杨赉铨两人传记。上海主教惠准。

收藏单位：国家馆

06341

伍礼德博士小传 伍密巨垒编 程光译

汉口：中华信义会书报部，1936，118 页，32 开

本书为信义神学院院长伍礼德传。

06342

西北边荒布道记 （英）Mildred Cable （英）Francesca French 著 （加）季理斐（Donald MacGillivray）译意 谷云阶笔述

外文题名：Through Jade Gate and central Asia

上海：广学会，1929，91 页，32 开

上海：广学会，1933，3 版，91 页，32 开

本书介绍了 3 位女基督教士自叙其往中国甘肃、新疆等地布道的经过情况。共 11 章，内容包括：从霍州到平凉、从平凉到甘州、从甘州到西藏等。

收藏单位：广东馆、国家馆、吉林馆、山东馆

06343

西方隐修圣祖（圣本笃小传） 潘稼西译

外文题名：S. Benedictus Abbas

澳门等：慈幼印书馆，1948.9，32 页，50 开（灵修小丛书 45）

本书为本尼狄克（一译"本笃"，Benidictus，约 480—550）传。共 11 部分，内容包括：童年背景、逃出罗马、新生的开始等。

收藏单位：国家馆、内蒙古馆

06344

西山夏令会一览表

外文题名：A conference of government school students

北京：出版者不详，1911，4+6 页，25 开

收藏单位：国家馆

06345

西洋圣者列传　蒲盖（J. A. Bouquet）著　明灯社编译

外文题名：A book of saints

上海：广学会，1940.8，147 页，32 开

本书介绍了伊格那细亚（依纳爵）（St. Ignatius）、坡力卡普（波利卡普）（St. Polycarpus）、斐理吉达（St. Felicitas）、泊伯多雅（St. Perpetua）、杰尔斯（St. Giles）、克利斯多佛（St. Christopher）等宗教人物的生平传略。

收藏单位：广东馆、南京馆、山东馆、上海馆

06346

厦门基督教青年会二十五周年纪念册（1912—1936）　厦门基督教青年会编

厦门：厦门基督教青年会，1940，132 页，16 开

本书收录孙中山先生勖青年会之言论、青年会对于新中国之贡献、青年会与今日之中国等 30 余篇。

收藏单位：南京馆

06347

厦门基督教青年会特刊　厦门基督教青年会编　林国赓等订

厦门：厦门基督教青年会，1934，[58] 页，16 开

本书内容包括厦门基督教青年会的礼仪、宗旨、演说等。

收藏单位：上海馆

06348

贤妇戴伊济传略　王昌社编译

上海：土山湾印书馆，1937，141 页，32 开

本书为 18 世纪意大利主教贤妇戴伊济传。共 30 章，内容包括：淑贤良姿幼女仪表、择婿良方足资矜式、精修远俗殊宠突颁、孝女贤妻良母模范等。书前有徐允希序。书后附人物地名中西对照表。

收藏单位：国家馆

06349

贤女笃慎传

外文题名：Vie de la vénérable mère Duchesne

献县：张家庄胜世堂，1917，444 页，18 开

本书为 18 世纪法国贤女笃慎传记。共 4 卷：论贤女的圣召、论贤女受教育、论贤女传教、论贤女自作牺牲。直隶东南耶稣会主教马准。

收藏单位：国家馆

06350

贤女加大利纳传　隐名修女编著

外文题名：Vita Mariae Catherinae de Stae. Rosae

澳门：白德美纪念出版社，1946.11，48 页，50 开

本书为埃及方济各女修会创始人玛利亚·加大利纳·罗莎小传。共 24 部分，内容包括：出世的童年、修院之花、早熟的圣召等。书前有序。澳门代理主教飞能道准。

收藏单位：国家馆

06351

现代女子教育专家耶稣孝女会创办人刚第达及其事业

出版者不详，1935，136 页，25 开

本书为天主教徒刚第达（Candida）传记。共 30 章，内容包括：幼年的纪念、在多禄撒、创立修会、创立别的学校等。书前有导言。书后附：刚第达姆母一生大事的年表、耶稣孝女会在刚第达姆母去世后的大事年表等。卷端题名：耶稣玛利亚刚第达姆母传略。安庆主教梅准。

收藏单位：国家馆、首都馆

06352

献县教区义勇列传（第 1 卷）　刘赖孟多译

出版者不详，1932，138 页

收藏单位：近代史所

06353

乡村教会　亓光斗著

出版者不详，[1938]，16 页，32 开

本书介绍基督教乡村教会的历史与组织、北京神学院的常规工作、乡村教会实验区的工作。

收藏单位：国家馆

06354

乡村教会调查　南京金陵神学院乡村教会科编

[南京]：[金陵神学院乡村教会科]，105 页，16 开

本书为乡村教会调查表。共 3 章：乡村社会概况、本社会内之乡村建设事业、本地教会。

收藏单位：国家馆

06355

乡村教会与本色的基督教　葛南克著

上海：中华全国基督教协会，1926.1，3 版，33 页，32 开（乡村教会丛书 1）

本书内容包括对这次游历中国的目的、教会的自立等问题的讲解。

收藏单位：山东馆

06356

乡村教会之前途　中华全国基督教协进会乡村教会与农民生活事业委员会编

中华全国基督教协进会乡村教会与农民生活事业委员会，1926，再版，22 页，32 开（乡村教会丛书 2）

本书节录自 1922 年中华全国基督教协进会全国大会报告。共 4 部分：乡村教会之前途、教会与农业及乡村生活之关系、发展乡村教会之研究、乡村改良计划。

收藏单位：山东馆

06357

乡村里的升崎　托萍（Helen Faville Topping）著　童克圣　金东乙译述

外文题名：Salting the earth

上海：广学会，1933，95 页，32 开

本书介绍日本三边地区基督教牧师升崎的生平。

06358

乡村领袖之培养　龚约翰著

中华全国基督教协进会乡村教会与农民生活事业委员会，1926，19 页，32 开（乡村教会丛书 4）

本书为广州协和神学院校长龚约翰提出的董事部报告。介绍教会乡村服务者养成所培养乡村教会领袖人才的计划。

收藏单位：山东馆

06359

乡村模范牧师　朱敬一译述

上海：广学会，1930.10，6+82 页，32 开

本书主要讲吴伯苓事迹，分为十个篇章。

收藏单位：山东馆

06360

香港基督教会史　刘粤声主编

香港：基督教联会，1941.8，294 页，18 开

本书共 7 章：会宗史略、堂会史略、联合事业、文化事业、慈善事业、社会事业、个人传记。书前有序言、凡例。附录香港基督教堂会调查表、香港基督教学校调查表等。

收藏单位：国家馆

06361

小德肋撒德行新谱　伯弟多（P. H. Petitot）著　朱希圣译

外文题名：A spiritual renaissance or A study in the spirituality of St. Teresa

香港：真理学会，1947.3，267 页，32 开

本书参照古今圣人的行实研究圣女德肋撒的灵修特点。分 8 卷，内容包括：圣女小德肋撒修行之道、小德肋撒之默想祈祷生活、小德肋撒所阅之圣书等。书前有原序大意、吴应枫序。

收藏单位：国家馆

06362

小天神　Claudio Garcia Herrero 著　张如望译

安庆：天主堂，1937.6，96 页，32 开

本书为天主教徒安多尼（1902—1929）的传略。共 10 章，内容包括：孩提时代、小天神底陶成、爱敬圣母等。安庆梅主教准。

收藏单位：上海馆

06363

小耶稣　M. Bartholomew 著　M. Adolph 译

兖州：保禄印书馆，1942.6，94 页，32 开（天路丛书 1）

本书为公教教理读本，初级小学适用。共 6 章，内容包括：天主造天地万物、圣母领报等。书前有译者底话及费爱华"最稀奇的故事"。

收藏单位：国家馆

06364

孝爱之性（卫冠艾·月桂小传）　邓青慈译

澳门：白德美纪念出版社，1947.7，32 页，50 开（灵修小丛书 37）

收藏单位：国家馆

06365

校友退修会特刊　校友退修会特刊编辑部编

[南京]：金陵女子神学院，1948.10，29 页，22 开

本书共 17 部分，内容包括：发刊词、校友退修会记略、胜利的基督是我们的希望、基督是世界的希望、参加校友退修会的感想与心得、校友会成立之经过等。

收藏单位：国家馆

06366

谢庐隐先生传略　胡贻毅著

外文题名：The life of H. L. Zia

上海：青年协会书报部，1917，110 页，23 开

本书叙述谢庐隐生平传略及各界人物对其评价。共 10 章，内容包括：家世及幼稚时期、离家入学之时期、教育家之谢庐隐等。书前有插画、范袆序、绪论。

收藏单位：国家馆、近代史所、上海馆、天津馆、浙江馆

06367

谢世宝圣名依聂斯升天历史　谢源淳著

[济宁]：[济宁天主堂]，1930，石印本，4 叶，36 开，环筒页装

本书记载女学生谢世宝的事迹。封面题名：山东济宁县天主堂女子学校高等毕业生谢世宝圣名依聂斯升天历史。

收藏单位：国家馆

06368

新编圣教史纲　赵石经编

外文题名：Manuale historiae ecclesiae

上海：土山湾印书馆，1938，3 册，32 开

本书为上古时期、中古时期、近世纪的基督教史。

收藏单位：桂林馆、国家馆、内蒙古馆

06369

新光　朱树德著

外文题名：Les nouvelles étoiles du ciel

上海：土山湾印书馆，1935.8，112 页，32 开（圣体军小丛书）

本书为天主教圣徒传记。共 10 章，内容包括：开会、圣达尔济斯、福女加大利纳拉蒲兰、可敬多明我啥维豪、圣维雅纳、圣鲍斯高、中华致命真福、真福赵奥斯定、吴真福国盛、临别语。上海教区惠主教准。

收藏单位：国家馆

06370

新领袖　（英）李安　（英）马丁著

[北京]：出版者不详，[1940]，24 页，32 开

本书介绍了牛津团契在各地工作的原则。

收藏单位：国家馆

06371

新史略　沈则宽编译

上海：土山湾印书馆，1915 重印，1 册，32 开

上海：土山湾印书馆，1923，6 版，220 页，32 开

上海：土山湾印书馆，1931，7 版，220 页，32 开

上海：土山湾印书馆，1939，9 版，220 页，32 开

上海：土山湾印书馆，1941，10 版，220 页，32 开

本书为耶稣生平事迹。共 7 卷，另有新史略图像目录、宗徒事略目录、宗徒事略图

像目录。书前有著者序。

收藏单位：广东馆、桂林馆、国家馆、黑龙江馆、南京馆、上海馆、首都馆

06372

新约时代的教会史纲　林仰山著　冯雪冰译

上海：广学会，1941.5，44 页，32 开

本书为第一级义工教材第 14 册。共 11 课，内容包括：犹太国原始的教会、保罗等。

收藏单位：南京馆、山东馆

06373

馨香的没药（盖恩夫人传略）（法）盖恩夫人（Jeanne Guyon）原著　俞成华译

外文题名：Sweet smelling myrrh

上海：福音书房，1938.7，235 页，32 开

上海：福音书房，1938，2 版，9+225 页，32 开

上海：福音书房，1939.4，3 版，235 页，32 开

上海：福音书房，1940，4 版，235 页，32 开

上海：福音书房，1947，5 版，235 页，32 开

上海：福音书房，1947.11，6 版，235 页，32 开

本书为基督信徒盖恩夫人（Jeanne Guyon）自传。共 27 章，书前有介言、引语。

收藏单位：重庆馆、广东馆、桂林馆、国家馆、辽宁馆、上海馆、绍兴馆、首都馆、天津馆

06374

信魃济荒传　莫勒著　（英）鲍康宁（Frederick William Baller）译述

上海：广学会，1935，7 版，133 页，32 开（壹角丛书）

本书介绍了一个基督信徒事迹。

收藏单位：上海馆

06375

信教自由书

上海：时兆报馆，1914，24 页，22 开

收藏单位：国家馆

06376

信徒盲人之自传　熊谷著　（英）莫安仁（Evan Morgan）译

上海：广学会，1927.11，32 页，32 开（名传集 4）

本书为信徒盲人熊谷自传。

收藏单位：山东馆

06377

信心的十二英雄　基督教中华浸会少年团联会编

上海：美华浸会书局，1940，72 页，32 开

本书为几位浸会（基督教组织）宣教士和几位中国基督徒的简略传记。

收藏单位：江西馆

06378

兴化卫理公会史　张福基编

福建：兴化卫理公会，1947.12，308 页，32 开

本书共 22 章，内容包括：福建卫理公会起源与演进、开拓天国疆土、布教永春、推进天国事业等。附录牧师年表、各教传道表等。

06379

匈国圣妇依撒伯尔传　（法）忙答郎伯（Monta Lembert）著

献县：献县天主堂，1932，3 次排印，127 页，32 开

本书为匈牙利天主教圣妇依撒伯尔（1207—1231）传记。共 33 章，内容包括：圣依撒伯尔出身及幼时、圣依撒伯尔定亲于意斯那府、圣依撒伯尔自幼恭敬天主等。书前有序、小引。河北献县主教恩利格刘准。

收藏单位：国家馆

06380

修道说　沈宰熙编

出版者不详，1920，20 页，36 开

本书介绍修女沈爱妹的生平事迹。

06381

修女裴宜业小传　朱希圣译述

海门：江苏海门主教公署，1943.2，207 页，32 开

本书为意大利修女裴宜业传记。共 4 部分：小传、小传补遗、主训集锦、神修袖珍。小传分 7 章，内容包括：幼年时代，居家时之生活；裴之日记；进院、初学、发愿；裴宜业之种种美德；耶稣之小书记；最后避静；卧病、圣终。书前有序。江苏海门主教朱准。

收藏单位：国家馆

06382

修院奇花秦秋芳修士小传 邱多廉著 吴应枫译述

上海：土山湾印书馆，1926，44 页，32 开

上海：土山湾印书馆，1931，44 页，32 开

本书介绍秦秋芳生平。共 5 章：幼年、汇学、小修院、大修院、死于佘山。书前有著者原序、译者自序。书后有结言。

收藏单位：国家馆、上海馆、浙江馆

06383

许太夫人传略 （比）柏应理（Philippe Couplet）著 许采白译

上海：土山湾印书馆，1927，24 页，32 开

许太夫人是明代徐光启的孙女、天主教信徒，教名甘第大（Candida）。本书为她的传记。内容包括：原序；出身、家训；丧母、出阁、德表；西士来华等。

收藏单位：国家馆、内蒙古馆、浙江馆

06384

宣教事业平议 美国平信徒调查团编 缪秋笙 徐宝谦 范定九译

外文题名：Re-thinking missions

上海：商务印书馆，1934.4，289 页，24 开

上海：商务印书馆，1935，再版，289 页，24 开

本书为美国海外宣教事业调查委员会的总报告。共 14 章，内容包括：普通原则、基督教对于远东的使命、宣教与教会等。书前有序、原序、编者小言。

收藏单位：重庆馆、广东馆、广西馆、桂林馆、国家馆、江西馆、近代史所、辽宁馆、南京馆、山东馆、上海馆、天津馆、浙江馆、中科图

06385

学盟的展望 世界基督教学生同盟运动会编 中华基督教青年会女青年会全国协会校会组，1939，37 页，32 开

本书介绍世界基督教学生同盟三年计划。

收藏单位：南京馆

06386

学生模范 达礼安（Trione）著 邓青慈译

外文题名：Discipulus exemplaris

上海等：慈幼印书馆，1948.7，107 页，32 开（青年丛书 6）

本书共 61 部分，内容包括：在圣堂、圣鲍斯高初次识多明我、马高鼐的爱德、沙维贺立志成圣、贝素高的祈祷精神等。书前有译者序、编者序。

收藏单位：国家馆、上海馆

06387

学校基督教女青年会手册 女青年会全国协会学生部编

上海：女青年会全国协会学生部，1929，24 页，32 开

本书介绍基督教女青年会规章、组织情况等。

收藏单位：上海馆

06388

血露 梅安尼著 莫希功选译

外文题名：Multorum martyrum brevis historia

澳门：白德美纪念出版社，1947.6，73 页，50 开（公教小读物丛刊 18）

本书记述公教会殉道者的轶事。共 43 部分，内容包括：圣斯德望、宗徒们、圣格肋孟多一世、圣女则济利亚等。书前有原序。澳门代理主教飞能道准。

收藏单位：国家馆

06389

循道归主（高级安息日学课） 基督复临安息日会中华总会安息日学部编译

出版者不详，1946，55 页，32 开

本书共 13 课，内容包括：上帝爱人、罪

人需要基督、悔改、认罪、献己等。

收藏单位：重庆馆

06390

循理会（中华年议会第九届会议纪录） [循理会中华年议会编]

循理会中华年议会，1937，18 页，32 开

本书内容包括：职员名录、各组委办名录、妇女宣教会职员姓名、青年宣教会职员姓名等。

收藏单位：重庆馆

06391

训蒙会会祖（圣若翰·拉撒小传） 杨塞译

外文题名：S. Joannes Baptista de la Salle

澳门等：慈幼印书馆，1948.8，32 页，50 开（灵修小丛书 56）

本书为训蒙会创始人、法国人圣若翰·拉撒小传。共 16 部分，内容包括：童年时代、学业与圣召、在修道院里、障碍与胜利、司铎等。书后附祝文。

收藏单位：国家馆

06392

亚尔斯本铎圣维雅纳传 张亨利（Henri Ghéon）著　王昌社译

外 文 题 名：The secret of the Cure d'Ars（Le secret du Curé d'ars）

香港：公教真理学会，1947.7，188 页，32 开

本书为法国天主教圣徒维雅纳传记。共 8 章：青年时代、一乡归化、圣德彰闻、疗治人灵的圣手、成功的代价、狱魔出现大肆扰害、生活较好的一段、临终。香港主教恩准。

收藏单位：国家馆、南京馆、内蒙古馆

06393

亚尔斯本堂圣味亚内传 山西大同总大修道院译

北平：公教教育联合会，1930，178 页，32 开（神修篇 2）

北平：公教教育联合会，1935，再版，178 页，32 开（神修篇 2）

本书为法国天主教圣徒味亚内（维亚纳，

J. B. Vianney，1786—1859）传记。共 11 章，内容包括：圣人家庭的教育、圣人读书修道、圣人潜离本堂及圣人的助理司铎、圣人之内修等。译自法文。

收藏单位：国家馆、首都馆

06394

亚士贝立传 （英）林辅华（Charles Wilfrid Allan）著　谷云阶译

外文题名：The life of Francis Asbury

上海：广学会，1938，127 页，25 开

本书为美国基督教新教卫斯理宗最早会督之一弗朗西斯·阿斯伯里传。共 11 章，内容包括：英国循道派运动、美洲循道公会主义的开始、亚士贝立早年的训练、游行的传道人等。书前有著者序。

收藏单位：国家馆、绍兴馆

06395

烟台中华基督教女青年会会务特刊

烟台：中华基督教女青年会，1935.10，26 页，16 开

本书共 6 部分：引言、上海吴市长铁城对女青年会之希望、会训、宗旨、本会过去一年之事工概要、民国二十三年经济表。封面题：真理表现。

收藏单位：国家馆、山东馆

06396

烟台中华基督教青年会第十八届征友特刊

烟台：中华基督教女青年会，1934，42 页，16 开

本书内容包括：去年会务概况、本年工作计划。

收藏单位：广西馆

06397

烟台中华基督教青年会青年图书馆开幕暨第十五届征友大会纪念册 王震东主编

烟台：中华基督教青年会青年图书馆，1930.12，53 页，横 16 开

本书内容包括：发刊词、青年图书馆开幕本市各界领袖之言论、本会各部工作概要等。

收藏单位：上海馆

06398

烟台中华基督教青年会三十周年纪念册　烟台中华基督教青年会编

烟台：中华基督教青年会，[1933]，105 页，16 开

　　本书内容包括：发刊词、叙言、祝词、该会 30 年史略、该会概要、各部事工等。出版年录自发刊词。

　　收藏单位：国家馆

06399

言行纪略　（意）艾儒略（Giulio Aleni）述

献县：张家庄印刷所，1925，191 页，32 开

　　本书共 8 卷，内容包括：天主许生若翰将为前驱、圣母领天主降孕之报、耶稣历代之祖等。书前有万日略经说、凡例。直隶献县耶稣会主教恩利格刘准。

　　收藏单位：国家馆

06400

杨格非传　Nelson Bitton 著　（英）梅益盛（Isaac Mason）周云路译

外文题名：Griffith John of Hankow

上海：广学会，1924.6，45 页，32 开（国外布道英雄集 5）

上海：广学会，1936，2 版，52 页，32 开

　　本书为英国新教传教士杨格非（John Griffith，1831—1912）生平。共 12 章，内容包括：诞生和幼年、在中国传道的开始、进入内地布道等。

　　收藏单位：广东馆、国家馆、山东馆

06401

杨淇园先生年谱　杨振锷著　方豪校

重庆：商务印书馆，1944.4，98 页，32 开（中国公教真理学会丛书）

上海：商务印书馆，1946.8，98 页，32 开（中国公教真理学会丛书）

　　杨廷筠（1557—1627），字仲坚，号淇园。本书介绍杨淇园的生平、事迹及遗著遗文，共 4 部分：氏族考、年谱、遗著遗文目、

附录。书前有作者自序及校后记。书后有参考书目。

　　收藏单位：重庆馆、东北师大馆、广东馆、广西馆、国家馆、近代史所、辽大馆、南京馆、宁夏馆、山西馆、上海馆、绍兴馆、首都馆、浙江馆、中科图

06402

杨淇园先生事迹　丁志麟著

上海：土山湾印书馆，16 页，32 开

　　本书介绍天主教徒杨淇园奉教事迹。

　　收藏单位：国家馆、首都馆

06403

耶德逊夫人传　（美）E. D. Hubbard 著　宋嘉钊译

上海：美华浸会印书局，1925，180 页，32 开

上海：美华浸会印书局，1940，再版，180 页，32 开

　　本书为曾来东亚传教的耶德逊夫人（Mrs. A. H. Judson）生平。

　　收藏单位：上海馆

06404

耶德逊夫人传　（美）E. D. Hubbard 著　宋嘉钊译

上海：中华浸会书局，1949，3 版，196 页，32 开

　　收藏单位：首都馆

06405

耶德逊传　张文开　黎文锦重译

广州：美华浸信会印书局，1920.7，203 页，25 开

　　本书为曾来东亚传教的耶德逊的生平传记。共 12 章，内容包括：少年时代、投身传道界、晚年等。封面题名：亚东传道之开拓者耶德逊传。

　　收藏单位：国家馆

06406

耶教于邦国之关系　黄慕罗笔志

黄慕罗 [发行者]，[1920—1929]，24 页，18

开

本书介绍基督教对于兴国安邦的关系与影响。

收藏单位：国家馆

06407

耶路撒冷今昔观 （美）孟高美芮（H. B. Montgomery）著 （美）亮乐月（Laura M. White）编 刘美丽译述

外文题名：From Jerusalem to Jerusalem

上海：广学会，1930.9，158 页，32 开，精装

本书为基督教史略。共 6 章，内容包括：五旬节、教会的起源、福音发展的经过等。书前有卷头语。

收藏单位：国家馆、首都馆

06408

耶稣 葛嘉乐著 黄铭彝译述

中华圣公会书籍委办，1930，192 页，32 开

本书分 7 章介绍耶稣的生平事迹。

收藏单位：山东馆

06409

耶稣 蒋翟振著

成都：华英书局，1941，14 页，32 开

收藏单位：南京馆

06410

耶稣（中英文对照） 云从龙等编

成都：华英书局，1936，[110] 页，32 开，环简页装

收藏单位：上海馆

06411

耶稣比喻的解释 （美）程吕底亚（Lydia Trimble）著 谢善治译述

外文题名：Exposition of the parables of Jesus

上海：广学会，1936.9，92 页，32 开

上海：广学会，1948，5 版，92 页，32 开

本书分类解释耶稣的比喻。内容包括：前期的比喻——天国的好消息、后期的比喻——天国的子民、殉难周的比喻——天国的评判。书前有李天禄序及引言。书末附录

责任、善恶之终局，并有刘获秋跋。

收藏单位：重庆馆、国家馆、山东馆

06412

耶稣的比喻

上海：慈幼印书馆，1948.1，33 页，128 开（虹采丛书 4）

本书内容包括：播种、莠子、芥菜种子等 30 个图画故事。

收藏单位：国家馆

06413

耶稣的故事 福蒲希（W. B. Forbush）著 张文昌译

外文题名：The life of Jesus

上海：青年协会书局，1940—1941，2 册（120+123 页），32 开（青年丛书 第 2 集 13）

上海：青年协会书局，1947，2 版，2 册（120+123 页），32 开（青年丛书 第 2 集 13）（中学宗教丛书 2）

本书为耶稣的传记。上、下册各 18 章，内容包括：耶稣的时代背景、十二个使者的冒险事业、拥护和反对耶稣的人、发光的救主等。

收藏单位：重庆馆、国家馆、南京馆

06414

耶稣的故事 （英）贾立言（A. J. Garnier）编 朱德周译

外文题名：The story of Jesus

上海：广学会，1936.9，98 页，32 开

上海：广学会，1937，3 版，98 页，32 开

上海：广学会，1940，6 版，98 页，32 开

上海：广学会，1947，7 版，97 页，32 开

本书共 12 章，前 11 章介绍耶稣生平，最后一章耶稣是谁。

收藏单位：重庆馆、广东馆、国家馆、南京馆、绍兴馆

06415

耶稣的青年

上海：慈幼印书馆，1948.1，33 页，128 开（虹采丛书 1）

本书每页均有图画，讲述圣母领报、白

冷洞、特星的发显、圣母献耶稣于主堂等 30 个故事。

收藏单位：国家馆、吉林馆

06416

耶稣的人生哲学（一名，登山宝训新解） 赵紫宸著

上海：中华基督教文社，1926.3，12+350 页，25 开

本书对《马太福音》中"登山宝训"进行解释。共 18 章，内容包括：耶稣的人生哲学之三大纲、自启主义、创新主义、信实主义等。书前有作者序。

收藏单位：广东馆、国家馆、山东馆、上海馆、浙江馆

06417

耶稣的生活 Episcopo A. Goodier 著

外文题名：The life of our lord Jesus Christ

香港：公教真理学会，1948.8，5 版，34+11 页，32 开

本书共 4 章：导言、起源、顶点、终局。书前有小引和原序。书后附耶稣显圣迹一览表、耶稣喻言一览表。

收藏单位：国家馆

06418

耶稣的生活 （美）麦克平（Alma E. Mckibbin）著 基督复临安息日会中华总会教育部译

外文题名：The life of Jesus

上海：时兆报馆，1934，191 页，32 开

上海：时兆报馆，1947，191 页，32 开

本书为第六年级用圣经读本。讲述耶稣的一生。内容包括：预备与就职、耶稣的早期生活、耶稣公开服务的开始、传道的头二年、在犹太传道、在加利利、被加利利人拒绝、耶稣在世服务的末期、耶稣在耶路撒冷、基督被钉十字架等。

收藏单位：重庆馆、上海馆

06419

耶稣的生平 James Moffatt 著 谢颂羔编译

上海：中华基督教文社，1926.11，12+186 页，

25 开

上海：中华基督教文社，1928.3，再版，12+186 页，25 开

上海：中华基督教文社，1928.9，3 版，12+186 页，25 开

本书共 18 章，内容包括：耶稣的降生和长大、耶稣在南方传道、耶稣在加利利的工作、耶稣和他的门徒、耶稣差十二门徒出外布道等。书前有导言。书后有结论。附录圣经章节。

收藏单位：重庆馆、国家馆、湖南馆、山东馆

06420

耶稣的生平和教训（圣经原文） 朱有光 曾昭森编

上海：伊文思图书有限公司，1926，180 页，32 开

收藏单位：内蒙古馆、上海馆

06421

耶稣的圣迹

上海：慈幼印书馆，1948.1，33 页，128 开（虹采丛书 3）

本书每页均有图画，讲述变水为酒、捕鱼、治愈麻疯等有关耶稣圣迹的故事，共 30 篇。

收藏单位：国家馆

06422

耶稣的使命

上海：慈幼印书馆，1948.1，33 页，128 开（虹采丛书 2）

本书每页均有图画，讲述若翰洗者、耶稣受洗、耶稣三次退诱等 30 个故事。

收藏单位：国家馆

06423

耶稣的思想及其背景 辛可维契（V. G. Simkhovitch）著 袁访赉 郑启中译

外文题名：Toward the understanding of Jesus

上海：青年协会书局，1937.7，98 页，25 开（青年丛书 48）

上海：青年协会书局，1948.1，2 版，98 页，

25 开（青年丛书 48）

本书共 9 章，内容包括：耶稣的历史背景、犹太的革命运动、外国的文化侵略、民族复兴的思想等。书前有校者序、著者序。

收藏单位：重庆馆、广东馆、国家馆、南京馆、内蒙古馆、上海馆

06424

耶稣的喜报　A. Anzini 著　苏冠明译

上海等：慈幼印书馆，1941.6，451 页，50 开

本书共 7 卷，内容包括：耶稣圣诞及其幼年的时代、耶稣出外传道的起初、耶稣出外传教的第一年、耶稣出外传教的第二年、耶稣出外传教的第三年、圣主日、从耶稣复活到耶稣升天。书前有译序。书末补遗：依据圣玛窦圣经所论耶稣的世系、周年主日占礼的圣经等。

收藏单位：国家馆

06425

耶稣的研究　宝广林著

上海：中华基督教文社，1928，59 页，32 开

本书共 6 章：耶稣的史实、耶稣的奇生、耶稣的奇迹、耶稣赎罪说的沿革、耶稣的复活、耶稣的社会改造原理。书前有卷头语耶稣的研究。

收藏单位：国家馆、山东馆

06426

耶稣的一生　（美）党美瑞（Marie Adams）原著　宗教教育促进会编译

外文题名：Jesus, the interpreter of God

上海：青年协会书局，1947.4，86 页，22 开（青年丛书第 2 集 25）（中学主日学丛书新约编 1）

上海：青年协会书局，1948.7，再版，86 页，22 开（青年丛书第 2 集 25）（中学主日学丛书新约编 1）

本书共 16 课，内容包括：耶稣生活之记录、童年的耶稣、耶稣所受的洗礼与试探等。书前有绪论——编辑的旨趣。书末附《耶稣降生（圣诞节用）》《耶稣复活（复活节用）》。

收藏单位：国家馆、吉大馆、江西馆、南京馆、首都馆

06427

耶稣底生活与教训　斯条亚（James S. Stewart）著　何希仁　许甦吾译

外文题名：The life and teaching of Jesus Christ

上海：广学会，1937.7，339 页，32 开

上海：广学会，1939.4，再版，339 页，32 开

上海：广学会，1940.4，3 版，339 页，32 开

上海：广学会，1946，4 版，339 页，32 开

上海：广学会，1948，5 版，339 页，32 开

本书根据福音书的记载，以耶稣时代的世界政治，及当时犹太的宗教为背景，讲述耶稣一生的事迹和教训。版权页题名：耶稣的生活与教训。

收藏单位：重庆馆、广东馆、南京馆、山东馆、上海馆

06428

耶稣复活史实观　Z. J. Ordal 著　吕绍端译

外文题名：Resurrection of Christ: an historical fact

汉口：信义书局，1929.6，110 页，32 开

本书列举直接、间接证据，论证耶稣复活。共 8 章，内容包括：使徒自身诚实为证、十一使徒的保证、耶稣复活的特殊目的等。书前杨道荣序。

收藏单位：国家馆

06429

耶稣改造社会之程序　如雅德（Arthur Rugh）著　青年协会书局译述

外文题名：Jesus and his program of reform

上海：青年协会书局，1934.9，6 版，70 页，32 开

上海：青年协会书局，1934.11，7 版，70 页，32 开

本书为宗教与人生问题讨论课程。共 14 课，内容包括：耶稣之人生观、耶稣对于门徒之训诲、耶稣对于贫困人之态度、耶稣之奇迹等。

收藏单位：国家馆、南京馆

06430

耶稣基督　（英）道格拉斯·马克策（W. Douglas Mackenzie）著 （加） 季理斐（Donald MacGillivray）译

外文题名：Jesus Christ

上海：广学会，1922，120 页，32 开

本书共 4 部分：教主、耶稣基督的觉悟才、耶稣基督为创立教会者、耶稣为重生人的主。

收藏单位：山东馆

06431

耶稣基督 王治心 朱维之编

上海：中华书局，1948.2，98 页，32 开（中华文库 初中 第 1 集）

本书分绪论、正传两部分。正传内容包括：幼年时代、童年时代、青年时代、赴京道上、被捕定罪等。

收藏单位：重庆馆、广东馆、广西馆、桂林馆、国家馆、湖南馆、江西馆、内蒙古馆、上海馆、天津馆

06432

耶稣基督 袁定安著

上海：商务印书馆，1934，56 页，32 开（百科小丛书）

上海：商务印书馆，1935，再版，56 页，32 开（百科小丛书）

本书共 10 部分，内容包括：耶稣的先世述略、耶稣所处的环境、耶稣时代的思潮、耶稣所受的教育、耶稣的原有职业、耶稣的家庭伦理、耶稣的社会生活、耶稣的处世精神、耶稣显著的品德、耶稣的传道工作。书前有卷首的告白、绪论。书后附耶稣的十二使徒、书后的感言。

收藏单位：北大馆、重庆馆、广东馆、桂林馆、国家馆、江西馆、辽大馆、南京馆、宁夏馆、山东馆、上海馆、首都馆、浙江馆

06433

耶稣基督（往古来今世界第一伟人）（西班牙）梅耿光（Federico Melendro y Gutiérrez）著 萧杰一译

芜湖：天主堂印书馆，1949，74 页，32 开

本书共 5 章：耶稣基督人类的导师、耶稣

基督人类的救主、耶稣基督上天下地的君主、耶稣基督普世人民的法官、耶稣基督是天主。

收藏单位：国家馆

06434

耶稣基督的母亲 王昌祉主编

香港：真理学会，1949，2 版，11 页，64 开（现代问题的解答 丙 8）

本书共两部分：圣母玛利亚的史迹、我们应当恭敬圣母玛利亚。

收藏单位：国家馆

06435

耶稣基督的母亲 现代问题研究社编

现代问题研究社，[1940—1949]，13 页，64 开（现代问题的解答 丙 8）

收藏单位：国家馆

06436

耶稣基督生平（夏季总题） [彭圣文] [许福之编]

上海：中国主日学合会，1949，30 页，32 开

收藏单位：广东馆

06437

耶稣基督在世上的历史 王昌祉主编

香港：真理学会，1949.5，9 页，64 开（现代问题的解答 丙 1）

本书共 5 部分：关于耶稣的史料、耶稣的幼年与青年时代、三年的传教工作、受难钉死、耶稣的伟大。

收藏单位：国家馆

06438

耶稣基督在世上的历史 现代问题研究社编

现代问题研究社，12 页，64 开（现代问题的解答 丙 1）

收藏单位：国家馆

06439

耶稣苦难 南星耀编著

外文题名：Passio D. N. Jesu Christi

澳门：慈幼印书馆，1949.7，98 页，50 开（公

教小读物丛刊 43）

　　本书为耶稣行传。共 19 章，内容包括：耶稣荣进圣京、最后的训海、最后的晚餐等。书前有著者序。

　　　　收藏单位：国家馆

06440

耶稣苦难

兖州：兖州府天主堂印书馆，1935，4 版，213 页，32 开

　　本书共 20 章，内容包括：论默想耶稣的苦难有大好处、论耶稣被拿、论耶稣背十字架等。书前有序。

　　　　收藏单位：国家馆

06441

耶稣历史地图

汉口：中国基督圣教书会，29 页，18 开

　　本书内容包括：基督生平大纲、基督传道行程图。

　　　　收藏单位：国家馆

06442

耶稣略传 （英）马修（Basil Mathews）著 陈海澄译述

外文题名：A little life of Jesus

上海：广学会，1937.7，294 页，32 开

上海：广学会，1940，3 版，294 页，32 开

　　本书共 18 章，内容包括：圣婴降世、山家生活、圣京巡礼等。书前有原序。

　　　　收藏单位：重庆馆、广东馆、山东馆、上海馆

06443

耶稣末周言行录 （美）党美瑞（Marie Adams）著　潘玉美译

出版者不详，13 页，25 开

　　本书讲述了基督教礼拜日到下一个礼拜日的言行准则。

　　　　收藏单位：山东馆

06444

耶稣譬喻之研究 （美）沙尔孟（W. H. Sallmon）著　胡贻縠译　谢洪赉校订

外文题名：Parables of Jesus

上海：青年会组合，1914.7，再版，76 页，32 开

　　本书共 15 课，内容包括：开端、播种之喻、田稗之喻、美珠之喻、辜恩之仆之喻、二子之喻等，阐发马太福音所载耶稣譬喻的意旨。书前有译者弁言。书后附查经领袖要则。

　　　　收藏单位：国家馆

06445

耶稣生活　谢颂羔编著

上海：世界书局，1930.5，[66] 页，32 开

上海：世界书局，1935.4，再版，66 页，32 开（生活丛书）

　　本书共 10 章，内容包括：绪言、耶稣的修养、耶稣的智能、耶稣的创造精神、耶稣的主义、耶稣的奋斗、耶稣的理想、耶稣的传教、耶稣的人格、耶稣的人生和历史。书前有例言。

　　　　收藏单位：重庆馆、广东馆、广西馆、贵州馆、国家馆、河南馆、湖南馆、吉大馆、江西馆、南京馆、山东馆、首都馆、天津馆、浙江馆

06446

耶稣生平研究大纲 （美）章文新（Francis P. Jones）等著　应元道译

外文题名：Syllabus for study of the life of Jesus

上海：青年协会书局，1939.5，70 页，32 开

上海：青年协会书局，1941，2 版，70 页，32 开

　　本书共 8 章，内容包括：历史的背景、耶稣生平概述、耶稣言行的宗教基础、国家和种族问题、失败中的胜利等。每章后附有问题讨论及参考书目。书前有吴序。书后有耶稣研究书目提要等。

　　　　收藏单位：国家馆、南京馆

06447

耶稣圣名宗徒（圣伯尔纳定小传）　谢慈佑译

外文题名：S. Bernardinus Senensis

澳门等：慈幼印书馆，1948.2，32 页，50 开（灵

修小丛书 50）

　　本书为圣伯尔纳定（Bernardine）小传。共 17 部分，内容包括：九月八日、良善的撒玛利亚人、踏上会祖的足印等。

　　收藏单位：国家馆

06448

耶稣剩言释义 （美）华士巧（J. Warschauer）著 （英）梅益盛（Isaac Mason）译

外文题名：Studies in some new sayings of Jesus

上海：广学会，1925.11，35 页，32 开

　　本书共 8 部分：真实之同在、真实之禁食、真实之安息日、真实之渴、真实之惊异、真实之吸引、真实之知识、真实之城邑。书前有小引。

　　收藏单位：山东馆

06449

耶稣实录讲义 青州神道学堂撰

外文题名：Expository life of Christ

青州神道学堂，1911，246 页，32 开，环筒页装

青州神道学堂，1912，再版，246 页，32 开，环筒页装

　　本书为耶稣传记。共 8 段，内容包括：耶稣首三十年之行述、自主受洗至第一逾越节、自第一至第二逾越节、自第二逾越节至第三逾越节等。书前有序、弁言。

　　收藏单位：上海馆

06450

耶稣史略（四友所述的） （美）孟高美芮（H. B. Montgomery）著

外文题名：The story of Jesus as told by his four friends

上海：广学会，1930.12，281 页，32 开

　　本书共 11 章，内容包括：耶稣降生及童年时代、耶稣早年的传道、耶稣关于安息日的教训、耶稣在坐席时的教训、耶稣与四门徒等。书前有路加介词、约翰弁言等。

　　收藏单位：广东馆、国家馆

06451

耶稣事略 伍光建著

外文题名：A life sketch of Jesus

上海：中华基督教青年会组合，1914，26 页，32 开

上海：中华基督教青年会组合，1914.8，再版，26 页，32 开

　　本书内容包括：花拉氏论、莱能氏论、西利氏论。书前有谢洪赉序。

　　收藏单位：国家馆、山东馆、天津馆

06452

耶稣是我的唯一良友 蔼克德著 女青年会协会译

上海：中华基督教女青年会全国协会书报部，1922，64 页，32 开

　　本书讨论基督教聚会中的有关问题，如题目、领袖、会员、音乐、祷告等。

06453

耶稣受难 （法）戴遂良（Léon Wieger）述

献县：天主堂，1933，91 页，32 开

　　本书共 31 篇，内容包括：恶人谋害耶稣、耶稣进京城、预言被卖等。河北献县耶稣主教刘准。

　　收藏单位：国家馆

06454

耶稣受难记略 （清）李问渔 [著]

上海：土山湾印书馆，1929 印，4 版，26 页，32 开

　　本书由南京主教姚准。

　　收藏单位：国家馆

06455

耶稣受难遗迹考略 （法）罗毫弗尔利（M. Roohault de Fleury）著 徐家汇圣心报馆编译

外文题名：Mémoire sur les instruments de la passion de notre-seigneur Jésus-Christ

上海：土山湾印书馆，1938，[259] 页，16 开

　　本书共 8 章：十字圣木考、圣钉考、横额考、茨冠考、殓布考、圣帕考、圣袍考、救世遗迹杂考。书前有徐允希序言及《耶稣受

难遗迹图说》一文。书后附译名合璧。

收藏单位：国家馆、内蒙古馆、首都馆

06456

耶稣我们的神师　[夏陶朗]（G. Audollent）著　姚景星译

外文题名：Le divin maitre

上海：土山湾印书馆，1942.3，174 页，32 开

本书共 43 部分，内容包括：我们的模范、耶稣的童年、耶稣是唯一的真师等。书前有惠主教序。正文前题：献给男女教师们。上海惠主教准。

收藏单位：国家馆

06457

耶稣小传　（美）胡本德（Hugh Wells Hubbard）著

外文题名：A short life of Jesus

上海：广学会，1932.9，82 页，32 开

上海：广学会，1939.10，8 版，82 页，32 开

上海：广学会，1940.9，9 版，82 页，32 开

本书共 52 课，内容包括：约翰传道、论禁食、设立十二个门徒等。

收藏单位：国家馆、南京馆、绍兴馆、天津馆

06458

耶稣小传　赵紫宸著

外文题名：The story of Jesus

上海：青年协会书局，1941.6，62 页，32 开（基督教认识丛书 2）

上海：青年协会书局，1947.12，再版，62 页，32 开（基督教认识丛书 2）

本书共 10 章，内容包括：耶稣的世界、准备时期、工作与奋斗、耶稣的教训——论天国、耶稣的教训——论人生、工作的困难、天国运动的转机、永生上帝的儿子、最后的奋斗、上帝意旨的成全。

收藏单位：重庆馆、国家馆、上海馆

06459

耶稣行实　[（意）艾儒略（Giulio Aleni）]著　[明守璞]译

河间：胜世堂，1912，270 页，32 开

献县：献县天主堂，1935，270 页，32 开

本书为耶稣言行纪略。共 8 卷，内容包括：天主耶稣圣诞、耶稣证自己是天主、耶稣复活等。书前有译者序、《论圣经》、凡例。

收藏单位：桂林馆、国家馆、内蒙古馆、天津馆

06460

耶稣言行　渠志廉等编译

兖州：兖州保禄印书馆，1940，2 版，335 页，32 开

本书共 4 卷：耶稣降生隐居三十年、耶稣当众面前之言行、耶稣受苦而死、耶稣复活升天。书前有路加、若望小引。

收藏单位：国家馆

06461

耶稣言行　（法）依西多禄·腊挂（Isidor Lacquois）述意　张秀材撰文

天津：崇德堂，1939.3，636 页，25 开

天津：崇德堂，1940.12，再版，636 页，25 开

本书共 4 卷：耶稣家乡的地理与民族、救世者耶稣降临、耶稣传布福音、耶稣完成救赎事业。书前有耶稣言行序及特约著述《论四大圣史之信力》。书后附周年瞻礼日及各主日之圣经索引。

收藏单位：国家馆、南京馆、首都馆、中科图

06462

耶稣言行　（法）依西多禄·腊挂（Isidor Lacquois）述意　张秀材撰文

吉林：吉林神罗修院，1939.3，586 页，25 开

本书书名页题：满洲教区首任方主教百年纪念刊。

收藏单位：国家馆、内蒙古馆、上海馆

06463

耶稣言行

兖州：兖州府天主堂，1929 印，26+394 页，32 开

本书共 4 卷：耶稣降生后，隐居三十年；

耶稣明显在众人面前之言行；耶稣受苦而死；耶稣复活升天。书前有圣路嘉小引、圣若望序。山东兖州教务区主教韩准。

收藏单位：国家馆

06464

耶稣言行纪略

香港：纳匝肋静院，1928 重印，158 页，32 开

本书共 4 卷，分孩童、传教、苦难、复活四个阶段，内容包括：天主许生若翰、三王来朝、耶稣受洗等。书前有弁言。香港主教恩准。

收藏单位：国家馆

06465

耶稣言行录

[上海]：出版者不详，[1915]，再版，93 页，25 开

本书分上、下两卷，共 80 章。记载耶稣的生平及主要传教经历。

收藏单位：山东馆

06466

耶稣言行三十课 （美）戴斐士（John P. Davies）著 吕朝良重译

外文提名：Thirty lessons in the life of Jesus Christ

上海：美华浸会书局，1940.11，4 版，125 页，32 开

本书共 30 课，内容包括：耶稣基督的诞生、童年时代的耶稣、耶稣所受的试探等。书前有卷首语。为英汉对照。

收藏单位：广东馆

06467

耶稣言行三十课 （美）戴斐士（John P. Davies）著 徐万良译

出版者不详，1934，再版，61 页，32 开

收藏单位：国家馆

06468

耶稣研究简课 赵紫宸著

外文题名：Outline studies in the life & teaching of Jesus

上海：青年协会书局，1939.12，52 页，32 开

本书共 8 课：耶稣时代、耶稣一生要迹、耶稣论上帝、耶稣论人、论男女的关系、论经济的关系、国家与种族、天国——上帝的统治。书前有弁言、著者序。

收藏单位：国家馆、南京馆、内蒙古馆

06469

耶稣眼里的中华民族 徐松石著

外文题名：Chinese nation through the eyes of Jesus

上海：广学会，1934.8，250 页，32 开

收藏单位：东北师大馆、广西馆、国家馆、山东馆、上海馆

06470

耶稣要传 傅理明 赵乐天著

上海：广学会，1932.6，38 页，32 开

上海：广学会，1932.11，再版，38 页，32 开

收藏单位：上海馆

06471

耶稣一生的故事 帖威林夫人（W. H. Tipton）著 陈毅修译

上海：中华浸会书局，1941，80 页，32 开

收藏单位：广东馆

06472

耶稣遗迹 （美）万应远（Robert Thomas Bryan）著

广州：美华浸会印书局，1923，4 版，166 页，25 开

收藏单位：黑龙江馆

06473

耶稣遗迹（卷 1）

广州：美华浸信会印书局，1913，再版，166 页，22 开

本书将四福音要意分为 48 课，内容包括：论耶稣未降生前及成人身之事、浸礼约翰、耶稣降生等。书前有万应远例言。

收藏单位：国家馆

06474

耶稣婴孩圣女德肋撒神婴师表　山西大同总大修道院译

北平：公教教育联合会，1932，81页，32开（神修篇7）

北京：公教教育联合会，1941，再版，81页，32开（神修篇7）

　　本书以圣女德肋撒与小灵的对话形式写成。劝导教徒全身心的依赖和相信天主。译自法文。

　　收藏单位：国家馆

06475

耶稣婴孩圣女德肋撒心神篇　山西大同大修道院译

香港：纳匝肋静院，1930重印，334页，32开

　　本书共4章：爱主之情为耶稣婴孩圣女德肋撒系勇力之泉源并丰富其神生之根本、耶稣婴孩圣女德肋撒之爱情大见发展于习修诸德之上、神婴心神、圣女爱情之生命发生福乐的效果。书前有公函译稿、序文。书后附总结、奉献祝文、耶稣婴孩圣女德肋撒祝文。香港主教恩准。

　　收藏单位：国家馆

06476

耶稣与学生

出版者不详，34页，64开

　　本书内容包括：序言、学生之试诱、耶稣之权力。

　　收藏单位：山东馆

06477

耶稣之教训　饶百森著　陈启新译述

外文题名：Our lord's teaching

上海：基督圣教协会，1933，再版，182页，22开

　　本书共13章，内容包括：耶稣之教态、耶稣之教授法、耶稣教训的大题目、耶稣教训的根本、耶稣论其本身、耶稣之论人、耶稣与之论义、论入天国的条件、论天国的幸福、论自己受死、论圣灵、论教会及家庭、

论世界末日。

　　收藏单位：山东馆

06478

耶稣之路　艾选生（J. T. Addison）著　（美）卜舫济（Francis Lister Hawks Pott）　黄嘉德　叶群译

外文题名：The way of Christ

上海：广学会，1939.12，195页，32开

上海：广学会，1940.10，再版，195页，32开

上海：广学会，1947，3版，195页，32开

　　本书共10章，内容包括：圣经、基督前的先知、耶稣的身世、耶稣的性格、耶稣的学说、祈祷等。书前有原序。

　　收藏单位：重庆馆、广东馆、南京馆、山东馆、上海馆

06479

耶稣终身大略　（英）柯恩德著　（英）斐有文（Thomas Philips）译

上海：广学会，1934.2，1册，32开

　　本书共4卷：小引、幽居之年、传道奇迹、四福音记事之末。书前有译者序。

　　收藏单位：浙江馆

06480

耶稣传　（英）迭更司（Charles Dickens）著　薛诚之译

上海：东方书社，1946.10，65页，32开

　　本书为迭更司写给其孩子们的关于耶稣生活和人格的传记文学。共11章。书前有译者序。

　　收藏单位：重庆馆、东北师大馆、国家馆、南京馆、山东馆

06481

耶稣传　（英）迭更司（Charles Dickens）著　薛诚之译

外文题名：The life of our lord

上海：济东印书社，1948，2版，68页，32开

　　收藏单位：广东馆

06482

耶稣传 （法）克利斯底亚尼（L. Cristiani）原著 丁宗杰 王昌祉 马士光译

外文题名：Jésus-Christ fils de dieu, sauveur

上海：土山湾印书馆，1938—1939，3 册（17+341+363+290 页），32 开

本书共 6 编：幼年时代、传教时代、加里肋传教的末期、离乡赴京至受难、受难时期、光荣时期。书前有法文序言及译文、译例。书末附全书结语、救世主大事表等。版权页题名：天主子救世主耶稣基多传。上海惠主教准。

收藏单位：国家馆、内蒙古馆、上海馆、绍兴馆、首都馆、中科图

06483

耶稣传 （法）勒南（E. Renan）著 雷白韦译

外文题名：Vie de Jésus

长沙：商务印书馆，1940.9，246 页，32 开（汉译世界名著）

本书共 28 章，内容包括：耶稣在世界史上之地位、童年与少年时代、耶稣之思想环境等。书前有《献给我姊安利耶娣之纯洁的灵魂》和译者小言。

收藏单位：重庆馆、广东馆、国家馆、上海馆、天津馆、西南大学馆

06484

耶稣传 赵紫宸著

外文题名：Life of Jesus

上海：青年协会书局，1935.5，294 页，25 开（青年丛书 22）

上海：青年协会书局，1936，再版，294 页，25 开（青年丛书 22）

上海：青年协会书局，1939.1，3 版，294 页，25 开（青年丛书 22）

上海：青年协会书局，1948，5 版，26+294 页，25 开（青年丛书 22）

本书共 18 章，内容包括：宇宙方来事会长、而特不得其朕、全体大用无不明等。书前有题词、导言等。书末有跋词《满江红》及犹太地图等。

收藏单位：重庆馆、广东馆、国家馆、吉大馆、辽大馆、山东馆、上海馆、浙江馆、中科图

06485

耶稣传大纲 诚质怡编

外文题名：Outline of the life of Jesus

上海：广学会，1936.8，45 页，25 开

上海：广学会，1940.4，3 版，36 页，25 开，环筒页装

本书为教会的教学大纲，第 1 级义工教材第 1 册。共 6 课：耶稣降生，耶稣受洗并受试探，耶稣在加利利传道，耶稣召选门徒，耶稣离开加利利往耶路撒冷，耶稣受死、耶稣复活。书前有自序。书后附参考书举要。

收藏单位：国家馆、南京馆、山东馆

06486

耶稣传记 曾金编

上海：经纬书局，78 页，32 开

收藏单位：上海馆

06487

耶稣传之研究 （美）沙尔孟（W. H. Sallmon）著 谢洪赉译述 胡贻毅校订

外文题名：Studies in the life of Jesus

上海：基督教青年会组合，1913，2 版，94 页，25 开

上海：中华基督教青年会书报部，1917.8，3 版，98 页，32 开

收藏单位：广东馆、国家馆、山东馆

06488

一朵廿世纪的苦难花（圣女詹玛·卡加尼小传） 梁福全译

外文题名：Sta. Gemma Galgani

澳门：白德美纪念出版社，1946.9，再版，34 页，50 开（灵修小丛书 21）

澳门：白德美纪念出版社，1948.6，3 版，32 页，50 开（灵修小丛书 21）

本书共 15 部分，内容包括：一朵苦难花、无上快慰的一天、登加尔瓦略山的第一步等。

收藏单位：国家馆

06489

一朵小白花（圣女婴孩耶稣·德肋撒小传）

钟协译

外文题名：Sta. Teresia a jesu infante

澳门：白德美纪念出版社，1946.9，再版，36页，50开（灵修小丛书4）

澳门：白德美纪念出版社，1948.5，3版，32页，50开（灵修小丛书4）

　　本书共13部分，内容包括：第一块小园地、小花、小皇后等。书后附《圣女婴孩耶稣·德肋撒九日敬礼》。

　　收藏单位：国家馆

06490

一朵中国花（麦若望·金源小传）　陈基慈编著

外文题名：Joannes Mac Kam Yun

澳门：慈幼印书馆，1945.5，38页，50开（灵修小丛书11）

澳门等：慈幼印书馆，1947.1，3版，38页，50开（灵修小丛书11）

　　本书内容包括：诞生、进学、大胆的远行、升学等。书后附麦若望金源的日记二十五篇。

　　收藏单位：国家馆

06491

一个模范的工人　[张之盐]著

上海：土山湾印书馆，1936，43页，32开

上海：土山湾印书馆，1937印，43页，32开

　　本书为爱尔兰天主教徒玛宝德波（Matt Talbot）小传。内容包括：他的青年、他的生活、他的祈祷、他的记录、他的读品、他的克苦、他的爱德、他的病与死。书前有著者序。书后附结论。上海主教惠准。

　　收藏单位：国家馆、山东馆、上海馆、首都馆

06492

一个模范的基督徒

中华信义会书报部，30页，42开

　　收藏单位：重庆馆

06493

一个实验的乡村教会　朱敬一著

外文题名：An experimental rural church

上海：广学会，1940.9，224页，32开（金陵神学院丛书）

　　本书共10章，内容包括：社会概况、实验工作的开始和原则、淳化镇教会小史、会友的栽培、会务的治理和会友的责任、教会经济的筹划、扩充工作和建设、社会服务工作等。书前有李序、毕序。书后附《中国乡村教会人才》《淳化镇教会参观的印象》。

　　收藏单位：重庆馆、国家馆、南京馆、山东馆

06494

一个伟大的女事业家（圣心传教修女会开创人圣女贾比尼方济评传）　（意）梅先春（Pietro Massa）著

香港：真理学会，1949，184页，32开（世界名人传记丛书）

　　本书共27章，内容包括：圣女的诞生、幼年的时代、传教的萌芽、磨难的时期、到修院的挫折、创立修会、修会的发展、赴罗马、前赴新大陆、传教的开始、远渡重洋、初步的困难、在中美洲的工作、在加拉那大及纽科良的工作、纽约市的医院、返回祖国等。书前有序。

　　收藏单位：国家馆

06495

一个伟大的运动　（美）普体德（Gordon Poteat）编著

外文题名：A great movement

上海：青年协会书局，1934.8，240页，25开（青年丛书8）

上海：青年协会书局，1940.10，再版，240页，25开（青年丛书8）

上海：青年协会书局，1947.10，3版，240页，25开（青年丛书8）

　　本书分上、下两编。上编为耶稣的一生，下编为基督教最初发展的故事。上编后附讨论问题，共12题。书末附编者跋。

　　收藏单位：重庆馆、东北师大馆、贵州

馆、国家馆、吉大馆、南京馆、浙江馆

06496

一个伟大的运动 （美）普体德（Gordon Poteat）编著

上海：真光杂志社，1932.11，108+102 页，25 开

收藏单位：重庆馆、国家馆、吉林馆

06497

一个致命者的女儿

外文题名：Anne Clitherow: a child heroine of the penal days

香港：真理学会，46 页，32 开

本书记述英格兰圣女亚纳·克利泽罗的事迹。共 3 章：播种的时期、折磨中的生长、初期的收获。

收藏单位：国家馆

06498

一捆小花

济南：华洋印书局，1927，372 页，32 开

本书内容为方济各的生平事迹和犹尼伯禄等的传记。共 3 卷：圣方济各一捆小花总论、圣方济各上外尔尼亚山、犹尼伯禄割猪蹄安慰病人等。译自意大利文本。山东济南主教瑞准。

收藏单位：国家馆

06499

一万元便捷田园会簿 重庆中华基督教自养会编

重庆：中华基督教自养会，1935，12 叶，32 开，环筒叶装

本书内容包括：规则、庄首名单、一万元便捷田园会说明。

收藏单位：重庆馆

06500

一位中国奉教太太 （比）柏应理（Philippe Couplet）编撰 徐允希译注

外文题名：Histoire d'une dame chretienne de Chine ou madame Candide Hiu

上海：土山湾印书馆，1938，127 页，32 开

本书记述了徐光启的孙女徐太夫人甘第大一生事迹。共 40 部分，内容包括：相国开教、贤孙继世、幼年出阁等。书前有译者叙言、许太夫人传后序。书后有结语。上海惠主教准刊。

收藏单位：广东馆、国家馆、南京馆、内蒙古馆、上海馆

06501

义人颂 李荣光编著

外文题名：Hymnus Justi

澳门：白德美纪念出版社，1948，90 页，42 开（公教小读物丛刊 38）

澳门：白德美纪念出版社，1949.2，90 页，42 开（公教小读物丛刊 38）

本书颂扬圣约瑟（《圣经》故事中雅格与拉结之子，一译若瑟）的德能。共两部分，内容包括：动因、果实。附录向中国大主保圣若瑟求赐传教士诵、公教学校向大圣若瑟主保奉献诵。

收藏单位：广西馆、国家馆

06502

异教恩仇 狄士滔著 高福安 徐芳济译

澳门：白德美纪念出版社，1947.2，85 页，50 开（公教小读物丛刊 14）

本书记述夏威夷和火奴鲁教区内，传教士与土人间的斗争情况。共 11 部分，内容包括：假面具、加拿族的庆礼、刀利的魔术等。澳门代理主教飞能道准。

收藏单位：国家馆、湖南馆、天津馆

06503

隐修之光（圣安当小传） 莫希功译

外文题名：S. Antonius Abbas

澳门：白德美纪念出版社，1948.10，3 版，30 页，50 开（灵修小丛书 19）

本书共 31 部分，内容包括：一个庞大的公教团体、一个美善的花园、新力量等。

收藏单位：国家馆

06504

印度回民信道记 （英）马司登著　董景安译

[上海]：穆民交际会，1932.5，重版，80 页，32 开

本书共 28 章，讲述印度穆斯林阿迈德茂寨信仰耶稣的经过。

收藏单位：国家馆

06505

印度名人信道记 （印）但季白（W. Nauroji）撰　任保罗译

上海：广学会，1913，88+10 页，22 开

本书记但季白（W. Nauroji，1822—1907）皈依基督教事。

收藏单位：国家馆

06506

印度女英雄聪达丽娜 （瑞典）罗育德（Ruth Nathorst）编著　张运筹译

外文题名：Chundra Lela: an Indian heroine

汉口：中华信义会书报部，1929，37 页，32 开

收藏单位：国家馆

06507

邮票世界 殷士编著

澳门：白德美纪念出版社，1948.7，72 页，50 开（公教小读物丛刊 31）

本书介绍了 60 多种公教伟人的纪念邮票。书前有编者序及本书所附各国邮票插图索引。书后有本书各圣徒拉丁文名号索引。

收藏单位：广西馆、国家馆

06508

友光 香港基督教女青年会友光团编

香港：香港基督教女青年会友光团，1947.11，22 页，32 开

本书为香港基督教女青年会劳工部友光团一个月募捐运动专号，内含短文十余篇，内容包括：《献辞》《我真的得到学习的机会》《我入了劳工夜校以后》等。

收藏单位：国家馆

06509

余日章传 袁访赉著

外文题名：Life of David Yui

上海：青年协会书局，1948.6，147 页，25 开（青年丛书 第 2 集 34）

本书分 13 章介绍余日章的家庭、留学生活及社会服务活动等。书前有梁小初的《余日章先生对于青年会之贡献》一文序。书后有吴耀宗后记。附录余日章先生墓表、余公日章之墓铭、余君日章纪念碑等。

收藏单位：国家馆、湖南馆、近代史所、南京馆、上海馆、绍兴馆、天津馆

06510

狱中人 （日）伊石著　C. MacDonald 英文原译 （英）莫安仁（Evan Morgan）　周云路译述

外文题名：A criminal who became a Christian

上海：广学会，1927.10，再版，92 页，32 开

上海：广学会，1933.3，5 版，92 页，32 开（壹角丛书）

本书是一个日本犯人的纪实小传，记述他在狱中如何接受传道士之感化，洗心革面的过程。分两卷，共 61 回，内容包括：自述一生概略、孩童家庭和度日生活、学习赌博等。书前有弁言、马序、苏序。

收藏单位：国家馆、河南馆

06511

预言基督 马耿生（Malcolmson）著 （英）窦乐安（John Darroch）译

外文题名：What think ye of Christ? Whose son is he?

上海：伦敦圣教书会，1911.8，98 页，50 开

本书讲述基督的诞生、死亡、复活、升天及信者复活、基督再来等。书前有序、伦敦监督之小引、译者之序。书末附使徒信经。

收藏单位：国家馆

06512

元也里可温考 陈垣撰

上海：商务印书馆，1923.12，79 页，50 开（东方文库 73）

上海：商务印书馆，1924.9，再版，79页，50
开（东方文库73）

上海：商务印书馆，1925.7，3版，79页，50开
（东方文库73）

　　本书考证元代基督教传入中国的情况。
共15章，内容包括：也里可温之解诂、也里
可温与景教之异同等。书末有跋。

　　收藏单位：重庆馆、东北师大馆、广东
馆、广西馆、桂林馆、国家馆、黑龙江馆、
湖南馆、江西馆、辽大馆、南京馆、内蒙古
馆、山东馆、上海馆、绍兴馆、天津馆、西
南大学馆、浙江馆

06513

远东宣教会圣书学院附设乡村布道训练班章程
出版者不详，1册，22开

　　收藏单位：广东馆

06514

约翰卫司理传　陈文藻　谢颂羔编译
天津：励力印书局，64页，22开

　　本书为新教卫斯理宗创始人之一英国牧师
约翰·卫斯理（John Wesley，1703—1791）传。

　　收藏单位：首都馆

06515

约翰卫斯力传　（英）林辅华（Charles Wilfrid
Allan）编　冯雪冰译
外文题名：The life of John Wesley
上海：广学会，1933.5，208页，32开

　　本书为新教卫斯理宗创始人之一英国牧
师约翰·卫斯力（John Wesley）传。共19
章，内容包括：幼年的生活、在牛津大学时的
生活、卫斯力在美国时的生活等。书前有序。

　　收藏单位：重庆馆、辽宁馆、上海馆

06516

云南中华基督教会成立纪念特刊
出版者不详，1925，26页，16开

　　收藏单位：广东馆

06517

在建造中的新中国

出版者不详，1938，49页，32开

　　本书为1938年广学会报告书。内容包括
该会工作报告及出版书目。

　　收藏单位：上海馆

06518

在密云黑暗的日子　G. H. Knight 著　王明道
译述
外文题名：In the cloudy and dark Day
北京：灵食季刊社，1941.9，140页，32开

　　本书共20章，向遭遇各种痛苦的圣徒传
达耶稣基督的慰安。书前有译者序。

　　收藏单位：广东馆、国家馆、绍兴馆、首
都馆、天津馆

06519

早期基督徒受难史　陈德明译　谢颂羔编订
上海：广学会，1941，94页，36开
上海：广学会，1941，再版，94页，32开

　　本书选译自福克新的《殉道录》，自尼罗
王时基督徒遭受的一次屠杀起至早期新教徒
所受的屠杀止，介绍那些殉道者的坚忍精神。

　　收藏单位：广东馆、国家馆、山东馆

06520

怎样领讨论　中华基督教青年协会校会组中
华基督教女青年协会学生部编
上海：中国基督教学生运动临时全国总会，
1935.5，20页，32开

　　本书共4篇：我们怎样思想、集体思想的
步骤、集体思想里的主席、主席事前的准备。

　　收藏单位：首都馆

06521

战壕中的威廉陶贤　Alfred O'Rahilly 著　张
冬青编译
外文题名：William Doyle S.J
上海：土山湾印书馆，1944.4，82页，32开

　　本书介绍爱尔兰天主教神父威廉·多伊
尔从1914年第一次世界大战爆发后任爱尔兰
军随营司铎至1917年中弹身亡这一时期的情
况。共17部分，内容包括：导言、从军生活、
意外之遇、上路、在前线、耶不尔城之役、

鞠躬尽瘁死而后已等。上海惠主教准。

收藏单位：国家馆、吉林馆

06522

战后基督教教育的新使命 [中华基督教会] 编

上海：中华基督教会，[1947.10]，52 页，16 开

本书为中华基督教教育协会战后第一届全国大会会刊。该会于 1947 年 10 月 29—31 日在上海召开。共 7 部分，内容包括：本会战后第一届全国大会的回顾与前瞻、讲辞纪要、各组建议案与大会议决案纪要等。

收藏单位：国家馆、南京馆

06523

张保禄行实

献县：献县天主堂，1937，42 页，64 开

本书为明代江苏天主教徒张保禄小传。河北献县耶稣会主教刘准。

收藏单位：国家馆

06524

张楼堂六十年纪念册

上海：土山湾印书馆，1925，13 页，32 开

张楼堂即张家楼耶稣圣心堂。本书记述该堂建立经过并有主持人、修道人名单。

收藏单位：上海馆

06525

张雅各伯司铎行传 （比）隆德里（Val. Rondelez C. I.）编

外文题名：Vita patris Jacobi Tchang

上海：土山湾印书馆，1939.12，122 页，32 开

本书为河北天主教徒张雅各传。共 15 章，内容包括：乡里和幼年的概况——初入修院及修院的轮廓、修院的变迁及修道生活、教区的划分——雅各伯在献县求学——一八八六年回西子湾等。书末附结论。附录《张雅各伯司铎的文学、文法和书法》。西湾子主教石准。

收藏单位：国家馆

06526

朝闻道夕死可矣 张霁著

上海：广学会，1936，50 页，32 开

本书为作者记述其父如何由孔教徒转变为基督徒的经过。

06527

贞德烈女（真福玛利亚·郝莉蒂小传）

外文题名：B Maria Goretti

澳门等：慈幼印书馆，1948.9，32 页，50 开（灵修小丛书 57）

本书共 11 部分，内容包括：带着公教精神的家庭、被牺牲者与行凶者的家、双重胜利等。

收藏单位：国家馆

06528

真福宝宝辣小传

外文题名：Le bienheureux André Bobola

献县：[献县天主堂]，1933，27 页，32 开

本书为波兰天主教圣徒宝宝辣（1592—1657）传记。河北献县刘主教准。

收藏单位：国家馆

06529

真福德约发文纳尔致命传略 河北献县耶稣会编

献县：献县天主堂，1934.5，224 页，32 开

本书为天主教传教士文纳尔（Vénard，1829—1861）传。文纳尔是法国人，曾在东亚传教。共 31 章，内容包括：文纳尔幼年时代、略言其矢志东来，文纳尔开领圣体、其母亲去世升天，文纳尔心中许愿、得胜圣召之阻挡等。书前有序。河北献县耶稣会主教刘准。

收藏单位：国家馆、上海馆、天津馆

06530

真福斐理宾杜贤姆姆传教事略（圣心会第一位传教修女）

上海：土山湾印书馆，1941.3 印，28 页，32 开

本书译自法文，介绍法国天主教修女斐

理宾·杜贤传教事迹。上海惠主教准。

　　收藏单位：国家馆

06531

真福高隆汴小传

外文题名：Compendium vitae B. Claudii de la Colombière S.J

上海：土山湾印书馆，1930.6，2版，40页，64开

　　本书为法国天主教司铎高隆汴（1641—1682）的传记。内容包括：少时品诣、矢愿守规、选为神师等。书前有重刊引言。书后附真福祝文、译音合璧。南京主教姚重准。

　　收藏单位：国家馆

06532

真福葛乐德

外文题名：Vie du B. Claude de la Colombière

献县：献县天主堂，1929，317页，32开

　　本书为高隆汴·葛乐德神父生平事迹。据Charrier神父原著改编。共30章，内容包括：葛乐德之家庭、葛乐德受教育、葛乐德之圣召等。书前有序。河北献县耶稣会主教刘准。

　　收藏单位：国家馆、首都馆、天津馆

06533

真福马丁传　诺尔伯（Norbert Georges）著　赵尔谦译

外文题名：The life of blessed Martin de Porres

香港：公教真理学会，1949.6，78页，32开

　　本书记述16世纪秘鲁天主教徒马丁生平。共8章：早年生活、辅理修士、贫苦之父、爱德超凡、补赎善功、神奇旅行、奥迹丰盈、离开尘世。书前有第六版麦氏序言、第五版麦氏序言、译序。书后附真福马丁社、教宗庇护十二世致美国神职班公函等。

　　收藏单位：国家馆

06534

真福玛莎利罗传　花荣尼著　傅玉棠译

澳门：白德美纪念出版社，1947.5，再版，69页，50开（公教小读物丛刊）

　　本书为天主教徒玛莎利罗传略。共4部

分，内容包括：勤劳热心的幼女、无原圣母会会员、母佑会修女、修德宝镜。澳门主教罗若望准。

　　收藏单位：国家馆、南京馆

06535

震大公青会六周纪念刊　上海震旦大学公教青年会编

上海：上海震旦大学公教青年会，1941.4，40页，32开

　　本书内容包括：本会专稿、会务报告、会员写作、本会组织一览、会员录等。书前有编者发刊词。

　　收藏单位：上海馆

06536

拯亡会祖母传

献县：张家庄胜世堂，1916，362页，32开

　　本书为天主教组织拯亡会创立者玛利亚托主照顾氏的传记。共19章，内容包括：欧日尼斯买特诞生、圣召的萌芽念想炼狱、受教于里耳城圣心学堂、依赖天主照顾的心、起头劝人帮助练灵，欧日尼在家的行实、爱怜穷人宽宏大量诸事迹、欧日尼蒙天主默召立拯亡会、初次兴心立会有人阻止、实行立会、贤女的坚忍荣主救人的神火等。书前有序。直隶东南耶稣会主教马准。

　　收藏单位：国家馆、天津馆

06537

致命圣人史略

外文题名：Acta sanctorum martyrum

兖州：兖州天主堂，1932.3，2册（[78页]），32开

　　本书为天主教殉教者小传，包括儒斯定、果毅葩皮禄、善捷等人。正文是拉丁文，有中文注释。

　　收藏单位：国家馆

06538

中国布道近史（初编）　陈金镛编

上海：沪江大学通俗学校总部，1918，88页，32开

收藏单位：国家馆

06539

中国的玫瑰花朵　甘铎春霖著　沈守愚辑译

北平：北堂明道学院，1933.6，96 页，32 开

北平：北堂明道学院，1934.3，再版，96 页，32 开

　　本书为贞女玛利亚德肋撒汪大润（1917—1932）传。共 11 章，内容包括：石门殡仪、初生的几年、疗养院等。书前有北平副主教满公致作者书。

　　收藏单位：国家馆、上海馆、首都馆

06540

中国基层建设与青年会（上海中华基督教青年会第二届义务领袖会议）　义务领袖会议筹备委员会编

出版者不详，1947.11，42 页，32 开

　　收藏单位：南京馆、上海馆

06541

中国基督教的文字事业　傅步云译

中华全国基督教协进会，1939，22 页，32 开（玛德拉斯大会文献丛刊 9）

　　收藏单位：广东馆

06542

中国基督教会年鉴（第 12 期）　中华全国基督教协进会编

外文题名：The China church year book(1931—1933)

上海：广学会，1934.6，373 页，22 开，精装

　　本书共 4 部分：教会之形势、教会事业之进展、大事法令、调查录。书前有朱立德弁言。

　　收藏单位：重庆馆、上海馆、浙江馆

06543

中国基督教会年鉴（第 13 期）　中华全国基督教协进会编

外文题名：The China church year book(1934—1936)

上海：中华全国基督教协进会，1936.12，490 页，25 开

　　本书共 6 部分：教会之形势、各公会之进展、教会事工概况、合作团体及其事业、大事及法令、调查录。书前有朱立德弁言。

　　收藏单位：重庆馆、广东馆、广西馆、国家馆、南京馆、上海馆

06544

中国基督教教育事业　中国基督教教育调查会编纂

上海：商务印书馆，1922.8，388 页，22 开

　　本书共 7 卷，内容包括：中国教育之现状、中国之基督教教育之位置目的范围、教育之种类、教育上特别问题、一般原则与建议之撮要、关于各区域之建议、教育费用与教育事业之先列问题。书前有序、导言。书后附统计图表、全国教育会联合会第七次年会纪要。

　　收藏单位：广西馆、国家馆、河南馆

06545

中国基督教史纲　王治心著

外文题名：History of Christianity in China

上海：青年协会书局，1940.3，361 页，32 开（青年丛书第 2 集 6）

上海：青年协会书局，1948.1，再版，361 页，32 开（青年丛书第 2 集 6）

　　本书共 22 章，内容包括：中国的宗教背景、基督教教义与中国、基督教与国民革命、基督教的事工等。书前有序。

　　收藏单位：重庆馆、广东馆、贵州馆、国家馆、近代史所、辽师大馆、山东馆、上海馆、首都馆、天津馆

06546

中国基督教史课本　王治心著

上海：广学会，1940，90 页，32 开（培养教会义务工作人员小丛书 6）

　　本书分基督教输入前、基督教输入之初、南京条约与基督教等 9 课。

06547

中国基督教学生运动特刊（第 16 号）

上海：学运临时全国总会出版委员会，1936.6，

150 页，32 开

本书共 7 章，内容包括：执委会第四届会议记录、常委会第三次会议记录等。附录 5 章，为本运动临时全国总会救亡宣言等。

收藏单位：山东馆

06548

中国基督教学生运动现状 ［上海学运筹委会编］

上海：上海学运筹委会，1933.6，68 页，25 开（学运丛刊 1）

本书共 3 章：中国基督教学生运动概论、中国基督教学生运动筹备会概况、各地区联及各校小团体略述。

收藏单位：重庆馆、国家馆

06549

中国教会在社会上和经济上的思想与行动之将来 赵紫宸著 王稼书译

上海：中华全国基督教协进会，1939，44 页，32 开（玛德拉斯大会文献丛刊 2）

收藏单位：广东馆

06550

中国教宗

香港：真理学会，1948.2，21 页，50 开（民众读物小丛书 13）

本书为纪念庇护十一世逝世二周年而编的文集。收文 12 篇，内容包括：教宗宣言震摄帝国主义、教宗深望中国早日复兴等。

收藏单位：国家馆、黑龙江馆

06551

中国青年与中国建设 上海中华基督教青年会义务领袖联席会议筹备委员会编

上海：中华基督教青年会义务领袖联席会议筹备委员会，1946.11，31 页，32 开

本书共 4 部分：大会程序、崇拜程序、前言、各部事工讨论纲要。

收藏单位：吉林馆、上海馆

06552

中国外交史上之基督教问题 曾友豪著

文社，1925，28 页，32 开（文社丛书）

本书共 9 部分：景教输入中华、天主教及基督新教入华之历史、恰克图条约第一回规定外国人在中国传教、天津条约正式规定有约外人在中国有宣传宗教之权利、外国宣教师得在内地购置不动产之权利是偶然的、教案、中美新订通商条约关于教士及教民之规定、地方官接待教士事宜条款、现在基督教在华之地位。书前有著者自序。书后附《条约上关于传教之规定》《外国教士赴诉地方官不得用照会》等。

收藏单位：首都馆

06553

中国乡村教会之新建设 朱敬一著

上海：中华基督教文社，1927，170 页，32 开

本书介绍基督教在乡村传教情况。共 3 篇：总论、乡村教会本身上的新建设、乡村教会社会服务上的新建设。书前有序。

收藏单位：江西馆、山东馆

06554

中国耶稣教会小史 谢洪赉编著

上海：华美书局，1911，107 页（布道小丛书 4）

本书共 5 章：耶稣教会之先行、教会立基时代、教会萌芽时代、内地布道时代、教会进步时代。书前有叙例。书后附布道会用本书法。

收藏单位：近代史所

06555

中国耶稣教会小史 谢洪赉编著

外文题名：The protestant missions in China: a short historical sketch

上海：中韩基督教青年合会，1911，再版，108 页，32 开（布道小丛书 4）

收藏单位：国家馆

06556

中国耶稣教会小史 谢洪赉编 黄稻孙校阅

外文题名：The Protestant missions in China: a short historical sketch

上海：基督教青年协会书报部，1918.1，3 版，122 页，32 开

　　收藏单位：南京馆、山东馆

06557

中国致命真福传略

上海：土山湾印书馆，1912，100 页，32 开

上海：土山湾印书馆，1916，2 版，100 页，32 开

上海：土山湾印书馆，1930，4 版，104 页，32 开

上海：土山湾印书馆，1936，5 版，94 页，32 开

　　本书共 3 卷：四川致命四位、贵州致命十五位、广西致命二位。1912 年版江南主教姚准，1930 年版南京主教姚重准，1936 年版上海主教惠重准。

　　收藏单位：国家馆、南京馆、内蒙古馆、绍兴馆

06558

中华公教进行三大模范人物　徐景贤著

北平：中华公教进行会总监督处，1935.7，60 页，32 开（公教进行 7）

　　本书共 5 讲：青年时代的徐文定公、壮年时代的徐文定公、老年时代的徐文定公、李我存先生、杨淇园先生。书前有卷首语。书后附《中国开教三大柱石》《中国开教三大柱石与公教进行》。

　　收藏单位：国家馆

06559

中华公进妇女模范（许母徐太夫人甘第大小传）　杨塞编著

澳门：慈幼印书馆，1947.7，再版，31 页，50 开（灵修小丛书 35）

　　本书为天主教徒甘第大（刚弟达 Candida）的传略。共 6 部分：幼年时代、开教、爱人、救灵热、超性眼光、最后阶段。

　　收藏单位：国家馆、上海馆

06560

中华光荣　罗司铎著

兖州：兖州府天主堂印书馆，1931，3 版，264 页，32 开

　　本书记述 31 位在中国殉教的中外神父、教友的事略。共 19 篇，内容包括：真福徐加俾厄尔四川主教致命、真福马神父致命、真福桑主教同四位真福司铎致命等。书前有罗司铎小引。

　　收藏单位：国家馆

06561

中华归主　全绍武编

上海：中华续行委办会调查特委会，1922，[400] 页，8 开，精装

　　本书为中国基督教事业统计。内容包括：教堂之分布、各省人口密度与信教人之百分比、教会所办之学校、医药事业等。

　　收藏单位：上海馆

06562

中华基督会会录（1926—1928）　中华基督会办公处编

[上海]：中华基督会办公处，[1928]，121 页，32 开

　　本书共 10 部分：基督会全体职员人名、干事部议案、评议部记录、基督会要件、报告、通告、公函、学务、论说、杂项。书前有序。

　　收藏单位：国家馆

06563

中华基督会会录（1930.2—1931.8）　中华基督会办公处编

[上海]：中华基督会办公处，[1931]，104 页，32 开

　　本书内容包括：基督会全体职员名、干事部记录、评议部记录、教务、学务、年会摘要等。书前有序。

　　收藏单位：国家馆

06564

中华基督会特刊（1947 年）　周孝成等编

上海：特刊委员会，1947.4，60 页，16 开

　　本书为中华基督会年会特刊。共 18 部

分，内容包括：祝词、年会代表、年会筹备委员、年会委员等。

收藏单位：国家馆、南京馆

06565

中华基督会预算表（1932 年 2 月 1 日至 1933 年 1 月 31 日） 中华基督会编

外文题名：China Christian Mission estimates (February 1, 1932 to January 31, 1933)

中华基督会，[1933]，44 页，18 开

本书内含中华基督会各教区预算表，包括滁州、南京、南通等。中英文合刊。

收藏单位：国家馆

06566

中华基督教会 （英）柯固道（G. Koll） 戴俊三编

出版者不详，66 页，32 开

本书共 12 章，内容包括：教会现在情形、传入中国、信教自由、传教之目的等。

收藏单位：上海馆

06567

中华基督教会广东协会概况 中华基督教会广东协会

广州：中华基督教会广东协会，1929，38 页，横 18 开

本书包含对本会小史和任务、委员会成员等概况的介绍。

收藏单位：山东馆

06568

中华基督教会河北大会第六届年会记录 ［中华基督教会河北大会］编

［北平］：［中华基督教会河北大会］，[1947]，12 页，25 开

该会于 1947 年 5 月在北平召开。附河北大会培植人才委员会标准原则，河北、华北两大会合一大纲草案等。

收藏单位：国家馆

06569

中华基督教会华北大会第六届常会议录 中

华基督教会华北大会编

北平：中华基督教会华北大会，[1936]，22 页，16 开

收藏单位：国家馆

06570

中华基督教会华北大会第十一届常会议录 中华基督教会华北大会编

天津：中华基督教会华北大会，1941.5，[32] 页，16 开

该会于 1941 年 5 月在天津举行。书内含该会会议录、华北大会四区工作人员一览表、各项统计表等。

收藏单位：国家馆

06571

中华基督教会华北大会第十三届常会议录 中华基督教会华北大会编

北平：中华基督教会华北大会，1947.6，12 页，16 开

该会于 1947 年 5 月在北平召开。书内含该会十三届常会会议录，十二届常会执委会会议录，华北、河北两大合一大纲。

收藏单位：国家馆

06572

中华基督教会年鉴（第 2 期） 中华续行委办会编

上海：商务印书馆，1915.11，418 页，32 开

上海：商务印书馆，1916.3，再版，418 页，22 开，精装

本书共 6 部分：总论、教会宗别、教会省别、教务类别、统计图表、职员名录。书前有记者序言、本期年鉴著者小记。

收藏单位：国家馆、河南馆、近代史所、山西馆、上海馆

06573

中华基督教会年鉴（第 3 期） 中华续行委办会编订

外文题名：The China church year book 1916. Third year of issue

上海：商务印书馆，1916.12，[468] 页，25 开，

精装

上海：商务印书馆，1917.3，2版，1册，25开，精装

　　本书共6部分：总论、本年各教会进行之概况、本年各机关进行之概况、本年教务进行之概况、统计、职员名录。书前有记者弁言。

　　收藏单位：东北师大馆、广东馆、国家馆、近代史所、南京馆、上海馆

06574

中华基督教会年鉴（第4期）　中华续行委办会编

外文题名：The China church year book 1917. Fourth year of issue

上海：广学会，1917.12，298页，25开，精装

　　本书共10部分，内容包括：总论、教会事业、布道事业、教育事业、文字事业、社会事业、联合事业、逝世圣徒、统计图表、职员名录。书前记者弁言。

　　收藏单位：国家馆、山西馆

06575

中华基督教会年鉴（第5期）　中华续行委办会编

外文题名：The China church year book 1918. Fifth year of issue

上海：广学书局，1918.12，356页，22开，精装

　　本书共12部分，内容包括总论、教会事业、布道事业、教育事业、社会事业、文字事业、联合事业、学生事业、个人证道、逝世圣徒、统计图表、职员名录。书前有序、评议记者、著者小记。

　　收藏单位：首都馆

06576

中华基督教会年鉴（第6期）　中华续行委办会编

外文题名：The China church year book 1921. Sixth year of issue

上海：中华续行委办会，1921.11，353页，25开，精装

　　本书共16部分，内容包括：总论、促进

事业、教会事业、宣教事业、布道事业、教育事业、社会事业、文字事业、联合事业、学生事业、青年事业、辅教事业、个人证道、逝世圣徒、统计图表、职员名录。书前有记者弁言、著者小记。

　　收藏单位：国家馆

06577

中华基督教会年鉴（第7期）　中华全国基督教协进会编

上海：中华全国基督教协进会，1924，232页，25开，精装

　　本书共3编56章，内容包括：全国教育之新发展、全国单个教堂之概况及调查录等。陈鸿钧编。书前有著者小记。

　　收藏单位：山东馆

06578

中华基督教会年鉴（第8期）　上海中华全国基督教协进会编

上海：中华全国基督教协进会，1925，362页，25开

　　本书内容包括：浸礼宗工作之区域及近况、新春布道、上海道德会等。

　　收藏单位：山东馆、上海馆

06579

中华基督教会年鉴（第9期）　中华全国基督教协会编辑

上海：中华全国基督教协会，1927，362页，25开

　　收藏单位：广东馆

06580

中华基督教会年鉴（第11期）　中华基督教协进会

上海：中华基督教协进会，1931.9，249页，22开

　　收藏单位：山东馆

06581

中华基督教会年鉴（第12期）　中华全国基督教协进会编

上海：广学会，1934.6，373 页，25 开

本书内容包括：教会之形势、教会事业之发展及有关布道、教育、慈善等方面的事工、大事法令、调查录等。书前有弁言。

06582

中华基督教会全国总会边疆服务部工作简报

中华基督教会全国总会边疆服务部编

南京：[中华基督教会全国总会边疆服务部]，1948，64 页

本书共 5 部分：本部成立简史、川西工作、川西布道工作、西康区情形、凉山区亟待救恩。

收藏单位：近代史所

06583

中华基督教会全国总会边疆服务部西康区工作报告

中华基督教会全国总会边疆服务部，1940，油印本，3 叶，16 开，环简页装

收藏单位：国家馆

06584

中华基督教会全国总会第二届常会纪念册

诚静怡著

上海：中华基督教会全国总会，1930，373 页，26×19cm

本书共 4 部分：总会第二届常会代表题名录、小引"三年来的中华基督教会全国总会"、报告、附录。

收藏单位：山东馆、中科图

06585

中华基督教会全国总会第三届常会议录 中华基督教会全国总会编

中华基督教会全国总会，1931.10，180 页，18 开

本书内容包括：该会的决议案、报告书、讨论辑要等。

收藏单位：山东馆

06586

中华基督教会全国总会第十届理监事扩大会

议记录 中华基督教会全国总会编辑

南京：汉中堂，1946，86 页，16 开

收藏单位：广东馆

06587

中华基督教会全国总会第四届常会特派委员报告书 中华基督教会全国总会编

中华基督教会全国总会，1937，9 页，18 开

本会讨论的主题为教会牧师养成以及牧师的征募、资格、标准、训练和养老金等规定。

收藏单位：山东馆

06588

中华基督教会全国总会第四届总议会议录

中华基督教会全国总会编

中华基督教会全国总会，1937.7，242 页，16 开

本书内容包括：该会的决议案、报告书、讨论辑要等。附录总会执行委员会第九届会议纪录。书前有卷首语。

收藏单位：重庆馆、山东馆、上海馆

06589

中华基督教会全国总会第五届总议会议录

中华基督教会全国总会编

中华基督教会全国总会，[1948.10]，242 页，32 开

本书共 5 部分：幕序与组织、决议案、报告书、演讲录、附录。出版年据开会时间。

收藏单位：广东馆

06590

中华基督教教育近年进步情形 中华基督教教育会编

上海：商务印书馆，1922，8 页，22 开

收藏单位：国家馆

06591

中华基督教教育协会全国中等教育参事会（华东区扩大会议记录） 中华基督教教育协会编

上海：中华基督教教育协会，1938，34 页，32 开

本书介绍了基督教在华东、华北、华中、华南以及华西举办宗教中等教育的概况，并有会议的议决案等。

06592

中华基督教教育协会战后第一届全国大会手册　中华基督教教育协会编

上海：中华基督教教育协会，1947.10，44 页，32 开

本书共 15 部分，内容包括：大会代表须知、大会日程表、大会讨论大纲、本会本年度预算、本会本年度工作计划等。

收藏单位：国家馆

06593

中华基督教女青年会第一次全国大会记录

中华基督教女青年会第一次全国大会编

上海：中华基督教女青年会全国协会书报部，1924，188 页，32 开

该会于 1923 年 7 月在杭州召开。本书内容包括：绪论、女青年会全国大会代表姓名录、全国大会筹备的经过、全国大会职员及委员一览表、大会日程、大会记录、第一次大会之议决案、全国协会典章等。

06594

中华基督教女青年会第二次全国大会记录

中华基督教女青年会第二次全国大会编

上海：中华基督教女青年会全国协会编辑部，1928，108 页，32 开

该会于 1928 年 7 月在上海召开。本书内容包括：大会议程志略、决议案、分团讨论纪录、大会演辞摘要等。

06595

中华基督教女青年会会务鸟瞰　[中华基督教女青年会]编

中华基督教女青年会，1931.1，52 页，32 开

本书为中华基督教的各地女青年会活动记事。内容包括：广州女青年会思亲日纪盛、香港女青年会组织智育研究团、北平女青年会设立家庭布置讨论班、杭州女青年会举行会员圣诞同乐大会、武昌女青年会开二周纪念大会、上海女青年会新会所开幕志盛、天津女青年会办理冬账、协会学生部召集学运执委会议。

收藏单位：国家馆

06596

中华基督教女青年会会务鸟瞰　中华基督教女青年会编

[上海]：中华基督教女青年会，[1932]，34 页，32 开

本书为会务通信报告，内有 1931 年国内各处水实账款报告、女青年会为武昌洪山水灾捐款所做之慈善工作情况。

收藏单位：上海馆

06597

中华基督教女青年会全国会务研究会报告书（简本）　中华基督教女青年会全国会务研究会编

[上海]：中华基督教女青年会全国协会编辑部，1930.9，124 页，25 开

本书分上、下两编。上编为中华基督教女青年会史，分 8 章；下编为会务研究的报告和建议案，分 11 章。书前有弁言。

06598

中华基督教女青年会全国协会第二次全国大学基督徒女生代表大会记录　中华基督教女青年会全国协会编

[上海]：中华基督教女青年会全国协会，1933.12，41 页，25 开

本书内容包括全国大学基督徒女生联合会历史及演讲文章。

收藏单位：上海馆

06599

中华基督教女青年会全国协会第一次全国大学女生代表大会记录　中华基督教女青年会全国协会编

中华基督教女青年会全国协会，1932.12，再版，28 页，25 开

本书内容包括：会议的出席者、时间、地点，会议旨趣、日程、职员，以及大会讨论

的内容。

收藏单位：上海馆

06600

中华基督教青年会（1935 年） 青年协会编

上海：青年协会书局，[1935]，185 页，25 开

本书内容包括：全国协会民国二十四年事工报告、青年与宗教运动概述、1935 年协会文字事业组出版物、本协会今后十年事工计划大纲、全国青年会教育调查报告、联青社在中国发展之经过。

06601

中华基督教青年会第九次全国大会第九组委员会之建议

出版者不详，15 页，22 开

收藏单位：广东馆

06602

中华基督教青年会第九次全国大会决议全案

出版者不详，1 册，22 开

本书共 3 章：论布道于广东、论布道于福建、论布道于浙江。书前有绪言。

收藏单位：广东馆

06603

中华基督教青年会第五届全国干事大会报告

中华基督教青年会全国干事联合会编

中华基督教青年会全国干事联合会，106 页，32 开

收藏单位：河南馆

06604

中华基督教青年会第六届全国干事大会报告书 中华基督教青年会全国干事联合会编

北平：中华基督教青年会全国干事联合会，1932，152 页，32 开

本书内容包括：该会纪事、议决案、演讲词及大会报告。

06605

中华基督教青年会服务黄河工程始末记 中

华基督教青年会全国协会职工组编

上海：中华基督教青年会全国协会职工组，1923，18 页，16 开

本书介绍了中华基督教青年会在黄河工地参与招工、招待外宾、举办福利等活动。

06606

中华基督教青年会年鉴（民国二十四年） 中华基督教青年会全国协会编

外文题名：Year book and roster of the Young Men's Christian Associations of China 1935

上海：青年协会书局，[1935]，[185] 页，32 开

本书共 6 部分：全国协会民国廿四年事工报告、青年与宗教运动概述、一九三五年协会文字事业组出版物、本协会今后十年事工计划大纲、全国青年会教育调查报告、联青社在中国发展之经过。书前有弁言。中英文合刊。

收藏单位：国家馆、上海馆

06607

中华基督教青年会年鉴（民国二十五年） 中华基督教青年会全国协会编

外文题名：Year book of the Young Men's Christian Association of China for the year 1936

上海：中华基督教青年会全国协会，[1936]，[140] 页，25 开

本书共 7 部分：民国廿五年国内大事述要、民国廿五年中国基督教运动概况、民国廿五年全国协会事工概况、校会组报告书、一九三六年泛太平洋学生会与中国代表团、华东区青运巡回工作团之经过概况、一九三六年之中国联青社。书前有弁言。中英文合刊。

收藏单位：国家馆

06608

中华基督教青年会年鉴（民国二十六年） 中华基督教青年会全国协会编

外文题名：Year book of the Young Men's Christian Association of China for the year 1937

上海：中华基督教青年会全国协会，[1937]，156 页，25 开

本书共 8 部分：民国廿六年中国基督教运动概况、民国廿六年全国协会事工一览、民国廿六年全国市会概况、非常时期中青年会学生事业、青年与宗教运动工作人员分区退修会、半年来全国青年会军人服务工作概述、非常时期的学生救济工作、青年会之救济难民工作。书前有弁言。中英文合刊。

收藏单位：国家馆、上海馆

06609

中华基督教青年会年鉴（民国二十七年） 中华基督教青年会全国协会编

外文题名：Year book of the Young Men's Christian Association of China for the year 1938

上海：中华基督教青年会全国协会，1938，190页，25 开

本书共 10 部分，内容包括：一九三八年的中国基督教运动、民国廿七年全国协会事工一览、民国廿七年全国市会概况、民国廿七年全国学生事业概况、全国学生救济工作概况、全国青年会军人服务部廿七年工作概要、青年会的救济难民工作、青年会推广事业的回顾与前瞻、忆本会元老邝富灼博士、协会文字事业计划。书前有弁言。中英文合刊。

收藏单位：国家馆、南京馆、上海馆

06610

中华基督教青年会年鉴及董干名簿（民国二十年） 青年协会编

外文题名：Year book and roster of the Young Men's Christian Associations of China 1931

上海：青年协会书局，[1931]，[68] 页，25 开

本书内容包括：一九三一年市会统计年报导言、一九三一年统计报告等。中英文合刊。

收藏单位：国家馆

06611

中华基督教青年会年鉴及董干名簿（民国二十一年） 青年协会编

外文题名：Year book and roster of the Young Men's Christian Associations of China 1932

上海：青年协会书局，[1932]，[147] 页，25 开

本书共 5 部分：一九三二年之市会事工统

计报告、一九三一年城市青年会学生部报告总计、一九三二年之协会事工报告、全国干事联合会报告、一九三二年之青年会特别事件表。另有各市会董干事名录、合作团体之名录。书前有弁言。中英文合刊。

收藏单位：国家馆

06612

中华基督教青年会年鉴及董干名簿（民国二十二年） 青年协会编

外文题名：Year book and roster of the Young Men's Christian Associations of China 1933

上海：青年协会书局，[1933]，[132] 页，22 开

本书内容包括：一九三三年市会工作概况、会友之研究、一九三三年协会工作概况、战区服务工作报告、协会委员及各会董干事名录、合作团体名录、中国西人青年会名录、联青社。书前有弁言。中英文合刊。

收藏单位：国家馆

06613

中华基督教青年会年鉴及董干名簿（民国二十三年） 青年协会编

上海：青年协会书局，[1934]，[179] 页，25 开

本书共 3 章：一九三四年之中国、一九三四年之中国青年会、特别事项。中英文合刊。

收藏单位：国家馆

06614

中华基督教青年会全国协会报告第八次全国大会书（民国九年四月一日至五日 天津） 中华基督教青年会编

天津：中华基督教青年会，1920.4，101 页，24 开

本书共 9 篇，内容包括：二十五年之回顾及现在之地位、全国协会之组织及人员、全国协会内各组各部之工作及他项事业等。

收藏单位：天津馆

06615

中华基督教青年会全国协会工作报告（民国二十年） 中华基督教青年会全国协会编

上海：中华基督教青年会全国协会，1931，72页，24开

本书共 6 章，内容包括：青年协会当前之使命、全国青年会事业鸟瞰、全国协会分部事工之一瞥等。书后特载朱成章先生传略。封面题有：最近之青年会运动字样。

06616

中华基督教青年会全国协会委员会民二十五常会记录　中华基督教青年会全国协会委员会编

[上海]：出版者不详，[1936.4]，66页，25开

本书内容包括：本届常会筹备委员题名录、会场逐日纪事、本届全国协会委员题名录等。书前有梁小初序。书后附常会开会词、中国之现状及其挑战等 5 篇。

收藏单位：国家馆

06617

中华基督教青年会全国协会委员会战后第一届常会纪录　中华基督教青年会全国协会编

[上海]：中华基督教青年会全国协会，[1947]，43页，25开

本书内容包括：会场逐日纪事、常会全部决议案。附常会演讲词 4 篇。出版年录自常会全体摄影日期。

收藏单位：国家馆

06618

中华基督教青年会全国总干事大会会议记录（二十年二月九日至十五日）　中华基督教青年会全国总干事大会编

[上海]：中华基督教青年会全国总干事大会，1931.2，70页，24开

本书收录该会会议的出席者、会议程序、讨论提案等。

收藏单位：上海馆

06619

中华基督教青年会全年报告（民国十一年）　中华基督教青年会全国协会编

上海：中华基督教青年会全国协会，1923，96页，25开

本书共 8 章：青年会所贡献于我国者、各会本年事业、协会本年事业、海外青年会成绩、各处筹备青年会之概况、世界基督教学生同盟第十一次大会之经过、青年会对于中华基督教全国大会之协助、中华基督教青年会职员名录。附本年市会成绩统计表、本年校会成绩统计表。

收藏单位：国家馆、上海馆

06620

中华基督教青年会史略　余日章撰著

上海：青年协会书局，1927.2，45页，32开（会员丛书）

收藏单位：江西馆、近代史所

06621

中华基督教青年会事工纲要

中华基督教青年会全国协会，26页，32开

收藏单位：广东馆

06622

中华基督教青年会五十周年纪念册（1885—1935）　上海中华基督教青年会全国协会编

上海：中华基督教青年会全国协会，1935，[217]页，16开

本书内容包括：言论、事工、会史、回忆录、计划。附全国城市青年会董干事名录。

收藏单位：国家馆、近代史所、上海馆

06623

中华基督教青年会五十周年纪念广州专刊
广东基督徒学生协会等编

广东基督徒学生协会，1935.11，32页，16开

本书收纪念文章，有广州市青年会历任会长题名。

收藏单位：国家馆

06624

中华基督教青年会战区服务全国委员会报告书　梁小初编

上海：中华基督教青年会，1933，24页，24开

本书收有执委姓名表、报告书。报告书共 9 章，内容包括：战区服务之缘起、各分区

工作概况、特别协助工作等。

　　收藏单位：湖南馆、上海馆

06625

中华基督教史课本　王治心编

外文题名：A history of the church in China

上海：广学会，1940.7，90页，32开

　　本书为中华基督教宗教教育促进会审定，第二级义工教材第6册。共13课，内容包括：基督教输入前、基督教输入之初、南京条约与基督教等。书前有序言。

　　收藏单位：重庆馆、国家馆、南京馆

06626

中华基督教卫理公会第一届中央议会纪录

中华基督教卫理公会编

上海：中华基督教卫理公会，1941.3，66页，24开

　　本书记录该会10天会期的内容。附第一届中国中央议会宣言。

06627

中华基督教卫理公会华东年议会百周纪念

中华基督教卫理公会年议会编

苏州：中华基督教卫理公会年议会，1947.12，12+20页，32开

　　本书介绍华东年议会百年来的大事。书前有蒋介石、宋美龄的序文、献词。中英文合刊。

　　收藏单位：上海馆

06628

中华基督教循道公会第三届全国议会纪录

出版者不详，1947，55页，32开

　　收藏单位：广东馆

06629

中华基督教循道公会规法撮要

汉口：圣教书局，1934，64页，32开

　　收藏单位：广东馆

06630

中华基督教循道公会教区议会程序

出版者不详，1册，25开

　　收藏单位：广东馆

06631

中华基督教循道公会全国议会执行委员会纪录

出版者不详，12页，32开

　　收藏单位：广东馆

06632

中华基督教浙沪浸礼议会　中华基督教浙沪浸礼议会编

杭州：中华基督教浙沪浸礼议会，1935.10，111页，25开

　　本书内容包括：该议会各委员会、董事会记录，预算案，决算表等。

　　收藏单位：上海馆

06633

中华浸会百周年纪念会报告书　冯绍荣等编

广州：中华浸会百周年纪念会，1936，210页，32开

　　基督教中华浸会1836年成立，1936年举行百年纪念会，报告书内有大会经过及演讲等。

　　收藏单位：上海馆

06634

中华浸会神学院特刊　中华浸会神学院特刊编辑委员会编

上海：中华浸会神学院特刊编辑委员会，1949，60页，16开

　　收藏单位：广东馆、内蒙古馆

06635

中华浸礼协会杭州大会记录　[中华浸礼协会]编

杭州：中华浸礼协会，1948.4，[35]页，25开

　　本书内有中华浸礼协会概况、中华浸礼会常会秩序及会议记录。中英文合刊。

06636

中华留日基督教青年会会务报告　中华留日基督教青年会编

东京：[中华留日基督教青年会]，1936.4，120页，25开

本书内容包括：本会之宗旨性质与组织、本会小史、会务纲要、特别使命、东京中国学生之状况及会务概况、本会复建计划等。

收藏单位：重庆馆、国家馆

06637

中华留日基督教青年会最近三年成绩报告
马伯援辑

中华留日基督教青年会，1930，82页，横16开

本书内容包括：本会之宗旨性质与组织、本会小史、会务纲要、会务报告、本会与国内外各界之关系、本会最近三年大事记等。书前有38页图片。

收藏单位：近代史所、上海馆

06638

中华全国基督教协进会第五届年会报告 中国全国基督教协进会编辑

上海：中国全国基督教协进会，1928.1，100页，32开

收藏单位：南京馆

06639

中华全国基督教协进会第六届年会报告 中华全国基督教协进会编

上海：中华全国基督教协进会，1929.1，90页，18开

该会于1928年10月在上海召开。本书共7部分：本年会日程记要、本年会出席人名表、本年会议案录要、本年会记录、各项报告、会员名录、各委员名录。书前有本会职员录。

收藏单位：国家馆

06640

中华全国基督教协进会第八届大会报告 中华全国基督教协进会编

上海：中华全国基督教协进会，1931.6，87页，18开

该会于1931年4月在杭州召开。本书共

9部分：本届大会之回顾、大会日程摘要、大会出席人名表、大会纪录、大会议决案、本会法规、各项报告、大会讲演录要、本届会员代表名录。书前有本会职员名录、祝词等。

收藏单位：国家馆

06641

中华全国基督教协进会第十届大会报告 中华全国基督教协进会编

上海：中华全国基督教协进会，1935.7，119页，18开

该会于1935年4月在上海召开。本书共12部分，内容包括：大会序言、大会宣言、大会开幕词、大会议事日程、大会出席人员芳名、大会纪录、决议案等。书前有大会贺函等。

收藏单位：国家馆

06642

中华全国基督教协进会第十二届年会报告书
中华全国基督教协进会编

上海：中华全国基督教协进会，1947，61页，32开

本书共16部分，内容包括：迎十二届年会、大会宣言、九年来本会工作报告、讨论与建议案纪要、讲章汇录等。

06643

中华全国基督教协进会宪章

出版者不详，1931，23页，32开

本书共6章，内容包括：总则、任务、会员等。

收藏单位：山东馆

06644

中华圣公会传道伟人集 中华圣公会书籍委[编]

北京：圣公会书室，1926，118页，32开

收藏单位：广西馆

06645

中华圣公会第十届总议会手册 中华圣公会编

[上海]：中华圣公会，1947，48页，22开

　　收藏单位：安徽馆、桂林馆

06646

中华圣公会概论　聂高莱（D. W. Nichols）
愈恩嗣编

北平：中华圣公会书籍委员会，1932，36页，
32开

　　本书介绍该会概况。共12章，内容包括：基督教会、圣公教会、圣公会及圣公会的四个原则等。书前有序言。

　　收藏单位：桂林馆

06647

中华圣公会江苏教区第二十五届议会报告
中华圣公会编

上海：中华圣公会，1935.5，[76]页，25开

　　本书内容包括：会员姓名、教友代表姓名、江苏教区第二十五届议会大会记录。附常务委员会报告等3篇。中英文合刊。

　　收藏单位：上海馆

06648

中华圣公会年鉴（1949）　中华圣公会中央办事处编

上海：中华圣公会中央办事处，1949，116页，
25开

　　本书收录该会大事年表、历届主教姓名一览表、各教区分论等十余篇。

　　收藏单位：上海馆

06649

中华圣公会宪法规例　中华圣公会书籍委员会编

中华圣公会书籍委员会，1948，80页，24开

　　本书内容包括：该会之宪纲、宪法、规例（24章）。中英文对照。

　　收藏单位：上海馆

06650

中华首先致命真福方济各嘉彼来略传　金声编著　万多明　张百铎译

[福州]：福建圣若瑟神哲学院，1947，124

页，32开

　　本书共13章，内容包括：童年和求学时代、传教圣召、司铎德表、走向中国、中国传教等。书前有作者序、例言。书后附译名合璧。书口题：中华首先致命略传。

　　收藏单位：国家馆、近代史所、辽宁馆

06651

中华续行委办会议事录　中华续行委办会编

[上海]：中华续行委办会，1914，48页，25开

　　本书附执行部报告、布道促进委办报告等4篇。

06652

中华循道公会宁波大会续行会纪录

出版者不详，1935，30页，32开

　　收藏单位：广东馆

06653

中华循道公会七教区联合议会纪录

出版者不详，1940，49页，32开

　　收藏单位：广东馆

06654

中华最早的布道者梁发　（英）麦沾恩（George H. McNeur）著　胡簪云译

外文题名：Leung Faat: the first Chinese protestant evangelist

上海：广学会，1931.11，150页，32开

上海：广学会，1932.8，再版，150页，32开

上海：广学会，1939.7，3版，150页，32开

　　本书记述梁发生平。共20章。附梁发先生著作目录、一八六〇年以前广州教会大事表。书前有著者自序。

　　收藏单位：重庆馆、国家馆、近代史所、上海馆、首都馆、中科图

06655

中世纪圣教栋梁（圣依纳爵小传）　白德美纪念出版社编译

外文题名：S. Ignatius de Loyola

澳门：慈幼印书馆，1945.2，32页，50开（灵修小丛书7）

澳门：慈幼印书馆，1947.9，再版，32 页，50 开（灵修小丛书 7）

本书为依纳爵·劳耀辣小传。共 20 部分，内容包括：诞生、幼年时代、邦彼劳纳失陷等。书后附向圣依纳爵诵、圣依纳爵常劝人念的经文等。

收藏单位：国家馆、内蒙古馆

06656
诸巷会记 沈宰熙著
出版者不详，1917，78 页，32 开

本书介绍了江苏省青浦县澱山湖诸巷会（属天主教信友会）的始末及会友事迹。

收藏单位：上海馆

06657
主保汇编 罗嘉编著
澳门：慈幼印书馆，1946.9，88 页，50 开（公教小读物丛刊 9）

本书汇集各种主保故事 80 余篇，每篇附简短考证。共 8 部分，内容包括：农业、工业与制造、商业与交通、家事职业、专门职业、公职、其他、附录。书后附中文职业名词索引、拉丁文圣人名号索引。澳门主教罗若望准。

收藏单位：国家馆、内蒙古馆

06658
主耶稣的复活 （英）丁良才（Frederic Charles Dreyer）著
湖北：中国基督圣教书会，1936.10，70 页，32 开

本书共 6 章：主复活的紧要、须注意的要点、主复活的证据、主复活的显现、主复活的反驳、主复活的结果。书前有中英文序和结言。后附论主耶稣的坟墓。

收藏单位：山东馆

06659
著名基督徒 （英）莫安仁（Evan Morgan）
许善齐译述
外文题名：Eleven great Christians
上海：广学会，1930，275 页，32 开
上海：广学会，1931，再版，275 页，32 开

本书介绍外国的著名基督徒，共 11 篇。

收藏单位：重庆馆、上海馆

06660
宗教界六大伟人之生平（原名，天国伟人）
谢洪赉编
上海：青年协会书报部，1924，增订版，64 页，32 开
上海：青年协会书报部，1924，增订 4 版，64 页，32 开

本书为基督教传教士马礼逊、贾利等 6 人传略。

收藏单位：重庆馆、上海馆、首都馆

06661
宗教在苏联·苏联教会印象记 （苏）柯洛索夫著 姚宏奎译·（英）华德豪士著 蒋翼振译
出版者不详，[1949]，27 页，64 开

收藏单位：重庆馆

06662
宗徒圣史短篇传（白话体）
上海：土山湾印书馆，1919 印，70 页，32 开

本书内容包括：伯多禄、保禄、安德肋、雅各伯等圣徒的略传。书前有弁言、宗徒圣史瞻礼日期、看圣书之紧要及其目的等。江南主教姚准。

收藏单位：国家馆

06663
宗徒行实
外文题名：Actus Apostolorum
献县：张家庄胜世堂，1919，168 页，32 开

本书为圣彼得和圣保罗的生平事迹，共 28 章。

收藏单位：国家馆

06664
宗座驻华代表刚恒毅大主教讲演 （意）刚恒毅（Celso Benigno Luigi Costantini）讲
出版者不详，[1931]，66 页，32 开

本书为刚恒毅 1931 年 3 月 5 日在罗马传

信部礼堂的讲演录。讲题是："无希望里还是希望"或"现代中国传教界的壮剧"。共 7 部分，内容包括：入题、中国和传教区的难关、不足畏的理由、阻碍与困难、宗徒们留下的传教方策、模范与事实、结论。书前有弁言。

　　收藏单位：国家馆

06665

宗座驻华第二任代表蔡宁总主教履新纪念册
张一麟编译

上海：公教进行会，1934.12，[162] 页，32 开

　　本书共 3 编：记事录、文词录、洋文录。

　　收藏单位：国家馆、内蒙古馆

06666

最近之青年会运动

上海：中华基督教青年会全国协会，1931，72 页，22 开

　　收藏单位：上海馆

06667

罪人之书　（美）罗素尔（A. J. Russell）著
明灯报社编译

外文题名：For sinners only

上海：广学会，1934.7，164 页，32 开

上海：广学会，1939.10，9 版，164 页，32 开

　　本书介绍牛津团契大纲及其工作，记述许多男女在其影响下改变了人生。共 23 章，内容包括：青天里来的声音、三个行吟的诗人、人生的改变者等。书前有吴德施序及编译小言。书后附译后补充、《我对于＜罪人之书＞的透视》（王寿椿作）。

　　收藏单位：国家馆、江西馆、南京馆、上海馆、首都馆

06668

佐治步理评传　（英）霍德进（H. T. Hodgkin）著　陈其田译

上海：协进会基督化经济生活委员会，1928.3，20 页，36 开（经济改造传记丛书 1）

　　收藏单位：南京馆

其他宗教

06669

八德化讲录

[理教普缘社]，[1940] 印，[200] 页，16 开

　　本书分上、下册，包括孝、悌、忠、信、礼、义、廉、耻八讲。孝字全文 20 则，其余七字各 8 则。多为理教普缘社慈济仙坛诸祖师的扶乩之文。

06670

巴海 Bahai 的天启　亚布都尔巴哈（Abdul Baha）[著]

东京：出版者不详，[1900—1929]，26 页，64 开

　　本书内容包括：巴海的起原、巴海的根本教义等。

　　收藏单位：国家馆

06671

慈航问答记

上海：崇华堂，1944 重印，20 页，32 开

　　本书为慈航航主与旅客问答记。

　　收藏单位：国家馆

06672

大同教的贡献　曹云祥著

上海：大同社，1932.1，19 页，32 开

　　本书内容包括：大同教之成绩、大同教与他教之关系、大同教的根本原则、大同教的证明、大同教的价值等。

　　收藏单位：国家馆、华东师大馆、上海馆

06673

大同教对于预言之实践

上海：大同社，1933.4，80 页，32 开

　　本书内容包括：预言之解释、关于巴孛与博爱和拉之预言、耶稣之复生、天地间的表记等。

　　收藏单位：宁夏馆、人大馆、上海馆、浙江馆

06674

大同教隐言经　博爱和拉著　廖崇真译

外文题名：The hidden words of Baha'u'llah

广州：廖崇真 [发行者]，1937.3，55 页，32 开

　　大同教大约于十九世纪中，产生于波斯（即伊朗），《隐言经》为该教的经书。本书分两卷。书前有译者序、大同教之十二根本原则、萧基奥芬的大同教简史。

　　收藏单位：广东馆、国家馆、南京馆、上海馆、首都馆

06675

大同教之在中国·我为什么信仰大同教　曹云祥著·（日）藤崎著　大同教社译

上海：大同教社，1932.12，26 页，32 开

　　《大同教之在中国》包括：中国人对于宗教之态度、中国的政治思想、教育在大同教中的地位、世界和平等部分。《我为什么信仰大同教》原载大同教月刊 1933 年 8 月号。

　　收藏单位：江西馆、上海馆

06676

大同要义

出版者不详，[1938]，44 页，32 开

　　本书共 5 部分：三我相赞、道德本元、至诚之道、正经、一心法言再序。

06677

大同元音　段正元讲

出版者不详，84 页，25 开

　　收藏单位：上海馆

06678

大学心传

出版者不详，42 页，32 开

　　收藏单位：南京馆

06679

大忠至孝歌、先天道常识合编　梁少侬著

香港：中华圣教道德会龙庆堂，1946，[56] 页，32 开

　　本书为劝善书，内容包括：大忠至孝歌、先天下道开宗明义、先天大道常识分类七十五款等。书前有著者自序。

　　收藏单位：国家馆

06680

道慈文选　[王道成著]

出版者不详，[1939]，[155] 页，16 开

　　本书分卷首、卷一、卷二。卷首共 3 篇：庄子先天大道颂、济佛释信仰与迷信、诸葛武侯将喻；卷一、卷二共 33 篇，内容包括：释圣号、释教、释灵、释死生、释坐旨、释大同等。节选自大道真谛及香港、万县、重庆各道院论坛。篇末附注释。书前有朱印川序、编者的道慈文选体例。

　　收藏单位：国家馆、黑龙江馆

06681

道德播音演讲录

出版者不详，[1939]，16 页，16 开

出版者不详，[1939]，24 页，16 开

　　本书内容包括上海道德书局出版的《逍遥津》《历代神仙史》《戒杀弭劫编》等书的文摘，寒世子于 1939 年在上海李树德堂播音电台的演讲录等，内容多为因果报应，劝善之说。并有经书广告多篇。

　　收藏单位：国家馆

06682

道德精华录（卷 1）　谢冠能等编

南京：南京道院，1928.1，230 页，16 开

　　本书选辑各地道院的坛训，分道旨门上、下卷。

　　收藏单位：辽宁馆

06683

道德精华录（卷 1—5）　谢冠能等编

南京：南京道院，[1927]，5 册，16 开

　　本书选辑各地道院坛训。共 5 卷：道旨门、修坐门、慈爱门、哲学门、灵学门等。

　　收藏单位：江西馆、南京馆

06684

道德精华录（卷 1—6）　谢冠能编

南京：红卍字分会，1930，6 册，16 开

南京：红卍字分会，1931，2 版，6 册，16 开

　　本书选辑各地道院坛训。内容包括：道旨门、修坐门、慈爱门、哲学门、灵学门、文艺门。

　　收藏单位：重庆馆、广东馆、内蒙古馆、山东馆

06685

道德精华录（卷 2）　谢冠能编辑　谢明道校勘

南京：南京道院，1928，136 页，16 开

　　本书选辑各地道院的坛训。分修坐门上、下卷，引释、道之说，论述修身养生之道。

　　收藏单位：辽宁馆

06686

道德精华录（卷 3—6）　谢冠能编

南京：红卍字分会，1928.1，4 册（330+210+174+190 页），16 开

　　本书选辑各地道院坛训。共 4 卷：慈爱门、哲学门、灵学门、文艺门。

06687

道德精华录（卷 7—12）　谢冠能编辑　谢明道校勘

南京：南京道院，1928，6 册，16 开

　　本书选辑各地道院的坛训。

　　收藏单位：辽宁馆、南京馆

06688

道德精华录续编（卷 1—8）　谢冠能编

南京：红卍字分会，1933，6 册，16 开

　　收藏单位：重庆馆、国家馆、南京馆、山东馆、绍兴馆

06689

道理浅言

出版者不详，崇华堂，20 页，32 开

　　本书为宣传一贯道的小册子。

　　收藏单位：重庆馆、天津馆

06690

道书丛刊　广西容县同善分社校订

容县：同善分社，1922.1，72 页，石印本

　　本书内容包括：《楚辞远游篇》《关尹答列子问》《孔子家语太上说常清静经》等。

　　收藏单位：桂林馆

06691

道学新介绍

出版者不详，48 页，32 开

　　收藏单位：南京馆

06692

道院地址一览册

出版者不详，1 册，14×29cm

　　收藏单位：内蒙古馆、山东馆

06693

道院各项附则·母坛专则

出版者不详，1 册，22 开

　　收藏单位：内蒙古馆、上海馆

06694

道院会计规程　袁善净编

出版者不详，110 页，32 开

　　本书为道院及红卍字会会计科目表式等。

06695

道院览要　侯素爽编

出版者不详，[1932]，18 页，32 开

　　本书内容包括：道院略史、各地组院手续、道院院系、道院修功、五教大旨、大道真谛。

　　收藏单位：内蒙古馆

06696

道院十二年立道大会议事录　济南道院汇编

[济南]：济南道院，1932，236 页，32 开，精装

　　本书为世界红卍字会立道大会议事录，内容包括：训文、会议规则、开会及闭会秩序、议案等。

　　收藏单位：山东馆、上海馆

06697

道院说明书

出版者不详，12 页，32 开

　　本书内容包括：说明人生之真谛、解决宇宙之疑谜、阐发生灵学理之秘奥、导引人类新生命之机运、启发人类理智之泉源、提倡互爱互助之美德。

06698

道院院纲（院则、办事细则）

出版者不详，96 页，22 开

　　收藏单位：上海馆

06699

道旨纲要　济南道院编

[济南]：济南道院，1940，11 页，32 开

　　本书共 5 部分，内容包括：说明气胞为万有起源之真谛、说明真灵为人所同具之重要、说明五教同归于道之原理等。

06700

第十七届公会议事录　济南道院著

[济南]：济南道院，1938，23 叶，18 开

　　本书内容包括：公会召开前所出的训文、各院代表名称、会议执事人姓名、公会会议规则、开会及闭会程序、议案及表决情况等内容。附记上一年济南母院道慈各项报告。

　　收藏单位：山东馆

06701

第五母坛天津中央主院甲戌全年收支征信录

第五母坛　天津中央主院编

第五母坛、天津中央主院，[1934]，10 页，16 开

　　收藏单位：上海馆

06702

东南主院坛训（第 1 册）　如爽　天锡纂

出版者不详，1945，144 页，16 开

　　本书为道院坛训。

　　收藏单位：国家馆、南京馆

06703

佛道善书理教正宗　李雪樵编

北京：正礼堂，1941.8，192 页，32 开，精装

本书书末附江苏东台至善望道亲姓名录等地方文献。

　　收藏单位：南京馆

06704

福山道院坛训　浩养　承宣侍纂

山东：出版者不详，1928，[11] 叶，32 开

　　本书共两部分：福山道院坛训、福山道院籍方表。

　　收藏单位：山东馆

06705

古本理门正宗　无相子　知一子著

如皋：集成书局，1941.6，94 页，32 开

　　收藏单位：南京馆

06706

古今中外报应龟鉴论初编　救世新教学会编

北平：和济印刷局，1929，62 页，18 开

　　本书分 20 部分，列举中外有关善恶报应的事例。

　　收藏单位：国家馆、天津馆

06707

古今中外报应龟鉴论初编　救世新教学会编

成都：四川省儒教会，1930 翻印，再版，34 页，16 开

　　收藏单位：重庆馆

06708

固本储金略则　济南道院编

[济南]：济南道院，1925，14 页，32 开

　　本书为道院劝募基金会章程。

06709

鬼神语　张安道著　北京悟善总社编辑

北京：救世新教总会，1925.6，34 页，22 开

福州：救世新教总会，1926，36 页，16 开

北京：救世新教总会，1926.1，再版，44 页，16 开

北京：救世新教总会，1926.2，3 版，44 页，16 开

北京：救世新教总会，1929，4 版，30 页，16

开

　　本书内容包括：神鬼情状、神之凭依、鬼之气质、人鬼一体、人鬼灵光、善魂恶魄等。再版、3 版后附救世新教入教规则及入教变通办法。

　　收藏单位：福建馆、国家馆、首都馆、天津馆

06710

癸酉展庆研坐会议事录　济南院编

山东：济南院，1933，1 册，18 开

　　收藏单位：山东馆

06711

化善灵丹文　崇华堂编

崇华堂，1940，再版，20 页，32 开

　　收藏单位：安徽馆

06712

黄中道理

出版者不详，1 册，32 开

　　收藏单位：南京馆

06713

火祆教传入中国考　陈垣撰

出版者不详，[1922]，[20] 页，16 开

　　本书考证琐罗亚斯德教的起源及传入中国的情况。共 12 章，内容包括：火祆之起原、火祆之始通中国并其名称等。

　　收藏单位：国家馆

06714

吉林院会道慈事业廿载概略　刘本静编

吉林：红卍字分会，1941.7，62 页，18 开

　　本书共 4 部分：道慈概略、结论、附训、会章。书前有凡例、祝词、写真、感言、叙言。

06715

济南道院第一育婴堂章程　济南道院编

[济南道院]，9 页，22 开

　　本书收录济南道院第一育婴堂各项章程，共 30 条。

　　收藏单位：山东馆

06716

济南道院建筑费总收支概略

出版者不详，52 页，32 开

06717

济南女道德社十二周报告

出版者不详，1 册，16 开

　　本书内容包括：训文、母社十二周事略、各地女道德社职方表、全国求修人统计表、各地女道德社永久慈务表、各地女道德社临时慈务表、全国女道德社永久慈务统计表、全国女道德社临时慈务统计表等。

　　收藏单位：山东馆

06718

甲戌法语

北京：大成印书社，1940，58 页，32 开

　　收藏单位：南京馆

06719

甲戌年终奖训

出版者不详，1935，4 页，32 开

　　本书为道慈"老祖"对弟子表扬的告谕。

06720

精神祈祷　杨真如著

上海：精神祈祷会，1926.1，[268] 页，25 开（灵学丛书 1）

上海：精神祈祷会，1926.5，再版，[268] 页，25 开（灵学丛书 1）

　　本书共 10 部分，内容包括：精神祈祷的缘起、理论、方法，儒、墨、老释之教及师承之迹等。书前有蔡云程的再版序。

　　收藏单位：山东馆、上海馆

06721

精神祈祷　杨真如著

上海：灵学会，1926.3，1 册，32 开

　　收藏单位：南京馆

06722

精神祈祷　（美）萧丽著　（美）贝厚德（Martha E. Pyle）译

上海：广学会，1929.9，152 页，32 开

　　收藏单位：南京馆

06723

救世良箴

北京：中华印刷局，1921，70 页，22 开

　　收藏单位：首都馆

06724

救世三教玄玄真坛规章戒律　施性感　邓慧深著

北平：真坛，1936，31 页，32 开

　　救世三教即：儒、释、道。

　　收藏单位：国家馆

06725

救世新教　北京救世新救总会编

北京：救世新教总会，1938.7，11 页，16 开

　　本书内容包括：新教之发起、新教之本旨、新教之问答、新教之证明及结论等。附救世新教入教规则。

　　收藏单位：国家馆

06726

救世新教法规汇编（卷 1）　救世新教总会编

救世新教总会，52 页，18 开

　　本书内容包括：救世新教入教变通办法、受戒规条、德级授与章程、办事通则、经济会章程、玄玄秘篆真经授与规则、特别法坛规则等。

　　收藏单位：国家馆

06727

救世新教教纲、教法　救世新教总会著

北京：救世新教总会，[1923]，38+31+7 叶，18 开，环筒页装

　　本书内容包括：救世新教（儒、佛、道、回、耶五教合一）入教规则、教法、教勒、训条等。

　　收藏单位：国家馆、上海馆

06728

救世新教教纲教法教义　救世新教总会编

北京：救世新教总会，1927，4 版，156 页，50 开

　　本书共 4 章，分为教纲、教法、教勒、训条。其中教纲包括总纲、入教规则、德规章第一、修持章第二、德级章第三、职级章第四、设置章第五、礼制章第六、经济章第七、议制章第八，教法包括总纲、信律、戒律、赏律、罚律。书前有训言、凡例。

　　收藏单位：国家馆、首都馆

06729

救世新教教经　江朝宗著

北平：救世新教学会，1932.5，2 册，16 开

北京：救世新教学会，1938.8，再版，102 页，16 开

　　本书为救世新教的经文，共 8 章：修身、孝亲、悌弟、夫妇、朋友、忠主、圣治、归极。

　　收藏单位：国家馆、宁夏馆、首都馆

06730

救世新教年编（卷 1—2）　陈承烈编

北平：悟善社，1926，[142] 页，18 开

　　本书自 1921 年 8 月始至 1924 年终。内容包括：五教合一、各教宗旨、设坛情况、教法教义。

　　收藏单位：国家馆

06731

救世新教问答　陈悟息编

北平：救世新教学会，1932.3，42 页，16 开

　　本书为救世新教佛、耶、回、儒、道五教合一之教义答客问。共 36 问。

　　收藏单位：国家馆

06732

救世新教学会宣言书（第 1）

北平：出版者不详，[1934]，14 页，16 开

　　本书提倡集五教之真理，共进大同以救世。

　　收藏单位：桂林馆、国家馆

06733

救世新教学会宣言书（第 2）　蒋尊祎 [编]

北平：出版者不详，[1934]，196 页，16 开

本书内容包括：新教共同之目标、真宰、规法。

收藏单位：国家馆、上海馆

06734

救世新教学会组织大纲　救世新教学会订

北平：出版者不详，[17] 页，32 开

本书为救世新教学会章程，内容包括：宗旨、纲领、条目、学案、印证、发明等。

收藏单位：国家馆

06735

救世箴言

北京：悟善社，[1922]，[138] 页，18 开

本书为救世新教出版物。共 30 余篇，内容包括：纯阳语录、宏教真人止善谈、洪钧太上述古今中外报应龟鉴论、白云仙子慈善行政论等。

收藏单位：国家馆、上海馆、首都馆

06736

觉路指南

上海：崇华堂，[1942]，14 页，32 开

本书以坛训的形式劝人行善。

收藏单位：广东馆、天津馆

06737

开封一赐乐业教考　陈垣撰　东方杂志社编纂

外文题名：Islamism in Kaifeng

上海：商务印书馆，1923.12，69 页，50 开（东方文库 72）

上海：商务印书馆，1924，2 版，69 页，50 开（东方文库 72）

上海：商务印书馆，1925.7，3 版，69 页，32 开（东方文库 72）

一赐乐业教是古代入居中国的以色列人对其宗教（犹太教）的专称。本书是对该教传入开封及历史发展的考证。内容包括：弘治碑、正德碑、康熙二年碑之考证，与回教之异同及挑筋教之名所由起，寺之沿革及康熙季年之景况，方经教经之内容，扁额，楹联，

道光末叶至今日之情形等。

收藏单位：重庆馆、东北师大馆、广东馆、广西馆、桂林馆、国家馆、江西馆、近代史所、辽大馆、南京馆、内蒙古馆、山东馆、山西馆、上海馆、天津馆、武大馆、西南大学馆、浙江馆、中科图

06738

空道教史　凌子驹删订

江西：上海霞飞书局，[1935]，104 页，32 开

空道教，一名真空教。清咸丰年间创教，教理融合儒、佛、道理论。

收藏单位：江西馆

06739

理道法系图说　全国理善劝戒烟酒总会编

全国理善劝戒烟酒总会，1926，1 册，42 开

收藏单位：首都馆

06740

理教究真录　李恩溥著

出版者不详，1934，再版，1 册

收藏单位：国家馆

06741

理数合解　（清）北海老人著

天津：崇华堂，1938 重印，130 页，25 开

青岛：崇华堂，1939，8+112 页，22 开

本书内容包括：大学解、中庸解、三易探原、一贯探原、理性释疑等。书前有竹坡居士序。

收藏单位：吉大馆、山东馆、浙江馆

06742

理数合解　（清）北海老人著

[郝宝山][发行者]，1935，94 页，25 开

[郝宝山][发行者]，135 页，25 开

收藏单位：重庆馆、国家馆、首都馆

06743

历城道院购址收支报告书　历城道院编

济南：慈济印刷所，1934.11，6 叶，16 开

收藏单位：山东馆

06744

历年易理 （清）北海老人著

天津：崇华堂，1941，35 页，32 开

收藏单位：天津馆

06745

弥劫寿世要旨 谢冠能谨述

南京：红卍字分会，64 页，32 开

收藏单位：南京馆

06746

妙峰山 顾颉刚编著

广州：国立中山大学语言历史学研究所，1928.9，271 页，16 开（民俗学会丛书）

本书是对妙峰山进香情况的调查报告。原在京报副刊陆续刊登，题为《妙峰山进香专号》。包括《妙峰山的香会》（顾颉刚）、《碧霞元君庙考》（容庚）、《妙峰山进香者的心理》（容肇祖）、《朝山记琐》（孙伏园）、《妙峰山的传说》（俞琴）等 26 篇文章。书前有容肇祖的妙峰山序、编者的自序、妙峰山进香专号引言。

收藏单位：重庆馆、国家馆、上海馆、浙江馆

06747

摩尼教流行中国考 （法）沙畹（Edouard Chavannes）著 冯承钧译述

外文题名：Le manichéisme en Chine

上海：商务印书馆，1931.6，92 页，32 开（尚志学会丛书）

上海：商务印书馆，1933.1，国难后 1 版，92 页，32 开（尚志学会丛书）

上海：商务印书馆，1935，国难后 2 版，92 页，32 开（尚志学会丛书）

本书罗列中国古书中关于摩尼教的记载，考察该教在中国的流行情况。中译本是原书的后半部分，其前半部分是摩尼教残经的疏释，没有翻译。书前有译者序。书后附老子化胡经。

收藏单位：重庆馆、东北师大馆、广东馆、广西馆、贵州馆、桂林馆、国家馆、河南馆、黑龙江馆、江西馆、近代史所、辽大馆、南京馆、内蒙古馆、山东馆、山西馆、上海馆、天津馆、武大馆、西南大学馆、浙江馆、中科图

06748

母教问题

灵修道院，1 册，16 开

收藏单位：南京馆

06749

暮鼓晨钟 袁泰著

北平：救世新教总会，1935，18 页，22 开

收藏单位：首都馆

06750

南京道院癸甲二周合刊 南京道院编

[南京]：南京道院，[1925]，62 页，16 开

本书内容为该院的建立经过和红卍字会的工作报告。

收藏单位：南京馆

06751

女道德社第一届公会议事录 济南母社编

山东：济南母社，[1935.10]，22+13 叶，18 开

本书内容包括：科文、各社代表姓名、会议执事人姓名、会场会议规则、开会闭会时日及秩序、议案目录等。

收藏单位：山东馆

06752

女教箴规 江朝宗著

北京：救世新教总会，1939.8，16+33 页，16 开

本书分为女教教规和女史分类节要两部分，解释孝、顺、敬、睦、爱、诚 6 种"妇女道德规范"。

收藏单位：国家馆、首都馆

06753

蓬莱道院坛训 浩养 承宣侍纂

山东：出版者不详，1935，[40] 页，32 开

本书共两部分：蓬莱道院坛训、蓬莱道院职方表。

收藏单位：山东馆

06754

普济天尊阐道篇　临淄崇华堂捐印　青州崇华堂校对

山东：青州崇华堂，1940，13 页，32 开

收藏单位：山东馆

06755

栖霞道院坛训　浩养　承宣侍纂

山东：出版者不详，1929，[11] 叶，32 开

本书共两部分：栖霞道院坛训、栖霞道院职方表。

收藏单位：山东馆

06756

入教必读　救世新教总会编

救世新教总会，1933，18 页，18 开

收藏单位：国家馆

06757

三佛训集

上海：崇华堂，[1943] 重印，16 页，32 开

收藏单位：安徽馆

06758

三会收圆宝筏

上海：明善书局，[1933]，50 页，22 开

收藏单位：河南馆

06759

上总裁书　印川著

出版者不详，[1940]，19 页，32 开

本书介绍某教派的崇拜者上书蒋介石为其组织辩护。

06760

邵武云坪山空道教的初步研究　檀仁梅著

福建协和大学中国文化研究会，8 页，16 开

本书共 8 部分，内容包括：导言、空道教的历史、空道教的五个祖师、空道教的崇拜对象、空道教的经典等。

收藏单位：国家馆

06761

绍兴道院廿九年份收支经常征信录　绍兴道院编

[绍兴]：绍兴道院，1940，4 页，32 开

06762

神道教派读本（中华文）（日）滨田本悠编辑

东京：宗教问题研究所，1939.7，52 页，22 开（兴亚教学资料丛书 3）

本书共 8 部分，内容包括：日本神道思想的本质、日本神道教派史概说、大祓词、神道奖学会的活动、神道教派各说、日本神道教派现势等。

收藏单位：国家馆、山东馆

06763

神国日本　（日）小泉八云著　曹晔译

上海：杂志社，1944.6，190 页，32 开（杂志丛书 6）

本书研究日本宗教。内容包括：珍奇与魔力、古代的祭祀、家庭的宗教、日本的家族、团体的祭祀、神道的发达、礼拜与被禊、死者的支配、佛教的渡来、社会组织、忠义的宗教、耶稣教徒之祸、神道的复活、近代的压迫、官宪教育、回想、追录等。

收藏单位：国家馆、吉林馆、上海馆、天津馆

06764

圣申训子十诫

昆明：崇华堂

收藏单位：南京馆

06765

圣贤实学　（清）唐道宗著

上海：明善书局，1932，62 页，32 开

本书共 9 部分：圣学起止、圣贤实行、致和实理、致中实理、中和根源、三教皆中和、舍中和无由却病延年说、有志中和不难说、虚心求道说等。书前有自序。附录中庸引证图说。

收藏单位：重庆馆

06766

圣训集要

上海：道德书局，1936，56 页，32 开

　　本书内容包括：关圣帝君戒士子文、莲池大师放生文、太上感应篇等。

06767

圣哲嘉言录　青岛红卍字分会编

青岛：红卍字分会，1932，130 页，18 开

青岛：红卍字分会，1935，240 页，18 开

青岛：红卍字分会，1938，132 页，18 开

青岛：红卍字分会，1941，117 页，18 开

青岛：红卍字分会，1943，94 页，18 开

　　本书为红卍字会的宣传品。内容包括：孚圣训、尚真人训、济佛训、达摩佛训等。

　　收藏单位：国家馆、内蒙古馆、上海馆

06768

师道为文化本元

北京：大成印书社，1939，112 页，32 开

　　收藏单位：上海馆

06769

师尊故里纪要

出版者不详，[1944]，60 页，32 开

　　本书介绍段正元生平。

　　收藏单位：国家馆

06770

师尊七十晋三寿辰（兼为祈祷世界和平大会同仁祈福特别讲演）

出版者不详，66+10 页，32 开

　　本书内容为"师尊寿辰法语"。

　　收藏单位：南京馆、上海馆

06771

世界道慈宗职录　天津行宗坛编

[天津]：天津行宗坛，1933，240 页，32 开

　　收藏单位：内蒙古馆

06772

世界之趋势（大同教宣言）　沙基芬地著　曹云祥译

上海：大同社，1932.3，24 页，32 开

　　本书以宗教观点谈第一次世界大战后之世界趋势。

　　收藏单位：西交大馆

06773

世界宗教大同会宣言书　世界宗教大同会编

北京：世界宗教大同会，1923，46 页，18 开

　　本书内含世界宗教大同会成立宣言及章程。

　　收藏单位：重庆馆

06774

述而

北京：道德学社，1922.6，38 页，16 开（道德讲演录 3）

　　收藏单位：南京馆

06775

宿迁新安镇道院坛训录　宿迁新安镇道院编

济南：慈济印刷所，1943.8，[11] 叶，18 开

　　本书共两部分：宿迁新安镇道院坛训、宿迁新安镇道院职方表。

　　收藏单位：山东馆

06776

坛训辑要（2）

焦作：广善坛，1936，2 版，[16]+48 页，22 开

　　收藏单位：河南馆

06777

坛训辑要（7）

焦作：广善坛，1936，[16]+40 页，22 开

　　收藏单位：河南馆

06778

坛训辑要（12）

北平：天华馆，1936，36 页，22 开

　　收藏单位：河南馆

06779

同人了道规章　[麦昌源编]

[清远]：[飞霞洞]，[1934]，50 页，32 开

本书介绍先天道的教义。

收藏单位：广东馆

06780

卍慈崇善堂训文　[卍慈善堂编]

出版者不详，1935，2册（196+144页），16开

收藏单位：上海馆

06781

五教合一的母教　张厚基等著

[汉口]：灵修道院，1939，62页，18开

本书内容包括：九功实践感言、母教问答释疑、普劝菩提树词、普劝人参果词等。

收藏单位：国家馆

06782

五教合一的母教（第2册 尊女专刊）　灵修道院编

汉口：灵修道院，[1940]，84页，16开

母教，即心教。正文前题：灵修道院母教问答。出版年录自书前发刊词。

收藏单位：国家馆、浙江馆

06783

五教合一的母教（第3册 大同道学）　张玉厚著

汉口：母教灵修道院，[1941]，138页，16开

本书书前有丹潢等人"大同道学赐序"7篇、作者"大同道学自序"3篇。正文题：母教问答释疑第三册"大同道学"；书眉题：母教问答。

收藏单位：国家馆

06784

伍廷芳证道学说　求真子编

外文题名：Dr. Wu's works on theosophy

上海：证道学会，[1923]，[154]页，32开

1875年俄国人巴剌画斯畸（Blavatsky）与美国人阿鲁吞（Olott）在纽约组织证道学会。证道学会的宗旨在于证明各教同源，停止纷争。本书内容包括：伍廷芳对证道学的答问之词、证道学会要旨、证道学指南及伍廷

芳译著《因果浅义》等。书前有编者序言。

收藏单位：国家馆、南京馆、内蒙古馆、上海馆

06785

悟善总分社救世新教总分会同人录　[救世新教总会教院敷教部]编

[救世新教总会教院敷教部]，1926.9，196页，32开

收藏单位：国家馆、首都馆

06786

西北行主太原院会甲戌科文　世界红卍字会中华西北行主会太原分会编

太原：世界红卍字会中华西北行主会太原分会，1935.3，218页，18开

本书为太原院会训谕。

06787

希伯来宗教史　[（美）H. T. Fowler]著　（美）都孟高（M. H. Throop）　黄叶秋译

[上海]：中华圣公会，1925，135页，32开

本书介绍希伯来宗教发展史及其与世界的关系。

收藏单位：国家馆、山东馆

06788

笑道归元

出版者不详，64页，32开

收藏单位：南京馆

06789

新生道初集　大器编辑

上海：小蓬莱，1942，496页，32开

本书为新生道崇正东坛的诗文汇集。

收藏单位：国家馆、吉林馆

06790

新时代之大同教　（英）爱斯猛著　曹云祥译

上海：大同社，1932.1，230页，32开

本书介绍了大同教的成立及内容，并介绍其创始人巴索、亚卜图博爱。

收藏单位：广东馆、国家馆、江西馆、内

蒙古馆、山东馆、上海馆、浙江馆

06791
新约之犹太教背景　张仁恺著
外文题名：The Jewish background of the New Testament
上海：广学会，1937.7，97 页，32 开
　　本书叙述基督降生以前犹太教的情形。
　　收藏单位：重庆馆、山东馆、首都馆

06792
信者必救　赵增琦等编
天津：出版者不详，[1937]，10 页，32 开
　　本书汇编信贞法师训条、法语，及《人道主义概论》一文。
　　收藏单位：国家馆

06793
信者得救　赵增琦等编
天津：出版者不详，10 页，32 开
　　收藏单位：国家馆

06794
行宗坛收支款项分类报告
出版者不详，1935.11，158 页，16 开

06795
行宗坛收支款项分类报告（第 2 期）
出版者不详，1936.11，64 页，16 开

06796
醒世指南
绥远：崇华堂，1 册
　　收藏单位：广东馆、国家馆

06797
性理题释　济公活佛编
出版者不详，1944，2 版，76 页，32 开
　　本书为一贯道教义。内容包括：道的真义、道与人有何关系、大道之沿革等。
　　收藏单位：南京馆

06798
修道真言　白叟玉辑
上海：道德书局，16 页，32 开
　　收藏单位：南京馆

06799
血书真言
[天津]：崇华堂，[1937] 重印，12 页，25 开
　　收藏单位：安徽馆

06800
训朦明　慈济仙坛编
上海：理教善缘堂公所，1943.10，810 页，25 开
　　本书书前有慈航大士序、济公佛祖序、胡公天尊自序和朱公天尊追跋。
　　收藏单位：上海馆

06801
亚卜图博爱之箴言　曹云祥译
上海：大同教社，1932，260 页，32 开
　　本书为大同教箴言。书前有著者序、大同教的沿革。
　　收藏单位：国家馆、山东馆、上海馆、浙江馆

06802
养善圣品　孟参子编
上海：宏大善书局，1940，石印本，63 页，32 开
　　书前有图、序、题字等。

06803
养真集　养真子著
光明印刷局，1936，再版，26 页，16 开
　　本书为一贯道的理论著作。
　　收藏单位：国家馆

06804
养真集　养真子著　中教道义会道义月刊社编校
定海（浙江）：邵身贯 [发行者]，1945.4，48 页，32 开

06805

养真集

上海：道德书局，72 页，32 开

收藏单位：南京馆

06806

一贯辩道录

善德堂，1943.5 重印，28 页，32 开

收藏单位：山东馆

06807

一贯道理问答

天津：崇华堂，1937 重印，56 页，32 开

收藏单位：天津馆

06808

一贯道脉图解

山东：济南善德堂，[1937]，28 叶，32 开

收藏单位：山东馆

06809

一贯道统条规

崇华堂，[1911—1949]，18 页，32 开

收藏单位：山东馆

06810

一贯道新介绍　无线痴人著

[山东]：[崇华堂]，1940.2，再版，18 页，32 开

上海：崇华堂，1942 重印，24 页，32 开

山东：崇华堂，1943.3 重印，再版，9 叶，32 开

本书内容包括：一贯道之意义、性理、降世之原因、沿革、功用、功夫等。

收藏单位：安徽馆、山东馆

06811

一贯道新介绍　无线痴人 [著]

天津：工业印刷局，1937 重印，10 叶，32 开

收藏单位：天津馆

06812

一贯道新介绍　无线痴人著

聚珍阁印书局，1934，石印本，1 册，32 开，环筒页装

收藏单位：国家馆

06813

一贯道疑问解答　上海崇华堂编

上海：崇华堂，1942，48+52 页，32 开

本书分上、下两卷，收一贯道疑问解答 120 题。

收藏单位：上海馆

06814

一贯佛航　一贯学人编

济南：崇华堂，20 页，32 开

本书为一贯道的乩语。

06815

一贯纲常、从德宗旨合编

善德堂，1943.7，再版，68 页，32 开

本书分上、下两卷，上卷包括：三纲注解、五常注解、五伦注解、八德注解、斋戒沐浴报答五恩注解、纲常总解、大学首章解、中庸首章解、修身妙理真言、佛门真规三皈五戒折字解、十恶八邪解；下卷包括：三从注解、四德注解、七出注解、八则注解、十条不可注解、妇女修行歌、妇女得道修真歌、乾坤五更参禅歌、尧都选字乡郅神佛守窍注解演宣。

收藏单位：山东馆

06816

一贯浅说

崇华堂，[1911—1949]，16 页，36 开

本书为伍博士演说词。

收藏单位：重庆馆

06817

一贯圣经

崇华堂，32 页，22 开（理数丛书 6）

本书包括一贯圣经、皇母十训。

收藏单位：山东馆

06818

一炁宗主圣号香赞、佛说解冤往生退魔经句

解　肖昌明口授　黄极功校

落心田明星里本社，1936，102 页，16 开

　　本书为天德教宗教经典。天德教原称天德圣教，由四川人萧昌于 1927 年创建，1930 年向国民政府注册。其教义为共尊儒、释、道、基督教、伊斯兰教五教，教人行二十字美德：忠、恕、廉、明、德、正、义、信、忍、公、博、孝、仁、慈、觉、节、俭、真、礼、和。

　　收藏单位：江西馆

06819

已答之问题　曹云祥　孙颐庆译

外文题名：Some answered questions

上海：大同教社，1939.10，446 页，32 开

　　本书是亚卜图对有关教理的若干疑问的答案，内容包括：先知对于人类的影响、关于基督教的几个问题、造物显圣的权威和情状等。书前有译者序两篇。

　　收藏单位：国家馆

06820

以色列宗教进化史　（瑞典）罗育德（Ruth Nathorst）编著　张运筹译述

外文题名：The religious development in the history of Israel

上海：广学会，1933.8，224 页，32 开

　　本书大部分取材于瑞典国立伦德大学教授赫尔（S. Hernds）的《以色列历史》。共 3 卷，内容包括：历史与地理之背景、以色列历史、附录。

　　收藏单位：国家馆、吉林馆、山东馆、上海馆、首都馆

06821

永生法语

出版者不详，56 页，32 开

　　本书介绍一贯道之法语、心传、一贯、三步完美善法。附永生心法锦囊贞经。

06822

犹太教概论　袁定安著

上海：商务印书馆，1935.5，97 页，32 开（百科小丛书）

　　本书介绍犹太教的渊源、创立、派别，犹太教与基督教、伊斯兰教的关系等。书后附补白一篇：《犹太人与世界文化的一笔帐》。

　　收藏单位：重庆馆、大庆馆、东北师大馆、广东馆、国家馆、黑龙江馆、湖南馆、江西馆、近代史所、辽大馆、南京馆、内蒙古馆、宁夏馆、山东馆、上海馆、首都馆、西南大学馆、浙江馆、中科图

06823

渝院道训汇编（甲申集）

出版者不详，[1945]，[340 页]，32 开

　　本书为道院坛训书。内容包括：演述太乙北极真经奥义全训、统科训文、习科训文。

　　收藏单位：国家馆

06824

渝院道训汇编（7 卷）

出版者不详，[1911—1949]，2 册（[681] 页），32 开

　　本书为道院坛训书，内容包括：至圣先天老祖训、济佛训、尚真人训、孚圣训等。

06825

渝院道训汇编（戊寅集至癸未集）

出版者不详，[1945]，[378 页]，32 开

　　本书为道院坛训书。书前有渝院道训序（节录孚圣训）。

　　收藏单位：国家馆、南京馆

06826

玉定金科辑要便览

[上海]：[中华书局]，[406] 页，25 开

　　本书共 9 卷。北京同善社（教派）出版物，捐款刊印。

　　收藏单位：南京馆、上海馆

06827

暂订佛规　崇华堂编

上海：崇华堂，1943 重印，13 叶，18 开

[上海]：[崇华堂]，1946，14 叶，64 开，环筒叶装

　　本书为一贯道仪轨。由一贯道第十八代

祖师张天然拟定。分为称呼、烧香、行礼、献供、纪念日、规程 6 个类别。

　　收藏单位：安徽馆、重庆馆

06828

指路碑　周和斋编

天津：华新印刷局，[1923] 印，重刊本，22 页，32 开

　　收藏单位：安徽馆

06829

至大之和平　大同教社译

外文题名：The most great peace

上海：大同社，1932.6，62 页，32 开

　　本书辑录博爱和拉、亚卜图博爱的格言。

　　收藏单位：山东馆、上海馆

06830

中华圣道定一教心经　陈淑显编

梅县：源泰印字局，1948，106 页，32 开

　　本书附中华圣道定一教教规。

　　收藏单位：南京馆

06831

中教道义会道义特刊　中教道义会编

中教道义会，[1941]，[94] 页，16 开

06832

周一

出版者不详，1 册，32 开

　　收藏单位：南京馆

06833

自觉（第 2 卷 第 2 号）（日）和久田又治编

天津：天理教天津传道厅，1932，170 页，25 开

　　收藏单位：辽宁馆

06834

宗教大同问答缘启　王和安　周一民笔录

出版者不详，164 页，32 开

　　收藏单位：南京馆

06835

邹平道院训文　邹平道院编

邹平：出版者不详，1933，24 页，18 开

　　本书共两部分：邹平道院训文、邹平道院籍方一览表。

　　收藏单位：山东馆

06836

纂约纂纪合编

出版者不详，[1938]，22 页，22 开

　　收藏单位：安徽馆

术数、迷信

06837

安亲常识（原名，地理常识）　谈养吾著

上海：三元社，[1937.4]，60 页，32 开（地学丛书）

　　本书介绍了常识、地理、风水等内容。共 28 篇，内容包括：地理概论、风水意义、说干支八封方隅之由来、阴阳动静、说藏等。

　　收藏单位：上海馆

06838

八字提要　韦千里著述

韦千里 [出版者]，1946.8，173 页，32 开

　　本书介绍了算命中八字的变化。

　　收藏单位：华东师大馆、江西馆

06839

巴溪仙坛诗钞　养心坛编

苏州：明心坛，1932，[100] 页，32 开

　　本书书内题名：养心仙坛诗钞。

06840

冰鉴集　碧湖鸥客著

[北京]：怡庐，1927.11，26+70 页，18 开

　　本书为相书，分上、下卷。上卷分 4 章：面相总论、掌相总论、气色相总论、心相总论；下卷结合黎元洪、徐世昌、袁世凯、张作

霖、熊希龄、唐绍仪、梁启超、吴佩孚、陆宗舆、曹汝霖、孙中山、蒋介石等人面相进行分析。

　　收藏单位：国家馆

06841

卜筮易知　文明书局编

上海：文明书局，1919，54 页，32 开（术数易知丛书）

上海：文明书局，1929，5 版，54 页，32 开（术数易知丛书）

　　本书介绍占卜的知识。

　　收藏单位：上海馆

06842

卜筮正宗（校正）　胡善庆校

上海：广益书局，1941.1，146 页，25 开

上海：广益书局，1946，2 版，146 页，25 开

上海：广益书局，1948.1，新 3 版，146 页，25 开

　　收藏单位：广东馆、江西馆、南京馆

06843

卜筮正宗（先天秘旨）（清）王洪绪辑

上海：锦章书局，156 页，25 开

上海：锦章书局，2 册，25 开

　　本书为占卜著作。内容包括：卜筮正宗凡例、卜筮正宗目录。

　　收藏单位：江西馆

06844

卜易新法王元占征验录　陆基编

[天津]：出版者不详，[1928]，40 页，32 开

出版者不详，1929，1 册

　　收藏单位：国家馆

06845

卜易指南　秦慎安校勘

上海：文明书局，1925.11，26+22 页，32 开

　　本书共两卷，内容包括：八卦阴阳、八卦方位、周易六十四卦歌诀等。

　　收藏单位：国家馆、黑龙江馆

06846

财运预知法　曲园老人编

上海：改良图书馆，1920.1，5 版，64 页，32 开

　　本书为占卜预知财运。

　　收藏单位：浙江馆

06847

财运预知法　曲园老人编

上海：哲学研究社，1935，再版，64 页，32 开

　　收藏单位：上海馆

06848

财运预知术　上海星相研究社辑

上海：星相研究社，1 册

　　收藏单位：国家馆

06849

蔡子洪范皇极名数　张兆鹿注释

益雅书局，1924，1 册

　　收藏单位：清华馆

06850

测字秘诀　云游名士编

上海：明明书局，1941，30 页，32 开

　　收藏单位：安徽馆

06851

测字秘旨　陈省撰

上海：中华新教育社，1926，[50] 页，32 开

上海：中华新教育社，1932.8，3 版，22 页，32 开

上海：中华新教育社，1935.5，4 版，1 册，32 开

　　本书介绍了用测字方法预知祸福。

　　收藏单位：广东馆、上海馆、首都馆、浙江馆

06852

测字全书（秘本）　爱国书局编辑

上海：爱国书局，1925，19 页，32 开

　　收藏单位：广东馆

06853

陈希夷先生心相篇 陈希夷著 秦遵宗注释

出版者不详，1944重印，石印本，18页，25开

收藏单位：福建馆

06854

谶纬释名 陈盘撰

西川：出版者不详，1942，1册

收藏单位：国家馆

06855

穿透真传 （清）张九仪著 秦慎安校勘

上海：文明书局，1926.5，16+54页，32开

本书内容包括：穿透真传说、何令通铁弹子方行透地龙之法、众子公位歌二十四山内排、透地配合穿山法即见吉凶吉凶开后、消砂法、纳水法等。

收藏单位：北师大馆、贵州馆、国家馆、南京馆、内蒙古馆、上海馆

06856

大六壬探原 袁树珊著

镇江：润德堂，1938，再版，[114]页，32开，精装（润德堂丛书3）

镇江：润德堂，1946，5版，[114]页，32开，精装（润德堂丛书3）

镇江：润德堂，[1940—1949]，14+56+82页，32开（润德堂丛书3）

本书共3编。第1编：推演，由占时至年命，诸式咸备，次序鳞列；第2编：论断，凡壬学所以判吉凶、决休咎，种种要法；第3编：集说，皆采集古人名论，末附先贤传略。

收藏单位：国家馆、上海馆

06857

大清相法 归采臣标点

上海：大新书局，1934.12，79页，32开

本书是关于命相、看相方法的一本书。

收藏单位：上海馆、首都馆

06858

大清相法（新式标点） 张玉成校

上海：大新图书社，1937，1册

收藏单位：国家馆

06859

当代名人之命运 韦千里编

出版者不详，[1947]，34页，64开

本书介绍国民党党政要员命理。

06860

滴天髓补注（4卷） 徐乐吾补注

上海：乾乾书社，1937，224页，32开

上海：乾乾书社，1册，32开

本书是史上最著名的"命学四书"之一的《滴天髓》的补注。附子平一得一卷。补注者原题：乐吾氏。

收藏单位：南京馆、上海馆、首都馆

06861

滴天髓阐微 李雨田校订

上海：李雨田[发行者]，1947.4，126页，32开

本书内容包括：初学捷径、通神论、六亲论等。

收藏单位：南京馆、上海馆、首都馆

06862

滴天髓辑要 （清）陈素庵辑订

上海：乾乾书社，1936.7，58页，32开

本书共40余篇，内容包括：通天论、天干论、地支论、干支论、贵贱贫富吉凶寿夭论等。

收藏单位：国家馆

06863

滴天髓·穷通宝鉴 秦慎安校勘

上海：文明书局，1926.1，[154]页，32开

上海：文明书局，1929，再版，[154]页，25开

《滴天髓》全名命理须知滴天髓，京图撰，刘基注，程芝云校订。《穷通宝鉴》余星堂鉴定，余春台编辑，分上、下卷。

收藏单位：重庆馆、国家馆、吉林馆、南京馆、首都馆

06864

地理录要 （清）蒋平阶等著　秦慎安校勘

上海：文明书局，1926.4，2 册，32 开

本书为堪舆地学之书。共 4 卷，内容包括：天元五歌、天元余义、平地元言、选择摘要、造命歌等。

收藏单位：北师大馆、重庆馆、国家馆、内蒙古馆

06865

地理末学　秦慎安校勘

上海：文明书局，1926，2 册，32 开

收藏单位：北师大馆、重庆馆、国家馆、南京馆、内蒙古馆

06866

地理铅弹子　星命研究社校订

上海：鸿文书局，1937，再版，1 册，32 开

收藏单位：天津馆

06867

地理入门　亦庐山人著

上海：中医书局，1936，[200] 页，32 开

亦庐山人即马问我。

收藏单位：南京馆

06868

地理五诀·阳宅三要合刊（全图堪舆必读）

[上海]：星相研究社，1947.10，3 版，[241] 页，32 开

[上海]：星相研究社，1948.12，再版，[241] 页，32 开

《地理五诀》赵玉材编著，内分"五行歌诀罗盘学法"等 8 卷。《阳宅三要》包括"五行生克"等 4 卷。有序。

收藏单位：安徽馆、绍兴馆

06869

地理雪心赋辩讹解　陈纪仁校

上海：鸿文书店，1937.2，156 页，32 开

收藏单位：南京馆

06870

地理正宗　秦慎安校勘

上海：文明书局，1926.4，2 册，32 开

本书共 12 卷，内容包括：青囊经、葬书、撼龙经、疑龙经、归厚录、从厚录、青囊序、青囊奥语、天玉经等。

收藏单位：北师大馆、贵州馆、国家馆、南京馆、内蒙古馆

06871

地理知本金锁秘　秦慎安校勘

上海：文明书局，1926，2 册，32 开

本书为讲占卜的书。分上、下两卷，内容包括：易道精蕴地理必究论、河洛未分未变方图、河洛未分未变三角图、点数应河图十位象天阳九数图、河图象地阴六数图、幂形应洛书九位象阳刚九数图、洛书象阴柔六数图、天圆之根图、地方之根图、人为天地心图等。

收藏单位：重庆馆、国家馆、南京馆、内蒙古馆

06872

棣华堂地学五种（第 2 册）　元祝垚撰

出版者不详，1918，石印本，[132] 页，25 开

本书为地理风水书，内容包括：理辨证疏、天元五歌批论、归厚录批论、地理囫囵语和阳宅觉。

收藏单位：吉林馆、首都馆

06873

定命录　张一蟠编著

上海：命学社，1934.10，[210] 页，32 开

本书为民国初期孙中山、袁世凯、黎元洪、冯国璋、徐世昌、曹锟、段祺瑞、蒋中正、唐绍仪、徐谦、谢持、张人杰等军政要人命理。

收藏单位：国家馆、上海馆

06874

冬明历

出版者不详，影印本，32 页，32 开，环筒页装

本书记述宋太宗时天台正副监苗光义、赵普托言星相推论宋及后代统治运数。

　　收藏单位：国家馆

06875

董公选要览 （明）董潜著　秦慎安校勘

上海：文明书局，1926.1，[72] 页，32 开

上海：文明书局，1929，再版，[72] 页，32 开

　　本书为占卜书，讲选吉方法。

　　收藏单位：国家馆、黑龙江馆、南京馆、内蒙古馆、天津馆

06876

敦煌唐咸通钞本三备残卷解题　陈槃著

出版者不详，[1911—1949]，381—401 页，16 开

　　本书为古谶纬书录解题附录之一，《国立中央研究院历史语言研究所集刊》第 10 本抽印本。

　　收藏单位：国家馆

06877

遁甲真传秘书 （三国蜀）诸葛亮著

上海：东震图书公司，1919，1 册，25 开

　　收藏单位：国家馆

06878

扶乩原理　史筱微　魏心化编

北平：真坛，1942，43 页，32 开

　　本书为鸾坛经书。附三教论、修道常识、识神通灵论。

　　收藏单位：国家馆

06879

符咒全书　竞智图书馆编

上海：竞智图书馆，1935.2，9 版，26 页，32 开

　　收藏单位：南京馆

06880

妇女贞淫辨别法　王定九编

上海：健康书社，1947，115 页，32 开

上海：健康书社，1947，6 版，115 页，36 开

上海：健康书社，1948，[再版]，116 页，32 开

　　本书从相术谈妇女贞淫的辨别方法。

　　收藏单位：安徽馆、重庆馆

06881

富贵贫贱民国相法　张有斐编

上海：马启新书局，1936，142 页，32 开

　　本书介绍相术。

　　收藏单位：上海馆、浙江馆

06882

富贵贫贱荣枯得失命相秘诀（江湖奇术）　韦万里著

上海：大中华书局，1947.8，新 2 版，188 页，32 开

　　本书为合订本。上编：相法总诀；下编：命理本原。

　　收藏单位：上海馆

06883

各教奇术　古屋氏著　潘昌恒译

上海：神州催眠学会，1919，再版，134 页，32 开，精平装

　　本书介绍基督教、佛教、神道等的奇术。

　　收藏单位：上海馆、首都馆

06884

各教奇术大观　张镜池译述　李英才校阅

震旦书局发行所，1920，2 版，[134] 页，32 开

　　收藏单位：广东馆

06885

古谶纬书录解题　陈槃著

出版者不详，[1946]，3 册（[34] 页），16 开

　　本书内容包括：河图提刘子、河图会昌符、白泽图、礼瑞应图等。为《国立中央研究院历史语言研究所集刊》第 10、12、17 本抽印本。

　　收藏单位：国家馆

06886

古今名人命鉴　徐乐吾著

上海：徐乐吾 [发行者]，1934.12，200 页，32 开

　　本书内容为古代帝王名人及现代名人命理。著者原题：乐吾。

　　收藏单位：国家馆、天津馆

06887

古今神相大全　新华书局编

上海：新华书局，1923.7，2 册（102+91 页），32 开

　　本书为相命书。

　　收藏单位：上海馆

06888

骨相学　风萍生编纂

外文题名：Phrenology

上海：商务印书馆，1919.7，12+234 页，32 开

上海：商务印书馆，1920.3，再版，12+234 页，32 开

上海：商务印书馆，1923.10，4 版，12+234 页，32 开

　　本书论述骨相学的发展，骨相学与动物学、生理学、心理学的关系。

　　收藏单位：重庆馆、国家馆、上海馆、首都馆、天津馆

06889

观察术　吴贵长著

上海：中国文化服务社，1947.2，100 页，32 开

　　本书共 3 章，介绍用观察、心理等手段，给人相命的方法。

　　收藏单位：重庆馆、国家馆、南京馆、内蒙古馆、人大馆、首都馆

06890

观音菩萨灵签　吕碧城著

出版者不详，48 页，42 开（梦雨天华室丛书）

　　本书与劝发菩提心文、山中白雪词选合订。

　　收藏单位：上海馆

06891

观音菩萨灵签

出版者不详，18 页，32 开

　　本书共有 100 签的解释。

　　收藏单位：广西馆

06892

郭璞葬经·水龙经　秦慎安校勘

上海：文明书局，1926.4，1 册，32 开

　　《郭璞葬经》分内篇、外篇、杂篇，晋朝郭璞著；《水龙经》分为 5 卷，蒋平阶辑订。

　　收藏单位：北师大馆、重庆馆、国家馆、南京馆、内蒙古馆

06893

鸿福齐天（一名，算命一读通）　不空居士纂

华夏哲理阐微社，1941.2，320 页，32 开

华夏哲理阐微社，1943，316 页，32 开

　　收藏单位：上海馆、首都馆

06894

湖南定湘王南京行宫志略　彭明俊等编

南京：定湘王行宫董事会，1935.6，68 页，16 开

　　收藏单位：南京馆

06895

华山陈希夷先生飞星紫微斗数原旨

出版者不详，[108] 页，32 开

　　本书逐页题名：斗数观测录。

　　收藏单位：国家馆、首都馆

06896

皇申家书

上海：崇华堂，1942，20 页，32 开

　　本书书后附劝坤篇。

　　收藏单位：上海馆

06897

皇申十三叹

天津：荣华堂，[1936] 重印，60 页，25 开

　　本书为坛训扶乩之言。均为韵文。每段首均有"申驾至东土""申驾离广寒"等字样。

06898

乩坛真义　马化影著

上海：大精神医学研究会，1925，315 页，32 开

本书内有乩之命义、乩之沿革等。

06899

简易拆字秘诀　上海星命研究社编

上海：中央书店，1935，重订本，41 页，32 开

上海：中央书店，1936.10，重订 3 版，41 页，32 开

本书介绍了用拆字的方法占卜吉凶。

收藏单位：安徽馆、首都馆、天津馆

06900

简易相法秘传（江湖奇术）　上海星命研究社编

上海：中央书店，1935.9，重订本，96 页，32 开

本书共 12 章，内容包括：相法总论、相术歌诀、面部相法、身体相法、手足相法、形神气色骨肉相法、坐卧行动言语相法、痣纹相法、改相变相秘诀、女子相法、小儿相法、古人观相精论。

收藏单位：广东馆、国家馆

06901

鉴人术（惊人相术奇书）　风云子　张迈生著

上海：中西书局总店，[217] 页，32 开

上海：中西书局总店，1934，4 版，[217] 页，32 开

本书共 6 卷，内容包括：相用人法、相主人法、相朋友法、相女子法、相男子法等。封面题名：中西学术会通。版权页题名：新旧贯通中西融合鉴人术惊人相术奇书。

收藏单位：首都馆

06902

江湖秘诀百种（白手谋生）　戚饭牛编

东亚书局，1922.5，91 页，25 开

本书介绍卜卦的江湖秘诀。

收藏单位：江西馆

06903

江湖秘诀百种（白手谋生）　戚饭牛编

上海：公记书局，1924.3，90 页，32 开

上海：公记书局，1925，再版，90 页，32 开

收藏单位：上海馆、浙江馆

06904

交感巫术　（英）弗雷泽（James George Frazer）著　李安宅译

外文题名：Sympathetic magic

上海：商务印书馆，1933.9，国难后 1 版，68 页，32 开（百科小丛书）

上海：商务印书馆，1934.12，国难后 2 版，68 页，32 开（百科小丛书）

本书共 4 部分：巫术的原理、"感致巫术"或"模仿巫术"、染触巫术、术士底进步。著者原题：弗兰柔。

收藏单位：重庆馆、广东馆、国家馆、辽大馆、内蒙古馆、宁夏馆、人大馆、山东馆、上海馆、首都馆

06905

交感巫术的心理学　（英）弗雷泽（James George Frazer）著　李安宅译

外文题名：Sympathetic magic

上海：商务印书馆，1931.5，84 页，32 开

本书著者原题：弗兰柔。

收藏单位：重庆馆、国家馆、江西馆、武大馆、浙江馆

06906

醮典特刊　岳城秋报建醮事务所编

湖南：岳城秋报建醮事务所，1935.8，石印本，17 叶，16 开，环筒页装

1935 年 8 月，岳城秋报建醮事务所在准提庵建祈年大典，冀消大劫。本书记述筹备、布置经过、诵经人名及班次、建醮七日情形等。附《玄武上帝鸾赐特刊序》《醮典告成乩训照钞》。

收藏单位：国家馆

06907

近代名人命鉴　陈道隐著

上海：独立出版社，1949.2，90 页，32 开

本书内容为清代至民国时期各界名人命理。

06908

精选命理约言 （清）陈素庵著　韦千里选辑

嘉兴：韦千里 [出版者]，1933，162 页，32 开

嘉兴：韦千里 [出版者]，1935，再版，162 页，32 开

嘉兴：韦千里 [出版者]，1935，3 版，[162 页]，32 开

嘉兴：韦千里 [出版者]，1937，4 版，162 页，32 开

嘉兴：韦千里 [出版者]，1938，[再版]，[162 页]，32 开

嘉兴：韦千里 [出版者]，1941.6，9 版，162 页，32 开

本书为民国年间命理学家浙江嘉兴人韦千里对《命理约言》的校刊删注。《命理约言》是清代的命理典籍。

收藏单位：国家馆、南京馆、绍兴馆、首都馆

06909

九流三教秘术真传（第 1—4 编） 海上老江湖著

[上海] : [南洋图书公司]，1922，4 册，32 开

上海：南洋图书公司，1924，再版，4 册（387 页），32 开

本书介绍有关九流三教骗钱、害人的手段。

收藏单位：安徽馆、首都馆

06910

堪舆易知 文明书局编

上海：文明书局，1919，2 册（[135] 页），32 开（术数易知丛书）

上海：文明书局，1927，3 版，2 册（[135] 页），32 开（术数易知丛书）

本书介绍有关风水的知识。

收藏单位：上海馆

06911

看命一掌全 （唐释）一行著

上海：信义书店，1947，6 版，34 页，32 开

本书为手相书。

06912

乐吾随笔 徐乐吾编著

上海：乾乾书社，1939—1940，2 册，32 开

本书为命理杂谈。

收藏单位：南京馆、上海馆

06913

利群集 予且著

上海：润德书局，1946.4，42 页，32 开

本书为命书。

06914

两派争辨的耶稣（官话） （美）湛雷（C. J. Lowe）著　卢信恩译

桂林：浸信真光书楼，1927，100 页，32 开

本书介绍科学主义派和福音主义派的争论，反对科学主义派。

收藏单位：上海馆

06915

灵理姓名学 孙价孚著

大连：天道命名社，1941，152 页，32 开

本书为姓名占卜术书，主要介绍姓名学的由来、大意。

06916

灵棋经 秦慎安校勘

上海：文明书局，1925.11，56+46 页，32 开

本书为占卜书，分上、下两卷。

收藏单位：国家馆、黑龙江馆、南京馆、首都馆

06917

灵验符咒全书 余哲夫著　杭辛齐校阅

上海：春明书店，1924.3，1 册，32 开

上海：春明书店，1935.4，重订本，1 册，32 开

本书为关于符咒的研究，内容包括：画符要诀、诵咒要诀、画符十戒、画符三忌、诵

咒灵机、诵咒姿势等。全书汇集各种符咒，如"镇宅安家符""镇煞神灵符"等。

收藏单位：国家馆、湖南馆、华东师大馆、江西馆、内蒙古馆

06918

柳庄神相（图说）（真真秘本） 云林子更订

上海：锦章书局，[70] 页，32 开

收藏单位：上海馆

06919

柳庄相法 秦慎安校勘

上海：文明书局，1925.12，2 册，25 开

上海：文明书局，1930.2，再版，2 册，32 开

明代相术奇人袁珙所作相书，记录了观相算命之法。内容包括：十三部位总图、十二宫图、五星六曜图、学堂之图等。

收藏单位：国家馆、吉大馆、上海馆

06920

柳庄相法 （明）袁柳庄著

上海：昌文书局，1939.4，62 页，32 开

本书共 3 卷：流年运限、面部总图、十二宫图。卷端题名：袁柳庄先生神相全编。

收藏单位：绍兴馆

06921

柳庄相法 （明）袁柳庄原著　二霞野叟　云林子更订

上海：[锦章书局]，62 页，36 开

收藏单位：重庆馆、江西馆

06922

柳庄相法 （明）袁柳庄著　二霞野叟　云林子重订

重庆：上海书店，1944.9，98 页，32 开

收藏单位：重庆馆、国家馆、内蒙古馆

06923

柳庄相法 （明）袁柳庄著　二霞野叟　云林子重订

上海：沈鹤记书局，1941，52 页，32 开

上海：沈鹤记书局，52 页，32 开

本书封面题名：原版柳庄相法。卷端题名：柳庄相法全书。

收藏单位：国家馆、江西馆、南京馆、首都馆

06924

柳庄相法 （明）袁柳庄传　二霞野叟　云林子重订

上海：文业书局，[70] 页，32 开

传者原题：袁忠复。

06925

柳庄相法 （明）袁柳庄著　二霞野叟　云林子重订　笑胡途校阅

上海：大达图书供应社，1935.5，61 页，32 开

上海：大达图书供应社，1935.8，再版，61 页，32 开

本书为相书。共 4 卷，封面题名：校正柳庄相法全编。

收藏单位：国家馆、江西馆

06926

柳庄相法 （明）袁柳庄著　二霞野叟　云林子重订　笑胡途校阅

上海：广益书局，1937，再版，61 页，32 开

上海：广益书局，1946.11，新 2 版，61 页，32 开

上海：广益书局，1947，新 3 版，61 页，32 开

上海：广益书局，1948.7，新 4 版，61 页，32 开

收藏单位：江西馆、绍兴馆、首都馆

06927

柳庄相法

上海：启智书局，1936.7，2 版，82 页，32 开

收藏单位：南京馆

06928

柳庄相法（仿宋大字） （明）袁柳庄著　二霞野叟　云林子重订

上海：大文书局，1939.3，5 版，[70] 页，32 开

收藏单位：南京馆

06929

柳庄相法（铜版精印）　刘藩校勘

上海：大文书局，1937，2 版，[70] 页，32 开

　　封面题名：柳庄相法（铜版大字）。

　　收藏单位：广东馆

06930

柳庄相术秘诀　二霞野叟　云林子著

上海：春明书店，1934.10，2 版，1 册，32 开

上海：春明书店，1936.6，6 版，86 页，25 开

　　收藏单位：桂林馆、江西馆、南京馆

06931

柳庄相术秘诀　秦慎安校勘

广州：麟书阁，[50 页]，36 开

　　收藏单位：广西馆

06932

六壬鬼撮脚　秦慎安校勘

上海：文明书局，1925.11，1 册，32 开

　　本书记录了“六壬”这一宫廷占术的占卜方法。

　　收藏单位：重庆馆、国家馆、黑龙江馆、内蒙古馆

06933

六壬秘笈（5 卷）　韦千里撰

出版者不详，1939，1 册

　　收藏单位：国家馆

06934

六壬秘笈（增订）　韦千里著述

韦千里 [出版者]，1938.4，[412] 页，32 开

韦千里 [出版者]，1941.6，8 版，[412] 页，32 开

　　本书共 5 卷：入门篇、课体篇、占断上篇、占断下篇、补充篇。

　　收藏单位：国家馆

06935

六壬神课金口诀　星命研究社校订

上海：鸿文书局，1937，160 页，32 开

　　本书为六壬古籍中的经典版本，讲解六壬神课金口诀的基本格式与法则，阐明法则特性及变化要领，内容包括：式歌解、十二神将歌解、六十四课钤等。

06936

六壬际斯　秦慎安校勘

上海：文明书局，1925.11，46+39 页，32 开

　　本书为六壬占卜之术，用五行生克预测吉凶进退。

　　收藏单位：重庆馆、国家馆、黑龙江馆

06937

六壬寻原　秦慎安校勘

上海：文明书局，1925.11，3 册，32 开

　　本书共 4 卷，内容包括：发蒙、吉凶神煞、神煞宜忌、课传总览、审象精蕴、推命秘旨等。

　　收藏单位：重庆馆、国家馆、黑龙江馆、首都馆

06938

六壬钥（一名，六壬教科书，又名，六壬学讲义）　蒋问尧编

上海：奇术研究会，1927，1 册，32 开，精装

上海：奇术研究会，1928，1 册，25 开，精装

　　本书共 6 卷：筑基篇、占法篇、课体篇、断法篇上通论、断法篇中分论、断法篇下行军专论。

　　收藏单位：国家馆、上海馆

06939

六壬易知　韦千里著

上海：韦千里 [发行者]，1937.2，3 册（[168] 页），32 开

　　本书卷一、卷二未见。卷三讲“课体篇”，卷四分上、下两篇讲“占断”。

06940

六壬指南　（清）陈良谟增注　（清）程起鸾鉴定

上海：文明书局，2 册（114+120 页），32 开

　　本书为六壬学研究之作，内容包括：注释心印赋、注释指掌赋、六壬会纂、大六壬占

验指南、大六壬神煞指南等。

收藏单位：重庆馆、国家馆、黑龙江馆、内蒙古馆、绍兴馆、首都馆

06941
六壬指南　黄企乔编著
上海：大众书局，1936，108页，32开
　　收藏单位：广东馆

06942
罗经解定　秦慎安校勘
上海：文明书局，1926.5，2册（228页），32开
　　本书内容包括：先天卦位、后天卦位、先天十二支位、九星天星、正针二十四向净阴净阳、五家五行、穿山七十二分金吉凶、透地六十龙吉凶、穿山透地节气起局等。
　　收藏单位：北师大馆、国家馆、内蒙古馆、首都馆

06943
罗经透解　秦慎安校勘
上海：文明书局，1926.4，2册（130+78页），32开
　　收藏单位：北师大馆、重庆馆、国家馆、内蒙古馆

06944
麻衣神相　倪岳撰
上海：昌文书局，1941.7，再版，[98]页，25开
上海：昌文书局，1946.10，再版，100页，25开
　　本书共5卷，内容包括：十三部位总图歌、流年运气部位歌、运气口诀、识限歌等。
目录前题名：改良校正增释合并麻衣先生神相编。
　　收藏单位：江西馆

06945
麻衣先生神相编（改良校正增释合并）
出版者不详，1册，25开
　　收藏单位：广东馆

06946
麻衣相法　归采臣标点
上海：大新图书社，1935，再版，85页，32开

06947
麻衣相法　胡协寅校勘
上海：广益书局，1947.1，新2版，70页，32开
上海：广益书局，1948.11，新4版，70页，32开
　　封面题名：校正麻衣相法。
　　收藏单位：国家馆、江西馆

06948
麻衣相法　秦慎安校勘
上海：文明书局，1925，2册，32开
　　收藏单位：国家馆、首都馆

06949
麻衣相法　丘宗孔编　上海书店校阅
重庆：上海书店，1946，再版，116页，36开
重庆：上海书店，1947，再版，115页，36开
　　收藏单位：重庆馆

06950
麻衣相法　相术研究社编
上海：正气书局，1949.2，81页，32开

06951
麻衣相法　笑胡途校阅
上海：大达图书供应社，1936，再版，70页，32开
　　封面题名：校正麻衣相法。
　　收藏单位：首都馆

06952
麻衣相法　笑胡途校阅
上海：广益书局，1940，再版，70页，32开
　　封面题名：校正麻衣相法。
　　收藏单位：首都馆

06953
麻衣相法（校正）　陆位崇校编

上海：广益书局，70 页，25 开

　　收藏单位：江西馆

06954

麻衣相法全书　陆位崇校编

出版者不详，1915，[62] 页，36 开

　　收藏单位：安徽馆

06955

麻衣相法全书　倪岳撰

上海：春明书店，1935.10，3 版，1 册，25 开

　　收藏单位：江西馆

06956

麻衣相法全书（名家增批）

上海：春明书店，[42] 页，32 开

　　收藏单位：广西馆

06957

麻衣相术秘诀　陆位崇校编

上海：春明书店，1934，再版，[132] 页，32 开

上海：春明书店，1938.11，10 版，[132] 页，32 开

上海：春明书店，1946，1 册，32 开

　　收藏单位：首都馆

06958

麻衣相术秘诀　陆位崇校编

上海：大新图书社，1934，85 页，32 开

上海：大新图书社，1935，再版，85 页，32 开

　　收藏单位：上海馆

06959

芒市边民的摆　田汝康著

重庆：商务印书馆，1946.1，134 页，32 开（社会学丛刊乙集 4）

　　本书叙述芒市的宗教活动。共 8 章，内容包括：大摆、公摆、其他有关超自然信仰的团体活动、宗教和巫术、人格和社会的完整等。书前有总序、费孝通的序及导言。

　　收藏单位：重庆馆、国家馆、吉大馆、吉林馆、近代史所、中科图

06960

梅花易数　（宋）邵雍著

上海：锦章图书局，1 册，32 开

　　本书著者原题：邵康节。

　　收藏单位：重庆馆、江西馆、首都馆

06961

梅花易数　（宋）邵雍著　秦慎安校勘

上海：文明书局，1925.11，2 册，25 开

　　本书共 5 卷，内容包括：周易卦数、五行生克、八宫所属五行、卦气旺、十天干、十二地支等。

　　收藏单位：重庆馆、国家馆、黑龙江馆、湖南馆、内蒙古馆、首都馆

06962

迷信谈全卷　半圃斋主人著

出版者不详，[1917]，[166] 页，16 开

　　本书谈论迷信、鬼怪故事。书口题名：迷信谈。书前有序两篇。出版年据写序时间。

06963

迷信与传说　容肇祖著

广州：民俗学会，1929.8，261 页，32 开（国立中山大学语言历史学研究所民俗学会丛书 1）

　　本书收论文十余篇，包括《占卜的源流》《二郎神考》等。

　　收藏单位：重庆馆、东北师大馆、国家馆、近代史所、南大馆、首都馆、浙江馆

06964

秘传相法　朱颂陶编著

上海：大众书局，1933.10，82 页，32 开

上海：大众书局，1936.4，2 版，82 页，32 开

　　本书内容包括：天干地支九州五岳四渎八卦图、观相总诀、定形格诀、五行正局分辩、五行歌诀等。

　　收藏单位：南京馆、浙江馆

06965

民族复兴前知　胡公亮著　马敬云校

西京日报广告部、新秦日报编辑部，1938，48 页，32 开

收藏单位：南京馆

06966

命理集成　汪琴南编

上海：文明书局，1932.11，4 册，32 开

　　本书辑录《三命通会》《星命抉古录》《滴天髓》等书中材料，分类归纳，并列举八字。

　　收藏单位：国家馆、人大馆、上海馆、首都馆、西交大馆

06967

命理索隐　白水青松著

上海：锦章书局，1939.6，[294] 页，32 开

　　本书分上、中、下 3 编，内容包括：稽古考原、命理分论、命义辩说、神煞解释、参详拾要、命理准绳等。

　　收藏单位：国家馆、上海馆、首都馆

06968

命理探原　袁树珊著

上海：春明书店，1937，2 版，222 页，32 开

　　收藏单位：首都馆

06969

命理探原（增订）　袁树珊著

镇江：润德书局，1938，再版，222 页，32 开，精装

上海：润德书局，1947.2，再版，114+195 页，32 开（润德堂丛书）

　　收藏单位：安徽馆、重庆馆、国家馆、江西馆、南京馆、上海馆

06970

命理探原（增订）　袁树珊著

上海：星相研究社，1936.6，再版，222 页，32 开

上海：星相研究社，1937，订正本，114+172 页，32 开

　　收藏单位：重庆馆、国家馆、江西馆、内蒙古馆、首都馆

06971

命理我见　夏雷著

汗漫游馆，1934，150 页，32 开

　　本书为讲占卜的书。

06972

命理学　阎德润著

长春：新华书局，1946，123 页，32 开

　　收藏单位：首都馆

06973

命理易知　达文社编

上海：文明书局，1918，104 页，32 开（术数易知丛书）

上海：文明书局，1927，4 版，104 页，32 开（术数易知丛书）

　　本书介绍相命、算命的知识。

　　收藏单位：上海馆

06974

命数丛谭　云溪外史著

北平：张云溪 [发行者]，1934.6，158 页，32 开

　　本书列举胡适等当代 100 位名人，推算其八字，说明其进退得失。

　　收藏单位：国家馆、首都馆

06975

命相秘术（江湖奇术）

出版者不详，188 页，25 开

　　收藏单位：江西馆

06976

命学讲义（增订）　韦千里著

韦千里 [出版者]，1938，190 页，32 开

　　本书为《韦千里命学讲义》增订本。

　　收藏单位：首都馆

06977

命学捷诀　朱颂陶编

上海：大众书局，1935.10，207 页，32 开

　　本书共 7 章：命学应备之性能、推命问答、诸种星命之解释、女命小儿关煞人生疾病、八字人格演式、命理约言、现代伟人造二十五则。

收藏单位：绍兴馆

06978
命学金声（初编） 玄真子著
玄真子命课馆，1939，190 页，32 开
　　本书正文共计 28 章，广择古籍赋文精要，并注解《喜忌篇》《继善篇》《碧渊赋》等，其中命例解析部分，分为先圣先贤命造篇 3 例、我国已故伟人命造篇 16 例、社会闻人命造篇 19 例、社会女人命造篇 5 例，共计 43 例。
　　收藏单位：上海馆

06979
命运吉凶预知录 林桎玑推算
出版者不详，1942，1 册，25 开
　　收藏单位：江西馆

06980
命运未来观 法海大师著
上海：新华书局，1925，50 页，32 开
　　收藏单位：广东馆

06981
命运指纹学（性格鉴识命运预知）（日）长谷川滔浦著 殷鉴译
上海：大通图书社，1936，154 页，32 开
上海：大通图书社，1937.2，154 页，32 开
　　本书介绍了从指纹来判断人的贫富祸福的方法。
　　收藏单位：国家馆、江西馆、上海馆

06982
木铎声 邬崇音编
上海：木铎声编辑处，[1943]，3 册（94 页），32 开
　　本书内容包括：南通木道人祖师传、社史小传、说乩坛等。
　　收藏单位：上海馆

06983
牛戒别钞 郭慧浚编述
出版者不详，1935，54 页，25 开

收藏单位：江西馆

06984
批命占卦参考秘笈 寿嵚氏著
奉天：关东印书馆，1936，1 册，32 开
　　本书与造化原钥、易卦奇验合订。
　　收藏单位：首都馆

06985
缥缈史（又名，乩仙别传） 赵眠云等编
上海：竞智图书馆，1924，128 页，32 开
　　本书讲述占卜故事。
　　收藏单位：浙江馆

06986
平砂玉尺经 秦慎安校勘
上海：文明书局，1926.4，[166] 页，32 开
　　本书以赋文总述了风水原理和实践方法。书前冠平砂玉尺经序。
　　收藏单位：北师大馆、贵州馆、国家馆、南京馆、内蒙古馆

06987
普善真言 普善社编
上海：出版者不详，252 页，32 开
　　本书为鸾坛经书。
　　收藏单位：国家馆

06988
奇门遁甲 王冠青著
杭州：大风社，1936，72 页，25 开（大风文库 9）
　　收藏单位：国家馆

06989
奇门遁甲统宗 秦慎安校勘
上海：文明书局，1925.11，4 册，32 开
　　本书为占卜书，以奇门遁甲法推算吉凶。内容包括：奇门秘诀总赋、奇门妙秘、十干类神、奇门遁甲阳局等。
　　收藏单位：国家馆、黑龙江馆、南京馆、首都馆

06990

奇门五总龟 秦慎安校勘

上海：文明书局，1925.11，1 册，32 开

　　本书为占卜书。共 4 卷，介绍奇门布局法、阳遁九局图等。

　　收藏单位：国家馆、黑龙江馆、上海馆、首都馆

06991

奇门元灵经 秦慎安校勘

上海：文明书店，1925.11，52+50 页，25 开

　　本书为占卜书。分上、下两卷，介绍奇门起例、十干吉凶宜忌、奇门捷径秘法等。目录前题名：奇门遁甲元灵经。

　　收藏单位：国家馆、黑龙江馆、南京馆

06992

千里命钞 韦千里著述

千顷堂书局，1941.10，358 页，25 开，纸面

　　本书是命学名著，对五行、六神的性质进行讲解。内容包括：五行六神篇、十干篇、分析篇。

　　收藏单位：江西馆

06993

千里命稿 韦千里著

韦千里 [出版者]，1935.6，116 页，32 开

韦千里 [出版者]，1935.9，2 版，116 页，32 开

韦千里 [出版者]，1937，4 版，120 页，32 开

韦千里 [出版者]，1938，5 版，121 页，32 开

韦千里 [出版者]，1941，7 版，121 页，32 开

　　本书是著者主讲的命学培训班的讲义，讲述子平命学概念，尤其是对五行、六神的性质进行讲解。5 版、7 版封面题名：增订千里命稿。

　　收藏单位：重庆馆、国家馆、南京馆、绍兴馆、首都馆

06994

千镇百镇桃花镇合刊秘书 云石道人　石居道人校正

北京：老二酉堂书庄，1940，[123] 页，32 开

　　本书讲述免灾禳祸镇凶。版权页题名：千镇百镇桃花镇全书。

　　收藏单位：国家馆

06995

乾坤法窍 （清）范宜宾集　秦慎安校勘

上海：文明书局，1926，2 册，32 开

　　本书是有关风水方面的典籍，有关于如何结穴等论述，还有关于青囊经、疑龙经等典籍的讲解，是风水基础资料。总目录分为天册、地册和人册 3 卷。

　　收藏单位：北师大馆、国家馆、南京馆、内蒙古馆

06996

切梦刀 丁成勋编

上海：艺学社，1918.1，1 册，32 开

上海：艺学社，1918，再版，2 册（200 页），32 开

　　本书析梦预知吉凶祸福方法。

　　收藏单位：上海馆

06997

秦汉间之所谓"符应"论略 陈槃编

南京：出版者不详，1935，67 页，16 开

　　收藏单位：南京馆

06998

穷通宝鉴评注 （清）余春台编辑　徐乐吾评注

上海：乾乾书社，1937，2 册，32 开

　　本书共 6 卷：前 5 卷分别论木、火、土、金、水五行，卷 6 为增补月谈赋。评注者原题：乐吾氏。

　　收藏单位：国家馆、南京馆、上海馆、首都馆

06999

求签全书（秘本） 竞智图书馆编辑

上海：竞智图书馆，1925，22 叶，25 开

本书共 7 章，内容包括：灶君问事灵签、灶君内科药方灵签、灶君外科药方、诸葛武侯金钱神数、观音大士灵签、牙牌灵签等。

收藏单位：广东馆

07000

全图三镇合刊　云石道人著

上海：星相研究社，1938.8，1 册，32 开

本书中三镇指千镇、百镇和桃花镇，各分 4 卷。版权页题名：精校全图三镇合刻。

收藏单位：山东馆

07001

人鉴　观瀑主人著

北京：复报社，1924.8，150 页，32 开

本书分上、下卷。上卷介绍清末民初名人八字批注，下卷讲命理。

收藏单位：国家馆、首都馆

07002

人相学之新研究　卢毅安著

北京：卢毅安 [发行者]，1925.7，92+114 页，16 开

本书为命相书。含原理、实用 2 篇，共12 章。

收藏单位：首都馆

07003

人相学之新研究　卢毅安著

上海：人生研究社，1932.6，258 页，18 开

上海：人生研究社，1932.11，再版，258 页，18开

收藏单位：国家馆、湖南馆、上海馆、天津馆

07004

人相学之新研究　卢毅安著

出版者不详，1911，[210] 页，18 开

收藏单位：河南馆

07005

壬学述古　曹仁麟编

上海：啥梅书屋，1940，[148] 页，32 开

本书共 3 篇：本原篇、课传篇、占法篇。

收藏单位：上海馆

07006

三命通会　秦慎安校勘

上海：文明书局，1926.1，4 册，32 开

上海：文明书局，1929，2 版，4 册，32 开

本书为命理书。共 12 卷，内容包括：原造化之始、论河图及洪范五行、论十干禄、论十干坐支兼得月时及行运吉凶、论古人立印食官财名义等。

收藏单位：国家馆、南京馆、内蒙古馆、绍兴馆、首都馆、天津馆

07007

三元总录

上海：锦章书局，128 页，32 开

收藏单位：南京馆

07008

上海善德坛飞鸾录初集　叶善通编

上海：善德坛，[1943] 印，98 页，16 开

07009

烧饼歌　（明）刘伯温著

出版者不详，16 页，32 开

本书与《藏头诗》（李淳风）、《透天玄机》（铁冠道人）、《预言诗》（黄蘖禅师）合订。

收藏单位：重庆馆、辽大馆

07010

神峰通考　秦慎安校勘

上海：文明书局，1926.1，2 册，32 开

上海：文明书局，1929.11，2 版，2 册，32 开

本书共 6 卷，内容包括：五星正说类、五星谬说类、男子合婚说等。

收藏单位：重庆馆、广东馆、国家馆、南京馆、上海馆、绍兴馆、首都馆、天津馆

07011

神峰通考　张楠撰

上海：昌文书局，200 页，25 开

　　收藏单位：江西馆

07012

神峰通考

上海：锦章书局，200 页，32 开

　　收藏单位：绍兴馆、首都馆

07013

神峰通考·命理正宗　星命学社校

上海：星命学社，1936，212 页，32 开

　　收藏单位：江西馆、南京馆、上海馆、绍兴馆

07014

神骨冰鉴·白鹤仙数　秦慎安校勘

上海：文明书局，1925.12，14+38 页，32 开

上海：文明书局，1930.2，2 版，14+38 页，32 开

　　《神骨冰鉴》为骨相（或面相），《白鹤仙数》为手相。

　　收藏单位：国家馆、上海馆

07015

神机妙算铁板数　（宋）邵雍著

上海：锦章书局，2 册（396 页），32 开

　　本书为卜卦书。著者原题：邵康节。

　　收藏单位：内蒙古馆、上海馆

07016

神秘预觉术　（明）刘伯温辑

上海：中华新教育社，1921，70 页，32 开

　　本书为卜卦书。

07017

神相金较剪　灵通道人著

上海：复兴书局，82 页，32 开

　　收藏单位：广东馆

07018

神相奇书　沙不器播讲

[上海]：沙百器命相馆，1946.12，1 册，32 开

本书即《神相水镜集》，共 4 卷。卷 1 主要为面部解说，卷 2 包括孔子异相四十九表等，卷 3 辑录古代名人观相实例数十则，卷 4 辑"永乐百问柳庄百答"及飞禽走兽形贵贱法。

　　收藏单位：上海馆

07019

神相全编　（宋）陈抟秘传　（明）袁忠彻订　秦慎安校勘

上海：文明书局，1925.12，6 册，32 开

上海：文明书局，1930.2，2 版，6 册，32 开

　　本书为相术大全。卷首内容包括：相说、十观、五法、切相歌、论形俗、论气色等。

　　收藏单位：广东馆、桂林馆、国家馆、上海馆

07020

神相水镜集　（清）范骙著　秦慎安校勘

上海：文明书局，1925.12，2 册，25 开

上海：文明书局，1930.2，再版，2 册，32 开

　　收藏单位：重庆馆、广东馆、国家馆、黑龙江馆、吉大馆、上海馆、绍兴馆

07021

神相水镜集　命相研究社编

上海：鸿文书局，1936，171 页，32 开

　　收藏单位：南京馆、首都馆

07022

神相水镜集　星相研究社编

上海：春明书店，1946.7，再版，171 页，36 开

　　收藏单位：重庆馆、内蒙古馆

07023

神相铁关刀　秦慎安校勘

上海：文明书局，1925.12，[112] 页，32 开

　　本书内容包括：相图十二面、掌图一面、看掌定法等。

　　收藏单位：广东馆、国家馆

07024

神相铁关刀（图说）　陈希夷著

上海：锦章书局，66 页，32 开

上海：锦章书局，石印本，1 册，32 开

　　收藏单位：江西馆、上海馆、首都馆

07025

生意经（江湖秘诀）　江蝶庐编辑

上海：广益书局，1929，140 页，32 开

　　本书为医卜星相诀。

07026

实验姓名算命法　杨坤明著　华士友编纂

[上海]：万象书局，1939.3，124 页，32 开

　　本书介绍通过姓名测验已往之遭遇和预卜未来之术。

　　收藏单位：上海馆

07027

实验玄真相法　玄真子著

上海：玄真子命相馆，1944，44 页，32 开

　　本书书内书名：命学金声初编。

07028

世界未来观　（明）刘伯温著　太虚仙人注解

中国奇术研究会，1920，120 页，32 开

　　本书为宗教界预言著作。

07029

释巫　瞿兑之著

北平：燕京大学，1930.6，1328—1344 页，16 开

　　本书为《燕京学报》第 7 期单行本。辑历代典籍中对巫的记载。

　　收藏单位：国家馆

07030

手相学　风萍生编纂

上海：商务印书馆，1918，131 页，32 开

上海：商务印书馆，1919，3 版，131 页，32 开

上海：商务印书馆，1922，5 版，132 页，32 开

　　本书内容包括：手相学之沿革、宗教与手相、手相学与科学之关系、手形、手纹及符号等。

　　收藏单位：国家馆、首都馆

07031

手相学浅说　黄龙阿清著

上海：黄龙阿清 [发行者]，1945，120 页，32 开

07032

述卜筮星相学　袁树珊著

镇江：润德堂，1938，再版，284 页，32 开

　　收藏单位：重庆馆、上海馆

07033

述卜筮星相学命理探原六壬探原选吉探原缩印样书　袁树珊著

镇江：三善巷润德堂，1934，80 页，64 开

　　本书内容包括：卜筮星相学之释名、卜筮星相学之源流、卜筮星相学与物理相通、历代国史之评论、历代先哲之评论等。并附征诗启及拟创设三才堂呈文稿。

　　收藏单位：国家馆

07034

述古老人指破五十六摩关　丰谷静明编辑

杭州：国学善书局，16 页，25 开

　　收藏单位：江西馆

07035

水镜神相（图说）（真真秘本）　右髻道人删定

上海：锦章书局，[128] 页，32 开

　　本书内容包括：相宗纂要、相学辨难、相外别传、永乐百问和名家注解等。

　　收藏单位：桂林馆、内蒙古馆、上海馆

07036

算命实在易　星相研究社编

上海：春明书店，1946.2，81 页，32 开

上海：春明书店，70+80 页，32 开

　　收藏单位：广东馆、江西馆

07037

算命实在易　星相研究社编

上海：光明书店，1940.2，2 版，152 页，32 开

（命学要书）

　　收藏单位：山东馆

07038

算命一看通　董振华编著

上海：文业书局，1937，2 版，140 页，32 开

收藏单位：广东馆

07039

算命一看通　玄真子编著

南通：崔俊夫 [出版者]，1935.12，140 页，32 开

本书共 6 编：推算秘诀、看命秘诀、推算六亲秘诀、推算运道秘诀、推算吉星秘诀、推算凶星秘诀。书前有序。书末附算命应用歌诀。

收藏单位：国家馆

07040

太仓璜泾璿玑坛训文

太仓：出版者不详，1 册，16 开

收藏单位：南京馆

07041

太清神鉴　秦慎安校勘

上海：文明书局，1925.12，[106] 页，32 开

上海：文明书局，1930，再版，[106] 页，32 开

本书共 6 卷，传为后周王林撰。

收藏单位：国家馆、辽宁馆、上海馆

07042

谈养吾全集　谈养吾著

上海：独立出版社上海印刷厂，1948，2 册（[400] 页），32 开

本书共 14 卷，内容包括：玄空启蒙、六法纲要、青囊经、青囊序、青囊奥语、天玉经、都天宝照经中、性理地理、言语录、研究录、阳宅篇、玄空秘旨、辛未孟夏皖南游记、追远录等。卷端题名：玄空本义谈养吾全集。

收藏单位：首都馆

07043

天象（第 1 编）

出版者不详，88 页，25 开

收藏单位：江西馆

07044

推背图（古藏秘本）

北平：万国书店，94 页，32 开

收藏单位：南京馆、上海馆

07045

推背图说　（唐）李淳风　（唐）袁天罡著

东京：博文堂书店，1912，石印本，1 册，32 开

本书以术数之学，推断王朝兴亡。

收藏单位：重庆馆、江西馆、首都馆

07046

推背图说

上海：艺海书店，1912，石印本，34 页，32 开

本书封面题名：古代预言推背图说。

收藏单位：上海馆

07047

推背图说（精绘）　（唐）袁天罡　（唐）李淳风著

出版者不详，影印本，32 页，32 开

本书被称为"中华预言第一奇书"，共有 60 幅图像，每一幅图像下面附有谶语和"颂曰"律诗一首，预言了从唐开始的主要事件。

收藏单位：上海馆

07048

推背图说（未来预知）　（唐）李淳风著

上海：新大陆书局，石印本，80 页，32 开

收藏单位：重庆馆、国家馆

07049

推背图索引　（唐）李淳风　（唐）袁天罡著

[东京]：出版者不详，1918，石印本，71 叶，36 开，精装

收藏单位：重庆馆

07050

万宝玉匣记（家庭万用）　嵩山居士校阅

上海：鸿文书局，1936.6，48 页，32 开

本书为详梦书。

收藏单位：国家馆

07051

韦千里命学讲义　韦千里著

上海：校经山房成记书局，1937，4 版，1 册，32 开

　　本书版权页题名：韦氏命学讲义。

　　收藏单位：绍兴馆

07052

韦千里命学讲义　韦千里著

韦千里 [出版者]，1934.10，190 页，32 开

韦千里 [出版者]，1936.3，再版，1 册，32 开

韦千里 [出版者]，1938，4 版，1 册，32 开

韦千里 [出版者]，1938，7 版，190 页，32 开

韦千里 [出版者]，1939，8 版，[346] 页，32 开

韦千里 [出版者]，1941.6，[再版]，1 册，32 开

韦千里 [出版者]，1946，18 版，190 页，32 开

　　本书共 5 卷，内容包括：起例问答、天干篇、地支篇、人元篇、五行篇、强弱篇、六神篇、运限篇、流年篇等。版权页题名：韦氏命学讲义。

　　收藏单位：广东馆、国家馆、江西馆、南京馆、上海馆、首都馆

07053

韦千里占卜讲义　韦千里著述

韦千里 [出版者]，1942.8，183 页，32 开，纸面

　　收藏单位：江西馆

07054

未来观　避世子著

璇玑馆，1919.7，23 页，24 开

　　本书以著者自称曾见的碑文预测未来。

07055

未来预知术　（三国蜀）诸葛亮著

香港：香港科学灵乩社，1937.7，98 页，32 开

　　本书是讲述占卜的书。著者原题：诸葛武侯。

收藏单位：国家馆、首都馆

07056

未来预知术　（三国蜀）诸葛亮著　（宋）邵雍演

预知研究学会，1920，49 页，32 开

　　本书著者原题：邵康节。

07057

文王课秘诀（占卜奇术）　上海星命研究社编辑

上海：中央书店，1935.9，重订版，55 页，32 开

上海：中央书店，1936.2，重订再版，55 页，32 开

上海：中央书店，1937.4，重订 4 版，55 页，32 开

上海：中央书店，1939，新 1 版，55 页，32 开

　　本书为算卦书。共 7 章，内容包括：卜易入门、卜易必读、卜易秘诀、断易南针、占卦凡例、喜忌演式、分类断卦。封面题：占卜奇术文王课秘传。

　　收藏单位：广西馆、国家馆、山东馆、首都馆

07058

文王神课（未来先知秘术）　张了凡编纂

上海：广益书局，1937.7，再版，48 页，25 开，洋装

上海：广益书局，1946.5，新 1 版，48 页，25 开

　　收藏单位：江西馆

07059

无极内经　西昌种善因立达社鸾降

云南：同善社，[110] 页，24 开

　　收藏单位：山东馆

07060

无极内经

出版者不详，1928.12，60 页，24 开

　　收藏单位：南京馆、山东馆、上海馆

07061

五行大义　秦慎安校勘

上海：文明书局，1926.1，[116]页，32开

上海：文明书局，1929.11，再版，[116]页，32开

　　本书分5卷，共24部分，是以五行为根据的命理书。每卷首均题：上仪同三司城阳郡开国公萧吉撰。书前有萧吉及清代许宗彦序两篇。书后有天瀑"题五行大义后跋"，称此书为是隋代萧吉撰。

　　收藏单位：国家馆、黑龙江馆、上海馆、首都馆

07062

仙灵照相　灵学会编

上海：中华书局，1921.11，[108]页，32开

　　本书共收照片39幅。据编者言，这些仙灵的照片，均为坛室中神仙弄技所得。附鬼灵照相。

07063

现代人相百面观　吴道子编

上海：世界书局，1923.7，22页，32开

　　收藏单位：南京馆

07064

相地微言　王垂珽编

上海：文明书局，1927.8，40+38页，32开

　　收藏单位：黑龙江馆、上海馆

07065

相法讲义　韦千里著述

韦千里[出版者]，1942.8，101页，25开

韦千里[出版者]，1948.8，5版，101页，25开

　　本书封面题名：韦千里相法讲义。

　　收藏单位：江西馆、绍兴馆

07066

相法易知　达文社编

上海：文明书局，1918，48页，32开（术数易知丛书）

上海：文明书局，1927，6版，48页，32开（术数易知丛书）

　　本书介绍相命知识。

　　收藏单位：上海馆

07067

相理衡真　秦慎安校勘

上海：文明书局，1925.12，4册，32开

上海：文明书局，1930.2，2版，4册，32开

　　本书共10卷，内容包括：虚虚子杂论篇、十二宫总诀、秘诀十字面图等。

　　收藏单位：重庆馆、广东馆、国家馆、上海馆

07068

相理衡真　星相研究社编

上海：春明书店，1943.3，3版，230页，32开

　　收藏单位：南京馆

07069

相理秘旨　孟瘦梅编

上海：瘦梅出版社，1947，109页，32开

上海：瘦梅出版社，1948，再版，109页，32开

　　本书讲相面等方法。

　　收藏单位：江西馆、上海馆

07070

相门精义全编　紫云居士辑

上海：锦章书局，石印本，44张，32开

　　收藏单位：上海馆

07071

相面秘诀（无师自通）　云游名士编辑　海上清清校阅

上海：明明印局，1936，29页，32开

　　本书内容包括：相面十三部位总要图说、五星六曜五岳四渎图说、六府三才三停图说、四学堂八学堂图说等。

　　收藏单位：上海馆

07072

相命一看通　玄贞子著

上海：文业书局，1936，188页，32开

上海：文业书局，1937，2版，188页，32开

收藏单位：首都馆、天津馆

07073

相人秘法 郑城元编

上海：文明书局，1923，54页，32开

上海：文明书局，1928，5版，54页，32开

收藏单位：河南馆、上海馆

07074

相人术与成功术 （美）巴尔肯（Harry H. Balkin）著 李木译

上海：正气书局，1946.11，189页，32开

收藏单位：国家馆、湖南馆

07075

相人术与成功术（原名，怎样衡量你的能力并增加你的收入） （美）巴尔肯（Harry H. Balkin）著 李木译

崔淳镜［发行者］，1943.6，172页，32开

崔淳镜［发行者］，1945.6，再版，172页，32开

本书从分析人体各部分器官，来判断人的个性，决定处世和择业。

收藏单位：首都馆、天津馆

07076

相人新法

北平：中华印书局，38页，32开

收藏单位：首都馆

07077

相学肇新 贾履初编

北京：中华书局，1923.9，［190］页，25开

北京：中华书局，1923.11，再版，［190］页，25开

本书讲相面和相手。

收藏单位：上海馆

07078

详梦玉匣记 张了凡编纂

上海：宇宙书店，1941，98页，32开

本书为详梦书。

收藏单位：首都馆

07079

谢石程省测字秘诀合刊 丁一清编纂

上海：大通图书社，1935，102页，32开

收藏单位：广东馆

07080

心灵感通录 刘瞻明演述 陈无我校阅

上海：大法轮书局，1943.9，1册，32开

本书共4卷，内收论扶乩的文章70余篇。

收藏单位：广西馆、国家馆、南京馆、首都馆

07081

新颁中外普度皇经

素位居，［1941］印，29页，32开

本书为坛训扶乩之言。

收藏单位：重庆馆、上海馆

07082

新辨惑 贾玉铭著

南京：灵光报社，1930，3版，276页，32开（灵光报社丛书）

本书反驳哲学、科学界对基督教的批评，认为基督教义是万古不灭的真理。著者序写于1923年。

收藏单位：上海馆

07083

新命（第1集） 命学苑编

命学苑，1927，1册，32开（命学苑苑刊 第1辑）

本书共19部分：康有为题字、郑孝胥题字、程源铨题字、本苑名誉苑长照象一帧、本苑创立人照象四帧、发刊辞、本苑创立宣言、什么叫做"命"、命学原理、命学新案、名造评案、本国与地支宫分野图说（附铜版彩制地图）、命造主体改革之商略、伤官食神阴阳之分析观、转龛命话（左编）、名造类编前集（甲编）、张其锽评命手迹（影印）、唐李虚中命书（卷上）据影钞四库全书本校印、

文苑。

　　收藏单位：国家馆、上海馆、浙江馆

07084

新相人学讲义　杨叔和著

出版者不详，1947.8，134 页，64 开

　　本书共 9 讲，内容包括：全部观察法、局部观察法、气色的精义等。

　　收藏单位：上海馆

07085

新相术　（美）孛拉克福（M. H. Blackfes）著　沈有乾译

上海：中华书局，1920，70 页，32 开

上海：中华书局，1927.4，4 版，70 页，32 开

　　本书介绍相术。

　　收藏单位：内蒙古馆、上海馆、首都馆、浙江馆

07086

新增百中经

上海：昌文书局，90 页，32 开

　　本书为卜卦书。

07087

新增百中经

上海：锦章书局，93 页，32 开

07088

新增后续百中经

广州：麟书阁书局，1 册，32 开

　　收藏单位：广西馆

07089

新增命学须知津梁　魏明远撰　鹿桥野人重辑

上海：锦章图书局，1 册，32 开

上海：锦章图书局，石印本，1 册

　　本书共两卷，内容包括：喜忌篇、继善篇、渭泾篇等。封面题名：新增命学津梁。

　　收藏单位：广西馆、国家馆

07090

信相浅言　弥勒子著

成都：益文印刷社，1923，1 册，18 开，环筒页装

　　本书为看相书。根据人的衣着、饮食、居住习惯判断人的性格及祸福。

　　收藏单位：国家馆

07091

星平会海　秦慎安校勘

上海：文明书局，1926，4 册，32 开

上海：文明书局，1929，再版，4 册，32 开

　　本书为星命学著作，共 10 卷。

　　收藏单位：重庆馆、黑龙江馆、南京馆、内蒙古馆、绍兴馆、首都馆

07092

性相论　余晋龢著

北平：北平市政府公安局印刷所，1935.2，[100] 页，25 开

　　本书分析人头部各部分器官的结构与人的智力、知识、才能、祸福、前途等的关系。

　　收藏单位：国家馆

07093

姓名学

[上海]：[华通印刷股份有限公司]，1942.7，108 页，32 开

　　本书共 6 章：姓名学发明之由来、姓名学之大意、姓名之呼应命运活动之暗示、姓名命运鉴定法五大原则、姓名学之问答、命运吉凶转移试验之成绩。书后有附录。逐页题名：中国姓名学。

　　收藏单位：上海馆

07094

玄外集　看云主人著

北京：看云馆，1926.12，68 页，32 开

北京：看云馆，1927，1 册，32 开

北京：看云馆，66 页，32 开

　　收藏单位：山东馆、首都馆

07095

玄外五集　看云主人著

北京：看云馆，1930.8，92 页，32 开

收藏单位：山东馆

07096

玄外五集

出版者不详，1934，抄本，1 册，32 开

收藏单位：首都馆

07097

选吉探原　袁树珊著

镇江：润德堂书局，1938.12，再版，184 页，32 开（润德堂丛书）

本书为占卜书，讲选吉方法。

收藏单位：重庆馆、国家馆、南京馆、上海馆、首都馆

07098

选吉易知　文明书局编

上海：文明书局，1919，2 册（[200] 页），32 开（术数易知丛书）

上海：文明书局，1928，3 版，2 册（[200] 页），32 开（术数易知丛书）

本书介绍选择吉时的知识和方法。

收藏单位：上海馆

07099

选择正宗　秦慎安校勘

上海：文明书局，1926.1，2 册（350 页），32 开

上海：文明书局，1929，再版，2 册（350 页），32 开

本书为占卜书，讲选吉方法。

收藏单位：国家馆、黑龙江馆、南京馆、内蒙古馆、天津馆

07100

雪心赋正讹解

上海：鸿文书局，1940.8，1 册，32 开

收藏单位：南京馆

07101

牙牌灵数八种

广益书局，76 页，32 开

封面题名：金钱神卦·文王易卦·白鹤神数·牙牌神数全书。

收藏单位：广东馆

07102

牙牌神数　秦慎安校勘

上海：文明书局，1925.11，54 页，32 开

本书为讲占卜的书。

收藏单位：重庆馆、国家馆、黑龙江馆、南京馆、内蒙古馆、上海馆

07103

牙牌神数

上海：大新图书社，1936.4，62 页，32 开

收藏单位：南京馆

07104

牙牌神数（注释）

上海：锦章书局，72 页，32 开

本书书后另附兰闺清玩。

收藏单位：重庆馆、广东馆、上海馆

07105

牙牌神数八种　星相研究社编

上海：春明书店，1946，64 页，32 开

本书为占卜书。

收藏单位：江西馆、首都馆

07106

牙牌神数八种

上海：沈鹤记书局，36 页，25 开

收藏单位：首都馆

07107

牙牌神数八种（兰闺清课）　岳庆山樵著

上海：广益书局，1946，新 1 版，76 页，32 开

上海：广益书局，1946，新 2 版，76 页，32 开

上海：广益书局，1947.9，新 3 版，74 页，32 开

上海：广益书局，1948.5，新 4 版，76 页，32 开

收藏单位：重庆馆、广东馆、江西馆、首都馆

07108

牙牌神数七种

重庆：时新书局，70 页，36 开

　　收藏单位：重庆馆

07109

烟波钓叟歌　秦慎安校勘

上海：文明书局，1925.11，88 页，25 开

　　本书用歌的形式来说明占卜祸福吉凶的道理。

　　收藏单位：重庆馆、桂林馆、国家馆、黑龙江馆、南京馆、首都馆

07110

演禽三世相法　袁天纲选　秦慎安校勘

上海：文明书局，1925.12，2 册（78+98 页），32 开

上海：文明书局，1930，再版，2 册（78+98 页），32 开

　　收藏单位：重庆馆、广东馆、国家馆、吉林馆、南京馆、上海馆、首都馆

07111

阳宅大全　秦慎安校勘

上海：文明书局，1926.4，3 册，32 开

　　本书介绍住宅风水。共 3 册 10 卷。书前冠阳宅书序、阳宅真诀序。

　　收藏单位：国家馆、南京馆、内蒙古馆

07112

阳宅集成全书（下册）

上海：锦章书局，1 册，32 开

　　本书为卷 3 至卷 8，共 5 卷。风水地理书。

　　收藏单位：国家馆

07113

阳宅紫府宝鉴　秦慎安校勘

上海：文明书局，1926.4，1 册，32 开

　　本书介绍住宅风水。共 3 卷。书前有序跋、答客疑、凡例。

　　收藏单位：贵州馆、国家馆、南京馆、内蒙古馆

07114

医卜星相百日通　上海国医学社　星命研究社编

上海：中央书店，1934，2 册，32 开

上海：中央书店，1935.8，再版，2 册，32 开

上海：中央书店，1935，3 版，1 册，32 开

上海：中央书店，1937，[再版]，2 册，32 开

　　本书上册共 10 卷，包括花柳、针灸、祝由、推拿、马医、牛医秘传等内容。下册共 5 部分，包括江湖卜易、拆字、星命、风水、相法秘传等内容。

　　收藏单位：重庆馆、国家馆、内蒙古馆、绍兴馆、首都馆、天津馆

07115

易林断归崔篆的判决书　胡适著

出版者不详，[1948.1]，[24] 页，16 开

　　本书引用大量史实，考证《易林》的作者系崔篆，著作年代为东汉建武初期（公元 25—35），推翻了前人认为西汉焦延寿所作或东汉许峻所作的看法，为考证学方法论举例。附录《余嘉锡先生来函》。为《国立中央研究院历史语言研究所集刊》第 20 本（抽印本）。

　　收藏单位：国家馆

07116

易隐　秦慎安校勘

上海：文明书局，1925.11，3 册，32 开

　　本书共 8 卷，讲占卜的原理、方法。

　　收藏单位：重庆馆、国家馆、黑龙江馆、首都馆

07117

阴阳二宅全书　（清）姚瞻旟辑

上海：锦章书局，1 册，32 开

　　本书为风水地理书。含阴宅集要龙穴砂水 4 卷，阳宅集成看法一十八条 8 卷。

　　收藏单位：国家馆

07118

阴阳二宅全书　（清）姚瞻旟纂　秦慎安校勘

上海：文明书局，1926.4，4 册，32 开

　　本书包括阳宅集成 8 卷，阴宅集要 4 卷。

书前有纂者自序、王汝元序及跋。

收藏单位：国家馆、南京馆、内蒙古馆、首都馆

07119

永吉通书（崇正辟谬） 李泰来主编

上海：锦章书局，1 册，25 开

收藏单位：江西馆

07120

玉匣记秘书

上海：昌文书局，1928，66 页，32 开

收藏单位：南京馆

07121

渊海子平（评注） 星相研究社编

上海：春明书店，1938，2 版，286 页，32 开

上海：春明书店，1939，4 版，286 页，32 开

上海：春明书店，1941.4，再版，286 页，32 开

上海：春明书店，1948.8，3 版，286 页，32 开

本书介绍八字算命方法。

收藏单位：绍兴馆、首都馆

07122

渊海子平评注（增补） （宋）徐升编 （明）杨淙增校

上海：广益书局，1948.7，新 1 版，112+64 页，32 开

本书是对《渊海子平》的补充，主要方法是根据一个人出生的年、月、日、时干支来推断这个人一生的贵贱夭寿、吉凶祸福、前途命运等。

收藏单位：江西馆、上海馆

07123

渊海子平音义评注（增补）（大字足本） 赵燕生编辑

奉天：章福记书局，1940.11，198 页，32 开

本书是对《渊海子平》的音义评论及注解，并对《渊海子平》进行补充。附新增万年历。封面题名：增补渊海子平。

收藏单位：国家馆

07124

渊海子平音义评注（增补）（大字足本）

上海：锦章图书局，220 页，32 开

收藏单位：上海馆

07125

渊海子平·子平真诠 秦慎安校勘

上海：文明书局，1926，2 册，32 开

上海：文明书局，1929，再版，32 开

上海：文明书局，2 册（350 页），32 开

《渊海子平》介绍八字算命方法；《子平真诠》以格局论命。

收藏单位：国家馆、南京馆、上海馆

07126

园光灵验法 郑诚元编

上海：文明书局，1920，25 页，32 开

上海：文明书局，1927.10，再版，25 页，32 开

收藏单位：上海馆

07127

袁氏命谱 袁树珊著

镇江：润德堂书局，1940.2，1 册，32 开，精装

上海：润德堂书局，1947.8，3 版，1 册，32 开，精装

本书列举至圣先师孔子、汉世祖光武皇帝、张道陵、关羽、范仲淹、张邦昌等历代 64 位名人命造，分析每人的命理。为 8 卷合订本。封面及逐页题名：命谱。

收藏单位：北师大馆、国家馆、人大馆、上海馆、首都馆、中科图

07128

袁氏命谱（卷 1） 袁树珊著

出版者不详，1939，90 页，32 开（润德堂丛书）

本书共 8 卷，此为卷 1，排算历代名人命相。

07129

圆光神术 蒋问兀著

上海：奇术图书社，1934.6，2 版，22 页，32

开

收藏单位：山东馆

07130

葬学　（晋）郭璞著　高星权校

出版者不详，1936，202 页，32 开

收藏单位：南京馆、上海馆

07131

增广万宝玉匣记　朱说霖重校

上海：春明书店，1936，再版，100 页，32 开

本书为详梦书。

07132

增广玉匣记　星相研究社编著

上海：春明书店，1941.2，2 版，1 册，32 开

收藏单位：南京馆

07133

增删卜易　秦慎安校勘

上海：文明书局，1925.11，3 册，32 开（占卜汇刊）

本书以断事情的吉凶成败为基础，由浅入深阐述，对"屡验者存之，不验者删之"，配合大量实占卦例来解说理论。

收藏单位：重庆馆、桂林馆、国家馆、黑龙江馆、湖南馆、南京馆、内蒙古馆、首都馆

07134

增删卜易（4 卷）　野鹤老人著

上海：锦章书局，石印本，1 册，32 开

收藏单位：南京馆、首都馆

07135

增图相理衡真　陈希夷编

上海：锦章图书局，1931，162 页，32 开

本书共 10 卷，内容包括：秘传十字面图各说、十二宫部位图、富贵寿夭贫贱穷通各图等。书内题名：绘图校正相理衡真。

07136

宅运撮要　策群著

上海：宅运顾问社，1935，48 页，25 开

上海：宅运顾问社，1940，再版，47 页，32 开

本书讲住宅风水的一些要点。

收藏单位：上海馆

07137

宅运新案　策群著

上海：宅运顾问社，1930，2 册（200 页），32 开

本书阐述了中国地理风水学的理论和方法。对书中案例作简明扼要的点评、注释，还增添了"玄空辑要"有关玄空学基础知识名篇。

07138

战国秦汉间方士考论　陈槃著

国立中央研究院历史语言研究所，1936，[50] 页，16 开

本书论述秦汉时期的方士阶层，共 4 章：方士释名、方士之思想与性行（上、中、下）。为《中央研究院历史语言研究所集刊》第 17 本抽印本。

收藏单位：国家馆

07139

张果星宗　秦慎安校勘

上海：文明书局，1926.5，4 册，32 开

上海：文明书局，1929，再版，4 册，32 开

本书为星命学著作。内容包括：入门起例、六甲纳音属、天干、地支、诸星起例、变曜、天禄、天暗、诸吉星捷法例、先天心法等。

收藏单位：重庆馆、桂林馆、南京馆、绍兴馆、首都馆

07140

掌形哲学　余萍客著

上海：心灵科学书局，1941.1，141 页，32 开

本书列举世界名人的手纹来说明掌形对于才能、智慧、事业成败的关系。

收藏单位：广东馆、国家馆、辽宁馆

07141

照胆经　秦慎安校勘

上海：文明书局，1925.12，36+42页，32开

上海：文明书局，1930，再版，[36+42]页，32开

本书为相术著作。分上、下两卷，内容包括：总论、论异形篇、论风土刻应篇、辨形、发滞、五行正形、十二煞歌、看部位吉凶必准之要等。

收藏单位：重庆馆、广东馆、国家馆

07142

哲理电气命数学 彭仕勋撰

出版者不详，1924，2册

收藏单位：国家馆

07143

哲学讲义大全 逢雨亭编

逢雨亭[发行者]，1941.4，321页，25开

逢雨亭[发行者]，1941.9，再版，321页，25开

逢雨亭[发行者]，1942.1，再版，321页，25开

本书从命理源流考、天干地支溯源论、起八字入门秘诀，讲到结婚忌日论、选择吉时秘诀、逐日吉时表、嫁娶择日红帖写式，共讲述了100多个问题。书后附富贵选要览等。

收藏单位：江西馆、上海馆

07144

哲学讲义大全（命理索隐） 白水青松著

上海：星相研究会，1944，290页，32开

本书分上、中、下3编。

收藏单位：内蒙古馆、上海馆

07145

真本烧饼歌（又名，铁冠数）（中国预言）
（明）刘伯温著

觉世社，1924，52页，32开

07146

真正未来预知术、财运预知术合编 周文王著

上海：新华书局，1920.5，64页，32开

收藏单位：南京馆

07147

知命篇 胡仲言著

出版者不详，1927，34页，22开

收藏单位：首都馆

07148

中国二千年前之预言 （清）金圣叹批

出版者不详，1册，18开

本书封面题名：中国预言七种。

收藏单位：首都馆

07149

中国二千年前之预言 清溪散人编著

上海：中华书局、文明书局，1915.5，96页，22开

本书收录乾坤万年歌、马前课、推背图、藏头诗、梅花诗、烧饼歌、黄蘗禅师诗。版权页题名：中国预言。封面题名：圣叹手批中国预言。

收藏单位：上海馆

07150

中国旧预言 卫大法师校注

重庆：说文社出版部，1949.9，46页，32开

本书收录乾坤歌、马前课、推背图等10种中国旧预言。

收藏单位：重庆馆

07151

中国历代卜人传 袁树珊编

上海：润德书局，1948.10，6册，32开（润德堂丛书8）

本书介绍中国历代各地从事卜筮星相之人的传略。

收藏单位：东北师大馆、广东馆、国家馆、黑龙江馆、湖南馆、吉林馆、首都馆、浙江馆

07152

中国相术大观（又名，十三家相法精华） 戚饭牛编

上海：相术研究会，1923.1，[270]页，32开

本书列举李鸿章、张之洞、伍廷芳等名

人小影人相，并逐一分析。另有十三家相法精华、总论十二种相观。附录相妇婴要诀等 5 篇。

收藏单位：浙江馆

07153

中国姓名吉凶测验　胡祺仁著

上海：和平书局，1940，132 页，32 开

本书介绍姓名学的由来、大意。

07154

中国姓名学　杨坤明著

天津：中国命名社，1931.6，118 页，16 开

天津：中国命名社，1939.11，增修再版，118 页，16 开

本书共 7 章，讲述姓名与命运的关系。

收藏单位：国家馆、上海馆

07155

中国预言（又名，中国二千年之预言）（明）刘伯温等著　（清）金圣叹批评

华夏哲理社，98 页，32 开

华夏哲理社，1938，4 版，98 页，32 开

本书辑集我国历代占卜术数，内容包括：诸葛亮的马前课、袁天罡的推背图等。

收藏单位：广东馆、上海馆

07156

中国预言八种　朱肖琴补注

上海：广益书局，1947.7，105 页，32 开

本书收吕望乾坤万年歌、推背图、烧饼歌等 8 种。

收藏单位：重庆馆、广东馆、国家馆、湖南馆、江西馆、南京馆、山西馆、上海馆、绍兴馆、首都馆、浙江馆

07157

中国治乱形数研究录　任矜苹著

出版者不详，50 页，32 开

本书以八卦论数来观测事物变化。

07158

中西相人探原　袁树珊编著

上海：润德书局，1948.2，118 页，25 开

本书为相人学著作。编次简明，由一岁至百岁，所行部位，均皆分论。

收藏单位：江西馆

07159

周公详梦全书

上海：锦章书局，16 页，32 开

本书书后附六壬课、称人骨格秘诀。

07160

周易乾坤二卦正义　关麟徵著

成都：拔提书店，1948.1，52 页，25 开

收藏单位：江西馆、内蒙古馆、山东馆

07161

周易乾坤二卦正义　关麟徵演讲

陆军军官学校，1947.12，28 页，32 开

本书共 13 节，内容包括：周易之创始、周易非占卜之学乃人生哲学与政治哲学、乾卦卦辞正义、坤卦各爻正义等。

收藏单位：重庆馆、国家馆、浙江馆

07162

周易筮辞续考　李镜池著

广州：岭南大学，1947，66 页，16 开

本书为《岭南学报》第 7 卷第 3 期单行本。

收藏单位：国家馆

07163

珠神真经　（宋）吴景鸾著

上海：文明书局，1928.2，50 页，32 开

本书分上、下两卷，内容包括：论星、论脉、论龙、论穴、论生气、论局、神观、气象论、止论等。

收藏单位：重庆馆、国家馆、黑龙江馆、南京馆、上海馆、首都馆

07164

诸葛巧连神数　丁裳著

上海：民众书店，1948.3，再版，27 页，32 开

本书为占卜迷信之书。封面题：诸葛武侯著。

07165

诸葛神数（秘本）（三国蜀）诸葛亮著

[上海]：普益书局，1931.10，3 版，26 页，32 开

　　本书为古占卜书，共 384 签。著者原题：诸葛武侯。

　　　　收藏单位：绍兴馆

07166

诸葛神数（秘本）（三国蜀）诸葛亮著

[广州]：[启德印书局]，[1918]，13 叶，22 开

　　　　收藏单位：广东馆

07167

子平粹言（命理革新）　徐乐吾著

上海：乾乾书社，1938，2 册（400 页），32 开
上海：乾乾书社，1939.8，2 版，3 册，32 开

　　本书内容包括：子平学理、排演程式、会合变化、明体立用、鉴别等差等。

　　　　收藏单位：上海馆、首都馆

07168

子平命术要诀　邹文耀著述

北京：邹文耀[发行者]，1927.6，58 页，22 开

　　本书内容包括：命学为实验所得之真理说、干支源流、干支配属及五行、天干化合、地支化合等。

　　　　收藏单位：国家馆、首都馆

07169

子平实验（第 2 集）　亚康节撰

出版者不详，1934，石印本，1 册

　　　　收藏单位：国家馆

07170

子平实验录　亚康节著

亚康节命社，1930，170 页，32 开

　　本书内容为清末民初孟耐图所批当时军政要人命理。

　　　　收藏单位：国家馆、天津馆

07171

子平术（算术命）　予且著

上海：良友图书公司，1932.9，3 版，59 页，10cm
（壹角丛书 11）

　　　　收藏单位：江西馆、浙江馆

07172

子平四言集腋（下册）（清）廖瀛海编著

上海：乾乾书社，1937，150 页，32 开

　　　　收藏单位：上海馆

07173

子平五行学要旨快览　志南行编著

天津：志南行子平研究社，1935，3 册（118+211+168 页），32 开

　　本书介绍徐子平的五行学。

　　　　收藏单位：国家馆、天津馆

07174

子平真诠（秘本）（清）沈孝瞻撰

上海：世界图书馆，1925.8，112+36+126 页，32 开

　　本书与《伟人星命录》《新增万年书》合订。

　　　　收藏单位：国家馆、首都馆

07175

子平真诠评注　（清）沈孝瞻著

上海：乾乾书社，1936，2 册（400 页），32 开

　　　　收藏单位：内蒙古馆、上海馆、天津馆

07176

最新图解手相学　孙亮甫编译　李广钧校正

上海：相学研究社，1937.1，146 页，16 开

　　本书内容包括：总论、手形、手纹及记号。书前有序言 3 篇。

　　　　收藏单位：国家馆

题名首字汉语拼音检索表

(按题名首字汉语拼音音序排列，对应页码为题名索引页码)

题名索引

(按题名首字汉语拼音音序排列，题名尾部五位数码即该书的顺序号)

B

ba

bai

ban

bao

dai

dan

dang

dao

de

deng

F

fa

fan

jing

lun

luo

M

ma

N

na

nan

nao

nei

neng

ni

qian

qiang

qiao

qie

qin

W

wai

X

xi

xia

xian

xing

ye